Johann Jacoby · Briefwechsel

Veröffentlichungen des Instituts für Sozialgeschichte Braunschweig

Herausgegeben von Georg Eckert †

Johann Jacoby Briefwechsel

1816–1849

herausgegeben und erläutert
von
Edmund Silberner

Fackelträger Verlag

Herstellung und Drucklegung des Buches wurden vom Institut für Sozialgeschichte Braunschweig mit Mitteln der Stiftung Volkswagenwerk, des Landes Niedersachsen und der Stadt Braunschweig gefördert.

Umschlaggestaltung: Dieter Harzig
Herstellung: Uli Ackermann
Satz und Druck: Limbach, Braunschweig
Einband: Großbuchbinderei Hunke & Schröder, Iserlohn
Printed in Germany 1974
ISBN 3 7716 1362 0

In memoriam Gustav Mayer
1871 — 1948

INHALT

Vorwort 9
Zeichen und Abkürzungen 21

1816 — Brief 1 23
1817 — Brief 2 23
1822 — Brief 3, 4 23
1827 — Briefe 5—7 24
1829 — Brief 8 25
1830 — Brief 9 und 10 25
1831 — Briefe 11—24 26
1832 — Briefe 25—29 35
1833 — Briefe 30—34 45
1835 — Brief 35 52
1836 — Briefe 36—39 52
1837 — Briefe 40—54 55
1838 — Briefe 55—82 a 69
1839 — Briefe 83—85 91
1840 — Briefe 86—90 93
1841 — Briefe 91—160 98
1842 — Briefe 161—188 161
1843 — Briefe 189—235 187
1844 — Briefe 236—274 226
1845 — Briefe 275—338 a 266
1846 — Briefe 339—353 331
1847 — Briefe 354—400 348
1848 — Briefe 401—553 389
1849 — Briefe 554—617 547
Anhang Briefe 618—630 607
Nachtrag Briefe 631—634 628

Briefverzeichnis 637
Register 651

VORWORT

Johann Jacobys Name ist unlösbar mit der Geschichte der deutschen Demokratie verknüpft. Immer bereit, für Recht und Volkswohl sein Leben einzusetzen, nimmt er unter den Freiheitskämpfern einen hervorragenden Platz ein. Und dennoch blieb sein Briefwechsel bis heute unveröffentlicht. Die vorliegende Ausgabe will diese Lücke in der politischen und sozialen Geschichtsforschung nach Möglichkeit schließen.

Die Quellenlage ist keineswegs günstig. Johann Jacoby wurde am 1. Mai 1805 in Königsberg geboren. Er verbrachte fast sein ganzes Leben in der Vaterstadt, wo er auch am 6. März 1877 verschied. Zum Testamentsvollstrecker hatte er seinen Gesinnungsgenossen Guido Weiß bestimmt, den radikalen Demokraten, der 1867 bis 1871 das Tageblatt «Die Zukunft» und 1873 bis 1879 die Wochenschrift «Die Wage» herausgab. So gelangte Weiß in den Besitz des Nachlasses, den ihm Jacoby in der Erwartung übertrug, er werde seine Biographie schreiben. Der hervorragende Publizist und Essayist Weiß veröffentlichte aber kein einziges Buch, und zu der von ihm beabsichtigten Jacoby-Biographie ist es nie gekommen. Als er 1899 starb, stellten seine Erben den Jacoby-Nachlaß unter die Obhut des von der Königsberger Stadtbibliothek verwalteten Stadtarchivs[1]). Dort ruhte jahrzehntelang das reiche Material, das vierundzwanzig Kästen in Folio und in Quarto umfaßte. Zwei davon enthielten Jacobys Konzepte zu Briefen (1832—1877), in acht anderen befanden sich die Briefe an ihn (1816–1877)[2]).

Über die Geschichte des Königsberger Stadtarchivs und Stadtgeschichtlichen Museums am Ende des Zweiten Weltkrieges unterrichtet uns deren langjähriger Direktor Fritz Gause in einem autobiographischen Essay:

«Nachdem es nicht mehr möglich war, das Archiv und das Museum offen zu halten, wurden die Bestände verlagert, doch durften sie nicht aus der Provinz herausgeschafft werden, da der Gauleiter einen solchen Defätismus nicht duldete. So ging dieses unersetzbare Kulturgut verloren. Das Archiv wurde in das Gutshaus von Waldau verlegt, ostwärts von Königsberg, die wertvollsten Stücke in einem Bunker und einem ehemaligen Fort untergebracht. Als das Fort auf Anordnung der Wehrmacht in aller Eile geräumt werden mußte, kamen die dort lagernden Bestände in einen unversehrt gebliebenen Raum des bereits bombenzerstörten und ausgebrannten Archivgebäudes. Die kostbarsten Stücke des Museums wurden in Bunkern innerhalb der Stadt geborgen. Seit der Eroberung

[1]) Vgl. Sigmund Schott, «Weiß, Guido» in «Biographisches Jahrbuch und Deutscher Nekrolog». Hrsg. von Anton Bettelheim, Bd. 5, Berlin 1903, S. 436 f.; Gustav Mayer, *Erinnerungen. Vom Journalisten zum Historiker der deutschen Arbeiterbewegung*, Zürich/Wien 1949, S. 198.

[2]) August Seraphim, *Handschriften-Katalog der Stadtbibliothek Königsberg in Pr.*, Königsberg 1909, S. 329 f.

Königsbergs durch die Rote Armee sind die Bestände des Archivs und des Museums verschollen. Man weiß nicht, ob sie verbrannt, durch Plünderung vernichtet oder von den Siegern als Beute fortgeführt worden sind»[3]).

Dem ist hinzuzufügen, daß Peter Schuppans Nachforschungen über den Verbleib des Jacobyschen Nachlasses in der Sowjetunion zu keinem Ergebnis führten[4]).

Wieviel andere Jacobyana, vornehmlich die in Privatbesitz, während des Zweiten Weltkrieges vernichtet wurden oder verschollen sind, entzieht sich jeder Untersuchung. An folgende Episode soll hier dennoch erinnert werden. In Königsberg wirkte seit Jahrzehnten der Arzt Dr. Alfred Gottschalk, Jude und Sozialdemokrat, zuletzt Vorsitzender der dortigen SPD. Als der beinah Achtzigjährige nach Theresienstadt verschleppt werden sollte, war er nicht mehr transportfähig. Er wurde in das Krankenhaus der Barmherzigkeit zu Königsberg gebracht, wo er am 2. September 1942 verstarb. Seine letzten Habseligkeiten, darunter vierhundert Briefe von bedeutenden Persönlichkeiten, hatte die Gestapo konfisziert. «Andere wertvolle Dokumente, u. a. aus der Hinterlassenschaft Johann Jacobys, hatte Otto Hesse[5]) rechtzeitig in Verwahrung genommen und in einem verlöteten Blechbehälter vergraben. Dort sind sie auch beim Untergang Königsbergs verblieben»[6]).

Jacobys Nachlaß ist nicht nur verschollen, sondern wahrscheinlich auch vernichtet. Welche Schwierigkeiten sich daraus für die Edition seiner Korrespondenz ergeben, brauche ich nicht hervorzuheben.

In anderen Archiven ist die Zahl der für uns wichtigen Originale gering. Den Grundstock einer Jacoby-Edition müssen also die geretteten Abschriften bilden.

Diese hatte hauptsächlich der bekannte Historiker Gustav Mayer[7]) angefertigt, als er sich mit dem Gedanken trug, Jacobys Biographie zu schreiben. Am 9. April 1910 wandte er sich an das Stadtarchiv Königsberg mit der Frage, ob ihm der Jacoby-Nachlaß zur Sichtung in seine Berliner Wohnung geschickt werden könne. Der Stadtbibliothekar August Seraphim, dem auch das Stadtarchiv unterstand, antwortete, daß die Stadtbibliothek gemäß ihren Vorschriften nur öffentlichen Bibliotheken und Archiven handschriftliches Material fernleihe, nicht aber Privatpersonen. Er stelle daher anheim, eine Bibliothek oder ein Archiv zu benennen, denen der Jacobysche Nachlaß leihweise zugehen könne. Unter dieser Voraussetzung stehe einer sukzessiven Übersendung der sehr

---

[3]) Fritz Gause, «Im Banne der Geschichtswissenschaft» in dem Kollektivbuch *Ein Blick zurück. Erinnerungen an Kindheit und Jugend, an Leben und Wirken in Ostpreußen*, 2. Aufl. [München 1962], S. 39 f. Vgl. auch Gause in «Der Archivar», Düsseldorf, 1950 Jg. 3 Nr. 3 Sp. 149.

[4]) Schuppan, S. VIII.

[5]) Sozialdemokrat in Königsberg.

[6]) Wilhelm Matull / Max Sommerfeld, «Der Anteil der ostpreußischen Arbeiterbewegung am Widerstand gegen den Nationalsozialismus» in «Jahrbuch der Albertus-Universität zu Königsberg/Pr.», Würzburg 1967, Bd. 17 S. 176 f.

[7]) Gustav Mayer (geb. 1871 in Prenzlau, gest. 1948 in London), Verfasser von mehreren bedeutenden Arbeiten über die Geschichte der deutschen Arbeiterbewegung, Herausgeber der nachgelassenen Briefe und Schriften Lassalles.

umfangreichen Archivalien seitens der Stadtbibliothek nichts im Wege, nur rechne man damit, daß bei den Beziehungen des Stoffes zur Gegenwart die in strengwissenschaftlichen Werken übliche Reserve beobachtet werde, besonders wo es sich um Urteile über noch lebende Personen handle[8]).

Seraphim begann nun, das Material nach Berlin zu schicken. Als Mayer im Frühjahr 1911 um die Beschleunigung der Sendungen bat, erwiderte Seraphim, daß wegen der sehr zeitraubenden Zählung der Papiere die Versendung nur nach und nach vonstatten gehe. Er schicke als nächstes den ganzen von Mayer noch nicht benutzten Teil der Jacobyschen Konzepte sowie Briefe an denselben aus den Jahren 1842 und 1847. Das übrige Material werde, sofern Mayer darauf Wert lege, allmählich folgen[9]).

Mayer versuchte nun auf andere Weise Jacoby-Briefe zu erhalten. In der ersten Aprilhälfte 1911 erschien im redaktionellen Teil des «Berliner Tageblattes» folgende Notiz[10]):

> * *Johann Jacoby.* Als ein Beitrag zur deutschen Parteigeschichte wird der *politische* Nachlaß Dr. Johann Jacobys, des bekannten Königsberger Demokraten, gegenwärtig für die Veröffentlichung bearbeitet. Dem Herausgeber wäre es, wie er uns schreibt, außerordentlich erwünscht, wenn er in recht zahlreiche Briefe aus der politischen Korrespondenz des Verfassers der «Vier Fragen» Einblick erhalten könnte, und er wäre deshalb denen, die solche besitzen oder ihren Verbleib nachweisen könnten, zu dem größten Danke verpflichtet, wenn sie sich mit ihm in Beziehung setzen wollten. Alle diesbezüglichen Zuschriften sind zu richten an Dr. Gustav Mayer, Zehlendorf-Wannseebahn 12, Hohenzollernstraße.

In den uns aufbewahrten Papieren Mayers befinden sich nur zwei Zuschriften dieser Art: sie enthalten einige interessante Mitteilungen über Jacobys Leben[11]).

Nachdem Mayer die ihm von Königsberg zugesandten Jacobyschen Konzepte gesichtet hatte, richtete er auf einer nicht mehr erhaltenen Karte vom 28. April 1911 an Seraphim die Bitte, er möge ihm von den sonstigen Materialien im Jacoby-Nachlaß das für die Biographie des Mannes Relevante zur Einsicht senden. Darauf erwiderte Seraphim[12]):

> Stadtbibliothek
> Königsberg i. Pr., den 30. IV. 1911,
> J. Nr. 127
>
> Sehr geehrter Herr Doktor,
> in Beantwortung Ihrer Karte kann ich Ihnen nur das Verzeichnis der Jacobyana aus unserem gedruckten Handschriftenkataloge übermitteln mit dem Anheimstellen, Ihnen geeignet Scheinendes auszusuchen. Den Inhalt der vielen Kästen auf die Frage hin zu

---

[8]) Seraphim an Mayer, 11. April 1910, JNUL.

[9]) Seraphim an Mayer, 8. und 26. April 1911, JNUL.

[10]) Der Zeitungsausschnitt ohne Titel und Datum des Blattes befindet sich in der JNUL. In einem ebenfalls dort aufbewahrten Brief Isidor Süssmanns an Mayer vom 12. April 1910 heißt es, die Notiz sei «vor einigen Tagen» im «Berliner Tageblatt» erschienen.

[11]) Der soeben genannte Brief Süssmanns und ein Schreiben von Olga Ulrich an Mayer vom 21. April 1911, JNUL.

[12]) JNUL.

prüfen, ob er für Ihren Zweck Interesse hat, vermag ich nicht. Das würde die mir zur Verfügung stehende Zeit nicht gestatten und ist ja auch Sache des Biographen.

Mit größter Hochachtung ganz ergebenst
der Stadtbibliothekar:
Dr. Seraphim.

Die weitere Korrespondenz liegt nicht vor. Sicherlich erhielt Mayer in der folgenden Zeit nach und nach die Kästen mit den Briefen an Jacoby. Was ihm aus dem gesichteten Jacoby-Material «historisch besonders interessant erschien», diktierte er in die Maschine[13]) und fertigte so Hunderte von (zumeist fragmentarischen) Abschriften an.

Mayer beschreibt nirgends das von ihm benutzte Material des Jacoby-Nachlasses. Es ist aber klar, daß die Jacoby-Briefe ihm nur in *Konzepten* bekannt waren. Wie Jacobys Konzepte aus den dreißiger und vierziger Jahren äußerlich aussahen, wissen wir nicht. Jene, die er später aufs Papier warf, beschrieb Ludwig Geiger, als er 1903 mehrere Konzepte zu Jacobys Briefen an das Ehepaar Stahr veröffentlichte. Vermutlich hatte Jacoby auch seine früheren Konzepte ähnlich gefertigt, weshalb ich hier Geigers Schilderung anführe.

«Die Konzepte», sagte er, «sind sehr flüchtig, die ausführlichen alle auf Briefbogen, mit Anrede, Datum und Unterschrift, die kleineren auf Zettel geschrieben, die meisten mit Randbemerkungen versehen, die näher Auszuführendes andeuten oder auch das in den Konzepten Behandelte kurz zusammenstellen. Ist schon die Tatsache, daß ein sehr beschäftigter, dabei nicht gerne briefschreibender Mann seine Schreiben konzipierte, auffällig genug, so wird die Sache dadurch noch merkwürdiger, daß am Ende solcher Briefe die Konzepte von kleinen Zettelchen an Berliner Freundinnen sich finden, Zettelchen, die weiter nichts enthalten als die Bitte, den obigen Brief zur Post zu befördern oder irgendeine kleine Kommission für Stahrs zu übernehmen. Einen gewissen Humor bekommt dies merkwürdige Faktum noch dadurch, daß es in einem Konzepte [des Briefes an Adolf Stahr vom 4. Juli 1869] heißt: ‹Elf Uhr, ich muß in die Praxis und der Brief in den Briefkasten›. Man denke: dies schrieb Jacoby in einem *Konzept* und übertrug dies also Konzipierte in einen wirklichen Brief, welcher doch gewiß zu einer *anderen Stunde* und in größerer Ruhe angefertigt wurde»[14]).

Mayer hatte 1922 gerade mit der Veröffentlichung einer Auslese des Jacobyschen Briefwechsels in der «Deutschen Revue» begonnen, als diese alte und renommierte Zeitschrift einging und «der Weiterabdruck unmöglich wurde»[15]. Mayer war so stark durch andere wissenschaftliche Arbeiten in Anspruch genommen, daß er vielleicht keine Zeit fand, sich gründlich nach einem neuen Verleger umzusehen. Die Monate, die er auf die Sichtung des Jacoby-Nachlasses verwandt hatte, waren für ihn jedoch kein Zeitverlust. Er brauchte sie um so weniger zu bedauern, als die hierbei gewonnenen Einblicke ihm den

---

[13]) Mayer, *Erinnerungen*, S. 198. Ob Mayer außer Jacobys Briefwechsel noch anderes Königsberger Archivmaterial über Jacoby sichtete, scheint mir zweifelhaft, denn sonst würde es doch in seiner Annotation des Jacobyschen Briefwechsels zum Vorschein kommen.

[14]) Ludwig Geiger in «Frankfurter Zeitung» 25. August 1903 Nr. 235 1. Morgenblatt.

[15]) Mayer an Abraham Schwadron, Berlin, 11. Februar 1937, JNUL. Vgl. auch Mayer «Frühling 1848» in «Frankfurter Zeitung» 18. Mai 1923 Nr. 360 1. Morgenblatt.

ersten Anstoß gaben zu seiner Abhandlung über «Die Anfänge des politischen Radikalismus im vormärzlichen Preußen» (1913) und zu der Engels-Biographie, die 1933 in zwei Bänden herauskam[16].

«Als unter dem Dritten Reich Papiere eines Juden und Demokraten weder geschätzt noch geschützt waren», übergab Mayer die von ihm angefertigten Abschriften und noch einige Originalbriefe, die ihm Jacobys Verwandte geschenkt hatten, der Jüdischen National- und Universitätsbibliothek in Jerusalem[17]).

Wann genau die Übergabe erfolgte und auf welchem Wege, ob direkt oder durch eine Mittelsperson, ist unbekannt, denn ein Begleitbrief oder eine Abschrift der Empfangsbestätigung sind in der Nationalbibliothek nicht vorhanden. Über die ganze Angelegenheit liegt nur ein einziger Brief vor, nämlich Mayers Antwort auf das uns nicht erhaltene Schreiben des Leiters der Handschriftensammlung der Nationalbibliothek Abraham Schwadron vom 2. Februar 1937. Es sei ihm eine Freude, schrieb Mayer, die Jacoby-Papiere, gegen deren gelegentliche Veröffentlichung er keinerlei Einrede erhebe, im Archiv der Nationalbibliothek zu wissen[18]).

Die Mayersche Gabe umfaßt etwa 820 zumeist fragmentarische Abschriften, von denen ungefähr 730 maschinengeschrieben sind. Von den handgeschriebenen Abschriften fertigte Mayer selbst zirka siebzig Stück an, zwei oder drei andere Kopisten die restlichen zwanzig. Mayer modernisierte, wenn auch nicht immer konsequent, die Rechtschreibung der Quellen. Seine Fußnoten setzte er gewöhnlich am unteren Ende der Kopien, hin und wieder aber, wenn der Raum nicht ausreichte auch am Rande. Mayers Handschrift und die seiner Kopisten ist im allgemeinen gut lesbar, es fehlte jedoch nicht an Stellen, die der Entzifferung hartnäckigen Widerstand leisteten.

Über ein Jahrzehnt lagen die Mayerschen Jacoby-Papiere im Gebäude der Jüdischen National- und Universitätsbibliothek auf dem Jerusalemer Skopusberg. Nach dem israelischen Unabhängigkeitskrieg von 1948 wurde der Skopusberg zu einer israelischen Enklave im jordanischen Gebiet und das Bibliotheksgebäude geschlossen. Erst um die Wende der fünfziger Jahre gelangte das Jacoby-Material vom Berg in das Bibliotheksgebäude im israelischen Teil der Stadt Jerusalem und wurde damit der Forschung wieder zugänglich gemacht. Die vorliegende Edition basiert hauptsächlich auf dieser Gabe Gustav Mayers.

Von großer Bedeutung für diese Edition sind auch die Abschriften des Jacobyschen Briefwechsels aus den Revolutionsjahren, etwa vierzig an der Zahl, im Bundesarchiv, Außenstelle Frankfurt am Main. Sie wurden 1928 nach den Originalen im Stadtarchiv Königsberg angefertigt.

Auf der Suche nach zusätzlichen Dokumenten kam mir der Gedanke, zwei Historiker anzugehen, die vor Jahrzehnten den Jacoby-Nachlaß gesichtet und möglicherweise irgendwelches Material gerettet hatten: Reinhard Adam und Lotte Esau. Herr Dr. Adam in Aegidienberg antwortete mir am 13. Februar 1967, seine Abschriften seien mit seiner gesamten Habe in Königsberg vernichtet worden. Frau Dr. Esau in Lübeck teilte mir am

---

[16]) Mayer, *Erinnerungen*, S. 198.
[17]) Ebenda.
[18]) Mayer an Schwadron, Berlin, 11. Februar 1937, JNUL.

10. Juni 1967 mit, sie habe ihre Abschriften von Briefen und Akten zur Geschichte des Vormärz in Altpreußen gerettet. Wiewohl es sich dabei leider nur um Auszüge und Notizen handle, so würden sie doch das bisher Gedruckte ergänzen. Ich fuhr dann Ende August 1967 für eine Woche nach Lübeck und fand etwa 140 Briefe, zumeist aus den Jahren 1830 bis 1848, auszugsweise abgeschrieben oder als Inhaltsreferate zusammengefaßt. Eben noch vor der Einnahme Königsbergs durch die Sowjetarmee war es Frau Dr. Esau gelungen, ihre Unterlagen aus der Stadt fortzuschaffen. Einer frühzeitigeren Sicherstellung hatte sich der Gauleiter rigoros widersetzt. Während meines Aufenthalts in Lübeck ließ ich die relevanten Stücke mit freundlicher Genehmigung der Besitzerin ablichten und bearbeitete sie später für diese Edition.

Die Exzerpte in den drei genannten Fundstellen überlagern und ergänzen sich häufig. Ich hatte also mehrfach zwei, seltener drei unvollständige Abschriften ein und desselben Briefes vor mir. So konnte ich den Text vieler Stücke aufgrund zweier, manchmal sogar dreier Unterlagen herstellen. Die Überschneidungen lieferten zugleich den Beweis, daß die verschiedenen Kopisten getreu die von ihnen gewählten Stellen aus dem Original abgeschrieben hatten.

Die Frage, ob die Kopisten ihre Abschriften kollationierten, ist um so wichtiger, als ich die Kopien mit den verschollenen Originalen selbstredend nicht vergleichen konnte. Zahlreiche nachträgliche Handkorrekturen in den Abschriften Mayers und des Bundesarchivs deuten darauf hin, daß sie mit den Originalen nochmals verglichen wurden. Frau Dr. Esau sagte mir, sie habe ebenfalls ihre Abschriften kollationiert.

In seinen Abschriften tilgte Mayer nachträglich viele Stellen, die meisten deshalb, weil er sie aus räumlichen Gründen nicht zu veröffentlichen gedachte. Einige Stellen erwecken jedoch den Eindruck, daß sie nur der Entzifferungs- oder Kommentierungsschwierigkeiten wegen durch Auslassungspunkte ersetzt wurden. Alle diese Streichungen von Mayer habe ich durch spitze Klammern kenntlich gemacht.

Trotz intensivster Nachforschungen und einer Rundfrage bei etwa achtzig Archiven und Bibliotheken vermochte ich für die Periode bis Ende 1849 nur 23 Originale (21 Briefe und zwei Stammbuchblätter) zu ermitteln.

Ich habe in die vorliegende Edition folgende Materialien aufgenommen:

Briefe von Jacoby und an ihn;

in seinem Auftrag geschriebenen Briefe und Antworten darauf;

aus Sicherheitsgründen an Freunde adressierte, aber eigentlich für ihn bestimmte Briefe;

von Jacoby verfaßte, mitverfaßte oder nur mitunterzeichnete Aufrufe, Adressen und in der Presse veröffentlichte Erklärungen – mit Ausnahme der parlamentarischen;

und schließlich – im Text oder Anhang – einige andere historisch oder biographisch wertvolle Dokumente.

Als Textunterlage benutzte ich Originale, Abdrucke, Abschriften und Inhaltsreferate. Es gelang mir auch, eine Anzahl von Briefen mindestens teilweise zu rekonstruieren. Der vorliegende Band enthält 645 Schriftstücke[19]): 167 von Jacoby verfaßte oder mit-

[19]) Inbegriffen Nr. 82 a, 338 a, 444 a, 516 a, 521 a, 524 a, 529 a, 529 b, 529 c, 529 d und 567 a.

verfaßte Texte, 448 an ihn gerichtete Schriftstücke, siebzehn in seinen Angelegenheiten von dritten Personen geschriebene oder empfangene Schreiben und dreizehn Anhang-Dokumente.

Etwa drei Viertel der hier gedruckten Nummern sind entweder ganz neu oder erscheinen an diesem Orte mit bisher unbekannten Textstellen.

Den Mayerschen Papieren entnahm ich zirka drei Fünftel der in der vorliegenden Edition gedruckten Nummern. In vielen Fällen konnte ich jedoch den Text der Mayerschen Abschriften aufgrund anderer Unterlagen ergänzen.

Jacoby war ein guter Briefstilist, aber kein Liebhaber der Epistolographie. Freunde warfen ihm Schreibfaulheit vor, und er selber gab seine «Antipathie gegen Briefschreiben»[20]), seine «angeborene Scheu vor dem Postpapier»[21]) zu. Sehr viele Briefe von Jacoby hat es also nie gegeben. Ein Teil des Geschriebenen aber vernichtete er selbst aus Sicherheitsgründen, wozu ihn übrigens sein Freund und Vetter Julius Waldeck bereits am 27. Februar 1841 einmal aufforderte: «Verbrenne oder verbirg (bei anderen) doch alles, was bei einer plötzlichen Haussuchung [...] in anderer Leute Augen nicht so unschuldig sein möchte als in unseren. Du bist das Dir, Deiner Familie und der guten Sache schuldig, die in Dir gewiß einen nicht unbedeutenden Kämpfer verlöre. Nimm diesen Rat nicht leicht, und halte mich nicht für zu besorgt, in China ist alles möglich.» Am 4. März 1841 warnte er ihn abermals: «Sei für alle Fälle auf Deiner Hut, und halte Deine Papiere in Ordnung.»

Vermutlich wurden auch nicht wenige Jacobysche Briefe von ihren Empfängern vorsichtshalber zerstört. Die Nachlässe vieler Korrespondenten sind im Laufe der Zeit, durch Unachtsamkeit der Erben und durch Kriegswirren, spurlos verschwunden. Zu jenen Briefpartnern, um nur die wichtigeren zu nennen, gehörten Fanny Adelson, Gustav Dinter, Ferdinand Falkson, Eduard Flottwell, August Hobrecht, Jakob Jacobson, Otto von Keudell, Alexander Küntzel, Simon Meyerowitz, Ludwig Moser, Eduard Waldeck, Julius Waldeck und Ludwig Walesrode.

Einige Zeitungen, die wahrscheinlich Briefe oder Erklärungen von Jacoby brachten, sind nicht mehr oder nur bruchstückweise erhalten. Die «Neue Königsberger Zeitung» zum Beispiel, die Jacobys Freund Adolf Samter in den Jahren 1848 und 1849 herausgab, war schon vor dem Zweiten Weltkrieg in keiner öffentlichen Bibliothek auffindbar. Ein anderes, noch wichtigeres Lokalblatt, die «Königl. Preuß. Staats-, Kriegs- und Friedens-Zeitung», ist uns nur sehr unvollständig aufbewahrt; so konnte für die Revolutionsjahre lediglich das 2. Halbjahr 1848 ermittelt werden.

Berücksichtigt man all diese Umstände, so ist die Zahl der in dieser Edition zusammengetragenen Jacoby-Briefe nicht so gering, wie es auf den ersten Blick scheinen könnte. Gewiß wird es der Forschung auch in Zukunft gelingen, unbekannte Jacoby-Briefe aufzufinden, doch wohl nur in bescheidener Zahl, es sei denn, daß der Jacoby-Nachlaß wie durch ein Wunder wiederauftaucht. Einige Briefe dürften sich in Privatsammlungen oder bei Autographenhändlern befinden, andere in nicht geordneten Sammlungen öffent-

---

[20]) Jacoby an seine Schwestern, 15. April 1847.
[21]) Jacoby an Adolf Stahr, 10. September 1848.

licher Bibliotheken und Archive, noch andere vielleicht in den mir nicht zugänglichen polnischen und sowjetrussischen Archiven. Eine systematische Sichtung der zeitgenössischen deutschen Presse, die kein Einzelforscher unternehmen kann, dürfte unter anderem auch in Vergessenheit geratene Jacoby-Briefe zutage fördern.

Und schließlich sorgt des Historikers bester Freund, der Zufall, dafür, daß Briefe gerade dann und dort auftauchen, wo man sie am wenigsten erwartet. Bin ich doch selbst schon bald nach meiner Ausgabe des Moses-Hess-Briefwechsels[22]) unversehens auf die Spur vieler neuer Stücke gestoßen, die ich dann nachträglich veröffentlichte[23]). Wer eine «vollständige» Edition bieten will, tut gut daran, sie überhaupt nie in Druck zu geben.

Alle Briefe und Brieffragmente, die ich ermitteln konnte, drucke ich in diesem Band ungekürzt ab. Eine Anzahl der Wiederabdrucke erschien ursprünglich in heute äußerst seltenen und nur schwer zugänglichen Periodika. Unter den Wiederabdrucken befinden sich auch anonyme Stücke, für die ich Jacobys Verfasserschaft nachzuweisen vermochte.

Bei jeder Nummer gebe ich genau die Quelle an. Als «Nachlaß» bezeichne ich in dieser Edition die als Textunterlagen benutzten Originale, Abschriften von Originalen und Inhaltsreferate.

Die streng chronologische Anordnung der Briefe in diesem Bande mußte ich bisweilen durchbrechen bei Stücken, deren Datum sich auf einen längeren Zeitraum erstreckt.

Das Datum ist immer an den Briefanfang gesetzt, auch wenn es in der Textunterlage am Ende steht.

Offenbare Schreib- und Lesefehler habe ich berichtigt und in wichtigeren Fällen angemerkt. Zweifelsfreie, unwesentliche Ergänzungen (etwa bei nicht vollständig ausgeschriebenen Artikeln oder Endungen) und die Richtigstellung der falsch geschriebenen Namen (z. B. Jacobi bzw. Jakobi oder Jakoby statt [Johann] Jacoby) habe ich zumeist ohne Annotation vorgenommen.

Die Rechtschreibung und die Zeichensetzung ist im allgemeinen auf den heutigen Stand gebracht, jedoch habe ich einige Eigentümlichkeiten, wie z. B. «teutsch» beibehalten. Bei Gedichten habe ich die alte Orthographie nicht geändert. Abkürzungen, mit Ausnahme der allgemein gebräuchlichen, habe ich stillschweigend aufgelöst, Zahlen bis zwanzig ausgeschrieben und unvollständige Jahreszahlen (z. B. 48 statt 1848) ergänzt, lange Absätze der Übersichtlichkeit halber in kürzere gegliedert.

Auslassungspunkte habe ich genau so reproduziert, wie ich sie in den Textunterlagen vorfand, allerdings setze ich an ein und derselben Stelle nie mehr als fünf Punkte. Leider fehlen sehr oft in den Textunterlagen die für das persönliche Verhältnis zwischen Schreiber und Empfänger so aufschlußreichen Anrede- und Abschiedsformeln. Wo Mayer in seinen Abschriften diese Formeln wegließ, setzte er an ihre Stelle keine Auslassungspunkte.

---

22) *Moses-Hess-Briefwechsel.* Hrsg. von Edmund Silberner unter Mitwirkung von Werner Blumenberg, 's-Gravenhage: Mouton & Co. 1959. (Quellen und Untersuchungen zur Geschichte der deutschen und österreichischen Arbeiterbewegung. Hrsg. vom Internationaal Instituut voor Sociale Geschiedenis, Amsterdam. II.)

23) Edmund Silberner, in Istituto Giangiacomo Feltrinelli, Mailand, «Annali» 1960 Jg. 3 S. 582–620; 1961 Jg. 4 S. 194–198, 326–400.

Wichtigere Zitate habe ich nach Möglichkeit mit dem Original verglichen, kleine Ungenauigkeiten stillschweigend korrigiert und bedeutendere Abweichungen in den Fußnoten vermerkt.

Die Anmerkungen zu den Briefen dieser Edition sind biographischer, bibliographischer und textkritischer Natur. Ich habe sie bewußt kurz gefaßt. Aus räumlichen Gründen mußte ich weitgehend auf die Angabe der gedruckten Belege verzichten. Wo sich jedoch die Fußnoten auf archivalische Quellen stützen, gebe ich diese in allen wichtigeren Fällen an.

Mayers Anmerkungen zu seinen Abschriften oder Abdrucken der Jacobyschen Korrespondenz reichen bis zum Jahre 1845, dann hören sie beinah ganz auf. Einige dieser Anmerkungen übernahm ich und kennzeichnete sie mit seinen Initialen; die anderen ließ ich weg, weil sie nach einem halben Jahrhundert quellenmäßig überholt sind oder weil sie einfach in den Rahmen der vorliegenden Edition nicht passen würden. Aber auch Mayers hier fortgelassene Anmerkungen leisteten mir nicht selten gute Dienste. Der Verlust der «umfangreichen Tagebücher»[24]) Jacobys erschwerte die Annotation seines Briefwechsels erheblich. Mayer erkundigte sich in Königsberg nach diesen Tagebüchern, bekam aber von Seraphim folgende Antwort: «Tagebücher existieren n i c h t, wohl aber Taschenbücher mit meist medizinischen etc. Notizen, deren Sendung ist wohl überflüssig»[25]). Daß es aber solche gab und daß sie sich in den Kästen Sa 6 und Sa 7 des Stadtarchivs befanden, unterliegt keinem Zweifel. Einige Stellen hat Frau Dr. Esau Jahrzehnte später aus ihnen extrahiert, und ich fand sie bei der Sichtung ihrer mir zur Verfügung gestellten Papiere.

Ich führe hier diese Auszüge in extenso an, weil sie die einzige Informationsquelle über Jacobys Tagebücher aus den Jahren 1830—1848 bilden[26]).

«Sa u[nd] 7. ‚Papiere z[ur] Biographie Jacobys.'»

«Heft 1830.
Jac[oby] ist schon 1830 in Polen! Warschau. Besuch b[ei] Verwandten. Nichts Politisches i[m] Tage[buch]. Erlebt i[n] *Dresden* d[en] Aufstand i[m] September [18]30.»

«1831 von 25. Mai – 26. Juni 1831 Reise nach Polen (i[m] Auftrag des Oberpräsidenten v. Schön) um über die dort ausgebrochene Choleraepidemie Bericht zu erstatten.»

«Empfehlungsbr[ie]f Schöns a[n] d[en] russ[ischen] Befehlshaber 23. V. [18]31. Angabe d[er] Reiseroute.»

»Aufford[erun]g durch *Schön* 23. V. 1831: Reiseroute vorgeschrieben.»

«Schreiben Schöns v. 17. Juni 1831.»

[Einschub:] «Auch Anweis[un]g für Erstatt[un]g d[er] Kosten d[urch] d[ie] Regierung! 12. Aug. [18]31.»

[24]) Schriftliche Mitteilung Frau Dr. Esaus vom 10. Juni 1967.

[25]) Seraphim an Mayer, 8. April 1911, JNUL.

[26]) Ich zitiere wörtlich, habe aber die Eintragungen, die in Frau Dr. Esaus Papieren auf verschiedenen Blättern stehen, chronologisch geordnet.

«Sa 6/7. Ausgeschrieben. Wörtliches i[n] Anführung. Tageb[uch] 1831. Insterburger Cholerazeit. 1. – 24. Okt. 1. Okt. Fahrt nach Pradau mit Fischer, Jacobson, Dohna[-Wesselshöfen], [Robert] Schön, A. Hobrecht. Tapiau (Gaststube: Vietinghof v. Norman andere /Lieute/[nants] gewaltige /Alter/. Streit wegen Polen, d[ie] Soldaten (marschieren?)'.

F[or]t[setzun]g 23. ,Thee b[ei] Schön'.»

«1847 6. April [Abreise n[[ach]] Berlin][le]

... 3 Uhr Mittagsmahl i[m] ,Deutschen Michel' i[n] Elbing; daselbst Flottwell, Riesen, H. Lichtheim, [August] Silber, Büttner Verf. der ,14 Fragen über das Patent v[om] 3. Februar [18]47' etc. Abends i[n] Marienburg Zusammentreffen mit Prof. Moser, Rob. Schön, Brünneck.»

«Reise i[n] d[ie] Schweiz.

1847 5. Mai – 12. Mai i[n] Leipzig u[nd] Dresden. Blum, Wigand, Ruge, Fröbel u. a.
19. Mai Zürich.
Juni: Heidelberg – Schlosser, Welcker, Struve usw.
[Am Rand:] 16. Juni Hallgarten.»

[1848] «Sa 6 und 7.
Sämtl[iche] Tagebücher (1848!)
Briefe! (Vogt 1848[)].»

Warum schrieb also Seraphim, es gebe keine Tagebücher von Jacoby? Erachtete er lediglich als Notizbücher, was sich bei näherem Hinsehen als Tagebücher entpuppte? Gelangten die Tagebücher erst später in den Besitz des Stadtarchivs? Wir wissen es nicht. Kein Historiker hat die Tagebücher gründlich ausgewertet, ebensowenig hat jemand jene «Taschenbücher mit meist medizinischen etc. Notizen» gesichtet, deren Sendung an Mayer Seraphim für überflüssig hielt. Es verbargen sich in ihnen aber vielleicht wichtige biographische und historische Angaben.

Ich gelange zum angenehmsten Teil des Vorwortes, zu den Danksagungen.

Die Friedrich-Ebert-Stiftung und Professor Dr. Georg Eckert, der Direktor des Instituts für Sozialgeschichte in Braunschweig, haben das Zustandekommen des Werkes wesentlich gefördert. Herr Kollege Eckert ist für mich vielfach vermittelnd tätig gewesen, hat die nötigen Forschungsfonds beschafft und bei der Bereitstellung der in immer höherem Maße erforderlichen Druckkostenzuschüsse nicht geringe Mühe gehabt. Er hat mich öfters beraten, mich während meiner Aufenthalte in Braunschweig betreut und zwei meiner langen biographischen Aufsätze über Johann Jacoby freundlicherweise in sein «Archiv für Sozialgeschichte» aufgenommen. Für seine außerordentliche Kollegialität sei ihm ein tiefempfundener Dank ausgesprochen. Wäre es nicht vermessen, so würde ich ihm zugleich im Namen des von ihm hochverehrten Johann Jacoby danken, denn mehr als jeder andere deutsche Forscher hat Eckert das Interesse für den berühmten Königsberger Demokraten und Freiheitskämpfer wiederzuerwecken geholfen.

Dankbar anerkennen möchte ich an dieser Stelle auch die wertvolle Unterstützung bei Korrektur und anderer Arbeit durch Frau Rosemarie Sievers.

Ein besonderer herzlicher Dank gebührt Frau Dr. Lotte Esau, die mir aus ihren Vorarbeiten Auszüge und Abschriften großzügig zur Verfügung stellte.

Von folgenden Institutionen erhielt ich Jacoby-Materialien:

Jewish National and University Library, Jerusalem;
Bundesarchiv, Außenstelle Frankfurt am Main;
Deutsche Staatsbibliothek Berlin;
Landesarchiv Berlin;
Schweizerische Landesbibliothek Bern;
Universitätsbibliothek Bonn;
Stadt- und Landesbibliothek Dortmund;
Stadt- und Landesbibliothek Frankfurt am Main;
Staatliches Archivlager Göttingen, ehemaliges Staatsarchiv Königsberg (Stiftung Preußischer Kulturbesitz);
Dichtermuseum Liestal;
Universitätsbibliothek Leipzig;
Schiller-Nationalmuseum, Marbach am Neckar;
Deutsches Zentralarchiv, Abteilungen Merseburg und Potsdam;
Österreichisches Staatsarchiv, Wien;
Zentralbibliothek, Zürich.

Noch weitere Archive und Bibliotheken, die ich leider nicht alle hier aufzählen kann, gewährten mir in der entgegenkommendsten Weise eingehende Auskünfte.

Wie mehrere meiner früheren Arbeiten, so verdankt auch diese Edition viel den Schätzen des Internationalen Instituts für Sozialgeschichte in Amsterdam und den Auskünften seiner Mitarbeiter, namentlich der Bibliotheksvorsteherin Fräulein Maria Hunink und den Leitern der Deutschlandabteilung, den Herren Götz Langkau und Hans Peter Harstick. Ich sage ihnen hier meinen aufrichtigen Dank. Mit besonderer Freude erinnere ich mich des Jahres 1965, wo ich am Institut meine Hess-Biographie[27]) zu Ende schrieb und die vorliegende Arbeit in Angriff nahm.

Für wertvolle Hinweise und wichtige Mitteilungen danke ich herzlich Frau Dr. Dorothea Kuhn und den Herren Bert Andréas, Professor Dr. Georg Eckert, Dr. Heiner Grote, dem anonym bleiben wollenden N. N., Dr. Herbert Obenaus, Professor Dr. Abraham Schalit und Dr. Werner Volke.

Mein junger Freund Dr. Heiner Grote in Bensheim-Auerbach hat mir bei der Herstellung des Textes geholfen und das Manuskript sprachlich durchgesehen. Gewiß wird er beim Durchblättern dieses wie des nachfolgenden Bandes manches finden, das ihm in bleibender Erinnerung Freude bereitet.

Schon Anfang der sechziger Jahre, als ich die Kunde erhielt von der Herunterschaffung der Mayerschen Gabe vom Skopusberg, reizte es mich, den Jacobyschen Briefwechsel zu veröffentlichen. Ich war damals durch meine Hess-Biographie stark in Anspruch ge-

[27]) Edmund Silberner, *Moses Hess. Geschichte seines Lebens,* Leiden: E. J. Brill, 1966. (Internationaal Instituut voor Sociale Geschiedenis.)

nommen und mußte die Ausführung des Jacoby-Projektes verschieben. Zuerst dachte ich an eine Auswahl der Briefe, je mehr ich mich indessen mit Jacobys Korrespondenz befaßte, desto lohnender erschien mir ihre Gesamtausgabe. Ich begann dann im Februar 1965 systematisch die Briefe zusammenzutragen und das zur Kommentierung nötige Material zu sammeln. Mehrere Forschungsreisen nach Deutschland, den Niederlanden, Frankreich, Österreich, England und in die Schweiz dienten diesem Zweck. Leider war es mir nicht gegönnt, Jacobys Vaterstadt zu besuchen. Ob ich über ihn etwas Relevantes in Kaliningrad gefunden hätte, ist ungewiß. Es wäre immerhin ein unvergeßliches Erlebnis gewesen – halb Forschungsreise, halb Pilgerfahrt –, den Spuren des großen Freiheitskämpfers in seiner Heimat zu folgen.

Dem Band, den ich hier vorlege, soll in angemessener Frist ein zweiter folgen, der Jacobys Korrespondenz von 1850 bis 1877 umfassen wird.

Das in dieser Edition erschlossene reiche Material wird in vielerlei Weise auszuwerten sein. Was mich betrifft, so hoffe ich, eine wissenschaftliche Jacoby-Biographie zu erstellen; folgende partielle Vorabdrucke sind bereits erschienen:

«Zur Jugendbiographie von Johann Jacoby» «Archiv für Sozialgeschichte» 1969 Bd. 9 S. 5–117;

«Johann Jacoby 1843–1846. Beitrag zur Geschichte des Vormärz» «International Review of Social History» 1969, Bd. 14 H. 3 S. 353—411;

«Johann Jacoby in der Revolution von 1848/49» «Archiv für Sozialgeschichte» 1970 Bd. 10 S. 153–259.

Edmund Silberner

Universität Jerusalem, am 1. Juli 1970

ZEICHEN UND ABKÜRZUNGEN

/ /	Lesung unsicher.
(?)	In der Textunterlage (Abschrift oder Abdruck) vorgefundenes, neben oder über ein nicht einwandfrei entziffertes Wort gesetztes Fragezeichen.
(?)^{0}	Fragezeichen in runden Klammern im Original.
(( ))	In der Textunterlage vorgefundene Lücke für eine nicht entzifferte Stelle, etwa entsprechend der Länge des nicht entzifferten Textes.
[ ]	Einschaltung des Herausgebers dieses Bandes.
[[ ]]	Einschaltung des Herausgebers dieses Bandes in eine bereits in der Textunterlage vorgefundene Einschaltung.
[ ]^{bf}	Einschaltung anhand der Abschrift im Bundesarchiv, Außenstelle Frankfurt am Main.
[ ]^{e}	Texteinschaltung anhand der Abschrift von Lotte Esau.
[ ]^{le}	Zusammenfassung, Hinzufügung oder Anmerkung von Lotte Esau in ihren Abschriften.
[ ]^{m}	Einschaltung oder Hinzufügung von Gustav Mayer in seinen Abschriften.
‹ ›	Von Gustav Mayer in seinen Abschriften getilgte, für die Veröffentlichung nicht bestimmte Stelle.
ADB	*Allgemeine Deutsche Biographie*, Leipzig 1875–1912, 56 Bde.
AHZ	Reinhard Adam, «Johann Jacobys politischer Werdegang 1805–1840», in «Historische Zeitschrift» 1930 Bd. 143 H. 1 S. 48–76.
BAF	Bundesarchiv, Außenstelle Frankfurt am Main.
BAF(Ab)	Abschrift im Bundesarchiv, Außenstelle Frankfurt am Main.
BW II	Die demnächst erscheinende, den Zeitraum 1850 bis 1877 umfassende Fortsetzung dieses Bandes.
DPC	*Deutsche Parlaments-Chronik. Ein politisches Schulbuch fürs deutsche Volk.* Hrsg. von J. Meyer, Hildburghausen 1848, Bd. 1.
DR	«Aus dem Briefwechsel Johann Jacobys». Mitgeteilt von Gustav Mayer. «Deutsche Revue» Stuttgart/Leipzig 1922 Jg. 47 Bd. 3 S. 212–233; Bd. 4 S. 48–60. 167–178.
DZA Merseburg	Deutsches Zentralarchiv Merseburg.
GM	Anmerkung von Gustav Mayer in seinen Abschriften oder Abdrucken.
JGSR	Johann Jacoby, *Gesammelte Schriften und Reden*, Hamburg: Otto Meissner ^{2}1877. 2 Bde.
JHSG	Johann Jacoby (Hrsg.), *Heinrich Simon. Ein Gedenkbuch für das deutsche Volk*, Berlin: Julius Springer 1865, 2 Bde.
JNGS	*Nachträge zu Dr. Johann Jacobys Gesammelten Schriften und Reden enthaltend die seit 1872 veröffentlichten Aufsätze und Reden*, Hamburg: Otto Meissner 1877.

JNUL	Jewish National and University Library, Jerusalem.
JNUL(Ab)	Abschrift im Jacoby-Nachlaß der Jewish National and University Library, Jerusalem.
LE(Ab)	Abschrift von Lotte Esau.
LGFZ(1)	Ludwig Geiger, «Briefe von Johann Jacoby». «Frankfurter Zeitung» 25. August 1903 Nr. 235, 1. Morgenblatt, S. 1–3 (Feuilleton).
LGFZ(2)	dasselbe (Schluß), ebenda, 26. August 1903 Nr. 236, 1. Morgenblatt, S. 1–3 (Feuilleton).
LGVZ	Ludwig Geiger, «Drei Briefe Johann Jacobys». «Vossische Zeitung» 8. September 1903 Nr. 419 S. 2–3 (Feuilleton).
LHA Potsdam	Landeshauptarchiv Potsdam.
Müller	Hermann Müller, *Anzeiger für die politische Polizei Deutschlands auf die Zeit vom 1. Januar 1848 bis zur Gegenwart. Ein Handbuch für jeden deutschen Polizeibeamten,* Dresden [1855].
NKHV	*Der neue Königsberger Handwerkerverein und Herr Polizeipräsident Maurach. Ein Beitrag zur Geschichte Königsbergs im Jahre 1862,* Königsberg: Albert Schwibbe 1862.
NLE	Notizen von Lotte Esau. Nach den Fotokopien im Besitze des Herausgebers dieses Bandes.
Schuppan	Peter Schuppan, *Johann Jacoby und seine politische Wirksamkeit innerhalb der bürgerlich-demokratischen Bewegung des Vormärz (1830 bis 1846).* Dissertation, Philosophische Fakultät der Humboldt-Universität zu Berlin [1963], (hektographiert).
Simson	Eduard von Simson. *Erinnerungen aus seinem Leben* zusammengestellt von B. v. Simson, Leipzig 1900.
StA	Staatsarchiv.
StAK	Staatliches Archivlager Göttingen, ehemaliges Staatsarchiv Königsberg (Stiftung Preußischer Kulturbesitz).
Sten. Ber.	*Stenographische Berichte über die Verhandlungen der ... beiden Häuser des [preußischen] Landtags. Haus der Abgeordneten,* Berlin 1859–1869.
UB	Universitätsbibliothek.
Unruh	*Erinnerungen aus dem Leben von Hans Viktor von Unruh.* Hrsg. von Heinrich von Poschinger, Stuttgart 1895.
Valentin	Veit Valentin, *Geschichte der deutschen Revolution von 1848/49,* Berlin 1930–1931, 2 Bde.
VDNV	*Stenographischer Bericht über die Verhandlungen der deutschen konstituierenden Nationalversammlung zu Frankfurt am Main,* Frankfurt am Main 1848–1849, 9 Bde.
VKVP	*Verhandlungen der konstituierenden Versammlung für Preußen,* Berlin 1848, 8 Bde. Bd. 9 (Supplement-Band), Leipzig 1849.
VVT	[anonym,] «Johann Jacoby», in *«Vorwärts.* Volkstaschenbuch für das Jahr 1843», Leipzig, S. 139–151.

1. Jakob Abraham Götze[1]) an Jacoby

Nachlaß[2]) *Berlin, 21. November 1816.*

Bezugnahme auf Jacobys Tagebuch, das Bemerkungen über den Wert eines sittlichen Lebenswandels enthält.

[1]) Jakob Abraham Götze (geb. 1771), seit 1803 in Königsberg (StAK, Rep. 17, II, 26 Generalia, Nr. 24 a, Fol. 91), Jacobys erster Hauslehrer.

[2]) Inhaltsnotiz in AHZ, S. 49.

2. Kasper Arendt[1]) an Jacoby

Nachlaß[2]) *Berlin, 25. Februar 1817.*

Mahnt Jacoby, seinen Sinn stets auf das sittlich Gute zu lenken, denn «die Quelle des Edlen und Schönen» sei «allezeit demjenigen nahe, der daraus trinken will». – Erwähnt die Reformpartei in der Berliner Synagoge.

[1]) Dr. phil. Kasper Arendt (geb. 1786) nach der Taufe (1824): Karl Christian Arendt. StAK, Rep. 17, II, 26 Generalia, Nr. 31, Fol. 17. Auch Arndt genannt (ebenda, Fol. 4).

[2]) Inhaltsnotiz in AHZ, S. 49. 60 f.

3. Wolff an Jacoby

Nachlaß[1]) *Berlin, 15. Januar 1822.*

Erteilt Auskunft über das studentische Leben an deutschen Hochschulen.

[1]) Inhaltsnotiz in AHZ, S. 52.

4. Jakob Abraham Götze an Jacoby

Nachlaß[1]) *Breslau, 7. März 1822.*

Erteilt Auskunft über das studentische Leben an deutschen Hochschulen.

[1]) Inhaltsnotiz in AHZ, S. 52.

5. Raphael Jakob Kosch[1]) an Jacoby

Nachlaß[2]) *Berlin, 12. Januar 1827.*

Über Mensur und Komment, Studentenbälle und Gleichberechtigung der Juden[3]).

[1]) Raphael Jakob Kosch (1803–1872), Vorkämpfer der Judenemanzipation in Preußen, besuchte das Altstädtische Gymnasium in Königsberg, studierte ab 1822 an der Albertina, 1826 Dr. med., ließ sich als Arzt in Königsberg nieder; nahm an der liberalen Bewegung des Vormärz teil; Abgeordneter Königsbergs in der preußischen Nationalversammlung (linkes Zentrum); 1849 Mitglied der Zweiten Kammer; von 1862 bis zu seinem Lebensende Abgeordneter der Fortschrittspartei für Königsberg.

[2]) Inhaltsnotiz in AHZ, S. 52.

[3]) Über Jacobys aktive Teilnahme am Studentenleben vgl. Edmund Silberner, «Zur Jugendbiographie von Johann Jacoby» in «Archiv für Sozialgeschichte» 1969 Jg. 9 S. 15 ff. Jacoby war Mitglied der «Lithuania», der auch Julius Moser, Eduard Simson und Rudolf Keudell angehörten. Auf Jacobys Vorschlag wurde die Verbindung – um dem Verdacht der Parteibildung zu begegnen – kurzweg «unser Kränzchen» genannt. Dieses Kränzchen, wie die übrigen in Königsberg, bewegte sich noch innerhalb der allgemeinen Burschenschaft und widmete sich ohne politische Tendenz allein dem geselligen Zusammensein. Vgl. Max Pauly, *Chronik der Landsmannschaft Lithuania während ihres 60jährigen Bestehens 1829—1889*, Königsberg 1889, S. 7 f. 82.

6. Raphael Jakob Kosch an Jacoby

Nachlaß[1]) *Berlin, 20. April 1827.*

Jacoby solle seine Bemühungen um die Gleichstellung der Juden höchstens noch nebenher fortsetzen, sein Hauptaugenmerk aber auf seine eigene Zukunft richten, also bald ein gutes Examen ablegen und in der Tagesarbeit des Arztes Befriedigung suchen.

[1]) Inhaltsnotiz in AHZ, S. 52 f.

7. Friedrich Jakob Behrend[1]) an Jacoby

Nachlaß[2] *Berlin, 21. April 1827.*

Über Burschenschaften und Gleichberechtigung der Juden.

[1]) Friedrich Jakob Behrend (1803–1889), beendete 1826 das Studium der Medizin in Königsberg und ließ sich als praktischer Arzt in Berlin nieder; verfaßte zahlreiche medizinische Abhandlungen und gab einige Fachzeitschriften heraus.

[2]) Inhaltsnotiz in AHZ, S. 52.

8. Leopold August Bock[1]) an Jacoby

Nachlaß[2]) *[Ort, Tag und Monat unbekannt] 1829.[3])*

Teilt mit, daß er trotz des Wunsches seines Vaters, der ihn zum Adjunkten verlangt habe, nach Ostpreußen zurückkehren und in Königsberg ein Hilfslehreramt an einem der Gymnasien antreten wolle.

[1]) Fanny Lewald erwähnt in ihrer *Lebensgeschichte* (I. Abt., Teil 2, S. 175) einen Freund Jacobys namens Leopold, in den sie verliebt war. Aus Liebe zu diesem Theologiestudenten trat sie im siebzehnten Lebensjahr zum Christentum über (Rudolf von Gottschall, *Studien zur neuen deutschen Literatur,* Berlin 1892, S. 338). Seine Identität läßt sich feststellen aufgrund der Matrikel der Universität Königsberg und des Briefes von Jacoby an F. Lewald vom 22. März 1857: Leopold August Bock (gest. 1828 oder 1829).

[2]) Inhaltsnotiz in F. Lewald, *Meine Lebensgeschichte,* I. Abt., Teil 2, Berlin 1861, S. 175.

[3]) Zur Datierung: Der Brief war einige Monate vor Bocks Tod aus dem Vaterhaus im Harz datiert (ebenda, S. 175). Das Jahr ist angegeben in Jacobys Brief an F. Lewald vom 22. März 1857.

9. Eduard Waldeck[1]) an Jacoby

Nachlaß[2]) *[Berlin,] 4. Februar 1830.*

Der Briefschreiber, der vergeblich versuchte, Jacoby nach Berlin zu ziehen, erwähnt, daß Jacoby eine günstige Stelle in einer kleinen Stadt ausgeschlagen haben soll.

[1]) Eduard Waldeck, geb. 21. März 1807 in Friedberg (Neumark), ein Vetter Jacobys, besuchte das Friedrichs-Kollegium in Königsberg, wohnte als Gymnasiast vier Jahre im Hause der Eltern Jacobys, studierte Medizin an der Albertina, 24. September 1829 Dr. med.; sodann praktischer Arzt in Berlin, führte auch den Titel eines Geheimen Sanitätsrats. In den Polizeiakten heißt es, er sei «konstitutionell-konservativ» (LHA Potsdam, Rp. 30 C, Tit. 94, J. Nr. 70, Fol. 67, 25. September 1856), „ein durchaus geachteter, loyal gesinnter Arzt, der sich um politische Dinge gar nicht kümmert" (ebenda, Fol. 48, 17. Juni 1856). In den 60er und 70er Jahren war er Mitglied des Vorstandes der Jüdischen Gemeinde, 1864 bis 1870 ihr Kommissarius für Krankenpflege und 1864 bis 1875 Vorsitzender ihrer Armenkommission. Jacoby wohnte bei ihm öfters während seiner Aufenthalte in Berlin. E. Waldeck starb um das Jahr 1876.

[2]) Inhaltsnotiz in AHZ, S. 53.

10. Jacoby an Eduard Waldeck

Nachlaß[1]) *[o. O.,] 4./16. Dezember 1830.*

... Bei uns sieht's kriegerisch aus. Überall Rüstung ... Das plötzliche Wetterleuchten in Polen hat alles aufgeregt. Das 3. Regiment ist fort. Das 1. erwartet täglich Marschordre ... Die Landwehr wird zusammengezogen, aus Mangel an Wintersachen [ist]le aber große Verlegenheit. Dohna[2]) ist Offizier bei derselben. Von allen hiesigen Ärzten und Wundärzten wird eine Liste aufgenommen, mit dem Bemerken, ob sie mosaisch sind oder nicht ...

[1]) LE(Ab).

[2]) Vermutlich Ludwig Wilhelm Graf zu Dohna-Wesselshöfen.

11. Theodor von Schön[1]) an den russischen Befehlshaber im Distrikt Augustow

Nachlaß[2]) *[Ort unbekannt,] 23. Mai 1831.*

Empfiehlt Jacoby, der in den angrenzenden Distrikt Augustów gesandt wurde, um einen Bericht über die dort ausgebrochene Choleraepidemie Bericht zu erstatten[3]). Gibt Jacobys Reiseroute an.

[1]) Theodor von Schön (1772–1856), Schüler Kants, 1806–1807 Mitarbeiter an den Stein-Hardenbergschen Reformen in Ostpreußen, 1824–1842 Oberpräsident der Provinz Preußen, Vorkämpfer gemäßigt liberaler Reformen; 1842 nahm er seinen Abschied; 1848 Alterspräsident der preußischen Nationalversammlung.

[2]) Nach einer Eintragung in Jacobys Tagebuch. Vgl. Vorwort S. 17.

[3]) Jacoby trat seine zweiwöchige Reise am 25. Mai 1831 an. Wichtiges Lokalmaterial über die Choleraepidemie in Königsberg bietet das «Amtsblatt der Königlichen Preußischen Regierung zu Königsberg» ab 18. Mai 1831 Nr. 20 S. 133 ff.

12. Jacoby an einen Königsberger Freund

Abdruck[1]) *Augustowo, [Ende Mai/Anfang Juni 1831.]*

Ich bin fest überzeugt, daß die Cholera nicht ansteckend ist, aber ebenso sicher, daß sie ihren Weg über den Ozean nach Amerika finden wird.

[1]) *Konversations-Lexikon der neuesten Literatur-, Völker- und Staatengeschichte*, Leipzig: Otto Wigand 1845, II, S. 119.

13. Jacoby an Theodor Schön

Abdruck[1]) *[Eydtkuhnen, am oder kurz nach dem 13. Juni 1831.]*

Über den Zustand der Cholera in *Polen* ist durch den in die Woiwodschaft Augustowo abgesandt gewesenen, am 13. d. M. in die preußische Quarantäne zurückgekehrten preußischen Arzt[2]) die Anzeige eingegangen, daß er in der Stadt *Marienpol* Cholerakranke zu beobachten fast gar keine Gelegenheit gefunden hat; daß in der Stadt *Kalwary,* wo die Krankheit nach Aussage dortiger Ärzte vom ersten bis letzten Mai vorzugsweise unter Russen und Polen grassiert haben soll, mit dem Einmarsch der Polen (den 1. Juni d. J.) fast plötzlich aufgehört hat und seitdem daselbst niemand mehr erkrankt oder gestorben ist; daß in der Stadt *Wylkowyszki* die Krankheit während fünf Tage gänzlich zessiert hatte, indessen wiederkehrte, als cholerakranke Russen aus der Schlacht bei Raigrod durchtransportiert wurden; daß in der Stadt *Neustadt* die Krankheit schon ganz vorüber zu sein geschienen hat und daß sie in *Polen überhaupt im Abnehmen begriffen ist,* auch die Kontagion daselbst sich nur bei den dazu geistig oder körperlich disponierten Personen gezeigt hat.

[1]) Nach dem Resümee im «Amtsblatt der Königlichen Preußischen Regierung zu Königsberg» 29. Juni 1831 Nr. 26 S. 200 f. Das Resümee ist aus «Königsberg, den 18. Juni 1831» datiert und von Theodor von Schön gezeichnet.

[2]) Gemeint ist der im Resümee namentlich nicht genannte Dr. Johann Jacoby.

14. Jacoby an die Eltern

Rekonstruktion[1]) *Eydtkuhnen, am oder kurz nach dem 13. Juni 1831.*

Berichtet, daß er das russisch-polnische Kriegsgebiet verlassen hat und sich wieder in Ostpreußen befindet[2]). Mitteilungen über seine Reise in den Distrikt Augustów.

[1]) Nach dem nachstehenden Brief.

[2]) Auf der Rückreise vom Distrikt Augustów, in dem die Cholera grassierte, wurde Jacoby beim Grenzübertritt nach Ostpreußen in Eydtkuhnen einer zwanzigtägigen Quarantäne unterworfen.

15. Raphael Jakob Kosch an Jacoby

Nachlaß[1]) *Königsberg, 17. Juni 1831.*

Sehr erfreut war ich, aus Deinem heute hier angekommenen Briefe an Deine lieben

[1]) Abs. 1 und 3 DR, S. 212 f., Abs. 2 LEA(Ab).

Eltern zu erfahren, daß Du Dich bereits außerhalb des vielfach beunruhigten Gebietes und wieder auf preußischem Grund und Boden befindest. Bei Deinem mir bekannten Enthusiasmus für die polnische Sache kann ich mir sehr gut vorstellen, wie angenehm Dir der glückliche Fortgang ihrer Angelegenheiten sein mußte, doch lag mir immer die Besorgnis nahe, daß Du Dich leichtfertig in unnütze Gefahr stürzen könntest, wenn Du im Vertrauen auf Deine gute Sache und Deinen Mut Dich unter die kriegführenden Parteien mischtest. Wahrlich Dein Brief hat gezeigt, wie begründet meine Vermutung und wie gefährlich Deine Unternehmungen waren.

... Aus Deinem Briefe schließe ich, daß Dir der plötzliche Tod Diebitschs[2]) am 16. [soll heißen: 10.] d. M. unweit Pultusk noch unbekannt ist, und hoffentlich wird Dich diese unerwartete Nachricht ebenso wie viele von uns überraschen und aus Anteil für die Polen, denen es zum guten Omen dienen möge, erfreuen. General Toll[3]) kommandiert jetzt interimistisch, da Paskewitsch[4]), wie man sagt ein geborener Litauer, depreziert hat, das Oberkommando gegen seine Landsleute zu übernehmen.

... Unser Oberpräsident[5]) soll mannigfacher Ursachen wegen in Ungnade gefallen sein und verabschiedet werden, doch ist darüber noch nichts offiziell bekannt. ... Von Deinen Berichten über die Cholera an Schön hat dieser nur kurze Auszüge in unserer Zeitung[6]) (die übrigens jetzt täglich erscheint), bekanntgemacht, sammle daher jetzt sorgfältig, um uns Deine Erfahrungen recht ausführlich nächstens mitzuteilen.

[2]) Iwan Iwanowitsch Diebitsch (1785–1831), russischer Feldmarschall.

[3]) Karl Fedorowitsch Toll (1777–1842).

[4]) Iwan Paskewitsch (1782–1856), 1831 Oberbefehlshaber der russischen Armee in Polen, eroberte Warschau und unterdrückte den polnischen Aufstand.

[5]) Theodor von Schön.

[6]) «Amtsblatt der Königlichen Preußischen Regierung zu Königsberg» (vgl. Nr. 13). Vielleicht erschienen diese Auszüge auch in der Königsberger «Königl. Preuß. Staats-, Kriegs- und Friedens-Zeitung», die für das erste Halbjahr 1831 nicht ermittelt werden konnte.

16. Theodor von Schön an Jacoby

Rekonstruktion[1]) *Ort unbekannt, 17. Juni 1831.*

Vermutlich über die Choleraepidemie und Jacobys Mitteilungen über dieselbe.

[1]) Nach einer Eintragung in Jacobys Tagebuch; vgl. Vorwort S. 17.

17. A. Gawrońska[1]) an Jacoby

Abdruck[2]) *Pojeziory, im Juni 1831.*

Je m'étonne beaucoup que vos compatriotes soient si cruels de vous punir pour avoir mis pied sur notre pauvre terre.

[1]) Auf seiner Reise in den Distrikt Augustów besuchte Jacoby einige polnische Edelleute, darunter die Familie Gawroński in Pojeziory bei Wylkowyszki. Frau Gawrońska schrieb ihm mehrere Briefe, in denen sie seine Begeisterung für die Polensache bewunderte. Die Korrespondenz ist verschollen. Vgl. AHZ, S. 56.

[2]) AHZ, S. 56.

18. Erklärung der «Königl. Preuß. Staats-, Kriegs- und Friedens-Zeitung» gegen Jacoby

Abdruck[1]) *Königsberg, Ende Juni 1831.*

Entgegnung auf die Korrespondenznachricht aus Königsberg in Preußen in Nr. 118[2]) des Hesperus.

Der wohlbekannte Verfasser des Aufsatzes in Nr. 118[3]) des *Hesperus* ist als Schriftsteller sowie nach seiner amtlichen Stellung hieselbst mit den Zensureinrichtungen in *Preußen* genau bekannt. Er weiß sehr wohl, daß vorzüglich Flugschriften und Tageblätter einer strengen Zensuraufsicht unterworfen sind und daß weder ihm noch der Redaktion der hiesigen Zeitung das Recht zusteht, die Maßregeln der Zensurbehörde zu beurteilen oder wohl gar, wie es hier geschieht, zu bekritteln. Wohl uns, daß wir in einem Staate leben, wo die größte Stütze der öffentlichen Autoritäten das allgemeine

[1]) «*Hesperus*. Enzyklopädische Zeitschrift für gebildete Leser.» Hrsg. von Christian Karl André, Stuttgart und Tübingen: J. G. Cottasche Buchhandlung, 4. August 1831 Nr. 185 S. 737.

[2]) Gemeint ist die anonyme Korrespondenz aus «Königsberg in Preußen, im April 1831» in «Hesperus» 18. Mai 1831 Nr. 118 S. 469 f. Jacobys Verfasserschaft läßt sich aufgrund seines Nachlasses feststellen.

[3]) In diesem Aufsatz hatte Jacoby den konservativen Geist der Königsberger «Königl. Preuß. Staats-, Kriegs- und Friedens-Zeitung» angegriffen. Sie liefere keine Betrachtungen über die Zeitereignisse und sei bestrebt, in ihrem Nachrichtendienst jeder liberalen Tatäußerung ein illiberales Gewand umzuhängen. Sie lasse die Fortschritte der Menschheit und der bürgerlichen Aufklärung nur in homöopathischen Dosen ihren Lesern zukommen, verkünde aber gegenteilige Nachrichten mit anpreisendem Wohlgefallen. Sie teile die für Polen ungünstigen Ereignisse mit sorgsamer Ausführlichkeit mit, bringe indessen mit sichtlichem Widerstreben, so spät und so entstellt als möglich, Meldungen über die Erfolge der Polen. Sie entblöde sich sogar nicht, die tapfere Nation als einen «raubsüchtigen Empörer» zu beschimpfen. Doch finde sie wenige in Königsberg, die gleich ihr fühlen und denken, wohl aber viele, die ihre unverschämte Parteilichkeit mit gerechtem Unwillen erfüllt.

Vertrauen ist und wo man nur selten sich die Anmaßung erlaubt, über die höhern Ansichten und Motive unüberlegt abzusprechen.
Die Zeitungsschreiber im *preußischen* Staate sind allerdings darauf beschränkt, nur verbürgte Nachrichten aus sicheren Quellen dem Publikum mitzuteilen, aber niemals sind sie genötigt, wider ihre Überzeugung sich für eine Sache besonders zu interessieren. Parteilosigkeit ist die erste Pflicht jeder Zeitung als historische Tradition, diese haben wir auch bei Aufnahme der Ereignisse über den Aufstand in *Polen* getreu beobachtet, wie sich ein jeder überzeugen kann, der sich die Mühe geben will, unsere Zeitung seit dem letzten halben Jahre nachzulesen. Da der Verfasser des Aufsatzes keine Beweise seiner feindseligen Behauptung gegen uns aufgestellt hat, so können wir uns auch auf diese Bemerkung beschränken, ohne Gegenbeweise aufzuführen.
Der Aufstand in *Polen* ist eine Weltbegebenheit; die Würdigung desselben bleibt der Geschichte vorbehalten. Einer Zeitungsredaktion steht es nicht zu, das Publikum für besondere Ansichten zu gewinnen; dem Urteil desselben muß nicht vorgegriffen werden, die Resultate der Begebenheiten werden solches leiten, und diese geben wir mit Angabe der Quellen für beide Teile gleich unparteiisch.
Nie hat die Redaktion sich erlaubt, durch eigene Meinung verleitet, irgendeine Begebenheit herabwürdigend darzustellen oder sich dabei gar niedriger und beschimpfender Ausdrücke zu bedienen. Es ist nicht von ihr ausgegangen, wenn der tapfere *Pole* «raubsüchtiger Empörer» genannt wurde, sondern es war ein mitgeteilter Artikel aus der *russischen* Zeitung, der ebensowenig gemildert werden durfte als die heftigen Ausfälle der *polnischen* Zeitungen gegen die *russische* Regierung. Die Redaktion kann und darf nicht das Organ der allgemeinen Denkungsart des hiesigen Publikums sein; sie kann sich daher auch nicht mit Reflexionen und Räsonnements befassen, welches ihren Wirkungskreis überschreiten würde, und glaubt der ihr vorgeschriebenen und übernommenen Verpflichtung völlig zu entsprechen, wenn sie auch ohne diese die bekannt gewordenen Tatsachen nach den ihr zugekommenen Quellen treu und unverfälscht wiedergibt.
Dies zur Widerlegung der wahrscheinlich nur aus *Privatrücksichten* niedergeschriebenen Ausfälle gegen unsere Zeitung.

Die Redaktion der hiesigen Zeitung.

19. Eduard Waldeck an Jacoby

Nachlaß[1]) *Berlin, 28. Juli 1831.*

Er sei wie Jacoby ein Freund der aufkeimenden Freiheit und ein Bewunderer des polnischen Volkes, könne aber Jacobys Hoffnung auf einen erfolgreichen Verlauf des polnischen Aufstandes nicht teilen.

[1]) Inhaltsnotiz in AHZ, S. 55.

20. August Hobrecht[1]) an Jacoby

Nachlaß[2]) *Berlin, 6. August 1831.*

Waldeck ... teilte uns gestern einen Brief seines Vaters mit, der einen vollständigen Bericht der Königsberger Unruhen[3]) enthielt. Herzlich habe ich mich (so ärgerlich und unsinnig diese Geschichte überhaupt ist) darüber gefreut, daß das würdige triplum Schumann, Schmidt[4]) und Grohnert und der Hochmut und Vorwitz in der Person des Dr. juris Simson[5]) Prügel empfangen haben und höchlich amüsiert hat mich der Ausdruck des alten Waldeck, daß das Volk den letzteren aus einem Dr. juris zu einem Dr. med. geprügelt habe.

[1]) August Hobrecht, Vater des Politikers und Finanzministers Arthur Hobrecht, enger Jugendfreund Jacobys, lebte als Offizier in Pradau bei Königsberg, 1831 stellungssuchend in Berlin, 1848 Ökonomiekommissar in Ratibor, 1865 Ökonomiekommissionsrat in Rathenow.

[2]) LE(Ab).

[3]) Am 22. Juli 1831 begann die Cholera in Königsberg zu wüten. Sechs Tage später brach dort ein blutiger Choleratumult aus. Die Revoltierenden, zumeist sehr arme Leute, waren in dem Wahn befangen, daß Ärzte, von Reichen bestochen, statt die Armen zu heilen, sie vergifteten. Deshalb wurden außer Polizeibeamten auch vorübergehende Ärzte mißhandelt.

[4]) Der Stallmeister Schmidt sen. bildete eine berittene Bürgerwehr, die nach dem Ausbruch des Tumultes durch die Straßen patrouillierte.

[5]) Eduard Simson (1810–1899), Jurist und Politiker, 1831 Privatdozent, 1836 ordentlicher Professor an der Albertina, Präsident der Nationalversammlung (rechtes Zentrum), 1867 bis 1874 Präsident des Norddeutschen bzw. des Deutschen Reichstages (Nationalliberale Partei).

21. Theodor von Schön an die Regierung in Königsberg

Nachlaß[1] *[Ort unbekannt,] 12. August 1831.*

Weist die Regierung an, Jacoby die Kosten seiner Reise in den Distrikt Augustów rückzuerstatten.

[1]) Nach einer Eintragung in Jacobys Tagebuch; vgl. Vorwort S. 17.

22. Jacoby an Eduard Waldeck

Rekonstruktion[1]) *[Königsberg, Spätsommer oder Frühherbst 1831.]*

Kritisiert scharf die Verfahrensweise der Berliner «Immediatkommission zur Abwehr der Cholera».

[1]) Nach Nr. 24.

23. Jacobys Erklärung[1]) gegen die «Königl. Preuß. Staats-, Kriegs- und Friedens-Zeitung»

Abdruck[2]) *Königsberg in Preußen, im September 1831.*

Dublik auf die Entgegnung der hiesigen Zeitungsredaktion in Nr. 185 des Hesperus[3]).

Durch meinen Bericht in Nr. 118 des *Hesperus* wurde leider! eine wohllöbliche Redaktion der hiesigen Zeitung zu einer entschuldigenden Gegenerklärung veranlaßt. Ist der Leser des *Hesperus* durch die vornehmen Redensarten gelangweilt worden; so verzeihe er, daß ich – wenngleich schuldlos – Anlaß dazu gegeben.

Eine wohllöbliche Redaktion der *Königsberger* Zeitung hätte sich die Mühe nehmen sollen, meinen Worten mehr Aufmerksamkeit zu widmen. Dies würde ihr wenigstens die größere Mühe erspart haben, gegen einen eingeschlafenen Feind zu Felde zu ziehen und sich wie den Leser mit der selbstgefälligen Beschreibung eines *preußischen* Zeitungsredakteur-Ideals zu behelligen.

Die Redaktion feindselig anzugreifen, war weder die Absicht jenes Aufsatzes, noch dürfte dies überhaupt ein des Kampfes würdiges Ziel sein. Was kann den Lesern des *Hesperus* – dem gebildeten Publikum *Deutschlands* – daran liegen, daß ein gewisser Herr N. N. zu *Königsberg* liberale Gesinnungen hege oder servile.

Abgesehen von aller und jeder Persönlichkeit wollte ich nur die hier herrschende Meinung rechtfertigen und Auswärtige vor dem möglichen Fehlgriffe warnen, die hiesige Zeitung als Organ der allgemeinen Denkungsart zu betrachten oder unseren Ansichten als Maßstab anzulegen. Liebt nun der Herr Redakteur seine Vaterstadt, so mußte es ihn ja erfreuen, daß ich auch dem Auslande eine vorteilhafte Meinung von unsern Mitbürgern beizubringen strebte.

Oder mißbilligt er vielleicht mein lebhaftes Interesse für *Polens* Schicksal? Zweifelt er etwa, daß der größere und gebildete Teil *Königsbergs* in dieser Angelegenheit gleich warm und aufrichtig fühle? Die Ereignisse der letzten Tage, vor allem die innige Teilnahme, welche sich bei der Trauerbotschaft von *Warschaus* Erstürmung hier zeigte, hätte seine Zweifel beseitigen können. Auch hier floß manche Träne den tapfern Vaterlandsverteidigern, und manches Jünglingsherz pochte ungestüm aus Verdruß, für die gerechte Sache nicht mitstreiten zu dürfen. Nur die Hoffnung gewährte uns Trost, daß unter den Mauern von *Warschau* noch nicht der letzte Schwanengesang der *polnischen* Freiheit erklungen, sondern, daß Bürgertugend und Freiheitsmut, gestählt in dem harten Kampfe der letzten Zeit, jetzt oder künftig den herrlichen Siegespreis erringen müsse.

La liberté est morte, vive la liberté!

Man vergebe die kurze Abschweifung, ist es doch dekmalen nicht verstattet, in einheimischen Blättern unsere Teilnahme für *Polen* öffentlich auszusprechen, und so nehmen wir daher gern jede Gelegenheit wahr, unser Herz durch die Mitteilung zu erleichtern.

«Flugschriften und Tagblätter», heißt es in der Entgegnung, «sind bei uns einer strengen

[1]) Die Erklärung ist anonym. Jacobys Verfasserschaft läßt sich aufgrund seines Nachlasses feststellen.

[2]) «Hesperus» 19. Oktober 1831 Nr. 250 S. 997 f.

[3]) Vgl. Nr. 18.

Zensuraufsicht unterworfen.» Leider ist dies nur zu wahr. Unwahr aber und Zeugnis einer kleinlichen Denkungsart ist der Folgesatz, daß «weder mir noch der Redaktion das Recht zustehe, die Maßregeln der Zensurbehörden zu beurteilen». Nichts steht so hoch, daß der menschliche Geist es nicht zu prüfen und zu beurteilen berechtigt wäre. Hätten im Mittelalter *Hus* und *Luther* gedacht wie eine wohllöbliche Redaktion unserer Zeit, die infallible Autorität des Papstes und der blinde Glaube an seine Aussprüche würde annoch unerschüttert bestehen.

Und nicht einmal die Zensur überhaupt habe ich angegriffen – ich täte es, könnte ich auf Erfolg hoffen –, sondern nur die Willkür des Zensors. Gibt's doch unter allen Klassen der Menschen, unter Justizräten, Ärzten, Professoren, Zeitungsredakteuren etc., Schwachköpfe, und nur unter den Zensoren sollte alles Weizen und gar keine Spreu vorhanden sein?! Auf die Gefahr hin, von einer zart-loyalen Redaktion für einen Revolutionär und Karbonar gehalten zu werden, kann ich's einmal nicht lassen, das Tadelnswerte zu tadeln und das Verwerfliche zu verwerfen.

«Wohl uns!» – fährt die Redaktion im Posaunentone fort – «Wohl uns, daß wir in einem Staate leben, wo die größte Stütze der öffentlichen Autoritäten das allgemeine Vertrauen ist und wo man sich nur selten die Anmaßung (sic!) erlaubt, über die höheren Motive und Ansichten abzusprechen.»

Vertrauen ist eine gar hübsche Sache, doch lehrt Erfahrung, daß der Sehende immer sicherer gehe als der von einem Sehenden geführte Blinde. Kredit ist nicht zu verachten, bares Geld aber ist besser – auf Leben und Sterben. Würde den *Preußen* die einst versprochene Konstitution zuteil, eine wohllöbliche Redaktion fände wohl schwerlich jemanden, der sich mit ihr darüber zu betrüben geneigt wäre, daß das Vertrauen nicht mehr alleinige Stütze der Autoritäten geblieben.

Überhaupt wäre zu wünschen, daß doch endlich einmal das ewige, ekelhafte Selbstlob der *Preußen* aufhörte. Haben wir auch immerhin schlechte Nachbarn, die unsere herrlichen Einrichtungen nicht anerkennen wollen; so dürften wir uns doch füglich mit der Posaune der *Preußischen* Staatszeitung *begnügen.*

Im Verfolge heißt es: «Da der Verfasser des Aufsatzes keine Beweise seiner feindseligen Behauptung gegen uns aufgestellt hat; so brauchen wir auch keine Gegenbeweise aufzuführen.» – Wohl mir, daß ich es nicht getan. Wird doch wohl jeder, der die Verteidigung zu lesen Geduld gehabt hat, mir alle weiteren Belege gernwillig erlassen. Schreibt die verehrliche Redaktion die Schuld auf eine gestrenge Zensur; so gibt sie ja eben dadurch das Bestehen einer Schuld zu und kann nicht von mir Beweise für ihr eigenes Geständnis verlangen.

Ist es aber – wir *fragen* nur – etwa auch Schuld des Zensors, daß unser Zeitungsblatt einen bloß verkürzten Abdruck der Staatszeitung darbietet? Weshalb werden nur aus *dieser* Reflexionen mitgeteilt? Warum schöpft die so unparteiliche Redaktion nicht aus unverdächtigen Quellen? Warum hält sie uns manche freisinnige Betrachtungen der allgemeinen Zeitung und anderer Tageblätter vor? Gern wird ihr jeder dafür die langweilig-pomphaften Beschreibungen von Festen und Feierlichkeiten erlassen. Warum, da ihr doch die *Warschauer* Zeitungen früher zukamen, begnügte sie sich mit den oft entstellten Auszügen *Berliner* Blätter? Warum endlich enthielten die eigenen Mitteilungen «von der *polnischen* Grenze» fast nur für *Polen* ungünstige Ereignisse? Doch genug der Fragen!

Nur noch eins erlaube ich mir zu bemerken, daß nämlich die Benennung «raubsüchtige Empörer» keineswegs, wie die Redaktion dreist genug behauptet, in einem aus *russischer* Zeitung entlehnten Artikel vorkomme, sondern daß ihr selbst die *Polen* also zu taufen beliebt hat. Ich ersuche eine verehrliche Redaktion, die Beilagen zur 39. und 40sten Nummer ihrer Zeitung (Artikel: «Königsberg») nachzuschlagen und sich daraus des weiteren zu belehren.

Die tapfere Nation, die durch diesen Namen wahrlich um nichts schlechter wird, könnte mit *W. Müllers*[4]) Worten erwidern:

Du nanntest uns Empörer — so nenn' uns immerfort!
Empor, empor — so heißt's, der *Polen* Losungswort;
— — — — — —
Empor mit vollen Schwingen in freie Lebensluft!

Schließlich muß ich noch als höchst unziemlich und vorschnell die Fingerzeige rügen, durch welche der Herr Redakteur auf einen auch uns bekannten Mann als auf den vermeintlichen Verfasser jenes Aufsatzes hindeutet. Die Bestimmtheit, mit der er seine Mutmaßung ausspricht, wird um so lächerlicher, da er nur mit stumpfen Pfeilen kläglich in die leere Luft schießt. Ich bin der Redaktion weder bekannt noch, wie ich versichern kann, ein Schriftsteller, noch bekleide ich ein Amt, noch können irgendwelche Privatrücksichten und eigensüchtige Zwecke mich zu jenem Berichte veranlaßt haben. Und somit Gott befohlen!

Sollte hierauf eine Triplik erfolgen, so erkläre ich im voraus, daß ich die Güte des Herrn Hesperus-Redakteurs und die Geduld seiner Leser nicht mißbrauchen, sondern – schweigen werde.

[4]) Wilhelm Müller (1794–1827).

24. Eduard Waldeck an Jacoby

Nachlaß[1]) *Berlin, 13. Oktober 1831.*

[Auch Waldeck ist davon überzeugt, daß die Cholera *nicht* ansteckend ist. Die Maßnahmen sind gemildert worden.][le]

... Du wirst staunen, wenn ich Dir im Vertrauen sage, daß Du einen nicht geringen Anteil an dieser Erleichterung des Landes hast. Deinen Brief nämlich, der in den wütendsten Äußerungen die Verfahrungsweise der Immediatkommission beleuchtete, konnte ich mich nicht enthalten, mit einigen Modifikationen in Abschrift meinem Freunde

[1]) LE(Ab).

Dieffenbach mitzuteilen .... [Dieffenbach[2]) für Jacoby. Scheut jedoch den Krach][le] darum versuchte er [es][le] weniger offen, doch gescheiter: er zeigte Deinen Brief, der trotz meiner zweiten Modifikation altpreußisch genug blieb, einem Hofmarschall, zu Dir im strengsten Vertrauen gesagt, dem des Prinzen Karl[3]), Herrn von Schoening[4]), der bei dem Hofe viel gilt, machte diesen zum strengsten Antikontagionisten und Demagogen, dieser stempelte den Prinzen und dieser den König, so daß Rust[5]), der zwar durch den König gedeckt immer standzuhalten vermag, eine bedeutende Nase erhalten haben soll. Die Gemeinheit in der Verfahrungsweise ging hier so weit, daß die Kommission dem Redakteur der nicht offiziellen Cholerazeitung[6]), einem Dr. Sachs[7]), die Aufnahme und Fortsetzung eines Aufsatzes verweigerte, der die Kontagiosität bestritt. Sachs hatte Wind von der umgeänderten Stimmung, verklagte die Zensurbehörde und diese bekam einen bedeutenden Rüffel, ich habe durch den Hofmarschall und Dieffenbach die Abschrift bekommen, worin die Behörde sehr heruntergerissen, ihr Parteilichkeit, unrechtsmäßiger Gebrauch des Zensurrechtes und Wankelmut vorgeworfen und eröffnet wurde, daß der Druck jener Aufsätze gestattet sei.

[2]) Johann Friedrich Dieffenbach (1795–1847), berühmter, aus Königsberg stammender Chirurg, wurde 1829 zum dirigierenden Arzt der chirurgischen Abteilung an de Charité zu Berlin, 1832 zum außerordentlichen, 1840 zum ordentlichen Professor an der Universität Berlin ernannt.

[3]) Prinz Karl von Preußen (1801–1883), Sohn des Königs Friedrich Wilhelm III.

[4]) Kurd von Schöning (1789–1859), Generalmajor und Militärhistoriker, wurde 1820 Adjutant des Prinzen Karl von Preußen, seit 1827 sein Hofmarschall.

[5]) Johann Nepomuk Rust (1775–1840), Chirurg, Professor an der Universität Berlin, Generalstabsarzt, Vortragender Rat im Ministerium der geistlichen, Unterrichts- und Medizinalangelegenheiten. Th. v. Schön nennt ihn «die Seele» der «Immediatkommission zur Abwehr der Cholera», die 1831 in Berlin eingesetzt wurde (*Weitere Beiträge und Nachträge zu den Papieren des Ministers etc. Theodor von Schön*, Berlin 1881, S. 261). Schön spricht auch von den «tollen Rustschen Choleravorschriften» (ebenda, S. 287).

[6]) «*Cholerazeitung*, hrsg. von den Ärzten Königsbergs» erschien vom 6. August bis zum 28. September 1831 während der Choleraepidemie in Königsberg (16 Nummern).

[7]) Ludwig Wilhelm Sachs (1787–1848), Professor der Inneren Medizin an der Albertina.

25. Jacoby an Eduard Waldeck

Abdruck[1]) *Königsberg, 3. März 1832.*

... Es ist zum Verzweifeln, daß ich jede Dummheit und Miserabilität der Zeit (und ihre Zahl ist Legion) so schwer trage, als träfe sie nur mich und nicht zugleich viele Millionen Mitmenschen. Die Cholera mit ihren Mühen und Aufregungen war nur ein betäubendes Palliativ. Der alte Schmerz kehrt jetzt um so heftiger zurück. Erinnerst

[1]) DR, S. 213 f.; Abs. 2 AHZ, S. 56. Am Ende der Briefes druckte G. Mayer versehentlich zwei Absätze aus Nr. 32.

Du Dich noch, mit welch frischem, hoffnungsvollem Leben wir das vergangene Jahr antraten, und, nun von Dunkelmännern und politischen Taschenspielern in den alten Schlaf zurückgelullt, haben wir es in echt spießbürgerlicher Ruhe beschlossen, sind – Gott weiß wie – wieder in das alte Geleise hineingegängelt worden und haben kaum die Freiheit behalten, nach Belieben weiter zu träumen. Ja, guter Sir John, Dein Wunsch ist erfüllt, alles ist erfüllt, alles ist vorüber und wieder Schlafenszeit! . . .

Ich führe ein wahres Philisterleben, beschicke tagsüber meine Patienten und gehe abends ermüdet und zu jeder anhaltenden Arbeit unfähig zwischen meinen vier Mauern auf und nieder, lasse dann meine getäuschten Hoffnungen die Revue passieren und ärgere mich, daß ich in meiner Ohnmacht nicht mehr tun kann, als mich ärgern. Was soll ich Dir den Unmut, der mich dann überfällt, die Unbehaglichkeit meines Zustandes schildern? Hast Du nie Ähnliches empfunden, so ist jede Beschreibung verlorene Mühe.

Während in raschen Pulsen mein Blut dem Ziele entgegenrollt, meine Sehnsucht mit jedem Augenblick sich verdoppelt, sitze ich eingeschlossen in einem Wagen, der trotz Schreien und Fußzappeln nicht von der Stelle zu bringen ist; ich fühle in mir die Kraft und den Druck, diese Kraft zu gebrauchen – aber die Hände sind gebunden, und Mephistophel spottet der törichten Anstrengung. Wer kann es einem verdenken, wenn man solchen argen Feind loszuwerden trachtet auf jede mögliche Weise, und müßte man selbst den Teufel durch Beelzebub austreiben . . .

Du erinnerst Dich wohl eines früheren Schreibens, in welchem ich Dir meine Wünsche aussprach und die Erwartungen, die der hohe Aufschwung der Völker in mir erregte. Ich hoffte damals so viel für uns Juden und glaubte den Zeitpunkt schon nahe, wo durch freies Wort und kräftige Tat unser bejammernswertes Geschick anders gestaltet werden sollte. Und was ist erfolgt? Die leichtsinnigen Franzosen lassen sich von den neuen Bourbons fein Honig um den Mund schmieren; die unglücklichen Polen werden wieder mit russischen Wohltaten überhäuft und der dickblütige und dickhäutige Deutsche hat von dem hohen Geistesaufschwung der Zeit keinen weiteren Vorteil als einige neue Sprossen auf dem politischen Zweige seiner Literatur und einen neuen Tummelplatz für seine tiefsinnige, superkluge Spekulation. Und so sind denn alle die schönen Seifenblasen zerplatzt, die ich Tor genug war, für mehr zu halten als bloße Seifenblasen. So ist die schöne Hoffnung, daß einem lang verachteten und dadurch verächtlich gewordenen Volke endlich einmal Gerechtigkeit zuteil werde, nichts weiter als leere Täuschung gewesen; so ist das frohe Ziel, das wir so nah wähnten, wieder himmelweit entrückt, und wir können nichts tun, als unsern Ingrimm verbeißen und dulden.

26. Jacoby an Eduard Waldeck

Abdruck[1]) *[Königsberg,] 4. März 1832.*

Politisch Neues gibt's wenig; doch traut man hier dem Frieden noch nicht und hält

[1]) DR, S. 214 (unter einer gemeinsamen Überschrift mit Nr. 25).

die jetzige Ruhe nur für die Windstille, die dem Sturme voranzugehen pflegt. Möge nur, wenn es losstürmt, «Vive Nicolas, quand même» nicht unser Feldgeschrei, und wenn unser Feldgeschrei, wenigstens nicht unser Siegesruf werden ... Dr. Simson[2]) und Professor Lengerke[3]) geben hier «[Preußische] Ostseeblätter»[4]) heraus. Dr. Simson, ein jeune homme accompli, bekennt sich zum juste milieu und fürchtet, daß trotz der Zensurschere die Bäume in den Himmel wachsen könnten ...

[2]) Eduard Simson.

[3]) Cäsar von Lengerke (1803–1855), Hebraist und Dichter, Professor der Theologie an der Universität Königsberg. Die freisinnige Richtung seiner Theologie und seine Freundschaft mit Jacoby hatten zur Folge, daß 1841 Heinrich Andreas Christoph Hävernick (1811 bis 1845), ein eifriger Vertreter der Hengstenbergschen Orthodoxie, zum Professor der semitischen Sprachen an der Universität Königsberg ernannt wurde, was zu Demonstrationen der Studenten führte. 1843 trat Lengerke zur philosophischen Fakultät über; er wurde 1851 pensioniert.

[4]) Karl Rosenkranz (*Königsberger Skizzen,* Danzig 1842, II, S. 21) erzählt, daß dieses Journal «anfangs recht fröhlich gedieh. Aber der Teufel holte es bald. Der Teufel im eigentlichen Sinne. Es entspannen sich nämlich in dem Blatte Streitigkeiten über Wesen und Existenz seiner höllischen Majestät, die eine für das Publikum entsetzliche Monotonie, unter den Mitarbeitern eine heftige Entzweiung und als Nettoresultat den Untergang des Journals herbeiführten».

27. Jacoby an Jakob Jacobson[1])

Nachlaß[2]) *Königsberg, 10. Juli 1832.*

.... Weniger als bei Dir offenbart sich in meinem äußeren Wesen der trübsinnige Geist, desto mehr beherrscht er mein inneres Leben, in diesem sieht es um so dunkler und wahrhaft nächtlich aus. Die Krankheit, die nicht nach außen ausbrechen konnte, entfaltete sich um so mächtiger in den inneren Teilen: ich weinte oft, wenn ich zu lachen schien. – Weshalb Schein und Sein bei mir so verschieden, weshalb ich die neue und kranke – nenne es krankhafte Verstimmung, Groll gegen ein feindliches Geschick, Trauer – verfehlte Lebensrichtung – weshalb ich diese Gefühle tief innig verschloß [?] Glaubte ich doch zeither, daß Mitteilung und Klage keine Heilmittel seien; wußte ich doch, daß der einzelne Mensch die Ursache meines Übels – zu rege Empfänglichkeit für eine tausendjährige Ungerechtigkeit – nicht zu heben im Stande ist. Wer glücklicher

[1]) Gustav Mayer gehört das Verdienst, diesen biographisch höchst wichtigen Brief veröffentlicht zu haben (vgl. Anm. 2). Der Adressat blieb ihm unbekannt, nur den Vornamen Jakob konnte er mit Sicherheit feststellen. Nach AHZ, S. 58 ist der Brief an «Dr. Jacobsohn [soll heißen: Jacobson] in Braunsberg» gerichtet. Jakob Jacobson, geb. 1807 in Königsberg, ein Vetter Jacobys (DR, S. 168), besuchte das Altstädtische Gymnasium, studierte an der Albertina Medizin und ließ sich als praktischer Arzt in Braunsberg nieder.

[2]) Abs. 1 JNUL(Ab); der Rest abgedruckt von G. Mayer in «Der Jude», 1. Bd. Berlin, 1916/17, S. 671 ff.

von der Natur organisiert, ohne die Empfänglichkeit froh durchs Leben wandert, es würde schwer halten, ihm das tiefe Schmerzgefühl schmählicher Erniedrigung verständlich zu machen ....

Mitten unter frohen christlichen Genossen fühlte ich mich oft plötzlich durch ein dunkles Gefühl beklemmt, das meine Brust gewaltsam einengend den kaum aufdämmernden Frohsinn erstickte; beim besten Willen konnte ich nicht wieder zu Heiterkeit kommen, sondern saß still und in mich gekehrt im Kreise derer, die von jedem Argwohn fern sich mit offener Herzlichkeit einander hingaben. Dies unheimliche Gefühl, wie die plötzliche Veränderung mußte mich dann gezwungen erscheinen lassen, mein schroffes Zurückziehen den Fröhlichen abstoßen und alles dies auf mich und andere einen höchst störenden Einfluß ausüben.

Oft habe ich über Ursache und Folgen dieser Erscheinung nachgedacht und gefunden, daß ähnliches gewiß jedem gebildeten und edlerdenkenden Juden begegnet, sobald er sich über seine unnatürliche Stellung zur Mitwelt aufrichtige Rechenschaft gibt. *Der Gedanke: Du bist ein Jude! ist eben der Quälgeist, der jede wahre Freude lähmt, jedes sorglose Sichgehenlassen gewaltsam niederdrückt!* Durch die Staatsgesetze von äußeren Ehren und so vielen Rechten ausgeschlossen, in der Meinung seiner christlichen Mitbürger niedriger gestellt, dies wenigstens stets (und wer kann es ihm verdenken?) argwöhnend, fühlt der Jude sich durch fremde Überhebung gedemütigt und ist so nur zu sehr geneigt, in jeder unschuldigen Äußerung eine Kränkung zu befürchten. Wie kann er sich harmlos oder wahr zeigen, da er jeden Augenblick ängstlich auf sich aufpassen muß, um nur ja nicht als Jude (im Sinne der Christen genommen) die ihm – als einzelnem – gewordene Achtung aufs Spiel zu setzen? Und ist er selbst unter Christen, die sich von dem mit der Muttermilch eingesogenen Vorurteil freigemacht, sich nicht besser dünken als der beste Jude, doch kann er sich des Mißtrauens nicht erwehren: eben weil er Gespenster *glaubt, sieht* er sie[3]).

Je mehr er so durch sein scheinbar-unwahres Benehmen auf die *Liebe* der anders glaubenden Mitmenschen Verzicht leisten muß – denn nur das Herz gewinnt ein Herz, nur Vertrauen erzeugt Vertrauen –, desto eifriger strebt er wenigstens die *Achtung* derselben sich zu erkämpfen und festzuhalten. Aus dieser Quelle lassen sich die meisten Eigentümlichkeiten und Fehler herleiten, die man nicht ohne Recht gemeinen und gebildeten Juden zum Vorwurf macht. Mit aller Geistesanstrengung reagiert er – nur freilich oft zur Unzeit –, um seiner gekränkten Menschenwürde nichts zu vergeben, um sich und andern nicht etwa niedriger zu erscheinen. Erbitterung über wirkliche oder vermeintliche Zurücksetzung, Furcht vor dem Schein zu großer Demut läßt ihn in das andre Extrem verfallen, in Egoismus, Hochmut und Selbstüberschätzung. Zugleich aber (um nicht bloß bei den Schattenseiten zu verweilen) wird durch solche von Jugend auf geübte Opposition, gleichsam durch die stete Antreibung, der Geist schärfer, lebhafter und mehr

[3]) Ebenso Jacoby in seiner Streitschrift *Über das Verhältnis des Königlich-Preußischen Oberregierungsrats Herrn Streckfuß zur Emanzipation der Juden*, Hamburg 1833, S. 11: «Wer an Gespenster *glaubt*, der *sieht* sie freilich». S. 24: «Mit der Muttermilch eingesogenes Vorurteil».

entwickelt: ein Vorzug, der leider! mit zu großen Opfern erkauft wird. Denn als Resultat des Ganzen steht einmal fest, daß der gebildete Jude zwar die Achtung seiner christlichen Umgebung genießt, aber nie ihre *Liebe* erwerben kann.

Schon als Jüngling empfand ich den heftigsten Unwillen über die schmähliche Erniedrigung, in welcher wir Juden leben. Dies peinigende Gefühl verleidete mir die Freude des geselligen Lebens, für die ich jedoch in den Träumen einer besseren Zukunft reiche Entschädigung fand. Je älter ich aber wurde, desto weniger konnten mir die schönen Träume genügen: ich fühlte eine Leere im Innern, welche auszufüllen ich mich innig nach Gelegenheit zu Taten sehnte. Sollte das Leben nicht in etwas anderm bestehen als in dem bloßen Wechsel von Essen und Verdauen, von Anstrengung und Vergnügen; sollte wissenschaftliches Streben und gegenseitiger Austausch von Liebe und Freundschaft schon das höchste Ziel desselben sein? Ich ahnte einen des Kampfes würdigeren Preis. Das Studium meiner Wissenschaft zerstreut, aber befriedigt mich nicht, reizt meinen Lebenshunger, ohne ihn zu stillen. Wer nur seinen Beruf als Arzt erfüllt, hat sicher seine Aufgabe nur zum Teil gelöst. Als Mensch für eigne und anderer Vervollkommnung zu wirken, für die gute Sache seiner Überzeugung zu streiten, mit freudiger Aufopferung aller sonstiger Interessen dem *geistigen* Wohle der Menschheit seine Kräfte widmen, das ist der erhabene Zweck unseres Daseins.

Wie beengt es aber die Brust, wenn wir von diesen hohen Regionen unserer Ideen auf die verflachte Wirklichkeit den Blick werfen, wenn wir in dieser unsere Kräfte so ohnmächtig, unsern Standpunkt so beschränkt und vor allem den Weg durch ein leidiges Vorurteil uns überall versperrt sehen. Allein hier ist es eben, wo wir Hand anlegen müssen: können wir nicht nach dem Höchsten streben, so wollen wir wenigstens die Hindernisse wegzuräumen suchen, sei es für uns oder erst zum Besten unserer späten Nachkommen. Durch Rede und Tat gegen Unterdrückung anzukämpfen, ist uns eine heilige Pflicht, damit endlich der bejammernswerte Zustand einer lange verachteten und zum Teil dadurch verächtlich gewordenen Klasse verbessert und das einzige Mittel hierzu – bürgerliche Gleichstellung – errungen werde. Die Scheidewand muß fallen, die ein krasses Vorurteil aufgeführt und zur Schande unseres Jahrhunderts unterhält. Wer – Jude oder Christ – einen Stein herausreißt und dadurch zu ihrer Zertrümmerung beiträgt, hat ein verdienstliches Werk getan.

Diese Überzeugung wie der Entschluß, für diese zu handeln, hatte sich schon früh bei mir festgestellt. Ich wurde zuerst durch den Schmerz dahin geleitet, den auf der Universität die kränkende Ausschließung der Juden von der ((   ))[4] wohl in mir erregte. Als Fuchs mußte ich meinen Ingrimm verbeißen und schweigen. Kaum aber war die Zeit der Unmündigkeit vorüber, so trieb mich der innere Unmut, alles zur Vernichtung des ungerechten Kommentgesetzes aufzubieten. Freilich waren dies nur Stürme in einem Glas Wasser, zugleich aber ein Spiegel der Zukunft, die unser harrte. Welche Freude, als endlich unsern vereinten Kräften das Zerstörungswerk gelang, alles wähnten wir erreicht und abgetan.

[4]) Der Sinn der Entzifferungslücke ist klar: Jacoby erreichte gegen heftigen Widerstand der Korps die Abschaffung der Einrichtung, daß bei den Studentenbällen kein Jude an der Spitze stehen durfte. GM.

Doch nur zu bald folgte die Enttäuschung: wir traten ins Leben und wurden gewahr, daß es nur Knabengefechte gegen Distelköpfe gewesen, daß statt des aufgehobenen hundert ähnliche Gesetze uns Hohn sprachen, daß gegen diese neuen Beschränkungen wir uns nicht einmal auflehnen dürfen. Mit bürgerlicher Unfähigkeit geschlagen, sehen wir uns von allen Ehrenstellen, Staatsämtern, selbst von Lehrstühlen ausgeschlossen; nicht einmal Offizier, Torschreiber Feldmesser, Apotheker, Kalkulator, Briefträger, Sekretär kann der Jude werden. Überall wird er in der *Entwicklung seiner Fähigkeiten gehemmt,* in dem ungestörten Genuß der Menschen- und Bürgerrechte gekränkt und überdies noch – als natürliche Folge hiervon – der allgemeinen Verachtung preisgegeben. Und dennoch – wahrlich! es ist kaum glaublich – gibt es Juden, die noch nicht einmal zur Einsicht der ihnen zugefügten Unbill, zum Gefühl ihrer Schmach und zur Sehnsucht nach Freiheit gelangt sind. Die meisten haben durch die gewohnte Kettenlast eine so hartschwielige Haut bekommen, daß sie den Druck weder empfinden noch loszuwerden streben....

Unter meinen Bekannten sind nur wenige, denen ich mich anvertraut, ist nur einer, der mit mir den bitteren Schmerz unserer demütigen Lage lebhaft fühlt, und dieser eine ist ein – Christ (Hobrecht)....

Ich für mein Teil habe mit meinem Schicksal abgerechnet und bin über meine Wünsche und Ansprüche im klaren. Die Lebensrichtung, die ich unter *andern* Verhältnissen genommen, ist mir nun einmal verrückt und verpfuscht: ein Opfer des krassen Vorurteils, habe ich dem Kampf gegen dasselbe mein Leben geweiht und halte jeden Augenblick desselben für verloren, in dem ich nichts dafür tun kann.

Nach reiflicher Prüfung bin ich zur Überzeugung meiner guten Sache gelangt: ich habe lange über die verschiedenen Religionen nachgedacht und finde in dem von Rabbinersatzungen gereinigten Judentum noch immer mehr Genüge für meinen Geist als im dermaligen Christentum. Denn ersteres steht der – nach meiner Idee – höchsten menschenwürdigsten Religion, dem reinen Deismus um vieles näher. In *diesem* Glauben werden in Zukunft vielleicht alle Menschen sich vereinigen, wenngleich, solange Auffassungsvermögen und Kulturstufe bei den einzelnen Menschen verschieden bleiben, auch immer verschieden höhere oder beschränktere Vorstellungen vom höchsten Wesen und unserem Verhältnisse zu demselben fortbestehen werden.

Bis zum Allgemeinwerden dieses Deismus aber scheint es mir eben Bestimmung des Judaismus zu sein, dem überhandnehmenden Gefühlsschwindel des Christentums auf alle mögliche Weise entgegenzuarbeiten. Und vieles ist in dieser Hinsicht schon gefördert. Wie nahe stehen in ihren Ansichten Rationalisten, Thomaschristen, Unitarier usw. dem vorurteilsfreien, vernünftigen Judentum; wie würden sie sich noch um vieles näher stehen, wenn dem Streben der Juden nach Verbesserung und zeitgemäßen Reformen nicht vom Staat so viele Hindernisse in den Weg gelegt würden! Ich erinnere nur an das Verbot, deutsche Predigten in der Synagoge zu halten, an die gewaltsame Schließung der Jacobsonschen Schule[5]); und auch dem Tempelverein von Hamburg steht ein

[5]) Eine Kabinettsordre vom Jahre 1823 verbot den von Israel Jacobson in Berlin errichteten Privattempel und überhaupt jede Neuerung im jüdischen Kultuswesen.

ähnliches Schicksal bevor. Nur durch Verstopfung der Quelle kann allen diesen Übelständen abgeholfen und eine bessere Zukunft herbeigeführt werden, und so werden wir wieder darauf zurückgeleitet, daß vor allem Verbesserung der *bürgerlichen* Stellung der Juden, völlige Emanzipation zu erringen nottut. Wir kennen demnach Krankheit, Ursache und Heilmittel; nur wie man zu letzterem gelange, ist noch die Frage ....

Vor allem scheint es mir nötig, sich in der Lage der Sache zu orientieren, zuerst sich selbst und dann andere über den sittlichen, intellektuellen und bürgerlichen Zustand der Juden (im allgemeinen wie in den einzelnen Staaten) genau zu unterrichten. Daß so viele Juden aus Mangel an Interesse hierin völlig unwissend sind, lehrt leider! die tägliche Erfahrung. Ist solchen Leuten in ihrer Haut nur wohl, so lassen sie sich die schimpfliche Stellung der Glaubensgenossen wenig zu Herzen gehen: und wenn sie ja dabei etwas empfinden, ist es höchstens die Trauer einer Stunde, nicht der durchs Leben gehende Schmerz, der alle zum tätigen Widerstand anreizt. Der Kaufmann kümmert sich wenig um die Zurücksetzung und Ausschließung von Ehrenstellen, Staats- und Lehrämtern, denn er strebt nach allen diesen nicht; läßt man ihn doch ungestört seinen Handel treiben und im völligen Genuß seiner Eherechte essen, trinken und sich fortpflanzen; damit ist er zufrieden und läßt sich in seiner kalten Selbstsucht nichts davon träumen, daß auch er in seinen edelsten Rechten gekränkt wird. Wer von Jugend auf im Gefängnis lebte, fühlt nicht die drückende, brustbeklemmende Luft desselben; eine freiere Atmosphäre zu atmen, dies Glück kennt er zu wenig, um sich danach sehnen, um es schätzen zu können. Solche Unglückliche muß man aus dem Schlafe aufrütteln, den schwachen Rest ihres Ehrgefühls in Anspruch nehmen, sie mit der Nase auf ihre Ketten stoßen, um sie zur Einsicht und zum Gefühl ihrer Schmach zu bringen. Wohl ist das Geschäft ebenso schwierig als traurig; wenn der Bessere aber nur nicht von vornherein am Gelingen verzweifelt, sondern jeder auf seinem Standpunkt gewissenhaft das Mögliche tut und diese Angelegenheit zur Hauptsorge seines Lebens macht, so wird das Gute vielfach gefördert und – früh oder spät – für unsere Sache alles gewonnen werden.

Ebenso ist es ferner erforderlich, auch die einzelnen Christen über diesen Gegenstand zu belehren, da vielen derselben die Kenntnis des uns zugefügten Unrechts ganz abzugehen scheint; möge es uns zumal gelingen, denjenigen die Augen zu öffnen, die ihrer künftigen Stellung nach einst für uns wirken können. Unter Juden und Christen müssen wir uns Genossen zu dem bevorstehenden Kampf werben, die Gleichgesinnten – nah oder fern – auskundschaften und uns mit ihnen in dauernde Verbindung setzen.

Ist's tunlich, so suche man eigne Vereine zu dem Ende zu stiften oder wenigstens die schon bestehenden dahin zu bestimmen, daß sie ebenfalls auf die Verbesserung des bürgerlichen Zustands der Juden ihr Augenmerk richten. Wer ferner Fähigkeit und innern Trieb verspürt, schreibe gegen das Vorurteil und gegen die Advokaten verjährten Unsinns, es ist dies freilich schon oft geschehen und alle vernünftigen Gründe erschöpft, ohne etwas zu fruchten, ich verspreche mir daher nicht viel davon; doch dürfte immerhin, wenn das Samenkorn fruchtbaren Boden findet, es bei dem einzelnen uns gute Frucht tragen, und ist der Versuch daher nicht ganz zu unterlassen. *Der Zufall tut für Faule nichts,* deshalb heißt's: arbeite und dann hoffe! Wo der Staat nicht die Hände bindet, denke man zugleich an eine zeitgemäße Reform, an die geistige Wiedergeburt unserer Ecclesia pressa und an Erhebung der niederen Klasse der Juden. Man suche hier wenigstens vorzubereiten; gelingen kann das Werk erst *nach* erfolgter Emanzipation. Wir sehen namentlich an dem Beispiel Hollands[6]), daß mit der Wiedererteilung aller bürgerlichen Rechte das übrige sich von selbst findet.

Um endlich aber diese Gleichstellung zu erringen, benutzen wir vor allem die mächtige Gärung unserer Zeit! Überall erblicken wir zwei sich feindlich gegenüberstehende Parteien: auf der einen Seite die Herrscher und Aristokraten mit ihrer Neigung zur Willkür und dem starren Festhalten an alten, vernunftwidrigen Formen; auf der anderen die Völker mit ihrem neuerwachten Kraftgefühl und der lebendigen Sehnsucht nach freierem Aufschwung. Wir müssen uns mit völliger[7]) Hingabe einer Partei anschließen, wenn wir unsere Wünsche erfüllen und das empörende Joch abschütteln wollen.

Von den Fürsten haben wir nichts zu erwarten: vermöchten sie auch sich vom Vorurteil freizumachen, könnten sie sich auch in die schmerzliche Lage des schuldlos zurückgesetzten und verfolgten Juden hineindenken, das Unglück, das auf so vielen Tausenden ihrer Untertanen lastet, würde sie höchstens zu Mitleiden rühren; aufheben aber werden sie es nicht. Ihnen scheint jede geistige Freiheit verderblich, also auch die der Religionsmeinungen.

Ganz anders verhält es sich mit der Volkspartei. «Vernichtung jedem Vorurteil, Krieg jeder unnützen Freiheitsbeschränkung» heißt hier die Losung. Unter dieses Banner müssen wir uns reihen, um zugleich Vorurteile und Beschränkungen, die uns drücken, zu vertilgen. Hier seien wir mit Wort und Tat zu streiten bereit, wo – abgesehen von der Judenfrage – uns auch so schon Herz und Verstand hinzieht! Noch ist es bei uns nicht zu offenem Kampfe gekommen, und unsere Kräfte sind leider! schwach.

Immerhin! wir können doch im stillen unsere Mitbürger für die liberale Partei zu gewinnen und auf vielfache Weise die gute Sache zu fördern streben. Von unsern Erfolgen laß uns einander in Zukunft aufrichtig Rechenschaft ablegen! In froher Gewißheit des Sieges wollen wir mit Aufopferung aller anderen Interessen für Konstitution, Pressefreiheit und wahre Volksvertretung kämpfen: diese allgemeinen Wohltaten bringen sicher in ihrem Gefolge auch unsere Emanzipation! In Nordamerika, Frankreich, Holland und auch neuerdings in Belgien und Hessen-Kassel ist unsern Glaubensgenossen vom Volke ihr Recht geworden; bald hoffentlich wird nun auch in England, Hannover und andern Ländern ihren billigen Forderungen Gehör gegeben. Mut und Standhaftigkeit! So wirds auch bei uns gehen. Es reifen unsere stillen Hoffnungen allmählich zur Wirklichkeit .....

[6]) Vgl. Jacoby, *Über das Verhältnis ...*, S. 30 f.

[7]) AHZ, S. 65: «Hinter ‚völliger' steht in Klammern, dann aber wieder gestrichen: ‚jesuitischer; nur wir brauchen gute Mittel zum guten Zweck'.»

28. Jacoby an Gabriel Riesser[1])

Abdruck[2]) *Königsberg, 29. September 1832.*

Wertester Herr Doktor!

Gleiche Gefühle und übereinstimmende Denkungsart haben die Menschen von jeher enger verknüpft als persönliche Bekanntschaft und sonstige Wechselverhältnisse es vermochten. Ohne alle Förmlichkeit und fern von der kleinlichen Scheu vor möglicher Mißdeutung spreche ich daher zu Ihnen, zwar ungekannt zum Ungekannten, aber gleichgesinnt zum Gleichgesinnten. Es ist das rege Interesse an einer von Ihnen so schön verteidigten Sache, welches mich drängt, Ihnen einige Worte dankbarer Anerkennung zukommen zu lassen.

Als Jude geboren und aus ernster Überzeugung an der Lehre meiner Religion festhaltend, hatte ich schon früher mit mannigfachen gesellschaftlichen und bürgerlichen Mißverhältnissen zu kämpfen; durch ein empörendes Vorurteil Andersglaubender sah ich mein Streben oftmals gehemmt, meine schönsten Hoffnungen zerstört und mich überall in den Ansprüchen, die jeder an das Leben zu machen berechtigt ist, gekränkt und beeinträchtigt. Trauer über verfehlte Lebensrichtung und manche herbe Erfahrung ließen mich bald den Blick von meinen individuellen Verhältnissen auf das Allgemeine richten und mit tiefem Unwillen die erniedrigende Stellung meiner Glaubensgenossen überhaupt gewahr werden. Seitdem dies Bewußtsein in meinem Innern erwuchs, seitdem der Schmerz, unverdient zurückgesetzt, durch das Gefühl der Ohnmacht zum Unmute gesteigert, mich überall verfolgt, ward mir der Genuß jeder Freude getrübt und die heftigste Sehnsucht nach einer besseren Zukunft erregt. Doch wozu Ihnen, der Gleiches empfindet und sicher auch Gleiches im Leben erfahren, das Peinliche meines Zustandes schildern? – Sie kennen den herzzerreißenden Schmerz ebensogut und vermögen ihn besser als ich in freimütiger, kräftiger Sprache auszudrücken. Die ersten Blätter Ihrer Zeitschrift[3]) waren mir hierin ein deutlicher Beweis.

Mit verständnisinniger Freude habe ich Ihre mutige Protestation gegen vielhundertjährige Unbilden gelesen; ein würdiger Vertreter der Wahrheit, haben Sie gezeigt, daß nur durch Verachtung unser Volk verächtlich geworden, daß alle Fehler der Juden notwendige Folge des Fluches sind, mit dem nur eine himmelschreiende Ungerechtigkeit sie belegen konnte; daß allein Aufhebung der Ursachen die Wirkung aufzuheben, einzig und allein die bürgerliche Gleichstellung Selbstgefühl und Menschenwürde der verhöhnten Menge wiederzugeben imstande sei. Wenn Sie durch das edle Unternehmen sich Anspruch auf den Dank jedes Menschenfreundes erworben, so tut es mir innig wohl, Ihnen hier für meinen Teil die Dankbarkeit bezeigen zu können, welche meine Glaubensgenossen insgesamt Ihnen schulden. Von Herzen wünsche ich Ihrem Streben Gelingen!

[1]) Gabriel Riesser (1806–1863), Vorkämpfer der Judenemanzipation in Deutschland, 1848 Mitglied der Frankfurter Nationalversammlung, galt als einer der besten Redner der Paulskirche.

[2]) AHZ, S. 75 f.

[3]) «*Der Jude.* Periodische Blätter für Religion und Gewissensfreiheit.» In zwanglosen Abteilungen hrsg. von Gabriel Riesser, Altona 1832–1833, 2 Bde. Nr. 1 des Blattes erschien am 10. April 1832.

Mögen Sie sich durch keinerlei Hindernisse von Ihrem Vorhaben abschrecken und vor allem durch die geringe Teilnahme der Juden selbst nicht etwa irren lassen. Leider gibt es noch viele unter uns, deren Haut durch langjährigen Druck so hartschwielig geworden, daß sie die Kettenlast nicht einmal zu fühlen, geschweige darauf zu reagieren imstande sind. Wenn nur ihr materielles Wohlsein nicht gefährdet, wenn sie nur im vollen Genuß ihrer ((...))[4]) bleiben, so läßt der Kaltsinn sie nicht davon träumen, daß sie in ihren edelsten Menschenrechten gekränkt werden; ihre eigene und der Glaubensgenossen unwürdige Stellung, die Verachtung, die Staat und Bürger an den Namen Juden knüpfen, alles dies geht solchen Leuten wenig zu Herzen, und wenn sie je etwas dabei empfinden, so ist's höchstens die vorüberfliegende Trauer einer Minute, nicht der durchs Leben gehende Schmerz, der alles zu tätigem Widerstande anreizen könnte. Nicht zürnen darf man diesen Juden; denn nicht des Sklaven Schuld ist's, wenn er Sklavensinn hat, aber not tut's, aus dem Schlummer träger Duldung sie aufzurütteln, den schwachen Überrest ihres Ehrgefühls in Anspruch zu nehmen und sie endlich zur Einsicht und zum Gefühl ihrer Schmach zu bringen. Mögen Sie, werter Herr Doktor, in den folgenden Blättern Ihrer Zeitschrift auch diese schwierige Aufgabe lösen, wenigstens durch ernste Mahnung auf eine künftige Lösung hinwirken. Mit der Kraft, die Ihnen vor so vielen andern verliehen, ist Ihnen auch zugleich Pflicht und Beruf dazu auferlegt.

Wenn erst wieder Ehr- und Freiheitsgefühl im Volke angefacht, dann können Sie in froher Gewißheit des Sieges den Kampf gegen die Unterdrücker führen. Unser Messias ist die fortschreitende Zeit, die immer mächtiger an den Fesseln alter Vorurteile rüttelt, auch zu unserm Besten muß über kurz oder lang die Stimme der Wahrheit und des Rechtes durchdringen. Die heißesten Wünsche aller besten und edlen Juden begleiten Ihr Vorhaben. Mut und Ausdauer! Dann ist der Erfolg nicht zweifelhaft. Gebe Gott, daß doch bald das Ziel erreicht werde, möge es uns beiden beschieden sein, den Sieg der Wahrheit noch mitzufeiern.

Mit diesem Wunsche und in wahrer Hochachtung scheidet von Ihnen Ihr Glaubens- und Leidensgenosse

Dr. J. Jacoby.

[Nachschrift: bestellt 21 Exemplare der Zeitschrift Riessers für die jüdische Gemeinde.][1e]

[4]) Der Gedankengang dürfte analog zu S. 41, Zeilen 16 bis 17, zu ergänzen sein.

29. Eduard Waldeck an Jacoby

Nachlaß[1]) *[Königsberg,] 27. Oktober 1832.*

Gedanken über die Lage der Juden.

[1]) Inhaltsnotiz in NLE.

30. von Lossau[1]) an Jacoby

Nachlaß[2]) *Deutsch-Eylau, 13. Februar 1833.*

.....Drei Städte haben die Städteordnung der Regierung zurückgegeben: Rehden, Lessen und Briesen. Sie wollen lieber Dörfer werden als sich mit der Beobachtung einer selbständigen Kommunalverfassung plagen!!! Es sollen diesem Beispiele mehrere zu folgen gesonnen sein. Das ist unsere Reife zur allgemeinen Verfassung! Einen schlagenderen Beweis kann es nicht geben!

[1]) von Lossau, Sohn eines Generalleutnants, Jurist, Regierungsreferendar und Leutnant a. D., später Berichterstatter der Geheimpolizei Rochows, nahm 1840 seinen Abschied aus dem Staatsdienst. Stand in obskurer Verbindung mit [dem Geheimagenten] Eusebius Wedecke und dem Prinzen Karl. NLE.

[2]) LE(Ab).

31. Jacoby an von Lossau

Nachlaß[1]) *[o. O.] 8. März 1833.*

...Du führst Benzenberg[2]) als Deinen neuerkannten Mitstreiter an; ich gebe nicht viel auf papierne Autoritäten; deshalb setze ich der Deinigen keine entgegen. Benzenberg ist mir wenig bekannt, nach dem wenigen glaube ich ihm nicht Unrecht zu tun, wenn ich ihn zum juste milieu zähle. In unserer Zeit wenigstens würde er sich wohl selbst zu dieser Partei bekennen, die (weit entfernt von der *wahrhaft* richtigen Mitte) falsche Behauptungen durch halbe Wahrheiten zu erhärten sucht, die in ihrem einseitigen Urteil über die Zeitforderungen aus Licht und Schatten sich eine bequeme Dämmerung zusammenmischt und gar zu gern die Mitwelt überreden möchte, daß solche Dämmerung dero blöden Augen gedeihlicher sei als das Licht selbst. Immerhin! sie wird durch ihren wohlklingenden Namen und ihre hochtönenden Worte uns das liebe Licht nicht verleiden.

«Jede Gegenwart», sagt Benzenberg, «wurzelt auf einer Vergangenheit» etc. Sicherlich! auch ich verkenne den Wert der Geschichte keineswegs; ich gebe Dir gern zu, daß genaue Kunde der Vergangenheit ein gar wichtiges Hilfsmittel zur Erkenntnis der Gegenwart und zur Ahnung der Zukunft darbietet, auch eine allmähliche Entwicklung des Menschengeschlechts und ein stufenweises Fortschreiten in der Zeit ist mir Glaubensartikel gleich Dir. Soweit stimme ich mit jener Idee einer *historischen Entwicklung* völlig überein. Nur in den hieraus zu ziehenden Schlüssen, in der Anwendung dieser *theoretischen* Wahrheiten auf das *Leben* scheinen wir voneinander abzuweichen.

[1]) Bis auf die Einschaltungen abgedruckt in «*Die Wage.* Wochenblatt für Politik und Literatur.» Hrsg. von Guido Weiss, Berlin, 21. März 1879 Jg. 7 Nr. 12 S. 177–181.

[2]) Johann Friedrich Benzenberg (1777–1846), Physiker und gemäßigt liberaler Publizist, der nach der Julirevolution für die Stärkung der monarchischen Zentralgewalt eintrat.

Ist gleich die Gegenwart unbestritten eine notwendige Folge aus der Vergangenheit, so läßt sich doch die Gegenwart aus der Vergangenheit ebensowenig als die Zukunft aus der Gegenwart *gleich einem mathematischen Satze konstruieren.* Die Unmöglichkeit dieser Konstruktion liegt nicht etwa in der Beschaffenheit der Sache selbst, sondern in der Schwäche und Befangenheit menschlicher Einsicht. Ist's doch für den tiefkundigsten Historiker schwierig, ja oft unmöglich, den richtigen Kausalnexus zweier schon *verflossener* Zeitabschnitte mit Sicherheit zu bestimmen; herrschen doch über den innern Zusammenhang bereits vergangener Geschichtsperioden oft die widerstreitendsten Meinungen.

Wer darf in diesem Streite als kompetenter Schiedsrichter auftreten? Und doch ist die Entscheidung *hierüber* noch leichter als das Urteil über die *Gegenwart,* über deren Entwicklung aus der Vergangenheit und wahrscheinliche Verknüpfung mit der Zukunft. Im ersteren Falle haben nicht nur *beide* Parteien durch Wort und Tat ihre Sache vor dem Richter zu Ende geführt, sondern auch die Zeit, die bereits das Wesentliche vom Unwesentlichen gesichtet, kommt seiner Erwägung zu Hilfe; hier dagegen, wo beide Vorteile mangeln, ist die Sache noch keineswegs reif zum Spruche: entscheide daher immerhin, wie Du willst! Ob Dein Urteil ein richtiges sei, muß zur Zeit noch ungewiß bleiben, gewiß nur, daß es ein voreiliges ist.

Du siehst, welche Schwierigkeiten entgegentreten, wenn man allein auf *genetischem* Wege zur Erkenntnis unserer Zeit gelangen will; die Leichtigkeit des Irrtums aber muß uns gegen die Schlüsse und apodiktischen Aussprüche der sogenannten *historischen Schule* mißtrauisch machen. Es gilt von den ehernen Tafeln der Klio, was jener Dichter in bezug auf die Bibel sagte:

> Est liber hic, in quo quaerit sua dogmata quisque,
> Invenit pariter dogmata quisque sua[3]).

Montesquieu, Johannes v. Müller[4]), Mignet[5]), Rotteck[6]), Lelewel[7]) und andere tüchtige Geschichtsforscher nehmen ebenfalls die historischen Facta als Basis an; ihr Urteil für die Gegenwart aber, wie himmelweit verschieden ist es von dem eines Benzenberg und Konsorten! Wer von ihnen recht hat, bleibe dahingestellt; nur auf den schroffen Gegensatz ihrer Resultate und auf die hieraus folgende Unsicherheit der *historischen Entwicklungstheorie* will ich aufmerksam machen.

Allein außer dem *genetischen* Wege erkenne ich noch einen andern an, der zum richtigen Verständnis der Zeit führt: ich möchte ihn – mich eines mathematischen Ausdrucks zu

[3]) Nach Ignaz Goldziher *(Die Richtungen der islamischen Koranauslegung.* Leiden 1952, S. 1) stammt dieses auf die Bibel bezügliche Epigramm von dem reformierten Theologen Peter Werenfels (1627–1703).

[4]) Johannes von Müller (1752–1809), Schweizer Historiker.

[5]) François-Auguste-Marie-Alexis Mignet (1796–1884), französischer Historiker und Journalist, Verfasser der *Histoire de la Révolution française* (1824).

[6]) Karl von Rotteck (1775–1840), Historiker und liberaler badischer Politiker.

[7]) Joachim Lelewel (1786–1861), polnischer Historiker, Demokrat, 1830 Mitglied der nationalen Regierung, nachher Emigrant.

bedienen – *den Weg der Anschauung* nennen. Eben dies lebendige Schauen (Intuitio) und Erfassen der Gegenwart halte ich für eine charakteristische Eigenschaft der klassischen Alten, für ein Hauptmoment ihrer Größe. Mit klarem Bewußtsein und kerngesunden Sinnen spähten sie umher; was ihnen einmal als recht erschien, suchten sie furcht- und bedenkenlos ins Leben einzuführen; ihr laetus in praesens animus war stets bereit, den Augenblick zu ergreifen (praesentem carpe diem!)

Und noch jetzt sind ihre Taten und Worte Gegenstand unserer Bewunderung. Späterhin zeigt sich uns dieselbe Eigenschaft *nur bei einzelnen* großen Männern, welche – auch *ohne* gründliche historische Kenntnis – kräftig und bewußt auf ihre Zeit einzuwirken vermochten. So sehn wir z. B. Tell, einen schlichten Landmann, klar erfassen und mutig vollführen, was seiner Zeit und seinem Volke nottat. Wäre Tell ein Anhänger der historischen Entwicklungstheorie gewesen, er würde – aschgraue Pergamente durchstöbern – über die gewissenhafte Untersuchung, ob der Kaiser wirklich im Unrecht und das Volk auch schon zur Freiheit *reif* sei, die Zeit des Handelns verpaßt haben, er wäre nie der Befreier seines Vaterlandes geworden.

Wer war zur Zeit der Reformation gelehrter, wer der Vergangenheit kundiger als Melanchthon[8])? Gewiß erkannte er das Rechte so gut wie Luther. Aber das Gewicht seiner Gelehrsamkeit war ein Hemmschuh seiner Handlungen; ein echter Juste-milieu-Mann warnte er in seiner vorsichtigen Weisheit den Reformator vor jedem ernsten Angriff. Seine Mitwelt, meinte er gleichfalls, sei für die Emanzipation von der päpstlichen Autorität und für die reinen Glaubenswahrheiten noch nicht *reif* genug. Der minder gelehrte Luther aber ließ als Mann der Tat sich durch Zurückschauen und Spekulieren in seinem Sturmschritte nicht aufhalten, und die Nachwelt segnet das Werk, das er vollbrachte. Und wäre er auch, *ohne es zu vollbringen*, untergegangen gleich Hus[9]), Savonarola[10]) u. a., durch sein Mißgeschick hätte er wenigstens dem künftigen Gelingen besser vorgearbeitet als durch mutloses Zaudern und Abwarten.

Der Entwicklungsgang der Dinge zeigt ein ununterbrochenes, aber nicht, wie die historische Schule wähnt, ein gleichmäßiges und daher *berechenbares* Fortschreiten: auch in der Geschichte gibt's wie in der Natur Stürme und Gewitter, und hier wie dort sieht man oft eine verschlossene Knospe nach dem Gewitter um so schneller sich zur schönen Blüte erschließen.

Noch einmal, dem Werte historischer Studien will ich in nichts zu nahe treten; nur sollen sie dazu dienen, unsern *Charakter* auszubilden; nur sollen sie uns ein *Sporn zur Tat, nicht ein Deckmantel zaghafter Untätigkeit* sein. Fassen wir das Gesagte zusammen, so ergibt sich, daß der *genetische Weg* (jene historische Entwicklungstheorie doktrinärer Pedanten) uns gar leicht zum Irrtum und, was noch viel schlimmer, zur Untätigkeit verleitet; daß dagegen der zweite Weg, *der der lebendigen Anschauung*, zwar minder illusorisch sei, aber leider nur wenigen von der Natur Bevorzugten offenstehe.

[8]) Philipp Melanchthon (1479–1560), Humanist, Reformator und Pädagoge, Hauptmitarbeiter Luthers.

[9]) Jan Hus (etwa 1370–1415), tschechischer Reformator.

[10]) Girolamo Savonarola (1452–1498), Florentiner Bußprediger, religiöser und politischer Reformer.

Was uns Mittelgut betrifft, so halte ich es sicherlich nicht für gut, im Strudel der Gegenwart völlig der Vergangenheit uneingedenk zu sein, aber für noch viel schlimmer, der Liebe und dem Studium der Vergangenheit Wohl und Wehe der Gegenwart zum Opfer zu bringen. Du bist, fürchte ich, im letzteren Falle. Während angeborner Ungestüm und Enthusiasmus für das Gute Dich vorwärts treiben («Gut Ding will Weile!» sollte heißen: Gut Ding will Eile. Hat man das Gute erkannt, warum zögern es auszuführen?), wird die historische Forschung und die zaghafte Frage: Ist's auch zum Handeln Zeit? Dich stets zurückhalten und endloses Schwanken in Dir erregen. Ich besorge (verarge mir das Prognostikon nicht), Du wirst ewig stehenbleiben mit rückgewendetem Gesichte, vieles wissen, aber wenig wirken.

Soviel über Dich und Deine Schule; nun nur noch einige Worte über mich selbst. Indem Du eine zweite Stelle Benzenbergs anführst, nennst Du mich einen *Jakobiner*. Allerdings ist mir die Sozietät der Jakobiner, wie sie ihrem Wahlspruch: Vivre libre ou mourir! getreu sich ursprünglich durch Wort und Tat kundgab, eine höchst achtbare und preiswürdige; wäre sie nicht später zu einer Rotte mordsüchtiger, jesuitischer Freiheitsenthusiasten ausgeartet, so würde es jetzt besser um Frankreich stehen, ohne daß es eines Napoleons und einer Julirevolution bedurft hätte. So aber weise ich diesen wie jeden Parteinamen zurück und rufe Dir mit Werners Luther[11]) zu:

Weg mit dem Streit um Wort und Form,
der Teufel wirft uns solche hohle Nüsse
nur in den Weg, vom Ziel uns abzulenken!

Zu meiner Verteidigung hier nur eine kurze Skizze dessen, was ich denke und will.
Es gibt ein *historisches* und ein *vernünftiges* Recht; jenes dient mehr den materiellen, dieses ausschließlich den geistigen Interessen der Menschen. Je nachdem das eine oder das andere unser Leitstern ist, wird der Standpunkt, von dem unsere Untersuchung ausgeht, ein *historischer* oder ein *ideeller* genannt. Beide Arten der Betrachtung sind aber keineswegs absolute Gegensätze, sondern oft schwer genug voneinander zu scheiden. Die sogenannte *historische* Erwägung einer Zeitfrage ist – insofern sie nicht vom *Genius der Geschichte*, sondern von einem menschlichen Individuum ausgeht – nicht durchweg frei von seiner individuellen Art zu sehen, von seinem Charakter und von den Idealen, die er sich bildet (wie verschieden sieht z. B. Rotteck, wie ganz anders Gentz[12]) dasselbe historische Faktum an!); und hinwider die sogenannte *ideelle* Betrachtung ist – insofern sie nicht von der *Vernunft* selbst, sondern nur von einem durch die besondere Individualität gebrochenen Strahle derselben beleuchtet wird, nicht frei von der Einwirkung, welche – dem Betrachtenden selbst oft unbewußt – die ganze Vergangenheit (Geschichte, Erziehung, Verhältnisse etc.) auf die Bildung seiner Ideale gehabt hat; so daß auch sie mehr oder minder zu einer historischen wird, ganz ebenso wie die historische mehr oder minder zu einer ideellen. Hegel und seine Schule haben – sich mit der wahren Vernunft identifizierend – dies Verhältnis oft übersehen und daher, so oft sie sich von

[11]) Zacharias Werner, *Martin Luther oder die Weihe der Kraft.* Eine Tragödie, Berlin 1807, 4. Akt, I. Szene. In Reclams Ausgabe o. J.: S. 94.
[12]) Friedrich von Gentz (1764–1832), reaktionärer Publizist und Politiker.

ihrer metaphysischen Höhe zum praktischen Leben herabließen, gar wunderlich absprechende Urteile gefällt.

Obgleich wir nun aber nicht verkennen, daß der historische und der ideelle Maßstab keine vollständigen Gegensätze sind, so sind wir doch weit entfernt, sie für eins zu halten; wenn auch nicht *entgegengesetzt*, sind beide doch immer noch *verschieden* genug voneinander. Ganz in gleicher Weise verhält es sich mit dem geschichtlichen und dem vernünftigen *Rechte*. Wo nun beide Arten des Rechts übereinstimmen, da gibt's keinen Streit, und der Weg, den wir zu betreten haben, ist nicht zweifelhaft; wo sie dagegen einander zu widerstreiten scheinen, da ist's mir Grundsatz, fest und unwandelbar auf der Seite des *vernünftigen* Rechts (was *mir* als solches erscheint) und der geistigen Interessen zu stehen. Der Sieg dieser Partei ist mir das höchste Ziel des Strebens, daher vermögen keine Rücksichten mich davon abzulenken. Wo ich kann, werde ich durch Wort und Tat dafür wirken, weil ich – im Gegensatz zu Deiner historischen Entwicklungstheorie – der Überzeugung lebe, *zu früh* könne und werde die Menschheit dies Ziel nicht erreichen.

Was nun die *Staatseinrichtungen* im besonderen anlangt, so sehe ich auch auf diesem Felde jetzt das vernünftige Recht mit dem historischen, das geistige Interesse mit dem materiellen in heftigem Zwiespalt begriffen. Auch hier stimme ich offen für das erstere, und dieses eben sagt mir: Nicht der Wille *einzelner* – gleichviel ob gut oder schlecht – herrsche, sondern allein *Recht* und *Gesetz* (was nämlich die Gesamtheit je nach ihrer Bildungsstufe anerkennt). Wohlsein, Kenntnis und Sittlichkeit des Volkes zu fördern, und zwar mit *möglichst größter Freiheit jedes einzelnen*, ist mir Aufgabe und Zweck des Staatsvereins.

[Ersteres vermag allerdings eine tüchtige Monarchie oder Aristokratie zu leisten; aber mit *größtmöglicher Freiheit jedes einzelnen Bürgers* dies zu bewirken, ist nur eine zweckmäßig geordnete *Republik* imstande. Die aristokratischen Privilegien wie die des Thrones widerstreben solcher Freiheit; denn solange auch nur *einer* durch seine zufälligen Geburtsverhältnisse bevorzugt ist, solange auch nur *einer* ohne Rücksicht auf sein persönliches Verdienst zu größeren Ansprüchen als die andern befugt ist, solange werden eben dadurch alle übrigen Bürger in ihrer Freiheit, d. h. in der freien Entwicklung und Anwendung ihrer Kräfte, beeinträchtigt.][e]

Während die nächstvergangenen Zeiten sich nur den dinglichen Wohlstand und die wissenschaftliche Ausbildung des Volks angelegen sein ließen, scheint es unserem Jahrhundert vorbehalten zu sein, der Idee und dem Rechte freier, unbeschränkter Kräfteentwicklung Bahn zu brechen. [Wir sind auf dem Wege zur Republik, deren Blüten und Früchte vielleicht schon die nächste Zukunft genießen wird.][e] Die mannigfachen Garantien, die unsere wildbewegte Zeit vom Throne fordert, die verschiedenen Konstitutionen usw. sind nur Übergangsformen, Chausseen, die schneller zum Ziele führen! Als solche (und nur als solche) billige ich sie allemal und stimme dafür. «Ob dergleichen Hoffnungen nicht übereilt, ob das Volk auch schon die Verfassungsreife erlangt habe?» fragst Du. Schon wieder so ängstlich besorgt, unheilbarer Kunktator. Wie oben antworte ich wieder: fürchte nicht, daß das Gute zu früh komme; es ist schon dafür gesorgt, daß die Bäume nicht in den Himmel wachsen, daher brauchst Du wahrlich nicht durch Beschneiden ihr Wachstum zu hemmen.

Die Idee einer allgemeinen *Verfassung* kann immer nur in den Köpfen der Gebildeten und Redlichen im Volke zuerst entstehen; der Gesamtheit wird sie erst bei längerem Bestehen zum Bedürfnis. Wie man nicht anders als erst im Wasser schwimmen lernt, so wird der ungebildete Teil des Volks erst dann die Vorzüge der Konstitution liebgewinnen, wenn derselbe bereits durch das konstitutionelle Leben zum Verständnis herangebildet worden. So sahen wir es in England, so in Nordamerika geschehen. Wie ich wenigstens unsere Zeit erkenne, ist *jetzt* gerade die Majorität der gebildeten und redlichen Männer *für* Konstitution; *dagegen* nur solche, denen *niedere* Interessen vor allem am Herzen liegen. Deshalb trage ich kein Bedenken, unsere Zeit *reif* zu nennen. Da Du nun aber einmal auf Geschichtsforschung so viel gibst, so muß ich Dir schon eine bessere historische Autorität als die meinige zitieren. Johannes v. Müller nannte schon 1787 die Deutschen «ein Volk, warm bei dem Namen der Freiheit und wert, sie zu genießen»; und der altdeutsche Landeskanon schon besagt: «Was wir nicht mit beraten, helfen wir nicht betaten.»

Wenn Du mir als schlagenden Beweis unserer Verfassungs*unreife* Briesen, Rehden und Lessen anführst[13] (Du kannst nun auch die preußischen Rheinprovinzen hinzufügen, denn sie haben ebenfalls die Städteordnung zurückgewiesen), so würde die Weigerung dieser Orte – falls sie aus Unverstand oder materiellen Rücksichten erfolgte – nichts weiter beweisen, als daß der stimmgebende Teil ihrer Einwohner noch zu der Klasse der Ungebildeten oder Unredlichen gehöre. Aber diese Motive ihrer Handlung sind noch keineswegs konstatiert, und stimme ich gegenteils ihnen völlig bei, wenn sie etwa von *der* Überzeugung sich leiten ließen, daß beim Fortbestande des bürokratischen Zentralisationssystems *eine Kommunalordnung ohne Öffentlichkeit*, ohne allgemeine Verfassung und deren Garantien nichts wert und ihren zeitherigen rechtslosen Zustand keineswegs aufzuheben geeignet sei. Sieh hier wieder ein Beispiel, wie diametral entgegengesetzte Folgerungen man aus einem und demselben geschichtlichen Factum ziehen kann! [...]

[13]) Vgl. Nr. 30.

32. Jacoby an Eduard Waldeck

Abdruck[1]) *Königsberg, 10. August 1833.*

... Wenn ich früher meine Stellung im Leben oftmals verkannte, wenn ich stets unzufrieden mit dem Gegebenen, aus Überdruß, Ehrgeiz, Exzentrizität oder wie den Menschen sonst meine Beweggründe zu taufen beliebte – nach Phantasiegebilden sehnsüchtig und oft ungebärdig strebte; so ist jetzt diese Zeit schwankender Neigungen vorüber, und ich blicke ohne Überhebung auf diese Jahre als auf eine geistige Entwicklungskrankheit

[1]) DR, S. 214 f., wo aber versehentlich das Datum weggelassen wurde. G. Mayer zitiert den Brief unter dem Datum 10. August 1833 in «Der Jude», I. Bd. Berlin 1916/17, S. 670.

zurück, die natürlich nicht ohne Schmerzen vorübergehen konnte. Jedenfalls habe ich dadurch Duldung gelernt und erfahren, wie leicht auch der bessere und redliche Mensch in Schlaffheit, Indolenz und Geisteserstarrung verfallen kann. Ich mag es nicht leugnen, daß von jener Entwicklungskrankheit noch manche Spuren und Narben zurückbleiben, ja daß zu Zeiten sogar ein Rückfall droht; doch erkenne ich an dem neuen Kraftgefühle, daß ich im Innern genesen bin und fortan dreist den äußeren Schicksalen die Stirn bieten kann. Nicht alles ist eitel; die Lebensaufgabe, die mir gestellt, ist es nicht. Dies Bewußtsein wird mich im Gleichgewicht erhalten und stärken. – ...

Du weißt, wie sehr mir die Sache der Juden am Herzen liegt, und kannst danach den Ärger ermessen, der mir durch Streckfuß' unverschämtes Libell[2]) verursacht wurde. Im ersten Unwillen faßte ich den Entschluß, dagegen zu schreiben, so wenig ich auch sonst der polemischen Schriftstellerei hold bin. Meine Erwiderung[3]) war schon Ende Mai druckfertig; da sie aber hier nicht die Zensur passierte, mußte ich das Manuskript nach Hamburg senden, wo Hoffmann & Campe den Verlag um so bereitwilliger übernahmen, weil ich auf Honorar Verzicht leistete ...

[2]) Karl Streckfuß, *Über das Verhältnis der Juden zu den christlichen Staaten*, Halle 1833. Der Verfasser sprach sich gegen die sofortige und ausnahmslose Emanzipation der deutschen Juden aus. In einer zweiten Schrift unter dem gleichen Titel (Berlin 1843) gab er jedoch seinen früheren Standpunkt auf und befürwortete die volle Emanzipation.

[3]) Johann Jacoby, *Über das Verhältnis des Königlich-Preußischen Oberregierungsrats Herrn Streckfuß zur Emanzipation der Juden*, Hamburg: Hoffmann & Campe 1833, 32 S. Datum des Vorworts: 10. Mai 1833.

33. Jacoby an Theodor von Schön

Rekonstruktion[1]) *Königsberg, 29. August 1833.*

Überreicht dem Oberpräsidenten seine soeben erschienene Schrift *Über das Verhältnis des [...] Herrn Streckfuss zur Emanzipation der Juden.*

[1]) Nach Nr. 34.

34. Theodor von Schön an Jacoby

Abdruck[1]) *Königsberg, 31. August 1833.*

Euer Wohlgeboren sage ich auf die gefällige Zuschrift vom 29. d. M. für die gütige Mit-

[1]) DR, S. 215.

teilung der von Ihnen zur Verteidigung Ihrer Glaubensgenossen verfaßten Schrift den verbindlichsten Dank und bezeuge Ihnen meine ehrende Anerkennung für das Vertrauen, welches Dieselben gegen mich ausgesprochen haben.

Schön.

35. Fanny Adelson[1]) an Jacoby

Nachlaß[2]) *[Königsberg,] 3. Oktober 1835.*

Sie lasse ihre Kinder christlich erziehen, denn ihr steter Aufenthalt unter der Hefe des jüdischen Volkes habe ihr dieses so verächtlich gemacht, daß sie für Ihre Kinder nichts inniger wünsche, als sie aus dieser unsauberen Gesellschaft für immer zu entfernen.

[1]) Fanny Adelson, geb. Löwenstamm (1801–4. November 1869) lebte mit ihrem Manne in Georgenburg im russischen Gouvernement Wilna. Spätestens 1826 kamen sie nach Königsberg. Am 3. September 1839 ließen sie ihre sieben Kinder in der Kirche zu Wehlau evangelisch taufen. Eine spätere Eintragung in der Liste der in Königsberg wohnenden Juden, in der ebenfalls diese Taufe verzeichnet ist, lautet: «Vater russischer Konsul. Die ganze Familie als Familie getauft.» Jakob Adelson (1798–1861), Fannys Gatte, ein reicher Geschäftsmann, war von spätestens 1841 bis zu seinem Lebensende russischer Konsul in Königsberg. Sein Haus scheint zeitweise ein Sammelplatz der Koryphäen des Königsberger Liberalismus gewesen zu sein. (StAK, Rep. 17, II, 26 Generalia, Nr. 31, Fol. 21; Nr. 35, Bd. 6, Fol. 95; Johannes Gallandi in «Prussia» H. 26, S. 277; *Handbuch über den preußischen Hof und Staat,* 1841 bis 1861; DZA Merseburg, Rep. 77, Tit. 874, J, Nr. 1, Fol. 6.) Jacoby war als Student in Fanny Adelson verliebt (AHZ, S. 58).

[2]) Inhaltsnotiz in AHZ, S. 60.

36. Jacoby an den Kultusminister[1])

Rekonstruktion[2]) *Königsberg, etwa Mitte 1836.*

Überreicht dem Kultusminister seine soeben erschienene Broschüre: *Der Streit der Pädagogen und Ärzte. Erwiderung auf die Schrift des Herrn Direktor Gotthold: Lorinsers Beschuldigung der Schulen etc.*, Königsberg 1836.

[1]) Karl Freiherr vom Stein zum Altenstein (1770–1840), ab 1817 preußischer Kultusminister.

[2]) Nach Nr. 37.

37. Der Kultusminister an Jacoby

Nachlaß[1]) *Berlin, 31. August 1836.*

Bestätigt den Empfang der Broschüre Jacobys: *Der Streit der Pädagogen und Ärzte.*

[1]) Inhaltsnotiz in AHZ, S. 71.

38. Jacoby an Julius Waldeck[1])

Rekonstruktion[2]) *Königsberg, etwa Anfang November 1836.*

Empfiehlt den Umgang mit Simon Meyerowitz[3]). Hält die neuen Judengesetze für die größtmögliche Absurdität. Sendet eine Eingabe gegen das Judengesetz[4]).

[1]) Julius Waldeck, geb. 28. September 1811 in Friedberg (Neumark), jüngerer Bruder Eduard Waldecks und Vetter Jacobys, besuchte das Friedrichs-Kollegium in Königsberg, studierte an der Albertina Medizin, 15. September 1834 Dr. med.; sodann praktischer Arzt in Berlin. In den Polizeiakten ist sein Name zuerst im Zusammenhang mit dem Berliner Welcker-Ständchen (September 1841) erwähnt (LHA Potsdam, Rep. 30 C, Tit. 94, J, Nr. 70, Fol. 6, 7. Dezember 1842). Ende Oktober 1848 nahm er am Zweiten Demokratenkongreß in Berlin teil. Er war Vorsitzender des Berliner Lokalvereins für das Wohl der arbeitenden Klassen («Nationalzeitung» 5. Juni 1849 Nr. 138 Beiblatt) und saß 1849 drei Monate im Gefängnis. Er wird als Jacobys «langjähriger Korrespondent und Agent» in Berlin bezeichnet (ebenda, Fol. 48, 17. Juni 1856, wo er «Isidor Waldeck» genannt wird). Fanny Lewald (*Meine Lebensgeschichte,* Teil 3, Berlin 1871, S. 371 f) kennzeichnet ihn als ihren Landsmann und «einen sehr klaren Kopf». Durch eine Rückenmarkskrankheit gelähmt, ist er 1857 gestorben.

[2]) Nach Nr. 39.

[3]) Simon Meyerowitz, geb. 1797 in Georgenburg im Gouvernement Wilna, gest. 1862 in Königsberg, Rentier und Privatgelehrter in Königsberg; trat 1834 vom Judentum zur evangelischen Kirche über, wonach er das preußische Staatsbürgerrecht erwarb und Stadtrat wurde; Verwandter von Fanny Lewald; einer der intimsten Freunde Jacobys. In den Akten als Johann Simon Meyerowicz angeführt (StAK, Rep. 17, II, 26. Abt., Nr. 24 b, Fol. 7).

[4]) Die Order vom 30. November 1828 verbot den Juden, christliche Vornamen zu führen. Die Kabinettsorder vom 19. Juni 1836 erinnerte an diese Vorschrift und befahl deren erneuerte Einschärfung (vgl. Ludwig von Rönne und Heinrich Simon, *Die früheren und gegenwärtigen Verhältnisse der Juden in den sämtlichen Landesteilen des Preußischen Staates,* Breslau 1843, S. 58). Die Maßregel ließ sich in der Praxis nicht durchführen, da es vielfach unmöglich war, diese Vornamen von den jüdischen zu unterscheiden. Sie wurde deshalb 1841 dahin modifiziert, daß man den Juden die Benutzung nur derjenigen Vornamen verbot, die unmittelbar mit der christlichen Religion zusammenhingen, wie etwa Baptist, Christian, Peter usw. Vgl. Nr. 39 Anm. 8.

39. Julius Waldeck an Jacoby

Nachlaß[1]) *Berlin, 9. November 1836.*

..... Deine Empfehlung, den Umgang mit Meyerowitz betreffend, finde ich ganz richtig. Ich besuche ihn, seitdem er hier ist, mindestens ein, gewöhnlich zweimal in der Woche... Wie schade ist es, daß es einem Manne von so mannigfachen Kenntnissen, so scharfem Verstande und so seltener Unbefangenheit des Urteils ganz und gar an Phantasie und Energie fehlt, jenen notwendigen Bedingungen, um produktiv zu denken und folgerecht zu handeln.....

Eine eigene Sorte Umgang stand mir hier ferner noch zu Gebot, ich fand aber keinen Geschmack an ihr; die Herren Jacoby[2]), Laube, Mundt[3]) usw. Jener ist ein nichtswürdiger Spion, der schon in Halle manchen Burschenschaftler angegeben und unglücklich gemacht, ich habe ihm dieses gesagt und mich von ihm getrennt, da ein solcher Umgang mir ehrlos schien; Geist kann nie für Mangel an Ehre entschädigen! Mundt ist ein literarischer Bettler, er macht allen hohen Herrschaften Diener und erhält dadurch unentgeltliche Beiträge für seine Schriften in bunter Reihe, die er sich dann bezahlen läßt. Laube schien mir immer noch der ehrenwerteste von allen zu sein, jedoch ist auch da wohl nicht viel dahinter, er heiratet jetzt eine Witwe mit 1200 Reichstalern jährlicher Einkünfte. Wie sehr verlieren diese Leute, sobald man sie in der Nähe ansieht, oder eigentlich: sie werden nur dann etwas, wenn man sie zu etwas macht, und bei dem allen möchten sie gern, jeder besonders, den Goethe spielen und vom Throne herab Weisheit predigen. Kurz, diese Leute sind jämmerliche Egoisten, die unter dem Feldgeschrei: Freiheit, Philanthropie usw. nur für Sich Namen und Brot erwerben wollten und jetzt auf andere Wege eingelenkt haben, weil sich auf den früheren zu viele Hindernisse fanden. Ich hoffe, es wird Dir nicht unlieb sein, daß ich meine Meinung über diese Menschen, wie sie mir in der Nähe vorkommen, hierhersetze; umgehen mag ich mit ihnen nicht, weil sie zu prätentiös sind, vor allem aber, weil ich sie nicht achten kann.

Bei dieser Gelegenheit knüpfe ich sofort eine gewissermaßen politische Neuigkeit an: Preußen wird nämlich mit dem Beginne des künftigen Jahres, wie es heißt, ein räsonnierendes politisches Blatt herausgeben, das in einem minder legitimistischen Sinne als das Berliner «Politische Wochenblatt»[4]) redigiert werden soll; so lange hat es gedauert, bis man einsah, dieses sei zu ultra. Die Redaktion des neuen Blattes wird abermals, wie es heißt, unser Königsberger oben geschilderter Jacoby übernehmen...

Du hältst, wie Du schreibst, die neuen Judengesetze für die möglichst größte Absurdität; fast möchte ich sagen, die Kabinettsorder an Joel Meyer[5] sei eine noch größere; eine halbe Abbitte, eine halbe Grobheit, keine Änderung, jedenfalls eine halbe Maßregel, mit

[1]) Abs. 1 JNUL(Ab); der Rest DR, S. 215 f.

[2]) Joel Jacoby aus Königsberg, Schriftsteller und Polizeikundschafter.

[3]) Heinrich Laube (1806–1884) und Theodor Mundt (1808–1861), die Schriftsteller des Jungen Deutschland.

[4]) Das «Berliner Politische Wochenblatt» war ultrakonservativ und bekämpfte mit aller Entschiedenheit den Konstitutionalismus.

[5]) Gemeint ist die durch die Eingabe des Kaufmanns Joel Wolff Meyer zu Berlin veranlaßte Kabinettsorder vom 15. Oktober 1836, abgedruckt in Rönne/Simon, S. 44. Die Kabinettsorder betrifft die Benennung der jüdischen Glaubensgenossen seitens des Staates.

der großen Inkonsequenz, die ein König von Preußen dadurch begeht, daß er sich auf Erläuterungen einläßt, statt daß es bis jetzt nur zu heißen pflegte: ich habe befohlen und befehle. Deine Eingabe gegen das Judengesetz[6]) habe ich gelesen, sie kommt zu spät, da dasselbe schon suspendiert[7]) ist, wenigstens hier; übrigens möchte die historische und etymologische Beweisführung bei diesen Leuten wenig angebracht sein, sowie auch der, nimm's nicht übel, ironisch unterwürfige Ton, und die eingestreuten Anzüglichkeiten leicht eine der gewünschten entgegengesetzte Wirkung hervorbringen können ... [8])

[6]) Es ist hier wohl die Rede von der Kabinettsorder vom 19. Juni 1836; vgl. Nr. 38 Anm. 4.

[7]) Auch Leopold Zunz (*Namen der Juden,* Leipzig 1837, S. VII) spricht um jene Zeit von der «bekannten – wie es heißt, suspendierten – Maßregel».

[8]) Jacobys Eingabe konnte nicht aufgefunden werden. Es ist fraglich, ob sie überhaupt an die Regierung gelangte. Jacoby sandte sie möglicherweise an J. Waldeck zur Weiterbeförderung; dieser erhielt sie aber «zu spät».

40. Malwine von Keudell an Jacoby[1])

Nachlaß[2]) *[o. O.,] 29. März 1837.*

Fahrenheid[3]) war eben bei mir und macht mir den Auftrag, Sie zu *morgen Mittag* freundlichst zu ihm einzuladen ..... ; ich sagte, daß ich Sie abends hier zu sprechen hoffe, es schien ihm aber sorglich, Sie möchten sich versagt haben bis dahin. Sie fänden dort Friederici[4]), Auerswald, Fr's Sohn und Bujak[5]) – und müßten ganz häuslich fürliebnehmen. Ja es kommt noch der hinkende Bote nach; *möglichenfalls* kann er im Moment des Zusammentretens zur Versammlung des Ausschusses berufen werden und seine lieben Gäste sich zerstreuen sehen müssen. Finden Sie es auch zu kühn, daß ich trotzdem für Sie fast zuversichtlich zugesagt habe? Nun Sie zürnen wenigstens deshalb nicht, das weiß ich ....

[1]) Die Mutter von Otto, Robert und Rudolf von Keudell.

[2]) JNUL(Ab).

[3]) Friedrich Heinrich Johann von Fahrenheid (1780–1849), Rittergutsbesitzer auf Angerapp, namhafter Liberaler und Abgeordneter, Verfasser mehrerer Aufsätze über sozial- und wirtschaftspolitische Gegenstände.

[4]) Vermutlich der Oberlehrer gleichen Namens am Altstädtischen Gymnasium in Königsberg.

[5]) Johann Gottlieb Bujak (1787–1840), Lehrer der Naturwissenschaften am Friedrichs-Kollegium in Königsberg, Verfasser zahlreicher Aufsätze über botanische, zoologische und geologische Fragen.

41. Alexander Küntzel[1]) an Jacoby

Abdruck[2]) *[Lauck?,] 31. März 1837.*

Wären wir Juden, so würdest Du mehr und lieber Zeit für uns haben und eben die zarten Rücksichten beobachten wie gegen jene, und das ist und bleibt eine Schwäche, durch die ich mich schon hundertmal verletzt gefühlt habe; das hängt damit zusammen, worüber ich mich früher schon gegen Dich ausgesprochen habe: daß Du das Ganze nur möchtest als Mittel für das Spezielle; daß Du wie O'Connell[3]) nur für die Freiheit fichst, um Gerechtigkeit für Irland zu erhalten.

[1]) Alexander Küntzel (1804–1873), studierte an der Albertina Jura, lebte (vielleicht als landwirtschaftlicher Beamter) in Lauck und Orlau und dann als Rittergutsbesitzer in Wolka bei Neidenburg, Kreis Löbau; Mitglied der Frankfurter Nationalversammlung; er war Jacobys Universitätskollege, intimer Jugendfreund und politischer Anhänger. Die Freundschaft der beiden dauerte bis 1848 (vgl. Nr. 528).

[2]) AHZ, S. 66.

[3]) Der berühmte irische Volksredner und Agitator Daniel O'Connell (1775–1847) erstrebte die Beseitigung der Union zwischen Irland und Großbritannien.

42. Jacoby an Alexander Küntzel

Abdruck[1]) *Königsberg, 12. Mai 1837.*

.... «Wären wir Juden, schreibst Du, so würdest Du mehr und lieber Zeit für uns haben usw.» Darauf erwidere ich nur: nenne mir einen *Juden,* der meinem Herzen näher steht als Du oder Hobrecht! Ich weiß keinen. Daß die vielen Berührungspunkte, die uns seit einer Reihe von Jahren innig aneinander knüpfen, noch um einen vermehrt würden, wenn Ihr *Juden* wärt, ist natürlich; Ihr würdet dann gleich lebhaft wie ich den Schmerz einer Lage empfinden, deren bittere Kränkungen Euch jetzt glücklicherweise unbekannt sind und ewig unbekannt bleiben mögen.

Daß ich ferner den großartigen Kampf für die Volksfreiheit nur als Mittel für Emanzipation der Juden benutzen will, das ich engherzig genug denke, um «wie O'Connell nur für die Freiheit zu fechten, damit Irland Gerechtigkeit erlange»: ist ein Vorwurf, der ungerecht ist und durch öftere Wiederholung um nichts gerechter wird. Auch von O'Connell glaube ich dies nicht; aber bei ihm wäre es möglich; ihm könnte es vielleicht nur um Irlands Wohl zu tun sein, und die allgemeine Freiheit nur ein Mittel, das er allenfalls mit einem andern vertauschen würde, wenn ein anderes besser und schneller zu seinem Ziele führte. Irlands Freiheit wäre denkbar auch *ohne* die Freiheit der übrigen Völker; ganz anders aber verhält es sich mit den Juden. Wie ich selbst Jude und Deutscher *zugleich* bin, so kann *in mir* der Jude nicht frei werden ohne den Deutschen und der Deutsche nicht ohne den Juden; wie ich mich selbst nicht trennen kann, ebensowenig

[1]) Abgedruckt von G. Mayer in «Der Jude», 1. Bd. Berlin, 1916/17, S. 676 f.

vermag ich in mir die Freiheit des einen von der des andern zu trennen. Dein Vergleich ist nicht ganz richtig gestellt. Wäre es nicht ungerecht, zu behaupten, O'Connell habe nur um seiner katholischen Glaubensbrüder willen für Irlands Freiheit gestritten? Und ist Deine Anklage, daß mir nur der Juden wegen die Volksfreiheit am Herzen liege, minder ungerecht? Was ist es denn eigentlich, wonach ich strebe? Was anders, als freie Entwicklung und unbeschränkter Gebrauch aller körperlichen und geistigen Kräfte? Und hältst Du mich für einen so engherzigen Egoisten, daß ich dieses höchste Gut nur für mich wünsche oder für meine Familie oder für die mir zunächst Stehenden? Nein, wahrhaftig, und würde auch nur *einem* meiner Mitbürger dieses Recht vorenthalten, ich würde darüber gleich lebhaften Unwillen fühlen, als geschähe mir selber solche Zurücksetzung.
Ich verachte jene elende Krämerei deutscher Volksvertreter, die nur für sich Gewerbefreiheit wollen und sich darüber streiten, ob auch ein Jude Seifensieder und Lichtzieher werden dürfe, und doch sollte ich selbst in ihren Fehler verfallen? Habe ich deshalb, weil ich selber kein Pole bin, minder warm für sie Partei genommen, oder habe ich es etwa nur der Juden wegen getan? Du müßtest mich gar nicht kennen, Küntzel, oder Du kannst es mit diesem Vorwurf nicht ernst meinen. Wir schmachten alle insgesamt in einem großen Gefängnisse; Ihr dürft darin fessellos umhergehen, während schwere Ketten mich und meine Glaubensgenossen an dem Boden festhalten, und was uns am meisten kränkt, viele von Euch spotten noch über unser Unglück und freuen sich, daß es noch ärgere Sklaven gibt als sie. Ich gestehe Dir ein, es wäre mir lieb, meine Fesseln zu brechen und gleich Euch wenigstens in dem Gefängnisse mich bewegen zu können. Mit solcher Gleichstellung wäre aber immer noch wenig gewonnen; ob das Gefängnis weiter oder enger, die Fesseln schwerer oder leichter, ist nur ein geringer Unterschied für den, der nicht etwa nach der Bequemlichkeit, sondern nach Freiheit sich sehnt. Diese Freiheit aber kann nicht dem einzelnen zuteil werden; nur wir *alle* zusammen erlangen sie oder *keiner* von uns: denn ein und derselbe Feind und aus gleicher Ursache hält uns gefangen, und nur allein die *Zerstörung* des Gefängnisses kann uns zum Ziel führen. Je schwerer gerade mich die Ketten drücken, desto inniger muß ich die Freiheit für alle wünschen. Der Tag des Kampfes rückt immer näher, darum laß uns einig sein und stark ....

43. Alexander Küntzel an Jacoby

Nachlaß[1]) *Lauck, [Frühjahr 1837.]*[2])

.... Der Tag kommt näher, weil er doch einmal kommen muß, wenn unser Herrgott nicht dem Satan und seiner Nobelgarde das Regiment abgetreten hat; aber wann? Wachet und betet! Denn die Nacht ist so finster, daß wir vielleicht die Wolken nicht sehen können, die zusammentreiben und vielleicht im nächsten Augenblick den Tanz be-

[1]) LE (Ab).
[2]) Datum nach LE(Ab).

ginnen können. Man könnte es hoffen, wenn man sieht, was die Herren wieder für sichere Gesichter bekommen, und wenn man bedenkt, wie sie gewöhnlich mit Blindheit geschlagen wurden, wenn Grosses geboren werden sollte.
Gefreut habe ich mich über die Schwanefeldsche Rede[3]), sie enthält nichts Besonderes, aber es ist gut, daß die einfachen, uralten Wahrheiten einmal öffentlich ausgesprochen sind. Besonders hat sie Veranlassung gegeben, daß man seine Leute hat kennenlernen. Der Zorn hat die Leute aufgebläht, daß ihnen die Schafspelze alle zu eng geworden sind und der Wolf aus jedem Haare hervorguckte. Die bodenlosesten Lügen haben sie aufgebracht über den Inhalt der Rede, und als ich z. B. Dohna (dem hiesigen[4]) ein Exemplar mitteilte und ihm sagte: er werde sich daraus überzeugen, wie eine gewisse Klasse von Leuten sich nicht scheue, zu verleumden, wenn die Wahrheit ihnen unangenehm sei, konnte er doch nicht aufhören zu schimpfen und konnte oder wollte nicht einsehn, daß man ein Institut angreifen könne, zumal eines, das de jure nicht mehr existiert, sondern in der Art erst wieder eingeführt werden soll, ohne jeden einzelnen Edelmann zu beleidigen. Kurz, die Sache ist vorzüglich und wird den getreuen Hunden, die schon fast die Fährte verloren hatten, wohl wieder Witterung in die Nase bringen. Lebte ich in K[önigsberg], so hätte ich unter uns eine Subskription zu irgendeinem patriotischen Geschenke für Sch[ön] eröffnet. Tut Ihr es, so soll mein Beitrag nicht fehlen. Sollte es nicht zweckmäßig sein, wenn Du den Gegenstand in der Allgemeinen Zeitung[5]) behandeltest?

[3]) Landtagsrede zum Gesetz über die Erbfolge bei Rittergütern.
[4]) Graf zu Dohna-Lauck, Majoratsherr auf Lauck, Landtagsabgeordneter.
[5]) Gemeint ist vermutlich die «Leipziger Allgemeine Zeitung», es könnte sich aber auch um die Augsburger «Allgemeine Zeitung» handeln.

44. Jacoby an die «Vossische Zeitung»[1])

Abdruck[2]) *Königsberg, 27. September 1837.*

Herr Dr. Leo[3]) hat bittere Beschwerde über einige «junge Ärzte» geführt, welche *«gewissenlos»* genug sind, die Wichtigkeit seines in der Staatszeitung empfohlenen Schutzmittels gegen die Cholera zu bezweifeln. Unterzeichneter, der als Verfasser des in der Königsberger Zeitung enthaltenen Artikels[4]) ebenfalls zu jenen Ärzten gehört, sieht sich dadurch zu folgender Erklärung veranlaßt.

[1]) Das Blatt lehnte den Druck des Briefes ab.
[2]) Jacoby, *Beitrag zu einer künftigen Geschichte der Zensur in Preußen,* Paris 1838, 11 + 32 S., hier S. 13–16.
[3]) Leopold Leo, Arzt in Warschau, Herausgeber des «Magazins für Heilkunde und Naturwissenschaft in Polen», Warschau 1828, Verfasser der Broschüre: *Ideen und Erfahrungen über die Natur und Behandlung der asiatischen Brechruhr, mit besonderer Beziehung auf die Anwendung des Wismuts gegen dieselbe,* Warschau 1832. Die Berliner «Allgemeine Preußische Staatszeitung» vom 26. August 1837 Nr. 236 brachte einen Aufsatz Leos über die Cholera, der zum Ausgangspunkt der Polemik zwischen ihm und Jacoby wurde.
[4]) «Königl. Preuß. Staats-, Kriegs- und Friedens-Zeitung», 2. September 1837 Nr. 205. Wiederabdruck in Jacoby, *Beitrag ...,* S. 9 ff.

1. Daß Herr Dr. *Leo* trotz der mehrfach erfahrenen Zurechtweisung und trotz der gerügten handgreiflichen Widersprüche seines ersten Schreibens bei der einmal liebgewonnenen Ansicht beharre, kann niemanden wundern. Denn wäre es auch wirklich geglückt, den Herrn Doktor zur Einsicht seines Irrtums zu verhelfen, so gehörte doch immer eine nur Männern von *wahrem* Verdienst eigene Selbstüberwindung dazu, den erkannten Fehlgriff *einzugestehen.*

Irrtum und Fehlgriff war es aber jedenfalls, den Lehrsatz, daß die in Cholerazeiten vorkommenden Diarrhöen durch ein geeignetes diaphoretisches Verhalten zu beseitigen ebenso leicht als notwendig sei, um größerem Übel vorzubeugen – Irrtum, sage ich, und Fehlgriff war es jedenfalls, eine so allbekannte Erfahrung für eine *«neue, der Publizität würdige Entdeckung»*, für eine *«Notiz von der größten Wichtigkeit»* auszugeben.

Glaubte nun Herr Dr. Leo, daß durch diese Rüge ihm Unrecht geschehen, so hätte er nicht die Person, sondern die *Gründe* seiner Gegner angreifen sollen; statt sich auf die glücklichen Kuren jener überall auch *ohne* Dr. Leo und Fliedertee leicht heilbaren Diarrhöen zu berufen, lag ihm vielmehr der Nachweis ob, *worin* sich denn seine angeblich *«neue»* Methode von dem in unzähligen Choleraschriften enthaltenen, ja sogar von ihm selbst schon 1832 beschriebenen Verfahren *dem Wesen nach unterscheide.* Bis er diesen Unterschied anzugeben und die spezifische, alle andere Diaphoretica übertreffende Heilkraft des *Flieders* darzutun sich bemüßigt, so lange verstatte er uns, seine Entdeckung als keinen therapeutischen Fortschritt und die – gleichviel ob mittelbare oder unmittelbare – Veröffentlichung seines Schreibens nicht nur als völlig überflüssig, sondern auch – wenn er den deutschen Ärzten Unkunde jener Erfahrungen zutraute – als für dieselben verletzend anzusehn.

2. Wie kann Herr Dr. Leo bei dem innern Bewußtsein von der hohen Wichtigkeit seiner Entdeckung es den «jungen Männern» als eine *«Unbescheidenheit»* auslegen, daß sie den Namen des glücklichen Entdeckers zu ermitteln sich beeiferten? Aus Dankbarkeit geschah dies freilich nicht, denn weit entfernt, seine vermeinten Verdienste um die cholerierende Menschheit anzuerkennen, haben die «jungen Männer» nur dargetan, daß man durch eine *derartige* Wiederholung des allen Ärzten und Laien Bekannten sich selbst entweder der Unkunde oder eitler Anmaßung zeihe.

Der Verfasser jenes «interessanten» Schreibens will nun aber einmal gar zu gern als Erfinder einer neuen Methode gelten und ist daher der Meinung, der Wind müsse sich notwendig nach der von ihm aufgestellten Wetterfahne richten. Wer solches leugnet, den bezichtigt er des Neides, der Unwissenheit oder – der Jugend. So erging's einst den Wismutzweiflern, so ergeht es jetzt den Fliederteeungläubigen.

3. An der *Jugend* seiner Widersacher scheint Herr Dr. Leo besonders Ärgernis zu nehmen. Der Unterzeichnete will nicht die eignen Worte des Herrn Doktors gegen ihn kehren, daß es nämlich *«Unbescheidenheit»* verrate, das Alter seiner Gegner auszumitteln und zum Ziel persönlicher Angriffe zu machen; er läßt auch dahingestellt, ob seine zehnjährige ärztliche Erfahrung mehr oder mindern Wert habe als die zwanzigjährige des Herrn Dr. Leo; daran nur will er erinnern, daß – wenn selbst die Größe der Erfahrung mit der Zahl der Jahre in einem *geraden* Verhältnisse stände – in betreff der *Cholera seine* Erfahrung grade ebenso alt ist wie die des Herrn Dr. Leo, nämlich sechs Jahre.

Wie schlecht aber oft die Gelegenheit zur Erfahrung benutzt werde, davon liefert wohl niemand einen schlagendern Beweis als Herr Dr. Leo selber. Obgleich die vergangenen sechs Jahre ihn belehrt haben sollten, daß die goldene Zeit der Cholera-Wunderkuren vorüber und unter den zahlreichen Empfehlern untrüglicher Präservativ- und Heilmittel sich auch nicht ein einziger «alter, gediegener, in der literarischen Welt stimmfähiger Arzt» befinde – trotz dieser Erfahrung verfährt er doch 1837 in Hinsicht des *Fliedertees* ganz ebenso wie 1831 bei Anpreisung des Wismuts.

4. Ob durch sein Schreiben die *«Eigenliebe»* der Gegner gekränkt worden? Herr Dr. Leo konnte dies schwerlich ermitteln; die unbegründete Voraussetzung von dergleichen Motiven mag hier jedoch in schonender Rücksicht auf die das Urteil trübende Gemütsverstimmung des Herrn Doktor nur mit dem glimpflichsten Ausdrucke als *ungeziemend* bezeichnet werden.

Daß in Deutschland dermalen noch Ärzte «durch Wachsmantel und Larve ihre Wichtigkeit dartun», das hat Herr Dr. Leo nur geschrieben, nicht geglaubt; von mir ist ihm sogar wohlbekannt, daß ich nach einer amtlichen Reise in Polen zu den *ersten* preußischen Ärzten gehörte, welche die Ansteckungskraft der Cholera leugneten *(Verhandlungen der medizinischen Gesellschaft zu Königsberg über Cholera,* I. S. 10–102); wie ich denn auch gegenwärtig meine Pflicht als Distriktsarzt stets furcht- und wachsmantellos zu erfüllen gewohnt bin.

So viel über den *Inhalt* jenes Aufsatzes; möge hiernach der Leser selbst entscheiden, ob Herr Dr. Leo durch das zweite Schreiben seine Sache gebessert oder verschlimmert habe. Was die jede Grenze des Anstands überschreitende *Form* desselben betrifft, so genüge es, darauf mit dem Ausspruche eines berühmten Rechtskundigen zu antworten: «Die Höflichkeit, der Anstand, die Mäßigung können niemals Zwangspflichten werden, ihre Verletzung also wohl *dessen* Ehre schmälern, der sie ohne zureichenden Grund aus den Augen setzt, niemals aber die Ehre eines Andern verletzen.»

Dr. Jacoby.

45. Jacoby an Julius Waldeck

Rekonstruktion[1]) *Königsberg, etwa Anfang Oktober 1837.*

Über Grävell[2]) und sein Werk[3]).

[1]) Nach Nr. 46.

[2]) Maximilian Karl Friedrich Wilhelm Grävell (1781–1860), Jurist und Historiker.

[3]) Grävell, *Die Geschichte meines Austritts aus dem Staatsdienste, nach den Originalaktenstücken. Für Geschichte und Rechtswissenschaft, teils zur Charakteristik der Geschäftsführung preußischer Staatsbehörden, teils zur Läuterung der Vorstellungen und Begriffe von öffentlichen Beleidigungen,* Jena 1837, 2 Bde.

46. Julius Waldeck an Jacoby

Nachlaß[1]) *Berlin, 14. Oktober 1837.*

... Grävell[2]) habe ich gelesen; Du meinst, so stürze denn der letzte Pfeiler des Preußentums, die Gerechtigkeitspflege. Wo bleiben aber die Elementarschulen, die sind noch rein und unangetastet; wie es scheint, ist hier die künftige Generation die Stütze der Monarchie ....

[1]) LE(Ab).
[2]) Vgl. Nr. 45 Anm. 3.

47. Julius Waldeck an den Oberpräsidenten der Provinz Brandenburg[1])

Abdruck[2]) *Berlin, 20. Oktober 1837.*

An
Seine Exzellenz den Herrn Oberpräsidenten der Provinz Brandenburg v. Bassewitz.

Eure Exzellenz werden es verzeihn, daß ich mir die Freiheit nehme, Sie mit einer Bitte zu belästigen. Einliegende Erwiderung des Dr. Jacoby gegen den Dr. Leo aus Warschau, welche ich *der bessern Lesbarkeit halber gedruckt* (in der Königsberger Zeitung) überreiche, sollte ich im Auftrage des Verfassers schon vor längerer Zeit in eine der hiesigen Zeitungen aufnehmen lassen. Da mir selbst schon vorher ein Artikel gleichen Inhalts von dem Zensor, Herrn Geheimrat *John[3])*, gänzlich zurückgewiesen worden war, so verfügte ich mich mit dem Manuskripte des in Rede stehenden Aufsatzes zu dem Herrn Zensor, noch bevor ich ihn der Druckerei übergab, und fragte bei ihm an, ob er dessen Aufnahme gestatten wolle. Seine Antwort fiel verneinend aus mit der Erklärung: «es sei seine *subjektive Ansicht*, dieser Sache ein Ende zu machen, deshalb habe er zwar noch die Duplik des Herrn Dr. Leo aufgenommen, werde jedoch eine Triplik keineswegs zulassen.»

Wenn es nun schon nicht einleuchtet, warum eine Triplik zurückgewiesen werden sollte, wenn die Duplik *Beschuldigungen enthält, die durchaus widerlegt werden müssen*, so kann sich mein Mandant um so weniger mit der Erklärung des Herrn Zensor beruhigen, als seine Erwiderung im strengsten Sinne erst die Duplik ist. Zum Beweise wollen Eure Exzellenz mir die Sachlage kurz darzustellen gestatten.

Die Vossische Zeitung teilte einen Brief des Herrn Dr. Leo aus Warschau mit, der hier in

[1]) Friedrich Magnus von Bassewitz (1773–1858), Oberpräsident der Provinz Brandenburg.
[2]) Jacoby, *Beitrag zu einer künftigen Geschichte der Zensur in Preußen*, Paris 1838, S. 17 f.
[3]) Über den Geheimen Hofrat Dr. Karl John vgl. Karl August Varnhagen von Ense, *Tagebücher*, Leipzig 1861, I, S. 35: «Der Zensor John ist erfinderisch in neuen Quälereien, er ist witzig in Anwendung stets neuer Schikanen, Bedenklichkeiten und Weitläufigkeiten. Wenn er nicht von Tollheit befallen ist und aus Verrücktheit handelt, so ist er ein infamer Schuft!» (21. Januar 1837.)

Berlin eine Erwiderung von einem Unbekannten hervorrief, und in die Königsberger Zeitung übergegangen, *dort* eine Entgegnung des Dr. Jacoby veranlaßte[4]). Bald darauf enthielt die Vossische Zeitung von neuem ein Schreiben des Dr. Leo, worin derselbe seine Gegner, *auch den Königsberger*, auf das heftigste angriff, ja noch mehr, durch grundlose Anspielungen sie zu verdächtigen suchte. Dieses Schreiben also war offenbar ein *erster* Angriff gegen den Dr. Jacoby in der Vossischen Zeitung, *nicht eine Duplik, da derselbe dem Berliner Publikum sich noch gar nicht als Gegner des Dr. Leo dargestellt hatte.* Hieraus scheint mir hervorzugehen, daß beikommende Erwiderung in eines der hiesigen Blätter eingerückt nur eine Entgegnung auf einen ersten Angriff, also eine *Duplik* sein würde.

Aber ganz abgesehen von dieser Ansicht, würde schon ein Verfahren wie das Unterdrücken dieser Erwiderung einem *öffentlich* angegriffenen und verdächtigen Manne jede Gelegenheit sich ebenso öffentlich zu verteidigen, rauben, und es ist daher höchst wünschenswert, daß dasselbe nicht zur Ausführung komme. Für diesen speziellen Fall dürfte vielleicht noch zu erwähnen sein, daß dem Briefe des Herrn Dr. Leo um so eher eine Antwort gebühre, als er indirekt für die *deutschen Ärzte überhaupt* verletzend ist.

Nach allem diesem bin ich im voraus überzeugt, daß Eure Exzellenz die im Namen des Dr. Jacoby von mir hiermit vorgetragene Bitte gewähren und die Erlaubnis zur Aufnahme dieser Erwiderung in die hiesigen Blätter gütigst erteilen werden.

Damit die Sache nicht gar zu sehr veralte, nehme ich mir noch die Freiheit, Eure Exzellenz um eine möglichst *schleunige* Verfügung zu bitten, und zeichne etc.

Dr. Waldeck.

[4]) Jacobys Artikel in Nr. 205 der genannten Zeitung ist wieder abgedruckt in: Jacoby, *Beitrag . . .*, Paris 1838, S. 9 ff.

48. Malwine von Keudell an Jacoby

Rekonstruktion[1]) *Quakenberg bei Stolpe, etwa November 1837.*

Über einige kürzlich erschienene Bücher.

[1]) Nach Nr. 49.

49. Jacoby an Malwine von Keudell[1])

Nachlaß[2]) *Königsberg, 26. November 1837.*

Sie haben sich zwar eine Antwort verbeten, gnädige Frau, aber doch nur unter der Voraussetzung, daß Sie mir dadurch Zwang verursachen. So darf ich denn getrost, ohne Ihrer Bitte entgegenzuhandeln, meiner Neigung folgen.

Daß die mitgenommenen Bücher Ihnen vielfach Befriedigung bieten würden, wußte ich wohl. Werden die Menschen auch auf sehr verschiedenen Bahnen zu demselben Ziele geführt, so mag doch ein jeder, wenn angelangt, gern auch etwas von dem Wege erfahren, auf dem der andere dahin gekommen. Tiefe des Gemüts und Freiheit des Gefühls bieten zur Würdigung des von außen Gegebenen einen Maßstab, der oft sicherer leitet als alle Vernunftkritik; wer diesen Maßstab besitzt, versteht leicht je nach seiner inneren *Empfindung, Lust oder Unlust,* das Schöne vom Unschönen oder richtiger das Vollkommene vom Unvollkommenen zu scheiden: also prüfend und wählend gelangt er nicht selten zu Resultaten, die eine erfreuliche Übereinstimmung bieten mit derjenigen Weltansicht, welche die Vernunft nach langem Zweifelkampfe durch Forschen, Schlüsse und Folgerungen sich mühsam erworben hat. So urteilt der Besitzer eines feinen Gehörs über Harmonie und Mißtöne ebenso richtig wie ein Kenner der Tongesetze. Wie das Licht meist die Wärme zur Begleiterin hat, wiederum aber auch die Wärme für sich, bis zu einem hohen Grade gesteigert, jedesmal Licht zu erzeugen vermag, so kann die lebhaftere Bewegung des Herzens zuweilen zwar Folge, oft aber auch Ursache der geistigen Klarheit sein. Das Schönheitsgefühl, von dem ich oben sprach, jene maßgebende Empfindung der Lust oder Unlust – je schärfer sie sich entwickelt, desto mehr läßt sie zuletzt auch *da* das Schöne entdecken, wo das minder feine Gefühl es zuvor nicht wahrzunehmen vermochte. Ganz ebenso führt auf dem anderen Wege die höchste Klarheit des spekulierenden Kopfes wieder zurück zu der Ahnung des kindlichen Herzens «von dem verborgenen *göttlichen* Gesicht *aller* Dinge», zu den schattenlosen Göttern der Inder.

Und auch hierin offenbart sich die Gerechtigkeit der Weltordnung, die in ihren Gaben weder den *Kopf* noch das *Herz* parteiisch bedacht hat; zu der Erkenntnis, die alle Menschen angeht und allen ohne Unterschied gleich frommt, ist niemandem der Weg verschlossen; die Verschiedenheit der Wege aber gibt keinen Vorzug, sondern lehrt, daß die Menschen nur zu gegenseitiger Ergänzung geschaffen seien.

Sollte es meiner etwas unbeholfenen Ausdrucksweise gelungen sein, mich Ihnen verständlich zu machen, so wird es Sie nicht mehr wundern, daß Strauß[3]), Rückert[4]) u. a. teils aussprechen, wofür Ihnen selbst nur die *Worte* mangelten, teils oft mühsam nach einem Ziele streben, das Ihnen klar vor Augen liegt. Sie werden dann auch erkennen, wieviel Befriedigung und Kräftigung mir der Gedankenaustausch mit Ihnen bieten und

[1]) In Quakenberg bei Stolpe in Pommern.
[2]) DR, S. 216ff.; letzter Absatz JNUL(Ab).
[3]) David Friedrich Strauß (1808–1874), dessen *Leben Jesu, kritisch bearbeitet,* 1835–1836 erschien.
[4]) Friedrich Rückert (1788–1866), Dichter und Orientalist, 1826 Professor für morgenländische Sprachen in Erlangen; ab 1841 in Berlin.

wie sehr mich zuweilen Ihr Dank beschämen mußte, da ich doch wahrscheinlich nicht mehr gab als empfing.

Die Gesänge des Obadja (von Steinheim[5]) sind nur eine praktische Einkleidung der Ansicht vieler Juden, die ich Ihnen am besten mit Maimonides Worten wiedergebe. «Christus und Mohammed», sagt er, «sind Propheten, welche Gott in die Welt geschickt, um sein Dasein und seine Herrlichkeit den Heiden zu offenbaren und sie der Seligkeit einer Gotteserkenntnis, wie sie im Judentum liegt (nämlich der Lehre von dem All-Einen und von der Brüderschaft aller Menschen) teilhaftig werden zu lassen.»[6] So nennt auch der Heidenapostel Paulus (Römer 11, 17 und 18) selbst das Christentum einen dem Grundstamme des Judentums eingepropften Zweig. Und sicherlich! der innerste Kern *aller* Religionsformen ist ein und derselbe; er ist das Ewige, das nur mehr oder minder klar durch die verschiedenen, von Volks- und Zeitgeist abhängigen Hüllen hindurchscheint.

Was will Strauß anderes als wieder eine der Hüllen abstreifen, womit die seitherige Christenheit jenes Ewige – er nennt es «wahres *Christentum*» – umgeben hat? Strauß unternimmt nicht etwas Neues, sondern führt nur das Werk fort, das Spinoza begann. Der jede Vernunftkritik abweisende heilige Nimbus, der Altes und Neues Testament bisher einhüllte, soll zerteilt werden: nur was wir in beiden (ebenso wie in andern prosaischen und dichterischen Schriften der Vorzeit) für schön und gut erachten, *ist für uns* schön und gut; unsere Bildungsstufe allein (keine frühere) ist der Maßstab hierfür, und eine künftige Zeit legt vielleicht einen andern an. Die *wahre* Gottesidee, über Zeit und Raum erhaben, kann freilich nicht von diesen Verhältnissen abhängig sein; der von Zeit und Raum bestimmte Kreis aber, innerhalb dessen die Gottesidee dem beschränkten Menschen zur Erscheinung kommt (wir nannten es oben: Hüllen) muß wechseln, wie eben Raum und Zeit selbst wechseln.

Wenn daher auch der innerste Kern aller Religionen unabänderlich derselbe bleibt, so sind doch die religiösen und ethischen Ideen der Menschheit einer historischen Entwicklung in Zeit und Raum, einer beständigen Fortbildung fähig und werden sich einst von der stabilen Mythologie der Juden wie von der nicht minder stabilen Mythologie der Christen unabhängig machen. In Jesus spricht sich kaum das Selbstbewußtsein *seiner* Zeit (wie in jedem anderen großen Manne), geschweige denn das *aller* Zeiten und *aller* Völker aus, und dennoch sollte seine Lehre der Gipfel menschlicher Gottweisheit sein?! Alle bisherigen Religionsstifter – Jesus nicht ausgenommen – schieden nur Kern und Schale, das Wesentliche vom Unwesentlichen, das Ewigbestehende von dem durch die Auffassungsweise verschiedener Nationen und Zeiten Hinzugefügten. Sie blieben aber bei dieser Scheidung nicht stehen und konnten es auch nicht: an Stelle der verworfenen Zusätze, welche einer sich bereits überlebten Denkweise angehörten, taten sie neue, dem Bewußtsein *ihrer* Zeit entsprechende hinzu, und schwärmerische Jünger vollendeten, was der Meister begann. Es kommen aber neue Zeiten und mit ihnen neue Kulturzustände, Anschauungen, Sitten und Bedürfnisse, und so wird die

[5]) Salomon Ludwig Steinheim, *Gesänge aus der Verbannung, welche sang Obadja ben Amos, im Lande Ham.* Aufs neue hrsg. Frankfurt am Main 1837.

[6]) Vgl. dazu Michael Guttmann, *Das Judentum und seine Umwelt,* Berlin 1927, S. 157.

Form noch oftmals wechseln in steter Fortbildung, bis endlich einst – als Ziel – die dem *Inhalte* völlig *adäquate* – nicht bloß eine dieser oder jener Zeit, diesem oder jenem Volke angepaßte – Form gefunden wird, wenn anders dem Menschen *hier* mehr als das alleinige Streben danach bestimmt ist. Jedenfalls – wenn auch erst später – bleibt das Ziel uns gewiß!

‹ Sie verzeihen, geehrte Frau, wenn ich so lange bei *einem* Gegenstande verweilte, und können auch hieraus mein Ungeschick, mich brieflich mitzuteilen, ersehen .... ›

50. Der Oberpräsident der Provinz Brandenburg an Julius Waldeck

Abdruck[1]) *Berlin, 30. November 1837.*

Nach vernommener Äußerung des Herrn Geheimen Hofrats Dr. *John* eröffne ich Euer Wohlgeboren auf die Beschwerde vom 20sten v. M., daß ich es nur billigen kann, daß derselbe den ferneren Erörterungen über die Heilmethode der Cholera zwischen den Doktoren Leo und Jacoby in den hiesigen Zeitungen ein Ziel gesetzt und daher auch der neuesten Erwiderung des Dr. Jacoby die Druckerlaubnis zur Aufnahme in die Vossische Zeitung hierselbst nicht erteilt hat.

Die eingereichte Beilage zu Nr. 239 der Königsberger Zeitung erfolgt anbei zurück.

Der Oberpräsident der Provinz Brandenburg
v. Bassewitz.

[1]) Jacoby, *Beitrag zu einer künftigen Geschichte der Zensur in Preußen*, Paris 1838, S. 18 f.

51. Julius Waldeck an das Oberzensurkollegium

Abdruck[1]) *Berlin, 6. Dezember 1837.*

An ein Königliches Hochlöbliches Oberzensurkollegium.

Einem Königlichen Hochlöblichen Oberzensurkollegium habe ich die Ehre, folgenden Fall zur Beurteilung und Entscheidung vorzulegen:

Herr Dr. Leo in Warschau hatte in die *hiesige Vossische* Zeitung ein Schreiben einrücken lassen, in welchem er die Rezensenten eines bereits früher von ihm bekannt gemachten, die Cholera betreffenden Briefes hart angreift, augenscheinlich verdächtigt, kurz ihnen eine Behandlung angedeihen läßt, die zwar keine Klage, wohl aber eine öffentliche Zurechtweisung motivierte. Unter diesen so behandelten Rezensenten befand sich auch

[1]) Jacoby, *Beitrag ..*, Paris 1838, S. 19 f.

Herr Dr. Jacoby in Königsberg, der den ersten Brief des Herrn Dr. Leo in der *Königsberger* Zeitung beurteilt hatte; derselbe konnte natürlich zu den Angriffen des Herrn Dr. Leo nicht schweigen; er begegnete ihnen durch eine Erwiderung, die er in die Königsberger Zeitung einrücken ließ (*ein Abdruck derselben erfolgt anbei)* und die er, wie ganz einleuchtend, auch in die hiesige Vossische Zeitung, *in der doch der Angriff geschehen war,* aufgenommen zu sehen wünschte. Aber der Herr Zensor der hiesigen Zeitungen, Geheime Hofrat Dr. *John,* verweigerte dem in Rede stehenden Artikel die Druckerlaubnis, und da ich mich deshalb im Auftrag des Herrn Dr. Jacoby an Seine Exzellenz den Herrn Oberpräsidenten der Provinz Brandenburg v. *Bassewitz* in einer Eingabe vom 20sten *Oktober* wandte, wurde mir den 2ten *Dezember* beikommende unter dem 30sten *November* ausgefertigte Antwort, in welcher seine Exzellenz es gutheißt, daß den Erörterungen über die Heilmethode der Cholera in den hiesigen Zeitungen durch den Herrn Zensor ein Ziel gesetzt worden sei.
Es ist indes der betreffende Artikel *durchaus nicht* als die Erörterung eines *medizinischen* Themas, vielmehr als die *Erwiderung auf einen Angriff, dessen Veröffentlichung zuvor von demselben Zensor gestattet worden,* anzusehen; und es erscheint daher die Bitte, der gedachten Erwiderung die Druckerlaubnis zu erteilen, um so *gerechter,* als ganz allein durch die Gewährung derselben der Dr. Jacoby in den Stand gesetzt wird, seine Ehre von jedem Verdacht zu reinigen und die unbeschränkte Anmaßung des Angreifers zurückzuweisen. Sollte auch Ein Königlich Hochlöbliches Oberzensurkollegium den Druck des betreffenden Artikels nicht gestatten, so würde dadurch für künftig jedem frechen Angreifer der Weg gezeigt sein, einen ehrenwerten Mann unwiderlegt und ungestraft zu verdächtigen, wenn er sich nur der Injurien enthielte.
In Erwartung einer günstigen Entscheidung bitte ich Ein Königlich Hochlöbliches Oberzensurkollegium um eine *baldige* Antwort, da durch den *sechswöchentlichen Aufenthalt,* den die Sache in der vorigen Instanz erlitten, leider schon eine bedeutende Verspätung eingetreten ist.
Die beigefügten Anlagen erbitte ich ergebenst zurück.

Dr. Waldeck.

52. Julius Waldeck an Jacoby

Abdruck[1]) *Berlin, 15. Dezember 1837.*

... Doch zu etwas Erfreulicherem, ein solches nämlich nenne ich die Protestation der sieben Göttinger Professoren[2]). Dergleichen Erscheinungen könnten einen fast den

[1]) DR, S. 218 f.

[2]) Am 14. Dezember 1837 wurden die Professoren Wilhelm Eduard Albrecht, Friedrich Christoph Dahlmann, Heinrich Ewald, Georg Gottfried Gervinus, Jakob Grimm, Wilhelm Grimm und Wilhelm Weber entlassen, weil sie gegen die Aufhebung der Verfassung durch den König von Hannover Einspruch erhoben hatten.

Pessimismus liebgewinnen machen, wenigstens sieht man, wenn es sehr arg hergeht, rühren sich Leute, die schweigen, solange es irgend leidlich. Es ist herrlich, wenn in Dingen, die so lange größtenteils von leichtsinnigen, schwachköpfigen Burschen am meisten vertreten wurden, Leute das Wort ergreifen, die in geistiger Beziehung die Zierde der Nation sind; man mag dieses gestehen, ohne sich deshalb des Bilderdienstes verdächtig zu machen. Ein solcher Vorgang scheint denn auch Nachfolger zu erwecken. Irre ich nicht, so wird's in Hannover rührig werden; schade nur, daß Privatvorteil und Selbstsucht den Konterrevolutionären in jeder Klasse der Gesellschaft dort zahlreiche Freunde erwerben.

Das öffentliche Leben gewinnt ja überhaupt jetzt zum Winter einen ganz frühlingsartigen Aufschwung, in Frankreich scheint die Freiheit, wenn langsam, doch auch sicher Fortschritte zu machen ..., in England treten die Radikalen entschiedener als je auf, endlich müde, mit sich spielen zu lassen, nur bei uns in Deutschland haben wir bayrische Landtagsabschiede, die alles den Ministern überlassen, preußische Holländer, Judenverfolgungen und erzbischöfliche Komödien.

Börne sagt einmal, Hamburg, Frankfurt, Bremen und Lübeck beständen nur, um die Republiken lächerlich zu machen, dasselbe läßt sich wahrlich von unseren Kammern sagen, das gilt allen deutschen Repräsentativstaaten, doch Bayern zumeist. Was die erzbischöfliche Geschichte[3]) betrifft, so bin ich mit mir noch gar nicht einig; zwar ist es wahr, daß in den Rheinprovinzen eine katholische und eine adlige Partei existieren, die dieselben Tendenzen haben wie früher in Belgien, zwar ist es wahrscheinlich, daß der Erzbischof an der Spitze beider stand, auch bin ich keineswegs der Meinung, daß der Staat einen Administrativbeamten, und wäre es selbst ein halber, erst vor Gericht stellen müsse, ehe er ihn suspendiert; dennoch aber mißtraue ich der Appellation ans Volk, wenn sie von einem absoluten Staate ausgeht, dennoch spricht etwas in mir, wie bei jedem Gewaltstreiche, für den Beeinträchtigten. Klar ist es jedoch, daß der König es sehr ungern getan und daß er ausnahmsweise einmal geruht, seine Minister statt seiner reden und handeln zu lassen; jedenfalls richtig, denn Liebe wird der Schritt in den Rheinprovinzen nicht hervorrufen...

[3]) Der Kölner Erzbischof Klemens August von Droste-Vischering (1773–1845) wurde am 20. November 1837 verhaftet, was den sogenannten Kölner Kirchenstreit auslöste.

53. Jacoby an den Vorstand der Jüdischen Gemeinde in Königsberg

Nachlaß[1]) *Königsberg, 16. Dezember 1837.*

Fordert zum Protest auf, da aufgrund eines ministeriellen Verweises an die Provinzregierung einem auswärtigen Juden das Studium in Königsberg nicht gestattet worden ist.

[1]) Inhaltsnotiz in NLE.

54. Gabriel Riesser an Jacoby

Nachlaß[1]) *Bockenheim bei Frankfurt am Main, 27. Dezember 1837.*

Wenn ich die Feder ergreife, um mich Ihnen ins Gedächtnis zu rufen und zugleich Ihre Mühewaltung für einen gemeinnützigen Zweck in Anspruch zu nehmen, so würde ich mich fürwahr einiger Befangenheit nicht erwehren können, setzte mich nicht das Gefühl inniger Sympathie für ein hohes Streben Ihnen gegenüber über jede kleinere Rücksicht hinweg.

Sie haben mir vor nunmehr fünf Jahren einen Brief geschrieben[2]), der mir damals als ein Zeichen aufmunternder Teilnahme für mein junges Streben die innigste Freude gewährte und mich auch jetzt wieder, da ich ihn eben aus meinen Papieren heraussuche und von neuem überlese, mit dem gleichen Gefühle durchdringt. Ich empfing Ihren Brief damals auf meiner Reise inmitten der lebhaftesten inneren und äußeren Bewegung, wo ich nicht zum Antworten kommen konnte. Öfter wurde ich später an Sie erinnert, besonders durch Ihre glühende Schrift gegen Streckfuß, die ich in meinem «Juden» anzeigte[3]).

Dennoch verschob ich es, meiner üblen Gewohnheit nachgebend, immer, Ihnen zu schreiben bis ich irgendeine äußere Veranlassung dazu fände. Diese bietet sich mir in diesem Augenblick, nachdem Sie alle Ursache haben, mir über mein langes Schweigen zu zürnen, dar, und da ich die feste Überzeugung habe, daß Sie den trefflichen Gesinnungen, die aus jenem Briefe hervorleuchten, unverbrüchlich treugeblieben sind, so nehme ich keinen Anstand, mich, statt des Dankes und statt der Bitte um Ihre Verzeihung, die Sie mit Fug und Recht erwarten könnten, ohne weiteres mit einem Gesuche an Sie zu wenden. Die beifolgende Broschüre[4]) und insbesondere meine Bemerkungen auf der letzten Seite[5]) werden Sie über den Inhalt meines Gesuches aufklären .....
Daß Sie meinen Versuch, den Manen Lessings ein Zeichen inniger Dankbarkeit von seiten unserer Glaubensgenossen zu erwirken, billigen und an seinem Gelingen Anteil nehmen, davon bin ich überzeugt .....

[1]) JNUL(Ab).

[2]) Vgl. Nr. 28.

[3]) Die Besprechung der Jacobyschen Schrift gegen Streckfuß erschien in Riessers Zeitschrift «Der Jude» vom 26. Juli 1833 Bd. 2 Nr. 14 S. 116.

[4]) Gabriel Riesser, *Einige Worte über Lessings Denkmal an die Israeliten Deutschlands gerichtet,* Frankfurt am Main 1838. Riesser forderte die Juden auf, das in Braunschweig zu errichtende Denkmal Lessings zu fördern. Der Ertrag der Broschüre war zur Beisteuer für das Denkmal bestimmt.

[5]) Riesser bittet dort Freunde und Gleichgesinnte in den verschiedenen Städten Deutschlands, sich für die Verbreitung der Broschüre zu bemühen.

55. Das Oberzensurkollegium an Julius Waldeck

Abdruck[1]) *Berlin, 6. Januar 1838.*

In Bescheidung auf die Vorstellung vom 6ten v. M. eröffnen wir Euer Wohlgeboren bei Rücksendung der vorgelegten Resolution vom 30sten November v. J. und der Beilage zur Nr. 239 der Königsbergschen Zeitung, daß nach stattgefundener näherer Erwägung der Gründe[2]), welche den Zensor von der Erteilung des Imprimatur für eine Erwiderung des Doktors Jacoby zu Königsberg vom 24sten September v. J. auf das Schreiben des Doktors Leo über die Heilung der Cholera zur Aufnahme in die hiesige Vossische Zeitung abgehalten und das Oberpräsidium der Provinz Brandenburg zur Bestätigung dieser Ansicht veranlaßt haben, das Oberzensurkollegium mit der ergangenen Entscheidung nur einverstanden sein kann. In einem *wissenschaftlichen* Journale werden manche Bedenken, welche dem Imprimatur für den Aufsatz quaestionatum in einer *politischen* Zeitung entgegenstehen, schwinden.

Königliches Oberzensurkollegium.
Wilken. Neander. Tzschoppe.

An
den Herrn Doktor J. Waldeck.
Wohlgeboren hier.

[1]) Jacoby, *Beitrag zu einer künftigen Geschichte der Zensur in Preußen*, Paris 1838, S. 20 f.
[2]) In einer Fußnote zu diesem Worte setzte Jacoby ein Fragezeichen.

56. Julius Waldeck an Jacoby

Abdruck[1]) *Berlin, 16. Januar 1838.*

Gestern erhielt ich in Deiner Sache contra Leo ... vom Oberzensurkollegium, wie zu erwarten stand, die Antwort, daß, nach Anhörung der Gründe des Oberpräsidenten, der Streitsache in bezug auf die Heilbarkeit der Cholera das Imprimatur zu verweigern sei. Bei der Aufnahme in eine wissenschaftliche Zeitschrift, setzten sie hinzu, würden diese Gründe wohl wegfallen. Diese Antwort ist, abgesehen von der Anmaßung, bestimmen zu wollen, wohin etwas gehöre, auch noch höchst liederlich, da ich, wie Du aus meiner Eingabe ersehen haben wirst, ausdrücklich hervorgehoben, daß es sich hier nicht um die Heilbarkeit der Cholera, sondern um die Zurückweisung einer schändlichen Verdächtigung handele. Morgen gebe ich meine Eingabe bei dem Minister des Innern ab, jedoch nur um Deinem Wunsch genugzutun und um alle gesetzmäßigen Schritte durchgemacht zu haben. Denn über die Erfolglosigkeit auch dieser Eingabe kann kein Zweifel herrschen. Die Beschwerde an den König wirst Du vielleicht selbst

[1]) DR, S. 219 f.

verfassen wollen, ich bitte Dich also, mir dieselbe ungesäumt zukommen zu lassen, da die Antworten von den Ministern gewöhnlich sehr schnell zurückerfolgen. Ist alles geschehen, so möchte es Dir doch schwer werden, Deine letzte Absicht zu erreichen, da Du kaum eine so moderierte Denk- und Schreibweise haben möchtest, als erforderlich ist, um bei dergleichen Gegenständen, zumal in einem Werke unter zwanzig Bogen, die Druckerlaubnis zu bekommen. Doch wir werden ja sehen. Überhaupt bin ich selten so auf die nächste Zukunft gespannt gewesen als gerade jetzt, in einer Gegenwart, die so manchen Knoten schürzt und manche harte Nuß reift ...
In der Göttinger Sache hat die Albertina sich ja wahrhaft glorreich ausgezeichnet[2]), Anklang freilich finden diese Leute überall, und selbst in dem ledernen Berlin hat sich bei einer von Gans[3]) und Savigny[4]) ausgehenden Subskription eine lebhafte höheren Orts nicht gemißbilligte Teilnahme gezeigt ...

[2]) Die Albertina verlieh im Dezember 1837 den Professoren W. E. Albrecht und W. Weber das Ehrendoktorat.

[3]) Eduard Gans (1798–1839), Professor der Rechte in Berlin, Gegner der «historischen Rechtsschule».

[4]) Friedrich Karl von Savigny (1779–1861), das Haupt der «historischen Rechtsschule», Professor an der Universität Berlin seit ihrer Gründung (1810).

57. Alexander Küntzel an Jacoby

Nachlaß[1]) *Lauck, 18. Januar 1838.*

Will's denn nicht rücken, will's nicht gehen? Um Herrn v. Cumberland[2]) und um Hannover ist ja alles wieder still. Aber gut Ding will Weile haben und besonders bei den guten Deutschen. Ich hoffe kaum darauf, daß es dieses Mal schon zu etwas Entscheidendem kommt, aber unbezahlbar bleibt die Geschichte und wird früher oder später ihre Früchte tragen. Wir müssen einige solche Historien noch beschlafen, und dann kommt wohl mal eine Zeit, wo der Deutsche aufwacht, sich die Augen reibt und sich besinnt, daß das alles nicht bloß böse Träume gewesen, sondern daß die Shylocks unserer Zeit ihm wirklich ein gut Stück Fleisch zunächst dem Herzen weggeschnitten, das er à tout prix wieder holen muß, wenn nicht jeder Hundsfott, dem es beliebt, ihm aus dem bloßliegenden Herzen nach Belieben Blut zapfen oder es ihm gar ausreißen und ins Angesicht schmeißen soll. Aber dies irae, dies illa! Gottlob, die Geschichte klingt wider in allen Winkeln von Deutschland, daß man sich wirklich leichtfertigen Träumen überlassen könnte, als hätten die zerrissenen Glieder noch eine Seele, [die es fühlt, wenn man mit einem podagrischen amputierten Zahn Experimente macht. Wie mir

[1]) DR, S. 220; eingeklammerte Stellen LE(Ab).

[2]) König Ernst August von Hannover, Herzog von Cumberland (1771–1851).

Hobchen[3]) schreibt, hat man in Berlin die Promotionen[4]) übel vermerkt, das ist herrlich. Hat man das Diplom unterschlagen, so ist das um so herrlicher! wenn es nur an die große Glocke kommt. Aber sie werden jetzt wohl aufpassen, in Leipzig so gut wie in Augsburg.][e] Darum verzweifle keiner je, wenn in der trübsten Nacht usw.... Auch die Kölner Historie hat ihr Gutes, wiewohl es schade ist, daß das Volk sich für die Pfaffen totschießen läßt. Man hätte es der Noblesse überlassen sollen, sich für sie aufhängen zu lassen. [... Schändlich ist es aber, daß ich von all dem Trödel durch Dich nichts erfahre, der Du doch in dubio die besten Nachrichten hast, ...][e]

[3]) August Hobrecht.
[4]) Vgl. Nr. 56. Anm. 2.

58. Jacoby und andere an den Vorstand der Jüdischen Gemeinde in Königsberg

Abdruck[1]) *Königsberg, 21. Januar 1838.*

Unterzeichnete fühlen sich veranlaßt, gegen Euer Wohlgeboren einen Wunsch auszusprechen, dessen Verwirklichung ihnen eine ernste, mahnende Gewissenspflicht ist.

Je inniger wir von dem heilsamen Einflusse eines *zweckmäßigen* öffentlichen Gottesdienstes überzeugt sind, mit desto größerem Bedauern müssen wir gestehen, daß der seitherige Synagogenkultus für die religiös-sittliche Bildung der Gemeinde weder das Erwartete geleistet habe noch künftig zu leisten geeignet sei. Wenn Geist und Herz zu veredeln das Ziel der öffentlichen Gottesverehrung ist, wenn den Verstand des Menschen zu belehren, sein Gemüt zur Andacht zu erheben die Mittel zu diesem Ziele sind: so leuchtet ein, daß die jetzige gottesdienstliche Form nicht nur einer diesem Zwecke entsprechenden Anregung entbehre, sondern sogar vielfache Elemente enthalte, welche der Wirksamkeit der angegebenen Mittel störend entgegentreten.

Beiden Übelständen abzuhelfen scheint uns ein unabweislich dringendes Bedürfnis. Wie solches – *innerhalb der jüdischen Religionssatzungen* – geschehe, darüber erlauben wir uns im Folgenden einige Anträge zu stellen und Euer Wohlgeboren, denen allein nach den Landesgesetzen die Anordnung des Kultus zusteht, die baldige Ausführung derselben dringend ans Herz zu legen.

Die Vereinigung Gleichgesinnter zu gemeinschaftlichem Gebete vermag nur dann das Gemüt zu höherer Andacht zu erwecken, wenn überall die dem heiligen Zwecke angemessene Würde und Stille in der Versammlung herrschen. Um diese herbeizuführen

[1]) *«Allgemeine Zeitung des Judentums.* Ein unparteiisches Organ für alles jüdische Interesse», Leipzig, 20. Februar 1838 Jg. 2 Nr. 22 S. 85 f., wo auch Jacoby als Verfasser des Schreibens angegeben wird.

und dem Mißbrauche des in der Synagoge üblichen, fast sprichwörtlich gewordenen Lärmens, Sprechens und Mitschreiens der Gemeinde zu steuern, wünschen wir:

1) Daß durch sorgsame Aufsicht eigens dazu erwählter, an verschiedenen Orten der Synagoge verteilter Gemeindeglieder *jedes Privatgespräch* sowie das *laute Mitbeten* und andere *Unschicklichkeiten* verhindert und der Ungehorsame – nach vergeblicher Warnung – als Störer des öffentlichen Gottesdienstes der gesetzlichen Strafe überliefert werde.

2) Die Gebete mögen – insoweit sie von dem sogenannten Vorsänger vorzutragen sind – von demselben *allein* und zwar laut, deutlich und mit dem gebührenden äußern Anstande *gesprochen, nicht gesungen* werden; der Gemeinde sei überall nur *leises* Beten gestattet.

3) Wo Gesang erforderlich oder zweckdienlich erscheint, soll derselbe künftig durch einen wohleingeübten *vierstimmigen Männerchor* ausgeführt werden, wobei die bereits in mehreren Synagogen gebräuchlichen altjüdischen Melodien zu Grunde zu legen wären.

Nicht nur an den Sabbaten, Fast- und Feiertagen, auch während der *täglichen* Andachten in der Synagoge sind diese drei die äußere Form betreffenden Anordnungen *streng* zu befolgen.

Soll ferner das Gemüt nicht bloß durch die *äußere Form* der Gebete, sondern zugleich durch den *Inhalt* fruchtbar angeregt werden, so ist vor allem Verständnis des Inhalts erforderlich: denn ein Gebet, dessen Sinn dem Beter verborgen, gleicht – nach dem Ausspruche unserer Weisen – einem Körper ohne Seele.

Einerseits nun können wir uns nicht verhehlen, daß kaum die Hälfte der Synagogenbesucher und sicherlich kaum der vierte Teil der Gemeindeglieder die zum Verstehen der Gebete nötige Kenntnis des Hebräischen besitze; noch dürfte auch – bei den täglich steigenden Forderungen der wissenschaftlichen Bildung – Aussicht dazu sein, daß unsere Nachkommenschaft es in dem Studium der heiligen Sprache weiterbringen werde als ihre Vorfahren.

Andererseits jedoch achten wir das alte Synagogenherkommen zu sehr, um hier auch nur den Wunsch einer Änderung auszusprechen. In diesem Streite zweier entgegengesetzter, gleich wichtiger Ansprüche – des Bedürfnisses der Gemeinde, die Gebete zu verstehen, und der Achtung vor einem uralten Gebrauche – bleibt nur *ein* Weg der Vermittlung übrig: wir ersuchen nämlich den verehrlichen Vorstand:

4) für Anschaffung von Gebetbüchern zu sorgen, welche dem hebräischen Texte gegenüber eine treue und *vollständige Übersetzung mit deutschen Lettern* enthalten, und möglichst viele Gemeindeglieder — die Armen unentgeltlich, die Vermögenden für einen billigen Preis – in den Besitz dieser Bücher zu setzen.

Die gewiß nur *unbedeutenden* Kosten für Ankauf der Übersetzungen sowie für Anstellung des früher erwähnten Männerchors dürften leicht durch einen wohllöblichen Verwaltungsausschuß zu ermitteln sein.

Nicht Anregung des Gefühls allein, auch *Belehrung des Verstandes* haben wir oben als Grund des öffentlichen Kultus angegeben; soll dabei das Herz der Versammelten erwärmt, aber zugleich der nach Erkenntnis strebende Geist durch das Licht des echten Judentums erhalten werden, so ist endlich noch:

5) ein *deutscher, der Intelligenz der Zuhörer angemessener Religionsvortrag als wichtigster* Bestandteil des öffentlichen Gottesdienstes anzuordnen. Ein verehrlicher Vorstand wird der Erfüllung dieses Wunsches sich um so weniger entziehen mögen, da derselbe von der bei weitem größten Zahl der Gemeindeglieder wie von jedem Israeliten, dem das Wohl seiner Glaubensbrüder am Herzen liegt, geteilt wird. Solche in der Synagoge zu haltende Vorträge wären dem Vorstande im Konzepte einzureichen, um durch *geprüfte* Sachkundige untersuchen zu lassen, ob in denselben nichts gegen die Satzungen des Judentums enthalten sei.

Alle diese von der Zeit und dem Bedürfnisse der Gemeinde gleich *dringend* geforderten Einrichtungen – der fruchtbare Keim einer bessern Zukunft, wie wir hoffen – entsprechen nicht nur *vollkommen* dem echt humanen Geiste unserer Religion, sondern sind auch bereits *unter Autorität der sachkundigsten und frömmsten Rabbinen* in vielen Gemeinden des deutschen Vaterlandes in Ausführung gebracht.

Möge es daher auch bei *uns* endlich gelingen, den Ansprüchen der Vernunft und des Herzens Geltung zu schaffen, damit das Judentum, das zur allgemeinen Weltreligion sich zu entwickeln bestimmt ist, nicht länger eines der Bildung seiner Bekenner würdigen Gottesdienstes entbehre, der israelitische Tempel vielmehr in der seinem Eigentümer gebührenden Erhabenheit wiederhergestellt werde. Möge es uns durch Verwirklichung dieser Wünsche verstattet sein, auch *für unser Teil* jene Zeit vorzubereiten, von welcher der Prophet verkündet:

Einst erkennen und verehren die Völker alle Einen Gott![2])

Dr. med. L. Jacobson[3]). Dr. med. J. Jacoby. H. Friedländer[4]). Dr. med. Kosch[5]).

[2]) Kein wörtliches Zitat, vgl. Jesaja Kp. 2 V. 3, Kp. 25 V. 6. 7; Micha Kp. 4 V. I; Zephanja Kp. 3 V. 9.

[3]) Louis Jacobson (1796–1842), Arzt und medizinischer Forscher.

[4]) Hirsch Friedländer, Kaufmann.

[5]) Die «Allgemeine Zeitung des Judentums» vom 22. März 1838 Jg. 2 Nr. 35 S. 137 veröffentlichte eine Berichtigung, derzufolge unter der oben abgedruckten Eingabe noch weitere Unterschriften standen sowie folgende Worte:
«Vorstehende, mir zur Durchsicht vorgelegte Einrichtungen sind meinerseits nicht nur zu billigen, sondern auch wünschenswert in Ausführung zu bringen.
J. Mecklenburg, Rabbiner.»

59. Julius Waldeck an den Minister des Innern[1])

Abdruck[2]) *Berlin, 23. Januar 1838.*

Seiner Exzellenz
dem Königlichen Wirklichen Geheimen Staatsministers des Innern und der Polizei, Königlichen Kammerherrn, Ritter etc. etc. *Herrn v. Rochow.*

[1]) Gustav Adolf Rochus von Rochow (1792–1847) war von 1834 bis 1842 preußischer Minister des Innern.

[2]) Jacoby, *Beitrag zu einer künftigen Geschichte der Zensur in Preußen,* Paris 1838, S. 22 f.

Hochwohlgeborner Herr etc. etc.

In einer, wie ich glaube, gerechten Sache von jeder Behörde bis jetzt abgewiesen, nehme ich mir die Freiheit, Euer Exzellenz als der nächst höhern Instanz dieselbe zur Entscheidung vorzutragen, indem ich, wenn auch Euer Exzellenz *wider Erwarten* mir eine abschlägige Antwort erteilen sollten, wenigstens die Beruhigung haben will, daß ich keinen vom Gesetze statuierten Weg uneingeschlagen gelassen.

Zur Zeit der Cholera rezensierte Herr Dr. Jacoby in Königsberg in Preußen in der dortigen Zeitung einen Brief des Herrn Dr. Leo aus Warschau, der die Cholera betreffend in die hiesige und dann auch in die Königsberger Zeitung aufgenommen worden war. Ein zweiter hierauf vom Dr. Leo in die Vossische Zeitung eingesandter Brief griff den Dr. Jacoby deshalb heftig an und suchte ihn auf entehrende Weise zu verdächtigen, vermied jedoch freilich eine offene Injurie. Diesem Briefe nun erteilte der Herr Zensor Hofrat Dr. John das Imprimatur, verweigerte dasselbe jedoch bald darauf mir im Namen des Jacoby für eine Erwiderung, die derselbe bereits in die Königsberger Zeitung hatte einrücken lassen und die er auch *hier, am Orte des Angriffes,* veröffentlicht wissen wollte.

Ich wandte mich nun mit dem in Rede stehenden Artikel (ein Abdruck in der Königsberger Zeitung folgt anbei) an Seine Exzellenz den Herrn Oberpräsidenten von *Bassewitz* und hielt bei diesem um die Druckerlaubnis an, indem ich nachwies, daß der Grund des Herrn Zensor, «den Streitigkeiten über die Heilbarkeit der Cholera in den hiesigen Zeitungen ein Ende zu machen», *durchaus nichtig sei, da es sich hier gar nicht mehr um die Cholera, sondern um die Abwehrung eines persönlichen, von dem Herrn Zensor gestatteten Angriffes handle.*

Die Antwort Seiner Exzellenz, die ich gleichfalls beilege, *nahm auf meine Gründe gar keine Rücksicht,* billigte vielmehr das Verfahren des Herrn Zensor, *ohne diese Billigung irgend zu motivieren.* Nicht besser erging es mir mit einer darauf bei dem Oberzensurkollegium eingereichten Beschwerde wie aus dem beigefügten Reskript desselben zu ersehen.

Da ich nun glaube, daß es nicht der Wille Eurer Exzellenz, daß bei auszufertigenden Bescheiden die obere Behörde sich nur auf die untere berufe, da es vielmehr *gesetzlich* feststeht, daß bei nicht zu bewilligenden Anträgen der Antragsteller mit Gründen zu belehren und nicht mit einem bloßen Ausspruche abzuweisen sei, so wende ich mich hiermit an Eure Exzellenz mit der ergebenen Bitte, mir entweder für den betreffenden Artikel *die Druckerlaubnis zu gewähren oder mich über das Unstatthafte des im Namen des Dr. Jacoby von mir gestellten Gesuches zu belehren.*

Indem ich Eure Exzellenz schließlich noch darauf aufmerksam mache, welch ein Zeitraum während des Betriebes dieser Angelegenheit verflossen, glaube ich um so eher Eure Exzellenz um gütige Beschleunigung ansprechen zu dürfen.

Eurer Exzellenz
ganz ergebenster
Dr. Waldeck.

60. Der Minister des Innern an Julius Waldeck

Abdruck[1]) *Berlin, 3. Februar 1838.*

Auf die Eingabe vom 23sten v. M. eröffne ich Ihnen, daß das Königliche Oberzensurkollegium nach der allerhöchsten Verordnung vom 18ten Oktober 1819 Art. VI zu I. über Beschwerden der Verfasser und Verleger wegen Verweigerung der Erlaubnis zum Druck zu untersuchen und darüber in letzter Instanz zu entscheiden hat. Infolgedessen kann ich Sie daher nur auf die Ihnen bereits von dem Königlichen Oberzensurkollegium erteilte Resolution vom 6ten Januar d. J. mit dem Bedeuten zurückweisen, daß es dabei lediglich sein Bewenden behalten muß.

Die eingereichten drei Anlagen erfolgen hierbei zurück.

Der Minister des Innern und der Polizei.
v. Rochow.

An
den Herrn Dr. Waldeck
hier.

[1]) Jacoby, *Beitrag* . . . , Paris 1838, S. 23 f.

61. Jacoby an Friedrich Christoph Dahlmann[1])

Nachlaß[2]) *Königsberg, 10. Februar 1838.*

Herrn Professor Dahlmann Wohlgeboren

Im Namen von 130 Bürgern der Stadt Königsberg ersuche ich Sie und Ihre würdigen Herren Kollegen, die durch freimütige Verteidigung des Rechts den Unwillen des Machthabers und den Dank jedes braven Deutschen erworben haben, Einliegendes als Zeichen unserer Achtung anzunehmen. Wer das Rechtsgefühl teilt, aus welchem Ihre Tat hervorgegangen, ist verpflichtet, Ihnen auch die Folgen dieser Tat tragen zu helfen.

Hochachtungsvoll
Dr. med. Jacoby
(Wassergasse Nr. 22)

[1]) Der Geschichtsforscher und gemäßigt konstitutionell-liberale Politiker Friedrich Christoph Dahlmann (1785–1860), seit 1829 Professor der Staatswissenschaften in Göttingen, wurde Ende 1837 mit sechs Kollegen („Göttinger Sieben") seines Amtes enthoben und des Landes verwiesen; 1848 Mitglied des Vorparlaments und der Frankfurter Nationalversammlung.

[2]) Original: Deutsche Staatsbibliothek, Berlin. Nachlaß Dahlmann. Zum Teil gedruckt in *Briefwechsel zwischen Jakob und Wilhelm Grimm, Dahlmann und Gervinus,* Berlin 1885, I, S. 87.

Einliegend

Reichstaler	200 400	vom 6. Februar auf Lion M. Cohn in Berlin
	400 600	vom 10. Februar auf Anhalt Wagener in Berlin
	1600 Reichstaler	

[Umschlag:]
Herrn Professor Dahlmann in *Leipzig*.

62. Friedrich Christoph Dahlmann an Jacoby

Nachlaß[1]) *Leipzig, 20. Februar 1838*

Ich sage Ihnen, hochverehrter Herr, indem ich den Empfang von 1600 Talern preußischer Courant in Wechseln bescheinige, den gerührtesten Dank, selbst und im Namen meiner abwesenden Kollegen, und bitte Sie, der Vertreter unserer Gesinnungen bei Ihren Mitbürgern, die uns durch tätige Anerkennung ehrten und halfen, zu sein.

Es ist eine traurige Geschichte, die späteren Zeitaltern schwer zu glauben sein wird, wie vor den Augen von Deutschland die gerechteste Sache langsam zerwühlt und zertreten zugrunde gehen muß, bloß weil sie eine Sache der bürgerlichen Freiheit ist und nicht gerade des Gehorsams oder des Königtums, für die wir dieselben Opfer nicht gescheut haben würden. Als ob nicht beides gemeinsam den Staat ausmachte, der eine ebenso flache und frivole Sache wäre, als er eine tiefsinnige und heilige ist, wenn er nicht gerade diese Verbindung von Dingen zu leisten hätte, die allein dem oberflächlichen Betrachter unvereinbar scheinen. Höchst peinlich ist insbesondere die fälschende Mißdeutung, welche das Christentum erleiden muß, damit nur jeder Schritt, der für die Erhaltung gesetzlich bestehender Schranken der Herrschaft aus dem Drange des Gewissens geschieht, sofort in das revolutionäre Gebiet hinübergespielt werden könne. Allein ich will mich heute lieber von der Betrachtung abwenden, wie durch diese Irrwege der Selbstsucht die Menschengeschichte, von ihrem Ziele abgeleitet, nutzlos verlängert wird und dankbar bei den Gesinnungen verweilen, welche uns aus einer Stadt angesprochen haben, die, so fern sie liegt, überall dem Vaterlandsfreunde nahetritt, wo es die Pflege der edlen Güter gilt, die aus dem Schiffsbruche unseres deutschen Gemeinwesens glücklicherweise noch geborgen sind.

Hochachtungsvoll
Dahlmann.

Herrn Doktor der Medizin Jacoby, Wohlgeboren, im Königsberg.

[1]) Original: UB Bonn. Nachlaß Franz Rühl. Entwurf in der Deutschen Staatsbibliothek, Berlin. Verglichen mit dem Abdruck in Karl Glossy, *Literarische Geheimberichte aus dem Vormärz*, Wien 1912, 2 Bde., I, S. 139 f.

63. Jacoby an Friedrich Wilhelm III.

Abdruck[1]) *Königsberg, 24. Februar 1838.*

Seiner Majestät dem Könige zu Berlin.

Allerdurchlauchtigster etc. etc.

Eurer Königlichen Majestät wage ich alleruntertänigst eine Angelegenheit vorzutragen, in welcher das Recht – meiner Überzeugung nach – *für* mich spricht, das Urteil der Behörden aber *gegen* mich erkannt hat. Aus Gründen, die man anzugeben für übrig hält, wird mir die Verteidigung gegen einen öffentlichen, meine Ehre verletzenden Angriff untersagt und dem Beleidigten so jeder Weg, Genugtuung zu erhalten, abgeschnitten. Vertrauend auf die Güte meiner Sache nahe ich mich dem Throne, um von dem *Gerechtesten* der Könige zu erlangen, was die *Diener der Gerechtigkeit* mir verweigerten.

Die Preußische Staatszeitung vom 26sten August v. J. teilte das Schreiben eines Warschauer Arztes mit, welches – neben andern irrtümlichen Ansichten über Cholera – eine den deutschen Ärzten längst bekannte Erfahrung als *«ganz neue, der Publizität würdige Entdeckung»* des Briefstellers in Anspruch nahm. Da der Aufsatz auch in andere Zeitungen überging, konnten zurechtweisende Entgegnungen nicht ausbleiben, und auch *ich* fand mich im Interesse der Wissenschaft und des Publikums bewogen, eine solche in die Königsberger Zeitung (vom 2ten September v. J.) einrücken zu lassen. Nicht lange darauf erschien in der Berliner Vossischen Zeitung (vom 21sten September) ein Schreiben von Dr. Leo aus Warschau, der sich als Verfasser des ersten durch die Staatszeitung veröffentlichten Briefes bekannte, und – ohne irgend auf die Streitfrage selbst einzugehn, die Sache vielmehr ganz ins Persönliche hinüberspielend – nicht allein seine Gegner der *Unbescheidenheit, des Neides* und der *Gewissenlosigkeit* zieh, sondern auch die Berufstreue der preußischen Ärzte überhaupt durch Spott über eine *«nur in Larven und Wachsmantel sich kundgebende Wichtigkeit»* zu verdächtigen suchte.

Solch ungeziemendem Angriffe, solchen grundlosen Beschuldigungen hielt ich für Pflicht unter Nennung meines Namens entgegenzutreten: ich tat es mit aller Mäßigung in einem Aufsatze, den ich der Vossischen Zeitung einsandte und dessen Abschrift ich mir hier beizulegen erlaube. Wider Erwarten aber versagte *derselbe* Zensor, der jenem hämischen Angriffe des *ausländischen* Arztes das Imprimatur zu erteilen nicht anstand, mir, dem beleidigten *Mitbürger*, das Recht der Verteidigung. Je mehr ich mir bewußt war, in meiner Antwort die Schranken des Anstandes und der Mäßigung aufs strengste beobachtet zu haben, um so weniger konnte die Erklärung des Zensors:

> «es sei seine *subjektive* Ansicht, diesem Streite ein Ende zu machen, daher werde er eine Triplik keineswegs zulassen[2])»,

durch die Form des Aufsatzes gerechtfertigt werden. Daß auch der Inhalt nichts Anstößiges darbiete, geht teils aus dem spätern Bescheide des Oberzensurkollegiums, teils daraus hervor, daß der Aufsatz von dem *Königsberger* Zensor das Imprimatur erhielt und unverändert in der hiesigen Zeitung (vom 12ten Oktober v. J.) abgedruckt wurde. In einer Eingabe vom 20sten Oktober wandte ich mich darauf an den Oberpräsidenten

[1]) Jacoby, *Beitrag zu einer künftigen Geschichte der Zensur in Preußen*, Paris 1838, S. 25–28.
[2]) Vgl. ebenda, S. 17.

der Provinz Brandenburg *von Bassewitz*[3]) und bat – einen Abdruck der Königsberger Zeitung beilegend – um Erlaubnis, nun auch in der Berliner Zeitung vor dem nämlichen Publikum *vor welchem ich verunglimpft worden*, erwidern zu dürfen. Ich erlaubte mir, denselben darauf aufmerksam zu machen, daß es sich hier keineswegs um Erörterung eines *wissenschaftlichen* Themas, vielmehr um *Abwehr einer persönlichen Beleidigung* handle, daß, insofern die *Berliner* Zeitungen bisher noch keine Zeile von mir erhalten, durchaus nicht von einer *Triplik* oder von einem *Streite* zwischen Dr. Leo und mir, sondern lediglich von einem Angriffe des Dr. Leo auf mich die Rede sein könne, einem Streite daher, der noch gar nicht vorliege, auch kein Ziel zu setzen sei; daß endlich durch das *unbillige* Verfahren des Zensors einem öffentlich geschmähten und verdächtigten Mann fortan jede Gelegenheit geraubt werde, sich vom Verdachte zu reinigen. So deutlich ich auch das *Recht* meines Anspruches auseinandergesetzt, ging mir dennoch – *und zwar erst nach vollen sechs Wochen* – von dem Oberpräsidenten die Antwort zu, daß

«er es nur billigen könne, wenn den Erörterungen über die Heilmethode der Cholera in der Berliner Zeitung ein Ziel gesetzt worden».

Aus diesem *nur die Worte des Zensors wiederholenden* Bescheide erhellte, daß meine obige Erklärung der Sachlage gar keiner Beachtung, geschweige denn einer Widerlegung gewürdigt sei. Um so mehr hielt ich's für Pflicht, mein Recht weiter zu verfolgen: ich trug meine Beschwerde[5]) unterm 6ten Dezember v. J. dem Oberzensurkollegium und, da ich auch hier abschlägig beschieden, dem Minister des Innern *v. Rochow* vor. Das Oberzensurkollegium erklärte sich – *wieder ohne Angabe von Gründen* – mit dem Ausspruche der frühern Behörden «einverstanden» und fügte nur hinzu, daß

«in einem *wissenschaftlichen* Journale manche Bedenken schwinden würden, die dem Imprimatur in den *politischen* Zeitungen entgegenständen»[6]).

Der Minister aber wies die Beschwerde ganz zurück, weil im vorliegenden Falle dem Oberzensurkollegium die Entscheidung in *letzter* Instanz zukomme.

Was die *«Bedenken»* betrifft, welche das Oberzensurkollegium erwähnt, aber nicht angibt, so habe ich zu bemerken, daß sich auch der angreifende Teil in einer *politischen* Zeitung vernehmen ließ und es doch nicht einleuchtend ist, inwiefern in Eurer Majestät Staaten ein Ausländer mehr *politische* Zensurfreiheit genießen soll als der Einheimische, letzterer dafür aber durch die *wissenschaftliche* zu entschädigen sei. Ein wissenschaftlicher Zensor hätte dem ersten Schreiben des Dr. Leo, ein humaner, vaterländischer dem zweiten die Druckerlaubnis verweigert.

Solche aber einmal gewährt, durfte auch der Verteidigung der Mund nicht verschlossen werden. Daß ferner hier gar nicht von einem wissenschaftlichen, für ein medizinisches Journal geeigneten Gegenstande die Rede sei, sondern einzig und allein von Abwehr einer persönlichen Beschuldigung, hatte ich bereits in der Eingabe an den Oberpräsidenten erklärt und solches auch in dem Schreiben an das Oberzensurkollegium *umständlich* wiederholt.

[3]) Gedruckt ebenda, S. 17 f.
[4]) Gedruckt ebenda, S. 18 f.
[5]) Gedruckt ebenda, S. 19 f.
[6]) Antwort des Oberzensurkollegiums vom 6. Januar 1838, ebenda, S. 20 f.

Öffentlich durch einen argwilligen Angriff an meiner Ehre gekränkt und mit dem billigen Gesuche, mich verteidigen zu dürfen, von allen Behörden abgewiesen, wage ich nun zu der Gerechtigkeit Eurer Königlichen Majestät meine Zuflucht zu nehmen. Mag immerhin die Beschränkung der Presse eine Notwendigkeit sein, so darf sie dem Angeklagten doch nicht das heilige Recht der Verteidigung entziehn; *innerhalb* der gesetzlichen Schranken der Zensur darf die Freiheit der Bewegung nicht durch Willkür und subjektives Gutdünken gehemmt werden, *wenn anders nicht jede Bewegung aufhören soll.*

Allerhöchstdero Wille ist es, daß auch der niedrigste Ihrer Untertanen auf Ehre halte, daß auch der Niedrigste der Untertanen nicht an seinem Rechte gekränkt werde. Gering oder wichtig, hoch oder niedrig, alle diese Unterschiede schwinden vor dem Throne Eurer Majestät; nur ob die Sache gerecht oder ungerecht, gibt hier den Ausschlag. Vertrauensvoll wende ich mich daher an Eure Königliche Majestät, beschwerdeführend

1. über das Verfahren des Zensors, welcher, einem *Ausländer* den Angriff auf fremde Persönlichkeit gestattend, der Verteidigung des *Mitbürgers* die Druckerlaubnis verweigerte;

2. über die oberen Zensurbehörden, die in ihren Bescheiden sich nur auf die untere berufen, *dem Gesetze zuwider,* welches bei nicht zu bewilligenden Anträgen den Antragsteller mit *Gründen* zu belehren, nicht mit einem bloßen *Machtworte* abzuweisen befiehlt;

3. über die *halbjährige* Verzögerung, welche die Angelegenheit trotz inständiger Bitte um Beschleunigung erfahren und die schon an sich betrachtet im vorliegenden Falle einer Rechtsverweigerung gleichkommt.

Nachdem ich so eine treue Darstellung des Tatbestandes und meiner Beschwerden an die Stufen des Throns gelegt, bitte ich Eure Königliche Majestät untertänigst um Erlaubnis,

> den in Rede stehenden Aufsatz mit dem Bemerken von Eurer Majestät huldvoller Genehmigung abdrucken zu lassen.

Ich war der *erste* ostpreußische Arzt, der vor sieben Jahren infolge einer Aufforderung des Oberpräsidenten von *Schön* nach dem Königreich Polen ging, um inmitten eines fürchterlichen Krieges die Cholera zu beobachten, und habe meine Berufstreue, die man jetzt öffentlich zu verdächtigen sucht, damals wie später, als die Seuche bei uns ausbrach, tatsächlich bewährt.

Von den ehrenden Gnaden Eurer Majestät konnte mir – einer religiösen Bestimmung wegen – keine zuteilwerden; ich habe auch keine *äußere* Belohnung gesucht. Selbst *jetzt* die erhabenste Gerechtigkeit mehr in einem *allgemeinen,* als *persönlichen* Interesse in Anspruch nehmend, glaube ich hierdurch nur meine treue Untertanenpflicht zu erfüllen, mit der ich in tiefster Ehrfurcht ersterbe

Eurer Königlichen Majestät
alleruntertänigster
Dr. Jacoby.

64. Jacoby an Agathon Wernich[1])

Rekonstruktion[2]) *Königsberg, etwa Ende Februar 1838.*

Teilt Dahlmanns Brief vom 20. Februar 1838 mit und übersendet eine Korrespondenz für die «Elbinger Zeitung».

[1]) Agathon Wernich (1802–1868), Kaufmann und Buchdruckereibesitzer in Elbing, 1830–1845 Stadtverordnetenvorsteher, Herausgeber der «Elbinger Anzeigen» und der «Elbinger Zeitung», 1848 Mitglied der Frankfurter Nationalversammlung, 1849 Mitglied der Zweiten Kammer des Preußischen Landtages (konservativ).

[2]) Nach Nr. 65.

65. Agathon Wernich an Jacoby

Nachlaß[1]) *Elbing, 6. März 1838.*

Euer Wohlgeboren

sage ich den verbindlichsten Dank für die gütige Mitteilung des an Sie von Herrn Professor Dahlmann gerichteten Schreibens[2]). Was die für mein Blatt (worunter Sie wahrscheinlich die Elbinger Anzeigen meinen) mir ferner übersandten Korrespondenz-Nachricht anbetrifft, so habe ich dieselbe, da man sie möglicherweise zu den politischen zählen könnte, zuvörderst in die ebenfalls bei mir herauskommende und von mir redigierte Elbinger Zeitung aufgenommen, und hat der hiesige Zensor gegen diese Aufnahme nichts eingewendet. Beigehend erlaube ich mir, Ihnen einige Exemplare des diesfälligen Blattes zu übersenden. Ich werde nun aber noch es möglich zu machen suchen, das Wesentliche Ihrer geneigten Mitteilung auch für die Anzeigen unter dem Artikel «Notizen» zu benutzen.

Da Sie ohne Zweifel allem, was diese Angelegenheit berührt, Ihre Teilnahme gewähren, so erlaube ich mir bei dieser Gelegenheit, Ihnen das Schreiben, welches von mehreren hiesigen Einwohnern an den Professor Albrecht[3]) abgesandt wurde, nebst dem Schreiben d[es] H[errn] v[an] Riesen[4]), womit dieser dem Herrn Minister des Innern von jenem Briefe an Albrecht Mitteilung machte, und endlich die Antwort des Herrn Ministers an H[errn] v[an] Riesen[5]) in Abschrift hier beizulegen. Ich bitte Sie jedoch, niemandem zu sagen, daß Sie diese Abschriften von mir haben, und

[1]) BAF(Ab). Auszugsweise abgedruckt DR, S. 221.

[2]) Vom 20. Februar 1838.

[3]) Wilhelm Eduard Albrecht (1800–1876), Jurist, einer der «Göttinger Sieben», in Elbing geboren.

[4]) Jakob van Riesen (1786–1864), Kaufmann, Stadtverordneter und Landtagsabgeordneter in Elbing, wo er als liberaler Politiker eine bedeutende Rolle spielte.

[5]) Die Bürger Elbings, die eine Adresse zugunsten Professor Albrechts verfaßten, wurden in einem Schreiben des Ministers Rochow an Riesen hart zurückgewiesen. Rochow bediente sich dabei der seitdem sprichwörtlich gewordenen Wendung von dem «beschränkten Untertanenverstande», der von den Maßregeln der Behörden nichts verstehe und sie deshalb nicht kritisieren

glaube, daß Sie diese meine Bitte durch die prekäre Lage, in welcher ich mich ebenso wie jeder Herausgeber einer Zeitschrift befinde, gerechtfertigt finden werden.
Erlauben Sie mir, Ihnen noch eine Bitte vorzulegen. Wenn Sie meinen «Anzeigen» einige Aufmerksamkeit vielleicht gewährt haben, so werden Sie darin mein Bestreben wahrgenommen haben, Angelegenheiten des Vaterlandes, der Provinz, der Vaterstadt einer faßlichen Erörterung, insoweit die mancherlei und oft recht engen Grenzen, die mir gesteckt sind, es gestatten, zu unterziehen. Daß diese Grenzen nicht allein durch den geringen Umfang meines Blattes, sondern oft durch unüberwindliche Hindernisse, die ich nicht zu nennen brauche, bedingt werden, darf ich wohl nicht näher erörtern.
Freilich muß ich auch häufig auf die Eigenschaft meiner Anzeigen als Lokalblatt Rücksicht nehmen und ebenso die Teilnahme meiner Leser (deren Kreis eine so ungemeine Verschiedenheit in Hinsicht der Bildung begreift wie vielleicht selten einer Zeitschrift) rege zu erhalten suchen. Bei allen diesen wahrlich nicht geringen Schwierigkeiten verfolge ich meinen stets mühe-, oft dornenvollen Weg in dem Bewußtsein, das Gute gewollt und nicht ganz vergebens gewollt zu haben; auch ist mein Streben nicht ohne Anerkennung geblieben, denn mein Blatt dürfte jetzt schon das in dieser Provinz am meisten gelesene sein, und noch steigt die Anzahl seiner Teilnehmer mit jedem Semester.
Daß ich diesen Erfolg nur der Mitwirkung meiner Mitarbeiter zu danken habe, leidet keinen Zweifel; und zu diesen Sie, hochverehrter Mann, zählen zu dürfen, ist mein sehnlicher Wunsch. Nennen Sie es nicht Anmaßung, was mich bewegt, Sie um die Teilnahme an meinen Anzeigen zu bitten; es ist lediglich das eifrige Bestreben, einem Blatt immer mehr Gediegenheit zu verschaffen, welches ich jetzt als mein Werk betrachten darf und dem ich die besten Kräfte meines ganzen Lebens widme.
Die öffentliche Meinung bedarf überall eines Organs, und mag die Stimme meines Blattes auch noch schwach sein im Vergleich mit den andern in bereits empfänglicheren Gegenden erscheinenden Zeitschriften; in unserer Provinz verhallt sie nicht ungehört, und ihr Klang ist, dies darf ich mit gutem Gewissen behaupten, rein und ohne Falsch.
Wenn Sie die Güte haben, mir eine Antwort zuteilwerden zu lassen, dann darf ich vielleicht hoffen, zugleich über folgende Gerüchte, die hier kursieren:
1. daß S. K. H. der Kronprinz das Prorektorat der dortigen Universität niedergelegt habe,
2. daß die philosophische Fakultät von Königsberg wegen des dem Professor Albrecht erteilten Doktordiploms zur Untersuchung gezogen sei,
von Ihnen eine geneigte Auskunft zu erhalten.
Genehmigen Sie die Versicherung meiner aufrichtigen Hochachtung und Ergebenheit

Ag. Wernich.

dürfe. Riesen, «ein Mann von großer Popularität und einem sehr glücklichen politischen Instinkte», hängte das Ministerialreskript in seinem Vorzimmer unter Glas und Rahmen auf, «zum Ergötzen aller Besuchenden». So Robert Prutz, *Zehn Jahre Geschichte der neuesten Zeit. 1840–1850*, Leipzig 1850–1856, 2 Bde., I, S. 73. Prutz zitiert nicht ganz genau. In dem historisch gewordenen Schreiben Rochows heißt es, daß es dem Untertanen nicht zieme, «*die Handlungen des Staatsoberhauptes an den Maßstab seiner beschränkten Einsicht anzulegen*». (Rochow an Riesen, 15. Januar 1838, abgedruckt bei Bruno Th. Satori-Neumann, *Elbing im Biedermeier und Vormärz*, Elbing 1933, S. 42.)

66. Jacoby an Julius Waldeck

Abdruck[1]) *[Königsberg,] 6. März 1838.*

Übersendet[1]) Schreiben an den König[2]), Brief Dahlmanns[3]), Schreiben Rochows an Riesen. – Kölner Kirchenstreit.

Die katholische Auffassung in der Mischehefrage sei rückständig, doch habe der preußische Staat kein Recht, hier einzugreifen.

[1]) Inhaltsnotiz: Abs. 1 NLE; Abs. 2 AHZ, S. 62.

67. Jacoby an Agathon Wernich

Abdruck[1]) *10. März 1838.*

Für die Erfüllung meiner Bitte sowie für Mitteilung des v. Rochowschen Briefes sage ich Ihnen meinen verbindlichsten Dank. Wenn ich den beschränkten Maßstab meines Untertanenverstandes an das ministerielle Schreiben anzulegen wagen darf, so halte ich dafür, daß es schwerlich einem anderen gelungen wäre, in so wenig Worten eine solche Fülle großartiger Betisen zur Schau zu stellen ...

Auf Ihre Anfrage melde ich Ihnen noch, daß keineswegs der Kronprinz das Prorektorat unserer Universität niedergelegt, sondern sich nur in einem sehr gemäßigten Schreiben[2]) an den Senat dahin ausgesprochen habe, daß die Erteilung der seine Namensunterschrift enthaltenden Doktordiplome an die Professoren Albrecht und Weber ihm wegen der nahen Verwandtschaft mit dem König von Hannover unangenehm gewesen sei. Einen desto gröberen Brief hat aber der Senat von den Ministern erhalten mit dem Befehle, der philosophischen und medizinischen Fakultät wegen ihres *«unbesonnenen, ungeziemenden und taktlosen Benehmens* einen Verweis zu erteilen»[3]). Von einer desfallsigen *Untersuchung* verlautet hier nichts.

[1]) DR, S. 221 f.

[2]) Vom 22. Januar 1838, abgedruckt in Hans Prutz, *Die Königliche Albertus-Universität zu Königsberg i. Pr. im neunzehnten Jahrhundert,* Königsberg 1894, S. 131.

[3]) In dem Ministerialerlaß vom 21. Januar 1838 (ebenda, S. 130) heißt es: «Der Minister beauftragt Eure etc., dem Rektor und Senat diese die benannten Fakultäten betreffende Mißbilligung zu eröffnen und denselben dabei zu erkennen zu geben, daß es überall kein Vertrauen erwecken und den Universitäten nur schaden könne, wenn man sich eines so taktlosen Benehmens derselben versehen müsse.»

68. Friedrich Wilhelm III. an Jacoby

Abdruck[1]) *Berlin, 13. März 1838.*

Die Zulässigkeit des Drucks Ihres mit der Eingabe vom 24sten v. M. eingereichten, mit den andern Anlagen hierbei zurückgehenden Aufsatzes ist im verfassungsmäßigen Wege erörtert und darüber in letzter Instanz verneinend entschieden worden. Ich finde Ihre dagegen erhobene Beschwerde nicht begründet, und hat es daher bei der Versagung des Imprimatur sein Bewenden.

Friedrich Wilhelm.

An
den Dr. med. Jacoby
zu Königsberg in Preußen

[1]) Jacoby, *Beitrag zu einer künftigen Geschichte der Zensur in Preußen,* Paris 1838, S. 29.

69. Samuel David Cohn[1]) an Jacoby

Nachlaß[2]) *Elbing, 15. März 1838.*

... Daß Du Dich gefreut, mich unter den Unterzeichnern der Adresse[3]) zu finden, ist mir lieb zu erfahren; sei überzeugt, mich allenthalben, wo es die Anerkennung einer guten Tat oder die Förderung des allgemeinen Besten gilt, wiederzufinden, selbst wenn man Gefahr laufen sollte, ein dem früheren ähnliches Schreiben des Herrn Rochus[4]) Pumpernickel Dieudoré (Dieudonné?) zu erhalten .....

[1]) Samuel David Cohn studierte in Königsberg Medizin, Universitätskollege von Jacoby, ließ sich in Elbing als Arzt nieder, erwarb sich einen Ruf durch die Gründung der Wasserheilanstalt Reimannsfelde am Frischen Haff, Geheimer Sanitätsrat, gest. 1895.

[2]) LE(AB).

[3]) An die Göttinger Professoren.

[4]) Gemeint: von Rochow.

70. Jacoby an Julius Waldeck

Rekonstruktion[1]) *[Königsberg, etwa erste Märzhälfte 1838.]*

Übersendet interessante Neuigkeiten und Abschriften von Briefen politischen Inhalts.

[1]) Nach Nr. 71.

71. Julius Waldeck an Jacoby

Nachlaß[1]) *Berlin, 19. März 1838.*

Deinen Brief nebst den Beilagen[2]) habe ich richtig erhalten und sage Dir meinen Dank dafür; gern würde ich mich durch Übersendung ähnlicher interessanter Neuigkeiten revanchieren, aber Du weißt allein, wie pünktlich hier diejenigen, die so manche Dummheit hervorbringen, auch für die Verbreitung derselben besorgt sind.

In der Tat der Elbinger Brief[3]) ist das Nonplusultra dummdreister Anmaßung und etwas, das den Pessimisten sicher in die Hände arbeiten muß, da es die sonst ziemlich indifferenten Berliner ganz in den Harnisch gebracht. Der Redakteur der «Leipziger Allgemeinen Zeitung» hat, wie Du aus derselben ersehen haben wirst, Anzeige von dem Erhalten des Briefes gemacht, denselben selbst jedoch nicht abdrucken wollen. Was ihr für Dahlmann[4]) und seine Kollegen getan, ist viel und wahrlich Dankes wert; dieser Dank jedoch, den Dahlmanns[5]) Brief ausspricht, hat manche Zweifel, die ich in bezug auf seine Würdigkeit hegte, noch vermehrt; meine Überzeugung, daß diese Leute allein darum Helden der Freiheit, weil wir keine besseren haben, nur bestätigt. Ich gestehe, es ist mir ärgerlich, die englischen konservativen Gesinnungen so weit getrieben zu sehen, von einem Manne, dessen Tat ich hochschätze, hören zu müssen, er hätte sie *ebenso gern* für das Königtum unternommen, also auch seine Neigung gibt keinen jener beiden Ingredienzen des Staates den Vorzug. Dergleichen Torygrundsätze mögen dem früheren eifrigen Gegner der Judenemanzipation ganz angemessen sein, sie passen aber nicht für einen Freiheitsapostel, wie ihn Deutschland braucht, wie sie Frankreich zu Dutzenden gehabt und noch hat und wie sie erforderlich, um einen noch immer kaum sichtbaren Funken zur Flamme anzufachen.

Den Brief an die Königsberger Stadtverordneten erwarte ich, und werde ich wiederum meinen Dank durch zahlreiche Verbreitung betätigen, man muß kein Mittel verschmähen, Unwillen hervorzurufen.

Deine Eingabe an den König[6]) gefällt mir sehr; sie ist doch nur für mich und nicht zur Besorgung bestimmt, da ich sonst wohl die Beilage erhalten hätte. Erreichen wirst Du damit nichts, das geht seinen Schlendrian. Die Eingabe wandert an den Minister, und wie der darüber denkt oder nicht, hast Du bereits erfahren ...

1) Abs. 1 LE(Ab); Abs. 2–5 DR, S. 222.
2) Nr. 62, Nr. 63 und Rochows Bescheid an Riesen. NLE.
3) Gemeint ist Rochows Bescheid an Riesen; vgl. Nr. 65 Anm. 5.
4) Vgl. Nr. 61.
5) Vgl. Nr. 62.
6) Vom 24. Februar 1838; vgl. Nr. 63.

72. Agathon Wernich an Jacoby

Nachlaß[1]) *Elbing, 19. März 1838.*

Geehrter Herr,

indem ich Ihnen für die mir gütigst gemachten Mitteilungen meinen ergebensten Dank abstatte, muß ich Sie zugleich um Entschuldigung bitten, der Verstümmelungen wegen, die ich damit vorgenommen. Kaum werden Sie dieselben in der kahlen Gestalt wiedererkennen, wie ich sie in der Nr. 21 der Anzeigen wiedergegeben habe[2]). Ich habe es jedoch durch die längere Praxis bereits kennenlernen müssen, mein eigner Zensor zu sein, und hätte ich dies nicht, so würde ich bald allen Originalmitteilungen entsagen müssen. Dennoch bei einer wahrlich weit getriebenen Vorsicht von meiner Seite, habe ich mich schon verantworten müssen, und zwar wegen eines Artikels, der ein *sehr hohes* Mißfallen erregt hatte, in dem jedoch weder der Zensor noch ich irgendetwas Schlimmes geahnt und woraus mir denn auch keine Folgen erwuchsen; ja, mein Vorgänger Albrecht[3]) hat einmal durch einen Aufsatz, an dem er völlig unschuldig war, eine noch höhere Mißbilligung erfahren.

Diese Erfahrungen haben aber auch ihr Gutes gehabt, indem sie einerseits die vorsichtigste Aufmerksamkeit auf alles, was geradezu mißfällig aufgenommen werden könnte, in mir rege erhalten, sodann aber auch andrerseits mich zu der Vermutung gebracht haben, daß noch ganz andere Personen mein Blatt lesen, als man gewöhnlich glaubt. Und mit Berücksichtigung dieser Umstände kann ich so manches geben, wenn ich nur stets den erforderlichen Gesichtspunkt festhalte und danach die Fassung einrichte, und kann auch vermuten, daß manches in meinem Blatte Gesagte nicht spurlos vorübergeht, worüber ich bereits mehrere Merkmale besitze.

Unsere Elbinger Stadtverordneten beschäftigen sich heute mit der Oberbürgermeisterwahl. Schon im Sommer vorigen Jahrs, noch unter meinem Vorsitz, wurde zwar der zeitherige Oberbürgermeister Haase[4]) wieder auf sechs Jahre erwählt, diese Wahl jedoch einer im Dezember ergangenen Verfügung zufolge nicht bestätigt, sondern auf die Präsentation dreier Kandidaten gedrungen, die denn nun heute gewählt werden sollen. Welchen Grund die in dieser Sache ergangene Bestimmung haben mag, darüber zerbricht man sich hier seit längerer Zeit die Köpfe ...

[1]) LE(Ab).

[2]) Gemeint ist die Korrespondenz «Königsberg, den 12. März 1838» in «Elbinger Anzeigen», 14. März 1838 Nr. 21.

[3]) Johann August Albrecht (1796–1867), Kaufmann, Stadtverordneter, Buchdruckereibesitzer und Redakteur der «Elbinger Anzeigen», Bruder des Göttinger Professors.

[4]) Johann Lukas Haase (1778–1843), seit 1820 Oberbürgermeister von Elbing.

73. Alexander Küntzel an Jacoby

Nachlaß[1]) *Lauck, 28. März 1838.*

... Propatria-Geschäfte entbinden Dich freilich von allen anderen Pflichten, insofern Dein Gewissen Dir sagt, daß Du diese nicht nebenher hättest erfüllen können. Arbeite nur fort, und sollte der deutsche Boden auch so steril erscheinen, daß Mist und Arbeit und Saat verloren schienen, endlich gibt der liebe Herrgott, [der die Kinder Israel so wunderbar aus dem Lande der Laster und des vergötterten Ochsen führte,][e] doch seinen Regen und seinen Sonnenschein und warme Nächte, und dann wird eine Nacht die Arbeit von Jahren bezahlen. Die Deutschen fangen ja sogar schon an, Geld zu geben, wenn auch mäßig, aber es fängt doch an zu treiben und deutet auf einen willigen Boden, wenn die Witterung fügsam wird. Wieviel hat denn die zweite Subskription in Königsberg gebracht? Der Dahlmannsche Brief[2]) ist vorzüglich – zum Vorzeigen für die Menge! Ob der Mann wohl selbst an das tiefsinnige und heilige Ding glaubt, das andere unvereinbare Dinge vereinen soll? Aber item, wenn die Leute nur erst fechten wollen für eine Idee, und wäre sie noch so abstrus und konfus, das Licht kommt während des Kampfes, wenn die Funken sprühen ...

[1]) DR, S. 223; eingeklammerte Stelle LE(Ab).
[2]) Vgl. Nr. 62.

74. Jacoby an Hoffmann & Campe[1])

Abdruck[2]) *Königsberg, 2. April 1838.*

Anliegend überschicke ich Ihnen ein Manuskript[3]) mit der Bitte, dasselbe so *schnell* als möglich zum Druck zu befördern. Mit der preußischen Zensur in Streit geraten, habe ich nach und nach die ganze Beamtenpyramide erstiegen und zuletzt auch vom Könige selbst eine abschlägige Antwort erhalten. Im Verlaufe dieser Angelegenheit sind so viele Ungesetzlichkeiten vorgefallen, daß die Publikation der Akten – außer der Genugtuung für mich – auch einen interessanten Beitrag zur Charakteristik des preußischen Rechtsganges, namentlich des Zensurunwesens darbietet. Das Unsinnige und Ungerechte dieses Instituts wird, glaube ich, der großen Menge besser einleuchten, wenn man ihr *praktische Fälle* vorführt, als wenn man ihr *allgemeine* Deklamationen gibt. Bevor es nicht gelingt, die öffentliche Meinung *gegen* den Pressezwang zu stimmen und den Indifferentismus der Menge zu überwinden, werden unsere sechsunddreißig Monarchen sich wohl schwerlich zum Nachgeben verstehen; dadurch ist jedem guten Bürger der Weg gezeigt, wie er gegen das Übel anzukämpfen habe ...

[1]) Hoffmann und Campe, die bekannte Verlagsfirma in Hamburg.
[2]) DR, S. 223.
[3]) Gemeint ist Jacobys «Beitrag zu einer künftigen Geschichte der Zensur in Preußen».

75. Julius Waldeck an Jacoby

Nachlaß[1]) *Berlin, 10. April 1838.*

[Rät vom Abdruck der «Verhandlungen» ab. Den Abdruck des Rochowschen Briefes habe Jacoby hoffentlich gelesen. Br. Wedell erkläre jetzt, er fände aufs widerlichste seine Meinung bestätigt, daß die [[Frankfurter]] Oberpostamts-Zeitung ein liberales Blatt sei. Sehr gern würde Waldeck den zweiten Brief von Rochow lesen,][1c] er könnte, wenn Du nichts dawider hast, leicht ein gleiches Schicksal erleben und gleichen Unwillen erregen ...

[1]) LE(Ab).

76. Hoffmann & Campe an Jacoby

Nachlaß[1]) *Hamburg, 17. April 1838.*

Ihre geehrte Zuschrift haben wir nebst dem Manuskript empfangen, das in jeder Hinsicht, der Zusammenstellung und der Tendenz, unsern Beifall hat.

Indes können wir den Verlag desselben nicht übernehmen.

Wir selbst stehen seit Jahren Preußen gegenüber auf der Mensur – und nur ein Zufall mag es genannt werden dürfen, daß uns der Verkehr mit dreizehn Millionen Menschen noch nicht *ganz* abgeschnitten worden ist! Jedes bei *uns* erscheinende Werk unterliegt dort einer bedächtigen Prüfung, und zwei Drittel unseres Verlages ist dort – in Berlin wenigstens – verboten. Daraus sehen Sie, daß unser Maß gerüttelt dort voll ist, dort, wo man es für zweckmäßig fand, uns als Pelotonführer dem jungen Deutschland namentlich anzureihen, und von uns sprach von Rochow (er ist ja wohl der Sohn des Verfassers des «Brandenburger Kinderfreundes»?)[2]) in einem amtlichen Schreiben, «das Buch ist nebenbei in einer schlecht renommierten Buchhandlung erschienen».

‹Kurz, träten wir mit einem solchen Werke als Verleger hervor, das sich geradezu als Opposition gegen Preußen ankündigt, es zöge alles hervor auf uns, was man einem Ausländer Leides in unsern Verhältnissen zufügen kann.

Das einsehend werden Sie unsere Ablehnung natürlich finden. Morgen abend senden wir das Werk mit Schnellpost an unsern Kommissionär Herrn Friedrich Volckmar[3]) in Leipzig mit der Bitte, es für seine Rechnung zu übernehmen. Wenn er nicht will, soll er es an den Hofrat Philippi[4]) nach Grimma senden, der die dortige Reimersche

[1]) Abs. 1–3 DR, S. 223 f.; Abs. 4–5 JNUL (Ab); Abs. 6–7 LE (Ab).

[2]) Gemeint ist wohl: Friedrich Eberhard von Rochow, *Der neue Kinderfreund. Ein Lesebuch zum Gebrauch in Land- und Stadtschulen,* 6. Aufl. Brandenburg 1838. Der Verfasser, Reformer und Förderer des Volksschulwesens, war *nicht* der Vater des Innenministers.

[3]) Friedrich Volckmar (1799–1876), Buchhändler und Verleger in Leipzig.

[4]) Ferdinand Philippi, liberaler Buchdruckereibesitzer und Herausgeber verschiedener kleiner Blätter.

Buchdruckerei besitzt, es zu drucken «auf Kosten des Verfassers» oder wie Volckmar es will, der es für *Ihre* Rechnung debitieren mag.›
Aus diesen Rücksichten mögen Sie schließen, wie man ein kleinliches, weibisches Ministerium zu meiden sucht, das in seiner Rache nicht männlich, sondern weibisch zu Werke geht, dessen Dauer also nicht auf die Dauer eingerichtet ist.
Die mitgeteilten Schreiben sind längst in den hiesigen Blättern abgedruckt gewesen und gehen so den Gang durch alle Zeitungen durch.

77. Alexander Küntzel an Jacoby

Nachlaß[1]) *Lauck, 11. August 1838.*

G[utes] Kobchen,
ich glaube die Träume unserer Jugend sind eben nichts als Träume gewesen; dieses Geschlecht der Deutschen ist zu miserabel und versteht nur auf Allerhöchsten Befehl seine Arme zu brauchen, und sollte die Speise vor ihm liegen und es darüber verhungern. Sie denken Wunder was getan zu haben, wenn sie bis zu schriftlichen Reservationen kommen, und lassen demnächst, was da kommen mag, ruhig über sich ergehen. Sie haben dann ihre Seele salviert und alles Übrige geht sie nichts mehr an; mag der A sich reißen, wenn er geprügelt wird, sollte sich darum der übrige Mensch inkommodieren? Auch bei uns errichtet man neue Kadettenhäuser, fast in der ausgesprochenen Absicht, das Militär wieder zu isolieren und die Offizierstellen zu einer Domäne des Junkertums zu machen, und es spricht kein Mensch darüber. So wird denn nichts übrig bleiben, als sich in den Masurischen Wüsten zu vergraben, die Kolonie mit Eifer ins Werk zu setzen und die Welt gehn zu lassen, wie sie kann und will. Man sagt, auch das Kamel soll zu einer bestialischen Wut gelangen können, wenn es zu lange geprügelt wird; so gebe unser Herrgott den Deutschen wenigstens vollständige Kamelsnatur.

[1]) LE(Ab).

78. Jacoby an Alexander Küntzel

Rekonstruktion[1]) *Königsberg, etwa zweite August- oder erste Septemberhälfte 1838.*
Über allgemein-politische Sachen und jüdische Angelegenheiten.

[1]) Nach Nr. 79.

79. Alexander Küntzel an Jacoby

Abdruck[1]) *Lauck, 14. September 1838.*

... Aber so alt Du geworden bist, bleibst Du doch ein Knabe im sanguinischen Hoffen. So bald, wie Du meinst, wird unsere Zeit nicht kommen, wenn unser brechendes Auge nur einst noch den ersten Strahl des anbrechenden Morgens begrüßen und zugleich von ihm Abschied nehmen kann. Dies ist die Hoffnung, an der ich festhalte, weil ich nicht mehr als noch einmal getäuscht werden mag. Hin und wieder gibt es denn doch einen Tropfen Balsam:

«Untröstlich ist's noch allerwärts,
Doch sah ich manches Auge flammen,
Und klopfen hört' ich manches Herz»[2]).

Was Deine Erfolge in bezug auf das Judentum betrifft, so freue ich mich ihrer herzlich wie jedes Fortschritts, wiewohl Du gesiegt zu haben scheinst, wo ich keinen Kampf vermutete ...

[1]) DR, S. 224.
[2]) Ludwig Uhland, Vaterländische Gedichte (Nr. 6: «Am 18. Oktober 1816»), *Gedichte und Dramen in zwei Bänden,* Stuttgart: Cotta o.J., I, S. 66.

80. Jacoby an Theodor von Schön

Rekonstruktion[1]) *Königsberg, wohl Frühherbst 1838.*

Übersendet seinen soeben erschienenen *Beitrag zu einer künftigen Geschichte der Zensur in Preußen,* Paris 1838.

[1]) Nach Nr. 81.

81. Theodor von Schön an Jacoby

Abdruck[1]) *13. Oktober 1838.*

Euer Wohlgeboren danke ich ergebenst für die gefällige Mitteilung der Beilage[2]). In der Zusendung sehe ich eine Aufforderung zur Äußerung darüber.

1. Der Zeitungseigentümer, welcher eine politische und literarische Zeitung sich pränume-

[1]) DR, S. 224.
[2]) Jacoby, *Beitrag zu einer künftigen Geschichte der Zensur in Preußen,* Paris 1838.

rando bezahlen läßt, betrügt seine Leser, wenn er mit gelehrten Verhandlungen sein Blatt füllt, welche für gelehrte Journale oder besondere Schriften gehören. Mit eben dem Rechte, mit dem ein Streit über das Wesen der Cholera in *einer Zeitung* (contradictio in adjecto, denn eine Zeitung gibt nur facta und Resultate) geführt werden soll, kann auch ein Theologe fordern, daß er über die Erbsünde oder die unbefleckte Empfängnis, oder ein Jurist, über die Differenz zwischen Emphyteusis und Erbpacht in einer politischen Zeitung verhandele.

2. *Insofern Polizei* auch im gelehrten Kram dazu da sein soll, Verbrechen zu verhüten, also hier den Betrug von seiten eines politischen Zeitungsschreibers gegen seine Leser, welche schon bezahlt haben, zu verhüten, hat sie Recht, gelehrte Verhandlungen dahin zu weisen, wohin sie gehören.

82. Jacoby an Theodor von Schön

Abdruck[1]) *14. Oktober 1838.*

Eurer Exzellenz Äußerungen über meine Schrift[2]) hätte ich mit achtungsvollem Stillschweigen hingenommen, wenn dieselben nicht indirekt den Vorwurf enthielten, daß ich den Zeitungseigentümer durch das Ansinnen, den quästionierten Aufsatz abzudrucken, zu einem Betruge gegen seine Leser hätte verleiten wollen. Ich bin es meiner Ehre schuldig, dagegen zu erwidern, daß

1. der quästionierte Aufsatz, wie in meiner Schrift deutlich dargetan, keineswegs ein *wissenschaftlicher* ist, sondern lediglich als Verteidigung gegen einen persönlichen Angriff betrachtet werden kann. Die Aufnahme einer solchen Verteidigung wird in anderen Ländern dem Zeitungseigentümer vom Gesetze geboten, in Preußen dagegen dem Billigkeitssinn desselben überlassen;

2. wäre selbst mein Aufsatz ein wissenschaftlicher und wäre auch der Raum einer politischen Zeitung nur zum zehnten Teil für dergleichen Aufsätze gestattet, so würde auch hierin noch kein Grund der Zurückweisung liegen. *Fordern* freilich kann der Mediziner so wenig als der Theologe oder Jurist, daß sein «Gelehrtenkram» aufgenommen werde. Insofern aber der Redakteur – wie im vorliegenden Falle – damit *einverstanden* ist, jenen zehnten – der wissenschaftlichen Diskussion bestimmten – Teil seiner Zeitung mit einem durchaus nicht Zensurwidriges enthaltenden Aufsatze zu füllen, so ist doch schwerlich abzusehen, wie solches «ein Betrug *gegen seine Leser*» genannt oder auch nur mit dem Scheine des Rechts von einem Zensor verwehrt werden dürfe;

3. bemerke ich noch, daß der in Rede stehende Artikel von *der Königsberger politischen Zeitung mit Bewilligung des Zensors* wirklich abgedruckt wurde[3]). Soviel mir bekannt, hat aber weder ein Leser deshalb den Herausgeber der Königsberger Zeitung des *Be-*

[1]) DR, S. 225.
[2]) *Beitrag zu einer künftigen Geschichte der Zensur in Preußen*, Paris 1838.
[3]) Vgl. Nr. 44 Anm. 4.

truges beschuldigt, noch ist es der Königsberger Polizei zum Vorwurf gemacht worden, daß sie durch Zulassung jenes Aufsatzes «statt das Verbrechen zu verhüten – einen Betrug von seiten des Zeitungsschreibers gegen seine Leser» verstattet habe.
Indem ich schließlich Eurer Exzellenz versichere, daß die Zusendung meiner Schrift keineswegs eine Aufforderung zur Äußerung darüber sein sollte, habe ich die Ehre mich zu nennen

Eurer Exzellenz
ganz ergebenster
Dr. Jacoby.

82a. Jacoby an Wolfgang Menzel[1])

Nachlaß[2]) *Königsberg, 25. Oktober 1838.*

Geehrter Herr Doktor,
beiliegende Schrift[3]) erlaube ich mir Ihnen mit der Bitte zu übersenden, die Leser Ihres Literaturblattes auf den Inhalt derselben aufmerksam zu machen. Sie haben stets durch Rede und Schrift die *Freiheit der Gedankenäußerung* verteidigt, so werden Sie denn, hoffe ich, auch diesmal der guten Sache Ihren Beistand nicht versagen.

Hochachtungsvoll
Dr. Jacoby.

[1]) Wolfgang Menzel (1798–1873), Kritiker und Literarhistoriker, gab 1826–1849 das einflußreiche „Literaturblatt" zum Cottaschen „Morgenblatt" heraus.
[2]) Original. Deutsche Akademie der Wissenschaften zu Berlin. Nachlaß Menzel.
[3]) Jacoby, *Beitrag zu einer künftigen Geschichte der Zensur in Preußen,* Paris 1838.

83. Agathon Wernich an Jacoby

Nachlaß[1]) *Elbing, 1. Februar 1839.*

Geehrter Herr!
Gestützt auf die freundlichen Worte Ihrer gütigen Briefe, mit welchen Sie mir im vorigen Jahre einige so interessante Mitteilungen machten, erlaube ich mir, Ihnen folgende Bitte vorzulegen:
In Nr. 26 der Staatszeitung befindet sich ein Artikel aus Königsberg über die Regu-

[1]) LE(Ab).

lierung des dortigen Stadt-Kriegs-Schuldenwesens, aus welchem soviel hervorgeht, daß die Verwaltung dieses Zweiges des städtischen Haushalts den Kommunalbehörden abgenommen und der Regierung übertragen ist. Elbing lebt in der Befürchtung, mit nächstem von einer ähnlichen Maßregel betroffen zu werden, daher ist es für die hiesigen Kommunalbehörden von höchstem Interesse, zu wissen, ob die quästionierte Maßregel dort mit Zustimmung der Kommune oder nicht und unter welchen Umständen herbeigeführt worden ist. Ist es Ihnen möglich, mir über den Ursprung und Verlauf dieser Sache eine möglichst genaue Auskunft zu erteilen, so werden Sie mich dadurch höchlichst verpflichten.
Auch über unserem Haupt schwebt in dieser wie noch in mancher Hinsicht das Schwert des Damokles, ja ich glaube, daß es uns schon leise, aber im tiefsten Lebensnerv getroffen; denn wir befinden uns unter einer Art von Vormundschaft, die sich zwar nur indirekt, aber nicht minder merklich fühlbar macht. Heillos ist mir die Ironie vorgekommen, daß die dortige Zeitung aus der Staatszeitung die Nachrichten über Königsberger Angelegenheiten übernommen. Wär dieser Streich nicht so verzweifelt dumm, man wär versucht, ihn teuflisch klug zu nennen. Wenn Sie, wie ich wünsche und hoffe, meine Bitte erfüllen, so haben Sie wohl zugleich die Güte, mir zu bestimmen, inwieweit ich von Ihrer resp. Mitteilung für mein Blatt Gebrauch machen darf. Natürlich cum grano salis; denn wenn man auch den Berliner Zeitungen jetzt gegen die Jesuiten und Erzbischöfler und gegen die Belgier zu räsonieren gestattet, so möchte doch etwas anderes schwierig gutgeheißen werden.

84. Jacoby an Alexander Küntzel

Abdruck[1]) *[o. O.,] 5. Februar 1839.*

Jetzt gerade, da es nach langem Warten losgehen soll, läßt Du den Kopf hängen und sprichst verächtlich von unsern schönen Jugendträumen. Du scheinst mir mit Heine zu symphathisieren, der in seiner neuesten Vorrede zum Don Quichotte[2]) sich also vernehmen läßt: «Ich war damals der Meinung, die Lächerlichkeit des Donquichottismus bestehe darin, daß der edle Ritter eine längst abgelebte Vergangenheit ins Leben zurückrufen wollte, und[3]) – ach! ich habe seitdem erfahren, daß es eine ebenso undankbare Tollheit ist, wenn man die Zukunft allzu frühzeitig in die Gegenwart einführen will und bei solchem Ankampf gegen die schweren Interessen des Staates[4]) nur einen sehr mageren Klepper, eine sehr morsche Rüstung und einen ebenso gebrechlichen Körper besitzt! Wie über jenen, so auch über diesen Donquichottismus schüttelt der Weise sein

[1]) AHZ, S. 74.
[2]) Heinrich Heine, Einleitung zum «Don Quichotte», Heines *Sämtliche Werke,* hrsg. von Ernst Elster, VII, S. 307.
[3]) Es folgen einige von Jacoby weggelassene Worte.
[4]) Bei Heine: Tages.

vernünftiges Haupt.» Hast Du etwa auch Lust, Dein vernünftiges Haupt über unsere Jugendträume zu schütteln? Wird denn Dein und der andern Weisen Kopfschütteln die Zukunft in die Gegenwart einführen? Nein, Dulcinea von Toboso will erkämpft sein! Wenngleich unsere Rüstung morsch und unser Körper gebrechlich, wir wollen dennoch hoffen und kämpfen, bis jene erblichen Revolutionäre gegen die Majestät des Volkes, bis die gekrönten Barbiergesellen[5]) elend zu Boden liegen!

[5]) Anspielung auf Heines «verkappten Barbier», der Don Quichotte besiegte (ebenda, S. 306).

85. Julius Waldeck an Jacoby

Nachlaß[1]) *Berlin, 20. April 1839.*

...ob aber Schubert[2]) die Redaktion der Staatszeitung übernehmen werde, ist Dir wahrscheinlich besser bekannt. Solch ein Mensch fehlt hier nur noch, er wird den Leuten zeigen, wie man die niedrigsten Prinzipien mit schamloser Konsequen in Anwendung bringt, wie man sich darauf noch etwas zugute tut und dabei die Achtung vor sich aufrechterhält, weil der Geruch der Genialität und Gelehrsamkeit hier, wo letztere so selten, einen wahren Heiligenschein um das Haupt des Charakterlosesten selbst verbreitet.

[1]) LE(Ab).
[2]) Friedrich Wilhelm Schubert (1799–1868), seit 1826 ordentlicher Professor für mittlere und neuere Geschichte an der Albertina, 1848 Mitglied der Frankfurter Nationalversammlung, 1848–1852 der Zweiten preußischen Kammer und 1858–1863 des preußischen Abgeordnetenhauses.

86. Nietzki[1]) an Jacoby

Nachlaß[2]) *Heilsberg, 2. Februar 1840.*

Bittet Jacoby, ihn an einem Privatleseverein teilnehmen zu lassen und die in diesem

[1]) «Stadtgerichtsrat Nietzki, wenn ich nicht irre, aus Tapiau», heißt es über ihn in dem Berichte des Polizeipräsidenten Abegg in Königsberg an den Oberpräsidenten Schön vom 19. März 1841 (StAK, Rep. 2, Oberpräsidium, Tit. 39, Nr. 44, Fol. 19).
[2]) Inhaltsnotiz in dem soeben genannten Berichte. Abegg meldet darin, daß bei der polizeilichen Haussuchung bei Jacoby am 14. März 1841 «keine Papiere von irgend welcher Erheblichkeit» vorgefunden wurden. In der Tat wurden nur zwei Briefe beschlagnahmt: der oben zusammengefaßte und Nr. 91.

gehaltenen Schriften politischen Inhalts, vorzüglich die etwa verbotenen, nachdem sie bei allen Mitgliedern zirkuliert haben, ihm zugehen zu lassen[3]).

[3]) «Auch wird in einem bei der stattgefundenen Haussuchung in Beschlag genommenem Briefe, gezeichnet Ni[e]tzki, Heilsberg, den 2. Februar 1840, erwähnt, daß der Angeschuldigte [Johann Jacoby] seit Jahren an der Spitze eines Lesezirkels stehe, welchem durch seine Hand besonders Sachen politischen Inhalts zugingen.» «Der Prozeß des Dr. Jacoby», Beilage zur «Leipziger Allgemeinen Zeitung» vom 30. Juli 1842, Nr. 211.

87. Julius Waldeck an Jacoby

Abdruck[1]) *Berlin, 23. August 1840.*

...Wie vieles hat sich, seitdem ich Dir das letzte Mal geschrieben, verändert! Ein neuer König, der dem Besen nicht nachstehen will und deshalb macht, als ob er gut kehre, wovon die «Leipziger Allgemeine Zeitung» und sämtlicher Berliner Pöbel dermaßen erbaut sind, daß sie in ihm schon einen Friedrich den Großen in Folio sehen; aber die Leipziger Zeitung ist sicherlich bestochen, und der Berliner Pöbel ist zu dumm, sonst würden sie von Friedrich nichts als seine despotische Sprache bemerken. Was hat der Mann denn Großes getan? Die Restitution Arndts[2]), Jahns[3]) und Konsorten beweist nur seine Knickerei, er kauft sich seine Popularität billig, denn jene Männer waren bereits begraben mit ihrer Franzosenfresserei, und die Mumien wird man höchstens der Seltenheit halber für ein paar Tage des Anschauens wert halten. Daß er mit den Korporationen vernünftig wie ein Mensch spricht – daraus können ihm nur modrige Sklaven ein Verdienst machen, die, an des Hochseligen abbrevierte Floskeln gewöhnt, diese für etwas anderes als Borniertheit hielten. In der Tat, solch ein Thronwechsel und Fürstenreisen müssen stets in den Sommer fallen, wo die Gallenbewegung, zuweilen unregelmäßig, durch jede beliebige Zeitung, in der einer von der Beseligung des Volks durch das Anschauen der Fürsten bei ihrer Tafel liest, schleunigst restituiert werden kann.

Bei Gelegenheit der Galle fällt mir Boerne ein, von dem ein Bändchen Nachlaß erschienen, in welchem sich jedoch mit Ausnahme der beiden letzten Aufsätze wenig so Hervorstechendes als in seinen früheren (eigentlich späteren) Werken findet. Auch soll bereits ein Werk von Heine über Boerne hier sein, ich habe es noch nicht gesehen, höre aber, daß es manche Schmähung gegen seinen Charakter enthalte, doch den faßt kein Bedientenherz.

[1]) DR, S. 225 f.

[2]) Gemeint ist die Wiedereinsetzung des 1820 entlassenen Ernst Moritz Arndt (1769–1860) in seine Bonner Professur.

[3]) Friedrich Ludwig Jahn (1778–1852) wurde der polizeilichen Aufsicht entledigt.

Bei den bevorstehenden Feierlichkeiten[4]) werdet Ihr hinlänglich Gelegenheit haben, Servilismus für eine ganze Regierungsdauer zu schlucken; begierig aber bin ich zu vernehmen, ob auch freiere Wünsche, die jenen Provinzen am wenigsten zu verargen, laut werden, und was darauf vom hohen Olymp herab geantwortet werden wird...

[4]) Am 29. August 1840 hielt Friedrich Wilhelm IV. seinen Einzug in Königsberg, am 5. September wurde der Landtag eröffnet, am 10. September erfolgte die Huldigung.

88. Julius Waldeck an Jacoby

Nachlaß[1])

Berlin, 16. Oktober 1840.

...Schon vor einigen Wochen hörte ich von Königsberger Messereisenden, daß der Siegel-Klub[2]) durch die Königsberger Ereignisse fast gänzlich paralysiert worden sei, ja daß einige Mitglieder so weit gingen, zu behaupten, unter solch einem Könige brauche man keine Konstitution. Zwar schenkte ich diesen Gerüchten keinen Glauben, es war von gebildeten Männern eine solche Sprache am wenigsten zu einer Zeit zu erwarten, wo in ihrer Mitte die Provinzialstände eine Sprache geführt und ein Benehmen angenommen, das das ganze Land elektrisierte und jeden Ostpreußen mit zehnmal größerem Stolze als gewöhnlich es aussprechen machte, daß er eben einer sei; aber dennoch bewies dieses Gerücht, wie der Liebenswürdigkeit eines Königs nichts widerstehen könne. Und in der Tat, liebenswürdig ist der König, nicht nur in seinem wohlwollenden, klug entgegenkommenden Benehmen, sondern auch um seines enthusiastischen, jedes schnellen Aufflammens fähigen Fühlens halber; schlecht kennen die ihn, die da glauben, er habe in Königsberg eine Komödie gespielt, nein, es war ganz seinem schnell auflodernden Gefühle angemessen, daß er aufsprang und in begeisterter Rede sich ans Volk wandte. Glaube mir, der Katzenjammer kam dann ihm so gut wie Euch nach, und Herr v. Rochow fand dann bald ein günstig Ohr, das bewiesen die Folgen[3]).

Wenn ich den König in einzelnen Handlungen so der Leitung seiner momentanen Gefühle unterworfen mir denke, so bin ich dennoch überzeugt, daß im ganzen und großen die wohlberechnetste, schlaueste Politik ihn lenke, das bewies er namentlich dadurch, daß alle Konzessionen, die er seit seinem Regierungsantritte dem Volksgeiste machte, mehr von scheinbarem als reellem Werte waren, daß sie blendeten und keine Gefahr hatten; so die Restitution von Leuten, die durch ihr antifranzösisches Denken unseren jetzigen Fortschrittsmännern ganz gleichgültig geworden; so die Sprache, die er gegen die Juden[4]) geführt und die weiter keine Folgen hatte; so die Aufgabe der

[1]) DR, S. 226 ff.; Nachschrift LE (Ab).

[2]) Der liberale Kreis um Jacoby, der sich im Königsberger Café Siegel versammelte.

[3]) Vgl. Heinrich von Treitschke, *Deutsche Geschichte im 19. Jahrhundert*, Leipzig 1927, V. S. 47.

[4]) Der König hatte an die ihm huldigenden jüdischen Deputationen einige freundliche Worte gerichtet.

Verfolgung gegen die Demagogen, die in der Tat zum Teil die unschädlichsten Tierchen sind, zum Teil die liberale Tendenz sogar lächerlich machen könnten. Diese beiden Eigenschaften, schnell auflodherndes Gefühl und berechnende Klugheit, haben schon und werden noch zu manchen Inkonvenienzen führen, machen oft den Rat schlechter Ratgeber nötig, um Übereilungen wieder gutzumachen, und erklären, wie es gekommen, daß alle Handlungen der jetzigen Regierung aus lauter Übereilungen und Inkonvenienzen zusammengesetzt gewesen.

So beurteilte ich den König von Anfang an, bestärkt in meiner Meinung durch die Äußerungen von Leuten aus seiner nächsten Umgebung, und so kam es, daß ich mich nicht habe irremachen lassen trotz alles dessen, was vorgegangen; doch wer weiß, was auch mir geschehen wäre, wenn ich teilgenommen hätte an jenem Aufschwunge, den die Haltung der Deputierten unter dem Volke erzeugen mußte, wenn ich Zeuge gewesen wäre jener Huldigung, die durch die unerwartet ausgesprochenen königlichen Worte eine leicht erklärliche allgemeine Begeisterung erzeugen mußte! Soviel indes ist gewiß, jener Aufschwung und jene Begeisterung, einmal erzeugt, werden so leicht nicht schwinden, sie werden, im Verein mit der dadurch erkannten Tüchtigkeit und parlamentarischen Reife, uns einem schönen Tage entgegenführen. Möge nur die Morgendämmerung nicht zu lange dauern und uns dadurch veranlassen, uns auf das andere Ohr zu legen.

Die hiesige Huldigung[5]) hat gerade keinen vorteilhaften Eindruck gemacht; nichts als Livreen, Wappen, Militär und Pomp, auf des Königs Rede war alles und wohl auch er schon vorbereitet. Er sprach mit Feuer, ja mehr mit Eifer, versprach alles zu halten, was er in Königsberg versprochen, gelobte den Frieden wenn möglich zu erhalten (Humboldt ist dazu nach Paris) und frug zuletzt, ob das Volk auch in Krieg und Leiden ihm treu sein wolle, was natürlich mit Ja beantwortet wurde. Von Konzessionen usw. verlautete hier nichts. Die Stände haben keinen Antrag wie in Königsberg gemacht, obgleich sie es wohl gern mochten, freilich fehlte ihnen die Gelegenheit, da hier kein Landtag war, aber wäre der rechte Geist da, sie hätten eine Gelegenheit schon gefunden. Nur bei einer Gelegenheit, als die Abgeordneten der Städte darüber debattierten, ob des Oberbürgermeisters[6]) Rede ihm überlassen oder diskutiert werden solle, ist manches Bittere geäußert worden, und ein rheinländischer Deputierter rief Herrn v. Rochow[7]), der sich unterdessen entfernen wollte, zu, er solle nur bleiben, was er hier höre, könne ihm nur von Nutzen sein.

So also ist's; bald sind auch die Feste vorüber, die Deputierten werden dann wie im Bérangerschen Liede sagen, die Minister haben uns ein gut Diner gegeben, und werden nach Hause gehen; Rochow wird statt Minister des Innern Hausminister[8]) werden und die Presse wird, da auch der Staat sie benutzt, zugleich etwas freier, was freilich

[5]) Gemeint ist die am 15. Oktober 1840 in Berlin stattgefundene Huldigung der Stände sämtlicher Provinzen mit Ausnahme Preußens und Posens.

[6]) Der Geheime Justizrat Wilhelm Krausnick (1797–1882) war von 1834–1848 und 1850–1862 Oberbürgermeister von Berlin.

[7]) Rochow wohnte der Versammlung der städtischen Deputierten als Kommissar bei.

[8]) Dies wurde er nicht.

wenig bedeutet, da sie leicht zu erkaufen, wie die «Leipziger Allgemeine Zeitung», die, wie hier bekannt, alle ihre Anweisungen von Geheimrat Seiffart bekommt...

N. S. Soeben lese ich die königliche Rede genau, nichts als Glaube und Gottvertrauen, auf seine Verantwortlichkeit vor Gott sollen wir ihm trauen, während uns darauf niemand fünf Taler ohne schriftliches Unterpfand anvertraut, wenigsten können *die* Mächte, die seit 25 Jahren den Frieden erhalten, sich freuen.

89. Julius Waldeck an Jacoby

Nachlaß[1]) *Berlin, 4. Dezember 1840.*

[Berlin.][1e] In wissenschaftlicher sowohl als politischer Hinsicht hat sich selbst in den Jahren, die *ich* hier zubringe, manches geändert, und findet sich bei Euch, namentlich in letzter Beziehung vielleicht mehr Tiefe und Energie der Gesinnung, so ist doch der Drang nach politischer Erkenntnis hier mehr ins Volk selbst übergegangen, sozusagen mehr der Gegenstand täglicher Beschäftigung eines jeden, mit Ausnahme der Proletarier.

[1]) LE(Ab).

90. Moritz Veit[1]) an Jacoby

Abdruck[2]) *Berlin, 26. Dezember 1840.*

[Veit übersendet Jacoby eine Schrift über das Berliner jüdische Lehrerseminar[3]) und bittet ihn um Förderung desselben.][4])

Es gilt, wenn ich nicht irre, einen der wichtigsten Zwecke, den wir verfolgen können, es gilt zu zeigen, daß wir die so notwendige Institution aus eigener Kraft zu schaffen und zu erhalten imstande sind und daß wir bei Begründung derselben unsere Kräfte nicht zersplittern, sondern auf die rechte Weise zu konzentrieren vermögen.

[1]) Moritz Veit (1808–1864), Verlagsbuchhändler, Schriftsteller, Politiker und führendes Mitglied der jüdischen Gemeinde in Berlin.

[2]) Nach dem von Ludwig Geiger veröffentlichten Text in «Monatsschrift für Geschichte und Wissenschaft des Judentums» 1908, Jg. 52 S. 524 f.

[3]) *Das jüdische Schullehrer-Seminar in Berlin. Eröffnet am 18. November 1840*, Berlin: Veit & Co. 1840.

[4]) Zusammenfassend mitgeteilt von L. Geiger, a. a. O., S. 524.

91. Sachs[1]) an Jacoby

Nachlaß[2]) *[Königsberg?,] 16. Januar 1841.*

Bittet Jacoby, auf die Subskriptionsliste für die dem Oberpräsidenten Theodor von Schön am 24. Januar 1841 darzubringende Abendmusik auch seinen Namen zu setzen[3]).

[1]) «Geheimer Kriminalrat Sachs» heißt es über ihn in StAK, Rep. 2, Oberpräsidium, Tit. 39, Nr. 44, Fol. 19.

[2]) Inhaltsnotiz in der soeben genannten Quelle. Vgl. Nr. 86 Anm. 2.

[3]) In dem Schreiben, «unterzeichnet Sachs, den 16. Januar 1841, wird bemerkt, daß der Angeschuldigte [Johann Jacoby] Unterschriften zur Teilnahme an einer dem Minister v. Schön darzubringenden öffentlichen Ehrenbezeigung sammle». «Der Prozeß des Dr. Jacoby», Beilage zur «Leipziger Allgemeinen Zeitung» vom 30. Juli 1842 Nr. 211.

92. Jacoby an Otto Wigand[1])

Nachlaß[2]) *[Königsberg,] 18. Januar 1841.*

Betrifft eine Schrift für die preußischen Stände, die – als Manuskript gedruckt – bis zum 10. Februar 1841 fertig sein mußte.

[1]) Otto Wigand (1795–1870), radikaler Verleger in Leipzig.

[2]) Inhaltsnotiz in NLE.

93. Otto Wigand an einen Freund Jacobys[1])

Nachlaß[2]) *Leipzig, 26. Januar 1841.*

Gleich nach Empfang des Manuskriptes «Vier Fragen» eilte ich, alle jene Anstalten zu treffen, um das in mich gesetzte Vertrauen zu rechtfertigen. Es gelang mir alles nach Wunsch: in der Nacht wurde die Broschüre gesetzt, ich selbst las die Korrekturen; den Zensor Herrn Professor Bülau[3]) vermochte ich, nach vielen Demonstrationen, das Imprimatur zu geben, die Zensur gestattete schon die Anzeige – sehen Sie die «Leipziger Allgemeine Zeitung» von heute –, da befiehlt die Kreisdirektion Beschlagnahme sämtlicher Exemplare, ferner Verbot der Broschüre usw. Ich habe heute protestiert

[1]) LE(Ab): «Adresse unkenntlich gemacht»; vermutlicher Empfänger: Ludwig Walesrode.

[2]) DR, S. 228 f; die Stelle in spitzen Klammern JNUL(Ab); die letzten zwei Sätze LE(Ab).

[3]) Friedrich Bülau (1805–1859), Professor der Staatswissenschaften in Leipzig, war Zensor seit 1837.

und erklärt – schriftlich erklärt –, daß ich mit Gefahr meiner persönlichen Freiheit mich dem Verbote widersetze; sechs Wochen Gefängnis sind die Antwort; morgen früh reise ich nach Dresden und gehe mit der Broschüre zu Lindenau[4]) und dann zum König[5]), und ist unser ganzes konstitutionelles Leben keine Farce, so muß mir Recht werden.

Jedenfalls ist die Ausgabe der Broschürc, welche gemessen, in edler, wahrhafter und verständlicher Sprache geschrieben, verschoben. Ich beklage es tief und schmerzlich, daß solche Sprache nicht gehört werden darf; armes Deutschland, und da sollen wir Liebe und Patriotismus haben und den *freien* Rhein mit unserm Blute röten. Schmach über unser Jahrhundert und pfui über das ganze Deutschland, welches seinen edelsten Bürgern nicht gestattet, die Gebrechen des Vaterlandes zu nennen!

Ich bin so tief empört über die Wegnahme und das Verbot der Broschüre, daß mein Blut kocht‹: die Broschüre ist mit Anstand, in der Form ohne Wortverletzung usw. geschrieben, daß mir die oberste Behörde schwerlich(?)[6] das zugestehen mußte.› Preußens Ministerium will nicht haben, daß über Preußen irgendwas, gut oder böse, gedruckt werden soll. [Da haben wir das Überwachungssystem: das ist ganz österreichische Maxime.

Empfehlen Sie mich dem Dr. Jacoby, und sagen Sie ihm, daß ich selbst in Dresden das Äußerste versuchen will, und kann ich nichts erringen, so wollen wir dennoch nicht nachlassen, zu leben und zu wirken für Freiheit und Recht.

Addio.][e]

[4]) Bernhard August von Lindenau (1779–1854), liberaler Politiker, war seit 1831 Staatsminister des Innern und Vorsitzender im sächsischen Gesamtministerium.

[5]) Friedrich August II. (1797–1854), König von Sachsen 1836–1854.

[6]) *Es soll vermutlich heißen:* sicherlich.

94. Jacoby an die «Leipziger Allgemeine Zeitung» (Verlagsanstalt F. A. Brockhaus)

Rekonstruktion[1]) *Königsberg, 4. Februar 1841.*

Übersendet einen Artikel über die Zustände in der Provinz Preußen und über von Schön, den er gegen reaktionäre Angriffe verteidigt.

[1]) Nach Nr. 106.

95. Alexander Küntzel an Jacoby

Nachlaß[1]) *Orlau, 11. Februar [1841].*[2])

..... Hätte ich nur die Sache[3]) vor vierzehn Tagen gewußt, so war die schönste Gelegenheit bei der ökonomischen Versammlung in Gilgenburg, wo zirka 30 Gutsbesitzer zusammen und in der besten Stimmung waren, als einer den Antrag machte, einige unbedeutende Aufträge den Landtagsdeputierten mitzugeben, und ich den Einwurf machte: es schiene mir, daß nur der eine Auftrag angemessen sei, auf Wiederholung der Huldigungsverträge zu dringen. Da stimmten alle bei, und sowie ich ihnen sagen konnte, dort und dort zirkulieren ähnliche Petitionen zur Unterschrift, so war es nicht zweifelhaft, daß alle unterschrieben hätten, und das wäre ein Anfang gewesen. Wie ich die Leute hier kenne, wird es fast unmöglich sein, die ersten Unterschriften zu erhalten, da sich da jeder geniert..... Wäre es möglich, eine der schon zirkulierenden Petitionen herzuschicken, so würde ich noch einige Unterschriften besorgen können.....

1) JNUL(Ab).
2) Der Brief ist in der JNUL(Ab) datiert: 11. Februar 1840, sein Inhalt deutet aber auf die Petitionsbewegung des Jahres 1841.
3) Gemeint ist wohl die in Nr. 96 abgedruckte Königsberger Petition.

96. Jacoby an Julius Waldeck

Nachlaß[1]) *[Königsberg, etwa zweite Februarhälfte 1841.]*

Abschrift der Königsberger Petition[2])

Einem hohen Landtag

übergeben die Unterzeichneten beikommende Schrift «Vier Fragen» etc., in welcher die Wünsche, Bedürfnisse und Rechte des Landes treu dargestellt sind. Der zur Zeit der Huldigung hier versammelte Landtag hat in so männlich-loyaler Sprache Seine Majestät den König an die durch das Edikt vom 22. Mai gewährte Volksrepräsentation erinnert, daß wir uns der freudigen Überzeugung hingeben, die *jetzt* wieder zusammenberufenen Stände werden *in gleich entschiedener Weise* unser durch Königswort und Gesetz verbürgtes, durch die Kabinettsorder vom 4. Oktober 1840 aber wieder in Frage gestelltes Verfassungsrecht zu wahren sich angelegen sein lassen.

Motherby sen.[3])	Grabowski[23]), Kaufmann	Prof. Dulck[18])
Dr. Dinter[6])	J. F. Müller, Kaufmann	M. Wedel[21]), Kaufmann
Dr. Kosch	Gueterbock[4])	Burdach[24]), Geh. Med. Rat
Ludwig Funke[10]), Kaufmann	Dr. Jacoby	Flottwell[25]), Referend.
Sachs[12]) Geh. Med. Rat.	v. Keudell[8])	Rosenkranz [5]), Prof.
Tamnau[15]), Justizkommissarius	A. v. Sanden	Detroit[7]), Prediger
Papendieck[17]), Kaufmann	Ellendt[13]), Direktor	Schmidt[9]), Bildhauer
Lobeck[20]), Geh. Rat	Eichler[16]), Kaufmann	Frey[11]), Brauer

Laubmeier[14]), Kaufmann	Warschauer[19]), Kaufmann	A. Schultz, Buchdrucker
Carogatti, Stadtverordneter	Dr. G. Cruse[22])	Dr. Graf[26])

und viele, viele andere Unterschriften. – –

[Am Rand:] Der Brief des Prinz[en] von Preußen an den Oberlandesgerichtsrat v. Schrötter[27]) in Marienwerder endet also: «Solche Worte *jetzt* aus *Preußen* zu vernehmen, war mir, nach jener unangenehmen Huldigungsepisode doppelt wert.»

Herrn Dr. Julius Waldeck
Wohlgeboren
zu
Berlin
[in anderer Handschrift:] Alte Jakobstraße 28.

1) Original: UB Leipzig, Sign.: II A IV.
2) Die Königsberger Petition an den preußischen Provinziallandtag, datiert: 10. Februar 1841, wurde von etwa dreihundert der angesehensten Bürger der Stadt unterzeichnet (vgl. Nr. 106). Jacoby, der sie vielleicht redigierte oder mitredigierte, sammelte für sie Unterschriften. Sie erschien gedruckt, allerdings ohne Unterschriften, in der Augsburger «Allgemeinen Zeitung», vom 6. März 1841 Nr. 65 S. 519.
3) William Motherby.
4) Vermutlich der Posthalter E. Güterbogk.
5) Karl Rosenkranz (1805–1879), Hegelianer, seit 1833 Professor der Philosophie an der Universität Königsberg.
6) Dr. med. Gustav Dinter.
7) Louis Detroit, Prediger und Leiter der Französischen höheren Töchterschule, Haupt einer freien Gemeinde in Königsberg, beteiligte sich später an der Königsberger „Bürgergesellschaft".
8) Vermutlich Otto von Keudell.
9) J. H. Schmidt.
10) Ludwig Funke, Kaufmann, später Stadtrat, Gesinnungsfreund von Jacoby.
11) S. Frey.
12) Ludwig Wilhelm Sachs.
13) Ernst Ellendt (1803–1863), Philologe, Direktor des Altstädtischen Gymnasiums.
14) Vermutlich Friedrich Laubmeyer.
15) Johann Friedrich Tamnau.
16) Karl Eichler.
17) Heinrich Christoph Papendieck, Tuchhändler.
18) Friedrich Philipp Dulck (1788–1852), Professor der Chemie an der Albertina.
19) Robert Warschauer.
20) Christian August Lobeck.
21) Moritz Wedel.
22) Gustav Cruse, praktischer Arzt.
23) C. R. Grabowski.
24) Karl Friedrich Burdach.
25) Eduard Flottwell.
26) Dr. med. Meno Graf.
27) Freiherr von Schrötter, Mitglied des konservativen ostpreußischen «Adelsvereins», der am 15. Februar 1841 in einer Versammlung zu Preußisch Holland ein «politisches Glaubensbekenntnis guter Preußen» beschloß. Das Glaubensbekenntnis erschien in der anonymen Broschüre *Stimme treuer Untertanen Sr. Majestät des Königs von Preußen veranlaßt durch die Flugschrift «Vier Fragen beantwortet von einem Ostpreußen»*, Marienwerder März 1841. Die Broschüre verfaßten der Landrat von Hake und Freiherr von Schrötter.

97. Jacoby an Friedrich Wilhelm IV.

Abdruck[1]) *Königsberg, 23. Februar 1841.*

Allerdurchlauchtigster etc.

Der mächtige Eindruck des Königsberger Huldigungstages, die freudigen Hoffnungen, die durch denselben in jedem preußischen Herzen erregt sind, veranlaßten eine Schrift[2]), die Euer Majestät allunterthänigst zu überreichen der Verfasser sich ermutigt fühlt.

Offen und wahr sind darin die Gesinnungen und Wünsche ausgesprochen, die der Verfasser als die unter seinen Mitbürgern allgemein vorwaltenden erkannt hat.

Mit Bewilligung des Zensors gedruckt wurde diese Schrift in Leipzig von der Polizei mit Beschlag belegt, weil, wie der Verleger schreibt,

«das preußische Ministerium nicht wolle, daß über Preußen irgendetwas, gut oder böse, veröffentlicht werde».

Das freie Wort vom Königsthrone herab, diese in der Geschichte einzige, allen Gegenwärtigen unvergeßliche *Tat der Öffentlichkeit* – hat jedem Untertan die freudige Überzeugung gewährt, daß es nicht Eurer Majestät Wille ist, die *Stimme des Volkes vom Throne fernzuhalten.*

Und so wage ich denn vor meinem Könige die Anonymität aufzugeben und – der *gesetzlichen* Verantwortlichkeit mich unterziehend – diese jetzt in Mannheim erschienene Schrift gegen jeden Eingriff *willkürlicher* Deutung unter Eurer Majestät erhabenen Schutz zu stellen.

Euer etc.
Dr. Jacoby[3]).

[1]) JGSR, I, S. 148.

[2]) [J. Jacoby], *Vier Fragen beantwortet von einem Ostpreußen,* Mannheim: H. Hoff, 1841, 47 S.

[3]) In der Abschrift DZA Merseburg, Rep. 77, Tit. 2, F, Nr. 21, vol. I, Fol. 49: Eurer etc. Majestät alleruntertänigster Dr. Johann Jacoby, praktischer Arzt zu Königsberg in Preußen.

98. Karl Friedrich Burdach[1]) an Jacoby

Nachlaß[2]) *[Königsberg,] 23. Februar 1841.*

Mein hochgeehrter Freund!

Als ich von der beabsichtigten Petition[3]) hörte, wünschte ich, sie auch unterzeichnen zu können.

[1]) Karl Friedrich Burdach (1776–1847), Professor der Medizin an der Universität Königsberg, Liberaler, ehemaliger Lehrer Jacobys.

[2]) LE(Ab).

[3]) Vgl. Nr. 96.

Bei Lesung derselben wurde ich ungewiß, weil besonders die Beantwortung der vierten Frage nicht nur überlei[4]) ist, sondern auch die Petition erfolglos machen muß. Indes bestimmten mich die Nachrichten von den stattfindenden Reaktionen, dennoch zu unterschreiben, da der Aufsatz nun einmal sich nicht mehr ändern läßt und es, wo die Erfolglosigkeit vorausgesehen wird, am Ende nur darauf ankommt, sich auszusprechen.
Allein ich höre, daß Herr Witt[5]) zu Unterzeichnungen auffordert, ohne die Schrift selbst vorzulegen; auch weiß ich, daß jemand, ohne sie gelesen zu haben, schon unterzeichnet hat. Unter diesen Umständen ist vorauszusehen, daß manche, die Schmach eines solchen Geständnisses nicht achtend, ihre Unterschrift als abgelockt zurücknehmen werden. Dies wird namentlich leicht bei Beamten der Fall sein. Beamte aber können an einem solchen Unternehmen wohl in der Mehrheit, aber nicht einzeln teilnehmen. Ich bin überzeugt, keiner der Göttinger Sieben würde allein protestiert haben. Daher bitte ich Sie, mir die Unterschriften meiner Kollegen, dann aber auch die etwaige spätere Zurücknahme derselben gefälligst bekanntzumachen. Ich belästige Sie mit dieser Bitte, bloß weil ich nicht Gelegenheit habe, mit meinen Kollgen nähere Verabredung zu nehmen.

Mit herzlicher Hochachtung
Ihr ergebenster Freund
Burdach.

[4]) Überlei sein = sich erübrigen.
[5]) Friedrich August Witt.

99. Karl Friedrich Burdach an Jacoby

Nachlaß[1]) *[24. Februar 1841.][2])*

Alle meine gestern angewandte Bemühung, Lobecken[3]) von seinem Rücktritte abzuhalten, blieb fruchtlos. Nach der Ihnen, mein hochgeehrter Freund! gemachten Erklärung von vorgestern muß ich nun auch von der Teilnahme an der Petition mich lossagen und Sie bitten, meinen Namen zu streichen[4]).

[1]) LE(Ab).
[2]) LE(Ab): von Jacobys Hand.
[3]) Vgl. Nr. 100.
[4]) Burdachs Lossagung scheint doch keine definitive gewesen zu sein, denn in seiner *Selbstbiographie* (Leipzig 1848, S. 451 f.) spricht er nicht ohne gewissen Stolz von seiner Unterzeichnung der besagten Petition.

100. Christian August Lobeck[1]) an Jacoby

Nachlaß[2]) *Königsberg, 24. Februar 1841.*

Verehrter Herr Doktor!

Nachdem ich von dem Inhalt der vier Fragen genauere Kenntnis erhalten, muß ich offenherzig bekennen, daß ich diese Schrift dem Interesse, welches ich zu befördern wünschte, nicht so angemessen finde, wie ich bei der Unterschrift voraussetzte, und daher diese zurücknehme[3]). Ist die Petition noch in Ihren oder eines Bekannten Händen, so bitte ich um gefällige Anzeige; außerdem werde ich diese Erklärung dem Herrn von Auerswald[4]) mitteilen.

Indem ich hoffe, daß diese Divergenz der Ansichten über Erreichung gemeinschaftlicher Zwecke mir von Ihrem Wohlwollen nichts entziehen werde, verharre ich

hochachtungsvoll

Ihr ergebener Diener

[1]) Christian August Lobeck (1781–1860), Professor der klassischen Philologie an der Universität Königsberg, Liberaler.

[2]) LE(Ab).

[3]) Ob er vielleicht doch wie Burdach (vgl. Nr. 99 Anm. 4) seine Unterschrift stehenließ, konnte nicht ermittelt werden.

[4]) Vermutlich der Provinziallandtagsdeputierte Alfred von Auerswald.

101. Julius Waldeck an Jacoby

Nachlaß[1]) *Berlin, [etwa 24. Februar 1841.]*

[Betrifft die Berliner Petition[2]); Klage über politische Gleichgültigkeit.][e]

... Ein Umstand, von dem die Gutgesinnten sich hier viel versprechen, ist, daß Herr von Brünneck[3]) sich in der Mark ankaufen will, man hofft, er sei der Mann, der solches nur tun [wolle], um auch hier eine Opposition ähnlich der preußischen zu organisieren, was jedoch hier viel schwerer werden möchte .....

So viel von hier; Euer Bestreben allerdings ist ehrenwertes und von glänzendem Erfolge, Zeuge dessen ist die Gesinnung der ganzen Provinz. Euren Zweck werdet Ihr erreichen, wenn Ihr nicht durch zu forcierte Handlungen den Weg des Nachgebens versperrt, denn ich weiß aus *sehr guter Quelle,* man ist auf die Zurücknahme der vorjährigen Kabinettsorder vorbereitet. Das von Dir erwähnte Gedicht[4]) habe ich gelesen; Woher? Wohin?[5])

[1]) LE(Ab).

[2]) Gemeint ist die in Berlin geplante, aber nicht zustande gekommene Verfassungspetition.

[3]) Karl Otto Magnus von Brünneck (1786–1866) war einer der Führer der adligen Liberalen in Ostpreußen.

[4]) Gemeint ist vielleicht das anonyme Gedicht zu Ehren von Schöns «Vorletzter Anlage» (mit den Versen: «woher ich bin?», «wohin mein Streben?»), wieder abgedruckt in *«Aus den Papieren des Ministers ...» – Theodor von Schön,* I. Teil, Halle/Saale 1875, S. 217.

[5]) Die berühmte Schrift Theodor von Schöns.

(das [hier] nicht zu haben), den Brief an den Prinzen von Preußen und die Broschüre quaestionis[6]) auf irgendeine Weise hier zu haben, wäre uns sehr lieb.

[6]) [J. Jacoby], *Vier Fragen beantwortet von einem Ostpreußen.*

102. Jacoby an Julius Waldeck

Nachlaß[1]) *[Königsberg,] 25. Februar 1841.*

Lieber Vetter,

die Schrift «Vier Fragen [beantwortet] von einem Ostpreußen, Mannheim b[ei] Hof[f]» ist jetzt wohl schon durch den Buchhandel in Deine Hände gekommen. Hier hat dieselbe über meine Erwartung gewirkt; sie ist mit einer von den angesehensten Bürgern Königsbergs unterschriebenen Petition dem Landtage übergeben worden; gleiche Petitionen erfolgten von den umliegenden Städten und Landgemeinden (die des Kreises Fischhausen allein ist von 40 Rittergutsbesitzern unterschrieben). Bis in die untern Klassen ist hier ein politisches Leben rege geworden, wie wir es lange nicht gekannt, und dieses Leben wird durch die Bürokratie nicht so leicht wieder zu ertöten sein.

Die gute Sache zu fördern, *mache diese Tatsachen bekannt und trage durch Wort und Schrift – soviel in Deiner Macht – zur Veröffentlichung bei.* Die *Öffentlichkeit* allein ist die Waffe, durch welche wir siegen können.

Ich habe dem Könige (auf Verlangen meines Verlegers) die Schrift zugeschickt, mich ihm als Verfasser derselben genannt und über die Beschlagnahme derselben in Leipzig Beschwerde geführt. Der Schluß meines Schreibens lautet: «Das freie Wort vom Königsthrone herab – diese in der Geschichte einzige, allen Gegenwärtigen unvergeßliche *Tat der Öffentlichkeit* – hat jedem Preußen[2]) die freudige Überzeugung gewährt, daß es nicht Eurer Majestät Wille ist, die Stimme des Volkes vom Throne fernzuhalten.

Und so wage ich denn vor meinem Könige die Anonymität aufzugeben und – der *gesetzlichen* Verantwortlichkeit mich unterziehend – diese Schrift gegen jeden Eingriff willkürlicher Deutung unter Eurer Majestät erhabenen Schutz zu stellen.» – Das letztere verschweige vorerst noch.

Lebe wohl und sei nicht so faul; schreibe, wie es bei Euch aussieht und was man von den hiesigen politischen Manifestationen weiß und denkt.

Mit *nächster* Post erwartet mit
Sicherheit einen Brief
Dein
treuer Vetter
Dr. J.

[1]) Original: UB Leipzig, Sign.: II A IV.

[2]) *Im Schreiben an den König vom 23. Februar 1841:* Untertan.

Schließe den Brief an mich in einen an Adelson[3]) adressierten ein; denn auf der Post ist er anders nicht sicher. Heinrich[4]), Eduard[5]) etc. grüße vielmal; desgleichen Dr. Veit, an den ich umgehend zu schreiben gedenke. Meine Reise nach Berlin ist noch sehr ungewiß. Hat der König auf die gemeinsame Eingabe der Berliner, Breslauer und Königsberger Judengemeinde geantwortet?

[Am Rande der ersten Seite des Briefes:]

N. S.

den 26. Februar. Soeben erhalte ich Deinen Brief ohne Datum durch Madame Rosenthal[6]) – bitte Dich aber, deshalb nicht zu feiern, sondern umgehend wieder an mich zu schreiben und meine Fragen ausführlich zu beantworten. Von der Redoute möchte ich gern Näheres hören. Was meinst Du mit der «Altonaer Schrift, die Du Dir in mehreren Exemplaren verschafft hast»? Wie steht's mit Dieffenbachs Operation des Stotterers? Die Broschüre[7]) darüber habe ich gelesen. Vale!

[Am Rande der zweiten und letzten Seite des Briefes:]

Schöns «Woher und wohin» kann ich Dir noch nicht schicken. Die Bürokratie ist darin sehr scharf mitgenommen und die Volksrepräsentation als Schutz dagegen empfohlen. Denn [man] könne nicht mehr [als] «ein geist- und gemütloser Mann» sich an der Spitze der öff[en]tl[ichen] Angelegenheiten halten. Der Schluß heißt: «Wer seine Zeit nicht zu erfassen weiß, wird von ihr erfaßt.»

3) Jakob Adelson.
4) Heinrich Lichtheim.
5) Eduard Waldeck.
6) Vermutlich die Frau des Königsberger Kaufmanns H. Rosenthal.
7) Johann Friedrich Dieffenbach, *Die Heilung des Stotterns durch eine neue chirurgische Operation*, Berlin 1841.

103. Julius Waldeck an Jacoby

Abdruck[1]) *Berlin, 27. Februar 1841.*

Die quaestiones questionis habe ich gestern gelesen, und haben sie meinen völligen Beifall bis auf den Einwand, den ich machen möchte, daß man Leuten, die keine Medikamente haben wollen, solche nicht in solchem Maße geben dürfe, daß Geruch und Geschmack sich kenntlich mache, weil sie sonst nichts nehmen und das Nehmen anderen verbieten. Vorgestern vormittag wurde das in Rede Stehende im Ministerium vorgelesen und fand ungemeinen Beifall in betreff der Tüchtigkeit, wodurch natürlich das Verbot noch geschärft wird, und die Ministerialräte suchten sich noch schnell Exemplare zu verschaffen, und eines von diesen habe ich eine Stunde lang in Händen gehabt. Übrigens sagte mir heute

1) DR, S. 229.

ein Polizeirat, daß selten etwas eine solche Sensation erregt als jene «Vier Fragen» und daß man ihnen aufgegeben, es sei dem Minister aufs höchste daran gelegen, des Autors Namen zu erfahren.

Nun noch eines: Dieser Umstand und noch manches andere müssen Dich dazu bringen, auf Deiner Hut zu sein, verbrenne oder verbirg (bei anderen) doch alles, was bei einer plötzlichen Haussuchung[2]), die leicht durch einen schnell dorthin gesandten Kommissar... geschehen könnte, was irgend in anderer Leute Augen nicht so unschuldig sein möchte als in unseren. Du bist das Dir, Deiner Familie und der guten Sache schuldig, die in Dir gewiß einen nicht unbedeutenden Kämpen verlöre. Nimm diesen Rat nicht zu leicht und halte mich nicht für zu besorgt, in China ist alles möglich...

[2]) Die bei Jacoby angestellte polizeiliche Haussuchung fand am 14. März 1841 statt. «Leider aber hat die letztere kein Resultat geliefert.» Bericht des Königsberger Oberlandesgerichts vom 22. März 1841, DZA Merseburg, Rep. 77 II, F, Nr. 21, vol. I, Fol. 189.

104. Reissert[1]) an Jacoby

Nachlaß[2]) *Groß Lauth, im Februar 1841.*

Über die Petition und die «Vier Fragen».

[1]) Reissert, Gutsbesitzer in Groß Lauth.
[2]) Inhaltsnotiz in NLE.

105. Jacoby an Arnold Ruge

Rekonstruktion[1]) *[Königsberg, etwa Ende Februar 1841.]*

Bittet, die «Vier Fragen» in den von Ruge und Echtermeyer[2]) bei Wigand in Leipzig herausgegebenen «Hallischen Jahrbüchern für deutsche Wissenschaft und Kunst» anzuzeigen[3]).

[1]) Nach Nr. 113.
[2]) Theodor Echtermeyer (1805–1844), Lehrer, Schriftsteller und Anglist.
[3]) Ruge hatte die Anzeige geschrieben, aber die sie enthaltende Nummer der «Hallischen Jahrbücher» wurde konfisziert. Vgl. Nr. 110.

106. Jacoby an die «Leipziger Allgemeine Zeitung» (Verlagsanstalt F. A. Brockhaus)

Abdruck[1]) *Königsberg, 1. März 1841.*

...Den Ihnen am 4. Februar von mir mitgeteilten Artikel haben Sie in Ihre Zeitung nicht aufgenommen, obgleich der Zensor unmöglich etwas dagegen gehabt haben kann. Zürnen Sie nicht meiner Freimütigkeit, wenn ich Ihnen hierüber offen meine Meinung ausspreche. Den auch hier vielfach verbreiteten nachteiligen Gerüchten über das Zeitungsinstitut, dem Sie vorstehen, habe ich bisher wenig Glauben geschenkt, auffallen aber mußte es mir und allen, die mit den hiesigen Zuständen bekannt sind, wie geflissentlich in den Korrespondenzen Ihres Blattes (namentlich aus Berlin) die jetzige Stimmung unserer Provinz und das Verhältnis des freisinnigen Oberpräsidenten derselben zu entstellen gesucht wird. Vermehrt wurde mein Erstaunen noch, als ich – unmittelbar nachdem Sie meiner Verteidigung die Aufnahme verweigert – den niedrigen Schmähartikel aus Ostpreußen (Nr. 56[2]) zu Gesicht bekam. Die Verfasser dieses und ähnlicher die allgemeine Meinung irreleitender Artikel *kennt man hier wohl* und ist der begründeten Hoffnung, daß sie nicht lange mehr ihr Wesen treiben werden.

Ihre Zeitung trägt das Motto: Wahrheit und Recht, und weil sie bisher durch Unparteilichkeit diesem Motto Ehre gemacht, erfreut sie sich auch bei uns einer so großen Verbreitung. Wie soll man aber hiermit die Tatsachen vereinigen, daß Sie über unsere Provinz nur Berichte aufnehmen, deren Unrichtigkeit dem der hiesigen Verhältnisse Kundigen augenfällig ist, jeder auch noch so bescheidenen Entgegnung aber Ihre Spalten schließen? Mein Aufsatz vom 4. Februar ist zu alt, als daß dessen Abdruck mir noch wünschenswert sein sollte. Dafür bitte ich Sie aber dringend, beifolgenden Artikel in die *nächste* Nummer der «Leipziger Allgemeinen Zeitung» einrücken zu lassen[3]), und zwar, falls er der Redaktion dazu ungeeignet scheinen sollte, als Inserat. Im letzteren Falle haben Sie die Güte, die Insertionskosten mir gefälligst in Rechnung zu stellen. Ich rechne mit Bestimmtheit auf die Erfüllung meines Gesuches und hoffe, daß Sie obige freimütige, aber wohlgemeinte Äußerung nicht übel deuten werden. Nur das Interesse, welches ich für Sie und Ihr Zeitungsinstitut hege, hat mich zu dessen offener Aussprache veranlaßt.

Von dem hier neu erwachten politischen Leben, von den großen Erwartungen, die man vom Landtage hegt, und den Petitionen, die an denselben von Königsberg und den umliegenden Kreisen gerichtet werden, haben Sie wahrscheinlich schon anderweitige Nachricht. Dreihundert der angesehensten Einwohner unserer Stadt haben dem Landtage die Schrift «Vier Fragen von einem Ostpreußen» (als deren Verfasser ich mich unumwunden bekenne) mit der Bitte überschickt, «die darin treu geschilderten Wünsche, Bedürfnisse und Rechte des Landes zu beachten». Eine ähnliche Petition des Kreises Fischbach ist von vierzig Rittergutsbesitzern unterzeichnet. Sie sind selber zu sehr deutsch gesinnt, als daß Sie solchen Bestrebungen des politischen Fortschrittes Ihre Unterstützung versagen sollten; Sie werden daher gewiß nicht diese geschichtlich bedeutungsvollen Facta in Ihrer

[1]) DR. S. 230 f.
[2]) Vgl. Anhang Nr. 619.
[3]) Vgl. Nr. 107.

Zeitung mit Stillschweigen übergehen wollen. Öffentlichkeit tut uns vor allem not, denn dies ist die einzige legale Waffe, durch welche die gute Sache über die Beamtenhierarchie siegen kann!

107. Jacoby an die «Leipziger Allgemeine Zeitung»

Abdruck[1]) ERWIDERUNG *Königsberg, 1. März 1841.*

Königsberg, 1. März. Das mit einem † bezeichnete Schreiben aus Ostpreußen vom 3. Februar in Nr. 56 der Leipziger Allgemeinen Zeitung[2]), das sich so fein zweideutelnd über die Stellung unseres Oberpräsidenten v. *Schön* ausläßt, hat hier weder Erstaunen noch Unwillen erregt, man konnte es nur mitleidig belächeln. Wahrlich! man hat schon alle Wendungen erschöpft, besonders in Artikeln aus Berlin, um die Achtung, welche Herr v. Schön hier unbestritten genießt, für Unkundige so zweideutig als möglich darzustellen. Die Berliner Korrespondenten über unsere Provinz scheinen indes selber die Inkompetenz in ihrem Urteile über so entfernte Verhältnisse zu fühlen, wenigstens an dem Glauben zu zweifeln, welchen das Zeitungspublikum dergleichen Diatriben ferner schenken dürfte – ein *direkter* Bericht aus Ostpreußen muß daher ihrem gesunkenen Kredite zu Hilfe kommen. Aber – die Sache hat ihren *Haken*[3]), und der Verfasser jenes Artikels hat sich wohl mehr als *poetische* Freiheiten genommen.

Wenn derselbe z. B. den in dem Insterburger Berichte dem Herrn v. Schön gegebenen Beinamen «Bürgerfreund» als uns Preußen unangenehm verdächtigen will; wenn er behauptet, man höre die Ansicht, «daß nicht jede fortschreitende Entwicklung segensreich sei» und daß man sich wundere, zu vernehmen, «Herr v. Schön lasse sich von seinen Bemühungen, die Entwicklung des Landes betreffend, durch *nichts* ablenken» – so kann diese künstlerische Vermischung des Wahren und Falschen dem Kundigen die Tendenz des Berichts nicht lange verbergen. Spricht ferner der Verfasser von «Vereinen in unserer Provinz, deren Mitglieder sich die Hände gereicht haben, um die Treue für den von Gott eingesetzten König zu bewahren», so sind diese ebensowenig *nötig* als unseres Wissens *vorhanden:* wenn ein Landrat seinem Kreissekretär oder Rendanten die Hand reicht, wird man wenigstens solches wohl nicht einen Verein nennen dürfen. Übrigens wird jeder unparteiische Beurteiler den in unserer Provinz herrschenden Geist einen *loyalen* nennen, aber auch kräftig und unerschütterlich in seinem Streben nach dem Rechten. Die Huldigungen, die Herrn v. *Schön* jetzt mehr als je zuteil werden, haben ihren Grund in einer Gesinnung, die *in den Beweisen der Liebe für den Mann des Fortschrittes ihr eignes Streben nach Fortschritt ausdrücken will.* Herr v. Schön hat auch *hier* einige

[1]) «Leipziger Allgemeine Zeitung» 8. März 1841 Nr. 67 S. 723 (Inserat).

[2]) Vgl. Nr. 619.

[3]) Anspielung auf den Landrat von Hake in Preußisch Holland, einen korrupten Beamten und Hauptagenten der Rochowschen Geheimpolizei in Ostpreußen.

isolierte Opponenten; sie verhalten sich aber zu der allgemeinen Stimmung höchstens wie 5 zu 87[4]).

Die Einzelheiten noch näher zu beleuchten, wäre unnütz. Facta loquuntur[5])! – Wäre der Artikel weniger fein abgefaßt, so wäre es wahrlich feiner gewesen!

Ein Ostpreuße[6]).

[4]) Am 7. September 1840 trug der Huldigungslandtag in Königsberg mit neunundachtzig (nicht siebenundachtzig) gegen fünf Stimmen auf reichsständische Verfassung, gemäß der Allerhöchsten Verordnung vom 22. Mai 1815, an.

[5]) Motto der anonymen Broschüre Jacobys *Vier Fragen beantwortet von einem Ostpreußen.*

[6]) Pseudonym enthüllt in Nr. 106.

108. Karl Ludwig Heinrich[1]) an Jacoby

Nachlaß[2]) *Danzig, 1. März 1841.*

Durch den Überbringer dieser flüchtigen Zeilen habe ich die Denkschriften und die Petitionen an die Landtage empfangen, sowie das Schreiben an den pp. v. Schön nebst Beilage. Letzteres habe ich gleich nach dem Empfange selbst befördert; v. Schön war darüber erfreut und billigte den Inhalt, wenngleich nicht im ganzen Umfange, besonders aber tadelte er den Schluß oder die Beantwortung der vierten Frage[3]) und meinte, daß die Denkschrift noch viel mehr Eingang gefunden hätte, wenn dieselbe nicht so stark ausgesprochen wäre. Er freute sich ferner darüber, daß Sie dieselbe dem Könige gesendet, und sieht darin den Beweis, daß Sie die beste Absicht damit gehabt und somit die mögliche Folgerung: daß damit eine revolutionäre Tendenz verbunden sei, faktisch widerlegt haben. Das Nähere über diese Unterredung wird Ihnen Überbringer mündlich mitteilen.

Nachdem ich gehört, welche Schritte gegen die Denkschrift getan sind, hielt ich es für angemessen, die Petition, ohne den Eingang der übrigen aus der Provinz abzuwarten, heute noch dem Landtage[4]) zu überreichen, damit die entgegenwirkenden Maßregeln [nicht auch][m] auf die Petition selbst nicht mehr Anwendung finden können. Ich habe letztere mit den Beilagen heute dem Landtagsmarschall überreicht und von ihm die Erlaubnis erreicht, die Abschrift der Denkschrift unter die Mitglieder des Landtages zu verteilen; ich habe davon sofort Gebrauch gemacht, jedoch dieselbe nicht an alle Mitglieder verteilen

[1]) Der mit Jacoby befreundete Karl Ludwig Heinrich gehörte zu den angesehensten Kaufleuten und bis 1848 zu den hervorragendsten Liberalen Königsbergs. In den 30er und 40er Jahren war er Stadtverordneter und Landtagsdeputierter. Auf dem Huldigungslandtage von 1840 trat er neben dem Elbinger Jakob van Riesen entschieden für die Einführung einer Verfassung ein. Nach der Revolution von 1848 schloß er sich der altliberalen Partei an. Als Stadtvertreter und als Mitglied des Vorsteheramtes der Königsberger Kaufmannschaft wirkte er bis in die sechziger Jahre. Er starb in hohem Alter am 22. April 1876.

[2]) DR, S. 231 f,; eingeklammerte Stellen LE (Ab) bzw. Einschaltung von G. Mayer.

[3]) «IV. Was bleibt der Ständeversammlung zu tun übrig? Das, was sie bisher als Gunst erbeten, nunmehr als erwiesenes Recht in Anspruch zu nehmen.» [Jacoby], *Vier Fragen beantwortet von einem Ostpreußen,* Mannheim 1841, S. 47.

[4]) Er wurde am 28. Februar 1841 in Danzig eröffnet.

können, weil mir nur einige sechzig Exemplare zur Disposition standen. Die Denkschrift erregt das allgemeinste Interesse, und werde ich von denen, die noch keine erhalten haben, bestürmt, ihnen solche zu beschaffen. Ist es Ihnen noch möglich, mir etwa dreißig Exemplare zukommen zu lassen, dann bitte ich solche an die bekannte Adresse sobald als möglich abgehen zu lassen.

Gestern wurde hier der Landtag unter den gewöhnlichen Feierlichkeiten eröffnet und demnächst die Eröffnungs- und Propositionsdekrete verlesen, worauf eine Dankadresse beschlossen wurde. [Beide empfangen Sie hierbei, und glaube ich, daß Sie mit letzterer zufrieden sein werden.][e] Die Hauptsache beginnt morgen in der Beratung des Komitees über ständische Angelegenheiten, dem die Proposition über die landständische Angelegenheit[5]) zur Begutachtung übergeben worden. Die Mitglieder bestehen aus den Herren v. Brünneck[6]), v. Below[7]), G[eheimer] R[at] v. Auerswald[8]), v. Fahrenheid, v. Knobloch[9]), v. Piwnicki[10]), v. Dohna-Lauck[11]), Abegg[12]), Höne[13]), Heinrich[14]), Füllborn-Elbing[15]), v. Strachowski[16]), Münzer[17]), Przyborowski[18], Schickert[19]) und Hein[20]). Die Mehrzahl ist mir als liberalgesinnt bekannt und somit alle Hoffnung zu einer würdigen Lösung dieser für die Zukunft so wichtigen und ernsten Angelegenheit. Es ist jedoch [zweifelhaft ob][m], nachdem der König selbst einen Schritt zur Entwicklung der ständischen Angelegenheit getan, beim Landtage die Petition den Erfolg haben wird, der jedenfalls vollständig erreicht wäre, wenn von oben nichts geschehen wäre. Eine Veröffentlichung der Verhandlungen ist ebenfalls genehmigt und wird hier in der «Politischen» und der «Königsberger Zeitung» erfolgen.

[Sie werden [[gewiß]][21]) von dem Gange der Verhandlung unterrichtet se[[in. Ich werde]][21]) jedoch nicht unterlassen, sobald etwas Wichtiges vor[[fallen sollte,]][21]) davon sofort Mitteilung zu machen.][e]

Haben Sie nochmals meinen innigsten Dank für die Bemühungen, mit denen Sie sich der guten Sache unterzogen haben, wiewohl der beste Lohn dafür nur in dem eigenen Bewußtsein werden kann, das Beste gewollt zu haben . . .

[5]) Der König beantragte die Einsetzung ständiger Ausschüsse. GM.
[6]) Karl Otto Magnus von Brünneck.
[7]) Gustav Friedrich Eugen von Below (1791–1852), einflußreicher Flügeladjutant des Königs Friedrich Wilhelm IV.
[8]) Alfred von Auerswald.
[9]) von Knobloch, Rittergutsbesitzer auf Puschkeiten.
[10]) Leibnitz von Piwnicki [im Abdruck irrtümlich: Pironitski], Kreisdeputierter und Rittergutsbesitzer auf Klein Malsau.
[11]) Vgl. Nr. 43 Anm. 4.
[12]) Heinrich Burghard Abegg, Ältester der Kaufmannschaft und Kommerzienrat in Danzig.
[13]) Höne, Ältester der Kaufmannschaft und Kommerzienrat in Danzig.
[14]) Der Briefschreiber.
[15]) August Eduard Füllborn, Kaufmann in Elbing.
[16]) von Strachowski, Rittergutsbesitzer auf Elditten und Landschaftsrat des Kreises Braunsberg.
[17]) Münzer, Bürgermeister in Flatow.
[18]. Przyborowski, Gutsbesitzer in Perwissau.
[19]) Schickert, Erbpachtgutsbesitzer zu Vorwerk Willenberg.
[20]) Hein, Oberschulz und Hofbesitzer in Praust.
[21]) Durch Siegel beschädigt.

109. Friedrich Wilhelm IV. an die Minister der Justiz und des Innern

Nachlaß[1]) *Berlin, 2. März 1841.*

Infolge Ihres, des Ministers des Innern, Berichts vom 27. v. M. eröffne ich Ihnen, daß der Dr. Jacoby zu Königsberg in der an mich gerichteten Eingabe sich als Verfasser der Schrift «Vier Fragen beantwortet von einem Ostpreußen» bekennt und der gesetzlichen Verantwortlichkeit unterzogen hat. Ich überlasse Ihnen demzufolge, gegen denselben sowohl wegen des Inhalts als der Ihnen, dem Minister des Innern, bekannten Art der Verbreitung dieser Schrift die gerichtliche Untersuchung zu veranlassen, über deren Ausgang ich Ihren Bericht erwarte. Zugleich haben Sie, der Justizminister, dafür zu sorgen, daß jedenfalls eine Verhaftung des Angeschuldigten vor rechtskräftiger Entscheidung nicht vorgenommen werde.

Friedrich Wilhelm.

An
die Staatsminister Mühler[2]) und von Rochow.

[1]) Abschrift in DZA Merseburg, Rep. 77 II, F., Nr. 21, vol. I, Fol. 71.
[2]) Heinrich Gottlob Mühler (1780–1857), preußischer Justizminister von 1832 bis August 1844, geadelt.

110. Otto Wigand an Jacoby

Nachlaß[1]) *[Leipzig]*[m], *3. März 1841.*

Mein tapferer und edler Freund!

So nenne ich den Mann, den ich liebgewonnen und der unseres gesamten Vaterlandes treuester Berater ist. Ich hätte Ihnen gern schon früher geschrieben, allein wollte ich auf halbem Wege nicht stehen bleiben, so mußte ich einige Reisen machen, damit ich Leute fand, die unsere [Schriften][m](?) verteilten, ich habe Leute gefunden, vorzugsweise haben mich Ruge[2]), Prutz[3]), Duncker[4]), Pott[5]), dann mehrere Bürger, deren Namen in mein Herz geschrieben sind, unterstützt. Gestern abend kam ich zurück. In Halle

[1]) DR, S. 232 f.; eingeklammerte Stellen LE (Ab) bzw. Einschaltung von G. Mayer.
[2]) Arnold Ruge (1803–1880), philosophischer und politischer Schriftsteller, gründete 1838 die «Hallischen Jahrbücher für deutsche Wissenschaft und Kunst», das Organ der Junghegelianer, gab 1844 mit Marx zusammen die «Deutsch-Französischen Jahrbücher» heraus, betätigte sich in Zürich am Literarischen Comptoir, gehörte 1848 der Frankfurter Nationalversammlung (äußerste Linke) an, nach der Revolution Emigrant in London.
[3]) Robert Prutz (1816–1872), Dichter und Historiker.
[4]) Max Duncker (1811–1886), Historiker und Politiker, wirkte seit 1839 an der Universität Halle, 1848 Mitglied der Frankfurter Nationalversammlung (rechtes Zentrum), 1859 Leiter der Zentralpressestelle im preußischen Staatsministerium, 1861 als Vortragender Rat politischer Berater des Kronprinzen.
[5]) August Friedrich Pott (1802–1887), Sprachforscher.

haben wir Krukenberg[6]) usw. an die Spitze der Adresse für die Provinz Sachsen gestellt. Von dem Verbot der Broschüre sind Sie unterrichtet und Rochow hat's gewagt, seinem Vaterlande ins Gesicht zu spucken. So die Zeit, die Ehre, die Größe seines Landes zu verkennen, ist mehr wie Dummheit und Verrat, und kommt jetzt keine Erleuchtung, dann möge Gott wissen, was die Freunde des Vaterlands tun sollen.
Ihre Briefe habe ich erhalten und große und innige Freude gehabt. Sollte der Brief an Ihren König, den die Sprache des Herzens, der Wahrheit, der Liebe und Treue diktiert, sollte er keine Wirkung haben? Fast fange ich an zu zweifeln. Über die Erscheinung der Broschüre[7]) war man hier ungeheuer aufgebracht, obschon man noch keinen klaren Begriff hat, *wie?* Jetzt ist in Mannheim die Untersuchung, der dortige Buchhändler hat natürlich desavouiert, und nun kommt sie hierher. Mein Bruder Georg ist Kommissionär von Hoff! Um mich für jetzt aus dem Spiele zu lassen, da ich noch nötig bin, so hat mein Bruder einen Brief von Ihnen erhalten, worin Sie ihm auftragen, die Broschüre im Auslande für Ihre Rechnung als Manuskript und nur *für Preußen* drucken zu lassen, da *Sie* befürchten, daß selbst im konstitutionellen Sachsen die Druckerlaubnis nicht gegeben wird. Sie verlangen für sich vierzig Exemplare und ein Exemplar auf Velinpapier für den König. Darauf stehen nur sechs Wochen Gefängnis. Uns – mich und meinen Bruder kennen Sie durch unsere Verwandten in Königsberg ... [Ich habe in die acht Provinzen 2000 Exemplare verteilt; *in Zahl erwarte ich noch etc. etc.* (?). Ich muß nur etwas abwarten. Es erscheint eine zweite Broschüre – von K. (oder R.) in D. zweimal bereits konfisziert, nun das dritte Mal in Hamburg. ... Ruge hatte eine Anzeige von einem halben Bogen für die Hallischen Jahrbücher geschrieben, die Nummern konfisziert.][e] Ach, mein edler Freund, lesen Sie zwischen den Zeilen, mir fehlt die Zeit, ich weiß nicht, was ich beginnen soll! Dazu ein schweres Geschäft und zehn Kinder, aber sehr glücklich verheiratet, und obschon der freie Mann mitunter geächtet ist, so genieße ich die Achtung meiner Mitbürger, weil ich *nichts* will. Aber wirken will ich und treu bleiben meinem Vaterlande, solange ich atme! Die Zeit kann nicht fern sein, wo unsere Bestrebungen anerkannt werden. Mir blutet oft mein Herz, wenn ich so sehe, wie mit allem Hohn und Spott getrieben und die Heuchler – sie sind hier wie dort, und unser ganzes Unglück ist, daß wir überrecht von Preußen und Österreich geknechtet werden.

[6]) Peter Krukenberg (1788–1865), Professor der Medizin in Halle.
[7]) [Jacoby,] *Vier Fragen beantwortet von einem Ostpreußen,* Mannheim 1841.

111. Julius Waldeck an Jacoby

Abdruck[1]) *Berlin, 4. März 1841.*

Es ist zum Betrüben und zum Verzweifeln zu gleicher Zeit, wenn man hört, wie rüstig

[1]) DR, S. 48 f.

Ihr die Arme rührt, sehen zu müssen, wie man hier die Hände in den Schoß legt; aber es ist ja eine alte Erfahrung: Gemeinschaft macht Tapfere noch kühner, Furchtsame noch feiger, darum ist Paris und Berlin so verschieden. Das rühmliche Benehmen der Provinz Ostpreußen wird hier nicht nur von allen jenen Bestrebungen Ergebenen, sondern auch von Andersdenkenden anerkannt, und manchen Proselyten hat unter diesen die klare und würdige Haltung Deiner Broschüre gemacht. Allgemein hielt man hier Schön für den Verfasser; und selbst noch, nachdem Dein Name, von den einen mit dem Zusatze «ein unbescholtener selbständiger Arzt», von den anderen mit dem «ein Jude», genannt worden, wollten viele jenen Glauben nicht aufgeben.

Auch der König, der die Broschüre gerade erhielt, als er das Dekret an den Landtag unterzeichnen wollte, soll dieser Meinung und ungemein aufgebracht gewesen sein (so erzählt der junge Savigny[2]), die freiwillige Nennung des Autors aber (von der ich schon wußte, ehe Du es mir schriebst) soll begütigend auf ihn gewirkt haben. In der Tat glaube ich nicht, daß Dir viel Heil daraus erwachsen werde, ich fürchte, die letzte Seite der Schrift wird hinreichen, Dir eine Untersuchung an den Hals zu werfen, deshalb sei für alle Fälle auf Deiner Hut und halte Deine Papiere in Ordnung... Übrigens hat die Broschüre auch hier eine große Verbreitung gefunden, zum Teil schon ehe die Konfiskation erfolgte; eine Nachricht von dem Eindrucke, den sie macht, und dem Erfolge, den sie in Ostpreußen gehabt, ich meine die Petition, sowie die vorzüglichsten Namen, die unter derselben stehen, habe ich heute nach Augsburg gesandt, da es sich nicht lohnt, Korrespondenzartikel nach Leipzig zu schicken, wo sie keine Aufnahme, wohl aber eine Versendung nach Berlin finden.

Um aber wieder auf hier zurückzukommen, so findet eine Petition wie die Eurige hier ungeheure Hindernisse, da zwar viele sich unterschreiben würden, vorher aber die Unterzeichnung einiger nur etwas bedeutender Namen verlangen, diese letzteren indes sich wohl hüten, die Aussicht auf Beförderung und Orden sich zu versperren. Nichtsdestoweniger ist die Sache noch nicht entschieden... Die neuen Erweiterungen des Statuts der Landtage sind freilich ein erster kleiner Fortschritt, doch mit mancher Falle. So kann man einem geneigten Ausschusse leicht die Hauptsachen in der Zwischenzeit abzumachen geben und dem Landtage selbst nur Läppereien vorlegen; mit wenigen wird man immer leichter einig als mit vielen. Indessen fragt es sich doch, was für einen Einfluß auf den Entschluß Eurer Stände diese Propositionen machen werden. Aus Hamburg ist den Landtagsdeputierten unentgeltlich eine Schrift über das Verhältnis der Juden zu den Christen zugeschickt worden, worin dieses als höchst gefährlich für die letzteren geschildert und die Forderung gestellt wird, die Juden, wenn sie sich verheiraten wollen, nach Algier oder Syrien zu verweisen, auch das Taufen nicht zu gestatten, damit die deutsche Nationalität nicht zugrunde gehe.

Dieses Deutschtum und die Franzosenfresserei machen den liberalen Bestrebungen überhaupt manches zu schaffen, und es ist recht gut, daß man Arndt auf den Mund geklopft; schade nur, daß die Schrift nicht zu haben. Auch «Woher? Wohin?» ist hier nicht aufzutreiben, und ich bitte Dich deshalb sehr darum, wenn auch allenfalls nur in einer Ab-

[2]) Wohl Karl Friedrich von Savigny (1814–1875), Sohn des berühmten Juristen.

schrift. ... Mehr wüßte ich für heute nicht zu schreiben, denn obgleich ich täglich viel herumkomme, Stehely[3]) und die Lesekabinette besuche, so hört man außer der Sensation, die Deine Broschüre macht, nichts Neues, jene aber ist wahrhaft groß und allgemein ...

[3]) Bekanntes Berliner Literatencafé.

112. Karl Ludwig Heinrich an Jacoby

Nachlaß[1]) *Danzig, 5. März 1841.*

In meinem letzten Briefe machte ich Ihnen Mitteilung, daß ich die Petition eingereicht und die Beilage verteilt hatte. Den anderen Morgen im ständischen Komitee beschäftigt, erhielt ich eine schriftliche Aufforderung des Landtagsmarschalls[2]), die an die Mitglieder des Landtages verteilten Exemplare der «Vier Fragen» zurückzufordern, weil ihm durch den königlichen Kommissarius[3]) die Mitteilung geworden, daß das Ministerium des Innern den Verkauf oder die Verteilung dieser Schrift verboten habe. Es war mir daher doppelt erfreulich, meiner Besorgnis Raum gegeben zu haben, welche allein Veranlassung war, daß ich sogleich, ohne die anderen Petitionen abzuwarten, Ihre übergab. Gehorsam dem Befehle meines Vorgesetzten, forderte ich die Mitglieder auf, mir die erhaltenen Exemplare zurückzugeben, damit ich solche Seiner Exzellenz übergeben könne. Allein – wunderbar genug – es wollte keiner ein Exemplar erhalten haben, und so blieb mir dann nichts anderes übrig, als das eine, welches ich für mich behalten hatte, zur Disposition des Herrn Landtagsmarschall zu stellen, welcher es jedoch *nicht* annahm.

Der Ausschuß, welcher die Königliche Proposition begutachtet hat, ist mit seiner Arbeit fertig; auf meinen Antrag, daß derselbe, bevor er sich in die Erörterung der Verordnung selbst einlasse, es sich zuvörderst klarmachen müsse, was die Verordnung bezwecke, da die Proposition darüber sich weder deutlich ausspreche noch auf ein Gesetz Bezug nehme, wodurch man den Zweck deutlich erkenne, ging der Ausschuß ein, und es wurde die Ansicht festgestellt, daß der Ausschuß darin den Beginn der Entwicklung einer allgemeinen Landesvertretung im Geiste der bisherigen Gesetze erkenne, und von diesem Gesichtspunkt ausgehend hat derselbe aus der Verordnung selbst diejenigen Elemente entfernt, welche einer anderen Deutung Raum geben konnten, und darin ausgesprochen, daß der Ausschuß nur als bevollmächtigt angesehen werden solle, wenn er im Verein mit den Ausschüssen mehrerer oder aller Provinzen in Wirksamkeit trete. Auch ist auf Abänderung des Wahlmodus dahin angetragen, daß nicht jeder Stand für sich, sondern der Landtag in Gemeinschaft die Mitglieder des Ausschusses wählen solle.

In betreff der Öffentlichkeit, welche uns die Proposition mitgeteilt, hat der Ausschuß sich

[1]) DR, S. 49 f.; eingeklammerte Stelle LE (Ab).
[2]) Graf zu Dohna-Schlobitten, Reichsburggraf und Landhofmeister des Königreichs Preußen.
[3]) Theodor von Schön.

veranlaßt gesehen, zu erklären, daß diese der Sache nicht entspreche: Derselbe hat es vielmehr als ein dringendes Bedürfnis erkannt, daß die Verhandlungen des Landtages öffentlich stattfinden müssen, daher den Antrag vom Jahre 1831 wiederholt, daß es der König genehmigen möge, daß die Verhandlungen öffentlich abgehalten werden können. Sie sehen hieraus, daß der Ausschuß seine Pflicht gewissermaßen erfüllt hat, und werden es mir glauben, wenn ich Ihnen sage, daß diese Resultate nicht ohne schwere Kämpfe erzielt sind, und in den vier Tagen, in welchen sie von 9 bis 3 Uhr und öfters nachmittags von 4 Uhr ab geführt wurden, nicht ohne Nachteil auf meine Gesundheit geblieben. Ich fühle mich sehr durch diese Aufregung angegriffen und werde heute nicht das Zimmer verlassen, um mich einigermaßen zu erholen. Wahrscheinlich wird morgen oder Montag die Sache beim Landtag zur Beratung vorkommen.

Der Vater eines unserer Petitionäre schadet der Sache dadurch sehr, daß er sich den Ultras und Servilen anschließt, die unablässig darauf dringen, man müsse unbedingt vertrauen. Sehr viele werden dadurch schwankend gemacht. v. Brünneck hat auch bereits seine Petition übergeben und die ihm übergebenen Exemplare verteilt. Meyerowitz sagte mir, es würde nicht schwer fallen, Beweise dafür zu erlangen, daß eine geheime Polizei organisiert sei. Es wäre sehr wichtig, wenn dafür ein *Beweis* geführt werden könnte. Ist es Ihnen möglich, solche Materialien zu beschaffen, dann beeilen Sie sich, mir dieselben zu übermachen. Es würde mir leicht werden, dann einen Antrag durchzuführen. [Die Bürgerbriefe habe ich unter meinen Papieren nicht vorgefunden.][e] Sollte Jachmann[4]) nicht Veranlassung finden, das Resultat des hiesigen Ausschusses seinen Freunden in Breslau mitzuteilen? Wird nicht etwas von dort aus geschehen, um die niederträchtigen Verleumdungen in der Leipziger Zeitung zu widerlegen? Grüßen Sie herzlich alle, die der guten Sache ergeben sind ...

[Der Vater[5]) des p. Höne ist sehr aufgebracht, daß der Sohn voransteht in der Reihe der selbständigen Männer .....][e]

[4]) Karl Reinhold Jachmann, geb. 1810 in Jenkau bei Danzig, Privatdozent der Theologie an der Universität Königsberg, Mitarbeiter der «Königsberger Hartungschen Zeitung»; 1843 Gutsbesitzer bei Ortelsburg, 1862 Redakteur des «Neuen Elbinger Anzeigers», 1873 wieder Gutsbesitzer, 1873–1879 Abgeordneter für Ortelsburg-Sensburg, lebte seit 1879 als Rentier in Königsberg.

[5]) Höne sen. war Landtagsabgeordneter (vgl. Nr. 108 Anm. 13).

113. Arnold Ruge an Jacoby

Nachlaß[1]) *Halle, 5. März 1841.*

Sie fordern mich zur Anzeige Ihrer «Vier Fragen» auf. Ich habe bereits die Kritik nach

[1]) DR, S. 50 f.; letzter Absatz JNUL (Ab).

Leipzig[2]) geschickt. Aber es ist nicht wahrscheinlich, daß sie passiert, da ich die wesentlichsten Punkte und den Gang Ihrer epochemachenden Darlegung mitteile[3]). Dies hätte etwas früher geschehen müssen. Doch ist es nun, wenn auch verhindert, kein großer Verlust. Ihre Schrift ist in allen Händen und noch mehr in allen Herzen. Es wird umsonst sein, daß bezahlte und verräterische Menschen der Wahrheit und dem Gesetz mit der geknechteten Presse entgegenarbeiten und schlechte Artikel gegen Sie schreiben. Diese Schrift ist eine große Tat und hat ihresgleichen noch nicht in unserer Geschichte. Das Vaterland ist Ihnen zu ewigem Dank verpflichtet.

Auch hier macht die Schrift einen gewaltigen Effekt. Alle Welt besinnt sich, daß wir ja unter den besten Gesetzen leben, wenn wir nur auf sie bestehen(?). Der Landtag hat sich vertagt auf acht Tage. Die hiesigen Edelleute sind nicht so wie die dortigen; es ist zweifelhaft, ob die städtischen und liberalen Deputierten durchdringen; sie sind eifrig und haben Männer von Bildung und Charakter unter sich.

Petitionen entstehen auch hier. Man fühlt sich erhoben durch das Beispiel Königsberg. Ihr rettet noch einmal den Staat und die Freiheit. Grüßen Sie meinen Freund Rosenkranz, wenn Sie ihn kennen und zu sehen kriegen.

‹Ich werde sehen, wie die L[eipziger] Zensur sich anstellt, da doch enfin alles publik ist.

Mit Hochachtung›

[2]) Wo bei Wigand die «Hallischen Jahrbücher» erschienen.

[3]) Vgl. Nr. 105 Anm. 3.

114. Alexander Küntzel an Jacoby

Nachlaß[1]) *Orlau, 6. März 1841.*

... Unterdessen ist durch die Allergnädigste Königliche Proposition[2]) für die Petition hier alle Hoffnung verloren. Die sogenannte Einfältigen, die gewöhnlich das Rechte treffen, wissen nicht, was sie damit machen sollen, andre jubeln, als wenn man ihnen etwas geschenkt hätte, und werden sich nicht eher abkühlen, als bis sie Kriegssteuern zahlen müssen und die Ausschüsse zum ersten und letzten Male in Berlin versammelt werden, um eine neue Anleihe zu bewilligen, oder bis sie 1850 merken werden, daß wir nicht um einen Schritt weiter gekommen sind.

Ich will damit nicht sagen, daß, wenn man an Ehrlichkeit von oben glauben, auf erwachendes Selbstbewußtsein des Volkes hoffen könnte, nicht einige Keime in den neuen Konzessionen liegen könnten, aber mais laissons cela, niemand gibt mehr, als er glaubt

[1]) LE(Ab).

[2]) Gemeint ist die Proposition über Errichtung ständischer Ausschüsse und Veröffentlichung der Landtagsverhandlungen bzw. das Propositionsdekret, einen beabsichtigten Steuererlaß betreffend. Vgl. Prutz, *Zehn Jahre*, Bd. 1 S. 393 ff., Bd. 2, Aktenstücke, S. XXXVI ff.

ohne Unbequemlichkeit entbehren zu können, und hier namentlich, wo ein gesetzliches Recht so leicht beseitigt wird, in dem doch auch nicht gar zu viel verliehen war. Ich glaube, die Stände müßten die Königliche Proposition ablehnen und auf Ausführung des Gesetzes von 1815 bestehn. Zu einer Petition in diesem Sinne dürftest Du aber keine Unterschriften zusammenbekommen. Deine Denkschrift behalte ich hier, da sie Dir ferner von keinem Nutzen sein kann. Ich glaube, sie hätte noch mehr Eklat gemacht, wenn Du einiges im 1. Abschnitte über Justiz und Verwaltung, was aus dem Venedey[3]) entnommen ist, weggelassen hättest.

[3]) Jakob Venedey (1805–1871), demokratischer Publizist und Politiker, Mitbegründer des Bundes der Geächteten, Mitglied des Vorparlaments, des Fünfzigerausschusses und der Frankfurter Nationalversammlung (Linke).

115. Karl Ludwig Heinrich an Jacoby

Nachlaß[1]) *Danzig, 7. März 1841.*

Wenn ich Sie in meinem Letzten ersuchte, mir recht bald, wenn es Ihnen möglich, solche Tatsachen und Beweise dafür mitzuteilen, die das Vorhandensein einer geheimen Polizei feststellen, so ergeht hiermit an Sie die Bitte, mir die Belege dafür, daß die Leipziger Zeitung die Widerlegung der Verleumdung gegen v. Schön und Konsorten nicht hat aufnehmen wollen, sobald als möglich einzusenden. Sie sollen dazu dienen, um einen Antrag wegen Mißbrauch der Presse zu motivieren. v. Blumenthal[2]) ist gestern mittag hier eingetroffen; es kann nur seine Eitelkeit ihn veranlaßt haben, die Nachricht zu verbreiten, daß er die Stelle des Herrn v. Schön beim Landtage ersetzen solle. Das Wahre an der Sache ist, daß v. Schön den König selbst gebeten hat, für den Fall, daß v. Schön erkranke, einen Stellvertreter zu ernennen. Diesem Antrage hat der König nachgegeben, indes nicht, wie vorgeschlagen, den Herrn Dohna-Wundlacken[3]), sondern den v. Blumenthal für den Fall ermächtigt.

v. Schön, dem ich Ihre Mitteilung über diesen Gegenstand vorhielt, versicherte mir, daß von seiner Abberufung keine Rede sein könnte. Die ständische Angelegenheit kommt morgen zum Vortrage, und habe ich die Hoffnung, daß die Majorität sich für die Vermehrung unserer Verfassungsrechte aussprechen werde[4]).

[Die Petition des Wehlauer Komitees sowie die Beilagen habe ich erhalten und werde sie dem Abgeordneten des genannten Kreises zur Übergabe an den Landtag behändigen.

[1]) DR, S. 51 f.; eingeklammerte Stelle LE (Ab).

[2]) Robert von Blumenthal, geb. 1806 in Königsberg, gest. 1892 in Posen, bis 1840 Oberregierungsrat in Königsberg, 1840–1863 Regierungspräsident in Danzig.

[3]) Heinrich Ludwig Adolf Graf zu Dohna-Wundlacken, Regierungspräsident in Königsberg.

[4]) Näheres darüber in *Siebenter Provinziallandtag der Stände des Königreichs Preußen*, Danzig 1841, I, S. 13–20 (4. Plenarsitzung, 8. März 1841).

Er ist ein Mann von tüchtiger und selbständiger Gesinnung.][e] Der Vorschlag des Komitees, daß die Ausschußmitglieder von der Gesamtheit gewählt werden sollen, findet viel Widerspruch, indem die Eigenliebe vielen die Besorgnis, nicht gewählt zu werden, einflößt...

116. Jacobys Erklärung in der «Leipziger Allgemeinen Zeitung»

Abdruck[1]) *Königsberg, 7. März 1841.*

Erklärung

In der Schrift: «Vier Fragen, beantwortet von einem Ostpreußen», ist Seite 16 Zeile 9 statt: *geistliche* Stände, *geistige* Stände zu lesen[2]). Diese Bemerkung für den ⚹-Correspondenten aus Berlin (Leipziger Allgemeine Zeitung Nr. 63 Beilage[3]) und für die ihm ähnlichen Leser.

Der Verfasser der Vier Fragen.

[1]) «Leipziger Allgemeine Zeitung» 15. März 1841 Nr. 74 S. 804 (Inserat).
[2]) Vgl. den vollen Satz in JGSR, I, S. 124.
[3]) Vom 4. März 1841. Die Beilage enthält eine ungünstige Besprechung der *Vier Fragen*, in der u. a. gesagt wird, es leuchte ein, daß der Verfasser der Broschüre ein ostpreußischer Grundbesitzer sei!

117. Julius Waldeck an Jacoby

Nachlaß[1]) *Berlin, 11. März 1841.*

... Das, was ich Dir neulich schrieb[2]), kam nicht zustande, weil sich allenfalls einige jüngere Professoren etc. und manche andere zur Unterschrift bereit erklärten, die Namen aus dem guten Bürgerstande indes sehr fehlten. Wie die Sachen hier stehen, war die Unterlassung jener Petition vielleicht das beste, denn bei uns hier «wissen die Herren, was sie wollen». Auch bei Euch, hoffe ich, wissen die Leute, was sie wollen. Die Rede in betreff des neuen Gesetzes über die Erbfolge des Adels spricht wenigstens dafür, und auch die Dankadresse an den König scheint mir wenigstens eine pfiffige Legalitätserklärung ihrer selbst, eben deshalb nur von St[änden] gemacht, um für künftige Adressen als gute Grundlage zu dienen. Doch wir werden ja bald sehen. Gegen den Verfasser der «Vier Fragen» soll eine Untersuchung bereits eingeleitet, auf Befehl des Königs indes wieder aufgegeben worden sein. So die Fama. Von Dir erwarte ich nächstens etwas Bestimmtes darüber.

[1]) DR, S. 52; eingeklammerte Stelle JNUL(Ab).
[2]) Vgl. Nr. 101 Anm. 2.

Am meisten spricht man jetzt hier, nachdem die «Vier Fragen» ziemlich abgesprochen, von dem Minister v. Boyen[3]), dessen Eintritt in das Kabinett von ihm selbst an die Erfüllung von fünfzehn Bedingungen mehr oder minder freisinnigen Inhalts geknüpft worden ist, ‹doch glaube ich nicht, daß der (( )) sich über sein Department hinaus um die Sache kümmern wird.›

[3]) Hermann von Boyen (1771–1848), preußischer General und Staatsmann, 1841–1847 Kriegsminister.

118. Jacoby an Moritz Veit

Abdruck[1]) *Königsberg, 12. März 1841.*

Geehrter Herr!

Für freundliche Mitteilung Ihrer gehaltvollen Rede über das Schullehrerseminar meinen herzlichen Dank. Gemeinsinn und Geistesbildung – vor allem der unterdrückten Religionspartei notwendig – werden durch Ihr Unternehmen so wesentlich gefördert, daß rege Teilnahme und tatkräftige Unterstützung aller denkenden Juden Ihnen gewiß ist. Unsere Gemeinde ist, wie bekannt, der bedeutenden Mehrzahl nach gutgesinnt, aber wenig bemittelt; der Vorstand derselben hat darauf angetragen, dem Seminar einen jährlichen Beitrag von 50 Talern aus der Gemeindekasse zukommen zu lassen. Ich will nur erst die Annahme dieses Antrages abwarten, um dann in Gemeinschaft mit unserem Ältesten (Herrn W. Friedländer) noch eine besondere Sammlung zur Unterstützung des Seminars zu veranstalten. Zur Zeit benachrichtige ich Sie von dem Erfolge.

Auf die Eingabe der drei Gemeinden von Berlin, Breslau und Königsberg an den König ist bis jetzt noch keine Antwort erteilt. So sehr mir auch die Eingabe gefiel, schien mir doch gleich weder eine *schriftliche* Vorstellung zweckdienlich noch die Zeit günstig gewählt. Eine *persönliche* Zusammenkunft[2]) einiger zu diesem Ende von der ganzen Gemeinde erwarteten Vertreter in Berlin würde, glaube ich, zu einem besseren Resultate führen und für die äußern und innern Verhältnisse der preußischen Juden bei weitem förderlicher werden. Daß *jetzt* noch nicht die Rede davon sein kann, versteht sich von selbst. Stimmt hierüber aber Ihre Ansicht mit der meinigen überein, so wäre es vielleicht gut, beizeiten die Vorbereitungen zu einem solchen Unternehmen zu treffen, und würden Sie mich daher durch gefällige Mitteilung Ihrer Meinung sehr verbinden.

Beikommend überschicke ich Ihnen noch eine kleine Schrift[3]), bei deren Abfassung mir

[1]) Abgedruckt von Ludwig Geiger in «Monatsschrift für Geschichte und Wissenschaft des Judentums» 1908 Jg. 52 S. 525 ff.

[2]) Sie fand ohne Jacobys Teilnahme im September 1841 statt (L. Geiger, ebenda, S. 525; Michael Sachs und Moritz Veit, *Briefwechsel.* Hrsg. von L. Geiger, Frankfurt am Main 1897, S. 41).

[3]) [Jacoby,] *Vier Fragen beantwortet von einem Ostpreußen.*

unter anderm auch die gedrückte Lage meiner Glaubensgenossen vorschwebte. Die Erfahrung hat gelehrt, daß jeder *wahre* politische Fortschritt auch *uns* der Erfüllung unserer Sehnsucht nach einer würdigern Stellung näher bringt. Möge auch diese Schrift dazu beitragen!

Daß viele achtbare Bürger Königsbergs die Vier Fragen etc. einer Petition zugrunde gelegt haben, welche von der Ständeversammlung bereits angenommen worden, wird Professor Moser[4]) Ihnen wohl mitteilen; durch ihn werden Sie auch über die bisherige Wirksamkeit des Danziger Landtags manches Interessante erfahren. Ich will hier nur noch die Nachricht hinzufügen, daß die hiesige Stadtverordnetenversammlung ihren Deputierten den Auftrag gegeben hat, bei dem Landtage zu beantragen, daß «in Zukunft die Ausschließung der Juden von den Wahlen der Landtagsdeputierten aufgehoben werde»[5]). Die *wegen dieser Ausschließung* erfolgte Ablehnung des Stadtverordnetenamtes von seiten des hiesigen Kaufmannes Herrn Wedel[6]) hat zu dem erwähnten Beschlusse Anlaß gegeben, und läßt sich von dem verständigen Sinne der jetzigen Ständeversammlung das Beste erwarten.

Leben Sie wohl und erfreuen Sie mich recht bald durch eine Erwiderung.

Mit Hochachtung Ihr ergebener
Dr. Jacoby
(Kneiphöfische Langgasse Nr. 34).

[4]) Ludwig Moser, geb. am 22. August 1805 in Berlin, gest. 1880, 1828 in Berlin zum Dr. med. promoviert, widmete sich später der Physik; 1831 Privatdozent, 1832 außerordentlicher, 1839 ordentlicher Professor der Experimentalphysik an der Universität Königsberg; 1839 veröffentlichte er sein Werk *Die Gesetze der Lebensdauer* bei Veit & Co. in Berlin. Er war seit 1831 mit Jacoby befreundet; vgl. Johann Gustav Droysen, *Briefwechsel*, Berlin/Leipzig 1929, I, S. 35. Zwei Briefe Alexander von Humboldts an Moser aus dem Jahre 1842 veröffentlichte Jacoby im Berliner Wochenblatt «Die Wage» vom 30. Oktober 1874 Jg. 2 Nr. 44 S. 690 f.

[5]) Der zu Danzig versammelte ständische Ausschuß lehnte diesen Antrag am 22. März 1841 mit vierzehn gegen vier Stimmen ab. Jolowicz, *Geschichte der Juden in Königsberg*, S. 147.

[6]) Moritz Wedel, ein vielseitig gebildeter Kaufmann und Stadtrat in Königsberg, Demokrat, naher Freund Jacobys. Als ihm bei den Landtagswahlen des Jahres 1839 eröffnet wurde, er dürfe als Stadtverordneter *jüdischen Glaubens* nicht mitwählen, reichte er seine Demission ein.

119. Karl Ludwig Heinrich an Jacoby

Nachlaß[1]) *Danzig, 12. März 1841.*

Ihnen für die mir in Ihrem letzten Briefe gemachten Mitteilungen dankend, will ich Sie heute nur mit wenigen Worten benachrichtigen, daß der Antrag des Ausschusses ganz so, wie er vorgeschlagen worden, vom Landtage mit großer Majorität angenommen worden

[1]) DR, S. 52 f.; eingeklammerte Stelle LE (Ab).

ist. Ebenso der Antrag auf Öffentlichkeit der Verhandlungen. Ein Antrag, die Universität Königsberg mit zwei Stimmen am Landtage teilnehmen zu lassen, ist vom Ausschusse nicht zurückgewiesen, sondern der Beschluß gefaßt worden, durch den Minister v. Schön Erkundigungen einzuziehen, in welchem Maße die Universität bei der früheren ständischen Vertretung beteiligt gewesen, ob sie ländlichen oder städtischen Grundbesitz habe, der noch nicht vertreten ist. Unsere Petition sowie die der Kreise kommt heute im Ausschusse zum Vortrage; es dürfte da manches zur Sprache gebracht werden, was man nicht erwartet. Sobald ein Beschluß gefaßt sein wird, teile ich Ihnen das Nähere mit. Ist die Petition[2]) von dort aus für die Allgemeine «Augsburger Zeitung», die gestern hier angekommen, eingesendet? v. Auerswald hat auch gleich nach Eröffnung des Landtages die Petition des Alt-Brandeburger Kreises eingereicht und nimmt(?) sich sehr gut.
Obgleich von den Gegnern jeder freien Entwicklung einige freiwillig fortgeblieben, so hat uns der Friedländer Kreis einen in die Stelle geschickt, wie ihn die früheren Landtage nicht aufweisen können. Es ist dies der v. Knobloch-Puschkeiten. Einen verknöcherteren Kerl habe ich noch nicht kennengelernt. Glücklicherweise ist er sehr dumm.
[Grüssen Sie Cohen[3]) herzlich, und danken Sie ihm in meinem Namen für das Gesendete; ich werde nach gemachtem Gebrauch es ihm sowie Ihnen wieder zurückgeben .....
N. S. Haben Sie noch keine Antwort aus Berlin?][e]

[2]) Die Königsberger Petition vom 10. Februar 1841, vgl. Nr. 96 Anm. 2.
[3]) Ludwig Walesrode.

120. Jacobys Erklärung betreffend Heinrich Hoff[1])

Nachlaß[2]) *Königsberg, 18. März 1841.*

Erklärung

In betreff der von Herrn H. Hoff in Mannheim erfolgten Protestaktion (Leipziger Allgemeine Zeitung Nr. 70, 1843[3]) erkläre ich hiermit, daß – falls der Verleger, Drucker etc. bei Veröffentlichung der Schrift *«Vier Fragen»* einer fremden Firma sich bedient haben sollte – solches ohne mein Wissen, um so sicherer also auch *ohne meine Bewilligung oder Erlaubnis* geschehen ist.

Dr. Jacoby.

[1]) Heinrich Hoff (1810–1852), radikaler Buchhändler in Mannheim, Verleger und Publizist, Herausgeber der «Mannheimer Abendzeitung», 1849 Ersatzmann im Landesausschuß der badischen Volksvereine, später Emigrant in Amerika.
[2]) Abschrift in StAK, Rep. 2 Oberpräsidium, Tit. 39, Nr. 44, S. 24.
[3]) Hoff erklärte, er habe von der Broschüre *Vier Fragen*, die unter seiner Firma publiziert wurde, erst aus den Zeitungen erfahren. Er sehe sich daher zu der öffentlichen Erklärung veranlaßt, daß diese Broschüre nicht in seinem Verlage erschienen und ihm nicht das mindeste davon bekannt sei.

121. Alexander Küntzel an Jacoby

Nachlaß[1]) *Orlau, 23. März 1841.*

[Ferunt excommunicatum te – quantus, o Luthere, quantus es, si hoc verum est! U. Hutten.][e] Also mein liebes Kobchen, wirst Du es endlich dahin bringen, ein paar Monate zu sitzen und ein berühmter Mann zu werden. Herr v. Rochow wird mir verehrungswürdig. Ich habe häufig behaupten hören, er sei eigentlich ein *dummer* Teufel; das glaube ich nun nicht mehr. Er liebt Dich, er ist Dein Freund, er teilt Deine Ansichten und will Dir einen Namen machen. Das ist klar. Ich kenne Dich zu lange, um zu glauben, Du habest Dummheiten in Deinem Briefe an den König auslaufen lassen; also ist die Anklage auf frechen und unehrerbietigen Tadel etc., Majestätsbeleidigung und hochverräterische Tendenz nur auf Deine Schrift begründet, und das ist in der Tat ein schöner Humor ... [Prophezeit nur einige Wochen Gefängnis im «Donjon von Vincennes», da die Gerichte sich immerhin einen gewissen Grad von Unabhängigkeit bewahrt haben.][le] [Königlich amüsiert haben wir uns hier über Deine Erwiderung[2]) auf den Hakeschen Artikel in der Leipziger Zeitung, denn ich war keinen Augenblick[3]), daß sie von Dir herrührte, und wenn es von ihm feiner gewesen wäre, wenn er seinen perfiden Artikel weniger frei verfaßt hätte, so wäre es vielleicht klüger gewesen, wenn Du alles so fein bezeichnet hättest, wie diesen Sünder.][e] Von Berlin, dem Sitze der feinen Nasen und großartigen Kombinationen, höre ich, daß man uns die Absicht suppeditiert, uns von Preußen loszureißen und Schön zum Herzoge zu machen. Risum teneatis amici! ...

[1]) DR, S. 53; eingeklammerte Stellen LE(Ab).
[2]) Gemeint ist Nr. 107.
[3]) Ein Häkchen in der Abschrift deutet auf ein fehlendes Wort (wohl: im Zweifel).

122. Robert von Blumenthal an Jacoby

Nachlaß[1]) *Danzig, 26. März 1841.*

... Mit der aufrichtigsten Teilnahme habe ich die Nachricht vernommen, daß Du wegen der bewußten Schrift zur Untersuchung gezogen worden bist. Zwar weiß ich, daß unsere politischen Ansichten verschieden sind; aber dennoch bin ich der Meinung und der Zuversicht, daß ich Dich davon abgehalten haben würde, jene Schrift drucken zu lassen, wenn ich vorher geahnt hätte, daß Du mit dergleichen Dingen beschäftigt seiest. Halte diese Zuversicht nicht für Anmaßung. Sie entspringt aus dem Glauben, daß Du den Rat eines Freundes, der Dich aufrichtig liebt wie ich, sicherlich in Erwägung gezogen haben würdest. Mit der aufrichtigsten Teilnahme werde ich dem Ausgang dieser Angelegenheit entgegensehen.

[1]) LE(Ab).

123. Otto Wigand an Jacoby

Abdruck[1]) *[Leipzig], 31. März 1841.*

Mein tapferer und hochachtbarer Freund!

Die Untersuchung wird mit solcher Wichtigkeit betrieben, das Aufsehen ist so ungeheuer, daß die Messe in der Tat meint, man hätte Revolution in Berlin machen wollen. Friedrich Wilhelm IV. hat es der Mühe wert gehalten, eigenhändig an unseren König zu schreiben, und das war genug, der Sache solch wichtigen Anstrich zu geben, das äußerste zu tun. Somit ist es gelungen, uns zu zwingen, jede Buchhandlung anzugeben, welche auch nur *ein* Exemplar erhalten hat[2]). Es ist übrigens, ohne eine Minute Anstand zu nehmen, alles der Wahrheit gemäß gesagt worden – das verdiente eine Sache, wo es sich rein um Gesinnung handelt und jeder Vorteil verschmäht wird etc.

Wir stimmen, wir sind ganz konform und nur ein Punkt, wo ein Dunkel herrscht: der erste Druck bei B. Tauchnitz jr.[3]), wovon ich Ihnen schrieb, ist, da die Zensur einschritt – nämlich die höhere Behörde, vernichtet und nicht weiter in Betracht zu ziehen, ohne nicht noch einige Menschen in U[ntersuchung] zu ziehen; ich habe diesen vor der Kriminalbehörde negiert, und nun kommt von Berlin der Befehl, diese Exemplare zu schaffen, und beruft sich auf Ihre zu Protokoll gegebene Aussage. Es ist dieses weiter kein Hindernis, und Sie können allenfalls sagen, Sie hätten mich so verstanden, und wäre dem nicht so, dann wäre ich nicht ganz klar gewesen. Ich schreibe Ihnen dieses, obschon ich fast zwanzigmal unterbrochen worden bin in einer für mich sehr unruhigen Periode. Ich gehe nach Dresden, da ich die Erklärung abgebe, daß, wenn man diese Sache anders nimmt, als sie gesetzlich genommen werden kann, ich mein Vaterland verlassen werde. Ach für was für ein feiges Volk kämpft man doch! Seien Sie jetzt in Ihren Briefen vorsichtig; aber unterrichten Sie mich ganz, wie es mit Ihnen steht ... [Bittet um zehn Exemplare der Lithographie[4].][le]

[1]) DR, S. 53 f.

[2]) Ende März 1841 übergab Otto Wigands Bruder Georg, der ebenfalls Buchhändler in Leipzig war, den Behörden ein Verzeichnis der Buchhändler an die er (alles in allem etwa 2500) Exemplare der *Vier Fragen* versandt hatte; DZA Merseburg, Rep. 77, II, F, Nr. 21, vol. I, Fol. 217.

[3]) Bernhard Tauchnitz (1816–1895), Begründer des gleichnamigen Verlagshauses in Leipzig.

[4]) Gemeint ist die lithographierte Ausgabe der *Vier Fragen.*

124. Julius Waldeck an Jacoby

Nachlaß[1]) *Berlin, 8. April 1841.*

[Neulich war hier die Nachricht verbreitet, Du seist verhaftet worden, was mich natürlich

[1]) DR, S. 54; eingeklammerte Stellen LE(Ab) bzw. NLE.

sehr bestürzt machte, und um so mehr freue ich mich, daß es erlogen.][e] Euer Landtag hatte sich ganz gut benommen bis auf die Hauptsache, die zwar in festem und ehrenwertem Ton abgelehnt, aber doch immer abgelehnt ist, so heißt's denn wieder Hoffen und Harren etc.

Unserem Landtagshause in der Spandauer Straße gegenüber stehen einige Eckensteher, von denen einer den anderen gefragt haben soll: «Wat sind denn das Ständer!» Worauf dieser antwortet: «Ejentlich weeß ick es ooch nich, aber das weeß ick, daß sie hier in der Spandauer Straße ihre Schlafstelle haben.» Was sagst Du denn zu der gemeinen Antwort, die Herr v. Hake gegeben? [Prof. Moser hat mir einige Stückchen von seiner Charakterlosigkeit und dummen Gemeinheit erzählt, aber dieses übersteigt alle Grenzen, darum aber richtet er sich selbst zugrunde. Nächstens antwortet das Ministerium mit zehn Bogen! auch noch; ist das nicht leicht antworten, wenn man die Fragen nicht danebenlegen darf? Über alles dieses muß man in unsrer Zeit, wo man uns eine gelindre Zensur *versprochen*, das Maul halten, hat doch das Leipziger Waschweib und die Augsburger Gemeine unsres guten Simon Antwort auf das von niemandem gelesene politische Wochenblatt[2]) nicht aufgenommen, was Du ihm zu wissen tun kannst.][e] [Beschränkung des Postversands für außerpreußische Zeitungen.][le]

Interessant ist auch noch folgendes: Herr v. Rochow hat dem Polizeidirektor v. Clausewitz in Danzig den Befehl gegeben, den Landtag zu überwachen. Dieser, dadurch in Verlegenheit gesetzt, hat sich sehr honett herausgezogen, er antwortete nämlich, Seine Exzellenz könnten doch keine Personalien verlangen, vielleicht mit Ausnahme einer so hohen Person wie die des Herrn v. Schön, und nun berichtet er wöchentlich so viel Gutes von Schön, daß Rochow platzt. In bezug auf die «Vier Fragen» hat R[ochow] sich besonders über die Vorrückung der Elbinger Antwort geärgert und mehrmals gesagt, schon wieder das unglückliche Reskript, wie konnte ich das auch unterschreiben, wie konnte Seiffart[3]) so etwas machen!

Der Professor Hoffmann aus Breslau, der bekannte Hoffmann von Fallersleben[4]), Verfasser der unpolitischen Lieder, ist hier und erzählt mir viel von dem Aufschwung, den ganz Schlesien genommen, hier findet er es dagegen tot...

[2]) «Berliner Politisches Wochenblatt».

[3]) Seiffart, Geheimer Oberregierungsrat im Ministerium des Innern und der Polizei, war die «rechte Hand» des Ministers Rochow.

[4]) August Heinrich Hoffmann von Fallersleben (1798–1874), demokratischer Dichter, 1830 bis 1842 Professor für Literatur in Breslau, wegen seiner «Unpolitischen Lieder» des Amtes enthoben.

125. A. Koch[1]) an Jacoby

Nachlaß[2]) *Heiligenbeil, 25. April 1841.*

Über die Wirkung der «Vier Fragen».

[1]) Dr. med. A. Koch, Physikus in Heiligenbeil.
[2]) Inhaltsnotiz in NLE.

126. Festgabe an Jacoby zum 36. Geburtstag[1])

Abdruck[2]) *[Königsberg,] 1. Mai 1841.*

Völkerfrühling

Den 1. Mai 1841.

Wir hörten wol vor Tagen
Aus frommer Dichter Mund
Vom Völkerfrühling sagen:
Der mache bald sich kund.

Dann sollt' uns endlich werden
Das gute Recht als Preis,
Denn brechen sollt' auf Erden
Der kalten Herzen Eis.

Dann sollte endlich weichen
Der finstern Nacht Phantom,
Durch helle Fluren streichen
Frei der Gedanken Strom.

Dann sollt' die Saat erblühen,
Die einst der Väter Hand
Nach blut'gen Erndtemühen
Geborgen in das Land.

Dann sollt' beim Frühlingsscheine
Die Stimme werden laut,
Die im entlaubten Haine
Sich nicht hervorgetraut.

So klang die ferne Sage!
Wir saßen still zu Haus'
Und schauten lange Tage
Nach Nebelbildern aus.

[1]) Gedruckt in Königsberg in sechzig Exemplaren und anonym erschienen unter dem Titel *Festgabe dem Herrn Dr. J. Jacoby am 1. Mai 1841 überreicht von seinen Freunden.* Beide Gedichte stammen von Cäsar von Lengerke, das zweite, «Das freie Wort», hatte er schon 1840 veröffentlicht. Polizeirat Jonass, der Stellvertreter des Polizeipräsidenten als Zensor, erteilte der *Festgabe* das Imprimatur. Die «böswillige Tendenz» der Festgabe veranlaßte den Minister des Innern von Rochow eine Untersuchung einzuleiten, mit der sich auch der König beschäftigte. Der Innenminister erklärte, Jonass sei zur Verwaltung der Zensur unfähig, und schlug vor, ihn mit einer Ordnungsstrafe und einem Verweis zu belegen. (DZA Merseburg, Rep. 89 C, Tit. 12, Nr. 98, Fol. 10.) Lengerke wurde gerügt und mit Amtsentsetzung bedroht.

[2]) Nach dem Exemplar der *Festgabe* in DZA Merseburg, Rep. 77, Tit. 2, F, Nr. 21, vol. II, Fol. 80–83; ursprüngliche Rechtschreibung beibehalten. Das zweite Gedicht, «Das freie Wort» erschien auch in: *Gedichte* von C. v. Lengerke. Gesamtausgabe, Danzig 1843, S. 33 f. und im «Königsberger politischen Taschenbuch für 1847», Leipzig 1847, S. 153 f.

Doch horcht! in unserm Norden
Ist einer Lerche Klang
Nun plötzlich laut geworden,
Der tief in's Herz uns drang.

Sie schwebt in Himmelsbläuen
Und jubelt laut ihr Lied,
Sie ruft der Welt, der freien,
Sie ruft: «der Winter flieht!»

Uns wird so frisch zu Muthe!
Auf! an die Frühlingsluft
Mit grünem Laub am Hute,
Denn Lenz und Freiheit ruft!

Doch seht! mit Fangenetzen
Naht eine Häscherschaar,
Der Lerche nachzusetzen,
Weil allzulaut sie war.

Man kommt mit Sichelschneiden
Hernieder von den Höh'n,
Man will den Lenz nicht leiden,
Und drum die Blumen mäh'n.

Empor! und wie auch immer
Man mit dem Fang sich müht,
Nicht stirbt der Frühlingsschimmer,
Nicht ungehört Dein Lied!

Zieh ein die scharfen Fänge,
Du Königsadler Du,
Sie schwebt aus Lebensenge
Dem goldenen Lichte zu!

Der blaue Himmel lächelt,
Das Herz ist neu erwacht,
Ob es auch quäckt und röchelt
Herauf aus Sumpfesnacht.

Zwar stürmt auf Blocksbergs Höhen
Schon Satans Brut herbei;
Doch war's voraus zu sehen
Am ersten Tag im Mai.

Das freie Wort

Das Roß, das frei in Sprüngen
Die Steppe fliegt hinan,
Du fängst es ein in Schlingen,
Dann wird dir's unterthan.
Dem Vogel, der im hellen
Gewölk die Schwingen regt,
Du kannst ihm Netze stellen,
Ein Käfig ein ihn hegt.

Den Strom auch kannst du hemmen,
Die wilde Meeresfluth,
Mit ries'gen Felsendämmen
Bezwingen ihre Wuth,
Das Licht auch kannst du halten
Und brechen seinen Schein,
Daß nicht es durch die Spalten
Des Hauses dringet ein.

Allein das Wort, das freie,
Das aus dem Innern klingt,
Das der Begeist'rung Weihe
Weit durch die Völker schwingt;
Kühn wird hinaus es schweifen,
Dein Wille hemmt es nicht,
Du kannst es nimmer greifen,
Nicht bannen, wie das Licht.

Willst du in Ketten schlagen
Den freien Mann der Kraft,
Den Wänden wird er's klagen
Und reden unerschlafft;
Drob wird die Luft erzittern,
Die dumpf im Kerker haust,
Der Vogel, der an Gittern
Des Thurms vorübersaust.

Sein Wort wird sich bewahren,
Ob's Herz in Ketten brach,
Es singt's nach hundert Jahren
Gewiß ein Schwan ihm nach.
Wir wissen, was sie wollen:
Daß Nacht verschling' das Licht,
Daß dumm wir bleiben sollen,
Wir aber dulden's nicht!

127. Moritz Veit an Jacoby

Abdruck[1]) *Berlin, – Mai 1841*[2]).

Wenn ich Ihre werten Zeilen vom 12. März erst heute beantworte, so möge mich die Unruhe entschuldigen, in welcher ich seit jener Zeit gelebt habe, ein Umzug, die Krankheit meiner Frau, dann die Leipziger Ostermesse haben mich immer nur auf das Nötige, Nächste hingewiesen und mir den Genuß versagt, mich mit Ihnen zu unterhalten. Daß sie die Erquickung, die Sie Tausenden bereiten, mir noch persönlich zugedacht, dafür bin ich Ihnen dankbar verbunden; wenn ich Ihnen sage, daß ich das Buch bereits kannte, in seinen Hauptpunkten aus dem Gedächtnis zu rezitieren wußte, als ich ein Exemplar von Ihnen erhielt, so werden Sie das ganz in Ordnung finden.

Sie haben uns das Wort vom Munde genommen und ihm Gestalt und Ausdruck verliehen, wie ich bisher nur bei den alten Rednern und Historikern gefunden habe, und ich bin überzeugt, daß Sie ebenso sehr durch die meisterhafte Form als durch die Wahrhaftigkeit des Inhaltes gewirkt haben. So ist Ihr Buch ein Ereignis geworden, ein ewig denkwürdiges in der preußischen Geschichte, das, wenn die gegenwärtige Krisis vorüber ist, seine eigenen Geschichtschreiber erfordern wird. Die Ansicht der Philister, als ob ihre mutige Tat der heiligen Sache unserer Glaubensgenossen Nachteil bringen würde, bin ich von vornherein entgegengetreten und war nicht wenig stolz darauf, als ich aus Ihrem Schreiben ersah, daß Ihre Motive mit den von mir angegebenen Gründen vollkommen übereinstimmen.

Einer abschlägigen Antwort auf unsere Petition dürfen wir wohl entgegensehen; sie dürfte bereits unterwegs sein; doch kann ich mich nicht überzeugen, daß die Zeit nicht günstig gewählt war; um in einen Lostopf zu greifen, bedarf es am Ende weder der günstigen noch der ungünstigen Tage; man greift eben hinein und gewinnt oder verliert. Auch glaube ich nicht, daß wir ganz und gar werden verloren haben, wir gewinnen am Ende noch ein Los zu neuem Einsatz. Von völliger Gleichstellung kann bei den gegen-

[1]) Abgedruckt von Ludwig Geiger in «Monatsschrift für Geschichte und Wissenschaft des Judentums» 1908 Jg. 52 S. 527 ff.

[2]) Der Monatstag ist von Veit ausgelassen.

wärtigen Gesinnungen des Königs keine Rede sein. Die vor nunmehr zehn Monaten an uns gerichteten Worte, wir hätten ja mit Magistrat und Bürgerschaft vollkommen gleiche Rechte, könnte nur ein befangener Geist als eine frohe Hoffnung auslegen; ohne Bentley[3]) oder Raschi[4]) zu sein, setzte ich mir gleich in Gedanken hinzu: sensu strictiori zu verstehen: bürgerliche (d. h. staatsbürgerliche) Rechte im Gegensatze zu politischen.
Die Formel, in welcher man dies seit einiger Zeit ausspricht: gleiche Rechte dürfe man den Juden freilich nicht versagen, aber *mitregieren könnten sie doch nicht,* ist von der neuesten Erfindung und involviert allerdings den großen Fortschritt, daß man aus allen äußeren Zirkumvallationslinien bis auf diesen innersten Posten sich zurückgezogen hat; ein einziges Tor noch gesprengt oder durch die gütige Hand der Zeit leise und wohltätig geöffnet, und wir stehen drinnen, wo Agamemnon und Nante gleichfalls stehen. Was außerhalb dieser *einen* Schranke für uns erlangt werden kann, wird aber gewiß ins Leben treten: die Ausdehnung des Edikts auf die sogenannten neun Provinzen, die Organisierung unserer synagogalen Gemeinde- und Schulangelegenheiten und wir können nicht leugnen[5]), daß *wenn* diese Maßregeln im großen Stile durchgeführt werden, zahllose Vexationen hinwegfallen und dem gemeinen Sinn der Juden eine neue Laufbahn des Strebens und des Wetteifers eröffnet wird. Sind einmal die Wege durch das Gesetz vorgezeichnet und gebahnt, so zweifle ich nicht an einer schnellen Blüte unseres Gemeindewesens, das sehr bald achtunggebietend dastehen wird, wie es gegenwärtig dem traurigsten Verfalle preisgegeben ist; es ist uns die Möglichkeit gegeben, unsere politische Mündigkeit darzutun, sobald wir unsere eigenen Angelegenheiten auf das beste besorgen.
Bis wir aber so weit sind, haben wir durch viele Charybden zu steuern: das peccatur extra et intra gilt nirgends so unbestritten als hier. Die Gefahr, die *von innen* droht, und der man entschieden entgegentreten muß, ist die einer neuen unbekannten Hierarchie, die man uns zumuten möchte und der die Gesinnungen der Regierenden vielleicht auf halbem Wege entgegenkommen; die priesterliche Herrschsucht hat ebenso unter den Doktorhüten Raum wie unter der polnischen Zobelmütze. Die Gefahr *von außen* besteht aber darin, daß man uns, ohne uns zu fragen und zu kennen, Gesetze auferlegen wird, die unserem Zustande unangemessen sind und die Verwirrung verschlimmern, aus der wir uns retten möchten.
Ihrem Vorschlag einer persönlichen Zusammenkunft einiger von den drei Gemeinden ernannten Vertreter, um diejenigen Vorschläge auszuarbeiten, die man der Regierung vorlegen will, trete ich vollkommen bei; es ist auch nicht anders beabsichtigt worden, als wir uns im Oktober vorigen Jahres trennten. Wir sind seitdem mit der Ausarbeitung unserer speziellen Gemeindestatuten eifrigst beschäftigt gewesen, mindestens eine Vorarbeit für den beabsichtigten Zweck. Es käme vorzüglich darauf an, daß die *geeigneten* Männer deputiert würden. In acht Tagen bringe ich meine Frau nach Ems und werde wohl vor Ende Juni nicht wieder hier in Berlin sein können; von diesem Zeitpunkt an bin ich zu jeder Erörterung bereit und sehe überhaupt Ihren ausführlichen Mitteilungen mit Verlangen entgegen.

[3]) Richard Bentley (1662–1742), klassischer Philologe.
[4]) Raschi, Bibel- und Talmudkommentator des 11. Jahrhunderts.
[5]) Im Abdruck: «wir können uns (sic!) nicht leugnen», [...]

Für das Seminar ist bis jetzt *noch nichts* von außen eingegangen; in manchen Gemeinden zu wenig, in anderen zu viel Eifer. Aus Breslau wird geschrieben, man beabsichtige dort gleichfalls die Errichtung eines Seminars; es fehle nur noch an den nötigen Geldmitteln. So zersplittern sich die Kräfte, und es gedeiht nichts aus dem großen und ganzen. Die Eifersucht auf das Rühmliche des Nachbarn ist gewiß lobenswert, man muß aber damit endigen nicht beginnen, sonst wird das Gute im Keime erstickt.
[Im letzten Teil des Briefes bittet Veit seinen Korrespondenten im Namen des ihm befreundeten Buchhändlers Fritz Frommann in Jena um Beiträge für das bei diesem erscheinende «Staatsarchiv»[6]).][7])

[6]) «Deutsches Staatsarchiv». Hrsg. von Johann Karl Immanuel Buddeus, Jena: Frommann.
[7]) Zusammenfassend mitgeteilt von L. Geiger, a. a. O., S. 529.

128. Otto Wigand an Jacoby

Nachlaß[1]) *[Leipzig?,] 22. Mai 1841.*

‹Nach unendlichen Mühen ist es mir gelungen, die Schrift über die Union von Ihrem Freunde[2]) gedruckt zu bekommen [, und zwar in Hamburg, bei Kittler.][e] ... Ich lege Ihnen deshalb einige Zeilen von ihm[3]) bei und bitte Sie nun, mich umgehend wissen zu lassen, ob, in dem Falle die Regierung darauf dringt, der Name genannt werden darf. Die Schrift soll nicht eher ausgegeben werden, als bis wir davon *unterrichtet* sind.› Auf Ihre schöne Sendung antworte ich heute nicht: meine ganze Stimmung paßt nicht auf solche Herzenssachen! Ruge, Georg und viele Ihrer Verehrer haben oft im Kreise mit mir und Geleichgesinnten Ihr Wohl getrunken, der Himmel erhalte Sie und schenke der armseligen Welt noch mehr ehrliche Männer .... Die Hallischen Jahrbücher sind auf Kabinettsbefehl verboten, und morgen kommen Ruge und Echtermeyer zu mir, was zu machen. Sie müssen aufhören.

[1]) JNUL(Ab). Zum Teil veröffentlicht in DR, S. 54 f.
[2]) Gemeint ist Karl Reinhold Jachmanns anonyme Schrift: *Die in Preußen beabsichtigte Aufhebung der kirchlichen Union, aus kirchlich-politischem Gesichtspunkte beleuchtet von einem Altpreußen,* Hamburg: Kittler 1841.
[3]) Gustav Mayer strich in der Abschrift die Worte „von ihm“ und ersetzte sie durch Auslassungspunkte.

129. Julius Waldeck an Jacoby

Abdruck[1]) *[Berlin,] 22. Mai 1841.*

... Was schließlich die Stimmung in Berlin betrifft, so hat sie sich sehr abgekühlt, und wird die Temperatur durch das Benehmen des hiesigen Landtags sowie durch das des Königs, der sich nur mit Ausführung und Wiederherstellung der Bauten Friedrichs II. zu beschäftigen scheint, noch sehr vermindert. Doch ist der Berliner immer noch so *loyal,* daß die beabsichtigte Erbauung einer Bastille am hiesigen Orte eine überflüssige, unsinnige, verschwenderische Unternehmung bleibt ...

[1]) DR, S. 55.

130. Jacoby an Friedrich Frommann[1])

Nachlaß[2]) *Königsberg, 11. Juni 1841*

Betrifft Veröffentlichungen über den Landtag.

[1]) Friedrich Frommann, Buchhändler in Jena.
[2]) Inhaltsnotiz in NLE.

131. Gustav Dinter[1]) an Jacoby

Nachlaß[2]) *Altenburg, 24. Juni 1841.*

..... Wigand ist ein Erzrepublikaner, dabei ein lebhafter, stets geistig beschäftigter Mensch, der an allem, was vorgeht, das lebhafteste, innigste Interesse hat, nur muß es nichts mit dem Hofe zu tun geben, das Königstum ekelt ihn an. Des Abends war ich mit der Frau bei ihm, es war niemand weiter da, so sah ich ihn denn in seiner Familie, wo er

[1]) Gustav Dinter wurde 1808 in Görnitz bei Borna als Sohn des Hilfslehrers Günther geboren und von dem namhaften Pädagogen Gustav Friedrich Dinter adoptiert. 1816 siedelte er mit seinem Adoptivvater nach Königsberg über, wo er das Friedrichs-Kollegium und die Albertina besuchte. Als Arzt und Mensch gleich hochgeschätzt, beteiligte er sich an der liberalen Bewegung Königsbergs, war mit Jacoby persönlich eng befreundet und gehörte zu dessen politischem Kreise. Gustav Dinter war Vorstandsmitglied der freien Gemeinde und später des Königsberger Handwerkervereins, dem er seit 1867 präsidierte. Er war auch langjähriger Stadtverordneter. Sein ausführlicher Aufsatz «Die Bürgergesellschaft in Königsberg, ihre Entstehung, Entwicklung und Auflösung» erschien in den «Neuen Preußischen Provinzial-Blättern» von 1859 F. 3 Bd. 4 S. 59–96. Er starb am 13. Dezember 1876 in Königsberg.
[2]) DR, S. 55 f.; Stellen in spitzen Klammern JNUL (Ab).

der liebenswürdigste Gatte und Vater ist, nur unstet ist er, nirgends scheint er Ruhe zu finden, unaufhörlich in Tätigkeit. Was treibt der Mann nicht alles! Buchhändler ist er, Beisitzer des Kriminalamts, Stadtverordneter, Vorsteher bei der Buchhändlerbörse, bei dem Magistrat ist er Beisitzer, der Leipziger-Nürnberger Eisenbahn Hauptmitglied, dabei baut er ein gewaltiges Haus, wohin er sein Verlagsgeschäft verlegen will, «Zum Guttenberg» genannt, kurz und gut er ist ein Mann, der für alles Schöne, für alles Gute das lebhafteste Interesse hat. Und was hat der Mann alles durchgemacht! Er war arm (aus Hannover gebürtig), heiratete in Ungarn, erwarb sich Vermögen, verlor es wieder, erwarb es sich in Pest von neuem, *mußte* Österreich verlassen und schwärzte die Frau mit zehn Kindern und Dienstleuten glücklich über die sächsisch-österreichische Grenze. Ich kann indes nicht anders sagen, als es ist ein Mann, der das höchste Interesse erwecken muß. Dabei hat er ein heiteres, fröhliches Gemüt ... Man muß ihn liebgewinnen, er scheint Ruges intimster Freund zu sein ...
‹Jachmanns Schrift über die Union war gerade an dem Tage aus der Presse an Wigand angekommen und soll sofort versendet werden .....› Verfasser der «Triarchie» ist ein gewisser Dr. Hess[3]) in Köln. Ruge, wie Du weißt, hat seine Stelle in Halle aufgegeben und zieht nach Dresden, wo er ganz den Wissenschaften leben wird, seine «Hallischen Jahrbücher» erscheinen jetzt unter der Firma *«Deutsche* Jahrbücher», die Einleitung zu denselben ist sehr hübsch. Wigand geht mit neuem Vertrauen daran, diese Zeitschrift kostet ihn, wie er sagt, sehr viel Geld ...
Den ersten Druck der «Vier Fragen» sollte Tauchnitz besorgen, hat auch den ersten Bogen gedruckt, da aber Tauchnitz ein sehr frommer, zum Pietismus sich hinneigender, dabei aber höchst rechtlicher Mann ist, so wollte ihn Wigand nicht mit hineinziehen, da er fürchtete, daß sich T[auchnitz] das zu Gemüte ziehen könnte, so sind also nur die ersten Bogen gedruckt, dann nahm es ihm Wigand fort und ließ es anderswo drucken.
‹..... Was die Untersuchung gegen G[eorg] W[igand] anlangt, so ist sie sowie die gegen ihn selbst verhängte eine Kriminaluntersuchung und deshalb dem O[tto Wigand] sehr unangenehm, da er ein in der Stadt so höchst angesehener Mann ist, dessen Tätigkeit dadurch leicht gelähmt werden könnte.› Auf Veranlassung des preußischen Hofes hat die Bundesversammlung bei der sächsischen Regierung angetragen, man möge O[tto] W[igand] zwingen, sein ganzes Geschäft aufzugeben, und ihm verbieten, je etwas Ähnliches zu unternehmen. Dagegen hat sich aber die sächsische Regierung opponiert, und so hat man denn die Sache ruhen lassen. W[igand] meint, daß die Untersuchungssache noch füglich zwei Jahre bis zur Entscheidung dauern könne. Mit Sehnsucht erwartet er die Entscheidung Deiner Sache, jedenfalls wird sie, meint er, den sächsischen Behörden als Norm dienen ... Was endlich die Zensurangelegenheiten im allgemeinen anlangt, so kann Dir W[igand] keine neueren Fakta liefern, das Verbot, nichts gegen Preußen zu drucken, besteht unabänderlich fort ...
Das Sachsen ist ein schönes Land, die Leute führen ein überaus vergnügliches Leben, sie fühlen sich bei ihren Institutionen so sicher, das Volk nimmt einen so regen Anteil daran,

[3]) Moses Hess (1812–1875), Sozialist, später Vorkämpfer des Zionismus, Verfasser des anonym erschienenen Werkes *Die europäische Triarchie,* Leipzig: Otto Wigand 1841. Über das Werk vgl. Edmund Silberner, *Moses Hess. Geschichte seines Lebens,* Leiden 1966, S. 66–90.

es ist eine wahre Freude; wollte Gott, es wäre bei uns solche Regsamkeit, dabei blüht das Land auf, überall sind reichlich beschäftigte, wohlhabende Menschen, kurz, mir scheint Sachsen ein glückliches Land! Den König liebt man allgemein, er ist ein schlichter, gebildeter Mann, dem jeder seiner Untertanen gleich wert zu sein scheint, sei er Militär, Bürger oder Beamter; sehr angenehm ist es, daß das Militär sehr in den Hintergrund tritt...

132. Jacoby an Gustav Dinter

Nachlaß[1]) *Königsberg, 2. Juli 1841.*

...Die Schilderung, die Du von Wigand entworfen, hat mich in hohem Grade ergötzt; ganz so habe ich mir den Mann gedacht, dessen tapfern Beistande die gute Sache so viel verdankt; hätten wir nur mehr solcher wackeren Streiter, dann wollten wir schon bald mit den «röchelnden Sumpfestieren» fertig werden. Der Sieg ist uns *gewiß;* gäbe nur Gott den Freunden oder Feinden der Freiheit mehr Entschiedenheit, so würden wir nicht *so lange* darauf zu harren haben!

Während die Bücherverbote sich häufen und der Pressezwang täglich drückender wird, beauftragt der König den pp. v. Brünneck, unserem Landtage «seine vollste Zufriedenheit bekanntzumachen». «Allerhöchstdieselbe ‚geruhten' (so lautet Brünnecks Schreiben[2] an den Oberbürgermeister v. Auerswald[3]), dabei ganz besonders unsere Äußerung in betreff der zu wünschenden *freien Presse* mit dem Bemerken zu beloben, daß solche mit Ihrer eigenen Ansicht *vollkommen* übereinstimme', und wenn in dieser oder in anderer Beziehung eine andere Meinung geäußert und verbreitet worden sei, diese auf einem Irrtum beruhe und nicht mit Ihrer Willenmeinung übereinkomme». – Diese schönen Worte erfolgten gleichzeitig mit dem Verbote der «Hallischen Jahrbücher».

Die Breslauer Petition und die Antwort des dortigen Magistrats an den König zirkulierten, als ich Deinen ersten Brief erhielt, schon in vielfachen Exemplaren unter uns; jetzt sollen noch die Bürger Breslaus dem Magistrate für sein würdiges und energisches Betragen eine Dankadresse überreicht haben.

[1]) DR, S. 56 f.; Stelle in spitzen Klammern JNUL (Ab).

[2]) Magnus von Brünneck an Rudolf von Auerswald, 11. Juni 1841 vgl. JGSR, I, S. 199.

[3]) Rudolf von Auerswald (1795–1866), ostpreußischer liberaler Politiker, 1838–1842 Oberbürgermeister von Königsberg, 1842 Regierungspräsident in Trier, 1848 Oberpräsident der Provinz Preußen, 25. Juni – 21. September 1848 Ministerpräsident und Außenminister, wiederum Oberpräsident der Provinz Preußen, 1849 Präsident der preußischen Deputiertenkammer, 1850–1851 Oberpräsident der Rheinprovinz, 1853–1862 Mitglied des Abgeordnetenhauses, bekämpfte das reaktionäre Ministerium Manteuffel, ab November 1858 im Ministerium der «Neuen Ära», wurde im März 1862 gestürzt.

‹Meine Angelegenheit[4]) ist seit zehn Wochen nicht vorgerückt, der Kriminalsenat hat auf meine Eingabe gar nicht geantwortet, und habe ich mich nun mit einer Beschwerde über das gesetzwidrige Verfahren an den Justizminister Mühler gewendet. Die Protokolle befinden sich in Berlin und sollen von dem König, der unschlüssig ist, dem Staatsrate übergeben worden sein; dieser wird bestimmen, ob die Untersuchung fortzuführen sei oder nicht .....›
In Köln suche doch den Dr. Hess, Verfasser der «europäischen Triarchie», auf; nach diesem Buche zu urteilen, muß es ein tüchtiger Mann sein, und in unserer Zeit tut es not, daß die Guten sich eng aneinanderschließen. Kein Mann der Freiheit sei dem anderen fremd! – Hältst Du Dich in Heidelberg auf (wozu ich sehr rate), so grüße Chelius und Nägele von mir, wenn anders sie sich noch ihres Schülers aus dem Jahre 1828 erinnern[5]). – Vergiß auch nicht, interessante Flugschriften (besonders in Straßburg und in der Schweiz) für mich einzukaufen. Namentlich, wenn Du es vorfindest, Kombsts Aktenstücke des deutschen Bundes[6]), Memoiren eines mediatisierten Fürsten (Hamburg), das Manuskript aus Süddeutschland aus den zwanziger Jahren, Beschreibung des Hambacher Festes, die Kölner Kirche[7]) (1841) etc. etc.

[4]) Nämlich die gegen Jacoby erhobene Anschuldigung des Hochverrats, der Majestätsbeleidigung und des frechen, unehrerbietigen Tadels der Landesgesetze.
[5]) Jakoby brachte im Jahre 1828 etwa drei Monate in Heidelberg zu, um sich in der Geburtshilfe auszubilden. Zu seinen Lehrern an der Universität Heidelberg gehörten der Chirurg Maximilian Josef Chelius und der Gynäkologe Franz Karl Nägele.
[6]) G. Kombst, *Authentische Aktenstücke aus den Archiven des Deutschen Bundes,* Straßburg 1835; 2. Ausg. Leipzig 1838.
[7]) Die Broschüre *Die Kölnische Kirche im Mai 1841,* Würzburg 1841, wurde am 10. Juni 1841 verboten.

133. Julius Waldeck an Jacoby

Nachlaß[1]) *[Berlin,] 3. Juli 1841.*

Brief von Brünneck in der Leipziger Allgemeinen Zeitung betreffend Jacoby. Landrat von Hake. Rochow in Ischl.

[1]) Inhaltsnotiz in NLE.

134. Jacoby an Julius Waldeck

Nachlaß[1]) *Königsberg, 13. Juli 1841.*

... Die *treffliche* Petition der Breslauer Stadtverordneten[2]) sowie deren Antwort auf Rochows Absagebrief hatte ich bereits für Dich abschreiben lassen, als ich durch Dinter erfuhr, daß diese wichtigen Dokumente in Berlin, also auch Dir schon bekannt seien. Weniger dürfte dies mit beiliegendem Schreiben des pp. v. Brünneck der Fall sein, für dessen Authentizität ich bürge. Der Prinz von Preußen hatte bei seiner Durchreise geäußert, daß der König mit den Arbeiten unseres Landtages unzufrieden sei; als der König solches erfuhr, gab er die im Schreiben des pp. v. Brünneck enthaltene Erklärung ab, von welcher man nichts weiter zu sagen braucht, als daß sie und das Verbot der «Hallischen Jahrbücher» Zeitgenossen sind .....

‹Sehr lieb wäre es mir, wenn Du in die Augsburger, Leipziger, Hamburger oder Oberdeutsche Zeitung die nunmehr vierteljährige Unterbrechung des Prozesses zur Sprache bringen und zur Berichtigung der früheren irrigen Nachrichten den *wahren* Stand der Sache, wie ich ihn Dir eben auseinandergesetzt, mitteilen wolltest. Tue, was Dir möglich ist; denn in mehrfacher Hinsicht ist mir an dem baldigen *Bekanntwerden* des wahren Herganges viel gelegen.

Durch Buck (?), Streber[3]) etc. dürfte es Dir wohl gelingen, über das Schicksal meiner Protokolle in Berlin nähere Erkundigungen einzuziehen; vielleicht kannst Du mir nun endlich auch die versprochenen Belege in betreff der Leipziger Zeitung zukommen lassen .....›

... Kennst Du den Buchhändler Wilhelm Cornelius[4]), der sich zur Zeit in Berlin aufhält, so gib mir seine Adresse an oder bitte Veit, sich danach zu erkundigen. – Was weißt Du von Rochows Schützling, pp. v. Hake aus Preußisch Holland, was von Rochow selbst? Ist die Badereise nach Ischl der Anfang des Endes? Man vermutet es hier um so mehr, da Schön dieser Tage eine sehr dringende Aufforderung des Königs erhalten hat, im September nach Berlin zu kommen, um den Verhandlungen über den Landtagsabschied, an welchen der König selbst teilnehmen will, beizuwohnen. Was hält der Berliner von all diesen Geschichten? ...

[1]) DR, S. 57 f.; Stellen in spitzen Klammern JNUL (Ab).
[2]) Vgl. Prutz, *Zehn Jahre*, Bd. 1 S. 435, Bd. 2, Aktenstücke, S. XLVII ff.
[3]) Der Assessor Streber war ein Bekannter Julius Waldecks.
[4]) Gustav Friedrich Wilhelm Cornelius, Buchhändler, Journalist und politischer Dichter.

135. Friedrich Steger[1]) an Jacoby

Abdruck[2]) *Leipzig, 19. Juli 1841.*

... Mit Robert Blum[3]), Redakteur der «Sächsischen Vaterlandsblätter»[4]), beabsichtige ich die Herausgabe eines *Volkstaschenbuches «Vorwärts!»*, das bei Friese erscheinen wird. Von einer Geldspekulation ist dabei keine Rede, vielmehr besteht unser Zweck einzig darin, den Versuch zu machen, ob der liberalen Meinung, der man die Zeitungen, allen wohlrednerischen Edikten zum Trotz, von Tag zu Tag mehr versperrt, vielleicht auf diesem Wege in größeren Kreisen Gehör verschafft werden könne. Durch Phrasenmacherei und Lärmen werden wir diesen Zweck nicht zu erreichen suchen, sondern in möglichst klarer und zugleich besonnener Weise die Anforderungen unserer Zeit und was zu deren Erfüllung getan und hauptsächlich unterlassen ist, darlegen.

Ostpreußen, dessen Erhebung für die alten Freiheitsrechte der Nation die freudigste Teilnahme und Bewunderung des gesamten Deutschlands erregt hat, kann in einem Werke, wie wir es beabsichtigen, keinen anderen als den ersten Platz einnehmen. Wieviel auch in den konstitutionellen Staaten Deutschlands bisher zur Begründung eines freieren konstitutionellen Staates geschehen ist, so verschwindet doch das alles schon gegen die bloße Hoffnung, daß die schöne Bewegung, die in Königsberg ihren Anfang nahm, bald den Kreislauf durch Preußen vollenden und das deutsche Ausland für die höchsten Interessen der Nation gewinnen wird. Nur dadurch, daß Preußen die geistige Hegemonie, die ihm die Sympathien aller zuteilen, wirklich übernimmt und die deutsche Einheit, die bisher durch Preußen mehr als einmal gefährdet wurde, in einem höheren Sinne neu begründet, kann ja für die Entwicklung unserer Kräfte endlich eine feste Basis entstehen, nur dadurch erhalten wir ja die Garantie, daß unsere Anstrengungen Früchte tragen werden, unsere Hoffnungen nicht in das Reich der Träume gehören.

Über Ostpreußen etwas Gediegenes zu liefern, muß daher unser größter Wunsch sein. Herr Landgerichtsrat Crelinger[5]) macht uns die Hoffnung, daß Sie, hochgeehrter Herr, vielleicht geneigt sein dürften, unsere Wünsche, die Ihnen vorzutragen wir die Absicht hatten, zu erfüllen. Sie sind gewohnt, das Beste mit den wenigsten Worten zu sagen, und

[1]) Friedrich Steger (1811–1874), Historiker und Literat, gab mit Blum bei Robert Friese in Leipzig das Volkstaschenbuch «Vorwärts» heraus, das «unter Mitwirkung mehrerer freisinniger Schriftsteller Deutschlands» von 1843 bis 1847 (5 Jahrgänge) erschien. Zu den Mitarbeitern des »Vorwärts« gehörte auch Jacoby.

[2]) DR, S. 58 f.

[3]) Robert Blum (1804–1848), demokratischer Politiker und Publizist in Leipzig, 1848 Mitglied des Vorparlaments, des Fünfzigerausschusses und der Frankfurter Nationalversammlung (Linke). Im Oktober 1848 reiste er mit Julius Fröbel als Abgeordneter der Linken nach Wien, wo er nach der Niederschlagung des Oktoberaufstandes zum Tode verurteilt und am 9. November 1848 standrechtlich erschossen wurde.

[4]) Die «Sächsischen Vaterlandsblätter» erschienen seit 1840 bei Friese in Leipzig.

[5]) Ludwig Crelinger, bekannter Liberaler und hervorragender Jurist in Königsberg, gehörte zu den nächsten politischen Freunden Jacobys, trat bei der Königsberger Herwegh-Feier hervor. Als er 1846 von Königsberg nach einem kleinem Ort in der Provinz Posen versetzt wurde, legte er sein Amt nieder und zog nach Berlin, wo er im Polenprozeß von 1847 als Verteidiger sich auszeichnete.

somit würde ein kurzer Aufsatz Ihrer Hand schon genügen, um ein vollständiges Bild der gegenwärtigen edlen Bestrebungen Ostpreußens und der Lage der öffentlichen Angelegenheiten in jener echt deutschen Provinz zu geben. Entschuldigen Sie unsere Bitte. Es liegt uns so viel daran, eben von dem Manne, der an der Erhebung Ostpreußens unter allen den schönsten Anteil nahm, über die jüngste Zeit Mitteilungen bringen zu können, daß wir uns selbst der Gefahr aussetzen zu müssen glaubten, Ihnen, hochgeehrter Herr, vielleicht zudringlich zu erscheinen ...

136. Friedrich August Witt[1]) an Jacoby

Nachlaß[2]) *Sassau, 31. Juli 1841.*

Vor wenigen Tagen habe ich von Schön ein Schreiben des Ministers Eichhorn erhalten, in welchem ich aufgefordert werde, mich über den Druck und die Tendenz der zu Deiner Geburtstagsfeier gedichteten «Festgabe»[3]) zu verantworten. Schön wünscht, jedes Aufsehen hierbei zu vermeiden, daher mache doch von dieser Mitteilung *gar keinen* Gebrauch. Ich habe heute Schön geantwortet ...

[1]) Friedrich August Witt, Oberlehrer am Kneiphöfschen Gymnasium zu Königsberg, Universitätskollege und politischer Gesinnungsfreund von Jacoby, Redakteur der «Königsberger Zeitung», im September 1841 als Lehrer suspendiert, weil er die Redaktion dieses Blattes nicht aufgeben wollte (DZA Merseburg, Rep. 89, C. Tit. 12, Nr. 98, Fol. 3, 17 ff.; StAK, Rep. 2, Tit. 39, Nr. 44, Fol. 68); 1848 Vorstandsmitglied des «Volkswehrklubs».

[2]) JNUL(Ab).

[3]) Witt besorgte den Druck der *Festgabe dem Herrn Dr. J. Jacoby am 1. Mai 1841 überreicht von seinen Freunden.*

137. Jacoby an den Justizminister[1])

Rekonstruktion[2]) *Königsberg, etwa Juli/August 1841.*

Beschwert sich über die lange Unterbrechung seines Prozesses und bittet um dessen Beschleunigung[3]).

[1]) Heinrich Gottlob Mühler.

[2]) Nach JGSR, I, S. 207.

[3]) Jacobys Beschwerde blieb nicht nur unbeachtet, sondern sogar unbeantwortet (ebenda).

138. Jacoby an Friedrich Wilhelm IV.

Rekonstruktion[1]) *Königsberg, etwa Juli/August 1841.*

Bittet um die Beschleunigung seines Prozesses.

[1]) Nach JGSR, I, S. 207.

139. Julius Waldeck an Jacoby

Abdruck[1]) *Berlin, 3. August 1841.*

... Die lieben Deutschen verkriechen sich immer unter dem Mantel der Gesetzmäßigkeit, der aber drückt mehr, als daß er wärmt, und ist uns in dem Grade zu weit, daß wir uns gar nicht aus ihm herausfinden, vielmehr bei solchen Bestrebungen uns immer mehr verwickeln. So z. B. die Breslauer, die ungezogenen Leute, haben es ihrer Petition, Antwort und abermaligen Petition zuzuschreiben, daß Seine Majestät sich das Liegnitzer Schloß für Höchstihre Anwesenheit wohnlich einrichten lassen, weil Sie den Breslauern nicht länger als höchst notwendig die Sonne Ihrer Gnade wollen scheinen lassen[2]). Auch werden dieselben als treue Untertanen es gewiß nicht minder bedauern, den König dieses Mal als Peter Schlemihl ohne seinen Schatten zu sehen, da letzterer, um sich zu bessern, wahrscheinlich ohne Erfolg Ischl besucht. Wie man in den letzten Tagen hier allgemein sagt, wird sich diese Badereise ungemein lange ausdehnen und jener Schatten, der leider zu kenntliche Beweise seiner Wesenheit gegeben, in sein eigentliches Reich zurückkehren. Der König soll ihm die Breslauer Suppe, die jener ihm eingebrockt, durchaus nicht verzeihen können, und man weiß hier allgemein, daß Seine Majestät in Ansehung schlechter Schüsseln keinen Spaß versteht. Außerdem soll Herr v. Rochow bei einer Gelegenheit, wo der Prinz C. seiner Tochter gefährlich den Hof machte, keinen Spaß verstanden und ein besserer Vater als Hofmann gewesen sein, dabei sich aber so grob ausgedrückt haben, daß auch dieses sonst ehrenwerte Benehmen ihm zahlreiche Feinde erworben. Auch hier wird der vermutete Abschied Rochows mit großer Freude begrüßt, denn ein blinder Instinkt stimmt die Berliner gegen denselben, überhaupt sind die Residenzler auch gegen den Herrn und Meister selbst aufgebracht, weil – er nichts bauen läßt; Knickerei hat schon manchen unpopulär gemacht und, wie Prinz Johann von Sachsen sagte, Taten sind besser als Worte ...

Das wäre so ziemlich alles, was Du zu wissen wünschtest, und zugleich das wenige, was sich von der Berliner Stimmung leider sagen läßt. Der Berliner lebt zu sehr dem Geschäft und dem Vergnügen, um für etwas anderes Sinn zu haben; indes ist es nicht zu leugnen, daß die neuesten Bestrebungen in den Provinzen hier viel mehr Freunde als Feinde finden. Der Berliner bequemt sich, diese Bestrebungen mit dem Geiste zu verfolgen, und

[1]) DR, S. 59 f.

[2]) Vgl. Prutz, *Zehn Jahre,* Bd. 1 S. 507 ff.

da kann es bei seiner Einsicht nicht fehlen, daß er bald daran teilnimmt. Die Regierung tut das Ihrige, diesen Prozeß zu begünstigen, durch Knickerei und Aufenthalt in Potsdam wendet der Hof die Bürger von sich ab, die auffallende Indolenz der jungen Nobeln, von denen einige durch Schnapstrinken und ordinäres Betragen im Hofjäger das Publikum beleidigten, unterstützt ihn darin; vor allem aber wird der jetzt einzuführende Anstellungsmodus, der dem Würdigeren vor [dem][m] Älteren den Vorzug erteilen soll, den Beamtenstand, die beste Stütze der Regierung, ihr abwendig machen, da jeder Zurückgewiesene jetzt ein Beleidigter wird. Vielleicht, wenn es angeht, werde ich mehr und gründlichere Beobachtungen aus dem hiesigen Leben für Eure Literaturblätter, auf die die Gutgesinnten sich hier sehr freuen, mitzuteilen mich bestreben ...

Noch ehe ich den Brief abschickte, sprach ich zufällig einen im Ministerium des Äußeren arbeitenden Legationsrat, der mir, da ich das Gespräch auf v. Rochow brachte, sagte: unter ihnen, den Beamten, gelte es für ausgemacht, daß Rochow, wenn er auch nicht gleich bei seiner Rückkehr abdanke, doch nur noch kurze Zeit am Ruder bleiben werde, da er seinen Einfluß fast verloren habe. Nun frisch Holz unter das Feuer!

140. Heinrich Lichtheim[1]) an Jacoby

Nachlaß[2]) *Berlin, [August?][von Jacobys Hand: 1841.]*

Von Deiner Angelegenheit gegen Rochow hört man hier wenig; es scheint fast, als wenn man die ganze Sache einschlafen lassen wollte. Rochow ist nach dem Bade gereist, und allgemein geht das Gerücht, daß er beim Könige in Ungnade gefallen sei. Grund dazu soll teils die Breslauer Angelegenheit gegeben haben, teils die Untersuchung gegen den Landrat Hake, bei der sich die Nichtswürdigkeit seiner Patronen recht deutlich herausgestellt haben soll. Es sollen sich nämlich unter dessen Papieren Briefe von Rochow vorgefunden haben, worin die Aufforderung, gegen Schön Schmähschriften zu verbreiten. ....

[1]) Briefkopf in der Abschrift: «Heinrich (?) Neffe». – Heinrich (Hirsch) Lichtheim, geb. am 1. Dezember 1819 in Königsberg, Sohn von Jacobys ältester, mit Simon Lichtheim verheirateter Schwester Sara (Scharne), absolvierte das Kneiphöfsche Gymnasium in Königsberg (1837), studierte Medizin in Königsberg und ab Herbst 1840 in Berlin, wo er 1842 promovierte; seine Doktorarbeit widmete er Jacoby; seit 1844 Arzt in Elbing, verzog 1885 nach Berlin. Jewish Historical General Archives, Jerusalem, Kn, I, B 3/9, Fol. 69A; StAK, Rep. 17 II, 26 Generalia, Nr. 24 c, Fol. 26; Bruno Th. Satori-Neumann, *Elbing im Biedermeier und Vormärz,* Elbing 1933, S. 162; Henricus Lichtheim, *De gastromalacia infantum. Dissertatio inauguralis medica ...,* Berlin 1842, S. 33 f.: Vita. Folgende, heute nicht mehr überprüfbare Angaben, findet man in den Memoiren Richard Lichtheims, eines Großneffen von Jacoby: Simon Lichtheim sei um das Jahr 1830 nach Amerika gereist – vermutlich in der Absicht, seine Familie später nachkommen zu lassen –, sei aber nicht zurückgekehrt und habe als verschollen gegolten. Jacoby habe sich seiner Schwester Sara und ihrer Kinder angenommen. Heinrich Lichtheim sei bei seinem Onkel Jacoby aufgewachsen. R. Lichtheim, *Rückkehr. Lebenserinnerungen aus der Frühzeit des deutschen Zionismus,* Stuttgart 1970, S. 19.

[2]) LE(Ab).

141. Julius Waldeck an Jacoby

Abdruck[1]) *Berlin, 26. August 1841.*

Wir haben dieser Tage Herrn Thiers[2]) hier gesehen; ein kleiner, ziemlich korpulenter, doch wohlproportionierter Mann mit stechenden, geistvollen Augen, einer imponierenden Habichtsnase, hoher Stirn und ganz grauen Haaren, der durch seine goldene Brille alles frei und sicher ansieht und sich sehr häufig mit der Rechten hinter den Ohren kratzt, wozu es ihm in Deutschland gewiß nicht an Gründen fehlen wird. Was die Leipziger über Katzenmusik usw. sagt, ist pure Lüge oder kommt vielleicht auf die leeren Großsprechereien von einem Paar dummer Jungen hinaus, die in ihrem Rheinpatriotismus so verblendet sind, daß sie nicht sehen, wie uns ganz und gar die Möglichkeit abgeht, einen solchen Mann zu produzieren. Wahr ist es indes, daß die Audienz beim König nur eine Viertelstunde dauerte und [am]m Tage vor Thiers' Abreise stattfand, so daß er die Einladung zu Mittag nicht mehr annehmen konnte; die Archive aber standen ihm zur Benutzung gänzlich offen ...

[1]) DR, S. 167.

[2]) Thiers weilte vom 13. bis 20. August 1841 in Berlin und hatte am 19. August eine kurze Audienz beim König. «Der merkwürdige Mann», heißt es in einer Berliner Korrespondenz, «schien sich bei uns nicht heimisch zu fühlen, und man gefällt selten, wo man sich nicht selbst gefällt.» Augsburger «Allgemeine Zeitung» 28. August 1841, Nr. 240, S. 1917.

142. Friedrich Wilhelm IV. an die Minister der Justiz und des Innern

Nachlaß[1]) *Berlin, 30. August 1841.*

Ich ersehe aus Ihrem Bericht vom 12. v. M.[2]), daß der Kriminalsenat des Oberlandesgerichts zu Königsberg die Untersuchung gegen den Dr. Jacoby als Verfasser der Schrift: Vier Fragen etc., auch wegen der aus derselben und der Art ihrer Verbreitung hervorleuchtenden hochverräterischen Tendenz eingeleitet hat, daß der Gerichtshof aber jetzt mit Hinsicht auf die Bestimmungen der Kabinettsorder vom 25. April 1835 seine Kompetenz bezweifelt und die Untersuchung wegen dieser Anschuldigung dem Kammergericht überlassen will, wogegen der Kriminalsenat des Kammergerichts die Anschuldigung einer hochverräterischen Tendenz überhaupt nicht für begründet hält. Wiewohl Ich nun der Ansicht des Kammergerichts beistimme, so will Ich doch zur Beseitigung jedes Kompetenzzweifels hiermit besonders anordnen, daß der Kriminalsenat zu Königsberg als der ordentliche Gerichtsstand des Jacoby wegen der gegen denselben aufgestellten Anschuldigungen die Untersuchung zu führen und das Erkenntnis abzufassen berechtigt sein soll.

[1]) DZA Merseburg, Rep. 77 II, F., Nr. 21, vol. II, Fol. 192 «copia vidimata».

[2]) Bericht der Geheimen Staatsminister Mühler und von Rochow in der wider den Dr. Jacoby zu Königsberg in Preußen wegen der Schrift «Vier Fragen beantwortet von einem Ostpreußen» eingeleiteten Kriminaluntersuchung. Abschrift, ebenda, Fol. 164–175.

Die Bestimmung darüber, ob auch gegen die Verbreiter der gedachten Schrift die Untersuchung einzuleiten, soll bis nach rechtskräftiger Entscheidung gegen den Jacoby ausgesetzt bleiben, daher es auch für jetzt einer Anordnung über die Vernehmung des Grafen zu Dohna und die Herausgabe der beim Landtage eingereichten Petitionen wegen Erweiterung der ständischen Verfassung nicht bedarf. Sie, der Justizminister Mühler, haben hiernach dem Kriminalsenat des Oberlandesgerichts zu Königsberg das Erforderliche unter Mitteilung dieser Order zu eröffnen und demselben die Beschleunigung der Untersuchung besonders zur Pflicht zu machen, auch davon, daß dies letztere geschehen, den Dr. Jacoby auf Veranlassung seines beifolgenden Gesuchs[3]) in Kenntnis zu setzen.

Friedrich Wilhelm.

[3]) Vgl. Nr. 138.

143. Eduard Flottwell[1]) an Jacoby

Nachlaß[2]) *Berlin, 1. September 1841.*

... In Leipzig bin ich zweimal von Magdeburg aus gewesen, da ich das erste Mal Wigand nicht einheimisch fand. Er war in Karlsbad gewesen, wie er mir nachher erzählte, mit Ruge zusammen, und beide hatten dort Schelling bearbeitet und an ihm einen Menschen gefunden, der leider seit zwanzig Jahren stehengeblieben und mit der jetzigen Zeit so gut wie ganz unbekannt wäre. Ein merkwürdiges Zeugnis für ihn und die chinesische Mauer, die Bayern, in specie München, um sich gezogen hat, aufgebaut aus katholischer Stabilität, geistiger Dumpfheit und bayerischem Bier. Wahrscheinlich war der neuliche Aufsatz in den «Deutschen Jahrbüchern» (angeblich aus Berlin) von Ruge, worin dem neuen Ankömmling das Prognostikon hinsichtlich seines Empfanges bei den Hegelianern gestellt wurde. Du wirst ihn ohne Zweifel gelesen haben. Ich füge nur noch eine Äußerung Schellings hinzu, die mir Wigand noch mit Entrüstung in Auge und Stimme wiedererzählte: Schelling habe nämlich den Auftrag Seiner Majestät von Preußen, in nuce den heutigen Zeitgeist zu Papier zu bringen und ihn dadurch dem allerhöchsten (zu viel beschäftigten) celebro genießbar zu machen. Darin werde er denn auch der sogenannten «jungen Leute» – wie man bei uns die linke Seite benennt – Erwähnung tun und Seiner Majestät auseinandersetzen, daß er sie ruhig ihren Weg gehen lassen möchte, sie wären

[1]) Eduard Flottwell (1811–1862), der älteste Sohn des damaligen Oberpräsidenten der Provinz Sachsen Eduard Heinrich Flottwell, Oberlandesgerichtsreferendar in Königsberg, eifriger Gesinnungsgenosse Jacobys; 1841 von den Behörden verdächtigt, daß er bei der Verbreitung der *Vier Fragen* mitgewirkt habe; 1841/42 als Assessor in Berlin, wo er zum Kreis der «Freien» gehörte und in engen Beziehungen zur «Rheinischen Zeitung» stand; am 7. März 1844 in Elbing zum Stadtrat und Syndikus gewählt; im April 1851 vom Amte suspendiert und im November 1852 wegen politischer Unzuverlässigkeit und demokratischer Gesinnung durch richterlichen Spruch seines Amtes entsetzt; lebte seit 1853 als Fotograf in Danzig.

[2]) Abs. 1 DR, S. 167 f.; Abs. 2–3 LE (Ab).

nicht *»gefährlich«!* Das letztere Wort insbesondere empörte Wiganden bedeutend. Übrigens habe ich die richtige Schilderung Dinters von ihm bewundert, er ist wenigstens auch mir vollkommen ebenso erschienen wie jenem; einer jener seltenen Menschen, die aus idealem Interesse, mit Enthusiasmus und unbekümmert um ihr eigenes Schicksal die Sache der Freiheit verfechten und die daher auch in jedem Worte ihre Begeisterung verraten. Meine Proberelationen habe ich noch nicht erhalten, zugelassen bin ich aber zum Examen. Daß Rochows Zeit so ziemlich ausgespielt habe – obwohl jedenfalls nicht sein Geist und seine Maximen –, wollte mich auch mein Vater versichern. Die Hakesche und Breslauer Angelegenheit soll ihm den Dampf getan haben. Was hülfe es aber, sobald nicht auch ein entgegengesetztes Verfahren eintritt und insbesondere diese jämmerliche Halbheit und dieses charakterlose Schwanken aufhört...
Vollends solch ein lautes Kolloquium wie bei Siegel existiert hier gar nicht. Dennoch höre ich, daß augenblicklich die geheime Polizei außer Tätigkeit gesetzt sei.....
Was zum Teufel macht denn Jung[3]) mit seiner Zeitschrift? Ganz Leipzig setzte ich in Gährung durch meine Nachfragen nach den Probenummern, aber noch niemand hatte eine Ahnung, geschweige denn ein Exemplar! Zaudere er nicht länger, sonst ist das Interesse für K[önigsberg] zu Grabe.

[3]) Alexander Jung (1794–1884), Schriftsteller und Publizist in Königsberg, Herausgeber des «Königsberger Literaturblatts».

144. Eduard Flottwell an Jacoby

Nachlaß[1]) *Berlin, 9. September 1841[2].*

Mein lieber Jacoby!

Endlich ist es also da, das *viel* ersehnte Blatt[3] (nicht multa, sondern multum, wie mein Jung sagt[4], d. h. von den Wenigen, die bereits von den Geburtswehen Kenntnis hatten, mit Sehnsucht erwartet). Doch was lange währt, wird gut; der einleitende Aufsatz[5]) ist vortrefflich, er steht auf einer Höhe der Anschauung, die in der Tat das Ziel seines Strebens: die Idee, die Realisierung der Idee, würdig vertritt. Ich zweifle nicht, daß bei den edleren Naturen unserer Schriftsteller und insbesondere der Journalisten der Glaube

[1]) LE(Ab).
[2]) Auch der nachstehende Brief Flottwells an Jacoby trägt als Datum den 9. September 1841. Ob die Kopisten der beiden Briefe das Datum, insbesondere aber den Tag, richtig entzifferten, ist nicht auszumachen.
[3]) Gemeint ist das «Königsberger Literaturblatt», dessen Nr. 1 am 6. Oktober 1841 erschien. Probenummern des Blattes hatten jedoch schon früher zirkuliert (vgl. Nr. 145 Anm. 2).
[4]) «Unser Motto ist: multum non multa». «Königsberger Literaturblatt» 6. Oktober 1841 Nr. 1 Sp. 2 («Prospektus»).
[5]) Alexander Jung, «Stellung deutscher Journalisten» ebenda Sp. 3–8. Eine günstige Besprechung des Artikels erschien im «Athenäum» vom 9. Oktober 1841 Nr. 40 S. 631–633.

an die Wahrheit und den echten Adel der Gesinnung von seiten des Verfassers leicht Platz greifen wird. Ich gestehe, ich traute ihm diese Schärfe und Klarheit, diese *Popularität* für die *Gebildeten* in dem Grade nicht zu, am wenigsten aber die diplomatische Schlauheit, mit der er gewisse zarte Punkte zart zu berühren und in dieser Zartheit doch kühn anzugreifen gewußt hat. Geht er und gehen seine Mitarbeiter auf diesem Wege vorwärts, so läßt sich ein entscheidender Erfolg in der Achtung und in dem Interesse seiner Leser nicht bezweifeln, möge auch die *Zahl* derselben einstweilen nur gering ausfallen. Überdies ist ja auch wohl für die ersten Jahre dem letzteren und gefährlichsten Steine des Anstoßes durch die Aktiensubskriptionen vorgebeugt, oder sollte dem nicht so sein?

Sollte ich etwas an dem Ganzen aussetzen, so wäre es nur in dem mehr zufälligen Beiwerk: erstlich die Erwähnung[6]) des möglicherweise pekuniären Vorteils, der aus solcher Zeitschrift für Königsberg erwachsen möchte, und zweitens die Ankündigung, daß die Mitarbeiter kein Honorar zu erwarten hätten. Beides scheint mir an der Stelle nicht ganz passend. Letzteres rechtfertigt sich allenfalls durch seine Offenheit, die wenigstens jeder späteren Erörterung vorbeugt, wiewohl es sich im Interesse des Blattes nicht ganz vorteilhaft produziert, das erstere aber ist eine zu chimärische und noch dazu Nebensache, jedenfalls für den universellen und ideellen Standpunkt ohne alles Interesse. Endlich dürfte auch das Papier, wo nicht gerade feiner, so doch beschnitten besser den heutigen Geschmacksanforderungen entsprechen. Wir kleben heutzutage einmal auch an solchen Äußerlichkeiten, und nur zu leicht wirft ein unbeschnittener Rand den Neugeborenen in die Kategorie der Hallischen oder Jenaischen Literaturzeitung. Ließe sich da nicht für die Folge durch Maschinenpapier abhelfen?

(Übrigens auch alle Ehre dem braven Zensor!)

[Kündigt Prospekt der «Rheinischen Zeitung» an. Redakteur «Dr. Hess (Triarchie)».][le]

[6]) «Königsberger Literaturblatt» Nr. 1 Sp. 2 («Prospektus»).

145. Eduard Flottwell an Jacoby

Nachlaß[1]) *Berlin, 9. September[2]) 1841.*

[Mitteilungen über Jacobys Prozeß.][le]

[1]) Abs. 1, 3, 4 und 5 nach LE(Ab), wo der Brief «Berlin o. D. (Sept. 41)» datiert ist. LE(Ab) deckt sich inhaltlich mit Flottwells Brief an Jacoby, den G. Mayer unter dem Datum «9. September oder November 1841» in DR, S. 170 f. veröffentlichte. Abs. 2, 6 und 7 nach DR, S. 170 f. Ob der mit «Unser Literaturblatt ...» beginnende Absatz tatsächlich der vierte Absatz des Briefes ist, konnte nicht sicher festgestellt werden. Vgl. Nr. 144 Anm. 2.

[2]) Wir votieren für September, obwohl das in dem Briefe besprochene «Königsberger Literaturblatt» offiziell erst am 6. Oktober 1841 zu erscheinen begann; Probenummern des Blattes zirkulierten nämlich schon früher und sind bereits am 18. September 1841 im «Athenäum» Nr. 37 S. 588 erwähnt.

Von der Gründung einer neuen großen Zeitung[3]) (unter den Aspekten einer vermehrten Zensur [= Drucker][4] freiheit!?!) schrieb ich Euch bereits neulich, sowie auch davon, daß der Hauptredakteur und die Seele des Ganzen Dr. Heß in Köln[5]), Verfasser der «Triarchie», ist. Jetzt hat mir Dr. Meyen endlich ein Exemplar des Prospektes gegeben, den ich Euch hiermit überschicke, da die Sache in der Tat das Interesse jedes Wohlgesinnten in Anspruch nimmt und ein solches Organ, wenn auch unter königlich preußischem Zensurdrucke erscheinend, dennoch, sobald es in entschieden liberalen Händen ist, wie hier offenbar der Fall (cf. die Randbemerkung auf der zweiten Seite), immer wenigstens ein negativer Damm gegen das Schlechte sein kann, und zuletzt, abgesehen von unseren *inneren* Interessen, muß auch der Rapport mit der *äußeren* Politik ein zweckmäßig nagelegtes Blatt, was am Rhein und in Köln erscheint, für uns Ostländer die Staatszeitung entbehrlich machen, und das wäre schon an und für sich ein Gewinn! Daher mögen gerade wir Leute östlich von der Spree unser Scherflein mit dazu beitragen und uns bemühen, einen und den anderen Aktionär aufzutreiben, nicht zu gedenken des sonst ganz guten *pekuniären* Geschäfts, was, nach der Berechnung zu schließen, in Aussicht stände...

[Soll werben, z. B. Wedel, Burdach, Castell[6]), J. Friedländer[7]). Möglichkeit für Korrespondenzen Cohens[8]).][1e]

Unser Literaturblatt hat bis jetzt – was den Inhalt bloß betrifft – nur sehr beifällige Aufnahme gefunden, ja selbst «hochgestellte» Staatsbeamte, denen ich die Blätter zur Ansicht und Berücksichtigung mitteilte, gaben mir unverhohlen ihre Akklamation zu erkennen, und einer von ihnen will sogar abonnieren. Was dagegen aber die *technische* Anlage betrifft, so ist darüber unter Sachkennern, nämlich den hiesigen jungen Literaten, nur eine Stimme, daß nämlich selbige höchst unzweckmäßig beschaffen; Ihr werdet auch noch Gelegenheit haben, einige Andeutungen dieser Art im nächsten Blatt des »Athenäums«[9]) zu finden, dessen Interessenten sonst den neuen Bruder mit sehr freundschaftlichen Armen aufnehmen. Man tadelt insbesondere den *geringen* Preis (ich sprach schon damals mit Dir darüber) und den geringen Umfang von nur einem halben Bogen pro Woche, indem sich darauf die glänzenden Vorhersagungen des Redakteurs schwerlich erfüllen ließen. Ich weiß, man hat einmal in Königsberg das Prinzip, alles so klein wie möglich anzufangen, weil man jedes glänzende Entrée dort von vornherein mit mißtrauischen Augen ansieht, hier draußen denkt man aber ganz anders, und am Ende würde Königsberg allein das Blatt doch nicht halten können. Ebenso stößt auch die Vorauserklärung, daß kein Honorar gezahlt werden könne, unangenehm vor den

[3]) Es ist hier die Rede von der «Rheinischen Zeitung» in Köln.

[4]) Eckige Klammer nach DR, S. 170.

[5]) Vgl. dazu E. Silberner, «Moses Hess als Begründer und Mitarbeiter der ‚Rheinischen Zeitung' » in «Archiv für Sozialgeschichte» 1964 Bd. 4 S. 5 ff.

[6]) Vermutlich Emil Castell.

[7]) Gemeint ist vielleicht Josef Friedländer, Prokurist von Oppenheim & Warschauer.

[8]) Cohen, d. h. L. Walesrode.

[9]) «Athenäum. Zeitschrift für das gebildete Deutschland.» Redigiert von Karl Riedel, Berlin 1841. Gemeint ist vermutlich die Notiz über das «Königsberger Literaturblatt» in Nr. 37 vom 18. September 1841, wo allerdings «Andeutungen dieser Art» nicht zu finden sind. «Athenäum» war das Organ der Berliner Junghegelianer.

Kopf, und endlich würde man selbst schon zufrieden sein, wenn nur der Stoff, worauf gedruckt wird, besser wäre. Man ist nun einmal heutzutage auch bei uns Deutschen schon mit dem Komfort der Äußerlichkeiten so verwachsen, daß man selbst die geistigen Interessen von der materiellen Schönheit nicht getrennt sehen mag. Blätter wie Pilot, Telegraph, Jahrbücher, ja selbst das Athenäum haben die Ansprüche verwöhnt. Sehe daher zu, ob sich auch in diesen Nebenpunkten nicht vielleicht mit dem 1. Januar fut. eine Verbesserung machen ließe. Jung ist darin zu ungeschickt und genialnachlässig, Hartung[10]) zu philiströs, Theile[11]) zu furchtsam, es muß also jemand hinzutreten, der auch *diese* Seite mit Verstand, Geschmack und Energie betreibt. Wahrlich, wir Königsberger werden sonst immer, trotz aller übrigen Vorzüge, ausgelacht als Leute, die nicht aufhören wollen Hyperboreer zu sein.

[Klagt über die schlechte Werbung, nur Waldeck hat Probeblätter bekommen, sonst kein Buchhändler.][1e]

Von der königlichen Kabinettsorder an Schön und Dohna, in welcher besonders ersterer wegen der aus unlauterer Quelle fließenden Animosität seines Verfahrens gegen Hake in brutaler Weise malträtiert und gleichzeitig die Zensur dem Abegg genommen wird, habt Ihr ohne Zweifel jetzt auch schon Kenntnis ... Es ist das wieder ein hübsches Pröbchen vom Rochowschen Einfluß und von der gänzlichen Charakterlosigkeit des Königs, der heute seine Entrüstung darüber ausspricht, daß Rochow und Prinz Wilhelm sich mit einem solchen Schweinehunde wie Hake eingelassen haben, und morgen wiederum diesen Schweinehund wegen seiner politischen Verdienste (?) in Schutz nimmt. Hake treibt sich hier übrigens ganz fidel in Kneipen usw. herum, schimpft fürchterlich auf Rochow, droht ihm mit Untergang, schreibt Novellen und Gedichte voll ultraliberaler Floskeln und führt zuweilen im hiesigen Lesekabinett das große Wort; ich bedaure, ihn dort noch nicht angetroffen zu haben. Seine schöngeistig-liberalen Machwerke hat er u. a. auch Meyen[12]) für das Athenäum angeboten, die haben ihn aber glänzend abstinken lassen.

Mein hiesiges Umgangsleben gestaltet sich immer angenehmer. Die Bekanntschaft mit Meyen und Eichler[13]) (im Athenäum mit der Chiffre L. E.) hat mir noch manche andere interessante zugeführt. So nenne ich insbesondere Köppen[14]), Bruno Bauer[15]) und Dr.

[10]) Georg Friedrich Hartung (1782–1849), Stadtverordneter und Stadtrat, Hofbuchdrucker, Zeitungsverleger und Kaufmann in Königsberg.

[11]) Theodor Theile (1803–1881), Buch- und Musikalienhändler, linksliberaler Verleger in Königsberg.

[12]) Eduard Meyen (1812–1870), demokratischer Publizist, Angehöriger des Berliner Kreises der Junghegelianer; in der Revolution Mitglied des demokratischen Zentralkomitees, das auf dem Frankfurter Demokratenkongreß gewählt wurde; nach der Revolution Emigrant in London, in den sechziger Jahren Herausgeber der linksliberalen «Berliner Reform».

[13]) Ludwig Eichler (gest. 8. Mai 1870) Literat, gehörte dem Kreise der «Freien» an, Mitarbeiter des «Athenäums», und der «Rheinischen Zeitung», 1848 Präsident des Berliner demokratischen Klubs.

[14]) Karl Friedrich Köppen (1807–1863), Berliner Junghegelianer, radikaler Publizist, Jugendfreund von Marx.

[15]) Bruno Bauer (1809–1882), Philosoph und Theologe, Junghegelianer und radikaler Bibelkritiker, Freund des jungen Marx.

Rutenberg[16]) ... anderer nicht zu erwähnen, die wenigstens auswärts noch keine Bedeutung gewonnen haben, nur Cornelius will ich noch erwähnen. Es ist unter diesen Leuten ein reges geistiges Leben, das sich indessen auch gern mit den materiellen bayerischen Bierkrügen vereinigt, wo dann die befeuchtete Zunge noch rüstiger an die Arbeit des Ideenkampfes geht. Neulich gab die erste Aufführung von Gutzkows «Werner» einen großen Zündstoff, der indessen zuletzt doch in eine allgemeine Verwerfung des objecti litis entbrannte ... Im Ministerium Rochow liegt jetzt wiederum die Idee eines inländischen politischen Journals zur freieren (!!??) Besprechung unserer Verhältnisse vor; Cornelius und der Assessor Streber (ein Bekannter Waldecks) sind die dabei zunächst Beteiligten. Was sollte aber wohl Gescheites dabei herauskommen, sobald man auch bei solchen Instituten, die noch dazu unter unmittelbarem Einfluß Rochows stehen, nicht die Zensur aufhebt? Merkwürdig ist aber dabei, daß, als Cornelius schon bei Lebzeiten des vorigen Königs sich mit seinem Plane an Rochow wandte, dieser die Notwendigkeit oder auch nur Zweckmäßigkeit eines solchen Journals gänzlich in Abrede stellte, später aber nach dem Regierungswechsel plötzlich mit entschiedener Vorliebe den Plan wieder aufnahm ...

[16]) Adolf Rutenberg (1808–1869), Schriftsteller, führendes Mitglied der Berliner Junghegelianer, intimer Freund von Marx, 1842 Redakteur der «Rheinischen Zeitung».

146. Otto Wigand an Jacoby

Nachlaß[1]) *Leipzig, 14. September 1841.*

..... Wenn ich Ihnen auch lange nicht geschrieben habe, so hat das seinen Grund in vielerlei Abhaltungen, Reisen und Arbeiten – dann hoffte ich fest, Sie zu sehen. Wie immer, bauen Sie auf mich, bin ich auch oft mürbe und habe ich tausend Anfechtungen, die gute Sache verlasse ich nicht, und die ganze Wahrheit und die ganze Freiheit will ich, so wahr mir Gott helfe. Ich tue eben genug, und, mein edler Freund, vieles geschieht, wovon Sie sich nichts träumen lassen. Müßte ich nur nicht immer so furchtbar arbeiten und mich sorgen, gerad durch die Welt zu kommen – der elende Prügel liegt ewig mir zur Seite, und eine Schar Kinder sieht bittend auf den Vater.

Doch manches macht sich zum Guten, und ich habe Löwenmut, und ertragen kann ich auch etwas.

Heute war Welcker[2]) hier, dem zu Ehren wir ein Mahl gaben; es wurde Ihrer vom

[1]) JNUL (Ab).

[2]) Karl Theodor Welcker (1790–1869), badischer Politiker und Staatsrechtslehrer, einer der Führer des süddeutschen Liberalismus, Mitherausgeber des bekannten «Staatslexikon», 1848 Mitglied des Vorparlaments und der Frankfurter Nationalversammlung.

jungen Di[e]skau[3]) und mir herzlich gedacht etc. Ein dreimaliges Hoch ertönte dem tapfern Jacoby.
Was kann ich für das Königsberger Literaturblatt tun? Sagen Sie nur, ich bin zu allem bereit beizuspringen. Es stehen Ihnen meine Blätter, meine Bekanntschaften und mein bester Wille zu Gebote.
Unser Prozeß geht fort, und ich weiß noch nicht, was endlich geschieht: das Appellationsgericht hat entschieden, daß der Prozeß nicht vor das Kriminalgericht gehöre; das Ministerium soll nun entscheiden. Werde ich zum Deputierten gewählt, dann spielt Ihre Sache in der Kammer.
Was nun Ihre neue Schrift[4]) betrifft, so versteht sich's ja von selbst, daß ich tue, was ich vermag. Sind Sie fix und fertig, fehlt kein – an dem Manuskript, dann schicken Sie mir alles ein und warten Sie, was ich tue .....

[3]) Gemeint ist vielleicht Julius von Dieskau, Advokat in Plauen, 1836 Abgeordneter der Sächsischen Kammer, 1848 Mitglied der Nationalversammlung in Frankfurt.

[4]) Jacoby, *Meine Rechtfertigung wider die gegen mich erhobene Anschuldigung des Hochverrats, der Majestätsbeleidigung und des frechen, unehrerbietigen Tadels der Landesgesetze,* Zürich und Winterthur: Literarisches Comptoir 1842, 60 S. Die Schrift erschien erst Mitte 1842.

147. Jakob Jacobson an Jacoby

Nachlaß[1]) *Braunsberg, 17. September 1841.*

... Der Triumphzug des redseligen Königs durch Schlesien soll unter dem solideren Teil der Bevölkerung durchaus nicht den Enthusiasmus erregen, den wir gedruckt lesen. So berichten Briefe von dort. Man ist schon an seine Theatermittel und Maschinerien, bei denen sogar der schlesische Wein nicht unversucht blieb, zu sehr gewöhnt, als daß die schönen Worte nachhaltig und tief wirken könnten.
Im allgemeinen scheint – soviel ich in meinem Braunsberger angle mort sehe – jetzt eine Zeit der Apathie eingetreten zu sein. Der intelligente Teil hierorts (d. h. die Beamteten) hat die Köpfe geschüttelt über all die Inkonsequenzen, Täuschungen; es wird viel gefürchtet und wenig gehofft; doch Leute, die stets drei Meinungen haben – eine private, eine amtliche und eine öffentliche –, können dieser letzten überhaupt nicht eher einen Aufschwung geben, als bis materielle Interessen gefährdet oder die freie Presse den Winterschläfern die Augen öffnet über den Wald, den sie vor lauter Bäumen nicht sehen. [So steht's bei uns.
Die Probeblätter des Jungschen Literaturblattes zirkulieren, jetzt auch bekanntlich als Beilage zur Königsberger Zeitung und scheinen Teilnahme zu finden; wenigstens *verspricht* man sich viel davon, wenn auch im allgemeinen den Königsberger Versuchen

[1]) DR, S. 168 f; eingeklammerte Stelle LE(Ab).

d[[ies]]er Art keine lange Lebensdauer zu prognostizieren ist. Würde ihnen die Zensur das Licht auspusten *wollen* oder wirklich auspusten, so würde das noch ein heroisches Ende sein, denn «mit der Dummheit kämpfen Götter selbst vergebens» – allein Jung hat – soviel aus seinen bisherigen Produkten zu sehn – eine gehaltlose Kritik der Solidität und Glätte des Stils, muß man Gerechtigkeit widerfahren lassen, wenn er auch zuweilen allzu geleckt und gesucht ist.
Auch wir besitzen (höre) ein Kreisblatt (Pflugk hat besonders Druck und Papier gelobt), in dem zuweilen unter vielem Nebel ein politischer Gedanke aufblitzt. Porsch schreibt manches dafür, allein andre fähige Skribenten stehen zu sehr unter dem Druck katholischer Engherzigkeit, um andre Beiträge zu liefern als höchstens historische Notizen über das ehemals selbstständige Bistum Ermland! . . . .][e]

148. Jacoby an Friedrich Wilhelm IV.

Rekonstruktion[1]) *Königsberg, etwa September 1841.*

Jacoby erhebt Einspruch gegen die Kompetenz des Königsberger Kriminalsenats sowie gegen die Kabinettsorder vom 30. August 1841, die diesen Gerichtshof auch über Hochverrat zu erkennen bevollmächtigt.

[1]) Nach Nr. 156.

149. Malwine von Keudell an Jacoby

Abdruck[1]) *Berlin, 12. Oktober 1841.*

Ach, was soll ich Ihnen sagen, und doch muß ich zu Ihnen kommen. Ich bin mit Roby[2]) im Museum der Antiken gewesen, und soviel Schönes und Berühmtes auch da sein mag, ich habe nur *einen* Kopf gesehen, aber welch einen Kopf! Das ist die Kirche, die ich lange vergebens gesucht habe, solch Menschenantlitz zu schauen! Der gottsuchende Aufschlag des erblindeten Auges, die edelsten Züge und Gottesbewußtsein um die halbgeöffneten Lippen, das ist – ja so, ich habe gar nicht gesagt, wer es ist: Homer! Haben Sie sich so den blinden Sänger vorgestellt, oder ist er Ihnen noch von Ihrem Aufenthalt hier erin-

[1]) DR, S. 169.
[2]) Robert von Keudell (1821–1903), besuchte das Gymnasium in Königsberg, studierte in Heidelberg und Berlin zunächst Philosophie, dann die Rechte; später als Mitarbeiter Bismarcks und als Diplomat bekannt; in seiner frühen Jugend Gesinnungsgenosse Jacobys.

nerlich? Ich weiß nicht, warum die schönen jugendlichen Antiken so viel weniger Eindruck auf mich machten? Vielleicht weil sie alle in der aufgeworfenen Oberlippe und in dem sehr verkürzten Raum zwischen dieser Lippe und der Nase den Stempel der modernsten Unzufriedenheit und des Übersättigtseins tragen, dem man nur zu oft schon im Leben begegnet. Mir ist der schöne Traum vom Goldenen Zeitalter bei ihnen verloren gegangen – nein, *die* Griechen waren eben auch nicht weiter als wir. Aber Homer! Wer *ihn* dachte, ausführte (der Meister ist unbekannt), der hatte Gottes Geist im Herzen, und so wurde seine Hand geführt – aber schelten Sie auch ein wenig? Jedesmal mit stürzenden Tränen hätte ich vor ihm hinknien mögen; ein wahrer Heiliger, ob Heide, ob Christ...

20. Oktober 1841.

Werden Sie auch schelten über den neuen gestrickten Menschen? (So heißt's hier), den ich beilege und der Ihrem kranken physischen Menschen wieder aufhelfen soll? Wollten Sie doch soviel Zutrauen fassen, es einmal ohne Zorn zu versuchen.

Aber sehen Sie! Was alles ich erzählen wollte, davon sagt Ihnen der Anfang, und derselbe Tag, der mich so hoch erhob im Gefühl der adligen Menschheit in Kunst und Dichtung, es war der letzte meiner Tochter auf Erden. Kamilla starb nach dreitägiger Krankheit an Gehirnentzündung am 12.

Sie wiederholen sich's besser, als ich es sagen könnte, wie gnädig Gott ihr gewesen: kurze schnelle Krankheit und *unbewußtes* Ende, bei ihrer Furcht vor dem Tode und ihrem noch drohenden Leid im Leben. Mündlich einst mehr – ich kann unmöglich schreiben in diesen Tagen und hatte viel zu beenden.

Sie aber nehmen so fürlieb, wie es mir eben in der Seele ist, grüßen die Freunde mit stummem Gruß von mir

Ihre dankbare

M. v. Keudell.

150. Julius Waldeck an Jacoby

Nachlaß[1]) *Am Tage der Verheißungen, dem 15. Oktober [1841].*

...Unseres lieben Meyerowitz, den ich herzlich grüße, letzte Zeilen habe ich erhalten und die Bestellungen an Flottwell ausgerichtet. Mit diesem lebe ich hier recht viel und angenehm zusammen, nur hat ihn ein eigener Zufall auf einige Tage von hier entführt. Du wirst nämlich sowohl aus den ersten wahren und den späteren lügenhaften Polizeiartikeln in den Zeitungen ersehen haben, daß wir dem Professor Welcker hier[2]) ein Ständchen und ein Mittagbrot gegeben haben; bei demselben nun waren wir beide auch aktiv, und ich kann bezeugen, daß so wie das Ganze höchst anständig, namentlich auch Flottwells Verhalten fern von aller Extravaganz gewesen. Diese Demonstration war aber der Poli-

[1]) DR, S. 171 f; eingeklammerte Stelle LE(Ab).

[2]) Am 28. September 1841 in Berlin. Vgl. Helmut Hirsch, «Die Berliner Welcker-Kundgebung» in «Archiv für Sozialgeschichte» 1961, Bd. 1, S. 27–42.

zei ein Dorn im Auge, namentlich weil man sie an der Nase herumgeführt ... Von dieser Sphäre aus muß nun bei Flottwells Vater über die Gegenwart des Sohnes Lärm geschlagen sein, denn letzterer empfing gestern eine briefliche Aufforderung, sofort nach Magdeburg zu kommen, und mußte sich, da ihn außerdem ein hoher Beamter besuchte, um bei der Abreise zugegen zu sein, fügen und Berlin verlassen, er hat indes morgen zurückzukehren versprochen.
Gestern wollten wir dem Herrn Minister v. Schön, der übrigens, bei den Konferenzen von der Gesamtheit der Minister in allen Punkten überstimmt und vom Könige allein bei einigen geringfügigen Veranlassungen unterstützt, seine Demission angeboten, ein Ständchen bringen, erhielten aber vom Polizeipräsidenten keine Erlaubnis, indem er herzlich bedauerte, diese Ehrenbezeugung für einen Mann, den der König so liebe und ehre, nicht gestatten zu können, weil er selbst sie entschieden nicht haben wolle. Mit diesem Ausspruche mußten wir uns beruhigen, da der Regierungsrat Z. aus Schöns Nähe die Richtigkeit jenes Vorwands bestätigte.
Die Königsberger Zensurangelegenheit[3]) erregt hier viel Interesse; das Reskript an Schön zirkuliert vielfach, doch hat sich die Sache von hier aus nicht in die Zeitungen bringen lassen, wird aber jetzt wohl aus einem gut geschriebenen Königsberger Artikel in der gestrigen «Neuen Hamburger Zeitung» in allen Blättern übergehen. [Läßt Jarke[4]) freisinnige Artikel aus Gesinnung oder Mangel an Streichübung durch? Wir wollen das erste hoffen, die letztere findet sich bald .....][e]

[3]) Bruno Erhard Abegg (1803–1848), studierte in Heidelberg und Königsberg, 1833 Landrat des Kreises Fischhausen, Freimaurer, ab 1835 Polizeipräsident in Königsberg, bekleidete zugleich das Amt des Zensors. Da er die Zensur zu milde gehandhabt hatte, wurde sie dem dortigen Oberlandesgerichtsrat Jarke übertragen. Abegg erhielt sie jedoch aufs neue. Als seine Vorgesetzten wiederum mit ihm unzufrieden wurden, mußte er 1843 die Zensur endgültig abgeben. Als Polizeipräsident hatte er sich durch «humane, unparteiische, streng *gesetzliche* Amtsverwaltung die Achtung und Liebe der dortigen Bewohner erworben» (JHSG, I, S. 265). Ende Oktober 1845 wurde er seines Postens enthoben und als Kommissär der Oberschlesischen Eisenbahn nach Breslau versetzt. 1848 war er Mitglied des Vorparlaments, Vizepräsident des Fünfzigerausschusses und Mitglied der Berliner Nationalversammlung.

[4]) Oberlandesgerichtsrat F. Jarke in Königsberg; die «Königsberger Zeitung» vom 29. August 1842 Nr. 200 nannte ihn «unseren freisinnigen Mitbürger»; *Inländische Zustände*, 3. Heft, Königsberg 1842, S. 2.

151. Eduard Flottwell an Jacoby

Abdruck[1]) *Berlin, [wohl Oktober][m] 1841.*

... Gestern hatte ich mit diesem Welckerschen Renommee einen köstlichen Spaß. Wir,

[1]) DR, S. 172 f.

d. h. Meyen, Eichler, Dr. Schmidt²) (ein Lehrer), meine Wenigkeit und der bekannte Oswald³) aus dem Telegraphen (eigentlich ein junger Kaufmann aus der Rheinprovinz, der gegenwärtig hier sein Jahr abdient, um Schelling und Werder⁴ zu hören), saßen in einer Bierkneipe und waren nach verschiedenen ästhetischen Gesprächen endlich wieder einmal auf die Politik gekommen. Es wurde stark demagenieret [sic!] auch von Welcker usw. gesprochen, da springt ein Unbekannter vom benachbarten Tische auf, dokumentiert sich in ziemlicher Besoffenheit als schlesischer Oppositionsmann und erzählt, daß ja auch der Sohn des pp. Flottwell (ein Kollege von ihm, sintemalen er Jurist und zum Examen hier sei) dabei gewesen und per Kabinettsorder vom Examen zurückgewiesen sei, er würde sich aber wohl noch später besinnen und bemühen, zur Karriere zurückzukehren etc. ... Darauf entgegnet ihm Eichler, er sei sehr schlecht berichtet, die Sache stände so und so, von Besinnen und dergl. sei gar nicht die Rede, der Genannte wolle keine Karriere machen, sondern, um auf eigenen Füßen zu stehen, Justizkommissar werden, und was dergleichen mehr war. Der Schlesier drückte darüber seine Zufriedenheit aus, und Eichler fuhr fort: Übrigens ist der pp. Flottwell hier unter uns, und zeigt dabei auf den Dr. Schmidt, der denn sofort mit ungeheuren Bücklingen vor jenem beginnt, und wäre der Kerl nicht so besoffen gewesen, so hätte er den Spaß an unserem unsäglichen Gewieher erraten müssen, dem war aber nicht so, Dr. Schmidt mußte bis zuletzt meine Rolle spielen, und noch ein glücklicher Hannoveraner und Verwandter Stüves⁵), der sich zu uns gesetzt hatte, biß auf diesen Köder an, worauf ich denn als jener Schmidt, speziell aber als der berühmte Schmidt von Werneuchen vorgestellt wurde und als solcher fast nur in Knittelversen und Reimen sprach. Und richtig! Die beiden Kerls (andere Fremde waren nicht im Zimmer) hatten sich dergestalt um ganze 50 oder 60 Jahre jünger gesoffen, daß sie mich herrlich als die berühmten Musen und Grazien aus der Mark honorierten. Dieser Spaß dauerte von 10 Uhr bis eins, wo wir Fünf dann hinausstürmten und erst auf der Straße von dem olympischen Gelächter zur Besinnung kamen.

²) Kaspar Schmidt (1806–1856), Begründer des individualistischen Anarchismus, veröffentlichte 1845 sein Hauptwerk *Der Einzige und sein Eigentum* unter dem Pseudonym Max Stirner.

³) Zur Entzifferung dieses Pseudonyms für Friedrich Engels durch Gustav Mayer, vgl. des letzteren *Erinnerungen*, Zürich/Wien 1949, S. 201 f.

⁴) Karl Friedrich Werder (1806–1893), Hegelianer, Professor an der Universität Berlin.

⁵) Johann Karl Bertram Stüve (1798–1872), hannoverscher Staatsmann.

152. Otto von Keudell[1]) an Jacoby

Nachlaß[2]) *[Königsberg]m, 28. Oktober 1841.*

[Mein lieber Jacoby!]e

Als ich vorgestern in Arnau[3]) war, brachte ich das Gespräch auch auf Deine Angelegenheit. Das Gutachten des Kammergerichts ist von einem H. Sulzer abgefaßt, und Schön sagt, was die beiden ersten Punkte der Denunziation beträfe, habe Sulzer gezeigt, daß er ein geistreicher Mann mit liberalen Grundsätzen sei. Infolge der Gediegenheit dieser Bearbeitung ist der Dir bekannte Ausspruch des Kammergerichts erfolgt. Was den dritten Punkt: beleidigende Ausdrücke pp. gegen die höchsten Behörden betrifft, sei aus der Bearbeitung zu sehen, daß Sulzer gegen seine Überzeugung habe schreiben müssen, indem er die Klage in dieser Hinsicht dem Oberlandesgericht überweist.

Schön meint nun, es habe ein Kompetenzkonflikt[4]) deshalb stattgefunden, weil der Denunziant das Versehen gemacht, in ein und derselben Klage Punkte aufzunehmen, von denen die einen diesem, die anderen jenem Gerichtshofe anheimfielen. Es sei also eigentlich kein Gerichtshof des Staates fähig, *allein* Recht zu sprechen: Diese Verlegenheit aus dem Wege zu räumen, habe der König laut Kabinettsorder das Königsberger Oberlandesgericht ernannt und befähigt, über Deine Angelegenheit zu urteilen, und Schön ist der Ansicht, daß bei Kompetenzkonflikten doch *einer* entscheiden müsse, und dies sei der König, da das Gesetz über solch gemischten Fall nichts sagt. [Zander[5]) hat nun natürlich mit Wollust diese Angelegenheit ergriffen, seine Machtvollkommenheit auszudehnen, und dürstet nach dem Ruhm, über Hochverrat sprechen zu können.]e

[1]) Otto von Keudell (1810–1853), Oberleutnant in Berlin, Mitglied der Frankfurter Nationalversammlung, ein Jugendfreund Jacobys.

[2]) DR, S. 173; eingeklammerte Stellen LE(Ab).

[3]) Arnau bei Königsberg, der Landsitz Theodor von Schöns.

[4]) Infolge formeller Schwierigkeiten erklärte sich sowohl das Kammergericht in Berlin wie der Königsberger Kriminalsenat für inkompetent, den Prozeß gegen Jacoby zu führen. Durch die Kabinettsorder vom 30. August 1841 wurde der Prozeß dem Königsberger Kriminalsenat überwiesen. Es erhoben sich indessen neue formelle Schwierigkeiten, bis endlich der König durch die Kabinettsorder vom 11. Dezember 1841 diejenige vom 30. August aufhob und Jacoby die Wahl des urteilenden Gerichts freistellte. Jacoby wählte das Kammergericht in Berlin. Näheres über diese «wunderliche Verwirrung» bei Prutz, *Zehn Jahre*, Bd. I S. 519 f.

[5]) Christian Friedrich Gotthilf von Zander (1791–1868), 1832 Chefpräsident des Oberlandesgerichts zu Königsberg, seit 1856 mit dem alten Titel eines Kanzlers von Preußen.

153. Ludwig Walesrode[1]) an Jacoby

Nachlaß[2]) *[o.O.,] 30. Oktober 1841.*

Verteidigt seinen – von Jacoby getadelten – Übertritt zum Christentum[3]).

[1]) Ludwig Walesrode (1810–1889), Sohn des jüdischen Musikers J. C. Cohen, studierte Philologie und Philosophie an der Universität München, schrieb schon als Student für Cottas «Morgenblatt», lebte seit 1835 als Hauslehrer in Danzig und siedelte 1837 nach Königsberg über, wo er neben journalistischer Tätigkeit berufsmäßig Englischunterricht erteilte. Im Winter 1841/42 hielt er humoristisch-satirische Vorlesungen über Zeitfragen und wurde bald an der Seite seines Freundes Jacoby zu einer der führenden Persönlichkeiten des Königsberger Liberalismus. Seine *Untertänigen Reden* (1843), in denen er das Regime scharf angriff, zogen ihm eine einjährige Festungshaft zu, die er 1845/46 zu Graudenz absaß. 1848/49 ist er wieder in Königsberg tätig. Gewisse Pressevergehen der von ihm ins Leben gerufenen humoristisch-satirischen Wochenschrift «Die Glocke» brachten abermals neun Monate Gefängnis. 1850 wurde er in die Königsberger Stadtverordnetenversammlung gewählt. Wegen der fortgesetzten Verfolgungen der Regierungsbehörden zog er 1854 nach der Freien Stadt Hamburg. Ab 1862 redigierte er zunächst in Berlin und später in Gotha das Wochenblatt «Der Fortschritt». Seit 1866 lebte er in Stuttgart.

[2]) Inhaltsnotiz in NLE.

[3]) Über die Gründe, die Walesrode dazu veranlaßten, ist nichts Sicheres bekannt. Man darf aber wohl annehmen, er habe sich taufen lassen, um einfach in Königsberg fortleben zu können. Denn in den Polizeiakten heißt es über ihn: Ludwig Isaak Cohen kam im April 1837 von Danzig nach Königsberg. Sein von dem Polizeipräsidenten Abegg befürwortetes Naturalisationsgesuch wurde abgelehnt, dagegen wurde ihm ein dreijähriger Aufenthalt in Königsberg gestattet, um die Albertina zu besuchen. Am 1. Oktober 1841 wurde ihm mitgeteilt, er müsse spätestens nach einem Monat die Stadt verlassen. Auf die Anzeige des Pfarrers Gregor vom 26. Oktober 1841, «daß Ludwig Cohen getauft und unter Annahme der Namen Ludwig Reinhold Walesrode zur christlichen Kirche übergetreten sei», wurde ihm nicht nur der fernere Aufenthalt in Königsberg gestattet, sondern auch ein Jahr später das Stadtbürgerrecht erteilt. StAK, Rep. 2, Tit. 39, Nr. 46, Fol. 293 ff.: Königsberg, 6. Dezember 1846, die heimatlichen Verhältnisse des Literaten Ludwig Walesrode betreffend. – Über seine Stellung zum Judenhaß unterrichtet die von ihm anonym verfaßte Broschüre *Beleuchtung eines dunkeln Ballsaales. Ein Wort zur Zeit von Wse,* Königsberg: Hartungsche Hofbuchdruckerei 1841, 10 S.

154. Eduard Flottwell an Jacoby

Nachlaß[1]) *Berlin, 10. November 1841.*

... Im Ernst gesprochen, so gestehe ich, daß man erröten möchte über all diese Jämmerlichkeit des durch seine hohe Bildung so weit verschrienen Berlins. Man zupft und zieht und reckt, um diese Leute aus ihrem Schlaf zu erwecken. Aber was ist's am Ende: man hat ihnen die guten Ohren nur noch länger gemacht, im übrigen schnarcht der Kadaver ruhig weiter. Ein wahres Glück nur, daß man auch von der entgegengesetzten Seite zu-

[1]) DR, S. 173 ff.; Abs. 3 LE (Ab).

weilen etwas starke Patronen ladet und die Lärmschüsse darum noch lauter macht, sonst, glaube ich, machte niemand die Augen auf. Da hat nun wieder ein allerhöchster Jemand in königlicher Begeisterung für Schutz und Ausbreitung des reinen Evangeliums Geistliche nach England geschickt und 15 000 Pfund Sterling guten preußischen Geldes für den englischen Bischof in Jerusalem bestimmt[2]) und der Wahrheit gemäß nicht sonderlich Schlimmes damit gemeint, da er die 15 000 Pfund Sterling aus eigener Schatulle hergegeben hat und ihm füglich nicht verwehrt werden kann, mit *seinem* Gelde zu machen, was er will. Dennoch aber ist gerade diese Tat, vielleicht die unschuldigste seiner glücklichen[3]) Regierung, gerade am meisten dazu angetan, ihm auch in den ungebildeteren Klassen des Volks das letzte Fünkchen von Popularität zu rauben.
Da ist nun gegenwärtig mein rechtschaffener Alter hier und hatte sich gestern, selbst ängstlich gemacht, jene oben angegebene Interpretation der allerhöchsten Maßregeln quoad episcopalia aus Eichhorns[4]) Munde geholt, und auch der sagte, er ginge diesmal mit schwerem, wahrhaft bekümmerten Herzen vondannen, denn eine solche Stimmung, wie er sie in allen Kreisen vorgefunden, habe er doch nicht erwartet, und dabei verwünschte er diese «abscheuliche» Partei hier in Berlin, die sich bemühte, alles, was von oben her geschähe, ins schlechteste auszudeuten, denn nur von dieser käme jene beunruhigende Stimmung her. Wir wollen mit ihm über diese Anschauung nicht rechten, denn er gehört leider auch zu denen, die bei dem besten Willen für den politischen Fortschritt sich von dem Blendwerk des persönlichen Vertrauens in den Charakter und die Absichten Seiner Majestät nicht losmachen können oder wollen. Wir wollen uns nur über die Tatsache selbst freuen und Euch vor allen Dingen preisen, die Ihr kein geringes Scherflein dazu beitragt, den Ingrimm der Nation über die Abscheulichkeiten derjenigen Partei, die die Macht in Händen hat, zu offenbaren. Solcher Offenbarungen nur recht viele, und wir brauchen keine Schellinge, um uns die Philosophie der Offenbarung predigen zu lassen.
Was sagst Du zu dem zweiten Siege Deiner *Vier Fragen?*, den der Feind in der Kabinettsorder vom 12. September c. selbst proklamiert hat? Jene Aufhebung der willkürlichen Versetzbarkeit richterlicher Beamter und diese wenigstens teilweise Vernichtung eines teuflischen Prinzips sehen fast so aus, als schämte man sich, gerade bei Deiner Untersuchung von den bisherigen Vorrechten Gebrauch zu machen. Aber sie haben gut Aufheben, da ihre Rache in *gewissen* Händen so wohl aufgehoben ist!
Gestern gelangte auch eine neue Besorgnis zu meinen Ohren, daß Abegg als Oberregierungsrat in eine andere Provinz versetzt werden sollte. Ich habe sogleich bei meinen jetzt besonders gut versorgten Quellen nachgespürt, und es hat sich das Gerücht als *völlig grundlos* erwiesen, was Du nur Abegg sagen mögest. Dagegen ist der baldige Rücktritt des Herrn Ministers v. Schön (noch hat er ihn nicht definitiv erklärt, es ist ihm aber völlig ernst darum, was auch der König weiß) aus seinem Amte außer allem Zweifel.

[2]) Am 6. September 1841 machte der König von Preußen durch eine Urkunde bekannt, daß er zur Dotation eines evangelischen Bistums Jerusalem, das von der Krone und Kirche Englands gestiftet wurde, die Hälfte beitragen wolle, und bestimmte dazu ein Kapital von 15000 Pfund Sterling. Am 13. Oktober 1841 reisten zwei Berliner Geistliche mit offiziellen Aufträgen nach England ab.

[3]) Vermutlich Entzifferungsfehler; richtiger wohl: „glücklosen Regierung".

[4]) Johann Albrecht Friedrich Eichhorn (1779–1856), von 1840 bis März 1848 Kultusminister.

Der König hat dieser Tage eifrigst einen Jemand, den ich augenblicklich nicht nennen darf, der aber immer noch der beste von allen gewesen wäre, gebeten, in seine Stelle dorthin zu gehen, der hat es aber bis jetzt noch ebenso eifrig abgelehnt, und ich glaube überhaupt nicht, daß irgendeiner mit besonderer Lust dorthin gehen würde. Übrigens will der König Leute wie Meding[5]), Manteuffel[6]) und ähnliche auf keinen Fall dorthin schicken. Der Jemand hat einen anderen statt seiner in Vorschlag gebracht, der Euch allen gewiß am liebsten sein würde, noch darf ich ihn aber nicht namhaft machen. Sobald ich etwas weiteres darüber weiß, werde ich nicht säumen, Euch zu benachrichtigen.

[Jachmann soll Auskünfte für die Schrift über Schön, die als zweiter Band der «Preußischen Staatsmänner» bei Georg Wigand erscheinen soll, geben. Evtl. auch Robert S[[chön]]. Dr. Buhl[7]) soll sie bearbeiten. . . .][le]

P. S. Daß Hake endlich in Begleitung eines Kammergerichtsassessors Würk von hier nach Preußisch Holland zurückgesegelt ist, wißt Ihr wohl schon, es ist dies aber mit der delikatesten Schonung [und 50 (( )) Kostenvorschuß][le] geschehen, der Begleiter soll sich nur als Freund gerieren. *Geht doch mit der Nachricht über Schön ja sehr vorsichtig um, da er offiziell noch nicht um seinen Abschied gebeten und die vorläufigen Schritte zur Auffindung eines Nachfolgers daher die größte Diskretion erfordern.*

5) Werner von Meding (1792–1871), Oberpräsident der Provinz Brandenburg.

6) Otto Freiherr von Manteuffel (1805–1882), 1841–1845 Oberregierungsrat in Königsberg, November 1848 bis Dezember 1850 Innenminister, 1850–1858 Ministerpräsident und Außenminister.

7) Ludwig Buhl (1814 bis etwa 1882), Junghegelianer, Mitglied des Kreises der «Freien», Mitarbeiter des «Athenäums», der «Rheinischen Zeitung» und anderer radikaler Blätter.

155. Eduard Flottwell an Jacoby[1])

Abdruck[2]) *Berlin, 13. November 1841.*

. . . Daß Alvensleben[3]) zurücktritt, wißt Ihr wahrscheinlich, wenn es Euch überhaupt interessiert. Die Erfahrungen der neuesten Zeit, holländischer Zollvertrag etc. sollen daran den wesentlichsten Teil haben. Natürlich stellt man sich so, als wünsche er seinen Abschied um seiner selbst willen. Ganz unwahr ist aber das Gerücht, als habe *er* ihn verlangt wegen der nach Jerusalem bestimmten 15 000 Pfund Sterling, denn – wie schon erwähnt – fließen diese lediglich aus des Königs Privatschatulle. Über die Einordnung technischer Mitglieder zum Handelsministerium ist man noch nicht im reinen. Der König für seine Person ist angeblich dafür. Geheimrat v. Tzschoppe[4]) ist wieder hier, wird

1) Nachschrift zu Nr. 154.

2) DR, S. 175 f.

3) Albrecht Graf von Alvensleben (1794–1858), preußischer Finanz- und Kabinettsminister.

4) Gustav Adolf Tzschoppe (1794–1842) litt am Ende seines Lebens an Geistesstörung.

aber nicht in den Staatsdienst zurücktreten, wie ich aus nächster Quelle weiß, da sein Arzt das Attest ausgestellt hat, daß die geringste geistige Anstrengung ihn abermals um den werten Verstand bringen würde. Rochow ist ungeachtet des neulichen seine Krankheit desavouierenden Artikels in der «Leipziger Allgemeinen Zeitung» sehr hinfällig, soviel steht aber fest, daß nur sein *körperlicher* Zustand sein Ausscheiden veranlassen würde, andere Zustände nicht. In litteris empfehle ich – falls Euch noch unbekannt – Lieder eines Lebendigen (von Herwegh), streng verboten; Denkwürdigkeiten des Freiherrn v. Hormayer[5]), wahrscheinlich bald verboten, und eine kleine Broschüre über die Pressefreiheit in England, Berlin bei Nicolai[6]), die merkwürdige Parallelen mit unseren Zuständen aus der dortigen Zeit 1620–1694 enthält. Wir sind jetzt so weit wie England um 1650 . . .

[5]) Josef Freiherr von Hormayer (1782–1848), österreichischer Historiker, begann 1841 seine *Lebensbilder aus dem Befreiungskriege* zu veröffentlichen.

[6]) *Die Pressefreiheit in England, mit besonderer Bezugnahme auf das Libell,* Berlin: Nicolaische Buchhandlung 1841. Diese anonyme Schrift wurde ausführlich von K. Nauwerck in den «Deutschen Jahrbüchern für Wissenschaft und Kunst» Jg. 1842 Nr. 50–52 besprochen.

156. Jacoby an Eduard Flottwell

Abdruck[1]) *Königsberg, 20. November 1841.*

Nachdem der rheinische Landtag viel darüber gestritten, ob das höchste Vertrauen im Reden oder im Schweigen liege, und sich für das letztere entschieden, brauche ich mich wohl wegen meines langen Stillschweigens bei Dir nicht weiter zu entschuldigen. Solltest Du politischer Ketzer jedoch an die Unfehlbarkeit eines hohen Landtages nicht glauben, so decke ich mich mit dem Schilde einer vierteljährlichen schmerzhaften Krankheit. Jetzt bin ich wieder völlig genesen und wundere mich über den sonderbaren Einfall, gerade in einer Zeit krank zu werden, da die unsichtbare Kirche so hart gedrängt und einer verdoppelten Tätigkeit ihrer sparsam gesäten Bekenner mehr als je bedürftig ist.s

Die Zensur scheint in unserem intelligenten Vaterlande täglich strenger zu werden und sich jetzt sogar schon auf allerhöchste Kabinettsorders zu erstrecken. Schade, daß die Kabinettsorder, die Euch arge Welckerianer aus dem Tempel wies, von der Zensur gestrichen, und gut, daß wenigstens die über den Bischof von Jerusalem passiert ist! Auch daß Du, Veit und Konsorten unter polizeiliche Aufsicht gestellt seid, ist zu loben; denn wenn man auf die Liberalen nicht ein wachsames Auge hätte, könnten sie (wie das «Politische Wochenblatt» mit Recht klagt) es mit Hilfe der öffentlichen Meinung sogar dahin bringen, daß die Fürsten selber an der Rechtmäßigkeit und Notwendigkeit ihrer göttlichen Macht irre würden!! Fast fürchte ich, daß Allerhöchst schon jetzt das

[1]) DR, S. 176 f.

Recht und die Notwendigkeit dieser Macht bezweifele und nur noch an den Privatnutzen derselben glaube. Hiervon abgesehen, war Dein Verhalten in Sachen Friedrich Wilhelm Königs kontra Welcker gewiß das Richtige und wird als solches auch hier von allen Verständigen anerkannt.
Mein seit fünf Monaten unterbrochener Prozeß hat seit zehn Tagen wieder begonnen und ich bereits drei Verhöre in dieser Zeit überstanden. In dem gestrigen artikulierten [sic!][m] Verhör wurden mir 33 Fragen zur Beantwortung vorgelegt, die sich großenteils auf Druck und Verbreitung der quästionierten Schrift bezogen; übermorgen wird die Untersuchung geschlossen und dann die schriftliche Defension von mir angefertigt werden. Zum Behufe derselben habe bereits ein Dutzend Kabinettsorders, Ministerialreskripte, Landtagsaussprüche usw. gesammelt, die – während der Dauer meines Prozesses erschienen – die mir von Rochow als frecher Tadel ausgelegte Behauptung aufs glänzendste rechtfertigen. Ich hoffe selbst vor der allerhöchsten Staatsräson mich von jedem Verdachte zu reinigen.
Gegen die Kompetenz des hiesigen Kriminalsenats sowie gegen die Kabinettsorder vom 30. August, die diesen Gerichtshof auch über Hochverrat zu erkennen bevollmächtigt, habe Protest eingelegt. Beifolgend mein dieserhalb an den König gerichtetes Schreiben[2]), aus welchem Du am besten den gegenwärtigen Stand der Frage ersehen wirst.
In einem der letzten Verhöre wurde mir eine zweite, mit einigen Zeitungsberichten vermehrte Auflage der «Vier Fragen», gedruckt bei Schuler, Straßburg, vorgelegt[3]) und ich wegen Teilnahme an diesem Wiederabdruck inquiriert. Kannst Du der neuen Ausgabe habhaft werden, so schicke mir ein bis zwei Exemplare. Auch dürfte es meiner Sache förderlich sein, wenn Du die hier erwähnte Tatsache in die Leipziger und Augsburger Allgemeine Zeitung einschmuggeln könntest. Berate Dich darüber mit Waldeck und den Berliner Freunden.

[2]) Liegt nicht vor.
[3]) [Jacoby] *Vier Fragen beantwortet von einem Ostpreußen*, 2. Aufl., Straßburg: Druck von G. L. Schuler 1841.

157. Jacoby an Eduard Flottwell

Abdruck[1]) *[Königsberg,] 22. November 1841.*

Heute letztes Verhör; Rochow hat in einer zweiten, nicht neue Tatsachen, sondern nur neue Schimpfreden vorbringenden Denunziation seine Galle über das kammergerichtliche Gutachten auszulassen und den günstigen Eindruck der Protokolle zu schwächen versucht. Wie ihm dies gelungen, wirst Du in Kürze lesen ... (Lieder des Kosmopolitischen

[1]) DR, S. 177 (unter einer gemeinsamen Überschrift mit dem Briefe Jacobys an E. Flottwell vom 20. November 1841).

Nachtwächters[2]). – Königsberger Literaturblatt. – Hävernick. – B. Bauer. – Landtagsverfolg. – Auerswald-Plauten. – Schön.[3]) Die eingangs erwähnte Entscheidung des rheinischen Landtags (sie haben dafür ihren wohlverdienten Landtagsabschied erhalten) laß mich nicht entgelten, sondern zeige Deine Liebe durch baldige ausführliche Antwort.

[2]) [Franz Dingelstedt,] *Lieder eines kosmopolitischen Nachtwächters,* Hamburg: Hoffmann & Campe 1842. Die Sammlung enthält ein Gedicht über die *Vier Fragen* (S. 124 f.).

[3]) Über diese Punkte [in dem vorliegenden *Konzept* nur stichwortartig zusammengefaßt] wird Jacoby in dem abgesandten Brief ausführlicher sich geäußert haben. GM.

158. Eduard Flottwell an Jacoby

Nachlaß[1]) *Berlin, 23. November 1841.*

[betr. das Welckersche Ständchen. Eingaben an den König und das Polizeipräsidium.][le]

...Der schon neulich erwähnte Rücktritt des Finanzministers stellt sich immer mehr als einer der bedeutungsvollsten Schritte in unserem Staatsleben heraus. Es war nicht ganz richtig, wenn ich damals von dem Gefühl der Untüchtigkeit, von Zuckerfragen etc. sprach. Es ist vielmehr der Unwillen über das gegenwärtige Treiben dort oben, das Graf v. Alvensleben allein zu diesem Schritte bewogen hat, der nicht nur nicht von höchster Stelle aus veranlaßt ist, sondern vielmehr Seiner Majestät sehr arges Kopfzerbrechen verursacht. Alvensleben wird von allen Wohlunterrichteten als ein durchaus rechtlicher und selbständiger Charakter geschildert, der die eigenmächtigen Einmischungen des Allerhöchsten nicht länger hat ertragen können. Willkürliche Dispositionen über die Staatseinkünfte zu Bauten, außerordentliche Gehälter und andere unnütze Launen, die jede Remonstration des für die Finanzen des Staats allein verantwortlichen Ministers mißachteten, waren mit der Gewissenhaftigkeit des letzteren nicht länger vereinbar. Wahrscheinlich wird man sich nach ihm einen bequemeren Diener aussuchen, der wie die Herren v. Rochow, Thile[2]), Stolberg[3]), Eichhorn usw. zu allen allerhöchsten Wünschen einen tiefen Bückling macht und stets bereit ist, denselben schleunigst zu gehorchen. Schwierigkeiten wird eine solche Wahl allerdings machen, und man weiß daher auch immer noch keinen präsumtiven Nachfolger namhaft zu machen.

Für den jedenfalls Tüchtigsten gilt überall der Geheime Oberregierungsrat Kühne[4]), der ist aber ein freisinniger und kräftiger Charakter und überdies bürgerlich, folglich

[1]) DR, S. 177 f.; Nachschrift LE(Ab).

[2]) Ludwig Gustav von Thile (1781–1852), 1841 bis 1848 Kabinettsminister Friedrich Wilhelms IV.

[3]) Anton Graf zu Stolberg-Wernigerode (1785–1854), wurde 1842 zum Staatsminister ernannt.

[4]) Ludwig Kühne (1787–1864), preußischer General-Steuerdirektor, Mitbegründer des Zollvereins.

unbrauchbar. Seine Majestät haben sich daher auch gewaltig gesträubt, ehe Sie das Entlassungsgesuch *(ohne Pension)* angenommen haben. Vorläufig bleibt Alvensleben noch bis zum 1. März als dem Schluß des laufenden Finanzjahres. Die höhere Beamtenwelt (exkl. die Minister), in der immer noch ein tüchtiger Kern steckt, tüchtiger, als man es sich in der Ferne zu denken geneigt ist, und die das herrschende Unwesen noch mehr empfindet als die Nichtbeamten, ist über den Schritt des Herrn v. Alvensleben in großer Bewegung, was hilft's aber? Unter solchen Ministern kommt nur das Schlechte in die Höhe, und mit geringen Ausnahmen müssen die Sorgen für Weib und Kind und tägliches Brot jede andere Rücksicht überwiegen.
Über Schöns Nachfolger ist inzwischen auch nichts Neues zutage gekommen; man ist auch dieserhalb auf die Rückkehr Seiner Majestät sehr gespannt. Ob der Jemand[5]), auf den mit *Bestimmtheit* reflektiert wurde und der sich mit gleicher Bestimmtheit geweigert hatte, dennoch ernannt werden wird, dürfte sehr unwahrscheinlich sein, noch unwahrscheinlicher aber, daß man auf dessen Vorschlag eingehen wird, den – ich darf ihn jetzt nennen – Oberbürgermeister v. Auerswald[6]) an Schöns Stelle zu setzen. Wird es aber keiner von beiden, dann – gestehe ich – wünschte ich, daß lieber einer von der ganz entschiedenen Reaktionspartei dazu käme, wie z. B. Herr v. Meding; solche Leute sind jedenfalls besser als die trostlosen Halbmenschen, die weder recht erbittern noch auch recht was Gutes durchsetzen wollen.

N. S. ... Literaturblatt Nr. 1–9, das *Innere* des Blattes habe ich nur erst flüchtig überschauen können und schon den Wettkampf zwischen Jachmann und Jung bemerkt. Möchten sich doch nur die Hilfstruppen darum nicht *ganz* zurückziehen. Es wäre traurig, wenn Jung die *Allein*herrschaft erhielte. Dann wäre er ganz verloren. – Das *Äußere* hat sich ja sehr verbessert. Man kann nichts dagegen einwenden.

[5]) Flottwells Vater. GM.
[6]) Rudolf von Auerswald.

159. Eduard Flottwell an Jacoby

Nachlaß[1]) *Berlin, 7. Dezember 1841.*

[Akten zum Prozeß Jacoby betr.][le]

... Was Euer Literaturblatt betrifft, so habe ich bis heutigen Tages nichts erhalten, überdies hat mir Jachmann so sehr die Lust daran verdorben[2]), daß ich mit meinem

[1]) LE(Ab).
[2]) Gemeint ist vermutlich Jachmanns Aufsatz «Spanische Literatur in Deutschland» im «Königsberger Literaturblatt» vom 24. November 1841 Jg. 1 Nr. 8 Sp. 61–64, wo der Verfasser behauptet, der Patriotismus habe sich überlebt: «Der Patriotismus ist eine schöne Antike, die in das herkulanische Museum des Palazzo Borbonico gehört [...]» (Sp. 62).

einzigen Exemplar vollkommen zufrieden .... Sage Walesrode, daß sein Elbinger Anzeiger endlich hier ist und gewisse Nummern, insbesondere Nr. 84 *große* Sensation und Freude machen[3]), wie überhaupt das ganze Blatt Beifall findet, vielleicht bürgere ich es hier bei Stehely ein .....

[3]) Es ist hier die Rede von der mit «J. C. H.» gezeichneten Korrespondenz «Königsberg, den 16. Oktober 1841» in den «Elbinger Anzeigen» vom 20. Oktober 1841 Nr. 84. Walesrode schildert darin ironisch unter anderem eine große Militärparade in Königsberg.

160. Friedrich Wilhelm IV. an den Minister der Justiz

Kabinettsorder betreffend Jacoby

Nachlaß[1]) *Charlottenburg, 11. Dezember 1841.*

An
den Staats- und Justizminister Mühler.

Aus dem beifolgenden Gesuch[2]) des Arztes Dr. Jacoby zu Königsberg werden Sie ersehen, daß derselbe es als ein Recht in Anspruch nimmt, wegen der ihm gemachten Anschuldigung einer hochverräterischen Tendenz seiner Schrift «Vier Fragen» von dem Kammergericht als dem exzeptionell für die Verbrechen wider die Verfassung des Staates bestellten ausschließlichen Gerichtshofe gerichtet zu werden. Bei der Order vom 30. August d. J. ist es Meine Absicht gewesen, in der vorliegenden Untersuchung alles Exzeptionelle zu vermeiden und den Jacoby in keiner Beziehung wegen der ihm gemachten Anschuldigungen seinem ordentlichen Richter zu entziehen. Wenn derselbe aber in Beziehung auf die Anschuldigung der hochverräterischen Tendenz seiner Schrift bei dem Kammergericht gerichtet zu werden verlangt, so nehme Ich, da einmal die Untersuchung auch wegen dieser Anschuldigung gegen ihn eröffnet worden, keinen Anstand, seinem Gesuche stattzugeben und die Bestimmung Meiner Order vom 30. August, wonach der Kriminalsenat zu Königsberg auch über diese Anschuldigung urteilen sollte, wieder aufzuheben. Sie haben hiernach das Kammergericht und den gedachten Kriminalsenat mit Anweisung zu versehen und den Jacoby zu bescheiden, auch dafür zu sorgen, daß auf die geschlossenen Untersuchungsakten zuerst beim Kammergericht und hiernächst wegen der übrigen Anschuldigungen bei dem Kriminalsenat zu Königsberg eventuell mit Berücksichtigung des § 57 Tit. 20 Teil II A.L.R. erkannt wird und beide Urteile dem Angeschuldigten zu gleicher Zeit publiziert werden. Sollte der Jacoby aber dahin antragen, daß über sämtliche ihm gemachten Anschuldigungen bei dem Kammergericht das Erkenntnis abgefaßt werde, so soll ihm auch hierin gewill-

[1]) DZA Merseburg, Rep. 89 C, Tit. 12, Nr. 94, Fol. 53 (Entwurf).
[2]) Vgl. Nr. 148.

fahrt werden, es muß aber dann auch für die zweite Instanz bei dem für das Kammergericht bestehenden Instanzenzuge verbleiben. Z.A.V.[3])

Thile.

[3]) Zu Allerhöchster Verwendung.

161. Eduard Flottwell an Jacoby

Nachlaß[1]) *Berlin, 13. Januar 1842.*

Unter Übersendung der beiliegenden Sächsischen, Posenschen und Schlesischen Landtagsverhandlungen nebst den Probenummern des Schweizerboten melde ich Dir nur in höchster Eile, daß Du ja in der *von mir angegebenen Art* den Abdruck Deiner Defension[2]) veranstalten mögest. Der Kriminalsenat hat zwanzig und etliche Mitglieder, außerdem belege ich noch etwa fünf bis sechs Exemplare zu beliebigem Gebrauch ..... Bodelschwinghs[3]) Ernennung zum Finanzminister steht seit gestern definitiv fest. Sein Nachfolger in der Rheinprovinz wird wahrscheinlich der Fürst Solms-Lyck, der bisher nie Beamter, sondern nur Mitglied des Staatsrats gewesen![4])

[1]) JNUL(Ab).
[2]) Vgl. Nr. 146 Anm. 4.
[3]) Ernst von Bodelschwingh (1794–1854), preußischer Staatsmann, 1842–1845 Finanzminister, 1845 bis März 1848 Innenminister.
[4]) Nicht er, sondern Justus Wilhelm von Schaper wurde Oberpräsident der Rheinprovinz.

162. Julius Waldeck an Jacoby

Nachlaß[1]) *Berlin, 27. Januar 1842.*

Über den Oberpräsidenten der Provinz Preußen Karl Wilhelm Bötticher.

[1]) Inhaltsnotiz in NLE.

163. Malwine von Keudell an Jacoby

Nachlaß[1]) *[o. O.,] 29. Januar 1842.*

Über ein Zusammentreffen mit Bettina von Arnim[2]).

[1]) Inhaltsnotiz in NLE.
[2]) Vgl. Nr. 224.

164. Robert von Keudell an Jacoby

Nachlaß[1]) *Berlin, 30. Januar 1842.*

Lieber Dr.! (Ich weiß nicht, wie ich Dich anders nennen soll.)

Es ist wohl das erste Mal, daß ich an Dich schreibe, und so oft ich seit meiner Entfernung von Königsberg auch an Dich gedacht habe, *darauf* wäre ich nicht gekommen, wenn mir nicht eben die Mutter gesagt hätte, daß Du es wünschtest, was mich sehr freut. Es ist mir, seit ich vom Stapel gelaufen bin, so vieles begegnet, daß ich nicht wissen würde, wo ich anfangen und wo aufhören sollte, wenn ich es unternähme, Dir alle meine märchenhaften Reiseabenteuer zu erzählen, welche jene des berühmten Sindbad und aller anderen großen Reisenden sowohl an Seltenheit wie an Merkwürdigkeit weit übertreffen; ich will mich daher nur darauf beschränken, Dir, wie Du wünschst, einige Mitteilungen über mein hiesiges Leben und Treiben zu machen. Am meisten, muß ich wohl sagen, daß ich mich mit Musik beschäftige, teils mit Klavierspiel, teils mit der Theorie, dem Generalbaß und der Kompositionslehre.

Doch davon wird Dich nichts Näheres interessieren. Zur Universität also. Diese ist in der Tat großartig im Äußeren wie im Innern. Der Index lectionum ist überreich. Ich konnte mich leider nicht immatrikulieren lassen und daher kein Kollegium annehmen. Aber zwei sehr frequente Kollegien höre ich dennoch regelmäßig: Schelling und neueste Geschichte bei Ranke. Bei Schelling verstehe ich, was er sagen will, aber *das* ist mir meist unverständlich; und ich habe nur wenig nachgeschrieben, weil ich gewöhnlich keinen Sitzplatz bekomme. Ranke zieht mich sehr an. Außerdem hospitiere ich bei Ritter[2]), Rückert, Werder, Savigny, Schönlein[3]), Böckh[4]), Raumer[5]), Dove[6] etc. – worüber mündlich Näheres. Ein Studentenleben existiert hier eigentlich nicht, doch habe ich das Glück, hier zehn Königsberger, frühere Hochheimer[7]), zu finden, mit

[1]) JNUL(Ab).
[2]) Karl Ritter (1779–1859), Geograph.
[3]) Johann Lukas Schönlein (1793–1864), Mediziner.
[4]) August Böckh (1785–1867), Professor der Beredsamkeit und klassischen Literatur.
[5]) Friedrich von Raumer (1781–1873), Professor der Staatswissenschaften und der Geschichte in Berlin, Liberaler, Mitglied der Frankfurter Nationalversammlung (rechtes Zentrum).
[6]) Heinrich Wilhelm Dove (1803–1879), Physiker und Meteorologe.
[7]) D. h. Mitglieder der Königsberger Verbindung «Hochhemia».

denen ich öfter zusammenkomme und die mich Königsberg wenigstens einigermaßen verschmerzen lassen.
Unendlichen Genuß habe ich natürlich vom Museum, der Oper, dem Schauspiel und vielen guten Konzerten (ich bin auch mit Mendelssohn-Bartholdy bekannt geworden, was für mich von großer Bedeutung ist). Gesellschaften mache ich wenig mit. Von einigen wurde ich gefragt, ob ich nicht «bei Hofe» gehen wollte, und ich hatte auch schon die Absicht, mir von Dir Empfehlungen an die Herren Minister, Gesandten, Prinzen etc. geben zu lassen, gab es aber auf, um Dich nicht zu bemühen.
Du siehst also, im ganzen geht es mir hier sehr gut. Dennoch werde ich aus vielen und gewichtigen Gründen Ostern vorläufig nach Königsberg zurückkehren, worauf ich mich sehr freue.
Über Rudolf[8]) und die Mutter wird diese selbst wohl schreiben. So lebe denn wohl und grüße Fabian[9]), wenn Du ihn siehst; empfiehl mich auch Herrn Meyerowitz, Adelsons und wem Du sonst willst. Viel Glück zu allen Deinen rebus gestis und gerendis!

[8]) *Rudolf* Wilhelm Leopold Karl von Keudell (1808–1871), älterer Bruder Robert von Keudells, besuchte das Friedrichs-Kollegium in Königsberg, studierte an der Albertina Jura, widmete sich dann dem Militärdienste, den er 1838 verließ; Novellist und Romanschriftsteller, bis 1848 Republikaner (vgl. seine Broschüre *Ein Wort zum Frieden und zur Einigkeit von einem des Krieges Fähigen,* Dresden/Leipzig 1848); Jugendfreund Jacobys.
[9]) Gemeint ist vielleicht Gottlieb Theodor Fabian (1801–1878), Gymnasiallehrer in Königsberg, seit 1844 Direktor des Gymnasiums zu Tilsit.

165. Otto Wigand an Jacoby

Nachlaß[1]) *Leipzig, 8. Februar 1842.*

Ich habe unter der Hand mit der Zensur verhandelt, allein es ist an ein Imprimatur nicht zu denken. Nun frage ich Sie, ob ich Ihnen vierzig Exemplare heimlich, ohne Zensur drucken lassen soll? Dann muß ich aus dem Spiele bleiben, wenn sie gefragt werden, wo und wer hat die Broschüre[2]) gedruckt. Wollen Sie dieselbe aber im Buchhandel haben, so muß sie in Straßburg oder in der Schweiz gedruckt werden. Bestimmen Sie jetzt, was sie wünschen, aber fest und bestimmt. Männer, die handeln, kennen nur ja, nein.
‹Unser Urteil ist gefällt: wir sind in die Kosten verurteilt; Nies[3]) und Georg[4]) sechs Wochen Gefängnis pure. Für Nies habe ich sämtliche Kosten bezahlt und eine Summe bis 500 Reichstaler angeboten, wenn ihm die Kerkerstrafe erlassen wird. Ich habe beide hineingeritten und muß auch jedes Opfer bringen. Ich war in Dresden, allein die Gefängnisstrafe ist nicht loszukriegen.›

[1]) JNUL(Ab).
[2]) Vgl. Nr. 146 Anm. 4.
[3]) Buchdrucker in Leipzig.
[4]) Georg Wigand.

166. Eduard Flottwell an Jacoby

Nachlaß[1]) *Berlin, 15. Februar 1842.*

[Teilnehmer am Geburtstag der «Vier Fragen» 12. Februar: Waldecks, /Maur/achs, Lorkowski (Reg.-Ass.), Flottwell, Rudolf Keudell und Smiths.][le]

... Um so Interessanteres hoffe ich von Eurer Solemnität zu hören, mit der wir Königsberger uns im Geiste viel beschäftigten. Die (Schöne =) Bergpartei wird es wohl an einigen kräftigen Gedanken nicht haben fehlen lassen! Waren Motherby sen.[2]) und Kosch, Burdach und solcher Leute mehrere dabei? ...

..... Was außerdem die Aufforderung zur Teilnahme an der Rheinischen Zeitung betrifft, so bitte ich Euch Eingeweihte, dem Besagten W. Rode[3]), der zuweilen an einer unüberwindlichen Faulheit leidet, eine aufstachelnde Geißel zu sein. Die neuesten Nummern des qu[ästionierten] Blattes zeugen einerseits von dem tüchtigen Willen der Redaktion und andererseits von dem guten des Zensors. Es läßt sich daher schon so mancherlei kombinieren, und an Stoff fehlt es ja eigentlich nie. Überdies kommt es ja auch nicht immer auf trockene Tatsachen an. Die Menschheit muß auch durch Reflexionen bearbeitet werden, und zu diesen öffnet Euch das Feuilleton bereitwilligst seine Spalten; ich würde daher der unmaßgeblichen Meinung sein, daß *Du* und Jachmann das, was Ihr nicht etwa den einheimischen Blättern anvertrauen wollt oder könnt, an Rutenberg sendet, auf dessen dankbare Bemühungen Ihr rechnen dürft, wenn auch gerade keine pekuniäre Erwiderung erfolgen sollte, auf die Ihr ja ohnedies keinen Wert legt. In die beiden äußersten Enden der Monarchie scheint nun einmal das tatkräftigste Häuflein der wahrhaft Gutgesinnten sich verteilt zu haben. Darum wollen wir uns auch brüderlich die Hand reichen und den kurzen Sonnenblick benutzen, um einige Samenkörner in den aufgelockerten Boden zu streuen.

Wir hatten hier gestern einen Brief von Dr. Hess[4]), der immer noch bei der Redaktion beschäftigt ist, wenn er auch eine Zeitlang durch den Dr. Höfken[5]) neutralisiert gewesen war. Jetzt, seitdem Rutenberg da ist, schreibt er, wäre eine wahre Lust der Arbeit in sie gefahren; beide arbeiteten tüchtig an dem Werke und erfreuten sich überdies des Umstandes, daß der Zensor mit einem der Genannten persönlich sehr befreundet sei und darum auch ein bereitwilliger Gehilfe wäre. Wie lange diese glückliche Konstellation dauern wird, wissen die Götter. Seitdem der Elberfelder Runkel[6]) und die

[1]) JNUL(Ab); Abs. 2 LE(Ab).

[2]) William Motherby (1776–1847), Arzt in Königsberg; 1832 gab er die ärztliche Praxis auf, um sich der Bewirtschaftung seines Gutes zu widmen. Er trat für den Genuß des Pferdefleisches ein, veröffentlichte darüber im Jahre 1841 eine Broschüre und gründete einen «Verein der Hippophagen». Seine Broschüre *Die Temperamente. Ein anthropologischer Versuch* erschien 1843 bei Otto Wigand in Leipzig.

[3]) Walesrode.

[4]) Der Brief liegt nicht vor.

[5]) Gustav Höfken (1811–1889), Mitarbeiter der Augsburger «Allgemeinen Zeitung», wurde im Dezember 1841 zum Hauptredakteur der «Rheinischen Zeitung» bestellt. Infolge politischer Differenzen mit den Leitern des Blattes, dessen Programm ihm zu radikal erschien, gab er sein Amt schon am 18. Januar 1842 auf. Höfkens plötzlicher Abgang verbesserte die Stellung von Hess.

[6]) Ferdinand Runkel war Chefredakteur der «Elberfelder Zeitung». GM.

löbliche Augsburger ihr Denunziationsgeschäft gegen diesen neuen Bundesgenossen der Deutschen Jahrbücher begonnen haben, wird man wohl von hier aus die Geierblicke auf das junge Wild heften und den günstigen Augenblick erspähen, um den wehrlosen Raub zu erfassen... Wer ist denn der Verfasser des famosen Artikels in der Königsberger Zeitung über die russisch-polnischen Verhältnisse? Er hat hier das größte Aufsehen gemacht und in den sogenannten höchsten Kreisen mit Hilfe des russischen Gesandten Mißfallen erregt[7]). Brünneck will diese Äußerung sogar eine «taktlose» nennen.

[7]) Varnhagen von Ense schreibt am 8. Februar in sein Tagebuch: «Wunderbarer Artikel aus der ‚Königsberger Zeitung' in den hiesigen wiederholt, eine Kriegserklärung gegen Rußland! ... Der russische Gesandte wird sich beschweren. Herr von Rochow ist außer sich.» GM. Varnhagen von Ense, *Tagebücher*, 2. Bd., Leipzig 1861, S. 21.

167. Julius Waldeck an Jacoby

Nachlaß[1]) *Berlin, 21. Februar 1842.*

..... Von unseren hiesigen Verhältnissen kann ich Dir nichts Bedeutendes mitteilen, weil eben nichts vorfällt; Veit verlegt eine Schrift von Bülow-Cummerow über preußische Verfassung und Verwaltung[2]), die, mit hiesiger Zensur gedruckt, Erörterungen und Äußerungen enthält, die viel stärker als die in Deiner Schrift vorkommenden sein sollen. Veit beabsichtigt, Dir gleich nach Vollendung des Drucks ein Exemplar zu schicken. Sonst macht man hier von der sogenannten freieren Zensur noch wenig Gebrauch, auch würde dem Haufen bürgerlicher Skribenten schwerlich das erlaubt werden, was man dem adligen gestattet; setzt man ja leicht bei jenen *nicht die Reinheit der Gesinnung und Güte der Absicht* voraus .....

[1]) JNUL(Ab).

[2]) Ernst von Bülow-Cummerow, *Preußen, seine Verfassung, seine Verwaltung, sein Verhältnis zu Deutschland*, Berlin: Veit & Co. 1842. Ausführlich besprochen in «Deutsche Jahrbücher für Wissenschaft und Kunst» 1842 Nr. 124–126.

168. Julius Waldeck an Jacoby

Nachlaß[1]) *Berlin, 1. März 1842.*

..... Hoffentlich wird Dir die Appellation eine bessere Gerechtigkeit bringen, und jedenfalls hast Du den Trost, Deinen Widersacher vor Dir fallen zu sehen. Rochow

[1]) JNUL(Ab).

hat definitiv seinen Abschied[2]). Schon vor vier Wochen frug der König ihn an, ob die Bürde der Geschäfte seiner geschwächten Gesundheit nicht zu schwer würde, er bat demgemäß um seinen Abschied und den Posten in Frankfurt. Letzterer ward ihm abgeschlagen, und als er vor einigen Tagen, um die Sache zu forcieren, wieder um den Abschied (der in suspenso war) einkam, erhielt er ihn trotz der Fürbitte sämtlicher Prinzen. Der König soll erklärt haben, dieser Abschied sei eineinviertel Jahr beschlossen, er hätte nur den geeigneten Zeitpunkt abgewartet; übrigens fällt er nicht durch bessere Leute, sondern durch Herrn von Thile, dem er nicht fromm genug war. Letzterer hat sich über die zu frühe Veröffentlichung des Judengesetzes[3]) furchtbar geärgert, auch einen Beamten seines Ministerii, einen gewissen Neumann (?), den er dieser Indiskretion für schuldig hielt, sofort suspendiert. Die Leute geben denn doch auf die öffentliche Meinung etwas und werden dadurch scheu, darum habe ich auch den Humboldtschen Brief publiziert, und in der Tat hat er hier wenigstens seine Wirkung nicht verfehlt. Wird sich das Ministerium nun durch von Arnim[4]) und Flottwell[5]), wie man annimmt, komplettiert haben, so werden die Frommen einen hartnäckigen Widerstand finden und bei ihrer beliebten Weise, mit dem Kopfe gegen die Wand zu rennen, sich diesen schneller zerschellen, als der gewandte, lavierende, der Schwierigkeit oft ausweichende Rochow es getan.....

[2]) Rochows Entlassung fand erst einige Wochen später statt, sie wurde veröffentlicht am 13. Juni 1842.

[3]) Gemeint ist wohl die Verordnung vom 9. März 1841; sie verbot den Juden, ihren Kindern solche Vornamen beizulegen, die mit der christlichen Religion in Beziehung stehen.

[4]) Adolf Heinrich Graf von Arnim-Boitzenburg (1803–1868), 1840 Oberpräsident in Posen, 1842–1845 als Nachfolger Rochows Minister des Innern.

[5]) Eduard Heinrich Flottwell (1786–1865), 1830 Oberpräsident der Provinz Posen, 1840 Oberpräsident der Provinz Sachsen, 1844 Finanzminister, 1846 Oberpräsident von Westfalen, 1850 von Brandenburg.

169. Moritz Veit an Jacoby

Abdruck[1]) *Berlin, 4. März 1842.*

Verehrtester Herr!

Ich kann nicht umhin, Ihnen über unsere öffentlichen Angelegenheiten einige Mitteilungen zu machen, die ich als Ergänzung derjenigen betrachte, welche von dem hiesigen Gemeindevorstande dem dortigen mit der am Dienstag abgehenden Post zukommen werden.

Sie kennen die Gerüchte über Vorschläge zu einem neuen Gesetze die bürgerliche Ver-

[1]) Abgedruckt von Ludwig Geiger in «Monatsschrift für Geschichte und Wissenschaft des Judentums» 1908 Jg. 52 S. 529 ff.

fassung der Juden betreffend: diese Gerüchte sind gegründet, es ist wirklich um dieselbe Zeit, in welcher die Kabinettsorder an drei Gemeinden (13. Dezember 1841[2]) ergangen ist, eine Kabinettsorder an das Staatsministerium erlassen worden, in welcher der König seine Ansicht über Juden und Judentum zusammenfaßt und Vorschläge darauf basiert. Der leitende Gedanke ist der: daß bei den Juden Nationalität und Religion so eng verbunden seien, daß eine durch die andere bedingt sei. Auf dies in der Weltgeschichte einzige Verhältnis sei bei allen Maßregeln der Regierenden Rücksicht zu nehmen, es sei mit der größten «Toleranz» dafür zu sorgen, daß weder der einen noch der anderen Gewalt geschehe. Die vorgeschlagenen Maßregeln zielen nun darauf hin, den «Absonderungstrieb der Juden», der nun einmal die naturgemäße Grundlage ihrer geschichtlichen Existenz sei, zu schonen, ihn zu Institutionen herauszubilden. Es sollen Korporationen gebildet werden, die ihre eigene Vertretung bei der Kommune haben, so jedoch, daß fortan kein Jude mehr die Gesamtheit der städtischen Kommune vertreten dürfe, es sollen jüdische Schiedsmänner für Streitigkeiten zwischen Juden erwählt, überhaupt die Rechte der Korporationen als solcher so viel als möglich erweitert, die Rechte der Individuen dagegen beschränkt werden. Auch in Beziehung auf Grundbesitz ist eine Ansicht mehr angedeutet als ausgesprochen, die auf eine beabsichtigte Einschränkung der bisherigen Freiheit schließen läßt. Endlich soll die Militärpflichtigkeit der Juden aufhören, der freiwillige Eintritt ins Heer dagegen gestattet sein. Der freiwillig Eingetretene soll auch avancieren, doch wird die Grenze, bis zu der er vorrücken darf, noch einer genauen Erwägung anheimgestellt; auch hat er Anspruch auf Zivilversorgung, jedoch mit dem Beifügen, es verstehe sich von selbst, daß mit dem ihm anzuvertrauenden Zivildienste kein Teil obrigkeitlicher Rechte verbunden sein dürfe.

Dies sind ungefähr die Grundgedanken der Kabinettsorder, wie sie mir mitgeteilt worden sind. Wir haben jeden Schritt getan, uns der Stimmung zu vergewissern, welche dieselbe im Staatsministerium hervorgebracht, und glauben, behaupten zu dürfen, daß sie nur bei Pietisten Anklang finden. Gleichwohl mußte ein Schritt geschehen; da ein Vorschlag des Königs an das Staatsministerium, ein Vorschlag, der sich selber in seiner ganzen Fassung noch als unfertig ankündigt, im Grunde der erste Embryo der Gesetzgebung ist, so waren wir lange zweifelhaft über den Modus der zu ergreifenden Maßregel. Nach mehrseitiger Beratung mit urteilsfähigen und kompetenten Männern haben wir beschlossen, *auf Grund umlaufender Gerüchte* uns direkt an den König und in einer zweiten Eingabe an das Staatsministerium zu wenden. Von beiden Schriften erhält der dortige Vorstand Abschrift, und ersuche ich Sie, Kenntnis von denselben zu nehmen. Außerdem werden einzelnen Ministern noch besondere Materialien suppeditiert, z. B. dem Herrn v. Boyen, der sich mit großer Wärme unserer annimmt.

Sie werden sehen, daß wir uns an das Allgemeinste in betreff der vorgeschlagenen Maßregeln gehalten und das Detail, wie ich es oben Ihnen angegeben, mit Stillschweigen übergangen haben. Sie billigen diese Vorsicht gewiß ebenso, wie daß wir uns nicht mit den übrigen Gemeinden in Verbindung gesetzt haben. Es ist weit wirksamer, wenn aus

[2]) Näheres darüber in *Materialien zur Regierungsgeschichte Friedrich Wilhelms IV.*, Heft 1, Königsberg 1842, S. 48.

allen Gegenden der Monarchie Eingaben einlaufen, die den Gegenstand von den verschiedensten Seiten beleuchten, während eine von vielen unterzeichnete Denkschrift doch nur als das Werk eines einzelnen betrachtet wird, der, wenn das Ding ungünstig aufgenommen würde, die Mitunterzeichneten «verführt» hat.

Haben Sie nun die Güte, an ihrem Teil den dortigen Vorstand von der Notwendigkeit zu überzeugen, daß er bald eine Eingabe werde einreichen müssen, wenn die rechte Zeit nicht verfehlt werden soll. Denn ist einmal die königliche Kabinettsorder beraten und ein ungünstiges Conclusum des Staatsministeriums gefaßt, so ist vieles versäumt. Breslau wird ebenfalls petitionieren, auch vom Rhein und Westfalen lassen sich Stimmen vernehmen. Und wenn man bedenkt, daß von Posen aus wahrscheinlich in entgegengesetztem Sinne verfahren werden wird, so können die *deutschen* Gemeinden Preußens die wirkliche Mißstimmung, in die sie durch jene Gerüchte versetzt worden, nicht energisch genug aussprechen.

Ich schmeichle mir damit, daß *Sie* der Konzipient der Königsberger Adresse[3]) sein werden: soll ich mir noch einen Rat erlauben, so halte ich es für genügend, wenn Sie sich nur an den König wenden. Es scheint mir nicht unmöglich, daß er, wenn die wirkliche Stimmung der Juden ihm vorgeführt wird, den ganzen Vorschlag zurücknimmt, zumal ich fest überzeugt bin, daß er von den besten Gesinnungen beseelt ist und der Mehrzahl der Juden wohlzutun glaubt. Wenn wir aber dies Resultat erreichen, daß der Vorschlag gar nicht erst die übrigen Stätten der Gesetzgebung zu durchlaufen braucht, so haben wir einen Sieg errungen, der uns im Verfolge gewiß von großem Nutzen sein wird.

Ich habe oben anzugeben vergessen, daß in der Kabinettsorder an das Staatsministerium auch ganz bestimmt davon die Rede ist, die Juden in der medizinischen und philosophischen Fakultät zu Lehrämtern zuzulassen.

Verzeihen sie meine Eile! Herzlichen Gruß Freund Moser von Ihrem

hochachtungsvoll ergebenen

M. Veit.

[3]) Jolowicz (*Geschichte der Juden in Königsberg in Pr.*, Posen 1867) erwähnt eine solche Adresse nicht.

170. Wilhelm Freund[1]) an Jacoby

Nachlaß[2]) *Breslau, 7. März 1842.*

..... Was gegenwärtig den Juden des preußischen Staats bevorsteht, wissen Sie. Ich

[1]) Wilhelm Freund (1806–1894), klassischer Philologe und Pädagoge. Er gab heraus: «Zur Judenfrage in Deutschland. Vom Standpunkte des Rechts und der Gewissensfreiheit. Im Verein mit mehreren Gelehrten», Berlin: Veit 1843, 6 Hefte; «Zur Judenfrage in Deutschland. Monatsschrift für Besprechung der politischen, religiösen und sozialen Zustände der deutschen Israeliten», Berlin: Veit 1844, 6 Hefte.

[2]) JNUL(Ab).

hatte die Absicht gehabt, zum 30. Jahrestage des Edikts vom 11. März[3]) eine Broschüre «Aphorismen über den Rechtszustand der Juden in Preußen seit 1812» herauszugeben und hatte mir dazu durch ein langes Studium nicht bloß der Gesetze, sondern der hiesigen Gemeindeakten und der auswärtigen Gemeindezustände, über die der hiesige Vorstand bei den Hauptgemeinden der verschiedenen Provinzen, auch bei der Ihrigen, Erkundigungen einzog, vorzubereiten gesucht. Da kamen die Nachrichten über die bevorstehende Umgestaltung der jüdischen Verhältnisse, und ich habe es für ratsam gehalten, sofort ein öffentliches Wort darüber zu sprechen.

Die Berliner Vorsteher haben wahrhaft schmählich in dieser Angelegenheit gehandelt: wenn hierbei irgend etwas Nachteiliges durch Versäumnis entstehen sollte, so haben die Schuld daran die Berliner zu tragen. Seit dem Dezember wissen diese, was beabsichtigt wird. Anstatt nun die entscheidenden Schritte entweder gemeinsam mit Königsberg und Breslau oder allein zu tun und sonstige Mitteilungen an geeignete Privatpersonen behufs einer öffentlichen Besprechung zu machen, haben sie mit dem, was sie wußten, hinterm Berge gehalten und eine matte Anfrage hierher – wahrscheinlich auch nach Königsberg – gerichtet, ob der hiesige Vorstand ein gemeinsames oder einzelnes Handeln für ratsam halte; und nachdem von hier aus noch an demselben Tage das erstere für geeignet gehalten worden, haben die Berliner sechs Wochen lang nichts von sich hören lassen. Endlich kam am 26. Februar eine fürchterlich lamentierende Zuschrift, man solle um Himmels willen allein petitionieren: die Sache stehe schlecht, es sei die größte Gefahr im Verzuge – und dennoch gaben sie *nicht mit einem Worte* an, was denn eigentlich beabsichtigt sei, wo das Gesetz sich befinde, im Staatsministerium, im Staatsrate oder schon im Kabinett des Königs? Ist das nicht schmachvoll?

Glücklicherweise war Tags vorher uns privatim aus Frankfurt am Main der Inhalt der Kabinettsorder ziemlich genau zugekommen, und nun erst konnte etwas geschehen, denn der frühere Artikel in der Leipziger Zeitung war doch zu allgemein gehalten und konnte als erster, solange er allein stand, nicht füglich zu einer besonderen Erörterung benutzt werden. Infolge der aus Frankfurt uns gewordenen Mitteilung nun schrieb ich den Artikel «Von der Order des 26. Februar» (in Leipziger Allgemeine Zeitung Nr. 62), und Geiger[4]) schrieb ebenfalls einen Artikel für dasselbe Blatt, der wohl auch bald abgedruckt sein wird. Zugleich machte ich mich an die Ausarbeitung der beifolgenden Schrift[5]), die ich Ihnen als ein kleines Zeichen meiner vorzüglichen Hochachtung und Verehrung zu überreichen mir erlaube. Es ist für die gute Sache von besonderem Werte, daß meine Schrift unter inländischer Zensur gedruckt ist, und ich will, soweit es irgend geht, auch bei künftig etwa nötig werdenden Schriften in betreff derselben Angelegenheit diese überaus nachsichtige Zensur benutzen.

Es ist mir nur *ein* Satz gestrichen worden: nämlich hinter den Worten (S. 16 unten):

[3]) Das Edikt vom 11. März 1812 über die Gewährung des staatlichen Bürgerrechts an die preußischen Juden.

[4]) Abraham Geiger (1810–1874), Bahnbrecher der jüdischen Reformbewegung in Deutschland, war seit 1840 Rabbiner in Breslau.

[5]) *Die gegenwärtig beabsichtigte Umgestaltung der bürgerlichen Verhältnisse der Juden in Preußen.* Nach authentischen Quellen beleuchtet, Breslau 1842 (anonym).

«vor welches Ressort die Judensachen eigentlich gehören», hatte ich noch gesagt: «Jüdische Gemeindeangelegenheiten, die vor das Kultusministerium gebracht worden sind, werden als dahin nicht gehörend an das Ministerium des Inneren hinübergegeben; dieselben Angelegenheiten werden zu einer anderen Zeit vom Ministerium des Inneren an das Kultusministerium verwiesen und von diesem an die gewöhnlichen Gerichte.» Dieser Satz nun ist gestrichen. An vier anderen Stellen hatte der Zensor einige Ausdrücke anfangs gestrichen, sie aber sogleich von selbst wieder als zulässig unterstrichen. Welchen Eindruck nun meine Schrift in Berlin und bei Ihnen machen wird, bin ich sehr begierig zu erfahren: hier ist sie reißend geholt worden; die Buchbinder konnten nicht so viel fertig binden, als an den ersten beiden Tagen begehrt wurde. Auch von Christen ist sie viel gekauft und auf christlichen Resourcen ausgelegt worden. Man will hier unter den Christen wissen, daß diese Korporationsverfassung für die Juden nur ein experimentum in vili corpore ist: daher die lebhafte Teilnahme. Recht sehr freuen würde es mich, wenn Sie mir Ihr gefälliges Urteil über die Schrift, namentlich über deren Schlußworte, mitteilen wollten, damit ich dies Ihr Urteil bei einem zweiten Abdruck, der höchstwahrscheinlich in einigen Wochen nötig sein wird, benutzen kann. Ich will dem zweiten Abdruck eine kurze Übersicht alles über den neuen Gesetzentwurf bereits Veröffentlichten und vielleicht als Anhang die demselben vorangegangenen Petitionen beigeben.

Was sonst noch von meiner Seite in dieser betrübenden Angelegenheit zu tun sein wird, das müssen die nächsten aus Berlin zu erwartenden Nachrichten lehren. Ihre Gemeinde hat doch sicherlich bereits an den König und an das Ministerium Petitionen gesandt. Die desfallsigen Petitionen der hiesigen Gemeinde sind von Geiger gemacht und ziemlich kräftig abgefaßt. Die Eingaben der Berliner Gemeinde müssen nach allem, was die dortigen Herren hierher melden, entsetzlich kriechend und schleichend lauten ... Wir sind aufgeklärte Preußen und werden weder religiös noch politisch um 100 Jahre zurückgehen. Übrigens ist diese Judenangelegenheit, soweit ich urteilen kann, gerade jetzt ein sehr wichtiges Moment für die *wirkliche* Einbürgerung der Juden in das deutsche Bürgertum. Die deutschen Stimmführer haben uns gewöhnlich nur (natürlich mit Ausnahmen) für untertänige Kammerknechte gehalten: sie sehen jetzt, daß wir uns nicht absondern, sondern einbürgern wollen, und so werden wir endlich wahre deutsche Bürger werden.

In welcher Beziehung Sie zu den dortigen Gemeindevorstehern stehen, weiß ich nicht, vielleicht dürfte der Inhalt meines Schreibens der dortigen Gemeinde von Nutzen sein, daher sie dasselbe auf geeignete Weise mitteilen wollen. Mein unmaßgeblicher Rat wäre, daß die Königsberger Gemeinde neben ihrer Korrespondenz mit Berlin auch eine direkte mit Breslau führe; von den Berliner Herren ist (unbeschadet ihrer persönlichen Ehrenhaftigkeit: ich bin mit den meisten persönlich sehr befreundet) der eine Staatszeitungsredakteur, der andere Hofantiquitätenprovianturister, der dritte Geheimer Kommerzienrat, der vierte Verleger von Werken hochgestellter Personen: allen zusammen ist ein Gemeindeadvokat, der 50 000 Reichstaler besitzt, beigesellt: Du lieber Gott, wie soll da etwas Erkleckliches geschehen. Merkwürdig ist es, wie aus Berlin die vorliegende Angelegenheit in der Kölner Zeitung besprochen wird, wie da von «zarter Schonung», von «unglücklichem Volk» usw. gewinselt wird. Schmach über das Pack!

171. Eduard Flottwell an Jacoby

Nachlaß[1]) *Berlin, 12. März 1842*[2]).

..... Du selbst wirst wohl längst jeden Glauben an eine auch nur im geringsten hochherzige Regung des königlich-preußischen Kriminalsenats hierselbst aufgegeben haben und auf die Notwendigkeit gefaßt sein, auch noch eine zweite Instanz zu beschreiten. Bei dieser hoffe ich mit Rücksicht auf Grolmanns[3]) Persönlichkeit und auf den Ruf, welcher dem Oberappellationssenat überhaupt vorangeht, daß Du Dich derjenigen Auffassung wirst erfreuen können, die der Sache würdig ist. Man muß aber auch in der Tat solch ein Holzkopf sein wie Hofrat von Kleist[4]) und dessen Räte, um namentlich noch jetzt, nach dem, was neuester Zeit die preußische Zensur passiert, den Verfasser der «Vier Fragen» bestrafen zu wollen.

Herr von Bülow-Cummerow wagt es, zu behaupten, der König, wie er jetzt *ohne* Reichsstände dastünde, sei lediglich ein Popanz der Beamtenhierarchie und diese letztere der eigentliche Regent des Landes, und selbiger Edelmann aus Pommern geht nicht nur ungestraften Hauptes einher, sondern wird sogar zur königlichen Tafel gezogen und von Ministern mit Lob überschüttet.

Andererseits kann es aber auch bei einer Sache wie der Deinigen (und ich darf sagen «unsrigen») darauf zunächst nicht ankommen, inwieweit Deine Verteidigung zu einem günstigen Eindrucke auf einen *königlich-preußischen Gerichtshof* angetan war, sondern offenbar doch nur, inwieweit sie der Sache selbst zu nutzen imstande ist. Ich irre mich gewiß nicht, wenn ich gerade bei Dir einen solchen Gesichtspunkt voraussetze, und ich teile Dir nur das übereinstimmende Urteil aller, die hier bis jetzt Deine Verteidigungsschrift gelesen haben, mit, wenn ich die Zuversicht ausspreche, daß letztere, in Verbindung *mit den sie ergänzenden Protokollen* abgedruckt und *solchergestalt* der Öffentlichkeit übergeben, nur von den glänzendsten Erfolgen begleitet sein könnte. Je weiter alsdann das Urteil der öffentlichen Meinung von dem der Gerichtshöfe abweicht, um so schlagender war Deine Beweisführung für die Erbärmlichkeit unserer Zustände, und ein *Mitabdruck der Erkenntnisse* würde daher ein sehr wünschenswertes Aggregat bilden.

Du schriebst mir neulich, daß Du *Deine Defension* nach Leipzig zum Abdruck geschickt habest, ich weiß daher nicht, ob Du damit zugleich die Protokolle gemeint hast. Wenn ich aber nicht irre, so erstreckte sich Deine Absicht früher auch auf diese, und teilst Du außerdem meine Ansicht rücksichtlich des Mitabdrucks der Erkenntnisse, so folgt wohl von selbst, daß die Veröffentlichung aller dieser Dokumente erst *nach rechtskräftiger* Entscheidung Deines Prozesses geschehen kann. Überdies bietet Dir die neueste Zeit seit Abschluß Deiner Defensionsschrift und gewiß auch das Erkenntnis erster Instanz

[1]) JNUL(Ab).

[2]) In LE(Ab) ist der Brief datiert: 13. März 1842.

[3]) Wilhelm Heinrich von Grolmann (1781–1856), Chefpräsident des Kammergerichts und Mitglied des Staatsrats.

[4]) Von dem Präsidenten des Kammergerichts Adolf von Kleist wird erzählt, daß er einen neuen, als gelehrt bekannten Rat mit den Worten empfing: «Wir brauchen hier keine Gelehrsamkeit, sondern nur Gesinnung.» J. D. H. Temme, *Erinnerungen*, Leipzig 1883, S. 217. Vgl. ferner Varnhagen von Ense, *Tagebücher*, II, S. 151 (31. Januar 1843).

noch so reichlichen Stoff zur Ergänzung jener, daß Du schon um deswillen Deine Verteidigung noch nicht als abgeschlossen ansehen kannst. Mein unmaßgeblicher Vorschlag geht daher dahin: die Ausführung Deines bereits erteilten Auftrages zu inhibieren, falls dies nicht schon durch die äußeren Umstände von selbst erfolgt sein sollte, und Dich statt dessen beizeiten nach einem Verleger für das *Ganze* umzusehen. Sollte nicht Frommann in Jena bereit sein, Dir dazu sein Staatsarchiv[5]) zu öffnen? Doch Du hast Dir diese Eventualitäten gewiß schon selbst vorgehalten und erwogen, ich wage daher kaum noch an die Schweiz, und zwar an das Literarische Comptoir zu Zürich und Winterthur (Dr. Fröbel[6]) zu erinnern, welches Dir stets als das letzte Refugium bliebe.....

Über Abeggs Wiedereinsetzung oder besser Jarkes Absetzung[7]) bin ich sehr unzufrieden. Ersterer scheint um vieles ängstlicher. Wenn er nur wenigstens nicht die Aufsätze *verstümmeln* möchte, wie er es neulich mit einem Artikel der Königsberger Zeitung getan hat[8]), welcher zum Schluß, als Pointe des Ganzen, des *Gegenwortes*[9]) gedachte und nun sich wie der Rhein spurlos im Sande verläuft. Verfasser des Gegenworts ist übrigens Dr. *Schmidt,* ein Mitglied des ehemals Rutenbergschen, jetzt völlig republikanischen Kreises, der nebst Meyen auch an der *Eisenbahn* mitarbeitet und zugleich Verfasser mehrerer vortrefflicher Aufsätze in den Deutschen Jahrbüchern ist, welche wohl die längste Zeit bestanden haben werden! Die Verfolgungen derselben werden immer nachdrücklicher und die sächsische Regierung wird bald – dem deutschen Bunde gegenüber – zu schwach zum ferneren Schutze sein. Ein Seitenstück zu dem Gegenwort ist «Die Not der Kirche», Berlin bei Hermes (von Dr. Buhl) nach Art der Posaune, womit indessen die Waffe der Ironie zur Genüge abgenutzt sein dürfte! Was das Weltgericht geschrieben, weiß man hier nicht, es ist nicht übel. C. c. (jetzt C. e. d.) in der K[önig]sb[erger] Z[ei]t[un]g ist wohl = ????[10]) Wer sind aber O und *?... Mit der Rheinischen Zeitung bist Du hoffentlich jetzt zufriedener wie früher. Rutenberg klagt noch immer, daß das Heer der Mitarbeiter noch nicht recht organisiert sei, auch ist ein solches Gebäude, wie das einer großen Originalzeitung nicht so schnell konstruiert, als man es sich, von weitem gesehen, vorstellt. Jedenfalls hat diese Zeitung schon bei mehreren Gelegenheiten bewiesen, daß sie eine *würdige und ernste* Vertreterin

[5]) Gemeint ist das von Johann Karl Immanuel Buddeus bei Frommann in Jena herausgegebene «Deutsche Archiv».

[6]) Julius Fröbel (1805–1893), deutscher demokratischer Politiker, Professor der Mineralogie in Zürich, Gründer des radikalen Literarischen Comptoirs, Teilnehmer an der Revolution von 1848/49, Mitglied der Frankfurter Nationalversammlung, 1849–1857 Emigrant in den Vereinigten Staaten, später deutscher Konsul in Algier.

[7]) Es ist hier die Rede von Abeggs Wiedereinsetzung bzw. Jarkes Absetzung als Zensor, vgl. Nr. 150 Anm. 3.

[8]) Gemeint ist die Berliner Korrespondenz vom 3. März in der «Königsberger Zeitung» vom 9. März 1842 [Nr. 57 S. 450 f.]. GM. Die Korrespondenz handelt vom Verhältnis zwischen Staat und Kirche.

[9]) *Gegenwort eines Mitgliedes der Berliner Gemeinde* [...], Leipzig 1842. G. Mayers Wiederabdruck in «Zeitschrift für Politik» 1913 Bd. 6 S. 96–107.

[10]) Der Vierfragenmann, d. h. Jacoby.

des tüchtigen Liberalismus ist und selbst den gleißnerischen *Schein* der sogenannten Loyalität vermeidet, dergleichen ihre Nachbarin die Kölnische Zeitung mehr als genug aufzuweisen hat.

Die Leipziger Allgemeine Zeitung geht gottlob allmählich ihrer völligen Auflösung entgegen. Dieser von der Lustseuche des Servilismus infizierte Körper kann auch trotz aller Schmierkuren und künstlicher Erregungsmittel nicht lange vorhalten. An der Realisierung der Landzeitung unter Strebers Redaktion wird stark gearbeitet. Man meint, daß sie mit der Ostermesse erscheinen werde. Das wird ein lustiges Treiben werden. Heissa juchheissa Dudeldumdei! Welch ein schönes Kleeblatt: Elberfelder, Landzeitung und Breslauer Zeitung, Runkel, Streber und Herr van Vaerst[11])! Ihr morschen Stützen eines vermodernden Leichnams, eingehüllt in den Freiherrnmantel und benamset mit den fünf Buchstaben R. O. CH. O. W.!

Seiffart ist noch immer in allerhöchster Ungnade. Man glaubt auch nicht, daß er hier bleiben werde..... Über Schöns Nachfolgerschaft ist noch immer nichts erschienen; um Dir indessen einen kleinen Beitrag zur Charakteristik seines möglichen Nachfolgers zu geben, habe ich mir erlaubt, Dir eine (möglichst inkorrekte) Abschrift der von dem letzteren[12]) im Jahre 1841 verfaßten Denkschrift über die bisherige Verwaltung von Posen beizufügen, die durch einige Einzelheiten vielleicht ein nicht ganz ungünstiges Licht auf den Verfasser wirft und jedenfalls eine willkommene Quelle für den Publizisten darbietet. Sei indessen bei der Benutzung dieses Dokumentes diskret, es wäre ein *Unrecht,* wenn etwa der Verfasser dadurch in den Verdacht käme, von der Mitteilung an Dich und die übrigen Königsberger Freunde eine Mitwisserschaft gehabt zu haben. Unter den Polen soll jetzt eine Gegenschrift zirkulieren.

Rutenberg fragt sehr dringend, ob denn seine Aufforderung an Walesrode rücksichtlich der Rheinischen Zeitung ganz ohne Erfolg bliebe? Er bittet ihn wiederholt um Beiträge, sei es für den streng politischen Teil oder für das Feuilleton.....

[Bedauern über den «in keiner Beziehung günstigen Skandal» mit Walesrodes zweiter Vorlesung[13]). Sehr gut: Jachmanns Philippika in den «Elbinger Anzeigen».][le]

[11]) Friedrich Christian Eugen Freiherr von Vaerst (1792–1855), Mitbesitzer und Mitredakteur der «Breslauer Zeitung».

[12]) Flottwells Vater. GM. Flottwell weigerte sich, an Schöns Stelle Oberpräsident in Preußen zu werden; vgl. Varnhagen von Ense, *Tagebücher,* II, S. 26.

[13]) Darüber berichten die «Elbinger Anzeigen» vom 9. März 1842 Nr. 19 («Königsberg, 3. März. Über die zweite Vorlesung von Walesrode»).

172. Julius Waldeck an Jacoby

Nachlaß[1]) *Berlin, 13. März 1842.*

..... So gut wie in unseren ist sicherlich die Schrift von Bülow-Cummerow auch in Deinen Händen, das erste Produkt (wenn auch nur durch die Nichtunterdrückung) unserer erweiterten Zensurbeschränkung (man verschreibt sich jedesmal, wenn man diesen Begriff in ein Wort fassen will). Hat nun diese Zensur, vor der der Mann erst seine Gesinnungen als untadelhaft hinstellen wollte, oder haben diese Gesinnungen selbst schuld daran, kurz die Einleitung und das Kapitel von der Verfassung sind eben so dumm als schlecht. Gerade dieser Teil, in dem sich die Prinzipien aussprechen, zeigt, daß der Verfasser nicht um ein Haarbreit besser als diejenigen, deren Verwaltung er mit so vielem Rechte tadelt. Was sind das für heillose Ansichten von der Souveränität, von der ausführenden Gewalt etc.? Man sieht daraus nur, wie nahe Gutes und Schlechtes grenzen.

Auch Rousseau erkennt den Souverän daran, daß er die Opfer bestimmt, die der einzelne dem Gemeinwillen, dem Gesetze bringt; er setzt aber weislich hinzu, daß jeder einzelne teilhaben müsse an der Erlassung eben dieser Gesetze; überhaupt scheint mir die Verfassungabhandlung Bülow-Cummerows teils aus mißverstandenen, teils aus verdrehten Begriffen des Contrat Social zu bestehen. Das sei aber, wie es wolle, vor der Hand müssen wir Dienste von jedem annehmen, seien selbst seine Prinzipien den unsrigen ganz entgegengesetzt; beim Aufdecken der Mängel ist das auch ganz gleichgültig, und beim Bessermachen halten wir leider immer noch nicht, wenn auch noch so viele kleine Einzelheiten zur Erscheinung kommen, die wie stellenweise durch dicke Wolken durchschimmerndes Blau aussehen. So ist Kamptz[2]) durch Savigny[3]) ersetzt worden, noch immer kein echtes Blau; so wird Seiffart wahrscheinlich als Regierungspräsident zu Trier[4]) ein zu ehrenvolles Exil finden, doch wird der Nachfolger besser sein? Schwerlich, denn Renegaten, wie Hesse[5]) einer ist, sind die schlimmsten.

[1]) JNUL(Ab).

[2]) Karl Albert Christoph Heinrich von Kamptz (1769–1849), Jurist und reaktionärer preußischer Politiker. Im Jahre 1845 veröffentlichte er in Berlin *Das wahre Wort des Königs Friedrich Wilhelm III., gegen die Verdrehungen des Dr. Jacoby.* Von dem Verfasser dieser anonymen Schrift heißt es bei Varnhagen von Ense (*Tagebücher,* III, S. 66, 29. April 1845): «Man liest ihn nicht, man lacht ihn aus!»

[3]) Im März 1842 wurde der Justizminister für Gesetzesrevision von Kamptz durch Friedrich Karl von Savigny ersetzt.

[4]) Dieses Amt übernahm der bisherige Oberbürgermeister von Königsberg Rudolf von Auerswald.

[5]) Franz Hugo Hesse, Regierungsrat im Innenministerium.

173. Theodor Goldstücker[1]) an Jacoby

Nachlaß[2]) *Berlin, [etwa März/April 1842.]*

Übersendet – anscheinend gleich nach Erscheinen – einige Exemplare von *Woher und Wohin*[3]) auf Wunsch Jacobys. (Goldstücker auf der Reise nach Paris.)

[1]) Theodor Goldstücker (1821–1872) aus Königsberg, Demokrat, Sanskritist, 1848 in Berlin politisch tätig, seit 1851 Professor in London.

[2]) Inhaltsnotiz in NLE.

[3]) Schön, *Woher und wohin?* Nebst einem Vorwort von Georg Fein. Straßburg: Druck von G. L. Schuler 1842. Das Vorwort ist datiert «im März» 1842, woraus sich auch das ungefähre Datum des Briefes ergibt.

174. Eduard Flottwell an Jacoby

Nachlaß[1]) *Berlin, 8. April 1842.*

[Flottwell sorgt für die Verbreitung der Defensionsschrift Jacobys[2]). – Verbotenes Buch «De la Prusse»[3]) etc. aus Leipzig mit der Elbinger Gesch[[ichte]]; Rochow nicht geschont.][le]

Eben da ich meinen Brief an Jachmann auf die Post gegeben habe, erfahre ich aus sicherer Quelle, daß in Deiner Sache endlich erkannt ist. Wie? ist bis jetzt noch ein unergründliches Geheimnis[4]).....

Rochow soll heute definitiv entlassen und zum Gesandten beim Bundestage bestimmt sein. [Völlige Gewißheit habe ich noch nicht darüber.][e]... Was sagst Du denn zu Rochows letztem Dekret hinsichtlich der staats- und moralgefährlichen Leihbibliotheken und zu dem Artikel über Bruno Bauer in der Staatszeitung? Ihr werdet doch zu beidem nicht stillschweigen? – Wie behagt Euch denn gegenwärtig die *Rheinische Zeitung?* Die Dombauinteressen muß man natürlich nicht den Ansichten der Redaktion, sondern den Ansprüchen derer zur Last legen, durch welche die Zeitung erhalten wird. Treibe doch Cohen[5]) oder Jachmann, daß er namentlich für das Beiblatt derselben einige größere Aufsätze über Königsberg und die Provinz einsendet. Hoffentlich hat er jetzt mehr Zeit, und eine derartige Verbindung zweier geistig verwandter Provinzen ist gegenwärtig von besonderer Wichtigkeit.

[1]) JNUL(Ab).

[2]) Jacoby, *Meine Rechtfertigung wider die gegen mich erhobene Anschuldigung des Hochverrats, der Majestätsbeleidigung und des frechen, unehrerbietigen Tadels der Landesgesetze,* Zürich und Winterthur: Literarisches Comptoir 1842, 54 S.

[3]) *De la Prusse et de sa domination sous les rapports politiques et religieux spécialement dans les nouvelles provinces,* Paris 1842, wurde am 23. März 1842 in Preußen verboten.

[4]) Am 5. April 1842 hatte das Kammergericht Jacoby wegen Majestätsbeleidigung und frechen, unehrerbietigen Tadels der Landesgrenze zu zweieinhalb Jahren Festungshaft und zum Verlust der Nationalkokarde verurteilt.

[5]) D. h. Walesrode.

175. Siegfried von Brünneck[1]) an Jacoby

Nachlaß[2]) *Bellschwitz, 18. April 1842.*

Lieber Jacoby!

Vorgestern kam mein Vater mit einem ganzen Sack voll Neuigkeiten aus Berlin hier an, die Ihr jedoch ohne Frage in Königsberg auch schon alle wissen werdet, weshalb ich sie denn hier nicht wiederhole und führe nur an, daß, nach dem, was mir mein Vater erzählt, auch in den sogenannt höheren Kreisen die ungeteilte Meinung existiere, daß Du vollkommen freigesprochen werden müssest und sich der Präsident Grolmann, den mein Vater geradezu deshalb gefragt, ebenfalls ganz unumwunden in derselben Weise ausgesprochen habe. Deine Prozeßakten oder doch Deine Verteidigung zirkulieren in Abschriften in Berlin und werden bewundert von einem hohen Adel und einem verehrten Publikum. Trotzdem hat mein Vater bisher, indem sich die Leute darum reißen, nicht dazukommen können, weshalb er Dich bitten läßt, ob Du ihm nicht eine Abschrift davon auf einige Zeit besorgen könnest oder wollest, welche Bitte ich unterstütze, da Du dadurch ohne Frage auf seine politische Bildung, die dem eindringenden Berliner Staube bei seinem märkischen Aufenthalt nicht immer vollständig widerstehen kann, höchst günstig einwirken würdest. Die Zusammenberufung des Ausschusses, der Landtagsdeputierten halten die Prinzen für den Anfang der Revolution, nun, Götter (?) sollten wenigstens infallibel sein!

Daß in Schöns Stelle Bötticher komme, ist ziemlich gewiß. An Schön loben die Berliner Herren mancherlei Geistesgaben und hübsche Eigenschaften, nur sind sie sehr ergrimmt über das ewige ganz unpraktische und höchst inkommodierende Ausgehen von Ideen, namentlich aber über das Exzentrische und Extravagante seiner Ideen und können es ihm nun einmal durchweg nicht verzeihen, daß es Schön ist und nicht ein doch bei weitem verständigeres und angenehmeres kleines Tierchen als sie selbst. Er kommt mir so vor wie ein hoher Turm unter kleinen Häuschen, zu dem jene sprechen: «Es ist wahr, Du bist ein höchst schätzenswerter Turm, aber wir begreifen gar nicht, warum Du so abscheulich hoch gewachsen und immer so exzentrisch nach oben strebst. Wieviel würden wir nicht darum geben, und wie sehr würden wir Dich nicht lieben, wenn Du Dir das hohe Ende, z. B. die letzten sechs Stock, die ja doch zu nichts in der Welt nutze sind, abtragen ließest und ein Mann von unsrer, immer doch auch ganz respektablen Größe würdest. Sieh uns doch einmal recht genau an, wohnt es sich denn in uns nicht viel bequemer und komfortabler als in Dir, und haben wir nicht viel weniger von den Stürmen zu leiden?» Aber der Turm antwortet: «Larifari was Ihr da schwatzt; ich bin einmal der Turm; und wenn einmal ein ordentlicher Sturm kommt, so fegt er Euch weg wie Heukepsen, und keine Spur bleibt von Euch, ich aber stehe fest, denn ich bin der Turm.» ....

[1]) Siegfried von Brünneck (geb. 1814), Sohn von Karl Otto Magnus von Brünneck, Kameralist, Gutsbesitzer, Landrat zu Bellschwitz bei Rosenberg in Westpreußen.

[2]) LE(Ab).

176. Eduard Flottwell an Jacoby

Nachlaß[1]) *Berlin, 1. Mai 1842.*

[Jacobys Prozeß.][le]

..... Walesrodes Vorlesungen sind dieser Tage hier eingetroffen und in der Tat wohl dazu geeignet, großes Aufsehen zu erregen[2]). Wie man hier höchstenorts sich dabei benehmen wird, ist mir noch sehr zweifelhaft. Das *klügste* wäre, es ganz zu ignorieren. Man wird es daher wahrscheinlich *nicht* tun. Dann dürfte aber wohl dieser große Beweis einer liberalen Zensur Abeggs *letzter* Beweis gewesen sein. Dessen aber kann er gewiß sein, daß er einen unsterblichen Zensorruhm in das Grab seines Zensorenamtes mit hinabnehmen würde, so wie auch schon ohne eine solche Katastrophe der Beifallssturm nicht ausbleiben wird.

Wie mir aus sehr sicherer Quelle versichert wird, hat dieser Tage Rochow *selbst* seinen Abschied definitiv gefordert. Auch stimmen alle Variationen dieses Themas in *diesem* Faktum überein, nur behaupten einige, und zwar solche, die ihm wohlwollen, daß er – zwar veranlaßt durch die Demonstration seiner Gegenpartei – dennoch aber aus freiem und eigenem Antriebe diesen Schritt getan und nur noch mit der persönlichen Zuneigung des königlichen Ehepaares zu kämpfen habe, indem Seine Majestät einen völligen Abschied nicht bewilligen wollte, sondern nur eine Art von Urlaub, bis sich die Gesundheitszustände dieses ausgezeichneten Staatsmanns wieder gebessert haben würden. Andere dagegen versichern, daß der König selbst ihn indirekt zu diesem Schritte gezwungen haben solle, wobei aber hauptsächlich der Umstand auffällig und unerklärlich bleibt, warum dann – da der Abschied wirklich gefordert ist – mit der Bewilligung desselben noch so gezaudert wird!

Was nun definitiv darauf geschehen wird, läßt sich bei dem unsteten Winde in den obersten Regionen noch nicht absehen, wahrscheinlich aber tritt Rochow, wenn er den Abschied über kurz oder lang erhält, in keinen anderen Posten ein, sondern zieht sich auf *seine* (?) Güter zurück, um sich ganz der philosophischen Muße eines Weisen hinzugeben. Wer sein Nachfolger sein wird, ist noch ebensowenig gewiß. Einige nennen Bodelschwingh, andere meinen Alten, noch andere den letzteren als Finanzminister und den ersteren als Rochows Nachfolger. Auffallend ist es jedenfalls, daß die Ernennung meines Alten zum Oberpräsidenten der Rheinprovinz, auf welche das Staatsministerium, wie ich bestimmt weiß, definitiv angetragen, noch nicht erfolgt und ihm überhaupt noch nicht die geringste, auch nur *halboffizielle* Mitteilung gemacht ist, daß er nach Koblenz versetzt werden würde. Arnim ist plötzlich hier erschienen, manche wollen daher auch ihn als den präsumtiven Polizeiminister bezeichnen, wer wird ihn dann aber in Posen *ersetzen?* Auch hofft man jetzt, da Wrangel fort und Rochow un-

1) JNUL(Ab).

2) *Glossen und Randzeichnungen zu Texten aus unserer Zeit.* Vier öffentliche Vorlesungen, gehalten zu Königsberg von Ludwig Walesrode, Königsberg: H.L. Voigt 1842. Friedrich Engels besprach die Schrift in der «Rheinischen Zeitung» vom 25. Mai 1842 Nr. 145, Moses Hess ebenda Nr. 182–184 vom 1.–3. Juli 1842 und Friedrich von Sallet in den «Deutschen Jahrbüchern für Wissenschaft und Kunst» vom 27. und 28. Juni 1842 Nr. 151–152. Das Buch erlebte fünf Auflagen in den Jahren 1842 bis 1847.

bedenklich auch nicht mehr bleibt, was er war, daß Schön sich bewegen lassen würde zu bleiben. Letzteres wäre in der Tat das *beste* Resultat von allen übrigen hierbei zur Sprache kommenden .....

177. Jacoby an Otto Wigand

Rekonstruktion[1]) *Königsberg, im Mai 1842.*

Über den Druck seiner Broschüre *Meine Rechtfertigung wider die gegen mich erhobene Anschuldigung des Hochverrats, der Majestätsbeleidigung und des frechen, unehrerbietigen Tadels der Landesgesetze,* Zürich und Winterthur 1842.

[1]) Nach Nr. 178.

178. Otto Wigand an Jacoby

Nachlaß[1]) *[Leipzig,]ᵐ 24. Mai 1842.*

Ich habe Ihre Zeilen erhalten. Gleichzeitig besuchte mich Herr Heinrich aus Ihrer Stadt, was mich sehr gefreut hat.

Mit Ihrer Broschüre[2]) habe ich tausend Not gehabt, und es wird einem das bißchen, Sie wissen schon was, zu sauer gemacht. Größtenteils Feigheit, und wo ich endlich einen Drucker oder Buchhändler fand, sollte ich noch eine große Summe draufbezahlen. Alles fürchtet sich fürs Verbieten etc., und ist da kein Grund vorhanden, so wollen sie nichts riskieren, indem man fremde Firmen, Drucker oder sowas benutzen müßte. Nun erwarte ich täglich Exemplare aus Zürich, wo Fröbel Ihre Broschüre übernommen hat.

Die Vier-Fragen-Geschichte ist hier beendet. Buchdrucker Nies und Georg[3]) sechs Wochen Gefängnis. Ich habe keine Gefängnisstrafe, aber die Geschichte kostet mich horrendes Geld. Das sollte man nicht glauben. Doch wer weiß, wozu das gut ist. Daß Sie zweieinhalb Jahre Ihre Freiheit verlieren sollten, ist mir undenkbar, indem ich keinen Grund finde, der überhaupt Ihre ganze Tat zum Gegenstand einer Klage nur macht. Indessen diese ist in einem Staate, wo der König unbedingter Herr ist, möglich. Allein weiter wagen sie nicht zu gehen. Ich bin überzeugt, man sperrt Sie nicht ein.

Dieser Tage ist hier Wahl für den Landtag. Ich glaube, es siegt die Geldpartei. Wenn Sie diesen Brief erhalten, bin ich in Wien. Die Zensurverhältnisse sind so drückend, sind

[1]) JNUL(Ab).
[2]) Vgl. Nr. 146 Anm. 4.
[3]) Georg Wigand.

so ungeheuer störend, daß mir jede Spur meines Humors verlorengegangen ist. Wohin ich blicke: Kriecherei, Geldsucht, Heuchelei, Mutlosigkeit. Wir müssen bei Gott Krieg haben, sonst wird das Wort Pulver noch gestrichen.
Leben Sie wohl!

179. Jacoby an Eduard Flottwell

Rekonstruktion[1]) *Königsberg, 6. Juni 1842.*

Über Flottwells Artikel für die «Königsberger Zeitung», über die politische Haltung der «Leipziger Allgemeinen Zeitung», Bruno Bauer, die «Rheinische Zeitung» usw.

[1]) Nach Nr. 180.

180. Eduard Flottwell an Jacoby

Nachlaß[1]) *Berlin, 28. Juni 1842.*

Indem ich endlich dazu gelange, Deinen mir sehr werten Brief vom 6. Juni ausführlicher zu beantworten – eine vorläufige Erwiderung auf denselben wirst Du hoffentlich schon gestern vor acht Tagen durch Witt erhalten haben –, sende ich Dir zugleich in der Anlage einen Artikel für die Königsberger Zeitung mit der Bitte, ihm zuförderst *selbst* Abeggs Imprimatur und dann eine recht baldige Aufnahme in die Zeitung zu verschaffen. Ich wende mich dieserhalb an Deine Vermittlung, weil es scheint, als ob Witt ohne eine kräftige Einwirkung von anderen noch eine Privatzensur ausübt, wenigstens kann ich bei meinen letzten Zusendungen an ihn nicht wohl annehmen, daß Abeggs Zensur hinderlich gewesen sein sollte. Mag dem nun aber sein, wie ihm wolle, wenigstens sind im vorliegenden Fall die Gegenstände meiner Mitteilung zu wichtig, um lange liegenbleiben zu dürfen oder gar gänzlich beiseite gelegt zu werden; auch bist Du vielleicht eher imstande, bei Abegg etwas durchzusetzen, als irgendein anderer. Sollte er etwa an der *Nennung* des Professors Hoffmann einen Anstoß nehmen, so gib der Stelle eine andere aber nicht minder verständliche Wendung. Sollte er aber vielleicht gar den ganzen letzten Abschnitt zurückweisen, so gib wenigstens die Mitteilung über die Provinzialstände zum Druck, damit die dafür interessierten Personen *beizeiten* über die wahre Sachlage aufgeklärt werden, was durch die bisherigen Mitteilungen hierüber in der Augsburger und Rheinischen Zeitung schwerlich der Fall gewesen sein

[1]) JNUL(Ab).

möchte. Ich gedenke übrigens noch einen ausführlichen Aufsatz über diesen Savignyschen Un- und Wahnsinn in das Beiblatt der Rheinischen Zeitung zu senden[2] . . . . .

. . . Der edle Brockhaus ist jetzt wieder auf einige Zeit liberal, d. h. oppositionell geworden, um sich die wankend gewordenen Abonnenten zu sichern und womöglich neue zu ködern[3]. Aus Not muß man schon dieses kleine Luftloch zu benutzen suchen[4] . . . Hast Du in den Deutschen Jahrbüchern Nr. 148 und 149 die «Bekenntnisse einer schwachen Seele» von Bruno Bauer[5] gelesen? Wohl gewiß. Sie sind ein Meisterstück der Ironie und letztere gerade hier an der rechten Stelle und wirksamer als das lächerliche Schimpfen des Alexander Jung gegen denselben Feind.

Bruno Bauers Band muß nun auch entweder nach Jena oder Stuttgart wandern, wo er keiner Zensur bedarf[6]. In Sachsen ist er bereits in der *letzten* Instanz zurückgewiesen. Zu der Furcht von Preußen kommt in diesem Falle auch noch der sächsische Perückenstaub hinzu, der den dortigen Rationalismus ebenso unduldsam macht, wie der Pietismus es ist. Eine Antikritik desselben Verfassers gegen *Plancks Kritik* in den *Kritischen Jahrbüchern*[7], für die deutsche dito bestimmt, ist ebenfalls die sächsische Zensur nicht passiert. Er wünscht ihn auf mein Anraten in die Preußischen Provinzialblätter einzuschieben, von denen mir Jachmann schreibt, daß sie vom 1. Juli ab mit erweiterter Tendenz erscheinen werden. Frage ihn darum und ebenfalls danach: ob Stirners Aufsatz (Über die Verpflichtung der Staatsbürger zu irgendeinem Religionsbekenntnisse)[8], den ich ihm schon früher zusendete, Aufnahme finden wird. . . . Wird denn Walesrode gar nichts für die Rhein[ische] Z[ei]t[ung] tun? Ich habe ihn nun so oft erinnert und gebeten . . . .

[2] Der Aufsatz erschien in der «Rheinischen Zeitung» vom 17. Juli 1842 Nr. 198.

[3] Es ist hier die Rede von der «Leipziger Allgemeinen Zeitung», die die Verlagsanstalt F. A. Brockhaus herausgab. Über die Entwicklung des Blattes vgl. Fritz Neefe, *Geschichte der Leipziger Allgemeinen Zeitung 1837–1843. Ein Beitrag zur Geschichte des Zeitungswesens in der Zeit des Kampfes um die Pressefreiheit*, Leipzig 1914.

[4] Aus dem Kreise der «Freien», in dem Flottwell verkehrte, arbeiteten L. Buhl und A. Rutenberg an der «Leipziger Allgemeinen Zeitung» mit.

[5] Bruno Bauer, «Bekenntnisse einer schwachen Seele» in «Deutsche Jahrbücher für Wissenschaft und Kunst» 23. und 24. Juni 1842 Jg. 5 S. 589–596.

[6] Bruno Bauer, *Kritik der evangelischen Geschichte der Synoptiker und des Johannes*, Bd. 1 bis 2, Leipzig: Otto Wigand 1841; Bd. 3, Braunschweig: Friedrich Otto 1842.

[7] Karl Christian Planck veröffentlichte eine Rezension des soeben genannten Werkes in den «Jahrbüchern für wissenschaftliche Kritik», Berlin, Juni 1842.

[8] Über diesen Aufsatz vgl. G. Mayer, «Die Anfänge des politischen Radikalismus im vormärzlichen Preußen» in «Zeitschrift für Politik» 1913 Bd. 6 S. 109 ff.

181. Julius Waldeck an Jacoby

Nachlaß[1]) *Berlin, 6. Oktober 1842.*

..... Deinen Zensuraufsatz[2]) konnte ich nirgends anbringen, ein Beweis, daß dieselbe bei Euch noch nicht die schlimmste; ebenso konnte Nauwerck[3]) einen sehr gelinden Artikel über politische Prozesse, worin er den Deinigen besprach, in der Rheinischen nicht durchbringen. Was nun Deinen Prozeß betrifft, so soll die Sache jetzt in guten Händen sein, da der Referent, den man mir zwar nicht nennen will, ein sehr rechtlicher, tüchtiger, wohlwollender *älterer* Beamter ist. Die Entscheidung möchte etwa in sechs Wochen vor sich gehen, bis zu welcher Zeit indes noch manches zu tun bleibt. Es soll nämlich eine horrende Unkenntnis der Sache selbst bei den Richtern vorherrschen.....

P. S. Soeben erfahre ich noch, daß der eine der Referenten in Deiner Sache der Kammergerichtsrat Gottheiner[4]) sei.

[1]) JNUL(Ab).

[2]) Gemeint ist wohl Jacobys anonymer Aufsatz «Die Königsberger Zeitung und die Zensur» in der «Königsberger Zeitung» vom 29. August 1842 Nr. 200 S. 1613 f.; Wiederabdruck: *Inländische Zustände,* H. 3, S. 1 ff.

[3]) Karl Ludwig Theodor Nauwerck (1810—1891), Publizist, Mitglied der «Freien», Privatdozent an der Universiät Berlin, 1848/49 Mitglied der Frankfurter Nationalversammlung, emigrierte 1849 in die Schweiz. In einem Artikel in den von Ruge herausgegebenen «Anekdota zur neuesten deutschen Philosophie und Publizistik» (Zürich und Winterthur: Literarisches Comptoir 1843, I, S. 212–227) verteidigte er Jacoby gegen die Kritiker seiner *Vier Fragen.*

[4]) Kammergerichtsrat Eduard Gottheiner (1804–1886) war mit Adolf Stahr befreundet. Die Angabe einer Verwandten des Kammergerichtsrates, wonach er in den 40er Jahren sein Amt niederlegte, um nicht den Prozeß gegen Johann Jacoby führen zu müssen (Lassalle, *Nachgelassene Briefe und Schriften,* hrsg. von G. Mayer, II, S. 201) scheint doch unrichtig zu sein.

182. Karl Biedermann[1]) an Jacoby

Nachlaß[2]) *Leipzig, 22. Oktober 1842.*

Bei der Stellung, welche Sie inmitten der politischen Bewegung der Gegenwart einnehmen, wird es Sie nicht befremden, wenn ein Ihnen persönlich Unbekannter sich Ihnen nähert und eine Verbindung mit Ihnen anzuknüpfen sucht. Sie haben zuerst das Wort ausgesprochen, welches gewiß Tausende im Herzen und auf den Lippen trugen; Sie haben den Ideen eine feste Form gegeben, welche seitdem, lawinenartig wachsend, sich immer weiter durch Ihr Vaterland ausgebreitet haben, und deren Nachwirkung

[1]) Karl Biedermann (1812–1901), Politiker, Publizist und Historiker, seit 1838 Professor der Philosophie in Leipzig, gab dort von 1842 bis 1845 die «Deutsche Monatsschrift für Literatur und öffentliches Leben» heraus; 1848 Mitglied des Vorparlaments, des Fünfzigerausschusses und der Frankfurter Nationalversammlung (Zentrum).

[2]) JNUL(Ab).

auch wir im übrigen Deutschland lebhaft empfinden. Wir alle fühlen, daß der Impuls zu einer freieren und festeren Organisation des ganzen Deutschlands von dem größten deutschen Staate, von Preußen ausgehen muß, und deshalb richten wir unsere Augen fast nur auf Preußen und vergessen beinahe unser eigenes, zwar schon vollkommeneres, aber der äußeren Machtlosigkeit halber ohnmächtiges Staatswesen.
Auch ich habe in der von mir begründeten Deutschen Monatsschrift diesen Zweck, die politische Entwicklung Preußens und durch Preußen Deutschlands fördern zu helfen, unverrückt im Auge. Deshalb wünsche ich aber die Männer, welche jener Bewegung persönlich näherstehen, zur Teilnahme an meinen Bestrebungen heranzuziehen, und namentlich die Verfechter des Liberalismus in Ostpreußen, diesem Hauptsitze warmen politischen Lebens, würden durch ihre Vereinigung mit der Monatsschrift den gemeinschaftlichen Zweck politischer Verbesserung auf eine wirksame und verdienstliche Weise fördern können. Es ergeht daher an Sie, hochverehrter Herr Doktor, die ergebene Bitte und Anfrage, ob Sie nicht geneigt sein möchten, durch Beiträge, namentlich im Gebiete der Politik und mit Bezug auf die Verhältnisse, welchen Sie zunächststehen, die Deutsche Monatsschrift zu bereichern. Sollten Sie dieser Bitte Gewähr leisten, so bitte ich sogleich um Ihre gefällige Bestimmung darüber, ob Sie gestatten wollen, Ihren Namen unter denen der Mitarbeiter der Zeitschrift aufzuführen, oder ob Sie dagegen ein Bedenken haben. Endlich bemerke ich noch, daß das gewöhnliche Honorar für den Bogen drei Louisdor ist, und bitte um Ihre Erklärung darüber, ob Sie dies genehm halten[3]).
Mit dem Ausdruck der wahrsten und tiefsten Verehrung verharrt

Euer Wohlgeboren
ergebenster
C. Biedermann.

[3]) Nach einer Anmerkung G. Mayers lag dem Brief ein Prospekt der «Deutschen Monatsschrift» bei.

183. Julius Waldeck an Jacoby

Nachlaß[1]) *Berlin, 4. November 1842.*

.....Herwegh, Ruge und Wigand sind jetzt hier, ersterer kommt zu Euch, letzterer behauptete neulich, Du hättest von der Affäre mit Hoff wegen Drucks der Vier Fragen Kenntnis gehabt, worüber ich ihn gehörig zurechtwies. Grüße Flottwell und sage ihm, daß ich baldige Antwort erwarte.....

[1]) JNUL(Ab).

184. Alexander Jung an Jacoby

Nachlaß[1]) *[o. O.,] 12. November 1842.*

Über das Verbot des «Königsberger Literaturblattes»[2]) und geplante Vorlesungen. Jacoby soll raten, was gegen die politischen Widerstände zu tun sei.

[1]) Inhaltsnotiz in NLE.

[2]) Der Kultusminister Eichhorn hatte ohne alle Angabe von Gründen plötzlich das «Königsberger Literaturblatt» verboten; vgl. [Jacoby,] «Der Minister Eichhorn» in *Einundzwanzig Bogen aus der Schweiz,* hrsg. von G. Herwegh, Zürich und Winterthur 1843, S. 203. Das Verbot dauerte sechs Monate (Oktober 1842 bis 1843).

185. Cäsar von Lengerkes Toast auf Jacoby[1])

Nachlaß[2])

Toast

Den 26. November 1842.

Ihr Ärzte, kunsterfahren,
Zur Hülfe stets bereit,
Noch alle frisch an Jahren,
O kommt und helft der Zeit!

Sie krankt an Censorlücken
Und an verhalt'nem Recht;
Prüft sie mit Kennerblicken!
Gewiß, sie fühlt sich schlecht!

Merkt nur am Puls das Fieber!
Es nun zwei Jahre sind,
Da gab 'nen Nasenstüber
Ihr ein Septemberwind.

[1]) Zahlreiche Freunde trugen sich mit der Absicht, Jacoby eine Bürgerkrone zu überreichen und eine Subskription zu diesem Zwecke einzuleiten. Am 26. November 1842 erschien ein, wie es hieß, vom Oberpräsidium eingesandtes anonymes Inserat in der «Königl. Preuß. Staats- Kriegs- und Friedens-Zeitung», das diese Aktion vereiteln wollte. An diesem Tage dichtete Lengerke den hier abgedruckten Toast. Eine Gegenerklärung der Freunde Jacobys auf das anonyme Inserat wurde von der Zensur zurückgewiesen (vgl. das oben genannte Blatt, Nr. 284 vom 5. Dezember 1842). DAZ Merseburg, Rep. 89 C, Tit. 12, Nr. 94, Fol 82 f.

[2]) JNUL(Ab); ursprüngliche Rechtschreibung beibehalten. Der «Toast» erschien auch später in den *Gedichten* von C. v. Lengerke. Gesamtausgabe, Danzig 1843, S. 50, wo aber die Zeilen 9–12 des Gedichts weggelassen wurden und das Wort «vertreiben» (Zeile 18) durch «verscheuchen» ersetzt wurde.

Viel Laien unberaten,
Ihr reichten Hülfe dar,
Es war'n Homöopathen,
Wasserdoctoren gar.

Nicht Decillionentheile
Vertreiben solches Leid!
Die stärk're Dosis heile
Die schwere Noth der Zeit!

Heil sei Euch Ihr Doctoren,
Wenn Ihr zur Kranken geht,
Daß bald, wie neugeboren,
Die kranke Zeit ersteht!

Cäsar von Lengerke.

186. Otto von Keudell an Jacoby

Nachlaß[1]) *[o. O., 4. Dezember 1842.]*

..... Soeben habe ich Urlaub genommen und mich von meinen sonstigen Geschäften losgemacht, so daß ich H[erwegh][2]) und seine anderen Begleiter ins Samland führen kann ..... Heut habe ich nach Wernershof zu Neitzschütz[3]) geschickt, ihn und Robert Schön[4]) von unserer Ankunft zu benachrichtigen und für uns Pferde bereitzuhalten. Walesrode wollte es übernehmen, den Wagen zu besorgen; ich stelle mich morgen um 7 Uhr bei Herwegh ein; spät dürfen wir nicht ausfahren, um noch bei Tageslicht die See zu sehen[5]).

[1]) JNUL(Ab).

[2]) Herwegh weilte vom 26. November bis 7. Dezember 1842 in Königsberg.

[3]) Vermutlich Karl Magnus von Neitzschütz, Kameralist, Gutsbesitzer auf Wernershof, Universitätskollege Jacobys.

[4]) Robert von Schön (1803–1877), Sohn des Oberpräsidenten, Jurist, Universitätskollege Jacobys, Gutsbesitzer auf Groß Dirschkeim.

[5]) Der Ausflug an die Ostsee, wo der Dichter zum erstenmal das Meer sah, fand am 5. Dezember 1842 statt. Vgl. Herweghs *Briefwechsel mit seiner Braut*, 2. Aufl., Stuttgart 1906, S. 37, 82, 97.

187. Gustav Julius[1]) an Jacoby

Nachlaß[2]) *Leipzig, 5. Dezember 1842.*

Zwar habe ich Herrn Dr. Jachmann ersucht, auch Ihnen meine Bitte um Unterstützung der Leipziger Allgemeinen Zeitung mit Beiträgen über Königsberger, preußische oder allgemein deutsche Angelegenheiten mitzuteilen[3]). Jedoch kann ich es nicht unterlassen, einen Augenblick der Muße, der sich mir darbietet, dazu zu benutzen, daß ich auch noch an Sie selbst schreibe. Die ausgezeichnete Stelle, welche Königsberg überhaupt in unseren gegenwärtigen Kämpfen errungen hat, macht es mir natürlich überaus wünschenswert, auch für unsere Zeitung von dort her den Beistand der edelsten und besten Kräfte zu gewinnen. Ich erlaube mir aber, Ihnen insbesondere ein spezielleres Anliegen vertrauend ans Herz zu legen. Der sächsische Landtag ist jetzt, wie Sie wissen, versammelt; und so wenig man sich von demselben im voraus versprochen hatte, so gewinnt es doch den Anschein, als wollte sich ein kräftigeres, selbständigeres Leben als in früheren Jahren entwickeln. Ich glaube, daß man die gute Stimmung der hiesigen Volksvertreter durch Anfeuerung, die ihnen von anderen Gegenden Deutschlands kommt, sehr wird unterstützen und heben können. Sie werden mit größerem Mute und mit größerer Beharrlichkeit auftreten, wenn sie recht lebhaft innewerden, daß Deutschland sie fest im Auge behält, daß Deutschland auf sie zählt, daß sie an ganz Deutschland eine Stütze haben. Deshalb wünsche ich sehr, daß die Angelegenheiten dieses Landtages von allen Seiten besprochen würden .....

Nun werden in der allernächsten Zeit die wichtigsten Angelegenheiten zur Sprache kommen, das Verlangen eines öffentlichen und mündlichen Verfahrens für den Kriminalprozeß – und besonders die freie Presse. Nach meiner Ansicht muß gerade der letzte Punkt für den Augenblick unser aller vornehmste Sorge sein. Niemand, glaube ich, kann mehr Ursache haben, mir hierin beizustimmen, als Sie, verehrter Herr. Die Verhandlung der Angelegenheit steht aber, wie man mir aus Dresden schreibt, ganz nahe bevor. Ein Gesetzentwurf wird in den nächsten Tagen der Zweiten Kammer vorgelegt werden. Da bitte ich nun angelegentlich um die Mühewaltung auch Ihres Orts, die Deputierten Sachsens in dieser hochwichtigen Sache zu spornen. Die außerordentliche Klarheit und Sicherheit, mit der Sie dergleichen Angelegenheiten zu behandeln wissen, macht mir es zu einer besonderen Pflicht, Ihre Aufmerksamkeit auf die bevorstehende Verhandlung zu lenken und Sie zu bitten, soviel es Ihnen Ihre Zeit erlauben wird, durch unsere Zeitung an der Besprechung Anteil zu nehmen. Gelingt es, hier in Sachsen auch nur das kleinste für die Verbesserung unserer Presseangelegenheiten zu erreichen, so wird ohne Zweifel auch das übrige Deutschland später die Früchte davon ernten.

[1]) Gustav Julius (1810–1851), demokratischer Publizist, seit Oktober 1842 Redakteur der «Leipziger Allgemeinen Zeitung», die er im radikal-liberalen Sinne leitete. Als das Blatt Anfang 1843 seine Tendenz änderte, trat er von der Redaktion zurück (vgl. G. Julius, *Die Verteidigung der Leipziger Allgemeinen Zeitung*, Braunschweig 1843, Vorwort); 1846 bis 1849 gab er die «Berliner Zeitungshalle» heraus.

[2]) JNUL(Ab).

[3]) K. R. Jachmann war Mitarbeiter der «Leipziger Allgemeinen Zeitung», Jacoby ist es nicht geworden.

Denn das Bedürfnis wird in Deutschland immer größer, die Gesetzgebung der einzelnen Bundesstaaten allmählich mehr auf einen gleichen Fuß zu bringen.
Ich halte mich überzeugt, daß Sie, wenn es Ihre Zeit irgend erlaubt, auf meinen Antrag gern eingehen werden, da niemand überzeugendere Proben von seiner Vaterlandsliebe und seinem ernsten Eifer für das gemeine Beste abgelegt hat...

188. Alfred von Auerswald[1]) an Jacoby

Nachlaß[2]) *Plauthen[3]), 6. Dezember 1842.*

Euer Wohlgeboren
entschuldigen es gütigst, wenn ich ohne Ihre Zustimmung eine Korrespondenz mit Ihnen beginne.
In der Voraussetzung, daß Sie mit der Redaktion der Königsberger Zeitung in Verbindung stehen, und da ich sonst niemand persönlich kenne, von dem ich dies annehmen könnte, erlaube ich zugunsten, wie ich glaube, der guten Sache nachstehende ergebene Bitte.
Die Artikel der Staatsszeitung haben in ihrer Dürftigkeit und oft ganz schiefen Auffassung auch die Königsberger Zeitung nicht in den Stand setzen können, vollkommen richtig zu urteilen. Um letztere in den Stand zu setzen, ihre Urteile zu vervollständigen, eventuell zu berichtigen, habe ich die anliegenden Notizen[4]) niedergeschrieben, deren Richtigkeit ich verbürge. Inwiefern es nun Euer Wohlgeboren möglich, einen entsprechenden Gebrauch dieser Notizen herbeizuführen, stelle ich ergebenst anheim. Sollte es gewünscht werden, so bin ich erbötig, Mehreres und Näheres mitzuteilen, soweit ich dies kann, da faktische Aufklärung offenbar gebotene Pflicht ist.
Es scheint mir sehr wichtig, daß bis zu der Zeit, wo die Landtage hoffentlich genügende Aufklärungen herbeiführen werden, wenigstens *falsche* Auffassungen vermieden werden. Ich habe zwar selten das Vergnügen gehabt, mit Euer Wohlgeboren zusammenzutreffen, indess zweifle ich nicht, von Euer Wohlgeboren nicht mißverstanden zu werden.
Mit der vorzüglichsten Hochachtung

Euer Wohlgeboren
ganz ergebenster

[1]) Alfred von Auerswald (1797–1870), Jurist und altliberaler preußischer Politiker, studierte an der Universität Königsberg, trat 1819 in den Staatsdienst ein, 1830–1844 Landrat des Rosenberger Kreises, seit 1837 Mitglied des preußischen Provinzlandtages, 1847 Mitglied des Vereinigten Landtages, von März bis Juni 1848 Minister des Innern.
[2]) JNUL(Ab).
[3]) Plauthen Kreis Rosenberg.
[4]) Dazu Anmerkung in LE(Ab): «betr. Ausschüsse». Die Notizen liegen nicht vor.

189. Georg Herwegh an Jacoby

Nachlaß[1]) *[Zürich,]*[m] *14. Januar 1843.*

Lieber Freund,

da wäre ich dann wieder auf dem trockenen, nachdem mich Jachmanns Unvorsichtigkeit[2]) recht in die Patsche gebracht hatte. Ich grüße ihn übrigens herzlich und danke ihm, daß er der Audienz einen Schluß zugefügt, es mußte alles so kommen, wie es kam, zu meinem Besten und zu Nutz und Frommen der Sache. Die Verdächtigungen, die mich verfolgten, stehn in ihrer Nichtigkeit da, und die Reaktion, die freilich in vollem Atemzuge ist, muß wenigstens so weit Konzessionen machen, daß sie in ihrer Motivierung des Verbots der Deutschen Jahrbücher den Liberalismus für legitim erklärt. Nun, diese theoretische Politik ist auch in der Tat ungefährlich geworden, und ich will ihr im Deutschen Boten nur noch einen leichten Todesstoß versetzen. Noch bin ich auf manche Weise in Eurer Schuld, Du kannst Dir aber denken, daß ich im Trubel und Sturm der letzten Wochen wenige müßige Augenblicke gefunden, und wirst mich bei meinen Freunden, vorzüglich bei Walesrode[3]), entschuldigen. Ihr seid und bleibt mir die liebsten Menschen, die ich auf meiner Reise getroffen.

Zur Hauptsache, die den Deutschen Boten betrifft, der gleich in den ersten beiden Heften ein bißchen sturmläuten sollte und hoffentlich auch läuten wird. Kannst Du es irgend möglich machen, mir das bewußte schandbare Dokument[4]), welches wie mit *einem* Schlage unsere brutale ideenlose Haus- und Familienpolitik enthüllt, mitzuteilen, so sorge, daß ich dasselbe noch für die ersten beiden Hefte, also unmittelbar nach Empfang dieses Briefes, Deinerseits erhalte. Auf meine Verschwiegenheit magst Du bauen. Adressiere unmittelbar an den Professor Julius Fröbel. Hochzeit denke ich Anfang März zu machen, bis dahin bin ich Schweizerbürger.

So viel ich auf dem Herzen habe, so wenig kommt heute aufs Papier. Die Augsburger Allgemeine Zeitung erzählt Euch ja täglich allerliebste Geschichten aus Berlin. Dieses Berlin mit seinem furor regius, das zuerst über den Brief gejubelt, ihn aus allen Zeitungen stahl und nun für König und Vaterland sich totschlagen lassen will. Ist das nicht hübsch?

Bestelle an männiglich meine Grüße und lasse Dich selbst grüßen und küssen. Frischauf!

Dein Herwegh.

[1]) JNUL(Ab).

[2]) Im Dezember 1842 sandte Herwegh einen Brief an Friedrich Wilhelm IV., in dem er sich über das Verbot des von ihm herauszugebenden «Deutschen Boten aus der Schweiz» beschwerte. «Durch eine unverzeihliche Unvorsichtigkeit Jachmanns» ist dieser Brief «der Öffentlichkeit in die Hände gefallen»; L. Walesrode an Herwegh, 13. Dezember 1843, in Georg Herweghs *Briefwechsel mit seiner Braut,* 2. Aufl., Stuttgart 1906, S. 268 f.

[3]) Der ihm am 13. Dezember 1843 den soeben genannten Brief sandte.

[4]) Über dieses Dokument, das vielleicht in irgendeinem Zusammenhange mit dem Verbote des «Deutschen Boten aus der Schweiz» stand, ist nichts Näheres bekannt.

190. Otto Wigand an Jacoby

Nachlaß[1]) *Leipzig, 15. Januar 1843.*

Schlag auf Schlag der guten Sache[2]), und doch stand es nie besser als eben jetzt. Hundert Pläne durchkreuzen meinen Kopf, und noch weiß ich nicht, was ich tun soll, um dem Teufel entgegenzutreten und uns den Sieg zu verschaffen. Einstweilen habe ich mit Ruge eine Klage gegen das Ministerium bei der Zweiten Kammer eingereicht und bitte darin, mich wieder in mein Recht zu setzen. Geschieht das, so bin ich fest entschlossen, die Jahrbücher im Lande aufzugeben: Sachsen verdient die Ehre nicht mehr, daß dieses Blatt hier erscheine. Debatte und Resultat will ich Ihnen schicken. Es handelt sich um weiter nichts, ob einige Bevorzugte ferner allein regieren sollen oder ob das Volk beteiligt werden soll. Darum auch der Kampf gegen die Öffentlichkeit, Mündlichkeit und Jury.

Ich habe den Mut nicht verloren, wohl aber verläßt mich oft der Humor, und was nützt der Mann ohne diesen! .....

[1]) JNUL(Ab).

[2]) Über die Verfolgung der Presse in jener Zeit berichtet Prutz, *Zehn Jahre,* II, S. 389 ff.

191. Jacobys Erklärung über Burdachs Rede

Abdruck[1]) *[Erschienen am 23. Januar 1843.]*

Erklärung

Zur Beseitigung unwahrer Gerüchte erkläre ich hiermit, daß *ich* an der Redaktion des in Nr. 17 der [Königl. Preuss. Staats-, Kriegs- und Friedens-] Zeitung enthaltenen Berichtes über die Rede des Geheimen Medizinalrates Burdach[2]) *auch nicht den entferntesten Anteil habe.*

Dr. Jacoby.

[1]) «Königl. Preuß. Staats-, Kriegs-, und Friedens-Zeitung» 23. Januar 1843 Nr. 19 S. 149.

[2]) Am 18. Januar hielt Burdach in der Deutschen Gesellschaft zu Königsberg eine Rede «Über den Begriff der rechten Mitte». Er sprach eingangs den Gedanken aus, daß derjenige, der nicht begreife, daß man beim Anlangen auf der Mitte eines Gebietes erst den halben Weg zurückgelegt, keinen Teil am Bewußtsein des Zeitalters habe. «Wie verächtlich», fuhr er fort, «ist nicht diese gleiche Halbheit, die das Gute gern möchte, aber nicht die Kraft hat, es auszuführen, die nach dem Rechte wohl Verlangen trägt, aber vor der Forderung desselben zurückbebt! Nein, wir müssen uns für die Entschiedenen erklären im Kampfe für das Gute und Rechte und achten die dreisten Gegner, bei denen man doch weiß, wie man mit ihnen daran ist, höher als jene Halbmänner: ein *Marat* hat für uns mehr Wert als ein *Casimir Périer.* Und welchen Abscheu verdient nun nicht gar jene unselige Mitte von Wahrem und Falschem, wo man zu zaghaft ist, die Wahrheit in ihrer ganzen Nacktheit darzustellen, und, um die Schwachen zu schonen, noch einige Hüllen an ihr läßt, mit welchen Vorurteil und Aberglaube sie verunstaltend bekleidet haben. Also fort mit der Mitte! Ihre Verteidiger sind die abgelebten Überreste einer vergangenen Zeit. Das Losungswort der Gegenwart kann nur das Extrem sein.» Ebenda, 20. Januar 1843 Nr. 17 S. 130 f.

192. Jakob van Riesen an Jacoby

Nachlaß[1]) *Elbing, 25. Januar 1843.*

Schon gestern erfuhr ich aus Königsberg, daß Sie, mein teurer hochverehrter Freund, von dem Kammergericht in Berlin in zweiter Instanz ganz freigesprochen sind[2]). Mir schien die Nachricht, so herrlich wie sie meinen Ohren auch klang, doch zu schön, um sie unbedingt glauben zu können. Heute kam aber ein Brief an den Herausgeber der Elbinger Anzeigen aus Berlin, der diese Nachricht vollkommen bestätigt, indem der Verfasser des Briefes schreibt, daß er sie aus dem Munde eines Kammergerichtsrats hat. Ihre Freisprechung steht heute abend in den Elbinger Zeitungen, wenn sie der Zensor nicht streicht. In Berlin soll darüber eine allgemeine Aufregung sein, man läuft von Haus zu Haus und teilt sich diese Nachricht mit. Nun nehmen Sie aus Herzensgrund meinen Glückwunsch an, und laß es Sie so wenig wie Herwegh durch den Besuch beim König von dem vorgesteckten Ziele abbringen. Nur immer «Vorwärts».

Schon vor einiger Zeit hatten Magistrat und Stadtverordnete hier eine Kommission ernannt, um zu beraten, welche Anträge bei dem nächsten Landtage in Königsberg zu machen wären. Die Kommission vereinigte sich, nachdem über einige materielle Angelegenheiten beraten war, die auch zur Sprache kommen sollen, über nachstehende allgemeine Fragen:

a) Öffentlichkeit der Verhandlungen der Landtage,
b) ein Pressegesetz,
c) öffentliches und mündliches Verfahren der Gerichte, wobei mir unser Syndikus Phillips die Geschworenen abschnitt; und da sich das öffentliche Verfahren nicht mit den Patrimonialgerichten verträgt, Abschaffung derselben,
d) bessere Einrichtung der Kreistage oder eine Landgemeindeordnung.

Bevor unsere Deputierten zum Landtage diese Anträge von der Stadt erhalten, müssen sie noch im Plenum von Magistrat und Stadtverordneten genehmigt werden, daher bitte ich, früher darüber nichts in öffentlichen Blättern erwähnen zu lassen, da dieses die Sache könnte zum Scheitern bringen. Sie erhalten darüber später von mir die Resultate. Noch brachte ich in obiger Kommission zur Sprache, bei dem Landtage auf endliche Erfüllung des Gesetzes vom 22. Mai 1815 zu dringen, da die Ausschüsse doch gezeigt hätten, daß sie nicht das Gehoffte erfüllen, doch kam ich nicht damit durch, da man hier noch immer viele Hoffnungen wegen Vergütungen für unser Territorium hegt, wozu eine Kabinettsorder berechtigt, und man fürchtet sich, die Herren in Berlin zu erzürnen. Dagegen versprachen unsere beiden Abgeordneten, daß, wenn diese Angelegenheit von anderer Seite sollte angeregt werden, sie kräftigst zu unterstützen.

Gern möchte ich wissen, welche Anträge aus Königsberg bei dem Landtage gemacht werden werden[3]). Ein Zusammenwirken könnte nur gute Folgen haben.

‹Nun nochmals Jubel über Ihre Freisprechung von Ihrem Freunde.›

[1]) JNUL(Ab).

[2]) Der Oberappellationssenat des Kammergerichts in Berlin hatte Jacoby am 19. Januar 1843 von «der Beschuldigung frechen, unehrerbietigen Tadels, Verspottung der Landesgesetze und Erregung von Mißvergnügen sowie von der Anschuldigung der Majestätsbeleidigung» völlig freigesprochen.

[3]) Näheres darüber in *Materialien zur Regierungsgeschichte Friedrich Wilhelms IV.* Heft 2, Königsberg 1843, S. 64.

193. Julius Waldeck an Jacoby

Nachlaß[1]) *[Berlin,] 27. [Januar]*[2] *1843.*

... Welch freudige Sensation die Nachricht Deiner Freisprechung[3]) hier verursacht, kann ich Dir nicht beschreiben, ich ermesse danach die Höhe der Königsberger Freude und Teilnahme. Es tut mir ungemein leid, daß ich wahrscheinlich nicht der erste war, der Dir die angenehme Nachricht mitgeteilt hat. Ich hatte aber einige Tage vor dem Urteilsspruche erst gehört, die Sache werde noch vier Wochen dauern, und da ich mich nun an diesem Sitzungstage nicht erkundigte, so war zwar meine Quelle einige Stunden nach der Sitzung bei mir, traf mich aber nicht und wollte nichts Schriftliches hinterlassen. Die Beschleunigung der Sache soll infolge eines Berichts von Bötticher, nachdem Petitionen für Beendigung des Prozesses an den Landtag vorbereitet würden, vom Könige gewünscht worden sein. Das Urteil erfolgte im Vereinigten Senate einstimmig, indem der Präsident jede inkriminierte Stelle im Zusammenhange vorlas und diskutieren ließ: mehrere ältere Räte meinten, der Richter erster Instanz wäre der eigentlich Strafbare, und im Urteile wurde es ausdrücklich ausgesprochen, daß der Richter erster Instanz – vom subjektiven, realistischen Standpunkte aus die Sache angesehen — sich Insinuation habe zuschulden kommen lassen. Die beiden wichtigsten Folgen aus dieser Sache sind erstens die öffentliche Anerkennung der Rechtmäßigkeit einer stets erneuerten Forderung einer Verfassung und zweitens die klare Einsicht von der Unzulänglichkeit unseres Justizverfahrens, bei dem der Charakter des Präsidenten von entschiedenem Einflusse auf den Ausgang einer zu verhandelnden Sache .....

[1]) JNUL(Ab).
[2]) In der Abschrift: Juli (?).
[3]) Am 19. Januar 1843.

194. Jacoby an den Justizminister[1])

Abdruck[2]) *Königsberg, 11. Februar 1843.*

An den königlich-preußischen wirklichen Geheimen Staats- und Justizminister, Ritter etc. etc., Herrn Mühler Exzellenz.

Euer Exzellenz erlaube ich mir nachstehende Beschwerde über den Kriminalsenat des hiesigen Oberlandesgerichts gehorsamst vorzutragen:

In der wegen Abfassung der Schrift «Vier Fragen, beantwortet von einem Ostpreußen» geführten Untersuchung ist mir am 2. d. M. das völlig freisprechende Erkenntnis zweiter Instanz publiziert worden. Eine Abschrift des Urteils ward mir zugesagt und angefertigt,

[1]) Heinrich Gottlob Mühler.
[2]) «Deutsch-Französische Jahrbücher», hrsg. von A. Ruge und K. Marx, 1. und 2. Lieferung, Paris 1844, S. 46.

späterhin aber – mit dem Bedeuten, daß hierüber eine Anfrage an Eure Exzellenz geschehen sei – vorenthalten.

Öffentlich des Hochverrats und der Majestätsbeleidigung bezichtigt, vom ersten Richter zu zweieinhalb Jahren Festungsstrafe wie zum Verluste der Nationalkokarde verurteilt und endlich nach zweijähriger peinlicher Untersuchung völlig schuldlos befunden, glaube ich nichts Unbilliges zu verlangen, wenn ich eine Abschrift der Erkenntnisgründe zu besitzen den Wunsch hege. Es kann mir dies um so weniger gleichgültig sein, als ich bereits in der ersten Instanz die Erfahrung gemacht, daß man von einem Vergehn freigesprochen und doch zugleich in betreff seiner Gesinnung auf das ärgste verdächtigt werden kann.

Eure Exzellenz haben *offenes Gericht* als ein «begründetes Bedürfnis des Volkes» und als die sicherste Schutzwehr der bürgerlichen Ehre anerkannt; um so vertrauensvoller wende ich mich an Eure Exzellenz mit der gehorsamsten Bitte:

Den Kriminalsenat anzuweisen, mir nicht länger die abschriftliche Mitteilung der Erkenntnisgründe vorzuenthalten.

Dr. Jacoby.

195. Alexander Küntzel an Jacoby

Nachlaß[1] *[o.O.,] 14. Februar 1843.*

Sein Prozeß[2] liegt zum Spruch vor. Wird ihn veröffentlichen. Marienwerder Regierung hat Hindenburg zur Denunziation aufgefordert wegen Küntzels verleumderischer und gehässiger Anschuldigungen. Untersuchung ergab die Wahrheit jedes Wortes.

[1] Inhaltsnotiz in NLE.

[2] Alexander Küntzel, Gutsbesitzer in Wolka Kreis Löbau, kritisierte in einem anonymen Artikel in der «Königl. Preuß. Staats-, Kriegs- und Friedens-Zeitung» vom 25. Juli 1842 Nr. 170 das Verfahren bei der aus Anlaß der Durchreise des Königs erfolgten Begradigung des Weges zwischen Löbau und Nappern. In einer von Leidenschaft nicht freien Sprache tadelte er dieses Verfahren und stellte es als ein völlig ordnungswidriges hin. Auf Veranlassung des Landrats Hans Friedrich Otto von Beneckendorff-Hindenburg und des Rentmeisters Gottfried Dolega wurde gegen Küntzel, der als Verfasser des Artikels ermittelt worden war, eine Untersuchung eingeleitet; er wurde wegen öffentlicher schwerer Beamtenbeleidigung mit zwei Monaten Gefängnis bestraft, die er indessen nicht abbüßte, da die Denunzianten auf die Vollstreckung verzichteten. Küntzel veröffentlichte die Akten seines Prozesses in einer Schrift, deren Druck Jacoby – unter Fortlassung des Küntzelschen Vorwortes – besorgte: *Aktenmäßige Darstellung der wider den Rittergutsbesitzer Alexander Küntzel geführten fiskalischen Untersuchung. (Nebst einer Eingabe an den Justizminister Mühler)*, Königsberg: H. L. Voigt 1844, 87 S.; Rezension im „Königsberger Literaturblatt" vom 6. November 1844 Jg. 3 Nr. 89 Sp. 711 f.

196. Jacoby an den Justizminister

Abdruck[1]) *Königsberg, 1. März 1843.*

An den Justizminister Herrn Mühler Exzellenz.

Eurer Exzellenz habe ich unterm 11. v. M. eine Beschwerde über den Kriminalsenat des hiesigen Oberlandesgerichts eingereicht. Um geneigten Bescheid ersucht Eurer Exzellenz gehorsamster

Dr. Jacoby.

[1]) «Deutsch-Französische Jahrbücher», Paris 1844, S. 46.

197. Julius Waldeck an Jacoby

Nachlaß[1]) *Berlin, 5. März 1843.*

..... Wie aber die Leute vor strenger Handhabung der Zensur und Presseunterdrückung zu Kreuze kriechen, das hat vor kurzem Herr Brockhaus bewiesen, der dem Polizeiminister eine Liste sämtlicher preußischer Korrespondeten an seiner Zeitung, während deren Bestehen, nebst Angabe der Artikel, die sie geschrieben, übermacht, um dafür wieder zu Gnaden angenommen zu werden[2]). Ein schändlicherer Verrat ist nie von einem Buchhändler ausgeübt worden, und das will viel sagen.

Heute tritt hier der Landtag zusammen, das wissen wir von der Ausschreibung her aus den Zeitungen, sonst würden wir es nicht merken. Von Petitionen, etwa wie bei Euch oder in Elbing, ist natürlich keine Rede, auch wären dieselben unausführbar: hat doch der Magistrat selbst die Petition um bedingte Öffentlichkeit der Stadtverordnetenversammlung, die aus Scham von dieser votiert wurde, an dieselbe zurückgeschickt!

Ist es denn wahr, daß Flottwell auf ein Jahr zur Probe nach Bromberg muß, bevor er, wie ein allerhöchster Befehl sich ausdrückt, als unbrauchbar aus dem Staatsdienst entfernt wird, wenn er sich nämlich in diesem nicht anders führt? Mich sollte es nicht wundern; bei uns ist nichts unmöglich, und darum eben täuschen sich die Pessimisten, denn so lange nicht Sauerkraut und Pökelfleisch verboten werden, stört kein Verbot die schlaftrunkenen gemütlichen Leute aus ihrer Ruhe . . .

[1]) JNUL(Ab).

[2]) Es ist hier die Rede von der im Verlag F. A. Brockhaus erscheinenden «Leipziger Allgemeine Zeitung», die am 28. Dezember 1842 für Preußen verboten wurde. Am 28. Juni 1843 wurde das Verbot des Blattes, das sich inzwischen in «Deutsche Allgemeine Zeitung» umbenannt hatte, aufgehoben.

198. Der Justizminister an Jacoby

Abdruck[1]) *Berlin, 6. März 1843.*

Auf die von Ihnen über den Kriminalsenat des Königlichen Oberlandesgerichts daselbst
wegen verweigerter Mitteilung einer Abschrift des in der Untersuchungssache wider
Sie ergangenen Erkenntnisses mit den Entscheidungsgründen
unter dem 11. v. M. eingereichte Beschwerde wird Ihnen eröffnet, daß Ihre Bescheidung noch vorbehalten werden muß, indem zuvörderst die Einsendung des Erkenntnisses angeordnet worden.

Mühler.

An den Dr. med. Herrn Jacoby zu Königsberg.

Justizministerium.
Secr. Journal Nr. A. 405.

[1]) «Deutsch-Französische Jahrbücher», Paris 1844, S. 47.

199. Otto von Keudell an Jacoby

Nachlaß[1]) *[o.O., kurz nach dem 8. März 1843.]*

Saucken[2]) hatte gestern mehrere, darunter auch mich eingeladen, um ihnen die soeben angekommene Dankadresse der Stände Posens vorzulesen[3]). Der Inhalt ist in kurzem folgender:

Die Stände danken für ihre abermalige gesetzliche Zusammenberufung. Mit Genugtuung haben sie aus dem Eröffnungsdekret entnommen, daß der König während seiner Anwesenheit in Posen die Zeichen der Liebe und Anhänglichkeit gehörig gewürdigt habe. Tief betrübt sind die Stände worden durch den unverschuldeten Landtagsabschied vom 6. August 1841; die eingegangenen Verträge sind nicht gehalten, und sie bitten, der König möge sie als Polen in ihren Rechten schützen und erhalten.

Mit Aufmerksamkeit sind die Stände den Verhandlungen der Ausschüsse gefolgt, über deren Tätigkeit und Wirksamkeit sich der König zufriedengestellt sähe, trotz dessen daß sie durch die Geschäftsordnung und Mangel des Petitionsrechts so beschränkt worden wären. Die Stände des Großherzogtums Posen tragen daher darauf an, daß das Gesetz vom 22. Mai 1815 in allen seinen Teilen ausgeführt und in Wirksamkeit gesetzt werde. Die Stände danken für die segensreiche Gesetzgebung Seiner Majestät, aber mit Betrübnis

[1]) JNUL(Ab).

[2]) Gemeint ist wohl Ernst Friedrich Fabian von Saucken-Tarputschen (1791–1854), Landtagsabgeordneter, 1848 Mitglied der Frankfurter Nationalversammlung.

[3]) Es ist hier die Rede von der am 8. März 1843 von den Provinzialständen Posens an den König gesandten Adresse, die er in seinem Bescheide vom 12. März 1843 scharf mißbilligte. Voller Text der Adresse und des Bescheides in *Materialien zur Regierungsgeschichte Friedrich Wilhelms IV.* Heft 2, Königsberg 1843, S. 68–73.

haben sie die zuletzt verfügte Zensurinstruktion vernommen und bitten Seine Majestät, diese zum Wohle ihrer Untertanen sofort wieder zurückzunehmen und das freie Wort wieder in sein Recht einzusetzen.
Wir verharren usw.

Viele meinten, die Polen wären wie immer gleich mit allen Streitkräften vorgerückt, ohne eine Reserve zu behalten, und nennen es eine falsche Taktik. Dem sei, wie ihm wolle, der Eindruck war nicht zu verkennen, den die Adresse auf die Versammlung machte, nämlich: daß sich ihrer ein gewisses Schamgefühl bemeisterte und daß man Kraft daraus gesogen, auch offen und klar auszusprechen, was man verlangte.
Ein Brief aus Berlin an einen der Gesellschaft sagt, daß die ostpreußische Adresse dort sehr gut aufgenommen worden sei, dagegen würden die Posener harte Worte zu hören bekommen. Die Adresse derselben war einstimmig angenommen worden; tags darauf verwahrten sich aber die beiden Virilstimmen (Radziwill[4] und Raczynski[5]) dagegen – wurden also Renegaten.
‹Guten Morgen! Abegg war auch dort und wird vielleicht mehr wissen, ich wollte Dir nur gleich Nachricht geben.›
[N.S. Hast Du eine *gute* Broschüre über Lehrfreiheit, so schicke Sie mir, ich will sie dem Julienfelder Saucken[6]) geben, der darüber einen Vor- und Antrag machen will. Der alte Fahrenheid ist hier.][e]

[4]) Fürst Wilhelm Radziwill (1797–1870), preußischer General der Infanterie, vgl. *Der sechste Landtag des Großherzogtums Posen im Jahre 1843*, Posen 1844, S. 10 («Inhaber von Virilstimmen»).
[5]) Sowohl der Geheime Legationsrat Graf Athanasius Raczynski (1788–1874) wie auch Graf Eduard Raczynski, Rittergutsbesitzer auf Rogalin, waren Inhaber von Virilstimmen auf dem sechsten Landtag des Großherzogtums Posen im Jahre 1843; vgl. ebenda, S. 10 f.
[6]) August Heinrich von Saucken-Julienfelde (1798–1873), Landtagsabgeordneter, Mitglied des Vereinigten Landtages und seit 1849 des preußischen Abgeordnetenhauses.

200. Jacoby an den Kriminalsenat des Oberlandesgerichts in Königsberg

Abdruck[1]) *Königsberg, 11. März 1843.*

An den Kriminalsenat des Königlichen Oberlandesgerichts in Königsberg.
Da ich durch einen mir zugekommenen Bescheid des Herrn Justizministers erfahren, daß das in meiner Angelegenheit gefällte Erkenntniss von demselben eingefordert worden, so ersuche ich einen Hochverordneten Kriminalsenat, mir *den Tag der Absendung* gefälligst anzugeben.

Dr. Jacoby.

[1]) „Deutsch-Französische Jahrbücher", Paris 1844, S. 47.

201. Der Kriminalsenat des Oberlandesgerichts in Königsberg an Jacoby

Abdruck[1]) *Königsberg, 14. März 1843.*

Auf Ihre Anfrage vom 11. d. M. eröffnen wir Ihnen hiermit, daß die von dem Herrn Justizminister eingeforderten wider Sie in zwei Instanzen ergangenen Erkenntnisse demselben unterm 18. Februar d. J. übersandt sind.

Kriminalsenat des Königlichen Oberlandesgerichts,
v. Keber[2]).

An Herrn Dr. Jacoby, hier.

[1]) «Deutsch-Französische Jahrbücher», Paris 1844, S. 47.

[2]) Adam David Wilhelm von Keber, 1840–1843 Vizepräsident des Oberlandesgerichts Königsberg.

202. Jacoby an den Justizminister

Abdruck[1]) *Königsberg, 29. März 1843.*

An den königlich-preußischen Wirklichen Geheimen Staats- und Justizminister, Ritter etc., Herrn Mühler Exzellenz.

Eure Exzellenz haben mir unterm 6. März c. eröffnet, daß meine Bescheidung in betreff erbetener Abschrift des wider mich ergangenen Erkenntnisses noch vorbehalten bleiben müsse, indem «zuvörderst die Einsendung des Erkenntnisses angeordnet worden».

Wie Eure Exzellenz aus beifolgendem Zeugnisse des hiesigen Kriminalsenats ersehen, ist diese Einsendung unterm 18. Februar c. erfolgt, so daß das Erkenntnis *zur Zeit des geneigten Schreibens Eurer Exzellenz sich bereits vierzehn Tage und gegenwärtig über fünf Wochen in Berlin befinden dürfte.*

Ich glaube demnach nicht zu voreilig zu handeln, wenn ich Eure Exzellenz aufs neue um eine definitive Entscheidung anzugehen mir erlaube.

Eurer Exzellenz anerkannte Gerechtigkeit sowie die im Reskripte vom 12. November 1831 von dem Justizministerium selbst aufgestellten Rechtsgrundsätze lassen eine Gewährung meines Gesuchs nicht bezweifeln.

Dr. Jacoby.

[1]) «Deutsch-Französische Jahrbücher», Paris 1844, S. 47 f.

203. Julius Waldeck an Jacoby

Nachlaß[1]) *[Berlin ?]*[2]) *1. April 1843.*

..... Beikommend übermache ich Dir noch Abschrift eines königlichen Schreibens an Dr. Häring[3]) [Willibald Alexis], der die ersten leitenden Artikel der Vossischen Zeitung geschrieben, sich dann aber der Zensur wegen zurückgezogen und über den Zensor beim Könige Beschwerde geführt. Dieses die Antwort[4]), die um so humoristischer ist, als Häring nur echter juste-milieu-Philister, der in der Vossischen uns gegenüber den *wahren* Liberalismus, wie ihn der König beabsichtige, herauszupauken gedachte ...

Friedrich Wilhelm IV. an Willibald Alexis.

Ich habe Ihre Eingabe vom 25. vorigen Monats empfangen und geprüft. Die Zensoren des mit derselben eingereichten Artikels für die Zeitung haben bei Behandlung desselben nicht gegen die Zensurvorschriften gefehlt, es ist also kein Grund zur Beschwerde wegen der gestrichenen Stellen vorhanden. Glaubten Sie wegen ungebührlicher Verzögerung sich beklagen zu müssen, so war diese Klage zunächst an den Minister des Innern zu richten. Mit Widerwillen habe ich einen Mann von Ihrer Bildung und literarischen Bekanntheit durch jenen Artikel unter der Klasse derer gefunden, die es sich zum Geschäft machen, die Verwaltung des Landes durch hohle Beurteilung ihres Tuns, durch unüberlegte Verdächtigung ihres nicht von ihnen begriffenen Geistes vor der großen, meist urteilslosen Menge herabzusetzen und dadurch ihren schweren Beruf geflissentlich noch schwerer zu machen. Von Ihrer Einsicht wie von Ihrem Talent hätte ich anderes erwartet und sehe mich ungern getäuscht. F. W.

Berlin, 26. März 1843.

[1]) JNUL(Ab).
[2]) In JNUL(Ab) wohl versehentlich: Königsberg.
[3]) Wilhelm Häring (1798–1871), Journalist und Romanschriftsteller, bediente sich des Pseudonyms Willibald Alexis.
[4]) Später ohne Angabe des Datums abgedruckt in *Materialien zur Regierungsgeschichte Friedrich Wilhelms IV.* Heft 2, Königsberg 1843, S. 82.

204. Der Justizminister an Jacoby

Abdruck[1]) *Berlin, 3. April 1843.*

Auf Ihre erneuerte Anfrage vom 29. v. M.,

betreffend die Mitteilung einer vollständigen Abschrift des wider Sie ergangenen Erkenntnisses zweiter Instanz,

wird Ihnen eröffnet, daß Sie die Bescheidung von dem Kriminalsenate des königlichen

[1]) «Deutsch-Französische Jahrbücher», Paris 1844, S. 48.

Oberlandesgerichts zu Königsberg zu erwarten haben, welcher deshalb von mir unter Rücksendung der Akten die geeignete Anweisung erhalten hat.

Mühler.

An den Doktor der Medizin Herrn Johann Jacoby, Wohlgeboren zu Königsberg. Citissime. Justizministerium Secr. Journal Nr. 428.

205. Der Königsberger Inquisitoriatsdirektor an Jacoby

Abdruck[1]) *Königsberg, 15. April 1843.*

Da Euer Wohlgeboren in dem heute anstehenden Termin nicht erschienen sind, so eröffne ich Ihnen, daß der Herr Justizminister Exzellenz in einem Erlasse vom 3. d. M. bestimmt hat, daß, da Sie völlig freigesprochen worden, Ihnen nach § 515 und 534 der Kriminalordnung ein Recht auf abschriftliche Mitteilung der Entscheidungsgründe des Erkenntnisses nicht zusteht. – Die Ausfertigung der Erkenntnis*formel* wird Ihnen, sobald Sie solche beantragen, sofort erteilt werden.

Der Inquisitoriatsdirektor,
Richter[2]).

An Herrn Dr. Jacoby, Wohlgeboren hier.
Citissime.

[1]) «Deutsch-Französische Jahrbücher», Paris 1844, S. 48 f.

[2]) Kriminalrat O. W. L. Richter in Königsberg, Redakteur der «Preußischen Provinzialblätter», lieferte Jacoby einiges Material zu seiner Broschüre *Über das Verhältnis des ... Herrn Streckfuß zur Emanzipation der Juden,* Hamburg 1833 (vgl. ebenda S. 24). Er hatte sich schon im Frühjahr 1841 mit der Untersuchung wider Jacoby beschäftigt (DZA Merseburg, Rep. 77, Tit. 2, F, Nr. 21, vol. I, Fol. 206).

206. Jacoby an Friedrich Wilhelm IV.

Abdruck[1]) *Königsberg, 25. April 1843.*

Seiner Majestät dem Könige in Berlin.

Allerdurchlauchtigster, etc. etc.

Der erhabene Schutz, welchen Eure Majestät mir schon einmal gegen die Entscheidung

[1]) Zuerst erschienen als Inserat in der «Königl. Preuß. Staats-, Kriegs- und Friedens-Zeitung» vom 28. September 1843 Nr. 227 S. 1963 f. («Inländische Zustände. Abschriftliche Mitteilung der Kriminalurteile»); dann abgedruckt in «Deutsch-Französische Jahrbücher», Paris 1844, S. 49 ff.

Allerhöchst Ihres Justizministers zu verleihen die Gnade hatten, ermutigt mich, mit einer neuen Bitte dem Throne zu nahen.

Als Verfasser der Schrift «Vier Fragen, beantwortet von einem Ostpreußen» in erster Instanz zu einer entehrenden Strafe verurteilt, bin ich durch das Erkenntnis des Oberappellationssenats von jeder Schuld völlig freigesprochen worden.

Bei der dem unverdienten Verdammungsurteil gegebenen Öffentlichkeit mußte der Besitz des freisprechenden Erkenntnisses mir wünschenswert erscheinen, – wünschenswert zur eigenen Genugtuung wie zur offenen Abwehr möglicher Verdächtigung. Diesem Zwecke konnte jedoch nur durch Mitteilung des *ganzen* Urteils Genüge geschehen, da die Kriminalordnung in Absicht der Wirkung zwei Arten der völligen Freisprechung unterscheidet: die «wegen erwiesener Unschuld» und die «wegen mangelnden Beweises»; das Reskript vom 29ten April 1817 (v. B. I. L. Bd. 9 S. 248) aber diesen Unterschied in der Erkenntnis*formel* auszudrücken verbietet.

Eine Abschrift ward mir vom Inquirenten unbedenklich zugesagt, demnächst aber – ohne Angabe eines Grundes – vorenthalten. Auf meine dieserhalb an den Justizminister gerichtete Beschwerde erfolgte der Bescheid, daß,

> «da ich freigesprochen worden, mir nach § 515 und 534 der Kriminalordnung ein Recht auf abschriftliche Mitteilung der Entscheidungsgründe nicht zustehe».

Mit der dem Rechtsrate Eurer Majestät schuldigen Achtung wage ich hiergegen zu bemerken, daß die angezogenen Gesetzstellen – weit entfernt ein genügendes Motiv zur Abweisung meines Gesuchs zu enthalten – dessen Rechtmäßigkeit vielmehr zu erhärten geeignet sind.

In § 515 der Kriminalordnung ist festgesetzt, daß bei Publikation des Erkenntnisses dem Angeschuldigten die Gründe der Entscheidung vorgelesen werden sollen; das Recht des Angeschuldigten auf abschriftliche Mitteilung der letztern wird daselbst weder bejaht noch verneint.

Der § 534 bestimmt, daß, wer völlig freigesprochen worden, eine Ausfertigung der Erkenntnisformel kostenfrei verlangen kann.

Wird hiermit die unmittelbar folgende Bestimmung der Kriminalordnung, nach welcher bei Lossprechung von der Instanz die kostenfreie Ausfertigung zu verweigern ist, zusammengestellt; so kann der Sinn des § 534 nicht zweifelhaft bleiben:

Es ist daselbst nicht gesagt, daß

> dem Freigesprochenen nur allein die *Formel* des Erkenntnisses auszufertigen,

sondern daß

> *kostenfrei* er nur diese zu verlangen berechtigt sei.

Für die Gültigkeit dieser Auslegung sprechen nicht nur der bisherige Gerichtsbrauch – denn kaum dürfte jemals einem Freigesprochenen die Abschrift des Erkenntnisses gegen Entrichtung der Schreibgebühren versagt worden sein –, sondern auch die von Eurer Majestät Justizministerium selbst hierüber aufgestellten Rechtsgrundsätze; denn in dem Ministerialreskripte vom 12ten November 1831 (J. B. Bd. 38 S. 433) heißt es ausdrücklich:

> «Es würde ein *Fehlschluß* sein, aus dem Stillschweigen des Gesetzes zu folgern, daß die abschriftliche Mitteilung der Entscheidungsgründe untersagt sei; es würde vielmehr ein ausdrückliches Verbot der schriftlichen Mitteilung dessen, was mündlich mitgeteilt wer-

den *soll* um so mehr notwendig sein, als die mündliche Mitteilung oft ganz nutzlos ist. Überdem disponieren die §§ 534 und 535 der Kriminalordnung bloß darüber, inwiefern eine *kostenfreie* Erteilung der Erkenntnisse in Abschrift oder respektive in Ausfertigung verlangt werden könnte, – betreffen also die Mitteilung überhaupt und daher auch nicht die Frage, inwieweit sie erfolgen könne, wenn der Angeschuldigte sie *auf seine Kosten* begehrt, und ist daher, daß auch alsdann die Erteilung einer Abschrift oder Ausfertigung des Erkenntnisses mit den Gründen nicht erfolgen könne, nirgends ausgesprochen.»

«Es ist demnach» – so endet dasselbe Reskript des Justizministeriums – «jeder Angeschuldigte *befugt,* auf seine Kosten eine Abschrift oder Ausfertigung der wider ihn ergangenen Kriminalerkenntnisse *mit den dazu gehörigen* Gründen, soweit sie ihn betreffen, zu verlangen, und weist demnach das Justizministerium sämtliche königlichen Gerichtsbehörden hierdurch an, für die Folge hiernach zu verfahren.»

Einen irgend denkbaren Rechtsgrund, mir die Abschrift des Erkenntnisses zu verweigern, hat der Justizminister weder nach den von ihm angeführten Paragraphen noch nach der ministeriellen Deklaration derselben. Ebensowenig können besondere Rücksichten der Politik sein Verfahren bestimmen, weil solche auf Annahmen beruhen müßten, die in Preußen nicht Statt finden. Sollte endlich die Verweigerung der Abschrift eine Mißbilligung der in dem Erkenntnisse ausgesprochenen Rechtsgrundsätze involvieren; so dürfte dagegen zu erinnern sein, daß die Rechtsgründe des Richters, die zugleich den Grad seiner Gewissenhaftigkeit und moralischen Verantwortlichkeit bezeichnen, von jeher in Preußen vor der Verwaltungsbehörde ebenso unantastbar gewesen sind als das Urteil selbst[2]).

Und so wage ich denn – vertrauend der erhabenen Gerechtigkeit meines Königes – die Bitte auszusprechen:

Eure Majestät mögen gnädigst zu befehlen geruhen, daß mir eine vollständige Abschrift des wider mich ergangenen Erkenntnisses ausgefertigt werde.

In tiefster Ehrfurcht,

Euer Majestät untertänigster
Dr. Jacoby.

[2]) Jacoby merkte hierzu später noch an: Hitzig («Zeitschrift für Kriminalrechtspflege» Bd. 8 S. 442, Berlin 1828) sagt: «Während meiner langjährigen richterlichen Praxis bei verschiedenen Landesjustiz-Kollegien ist mir nie ein Fall vorgekommen, daß weder einem Verurteilten noch einem Freigesprochenen integrale Abschriften des in seiner Sache ergangenen Urteils gegen Entrichtung der Schreibgebühren versagt worden.» JGSR, I, S. 289.

207. Jakob van Riesen an Jacoby

Nachlaß[1]) *Elbing, 1. Mai 1843.*

[Glückwunsch zu Jacobys Geburtstag.][le]

[... Traurig ist nur, daß die Sache der Freiheit mehr wie je unterdrückt wird.][e] Unser Landrat und Zensor hat dieser Tage einen scharfen Verweis vom Oberpräsidenten Bötticher erhalten, daß er nicht strenger die Zensur gegen den hiesigen Anzeiger geübt, auch ihm eröffnet, daß er dem Redakteur desselben anzeigen soll, [daß,] wenn er die Tendenz des Blattes nicht ändere, ihr die Konzession entzogen werden soll. Auf welche schlechten Füßen muß doch unsere Regierung stehen, wenn sie sich vor solchen Blättern fürchtet! Dies wäre ein Trost – wenn auf der anderen Seite nicht Michels Langmut und Dummheit keine Grenzen findet. Wenn man so alt ist wie ich, die schönen Hoffnungen der ersten französischen Revolution durchlebt hat und sieht, es wird immer schlechter, so muß man wohl verzagen und verzweifeln.

Unsere Oberbürgermeisterwahl rückt immer näher heran, und außer unserem Syndikus Phillips weiß ich noch keinen Kandidaten, der mir zusagt[2]). Phillips ist wirklich liberal, aber furchtsam, und dieses wird ihn immer verhindern, entschieden aufzutreten. Von vielen wird der dortige Regierungsrat Sier empfohlen; und Graf Dohna-Wesselshöfen[3]) (sagt mir Präsident Abegg) will sich nicht zu dieser Stelle melden? Wissen Sie nicht einen Tüchtigen von unserer Farbe? .....

[1]) JNUL(Ab).

[2]) Adolf Phillips (1813–1877) wurde in der Tat Oberbürgermeister von Elbing; 1848 war er Vizepräsident der preußischen Nationalversammlung.

[3]) Ludwig Wilhelm Graf zu Dohna-Wesselshöfen (1805–1859), Jurist, Landrat.

208. Eduard Flottwell an Jacoby

Nachlaß[1]) *Bromberg, 1. Mai 1843.*

..... Professor Rötscher[2]) und ein Assessor Kiesling (die ich beide schon von Berlin her kannte) sind die einzigen, die wenigstens in der Theorie und im Prinzip mit mir übereinstimmen, und etwa drei oder vier andere sind mindestens so weit, daß sie nicht gerade vor der Vogelscheuche einer *konstitutionellen* Monarchie zurückbeben, wenngleich Leute wie Bruno Bauer und Konsorten ihnen doch halbwege so gut wie Ungeheuer sind, die übrigen aber, und ihre Zahl ist Legion, sind schlammige Muscheltiere, die sich in [die] Schale der angestammten Treue eingehüllt haben und Gott danken, wenn ihnen die bösen Gourmands vom Leibe bleiben, die es etwa versuchen möchten, ihr fest geschlossenes Gehäuse mit einem Austernmesser zu öffnen.

[1]) JNUL(Ab).

[2]) Der Dramaturg und Ästhetiker Heinrich Theodor Rötscher (1803–1871) war damals Gymnasiallehrer in Bromberg.

Mit jenen zwei Radikalen und vier Liberalen par excellence habe ich denn nun auch einen *Versuch* zustande gebracht, sie mit dergleichen Lektüre zu beschäftigen, wie ich sie von Königsberg her gewohnt war. Und unter uns sieben zirkulieren etwa zwanzig kleinere und größere Broschüren, von denen etliche zu den verbotenen Waren gehören, aber sie schreien schon jetzt, es könnte ihnen zu teuer werden, mehr wie vier Taler möchten sie doch nicht das *Jahr* hindurch daran verwenden, also – usw. ....
Unser Landtag hat mich durch sein Verhalten im ganzen und großen für einzelne Schwächen und Sünden, die er begangen, ausgesöhnt. Es möchte sich gerade bei ihm der Mühe verlohnen, seine diesmalige Tätigkeit einer genaueren Kritik zu unterwerfen; ich für meine Person beabsichtige wenigstens einen derartigen Versuch zu machen, da es mir an Muße hierzu nicht fehlt und einem alle anderen Wege abgeschnitten sind, seinem Drange Luft zu machen. Ich bitte Dich daher *angelegentlichst* mir *sobald als möglich* ein vollständiges Exemplar der Verhandlungen etwa von Heinrich oder sonstwie zu besorgen, und demnächst recta via per Post zu übersenden. Eile aber damit, sonst möchte man keines mehr bekommen.
Mit Kiesling lese ich hier, wo die öffentlichen Orte nur sehr dürftig versorgt sind, die Aachener, Neue Hamburger Zeitung und die [Sächsischen] Vaterlandsblätter. Die Königsberger und Elbinger Anzeigen halte ich noch außerdem zu meinem Privat*vergnügen* kann ich nicht einmal sagen, denn welche Schattenbilder ehemaligen Glanzes sind sie geworden. Und auch die Aachener, wie wässerig milde und wohlmeinend matt sind ihre leading articles und sonstigen Originalien gegen das, was uns die Rheinische brachte! Habt Ihr vom Deutschen Boten[3]) schon etwas erhalten? In solchem Falle bitte ich mir doch ja mein Exemplar zu überschicken, ich glaube aber fast, daß aus dem so bald nichts wird, da Herwegh sich noch immer unstet umherzutreiben scheint. ....

[3]) Die letzte Nummer der vom Literarischen Comptoir herausgegebenen Halbwochenschrift «Der deutsche Bote aus der Schweiz» erschien am 1. Oktober 1842. Herweghs Plan, die Halbwochenschrift in eine Monatsschrift umzuwandeln, gelang nicht. Die für die ersten Hefte bestimmten Artikel veröffentlichte er in «Einundzwanzig Bogen aus der Schweiz», Zürich und Winterthur: Literarisches Comptoir 1843.

209. Jacoby und andere an August Heinrich Hoffmann von Fallersleben

Abdruck[1]) *Königsberg, 10. Mai 1843.*

Dem kühnen Manne, an dessen Schicksal die Unterzeichneten nicht weniger Interesse nehmen als an seinen unpolitischen Liedern, entbieten einen freundlichen Gruß

[1]) Hoffmann von Fallersleben, *Mein Leben. Aufzeichnungen und Erinnerungen,* Hannover 1868, Bd. 4 S. 58. Ludwig Walesrode, der den Dichter in Dresden besuchte, überbrachte ihm diese Zuschrift.

H. L. Voigt. E. Höne. Dr. Jachmann. Dr. Jacoby. Emil Castell. Malinski[2]), Justizrat. Ludwig Funke[3]). Dr. G. Dinter. G. [W. A.] Wechsler. Moritz Wedel. Ludwig Walesrode. Dr. von Lengerke. Crelinger.

[2]) Johann Friedrich Malinski (gest. 1851) bezog 1800 die Albertina; Justizrat, Justizkommissar und Notar in Königsberg; Mitglied der Johannisloge zu den drei Kronen; vgl. Nr. 323.
[3]) Im Abdruck wohl versehentlich: Junk.

210. Julius Waldeck an Jacoby

Nachlaß[1]) *Berlin, 17. Mai 1843.*

..... Die Bürgermeister kleinerer Städte, die zugleich die Polizei verwalten, sind angewiesen worden, zu gewissen Terminen des Jahres Listen der Leute (gleichviel ob Beamte oder nicht) einzureichen, die eine liberale Meinung haben und äußern; unglaublich aber wahr. – Der Landwehr ist dieser Tage angezeigt, daß sie dieses Jahr Königsrevue haben werde, sie möchte deshalb jetzt schon Schnurr- und Backenbart stehen lassen ..... Dem Professor Roeppel[2]) in Breslau ist mitgeteilt worden, daß man wohl wisse, er sei liberal, daß man aber bei seinem Geiste und Kenntnissen annehme, der Liberalismus könne nicht tief eingedrungen sein, sollte er sich also entschließen, die guten Absichten der Regierung gegen das Verkennen Übelwollender in Schutz zu nehmen und zu vertreten, so könne er über jede beliebige Stelle verfügen .....

[1]) JNUL(Ab).
[2]) Richard Roeppel (1808–1893), Professor der Geschichte an der Universität Breslau, später altliberaler bzw. nationalliberaler Abgeordneter.

211. Ludwig Walesrode an Jacoby

Nachlaß[1]) *Dresden, 9. Juni 1843.*

..... Wie ich schon früher gemeldet, hat Wigand, besonders aber Ruge mich dringend zum Drucke meiner Vorlesungen aufgefordert; beide glauben, die Schrift könnte gerade jetzt viel nutzen. Daß meine Existenz in Preußen dadurch gefährdet werden kann, wollte mir weder der eine noch andere zugestehen, doch bin ich in dieser Beziehung nicht ihrer Meinung. Indes, wenn es wahr sein sollte, daß die Veröffentlichung dieser Vorlesungen wohltätig einwirken könnte, so ist es meine verfluchte Pflicht und Schuldigkeit, sie auf

[1]) JNUL(Ab).

jede Gefahr hin drucken zu lassen[2]); außerdem muß die Sache doch in wenigen Monaten verbluten. Der ersten offiziellen Aufregung gleich nach dem Erscheinen der Schrift werde ich natürlich aus dem Wege gehen.

..... Otto Wigand ist ein Mann ganz nach meinem Sinne, voll Eifer und Feuer für die gute Sache. Er scheut wirklich kein Opfer für seine Überzeugung. So legte er mir dar, daß er finanziell bei den Deutschen Jahrbüchern viel eingebüßt, daß ihn aber nichts so sehr geschmerzt als das niederträchtige Verbot derselben. Er ist in ewiger Paukerei mit der Leipziger Hermandad begriffen, und ich bin überzeugt, wenn's einmal ernst werden sollte, so würde Wigand trotz Haus und Hof und Frau und vielen allerliebsten Kindern in den vordersten Reihen stehen.

Georg Wigand, den ich noch nicht gesehen, da er auf einem Ausfluge begriffen ist, soll etwas glatter Natur sein und mit seinem Liberalismus vorsichtig haushalten. Wir Königsberger sind noch immer draußen recht gut angeschrieben, und leider habe ich's jetzt in Erfahrung bringen müssen, daß wir diesen Ruf noch immer verdienen! Auf der Strecke, die ich jetzt wieder von Deutschland kennengelernt, und sie ist doch von Königsberg bis Dresden keine unbedeutende, sieht es im ganzen verflucht lau aus, oder richtiger, erbärmlich niederträchtig.

Berlin kommt mir seiner Gesinnung nach wie ein Commis voyageur vor, die ganze Stadt renommiert äußerlich wie innerlich. Die Torheit ist nirgends wohl so schellenlaut wie unter den Berlinern. Sie haben alles gesehen, alles gehört, alles berochen, alles befühlt, für die borniertesten Menschen finden sie noch immer Pointen, um sie an einer großen Berliner-Witz-table-d'hôte zum besten zu geben; und mit solchen Lappalien finden sie sich gegen die *Gesinnung* ab. Sie glauben ungeheuer frei zu sein, wenn sie Cerf[3]), die Hagn[4]), den König, die Tagesereignisse etc. etc. in den Kaffeehäusern bewitzeln auf Eckenstehermanier, in der bekannten Tonart.

Traurig ist es, daß die Berliner «Freien»[5]) dieser Hohlheit gegenüber nichts tun – als gemein zu sein. Sie haben sich selbst zu einer literarischen Pariakaste konstituiert und scheinen nicht wenig eitel darauf zu sein. So wollen die Leute auf ihre Gegenwart wirken! Bruno Bauer ist von einem fanatischen Aberwitze ganz überwältigt, er hat etwas Desparates in seinem Wesen, das fast an Bedlam streift. Sein glänzendes Genie, das selbst in den Paradoxien seiner Weinstubenkontroversen sich überraschend zeigt, berührt gewiß jeden, der ihn wie ich zum ersten Mal so kennenlernt, höchst unheimlich und unerquicklich. Rutenberg ausgenommen sind alle die anderen in der freien Gesellschaft Bruno Bauers Nachbeter. Sein Bruder Edgar[6]) (der gewiß etwas Bedeutendes leisten könnte) darunter der *erste*.....

[2]) Walesrode veröffentlichte sie unter dem Titel *Untertänige Reden. Vier Vorlesungen, öffentlich gehalten zu Königsberg im Winter [1842–] 1843, oder: Fortsetzung der «Glossen und Randzeichnungen zu Texten aus unserer Zeit»*, Zürich und Winterthur: Literarisches Comptoir 1843.

[3]) Karl Friedrich Cerf (1782–1845), Schauspieldirektor in Berlin.

[4]) Charlotte von Hagn (1809–1891), berühmte Schauspielerin in Berlin.

[5]) Über den Kreis der «Freien» vgl. Gustav Mayer, *Friedrich Engels*. Eine Biographie, Haag 1934, I, S. 80 ff.

[6]) Edgar Bauer (1820–1886), Literat, jüngerer Bruder und Mitarbeiter Bruno Bauers.

212. Ludwig Walesrode an Jacoby

Nachlaß[1]) *[Dresden,] 11. Juni 1843.*

..... Je mehr ich Ruge kennenlerne, desto lieber gewinne ich ihn. Ruges Persönlichkeit ist durchaus für die Popularität geschaffen, er ist ein milder, weicher Mensch im Umgange, vielleicht etwas *zu sehr;* doch das macht seine Feder wieder gut. Mit Wigand ist Ruge nicht so zufrieden als ich's bin, der ich ihn freilich wenig kenne. Du stehst bei ihm sehr hoch angeschrieben, und Deinetwegen ist er auch mit den Berlinern wohl für immer zerfallen[2]).

Den Plan, den wir früher in Königsberg manchmal besprochen, eine unabhängige, deutsche Presse jenseits der Zensurgrenzen zu begründen, hat Ruge schon längst gefaßt und ist im Begriff, ihn zu realisieren[3]). Er rechnet auf eine kräftige Unterstützung von Ostpreußen her. Am Rhein geht's schon. Lieber Jacoby, das ist eine Arbeit für Dich und unsere Freunde. In Königsberg muß viel geschehen und dann durch Deine Freunde in der Provinz, Dohna, Neitzschütz, Schön, Siegfried[4]), der Ruge persönlich kennt, Hobrecht und die andern. Ruge hofft, daß Ostpreußen sich wohl mit hundert Aktien beteiligen werde. Ich will ihm diese Hoffnung nicht nehmen. Wenn Funke[5]) etwas tun wollte, der könnte auch viel ausrichten. Wir hätten ein ungeheures Terrain erobert, wenn der Plan in seinem ganzen Umfange realisiert werden könnte. Es wäre die erste bedeutende und *gemeinsame Tat* der deutschen Fortschrittsmänner. Aber rasch muß die Sache gehen.

Ich forderte Ruge auf, den gestern von ihm in summarischer Kürze entworfenen Plan, den ich Dir hier einschicke und aus dem Du das Nähere erfährst, lieber drucken zu lassen, weil außer der bequemen Vervielfältigung das typographische Schwarz auf Weiß auf die meisten Leser mehr Eindruck macht. Allein Ruge hatte was dagegen, daß einmal die Sache nicht Zensur passiert und daß zweitens diese Angelegenheit noch nicht so typographisch öffentlich sein dürfe, um die feindliche Kritik der Presse schon jetzt vor dem Entstehen hervorzurufen. Ruge meint, die ganze Leipziger Literatur und der Buchhandel, selbst Wigand nicht ausgenommen, würden feindlich gegen dieses ihnen allerdings schädliche Unternehmen sich wie ein Mann erheben. Ich hab's indes übernommen, durch persönliche Vermittlung – ich gehe nächste Woche wieder nach Leipzig – Wigand für die Sache zu gewinnen. Du mußt schon so gut sein und viele Abschriften von dem beigelegten Entwurfe zur weiteren Verbreitung machen lassen. Ruge wird Dir nächstens selbst schreiben.

[N.S. Den Interessenten kannst Du immer erwähnen, daß Fröbel als Buchhändler der Chef der Firma sein wird.][e]

[1]) JNUL(Ab) unter einer gemeinsamen Überschrift mit dem vorstehenden Briefe Walesrodes an Jacoby.

[2]) Über den Bruch Ruges mit dem Berliner philosophischen Radikalismus berichtet Gustav Mayer in «Zeitschrift für Politik» 1913 Bd. 6 S. 66 ff.

[3]) Es ist hier die Rede von Ruges gescheitertem Plane, mit Hilfe von Marx und Hess ein deutsches Oppositionsorgan in Belgien oder Frankreich zu schaffen. Von dem von ihnen in Paris gegründeten Organ, den «Deutsch-Französischen Jahrbüchern» erschien nur ein Doppelheft im Februar 1844.

[4]) Siegfried von Brünneck.

[5]) Vermutlich Ludwig Funke.

213. Jacoby an Friedrich Wilhelm IV.

Nachlaß[1]) *Königsberg, 3. Juli 1843.*

Seiner Majestät dem Könige in Berlin.

Allerdurchlauchtigster, [Großmächtigster König! Allergnädigster König und Herr!]

In einem untertänigen Immediatgesuche vom 25. April c. habe ich Eurer Majestät erhabenen Schutz

wegen vorenthaltener Abschrift des wider mich ergangenen Erkenntnisses

ehrfurchtsvoll angesprochen.

Mittlerweile hat Eurer Majestät Justizminister in einem an den hiesigen Kriminalsenat gerichteten Reskripte vom 6. Mai c. verordnet, daß die Urteilsgründe mir zwar vorgelesen, jedes schriftliche Anmerken dabei aber sorgsam verhindert werden solle.

Diese außergewöhnliche, weder zu meiner Genugtuung noch zum Schutz gegen Verdächtigung dienende Art der Publikation glaubte ich ablehnen und zuvor Eurer Majestät allerhöchste Entscheidung abwarten zu müssen.

In festem Vertrauen zu Eurer Majestät Gerechtigkeit und zu der Billigkeit meines Gesuches wage ich die untertänigste Bitte zu erneuern:

Euer Majestät möge zu befehlen geruhen, daß mir eine vollständige Abschrift des wider mich ergangenen Erkenntnisses ausgefertigt werde.

[In tiefster Eherbietung Eurer Königlichen Majestät
alleruntertänigster] Dr. [Johann] Jacoby.

1) «Deutsch-Französische Jahrbücher», Paris 1844, S. 51 f.; eingeklammerte Stellen: Abschrift des Jacobyschen Schreibens im DZA Merseburg, Rep. 89 C, Tit. 12, Nr. 94, Fol. 89.

214. Aufruf betreffend Rudolf Gottschall

Nachlaß[1]) *Königsberg, 19. Juli 1843.*

Aufruf zu einem Darlehen für den Studiosus Gottschall[2]), dem 200 Taler, die er für eine Reise durch Deutschland gespart hatte, gestohlen worden waren.

Dr. Jacoby. Prof. Simson.

Einzeichner u. a. Rosenkranz (3 Taler bezahlt), Burdach sen.

1) Inhaltsnotiz in NLE.

2) Rudolf Gottschall (1823–1909), Schriftsteller und Literarhistoriker, beteiligte sich in seinen Anfängen an der politischen Dichtung, gehörte dem Jacoby-Kreis an, 1843 von der Universität Königsberg verwiesen.

215. Karl Heinrich Brüggemann[1]) an Jacoby

Nachlaß[2]) *Berlin, 19. Juli 1843.*

Verzeihen Euer Wohlgeboren dem Verfasser beiliegender Broschüre[3]), wenn derselbe sich erlaubt, solche in Begleitung einiger Zeilen ohne weiteres Ihnen zuzusenden. Euer Wohlgeboren haben zuerst in Ihren «Vier Fragen» unser fast vergessenes gutes Recht wieder in Anregung gebracht, und jeder einzelne wackere Preuße fühlt sich Ihnen dafür zum Danke verpflichtet. Jetzt ist die Bewegung der Geister in der von Ihnen eröffneten Richtung im vollen Gange. Und schon sehen wir, unterschiedene Heerhaufen und unterschiedene Fahnen auf seiten des Reformwerks. Vom erklärten Republikanismus, ja vom neuen Evangelium des Kommunismus bis zum formellsten, glattesten Scheinkonstitutionalismus gibt es eine zahlreiche Abstufung von Fahnen und Fähnlein. Mir aber scheint von allen nur eine die wahre und zeitgemäße – *die demokratische Monarchie des politischen Testaments von Stein.*

Unter diese Fahne könnten sich manche Männer scharen von einer mehr englischen Staatsauffassung – wie solche im von Schönschen «Woher und Wohin» vorliegt – bis zu der Rugeschen in der «Selbstkritik des Liberalismus», den Sie an der Spitze des letzten Jahrgangs der Deutschen Jahrbücher gelesen haben werden. Dieses Banner ist monarchischer als der süddeutsche Konstitutionalismus, denn es weiß nichts von einer «beschränkten» Monarchie, aber es ist auch demokratischer, denn es weiß nichts von einer beschränkten Kompetenz der Repräsentation, bloß für Gesetzgebung, gegenüber der Verwaltung und Exekutive, sondern faßt König und Parlament als untrennbar, die Verwaltung aber bloß als Diener und Mandatare dieser untrennbaren Autorität: hiermit ist dann eine völlig durchgreifende Verantwortlichkeit der Mandatare begründet und ein entsprechendes self-government in Gemeinde und Kreis, ohne welches alle «konstitutionelle Freiheit» nur Redensart bleibt, wirklich gesichert.

Das sind die Grundansichten der vorliegenden Broschüre. Gern möchte ich wissen, ob ich recht habe, daß dieselben mit den Ihrigen ziemlich zusammentreffen? Wäre diese Frage zu bejahen, so möchte ich weiter wissen, ob Euer Wohlgeboren das Unternehmen einer Vierteljahrsschrift, die durchaus von diesen Prinzipien ausginge und von ihnen aus eine Quartalrevue der gesamten lebendigen Literatur der Politik, Ökonomik, Geschichte, Poesie und Philosophie in der Art der englischen Reviews vornähme, zeitgemäß finden? ob Sie vielleicht gar mitzuarbeiten sich bewegen lassen würden?

Einstweilen sollen dies noch keine ausdrücklichen Anfragen sein, auf die bestimmte Antwort gehofft werden dürfte. So weit ist der Plan noch nicht gediehen. Nur die Zusendung beiliegender Broschüre sollen diese Zeilen motivieren, und zugleich sollen sie Vorläuferinnen späterer genauerer Mitteilungen sein. Die nächsten Monate will ich mich persön-

[1]) Karl Heinrich Brüggemann (1810–1887), Publizist in Berlin, spielte eine beträchtliche Rolle im dortigen Lokalverein für das Wohl der arbeitenden Klassen, zog im Oktober 1845 nach Köln um und trat am 1. November 1845 in die Redaktion der «Kölnischen Zeitung» ein. Er war neuneinhalb Jahre Chefredakteur des Blattes, wenn auch bis März 1848 nicht dem Namen nach.

[2]) JNUL(Ab).

[3]) K. H. Brüggemann, *Preußens Beruf in der deutschen Staatsentwicklung und die nächsten Bedingungen zu seiner Erfüllung*, Berlin 1843.

lich in Westfalen und in den Rheinlanden ein wenig umsehen und mit alten Freunden in Süddeutschland alte Beziehungen lebhafter zu erneuen. Ende September kehrte ich nach Berlin zurück. ‹Bis dahin ist, wenn Sie mich einiger Zeilen sollten würdigen wollen, die Bessersche Buchhandlung hier bereit, Briefe für mich zu empfangen; von Oktober an ist meine Adresse: Neustädtische Kirchstraße Nr. 5.

Mit ausgezeichneter Hochachtung und aufrichtiger Verehrung.›

216. Arnold Ruge an Jacoby

Nachlaß[1]

Köln, 1. August 1843.

Entre nous.

Lieber Freund, Walesrode hat Ihnen einen Entwurf mitgeteilt zur Gründung einer Buchhandlung in Straßburg. Ich bin nun hier mit den Herren, welche bei der Rheinischen Zeitung Aktionäre waren und Erfahrungen haben, zusammengekommen. Man hat sich allgemein und mit großer Freude für das Projekt ausgesprochen, war jedoch der Ansicht, daß man kleinere Summen bis zu 10 Reichstaler herunter als Einschüsse annehmen müsse, wobei immer die 50 Reichstaler hohen Einschüsse, die verzinst und durch Aktien reversiert werden, bestehenbleiben können für solche, die diese Form vorziehen und nicht so quasi à fonds perdu zuschießen wollen. Hier aber ist man völlig für die Form des einfachen Zuschusses auf volles Vertrauen und zur freien Disposition für das neue Etablissement.

Ich habe mich natürlich dieser Ansicht nicht widersetzt, und da ich die Sache à tout prix realisieren will, weil man sonst keine Stelle hat, wo man fußen kann, um wirklich lebendige politische Sachen zu bringen, so habe ich mich entschlossen:

1. dem Literarischen Comptoir in Zürich selbst als fünfter Teilnehmer mit 11 000 Florin beizutreten;

2. das Straßburger Etablissement als Filiale des Literarischen Comptoirs von den Aktien zu gründen und durch Fröbel führen zu lassen, so daß die Meß- und sonstigen Verkehrsangelegenheiten durch das Zürcher Etablissement mitbesorgt würden;

3. das Straßburger Etablissement als Sache der Freunde der freien Presse, die dazu Einschüsse machen, zu vertreten und eine bestimmte Stipulation über das Verhältnis beider Handlungen gleich hier mit juristischen Freunden zwischen mir und Fröbel festzusetzen. Fröbel handelt im Namen der vier älteren Teilnehmer an dem Literarischen Comptoir in Zürich.

Mein Beitritt ist durch eine momentane Verlegenheit und durch die Schikanen der politischen Gegner Fröbels nötig geworden. Es wäre sonst möglich gewesen, daß wir das Zürcher Etablissement gänzlich verloren hätten und damit auch die Basis zu dem neuen. Kann ich hier den Kredit von 11 000 Florin haben, was ich glaube, so gehe ich über-

[1] JNUL(Ab).

morgen nach Paris[2]). Kann ich das nicht, so kehr ich übermorgen nach Leipzig zurück, um dort das Geld aus der Bank zu nehmen.
Ich werde mich, um alle diese Verhältnisse in der Nähe unter Augen zu haben, nach Straßburg begeben und, wenn es möglich ist, mich sofort daselbst einbürgern. Meine Familie bleibt bis Ostern in Dresden.
So steht nun die Sache, und ich hoffe, daß von Ostpreußen eine wesentliche Unterstützung zu erwarten ist, da Walesrode schreibt, man habe den Plan dort sehr günstig aufgenommen.
Die Kabinettsorder gegen das Düsseldorfer Fest[3]), welche die Beamten vollkommen vom Volke trennt, erregt hier die größte Sensation. Zugleich versteht man den Passus: «Dergleichen Demonstrationen machten nur Lärm und würden die Entschlüsse und den Gang der Regierung nicht ändern», als eine Hinweisung auf spätere Einführung des Strafgesetzentwurfes, dessen Verwerfung ja doch nur das Fest galt.
Jedenfalls sind diese Vorfälle keine Verstärkung der moralischen Macht Preußens, und wer sich für Preußen interessiert, muß jedem europäischen Konflikt mit der größten Besorgnis entgegensehen. Es täuscht sich hier darüber kein Mensch; und Katholik und Protestant sind über diesen politischen Punkt überall ganz derselben Meinung. Übrigens ist hier kein Mensch aufrührerisch gesinnt, und es kann hier niemand Unruhen erregen als ganz allein große Mißgriffe von oben und inzidierende europäische Wirren .....

[2]) Ruge fuhr mit Hess über Brüssel nach Paris, wo sie am 9. August 1843 eintrafen. Die preußischen Behörden erfuhren über die Kölner Zusammenkunft von Ruge und Hess erst post factum, und zwar aus der «Mannheimer Abendzeitung». Vgl. E. Silberner, »Beiträge zur literarischen und politischen Tätigkeit von Moses Hess, 1841–1843» in «Annali» (Mailand) 1963 Jg. 6 S. 417.

[3]) Am 4. Juli 1843 fand in Düsseldorf ein großes Festmahl statt, veranlaßt durch den Beschluß des rheinischen Landtages, das neue Strafgesetz nicht einzuführen. Mehrere Beamte nahmen an dem Feste teil. Am 18. Juli erließ der König eine Kabinettsorder, in der er erklärte, es sei sein Wille, daß seine Beamten in Zukunft sich von solchen Manifestationen fernhielten.

217. Karl Weil[1]) an Jacoby

Nachlaß[2]) *Stuttgart, 22. August 1843.*

[«Konstitutionelle Jahrbücher».][le]

... Über Preußen aber, dem wichtigsten, einflußreichsten deutschen Staate, dessen konstitutionelle Entwicklung die des Gesamtvaterlandes bedingt, konnten wir bis jetzt nur Aphoristisches geben. Die Schuld daran – erlauben Sie mir, es frei zu sagen – liegt nicht an meinen Mitarbeitern, noch an mir; sie liegt an der Teilnahmlosigkeit, an der Apathie,

[1]) Karl Weil, liberaler Publizist in Stuttgart, Herausgeber der «Konstitutionellen Jahrbücher».

[2]) LE(Ab).

die wir für unsere Sache, die doch eine gemeinsame ist, in Preußen und bei den preußischen Liberalen gefunden. Darum eben wende ich mich an Sie, verehrter Herr, Sie zu bitten, hierbei hilfreiche Hand zu leisten.
Gleich bei der Gründung der «Konstitutionellen Jahrbücher» zu Anfang dieses Jahres wendete ich mich schriftlich an Herrn Oberlehrer Witt, dort, mit der Bitte um Beiträge, um Schilderung der preußischen Zustände. Erst nach wiederholten Monitorien erhielt ich eine Antwort: kalt, vornehm – man wolle zuerst den ersten Band abwarten, um die Tendenz zu beurteilen, gleich als sei meine Wirksamkeit als Publizist in Deutschland noch unbekannt.... Es ist das erste Mal, daß sich Gelegenheit bietet, zensurfrei in Deutschland selbst über politische Angelegenheiten zu sprechen, und die, welche eben in letzter Zeit so ehrenhaft in den Vorderreihen stehen, benutzen sie nicht, werfen sie zurück, gleich als sollten die süddeutschen und die norddeutschen Liberalen, trüben Vorgängen der bösen alten Zeit folgend, wiederum itio in partes machen.
[Bittet um Jacobys Beitrag für den dritten Band über preußische Zustände, wenn er nicht kann, soll einer seiner Freunde einspringen.][le]

218. Ludwig Walesrode an Jacoby

Nachlaß[1]) *Mannheim, 25. August 1843.*

... Jetzt und hier erst in Baden bin ich zum Bewußtsein gekommen, daß meine Reise einen eigentlichen Zweck hat. Meine Zeit wie mein Geld ist auf die letzte Neige geraten, aber ich bedaure weder die Einbuße des einen noch des andern, da ich hier um eine unschätzbare politische Überzeugung reicher geworden bin, daß die Sache der Freiheit auch auf deutschem Boden noch siegen kann, ja hier faktisch gesiegt hat.
Die Feier des Konstitutionsfestes am 22. August[2]) war eine Niederlage für den badischen und eigentlich auch den deutschen bundestäglichen status quo, von welcher er sich niemals wieder erholen wird. Und wie bei uns hat auch hier die Dummheit der Regierung das meiste zum Triumphe der Volkssache beigetragen. Statt sich an die Spitze der Feier zu stellen und dieser einen unschädlichen, uniformierten, offiziellen Charakter zu geben, desavouierte das Gouvernement den 22. August, verbot direkt und indirekt ihren Beamten die Teilnahme an derselben und provozierte auf diese Weise eine Erhebung des reinen Bürgertums in Masse, ein politisches Massenbewußtsein, das nicht mehr zu unterdrücken, ja auch nur zu schwächen sein wird. – Ja das muß man aber auch den badischen

[1]) JNUL(Ab).
[2]) Das Fest des 25jährigen Bestehens der badischen Verfassung wurde am 22. August 1843 in Mannheim feierlich begangen. Ein ausführlicher Bericht darüber erschien in der «Mannheimer Abendzeitung» vom 24. August 1843 Nr. 197, wo es u. a. heißt: «Von nah und fern waren eine Menge Verfassungsfreunde herbeigeeilt [...] viele Nassauer, Hessen, Frankfurter und vor allen Preußen unter denen eine Zier deutscher Männer, Hoffmann von Fallersleben und Walesrode». Die Fortsetzung des Berichts (25. August Nr. 198) enthält Walesrodes Toast.

Oppositionsmännern lassen, der gute Edgar Bauer[3]) (der eigentlich noch nicht recht trocken hinter den Ohren ist) mag sagen, was er will, sie verstehen sich auf politische Agitation wie keine andern Deutschen mehr, sie sind wahrhaft tüchtige Diplomaten der politischen Praxis.

Es war von Mannheim aus im ganzen Lande alles vortrefflich organisiert, die besten Redner und einflußreichsten Kammermitglieder der Opposition hatten sich überallhin zerstreut, um die Festreden zu halten und besonders das Landvolk zu bearbeiten, und das ist ihnen überall auch trefflich gelungen. *Itzstein[4])*, den ich gestern unmittelbar nach seiner Rückkehr aus dem Oberlande (Griesbach) sprach, war über den glänzenden Erfolg seiner Mission ganz außer sich und begeistert, ebenso Mathy[5]) und die andern. Aber die Leutchen wissen auch populär zu sein auf eine Art, wie sie allein den Süddeutschen eigen ist und eigen sein kann. Wir oben sind leider im Sprechen viel zu vornehm und spröde und können es nicht anders sein, weil uns ein Idiom wie z. B. das hiesige Pfälzische fehlt, mit welchem sich's so leicht ins Herz des Volkes hineinredet. Das ist wahrlich kein Paradoxon, es ist ein Erfahrungssatz .....

[Reise durchs Rheinland. Er vermißt «*gediegenen* politischen Sinn».][1e]

[3]) Edgar Bauers Schrift *Die liberalen Bestrebungen in Deutschland*, Zweites Heft, Zürich 1843, enthielt vom demokratisch-revolutionären Standpunkt aus eine scharfe Kritik des badischen Liberalismus. MG.

[4]) Johann Adam von Itzstein (1775–1855), das Haupt des badischen Liberalismus.

[5]) Karl Mathy (1807–1868), einer der bekanntesten Führer der liberalen Opposition in Baden.

219. Das Justizministerium an Jacoby

Abdruck[1]) *Berlin, 1. September 1843[2]).*

Auf die Immediatvorstellung vom 25. April d. J. wird Ihnen infolge allerhöchsten Befehls vom 17. v. M. eröffnet, daß Seine Majestät der König sich nicht bewogen gefunden haben, Ihrem Gesuche

um abschriftliche Mitteilung der Gründe des von dem Oberappellationssenate des königlichen Kammergerichts in der wider Sie geführten Untersuchung gefällten Erkenntnisses

stattzugeben.

In Abwesenheit des Justizministers:
Der Wirkliche Geheime Oberjustizrat und Direktor.
Ruppenthal.

An den Herrn Dr. Jacoby, Wohlgeboren, zu Königsberg in Preußen.
Justizministerium. Secr. Journal Nr. 467.

[1]) Zuerst erschienen als Inserat in der «Königl. Preuß. Staats-, Kriegs- und Friedens-Zeitung» vom 28. September 1843 Nr. 227 S. 1964 («Inländische Zustände. Abschriftliche Mitteilung der Kriminalurteile»); dann abgedruckt in «Deutsch-Französische Jahrbücher», Paris 1844, S. 52.

[2]) Jacobys Anmerkung: Antwort auf die *vor vier Monaten* eingereichte Eingabe.

220. Julius Waldeck an Jacoby

Nachlaß[1]) *[Berlin,]*[e] *1. September 1843.*

.....Ich lebe in alter Weise unter einer Anzahl Bekannter[2]), die geistig regsam und strebsam nur den einen Fehler haben, bei jedem Schritte, den sie oft seitwärts in den tiefsten Kot tun, einen bedeutenden Fortschritt zu sehen und einen neuen eigenen Standpunkt für sich in Anspruch zu nehmen, von dem aus sie dann mit allen anderen bald fertig werden. So ist es Dir neulich mit Edgar Bauer gegangen, der bei Beurteilung Deines Falles Dich eben als einen ganz anderen gesetzt, als der Du wirklich bist, und der, wenn er für Belehrung zugänglich wäre, schon aus dem Urteil zweiter Instanz viele seiner Behauptungen widerlegt finden könnte[3]).

Wie oft sage ich es diesen Leuten, wir alle sind doch eigentlich im Innersten, und ich glaube Du ebenso, Kommunisten und Atheisten, nur mit dem Unterschiede, daß die einen, die Unmöglichkeit, jenes ersehnte Ziel jetzt schon herbeizuführen, einsehend, auf Erreichbares ausgehen, während die anderen, eben die Bauers, Buhl etc. darin eine Heuchelei sehen und behaupten, man müsse womöglich nach mehr streben, als man in der Tat will, man müsse die Unhaltbarkeit der jetzigen sozialen Verhältnisse des Himmels und der Erde auf das krasseste dartun und so die Notwendigkeit der Umgestaltung oder vielmehr Neubildung in der Theorie beweisen, in der Praxis mache sie sich dann von selbst. Ich glaube, daß diese Leute, solange bedeutende Übermacht noch auf seiten der Reaktionäre ist, mehr schaden als nützen, aber das ist ihre Absicht, denn sie sind leider alle Pessimisten. Übrigens enthalten die Broschüren, namentlich die über die Badische Opposition[4]), viel Wahres und sind, das ist nicht zu leugnen, vorzüglich geschrieben. Unerklärlich ist es, wie Bauer bei seinen Ansichten und in der Meinung, man müsse die ganze Wahrheit sagen, es wagen konnte, in Preußen ein Buch unter zwanzig Bogen zu schreiben und zu verlegen, da er, wenn er konsequent bleiben wollte, die Konfiskation wohl vorhersehen konnte. Ob es Bruno Bauer[5]) mit seinem bald erscheinenden ersten Teile der Kulturgeschichte des 18. Jahrhunderts besser gehen werde, ist sehr die Frage. Überhaupt scheitern fast sämtliche Unternehmungen der hiesigen Liberalen, dem Buhl ist das erste ganze Heft seiner projektierten Monatsschrift[6]), darunter auch ein Aufsatz von mir, gestrichen worden, und außerdem ist er in der Naglerschen Angelegenheit noch vom Patrioten[7]) her auf drei Monate Gefängnis verurteilt worden.

1) JNUL(Ab). Ein Teil des Briefes bei G. Mayer in «Zeitschrift für Politik» 1913 Bd. 6 S. 71.

2) Gemeint sind «die Freien».

3) In dem ersten Hefte seiner Schrift *Die liberalen Bestrebungen in Deutschland* (Zürich und Winterthur: Literarisches Comptoir 1843, S. 59) kritisierte Edgar Bauer «die Irrtümer der ostpreußischen Opposition» und bekämpfte Jacobys Ansichten.

4) Vgl. Nr. 218 Anm. 3.

5) Bruno Bauer, *Geschichte der Politik, Kultur und Aufklärung des 18. Jahrhunderts*, Charlottenburg, 1843–1845, 4 Bde.

6) «Berliner Monatsschrift». Hrsg. von L. Buhl. Erstes und einziges Heft, Mannheim: Selbstverlag 1844. Ein Exemplar dieser bibliographischen Seltenheit befindet sich im Internationalen Institut für Sozialgeschichte.

7) Buhls Zeitschrift «Der Patriot» (Berlin 1842, 4 Hefte) griff die preußischen Verwaltungsmißstände an und wurde auf Betreiben des reaktionären Generalpostmeisters Karl Ferdinand Friedrich von Nagler im Dezember 1842 für Preußen verboten.

Von Euch dort ist jetzt auch nichts zu hören, die Zeitung schweigt beharrlich, und von allen Königsberger Stimmen ist eine anhaltende Pause seither eingehalten worden, mit Ausnahme Deiner, der Du durch Deinen unverkennbaren Stil Dich als den Verfasser des Aufsatzes über Eichhorn in den zwanzig Bogen[8]) und auch wohl «des Austritts Schöns» im Taschenbuch Vorwärts[9]) verrätst. Etwas über Eure Stellung zueinander möchte ich wohl hören, da die einstmalige Mitteilung in der Mannheimer Abendzeitung mir höchst korrupt erschien und wahrscheinlich statt von Königsberg von Berlin ausging. Ich vermute, Jordan[10]) war der Verfasser, wenigstens läßt seine gänzliche Unselbständigkeit, die ihn für den Augenblick alles durch Bauers Brille sehen läßt, solches erwarten.
Die neueren Erscheinungen in der Literatur der Judensache sind Dir wohl so bekannt wie mir; Freunds zwei Hefte[11]) haben manches Verdienstliche, Bauers Schrift[12]) ist gewiß für jeden, der sie versteht, von entschiedenem Werte. Riesser war kürzlich hier und wurde sehr gefeiert, seine Entgegnung gegen Bauer ist eine der schwächsten Arbeiten seiner Feder[13]). Wie gefällt Dir der umgewandelte Streckfuß?[14]) Die Berliner machen viel von ihm, ich sehe weder in seiner Schrift etwas Besonderes noch in seinem Benehmen irgendeine Größe; es ist eine Schande, jemals so leichtsinnig geurteilt zu haben, und diese Schande wird durch das Geständnis kaum geringer ...

[8]) «Der Minister Eichhorn» anonym in «Einundzwanzig Bogen aus der Schweiz», S. 197–206.

[9]) «Der Rücktritt des Oberpräsidenten Staatsministers von Schön aus dem preußischen Staatsdienste» anonym in *Vorwärts! Volkstaschenbuch für das Jahr 1843*, Leipzig 1843.

[10]) Wilhelm Jordan (1819–1904) Dichter, Publizist und Politiker, als Student Anhänger Jacobys, 1848 Mitglied der Linken in der Frankfurter Nationalversammlung.

[11]) *Zur Judenfrage in Deutschland. Vom Standpunkte des Rechts und der Gewissensfreiheit.* Hrsg. von Wilhelm Freund, Berlin 1843, 2 Hefte.

[12]) Bruno Bauer, *Die Judenfrage*, Braunschweig 1843.

[13]) Gabriel Riesser, «Die Judenfrage. Gegen Bruno Bauer» in «Konstitutionelle Jahrbücher». Hrsg. von Karl Weil, 1843 Bd. 2 S. 1–42; Bd. 3 S. 14–57.

[14]) Karl Streckfuß, *Über das Verhältnis der Juden zu den christlichen Staaten. Zweite Schrift unter diesem Titel*, Berlin: Veit 1843. Vgl. Nr. 32 Anm. 2.

221. Jacobys Erklärung über das Erkenntnis des Oberappellationssenats

Abdruck[1]) *Königsberg, 4. September 1843.*

In Hitzigs Annalen der Kriminalrechtspflege werde ich aufgefordert, das wider mich ergangene Erkenntnis des Oberappellationssenats zu veröffentlichen. Gern würde ich dieser Aufforderung genügen, wäre mir nicht – trotz anfänglicher Zusage des Inquirenten – eine Abschrift der Urteilsgründe verweigert worden. Auf meine dieserhalb bei Seiner Majestät dem König eingereichten Immediateingaben vom 25. April und 3. Juli c. habe ich unter dem heutigen Datum einen abschlägigen Bescheid erhalten.

[1]) Zuerst erschienen in einer uns unzugänglichen Nummer der «Königl. Preuß. Staats-, Kriegs- und Friedens-Zeitung»; dann abgedruckt in der Augsburger «Allgemeinen Zeitung» vom 14. September 1843 Nr. 257 S. 2056 («Königsberg, 6. Sept.») sowie im Hamburger «Telegraph für Deutschland». Redigiert von Karl Gutzkow, Oktober 1843 Nr. 161 S. 644.

222. Jacoby an den Königsberger Kriminaldirektor

Abdruck[1]) *Königsberg, 5. September 1843.*

Geehrter Herr!

Da ich auf meine Immediateingaben vom 25. April und 3. Juli c. (wegen vorenthaltener Abschrift des wider mich ergangenen Erkenntnisses) abschlägig beschieden worden, so ersuche ich Sie zur *Vorlesung des Urteils* einen Termin anzuberaumen.

Zugleich wiederhole ich meine Bitte um schriftliche Ausfertigung der Erkenntnis*formel.*

Dr. Jacoby.

An den Herrn Kriminaldirektor Richter, Hochwohlgeboren, hier.

[1]) «Deutsch-Französische Jahrbücher», Paris 1844, S. 52 f.

223. Ludwig Walesrode an Jacoby[1])

Nachlaß[2]) *Hallgarten, 15. September 1843.*

Hier sitze ich in einer freundlichen Weinlaube, den herrlichen Rhein vor Augen und den Rheingau mit Rüdesheim, Schloß Johannisberg, Geisenheim, Winkel, Oestrich, Nieder- und Oberingelheim, hinauf bis Mainz als Panorama vor mir aufgerollt. Doch ich will Euch durch eine Schilderung dieser wahrhaft lachenden Natur nicht den Mund wäßrig machen. Hallgarten ist ein Gut des Herrn von Itzstein, bei dem ich nun schon seit einigen Tagen als ein aufs herzlichste eingeladener und aufgenommener Gast lebe[3]) und bei dem ich noch so lange bleiben werde, bis ihn die bevorstehenden Wahlangelegenheiten (alias «Umtriebe») nach Baden zurückrufen, was freilich nicht lange mehr dauern kann. ‹Ich sehe eben, daß mein oben angefangener Brief schon mehrere Wochen alt ist; allein mit dem besten Willen von der Welt konnte ich bis jetzt kaum zum Weiterschreiben kommen.›

Es ist mir in Mannheim wenig Muße gelassen worden, ebensowenig im Schwarzwalde, den ich neulich besuchte, mehr um das dortige Volk als um die Natur kennenzulernen. Erst hier in dem stillen Hallgarten bin ich in dem einförmigen Gange des Tages zur Ruhe gekommen. Wir stehen hier um 5 Uhr (ich freilich eine Stunde später, bis ich von Itzstein höchst eigenhändig aus dem Bette getrommelt werde) auf, frühstücken, gehen im Garten und in den Weinbergen spazieren bis 9 Uhr, dann zieht sich jeder auf anderthalb Stunden für sich zurück, von 10½ bis 12½ Uhr spiele ich mit Itzstein Billard (er hat ein solches auf seinem Gute eingerichtet) und werde sehr von ihm ausgehauen, da er ein famoser Spieler ist. Um 12½ wird Mittag gegessen, die Unterhaltung ist angenehm, Itzstein

[1]) In JNUL(Ab) unter einer gemeinsamen Überschrift mit Nr. 218.

[2]) JNUL(Ab).

[3]) Über die Zusammenkünfte liberaler Führer in Hallgarten 1842/43 vgl. Itzstein an Franz Peter Buhl, 26. April 1845, in *Darstellungen und Quellen zur Geschichte der deutschen Einheitsbewegung im 19. und 20. Jahrhundert.* Hrsg. von Paul Wentzke, Heidelberg 1957, Bd. 1 S. 144.

immer munter und kordial, seine Base, eine Madame Petel aus Paris (auch Nichte vom Görres[4]), eine geistreiche, liebenswürdige Frau und seine Haushälterin, Fräulein Pfister, die häusliche Gutmütigkeit selbst. Nach Tische geht jeder wieder an sein Geschäft oder an seine Faulheit bis 4 Uhr. Dann mache ich mit Itzstein einen mehrstündigen Spaziergang.

Vorgestern gingen wir nach Geisenheim, gestern nach Winkel, wo wir den ehemaligen Präsidenten des Mainzer Konvents und der Klubisten, den famosen ehemaligen Mainzer Professor *Hofmann*[5]) besuchten. Dieser Mann ist die interessanteste Ruine am Rhein. Obgleich 90 Jahre alt, hat er alle seine Sinne noch vollständig, ein enormes Gedächtnis, ist sehr unterhaltend und noch ganz und gar ein eifriger Klubist. Metternich ist sein ehemaliger Schüler von der Mainzer Universität her und gegenwärtig sein Nachbar auf dem Johannisberge. Vor einigen Jahren wollte er ihn besuchen, aber Hofmann hat ihn nicht angenommen. Ein ausführliches Bild dieses merkwürdigen Mannes werde ich Euch später geben. Beim Abschiede schenkte er mir gestern ein ausgezeichnetes Miniaturporträt vom Abbé Sieyès, gemalt von Bréa, einem Hausfreunde Sieyès', welcher letzterer es selbst dem Hofmann geschenkt. Ich wollte, er hätte mir auch das wundervolle Porträt des Thionviller Merlin[6]) (ein Klubistenfreund Hofmanns) geschenkt.

Was ich Euch oben über die badischen Oppositionsmänner und ihr Wirken nach den ersten flüchtigen Bemerkungen geschrieben, muß ich auch heute noch, nachdem ich mir eine gründlichere Kenntnis über diesen Punkt verschafft, bestätigen. Ich habe jetzt Itzstein, Bassermann[7]), Mathy, Hecker[8]), Sander[9]), Rindeschwender[10]), Gerbel[11]), Richter[12]) und andere genau kennengelernt und muß von diesen (etwa mit Ausnahme Gerbels, der mir etwas matt zu sein scheint) sagen, die Leute *wissen* nicht bloß, was sie wollen, sondern sie *tun* auch, was sie *wissen* und was sie *wollen.*

‹Die Achtung vor unserem Königsberg ist seit unserem letzten Landtage sehr sehr in Baden gesunken, der rheinische Landtag ist dafür um so besser angeschrieben. Die traurige ostpreußische Rücksichtspolitik, die aus purer sogenannter Vorsicht unsern Gegnern selbst das Heft in die Hand gibt, kann man hier gar nicht begreifen. Ich, der ich, wie Ihr wißt, mit zu den eifrigsten Gegnern dieser unmännlichen landtäglichen Politik gehöre, konnte leider nicht widersprechen – nur erklären. Kann man's den Männern hier verargen, wenn sie Ostpreußen ganz aufgeben? Sie haben viel, sehr viel von dort erwartet, und was

4) Josef Görres (1776–1848), Publizist, seit 1827 Professor der Geschichte in München.

5) Andreas Josef Hofmann (1753–1849), seit 1784 Professor für Geschichte an der Universität Mainz, 1792/93 einer der führenden Mainzer Klubisten, entkam 1793 nach Frankreich.

6) Antoine-Christophe Merlin de Thionville (1762–1833), französischer Politiker.

7) Friedrich Daniel Bassermann (1811–1855), Verlagsbuchhändler, einer der Führer des badischen Liberalismus, Mitglied des Vorparlaments und der Frankfurter Nationalversammlung.

8) Friedrich Hecker (1811–1881), süddeutscher liberaler Politiker, 1848 radikaler Republikaner, emigrierte in die Schweiz und später nach Amerika, wo er 1861–1864 im Bürgerkrieg kämpfte.

9) Adolf Sander (1801–1845), liberaler Abgeordneter des badischen Landtages.

10) Ignaz (Ulrich?) Rindeschwender (geb. 1787), Hofgerichtsadvokat in Rastatt, seit 1831 Abgeordneter des badischen Landtages.

11) Christian Wilhelm Gerbel, Hofrat und Obergerichtsadvokat in Mannheim, 1831–1839 und 1842–1845 Abgeordneter des badischen Landtages.

12) Franz Josef Richter (1801–1863), Hofgerichtsadvokat in Achern, 1842–1849 Abgeordneter des badischen Landtages.

waren die Leistungen unseres jetzigen Landtages? Nichts als subtile, superfeine diplomatisch gewundene *Phrasen.* Es ist zum Teufelholen. Nun wundern sich die Leute noch, daß man ihren Phrasen mit Berliner Kabinettsphrasen begegnet.›
Von der Popularität, welche Itzstein in Baden genießt, hat man wohl schwerlich eine Idee, bis man sich an Ort und Stelle davon überzeugt hat. An meiner eigenen Person habe ich's erfahren, wie hoch dieser Mann in der Gunst des Volkes steht. Von Itzstein durch mehrere Briefe empfohlen, reiste ich vor vierzehn Tagen von Mannheim nach dem Schwarzwald, besonders in das Renchtal. Kaum hatten die Bewohner dieses Tales erfahren, daß ich in befreundetem Verhältnis zu «Vater Itzstein» (so wird er dort genannt) stehe, als sie mir auch Huldigungen angedeihen ließen, die meine Bescheidenheit sehr in die Enge getrieben haben würden, wenn ich nicht überzeugt gewesen wäre, daß sie weniger mir als Itzstein gegolten. Kaum in der Post zu Oberkirch gegen Abend angekommen, versammelten sich daselbst sogleich die angesehensten Bürger und Honoratioren, um mich zu begrüßen und mit mir zu trinken. Die Damen sahen zu den Fenstern hinein, und eine fragte, wie mir später der Advokat Frech daselbst erzählte, einen Bürger, ob's wahr sei, daß ich der Walter Scott wäre.
Am nächsten Tage, Sonntag, machte ich in Begleitung von *sechs Bürgermeistern* aus dem Tale, die in zwei Wagen hinterherfuhren, eine Reise durch das ganze Renchtal, von Oberkirch, über Ibach, Oppenau, Peterstal nach Griesbach. Ich wurde in allen Gasthöfen aufs fürstlichste bewirtet, und beim Abschiede wollten die Wirte nicht nur keine Bezahlung von *mir* annehmen, sondern auch von keinem, der mit mir kam. Der Wirt im Kurhause zu Griesbach hatte ein herrliches Diner hergestellt und seinen Gästen Wein in horrender Fülle springen lassen, und zwar nicht nur die besten Sorten der dortigen Landweine, die vortrefflich sind, sondern auch Steinberger, Hochheimer und Champagner. Er weigerte sich aufs entschiedenste, auch nur einen Heller Bezahlung zu nehmen, bat sich aber die Erlaubnis aus, daß er mich in seinem Wagen mit bis nach Oppenau begleiten dürfte. Abends hatten sich bei meiner Rückkehr wohl über achtzig Bürger in dem Oberkircher Gasthofe versammelt, es wurden daselbst bis spät in die Nacht Toaste, Reden usw. gehalten. Ich war erstaunt darüber, wie die anwesenden Landleute öffentlich auftraten und aus dem Stegreif famose Reden hielten, wie sie so tüchtig leider von keinem unserer Königsberger Landtagsdeputierten gehalten worden sind. Diese politische Bildung ist lediglich das Werk der entschiedenen *offenen* Opposition der Badener Deputierten.
[Bei dem Mannheimer Verfassungsfeste[13]) mußte ich ganz unvorbereitet auch die wenigen Worte sprechen, welche die Zeitungen, nicht genau richtig, mitgeteilt haben. Der Abgeordnete Mördes[14]) kam nämlich zu mir und bat mich, oben an den Präsidentensitz zu kommen, von welchem aus er mich sämtlichen Anwesenden vorstellen wollte. Da mir das indes zu förmlich schien, sagte ich ihm, ich zöge es vor, mich mit wenigen Begrüßungsworten an die Versammlung selbst vorzustellen, und so sprach ich eben die Worte, die sehr beifällig aufgenommen wurden. Darauf brachte Mördes einen sehr hübschen Toast auf mich aus, der viel preußische Beziehungen enthielt und den die Zeitungen nicht mitgeteilt haben . . . .][e]

[13]) Vgl. Nr. 218 Anm. 2.
[14]) Franz Bernhard Mördes (ca. 1774–1846) Hofgerichtsadvokat in Mannheim.

224. Jacoby an Unbekannt

Nachlaß[1]) *Königsberg, 20. September 1843.*

Zur geistigen Stärkung brauche ich Ihnen wohl nichts zu empfehlen. Sie lasen ja Bettinas Königsbuch[2]); darin ist Licht und Wärme zugleich, wie Sie es bedürfen. All unser Streben nach politischer Freiheit ist nichts wert, es sei denn ein Mittel zur Umgestaltung unseres sozialen Elends, zur Veredlung der armen Volksklassen, die als Lasttiere von den Mächtigen mißbraucht werden. Bettina hat die Erbfeinde dieser Umgestaltung, Selbstsucht und Eigennutz, erkannt und in ihrer ganzen Häßlichkeit gebrandmarkt. Dem Volke hätte sie das Buch widmen müssen; dem Könige gehört es nicht, der im Champagnerrausche seiner «Hoheit» an die Würde des Menschen nicht *glaubt,* weil er sie nicht *kennt.* Er würde die Verfasserin verfolgen, wenn er die Bedeutsamkeit und also die Gefährlichkeit des Buchs für *seine* Zwecke zu ahnen imstande wäre. Drücken Sie der edlen Frau herzlich die Hand – in meinem und aller Gedrückten Namen!

Leben sie *wohl!*
Ihr treu ergebener Freund
Dr. Jacoby.

1) Original: UB Bonn. Der Brief, der nur fragmentarisch vorliegt, besteht aus ausgeschnittenen und zusammengeklebten Briefteilen. Auf der Rückseite des oberen Briefteiles ist – unterbrochen durch eine verklebte Stelle – noch lesbar: «Vergebung meines langen Schweigens / / sein.«

2) Bettina von Arnim, *Dies Buch gehört dem König,* Berlin 1843.

225. Karl Rosenkranz an Jacoby

Nachlaß[1]) *Königsberg, 3. Oktober 1843*[2]).

[Hochgeehrter Herr Doktor,][e]

Beikommend sende ich Ihnen das Exemplar der Laetitia[3]) mit bestem Dank zurück[4]).

1) JNUL(Ab); eingeschaltete Stelle LE(Ab). Unter Auslassung der Grußformel und des ersten Satzes gedruckt anonym als Rezension der *Laetitia* (vgl. Anm. 3) in der «Königl. Preuß. Staats-, Kriegs- und Friedens-Zeitung» vom 14. Oktober 1843 Nr. 241 S. 2100. Auszugsweise nach dem Original in Lotte Esau, *Karl Rosenkranz als Politiker,* Halle 1935, S. 201; der soeben genannte Erstdruck blieb ihr unbekannt.

2) LE(Ab) versehentlich 31. Oktober 1834, ebenso Esau, a. a. O., S. 201.

3) [Rudolf von Keudell,] *Laetitia. Eine Novelle mit einer Parabel als Nachwort,* Königsberg: H. L. Voigt 1843. Die Novelle erregte nicht geringes Aufsehen. Nach der in Anmerkung 1 genannten Rezension brachte die «Königl. Preuß. Staats-, Kriegs- und Friedens-Zeitung» (10. Januar 1844 Nr. 8 S. 73) eine gehässige Besprechung in der Form eines anonymen Inserats. Darauf ließ der betroffene Autor erfolglos, wie es scheint, nachstehende Annonce (11. Januar 1844 Nr. 9 S. 82) einrücken: «Der unterzeichnete Verfasser der Novelle *Laetitia* wünscht, daß der Einsender des Artikels über diese Novelle in Nr. 8 dieser Zeitung den Mut haben möge, sich zu nennen und die Intention, in welcher dieser Artikel geschrieben, zu vertreten. R. von Keudell.» – Eine freundliche, von Alexander Jung verfaßte Besprechung der Schrift erschien im «Königsberger Literaturblatt» 3. Februar 1844 Jg. 3 Nr. 10 Sp. 77–80.

4) Der Herausgeber konnte kein Exemplar der *Laetitia* ermitteln. Es soll in dem Werke auch von Jacoby die Rede sein (vgl. «Königl. Preuß. Staats-, Kriegs- und Friedens-Zeitung» 10. Januar 1844 Nr. 8 S. 73).

Dies Buch ist als *Kulturmesser* für einige Kreise unseres ostpreußischen Adels statistisch nicht unwichtig. In anmutiger, frischduftender Sprache zeichnet es ein lebhaftes Bild der eigentümlichen Ritterlichkeit desselben. Wir sehen allerdings den Aristokraten vor uns, der von dem Bündel irdischer Sorge entlastet ist, welches nach Schiller der Majorität der Sterblichen zuteil wird. Wir sehen ihn, wie er seiner freien Bildung und deren Genusse lebt. Die Natur, die Kunst, die Geselligkeit werden von ihm mit gleicher Hingebung gepflegt. Für schöne Tiere, namentlich Pferde und Hunde, für gliederkräftigende Übungen, für Reiten und Jagen, für Musik im ausgedehntesten Umfang, für das Erlernen neuerer Sprachen zeigt er das größte Interesse.

Aber der ostpreußische Edelmann *geht nicht darin auf. Die politische Bildung* gibt bei ihm allen diesen Genüssen erst den rechten Zusammenhalt, die selbstbewußte Weihe. Und in dieser Bildung hört er auf, Aristokrat zu sein. Er will die Selbständigkeit und Freiheit *aller* Bürger des Staats. Er ist teils durch die Beschränktheit seiner Mittel, teils durch die weite Entfernung von Berlin in der glücklichen Lage, sich nicht zur *Kammerdienerlichkeit* des gewöhnlichen *Hofadels* verbilden zu können. Er bleibt mit den übrigen Ständen in lebendigerer Berührung und verarbeitet in der gedankenvollen Muße seiner Landsitze die Erfahrungen, die er auf Reisen usw. macht; denn die Isoliertheit Ostpreußens zwingt ihn gewissermaßen zum Reisen, und der Erfolg solcher Wanderjahre durch Deutschland oder einen Teil des südlichen und westlichen Europas ist die stete Neubelebung der ganzen Existenz. Sie schützt durch ihre geistige Verjüngung vor dem Versinken in rohen Materialismus, dessen man den Landadel oft bezichtigt hat. Jedoch ist der ostpreußische Edelmann nicht bloß wahrhaft *patriotisch* in dem Sinne, daß er ein mächtiges, freies *Preußentum* anstrebt; er ist es auch in dem Sinne, als Preuße *Deutscher* zu sein. Ohne das übrige Deutschland *möchte* er allein nicht fortschreiten, selbst wenn er es *vermöchte,* was übrigens von seinem kühnen Selbstvertrauen im tiefsten Grunde nicht bezweifelt wird.

Für die klare Anschauung eines solchen edlen Gemüts ist dies Büchlein, wie oben gesagt, *bedeutend.* Eine Novelle im Sinne einer durch Begebenheiten oder Charaktere vorzüglich spannenden Erzählung muß man nicht darin suchen. Ebensowenig das Kunstwerk eines poetisch politischen Symposions, zu welcher Vermutung vielleicht die auf dem Titel angekündigte Parabel führen könnte. Auch die eingeflochtenen Reflexionen über das Wesen der Kunst, die Urteile über einzelne Kunstwerke, namentlich des Berliner Museums, sind nicht das Element, was dem Buche seinen Wert gibt. In der ganzen Komposition zeigt sich vielmehr in allen diesen Beziehungen ein unverkennbarer, wiewohl höchst gebildeter Dilettantismus, und es ließen sich ästhetisch genommen viele Mängel nachweisen. Was aber unbefriedigt läßt, wenn man es trennt, gewinnt im Zusammenhang des Ganzen eine vorteilhafte Beleuchtung, und selbst die *Koketterie* der *Reflexion,* die über dem Selbstgenuß der reiterlich-ritterlichen, musikalischen und konversationellen Kultur schwebt, wird dann als wesentlicher Zug in dem Lebensbilde eines ostpreußischen Edelmanns erkannt werden; denn diese behagliche Selbstbeschaulichkeit hängt zuletzt sehr genau mit dem Element zusammen, welches Ostpreußen in Vergleich mit anderen östlichen Provinzen als ein es vorzugsweise charakterisierendes besitzt, mit der Tendenz, nicht bloß, wie Molière's Geiziger sagte, zu essen, um zu leben, sondern, wie wir hinzusetzen, auch zu leben, um zu *denken* – und dann aus der Wahrheit des Gedankens ohne Menschenfurcht recht zu *handeln.*

226. Rudolf Gottschall an Jacoby

Nachlaß[1]) *Breslau, 4. Oktober 1843.*

..... Der kräftige ostpreußische Menschenschlag ist hier in Schlesien nicht zu finden. Das Volk ist häßlich. Platte, unreife Gesichter, kleine, oft verkrüppelte Staturen, ein breiiges, plappriges Wesen – das scheint mir der Hauptcharakter meiner Landsleute. Einzelne Personen machen natürlich eine Ausnahme von der Regel. Doch im ganzen fehlt hier der Ernst des Charakters, des Strebens; es ist hier eine luftige Zerfahrenheit, ein Haschen nach Amüsement, nach österreichischen hausbackenen Genüssen. Der echte Breslauer Philister muß jeden Nachmittag mit Kind und Kegel spazierengehen. Sonst fehlt ihm die Pointe seines Daseins. Die Promenaden wimmeln immer von Menschen, die sich wechselseitig angaffen. Ebenso sind die Bierhäuser mit Stammgästen angefüllt, die sich «mit wenig Witz und viel Behagen» im Kreise drehen. Ja, sogar die Nuancen der politischen Farben lassen sich hier nur nach den Bierkellern beurteilen.

In den «Sieben Kurfürsten» versammelt sich der Magistrat, die hohen Würdenträger der Stadt, Stadträte, Kämmerer etc., lauter wohlbeleibte Leute; Bier à 2 Silbergroschen; politische Farbe: schwer zu unterscheiden. Die meisten haben den Krieg mitgemacht, befinden sich also, wie fast alle Veteranen, in jenem politischen Duselstadium, wo das alte Motto: Mit Gott für König und Vaterland, der Ruhm, der Rausch der Vergangenheit mit den Tendenzen der Gegenwart in chaotischem Kampfe liegt. – In dem sogenannten Kunzendorfer Bierkeller versammeln sich die Kommunisten. Der junge Dichter Opitz[2]), der jetzt in der Provinz sich aufhält, hatte hier einen Kreis Gleichgesinnter um sich versammelt. Hier ist energische Gesinnung, Verachtung des hohlen Mode-Liberalismus, echter Radikalismus. Darum gilt dieser Zirkel für exzentrisch. Ein Dr. Stein[3]) und ein Herr Stillig sind hier hervorragende Persönlichkeiten. – In dem bayrischen Bierkeller kommen die Leute mit dem modernen Welthumor zusammen. Es ist hier ein humoristischer Orden: der heilige Gambrinus-Orden. Viele witzige Köpfe; die Gesinnung durchweg tüchtig; das Bier sehr gut à 3 Silbergroschen. Der Referendar Breinersdorf, ein Radikaler, wegen seiner Pointen allgemein bekannt, gibt hier den Ton an. Außerdem mein bester Freund hier, der Maler Resch[4]), eine echte Künstlernatur, übersprudelnd von Naivität, offen und wahr bis zur Grobheit, schwärmend für die Zeittendenzen. Er verkehrt in allen Zirkeln, besonders in adligen Salons, nimmt aber nie ein Blatt vor den Mund. Er verkehrt auch viel bei dem Oberbürgermeister. Dies ist der unterirdische Liberalismus.

Der Salon-Liberalismus wird von dem Kränzchen vertreten, das sich um den alten Präsidenten Professor Nees v. Esenbeck[5]) versammelt. Das ist ein tüchtiger allerliebster Mann, eine wissenschaftliche Notabilität, in der Gesinnung, die er auch vor dem Publikum

[1]) JNUL(Ab).

[2]) Theodor Opitz, Dichter und Publizist.

[3]) Julius Stein (1813–1883), Oberlehrer in Breslau, Demokrat, 1848 Abgeordneter der preußischen Nationalversammlung (äußerste Linke), Vorsitzender des Demokratischen Klubs in Berlin, Mitglied des Aufsichtskomitees der Berliner «Reform», später Chefredakteur der «Breslauer Zeitung».

[4]) Ernst Resch (1807–1864), Maler, seit 1839 in Breslau.

ausspricht, allen andern Professoren hier weit voraus. Doch seine Schüler sind zu exklusiv, zu sehr in spekulative Terminologien verrannt, in rettungslosen Dogmatismus. Das ist schade! Auch fassen sie die Sachen zu sehr mit Glacéhandschuhen an; es ist zu viel Behutsamkeit, zu viel Feinheit, vor allem aber eine durchaus verwerfliche Aristokratie des Geistes. – Ich bin durch Zufall in allen diesen Zirkeln heimisch; besuche auch öfters den alten Nees. Ein tüchtiger Mann ist hier der Buchhändler Schulz, gewandt und tätig, Vertreter des liberalen Prinzips.

Bei Oberbürgermeisters[6]) war ich zweimal. Freundlich zwar nahm er mich auf; doch lud er mich nicht ein, wiederzukommen. Ich nehme es ihm nicht übel, daß er einen relegierten Studenten nicht gern in seinem Salon erblickt. Auch steht er, wie ich glaube, zu sehr unter dem Einfluß des Salon-Liberalismus, dem ich nicht genug befrackt und gekräuselt bin. Doch errare humanum est. Ich fürchte mich so sehr vor aristokratischem Wesen, daß ich dies Schreckbild überall zu erblicken wähne. Maler Resch erzählte mir, daß ein Adliger, der Pinder anfangs als liberal verabscheut, nachdem er einmal mit ihm bei Tisch zusammengesessen, seinen Irrtum widerrufen und den Oberbürgermeister als einen höchst vernünftigen Mann proklamiert habe. Sie ist eine in jeder Beziehung allerliebste Frau und wert, Oberbürgermeisterin von Breslau zu sein.

Ich studiere Jurisprudenz, Spinoza, Englisch, Italienisch, Spanisch. Wahrscheinlich werden nächstens Gedichte von mir unter dem Titel «Lieder aus Deutschland» in der Schweiz erscheinen[7]). In diesen Tagen werde ich nach hinlänglichen Vorstudien mein Drama Robespierre[8]) beginnen. Wenn mein Hutten[9]) hier die Zensur passiert – woran ich wegen des katholischen Wesens hier zweifle –, so wird er auf hiesigem Theater weit besser als in Königsberg aufgeführt werden können. An das Ministerium habe ich geschrieben und um Erlaubnis gebeten, die Breslauer Universität beziehen zu dürfen.

Nun leben Sie recht wohl, lieber Herr Doktor, empfehlen Sie mich [den] Herren Professor Simson und Rosenkranz, Herrn Kunsthändler Voigt[10]), Dr. Falkson[11]) und meinen andern Freunden und Gönnern und erfreuen Sie mich bald mit einem Antwortschreiben.

‹Ich bleibe mit Dankbarkeit und Hochachtung

Ihr ergebenster›

[5]) Christian Gottfried Nees von Esenbeck (1776–1858), Botaniker, Naturphilosoph und Politiker, seit 1818 Präsident der Leopoldinisch-Karolinischen Akademie der Naturforscher, seit 1830 Professor in Breslau, 1848 Mitbegründer des Breslauer Arbeitervereins, Mitglied der preußischen Nationalversammlung (Linke), 1852 seines Amtes als Breslauer Universitätsprofessor enthoben.

[6]) Friedrich Eduard Pinder (gest. 1875), Oberbürgermeister von Breslau, Liberaler, 1848 Oberpräsident von Schlesien, Mitglied der preußischen Nationalversammlung (Zentrum).

[7]) R. Gottschall, *Zensurflüchtlinge. Zwölf Freiheitslieder*, Zürich 1843.

[8]) R. Gottschall, *Robespierre.* Drama in 5 Aufzügen, Neisse 1845.

[9]) R. Gottschall, *Ulrich von Hutten.* Ein Drama in 5 Aufzügen, Königsberg 1843.

[10]) H. L. Voigt, Buch- und Kunsthändler in Königsberg, Verleger liberaler Schriften, gehörte dem Jacoby-Kreis an.

[11]) Ferdinand Falkson (1820–1900), Arzt, Dichter und liberaler Politiker in Königsberg, 1848 Vorsitzender des «Volkswehrklubs», seit 1859 Vorstandsmitglied des Handwerkervereins, seit 1861 Stadtverordneter, war bis 1866 eng mit Jacoby befreundet. In seinen Memoiren *Die liberale Bewegung in Königsberg (1840–1848)*, Breslau 1888, widmet er Jacoby mehrere Seiten.

227. Robert Blum an Jacoby

Nachlaß[1]) *Leipzig, 28. Oktober 1843.*

Mein sehr geehrter Herr und Freund!

Habgierige Eltern wissen die Paten ihrer Kinder schon darauf aufmerksam zu machen, wenn der Geburtstag der Kleinen herannaht, damit ihnen das übliche Geschenk nicht entgehe. Von allem armen Volke aber sind die Schriftsteller das unverschämteste, und so werden Sie es begreiflich finden, daß ich geradezu komme und Sie höflichst an das Patengeschenk mahne, welches Sie meinem literarischen Kindchen «Vorwärts» gewissermaßen schuldig sind. Sie kennen nebenbei die Lästerzunge der Welt und können unmöglich wollen, daß ein armes Kind, dem Sie Ihren Namen gütigst geliehen, so ohne alle Unterstützung von Ihnen sich durchschlage, da man Ihre glänzenden Vermögensumstände in dieser Beziehung kennt und weiß, daß Sie ohne Opfer die reichsten Gaben spenden können.

Sie haben endlich vielleicht auch ein klein wenig Vertrauen auf Ihren Paten und geben die Hoffnung nicht auf, daß unter zweckmäßiger Leitung und wohlangebrachter Hilfe etwas Leidliches mit der Zeit aus ihm werden kann. Aus allen diesen Gründen werden Sie denn auch meine ergebenste Bitte um irgendeine Aussteuer zur zweiten Wanderung in die Welt nicht unerhört lassen. Daß ein unberufener Dritter von Ihrem Geschenke etwa gewisse recht ansehnliche Prozente einstreiche – oder vielmehr ausstreiche – und der Vernichtung preisgebe, das haben Sie nicht zu befürchten, denn der Wanderer soll so stark werden – über zwanzig Bogen –, daß er der gängelnden Bevormundung entwachsen ist. Nur würden Sie Ihre Aussteuer bis zum 15. Dezember mir gütigst zukommen lassen müssen, damit die Wanderung in die Welt bald nach Neujahr angetreten werden kann. Also seien Sie recht freigebig.

Mit der innigsten Freude hat mich und viele andere die Nachricht erfüllt, daß Sie im nächsten Jahre uns zu besuchen gedenken. Vielleicht läßt es sich so einrichten, daß Sie zu einer Zeit kommen, wo wir an interessanter Unterhaltung hier reich sind, nämlich Ende Juli, worüber Ihnen Herr Voigt das Nähere sagen wird.

Verzeihen Sie mir meine Bettelei – was tut ein armer Vater nicht für sein Kind!? – und genehmigen Sie den herzlichsten und achtungsvollsten Gruß.

[1]) JNUL(Ab). Erster Absatz des Briefes gedruckt in Hans Blum, *Robert Blum. Ein Zeit- und Charakterbild für das deutsche Volk,* Leipzig 1878, S. 155 f.

228. Julius Waldeck an Jacoby

Nachlaß[1]) *Berlin, 29. Oktober 1843.*

..... Aus einer häufigen, gegen die Gebrüder Bauer geführten Kontroverse, in der ich

[1]) JNUL(Ab).

ihnen zu beweisen suchte, daß ihre Arbeiten durchaus noch nicht populär genug seien, ging in mir der Gedanke hervor, ein Blatt zu gründen, das, für die untersten Klassen der Gesellschaft (sit venia verbo) bestimmt, diesen das ihnen Wissenswerte mitteilen sollte. Dabei war vorauszusehen, 1. daß eine Konzession nie zu erlangen sein würde, 2. daß, damit es besser gehe, Bilder, wie jetzt Mode, das Ganze zieren müßten, 3. daß, um auch nur ein geringes Quantum von Nützlichem dem Leser der Art einzugeben und dasselbe dem Zensor zu verbergen, solches in einer großen Masse unterhaltenden, oft trivialen Zeugs eingehüllt werden müsse. Ich arbeitete deshalb einen Prospektus aus, in dem ich das Ganze als ein Werk von zirka 50 Bogen, das auch in Lieferungen zu haben sein sollte, ankündigte, bestimmt, gleichsam eine Anthologie der neuesten Werke und Ereignisse zu sein. Das Kind wurde «Unterhaltungsbibliothek» getauft und erblickte vor etwa vier Monaten das Licht der Welt in der Art, daß jede Woche (für Berlin wenigstens) ein Bogen ausgegeben wurde. Anfangs ging die Sache ganz gut ... Seit kurzem aber paßt uns der Zensor besser auf und fängt unsere Tätigkeit zu lähmen an. Ein Artikel über Friedrich Wilhelms IV. Regierungsjahre ist ihr ganz gestrichen worden, einem über Jordan, einzig und allein geschrieben, um Öffentlichkeit und Mündlichkeit des Gerichts zu empfehlen, ist die Spitze abgebrochen worden, kurz man hat uns auf dem – Strich .....
Wie viel Schönes wollten wir damit stiften ohne des Zensors Rotstein!
Diesem zu entgehen, siedelt sich in den nächsten Wochen Ruge nach Paris über, wie mir sein Bruder heute erzählte; die Buchhandlung, die er für Straßburg beabsichtigte, hat er dort bereits begründet[2]) und will es versuchen, das in Deutschland geächtete freie Wort von Frankreich auch ins Vaterland einzuschmuggeln. Bruno Bauers Kulturgeschichte des 18. Jahrhunderts ist mit Beschlag belegt. Edgar Bauers Friede zwischen Kirche und Staat konfisziert und der Verfasser dem Kriminalhof überwiesen[3]). Das wäre alles, was ich für heute mitzuteilen hätte ...

2) Waldecks Nachricht ist nicht richtig.

3) Wegen seiner Schrift *Der Streit der Kritik mit Kirche und Staat*, Charlottenburg 1843, wurde Edgar Bauer zu vierjähriger Festungsstrafe verurteilt.

229. Jacoby an das Oberzensurgericht

Rekonstruktion[1]) *Königsberg, 2. November 1843.*

Erhebt Beschwerde dagegen, daß der Königsberger Zensor Regierungsrat Schmitz seiner Schrift «Urteil des Oberappellationssenats in der wider mich geführten Untersuchung wegen Hochverrats, Majestätsbeleidigung und frechen, unehrerbietigen Tadels der Landesgesetze» die Druckerlaubnis verweigert hat.

1) Nach Nr. 240 und der Anmerkung Jacobys in den «Deutsch-Französischen Jahrbüchern», Paris 1844, S. 45.

230. Jacoby an Julius Fröbel

Nachlaß[1]) *Königsberg, 25. November 1843*[2]).

. . . . . Weitling[3]) ist ein tüchtiger Mann und hat das Faule im Staate Dänemark richtig getroffen; nur sollte er nicht so schnell zum Eisen und Feuer greifen, wenn noch Hoffnung vorhanden ist, durch Medikamente die Heilung zu bewirken. In der sozialen Heilkunde sind die *Franzosen,* nicht die Engländer, die erfahrensten Lehrer . . . . .

[1]) JNUL(Ab).

[2]) Nach einer anderen Angabe G. Mayers (in «Zeitschrift für Politik» 1913 Bd. 6 S. 75) ist der Brief datiert: 23. November 1843.

[3]) Wilhelm Weitling (1808–1871), der im Dezember 1842 sein Hauptwerk *Garantien der Harmonie und Freiheit* veröffentlicht hatte, galt damals als das Haupt der deutschen kommunistischen Bewegung in der Schweiz. Am 8. Juni 1843 wurde er in Zürich verhaftet und verbrachte beinahe ein volles Jahr im Gefängnis.

231. Jacoby an Arnold Ruge

Nachlaß[1]) *Königsberg, 25. November 1843.*

Ihr Unternehmen, eine deutsche Buchhandlung in Paris zu gründen, hat hier viel Beifall, aber nur wenige Teilnehmer gefunden. Da auf besondern Befehl des Ministers Arnim das öffentliche Auslegen der Subskriptionslisten von der Polizei verhindert wurde, mußte ich mich darauf beschränken, unter der Hand einige Abschriften Ihrer Aufforderung in Umlauf zu setzen. Sobald diese mir wieder zukommen, werde ich Ihnen das Resultat anzeigen . . . Sollte aber Ihr Unternehmen nicht auch auf andere Weise zu befördern sein? Ein Plan, den ich schon vor längerer Zeit entwarf, ist mir bei dieser Gelegenheit in Erinnerung gekommen. Die meisten unserer Schriftsteller – so weit sind wir gottlob in Deutschland! – erkennen und empfinden es als eine Schmach, daß sie kein Wort zu ihrem Volke sprechen dürfen, ohne es zuvor durch einen von den Staatsheuchlern erkauften Dummkopf prüfen zu lassen. Diese Schriftsteller müßten in einem Verein zusammentreten und sich gegenseitig verpflichten, in Zukunft *keine* ihrer Schriften – weder politische noch belletristische, noch wissenschaftliche – *unter Zensur* drucken zu lassen. Um das nur zu wahrscheinliche Einschreiten der Staatsgewalt zu vereiteln, müßte von vornherein bemerkt werden, daß die Verpflichtung als eine persönliche selbst dann, wenn *von außen her* eine Auflösung des Vereins beliebt werden sollte, nach wie vor bindende Kraft behalte. . . .

[Will Königsberger Männer wie Burdach, Lobeck zum Beitritt auffordern. Prozeß. Seine Veröffentlichung. Ruge soll das Manuskript zu Fröbel nach Zürich befördern.][le]

. . . . Dieser Tage habe ich mit großer Freude Louis Blancs Geschichte und Ihre treffliche

[1]) JNUL(Ab).

Vorrede dazu gelesen[2]). Sie haben vollkommen recht. Solange uns *zu Hause* die Schule eines öffentlichen Staatslebens fehlt, müssen wir bei den Franzosen in die Lehre gehen, um praktisch zu werden und für *das Volk* schreiben zu lernen. Die untern Volksklassen müssen zur Menschenwürde erhoben werden; *nur als Mittel zu diesem Zweck* haben die freien politischen Institutionen einen Sinn ..... Sind Proudhons Schriften und Louis Blancs Organisation du travail schon ins Deutsche übersetzt? Wenn nicht, so sollte die Deutsch-französische Buchhandlung in Paris dafür sorgen.

[2]) Louis Blanc, *Geschichte der zehn Jahre 1830–1840*. Aus dem Französischen übersetzt von G. Fink. Nebst einem Vorwort zur Verständigung der Deutschen und Franzosen von einem deutschen Publizisten in der Fremde [d. i. A. Ruge]. Bd. 1, Zürich und Winterthur: Literarisches Comptoir 1843.

232. Jacoby an Karl Weil

Nachlaß[1])

Königsberg, 11. Dezember 1843.

Endlich bin ich imstande, Ihnen einen Beitrag für die Konstitutionellen Jahrbücher zu schicken[2]). Die Herausgabe meines Prozesses machte es mir unmöglich, *selber* die von Ihnen gewünschte Arbeit zu übernehmen ..... [Russische Kartellkonvention[3]).][le] Walesrode, der von seiner Reise zurückgekehrt ist, hat uns gute Nachricht über das politische Leben in Süddeutschland gebracht. Wir freuen uns innig darüber und werden in dem heiligen Kampfe für Recht und Freiheit unsere süddeutschen Brüder nicht im Stiche lassen. Die trüben Vorgänge des Jahres 1832 sollen sich nicht wiederholen! Von der Selbstsucht und Feigheit der sogenannten «Gebildeten» ist nichts zu erwarten; alles kommt darauf an, durch Belehrung die tatkräftigen arbeitenden Klassen – das *eigentliche Volk* – zum Bewußtsein ihrer unwürdigen Stellung zu bringen; gelingt dies – und es wird *sicher* gelingen –, dann wollen wir mit den Junkern und Pfaffen bald fertig werden! ...

[1]) JNUL(Ab).

[2]) [Anonym] «Betrachtungen über den preußischen Provinziallandtag des Jahres 1843. (Den Abgeordneten und allen, welche auf gesetzlichen Fortschritt hoffen, gewidmet) Königsberg, im Dezember 1843» in «Konstitutionelle Jahrbücher». Hrsg. von Karl Weil, Stuttgart, Jg. 1844 Bd. 1 S. 72–146.

[3]) Vgl. Nr. 236 Anm. 4.

233. Julius Fröbel an Jacoby

Nachlaß[1]) *Winterthur, 15. Dezember 1843.*

Ihre Sendung habe ich erhalten. Die Krisis aber, welche uns gerad jetzt in Leipzig trifft, wo unser Kommissionär sich weigert, uns ferner in der von uns «befolgten Richtung» behilflich zu sein, weil man «nicht gegen den Strom schwimmen» könne, hat mich veranlaßt, das Empfangene nach Paris zu schicken, wo dasselbe auf eine Ihnen gewiß nicht unerwünschte Weise Publizität erhalten wird[2]), natürlich auch in Deutschland.

Herrn Walesrode melden Sie mit meinem freundlichen Gruße, daß man in Leipzig 700 Exemplare seiner «Untertänigen Reden» konfisziert hat. Bei einer Auflage von 6000 Exemplaren läßt sich so etwas schon aushalten. Indessen ersehe ich aus diesem Faktum wie aus anderen und aus dem Benehmen unseres Kommissionärs, der auf einmal anfängt skrupulös zu werden, daß die deutschen Regierungen sich dahin entschieden haben, uns in Leipzig zu fassen.

[1]) JNUL(Ab).

[2]) Der Artikel erschien unter dem Titel «Urteil des Oberappellationssenats in der wider den Doktor Johann Jacoby geführten Untersuchung wegen Hochverrats, Majestätsbeleidigung und frechen, unehrerbietigen Tadels der Landesgesetze. Mitgeteilt von Dr. Johann Jacoby» in «Deutsch-Französische Jahrbücher», Paris 1844, S. 45–70.

234. Moritz Veit an Jacoby

Nachlaß[1]) *[Berlin,] 21. Dezember 1843.*

Erörtert eine Familienangelegenheit.

[1]) Inhaltsnotiz in Ludwig Geiger, in «Monatsschrift für Geschichte und Wissenschaft des Judentums» 1908 Jg. 52 S. 524 Anm.

235. Jacobys Einsendung an die «Königl. Preuß. Staats-, Kriegs- und Friedens-Zeitung»

Abdruck[1]) *Erschienen am 29. Dezember 1843.*

Nachstehendes ist der Redaktion vom *Dr. Jacoby* zur Aufnahme eingesandt:

[1]) «Königl. Preuß. Staats-, Kriegs- und Friedens-Zeitung» 29. Dezember 1843 Nr. 304 S. 2717; dann abgedruckt in Jacoby, *Über das Recht des Freigesprochenen, eine Ausfertigung des wider ihn ergangenen Erkenntnisses zu verlangen*, Königsberg: H. L. Voigt 1844, 36 S. S. 13 f.

Die Allgemeine Preußische Zeitung vom 21. d. M. gibt in ihrem nichtamtlichen Teile folgende Berichtigung:

«Berlin, 17. Dezember. In der zu Wesel unter dem Titel *Der Sprecher* erscheinenden Zeitschrift, und zwar in Nummer 95, wird behauptet: in Preußen sei es Regel und Gesetz, daß jeder in Kriminaluntersuchung Gewesene auf seine Kosten eine Abschrift des Urteils erlangen könne; es sei daher nicht abzusehen, warum in der Untersuchung gegen den Dr. Jacoby davon eine Ausnahme gemacht worden sei. – Wer sich die Mühe geben will, die preußische Kriminalordnung nachzulesen, wird in den §§ 515, 531, 534 finden, daß die Gründe der Entscheidung dem Angeschuldigten auf sein Verlangen vorgelesen oder doch wenigstens bekanntgemacht werden sollen und daß ein Freigesprochener eine Ausfertigung der *Erkenntnisformel* kostenfrei verlangen kann. Dem Dr. Jacoby sind die Gründe der Entscheidung in einem besonders hierzu angesetzten Termin vorgelesen, auch ist ihm eine Ausfertigung der Erkenntnisformel kostenfrei erteilt worden. Dem Gesetz ist hiernach vollkommen genügt. – Durch die Reskripte des Justizministers vom 17. Januar 1812, vom 12. November 1831 und vom 17. Dezember 1831 ist zwar den Gerichten nachgelassen worden, in einzelnen Fällen dem Angeschuldigten auf sein Verlangen und auf seine Kosten eine Abschrift des Erkenntnisses mit den Entscheidungsgründen zu erteilen, wenn kein Mißbrauch davon zu besorgen ist. Zu einer solchen Mitteilung fand sich jedoch der Kriminalsenat des Kammergerichts als Richter erster Instanz nicht veranlaßt, und der Widerspruch desselben ist im Aufsichtswege beachtet worden, weil er die Worte des Gesetzes für sich hat. – Dies sind die Gründe, aus denen dem Dr. Jacoby die Mitteilung einer vollständigen Abschrift des Erkenntnisses ebenso versagt werden mußte, wie dies bei vielen anderen Angeschuldigten schon geschehen ist.»

Diese Worte enthalten zwei Irrtümer und eine dankenswerte Eröffnung:

Erster Irrtum. In dem § 534 der Kriminalordnung ist nicht gesagt, daß

> dem Freigesprochenen nur allein die *Formel* des Erkenntnisses auszufertigen,

sondern, daß

> *kostenfrei* er nur diese zu verlangen berechtigt sei.

Dagegen will die Allgemeine Preußische Zeitung durch typographisches Hervorheben des Wortes *Erkenntnisformel* zu dem Glauben verleiten, der zitierte § versage dem Freigesprochenen die Abschrift der *Entscheidungsgründe,* nicht bloß die kostenfreie, sondern auch die auf *seine* Kosten anzufertigende.

Zweiter Irrtum. Nur das Ministerialreskript vom Jahre 1812, *nicht aber das vom Jahre 1831* spricht von einem «zu besorgenden Mißbrauch». Das letzte (vom 12. November 1831) legt den § 534 der Kriminalordnung ganz so aus, wie oben angegeben worden und schließt mit den unzweideutigen Worten: «Es ist daher jeder Angeschuldigte befugt, auf seine Kosten eine Abschrift oder Ausfertigung der wider ihn ergangenen Kriminalerkenntnisse mit den dazu gehörigen Gründen, soweit sie ihn betreffen, zu verlangen, und weist demnach das Justizministerium sämtliche königlichen Gerichtsbehörden hierdurch an, für die Folge hiernach zu verfahren.»

Die *dankenswerte Eröffnung* der Allgemeinen Preußischen Zeitung liegt in der Erklärung, daß der *Kriminalsenat des Kammergerichts,* also der verurteilende Richter *erster* Instanz es ist, der gegen die Mitteilung des freisprechenden Urteils *zweiter* Instanz

«Widerspruch» erhoben hat – ein Widerspruch, für welchen es demselben gewiß nicht an triftigen Gründen gefehlt haben wird.

Die Leser der Allgemeinen Preußischen Zeitung lernen hieraus zweierlei: erstens, daß man Gesetzparagraphen zitieren und doch eine Rechtsfrage irrig beantworten kann; und zweitens, daß wie gewöhnlich, so auch diesmal die Allgemeine Preußische Zeitung mit ihren Berichtigungen Unglück hat.

236. Karl Weil an Jacoby

Nachlaß[1]

Stuttgart, 4. Januar 1844.

Erst vor etwa acht Tagen kam mir Ihr wertes Schreiben vom 8. Dezember[2] nebst dem angefügten Band-Manuskript «Betrachtungen über den preußischen Landtag»[3] zu. Vor allen Dingen ließ ich mir angelegen sein, das, was Sie mir über die Pläne und Aussichten Rußlands in betreff der wieder zu erneuernden Kartellkonvention[4] mitgeteilt, zu verbreiten, um wenigstens soweit es uns möglich, der Verwirklichung eines für Deutschland zumal so gefährlichen und so schmachvollen Planes durch die öffentliche Stimme entgegenzutreten. Wegen der letzten Ereignisse in Griechenland mußte man am bayrischen Hofe besonders verstimmt gegen Rußland sein[5], und so setzte ich voraus, der betreffende Artikel werde am ehesten noch in Bayern passieren.

Meine Voraussicht war richtig, und von der «Neuen Würzburger Zeitung» ging der Artikel unverändert in [die] «Frankfurter Oberpostamtszeitung»[6] über und wird wohl von dort aus die gewöhnliche Runde durch die mit dem Rotstift redigierten deutschen Blätter machen. Besonders hat mich gefreut, daß der Anfangssatz: «Die Landräte der Grenzbezirke seien lauter erprobte Männer, mit russischen Dekorationen usw. würdig geziert», ganz gutmütig passiert hat. Er steht in einem der letzten Blätter der «Frankfurter Oberpostamtszeitung» von 1843, und die «Königsberger Zeitung» muß jetzt versuchen, ob sie ihn durchbringt, nachdem er doch in einem Blatte steht, welches für das Halboffizielle des Bundestages gilt.

[1]) Abs. 1–4 LE(Ab); Abs. 5–6 JNUL(Ab).

[2]) Es dürfte hier wohl Nr. 232 gemeint sein.

[3]) Vgl. Nr. 232 Anm. 2.

[4]) Die Kartellkonvention mit Rußland (1831), wonach Preußen sich zur sofortigen Auslieferung aller russischen Deserteure verpflichtet hatte, war im März 1842 abgelaufen. Sie wurde am 20. Mai 1844 erneuert. Über die Opposition in Preußen gegen die Erneuerung der Kartellkonvention berichtet Prutz, *Zehn Jahre*, II, S. 126 ff.

[5]) Über die griechische Revolution vom 14. September 1843, Bayern und Rußland, vgl. Edouard Driault und Michel Lhéritier, *Histoire diplomatique de la Grèce de 1821 à nos jours*, Paris 1925, Bd. 2 S. 237 ff.

[6]) Gemeint ist die Korrespondenz «Von der russischen Grenze, Mitte Dezember» in «Frankfurter Oberpostamtszeitung» 31. Dezember 1843 Nr. 360. Es ist dort die Rede von der Vertreibung von etwa 100 000 Juden aus den russischen Grenzgebieten und der Erneuerung des preußisch-russischen Kartellvertrages.

Zugleich habe ich auch meinem werten Mitarbeiter, Herrn Dr. Urquhart[7]) ausführlich darüber für die englische Presse geschrieben, und ich bin gewiß, daß dieser gefährlichste und bedeutendste Gegner Rußlands unter allen Publizisten Europas die ihm gemachte Mitteilung nicht unbenützt lassen wird. Der Liberalismus, ja die ganze Gesittung Europas und Deutschlands insbesondere hat keinen mächtigeren, perfidern und heimtückischern Feind als Rußland. Ehe wir seinen Einfluß gebrochen, ist an den Sieg des Rechtes und der Vernunft nicht zu denken.
Was nun die «Mitteilungen über den Preußischen Landtag»[8]) betrifft, so verdanke ich Ihnen vor allen Dingen herzlich diese gute, wenn auch nicht allzu zensurgerechte Arbeit. Es ging mir «gegen den Strich» (wie wir in Schwaben sagen), nur beratende Reichsstände verlangt zu sehen, wie überhaupt der Ton des Ganzen sehr deprimiert ist, wenn sich gleich eine sehr würdige Gesinnung und Sachkenntnis darin ausspricht. Die Arbeit erscheint in dem nächsten Bande der «Konstitutionellen Jahrbücher» (I – 1844), welcher Ende Februar ausgegeben werden wird. Zu einem besonderen Abdrucke will sich der Verleger, wenigstens für jetzt, noch nicht verstehen, er fürchtet, dem Absatze des Werkes in Preußen dadurch zu schaden. Haben Sie die Güte, gefälligst besorgt zu sein, daß die «Königsberger Zeitung» darüber berichte, sobald er erscheint.
Daß Walesrode, den ich in Mannheim kennengelernt, freigesprochen ist, freut mich überaus. Die Badener werden doch nun wenigstens öffentliches und mündliches Verfahren auch in Kriminalsachen erlangen. Wir Württemberger plagen uns noch vergeblich darum, denn das Schlußverfahren, von welchem die Zeitungen sprechen, ist nur eine traurige Parodie. Ich glaube immer noch nicht, daß es der preußischen Regierung wirklich ernst ist, das Inquisitionsverfahren fallenzulassen. Haben wir einmal öffentliche und mündliche Gerichtsbarkeit, so muß das Institut der Geschworenen *notwendig* nachfolgen, und das wäre wichtiger als alle parlamentarischen Bagatelleroberungen.

Werde ich denn keinen Preußen finden, der über die politischen Zustände Preußens *überhaupt* ein treues Bild entwirft? Die Specialia, wie wichtig und interessant sie auch seien, greifen doch immer nicht so recht ins Herz, erfassen das Übel nicht an der Wurzel. Es tut not, daß wir zusammenhalten, denn während die Junker sich der Leitung der Regierungen bemächtigen, umnachtet das Pfaffenwerk immer mehr das Volk. Der Pietismus zählt bei uns zu Land seine Anhänger nach Hunderttausenden, und die Regierung *muß* ihm in vielen Stücken nachgeben, weil er eine puissance geworden und die Regierungen doch den Mut nicht haben, sich auf die andere wahre Macht, die des Freisinns und der öffentlichen Meinung, zu stützen .....

[7]) David Urquhart (1805–1877), ehemaliger Erster Botschaftssekretär Großbritanniens in Konstantinopel, Publizist, Herausgeber des berühmten «Portfolio», Turkophile und phanatischer Gegner Rußlands. Die «Konstitutionellen Jahrbücher» brachten von ihm: «Rußland und die europäische Diplomatie» (1843 Bd. 1 S. 304–320) und «Über die Folgen der neuesten Ereignisse in Serbien für Europa und für Österreich insbesondere» (1843 Bd. 3 S. 1–13).

[8]) Gemeint ist der am Anfang des Briefes genannte Aufsatz.

237. Gustav von Struve[1]) an Jacoby

Nachlaß[2]) *Mannheim, 12. Januar 1844.*

Ich sende Ihnen hierneben den Prospektus einer von mir neu begründeten Zeitschrift[3]). Von vielen Leuten, sowohl unter Lehrenden als Lernenden, ist mir kräftiger Beistand zugesagt. Das Bedürfnis, den Augiasstall unseres deutschen Universitätswesens zuvörderst den Blicken der Unkundigen bloßzustellen, um auf seine Reinigung zu wirken, wird unter der strebenden und jüngeren Welt sehr lebhaft und tief empfunden. Dürfte ich hoffen, daß Sie mir hilfreich zur Seite stehen werden? ..... Meine Stellung als Anwalt und mein Wohnort – keine Universität, aber nur eine halbe Stunde von einer solchen entfernt – verleihen mir eine gewisse Unabhängigkeit, welche bei einem solchen Unternehmen durchaus Grundbedingung des Gedeihens ist. Dazu sind unsere Presseverhältnisse im Badischen verhältnismäßig doch die besten in Deutschland. Ich habe allen Grund, zu hoffen, die Zeitschrift werde gedeihen. Sie ist seit langem vorbereitet.

[1]) Gustav von Struve (1805—1870), radikaler süddeutscher Politiker, seit 1832 Rechtsanwalt in Mannheim, Teilnehmer an den badischen Aufständen 1848/49, emigrierte in die Vereinigten Staaten, wo er sich am Sezessionskrieg beteiligte.

[2]) JNUL(Ab).

[3]) «Zeitschrift für Deutschlands Hochschulen», Mannheim 1844–1845.

238. Jacobys Einsendung an die «Königl. Preuß. Staats-, Kriegs- und Friedens-Zeitung»

Abdruck[1]) *Erschienen am 16. Januar 1844.*

Nachstehendes ist der Redaktion vom Dr. *Jacoby* zur Aufnahme eingesandt:

Die Allgemeine Preußische Zeitung vom 8. d. M. hat meine Antwort auf ihre Berichtigung (s. Nr. 304 dieser Zeitung) wiederum zu berichtigen versucht.

Ich frage:

1. Warum hat die Allgemeine Preußische Zeitung – statt meine Erklärung – den Wort und Sinn verändernden Bericht der Vossischen Zeitung mitgeteilt? Ist es etwa deshalb geschehn, weil ihre Widerlegung besser zu diesem Berichte als zu meiner Erklärung paßt?
2. Ist die *Veröffentlichung* eines freisprechenden Urteils von seiten des Freigesprochenen ein «Mißbrauch»? Und wenn nicht, welcher andere Mißbrauch ist in dem vorliegendem Falle *denkbar?*
3. Die Allgemeine Preußische Zeitung sagt:
   «Das Reskript vom 12. November 1831 betrifft einen andern Fall, nämlich den, wenn der Angeschuldigte in der ersten Instanz verurteilt wird.»

[1]) «Königl. Preuß. Staats-, Kriegs- und Friedens-Zeitung» 16. Januar 1844 Nr. 13 S. 117. – Auch in Jacoby, *Das Recht des Freigesprochenen,* S. 20 ff.

Dem ist *nicht* also. Abgesehen von den ganz *allgemein* gehaltenen Schlußworten:

«Es ist daher *jeder* Angeschuldigte befugt, auf seine Kosten eine Abschrift oder Ausfertigung der wider ihn ergangenen Kriminalerkenntnisse mit den dazu gehörigen Gründen, soweit sie ihn betreffen, zu verlangen»,

enthält das erwähnte Reskript noch folgende Stelle:

«Man hat freilich gegen die Zulässigkeit dieser Mitteilung der Gründe zuweilen angeführt, es könne von Nachteil sein, wenn ein nicht geständiger Verbrecher solche verlange, indem derselbe sie zu nichts anderem benutzen werde, als die vorgekommenen Tatsachen so schwankend als möglich zu machen, um auf solche Weise einem weitern nachteiligen Urteil in zweiter Instanz *oder einer anderweitigen nach §§ 411 und 412 der Kriminalordnung zulässigen nochmaligen Untersuchung vorzubeugen.* Dies ist aber nicht der Gesichtspunkt des Gesetzgebers, weil etc.»

Die hier durch gesperrte Lettern hervorgehobenen Worte des Reskripts beweisen, daß dasselbe keineswegs bloß *«den* Fall betrifft, wenn der Angeschuldigte *in erster Instanz verurteilt wird».* – Was berechtigte demnach die Allgemeine Preußische Zeitung zu ihrer obigen Annahme?

4. Die Allgemeine Preußische Zeitung sagt:

«Der Dr. Jacoby ist in zweiter Instanz freigesprochen, er hat eine Ausfertigung der Formel des Erkenntnisses erhalten, diese Ausfertigung genügt, um den Beweis seiner Unschuld gegen jeden zu führen, der sie bezweifeln sollte. Mehr bedarf es nicht.»

Die Kriminalordnung (§§ 413 und 414) unterscheidet zwei Arten der völligen Freisprechung: die wegen *erwiesener Unschuld* und die wegen *mangelnden Beweises;* erstere «bewirkt jederzeit eine Befreiung von der Untersuchung wegen ebendesselben Verbrechens», bei der zweiten dagegen findet «eine *Erneuerung* der Untersuchung statt, wenn dazu eine neue rechtlich begründete Veranlassung vorhanden ist». – Das Reskript vom 29. April 1817 (vgl. K[amptz,] J[ahrbücher] [für die preußische Gesetzgebung,] B[d.] 9 S. 248.) verbietet, diesen Unterschied zwischen den beiden Arten der Freisprechung in der Erkenntnis*formel* auszudrücken. – Wie kann der Freigesprochene sich gegen den Angriff, daß er nicht wegen erwiesener Unschuld, sondern nur aus Mangel an Beweisen freigesprochen worden, verteidigen, wenn ihm die vollständige Abschrift der Erkenntnis*gründe* versagt wird?

Die Beantwortung dieser vier Fragen ist die Allgemeine Preußische Zeitung nicht mir, sondern sich selbst und ihren Lesern schuldig.

[2]) Vom 9. Januar 1844, abgedruckt ebenda, S. 19.

239. Jacobys Einsendung an die «Königl. Preuß. Staats-, Kriegs- und Friedens-Zeitung»

Abdruck[1]) *Erschienen am 31. Januar 1844.*

Der Chef der Justizverwaltung hat in Nr. 17 dieses Blattes[2]) den in Nr. 8 der Allgemeinen Preußischen Zeitung[3]) enthaltenen Aufsatz vertreten und in Nr. 24 der Allgemeinen Preußischen Zeitung[4]) auf meine Fragen (Nr. 13 dieser Zeitung[5]) geantwortet. Ich erlaube mir, dagegen Folgendes zu bemerken.

Die Kriminalordnung bestimmt:

§ 534. Derjenige, welcher durch ein Erkenntnis völlig freigesprochen worden ist, kann eine Ausfertigung der Erkenntnisformel kostenfrei verlangen.

§ 535. Das Erkenntnis auf die Lossprechung von der Instanz gibt dem Angeschuldigten nicht das Recht, die kostenfreie Ausfertigung zu verlangen usw.

Wenn man diese beiden §§ in ihrem unmittelbaren Zusammenhange betrachtet, so geht aus dem aufgestellten Gegensatze hervor, daß hier nicht auf das Wort Erkenntnis*formel*, sondern auf *kostenfrei* der Ton zu legen sei. In gleicher Weise spricht sich das Ministerialreskript vom 12. November 1831 aus:

«Die §§ 534 und 535 der Kriminalordnung disponieren bloß darüber, inwiefern eine *kostenfreie* (dies Wort ist auch im Reskripte typographisch hervorgehoben) Erteilung der Erkenntnisse in Abschrift oder respektive in Ausfertigung verlangt werden könnte, betreffen also die Mitteilung überhaupt und daher auch nicht die Frage, inwieweit sie erfolgen könne, wenn der Angeschuldigte sie *auf seine Kosten* begehrt, und ist daher, daß auch alsdann die Erteilung einer Abschrift oder Ausfertigung des Erkenntnisses mit den Gründen nicht erfolgen könne, nirgends ausgesprochen.»

Allerdings enthalten, wie der Herr Justizminister bemerkt, Reskripte «keine *gesetzlichen Vorschriften*»; doch sind nach der Kabinettsorder vom 6. September 1815 (Ges[etz]-S[ammlung] [für die Preußischen Staaten,] S. 198) «die Gerichtshöfe in allen Gegenständen der Justizpflege, welche nicht zu den Entscheidungen durch Urteil und Recht zu zählen, den Anordnungen des Justizministeriums nachzukommen und solche zu befolgen verpflichtet». Da nun das erwähnte Reskript mit dem ganz *allgemein* gehaltenen, nicht bloß auf Vorurteile bezüglichen Satze schließt:

«Es ist daher *jeder* Angeschuldigte befugt, auf seine Kosten eine Abschrift oder Ausfertigung der wider ihn ergangenen Kriminalerkenntnisse mit den dazu gehörigen Gründen, soweit sie ihn betreffen, zu verlangen; und weist demnach das Justizministerium sämtliche königlichen Gerichtsbehörden hierdurch an, für die Folge hiernach zu verfahren»;

so ist es, glaube ich, nicht schwer «abzusehen, wie ich mein Verlangen, mir die Gründe

[1]) «Königl. Preuß. Staats-, Kriegs- und Friedens-Zeitung» 31. Januar 1844 Nr. 26 S. 229 f. Wir geben die Einsendung wieder nach dem Abdruck in Jacoby, *Über das Recht des Freigesprochenen,* S. 31–36.

[2]) Vom 20. Januar 1844.

[3]) Vom 8. Januar 1844.

[4]) Vom 24. Januar 1844.

[5]) Siehe Nr. 238.

des völlig freisprechenden Erkenntnisses mitzuteilen, auf das Reskript vom 12. November 1831 stützen konnte».

Allein auch *ohne* diese Stütze scheint mir mein Anspruch wohlbegründet zu sein.

Die abschriftliche Mitteilung der Entscheidungsgründe ist durch die Kriminalordnung weder geboten noch verboten.

Der Herr Minister schließt hieraus:

Da die Erteilung der Abschrift im Gesetze nicht *geboten* ist, hat der Angeschuldigte kein gesetzliches Recht, sie zu verlangen, und der Richter keine gesetzliche Verpflichtung, sie zu gewähren.

Mein Schluß lautet:

Da die Erteilung der Abschrift im Gesetze nicht *verboten* ist, hindert das Gesetz den Angeschuldigten nicht, sie zu verlangen, und der Richter hat keinen gesetzlichen Grund, sie zu verweigern.

Beide Schlüsse sind richtig. Es folgt hieraus, daß die Frage,

ob dem Angeschuldigten eine Abschrift der Urteilsgründe zu versagen sei oder nicht, auf einem andern Gebiete als dem des *positiven* oder *gesetzlichen* Rechts ihre Erledigung findet. Der Herr Justizminister sagt, daß «die Gewährung des Gesuchs dem *richterlichen Ermessen* überlassen bleibe»; und ich will mich gern dabei bescheiden, vorausgesetzt, daß – wie solches auch der Herr Justizminister nur gemeint haben kann – das richterliche Ermessen nicht ein rein willkürliches, sondern ein auf den Grundsätzen der *Billigkeit* und des *vernünftigen Rechts* gegründetes ist.

In vorliegendem Falle hat Seine Majestät der König durch Kabinettsorder vom 2. März 1841 «dem Herrn Justizminister Mühler und dem Minister des Innern Herrn v. Rochow *überlassen,* gegen mich sowohl wegen des Inhalts als wegen Verbreitung der Schrift: Vier Fragen etc., die gerichtliche Untersuchung zu veranlassen». Von dem Kriminalsenat des Kammergerichts ist in erster Instanz auf eine ordentliche Strafe von zweieinhalb Jahren Festungsarrest mit Verlust der Nationalkokarde erkannt und eine Abschrift des Urteils mit den Entscheidungsgründen mir mitgeteilt worden. Der Oberappellationssenat hat mich in zweiter Instanz von den mir zur Last gelegten Staatsverbrechen wegen erwiesener Unschuld freigesprochen. Die abschriftliche Mitteilung dieses zweiten Erkenntnisses wird mir verweigert, weil der *erste* Richter dagegen Einspruch getan.

Welcher Grund kann den Richter zu diesem Einspruch bestimmt haben?

Der Herr Justizminister deutet denselben in folgenden Worten an:

«Die Ergründung böswilliger Tendenzen einer Schrift und deren Beweis ist einer der schwierigsten Akte der richterlichen Amtstätigkeit, und es kann nicht fehlen, daß die schriftliche Darlegung dieser Amtstätigkeit, welche nicht bloß die Ausführung des Referenten, sondern die subjektive Ansicht der Mehrheit der Mitglieder des Gerichtshofes zu beachten hat, hier und da einem gewandten Schriftsteller Gelegenheit zu Angriffen bietet, die er dazu benutzen kann, den gewissenhaftesten, intelligentesten Richter zu verdächtigen, zumal dieser nicht dazu berufen ist, sich in einen Meinungskampf einzulassen, auch nicht die Zeit dazu hat.»

Im allgemeinen könnte man dagegen einwenden, daß die *Verweigerung* eines Erkenntnisses nicht weniger Gelegenheit zu Angriffen biete; daß für die Gewissenhaftigkeit und

Intelligenz des Richters es eben keinen bessern Maßstab gebe als die von ihm aufgestellten Rechtsgründe; daß endlich, je schwieriger die böswillige Tendenz einer Schrift zu beurteilen, um desto wünschenswerter gerade die Veröffentlichung derartiger Erkenntnisse sei. – Im vorliegenden Falle spricht der Herr Minister von der möglichen Benutzung eines Erkenntnisses zur Verdächtigung eines gewissenhaften und intelligenten Richters. Da das Urteil *erster* Instanz sich bereits in meinen Händen befindet, mithin der Gebrauch desselben nicht mehr zu verhindern ist; so kann hier nur von der *Benutzung des zweiten Urteils* die Rede sein. Und wer ist der Richter, dessen Amtstätigkeit dadurch einer Verdächtigung ausgesetzt werden könnte? Der Richter *zweiter* Instanz kann nicht gemeint sein; denn dieser hat gegen die Mitteilung seines Erkenntnisses keinen Einspruch erhoben. Es bleibt hier also keine andere Annahme übrig, als daß der Richter *erster* Instanz vor einer durch Benutzung des *zweiten* Urteils möglichen Verdächtigung geschützt werden soll.

Nun kann ich allerdings nicht verhehlen, daß das zweite Erkenntnis eine *scharfe Kritik* des ersten enthält. Es ist mir, zumal wenn gewisse Antezedenzien in Betracht kommen, begreiflich, daß der erste Richter sich gegen die *Veröffentlichung* dieser Kritik erklärt. Es ist ferner ebenso begreiflich, daß der Justizminister im Aufsichtswege ihn zu schützen bereit ist. Als Angeschuldigter hätte ich wider das ganze Verfahren nichts einzuwenden, würde nur nicht der Richter – *auf meine Kosten* geschützt.

Die Kriminalordnung (§§ 413. 414) unterscheidet zwei Arten der völligen Freisprechung: die wegen *erwiesener Unschuld* und die wegen *mangelnden Beweises;* erstere «bewirkt jederzeit eine Befreiung von der Untersuchung wegen ebendesselben Verbrechens», bei der zweiten dagegen findet «eine *Erneuerung* der Untersuchung statt, wenn dazu eine neue rechtlich begründete Veranlassung vorhanden ist». – Die Ministerialverfügung vom 29. April 1817 (vgl. K[amptz,] J[ahrbücher] [für die preußische Gesetzgebung,] B[d]. 9 S. 248) verbietet, diesen Unterschied zwischen den beiden Arten der völligen Freisprechung in der Erkenntnis*formel* auszudrücken.

Man ersieht hieraus, daß, wenn jemand wegen erwiesener Unschuld freigesprochen wird, die Erkenntnis*formel* keineswegs ein hinreichendes Beweismittel seiner Schuldlosigkeit ist. Wird ihm die Ausfertigung der Erkenntnis*gründe* vorenthalten – wie kann er sich gegen den Angriff, daß seine Freisprechung nur *aus Beweismangel* erfolgt sei, verteidigen?

Der Chef der Justizverwaltung antwortet:

> «Jede Verteidigung setzt einen Angriff voraus. Der Freigesprochene wird daher den Angriff abzuwarten haben, und dann wird ihm das Recht der Verteidigung nicht geschmälert werden.»

Diese Antwort kann in keiner Weise genügen. Es setzt allerdings jede Verteidigung einen Angriff voraus. Doch folgt hieraus *nicht,* daß man zuvor den Angriff abzuwarten und erst dann für die Verteidigungsmittel zu sorgen habe. Der Herr Minister versteht augenscheinlich unter «Angriff» nichts anderes als – eine Erneuerung der Untersuchung. Daß diese de jure nicht möglich, habe ich allerdings aus den Urteilsgründen ersehen. Um aber auch de facto mich sicher zu stellen, muß ich notwendig selber im Besitze des Verteidigungsmittels sein.

Allein nicht bloß von einer Erneuerung der Untersuchung ist hier die Rede. Da die

Erkenntnisgründe mir bei geschlossenen Türen vorgelesen worden, sie folglich meinen Mitbürgern ebenso unbekannt geblieben sind wie Verhöre, Zeugenaussagen und sonstige Momente des Prozesses, so ist bereits von Gegnern die unwahre Behauptung laut geworden, daß ich der verdienten Strafe nur wegen Mangel an Beweisen entgangen sei. Auch gegen diesen nicht erst «abzuwartenden» Angriff darf ich mit Fug und Recht Schutz verlangen; hierzu aber gibt es nach der Lage unseres Gerichtsverfahrens kein anderes Mittel als *die vollständige Mitteilung des wider mich ergangenen Erkenntnisses.* Man beachte es wohl! Es handelt sich hier weder um meine Person noch um einen bloßen Meinungskampf; es handelt sich vielmehr um ein *allen gemeinsames* Interesse: um *Rechtssicherheit und Schutz der bürgerlichen Ehre.*

Dr. Jacoby.

240. Erkenntnis des Oberzensurgerichts[1])

Nachlaß[2]) *Berlin, 8. Februar 1844.*

Erkenntnis

Auf die von dem Dr. Jacoby zu Königsberg unter dem 2. November v. J. wegen versagter Druckerlaubnis erhobene Beschwerde hat das Oberzensurgericht nach erfolgter Erklärung des Staatsanwalts in seiner Sitzung vom 8. Februar 1844, an welcher teilgenommen haben:

der Präsident Wirklicher Geheimer Oberjustizrat und Staatssekretär, Dr. Bornemann[3])
und die Mitglieder

Geheimer Oberjustizrat Zettwach,
Geheimer Obertribunalsrat Decker,
Geheimer Oberjustizrat Dr. Göschel[4]),
Geheimer Oberregierungsrat Mathis[5]),
Geheimer Obertribunalsrat Ulrich,
Geheimer Regierungsrat Aulike,
Wirklicher Legationsrat Graf v. Schlieffen,
Professor der Rechte Dr. v. Lancizolle[6]) und
Geheimer Finanzrat v. Obstfelder

auf den Vortrag zweier Referenten für Recht erkannt,

daß die Beschwerde gegen die seitens des Zensors ausgesprochene Versagung der

[1]) Vgl. Nr. 229.

[2]) DZA Merseburg, Rep. 77 II, F, Nr. 21, vol. III. Fol. 47 f. Gedruckt mit Auslassung der Namen der Richter in «Königl. Preuß. Staats-, Kriegs- und Friedens-Zeitung» 7. März 1844 Nr. 57 S. 501.

[3]) Friedrich Wilhelm Ludwig Bornemann (1798–1864), seit 1843 Staatssekretär und Präsident des Oberzensurgerichts, Justizminister im Kabinett Camphausen (März–Juni 1848).

[4]) Karl Friedrich Göschel (1784–1862), seit 1839 Mitglied des Oberzensurgerichts.

[5]) Ludwig Emil Mathis (1797–1874), preußischer Staatsbeamter.

[6]) Karl Wilhelm von Deleuze de Lancizolle (1796–1871), Rechtshistoriker, Archivar, Professor in Berlin.

Druckerlaubnis für eine unter dem Titel «Urteil des Oberappellationssenats in der wider mich geführten Untersuchung wegen Hochverrats, Majestätsbeleidigung und frechen, unehrerbietigen Tadels der Landesgesetze» zur Zensur vorgelegte Schrift[7]), wie hiermit geschieht,

zurückzuweisen.

Von Rechts wegen.

Gründe

Die obengenannte Schrift, welche in ihren Hauptabschnitten die aus dem Gedächtnis niedergeschriebene Geschichtserzählung und Gründe des Urteils des Oberappellationssenats mitteilt, ist in dieser letzteren Beziehung schon nach § 1 Nr. 1 der Verordnung vom 30. Juni 1843 zensurwidrig. Denn sie enthält teils wörtliche Auszüge aus einer verbotenen Schrift, teils Besprechung und Ausführung ihres Inhaltes. Es liegt nun zwar unzweifelhaft in der Befugnis des erkennenden Richters, Stellen einer verbotenen Schrift, welche zugleich den Grund einer Kriminaluntersuchung bildet, in die Entscheidungsgründe seines Erkenntnisses aufzunehmen, allein es leuchtet von selbst ein, daß weder die Zensurwidrigkeit noch das Verbot einer Schrift dadurch aufgehoben wird, daß sie überdies Veranlassung zu einer Kriminaluntersuchung dargeboten hat, selbst wenn der Verfasser von den angeschuldigten Verbrechen freigesprochen ist.

Der Verfasser beabsichtigt nun, den in jenen Gründen teils wörtlich wiedergegebenen, teils kommentierten Inhalt der verbotenen Schrift zu verbreiten, um sich von der wider ihn erhobenen Anschuldigung zu reinigen. Daß jene Verbreitung nicht zulässig, ist im § 1 Nr. 1. 1. c. ausgesprochen. Überhaupt würde es ebensowohl den Worten als dem Sinne der Zensurinstruktion, welche sogar Ankündigungen verbotener Schriften untersagt, direkt widerstreiten, einer Schrift die Druckerlaubnis zu gestatten, welche ein verbotenes Werk, und zwar nicht nur seinen Titel, Druckort, Verfasser und Verleger, sondern auch seinen Inhalt und seine Tendenz ankündigt und solche Momente hervorhebt, welche, abgesehen von dem Inhalt der Schrift, geeignet sind, ihr die öffentliche Aufmerksamkeit aufs neue zuzuwenden.

Diesem tritt hinzu, daß die Tendenz der Schrift in ihrer Zusammenstellung und in Verbindung mit dem gewählten Motto[8]) als eine feindselige bezeichnet werden muß, da sich in ihr das Bestreben kundgibt, die Organe der der *Verfassung* nach *unteilbaren* Staatsgewalt als *ihr* gegenüberstehend oder sich selbst in verschiedenen Richtungen mit Erfolg entgegenwirkend darzustellen.

Die Schrift ist also auch nach Artikel IV der Zensurinstruktion zum Druck nicht zu verstatten.

Oberzensurgericht

Bornemann.

[7]) Jacoby veröffentlichte die Schrift, nachdem der Königsberger Zensor die Druckerlaubnis versagte, in den «Deutsch-Französischen Jahrbüchern», Paris 1844, S. 45–70.

[8]) Ebenda, S. 45: «Ebensowenig als mir von den Gerichten bekannt worden, daß sie kriminell Angeklagten die wider sie ergangenen Urteile verweigert hätten, weiß ich auch von einem *Pressezwange* in dieser Beziehung bei uns.
Welcher *Zensor* wird sich nicht aufrichtig freuen, soviel an ihm ist, zur Zerstreuung der trüben Wolken, die ein unverdientes Verdammungsurteil erster Instanz um den lichten Schein des Rufs eines sonst unbescholtenen Mannes gezogen haben kann, mitzuwirken! Wenigstens möchte ich keinem meiner Landsleute eine entgegengesetzte Gesinnung zutrauen. (Hitzig 1828).»

241. Eduard von Young[1]) an Jacoby

Nachlaß[2]) *Lyck, 9. Februar 1844.*

..... Die Ritterschaft des hiesigen Kreises geriet über die Besetzung der hiesigen Landratsstelle mit der Regierung zu Gumbinnen in heftige Kollision und machte ihren vielseitigen gerechten Beschwerden endlich Luft in einer Immediatbeschwerde gegen die Regierung. Es wurde darin erweislich gemacht, wie die Regierung, um die Kandidatur des Kreises zu beseitigen und ihren Protegé in das vakante Amt zu bringen, gegen die legale Wahl in gesuchter Weise operiert und intrigiert und durch *unrichtige Relationen* die Entscheidung des Ministers und des Königs irregelenkt habe. Man hätte erwarten sollen, daß diese ernste Beschwerde einer ganzen Kreiskorporation gebührende Berücksichtigung finden würde, anders aber war der Ausgang. Die Beschwerde selbst wurde völlig ignoriert, gegen die Beschwerdeführer dagegen, weil sie gewagt, die Wahrheit vor den Thron zu bringen, «wegen Beleidigung der Regierung und ihres Kommissarius» die Untersuchung eingeleitet.

Während nun die Angeklagten die falschen Regierungsberichte nach *Datum* und *Journalnummer* bezeichneten und dadurch die exceptio veritatis begründeten, verweigerte die Regierung die Edition ihrer Akten und raubte den Denunzianten dadurch das Mittel, ihre völlig richtigen Angaben zu beweisen. Die Beschwerdeführung durch alle Instanzen blieb ohne Erfolg: man nannte die Berichte der Regierung an die Minister «eine *Privat*korrespondenz», zu deren Edition die Regierung nicht genötigt werden könne. – Inzwischen gelang es einem Angeklagten, Abschriften jener Berichte zu erhalten, wodurch nun die Wahrheit der in der Immediatbeschwerde enthaltenen Angaben *völlig* begründet ist. Wegen Erlangung dieser Abschriften, die von dem beteiligten Angeklagten zu den gerichtlichen Akten gegeben wurden, ist nun eine neue Kriminaluntersuchung[3]) eingeleitet und bereits eröffnet worden. Man will den Einsender derselben peinlich dazu nötigen, denjenigen namhaft zu machen, durch welchen er in den Besitz jener die Behörde kompromittierenden Dokumente gelangt sei, und hat seiner Weigerung die Drohung sofortiger Einsperrung entgegengestellt.

Was doch die Zeit alles bringt! Ein Kreisstand – der erste Deputierte des Kreises – soll ins Gefängnis wandern, weil er die Mittel zur Aufdeckung einer Ungerechtigkeit gefunden hat und sich weigert, die Quelle dieser Mittel anzugeben! Ist das nicht schon weit genug? Ich selbst als ehemaliger Kreisstand und Kandidat der Landratsstelle bin bei der Sache beteiligt, deren Beseitigung, insofern bloß die Strafbarkeit in Betracht käme, nicht schwierig ist. Aber es handelt sich um ein ehrenvolles Widerstreben gegen eine Torturmaßregel, die mir völlig ungesetzlich erscheint und die ich nach allen Kräf-

1) Eduard von Young, Kreisdeputierter und Kreissekretär in Lyck, 1845 aus Ostpreußen fortversetzt, Verfasser folgender Broschüren: *Mängel und Übelstände im preußischen Beamtenwesen. Zwei Petitionen an Preußens Provinzialstände*, Königsberg 1845; *Der Präsidentenprozeß. Neun Aktenstücke aus der fiskalischen Untersuchungssache wider den Kreissekretär von Young zu Lyck wegen Beleidigung des Regierungspräsidenten Braun zu Gumbinnen*, Königsberg 1845; *Die Lycker Landratswahl aus dem Jahre 1842 und die königliche Regierung zu Gumbinnen. Eine aktenmäßige Darlegung. Nebst einem Nachwort in bezug auf Herrn Regierungsrat Hintzke*, Frankfurt an der Oder 1846.

2) JNUL(Ab).

3) Randbemerkung von Crelingers Hand: «gegen wen?» GM.

ten bekämpfen werde. Es wäre ein leichtes, zu behaupten: die betreffenden Schriftsätze seien von unbekannter Hand hergesandt, denn zu einem Reinigungseide wird es hoffentlich nicht kommen. Aber ich scheue dergleichen Ausflüchte und fürchte den Kampf nicht.

Stehen Sie mir bei in diesem Kampfe, geben Sie mir Ihren Rat. Sie haben in Königsberg mehr Gelegenheit, die Mittel zu einer solchen Abwehr zu erforschen, sind selbst genugsam bekannt auf dem Felde der Kriminaljustiz und werden – für einen solchen Zweck – gewiß auch die Mitwirkung des Oberlandesgerichtsrats Crelinger bereit finden. Die Aachener Zeitung behandelt in Nr. 344 (pro 1843) in der Paulus-Schellingschen Angelegenheit einen ähnlichen Fall und behauptet ebenfalls, daß der Privatmann nicht genötigt werden könne, die Quelle amtlicher Mitteilungen anzugeben. – Aus der Aachener Zeitung werde auch ich vielleicht Ihnen bekannt sein als Verfasser der Schrift «Meine Beschwerden über Beamtendespotismus und ihre Erfolge», eines Buchs, welches von dem Oberzensurgericht unterdrückt ist und nun im Ausland erscheinen wird.....

242. Julius Waldeck an Jacoby

Nachlaß[1]) *Berlin, 17. Februar 1844.*

[Die «Vossische Zeitung»[2]) habe Jacobys ersten Aufsatz aus der «Königl. Preuß. Staats-, Kriegs- und Friedens-Zeitung»[3]) nur exzerpiert, weil nicht Raum für den ganzen vorhanden, auch das Interesse beim Berliner Publikum nicht so groß, und die zweite Antwort[4]) *nicht* gedruckt, weil er darin das erste Exzerpt als verstümmelt[5]) gebrandmarkt.][le]

‹..... In die deutschen Blätter ist sowohl Deine Angelegenheit als die der Juden in Rußland, die kommentierte Zeitungskabinettsorder und die Keudellsche Geschichte teils direkt, teils indirekt durch mich gebracht worden, wie Du ersehen haben wirst. Der Streit zwischen Keudell und Böttcher[6]) wird indes, wie ich glaube, die bedeutenden

[1]) JNUL(Ab).

[2]) Jg. 1844 Nr. 1 1. Beilage.

[3]) Siehe Nr. 235.

[4]) Siehe Nr. 238.

[5]) Bei Jacoby heißt es: «den Wort und Sinn verändernden Bericht der Vossischen Zeitung»; siehe Nr. 238.

[6]) Karl Wilhelm von Böttcher (1791–1868), Präsident des Oberlandesgerichts in Stettin, 1842 bis 1848 Oberpräsident der Provinz Preußen in Königsberg, 1850 Mitglied der Bundeskommission zu Frankfurt am Main, 1864 in den erblichen Adelsstand erhoben. Anfang 1843 hatte Rudolf Keudell mit Böttcher eine heftige Unterredung in bezug auf eine Zahlungsangelegenheit, bei der es zu Injurien kam. Böttcher benahm sich unkorrekt. Keudell verlangte Zurücknahme der Beleidigung, andernfalls er ihn fordern würde. Böttcher verklagte Keudell und dieser jenen. Böttchers Klage wurde angenommen, Keudells dagegen zurückgewiesen, weil bei der Klage gegen Beamte die Genehmigung der vorgesetzten Dienstbehörde nötig sei. Keudell suchte diese nach, bekam aber den Bescheid, daß er erst nach seiner Verurteilung klagen könne. Nachdem er wegen Injurien und wegen Duell zu neun Monaten Festung verurteilt worden war, bat er um Erlaubnis zur Gegenklage, die ihm aber das Staatsministerium verweigerte. 1845 reichte er beim Landtag eine Klage wegen Rechtsverweigerung ein. (Die Angaben über diesen aufsehenerregenden Konflikt entstammen einer Manuskriptnotiz Dr. Lotte Esaus.)

Folgen nicht haben, die Du ihm beilegst, und selbst wenn Bötticher eine unhaltbare Stellung aufgäbe, so würde sie bald ein anderer füllen. Prinzipielle Übelstände können durch Personenwechsel nicht gehoben werden ..... Keudell wird jedenfalls einige Monate Festungsarrest erhalten, das will aber nichts bedeuten, mag seine Sache nach dem Gesetze verlorengehen, wenn sie vor der Wahrheit und dem ewigen Rechte nur bestände; aber auch hier hat sie eine Bresche, indem K. selbst sagt, er habe dem B. gehörig geantwortet, er erinnere sich aber der Worte nicht mehr, die von seiner Seite den beleidigenden des B. vorangegangen. B. hat einen faux pas gemacht, aber K. bei der Sache nicht mehr Ehre geerntet als bei Publizierung seiner kaum mittelmäßigen Laetitia.›

... Seitdem ich Dir nicht geschrieben, ist ja so manches Neue, freilich aber wenig Erbauliches geschehen, der Schwanenorden[7]) und die Landtagsabschiede[8]) stehen voran; mögen wir immer die Hände in den Schoß legen, die Regierung, das ist wahr, sorgt für uns, nur in einem anderen Sinn, als sie gern möchte. Den Schwanenorden versuchte ich in der Mannheimer [Abendzeitung] als ein Hilfsmittel kommunistische Ansichten zu realisieren, darzustellen, und diese ironische Auffassung ist später noch mannigfach mit Erfolg zum besten gegeben worden. Der Landtagsabschied wird gewiß überall politischen Ingrimm wecken; was wollen wir mehr?

Du hast nach der Studentengeschichte[9]) gefragt, die Zeitungen werden Dir mehr als nötig geantwortet haben. Die jungen Leute, unter denen sich viele sehr tüchtige befinden und denen sich ein Teil meiner publizistischen Freunde[10]) angeschlossen haben, wollten sich durch wechselseitige Gedankenmitteilung in ihren Ideen aufklären und befestigen; von der Polizei bei diesen öffentlichen Zusammenkünften zu sehr überwacht und dadurch gereizt, sollen sie einige Polizisten beleidigt haben. Folgen davon: Arretierung mehrerer; Eingabe um Aufhebung der exemtionellen Gerichtsbarkeit von seiten der Studenten; Remotion einiger Studenten und Kriminalprozeß wegen Beleidigung der Polizei gegen Buhl und noch drei andere. Bei einer dieser Affären hatte Jordan ein politisches Gedicht voll Fanatismus vorgetragen, die Polizei gab ihm die Weisung, von Berlin, wo er nicht ansässig sei, fortzugehen, und er hat sich demnächst ganz so benommen, wie ich es von ihm erwartet, ängstlich und ohne alle Energie ..... Nauwerck liest mit großem Beifalle über Politik der Alten vor einem großen Auditorium, wahrscheinlich sein erstes und letztes Kollegium derart; Eichhorn wollte von der philosophischen Fakultät eine Entziehung der licentia legendi gegen ihn, hat sie aber nicht erreicht, diese Vorlesung wird man ihm aber künftig wohl legen[11]). ‹Nun nach all diesen Erbärmlichkeiten noch etwas Tröstliches. Hast Du Blancs Histoire des dix ans,

[7]) Am 24. Dezember 1843 beschloß der König, die Gesellschaft des Schwanenordens wiederherzustellen.

[8]) Ende 1843 wurden die acht Landtagsabschiede veröffentlicht, die alle freiheitlichen Forderungen ablehnten.

[9]) Über das Verbot der von Berliner Studenten gegründeten Lesegesellschaft vgl. das Volkstaschenbuch «Vorwärts!», Leipzig 1844, S. 18.

[10]) Gemeint sind «die Freien».

[11]) Nauwerck wurde im März 1844 gemaßregelt und mußte seine Vorlesungen über die Geschichte der philosophischen Staatslehre einstellen.

wovon vier Bände bis jetzt da sind, gelesen? Gewiß, das ist ein herrliches Buch. Da ist was zu lernen, und wär's auch nur die Überzeugung, daß die Republik in Frankreich noch eine Zukunft hat ..... ›

243. Jacoby an Julius Waldeck

Nachlaß[1]) *[Königsberg,] 20. Februar 1844.*

Über Familienangelegenheiten.

[1]) Inhaltsnotiz in NLE.

244. Karl Ludwig Bernays[1]) an Willert[2])

Nachlaß[3]) *Paris, 1. März 1844.*

Durch die niederträchtigen Zustände in Ihrem Vaterlande bin ich gezwungen, Sie mit der Besorgung eines Exemplars der *Deutsch-Französischen Jahrbücher* für Herrn Dr. Johann Jacoby zu beschweren. Man kann *direkt* mit niemandem mehr verkehren – ich erhalte *keinen einzigen Brief uneröffnet.* In solch erbärmlicher Zeit hat man das Recht, ohne weiteres die Dazwischenkunft eines jeden Ehrenmannes anzusprechen..... Unsere Sache geht soweit, unsere Freunde Herwegh, Ruge, Marx, Heine sind gesund und grüßen Sie, Jacoby und alle guten Königsberger.

[1]) Karl Ludwig Bernays (1815–1876), Publizist, Redakteur der «Mannheimer Abendzeitung» und des Pariser «Vorwärts» (1844). Freund von Marx, Engels und Hess.

[2]) Nach G. Mayer («Archiv für die Geschichte des Sozialismus und der Arbeiterbewegung» 1913 Jg. 3 S. 422) soll es der «Buchhändler Willert in Königsberg» sein. Ein Buchhändler dieses Namens konnte dort indessen nicht ermittelt werden. Vermutlich handelt es sich hier um den Kaufmann C. L. Willert, der mit der Familie Adelson befreundet und ein Nachbar von Jacoby war.

[3]) JNUL(Ab).

245. Karl Weil an Jacoby

Nachlaß[1]) *Stuttgart, 22. März 1844.*

[Aufsatz über den Landtag.]le

... Das schmachvolle Kartell[2]) mit Rußland ist also richtig wieder hergestellt! Die Greuel gegen unsere Glaubensgenossen an der russischen Grenze gehen ungehindert fort![3]) Hat nun Urquhart nicht recht, wenn er sagt, daß – aller Mahnungen, aller Warnungen ungeachtet – Europa in seiner Hartherzigkeit und Verstocktheit dem Verderben entgegenrennt und die Kosaken unfehlbar noch ihre Pferde in der Donau – wohl auch in der Elbe und im Rhein! – tränken werden. Tun wir wenigstens, jeder soviel an ihm ist, gegen die einbrechende, von oben konnivierte, wenn nicht gar begünstigte Barbarei. Ihr wackeren Männer, die Ihr der Grenze des Unholds näher wohnt und bereits von seinem Prinzipe bedroht seid, erhebt doch, um des Gottes, um der Gerechtigkeit, um des Vaterlandes und der Menschheit willen Eure Stimmen und rüttelt das faule, verdorbene Geschlecht aus seiner verbrecherischen Schlafsucht, indem Ihr ihm die Bilder jener Zustände in ihrer nackten Wahrheit vorführt und die Fäden bezeichnet, welche die nordische Korruption anwendet, um Deutschland zu seinem Verderben und zu seiner Schmach zur Mitschuld zu bewegen.

Nicht eine Parteisache ist es, sondern Sache der ewigen Gerechtigkeit, der Kultur, der Humanität. Was ich oder meine Freunde von diesen Gegenden aussagen, wird von den Feigen und Schlechten als Deklamation bezeichnet und nutzt nicht. Tatsachen, greuliche Wahrheit, Zeitgeschichte, die unglückselige, ernst und warnend vorgetragen, wie Tacitus einst getan – das allein kann uns doch wenigstens vor dem Vorwurfe bewahren, als sei diese Generation so entartet, daß man nicht einmal versucht habe, sich an das öffentliche Gewissen zu wenden. Ich – das darf ich wenigstens sagen – lasse mein ceterum censeo nie verstummen, und ich komme nun, Euch, Sie trefflicher deutscher Mann zuerst und dann Ihre dortigen Freunde, anzurufen, mir beizustehen in dem heiligen Werke. Ob es hilft – das liegt nicht uns ob zu untersuchen: tun wir nur, was wir nicht lassen dürfen.

Ende Mai kommt der zweite Band zum Druck. Sehen Sie, Verehrter, ob es möglich ist, mir bis dahin ... eine Schilderung über die russischen Grenzzustände und Preußens Verhältnis dazu zu verschaffen[4])...

[Persönliche Mitteilung: Urquhart über Schritte englischer Juden in bezug auf die Verfolgungen in Rußland. Weil will von Jacoby Auskünfte.]le

[1]) LE(Ab).
[2]) Vgl. Nr. 236 Anm. 4.
[3]) Vgl. «Allgemeine Zeitung des Judentums» 1844 Jg. 8 S. 75 ff, 141 ff.
[4]) Eine solche Schilderung ist in den «Konstitutionellen Jahrbüchern» nicht erschienen.

246. Julius Waldeck an Jacoby

Nachlaß[1]) *Berlin, 9. Mai 1844.*

.....So gleich wie es sich blieb, ob Rochow oder Arnim Minister, so indifferent ist es, ob Bodelschwingh oder Flottwell die Finanzen verarbeiten, ob Mühler oder Bötticher der geheimen Justiz vorstehen. Mühler wird die alte Erfahrung machen, daß durch Nachgeben gegen die eigene Überzeugung man seine Stellung unhaltbar mache; gradatim wird dann immer mehr verlangt, bis man nichts mehr geben kann und in der öffentlichen Meinung noch dazu seinen Namen verloren [hat]. Das Präsidium des Obertribunals mit dem Ministertitel wäre allerdings eine Stellung, unabhängig genug, um eine Rehabilitation möglich zu machen. Wie viel schöner wäre der Mann vor Deinem Prozesse oder selbst vor dem Reskript an die Justizkommissarien zurückgetreten! Ob Auerswald nach Königsberg kommt, soll noch die Frage sein, selbst wenn Bötticher Justizminister wird. Auch, glaube ich, würdet Ihr an ihm nur einen vielversprechenden Tartuffe gewinnen.

Wie ganz anders sieht es in der Literatur, dieser geistigen Vorarbeit künftiger politischer Reife, aus! Wie viel Neues und Schönes ist seit Deinem letzten Briefe darin zum Vorschein gekommen! (Bülow-Cummerow[2] hat den Liberalen manche Konzessionen gemacht, dafür ist sein letztes Werk bei Hofe nicht mehr so belobt wie die früheren; er hingegen wird künftig vorsichtiger sein.)

Bruno Bauers Kulturgeschichte[3]) ist auch in ihrem durch das Oberzensurgericht verstümmelten Zustande noch immer ein Werk von der höchsten Bedeutung; der erste Versuch, eine Geschichte der Völker und nicht der Könige zu schreiben. Er macht für die Fortsetzung die ausgedehntesten Studien, und hoffentlich wird seine Härte im Urteil sich verlieren, wenn seine Feder sich den lichteren Zeiten und edleren Zuständen der letzten Dekaden des vorigen Jahrhunderts nähert.

Eine für mich im höchsten Grade anziehende Erscheinung bildete die erste Lieferung der Deutsch-Französischen Jahrbücher. Ernst, ja katonische Strenge gepaart mit Jokus und Polissonnerie; tiefe, philosophische Gedanken und leichte frivole Klatschgeschichten, Kommunismus und Atheismus und hinwieder Judenemanzipation, alles im buntesten Gemisch, alles jedoch anziehend, durchdrungen von dem Bewußtsein des Bedürfnisses einer echt menschlichen Reform. Das Interessanteste für mich waren die Aufsätze von Marx (über Hegelsche Rechtsphilosophie und Bruno Bauers Judenschriften) und die von Engels[4]). Marx ist der erste, der etwas Stichhaltiges gegen Bauer vorgebracht, der einzige, der sich auf Bauers Standpunkt gestellt und ihm von da aus seine Irrtümer nachgewiesen hat. Engels hat an sich selbst ein wahres Wunder vollbracht, wenn man die Gereiftheit und Männlichkeit seiner Gedanken und seines Stils gegen sein vorjähriges Wesen

1) JNUL(Ab).

2) Ernst von Bülow-Cummerow (1775–1851), preußischer Publizist.

3) Bruno Bauer, *Geschichte der Politik, Kultur und Aufklärung des 18. Jahrhunderts*, Charlottenburg 1843–1845, 4 Bde.

4) Karl Marx, «Zur Kritik der Hegelschen Rechtsphilosophie» in «Deutsch-Französische Jahrbücher», Paris 1844, S. 71–85; Marx, «Zur Judenfrage» ebenda S. 182–214. Friedrich Engels, «Umrisse zu einer Kritik der Nationalökonomie» ebenda S. 86–114; «Die Lage Englands» ebenda S. 152–181.

hält. Meyerowitz wird Dir sagen können, daß er ihn damals hier noch als einen milchbärtigen, ausgelassenen Jungen gesehen hat....
[Ob ich nach Königsberg im August komme, das hängt noch von dem Programm der Festlichkeiten ab; ist kein Skandal zu erwarten, so bleibe ich zu Hause.][e]

247. Aufruf betreffend das Fest der Albertina

Abdruck[1]) *Königsberg, 12. Mai 1844.*

Aufforderung zur Teilnahme an dem dreihundertjährigen Jubelfeste der Albertina.

In den letzten Tagen des Monats August hat unsere Albertina ihr drittes Jahrhundert vollendet!
Die Universität wird hoffentlich das Fest nicht ohne würdige Feier vorübergehen lassen. Aber auch die *früheren* Universitätsgenossen wollen in froher Erinnerung an ihre Studienzeit diese Jubeltage gemeinsam verleben.
Zu dem Ende sind die in Königsberg anwesenden älteren Söhne der Albertina zusammengetreten und haben in öffentlicher Versammlung das unterzeichnete Festkomitee erwählt[2]).
Dasselbe fordert alle *auswärtigen* Kommilitonen, welche an dem Jubiläum teilzunehmen gedenken, auf, sich zeitig bei einem der Unterzeichneten zu melden, damit über Art und Ausdehnung der Feier das Geeignete bestimmt werden könne. Um hierbei den Wünschen möglichst vieler zu entsprechen, wird das Komitee Vorschläge bis zum 15. Juni c. gern entgegennehmen.
Hinsichts der *Wohnung und Aufnahme* der sich Meldenden soll zur Zeit das Erforderliche in dieser Zeitung bekanntgemacht werden.
Besthorn[3]), Justizkommissarius. *Bigorck*[4]), Kriminalrichter. *Castell*[5]), Oberlehrer. *Dr. Dinter*[6]), prakt. Arzt. *Fabian*[7]), Professor. *v. Facius*[8]), Stadtrat. *Hartung*[9]), Stadtrat. *Dr. Jacoby*, prakt. Arzt. *Achill v. Keudell*, auf Bonslacken. *Mertens*, Kommerzienrat. *Müttrich*[10]), Professor. *Sperling*[11]), Bürgermeister.

[1]) «Königl. Preuß. Staats-, Kriegs- und Friedens-Zeitung» 13. Mai 1844 Nr. 111 S. 1001. Wieder abgedruckt ebenda 22. Mai 1844 Nr. 118 S. 1073 und (ohne Unterschriften) in August Witt, *Die dritte Jubelfeier der Albertus-Universität zu Königsberg*, Königsberg: Theodor Theile 1844, S. 3. Um die Aufforderung auch außerhalb Königsberg bekanntzumachen, wurde sie in der Leipziger «Deutschen Allgemeinen Zeitung» und in der Berliner «Vossischen Zeitung» veröffentlicht. (Witt, ebenda).
[2]) Die Wahl des Festkomitees fand am 4. Mai 1844 statt. Die meisten Stimmen erhielten Dinter (132), Sperling (106) und Jacoby (103). Vgl. ebenda, 7. Mai 1844 Nr. 106 S. 957.
[3]) A. Besthorn, Justizkommissarius und Notar.
[4]) H. Bigorck, Kriminalrichter und Oberlandesgerichtsassessor.
[5]) Wilhelm Christian Ludwig Castell, Gymnasialoberlehrer und Leiter einer Privatunterrichtsanstalt.
[6]) Gustav Dinter.
[7]) Gottlieb Theodor Fabian.
[8]) Friedrich Wilhelm von Facius, Stadtrat und Syndikus.
[9]) G. F. Hartung.
[10]) Müttrich, Oberlehrer am Altstädtischen Gymnasium.
[11]) Gottfried Karl Sperling.

248. Aufruf an die Königsberger

Abdruck[1]) *Königsberg, 12. Mai 1844.*

An die Einwohner Königsbergs

Im Vertrauen auf die bewährte Gastfreundlichkeit der Königsberger ersuchen wir diejenigen Mitbürger, welche während der Dauer des Universitätsjubiläums Gäste unentgeltlich oder gegen billige Entschädigung aufzunehmen bereit sind, sich bei einem der Unterzeichneten gefälligst zu melden.

[Unterschriften wie im vorstehenden Aufruf.]

[1]) Wie Anm. 1 zum vorstehenden Brief.

249. Einladung zu einer Versammlung

Abdruck[1]) *Königsberg, 8. Juni 1844.*

Aufforderung

Das unterzeichnete Komitee fordert alle diejenigen, welche auf der hiesigen Universität studiert haben, auf, sich Sonnabend den *15ten d. M. nachmittags 3 Uhr in dem großen Sessionszimmer des kneiphöfischen Rathauses* zu versammeln, um über das in den Jubeltagen unserer Albertina zu veranstaltende akademische Erinnerungsfest einen definitiven Beschluß zu fassen.

[Mit Ausnahme von Besthorn und Bigorck Unterschriften wie Nr. 247.]

[1]) «Königl. Preuß. Staats-, Kriegs- und Friedens-Zeitung» 8. Juni 1844 Nr. 132 Beilage S. 1212. Wieder abgedruckt ebenda 10., 14. und 15. Juni 1844 Nr. 133, 137 und 138.

250. Johann Friedrich Tamnau[1]) an Jacoby

Nachlaß[2]) *[Königsberg, 11. oder 12. Juni 1844.]*[3]

Je mehr ich mir die Sache überlege, desto entschiedener bin ich der Meinung, daß es

[1]) Johann Friedrich Tamnau, Rechtsanwalt und Notar in Königsberg, liberaler Politiker, 1848 Mitglied der preußischen Nationalversammlung, machte die Verlegung der Versammlung nach Brandenburg mit, 1859 Justizrat.

[2]) LE(Ab).

[3]) LE(Ab): «[1843]le ? 1848 ? 1848 ?»
Zu meiner Datierung des Briefes: In dem Briefe ist die Rede von der zweiten Generalversammlung des Königsberger Gustav-Adolf-Vereins am 12. Juni 1844. Am Vortage stieß der Vorstand Jacoby als Juden aus dem Verein aus. Jacoby ersuchte Tamnau den nachstehenden Brief in der soeben genannten Versammlung vorzulesen, was Tamnau getan hat, wobei er erklärte, daß er die Sache Jacobys zu der seinigen mache. (Vgl. *Rupps literarischer Nachlaß nebst Nachrichten über sein Leben.* Hrsg. von P. Schultzky. Teil 1, Königsberg 1890, S. 280; K. R. Jachmann, *Zur Geschichte des Gustav-Adolf-Vereins in Königsberg,* Königsberg: H. L. Voigt, 1844, S. 9). Es folgt also aus dem Gesagten, daß Tamnau seinen Brief an Jacoby am 11. oder 12. Juni 1844 geschrieben hat.

der Sache schädlich ist, wenn ich sowohl über Deine Stellung zum Verein[4]) als über die Wahl der Deputierten nach Berlin[5]) spreche. Es gewinnt dadurch zu sehr den Anschein einer Verabredung, und wir schwächen dadurch die Wirkung. Überlege Dir es deshalb noch einmal, ob es nicht besser ist, wenn Du Deinen Brief dem Dr. Jachmann zusendest....

[4]) Der Königsberger Gustav-Adolf-Verein.

[5]) Der Oberpräsident Bötticher hatte den Vorstand des Königsberger Gustav-Adolf-Vereins aufgefordert, zwei Deputierte zur Bildung eines Zentralvereins für die preußische Monarchie nach Berlin zu senden. Dieser Punkt stand in der Tagesordnung der zweiten Generalversammlung des Königsberger Gustav-Adolf-Vereins.

251. Jacobys Eingabe an die Versammlung des Gustav-Adolf-Vereins zu Königsberg

Abdruck[1]) *Königsberg, 12. Juni 1844.*

Durch eigenmächtige Bestimmung des Vorstandes[2]) von der heutigen Versammlung ausgeschlossen, kann ich mich nur *schriftlich* an dieselbe wenden. Die Königsberger Zeitung vom 27. Januar und 3. Februar forderte zu einer General-Versammlung des Gustav-Adolf-Vereins mit folgenden Worten auf:

> Wir erlauben uns dazu alle diejenigen, welche in unserer Stadt und Provinz ihren Beitritt bereits erklärt haben oder noch erklären wollen, ergebenst einzuladen.

Ich folgte dieser Einladung, zeichnete auf der Liste der Mitglieder meinen Namen und Beitrag, nahm an der Beratung unserer Statuten teil und gab zur Wahl des zeitigen Vorstandes meine Stimme ab. Allerdings bekenne ich mich weder zum evangelischen Glauben noch zu irgendeiner andern der geoffenbarten Religionen, würde daher schwerlich einer rein religiösen Verbindung mich anschließen. Der Gustav-Adolf-Verein aber beabsichtigt

«Unterstützung bedrängter protestantischer Glaubensgenossen»,

und diesen Zweck billigte ich vollkommen; ich sah in dem Verein nur ein Mittel zum Schutze der Glaubensfreiheit gegen Glaubensdruck, zur Förderung religiöser Duldung der katholischen Unduldsamkeit gegenüber. Ohne Bedenken würde ich selbst zur Unterstützung bedrängter mohammedanischer Gemeinden mitwirken; so wie ich wiederum zur Ehre der protestantischen Christen glaube, daß auch sie nicht zurückbleiben würden, wenn ein Verein für bedrängte israelitische Glaubensgenossen sich bildete. Dies waren die Motive meines Beitritts zum Gustav-Adolf-Verein.

[1]) K. R. Jachmann, *Zur Geschichte des Gustav-Adolf-Vereins zu Königsberg*, Königsberg: H. L. Voigt 1844, S. 5–9.

[2]) Des Gustav-Adolf-Vereins zu Königsberg.

Als *anerkanntes Mitglied* desselben wendete ich mich gestern an den Kassierer, Herrn Kaufmann *Broschy,* um meinen Beitrag zu entrichten. Der Beitrag wurde angenommen, eine Eintrittskarte zur heutigen Versammlung aber verweigert, *weil es dem Vorstande beliebt habe, mich auszuschließen.*
Als Gründe dieses Verfahrens gab man an:

1. «Auch der Zentralverein nehme nur evangelische Christen auf.»

Vergebens erwiderte ich, daß wir uns nicht unbedingt, sondern, wie es ausdrücklich in den Statuten lautet: «in Gemäßheit folgender Bestimmungen» dem Zentralverein angeschlossen hätten, unter diesen Bestimmungen aber der § 2 der Statuten auch dem Nichtevangelischen das unbestreitbare Recht des Beitritts gewähre.

2. «Wenn man Nichtevangelische zulasse, so könne ja der Fall eintreten, daß diese die Mehrzahl ausmachten und selbst in den Vorstand gewählt würden.»

Ich antwortete: Tritt dieser Fall ein, so ist das ein trauriges Zeichen für die Lauheit der Evangelischen und ein sehr erfreuliches für die religiöse Aufklärung und Duldsamkeit der Nichtevangelischen. Zur Zeit sind nur drei Nichtevangelische dem Verein beigetreten, und wenn man in Zukunft mehr aufzunehmen fürchtet, so steht doch dem Vorstande nicht das Recht zu, die drei bereits anerkannten Mitglieder auszuschließen. Die Wahl eines Nichtevangelischen in den Vorstand würde übrigens nur beweisen, daß die Versammlung das ehrende Vertrauen in ihn setzt, er werde den Vereinszwecken besser dienen als andere. Jede Bevormundung in dieser Hinsicht wäre mindestens als eine überflüssige zu bezeichnen.

3. «Der Verein heiße ein evangelischer.»

Dagegen ist zu erwidern, daß dies Prädikat sich doch wohl eher auf den evangelischen Zweck als auf das Bekenntnis der Mitglieder beziehe. Sonst könnte ja wohl auch ein künftiger Vorstand aus gleichem Grunde sich für berechtigt halten, das athanasianische Glaubensbekenntnis oder eine Kommunionsbescheinigung zur Bedingung der Mitgliedschaft zu machen. Allerdings heißt der Verein ein *evangelischer,* eben deshalb sollte er aber auch einer sein; er sollte vorangehn mit dem schönen Beispiele evangelischer Duldsamkeit; er sollte sich darüber freuen, daß auch Andersgläubige sich mit ihm zur Unterstützung bedrängter Protestanten vereinigen; denn diese tun es ja eben in der echt evangelischen Überzeugung, daß man jedem Mitmenschen ohne Rücksicht auf dessen Glauben Beistand zu leisten verpflichtet sei.
Endlich machte ich noch darauf aufmerksam, daß ich kraft des § 2 der Statuten bereits anerkanntes Mitglied des Vereins sei und daß derselbe § in den Worten: «Jedes Mitglied bleibt solches so lange, als es nicht seinen Austritt ausdrücklich erklärt», dem Vorstande *das Recht abspricht, ein bereits anerkanntes Mitglied aus irgendwelchem Grunde auszustoßen oder in seinen Vereinsrechten zu kränken.*
Im Widerspruche mit den Statuten beharrte der Vorstand bei seiner Weigerung, und ich sehe mich daher genötigt, den Schutz der Versammlung in Anspruch zu nehmen. Als Mitglied des Königsberger Gustav-Adolf-Vereins trage ich hiermit darauf an,

daß mein Recht, in der heutigen Versammlung zu erscheinen,

von der Versammlung selbst anerkannt und mir erteilt werde.

Dr. Jacoby.

252. Simon Meyerowitz an Jacoby

Nachlaß[1]) *Berlin, 16. Juni 1844.*

..... Hier wird unglaublich viel gebaut. Neue Straßen entstehen, alte werden verlängert, wodurch die Armut zu ihrer Entfaltung und dereinstigen Wirksamkeit immer mehr Raum gewinnt. Es herrscht großes Unbehagen, das man mit dem Namen politischer Unzufriedenheit beschönigen möchte. Allerdings werden die Champagner-Etagen durch die dumpfen Seufzer aus den Kellerwohnungen ahnungsvoll aufgeschreckt; der Bettler spannt seinen Bogen. Die kommunistischen Ideen sollen, zumal in hiesiger Residenz, wissenschaftlich sehr um sich greifen......

Dr. Veit grüßt bestens. Von einer bürgerlichen Gleichstellung der Juden ist nicht mehr die Rede, das Gesuch über ihre Gemeindeverfassung liegt noch bei Eichhorn. Vieles wird hier begonnen, nichts beendet. Verwirrung in allen Zweigen der Verwaltung, hieraus ein öffentliches Frondieren gegen die Gewalt, wie es allen geschichtlichen Krisen bisher vorangegangen ist. Selbst die Aufhebung des Ehescheidungsgesetzes erregt mehr Hohn als Freude. Die Inkonsequenz geht so weit, daß – der König ist dafür – ein Verfassungsgesetz beraten wird. Die Beschwerde des Appellationssenats liegt dem Könige vor, da aber Grolmann verreist ist, wird Mangel an Energie befürchtet. Grolmann soll gesagt haben: «ich hätte es von Jacoby erwartet, daß er mir Mühlers Schreiben direkt und nicht anonym würde zugeschickt haben.» .....

Auf Deine Herkunft war man sehr gespannt, selbst bedeutende *Beamte* würden Dich aufgesucht haben. Du bist der Prophet, der auch im eigenen Lande gilt, geschweige auswärts. Grüße Professor Moser, Jachmann, Walesrode, Funke, Crelinger ... Mühler geht ab, Eichmann[2]), Goetz und Gerlach[3]) werden als die Kandidaten des Justizministeriums benannt. An des gegenwärtigen Finanzministers Fähigkeit wird gezweifelt, oder man ist bereits im klaren .....

[1]) JNUL(Ab).
[2]) Franz August von Eichmann.
[3]) Ernst Ludwig von Gerlach (1795–1877), preußischer Jurist und hochkonservativer Politiker, 1844 Oberlandesgerichtspräsident in Magdeburg, 1848 Mitbegründer der Konservativen Partei und der «Kreuzzeitung».

253. Max Duncker an Jacoby

Nachlaß[1]) *Halle, 19. Juni 1844.*

Seit einiger Zeit in die Redaktion der Allgemeinen Hallischen Literatur-Zeitung[2]) eingetreten, scheint es mir Pflicht, diesem alten gelehrten Institut wenigstens für das

[1]) JNUL(Ab).
[2]) «Allgemeine Literatur-Zeitung», Halle.

mir anvertraute Gebiet der Geschichte und Politik einige frische Lebensluft zuzuführen und die Gelehrsamkeit aus ihrer verstiegenen und hochmütigen Selbstzufriedenheit mit den praktischen Aufgaben der Gegenwart in eine nähere Berührung zu bringen. Für unsere Sache scheint mir alles darauf anzukommen, eine gediegene, ernste und unerbittliche Tagespresse zu organisieren, die, wie Sie uns das Beispiel gegeben haben, in fester gesetzlicher Haltung, ohne sich dem Vorstellungskreis des gebildeten Publikums zu entfremden und in unpraktische Extreme zu geraten, mit Schärfe und Konsequenz unsere nächsten Aufgaben erörtert.

Unsere Zeitung besitzt ein altes, bisher unbenutztes Privilegium in ihrer Zensurfreiheit. Ihr Beitritt würde mir von der höchsten Wichtigkeit sein. Ich erlaube mir daher die Anfrage, ob Sie geneigt sein dürften, uns von Zeit zu Zeit Rezensionen über preußische und deutsche Politik zugehen zu lassen, und übersende Ihnen einliegend zu diesem Zwecke die Broschüre von Prince-Smith über den politischen Fortschritt Preußens[3]) und einige Blätter über den Schwanenorden.

[3]) John Prince-Smith, *Über den politischen Fortschritt Preußens,* Zürich und Winterthur: Literarisches Comptoir 1844. Eine anonyme, wohl nicht von Jacoby verfaßte Rezension der Broschüre erschien in «Allgemeine Literatur-Zeitung» März 1845 Nr. 70. 71 Sp. 553–559. 563–568.

254. Mitteilung des Komitees ehemaliger Königsberger Universitätsgenossen

Abdruck[1]) *Königsberg, 28. Juni 1844.*

Infolge des von ehemaligen Universitätsgenossen in der öffentlichen Versammlung am 15ten d. M.[2]) gefaßten Beschlusses wird in den Jubeltagen der Albertus-Universität von seiten des unterzeichneten Komitees Nachstehendes veranstaltet werden:

Dienstag den 27sten August.

Allgemeine Versammlung im *v. Borckschen Garten* von 4 Uhr nachmittags ab.

Mittwoch den 28sten August.

Dampfschiffahrt nach dem Schlosse *Holstein.* Abfahrt: nachmittags 2 Uhr. Rückkehr: vor Beginn der akademischen Soirée.

Donnerstag den 29sten August.

Subskriptionsdiner um 2 Uhr, in einem noch näher zu bezeichnenden Lokale.

Sonntag den 1sten September.

Zum Beschluß der Feier *allgemeiner Kommers* im v. Borckschen Garten. Anfang: 7 Uhr abends.

[1]) «Königl. Preuß. Staats-, Kriegs- und Friedens-Zeitung» 29. Juni 1844 Nr. 150 S. 1377. Wiederholt ebenda 18. Juli 1844 Nr. 166 S. 1525.

[2]) Bericht über diese Versammlung, ebenda 18. Juni 1844 Nr. 140 S. 1281.

Die Teilnahme an diesen Festen steht denen frei, die auf der hiesigen oder einer *andern* Universität studiert haben oder *noch* studieren.

Der Beitrag ist:

für die Wasserfahrt à Person .... – Taler 20 Silbergroschen

für das Mittagsmahl (exkl. Wein) 2 Taler – Silbergroschen

für den Kommers (Wein und kalte Speisen) 2 Taler 10 Silbergroschen

Etwaige Überschüsse kommen bedürftigen Universitätsgenossen zugut, daher auch höhere Beiträge angenommen werden.

Auswärtige Teilnehmer haben sich *bis zum 10ten August* bei einem der Unterzeichneten schriftlich zu melden; für die Hierwohnenden werden Subskriptionslisten an öffentlichen Orten bis zum angegebenen Termine ausliegen.

Als Erkennungszeichen dient während der Dauer der Festtage ein silbernes *Albertusbild*, auf der linken Seite der Brust zu tragen.

Zur Aufnahme auswärtiger Universitätsgenossen sind Wohnungen eingerichtet, deren Verzeichnis bei dem Hochlöblichen Magistrat sowie bei jedem der Unterzeichneten eingesehen werden kann.

Die für die verschiedenen Studiengenossen bestimmten *Vereinigungslokale* werden später in dieser Zeitung genannt werden.

Das Komitee ehemaliger Universitätsgenossen.

[Unterschriften wie Nr. 249.]

255. Alexander Küntzel an Jacoby

Nachlaß[1]) *Wolka bei Neidenburg, 1. Juli 1844.*

Zu dem Universitätsfeste werde ich nach dem, was ich davon höre, nicht erscheinen.

[Seine Akten[2]) haben in Königsberg das Imprimatur erhalten. Schickt:

1. Antwortschreiben des Justizministers zur Einsichtnahme vor der Druckerlaubnis;
2. seine Eingabe an den Minister (Konzept);
3. *Vorwort oder Nachwort* (dieses bei dem Brief). Wendet sich ans große Publikum: Festungsstrafe von zwei Monaten – [[...]] Anklage auf Veröffentlichung von Fakta einer Kabinetssorder.

   Es ist ihm um die Sache zu tun gewesen, nicht um Personen. – Unter den Angegriffenen ein akademischer Freund ([Hans Friedrich Otto von Beneckendorff-] Hindenburg). Nebenher geführte Korrespondenz mit diesem. Will sich nicht von der Sache seiner Untergebenen trennen.

   Die Angegriffenen haben unaufgefordert auf Vollstreckung der Strafe verzichtet, nur mit Mühe dazu Konsens der vorgesetzten Behörde.][le]

[1]) LE(Ab).

[2]) Küntzels Akten. Über die Küntzelsche Angelegenheit vgl. Nr. 195 Anm. 2.

256. Simon Meyerowitz an Jacoby

Nachlaß[1]) *Bern, 15. Juli 1844.*

.....Robert Blum, überaus gut und gefällig, machte auf mich keinen sehr günstigen Eindruck, eine zu sehr gerötete Nase repräsentiert schlecht den Liberalismus. Walesrodes Empfehlung war mir sehr nützlich, er steht bei den dortigen Freunden gar hoch angeschrieben. Ich war einen Abend mit Bassermann, der mich an Casimir Périer erinnerte, Welcker, Braun[2]) etc. zusammen und besuchte Itzstein. Den andern Tag sollte eine wichtige Debatte über hochverräterische Schriften vorkommen, an welcher, da Mathy und Sander verreist waren, Bassermann und Itzstein auch nicht teilnehmen wollten. Itzstein, mit dem Budget sehr beschäftigt, war bereits acht Tage nicht in der Kammer erschienen, allein er gab meiner Bitte nach und hielt bei erwähnter Gelegenheit eine kurze Rede, Deiner und Walesrodes gedenkend. Bassermann spricht gut, etwas hochmütig und ist, wenn ich nicht irre, in seinen Ansichten am meisten vorgerückt. Weniger gefiel mir Welcker, dem zum Redner zu viel fehlt.

Die badischen Herren stehen, durch O'Connels Beispiel verleitet, auf dem Standpunkte der Abschlagszahlungen, ohne zu bedenken, daß jener Mann sich auf einem ganz andern Kampfplatz befindet. Sie wollen klug sein, bevor sie den ganzen Mut gezeigt haben! Durch Itzsteins Persönlichkeit wurde ich sehr ergriffen, es stand doch, wenn auch greisig, ein ganzer Mann vor mir. Er läßt Walesrode sagen; alles zu verlassen und zu ihm zu kommen, er würde auf Hallgarten[3]) stets eine gute Aufnahme finden. Die Herren sind gegen die Ausdauer in politischen Prozessen.

Herwegh fand ich in Basel unverändert wieder, gut, herzlich und der einmal ergriffenen Sache unwiderruflich ergeben. Follen[4]) war mit ihm, eine mächtige, efeuumrankte Ruine, auf die man sich mit einiger Vorsicht stützen muß. Denn er hat die Klugheit schwerer Erfahrung und hat weit hinter sich, was ihn früher beinahe töricht begeisterte ...‹Addrich in Moos ist das Bild solcher Herren. Mit ungemeiner Teilnahme erkundigt er sich nach Albert Dulk[5]), den er, wie er mir als tiefes Geheimnis vertraute, das ich nur *Dir* mitteilen dürfte, für eine Hoffnung Deutschlands hält.› Rauschenplat[6]) und Schulz[7]) (Verfasser der Schrift über Weidigs Tod[8]) grüßen Dich. Rauschenplat

[1]) JNUL(Ab).

[2]) Vermutlich Karl Braun (1807–1868), sächsischer freisinniger Jurist und Politiker.

[3]) Bei Itzstein in Hallgarten fanden politische Besprechungen der liberalen Führer statt. Vgl. Nr. 223 Anm. 3.

[4]) August Adolf Ludwig Follen (1794–1855), deutscher Schriftsteller, lebte seit den 20er Jahren in der Schweiz, Teilhaber an Fröbels Literarischem Comptoir.

[5]) Der aus Königsberg stammende Dramatiker und Publizist Albert Dulk (1819–1884) beteiligte sich an der demokratischen Bewegung des Vormärz und spielte eine führende Rolle im Königsberger Arbeiterverein; in den 70er Jahren schloß er sich der Sozialdemokratie an; 1881 gründete er mit Ludwig Büchner und anderen den «Allgemeinen Deutschen Freidenkerbund».

[6]) Johann Ernst Arminius von Rauschenplat (1807–1868), der an der Spitze des Göttinger Aufstandes vom Januar 1831 stand, lebte danach bis 1848 als Flüchtling in Frankreich, Spanien und in der Schweiz.

[7]) Wilhelm Schulz (1797–1860), deutscher Publizist, lebte seit Mitte der 30er Jahre als politischer Flüchtling in Zürich.

[8]) [Wilhelm Schulz,] *Der Tod des Pfarrers Dr. Friedrich Ludwig Weidig. Ein aktenmäßiger und urkundlich belegter Beitrag zur Beurteilung des geheimen Strafprozesses und der politischen Zustände Deutschlands,* Zürich und Winterthur: Literarisches Comptoir 1843.

ist von angenehmer Munterkeit und unbeleidigender Ironie. Berthold Auerbach ist ein lieber Mensch, er versichert, Dir vor ein paar Jahren seine Dorfgeschichten[9]) zugeschickt zu haben und ohne Antwort geblieben zu sein ..... Herwegh hat die Französische Revolution studiert und schreibt an einer Tragödie André Chénier[10]) ..... Es ist Dir wohl bekannt, daß Follen und Ruge Teilnehmer am Literarischen Comptoir sind. Fröbel konnte ich nicht sprechen, er ist in Winterthur sehr beschäftigt. ....
Das Evangelium des armen Sünders hat noch nie existiert, es ist nicht zustandegekommen[11]). Weitling, von Zürich an Baden und dann an Preußen ausgeliefert, ist in Erfurt in Freiheit gesetzt worden. Follen hält nicht viel von dieses Mannes Bestrebungen, dem er gute Sitten beimißt. Follen wird Zürich verlassen und sich in Heidelberg niederlassen, weil er nicht will, daß seine Töchter Schweizer heiraten. Er gedenkt daselbst Herwegh eine Stätte zu bereiten. Ich riet Herwegh nach Deutschland zurückzukehren, obgleich er von Paris sehr eingenommen ist, indem bedeutende Schriftsteller nur im Vaterlande gedeihen können, in der Fremde arten sie in sprachlicher Beziehung aus. Beispiel Heinrich Heine. Gustav Siegmund[12]) ist bei seinem Schwager Herwegh und erinnert Dich an seinen Plan, den er für vollkommen ausgearbeitet hält. Ich versprach ihm, Dich zu bitten, diesen Gegenstand während der Jubelfeier[13]) in Anregung zu bringen.

[9]) Berthold Auerbach, *Schwarzwälder Dorfgeschichten,* in Buchform erschienen 1843 in Mannheim.

[10]) Vgl. Victor Fleury, *Le Poète Georges Herwegh,* Paris 1911, S. 122.

[11]) *Das Evangelium eines armen Sünders* von W. Weitling erschien 1845 in Bern bei Jenni Sohn. In der Vorrede zur zweiten vollständigen, vermehrten und verbesserten Auflage dieser Schrift (Birsfeld: Walsersche Buchdruckerei 1846) sagt Weitling: «Vorliegendes Werk war bestimmt, im Sommer 1843 in Zürich zu erscheinen ... Kaum hatte indes die Schrift zur Hälfte die Presse verlassen, als die Behörden durch einen nächtlichen Überfall auf offener Straße meine Verhaftung und die Konfiskation der Druckbogen und des noch unvollendeten Manuskripts bewerkstelligten. Eine Gefangenschaft von 50 Wochen, Verbannung, Auslieferung, wieder Verbannung und Transport nach England waren die weiteren Folgen. Die konfiszierten Druckbogen des Evangeliums ließ man *zerstampfen.* Indes war es meinen Freunden gelungen, das schon in den Händen der Behörden befindliche Manuskript fast ganz zu retten.»

[12]) Dr. med. Gustav Siegmund (gest. 1902), praktischer Arzt in Berlin, der Bruder von Herweghs Gattin, 1848 Mitglied des Zentralausschusses der demokratischen Vereine und Mitredakteur der Berliner «Reform».

[13]) Gemeint ist die 300jährige Jubiläumsfeier der Albertus-Universität zu Königsberg im August 1844.

257. Alexander Küntzel an Jacoby

Nachlaß[1]) *Neidenburg, 17. Juli 1844.*

Ob ich zum Jubiläum komme, weiß ich noch nicht. Wenn ich nur recht wüßte, was eigentlich los ist. Du bist so sanguinisch, und Dir glaube ich nicht, wenn Du meinst: es lohne sich. Es lohnt sich heute fast gar nichts mehr.

[Jacoby hat das Vorwort *nicht* aufgenommen. Akten gedruckt[2]).][le]

[1]) LE(Ab).

[2]) Vgl. Nr. 195 Anm. 2.

258. Gustav Dinter an Jacoby

Nachlaß[1]) *Teplitz, 24. Juli 1844.*

... er [Superintendent Schmutter aus Landsberg] besuchte mich, da er las, daß ich ein Königsberger sei, und legte sein politisches Glaubensbekenntnis ab, mit dem ich an seiner Stelle etwas hinter dem Berge halten würde, doch er meinte, das sei vor uns nicht nötig, wir wären Königsberger, und die müßten alle ihm gleichgesinnt sein ...

..... In Leipzig besuchte ich Robert Blum, bei dem ich in Gesellschaft des Dr. Römisch[2]) den Abend zubrachte. Beide lassen herzlich Dich, Crelinger, Walesrode grüßen. Wir plauderten viel über das jetzige Treiben, das uns allen nicht gefiel, und hofften, daß es sich doch ändern müsse. ‹Blum glaubt, daß es doch wieder recht gut wäre, wenn ordentliche Artikel wieder in die Königsberger Zeitung kämen, man möge doch wieder den Versuch machen.› ..... In Berlin habe ich viel mit Waldeck[3]) gelebt ..... Mir scheint Berlin politisch tot zu sein. Man lacht und spottet über den König, reißt schlechte Witze, das ist alles; unzufrieden ist man, aber man behilft sich. Von unserm verehrten Landesvater spricht man aber im Auslande nicht eben gut, und ein Preuße zu sein, gehört nicht zu den Empfehlungen, wohl aber ein Ostpreuße und nun gar ein Königsberger, da denken die Leute, der hat die Revolution schon in der Tasche ...

[Jachmann Korrespondent der Leipziger Allgemeinen Zeitung.][le]

[1]) Abs. 1 LE(Ab); Abs. 2 JNUL(Ab).

[2]) Paul Römisch, Advokat in Leipzig, Rechtsanwalt Robert Blums, Teilnehmer an der Revolution von 1848/49.

[3]) Vermutlich Julius Waldeck.

259. Heinrich Simon[1]) an Jacoby

Nachlaß[2]) *Breslau, 1. August 1844.*

Verehrter Herr!

Ich verehre in Ihnen einen Mann, der durch seine Gesinnung in matter Zeit einen mächtigen Impuls gegeben hat. Die Erscheinung der Ritter *dieser* Tafelrunde ist nicht so häufig, daß man durch Gewohnheit gegen sie abgestumpft werden könnte, daß man in die Verlegenheit käme, seinen Dank zu oft abzustatten. Gestatten Sie mir, als ein Zeichen des letzteren, nach den Kräften des Gebers eingerichtet, Ihnen, dem Publizisten und Juden, zwei von mir herausgegebene Werke zu überreichen[3]).

Mit wahrer Hochachtung
Ihr ganz ergebenster
Simon,
Stadtgerichtsrat.

[1]) Heinrich Simon (1805–1860), Jurist, Publizist und liberaler Politiker, Sohn eines zum Christentum übergetretenen jüdischen Kaufmannes in Breslau, Mitglied des Vorparlaments, des Fünfzigerausschusses und der Frankfurter Nationalversammlung, flüchtete nach dem Zusammenbruch der Revolution in die Schweiz. Er ertrank am 16. August 1860 im Wallensee, vermutlich infolge eines Schlaganfalles. Der Leichnam wurde nie aufgefunden. Jacoby, der ihn zu seinen besten Freunden zählte, veröffentlichte seine Biographie: *Heinrich Simon. Ein Gedenkbuch für das deutsche Volk*, herausgegeben von Dr. Johann Jacoby, Berlin: Julius Springer 1865 2 Bde. 293 + 254 S. Am 3. März 1841 vertraute Simon seinem Tagebuch an: «Heut las ich in einem Kreise von Freunden die *Vier Fragen, beantwortet von einem Ostpreußen* vor. Dieselben wurden, nachdem sie in 24 Stunden in unzählige Hände gekommen, konfisziert. Das sind gediegene Worte eines *reifen*, durch und durch wahren und frischen Mannes die *allgemein zu verbreiten heilige Pflicht ist.* So liebe ich den Publizisten! Warum habe *ich* diese Broschüre nicht geschrieben!» Ebenda, I, S. 150.

[2]) JNUL(Ab).

[3]) Nach einer Anmerkung Gustav Mayers waren es: H. Simon, *Das preußische Staatsrecht* (Breslau 1844, 2 Bde.) und L. von Rönne und H. Simon, *Die früheren und gegenwärtigen Verhältnisse der Juden in den sämtlichen Landesteilen des Preußischen Staates* (Breslau 1843).

260. Mitteilung des Komitees ehemaliger Königsberger Universitätsgenossen

Abdruck[1]) *Königsberg, 10. August 1844.*

Um die erforderlichen Anordnungen treffen zu können, ersuchen wir diejenigen, welche an den von uns angekündigten Festlichkeiten noch teilnehmen wollen, ihren Beitritt bis spätestens

den 20ten dieses Monats

zu erklären. Zu ihrer Bequemlichkeit haben wir Subskriptionslisten in den hiesigen

[1]) «Königl. Preuß. Staats-, Kriegs- und Friedens-Zeitung» 12. August 1844 Nr. 187 S. 1705. Wiederholt ebenda 15. und 17. August 1844 Nrn. 190 und 192 S. 1733 und 1749.

Buchhandlungen und Konditoreien ausgelegt. Außerdem ist jeder von uns zur Annahme von Anmeldungen bereit.
Die als Quittungen über die gezahlten Beiträge ausgefertigten Karten können bei dem mitunterzeichneten Stadtrat *Hartung* vom 13ten August ab in den Vormittagsstunden von 8 bis 10 und nachmittags von 3 bis 5 Uhr in Empfang genommen werden.

Das Komitee ehemaliger Universitätsgenossen.

Dr. Dinter, prakt. Arzt.	*v. Facius,* Stadtrat.	*Hartung,* Stadtrat.	*Dr. Jacoby,* prakt. Arzt.
A. v. Keudell, auf Bonslacken.	*Mertens,* Kommerzienrat.	*Müttrich,* Professor.	*Sperling,* Bürgermeister.

261. Raphael Jakob Kosch an Jacoby

Nachlaß[1]) *Paris, 15. August 1844.*

[Französische Zeitungen. Attentat auf Friedrich Wilhelm IV.[2])][le]
Bei uns hat dieser Schreckschuß gewiß großes Geschrei hervorgerufen, und ich kann mir leicht denken, welch nachteiligen Einfluß das auf unsere Verhältnisse ausüben wird. Begierig bin ich, ob man den alten Tschech nicht für verrückt erklären wird, um doch von der preußischen Krone, deren Jungfräulichkeit bis jetzt unangetastet war, den Schimpf abzuwenden, als ob ein vernünftiger Mensch ihr hätte zu Leibe gehen wollen. Abgesehen von der Niederträchtigkeit des Meuschelmordes war es aber ein sehr dummer Streich, der weder ihm noch uns was helfen konnte...
[Ziemlich abfällig über die Franzosen.][le]
...Von unsern politischen Freunden kann ich leider auch nicht viel berichten. Ruge und Marx habe ich bis jetzt mehrfach gesehen. Wie erstaunt war ich, einen so wenig imponierenden hochblonden Mann mit hellblauen Augen vor mir zu sehen, der nicht das Wasser trüben zu können scheint. Die Verhältnisse scheinen sehr unangenehm und Ruge mit allen andern zerfallen. Mit Marx lebt er im offenen Kampf, obgleich unter demselben Dache, Bernays schildert er mir als unwissend und unbedeutend, Herwegh ist in sybaritischen Lüsten ganz untergegangen und lebt jetzt mit seiner durch ihn sehr unglücklichen Frau in der Schweiz oder sonstwo. Hess ist ebenfalls abwesend. Bernays hat mir ein neues Blatt «Vorwärts»[3]) zugeschickt, woran Ruge mitarbeitet und worin

[1]) Abs. 2 und 5 LE(Ab); Abs. 4 JNUL(Ab).
[2]) Heinrich Ludwig Tschech, Jurist, Bürgermeister von Spandau, verübte am 26. Juli 1844 in Berlin ein mißlungenes Attentat auf Friedrich Wilhelm IV. und wurde am 14. Dezember 1844 in Spandau enthauptet.
[3]) «Vorwärts. Pariser Signale aus Kunst, Wissenschaft, Theater, Musik und geselligem Leben», Paris 1844. Bernays redigierte das Blatt seit Sommer 1844.

eben Marx seinen Kampf gegen ihn begonnen hat. Es ist gar nichts daran, und so werde ich auch nicht darauf subskribieren, da es die acht Reichstaler jährlich nicht wert ist. Die Deutschen stehen hier überhaupt in keinem guten Rufe, und die Raufereien und Tergiversationen der Parteiführer sind hauptsächlich daran schuld. Paris scheint für die deutschen Flüchtlinge sehr ungünstig zu sein und wiederum auf die Deutschen selbst kein günstiges Licht zu werfen. Man sieht, es fehlt den Leuten die Hauptsache, Charakter, und so werden sie von den Wogen des stark bewegten Lebens hin- und hergeworfen .....
Mit Goldstücker bin ich viel zusammen. Er hat Dir die Bücher nicht schicken können, weil es an Gelegenheit fehlt. Was ich kann, werde ich mitbringen. ... Jachmanns Manuskript liegt hier bei Ruge, er hat darin manches verändert, glaubt selber, daß es überhaupt nicht mehr zeitgemäß ist ...

262. Julius Waldeck an Jacoby

Nachlaß[1]) *Berlin, 19. August 1844.*

... Zufolge eines Aufrufes von mir in den hiesigen Zeitungen hat sich eine Anzahl ehemaliger Königsberger zusammengefunden, die hier das Fest [der Albertina] zu feiern gedenken[2]). Das Ganze wird wahrscheinlich ein ledernes Diner werden, wenn es uns nicht gelingt, in Adressen und Toasten wenigstens etwas Gesinnung hineinzubringen. Mich tröstet nur, daß es auch bei Euch wahrscheinlich auf nichts anderes herauskommen wird. Und bei Lichte betrachtet, was soll auch eigentlich in unserer Zeit diese Geburtstagsfeier unserer alten Schulmeister, denen wir längst entwachsen, dieser Institute, die sich längst überlebt, die die *freie* Wissenschaft, die *freie* Bildung zu vertreten längst aufgehört haben? Ich stimmte wahrhaftig lieber ihr Grablied an ...
Die Broschüren, die Du mir gesandt, habe ich erhalten und danke Dir dafür, für ihre Besprechung ist Deinem Wunsch gemäß gesorgt worden. An der Witzsehne erkennt man Crelinger, an der über den Gustav-Adolf-Verein gefiel uns am besten Deine offene Erklärung[3]), daß Du an keine geoffenbarte Religion glaubest. Solche offene Erklärungen werden immer notwendiger bei dem stets lauter ertönenden Gekrächze ultramontaner Raben, die scheu nach einem Galgen für jeden suchen, der sich ihren Fesseln entwunden hat. [Über Albert Dulks «Orla»[4]).][le]

[1]) Abs. 1–2 LE(Ab); Abs. 3–4 JNUL(Ab).

[2]) Das Fest der Universität Königsberg (vgl. Nr. 266 Anm. 3). Über die Berliner Feier des Festes der Albertina vgl. *Amtliche Nachrichten über die Feier des dritten Säkularfestes der Albrechts-Universität zu Königsberg.* Königsberg: Gräfe und Unzer 1844, S. 70 f. 188; August Witt, *Die dritte Jubelfeier der Albertus-Universität zu Königsberg,* Königsberg: Theodor Theile 1844, S. 40.

[3]) In K.R. Jachmann, *Zur Geschichte des Gustav-Adolf-Vereins in Königsberg,* Königsberg 1844, S. 5 ff., abgedruckt in Nr. 251.

[4]) [Albert Dulk,] *Orla,* Dramatische Dichtung, Zürich und Winterthur: Literarisches Comptoir 1844.

..... Über hiesige Zustände weiß ich Dir weiter nichts mitzuteilen, als daß wahrscheinlich bald ein Sturm der Presse gegen die Seehandlung[5]) losbrechen wird, in jeder Beziehung notwendig ist. Im allgemeinen regt er vielleicht an und reinigt die schwüle, drückende Gewitterluft, im speziellen gibt er der öffentlichen Meinung Ausdruck über das, was sie gegen jenes Institut, das durch seine Etablissements den Bürgern die Nahrung raubt und Industrie zerstört, statt anzuregen, empfindet. Für jeden Gutgesinnten ist es von Vorteil, da dabei gezeigt werden wird, wie unser Budget eine Lüge bleibe, solange der Gewinn solcher Institute, wie die Bank und die Seehandlung sind, dabei nicht verrechnet werden.

Die Arbeiterunruhen ermangeln hier vielleicht mehr als irgendwo einer Gelegenheitsursache, ich kenne das, da ich zehn Jahre in der Fabrikgegend wohne und wirke, sie sind aber nichtsdestoweniger für jeden Geschichtskundigen ein wichtiges Symptom, daß die arbeitende Kraft sich ihrer gleichen Berechtigung, mit dem Kapital und der Intelligenz gleichstehender Faktor der Industrie zu sein, bewußt werde. So eilen wir auch schon in praxi zum Kommunismus, während die hohen Herrn ihn selbst in theoria noch durch Zensur und Bücherverbote verbannen zu können wähnen ....

[5]) Gemeint ist die Preußische Staatsbank (Seehandlung).

263. Bekanntmachung des Komitees ehemaliger Königsberger Universitätsgenossen

Abdruck[1]) *Erschienen am 22. August 1844.*

Bekanntmachung des Komitees ehemaliger Universitätsgenossen.

Bei dem Herannahen der Festtage unserer Albertus-Universität wiederholt und ergänzt das unterzeichnete Komitee die früheren Anzeigen über die von ihm getroffenen Anordnungen wie folgt:

Dienstag den 27sten August.

Allgemeine Versammlung im v. Borckschen Garten von 4 Uhr nachmittags ab.

Mittwoch den 28sten August.

Dampfschiffahrt nach dem Schlosse Holstein. Abfahrt vom Dampfschiffahrtsplatze: nachmittags um 3 Uhr. Rückkehr: vor Beginn der akademischen Soiree.

Die Teilnehmer können Damen und Herren als Gäste mitbringen.

Donnerstag den 29 sten August.

Subskriptionsdiner um 2 Uhr im Lokale der Deutschen Ressource.

Sonntag den 1sten September.

Zum Beschluß der Feier: allgemeiner Kommers im v. Borckschen Garten. Anfang 7 Uhr abends.

[1]) «Königl. Preuß. Staats-, Kriegs- und Friedens-Zeitung» 22. August 1844 Nr. 196 S. 1789.

Die Teilnehmer werden ersucht, sich die Einlaßkarten von dem mitunterzeichneten Stadtrat *Hartung* in den Vormittagsstunden von 8 bis 10 Uhr und nachmittags von 3 bis 5 Uhr *vor dem* 28. d. M. abzuholen.

Die unterzeichneten Festordner werden sich den Teilnehmern durch eine blaue Binde am Arme erkenntlich machen. Zur Erinnerung an den Stifter der Universität und als gegenseitiges Erkennungszeichen aller ehemaligen Universitätsgenossen dient während der Dauer der Festtage ein silbernes Albertusbild, auf der linken Seite der Brust zu tragen. Beim Goldarbeiter Herrn *Böhnhardt* – Altstädtische Langgasse Nr. 18 – sind dergleichen à 6 Silbergroschen vorrätig.

Für die ganze Festzeit vom 26sten August bis zum 1sten September hat das Komitee Vereinigungslokale eingerichtet, und zwar:

in dem oberen Lokale des Café national vorzugsweise für diejenigen, die vor 1810 studiert haben;

im Saale des Weinhändlers Herrn *Ehlers* – Altstädtische Kirchenstraße Nr. 2 – für die Studiengenossen von 1810 bis 1820;

im Garten des Kunsthändlers Herrn *Voigt* – in der Junkerstraße – für die Studiengenossen von 1820 bis 1830, und

im Lokale des Weinhändlers Herrn *Schönenberg* – in der Magisterstraße – für die Studiengenossen von 1830 bis jetzt.

Zur Aufnahme auswärtiger Universitätsgenossen sind Wohnungen ermittelt, deren Verzeichnis bei dem hochlöblichen Magistrat sowie bei jedem der Unterzeichneten eingesehen werden kann.

Das Komitee ehemaliger Universitätsgenossen.

[Unterschriften wie Nr. 260.]

264. Mitteilung des Komitees ehemaliger Königsberger Universitätsgenossen

Abdruck[1]) *Königsberg, 25. August 1844.*

Eingetretener Umstände wegen findet die zum Dienstag angekündigte allgemeine Versammlung nicht im v. Borckschen Garten, sondern in dem uns gütigst eingeräumten Lokale und Garten der Deutschen Ressource, und die angekündigte Wasserfahrt nach Holstein nicht mittwochs, sondern sonntags den 1sten September nachmittags 2 Uhr statt.– Indem wir dies hierdurch bekanntmachen, bemerken wir zugleich, daß zu der Wasserfahrt gegen den festgesetzten Beitrag auch Gäste, und zwar sowohl Damen als auch Herren mitgebracht werden können, wenn bis zum 30sten dieses Monats die Karten für sie gelöst werden.

Das Komitee ehemaliger Universitätsgenossen.

[Unterschriften wie Nr. 260.]

[1]) «Königl. Preuß. Staats-, Kriegs- und Friedens-Zeitung» 26. August 1844 Nr. 199 S. 1817.

265. Moritz Veit an Jacoby

Nachlaß[1]) *Berlin, 13. September 1844.*

Nach Mitteilungen, die ich in diesen Tagen erhalten habe, geht die Bearbeitung des Gesetzes zur Regulierung unseres kirchlichen Gemeindewesens sehr langsam vorwärts. Die durch Reskript vom 8. März 1841 eingeforderten Gutachten sind noch bis jetzt nicht vollständig eingegangen, es fehlen noch zwei, und man scheint töricht genug zu sein, darauf zu warten. Auch anderweitige Materialien z. B. Übersetzungen aus den gesetzlichen Bestimmungen des Auslandes werden herbeigeschafft, kurz all jene Zurüstungen gemacht, mit denen man sich bei uns Witz und Urteil zu verbauen pflegt. Zur Verarbeitung eines so kolossalen Stoffes gehört viel Sachkenntnis, Verstand und ein wenig guter Wille, und mir scheint, daß von all diesen Elementen eben kein Überfluß vorhanden ist. Die «Leitung der geistlichen Angelegenheiten» hat den Kopf so voll, sie verfolgt so viele Zwecke auf einmal, daß die Arbeitskräfte hinlänglich in Anspruch genommen sind, die ihr zu Gebote stehen, und kaum ein tüchtiger Beamter für die Juden übrigbleiben wird: wir allein wissen, wo uns der Schuh drückt, den Trieb, unsere Sache zu fördern, dürfen wir bei niemandem voraussetzen und müssen daher immer wieder anpochen, um daran zu erinnern, daß wir vorhanden sind.

Nun hat aber der hiesige Vorstand so oft an die Erlassung einer Gemeindeordnung erinnert, daß er schon eine ministerielle Nase (?) und mehrere Zusicherungen erhalten hat, deren eine erst von diesem Frühjahr datiert. Unter diesen Umständen verzweifle ich daran, den Vorstand zu einem erneuerten Exzitatorium bewegen zu können, zumal zu einem solchen, von dem ich mir einzig und allein einige Wirkung versprechen darf, nämlich zu einem Immediatgesuch an den König, da ein abermaliges Gesuch an den Kultusminister nur Futter für den Papierkorb sein würde.

Ich wollte daher bei Ihnen anfragen, ob Sie es nicht für zweckmäßig erachten, daß der Königsberger Gemeindevorstand eine Eingabe an den König macht, in welcher er

1. um Beschleunigung der Vorarbeiten bittet, die im Ministerium des Kultus für die Erlassung eines Gesetzes über das Gemeindewesen der Juden (Kirchliche Gemeindeordnung) gemacht werden, und

2. eine Verwahrung ausspricht gegen die Meinung, als ob durch das Befragen einzelner Juden und jüdischer Vorstände zum Behuf eben jener Vorarbeiten, die den Juden im letzten § des Edikts vom 11. März 1812 gemachte Zusage erfüllt sei, endlich aber

3. darum bittet, daß die in jenem § erwähnte Kommission möglichst bald zusammengesetzt und derselben der vom Kultusministerium bearbeitete Gesetzentwurf zur Begutachtung vorgelegt werde.

So ungefähr würde ich die Petita stellen, will jedoch mit Vergnügen Ihrer besseren Einsicht weichen. Nur darauf möchte ich ganz besonders aufmerksam machen, daß die bürgerliche Gleichstellung bei diesem Schritte absichtlich nicht beantragt wird, weil es geraten ist, beide Zwecke abgesondert zu verfolgen. Die Ansichten des Königs über den letzterwähnten Punkt sind bekannt, und man kommt durch abermalige Vorstellung um keinen Schritt weiter: der Weg, der hier eingeschlagen werden muß, wird uns,

[1]) JNUL(Ab).

dünkt mich, durch das Votum der rheinischen Stände vorgezeichnet; unsere Sache muß an sämtliche im Jahre 1845 zusammentretende Provinzialstände gebracht werden. Dürfen wir auch nur von wenigen, vielleicht nur noch von den preußischen Provinzialständen, ein entschieden günstiges Votum erwarten, so dürfen wir doch diesen Umweg nicht scheuen und haben schon viel gewonnen, wenn eine bedeutende Minorität für uns [sich] ausgesprochen hat. Die betreffenden Petita müßten von den Juden an die Kommune ihres Wohnortes gestellt werden und diese direkt beim Landtag ihre Petition einreichen[2]) . . . . .

[2]) In einem Rundschreiben vom 1. Dezember 1844 forderten die Vorsteher der Königsberger Jüdischen Gemeinde sämtliche Jüdische Gemeinden Ost- und Westpreußens auf, sich der von ihnen dem preußischen Landtage zu überreichenden Bittschrift anzuschließen. 52 Gemeinden kamen dieser Aufforderung nach. In seinem und im Namen dieser Gemeinden wandte sich dann am 14. Februar 1845 der Vorstand der Jüdischen Gemeinde zu Königsberg an den preußischen Landtag «mit der ehrfurchtsvollen Bitte, bei Seiner Majestät dem König die völlige politische und bürgerliche Gleichstellung der Juden zu beantragen». Der Antrag erlangte nicht die vorgeschriebene Stimmenmehrheit. Jolowicz, *Geschichte der Juden in Königsberg i. Pr.*, Posen 1867, S. 158 f.

266. Eduard Waldeck an Jacoby

Nachlaß[1]) *Berlin, 18. September 1844[2]).*

[Waldeck hat an der Universitätsfeier teilgenommen.][le]

. . . . . Hier in Berlin, wo dem unaufhörlichen Erzählen und Schildern des Festes[3]) nur endlich ein tüchtiger Schnupfen und Heiserkeit ein Ziel setzte, waren die fabelhaftesten Geschichtchen, Anekdoten und Witze verbreitet, und allgemein ist hier die Zustimmung zu der Gesinnung, die sich dort Luft gemacht. Eine Katzenmusik lassen sie sich nicht abstreiten, und Eichhorns Abreise wird förmlich als Flucht dargestellt; ferner

[1]) Abs. 2–3 JNUL(Ab); Abs. 4 LE(Ab).
[2]) In LE(Ab): 17./18. September 1844.
[3]) Es ist hier die Rede vom dritten Säkularfeste der Universität Königsberg, das in den letzten Augusttagen 1844 stattfand und bei dem der König und der Kultusminister Eichhorn anwesend waren. Dem «Festkomitee ehemaliger Universitätsgenossen» gehörte auch Jacoby an; vgl. August Witt, *Die dritte Jubelfeier der Albertus-Universität zu Königsberg*, Königsberg: Theodor Theile 1844, 82 S., insbes. S. 2. Waldeck schilderte seine Eindrücke im *Vorwärts, Gedenkbuch der zur dritten Jubelfeier versammelt gewesenen Kommilitonen*, Königsberg 1844 (lithographiert), S. 61: «Nach fünfzehn Jahren fand ich bei diesem Feste, das in vieler Beziehung ein einziges für uns alle war, meine alten Kommilitonen mit demselben Brudersinn und mit gereifterer, tüchtiger Gesinnung wieder. Schade, daß ich nur von Berlin, also nicht von sehr weit herkommen konnte, die zehnfach längere Reise hätte mich nicht gereut. Hier noch euch allen und besonders denen meinen Gruß, die in der Hitze des Gefechts nicht ruhig zu sprechen waren. Auf Wiedersehen zum 400. Jubelfeste Oben! Königsberg, den 4. September 1844. Dr. Waldeck sen. Praktischer Arzt, Operateur und Geburtshelfer in Berlin.»

hat er auf Dich losgezogen und Burdach[4]) Dich gerade als tüchtigsten Mann ihm entgegengerühmt. Alle meinen, das Fest sei nicht verloren, und man werde erkannt haben, daß mit der gebräuchlichen Reaktion in der Provinz nichts zu machen sei.
Über das Schadesche Duell[5]) soll der König entrüstet sein und geäußert haben, wenn jeder Untertan, der dergleichen Reden führe, gleich wie dieser mit dem Tode bestraft würde, er bald keine Untertanen mehr zu beherrschen haben würde. Ich bezweifle die Wahrheit dieser Äusserung, da der König schwerlich dergleichen Ansichten über sich für so verbreitet halten dürfte. Des Königs Äusserung über das Herabziehen seiner Diener wußte sich hier niemand zu erklären, bis ich die Rede Eichhorns an die Professoren und Burdachs Antwort[6]) erzählte, und der Lärm wurde erst groß, als in der Vossischen vom 17. diese Reden gedruckt zu lesen waren. Die liberalen guten Berliner lesen die Vossische, daher dies Aufsehen gestern. Um den Eindruck zu schmälern, kam dann sogleich in der heutigen Vossischen, also der vom 18., eine Erklärung, in der jene Rede für so entstellt erklärt wird, daß der Sinn ein ganz anderer geworden, so entstellt, obgleich viele Professoren und Dozenten dabeigewesen.
Man wolle aber daraus nicht auf den Sinn der Universität im ganzen schließen. Lies ja diese Artikel nach, und wenn der Minister nicht jetzt selbst seine Rede verbotenus zum besten gibt, so müßte die Königsberger Redaktion um eine Verbesserung und Vervollständigung bitten, um die falschen Berichte später zu beschämen und die loyalen Leute zu beruhigen, die durch die Rede, wie sie dasteht, beunruhigt werden. Und die Rede, in der heutigen Zeitung gegeben, muß es besser wissen und sagen, sonst würde man die Rede, wie sie vom 17. steht – mit dem christlichen Könige, der sich des Evangeliums nicht schämt –, und dem Gnade bringenden Minister glauben. Steht solche bescheidene Bitte in der Königsberger, so nimmt sie auch die Vossische auf, und es erfolgt dann eine Antwort oder keine, die auch eine Antwort wäre.

[4]) Burdach war damals Prorektor der Albertina.

[5]) Der Referendar Schade in Königsberg, der gesagt hatte, der König sei bei seinem Einzug in diese Stadt besoffen gewesen, war von einem Leutnant von Leithold gefordert und erschossen worden. Schade soll im Sterben noch zu dem Leutnant gesagt haben: «Ich gratuliere Ihnen zum Kapitän!» Vgl. Karl August Varnhagen von Ense, *Tagebücher*, II, S. 362 f. 365 (9. und 14. September 1844).

[6]) Über die Rede des reaktionären Kultusministers Eichhorn und die kräftige Antwort des freisinnigen Professors Burdach vgl. ebenda, II, S. 366 f. (15. September 1884) und Burdach a.a.O. S. 464 ff.

267. Julius Fröbel an Jacoby

Nachlaß[1]) *Winterthur, 20. September 1844.*

..... Herwegh war einige Male verstohlen in Zürich, wo ich ihn und seine Frau gesprochen habe. Ich fand ihn sehr munter und frisch, und er scheint eifrig mit weitläufigen Studien über die Französische Revolution, über Politik und Sozialismus beschäftigt zu sein und auch poetisch zu produzieren, ohne daß jedoch jemand etwas Neues über seine Erzeugnisse wüßte. Er ist in diesem Augenblick noch im Berner Oberland, von wo er nächstens nach Paris zurückkehrt. Unsere Freunde in Paris vertragen sich schlecht. Ruge und Marx sind entschiedene Gegner geworden. Die äußersten Radikalen der Französischen Revolution haben sich auch untereinander aufgezehrt, aber erst nachdem die Revolution ihr Werk vollbracht hatte. Bei unseren Leuten kommt dies etwas zu früh.

[1]) JNUL(Ab).

268. Simon Meyerowitz an Jacoby

Nachlaß[1]) *München, 9. Oktober 1844.*

..... Von den drei Universitätsjubeltagen habe ich hinlänglich gehört, nicht zu meiner Erbauung. Jede Partei schreibt sich den Sieg zu, weil bei der Gesinnungslosigkeit der Masse für eine entschiedene Niederlage selten Platz vorhanden ist. Walesrodes verbotene Verteidigungsschrift ist mir hier versprochen worden, sie soll von Witz strahlen; ich bin aber mehr für den erschütternden Donner einer begeisterten Logik als für das abkühlende Wetterleuchten des Scherzes. Gewisse Dinge können nicht ernsthaft genug genommen werden. Indessen es gibt keine Armee ohne leichte Reiterei, die plänkelnd den Kampf einleitet und die Fliehenden rasch verfolgt.

‹Wir reisen morgen nach Amsterdam, dann nach Paris. Was woll ich in der Louis-Philipp-Stadt machen, zumal in meinem Alter? ..... Werde ich Herwegh in Paris finden? .... Er (oder vielmehr sein Schwiegervater) scheint mir (so gut wie Ruge) bei der Fröbel-Follenschen Verlagshandlung interessiert zu sein, was ihn leicht in jenen Gegenden zurückhalten könnte, da diese Handlung, von liberalen Grundsätzen ausgehend, auf fremdem Gelde beruhen mag.›

Follen – dieses hole ich noch über ihn nach – kam mir wie ein alter vielarmiger Wegweiser vor, welcher, weil rings um seinen Standpunkt alles locker geworden, mitzugehen sich einbildet oder dafür angesehen wird. Ein Liberalismus, der seine tüchtigsten Kinder nicht verschlänge, wäre ein sehr schlechter Chronometer ...

[1]) JNUL(Ab).

269. Jakob van Riesen an Jacoby

Nachlaß[1]) *Elbing, 5. November 1844.*

Gestern, mein verehrter Freund, war hier in einer Kommission des Magistrats und der Stadtverordneten die Beratung, welche Anträge bei dem Landtag gemacht werden sollen. Ich hoffe, wenn ich sie Ihnen später mitteilen werde, daß sie auch Ihren Beifall erhalten werden. Jetzt tue ich es deswegen noch nicht, da sie nun erst zur Beratung im Magistrat und dann bei den Stadtverordneten kommen und man nicht wissen kann, ob sie alle genehmigt werden werden. Doch glaube ich es; da unser Magistrat ein ausgezeichneter ist, der vorwärts will, was bei einem Geiste wie Phillips und Flottwell auch nicht anders sein kann.

Nun kommen aber meine Leiden. Ich stellte den Antrag auf völlige Emanzipation der Juden, und mir wurde der ehrenvolle Auftrag, diesen Antrag für den Landtag auszuarbeiten und dem Magistrat zur Prüfung einzureichen. Nun habe ich aber mit meinen Geschäften reichlich zu tun und anderenteils weiß ich die Sache nicht recht anzufassen. Gern wünschte ich aber, daß die Sache gründlich behandelt würde. Wer kann dieses aber besser wie mein Freund Jacoby – also Freund – gerade heraus, Sie sollen mir die Arbeit machen, und zwar in acht Tagen muß ich sie haben. Verlassen Sie mich nicht, verlassen Sie nicht damit zugleich die gedrückten Juden.

Wenn Sie die Arbeit mir machen, so halte ich es für gut, daß vorläufig niemand etwas davon erfährt, es könnte der Sache schaden. Von Ihnen erwarte ich bald zu hören, was in Königsberg zum Landtage vorbereitet wird.

[1]) JNUL(Ab).

270. Julius Waldeck an Jacoby

Nachlaß[1]) *Berlin, 6. November 1844.*

Wahr ist es, daß infolge unseres Jubiläumsdiners, in dessen Bericht ich den Toast auf Dich, O'Connell und einige andere noch während der Korrektur hineinschwärzte, des Königs Majestät von Tilsit aus eine Kabinettsorder erließen, wonach die beiden hohen Staatsbeamten Friccius[2]) und Schroeder sich verantworten sollten, inwiefern sie an jenen Toasten Anteil hätten oder als Komiteemitglieder dafür verantwortlich seien, da diese Toaste im Verein mit der ausgesprochenen Absicht, sich jährlich wieder zu vereinigen eine Gesinnung verrieten, die sich für hohe Staatsbeamte nicht zieme. Beide wiesen nach, daß sie keinen Anteil an jenen Toasten gehabt, und Friccius setzte

[1]) Abs. 1 und 3 LE(Ab); Abs. 2 JNUL(Ab).

[2]) Karl Friedrich Friccius (1779–1856), 1808 Oberlandesgerichtsrat in Königsberg, 1818 Dr. honoris causa der philosophischen Fakultät der Albertina, lebte seit 1819 in Berlin, zuletzt als Generalauditor der Armee.

hinzu, daß er in den für die Öffentlichkeit bestimmten Zeilen (?) dieselben gar nicht erwähnt und sie erst durch mich mitgeteilt worden wären......

.....Wie hier verlautet, werden die Landtage im Januar oder Februar zusammengerufen werden, auch spricht man allerdings von Petitionen, jedoch mehr von lokalem Interesse, als: gegen die Verwaltung des Herrn von Küstner[3]), gegen das Übergreifen der Seehandlung, um Verwandlung der Mahl- und Schlacht-Steuer in eine Klassensteuer und um Gewährung von acht Vertretern statt der bisherigen drei für Berlin, damit der Industrialismus eine desto festere Stütze auf dem Landtage habe. Alles dieses kann ich indes nicht verbürgen. Von einer Petition in Judenangelegenheiten habe ich nichts gehört.....

[Jacobys Prozeß.][1e] Die Mitteilung über das zensurliche Gutachten des Oberlandesgerichts ziehe ich noch in Zweifel, da, wie ich gehört, das Ministerium zuerst daran gezweifelt, ob es *Reuter*[4]) bestätigen solle und deshalb das Gutachten des Oberlandesgerichts eingefordert habe. Dieses soll, wie mir heute ein Ministerialrat sagte, gar nichts gegen die Vereinigung jener beiden Ämter eingewandt haben und Reuter deshalb gestern bereits von hier aus bestätigt worden sein.

[3]) Vermutlich Karl Theodor von Küstner (1784–1864), 1842 bis 1851 Generalintendant der Königlichen Schauspiele in Berlin.

[4]) F. E. Reuter (1816–1862), Jurist, Stadtgerichtsdirektor und Zensor in Königsberg, seit 1850 Präsident des Stadtgerichts.

271. Heinrich Runge[1]) an Jacoby

Nachlaß[2]) *Berlin, 6. November 1844.*

Die Handwerker- oder Gesellenvereine in Berlin.

Es bestehen in diesem Augenblick in Berlin drei Handwerkervereine von ganz verschiedener Tendenz und Organisation, nämlich der religiöse unter Leitung des leider nur zu bekannten Konsistorialrats von Gerlach[3]), der zünftige unter dem Vorstande des

[1]) Heinrich Runge (1817–1886), Teilnehmer an der liberalen Bewegung des Vormärz, Schriftführer des Lokalvereins für das Wohl der arbeitenden Klassen zu Berlin und Redakteur der von diesem Vereine herausgegebenen «Mitteilungen», seit 1861 fortschrittlicher Landtagsabgeordneter, seit 1862 Stadtverordneter in Berlin. – Der hier abgedruckte Brief Runges wurde am 20. Dezember 1844 in der Gründungsversammlung der Königsberger «Bürgergesellschaft» vorgelesen, weil er, wie der Vorsitzende Heinrich sagte, «den besten Anhaltspunkt für unsere Sachen geben wird». Gustav Dinter, «Die Bürgergesellschaft in Königsberg, ihre Entstehung, Entwicklung und Auflösung» in «Neue Preußische Provinzialblätter» 1859 F. 3 Bd. 4 S. 67.

[2]) JNUL(Ab).

[3]) Der Theologe Karl Friedrich Otto von Gerlach (1801–1849).

Stadtrats Risch und der humane freie unter der Leitung des Stadtsyndikus Hedemann[4]). Der erstere hat, soviel ich weiß, gar keine Statuten. Diejenigen des zweiten sind augenblicklich nicht in meinen Händen, und die Statuten des humanen Vereins befinden sich noch unter der Presse .....

Der religiöse Verein versammelt sich allwöchentlich einmal bei Bier, allenfalls auch Wasser, [um] Lieder aus der Zeit des Freiheitskampfes zu singen und um Vorträge anzuhören, deren Tendenz zuletzt immer weniger sittliche und wissenschaftliche Bildung als religiöse Erweckung und Förderung der Mäßigkeitsbestrebungen ist. Die Vortragenden und die Meister halten sich zwar mit den Gesellen in Verbindung, betrachten sich aber noch immer als auf höherer Stufe stehend. In neuerer Zeit hat man sich genötigt gesehen, die Strenge der Grundsätze, welche sogar die Entfernung des Billards geboten, etwas zu mildern und gemeinschaftliche Vergnügungen, u. a. eines Abendtisch zu arrangieren.

Der Verein des Stadtrats Risch nimmt nur zünftige Gesellen auf, welche ein Zeugnis des Wohlverhaltens von dem Gewerksassessor beibringen. Der Vorstand besteht aus den Stiftern, nämlich drei Vortragenden und drei Meistern, und wird durch keine Bestimmung der Statuten beschränkt. Er ordnet die Vorträge über Sprache, Geschichte, Geographie, populäre Rechtswissenschaft, Physik und Technologie an und leitet die Versammlungen, welche wöchentlich einmal stattfinden ..... (Bier und Tabak [sind] erlaubt.) Das Branntweintrinken ist verboten und eine Unterhaltung findet nicht statt. Die Versammlungen dauern von 8 bis 10 Uhr abends, Meister und Vortragende stehen mit den Gehilfen in gar keiner näheren Verbindung. Die Kosten werden durch die freiwilligen Beiträge der Meister und den Beitrag der Gesellen aufgebracht, der auf einen Silbergroschen pro Person und Abend festgestellt ist ..... Nachträglich muß ich noch bemerken, daß der Ordner des Vereins stets ein Mitglied des Berliner Magistrats sein muß und der Verein jetzt ein Jahr besteht.

Der dritte Verein, der sogenannte freie Verein, nach den Statuten der Handwerkerverein genannt, ist der jüngste von allen und dennoch der gesuchteste, weil er gegen 600 Mitglieder zählt. April d. J. gestiftet, hat er erst vor kurzem seine Statuten beraten und genehmigt, dadurch aber einen großen Teil seiner freisinnigen Einrichtungen eingebüßt. Mitglied des Vereins kann jeder unbescholtene Mann werden, der durch ein Mitglied vorgeschlagen wird. Die Aufnahme findet sofort ohne weitere Nachforschung und Beratung statt ... Der von den Gehilfen energisch verteidigte Vorschlag, auch bescholtene Personen aufzunehmen, scheiterte an dem Widerstand des Vorstehers. Die Mitglieder zerfallen in drei Abteilungen, in vortragende Mitglieder, in Meister und in Gehilfen. Zu den Meistern gehören alle diejenigen, welche ein selbständiges Geschäft betreiben oder betrieben haben, alle Bürger, zu den Gehilfen auch Handlungskommis, Maler usw. ..... Jedes Mitglied des Vereins zahlt einen monatlichen Beitrag von drei Silbergroschen. Die

[4]) Hedemann, Stadtsyndikus und dann zweiter Bürgermeister Berlins. Über den 1843 oder 1844 von ihm und anderen bürgerlichen Arbeiterfreunden ins Leben gerufenen Berliner Handwerkerverein vgl. Eduard Bernstein, *Die Geschichte der Berliner Arbeiterbewegung*, 1. Bd. Berlin 1907, S. 1 und Stephan Born, *Erinnerungen eines Achtundvierzigers*, 2. Aufl. Leipzig 1898, S. 22 f. Der Berliner Handwerkerverein war nach Born (ebenda S. 23) «eine Bildungsstätte für heranwachsende Revolutionäre, nicht bloß des Arbeiterstandes, sondern aller Berliner Gesellschaftskreise».

Tendenz des Vereins, wie sie bisher festgestanden hat, ist: durch Belehrung und Umgang den Handwerkerstand zu heben .....

Die Verschiedenartigkeit der Gegenstände mag aus dem folgenden Verzeichnis der Vorträge einiger der letzten Wochen hervorgehen ..... So wurde gesprochen über Handwerkervereine in England, Eine Episode aus der altgriechischen Geschichte, Galvanoplastik, Das Licht, Die Faustsage, Das Vergnügen, Herder und seine Zeit, Die Sprachmengerei, Die Beschaffenheit des Mondes, Daguerreotypie, Die Durchstechung der Landengen von Panama und Suez, Die Gehörorgane, Die Meistersänger usw. Nach der Arbeit geht die Versammlung zur Harmonie über. Es wird abwechselnd gesungen, diskutiert, deklamiert, die durch den Fragekasten eingegangenen anonymen Fragen werden beantwortet, einige Gehilfen tragen kleine Arbeiten vor... Die Diskussionen, welche nicht selten auf das Feld der Politik und der Religion überschweifen, versammeln stets große Kreise von Zuhörern um die Streitenden. Getränke und Tabak werden dabei in hinreichender Menge konsumiert, spirituöse Getränke sieht man niemals, obwohl das Branntweinverbot auf Verlangen der Gesellen aus den Statuten gestrichen worden ist.

Das vortragende Mitglied hat die Leitung für den Abend, ihm zur Seite stehen die aus den Mitgliedern der Generalversammlung für den Tag erwählten Ordner. Weder diese noch jene sind aber bis jetzt im Fall gewesen, ihre Autorität gebrauchen zu müssen. Die vollkommene Gleichheit aller, welche die Versammlung anerkennt, und der Umstand, daß sich nur die bessern Mitglieder des Gesellenstandes dem Verein anschließen, hat wohl die gute Haltung der Mitglieder hervorgerufen ..... Nachträglich muß ich noch bemerken, daß die Statuten den Verein einen christlich-humanen nennen und dieser Name demselben erst nach heftigen Kämpfen, welche den Verein selbst in Frage stellten, gegeben ist, daß aber ausdrücklich die Zulassung der Juden ausgesprochen ist..... Eine Bibliothek, die hier noch nicht herzustellen ist, wird lebhaft gewünscht ..... Ein Beitrag der Gesellen zu den Kosten des Vereins ist notwendig, nur muß er gering sein .....

272. Gustav Adolf Bergenroth[1]) an Jacoby

Abdruck[2]) *Köln, 13. November 1844.*

Die Zeitungen enthalten kurze Andeutungen über einen sogenannten Verein für das Wohl der arbeitenden Klassen, der in Königsberg gebildet wird. Ich vermute auch, daß dieser Königsberger Verein in manchen Punkten mit den Ansichten des Berliner Zentralvereins nicht ganz übereinstimmen dürfte. Hier in Köln ist nun ein ähnlicher Verein im Werke. Am letzten Sonntage, 10. November, haben wir die erste öffentliche Versammlung gehalten. Einer der größten Säle der Stadt war gedrängt gefüllt. Männer aus allen

[1]) Gustav Adolf Bergenroth (1813–1869), Politiker, Publizist und Historiker, studierte Jura in Königsberg, seit 1843 Assessor am Landgericht in Köln, trieb damals eifrig kommunistische Propaganda.

[2]) Josef Hansen, *Rheinische Briefe und Akten,* I. S. 685 f.

Ständen nahmen daran teil. Fast einstimmig war die Versammlung der Ansicht, daß es falsch sei, wenn man glaube, daß nur die sogenannten unteren Klassen leiden. Die menschliche Gesellschaft sei ein organisches Ganze, das an keinem Teile gesund sein könne, wenn auch nur ein Glied bedeutend leide. Wie das Übel also ein Gemeinsames aller Stände sei, so sei auch jeder nicht nur, was das Berliner Komitee sagt, berufen, sondern verpflichtet, dagegen nach Kräften anzukämpfen. Die Mittel der einzelnen seien nicht geeignet, große Zwecke zu erreichen; unter den gegebenen Umständen [sei] weit mehr ein Verein, dem beizutreten jeder aufzufordern sei, am zweckmäßigsten. Alle Benennungen und alle Maßregeln, welche dahin gedeutet werden können, als wolle eine höhere und moralische Klasse einer niedrigeren und unsittlichen zu Hilfe kommen, müßten vermieden werden. Es solle vielmehr der Mensch dem Menschen helfend und Hilfe empfangend gegenübertreten.

Der Name «Verein für das Wohl der arbeitenden Klassen» fand keine Beistimmung, weil er den obigen Grundsätzen nicht entspreche. Von den in Vorschlag gebrachten Bezeichnungen ist die: «Verein der Städte Köln und Deutz für gegenseitige Bildung» am bemerkenswertesten. Über den Namen ist noch nicht entschieden. Zur Ausarbeitung der Statuten im angegebenen Sinne ist ein Komitee ernannt. Die fertigen Statuten sollen einer zweiten Versammlung am 24. d. M. vorgelegt werden. Nun bin ich der Meinung, daß es zweckmäßig sei, wenn auch schon jetzt, ehe die Vereine sich konstituiert haben und eine amtliche Korrespondenz eröffnen können, diejenigen, welche sich für die Sache interessieren, nicht ohne wechselseitige Mitteilung bleiben.

Wären Sie z. B. im Besitz besonderer Materialien, die auch wir für unsere Zwecke brauchen können, oder hätten Sie neue Einrichtungen aufgefunden, die auch unseren Absichten förderlich wären, so wäre es uns erwünscht, gerade jetzt, während die Statuten gearbeitet werden, davon Kenntnis zu erhalten. Wir sind dagegen bereit, jede Auskunft, die Sie etwa von uns haben wollten, sogleich zu erteilen. Bedeutende Vorschläge, die Neues enthalten, sind noch nicht gemacht. Wir wünschten allerdings eine Sparkasse einzurichten, welche die eingezahlten baren Gelder zugleich für die Arbeiter, wie z. B. durch Anlegung großer Werkstätten usw., benutzte. Doch wird das für jetzt noch ein frommer Wunsch bleiben müssen, bis der Verein etwa imstande sein wird, die Garantie dafür zu übernehmen. Die Zensur streicht und verhunzt unsere Artikel. Ist die Ihrige besser?

273. Gustav Adolf Bergenroth an Jacoby

Abdruck[1]) *Köln, 2. Dezember 1844.*

Ich schicke Ihnen hier eine Abschrift der für den hiesigen «Gemeinsamen Hilfs- und Bildungsverein» entworfenen Statuten[2]). Der Name, der zugleich die Sache bezeichnen

[1]) J. Hansen, *Rheinische Briefe*, I, S. 698 f.

[2]) Abgedruckt ebenda, I, S. 689–694.

soll, war früher anders gewählt. Man nannte den Verein «Gegenseitiger Hilfs- und Bildungsverein». Man wollte damit keine Gegenseitigkeit der verschiedenen Klassen ausdrücken, sondern andeuten, daß abgesehen von jeder Klasseneinteilung der Menschen die Bildung und somit auch die Hilfe nicht von einzelnen gebracht, sondern nur durch gemeinschaftliches gegenseitiges Streben gefördert werden könne. Die Regierung hat aber an dem «Gegenseitigen» Anstoß genommen, sie wittert dahinter Kommunismus und meint, der Kommunismus sei politisch. Man will nun versuchen, ob der Ausdruck «Gemeinsamer» mehr Glück machen wird. Die Beiträge von fünf Silbergroschen und die monatlichen Generalversammlungen sind jetzt die schwierigsten Punkte bei der Bestätigung[3]). Fünf Silbergroschen zahlt am Ende jeder arme Lump und kommt dann in die Versammlung und stimmt mit und wird dann am Ende noch in den Vorstand gewählt! Nein, so soll die Mitwirkung nicht verstanden werden! Vertrauen sollen die Proletarier haben, ja, das ziemt ihnen, aber nicht mitreden! Der Punkt ist wichtig.

Der Statutenentwurf ist übrigens noch nicht einmal der Versammlung vorgelegt. Denn die Regierung hat die Statuten erst eingefordert und bis auf weiteres jede Versammlung untersagt. In der nächsten Versammlung, zu der jetzt wieder einige Aussicht vorhanden ist, werden hoffentlich auch einzelne Punkte des Statuts, wie z. B. die Rechte, welche sich an die Einzahlung von zwanzig Taler knüpfen, verworfen werden.

In bezug auf die Industriehallen bemerke ich noch, daß in Mainz bereits eine solche besteht und ihr Einfluß auf das Leben schon jetzt sehr bemerkbar ist.

Liest man in Königsberg die Triersche Zeitung? Die Pfaffen haben hier oder eigentlich in Trier von den Kanzeln hinab gegen sie gepredigt und wirklich über 200 Abonnenten abtrünnig gemacht. Ein solcher Verlust ist dem ohnehin nicht sehr zahlreich gelesenen Blatte sehr empfindlich, und es wäre zu wünschen, wenn er von der anderen Seite nach Möglichkeit wieder ausgeglichen würde[4]).

[3]) Die Behörden haben den Entwurf der Statuten nicht genehmigt (ebenda, I, S. 694).

[4]) Die «Triersche Zeitung», die bis 1840 als regierungsfreundlich galt, wurde 1842 oppositionell und propagierte seit 1843 auch kommunistische Bestrebungen.

274. Jacoby und andere an den Polizeipräsidenten[1]) in Königsberg

Nachlaß[2]) *Königsberg, kurz vor dem 27. Dezember 1844.*

Karl Ludwig Heinrich, Gustav Dinter, Julius Leopold Sauter[3]), Johann Jacoby und andere teilen dem Polizeipräsidenten Abegg in Königsberg mit, daß sie wöchentlich einmal zusammenkommen, «um durch geselligen Umgang einander zu fördern».

[1]) B. E. Abegg.

[2]) Inhaltsnotiz in R. Adam, «Polizeipräsident Abegg» in «Altpreußische Forschungen» 1933 Bd. 10 S. 318.

[3]) Julius Leopold Sauter (1808 – etwa 1887), Pädagoge und liberaler Politiker in Königsberg, Direktor der städtischen höheren Töchterschule, Mitbegründer der «Bürgergesellschaft», 1848 Vorstandsmitglied des «Volkswehrklubs», Vorsitzender des Lehrervereins und des Handwerkervereins.

275. Robert Blum an Jacoby

Abdruck[1]) *[Leipzig,] 5. Januar 1845.*

Morgen haben wir hier eine Versammlung der Gesinnungstüchtigen[2]), um unsere Operationen für die einzelnen Wahlen sowohl als für die Haltung in und außer der Kammer im allgemeinen zu besprechen und festzustellen, soweit sich's tun läßt.

[1]) Hans Blum, *Robert Blum. Ein Zeit- und Charakterbild für das deutsche Volk,* Leipzig 1878, S. 151.

[2]) Abgeordneten.

276. Eduard Flottwell an Jacoby

Nachlaß[1]) *Elbing, 9. Januar 1845.*

Der Landtag ist vor der Türe[2]), unsere Stadtverordneten haben alle unsere Petitionsvorschläge mit bedeutender Majorität (zirka 35 gegen 15) angenommen, sie werden wahrscheinlich in nächster Woche veröffentlicht werden, und ich bin nun mit der Ausarbeitung mehrerer derselben, namentlich aber der Verfassungsangelegenheit beschäftigt, zu der ich gerne schon Deine kleine Denkschrift[3]) in Händen hätte. Wahrscheinlich wird sie aber noch nicht eingetroffen sein, und die Zeit drängt zu *höchster* Eile.

[Ich behellige Dich daher mit der *dringenden* Bitte: mir mit womöglich *umgehender* Post eventual Dein Konzept, nach welchem die Abschrift für den Druck gefertigt wurde, zugehen zu lassen. Du kannst *sicher* sein, daß es nicht aus meinen Händen kommen wird, und ich es binnen zwei oder drei Tagen spätestens Dir wieder auf sicherem Wege remittiere. Sei so gut, wenn es irgend möglich, meine Bitte zu erfüllen, oder wenn nicht, mir wenigstens binnen gleicher Frist davon Nachricht zu geben, damit ich nicht *vergeblich* warte. Ich bemerke noch, daß ich Deiner Arbeit wegen der trefflichen Zusammenstellung der verschiedenen Motive bedarf, übrigens aber jede wörtliche Übereinstimmung wohl vermeiden werde. . . .][e]

Grüße Walesrode, Voigt, Heinrich, Wedel und alle die andern wackeren Freunde herzlich. Wir freuen uns des glücklichen Gelingens Eures Bürgervereins[4]). Zu unseren Bürgerversammlungen wird übermorgen die erste vorbereitende Versammlung im Stadtverordnetenlokal stattfinden, [wir haben bis jetzt nur gewartet, bis unser Stadthaushalt pro 1844 veröffentlicht sein werde, was jetzt geschehen ist . . .][e]

[1]) Abs. 1 und 3 JNUL(Ab); Abs. 2 LE(Ab).

[2]) Der neunte preußische Provinziallandtag wurde am 9. Februar 1845 in Danzig eröffnet.

[3]) *Das Königliche Wort Friedrich Wilhelm III. Eine den Preußischen Ständen überreichte Denkschrift.* Von Dr. Johann Jacoby, Paris: Druck von Paul Renouard 1845, 8 S. Datum des Vorworts: Königsberg, den 16. Dezember 1844. Arnold Ruge, damals in Paris, ließ die Denkschrift drucken (Ruge, *Briefwechsel und Tagebuchblätter.* Hrsg. von Paul Nerrlich, Berlin 1886, I, 402, 14. Januar 1846) und sandte «einen Ballen dieser Broschüren» an Georg Gottlob Jung in Köln zur weiteren Beförderung (M. Hess an K. Marx, 17. Januar 1845, in Moses Hess, *Briefwechsel.* Hrsg. von Edmund Silberner, Den Haag 1959, S. 107).

[4]) Die Königsberger Bürgergesellschaft, in der Jacoby tätig war, wurde am 20. Dezember 1844 gegründet und schon am 28. April 1845 verboten.

277. Arnold Ruge an Jacoby

Nachlaß[1]) *Paris, 29. Januar 1845.*

..... Sie wissen schon, daß das Ministerium [Guizot] gestürzt und momentan wieder auferstanden ist. Es wird sich vielleicht noch einige Wochen im Sterben erhalten.
Zugleich werden Sie erfahren haben, daß ich und noch elf andere Schriftsteller (ich begreife nicht, woher man diese Unzahl genommen hat) aus Paris und Frankreich verwiesen wurden[2]). Ich werde jedoch vor dem Frühling nicht abreisen und habe meine Gesandtschaft[3]) für mich interzedieren lassen. Die Verweisung geschieht auf preußische Requisition[4]).

[1]) JNUL(Ab).
[2]) Am 11. Januar wurden mehrere Flüchtlinge, darunter Ruge, Marx, Bernays und Börnstein, aus Frankreich ausgewiesen.
[3]) Ruge war Sachse und bei der sächsischen Gesandtschaft in Paris angemeldet.
[4]) Vgl. zu diesem Brief das Schreiben Ruges an Hess von Ende Januar 1845 in Moses Hess, *Briefwechsel,* S. 108 ff.

278. Jacoby an Karl August Milde[1])

Nachlaß[2]) *Königsberg, 5. Februar 1845.*

Hochgeehrter Herr!
Kein Freund der Freiheit sei dem andren fremd! Vertrauensvoll wende ich mich mit der Bitte an Sie, beiliegende Petition dem schlesischen Landtage zu übergeben.

Mit aufrichtiger Hochachtung
Ihr
Dr. Jacoby.

[1]) Karl August Milde (1805–1861), Industrieller in Breslau, liberales Mitglied des schlesischen Provinziallandtages, 1848 Abgeordneter der preußischen Nationalversammlung (rechter Flügel), Handelsminister im Kabinett Auerswald-Hansemann.
[2]) LE(Ab).

279. Jacoby an den schlesischen Provinziallandtag[1])

Nachlaß[2]) *Königsberg, 5. Februar 1845.*

Einem Hohen Provinziallandtage [des Herzogtums Schlesien][e] erlaube ich mir beiliegende zwei Denkschriften ehrerbietigst zu überreichen. In der ersten: «Das königliche Wort Friedrich Wilhelms III.» habe ich die *gesetzliche Berechtigung* des preußischen Volkes zu einer *Gesamtvertretung* – in der zweiten: «Preußen im Jahre 1845»[2]) *die aus dem Bedürfnis des Landes hervorgehende* Notwendigkeit einer solchen Vertretung nachzuweisen gesucht.

Möge ein Hoher Landtag die rechtmäßigen Ansprüche der Nation unserem Könige dringend ans Herz legen!

Dr. Johann Jacoby.

[Am Rande des Originals steht:][m]

Br:m: zurückzusenden, da nach den §§ 50 und 53 des Gesetzes vom 27. März 1824 die Anordnung der Provinzialstände betreffend, diese Petition nicht angenommen werden kann.

Breslau, den 18. Februar 1845.
Der Landtagsmarschall
Adolf Prinz Hohenlohe.

[1]) Jacoby sandte gleichlautende Petitionen an den schlesischen, rheinischen, sächsischen und preußischen Landtag. Von den zwei in der Petition erwähnten Denkschriften schickte er die erste gedruckt, die zweite («Preußen im Jahre 1845») als Manuskript. Vgl. Schuppan, S. 290.

[2]) JNUL(Ab).

280. Jacoby an David Hansemann[1])

Abdruck[2]) *Königsberg, 5. Februar 1845.*

Hochgeehrter Herr!

Sie haben zu einer Zeit, da das preußische Vaterland noch in tiefem politischen Schlummer lag, die Mißbräuche unserer absoluten Regierung mit männlichem Freimute bekämpft. Vertrauensvoll wende ich mich daher mit der Bitte an Sie, beiliegende Petition dem rheinischen Landtage zu übergeben.

Hochachtungsvoll
Dr. Johann Jacoby.

[1]) David Hansemann (1790–1864), preußischer Großindustrieller und Politiker, vertrat den gemäßigten Liberalismus im Rheinland, 1845 Mitglied des rheinischen Provinziallandtages, 1847 des Vereinigten Landtages, März – September 1848 preußischer Finanzminister.

[2]) J. Hansen, *Rheinische Briefe und Akten zur Geschichte der politischen Bewegung 1830–1850*, Essen 1919, I, S. 729 f. Nach dem Original im ehemaligen Geheimen Staatsarchiv Berlin, Nachlaß Hansemann, I, 19 fol. 32.

281. Jacoby an den rheinischen Provinziallandtag

Nachlaß[1]) *Königsberg, 5. Februar 1845.*

Einem Hohen Landtage der Rheinprovinz

erlaube ich mir beiliegende zwei Denkschriften ehrerbietigst zu überreichen. [Weiterer Text wie Nr. 279.]

[1]) LE(Ab). – Original in DZA Merseburg, Rep. 92, Nachlaß Hansemann, Nr. 10, Fol. 34, nach Schuppan S. 462, Anm. 160.

282. Julius Fröbel an Jacoby

Nachlaß[1]) *Winterthur, 7. Februar 1845.*

Geehrter Freund!

Ich habe Ihre Sendung[2]) erhalten und die Sache so gut besorgt, wie es mir möglich war. Follen, Teilhaber in unserm Geschäfte und durch überwiegende Kapitalien in demselben zu überwiegendem Einflusse gelangt, seitdem er zu Anfang vorigen Jahres das Comptoir vom Sturze gerettet, legte gegen den Druck Ihres Manuskripts sein Veto ein, weil er Folgen fürchtet, die seine Fonds im Geschäft gefährden. Dagegen war ich machtlos, und ich mußte mir die Hemmung, so sehr meine Natur mich zu einem andern Verfahren getrieben hätte, gefallen lassen. Ich setzte mich indessen sogleich auf die Post, um in einer benachbarten Schweizer Stadt den Druck durch Hilfe einer andern Buchhandlung zu bewerkstelligen, was mir zum Glück auch gelang. Nur werden zirka acht Tage Zeit verlorengehen.

Wird aber die Verbreitung der Schrift durch den *Buchhandel* möglich sein? Ich zweifle und bitte Sie daher, *sogleich* für jede der Städte, wo die Stände sich versammeln, mir ein, zwei Privatadressen zu schicken, an die eine Partie Exemplare geschickt werden kann. Es bleibt dann immer noch die Schwierigkeit, die Pakete über die Grenze zu bringen, aber diese, glaube ich, wird sich überwinden lassen.

Ruge war einige Zeit hier. Durch seine Mitwirkung ist es mir gelungen, meinen Associé Hegner, der unsere Anstalt fast zugrunde gerichtet hat und mit dem ich im Prozeß lag, auszuzahlen. Die Gesellschaft des Literarischen Comptoirs besteht nun noch aus vier Mitgliedern, aus Follen, Ruge und Siegmund als Kommanditären und aus mir als einzigem solidarischen Teilhaber und Garanten. Follen hat *über* seinen vertragsmäßigen Kommanditfonds große Vorschüsse geleistet, um das Geschäft zu retten. Mit 6000 Reichstalern könnte ich diese zurückzahlen und wäre dann wieder in meiner natürlichen Stellung als wirklicher Gerant, aus der ich, durch die ökonomischen Verhältnisse zu Follen, de facto

[1]) Kopierbuchabzug. Fröbel-Nachlaß. Zentralbibliothek Zürich. Ms. Z II 87.

[2]) Es ist hier die Rede von Jacobys Schrift *Preußen im Jahre 1845. Eine dem Volke gewidmete Denkschrift,* die durch Fröbels Vermittlung 1845 in Glarus bei Fridolin Schmid erschien (16 S.).

teilweise verdrängt bin. Ruge hat mir zu diesem Zwecke alle Unterstützung zugesagt, die er leisten kann; aber seine Mittel würden wohl nicht ausreichen, zumal unter den ungünstigen Verhältnissen, gegen die er mit seiner Familie zu kämpfen hat, indem es ihm sogar schwer werden wird, einen Wohnort zu finden.

Kennen Sie keinen wohlhabenden Mann, welcher mir auf meinen Namen oder auf den des Literarischen Comptoirs gegen einfache Schuldverschreibung ein Kapital von 6000 Reichstalern à fünf Prozent leihen würde zu dem Zwecke, Follens Vorschüsse zurückzuzahlen und damit wieder Einheit in die Leitung unseres Instituts zu bringen? Wollte jemand, der das Geld dazu hätte, mit dieser Summe Geschäftsteilhaber werden, so hätte ich nichts dawider, nur erfordert die Wahrheit, zu sagen, daß wir bisher nur Verluste gehabt haben, obschon ich überzeugt bin, daß es nun, nach vielen gemachten Erfahrungen und nach Entfernung des unglücklichen Einflusses von Hegner besser kommen wird. Sollten sich in Preußen die Dinge wirklich *wesentlich* ändern, so würde ich das Literarische Comptoir wahrscheinlich in eine preußische Stadt, womöglich nach Berlin, verlegen, denn die Grenze würde am Ende, wenn man die Zensurflüchtlinge nicht mehr hereinlassen will, doch hermetisch verschlossen werden. Schon jetzt hängen wir ganz vom Zufall ab, von der Laune der Grenzbeamteten.

Geld suchen ist immer eine unangenehme Aufgabe, und die liberalen Herren in Köln und andern Orten haben es mich oder vielmehr unser ganzes Institut empfinden lassen, was es heißt, sich nach Unterstützung umsehen. Indessen habe ich die Sache des Literarischen Comptoirs nie als meine *persönliche* betrachtet, und *Ihnen* unter allen Umständen *fürchte* ich nicht, bei einer Gelegenheit wie gegenwärtige nochmals mit einer Angelegenheit zu kommen, die Ihnen früher schon von anderer Seite in anderer Form gebracht wurde. Aber die frühere Form war minder zweckmäßig. Wie jetzt die Dinge stehen, glaube ich vom rein geschäftlichen Standpunkte ein Kapital von 6000 Reichstalern à fünf Prozent auf ganz solide Weise gebrauchen, verzinsen und nötigenfalls zurückzahlen zu können. Das Scheitern des Pariser Unternehmens[3]) mag mich denen, welche von der Sache wissen, nicht als Geschäftsmann empfohlen haben; allein mein Associé Hegner leitete zur Zeit, als es übernommen wurde, den merkantilischen Teil unseres Geschäftes ganz, um den ich mich damals gar nicht bekümmerte. Gleich nach meiner Rückkehr von Paris kam seine Unfähigkeit und Unordnung an den Tag, und im Februar vorigen Jahres war das Literarische Comptoir am Stürzen und wurde durch Follen gehalten, welcher das augenblickliche Aufgeben des Pariser Unternehmens zu einer seiner Bedingungen machte. Dieser Ausgang tat mir indessen mehr aus äußeren Gründen leid als aus inneren, denn das erste Heft der [Deutsch-Französischen] Jahrbücher war so wenig, was ich erwartet hatte, daß das Unternehmen mir aus inneren Gründen als totgeboren erscheinen mußte. Ruge stimmt jetzt ganz damit überein und würde gern an *dieser* Ausführung seiner Idee nicht teilgenommen haben.

Ihre umgehende Mitteilung der Adressen erwartend, mit herzlichen Grüßen

Ihr
Julius Fröbel.

[3]) Gemeint sind die «Deutsch-Französischen Jahrbücher».

283. G. W. Bannasch[1]) an Jacoby

Nachlaß[2]) *Königsberg, 8. Februar 1845.*

.... In Nr. 8 der Börsennachrichten der Ostsee[3]) teilte ich das Aufblühen der Bürgergesellschaft, die Einweihungsrede von Jung mit und schloß mit dem nicht zustandegekommenen, bereits statuierten Vereine des Oberpräsidenten. In der beiliegenden Nr. desselben Blattes bittet ein Berliner um Aufschluß über den Schlußsatz. [Bittet um Auskunft, da er selbst nicht im Junkerhofe war.][le]

[1]) G. W. Bannasch, studierte 1824–1828 an der Albertina, Navigationslehrer in Königsberg, hielt hier Vorträge über Schiffahrtskunde in der Deutschen Ressource, die er 1843 bei H. L. Voigt veröffentlichte.

[2]) LE(Ab).

[3]) *Börsennachrichten der Ostsee*, ein seit 1835 in Stettin erscheinendes Blatt.

284. Arnold Ruge an Simon Meyerowitz

Nachlaß[1]) *Paris, 11. Februar 1845.*

Mein verehrter Freund,

Sie sehen, ich bin noch hier. Heine ist naturalisiert, Marx ist nach Brüssel gegangen, nachdem er acht Tage Aufschub erhalten, oder vielmehr nachdem man ihm sogleich diese Frist gesetzt. Bernays sitzt noch im Gefängnis.

Als ich aus Zürich zurückkam, den 22. Januar, kam der Comissaire des Quartiers und insinuierte mir eine Ausweisung, «in 24 Stunden Paris und sofort Frankreich zu verlassen, weil meine Gegenwart die öffentliche Ordnung und Sicherheit störe». Denken Sie sich den totalen Unsinn: Ich wandte mich sogleich an meine Gesandtschaft und verlangte, daß sie für mich auftreten sollte. Sie hat es *offiziell* nicht gewagt und die mündlichen Unterredungen mit Guizot und Duchâtel[2]) haben nur zu einer faktischen Suspendierung der Order geführt. Ich erklärte, ich werde in vierzehn Tagen, also den 21. Februar abreisen, wenn ich in der Zeit mich einrichten könnte und habe mir meinen Pass nach Dresden vom Gesandten visieren und von dem Präfekten kontervisieren lassen. Unterdessen empfange ich von meinem Bruder und von Ihnen die Nachricht, daß man nun erst recht ins Geschirr gehe und mich womöglich nach Berlin schleppen möchte.

Ich habe sogleich in Dresden förmlich angefragt, ob ich auf den Schutz Sachsens in meiner Qualität als sächsischer Staatsbürger rechnen könnte und ob man die Absicht

[1]) JNUL(Ab).

[2]) Graf Charles-Marie-Tanneguy Duchâtel (1803–1867), französischer Staatsmann, 1839 bis 1848 Minister des Innern.

habe, mich wegen der Deutsch-Französischen Jahrbücher mit einem Presseprozeß zu inkommodieren.

Zugleich habe ich mich bei Follen erkundigt, ob ich wohl in Zürich auf meinen sächsischen Pass ruhig leben könnte – was die Professoren und meine sonstigen Züricher Freunde von der Verweisung von hier glaubten.

Nach den Antworten werde ich mich entschließen, und es ist allerdings nicht wahrscheinlich, daß ich sofort nach Dresden zurückgehe. Vielleicht sende ich meine Frau vorauf. Vielleicht bleiben wir den Sommer zusammen in der Schweiz. Vielleicht sogar hier.

Die preußische Gesandtschaft hat die Maßregel lange vergeblich gefordert. Dann hat sie den Presseprozeß vom «Vorwärts» möglich gemacht und nun sich versprechen lassen, wenn der Prozeß nicht zur Unterdrückung der Publikation führte, so solle Guizot die Redakteure ausweisen. Als nun die Prospekte der projektierten Revue «Vorwärts» erschienen, verlangte Arnim[3]) die Erfüllung jenes Versprechens, Guizot hat sich nun eine Liste von ihm geben lassen, und so habe ich die Ehre, von Herrn von Arnim für den Chef dieser unglücklichen Vorwärtser ausgegeben zu sein. Das ist pfiffig; denn den Franzosen ist es schwer begreiflich zu machen, daß ich ihnen nur abgeprellt bin, da sie von diesem ganzen Kram gar nichts wissen. Die eigentlichen Vorwärtser lassen sie sich nun gewiß nicht abdisputieren, denn man hat Guizot die Artikel von Bernays übersetzt.

Indessen verzweifle ich noch nicht ganz, die Zurücknahme zu bewirken. Crémieux[4]) kennt die Geschichte ein wenig und Thiers will sich meiner annehmen, sobald Crémieux ihm die Tatsachen bestätigt, die übrigens die sächsische Gesandtschaft ebenfalls zu bestätigen sich erboten hat. Auch der Graf Hünoldstein will mit Duchâtel sprechen. Doch ist die Geschichte nicht so leicht, weil der König persönlich dafür gewonnen sein soll. Er hat in seinen Salons gesagt: Il faut purifier Paris des doctrines subversives de l'Allemagne. Man sagt Humboldt[5]) hätte ihm diesen lächerlichen Heilsgedanken beigebracht[6]). Humboldt leugnet es zwar, aber die Regel: si fecisti, nega! ist ihm gewiß bekannt.

Kann ich Thiers von meiner persönlichen Lage überzeugen, so glaube ich, daß er durchdringt. Jedenfalls glaub' ich nicht vor der bessern Jahreszeit zur Reise genötigt zu sein. Dagegen scheint mir die Fortexistenz des Ministeriums Guizot doch sehr problematisch. Die fonds secrets werden die Sache entscheiden, so oder so. Selbst für den Fall einer Majorität für Guizot ist der eigentliche Nerv der Guizotschen Politik durchschnitten. Der Kriegs- und Revolutionsschrecken zieht nicht mehr, und die patriotische Entrüstung, die in diesem Falle freilich eine prinzipielle ist, wird immer grimmiger. Ganz friedliche Leute sind in Feuer und Flammen über das abaissement de la France ....

[3]) Heinrich Alexander von Arnim-Suckow, preußischer Gesandter in Paris.

[4]) Adolphe Crémieux (1796–1880), bekämpfte seit 1842 in der Kammer die Regierung Guizot.

[5]) Gemeint ist Alexander von Humboldt.

[6]) Diese Behauptung ist nach G. Mayer («Archiv für die Geschichte des Sozialismus und der Arbeiterbewegung» 1913 Bd. 3 S. 435 f.) nicht begründet.

‹Unterdessen werden Sie sich überzeugt haben, daß die Nachrichten des Siècle und des Prinz Paul[7]) doch nicht ganz unbegründet waren[8]). Ich bin begierig, wie die Preußen den Wünschen Seiner Majestät entsprechen werden. Es scheint überall eine große Regsamkeit zu herrschen, vornehmlich in Preußen, Schlesien und am Rhein.
Denken Sie sich, unser Freund Jung[9]) in Köln ist ein so avancierter Kommunist geworden, daß er sich das Zigarrenrauchen gänzlich abgewöhnt. Hess (?)[10]) schreibt mir, er habe ihm wiederholt und vergeblich welche angeboten. Wie gefallen sie dort in Ostpreußen? Ich bin noch immer der Meinung, daß sie untadelig sind.
In Jacobys Petition steht im zweiten Satz in einigen Exemplaren, die ich gesehen, *«Friedrich Wilhelm»* statt «Wilhelm», welch ein komischer Druckfehler! Ohne Zweifel hat der Drucker die Sache im Lauf des Drucks gemerkt, aber die abgezogenen Exemplare nicht verwerfen wollen.›
Meine Familie ist gesund. Meine Frau wünscht sich nicht von mir zu trennen. Ich selbst zweifle nicht, daß noch in diesem Jahr die vollständigste Wendung dieser Affären eintreten wird. Selbst Zürich ist nicht mehr ganz in den Händen der Reaktion. Die Volksversammlung war 20 000 Mann stark, die gegen die Jesuiten gehalten wurde. Ich denke, daß ich selbst nach Zürich werde gehen können, und täte es sogleich, wenn es einigermaßen mit Sicherheit gegen eine neue Vertreibung geschehen könnte. Sehr ungern ginge ich nach dem Pays de Vaud; so schön Lausanne ist, so verdrießlich sind mir die guten Kerle, die Kommunisten und namentlich der zynische Schriftsteller dieser Richtung, Herr Becker[11]), der damals auf Herweghs Dukaten spekulierte.
Der Kommunismus ist eine ökonomische Demagogie, die sofort den Menschen in wirkliche Gemeinheit stürzt. Die Individuen, die mit der Wissenschaft, der Sittlichkeit, der Politik, kurz allen ideellen und allgemeinen Mächten zerfallen über dem Traum des irdischen Paradieses, haben ihre jesuitischen Prätexte für jede Nichtswürdigkeit und jeden Verrat. Und selbst ihre Sekte ist ihnen nicht sicher, denn sowie sie den Fuß in die Welt hinaussetzen, treibt das Bedürfnis sie zum Abfall, und die Geldverächter suchen Geld. Ebenso wie die christlichen Weltverächter die ganze Welt in Besitz nahmen und die neue Welt, noch ehe sie ganz entdeckt war, – . . . . an ihre Getreuen verteilten.
Die Kommunisten sind jetzt schon so weit, daß sie sich einen neuen Messias prophezeien, und die Haupthelden streiten sich um die Stelle des ersten Propheten. So Marx und Weitling. Eine Konkurrenz der Messiasse und ebenso der Propheten tut sich her-

7) Prinz Paul von Württemberg (1785–1852).
8) Vgl. darüber Ruge, *Briefwechsel und Tagebuchblätter.* Hrsg. von Paul Nerrlich, Berlin 1886, I, S. 383 f.
9) Georg Gottlob Jung (1814–1886), Junghegelianer und Mitbegründer der «Rheinischen Zeitung», war damals Mitglied des Kommunistischen Vereins in Köln; 1848 Mitglied der Linken in der Berliner Nationalversammlung; 1863–1876 Mitglied des preußischen Abgeordnetenhauses (Fortschrittler, seit 1866 Nationalliberaler.)
10) Das Fragezeichen ist von Gustav Mayer. Es darf angenommen werden, daß Mayer den Namen richtig entzifferte. Hess war mit Jung befreundet und stand damals noch in Briefwechsel mit Ruge.
11) August Becker (1814–1871), leitete nach Weitlings Verhaftung im Jahre 1843 die deutsche kommunistische Handwerkerbewegung in der Schweiz.

vor. Es ist klar, daß die ganze Sekte im ersten Sturm der Politik zugrunde geht. Die Geschichte wird die Macht der Gedanken und des Idealismus immer von neuem beweisen und der materielle Zustand nie anders als akzessorisch durch die Weltbewegungen verändert und verbessert werden.
Herzliche Grüße an Jacoby. Ribes grüßt bestens. Ihren Brief vom 3. erhielt ich gestern abend.

Ganz der Ihrige
A. Ruge.

Über meinen Aufenthalt in Paris und über diese letzte Ansicht werde ich mich später öffentlich erklären. Wenn man mich *wirklich* vertreibt, so soll es an der nötigen Protestation nicht fehlen. Alle Oppositionsblätter bieten mir ihre Mitwirkung an. Ich denke aber, noch privatim zur Zurücknahme der Maßregel zu gelangen, und habe gebeten, mich diesen Weg erst versuchen zu lassen. Louis Blanc sagte mir: en tout cas, Monsieur, vous serez vengé. Nochmals adieu.

285. Albert Dulk an Jacoby

Nachlaß[1]   *Leipzig, 13. Februar 1845.*

..... Der armen Blume [Robert]^{m} haben sie hier bei der ersten deutschkatholischen Versammlung das Hemd zerrissen, und zwar zwanzig Diskordanten gegen und mitten unter 600 Rongianern; und diese zwanzig haben den Blume herausgeworfen, wobei er bloß schrie: «Ich stehe auf dem Boden des Gesetzes», und auf eine hölzerne Bank zu springen suchte und – vor der Tür angelangt – die Polizei holen ging[2]. Bis aus dieser weichen Mittelmäßigkeit und Gesetzbetrunkenheit der Ansatz zu einem Manne wird, können die Preußen bei der Republik angelangt sein. – Gott erhalte uns unsern guten König! – Eichhorn, heißt es, arbeitet an einer Konstitution – Gott segne ihn! Wenn er sie fertig hat, lassen Sie sich taufen, Herr Doktor! Dann glauben wir alle nur noch an den einen ..... Was mag indes Ihre Schrift an den Landtag für ein Schicksal erlebt haben? Droht man bereits wieder Ihrer Nationalkokarde? (wegen deren Mangel Petrus den Tschech, wie die Berliner sagen, beiläufig, von der Himmelstür verwiesen haben soll!) .....

[1]) JNUL(Ab).
[2]) In der Gründerversammlung der deutschkatholischen Gemeinde in Leipzig am 12. Februar 1845 hielt Robert Blum die Eröffnungsrede. Er wurde von ultramontanen Feinden angegriffen, die ihm die Kleidung und Wäsche zerrissen. Vgl. Hans Blum, *Robert Blum. Ein Zeit- und Charakterbild für das deutsche Volk*, Leipzig 1878, S. 175 ff.

286. David Hansemann an Jacoby

Nachlaß[1]) *Koblenz, 14. Februar 1845.*

Hochverehrter Herr!

Ihre mutvollen Bestrebungen für die Herstellung eines wahren Rechtszustandes haben stets meine innige Teilnahme in Anspruch genommen; ich habe deshalb mit um so größerem Interesse Ihre Zuschrift vom 5. d. M. und die ihr beigefügte Bittschrift an die rheinischen Stände erhalten.

Die Pressefreiheit wird gewiß auf dem gegenwärtigen Landtage fast einstimmig beantragt werden. Sehr zweifelhaft ist es dagegen, ob der Antrag auf Volksrepräsentation, welcher der Form nach auf die Ausführung des Gesetzes vom 22. Mai 1815 gerichtet ist und durch vielfache Bitten unterstützt wird, die erforderlichen zwei Drittel der Stimmen erlangt. Die Gegner desselben sind:

1. die Servilen;
2. mehrere aufrichtige Freunde des Rechts, welche zwar damit einverstanden sind, daß der wahre Rechtszustand nur durch Volksrepräsentation herzustellen ist, die aber besorgen, daß die Rheinprovinz jetzt noch Gefahr laufe, ihre hiesigen Rechtsinstitutionen durch Beschlüsse einer Reichsversammlung einzubüßen. Diese Gegner sind der Meinung, daß die Vorzüge der hiesigen Gesetzgebung und die Mängel der altpreußischen erst noch allgemeiner in den östlichen Provinzen anerkannt werden müßten, um jene Besorgnis als beseitigt betrachten zu können;
3. einige der katholischen Mitglieder der Ständeversammlung, welche fürchten, daß in einer größtenteils aus preußischen Protestanten bestehenden Reichsversammlung die Rechte des Katholizismus leichter verletzt oder beschränkt werden möchten als unter der schwächeren absoluten Regierung. Diese Gegner sagen: die preußischen Protestanten können sich von der Idee nicht losmachen, daß der Staat eigentlich protestantisch sein müsse, begreifen das Wesen der katholischen Kirche nicht und haben insbesondere keine klare Vorstellung von der durch die hiesigen Rechtsinstitutionen begründeten Trennung der bürgerlichen Gewalt und des Einflusses der kirchlichen oder des Glaubens.

Ich meinesteils teile weder die Ansichten der unter 2 noch die der unter 3 bezeichneten Gegner, weil ich festes Vertrauen zur Kraft der Wahrheit und der Vernunft, zu dem Einfluß der öffentlichen Diskussion und einer freiern Presse habe. Indessen will ich Ihnen nicht verschweigen, daß in den östlichen Provinzen im allgemeinen die Rechtsbegriffe, infolge des teilweise so unphilosophischen und überall sehr kasuistischen Landrechts und infolge des Mangels guter Verwaltungsgesetze und der Gewöhnung an das willkürliche Polizeiregiment, in der Tat – selbst bei den Juristen – noch sehr mangelhaft sind und daß den norddeutschen Protestanten die oben erwähnten Vorwürfe der Katholiken nicht ganz mit Unrecht gemacht werden.

Meine Ansicht hierüber ist gewiß unbefangen, weil ich Protestant und zwar kein pietistischer und kein sehr orthodoxer bin. Sie werden mir deshalb nicht übeldeuten, wenn ich mir die Bemerkung erlaube, daß auch in Ihrer Denkschrift «Preußen im Jahre 1845»

[1]) Der Brief ist hier nach JNUL(Ab), d. i. nach der Ausfertigung gedruckt. Bei J. Hansen, *Rheinische Briefe und Akten,* I, S. 753 ff. ist er nach dem Konzept abgedruckt.

Spuren des Verkennens der richtigen Stellung des Staates in Beziehung auf konfessionelle Fragen vorkommen und daß ich auch nicht ganz mit Ihren Ansichten hinsichtlich der Ehescheidung übereinstimme. Dem Staate muß es ganz gleichgültig sein, ob jemand Reliquien verehrt oder anbetet oder beides nicht tut; er muß zwar das Recht haben, öffentliche Prozessionen zu verbieten, würde aber sehr unklug handeln, wenn er dies täte, solange solche Prozessionen nirgends die Ordnung stören oder nicht in die allgemeine bürgerliche Freiheit eingreifen. Der Staat darf überhaupt in Preußen gar nicht konfessionell, nicht einmal dogmatisch christlich sein; er muß die drei wichtigsten Akte des Menschen, die Geburt, die Ehe und den Tod rein vom bürgerlichen Standpunkte auffassen, wie es die hiesige Gesetzgebung tut, und dem Glauben es überlassen, ob und in welche Konfession der Geborene aufgenommen, welche religiöse Handlung mit der Ehe und der Beerdigung verbunden sein soll.

Ich glaube, daß Sie sich ein wesentliches Verdienst um den politischen Fortschritt erwerben würden, wenn Sie die Kenntnis der hiesigen Gesetze, insbesondere über den hiesigen Zivilstand, in den östlichen Provinzen in populärer Weise allgemeiner als bisher verbreiteten. Insbesondere gebe ich Ihnen auch noch zu erwägen, daß, so wenig die neuern preußischen Gesetze und Gesetzprojekte in Beziehung auf Ehescheidung zu billigen sind, doch nach hiesigen Begriffen und Erfahrungen die erschwerenden Bestimmungen der diesseitigen Gesetze und sogar der katholischen Grundsatz der Unauflösbarkeit der Ehe für die Moralität der bürgerlichen Zustände unendlich besser ist als die Leichtfertigkeit, womit das Landrecht die Ehescheidung begünstigt.

Aus dem Vorstehenden werden Sie selbst die Folgerung ziehen, daß Ihre Denkschrift nicht zur Erwerbung von Stimmen für den Antrag auf Reichsstände hier beitragen würde und daß es deshalb zur Erreichung des von Ihnen wie von mir erstrebten Zieles wohlgetan ist, daß ich sie nicht dem Landtag übergebe. Dagegen wird Ihre neuerliche kleine in Paris erschienene Druckschrift[2]), die sich, wie ich höre, in den Händen mehrerer Delegierter befindet, dem Zwecke förderlich sein. Schließlich überreiche ich Ihnen hierbei zwei Exemplare einer bereits vor länger als vierzehn Jahren geschriebenen und jetzt erst zum Druck beförderten Denkschrift[3]).

In aufrichtiger Hochachtung
Ihr ergebenster
Hansemann.

[2]) Jacoby, *Das Königliche Wort Friedrich Wilhelms III.*, Paris 1845.

[3]) Gemeint ist David Hansemanns Denkschrift über *Preußens Lage und Politik am Ende des Jahres 1830*, die 1845 in Heidelberg als Manuskript für die Mitglieder des achten rheinischen Provinziallandtages gedruckt erschien. In ihrer ursprünglichen Fassung druckte sie J. Hansen a.a.O., I, S. 11–81.

287. Julius Fröbel an Jacoby

Nachlaß[1]) *Winterthur, 19. Februar 1845.*

Vorgestern ist eine Sendung abgegangen, morgen folgt eine zweite[2]). Ich erwarte Ihre baldige Antwort auf meinen Brief vom 7. d. M., einstweilen habe ich mir bekannte Namen in Köln, Düsseldorf und Breslau benutzt und auch nach Mannheim eine Partie gehen lassen, wo man damit, wie ich voraussetze, nach Aufträgen von Ihnen verfahren wird.

Ich besorge, selbst auf diese indirekte Weise, die Sache *gegen* die ausdrückliche Erklärung Follens, der mich persönlich dafür verantwortlich gemacht hat, uns auf keinerlei Weise in dieser Angelegenheit zu beteiligen. Ich bedaure ihn; denn Besorgnisse und Angst haben keine Grenze, wenn man sich einmal ihnen ergibt. Ich erhielt den Brief des Herrn Meyerowitz an Follen und öffnete denselben, indem ich die Adresse nicht genau gesehen hatte. Ich habe ihn an Follen weiterbefördert. Aber unterdessen hatten an sich geringfügige Geschäftsdifferenzen ..... Follen soweit getrieben, mir alle Freundschaft und dem Geschäft seine Unterstützung aufzukünden. Häusliche Differenzen wegen seiner Teilnahme am Literarischen Comptoir haben wesentlichen Anteil an einem Verfahren, welches auch sonst schon in einem Charakter begründet liegt, der um so gewalttätiger und unvernünftiger ist, je mehr er sich edler Intentionen bewußt sein kann .....

[1]) JNUL(Ab).
[2]) Vgl. Nr. 282 Anm. 2.

288. Max Duncker an Jacoby

Nachlaß[1]) *Halle, 20. Februar 1845.*

Der Charakter unseres Landtages wird Ihnen hinlänglich bekannt sein. Es hielt sehr schwer, überhaupt jemanden zu finden, der Ihre Petition[2]) zu übergeben und zu vertreten wagte. Endlich fand ich den Apotheker Dr. Lucanus[3]) aus Halberstadt dazu geeignet. Indes war zu viel Zeit über diesen Bemühungen, Suchen und Anfragen verstrichen, um Ihnen Anzeige machen zu können. Ich habe deshalb dem genannten Herrn das gedruckte Exemplar als in Ihrem Auftrage übersandt und das Weitere mit ihm besprochen. Große Erwartungen dürfen wir nicht hegen, indes ist es immer gut, diese Dinge auch hier anzuregen. Ich hoffe sogar, es wird besser gehen als vor zwei Jahren, wo wir von hier aus dem Landtage eine Petition um Reichsstände mit 80 Unterschriften übergaben: die Sache wurde damals gleich im Petitionsausschusse erdrückt. Meinen besten Dank für die Anzeige über Prince-Smith, sie wird in diesen Tagen erscheinen[4]). Wollten Sie oder

[1]) JNUL(Ab).
[2]) An den sächsischen Landtag.
[3]) Dr. Lucanus, ein bekannter Kunstfreund, war Mitglied der Vereinigten Ständischen Ausschüsse von 1842; vgl. Prutz, *Zehn Jahre*, II, S. 243.
[4]) Vgl. Nr. 253 Anm. 3.

einer Ihrer Freunde sich über preußische oder allgemein politische und historische Fragen aussprechen, so wiederhole ich meine frühere Bitte und frage hierdurch nur bei Ihnen an, ob es Ihnen genehm ist, von Zeit zu Zeit dergleichen Bücher zugeschickt zu erhalten.
Unsere Provinz ist vorläufig nur für religiöse Fragen zu interessieren, bis die Volks- und Bürgerversammlungen einen besseren Sinn verbreitet haben werden. Nur gibt sich leider auch hier die Regierung alle Mühe, diese pädagogischen Versuche zu stören und zu Illusionen herabzusetzen.

‹Hochachtungsvoll und ergebenst›

[Nachwort:] Ich lese eben, daß man von seiten Ihres Provinzialkonsistoriums den Predigerversammlungen rationalistischer Farbe (es sind Dr. Rupp[5], Dr. Heinrich Voigt und einige andere in der Aachener Zeitung genannt) Hindernisse in den Weg legt. Bei uns finden diese Versammlungen in Gemeinschaft mit Laien in Halle, Magdeburg, Schönebeck, Gnadau ungestört statt und ebenso die Herausgabe der (Köthener) Blätter für protestantische Freunde . . .

[5]) Julius Rupp (1809–1884), Theologe, Publizist, seit 1842 Divisionspfarrer an der Schloßkirche zu Königsberg; als er sich öffentlich vom athanasianischen Glaubensbekenntnis lossagte, wurde er 1845 seines Amtes enthoben; im Januar 1846 gründete er eine freireligiöse Gemeinde und wurde deren Prediger.

289. Julius Waldeck an Jacoby

Nachlaß[1]) *Berlin, 23. Februar 1845.*

[Über Jacobys Broschüre[2]).][le]

[. . . Die Verbreitung derselben scheint hier eine ziemlich allgemeine und bis in das /tiefere/ Bürgertum sich erstreckende zu sein. Höheren Ortes glaubt man, daß dieselbe durch einen Königsberger ehemaligen Kaufmann in Paris gedruckt und hier auf Privatwegen verbreitet sei; gegen Dich, als einen des beabsichtigten Druckes nicht Kundigen, glaubt man nichts unternehmen zu können. Übrigens mag die Broschüre dem Könige gar *nicht ungelegen* kommen.][e] Er beabsichtigte bestimmt, eine Konstitution zu geben, und hatte Bayerns und Sachsens und anderer Rat darüber eingeholt. Noch tags vor Eröffnung der Landtage stand sein Entschluß fest, und wurde dessen Ausführung nur durch die angedrohte Abreise des Prinzen von Preußen verhindert[3]). Dazu paßt die Rede Schapers[4])

[1]) Mit Ausnahme der eingeklammerten Stellen JNUL(Ab). Jahresdatum in LE(Ab) versehentlich 1846.
[2]) Jacoby, *Das Königliche Wort Friedrich Wilhelms III.*, Paris 1845.
[3]) Vgl. K. A. Varnhagen von Ense, *Tagebücher*, Bd. 3 Leipzig 1862, S. 5–36 (5. Januar bis 23. Februar 1845).
[4]) Von Schaper, Oberpräsident der Rheinprovinz.

sehr gut, die die Wichtigkeit der Petitionen hervorhob, und der Umstand, daß eine hohe Person an mehrere Landtage geschrieben haben soll, sie möchten um eine Konstitution einkommen, da der König nur darauf warte; vielleicht kriegst Du dafür noch einen Orden .....

Unser Lokalverein[5]) stockt, da die Polizei Privatversammlungen desselben, die bereits gute praktische Früchte trugen, aufgehoben hat; wir haben schriftlich protestiert und werden die Sache auf andere Weise wieder einzurichten suchen ..... Es geht hier das Gerücht, die rheinischen Landstände hätten gegen den letzten Landtagsabschied protestiert und seien *aufgehoben* worden; doch ist es nicht verbürgt.

[5]) Berliner Lokalverein für das Wohl der arbeitenden Klassen.

290. Karl August Milde an Jacoby

Nachlaß[1]) *Breslau, 23. Februar 1845.*

Geehrter Herr!

Zu meinem Leidwesen hat mir der Landtagsmarschall Ihre beiden Denkschriften nebst dem im Original zurückfolgenden Anschreiben[2]) an die Stände mit der Marginalbemerkung zurückgegeben:

> Die angezogenen §§ des Gesetzes von 1824 würden meine Freunde und mich nicht zurückgeschreckt haben, darauf zu bestehen, die beiden Denkschriften als von uns eingebracht und vorzugsweise geeignet, zwei Petitionen der Stadt Breslau zu beleuchten, angenommen zu sehen, allein eine bodenlos schlechte Geschäftsordnung und Präzedenz – nach welchen stets die von außer der Provinz Wohnenden eingebrachten Petitionen zurückgewiesen wurden; zuletzt die Petition der Redaktoren der Rheinischen Zeitung – gab uns die Überzeugung, daß wir keine Majorität für die Annahme auf die Petitionenlisten vereinigen würden.

Die Sache selbst kommt in zwei Petitionsanträgen der Stadt Breslau zur Sprache, im *Protokoll* ist ausführlich *Ihr* Antrag vermerkt und erlangt ist, daß alle Leute Ihre Denkschriften lesen wollen. Ich habe «Preußen im Jahre 1845» sofort in acht Exemplaren abschreiben lassen und lasse dieselben bei allen Mitgliedern der Ständeversammlung zirkulieren, schlägt dies nicht ein, dann weiß ich nicht mehr, was treffen soll. Es ist dies unbedingt eine meisterhafte Arbeit, wie ich noch keine sonst gesehen, und sie muß doch manchen bekehren, sonst müßte man wahrhaftig verzweifeln.

Bis hierher geht es noch ziemlich zahm auf unserm Landtage zu, denn die Propositionen

[1]) JNUL(Ab).
[2]) Vgl. Nr. 279.

sind wahrlich nicht derart, Prinzipienfragen herbeigeführt zu sehen – doch dürfte der Kampf späterhin noch sehr warm werden. Wenigstens kommt mir die Luft sehr schwül in unserem Ständesaale vor.

Leben Sie recht wohl.

Nachschrift: Am Schlusse meines Briefes bemerke ich erst, daß Ihre Petition in meinem Portefeuille im Ständesaale gestern liegengeblieben und da heute Sonntag ich keine Gelegenheit mehr habe hinzukommen, so werde ich erst morgen Ihnen dieselbe zusenden. Angezogen sind die §§ 50 und 53 .....
‹Soeben kommt mir ein Brief von Walesrode zur Hand, welchen ich Sie bitte schön zu grüßen. Seinen Auftrag werde ich bestens besorgen.
Pinders sind wohl und munter. Wenn sie so selten schreiben, so liegt gewiß nur die Schuld an der Menge sozialer Beziehungen, denen sie vorzugsweise in dieser Zeit des Jahres genügen müssen. Gestern bin ich gelegentlich gefragt worden, ob ich nicht wisse, ob Walesrode hier in Schlesien sei. Er solle sich nämlich unter angenommenen Namen, wie der Herr Minister von Arnim unterm 17. d. M. hierher referiert hat, von Königsberg entfernt haben, hier in Schlesien sich aufhalten und bereits mit mir drei oder vier Konferenzen gehabt haben. Der Herr Minister hat den Oberpräsidenten beauftragt, mich sofort darüber zu vernehmen. Ich habe darauf geantwortet, daß leider Walesrode nicht hier sei, ich auch bezweifeln müsse, daß er überhaupt von Königsberg sich entfernt habe, da er zu meinem Leidwesen von der fixen Idee be[sessen sei, königlicher Märtyrer werden zu wollen, und also][e] den Herrn Minister durch ein Fortgehen von Königsberg nicht erfreuen würde. Die ganze Geschichte schien mir eine Mystifikation, die man mit Seiner Exzellenz sich erlaubt, und namentlich, glaube ich steckt der Verfasser der Schrift «Der Humor auf der Bank der Angeklagten»[3]) dahinter, welcher praktisch seinen Humor an der Gespensterseherei gewisser Leute sich habe reiben lassen wollen. Sapienti sat.›

[3]) Ludwig Walesrode, *Der Humor auf der Bank der Angeklagten oder meine vor dem Kriminalsenate des Oberlandesgerichts zu Königsberg geführte Verteidigung gegen die Anklage auf Majestätsbeleidigung, frechen, unehrerbietigen Tadel und Verspottung der Landesgesetze wie Anordnungen im Staate,* Mannheim: Friedrich Bassermann 1844.

291. Karl August Milde an Jacoby

Nachlaß[1]) *Breslau, 25. Februar 1845.*

Angebogen, geehrter Herr, die vorgestern zugesagte Originalpetition nebst Marginalvermerk. Die Breslauer Stadtverordneten haben bei ihrer gestrigen Versammlung eine Dank-

[1]) JNUL(Ab).

adresse an die zu Danzig versammelten Stände der Provinz Preußen dafür votiert, daß dieselben in ihrer ersten Adresse[2]) an Seine Majestät die Rechte der freien Äußerung der Volksbedürfnisse ebenso wahr als energisch vertreten haben.

Stets
der Ihrige
K. A. Milde.

[2]) Vom 10. Februar 1845, abgedruckt in *Neunter Provinziallandtag der Stände des Königstums Preußen.* Band 2. *Denkschriften,* Danzig 1845, S. 1 f.

292. Karl Ludwig Heinrich an Jacoby

Nachlaß[1]) *Danzig, 26. Februar 1845.*

..... Die Propositionen beschäftigen bis jetzt ausschließlich den Landtag[2]), da die Ausschüsse ihre Arbeiten recht eigentlich erst nach dem 17. beginnen konnten und deshalb ihre Referate nun nach acht Tagen etwas zutage fördern. Der Ausschuß fürs Innere, dessen Präses der *Baron* von Sanden[3]), hatte unter mehreren Gegenständen auch die Petition von Königsberg wegen Öffentlichkeit der Stadtverord[netensitzungen][m] zu beraten. Der Präses hatte dem Ausschuß es bemerklich zu machen gesucht, daß, da *neue Veranlassungen* und Gründe nicht vorlägen, der Petition keine Folge zu geben sei. Der Ausschuß, obwohl er den angeregten Gegenstand für sehr wichtig und ersprießlich für die Entwicklung des städtischen Gemeinwesens hielt, schloß sich der Ansicht des Präses mit zwei dissentierenden Stimmen an. Obwohl nach dem Inhalte des Tagezettels dieser Gegenstand zu den letzten gehörte, die aus diesem Referate zum Vortrage kommen sollten, so nahm der Landtagsmarschall[4]) dennoch unerwartet gestern diesen Gegenstand[5]) hervor und brachte ihn zur Beratung im Plenum des Landtages. Uns Städter fand dieser Gegenstand ziemlich unvorbereitet, da es nicht vorauszusehen war, daß er zum Vortrage vorkommen werde, indem es schon spät war und viele andere Gegenstände aus demselben Referate vorlagen. Sperling[6]) und mehrere unseres Standes hatten sich bereits entfernt, ersterer wegen Unwohlseins.

Die Gegenpartei benutzte sogleich diese Umstände und machte aus dieser Sache eine Prinzipienfrage, nämlich ob Gegenstände, die schon *einmal* zurückgewiesen, nochmals, besonders da nach ihrer Meinung keine neuen Gründe vorgebracht, mittels Denkschrift

[1]) JNUL(Ab).

[2]) Der neunte preußische Provinziallandtag tagte vom 9. Februar bis zum 22. März 1845 in Danzig.

[3]) Baron von Sanden, Besitzer auf Toussainen Kreis Ragnit, Wahlbezirk Niederung.

[4]) Graf zu Dohna-Schlobitten, Reichsburggraf und Landhofmeister des Königreichs Preußen.

[5]) Näheres darüber in *Neunter Provinziallandtag der Stände des Königreiches Preußen. Sitzungsverhandlungen,* Danzig 1845, S. 87.

[6]) Gottfried Karl Sperling (1802–1864), Bürgermeister und seit 1854 Oberbürgermeister von Königsberg.

dem Könige vorgetragen werden können. Es wurden von dieser Seite alle Mittel aufgeboten, die schwankenden Gemüter einzuschüchtern, namentlich die schon so oft gebrauchte und verbrauchte Behauptung, daß man durch solches Drängen der Sache schade; daß man versichert sein könne, daß der König mit der Entwicklung ständischer Wirksamkeit beschäftigt sei, und ihn nur in seiner guten Absicht dadurch störe und dergl. Es zeichneten sich dabei besonders die Eulenburgs[7]), von Schwarzhoff[8]), von Sanden aus. Nach langer Debatte gelang es ihnen auch, die Sache zum Fallen zu bringen, indem die Abstimmung nicht zwei Drittel der Stimmen für den Antrag ergab. Nachdem das Resultat bekanntgemacht war, versammelte ich sogleich den Stand der Städte und ersuchte sie, sich heute vor Beginn der Versammlung im ständischen Lokale einzufinden, um zu beraten, ob der Fall eingetreten sei, in dem eine Itio in partes stattfinden müsse.

Heute hatte sich zu dem angegebenen Zweck der Stand versammelt, und es wurde auf meinen Vorschlag der Beschluß gefaßt, zuvörderst darauf anzutragen, daß der Beschluß aufgehoben werde, und falls es darüber zu keinem Resultat käme, das äußerste Mittel anzuwenden. Dieser Schritt unsererseits verfehlte seine Wirkung nicht; man hatte außerdem eingesehen, was eigentlich die Gegenpartei bezweckte, daß nämlich durch die Frage alle ähnlichen entschieden würden. Dem Antrage auf Aufhebung wurde mit großer Mehrheit Folge gegeben, und die Debatte begann von neuem.

Die Gegner, von ihrem gestrigen Erfolge ermutigt, gingen nun entschiedener zu Werke. Wenn schon gestern die Oberregierungsräte von Eulenburg und von Sanden angedeutet, daß der Landtag sich zum ersten Male vom gesetzlichen Wege entfernen würde, wenn er dem Antrage Folge geben würde, so trat heute der Schwartzhoff sogar mit einer Warnung und Drohung auf. Der Sperling trat zuerst auf und wies die Anmaßung, mit der er sich erlaube, die Mitglieder an ihre Pflicht zu erinnern, mit aller Entschiedenheit zurück; dasselbe taten Bardeleben[9]) und Brünneck. Letzterer äußerte noch dazu sein Befremden, wie er als jüngstes Mitglied des Landtages dazu komme, denselben über seine Pflicht zu belehren. Die Behauptung der Ungesetzlichkeit wurde mit Entschiedenheit zurückgewiesen und der Antrag mit großer Mehrheit angenommen[10]).

Es ist dieses Resultat nun deshalb wichtig, als sich die Stärke der Parteien dabei herausgestellt hat und die Minorität nichts unversucht ließ, um ihrer Ansicht Geltung zu verschaffen, sogar fortwährend den König in die Debatte mischte.

Die Verfassungsfrage ist im Ausschuß dahin entschieden, daß dem Könige mittels Denkschrift die Wünsche der Provinz vorgetragen werden sollen. Auch hier widersetzten sich Eulenburg-Wicken (?) und Dohna-Lauck dieser Ansicht. Beide wollten denselben Weg einschlagen, den der siebente Landtag auf den Antrag wegen Pressefreiheit einschlug, nämlich dasselbe, was in der Denkschrift gesagt werden soll, *ins Protokoll* aufzunehmen. Sie blieben indes allein. Auerswald[11]), dem die Anfertigung der Denkschrift übertragen

[7]) Oberregierungsrat Botho Heinrich Graf zu Eulenburg-Wicken in Königsberg und Graf zu Eulenburg-Prassen, Landrat des Kreises Rastenburg.

[8]) Von Schwarzhoff, Landrat in Braunsberg.

[9]) Über Kurt von Bardeleben vgl. Nr. 392 Anm. I.

[10]) Näheres darüber: wie oben Anm. 5, S. 92 ff.

[11]) Generallandschaftsrat Alfred von Auerswald, Stellvertreter des Landtagsmarschalls des neunten preußischen Provinziallandtages.

war, hatte einen Entwurf dazu gemacht, der aber so unbestimmt abgefaßt war, daß sowohl Bardeleben, Sperling und ich erklärten, daß wir dazu unsere Zustimmung nicht geben würden. Obwohl Bardeleben und ich nicht zum Ausschuß[12]) gehören, so haben wir es uns zur Aufgabe gestellt, denselben zu überwachen. Unsere Protestation hatte zur Folge, daß Auerswald die Denkschrift umarbeiten wird und Freitag sie vorlegen will.
Heute fand die Wahl der Ausschußmitglieder statt, die erforderlichenfalls in Berlin den Landtag vertreten. Es sind gewählt: von Auerswald[13]), Brünneck, Saucken[14]), Eulenburg[15]), Dohna-Wesselshöfen; die Stellvertreter Bardeleben, Sanden. Im Stande der Städte: Abegg[16]), Sperling, Urra[17]) und ich; zu Stellvertretern Bittrich[18]), Wächter[19]), Giraud[20]) und Martens[21]). Im Stande der Landgemeinden: Riebold[22]) und Minkley[23]); zu Stellvertretern Born[24]) und Forstreuter[25]). Hieraus ersiehst Du, daß das liberale Prinzip mit Entschiedenheit den Sieg davongetragen und der Landtag, wenn auch nicht allen Erwartungen, so doch in der Hauptsache entsprechen wird. ‹Über die Keudellsche Sache habe ich an Walesrode das Nähere mitgeteilt ....
P.S. Heute wurde hier die Nachricht verbreitet, es haben in Königsberg unruhige Bewegungen stattgefunden.›

[12]) Gemeint ist der «Ausschuß für Angelegenheiten des Innern».
[13]) Wie oben Anm. 11.
[14]) Ernst Friedrich Fabian von Saucken-Tarputschen.
[15]) Botho Heinrich Graf zu Eulenburg.
[16]) Kommerzienrat H. B. Abegg aus Danzig.
[17]) Urra, Bürgermeister in Wormditt.
[18]) Bittrich, Geheimer Kommerzienrat in Königsberg.
[19]) Wächter, Kommerzienrat in Tilsit.
[20]) Giraud, Ratsherr in Thorn.
[21]) Martens, Kaufmann in Tuchel.
[22]) Riebold, Gutsbesitzer zu Kanitzken Kreis Marienwerder.
[23]) Minkley, Gutsbesitzer in Eichwalde Kreis Marienburg.
[24]) Born, Gutsbesitzer zu Krapen Kreis Preußisch Holland.
[25]) Forstreuter, Gutsbesitzer in Groß Baum Kreis Labiau.

293. Julius Fröbel an Jacoby

Nachlaß[1]) *Winterthur, 28. Februar 1845.*

..... Ein kleines Manuskript von Elbing[2]), dem Ihrigen verwandt, habe ich kürzlich ebenfalls untergebracht und für augenblickliche Verbreitung Sorge getragen. Ich mußte deshalb eine Reise von zwei Tagen machen – so weit haben mich die Schwachheiten

[1]) JNUL(Ab).
[2]) *Zwei Petitionen des Magistrats und der Stadtverordneten von Elbing an den 9. Provinziallandtag des Königreichs Preußen,* Belle-Vue bei Konstanz: Verlags- und Sortimentsbuchhandlung zu Belle-Vue 1845.

Follens gebracht. Die Leute aus der romantischen Periode halten nie ganz Stich. Sie kommen mit ihrem «Gemüt» und ihrer Phantasie, wo es nichts als Verstand und Festigkeit des Willens braucht. Die letzteren glauben sie im höchsten Grade zu besitzen, wenn sie sich in fixe Ideen und eigensinnige Grillen verrennen. Deutschland ist glücklich zu preisen, daß es nicht im Geiste dieser Leute frei geworden ist, denn unter ihrem Regimente wäre ihre Geschichte im *glücklichsten* Falle eine Tiecksche Komödie geworden, in der es an Narren vor allem nicht gefehlt haben würde.

Ich habe Follen viel Freundschaft zu verdanken; aber ich kann in der Tat nicht so viel Resignation auftreiben, es ganz ruhig mit anzusehen, daß er aus Torheit zugrunde richtet, was er vorher nicht ohne Opfer hat erhalten helfen ...

Die Krisis in den preußischen Angelegenheiten scheint noch nicht so nahe zu sein, wie ich glaubte. Die historische Schule hat das Unglück, daß in ihren Köpfen die Wahrheit zur Posse wird. So scheinen die Weisen Preußens auch den allmählichen Übergang so zu verstehen, daß man mit Fleiß das, was sich in acht Tagen machen läßt, selbst nachdem man es wirklich machen will, in Jahren ausführt und sich dabei stellt, als ob menschliche Kräfte gegen die Gewalt der Geschichte zu gering wären, das Geschäft schneller zustande zu bringen. Das sich jemand stärker und gescheuter stellt, als er ist, begreift man, aber daß einer schwächer und dümmer tut, als er ist, kann man nicht immer fassen.

294. Unbekannt an Jacoby

Nachlaß[1]) *Aachen, 13. März 1845*[2]).

In der Sitzung des rheinischen Landtags vom 10. März wurde nach fast zehnstündiger stürmischer Debatte mit 55 Stimmen gegen 15 beschlossen:

Daß der Landtagsmarschall sich als Deputierter der Versammlung nach Berlin begeben solle, um Seiner Majestät die Bitte der Provinz um Reichsstände vorzutragen[3]).

[1]) JNUL(Ab).
[2]) *In JNUL(Ab):* 13. 3. 44 (?).
[3]) Der genaue Text des Beschlusses ist bei J. Hansen, *Rheinische Briefe und Akten*, S. 834 zu finden.

295. Albert Dulk an Jacoby

Abdruck[1]) *[Leipzig(?),] 18. März 1845.*

Die Elbinger Denkschriften[2]) sind gestern bei Wigand eingetroffen.

[1]) Lotte Esau, «Flugschriften und Broschüren des Vormärz in Ost- und Westpreußen» in »Altpreußische Forschungen» 1942 Jg. 19. H. 2 S. 264.
[2]) Wie Nr. 293 Anm. 2.

296. Julius Fröbel an Jacoby

Nachlaß[1]) *Zürich, 21. März 1845.*

..... Sie haben durch meine letzten Briefe die Verhältnisse unseres Geschäftes kennengelernt. Die Stellung Follens zu diesem und zu mir persönlich hat sich nicht wieder verändert, wird sich nicht verändern. Follen bleibt dabei, austreten zu wollen, oder will wenigstens um jeden Preis seine dem Geschäft geleisteten Vorschüsse plötzlich zurückziehen. Ruge stimmt mit mir vollkommen überein, daß Follens Austritt in unserm eigenen, d. h. des Geschäfts Interesse eine Notwendigkeit geworden. Die Möglichkeit eines *friedlichen* Auseinanderkommens beruht nun darauf, daß wir zur Rückzahlung an Follen 6000 Reichstaler (im Notfall 5000) auftreiben .....

Zur Empfehlung dieser Angelegenheit kann ich Ihnen nichts sagen, als daß die nächste, vielleicht die *ganze* Zukunft unseres Etablissements davon abhängt ..... Wenn in den Hauptsitzen der von uns vertretenen Richtung für uns keine Mittel zu kriegen sein sollten, so müßte ich freilich der Macht der Verhältnisse weichen und auf die Aufgabe, die ich mir gesteckt hatte, mindestens großenteils verzichten; aber ich hege vor der Hand noch günstigere Hoffnungen. Geben Sie mir, damit ich in Leipzig oder Berlin zu einem Entschlusse kommen kann, Antwort durch Gustav Siegmund in Berlin (Breite Straße Nr. 1), aber nicht direkt an ihn adressiert, oder durch Dr. Borchardt[2]), oder durch Blum in Leipzig oder durch Otto Wigand, wie Ihnen dies am bequemsten und sichersten zu sein scheint.

Ruge hat im Sinne, hierher zu ziehen, was sich wird ausführen lassen, da in ungefähr vierzehn Tagen ein Teil unseres Regierungsrates der Erneuerungswahl unterworfen wird und dabei eine liberale Majorität ziemlich bestimmt in Aussicht steht .....

[1]) JNUL(Ab).
[2]) Louis Borchardt, ein aus Königsberg stammender Arzt in Breslau, Teilnehmer an der liberalen Bewegung des Vormärz; 1849 wurde er infolge eines politischen Prozesses von den Verwaltungsbehörden für unfähig zur Ausübung der ärztlichen Praxis erklärt; wanderte nach längerer Festungshaft nach England aus, wo er in Manchester als angesehener Arzt lebte und sich mit Friedrich Engels befreundete.

297. M. S. Friedländer[1]) an Jacoby

Nachlaß[2]) *Königsberg, 27. März 1845.*

Im Namen des Vorstandes beehre ich mich, Euer Wohlgeboren die mir von Herrn Heinrich[3]) in bezug auf unsere Petition[4]) erhaltenen abschriftlichen Mitteilungen anbei zu überreichen mit der ergebenen Bitte, mir solche womöglich morgen wieder zukommen zu lassen, weil ich beabsichtige, eine Kopie davon anfertigen zu lassen, um solche an Herrn H. Friedländer[5]) zur Mitteilung an den Berliner[6]) Vorstand ... nachzusenden. Bei dieser Gelegenheit erlaube ich mir im Einverständnis mit Herrn H. Friedländer die Bitte um gefällige Abfassung einer Dankadresse an Herrn Heinrich[7]), dessen Bevorwortung wir dieses Resultat zu verdanken haben.

[1]) M. S. Friedländer, Vorstandsmitglied der Jüdischen Gemeinde in Königsberg.
[2]) LE(Ab).
[3]) Karl Ludwig Heinrich.
[4]) Am 14. Februar 1845 wandte sich der Vorstand der Jüdischen Gemeinde zu Königsberg an den Landtag mit der Bitte, beim König die völlige politische und bürgerliche Gleichstellung der Juden zu beantragen. Der von Heinrich befürwortete Antrag erhielt nicht die vorgeschriebene Stimmenmehrheit. H. Jolowicz, *Geschichte der Juden in Königsberg*, Posen 1867, S. 159.
[5]) Hirsch Friedländer.
[6]) *In LE(Ab) über dem Wort «Berliner»:* Bresl[auer]?.
[7]) Abgedruckt in Nr. 299.

298. Thomas Arens[1]) an Jacoby

Nachlaß[2]) *Bremen, 29. März 1845.*

‹Euer Wohlgeboren erlaube ich mir auf die Aufforderung des Herrn J. H. Levin einige der letzten Nummern der seit kurzen erscheinenden Weser-Zeitung zur Ansicht zu übersenden.› Es ist längst unser Wunsch gewesen, mit Königsberg, einem für die staatliche Entwicklung Preußens wie für die nationale Deutschlands so bedeutsamen Orte, in eine regelmäßige Verbindung zu treten, und Herr Levin war der Meinung, daß auch Ihnen unsere Zeitung als ein Organ für manche Dinge, die [eher] im «Auslande» als bei Ihnen die Druckerlaubnis erhalten, willkommen sein könnte. Mit dem Rhein haben wir, wie Sie aus beiliegenden Nummern ersehen, eine solche Verbindung unterhalten; in gleicher Weise möchten wir nun die politische Gesinnung Preußens in unserem Blatte repräsentieren ...

Jedoch bemerke ich im voraus einiges über die hiesigen Zensurverhältnisse, welches für unseren künftigen Korrespondenten nicht ohne Bedeutung sein wird. Die Freiheit, deren wir uns bis dahin erfreuen (und die uns sowohl von preußischer als von österreichischer Seite wiederholt Warnungen zugezogen hat), verdanken wir durchaus der Persönlichkeit des Zensors, die wir benutzen mußten .....

[1]) Thomas Arens, Redakteur der «Weser-Zeitung».
[2]) JNUL(Ab).

299. Dankadresse an Karl Ludwig Heinrich[1])

Abdruck[2]) *[Königsberg, etwa April 1845.]*

Der Geburt wie der Gesinnung nach Preußen – verlangen wir *nur deshalb* die vollen Bürgerrechte, um frei und ungehemmt dem Vaterlande dienen und gleich den christlichen Mitbürgern an der Gestaltung der Gegenwart mitwirken zu dürfen. Einzelne Zugeständnisse, wie solche uns von einem hohen Landtage gewährt worden, können nur insofern für uns einen Wert haben, als sie das Schwinden jenes unsittlichen Vorurteils bekunden, welches jahrhundertelang der vollen Würdigung unserer Ansprüche im Wege stand. Gleiche Berechtigung *aller* Bürger ist die Bedingung jeder wahren Volksfreiheit. Den Männern, die für die Sache der Juden kämpfen, gebührt daher nicht bloß *unsere* dankbare Anerkennung, sondern auch der Dank des *ganzen preußischen Volkes!*

[1]) Inhalt und Stil der Dankadresse deuten auf Jacoby als deren Verfasser. Um deren Abfassung wurde er am 27. März 1845 von M. S. Friedländer (vgl. Nr. 297) ersucht.

[2]) H. Jolowicz, a.a.O., S. 159.

300. Julius Fröbel an Jacoby

Nachlaß[1]) *Zürich, den 6. April 1845.*

Ich hoffe, Sie und Herr Meyerowitz haben meine letzten Briefe erhalten. Ich war eben zur Abreise nach Deutschland bereit, als ich durch die Verweigerung der preußischen Gesandschaft, meinen Paß zu visieren, zurückgehalten wurde. Sollten Sie mir, wie ich hoffe, nach Berlin oder Leipzig geschrieben haben, so muß ich nun den Brief hierher kommen lassen.

Die Angelegenheiten des Literarischen Comptoirs gehen nun einer schnellen Entscheidung entgegen[2]). Follen, welcher den moralischen (?) Mut hat, gegen mich persönlich die Rolle eines Shylock zu spielen, scheint mit einem Prozeß versuchen zu wollen, wie weit er's bringen kann. Er hat für sein Guthaben in unserem Geschäft den Rechts[streit?[3])] erhoben. Nach meiner und meines Advokaten Ansicht hat er kein Recht zur *unmittelbaren* Rückforderung seiner Vorschüsse, noch weniger aber zum gänzlichen Austritt; doch kann man, namentlich hier, nie genau wissen, welche Wendung ein Rechtsstreit nimmt. Sollte Follen siegen, so wäre bis Anfang nächsten Monats das Literarische Comptoir gestürzt. Daß dabei ich mit meiner Familie (das ganze zukünftige Vermögen meiner Frau[4] steht dabei auf dem Spiel) – mit Weib und Kind, meiner Mutter und einer geisteskranken Schwester – in eine Lage kommen würde, welche ich nicht näher bezeichnen mag, daß

[1]) Kopierbuchabzug. Fröbel-Nachlaß. Zentralbibliothek Zürich. Ms Z II 87.

[2]) Vgl. dazu Werner Näf, *Das Literarische Comptoir Zürich und Winterthur,* Bern 1929, S. 72 f.

[3]) Verwischt in dem Kopierbuchabzug.

[4]) Cleopha Fröbel-Zeller.

der Verlust des Aktivbürgerrechts mich hier politisch totmachen würde – dies alles wird Follen nicht abhalten, seinen Weg zu gehen, und es mag auch hier zurücktreten. Wer zu unserer Partei gehören will, muß auf alles gefaßt sein. Was das Literarische Comptoir betrifft, so vermute ich aus bestimmten Anzeichen, daß Follen dasselbe stürzen und nachher an sich ziehen will. Auf diese Weise würden die Folgen der Krisis nur mich treffen; aber es ist leicht vorauszusehen, was aus der Anstalt werden würde, wenn er deren Eigentümer würde.

Ich hielt Follen für einen der wenigen, welche aus dem «seligen Brei» des überschwenglichen Gemütslebens, aus der lüsternen Keuschheit, die ihn vormals zu den Lobgesängen auf die Jungfrau Marie begeistert, und aus der Flegelhaftigkeit der Deutschtümelei einen edleren Charakter und einen kräftigen praktischen Sinn herausgerettet. Ich habe mich geirrt. Die nüchterne Schweiz mit ihrer persönlichen Unabhängigkeit und eine Frau mit 200 000 Florin haben ihn vor dem Muckertum bewahrt, aber nicht vor der wuchernden Entwicklung romantischer Gewalttätigkeit, Brutalität und einer eigentümlichen subjektiven Ethik, nach welcher ein jeder schlecht ist, der anders denkt und will als er. Glauben Sie mir, daß ich weder eigensinnig noch sonderlich empfindlich bin. Ich habe von diesem Manne mir jahrelang, des höheren Zweckes gemeinsamen Wirkens wegen, Dinge gefallen lassen, die sicher wenige Männer von selbständigen Ansichten und Selbstgefühl geduldet hätten. Ich habe Eigenschaften entschuldigt, die ich vielleicht nie hätte entschuldigen sollen. Ich wurde von Follen als genauester Freund behandelt und gab mich diesem Verhältnisse hin, bis ich plötzlich von ihm, ohne daß ich bis heute einen vor der schwächsten oder stärksten Vernunft erkennbaren stichhaltigen Grund entdecken kann, wie von einem wilden Tiere angefallen wurde.

Ruge, dem Follen einen an mich geschriebenen Brief in Kopie mitgeteilt hat, schrieb mir, er sehe aus diesem Briefe selbst, daß eine Versöhnung zwischen mir und Follen kaum möglich sein werde. Die Frau Herwegh schreibt mir wörtlich folgendes: «Den Austritt Follens aus dem Literarischen Comptoir halten wir beide für einen großen Vorteil. Ich bin zu der Einsicht gekommen, daß man mit Follen ein dauerndes Verhältnis nicht halten kann.»

So steht diese Angelegenheit. Ich warte ebenso sehnlich auf Nachricht von Ihnen, sie möge nun tröstlich sein oder nicht, wie auf die Ankunft Ruges, von dem ich erwarte, daß er eine Zeitlang einigen Einfluß auf Follen ausüben wird, sicherlich aber in kurzem ebenfalls zu ihm stehen wird wie ich und wie Herwegh. Ruge will sich auf einige Zeit hier niederlassen und wollte anfangs dieses Monats mit seiner Familie hier eintreffen. Er kann dies jetzt besser, als er es früher gekonnt hätte, da bei der soeben stattgehabten Erneuerung unseres Regierungsrates die liberale Partei einen vollständigen Sieg davongetragen. Dies stellt uns hier sicher.

Was im übrigen in der Schweiz vorgeht, sagen Ihnen wohl die Zeitungen. In Luzern ist ein Trauerspiel aufgeführt worden, welches die Geschichte der Schweiz aufbewahren wird[5]). Die zersprengten Freischaren, welchen der in ihrem Rücken sich erhebende Landsturm die Flucht abgeschnitten, sind drei Tage lang in den Wäldern wie wilde Tiere gejagt worden. Die Zahl der Gefallenen wird von 200 bis 600 angegeben. Gefangen

[5]) Vgl. dazu *Historisch-biographisches Lexikon der Schweiz,* Neuenburg 1927, Bd. 4 S. 764.

wurden 1200 bis 1500. Die Anführer sollen, nachdem sie den greulichsten Mißhandlungen preisgegeben gewesen (man hat einen förmlichen Triumphzug mit ihnen gehalten, bei welchem der Pöbel sie anspuckte etc.) erschossen werden. Die Gefangenen werden mit beispielloser Grausamkeit behandelt. – Ein Pröbchen eines Religionskrieges aus dem 19. Jahrhundert!

Ich grüße Sie.
Julius Fröbel.

301. Jacoby und andere an Friedrich Wilhelm IV.[1])

Abdruck[2]) *[Königsberg, 28. April 1845.]*

Allerdurchlauchtigster, großmächtigster König,
Allergnädigster König und Herr,

Im Dezember vorigen Jahres traten mehrere Bürger Königsbergs zu einer Gesellschaft zusammen, deren Zweck war,

durch geselligen Umgang einander in sittlicher und geistiger Bildung zu fördern,

Vorträge erheiternden und ernsten Inhalts, freundschaftliche Besprechungen über gemeinnützige Gegenstände, Musik, Gesang, Deklamation waren die Mittel zur Erreichung des angegebenen Zwecks. Kein Stand, kein Beruf war ausgeschlossen; nur guter Name und sittlicher Lebenswandel waren die Bedingungen zur Aufnahme.

Bald nach der ersten Zusammenkunft war die Teilnahme, die unsere Gesellschaft erregte, allgemein. Männer aus allen Klassen der bürgerlichen Gesellschaft, Kaufleute, Gelehrte, Handwerker, Fabrikanten etc. traten derselben bei, so daß in wenigen Wochen die Zahl der Mitglieder auf 700 heranwuchs und der Andrang der sich noch Meldenden, die aus Mangel eines entsprechenden Lokals nicht aufgenommen werden konnten, zu dem Beschlusse, eine Bürgerhalle zu erbauen, Veranlassung gab.

Mit Vorwissen der Polizei versammelten wir uns an jedem Montage in dem Saale des

[1]) Am 28. April 1845 fand eine Versammlung der Königsberger Bürgergesellschaft statt. Polizeipräsident Abegg überreichte dem Präsidenten des Vorstandes der Gesellschaft, dem Kaufmann Heinrich, einen Befehl des Innenministers von Arnim, die Gesellschaft aufzulösen. Auf Jacobys Vorschlag wurde beschlossen, in einer Immediateingabe sich um den Schutz des Königs zu bemühen. Es bildete sich sofort eine Kommission, die die hier abgedruckte Adresse entwarf und der Versammlung vorlas. Vgl. Alexander Jung, *Königsberg und die Königsberger,* Leipzig 1846, S. 191–196. – Die Zusammensetzung der Kommission ist nicht bekannt; es ist aber mit Sicherheit anzunehmen, daß Jacoby ihr angehörte.

[2]) Nach dem Text in A. Jung, ebenda, S. 196–199. – Wiederabdrucke in K. R. Jachmanns «Geschichte der Königsberger Bürgergesellschaft» in *Vorwärts! Volkstaschenbuch für das Jahr 1846.* Hrsg. von Robert Blum, Leipzig 1846, S. 124–127; Gustav Dinter, «Die Bürgergesellschaft in Königsberg, ihre Entstehung, Entwicklung und Auflösung» in «Neue Preußische Provinzialblätter» 1859 F. 3 Bd. 4 S. 77–79.

Altstädtischen Gemeindegartens. Der Inhalt der in der Gesellschaft gehaltenen und mit Zensurerlaubnis später veröffentlichten Vorträge, die Ordnung und der gute Geist, der ununterbrochen in unsern Versammlungen herrschte, fanden auch *außerhalb* derselben die allgemeinste Anerkennung, und selbst der Herr Oberpräsident Bötticher äußerte sich erst vor kurzem gegen eins der Vorstandsmitglieder beifällig über unsere besonnene Haltung. Alle Teilnehmer der Gesellschaft ohne Ausnahme ließen es sich angelegen sein, vollkommen innerhalb der *gesetzlichen* Schranken sich zu bewegen und sorgsam alles zu vermeiden, was irgend Anstoß zu erregen geeignet wäre.

Mit Erstaunen sahen wir daher den Polizeipräsidenten in unsre heutige Versammlung eintreten, der uns die beiliegende Aufforderung[3]) zur sofortigen Auflösung der Gesellschaft mitteilte.

Der Minister Graf von Arnim, auf dessen besonderen Befehl diese Aufforderung ergangen, beruft sich auf § 3 Titel 6 Teil II Allgemeines Landrecht und Nr. 2 des Publikationspatentes vom 25. September 1832 (Gesetzsammlung 1832, S. 216). Der § 3 Titel 6 Teil II Allgemeines Landrecht lautet:

«Gesellschaften, deren Zweck und Geschäfte der gemeinen Ruhe, Sicherheit und Ordnung zuwiderlaufen, sind unzulässig und sollen im Staate nicht geduldet werden.»

Aus der obigen Darstellung der Entstehung und Entwicklung der Gesellschaft geht hervor, daß deren Zweck und Geschichte nicht im geringsten der gemeinen Ruhe, Sicherheit und Ordnung zuwiderlaufen, daß folglich das vom Minister angezogene Gesetz auf unsere Gesellschaft nicht im entferntesten Anwendung finden kann.

Ebensowenig paßt auf uns Nr. 2 des Publikationspatentes von 1832. In diesem heißt es: «Alle Vereine, welche politische Zwecke haben oder unter andern Namen zu politischen Zwecken benutzt werden, sind in sämtlichen Bundesstaaten zu verbieten, und ist gegen die Urheber und die Teilnehmer an denselben mit angemessener Strafe vorzuschreiten.»

Unsere Gesellschaft ist weder ein politischer Klub noch eine Volksversammlung; sie hat keine staatsgefährlichen Zwecke und ist auch unter anderm Namen niemals zu dergleichen Zwecken benutzt worden. Daß selbst nach der Meinung des Herrn Ministers von Arnim dies *nicht* der Fall gewesen, ergibt sich offenbar daraus, daß gegen kein Mitglied der Gesellschaft die im Gesetz gebotene Untersuchung verhängt worden ist. Des Herrn Ministers von Arnim Strenge in Aufrechterhaltung der Gesetze ist zu bekannt, als daß dieser Schluß nicht vollkommen gerechtfertigt erscheinen sollte.

Im Bewußtsein unserer reinen Absicht müssen wir uns gegen ein Mißtrauen, das ruhige Bürger mit Aufwieglern auf *eine* Linie stellt, verwahren und Eurer Majestät hohen Schutz gegen ein Verfahren anrufen, das uns durch kein Gesetz gerechtfertigt erscheint. Vor hundert Jahren schon versammelten sich in demselben Lokale, wo wir uns jetzt befinden, die Bürger Königsbergs, um ebenso wie wir Erholung von ihren Berufsgeschäften zu finden und über ihre Interessen sich zu besprechen.

Es kann unmöglich Eurer Majestät erhabener Wille sein, daß *uns* verwehrt werde, was unseren *Vätern* erlaubt war.

Die ausgesprochene landesväterliche Absicht unsres Königs: den Gemeinsinn der Bürger zu wecken und zu beleben, hat in uns den ersten Gedanken zur Begründung der Gesell-

[3]) Gedruckt bei A. Jung, *Königsberg und die Königsberger*, S. 194.

schaft rege gemacht und ist uns zugleich Bürgschaft für die Erhörung unsrer ehrfurchtsvollen Bitte:
Eure Majestät wollen das fernere Fortbestehen unsrer Gesellschaft zu gestatten geruhen.

In tiefster Ehrfurcht
Eurer Königlichen Majestät
Alleruntertänigste
treue Bürger.

302. Arnold Ruge an Simon Meyerowitz oder Jacoby[1])

Nachlaß[2]) *Zürich, 7. Mai 1845.*

Kaum war ich im Januar von Zürich wieder in Paris zurück, so brachen die Folgen der Umtriebe des preußischen Gesandten gegen die kommunistischen und nichtkommunistischen Schriftsteller in Paris, die für Mitarbeiter des unglücklichen «Vorwärts» galten, los. Aus meinem Brief an die Frau Konsulin werden Sie einiges über mich erfahren haben. Ich redressierte die Geschichte – alle Welt nahm sich meiner an, der eine sprach, der andere schrieb, der dritte bot mir seinen Herd zur Zuflucht an, und in allen Salons war nur *eine* Stimme gegen diese brutale Maßregel – und infolge der Suspension indéfinie gegen mich erschien dann im Moniteur parisien am 15. März die Zurücknahme der Maßregel gegen alle, die noch in Paris waren[3]). Nur Herr Bornstedt[4]) und Herr Marx sind abgereist infolge der Ausweisung[5]).

Sie wissen, daß ich aus Privatgründen schon im Dezember entschlossen war, nach Deutschland zurückzukehren. Ich wollte nach Dresden. Nun kam aber allerhand dazwischen. Ihr Brief wurde durch einen ähnlichen von meinem Bruder nur bestätigt, dazu kam, daß Fröbel mir schrieb, *Follen habe plötzlich seinen Austritt aus dem Literarischen Comptoir erklärt,* und zwar nachdem ich im Januar zur Auszahlung Hegeners 4000 Reichstaler angewiesen und in der Voraussetzung, nun seien alle Schwierigkeiten gehoben, mich also mit 10 000 beteiligt habe. Diese Verhältnisse machen es mir fast zur Notwendigkeit, hierher zu gehn, und eine glückliche Änderung im hiesigen Regierungsrat erlaubte mir, die Sache auszuführen.

Follens Austritt ist nun allerdings notwendig. Er hat nicht den nötigen Mut, diese Richtung treu zu verfolgen und ebensowenig kann er eine andere dafür einschlagen. Die Er-

[1]) So der Briefkopf in JNUL(Ab).

[2]) JNUL(Ab).

[3]) Diese Angabe konnte nicht nachgeprüft werden, da der Jahrgang 1845 des «Moniteur parisien» (nicht zu verwechseln mit dem «Moniteur universel») in der Bibliothèque Nationale, Paris, nicht vorhanden ist.

[4]) Adalbert von Bornstedt (1808–1851), Journalist, literarischer Geheimagent der preußischen Regierung, Begründer und Redakteur der «Deutschen-Brüsseler-Zeitung», Mitglied des Kommunistenbundes, in einer Irrenanstalt gestorben.

[5]) Marx reiste Anfang Februar 1845 von Paris nach Brüssel ab.

fahrungen, die Sie selbst gemacht, beweisen die Lage der Sache schon vor dem Austritt Follens. Dazu kommt, daß Follen wirklich in pekuniärer Verlegenheit zu sein scheint. Er fordert vor der Hand 4000 Reichstaler wie Hegener und will seine sonstigen Einschüsse bis 1848 Ostermesse im Geschäft lassen.... Die nächste Zahlung an Follen und die Fonds zum erfolgreichen Betrieb des Verlags wäre also jetzt unsere Sorge, da wir im Augenblick keinen neuen Kommanditär erlangen können.

Nun bietet uns durch Hoffmann[6]) ein ungenannter Freund unserer Richtung an: durch Pränumeration uns einen unmittelbaren Absatz zu verschaffen, da wir sonst natürlich unendlich lange auf Zahlung warten müßten, so gut auch die Artikel des Literarischen Comptoirs gehen ..... Der Vorschlag ist also dieser, *ob man nicht durch Ihre Vermittlung in Ostpreußen, Königsberg, Danzig und Elbing eine namhafte Anzahl Männer fände, die 4 Louisdor für gute Bibliothekbücher des Literarischen Comptoirs gleich einzahlten und dafür notierten, welche Werke sie zugesendet zu haben wünschten. ...* Siegmund und Wigand kommen her. Auch nach Paris habe ich mich gewendet. Wir hoffen, die Sache ganz neu zu konstituieren. ‹Nur müßten wir Follen durch Geld oder durch einen Vertrag es unmöglich machen, uns fortdauernd mit Projekten zu plagen und so unsere Handlung um den hiesigen Kredit zu bringen. Stellen Sie sich die Tollheit vor, daß er es vorteilhaft findet, uns zu verklagen, als wäre er ein *Fremder,* während er am stärksten in der Sache beteiligt ist. Doch hat er heute eingewilligt, 18 000 Florin gegen meine, Fröbels und Siegmunds Privatbürgschaft bis 1848 stehenzulassen. Das Geschäft wird von dem Augenblick an sehr gut sich halten lassen, wo Follen abgefunden und mit seinen eigenen juristischen Klauseln gefesselt sein wird und nur einiger Zuschuß uns die zum Auskauf Hegeners aufgewendeten Fonds ersetzt.

Ich hoffe auf Sie und habe auch an meinen Bruder, Fröbel aber an Hoffmann geschrieben ....›

[6]) Hoffmann & Campe?

303. Jacoby an den Stadtgerichtsdirektor[1]) in Königsberg

Abdruck[2]) *Königsberg, 15. Mai 1845.*

Euer Hochwohlgeboren

ersuche ich, beifolgendem, für die Hartungsche Zeitung bestimmtem Aufsatze die Druckerlaubnis zu erteilen.

Ergebenst

Dr. Jacoby.

[1]) F. E. Reuter.

[2]) Jacoby, «Noch ein Zensurkuriosum. Herr Stadtgerichtsdirektor Reuter als Königsberger Lokalzensor» in *Königsberger Taschenbuch.* Hrsg. von Ludwig Walesrode, Königsberg : H. L. Voigt 1846, S. 243 ff.

An
Herrn Stadtgerichtsdirektor Reuter[3]),
Hochwohlgeboren, hier.
«Wenn die im Namen der Gesellschaft mit der Einsetzung der Richter beauftragte Regierung einen Bürger zu diesem erhabenen Amte beruft, spricht sie:
Das Organ des Gesetzes sei leidenschaftslos wie dieses. Alle Leidenschaften werden dich umtoben; laß sie nimmer deine Seele stören! Wenn meine eigenen Irrtümer, die Eindrücke, welche mich belagern und vor denen man sich schwer ganz wahrt, mich zu ungerechten Befehlen hinreißen, so gehorche meinen Befehlen *nicht,* widerstehe meinen Verlockungen, widerstehe meinem Dräuen. Setzest Du Dich zu Gericht, so wohne nicht *Furcht* nicht *Hoffnung* im Grunde Deines Herzens. Sei leidenschaftslos wie das Gesetz! – Der Richter antwortet: Ich bin nur ein Mensch, und Du forderst von mir Übermenschliches. Du bist zu mächtig, und ich bin zu schwach. Ich muß in diesem ungleichen Kampfe unterliegen. Du wirst meine Gründe zum Widerstande, den Du mir heute zum Gesetz machst, *verkennen* und ihn bestrafen. Ich kann mich nicht über mich selbst erheben, wenn Du mich nicht gleichzeitig gegen mich selbst und gegen Dich schützest. Komm dann meiner Schwäche zu Hilfe, befreie mich von *Furcht* und *Hoffnung;* versprich mir den Besitz meiner Richterstelle, bis ich überführt würde, Verräter an den Pflichten geworden zu sein, welche Du mir auflegst. –
Die Staatsgewalt zaudert; es liegt in der Natur der Gewalt, sich nur nach langem Bedenken ihres Willens zu entäußern. Endlich durch Erfahrung über ihr wahres Interesse belehrt, durch die Macht der stets wachsenden Tatsachen überwältigt, spricht sie zum Richter:
«Du sollst unabsetzbar sein.»

Royer-Collard[4]).

[3]) «Derselbe, der so unglücklich war, das Gesetz vom 29. März 1844, die Ab- und Versetzbarkeit der richterlichen Beamten, gegen Heinrich Simon verteidigen zu wollen.» Anm. Jacobys, ebenda, S. 243.

[4]) Quelle des Zitats: vgl. Nr. 305. Sämtliche Sperrungen von Jacoby. Pierre-Paul Royer-Collard (1763–1845), französischer Philosoph und Politiker, verteidigte in der Abgeordnetenkammer das konstitutionelle System.

304. Der Stadtgerichtsdirektor in Königsberg an Jacoby

Abdruck[1]) *Königsberg, 15. Mai 1845.*

Ich muß bitten, mir den Aufsatz in duplo vorzulegen, wenn derselbe unter Euer Wohlgeboren Verantwortlichkeit, d. h. mit Beifügung Ihres Namens abgedruckt werden soll.

[1]) Jacoby, «Noch ein Zensurkuriosum ...» in *Königsberger Taschenbuch,* 1846, S. 245.

Andernfalls kann die Zensurvorlage nur durch den Zeitungsredakteur erfolgen. Immer aber ist die Quelle näher anzugeben, aus welcher dieser Aufsatz entnommen, namentlich: ob derselbe eigene Übersetzung oder nur Exzerpt etc. ist, weil nur darnach beurteilt werden kann, inwiefern dem Abdrucke die Gesetze wegen *Nachdrucks* entgegenstehen. Mit diesem ergebenen Bemerken urschriftlich zurück.

Reuter.

305. Jacoby an den Stadtgerichtsdirektor in Königsberg

Abdruck[1]) *Königsberg, [wohl 15.]*[2]) *Mai 1845.*

Euer Hochwohlgeboren

übersende ich beiliegend die von Ihnen verlangte Abschrift des Aufsatzes und die Quelle, aus welcher derselbe entnommen ist: «*Cormenin*, Buch der Redner»[3]) S. 345. Meinen Namen als Einsender habe ich dem Aufsatze beigefügt.

Ergebenst

Dr. Jacoby.

An

den Herrn Stadtgerichtsdirektor *Reuter*, Hochwohlgeboren.

1) Jacoby, «Noch ein Zensurkuriosum ...» in *Königsberger Taschenbuch*, 1846, S. 246.

2) Im gedruckten Text irrtümlich: 25.

3) W. A. Cormenin, *Das Buch der Redner.* Nach der 11. Originalausgabe, Leipzig 1843.

306. Der Minister des Innern (im Auftrage des Königs) an Jacoby

Abdruck[1]) *Berlin, 19. Mai 1845.*

Seine Majestät der König haben mittelst Allerhöchster Kabinettsorder vom 16. d. M. zu erklären geruht, daß Allerhöchst dieselben mit Rücksicht auf die in den Versammlungen der sogenannten Bürgergesellschaft zu Königsberg gehaltenen Vorträge die angeordnete Schließung dieser Versammlungen völlig gerechtfertigt finden, und haben Seine Majestät mich beauftragt, dies dem Vorstande der Gesellschaft auf die Immediatbeschwerde ohne Datum[2]), wie hierdurch geschieht, bekanntzumachen.

Der Minister des Innern.

Arnim.

1) Gustav Dinter, «Die Bürgergesellschaft in Königsberg ...» in «Neue Preußische Provinzialblätter» 1859 F. 3 Bd. 4 S. 81.

2) Vgl. Nr. 301.

307. Der Stadtgerichtsdirektor in Königsberg an Jacoby

Abdruck[1]) *Königsberg, 20. Mai 1845.*

Wenn statt der Anfangsworte «wenn *die* Regierung» gesagt wird, «wenn eine Regierung» so wird das Imprimatur hierdurch erteilt. Der Ausdruck «*die* Regierung» müßte nach dem Orte des Inserats, einer hiesigen Zeitung, auch auf unsre bezogen werden. Eine solche Deutung würde aber das Inserat als dem Artikel IV der Zensurinstruktion zuwiderlaufend darstellen und zur Versagung der Druckerlaubnis zwingen.

Da das Buch, aus welchem der obige Aufsatz entnommen, keinen durch das Nachdrucksgesetz geschützten Autor hat, so kann dieses dem Abdruck nicht entgegenstehen.

Reuter.

[1]) Jacoby, «Noch ein Zensurkuriosum ...» in *Königsberger Taschenbuch*, 1846, S. 246.

308. Zensiertes Inserat von Jacoby

Abdruck[1]) *Erschienen am 23. Mai 1845.*

(Von Herrn Dr. Jacoby eingesandt.) «Wenn eine im Namen der Gesellschaft mit der Einsetzung der *Richter* beauftragte *Regierung* einen Bürger zu diesem erhabenen Amte beruft, spricht sie: [Es folgt der Text wie Nr. 303.]

[1]) «Königl. Preuß. Staats-, Kriegs- und Friedens-Zeitung» 23. Mai 1845 Nr. 117 S. 1153.

309. Verbotenes Inserat von Jacoby und anderen[1])

Abdruck[2]) *Königsberg, 29. Mai 1845.*

Die geehrten Mitglieder der ehemaligen Bürgergesellschaft werden aufgefordert, sich Sonnabend den 31. d. M. nachmittags 6 Uhr in dem Saale des Altstädtischen Gemeindegartens einzufinden, um den Königlichen Bescheid auf ihre Immediateingabe vom 28. April entgegenzunehmen und über das Vermögen der Gesellschaft einen Beschluß zu fassen. Der Eintritt wird nur gegen Vorzeigung der Karte gestattet.

Heinrich. Dinter. Ehlert. Jacoby. Sauter. Sahm.
Conradt. Sembritzki. Gaik[3]).

[1]) Polizeipräsident Abegg verbot der «Königl. Preuß. Staats-, Kriegs- und Friedens-Zeitung», das ihr zugesandte Inserat aufzunehmen.

[2]) Gustav Dinter, «Die Bürgergesellschaft in Königsberg ...», a. a. O. S. 81.

[3]) H. Ehlert, Hutfabrikant; C. F. Sahm, Sattlermeister; Anton Ferdinand Conradt, Tischlermeister; M. F. Sembritzki, Schuhmachermeister; S. Gaik, Schneidermeister; alle in Königsberg wohnhaft.

310. Königsberger Adresse an Johann Adam von Itzstein und Friedrich Hecker[1])

Abdruck[2]) *[Königsberg, 2. Juni 1845.]*

Die Beleidigung des Gastrechts entrüstet jeden fühlenden Menschen; unsäglich aber ist der Schmerz, wenn in den Edelsten und Besten der Nation das verletzt wird, was ein unantastbares Erbe selbst des Geringsten sein müßte. Das dachten, das fühlten wir, hochverehrte Herren, als wir vernahmen, wie Sie, die besten Söhne Deutschlands, Lieblinge des Volks, weil Vorkämpfer seiner Freiheit, aus der Hauptstadt unsres Landes verbannt wurden. Allein wenn das Edle gemißhandelt wird, steigt sein Wert unendlich in der Achtung aller, die frei denken und natürlich fühlen. Mögen Ihnen diese Zeilen – ein aus weiter Ferne gesandtes Zeichen aufrichtiger Liebe und Verehrung – für das Ersatz bieten, was die preußische Polizei zu verhindern bemüht war; uns muß der Trost genügen, daß Sie die Bürger Königsbergs zu gut kennen, um nicht zu wissen, daß, wer Freiheit und offnes Recht mutig verficht, von uns stets als teurer Mitbürger begrüßt wird.

[1]) Während ihres kurzen Aufenthaltes in Berlin, von wo sie nach Königsberg zu Jacoby weiterreisen wollten (vgl. Schuppan S. 254, 449), wurden die beiden badischen Abgeordneten am 23. Mai 1845 aus den preußischen Staaten ausgewiesen. «Die Männer der liberalen Partei [in Königsberg] beschlossen, den tief gekränkten badischen Repräsentanten durch Übersendung einer Adresse ein Zeichen ihrer Teilnahme für die ihnen widerfahrene Unbill zu geben.» G. Dinter, «Die Bürgergesellschaft in Königsberg», a.a.O. S. 84. Die Adresse wurde am 2. Juni 1845 in einer Versammlung in Böttchershöfchen vorgelesen und massenhaft unterschrieben. Die Unterschriften fehlen zwar, doch dürfte es keinem Zweifel unterliegen, daß Jacoby die Adresse mit unterzeichnete. Vermutlich war er auch Verfasser oder Mitverfasser der letzteren.

[2]) K. R. Jachmann, «Geschichte der Königsberger Bürgergesellschaft», im *Vorwärts! Volkstaschenbuch für das Jahr 1846.* Hrsg. von R. Blum, Leipzig 1846, S. 128 f.

311. Gottfried Karl Sperling an Jacoby

Nachlaß[1]) *Königsberg, 16. Juni 1845.*

Es verbreitet sich das Gerücht in der Stadt, daß zwei Stabsoffiziere mich unmittelbar oder durch einen Dritten haben bestimmen wollen, dahin zu wirken, daß die Adresse an den König nicht abginge. Dies Gerücht beruht auf einem Mißverständnisse, und ersuche ich Sie freundlichst, demselben bei sich darbietender Gelegenheit zu widersprechen. Ich wende mich deshalb an Sie, geehrter Freund, weil ich von zwei Personen gehört habe, daß es gerade von Ihnen denselben mitgeteilt worden.

[1]) LE(Ab).

312. Julius Waldeck an Jacoby

Nachlaß[1]) *[Berlin,] 1. Juli 1845.*

Sonst pflegtest Du doch wenigstens nach wichtigen Begebenheiten etwas von Dir hören zu lassen, dieses Mal aber schweigst Du trotz der Pillauer Versammlung[2]), der Rede Seiner Majestät, der Adresse des Magistrats[3]) etc. etc. Solches ist um so unrechter, als sich die Gelegenheit gefunden hätte, manche Beilage an Gedichten, Reden etc. hierhergelangen zu lassen und so sowohl einen größeren Leserkreis zu erfreuen als auch manche Unwahrheit zu widerlegen ..... Auch hier fängt an, sich einiges Leben zu zeigen, eine Adresse an Itzstein und Hecker sind unterzeichnet, eine lebhafte Teilnahme gab sich bei dem Gerüchte kund (das übrigens völlig richtig war), daß einige zwanzig Literaten, worunter auch Berliner, fortgewiesen werden sollten[4] (eine Maßregel, die nur auf Flottwells, Bülows[5] und Boyens Dringen unterblieben sein soll), und endlich hat sogar der hiesige Magistrat eine Beschwerde über Eichhorns Verbot der Kirchenbewilligung an die Deutschkatholiken an Seine Majestät gerichtet.

Dieses alles ist für die drückenden Verhältnisse der Residenz viel und wird dem hohen Herrn wenigstens zeigen, daß der Drang nach Aufgabe der Vormundschaft ein allgemeiner sei. Als solcher muß auch die Breslauer Versammlung, so lau ihre Erklärung auch sonst ist, angesehen werden, und so hat sie auch ihre Bedeutung. – Ist es wahr, daß Motherby in Anklage versetzt ist, und vor allem, wie steht es mit Deinem Prozeß? Ich hoffe noch immer, Dich im Herbste hier zu sehen. Und nun noch einmal, schreibe bald und schicke manches, wenn auch von den alten Neuigkeiten, sonst gelangen sie vielleicht erst nach Arnims und Eichhorns Abtritt an, an welchen ich übrigens weniger als an einen noch stärkeren Reaktionsversuch glaube....

[1]) JNUL(Ab).

[2]) Gemeint ist das vielbesprochene Pillauer Bürgerfest am 8. Juni 1845, wo ein paar tausend Teilnehmer aus Königsberg, Fischhausen, Elbing und Braunsberg «sich an schönen Reden, Liedern und Toasten auf Freiheit und Vaterland entzündeten». Bruno Th. Satori-Neumann, *Elbing im Biedermeier und Vormärz,* Elbing 1933, S. 60. Den Höhepunkt des Festes bildete Jacobys Rede. Einstimmig angenommen wurde sein Antrag, «daß wir eine *Gesamtvertretung des Volks,* durch eine aus *allen* Klassen der Staatsbürger gewählte *reichsständische* Versammlung für ein *dringendes Bedürfnis* des Landes erachten und daß nach unserer Ansicht jeder, der auf gesetzlichem Wege zur Erreichung dieses Zieles mitwirkt, sich um das preußische Vaterland verdient macht». G. Dinter, «Die Bürgergesellschaft in Königsberg», S. 88.

[3]) Gemeint ist die Adresse des Magistrats und der Stadtverordnetenversammlung in Königsberg an den König vom 11. Juni 1845, gedruckt in der anonymen Broschüre *Zur neuesten Geschichte Königsbergs,* Leipzig: Gebhardt & Reissland 1845, S. 7–11; auch in *Mitteilungen aus dem Leben des Feldmarschalls Grafen Friedrich zu Dohna.* Als Manuskript gedruckt. Berlin 1873, S. 235–238.

[4]) Vgl. K. A. Varnhagen von Ense *Tagebücher* [III, S. 91 f. 101], 15. und 24. Juni [1845]. GM.

[5]) Heinrich von Bülow (1791–1846), preußischer Staatsmann, 1842–1845 Außenminister.

313. Karl August Milde an Jacoby

Nachlaß[1]) *Breslau, 15. Juli 1845.*

Sie werden aus den öffentlichen Blättern zur Zeit gelesen haben, welche bedauernswerte Wendung meine Einreichung Ihrer Petition und resp. Präsentation Ihrer beiden Denkschriften beim achten schlesischen Provinziallandtage genommen hat. Die zum Selbstbewußtsein gekommene rohe Gewalt wird zu aller Zeit Mittel finden, den Geist totzuschlagen – und das ist die traurigste Erfahrung der Jetztzeit.

Nichtsdestoweniger hat die Einsendung ihrer Arbeiten gewirkt – gewirkt, manchen Kurzsichtigen eine andere Fährte zu zeigen, und darum herzlichen Dank dafür.

Mein Antrag auf geheime Polizei Existenz (?) hat Herrn von Arnim in ebenso befremdlicher als wunderbarer Art veranlaßt, sich zu einer Exkulpation und Verteidigung seiner ministeriellen Maßnahmen herbeizulassen, und wenn in letzter Instanz dieser Antrag unseren alten Oberpräsidenten bestimmt hat, seinen Abschied zu nehmen[2]), so hat die Rückwirkung auch beigetragen, Herrn von Arnim zu decampieren. Aus der Schlöffelschen Sache kommt nichts heraus; ein reines Machwerk gemeiner schlechter Polizeiagenten fällt sie in sich zusammen, wie sie es verdient[3]).

An demselben Tage, als sich hier die offizielle Nachricht von dem Abschied des Oberpräsidenten von Merckel verbreitete, haben ihn die Bürger zum Stadtverordneten gewählt, und der Defensor Schlöffels[4]) ist zum Stadtverordnetenvorsteher, nachdem er erklärt hat, daß, für den Fall das Ministerium ihm die Bestätigung verweigere, er aus dem königlichen Dienste scheide, nominiert worden. In dieser Woche werden wir Simon[5]) eine goldene Feder für seine Arbeit gegen das Gesetz vom 29. März und Kamptz bei einem feierlichen Mittagsmahl überreichen, und ein gleiches Freudenmahl ist zur Feier des Abgangs des Herrn von Arnim in der Vorbereitung.

Bezüglich die (?) Itzstein und Hecker, so werden die Stadtverordneten eine Adresse an Seine Majestät richten, in welcher sie ihr tiefes Bedauern über das Faktum ausdrücken, zugleich bemerken, sie hätten bis heute sich jeder Demonstration den Unterdrückten gegenüber enthalten, weil sie gehofft haben, die Regierung würde endlich das Stillschweigen brechen und die Motive klar darlegen, welche sie zu diesem Gewaltschritte vermocht, einem Gewaltschritte, welcher von Staatswegen die Bundesakte – das geltende deutsche Staatsrecht – zerreiße; da dies aber bis jetzt nicht geschehen, so müsse die Stadtverordnetenversammlung bitten, daß es Seiner Majestät gefallen möge, zu befehlen, die Gründe dieser strengen und bis hierher unerhörten Gewaltäußerung ihren treuen Untertanen darzulegen ....

[1]) JNUL(Ab).

[2]) Der Liberale Oberpräsident von Schlesien Friedrich Theodor von Merckel (1775–1846) genoß nicht das Vertrauen der Regierung. Am 16. Mai 1845 erhielt er den von ihm erbetenen Abschied.

[3]) Der Fabrikant Friedrich Wilhelm Schlöffel aus Schlesien, wegen angeblicher kommunistischer Umtriebe verhaftet, wurde nach mehrmonatiger Haft freigesprochen. Vgl. K. A. Varnhagen von Ense, *Tagebücher*, III, S. 52 f., 64 f., 140, 149, 291.

[4]) Rechtsanwalt Heinrich Gräff aus Breslau.

[5]) Heinrich Simon, *Die preußischen Richter und die Gesetze vom 29. März 1844*, Leipzig: Otto Wigand 1845. Die zweite vermehrte Auflage enthielt eine Antwort Simons an Kamptz, der die erste Auflage boshaftig angegriffen hatte. Vgl. JHSG, I, S. 232 ff., 239.

‹Beikommend ein Exemplar unserer langweiligen und trockenen Verhandlungen des letzten Landtages. Viele Grüße an Walesrode. Herrn Crelinger meine besten Empfehlungen.

Treu Ihr stets ergebener›

314. Jacoby und andere an den Minister des Innern[1])

Abdruck[2]) *Königsberg, 20. Juli 1845.*

Exzellenz!

Auf Anordnung der hiesigen Regierung hat das Polizeipräsidium uns Endesunterzeichnete[3]) «als diejenigen, welche bisher bei den im Altstädtischen Gemeindegarten und in Böttchershöfchen stattgehabten Versammlungen, sei es durch den Vorschlag zur Wahl eines Präsidenten (Ordners), durch die Annahme eines solchen Amtes, durch *öffentliche* Reden und Vorträge jeder Art, namentlich auch durch Vortrag von Gedichten und Einzelgesängen handelnd aufgetreten sind, vor weiteren derartigen Unternehmungen, die in ihrem ganzen Zusammenhange den Charakter der fortbestehenden Verbindung der ehemaligen hiesigen Bürgergesellschaft, wenn auch in veränderter Form, an sich tragen, ernstlich verwarnt, und zwar unter Androhung einer Geldstrafe von 50 bis 100 Talern oder einer vierzehntägigen bis vierwöchentlichen Gefängnisstrafe, die – da hier nicht von der resolutorischen Festsetzung einer Strafe, sondern von der Durchführung einer Exekutionsmaßregel die Rede ist – ohne weitern Anstand vollstreckt werden soll».

Wir haben gegen dieses Verfahren, das wir für ungesetzlich halten, protestiert und wenden uns nunmehr an Eure Exzellenz, um darüber Beschwerde zu führen.

Die Regierung geht von der Annahme aus, daß die von Seiner Majestät dem Könige verbotene Bürgergesellschaft in den harmlosen Vereinigungen im Altstädtschen Gemeindegarten und in den Konzerten in Böttchershöfchen fortgesetzt werde. Diese Annahme ist irrig. Die Gesellschaft, die sich an jenen Orten versammelt, ist keine geschlossene, sondern jedem zugänglich; es gibt weder einen Vorstand noch eine Mitgliedschaft, weder eine Aufnahme noch einen Geldbeitrag, weder Statuten noch einen «gemeinschaftlichen Endzweck». Nur ein geringer Teil der ehemaligen Bürgergesellschaft zeigt sich unter den dort Anwesenden; Frauen, Kinder und Männer, die zu jener Gesellschaft in keinerlei Beziehung standen, bilden die Mehrzahl der Gäste. Wenngleich wohl jedesmal ein Vor-

[1]) Ernst von Bodelschwingh.

[2]) «Königl. Preuß. Staats-, Kriegs- und Friedenszeitung» 28. Juli 1845 Nr. 173 S. 1709 f. (Inserat). Mit geringfügigen Änderungen abgedruckt in K. R. Jachmann, «Geschichte der Königsberger Bürgergesellschaft», a.a.O., S. 134–138.

[3]) Die Unterschriften fehlen. Unter den achtunddreißig Verwarnten befanden sich Martin Otto Ballo, Ferdinand Falkson, Karl Ludwig Heinrich, Johann Jacoby, Alexander Jung und Raphael Jakob Kosch.

sitzender aus der Versammlung gewählt wird, so geschieht dies eben im Interesse der allgemeinen Ruhe und Ordnung, und es wiederholt sich damit nur, was bei andern geselligen Zusammenkünften vorzukommen pflegt.

Die Regierung selbst scheint die Unhaltbarkeit der eigenen Voraussetzung zu fühlen. Dafür sprechen ihre Maßregeln.

Sähe sie in der Tat die Montagskonzerte als eine Fortsetzung der Bürgergesellschaft an, so hätte sie dieselben sofort unterdrücken und gegen sämtliche Gäste als Teilnehmer einer verbotenen Verbindung die gerichtliche Untersuchung einleiten müssen. Wir unsererseits könnten eine solche nur *wünschen*, um die Verdächtigung wegen gesetzwidriger Handlungen von uns zu entfernen.

Da das Publikationspatent vom 25. September 1832, welches öffentliche Reden politischen Inhalts verbietet, auf die Bewohner *unserer Provinz* keine Anwendung findet, so besteht nach wie vor bei uns volle Redefreiheit; sie ist durch keine vorkehrende Maßregel beschränkt, sondern nur durch die allgemeinen Strafgesetze in bestimmte Grenzen gewiesen.

Das Publikationspatent auf unsere Provinz auszudehnen oder ein neues die Redefreiheit beschränkendes Gesetz zu erlassen, liegt außer der Befugnis der Regierung.

Indem wir an öffentlichen Orten gesprochen, haben wir demnach nur von einem uns zustehenden Rechte Gebrauch gemacht; wir sind dabei als loyale Bürger vollkommen innerhalb der *gesetzlichen* Schranken geblieben, so daß den in Böttchershöfchen stets anwesenden Polizeibeamten keine Gelegenheit zu einer Denunziation gegeben wurde. Schwerlich dürfte es aber auch der Regierung gelingen, aus den dort gehaltenen Reden eine «dem Publico bevorstehende Gefahr, eine Störung der öffentlichen Ruhe, Sicherheit und Ordnung» zu deduzieren. Deshalb entspricht das von der Regierung eingeschlagene Verfahren auch nicht den Erfordernissen einer Präventivmaßregel.

Eine solche hätte nicht bloß auf die Unterzeichneten beschränkt, sondern durch eine öffentliche Strafverordnung auf alle Bewohner der Stadt ausgedehnt werden müssen. Indem die Regierung aus einer Masse von mehreren Tausenden Personen nur uns Unterzeichneten die Verwarnung und Strafandrohung eröffnet, greift sie – ohne das Gesamtinteresse vorsorgend zu schützen – in unsere persönlichen Rechte ein und nimmt uns die Redefreiheit, die allen übrigen Bürgern unverkürzt bleibt.

Eine derartige allgemeine *Strafverordnung* hätte das resolutorische Verfahren zur Folge gehabt und den Beteiligten den Rekurs auf *richterliche* Entscheidung offengelassen. Darin, daß aufgrund einer offenbar irrigen Voraussetzung ein bloßer *Strafbefehl* wider uns erlassen und ausdrücklich das Exekutionsverfahren vorgeschrieben worden, können wir nur die Absicht der Regierung erkennen, zu unserm Nachteil die Entscheidung dem Richter zu entziehen.

Wir glauben, Euer Exzellenz gegenüber, uns jeder weiteren Beleuchtung dieses Verfahrens überheben zu können.

Bei dem Herrn Oberpräsidenten Böttícher darüber Beschwerde zu führen, hielten wir, durch frühere Erfahrungen belehrt, für unnütz.

Mit vollem Vertrauen benutzen wir die Stellung, die Euer Exzellenz einnehmen, um Ihren Schutz zu beanspruchen. Ihr bürgerfreundlicher Sinn, von welchem unsere rheinischen Mitbürger so vielfache Beweise erhielten, ist uns eine sichere Gewähr dafür,

daß das offene freie Wort, die in unserer Provinz annoch geltende Redefreiheit vor willkürlichen Eingriffen bewahrt bleiben wird.
Indem wir den zu Protokoll gegebenen Protest beizulegen uns erlauben, bitten wir Euer Exzellenz,
die hiesige Regierung wegen ihres ungesetzlichen Verfahrens geneigtest zu rektifizieren.
(Folgen die Unterschriften. [Vgl. S. 299 Anm. 3.])

315. Der Polizeipräsident in Königsberg an Jacoby

Abdruck[1]

Königsberg, 22. Juli 1845.

Euer Wohlgeboren haben ungeachtet der Ihnen am 17. huius zu Protokoll eröffneten Verwarnung gestern bei dem Konzert in Böttchershöfchen wiederum einen öffentlichen Vortrag gehalten und hierbei das dem Herrn Holzhändler *Behrenz* abschriftlich zugefertigte Verwarnungsprotokoll de dato den 17. huius und die im Verfolg desselben Seiner Exzellenz dem Herrn Minister von *Bodelschwingh* von den Verwarnten eingereichte Beschwerdeschrift öffentlich vorgelesen.
Wegen dieser nach den mir zugekommenen Nachrichten unzweifelhaft feststehenden Übertretung der Ihnen eröffneten Verwarnung wird hiermit Inhalts derselben gegen Sie eine *Geldstrafe von fünfzig Talern oder im Unvermögensfalle eine vierzehntägige Gefängnisstrafe* festgesetzt, und diese Straffestsetzung wird Ihnen hierdurch mit dem Bemerken eröffnet, daß, wenn Sie nicht bis morgen den 23. huius 8 Uhr morgens die fünfzig Taler Strafe nebst den unten vermerkten Kosten dieser Verfügung im Betrage von zwanzig Silbergroschen zur Polizei-Salarien- und Sportelkasse eingezahlt haben, unverzüglich die *Exekution* gegen Sie wegen Beitreibung dieser Geldsumme und des Falls, daß die Ihnen abzunehmenden obiecta executionis zur vollständigen Deckung der betreffenden Summe nicht ausreichen sollten, an Ihnen ohne allen Verzug die vierzehntägige Gefängnisstrafe vollstreckt werden wird.

Königlicher Polizeipräsident.
Abegg.

An
den praktischen Arzt Herrn Dr. Jacoby
Wohlgeboren hier.

Strafe .... 50 Taler
Stempel ...15 Silbergroschen
Kopial .... 2 Silbergroschen 6 Pfennig
Minist .... 2 Silbergroschen 6 Pfennig

50 Taler 20 Silbergroschen 2 Pfennig

[1]) Jacoby, *Beschränkung der Redefreiheit. Eine Provokation auf rechtliches Gehör,* Mannheim: Friedrich Bassermann, 1846, S. 20 («Beilage II»).

316. Jacoby an den Polizeipräsidenten in Königsberg

Rekonstruktion[1]) *Königsberg, 31. Juli 1845.*

Meldet «Provokation auf rechtliches Gehör» an.

[1]) Nach Nr. 317.

317. Der Polizeipräsident in Königsberg an Jacoby

Abdruck[1]) *Königsberg, 1. August 1845.*

Euer Wohlgeboren eröffne ich auf Ihre vom 31. d. M. datierte und an demselben Tage hier präsentierte Eingabe hiermit ganz ergebenst, daß unter dem 22. v. M. meinerseits nicht mittels eines *Resoluts,* sondern vielmehr mittels eines einfachen Dekrets die am 23. eius mensis durch Abpfändung mehrerer Sachen vollstreckte Geldstrafe von 50 Talern gegen Euer Wohlgeboren festgesetzt worden ist, und dies zwar deshalb, weil so, wie es schon die Ihnen am 17. v. M. zu Protokoll eröffnete Verwarnung besagt, in casu nicht von der *resolutorischen* Festsetzung einer Strafe wegen Übertretung eines polizeilichen Strafgesetzes, sondern von der Durchführung einer *Exekutionsmaßregel* auf Unterlassung die Rede ist, bei welcher – Inhalts der mir dieserhalb zugegangenen *Regierungsverfügung vom 15. Juli c.* sub numero 523/7 I – die Vorschriften des Anhangs der Regierungsinstruktion vom 23. Oktober 1817 § 48 Nr. 2 in Verbindung mit den Bestimmungen der Allgemeinen Gerichtsordnung Teil I Titel 24 § 54 und des Exekutionsgesetzes vom 4. März 1834 § 10 (Gesetzsammlung pro 1834, pagina 33 und 34) dergestalt zur Anwendung kommen, daß *jedenfalls die Provokation auf rechtliches Gehör ausgeschlossen* ist und den Beteiligten gegen die bezügliche Straffestsetzung wie über jede andere Verfügung einer Behörde nur der Weg der *Beschwerde* offensteht.

Unter so bewandten Umständen kann ich die von Euer Wohlgeboren am 31. v. M. gegen das erwähnte Strafdekret vom 22. eius bei mir angemeldete *Provokation auf rechtliches Gehör nicht beachten* und werde sonach die betreffenden Akten an das hiesige Königliche Inquisitoriat nur erst dann zur weiteren Veranlassung abgeben, wenn solches der hiesige Königliche Kriminalsenat mir ausdrücklich befohlen haben wird.

Aus denselben Gründen und da die Königliche Regierung mittels der Verfügung vom 28. v. M. sub numero 3001/7 I mich ausdrücklich angewiesen hat, mit dem Verkauf von Euer Wohlgeboren abgepfändeten Sachen ohne weiteren Anstand vorzugehen, kann ich auch nicht auf Euer Wohlgeboren Protestation gegen diesen Verkauf rücksichtigen und ersuche Sie somit, mein Ihnen dieserhalb unter dem 29. v. M. zugegangenes amtliches Schreiben[2]) gefälligst nicht unbeachtet zu lassen.

Königlicher Polizeipräsident.

Abegg.

An den Herrn Dr. Jacoby
Wohlgeboren hier.

[1]) Jacoby, *Beschränkung der Redefreiheit . . .*, S. 21–22 («Beilage III»).
[2]) Liegt nicht vor.

318. Erklärung von Jacoby und anderen betreffend die Versammlungen in Böttchershöfchen

Abdruck[1]) *Königsberg, 1. August 1845.*

Erklärung

In der Verfügung vom 23. v. M. hat das Königliche Polizeipräsidium alle diejenigen mit einer Geldstrafe bedroht, welche ferner in Böttchershöfchen redend auftreten würden. Die 38 zuerst Verwarnten[2]) haben darüber Beschwerde geführt und die in Strafe Genommenen auf rechtliches Gehör provoziert. Somit ist zum Schutze des uns zustehenden Rechtes der Redefreiheit alles getan, was in der Macht der Beteiligten stand. Nachdem nunmehr die Polizei sofortige Arretierung verfügt hat, zeigen die bisherigen Redner allen denen, welche für die erwähnten Versammlungen ein lebendiges Interesse fühlten, hiermit an, daß sie für jetzt in Böttchershöfchen keine Vorträge halten werden.

[1]) Als Inserat erschienen in «Königl. Preuß. Staats-, Kriegs- und Friedens-Zeitung» 2. August 1845 Nr. 178 S. 1749.

[2]) Darunter Jacoby.

319. Jacoby und Martin Otto Ballo[1]) an den Kriminalsenat des Oberlandesgerichts in Königsberg

Abdruck[2]) *Königsberg, 6. August 1845.*

Einen hohen Kriminalsenat des Königlichen Oberlandesgerichts

sind wir gezwungen, mit der Bitte anzutreten,

uns gegen die zur Unterdrückung der *Redefreiheit* angeordneten Maßregeln der hiesigen Königlichen Regierung den Schutz der Gesetze angedeihen zu lassen.

Die Sache ist folgende:

Seit längerer Zeit veranstaltet die Besitzerin von *Böttchershöfchen* am Montage jeder Woche Konzerte, zu welchen jedermann Zutritt erhält. Die dort versammelte Gesellschaft sah es gern, wenn ein oder der andere Gast Tagesereignisse öffentlich mitteilte und seine Meinung darüber aussprach. Diese – durch kein Gesetz verbotene Unterhaltungsweise scheint jedoch der hiesigen Regierung nicht genehm zu sein. Sie hat – nach Inhalt der beigefügten Verhandlung vom 17. Juli c.[3]) – 38 Personen, die in der erwähnten Art handelnd aufgetreten, durch das Polizeipräsidium dahin verwarnen lassen,

daß diejenigen, welche fortfahren werden, bei den Konzerten in Böttchershöfchen Reden und Vorträge zu halten, mit einer *sofort zu vollstreckenden* Geldstrafe

[1]) Martin Otto Ballo, Kaufmann und Tabakfabrikant in Königsberg, Freimaurer, Jacobys Gesinnungsgenosse, gestorben 1863.

[2]) Jacoby, *Beschränkung der Redefreiheit ...*, S. 5–13.

[3]) S. Beilage 1 [Anmerkung Jacobys]. – Sie ist abgedruckt unten im Anhang Nr. 622.

von 50 bis 100 Talern oder Gefängnisstrafe von vierzehn Tagen bis vier Wochen beahndet werden sollen.

Von sämtlichen Beteiligten ist gegen dies offenbar *willkürliche* Verfahren der Regierung Protest erhoben und bei dem Herrn Minister Beschwerde geführt.

Wir Unterzeichneten haben außerdem – in Erwägung, daß das Verbot ungesetzlich und daher nicht weiter zu beachten sei – am letzten Montage (dem 21. Juli c.) bei Gelegenheit des in Böttchershöfchen stattgefundenen Konzertes wiederum gesprochen. Nach der hier angeschlossenen Verfügung des Königlichen Polizeipräsidiums vom vom 22. Juli c.[4]) sind wir dafür – *und zwar ungehört, ohne irgendein vorangegangenes Untersuchungs- und Verteidigungsverfahren* – in 50 Taler Geldstrafe genommen worden. Diese Strafe ist auch bereits durch *Pfändung* zur Vollstreckung gebracht.

Nur ein einziger Weg steht uns offen, um gegen die der Form wie dem Wesen nach völlig ungesetzliche Straffestsetzung der Regierung Schutz zu erlangen. Dieser Weg ist die

Provokation auf rechtliches Gehör.

Die Landesgesetze verordnen in den §§ 243 seqq. des Anhangs zur Allgemeinen Gerichtsordnung klar und unzweifelhaft,

daß gegen alle polizeilichen Strafverfügungen dem Verurteilten die Provokation auf rechtliches Gehör zustehen soll, wenn die Geldstrafe mehr als fünf Taler beträgt.

Es kann daher keinem Bedenken unterliegen, daß uns gegen die in Rede stehende Strafverfügung – denn als *Strafverfügung*, nicht als bloße *Exekutionsmaßregel* ist das Verfahren der Regierung anzusehen – der Rechtsweg eröffnet werden muß.

Den Königlichen Regierungen steht die *gesetzgebende* Macht nicht zu; sie sind demnach auch nicht befugt, irgendwelche Handlungen der Staatsbürger für unerlaubt zu erklären oder mit Strafen zu bedrohen. In dem zweiten Satze des § 11 der Instruktion vom 23. Oktober 1817 (Gesetzsammlung 1817, S. 254) ist dieser Grundsatz mit den bestimmtesten Worten ausgesprochen:

«Allgemeine Verbote und Strafbestimmungen dürfen sämtliche Regierungen *nicht ohne höhere Genehmigung* erlassen.»

Nur in dem Falle, wo «das Verbot an sich schon durch ein *Gesetz* feststeht, in letzterem aber die Strafe nicht ausdrücklich bezeichnet worden, können die Regierungen innerhalb der Grenzen des Allgemeinen Landrechts Teil II Titel 20 § 33, 35 und 240 die Strafe bestimmen und bekannt machen». Das Reskript des Ministeriums des Innern vom 19. August 1830 läßt sich hierüber *also* aus: «Die Regierungen sind zwar nach ihrer Dienstinstruktion ermächtigt, Handlungen, welche die *Gesetze* als strafbar bezeichnen, zu verpönen; sie *überschreiten* aber ihre Befugnis, wenn sie Handlungen, welche die *Gesetze* nicht für strafbar erkennen, mit Strafen belegen.»

Da nun nach den bei uns gültigen Landesgesetzen[5]) die *Redefreiheit* weder verboten noch durch Präventivmaßregeln beschränkt ist, so haben diejenigen, welche in Böttchershöfchen gesprochen, nur von einem ihnen zustehenden Rechte Gebrauch gemacht.

[4]) S. Beilage 2 [Anmerkung Jacobys]. – Sie ist identisch mit Nr. 315.

[5]) Das Publikationspatent vom 25. September 1832, welches öffentliche Reden *politischen* Inhalts verbietet, hat für *unsere* Provinz keine Gültigkeit. [Anmerkung Jacobys].

Die Polizei war nach den oben angeführten Bestimmungen keineswegs *befugt*, sie an der Ausübung ihres Rechtes zu verhindern, geschweige denn dafür zu bestrafen.

Um dieser Schwierigkeit zu entgehen, hat die Regierung zu folgendem Mittel ihre Zuflucht genommen.

Sie basiert die von ihr erlassene Strafvergütung *darauf*, daß die Zusammenkünfte in Böttchershöfchen nur eine Fortsetzung der unter Allerhöchster Bestätigung verbotenen *Bürgergesellschaft* seien, und behauptet demnächst, daß sie zur Aufrechterhaltung dieses Verbotes und also im *Wege der Exekution* die Strafen angeordnet habe.

Allein die Voraussetzung ist ebenso willkürlich wie das darauf begründete Verfahren. Denn

1) sind die Konzerte in Böttchershöfchen *keinesfalls* als eine Fortsetzung der früheren Bürgergesellschaft anzusehen. Die Besucher der Konzerte bilden keine *geschlossene* Gesellschaft; sie haben weder einen Vorstand noch besondere Statuten; eine Aufnahme von Mitgliedern, eine Zahlung von Geldbeträgen, eine «Verbindung zu irgendeinem gemeinschaftlichen Endzwecke» (Allgemeines Landrecht II. Teil Titel 6 § 1) findet nicht statt; jedem ohne Ausnahme, Männern, Frauen, Kindern ist der Eintritt gewährt, und nur ein geringer Teil der gewöhnlich Anwesenden besteht aus Mitgliedern der früheren Bürgergesellschaft. – Wenn die Regierung dagegen anführt,

> sie habe die *«Überzeugung»* gewonnen, daß die Versammlungen in Böttchershöfchen «den Charakter der fortbestehenden Verbindung der ehemaligen Bürgergesellschaft, *wenn auch in veränderter Form*, an sich tragen» –

so hat sie dabei den wichtigen Umstand übersehen, daß eben nur die *Form* verboten werden kann, der *Geist* einer Versammlung aber dem Verbote ebensowenig zugänglich ist wie die *Gedanken* der Menschen. Es ist den Mitgliedern der früheren Bürgergesellschaft keineswegs untersagt, sich an öffentlichen Orten zu treffen, miteinander zu sprechen und alle diejenigen Handlungen auszuüben, die jedem *andern* Bürger *gesetzlich* freistehen.

Auch scheint die Regierung selbst die *Unhaltbarkeit* der eigenen Annahme zu fühlen. Denn sähe sie in der Tat die Montagskonzerte als eine Übertretung des Königlichen Verbotes an, so hätte sie dieselben sofort unterdrücken (Allgemeines Landrecht II. Teil Titel 6 § 5 und 3) und gegen uns als Teilnehmer einer verbotenen Verbindung die *gerichtliche Untersuchung* einleiten müssen.

2) Was das *Verfahren* der Regierung betrifft, so ist dasselbe – ganz abgesehen von der Unrichtigkeit der obigen Annahme – in keiner Weise gesetzlich zu rechtfertigen. Der in der Verwarnungsverhandlung vom 17. Juli c. in bezug genommene § 48 Nr. 2 des Anhangs der Regierungsinstruktion vom 23. Oktober 1817 (Gesetzsammlung für 1817, S. 288), kann unmöglich *einem solchen exekutiven Verfahren*, wie das vorliegende ist, zur Begründung dienen.

> «Strafbefehle» – so heißt es daselbst – «können die Regierungen im *Wege des exekutiven Verfahrens* bis zur Summe von 100 Talern oder vierwöchentlichem Gefängnis erlassen und vollstrecken».

In Gemäßheit des Marginale, welches wörtlich also lautet:

> *«Modalitäten* bei Ausübung der exekutiven Gewalt der Regierungen» –

regelt dieser § *nur* das Verfahren, das die Regierungen bei Ausübung der *ihnen ver-*

liehenen exekutiven Gewalt zu beobachten haben, bestimmt aber keineswegs, daß die Regierungen in den zu ihrem Ressort gehörigen Fällen *ohne weiteres mit der Exekution beginnen und vorgehen dürfen.* – In welchen Fällen die Regierungen *exequieren* können, ist nicht *hier* (in § 48), sondern in den vorausgehenden §§ 42 und 45 bestimmt. Der erstere § bezieht sich auf Erfüllung gewisser kontraktmäßiger Verbindlichkeiten, der zweite (§ 45) auf Kontraventionen gegen Polizeigesetze. Nach letzterem müssen aber

> alle Polizeikontraventionen summarisch *untersucht,* die desfallsigen Strafen mittelst *Resolution* festgesetzt und erst dann zur *Vollstreckung* gebracht werden, wenn der Beschuldigte nicht binnen zehn Tagen nach Empfang der Resolution auf förmliches rechtliches Gehör und Erkenntnis anträgt.

Der § 48 setzt offenbar einen von diesen beiden Fällen, d. h. ein Kontraktverhältnis oder eine *nach vorangegangener Untersuchung erfolgte rechtskräftige Resolution* als die *Bedingung voraus,* unter welcher allein erst die bestimmten *«Modalitäten»* so also auch «Erlassung von Strafbefehlen im Wege des exekutivischen Verfahrens» eintreten können. Der angeführten Instruktion gemäß und in Übereinstimmung mit dem Allgemeinen Landrecht Teil II Titel 17 § 11 ist das Verfahren in polizeilichen Untersuchungssachen durch das Zirkularreskript des Polizeiministeriums vom 13. November 1817 geregelt worden. Auch in diesem auf Allerhöchsten Spezialbefehl erlassenen Reskripte ist mit klaren Worten verordnet, daß *jeder* polizeilichen Bestrafung eine *«Untersuchung»,* d. h. ein ordnungsgemäßes Verteidigungsverfahren und ein *«Resolut»,* vorangehen müssen und daß «die Nichtbefolgung dieser Vorschrift an der Polizeibehörde, welche sie verschuldet, nach aller Strenge geahndet werden soll». (Polizeiwesen des Preußischen Staats von *Rönne* und *Simon,* Bd. II S. 561–566).

Im Widerspruche mit den hier angezogenen Gesetzen sind wir *ohne Vernehmung* und *ohne Verteidigung* sofort ausgepfändet worden. Ein *Resolut* ist in unserer Sache nicht erfolgt, es sei denn, daß die Regierung *das Verbot der Bürgergesellschaft als ein Resolut angesehen hätte!* Und in der Tat, diese Annahme – so unglaublich sie auch scheint – wird durch die nähere Prüfung des gegen uns eingeschlagenen Verfahrens zur Gewißheit erhoben.

3) Nicht nur den *positiven Gesetzen,* sondern auch denn allgemein anerkannten *Rechtsgrundsätzen* hat die Regierung zuwidergehandelt. Es ist leicht nachzuweisen, daß eine konsequente Verfolgung *ihrer* Prinzipien zu einer völligen Auflösung jedes Staatsverbandes führen muß.

Das Allgemeine Landrecht Teil II Titel 6 § 3 bis 5 bestimmt:

§ 3. «Gesellschaften, deren Zweck und Geschäfte der allgemeinen Ruhe, Sicherheit und Ordnung zuwiderlaufen, sind *unzulässig* und sollen im Staate nicht geduldet werden.»

§ 4. «Auch an sich nicht unzulässige Gesellschaften kann der Staat *verbieten.»*

§ 5. «Dergleichen ausdrücklich *verbotene* Gesellschaften sind den an sich unzulässigen gleich zu achten.»

Die *Übertretung* eines solchen Verbotes ist nach den preußischen Gesetzen ein Verbrechen, welches mit *sechs bis zehn Jahren Festungsarrest* bestraft wird (Edikt vom 20. Oktober 1798 § 5).

Die Polizei hat in dergleichen Fällen sofort für die Unterdrückung der verbotenen Gesellschaft zu sorgen und die Teilnehmer derselben *dem Kriminalgerichte zu überweisen.*

In der vorliegenden Sache hat die Regierung *nicht* nach dieser Vorschrift gehandelt, obgleich sie selbst die «Überzeugung» ausspricht, daß «das Allerhöchste Verbot der ehemaligen Bürgergesellschaft von uns übertreten worden sei».

Wie ist dieser offenbare Widerspruch zwischen der *Überzeugung* und den *Handlungen* der Regierung zu erklären?

Ihre *eigenen* Worte geben uns hierüber Aufschluß. Denn in ihrer Verfügung an das Polizeipräsidium vom 15. Juli c. sagt sie ausdrücklich:

> die gegen uns zu ergreifenden Maßregeln sollen dergestalt zur Anwendung kommen, *daß jedenfalls die Provokation auf rechtliches Gehör ausgeschlossen werde* (s. das Schreiben des Polizeipräsidiums vom 1. August c.[6]).

Deshalb also hat die Regierung unsere «fortgesetzte Teilnahme an einer verbotenen Verbindung« für keinen Kriminalfall gelten lassen. *Deshalb* hat sie unsere Handlung nicht einmal für die Übertretung eines *polizeilichen Strafgesetzes* ausgegeben; denn hätte sie – trotz der fehlenden Publikation – das Verbot der ehemaligen Bürgergesellschaft einem *Polizeistrafgesetze* gleichstellen wollen, so mußte ein *Resolut* abgefaßt, mithin uns die Provokation auf rechtliches Gehör freigestellt werden. Um den *Rechtsweg* auszuschließen, blieb ihr kein anderes Mittel übrig, *als das Verbot der Bürgergesellschaft für den Inhalt eines bereits rechtskräftigen polizeilichen Resoluts anzunehmen.* Durch diese Annahme ward unsere Sache – ohne Untersuchungs- und Verteidigungsverfahren, ohne Eröffnung der uns dagegen zustehenden Rechtsmittel – *sofort* in die *Exekutionsinstanz* befördert und der § 48 der Regierungsinstruktion von 1817 auf uns anwendbar gemacht!

Fassen wir das Gesagte zusammen, so hat die Regierung:

1) im Widerstreite mit den vorliegenden Tatsachen die Konzerte in Böttchershöfchen für eine Fortsetzung der Bürgergesellschaft erklärt;
2) im Widerstreite mit dieser Erklärung unsere Sache – statt sie dem Kriminalgerichte zu überweisen – vor *ihr* Forum gezogen;
3) das Verbot der Bürgergesellschaft für den Inhalt eines rechtskräftigen Resoluts genommen;
4) ungeachtet des Protests und der Beschwerde sofort im Wege der Exekution die Strafe zur Vollstreckung gebracht.

Gegen ein solches Verfahren muß es in Preußen einen *Rechtsschutz* geben; wir erwarten diesen Schutz von einem hohen Kriminalsenate.

Es kann nicht der Einwand gemacht werden, daß über eine *Exekutionsmaßregel* dem Richter keine Entscheidung zustehe. (Instruktion vom 23. Oktober 1817 § 11 und Allgemeine Gerichtsordnung Teil I Titel 24 § 54.) Wir haben dargetan, daß es sich in unserem Falle nicht um eine bloße Exekution handle, sondern um eine Straffestsetzung, bei welcher das durch die Gesetze vorgeschriebene resolutorische Verfahren *umgangen*

[6]) S. Beilage 3 [Anmerkung Jacobys]. – Sie ist identisch mit Nr. 317.

worden ist. Mag immerhin die Regierung ihre Tat mit einem *falschen Namen* bezeichnen, der *Richter* hat stets nur die *Sache* ins Auge zu fassen. Dieser Grundsatz ist nur noch neuerdings von dem Königlich geheimen Obertribunal in Anwendung gebracht. In dem Oberlehrer *Witt*schen Prozesse hat dasselbe bekanntlich die Nichtigkeitsbeschwerde gegen das zweite Erkenntnis *darum* verworfen, weil – obschon der zweite Spruch in der Form einer *Sentenz* gefällt war – doch in der *Tat* nur eine *Resolution* abgefaßt werden durfte, gegen Resolutionen aber das Rechtsmittel der Nichtigkeitsbeschwerde nicht zulässig ist. Auf die von der Regierung beliebte *Benennung* des Verfahrens kann es aber hier um so weniger ankommen, als ihre *Absicht*, uns den Rechtsweg zu versperren, klar auf der Hand liegt.

Ebensowenig kann das *Gesetz* vom 11. Mai 1842 (Gesetzsammlung pro 1842, S. 192) unserer Provokation entgegengestellt werden.

Allerdings heißt es in demselben (§ 1):

> «Beschwerden über polizeiliche Verfügungen jeder Art, sie mögen die Gesetzmäßigkeit, Notwendigkeit oder Zweckmäßigkeit derselben betreffen, gehören vor die vorgesetzte Dienstbehörde.»

Diese Worte dürfen aber keineswegs also verstanden werden, als ob Eröffnung oder Verschließung des Rechtswegs von der reinen Willkür der *Administrativbehörden* abhängig sei.

Selbst bei einem polizeilichen *Resolut* würde ja dann die Provokation auf rechtliches Gehör unmöglich gemacht.

Läge dies in der Absicht des Gesetzgebers, so würde die Verordnung vom 11. Mai 1842

> «die Personen- und Eigentumsrechte der Staatsbürger wesentlich verändern»

und daher – dem Gesetze vom 5. Juni 1823 (III. 2) gemäß – den *Provinzialständen* zur Beratung vorgelegt worden sein.

Schon die Eingangsworte des Gesetzes vom 11. Mai 1842:

> «Wir etc. verordnen zur Beseitigung der Zweifel, welche über die Zulässigkeit des Rechtswegs in Beziehung auf polizeiliche Verfügungen entstanden sind» etc.

sprechen unzweifelhaft dafür, daß hier nicht etwas *Neues über das Personen- und Eigentumsrecht* bestimmt, sondern nur die früheren Bestimmungen, namentlich die Instruktion vom 23. Oktober 1817, näher erklärt werden sollen.

Am allerwenigsten aber kann das Gesetz vom 11. Mai 1842 auf *strafrechtliche* Fälle Bezug haben. Denn stände es den Regierungen frei, Kriminalverbrechen, welche das Gesetz mit mehrjähriger Festungsstrafe bedroht, (z. B. Teilnahme an verbotenen Verbindungen, Hochverrat, Diebstahl, Mord) vor *ihr* Forum zu ziehen, um den Beschuldigten mit geringerer, aber *sicherer* Strafe zu belegen; stände es ihnen frei, durch das *bloße Wort «Exekutionsmaßregel»* nach Belieben den *Rechtsweg* abzuschneiden: so wäre die gesamte *richterliche* Gewalt in ihre Hände gelegt, der Schutz aller Gesetze illusorisch gemacht, die Freiheit und das Eigentum aller Bürger der schrankenlosen Willkür preisgegeben. Anstatt einer Wohltat würde die Polizeigewalt auf diese Weise eine furchtbare *Geißel* der Staatsbürger werden; sie würde unter dem weiten Rubrum des «königlichen Interesses» selbst solche Handlungen verbieten und sofort beahnden dürfen, die ihrer Natur nach gar nicht und jedenfalls nur mit Kränkung der Menschenwürde untersagt werden können.

Man wende nicht ein, daß dergleichen *bei uns* nimmermehr zu erwarten stehe. Zur Widerlegung dessen müssen wir gerade auf den *vorliegenden* Fall verweisen, in welchem die königliche Regierung nichts Geringeres beabsichtigt, als – mit Umgehung aller gesetzlichen Schutzmittel – uns und unsern Mitbürgern das bisher unangetastete heilige Recht der *Redefreiheit* zu verkümmern, und zwar lediglich *darum* zu verkümmern, weil es doch möglicherweise gemißbraucht werden könnte.

Gegen eine solche polizeiliche Willkür Schutz zu gewähren, ist vor allem die Sache des *Richters.*

Als in Frankreich die Minister unter dem Namen des Königs ihre Macht zu erweitern und die Rechte der Nation anzutasten versuchten, sprach das *Parlament* die denkwürdigen Worte aus:

> «Das Richteramt ist ehrenvoll, aber auch gefährlich. Die Männer, denen es anvertraut, müssen stets bereit sein, sich für die Gesetze zu opfern; *sie müssen selber erst untergehen, ehe sie die Freiheit des Volks untergehen lassen.»* (Parlamentsakte vom 27. April 1788.)

Sicherlich werden *preußische* Richter von den Pflichten ihres Amtes nicht geringer denken als die Richter des französischen Parlaments.

Dr. Joh. Jacoby.
Martin Otto Ballo.

320. Der Kriminalsenat des Oberlandesgerichts in Königsberg an Jacoby und Martin Otto Ballo

Abdruck[1]) *Königsberg, 15. August 1845.*

Bescheid des Kriminalsenats

Auf Ihre an den unterzeichneten Kriminalsenat gerichtete Eingabe vom 6. d. M., durch welche Sie eine Provokation auf gerichtliches Gehör bezwecken, wird Ihnen hierdurch eröffnet, daß – da in dem von Ihnen angezeigten Falle ohne vorhergegangene Untersuchung und ohne Abfassung eines Resoluts die Königliche Polizeibehörde unter Bezugnahme auf den § 11 der Instruktion vom 23. Oktober 1817 und § 48 der Verordnung vom 26. Dezember 1808 im Wege des exekutivischen Verfahrens Strafverfügungen zur Vollstreckung gebracht hat – die Kompetenz des Gerichtshofes durch die bestimmten Vorschriften des *Gesetzes vom 11. Mai 1842* gänzlich ausgeschlossen ist. Die durch die §§ 243 etc. Anhang zur Allgemeinen Gerichtsordnung zugelassene Berufung auf rechtliches Gehör und Erkenntnis setzt den hier nicht vorhandenen Fall einer vorangegangenen Untersuchung und Entscheidung der Polizeibehörde durch eine Resolution voraus. Beschwerden über polizeiliche *Verfügungen jeder Art,* auch wenn sie die *Gesetzmäßigkeit* derselben betreffen, gehören nach § 1 des allegierten Gesetzes

[1]) *Jacoby, Beschränkung der Redefreiheit ...,* S. 14.

vom 11. Mai 1842 vor die vorgesetzte Dienstbehörde. Nur in bestimmten, durch die §§ 2–6 l. c. speziell bezeichneten Fällen ist ausnahmsweise der Rechtsweg zulässig. Da von diesen Fällen hier keiner vorliegt, und die Kompetenz des Gerichtshofes sonach gesetzlich ausgeschlossen ist, so kann das Gericht sich auf eine Prüfung der Gesetzmäßigkeit des Verfahrens der Polizeibehörde ressortmäßig nicht einlassen.

Kriminalsenat des Königlichen Oberlandesgerichts.

Siehr[2])

An
den Dr. Herrn *Johann Jacoby*
und
den Kaufmann Herrn *Martin Otto Ballo*
Wohlgeboren
hierselbst.

[2]) Franz Ferdinand Theodor Siehr (1790–1850) war seit 1843 Vizepräsident des Appellationsgerichts in Königsberg.

321. Karl Reinhold Jachmann an Jacoby

Nachlaß[1]) *Cudillen bei Kreuzburg, 30. August 1845.*[2])

Der neue Gewaltstreich gegen die protestantischen Freunde hat mich so empört, daß ich nur wünschen kann, er möge bei allen andern ebensoviel böses Blut machen. Ich habe nun beschlossen, um diesem Verbot ein Paroli zu bieten, eine Anzahl populärer Aufsätze, die ich zum Teil noch in jener Gesellschaft vorzutragen gedachte, drucken zu lassen[3]) ..... Sollte die Adresse an Seine Majestät von den protestantischen Freunden noch nicht abgeschickt sein, so bitte ich Dich, meinen Namen dazuzusetzen.

[1]) JNUL(Ab).

[2]) In der Abschrift irrtümlich: 1846. Die Königsberger «Gesellschaft der protestantischen Freunde« konstituierte sich am 9. April 1845. Zwei Wochen später zählte sie etwa 180 Mitglieder, darunter Detroit, Dinter, Wechsler, Rupp, F. A. Witt, Sauter, L. Freundt, Jachmann und Falkson. Schon am 26. August 1845 wurde sie polizeilich aufgelöst. Am folgenden Tage beschlossen die Freunde eine Adresse an den König, die in einer Privatversammlung am 5. September 1845 vorgelesen und unterzeichnet wurde. Am 26. Oktober 1845 erfolgte die Antwort durch den Innenminister von Bodelschwingh, die dahin lautete, daß die Versammlungen der protestantischen Freunde in ganz Preußen verboten seien und die Königsberger ihr Schicksal zu teilen hätten. «Königl. Preuß. Staats-, Kriegs- und Friedens-Zeitung» 29. August und 8. September 1845 Nr. 201. 209 S. 1941. 2004; *Die Gesellschaft der protestantischen Freunde in Königsberg, ihr Entstehen, ihr Wirken usw. dargestellt von einem Mitgliede derselben*, Leipzig: Gebhard & Reisland 1846, 39 S.; Falkson, *Die liberale Bewegung in Königsberg*, S. 168 f.

[3]) Das «Königsberger politische Taschenbuch für 1847» (Leipzig 1847, S. 197–212) brachte Jachmanns Aufsatz über «Das Verhältnis der protestantischen Freunde zu der deutschkatholischen Kirche. Ein für die Königsberger Gesellschaft der protestantischen Freunde vor ihrer Aufhebung verfaßter Vortrag».

322. Das Inquisitoriat an den Kriminalsenat des Oberlandesgerichts in Königsberg

Abdruck[1]) *Königsberg, 30. August 1845.*

Brevi manu in origine mit den anliegenden Akten und den Akten wegen Majestätsbeleidigung einem Königlichen Kriminalsenat mit dem gehorsamsten Antrage vorzulegen:

nach den in der Verhandlung vom 29. huius[2]) entwickelten Gründen die *Vereinigung* beider Untersuchungssachen[3]) hochgeneigtest zu gestatten.

Immer war es ein anerkannter Grundsatz, alle vor dem Urteil in einer Sache zur Sprache kommenden Verbrechen desselben Angeschuldigten *zusammen* zu untersuchen und darüber in *einem* Urteil zu erkennen. Die Bestimmungen wegen der Strafkollisionen lassen sich gar nicht anders ausführen. Im vorliegenden Falle handelt es sich außerdem noch in beiden Sachen um *eine* Kategorie von Verbrechen, um Staatsverbrechen. Die anderweitige Ansicht des Herrn Ministers Exzellenz kann nach unserm unvorgreiflichen Dafürhalten, da hier keine Anweisung auf Grund einer Beschwerde vorliegt, das Gericht nicht verbinden von seinem angenommenen Grundsatze abzugehen. Hier kommt aber noch dazu, daß nach der der inneren Wahrscheinlichkeit keineswegs entbehrenden Aufstellung des Angeschuldigten, welche sogar auch *äußerlich erkennbare* Gründe für sich hat, indem notorisch beide inkriminierte Aufsätze fast zu gleicher Zeit herausgekommen sind, beide auch in dem Taschenbuche «Vorwärts»[4]) insofern als ein Ganzes abgedruckt sind, als sie den gemeinschaftlichen Titel:

I. Preußen im Jahre 1845,
II. Das Königliche Wort Friedrich Wilhelms III.,
von Dr. Johann Jacoby

führen, – beide Aufsätze zu einer Zeit, und in derselben Absicht geschrieben worden sind. Wie ist da also eine abgesonderte Untersuchung, eine abgesonderte Verteidigung und ein abgesondertes Urteil *möglich?* Wie soll die wirkliche Absicht des Verfassers bei diesen Schriften ermittelt werden, wenn sie nicht beide zum Gegenstande *einer* Untersuchung gemacht werden?

Hierbei müssen wir noch gehorsamst bemerken, daß die Angaben des Angeschuldigten um so mehr Glauben verdienen, als sich seine Wahrheitsliebe bei jedem Schritte der Vernehmung auf eine oft überraschende Weise dokumentiert, indem er häufig beim Diktieren Sätze, welche nach seiner vorhergegangenen Darstellung niedergeschrieben werden sollen, bei einem zu seinen Gunsten eingetretenen Mißverständnis mit den Worten:

[1]) Jacoby, *Rechtfertigung meiner Schrift «Preußen im Jahre 1845»*, Bergen 1846, S. 10 f.
[2]) Gemeint ist die Vernehmung Jacobys vom 29. August 1845, gedruckt ebenda, S. 6–9.
[3]) Es schwebten damals zwei Kriminaluntersuchungen wider Jacoby; eine wegen Majestätsbeleidigung in der Schrift *Das Königliche Wort Friedrich Wilhelms III.* und eine zweite wegen Erregung von Mißvergnügen gegen die Regierung und frechen Tadels der Landesgesetze in der Broschüre *Preußen im Jahre 1845*.
[4]) *Vorwärts! Volkstaschenbuch für das Jahr 1845*, Jg. 3, Leipzig: Robert Friese 1845, S. 267–295.

«daß er dieses nicht habe sagen wollen»; «daß es nicht wahr sei», unterbricht. Es scheint daher nicht erst eines in der Schweiz darüber aufzunehmenden Beweises zu bedürfen, daß dort wirklich beide Schriften unter dem gemeinschaftlichen Titel:

«Preußen im Jahre 1845 und das Königliche Wort Friedrich Wilhelm III.»

nach seiner Ansicht herauskommen sollten.

Das Inquisitoriat.
Neitzschütz[5]).

[5]) Wilhelm von Neitzschütz (1801–1849), Jurist, seit 1835 Land- und Stadtgerichtsdirektor in Tapiau, seit spätestens 1845 Inquisitoriatsdirektor in Königsberg; Mitglied der Frankfurter Nationalversammlung (Linke); von Schöns Neffe, war mit Jacoby befreundet.

323. Der Kriminalsenat des Oberlandesgerichts in Königsberg an das Inquisitoriat

Abdruck[1]) *Königsberg, 5. September 1845.*

Orig. cum actis nebst Anlagen, exkl. des zurückbehaltenen überflüssigen einen Exemplars «Vorwärts», an das Königliche Inquisitoriat mit der ernsten Aufforderung, die Akten wegen der Majestätsbeleidigung sofort dem Defensor Herrn *J. F.*[2]) *Malinski* zur Anfertigung der Defension in spätestens vierzehn Tagen zuzustellen, nach deren Ablauf die spruchreifen Akten uns einzureichen sind.

Die zweite Untersuchung, wegen Erregung von Mißvergnügen, ist *besonders* zu verhandeln und zu beschleunigen, und werden hier spätestens in sechs Wochen spruchreife Akten erwartet.

Die Verbindung beider ganz verschiedene Gegenstände betreffenden Untersuchungen ist von des Herrn Justizministers Exzellenz abgelehnt worden, wobei es um so mehr bewenden muß, als es bei Pressevergehungen besonders jedem Angeschuldigten genehm erscheinen könnte, gegen Ende einer jeden gegen ihn eingeleiteten Untersuchung eine neue Schrift zu edieren und so den Abschluß der Untersuchung und die Verfügung irgendeiner Strafe unmöglich zu machen. – Was hier geschehen kann, wird und muß, besteht darin, daß bei Aburteilung der zweiten Sache auf das Erkenntnis in der ersten Untersuchung Rücksicht genommen und hiernach die etwa zu verhängende zweite Strafe abgemessen werden soll, wodurch dem § 57 Teil II Titel 20 des Allgemeinen Landrechts vollständig genügt ist. Sollten bei Aburteilung der ersten Sache auch die zweite Untersuchung spruchreif sein, so werden wir als Spruchbehörde über die zulässige Aburteilung beider in *einem* Erkenntnisse besonders befinden und so, soweit es gesetzlich tunlich, dem Antrage des Angeklagten willfahren. Hiernach ist der Herr Dr. Jacoby bei seiner Vorladung zum nächsten Termin vom Königlichen Inquisitoriat zu bescheiden.

Kriminalsenat des Königlichen Oberlandesgerichts.
Siehr. Fürstenthal[3]*).*

[1]) Jacoby, *Rechtfertigung meiner Schrift «Preußen im Jahre 1845»*, Bergen 1846, S. 12 f.

[2]) Im Abdruck irrtümlich C.

[3]) Johann August Ludwig Fürstenthal, juristischer Schriftsteller, Oberlandesgerichtsrat.

324. Der Inquisitoriatsdirektor in Königsberg an den Justizminister

Abdruck[1]) *Königsberg, 6. September 1845.*

An den Königlichen Wirklichen Geheimen Staats- und Justizminister, Ritter hoher Orden, Herrn *Uhden*[2]), Exzellenz in Berlin.

Der unterzeichnete Inquisitoriatsdirektor berichtet in der Untersuchungssache gegen den Dr. Jacoby ohne veranlassendes Reskript.

Gegen den Dr. *Johann Jacoby* ist eine Untersuchung wegen Majestätsbeleidigung infolge seiner Schrift «Das Königliche Wort Friedrich Wilhelms III.» eingeleitet worden, welche in der Verteidigung schwebt. Jetzt ist eine Untersuchung wegen frechen unehrerbietigen Tadels von Anordnungen im Staate aufgrund einer zweiten Schrift desselben Verfassers, betitelt «Preußen im Jahre 1845», vom hiesigen Königlichen Kriminalsenate festgesetzt worden. In dem ersten in dieser Sache anstehenden Termine stellte der Dr. Jacoby, trotzdem daß ich als Inquirent ihn darauf aufmerksam machte, daß Euer Exzellenz auf die Anfrage des Königlichen Kriminalsenats bestimmt hätten, beide Untersuchungen voneinander getrennt zu führen, und in jeder besonders zu erkennen, den Antrag, vielmehr beide zu *vereinigen* und beide Sachen in *einem* Erkenntnisse abzuurteilen. Er führte für seinen Antrag besondere in der Sache selbst liegende Gründe an, welche Euer Exzellenz noch nicht vorgelegen hatten und ebenso dem Königlichen Kriminalsenat noch nicht bekannt waren.

Die Gründe schienen dem Inquisitoriate so erheblich, daß es den Antrag des etc. Jacoby nicht allein dem Königlichen Kriminalsenate vorzutragen, sondern auch ihn dringend unterstützen zu müssen glaubte.

Der Antrag ist aber von dem Kriminalsenat zurückgewiesen worden.

Bei meiner entschiedenen Überzeugung von dem *begründeten* Verlangen des etc. Jacoby und davon, daß Euer Exzellenz bei der *jetzigen* Darstellung des Sachverhältnisses die Vereinigung beider Untersuchungssachen ebenfalls für notwendig erachten werden, halte ich es als Inquirent für meine Pflicht, diese neue Wendung der Sache Euer Exzellenz nicht vorzuenthalten.

Wenn ich nun auch nach der in Abschrift gehorsamst beigefügten Verfügung des Königlichen Kriminalsenats vom 5. d. M. das Weitere in der Sache veranlaßt habe, so nehme ich mir doch die Freiheit, eine Abschrift der Verhandlungen vom 29. August[3]) und des Berichts[4]) des Inquisitoriats vom 31. desselben Monats ehrerbietigst zu überreichen und

um hochgeneigte Zurücknahme der ersten Bestimmung wegen Trennung beider Untersuchungssachen sowie um die Anweisung des Königlichen Kriminalsenats, demnächst die Frage wegen Vereinigung nochmals in Erwägung zu ziehen,

ganz gehorsamst zu bitten.

In der Anweisung des Königlichen Kriminalsenats, beide Untersuchungen getrennt zu führen, ist das Schicksal des Angeschuldigten sogar von Zufälligkeiten abhängig ge-

[1]) Jacoby, *Rechtfertigung meiner Schrift «Preußen im Jahre 1845»*, Bergen 1846, S. 14–17.

[2]) Karl Albrecht Alexander Uhden (1798–1878) war seit September 1844 (neben Savigny, der das Revisionsministerium leitete) Justizminister.

[3]) Jacoby, a.a.O. S. 6–9.

[4]) Liegt nicht vor.

macht, und noch dazu von einer solchen Zufälligkeit, deren Nichteintritt gerade nun erwartet werden kann. Die Beurteilung in *einem* Erkenntnisse wird dem Angeschuldigten für den Fall in Aussicht gestellt, daß beide Sachen zu gleicher Zeit spruchreif sein sollten, während kurz vorher für die Beendigung der einen Sache eine vierzehntägige und für die der andern eine sechswöchentliche Frist bestimmt worden. – Von den eigentlich in dieser Sache selbst liegenden Gründen des Antrages auf ihre Vereinigung handelt die Verfügung des Kriminalsenats gar nicht, und doch springt es in die Augen, daß bei der Untersuchung wegen der Schrift

«Preußen im Jahre 1845»,

indem diese ursprünglich nur ein *Teil* der Schrift

«Das Königliche Wort Friedrich Wilhelms III.»

sein sollte, verschiedentlich auf die letztere Schrift und auf die deshalb verhandelten Akten wird zurückgegangen werden müssen. Weder der Defensor noch der Spruchrichter wird daher die Akten der ersten Sache fortgesetzt behalten können, wenn unterdes die zweite Sache inquiriert werden soll, und diese Untersuchung kann in jedem Augenblick aufgehalten werden, wenn die Akten der ersten nicht fortwährend beiliegend, sondern immer erst vom Defensor oder resp. vom Referenten avoziert werden sollten.

Alles dieses nochmals dem Königlichen *Kriminalsenate* vorzustellen, habe ich nicht gewagt, teils weil derselbe sich auf die bereits erfolgte Ablehnung von seiten Euer Exzellenz bezieht und sich daher nicht mehr für kompetent zu einer anderweitigen Entscheidung der vorliegenden Frage zu halten scheint, teils weil er mir durch die Worte:

> «mit der *ernsten* Aufforderung, die Akten wegen der Majestätsbeleidigung sofort dem Defensor zuzustellen» –

einen indirekten Vorwurf *nicht* ernstlicher Betreibung der Sache macht.

Die Grundlosigkeit dieses Vorwurfs und daß es eben einer *ernstlichen* Aufforderung gar nicht bedurfte, ergibt sich aus den Akten von selbst, und schon mein *bisheriges* richterliches Verhalten wird mich hoffentlich gegen jeden Verdacht einer Ungesetzlichkeit schützen. Aber *das* fühle ich mich gedrängt noch ganz gehorsamst aussprechen zu müssen:

> Es kommt nach meiner innigsten Überzeugung in diesen politischen Untersuchungssachen gerade darauf an, *das Verteidigungsrecht in keiner Weise zu beschränken und selbst den leisesten Schein einer Parteilichkeit im Interesse des Gouvernements zu vermeiden.* Nur dadurch wird das Ansehen und die Würde der Gerichtshöfe in dieser kritischen Zeit und bei der Häufung politischer Untersuchungen unangetastet erhalten werden können.

Von diesem Gesichtspunkte ausgehend, und weil mir zunächst als Inquirenten in beiden Sachen ebensowohl die volle Verteidigung als das Amt der Überführung des Angeschuldigten anvertraut ist, hielt ich es für meine Pflicht, Euer Exzellenz die obengestellte Bitte vorzutragen. Das Kollegium des Inquisitoriats habe ich hierbei nicht zu Rate gezogen.

Der Inquisitoriatsdirektor
Neitzschütz.

325. Der Justizminister an den Inquisitoriatsdirektor in Königsberg

Abdruck[1]) *Königsberg, 16. September 1845.*

An den Herrn Inquisitoriatsdirektor *Neitzschütz*,
Wohlgeboren, zu Königsberg.

Euer Wohlgeboren wird auf den in der Untersuchungssache wider den Dr. med. Johann Jacoby unterm 6. d. M. erstatteten Bericht eröffnet, daß der Justizminister aus Ihrem Vortrage keine Veranlassung entnehmen kann, die Verfügung des Kriminalsenats des Königlichen Oberlandesgerichts zu Königsberg vom 5. d. M. abzuändern.

Der Justizminister
Uhden.

[1]) Jacoby, *Rechtfertigung meiner Schrift «Preußen im Jahre 1845»*, Bergen 1846, S. 18.

326. Jacoby an den Justizminister[1])

Abdruck[2]) *Königsberg, 24. September 1845.*

Hochwohlgeborener Herr!
Hochgebietender Herr Staats- und Justizminister!

Der Kriminalsenat des hiesigen Oberlandesgerichts hat mein Gesuch um *Vereinigung* der beiden wider mich eingeleiteten Untersuchungen wegen des

«Königlichen Wortes Friedrich Wilhelms III.»

und wegen der Schrift

«Preußen im Jahre 1845»

mit Bezugnahme auf Euer Exzellenz Befehl zurückgewiesen.

Da bei Erlassung des Befehls die zur Unterstützung meines Gesuchs angeführten Gründe Eurer Exzellenz nicht bekannt sein konnten, so erlaube ich mir, dieselben zur geneigten Prüfung hier nochmals darzulegen.

Was zunächst die *gesetzlichen* Vorschriften über das bei Konkurrenz mehrerer Verbrechen zu beobachtende Verfahren anlangt, so sprechen der § 57 Titel 20 Teil II des Allgemeinen Landrechts und die §§ 416 und 476 der Kriminalordnung dafür, daß in der Regel eine Vereinigung der Untersuchungen stattfinden soll.

Der § 57 Titel 20 Teil II des Allgemeinen Landrechts lautet:

«Wenn mehrere Leibesstrafen zusammentreffen: so muß die Strafe des schwersten Verbrechens geschärft oder verlängert, doch muß die Summe aller Strafen der verschiedenen Verbrechen nicht überschritten werden.»

Hieraus geht deutlich hervor, daß bei Konkurrenz verschiedener Verbrechen nur ein *gemeinsames* Erkenntnis abzufassen, mithin auch nur *eine* Untersuchung einzuleiten ist.

[1]) Karl Albrecht Alexander Uhden.
[2]) Jacoby, *Rechtfertigung meiner Schrift «Preußen im Jahre 1845»*, Bergen 1846, S. 19–24.

In der Kriminalordnung (§ 416 «Vom *Schluß* der Untersuchung») heißt es ferner:

«Hat sich ergeben, daß der Angeschuldigte noch mehrere Verbrechen begangen habe, und die Untersuchung derselben erfordert keinen beträchtlichen Zeitaufwand, so muß damit jederzeit verfahren werden.

Ist dazu ein beträchtlicher Zeitaufwand erforderlich, das Verbrechen aber von der Art, daß die Strafbarkeit erheblich vermehrt werden würde, oder begründete Aussicht vorhanden, daß dem Beschädigten dadurch zum Schadenersatze geholfen werden könne, so muß die Untersuchung ebenfalls bis zum Schlusse fortgesetzt werden.»

Es sind hier zwei Fälle unterschieden:

1) die Untersuchung der anderen Verbrechen erfordert keinen beträchtlichen Zeitaufwand,

oder

2) es ist hierzu ein beträchtlicher Zeitaufwand nötig.

Im ersteren Falle soll unbedingt die Untersuchung auf die neuen Vergehen ausgedehnt werden, im zweiten jedoch nur dann, wenn die Strafbarkeit des Angeschuldigten dadurch erheblich vermehrt oder für den Beschädigten ein Schadenersatz zu erwarten ist. Nur wenn die Untersuchung der hinzugekommenen Verbrechen großen Zeitaufwand erfordert, die Strafbarkeit dadurch aber *nicht* erheblich vermehrt und auch kein Schadenersatz zu erlangen ist, soll die Untersuchung *nicht* auf die neuen Verbrechen ausgedehnt werden. Ob diese letzteren dann ganz unbeachtet bleiben oder nur *getrennt* inquiriert werden sollen, darüber hat der Gesetzgeber sich nicht deutlich ausgesprochen. Für die Entscheidung der *vorliegenden* Frage ist solches auch gleichgültig. Denn hält der Richter die Untersuchung wegen der Schrift «Preußen im Jahre 1845» für keine langwierige, so muß nach dem Obigen eine Vereinigung beider Prozesse stattfinden; hält er sie aber für langwierig, so wird er doch die Beschuldigung des «frechen, unehrerbietigen Tadels etc.» nicht für unerheblich erachten, also ebenfalls eine *gemeinsame* Untersuchung einzuleiten genötigt sein.

Nach alle diesem muß ich annehmen, daß das Gesetz mir zur Seite stehe. Wäre aber auch selbst die obige Auslegung nicht zutreffend – worüber ich die Entscheidung dem Ermessen Euer Exzellenz anheimstelle –, so würde doch – ganz abgesehen von dem *formale* – folgende *aus der Sache hergenommene* Gründe eine Vereinigung beider Untersuchungen erheischen:

1. Beide mir zur Last gelegten Verbrechen gehören zu *derselben* Kategorie und werden mit *derselben* Strafart bedroht: in dem einen wie in dem andern Falle soll ich nämlich durch Herausgabe von Schriften mich gegen den Staat vergangen haben.

2. Dem *Inhalte* wie dem *Zwecke* nach sind die inkriminierten Schriften nahe verwandt. In beiden wird die Erforderlichkeit *allgemeiner Vertretung* dargetan. Während das «Königliche Wort Friedrich Wilhelms III.» *die durch Gesetz verbürgte Verfassungszusage* beleuchtet, wird in der Schrift «Preußen im Jahre 1845» *aus der gegenwärtigen Lage des Landes* – ohne Rücksicht auf das gegebene Versprechen – die Notwendigkeit der Volksvertretung bewiesen. Die zweite Schrift ist demzufolge nur *Ergänzung* der ersten.

3. Beide Schriften sollten ursprünglich auch nur eine *einzige* bilden; ein äußerer Zufall hat die Trennung veranlaßt.

Der dritte Hauptsatz des «Königlichen Wortes Friedrich Wilhelm III.» (S. 5) lautet:

«Das von Friedrich Wilhelm III. gegebene, von ihm aber nicht erfüllte Versprechen ist für seinen Nachfolger Friedrich Wilhelm IV. gesetzlich und moralisch verbindlich»,

und schließt mit den Worten (S. 8 gegen Ende):

«Ein edler Fürst fordert Wahrheit. Den *Räten* der Krone geziemt es – selbst auf die Gefahr hin, dem Könige mißfällig zu werden –, offen und männlich *die eigene Überzeugung zu vertreten.»*

An diese Worte sollten sich nach meiner ursprünglichen Absicht die Anträge und Äußerungen der Provinzialstände, wie solche in der Schrift «Preußen im Jahre 1845» gesammelt sind, unmittelbar anreihen, um dadurch die «moralische Verbindlichkeit» des Königs als auch die «Pflicht der Stände zu einem erneuerten Verfassungsantrage» zu begründen (vgl. den vierten Hauptsatz des «Königlichen Wortes» S. 8 Ende).

Allein die nahe Eröffnung des Landtages, für welchen meine Arbeit bestimmt war, machte eine Abänderung des anfänglichen Planes nötig. Weil die Zusammenstellung der ständischen Anträge nicht zeitig genug fertig wurde, mußte ich den einen Teil des «Königlichen Wortes Friedrich Wilhelms III.» in seiner jetzigen Gestalt zum Druck befördern und den anderen Teil als *besondere* Schrift unter dem Titel «Preußen im Jahre 1845» nachfolgen lassen.

4. Was die *Zeit der Abfassung* betrifft, so geht schon aus dem Gesagten hervor, daß beide inkriminierte Schriften *unmittelbar* nacheinander geschrieben und herausgegeben wurden. Zwischen dem Erscheinen der ersten und dem der zweiten liegt nur ein Zwischenraum von wenigen Wochen.

5. Beide Aussätze sind *zusammen* den Preußischen Ständen von mir überreicht worden, und zwar das «Königliche Wort» *gedruckt,* die Schrift «Preußen im Jahre 1845» aber *im Manuskript,* weil die gedruckten Exemplare erst *nach* Ablauf der Petitionsfrist eingingen.

6. Außer den besondern Abdrücken sind beide Aufsätze in dem Volkstaschenbuche «Vorwärts» *vereinigt* erschienen, und zwar mit der Bezeichnung Nr. I und Nr. II zum deutlichen Beweise, daß sie notwendig zusammengehören.

7. Aus dem *Verbote* der beiden Einzelabdrucke und des Taschenbuchs «Vorwärts» geht hervor, daß der Aufsatz «Preußen im Jahre 1845» *den Behörden gleich nach seinem Erscheinen bekannt war. Weshalb* man denselben nicht *gleichzeitig* mit dem «Königlichen Worte» inkriminierte, bleibe dahingestellt; jedenfalls kann aber die Verspätung der amtlichen Denunziation *mir nicht zum Nachteil gewendet werden.*

8. Eine Trennung der beiden Prozesse würde mich in meinem *Verteidigungsrechte* wesentlich beeinträchtigen. Außerdem, daß die zur Defension nötige Ruhe durch fortdauernde Verhöre gestört würde, hätte ich dann – im Fall einer Verurteilung in erster Instanz – statt *zwei* Verteidigungsschriften *vier,* und zwar zwei derselben (die des «Königlichen Wortes» in zweiter Instanz und die «Preußens im Jahre 1845» in erster Instanz) *gleichzeitig* anzufertigen.

Infolge des oben nachgewiesenen innigen Zusammenhanges beider Schriften müßte ich ferner bei Verteidigung der einen stets auf die andere und auf meine Aussagen über beide Bezug nehmen, wobei Wiederholungen und Schwierigkeiten mancherlei Art nicht zu umgehen wären.

«Der Hauptzweck jeder» – also auch der *politischen* – «Kriminaluntersuchung ist der, die Schuld oder Schuldlosigkeit des Angeklagten so vor Augen zu legen, daß darüber mit der möglichsten Sicherheit geurteilt werden kann.» (Kriminalordnung, Einleitung § 1.)

In dem vorliegenden Falle ist offenbar dieser Zweck nur durch *Vereinigung* der beiden Prozesse zu erreichen.

Ich habe zur Begründung der Sache nichts weiter hinzuzufügen: *Gesetz, Gebrauch* und *Billigkeit* sprechen gleich laut zu Gunsten meines Antrags.

Vertrauensvoll bitte ich:

daß Euer Exzellenz die Vereinigung der wider mich eingeleiteten Untersuchungen geneigtest befehlen mögen.

Euer Exzellenz
gehorsamster
Dr. Johann Jacoby.

327. Der Justizminister an Jacoby

Abdruck[1]) *Berlin, 30. September 1845.*

Auf Ihr Gesuch vom 24. d. M. wegen *Vereinigung* der beiden beim Inquisitoriat in Königsberg gegen Sie anhängigen Kriminaluntersuchungen wird Ihnen hierdurch eröffnet, daß Ihrem Antrage *nicht* stattgegeben werden kann. Der Kriminalsenat des Oberlandesgerichts hat diese Angelegenheit, wie sich aus der unterm 5. d. M. an das dortige Inquisitoriat zu Ihrer Bescheidung erlassenen Verfügung ergibt, schon einer näheren Prüfung unterzogen und sich dafür entschieden, die beiden Untersuchungen vorläufig *getrennt* zu halten.

Hierin etwas zu ändern, kann sich der Justizminister um so weniger veranlaßt finden, als nach Ausweis der Verfügung vom 5. d. M. die eine Untersuchung wegen Majestätsbeleidigung schon damals bis zur Berichtigung des Defensionspunktes gediehen, die andere wegen Erregung von Mißvergnügen aber noch im Gange war.

Der Justizminister
Uhden.

An den Dr. med. Herrn *Johann Jacoby*,
Wohlgeboren, zu Königsberg.

[1]) Jacoby, *Rechtfertigung meiner Schrift «Preußen im Jahre 1845»*, Bergen 1846, S. 39.

328. Jacoby und Martin Otto Ballo an den Justizminister

Abdruck[1]) *Königsberg, 30. September 1845.*

Im Auftrage der Königlichen Regierung hat das hiesige Polizeipräsidium uns dafür, daß wir «öffentlich gesprochen», in 50 Taler Strafe genommen.

Wir haben auf *rechtliches Gehör* angetragen, sind aber von dem Kriminalsenate des Oberlandesgerichts abgewiesen worden, weil

> nach dem Gesetze vom 11. Mai 1842 Beschwerden über Polizeiverfügungen jeder Art, auch wenn sie die *Gesetzmäßigkeit* derselben betreffen, nicht zur Kognition der *Gerichte* gehören.

Diese Entscheidung ist von so hoher Wichtigkeit, daß wir es für eine öffentliche Pflicht erachten, unser Recht weiter zu verfolgen.

Das Gesetz verordnet,

> daß gegen alle polizeilichen Strafverfügungen dem Verurteilten die Provokation auf rechtliches Gehör zustehen soll, wenn die Geldstrafe mehr als fünf Taler beträgt.

Ist es der Polizeibehörde erlaubt, durch – *falsche* Auslegung des § 48 Nr. 2 des Anhangs der Regierungsinstruktion vom 23. Oktober 1817 die vorschriftsmäßige Abfassung eines *Resoluts* zu umgehen und dem Verurteilten vermöge des Gesetzes vom 11. Mai 1842 den *Rechtsweg* abzuschneiden?

Es muß sich klar und offen herausstellen, ob in Preußen gegen Polizeiverfügungen eine *Hilfe Rechtens* annoch stattfinde oder nicht.

In unserem und unserer Mitbürger Interesse führen wir daher bei Eurer Exzellenz über die uns widerfahrene Justizverweigerung Beschwerde und tragen – unter Beilegung unserer Provokation und des erhaltenen Bescheides – darauf an,

> daß dem hiesigen Kriminalsenate die Einleitung der Sache im rechtlichen Wege befohlen werde.

Dr. Johann Jacoby.
Martin Otto Ballo.

[1]) Jacoby, *Beschränkung der Redefreiheit. Eine Provokation auf rechtliches Gehör.* 2. vermehrte Auflage, Mannheim: Friedrich Bassermann 1846, S. 15.

329. Jacoby an Friedrich Wilhelm IV.

Abdruck[1]) *Königsberg, 15. Oktober 1845.*

Allerdurchlauchtigster etc.

Als Verfasser der Schriften

«Das Königliche Wort Friedrich Wilhelms III.» und *«Preußen im Jahre 1845»*

bin ich der Majestätsbeleidigung und des frechen unehrerbietigen Tadels der Landesgesetze beschuldigt worden.

[1]) Jacoby, *Rechtfertigung meiner Schrift «Preußen im Jahre 1845»*, Bergen 1846, S. 46–47.

Wie vordem bei einer ähnlichen Anklage hoffe ich auch diesmal darzutun, daß eine so unlautere Absicht mit dem aufrichtigen Bestreben, dem Vaterlande zu nützen, unvereinbar ist; ich hoffe meine Unschuld darzutun, wenn nur der Verteidigung freier Raum gelassen wird.

Allein – dem Gesetze und der Billigkeit zuwider – werden mir Hindernisse in den Weg gelegt, zu deren Beseitigung ich Euer Majestät erhabenen Schutz anzusprechen mich genötigt sehe.

Gestützt aus § 57 des Allgemeinen Landrechts Teil II Titel 20 und auf § 416 der Kriminalordnung habe ich

die *Vereinigung* der beiden wider mich eingeleiteten Untersuchungen

beantragt. Der Kriminalsenat des Oberlandesgerichts und Euer Majestät Justizminister haben gleichmäßig mein Gesuch zurückgewiesen, ersterer weil der *Justizminister* die Trennung der beiden Prozesse anbefohlen, letzterer weil der *Kriminalsenat* sich für diese Trennung entschieden. – Die Gründe des *Rechts* und der *Billigkeit,* welche ich in dem untertänigst beigelegten Schreiben angeführt, sind weder von dem Gerichtshofe noch von dem Minister berücksichtigt, geschweige denn widerlegt worden.

Wenn Euer Majestät Justizminister den Einwand macht, daß bei Einleitung der zweiten Untersuchung die erste schon bis zur Berichtigung des Defensionspunktes gediehen war, so ist, wie daß Inquisitoriat bezeugen wird, das Sachverhältnis *irrtümlich* angegeben; es kann demnach hieraus kein Grund für die Nichtanwendung des § 416 der Kriminalordnung hergeleitet werden.

Der Kriminalsenat – wohl fühlend, daß hier ein Konflikt vorliege, den allein auszugleichen er nicht imstande ist – hat bis zur Allerhöchsten Entscheidung desselben mir eine vierwöchige Frist gestattet.

Und so wende ich mich denn, trotz der Ungunst meiner Anklage, mit der Zuversicht, die das Bewußtsein einer reinen Sache verleiht, an Eure Majestät und rufe deren hohe entscheidende Gerechtigkeit an.

Gesetze sind Waffen, die oft verwunden, wo sie schützen sollten. Erst durch die *streng umschriebene Form ihrer Anwendung* wird ihnen die Weihe der Gerechtigkeit erteilt. Es gehört zu den Attributen des erhabenen Gesetzgebers, diese Form, den Schutz des Angeklagten, gegen jede irrtümliche Deutung zu wahren.

Vertrauensvoll bitte ich:

Euer Majestät wolle die Beobachtung des § 416 der Kriminalordnung und die *Vereinigung* der beiden gegen mich eingeleiteten Untersuchungen gnädigst zu befehlen geruhen.

Dr. Johann Jacoby.

330. Der Justizminister an Jacoby und Martin Otto Ballo

Abdruck[1]) *Berlin, 31. Oktober 1845.*

Auf Ihre Beschwerde vom 30. v. M. wird Ihnen eröffnet, daß der Justizminister *keine* Veranlassung hat, die Verfügung des Königlichen Oberlandesgerichts zu Königsberg vom 15. August c., durch welche Sie mit Ihrer Provokation auf rechtliches Gehör gegen die Verfügung des dortigen Polizeipräsidiums vom 22. Juli c. zurückgewiesen sind, abzuändern und dem Oberlandesgericht die Einleitung der Sache aufzugeben.

Der Justizminister
Uhden.

An
den Herrn *Dr. Johann Jacoby*
und
den Herrn Kaufmann *Martin Otto Ballo*
Wohlgeboren
zu
Königsberg.

[1]) Jacoby, *Beschränkung der Redefreiheit. Eine Provokation auf rechtliches Gehör.* 2. vermehrte Auflage, Mannheim: Friedrich Bassermann 1846, S. 16.

331. Robert Blum an Jacoby

Nachlaß[1]) *Leipzig, 3. November 1845.*

Mein verehrter Freund!

Wahrscheinlich wird mich Herr Voigt bereits gegen die scheinbar gerechten Vorwürfe der Königsberger verteidigt haben, daß ich ein miserables Piano anstimmte, wo Zeit und Umstände, Hoffnungen und Aussichten, Gegenwart und Zukunft ein Fortissimo gebieterisch forderten. Wohl kann ich mit Schillers Jungfrau sagen: «Ach, es war nicht meine Wahl!»[2]) Aus geborenen und gezogenen Spießbürgern aber kann selbst Achilles keine Helden machen, und Menschen, die weder im herrlichsten Sonnenscheine noch im welterschütternden Sturm die Schlafmütze abnehmen, kann man nirgend hinschicken oder -führen als eben hinter den Ofen. Wenn Sie jemals einer schönen, jahrelang gepflegten und gehegten Hoffnung, einem Lieblingswunsche, in dessen Verwirklichung Sie unendlich oft schwelgten, in dem Augenblicke entsagen mußten, wo sie wähnten, daß er nun zur Wahrheit werde, dann können Sie meine Stimmung schätzen in dem Augenblick, als mir eine entsetzliche Notwendigkeit eine Rolle aufzwang, die meinen Empfindungen schnurstracks zuwider war.

[1]) JNUL(AB). — Auszugsweise in Hans Blum, *Robert Blum,* Leipzig 1878, S. 213 f.; Wilhelm Liebknecht, *Robert Blum und seine Zeit.* 3. Aufl. Nürnberg 1896, S. 67 ff.

[2]) Friedrich von Schiller, Die Jungfrau von Orleans, 4. Akt, 1. Szene.

Die Masse beurteilt die Sache überschwenglich nach beiden Seiten hin, das ist mir gleich; von einzelnen Ehrenmännern aber möchte ich um keinen Preis verkannt, nicht «zu den Toten» geworfen sein. Dazu gehören namentlich Sie und Ihre nächsten Freunde und deshalb bitte ich dringend, sich von Herrn V. die genauen Mitteilungen machen zu lassen, welche ich ihm zu diesem Zwecke hier machte, wenn es bis jetzt noch nicht geschehen sein sollte.

Wie bei uns die Augustereignisse[3]) gewirkt haben? Gut und schlecht – wie man will. Die Reaktion ist allerdings furchtbar in diesem Augenblicke, und es gibt kein Land, in welchem man so viele Knechtungsversuche aller Art macht; aber gerade dadurch ist auch der Spießbürger zum Teil wenigstens zur Gesinnung gelangt und hat die schwere Täuschung erkannt, die so lange ihn benebelt hat. Unsere Kammer ist gut, wie Sie das aus öffentlichen Blättern sehen, aber sie erzielt natürlich nichts. So lange der deutsche Minister einer ganzen Kammer auf alle ihre Mehrheitsbeschlüsse mit Unverschämtheit sagen kann: «es bleibt beim Alten, car tel et notre plaisir», so lange bleibt das ganze Kammerwesen eine heillose Spiegelfechterei. Aber wenn die Kammer wirklich fruchtlos auseinandergeht, so steigert sich die Stimmung im Lande bis zur Unglaublichkeit, wie denn überhaupt die Stimmung in unseren kleinen Städten und auf dem Lande vielfach entschieden gut ist – und das *System* ist es endlich, gegen welches sich der Haß kehrt, nicht mehr gegen die Menschen und die Umstände.

Etwas Ungeheures ist es bei uns, daß der Leipziger Mord die einfältige Pietät gänzlich vernichtet hat, die sich bei jeder unangenehmen Gelegenheit sagte: Ja, der König und die Minister würden dies und jenes gern tun, die haben den besten Willen, aber sie können nicht. Kommt uns noch die unausbleibliche Hungersnot zu gelegener Zeit zu Hilfe, so hoffe ich vom Frühjahre viel, *sehr viel,* und ich glaube mich nicht zu täuschen. – Übrigens wäre das Leipziger Ereignis auch nicht so ganz zum Siege der Reaktion ausgeschlagen wenn sich unsere Stadtverordneten nicht unter allem Luder schmachvoll benommen hätten; diese Adresse[4]) aber war für die Minister nicht mit Gold zu bezahlen, und als sie sahen, daß *das* in Leipzig möglich war, traten sie sofort mit einer unglaublichen Frechheit auf, während bis dahin die Furcht weit überwog.

In einigen Wochen werde ich wahrscheinlich zu den Stadtverordneten gehören, bin aber noch schwankend, ob ich's annehme. Da es indessen der fast einzige Weg ist, dem Spießbürger im geeigneten Augenblicke zu dominieren und zu imponieren, so wird's wohl nicht gut anders gehen, um so mehr als es der einzige Weg für mich ist, auf den Landtag zu kommen, den ich, wenn die Zeiten so trostlos bleiben, nicht ausschlagen möchte, wäre es auch nur, um in diese üblich gewordene Sprache der Lüge

[3]) Am 12. August 1845 feuerte das Militär in Leipzig auf die Massen, die gegen die Verfolgung der deutschkatholischen Bewegung protestierten. Robert Blum gelang es, durch eine Rede das empörte Volk zu beruhigen und von Ausschreitungen gegen die Behörden abzuhalten. Tausende Leipziger Bürger dankten ihm in einer Adresse für seine unermüdlichen Bestrebungen zur Wahrung der verfassungsmäßigen Ordnung. Hans Blum berichtet ausführlich über die Leipziger Augustereignisse in seiner eben angeführten Schrift, S. 181–215.

[4]) Gemeint ist die Adresse der Leipziger Stadtverordneten an den König vom 2. September 1845; vgl. H. Blum, a.a.O., S. 210 f.

und Feigheit bei der Mehrzahl einmal die nackte Wahrheit zu schleudern und offenbaren Skandal zu machen.

Werden Sie mich denn in diesem Jahre mit einem Beitrage für mein Taschenbuch erfreuen? Wenn Sie *können,* so tun Sie's, denn eben jetzt im letzten Augenblick haben sie mir Steger[5]) geraubt, der seine Teilnahme am Buche seiner Existenz in Sachsen zum Opfer bringen mußte. Übelnehmen kann ich's ihm nicht, denn er ist eben im Begriffe, sich einen Herd zu gründen und wäre, wenn man auf der Ausweisung bestünde, gänzlich heimatlos; aber es bereitet mir manche Verlegenheit. Suchen Sie einmal die Schubfächer des Arbeitstisches durch, ob sich etwas für mich findet, und geben Sie mir dann mit *einer* Zeile die frohe Kunde.

Damit scheide ich denn, indem ich alle Freunde von Herzen grüße und Ihnen alles Gute wünsche.

Mit treuer Ergebenheit
Ihr
Blum.

[5]) Friedrich Steger, der Mitherausgeber des Volkstaschenbuches *Vorwärts!*

332. Jacoby an Louis Borchardt[1])

Rekonstruktion[2]) *Königsberg, etwa erste Hälfte November 1845.*

Jacoby hat «einen Brief geschrieben, worin er bitter klagt, ,es gehe auch in Königsberg so, man könne sich auf die Leute nicht verlassen; die Deutschen seien keines Opfers wert'».

[1]) In Breslau.

[2]) Nach dem Bericht des Konfidenten Dr. Singer, Breslau, 15. November 1845. Haus-, Hof- und Staatsarchiv, Wien. Vgl. dazu das Begleitschreiben von Engelshofens an Metternich, Mainz, 21. November 1845. Die Authentizität des Briefes ist nicht erwiesen.

333. Dekret des Kriminalsenats des Oberlandesgerichts in Königsberg

Abdruck[1]) *Königsberg, 11. November 1845.*

Dekret

in der Untersuchungssache gegen den Dr. Jacoby hierselbst.

Wenn das Kollegium bisher die Vereinigung der gegen den Dr. Jacoby schwebenden beiden Untersuchungen wegen Majestätsbeleidigung und Erregung von Mißvergnügen gegen die Regierung nicht hat gestatten wollen, so lag der Grund bloß darin, daß erstere bis zur Defension gediehen war, die letztere aber erst begonnen hatte. – Da nun inzwischen auch die letztere Untersuchung zu Ende geführt worden, beide Sachen gleichzeitig spruchreif sind, jener Grund mithin weggefallen ist, so steht der beregten Vereinigung nichts mehr entgegen. – Beide Aktenstücke gehen daher an das Königliche Inquisitoriat zurück mit dem Befehl, dieselben dem von Inkulpaten gewählten Defensor, Herrn Justizrat Malinski, zur Anfertigung der Defension in beiden Sachen in spätestens drei Wochen zuzustellen und gemäß den §§ 459 und 460 der Kriminalordnung für die pünktliche Einhaltung dieser Frist zu sorgen. In spätestens vier Wochen werden die Akten nebst der Defensionsschrift erwartet.

Kriminalsenat des Königlichen Oberlandesgerichts.
Siehr.

[1]) Jacoby, *Rechtfertigung meiner Schrift »Preußen im Jahre 1845«*, Bergen 1846, S. 79 f.

334. Der Justizminister an Jacoby

Abdruck[1]) *Berlin, 21. November 1845.*

Auf Ihre Immediateingabe vom 15. v. M. in den wider Sie beim dortigen Inquisitoriat schwebenden Untersuchungen wird Ihnen unter Rücksendung der Originalanlage hiermit bekannt gemacht, daß dieselbe ohne Allerhöchste Bestimmung an den Justizminister abgegeben ist, und es daher bei der Verfügung vom 30. September d. J. sein Bewenden behalten muß.

Der Justizminister
Uhden.

An den Dr. med. Herrn Johann Jacoby,
Wohlgeboren, zu Königsberg.

[1]) Jacoby, *Rechtfertigung meiner Schrift «Preußen im Jahre 1845»*, Bergen 1846, S. 80.

335. Jacoby an Ludwig Walesrode

Nachlaß[1]) *Königsberg, 6. Dezember 1845.*

Ich befinde mich in Defensionsnöten und kann daher die zweite Zeitungssendung nur mit wenigen, in aller Eile im Voigtschen Laden geschriebenen Worten begleiten.

Abegg ist soeben von hier abgereist; ein langer Zug Bürger ging von Castells[2]) Wohnung (im Albertinum[3]) aus durch die Hauptstraßen der Stadt nach der Landhofmeistergasse und brachte dem Scheidenden ein herzliches Lebehoch! Ein Teil derselben begleitet ihn nach Brandenburg[4]).

Rupp ist seines Amtes entsetzt! Der Gottesdienst im Dom den Deutschkatholiken per Kabinettsorder untersagt; Freund Papst will es nun einmal nicht leiden. – Wegen des Königsberger Taschenbuchs liegt eine Denunziation von Bötticher und vom Minister dem Kriminalsenat vor; gegen Voigt, Dalkowski[5]), Jung, Freundt und mich (wegen des Aufsatzes: «Was wir wollen!»[6]) ist die Untersuchung beantragt; der Gerichtshof hat noch nicht entschieden.

Seine Exzellenz Oberregierungsrat Graf Eulenburg[7]) sind bei der Landtagswahl durchgefallen; auch in den anderen Kreisen sind die Wahlen günstig! – Lauterbachsieren[8]) die Hölle erfüllt!

[1]) LE(Ab).

[2]) Vermutlich Wilhelm Christian Ludwig Castell, Gymnasialoberlehrer in Königsberg.

[3]) Alumnat der Universität Königsberg.

[4]) Polizeipräsident Abegg wurde seines Amtes mit Wirkung vom 1. November 1845 enthoben und durch Julius Lauterbach ersetzt. Am 3. Dezember erhielt er eine von mehreren Hundert Personen unterzeichnete Dankadresse und einen silbernen Gedenkpokal. Drei Tage später verließ er Königsberg. Auch in Brandenburg (Ostpreußen) hatten sich zahlreiche Freunde versammelt, um Abegg ein Lebewohl zuzurufen. «Königl. Preuß. Staats-, Kriegs- und Friedens-Zeitung» 4. November, 6., 8. Dezember 1845 Nrn. 258, 286, 287 S. 2485, 2747 f. 2759.

[5]) Ernst Julius Adolf Dalkowski, Buchdruckereibesitzer in Königsberg.

[6]) Jacoby, «Was wir wollen», in «Königsberger Taschenbuch». Hrsg. von L. Walesrode, Königsberg 1846, S. 178–186 (als «soeben erschienen» in der «Königl. Preuß. Staats-, Kriegs- und Friedens-Zeitung» vom 17. November 1845 Nr. 269 S. 2585 annonciert und von R. Gottschall ebenda am 9. Oktober 1846 Nr. 236 S. 1035 besprochen). Kurz vor seiner Entlassung hatte Polizeipräsident Abegg die Debitserlaubnis für das Taschenbuch erteilt, die aber der Oberpräsident Bötticher wieder zurückzog. (Bötticher an Lauterbach, 21. November 1845, abgedruckt von Jacoby in seinem Aufsatz «Zur Geschichte unserer Zeit» im «Königsberger politischen Taschenbuch für 1847». Hrsg. von Friedrich Crüger Jg. 2, Leipzig: Wilhelm Jurany 1847, S. 314–317). Die von Jacoby erwähnte Denunziation war außer gegen die von Jacoby genannten Personen auch gegen Jachmann und Walesrode gerichtet. Eine Kriminaluntersuchung wegen frechen, unehrerbietigen Tadels der Landesgesetze wurde nur gegen Jachmann und Walesrode eingeleitet. Der Königsberger Kriminalsenat sprach sie am 10. Juli 1846 völlig frei und hob die Beschlagnahme des «Königsberger Taschenbuches» auf. StAk, Rep. 2, Tit. 39, Nr. 46, Fol. 214 ff. 255.

[7]) Botho Heinrich Graf zu Eulenburg (1804–1879), Gutsbesitzer auf Wicken Kreis Friedland, studierte in Königsberg, 1835 Landrat des Kreises Friedland, 1843 Oberregierungsrat und Dirigent der Abteilung des Innern bei der Königsberger Regierung.

[8]) Julius Lauterbach, 1845 bis März 1848 Polizeipräsident von Königsberg, wo es ihm bald nach seinem Amtsantritt gelang, «das Institut der Polizei der gesamten Bürgerschaft so verhaßt als möglich zu machen». «Johann Jacoby» (anonym) in «Die Grenzboten», Leipzig 1848, Jg. 7 2. Sem., Bd. 3 S. 445.

Deine Manuskripte sind angelangt, wie Du wohl schon aus Mathys Brief ersehen. Das Sendschreiben an X[9]) habe ich bei Cr[elinger] einer Gesellschaft unserer Freunde vorgelesen; es gefiel ungemein und der *besondere* Druck wurde beschlossen, jedoch mit einigen kleinen Abänderungen, die die Juristen für durchaus nötig hielten. Du hast doch nichts dagegen? Willert (?), alle Freunde grüßen Dich.
[Gruß von B. Motherby beigefügt.][le] Motherby hat an Böttícher wegen der bewußten Angelegenheit geschrieben!

[9]) Gemeint ist Walesrodes Artikel «Böttchershöfchen. Offenes Sendschreiben an den Königsberger λ-Korrespondenten in Nr. 244 des Rheinischen Beobachters», in *Vorwärts! Volkstaschenbuch für das Jahr 1846.* Hrsg. von Robert Blum, Leipzig 1846, S. 140–166.

336. Ludwig Walesrode[1]) an Jacoby

Nachlaß[2]) *Festung Graudenz, 9. Dezember 1845[3]).*

..... Rupp ist seines Amtes entsetzt, den Deutschkatholiken der Dom verschlossen – Bravo! Vive le roi quand même! Mit welcher Ochsenkonsequenz das Regime gegen die Mauer anrennt! Eine solche Stirn kann freilich viel aushalten, und von der Mauer wird noch manches Bruchstückchen abbröckeln, indes läßt sich die Mauer wieder ausbessern, wenn sich aber der Ochs den Schädel eingerannt hat, streckt er alle vier von sich. Das sind die Vorläufer zu den Landtagsabschieden und den *Generalständen.* Die Geschichte hat kein niederträchtigeres Pasquill aufzuweisen.
Daß Abegg trotz Bötticher und juste-milieu-Philisterei so solenn entlassen worden, hat mich herzlich gefreut. Die Inschrift auf dem Pokal, der dem Abegg überreicht worden, kommt mir gar zu kalt und zu karg vor. Ein solches zensurfreies Geschenk müßte immer der Träger eines kräftigen ernsten Gedankens sein. Oder hat vielleicht die

[1]) Am 16. November 1845 reiste Walesrode von Königsberg nach Graudenz, dem ihm angewiesenen Strafort, ab. «Eine große Menschenmenge hatte sich vor Abfahrt der Post auf dem Posthof eingefunden, um dem Scheidenden ein letztes Lebewohl zuzurufen, wie man sich denn überhaupt beeifert hat, ihm auch noch vor seiner Abreise vielfache Beweise einer weitverbreiteten Teilnahme und achtungsvollen Zuneigung darzubringen.» «Elbinger Anzeigen» 19. November 1845 Nr. 92 (Korrespondenz aus Königsberg). Als Walesrode am 1. Dezember 1846 nach überstandener Festungshaft von Graudenz über Elbing nach Königsberg zurückkehrte, empfingen ihn seine Freunde, darunter Jacoby, mit einem lauten Hurraruf am Dampfschiff. Ebenda, 5. Dezember 1846 Nr. 97 S. 1 und 3 (Korrespondenzen aus Königsberg); ausführlicher Bericht StAK Rep. 2, Tit. 39, Nr. 46, Fol. 284, 297 f. Über Walesrodes Erlebnisse in Graudenz vgl. seinen Aufsatz «Die unsichtbare Geistermusik» in der von ihm und Karl Volckhausen in Hamburg herausgegebenen Wochenschrift «Der Kompaß» Jg. 1 1857 S. 140 ff.
[2]) JNUL(Ab).
[3]) In Mayers Abschrift: 9. Oktober 1845, was nicht richtig sein kann, denn an diesem Tage befand sich Walesrode noch nicht in der Festung. Der Brief ist offensichtlich eine Antwort auf Jacobys vorstehendes Schreiben, weshalb wir das Datum 9. Dezember 1845 setzen.

Königsberger Zeitung nicht die *ganze* Inschrift mitteilen dürfen? Daß der Taschenbuchskandal mehr gegen *Abegg* als gegen *uns* gerichtet ist[4]), davon halte ich mich fest überzeugt .....
Ich habe hier bereits viele Besuche erhalten. Am vergangenen Freitag waren nicht weniger als vierzehn Personen zu gleicher Zeit bei mir. Es waren darunter die meisten Kulmer und Gutsbesitzer aus der dasigen Gegend, die mir zu Liebe eigens die Reise gemacht hatten. Der Justizkommissarius Knorr aus Kulm versprach mir, von dort neue Broschüren und Bücher zu schicken. Auch der Landtagsabgeordnete (neu gewählt) der Rittergutsbesitzer Kittel auf Czyglond (?) war dabei, ein moderner Mann und sein Hauslehrer Willert[5]) .....
Folgende Zeitungen brauchen mir nicht zugeschickt zu werden, da ich sie hier frisch bekomme: Die Aachener und Vossische von Weise, die Königsberger-Hartungsche vom Kaufmann Schwerdtfeger, die Breslauer vom alten Justizrat Küntzel. Dieser letztere, der hier bei seinem Sohne, dem Ingenieurleutnant Küntzel lebt, läßt Dich herzlich grüßen. Sehr viel Freude macht mir ein Schreiben des Dr. Borchardt in Breslau, das mir die Anzeige macht, daß in einer Breslauer Versammlung der Beschluß gefaßt worden, mir 25 Flaschen Champagner in meine Einsamkeit zu schicken als Beweis, daß die Breslauer nicht «unzufrieden und mißvergnügt» über mich wären .....

[4]) Zum Verständnis dieser Äußerung sei hier erwähnt, daß Lauterbach noch nach der Absetzung Abeggs vergeblich versuchte, diesen wegen seiner Amtsführung zur Rechenschaft ziehen zu lassen.

[5]) G. Ludwig Willert, Hauslehrer in Ziegeland bei Graudenz (Ludwig Metzel, *Die dritte Säkularfeier der Universität zu Königsberg*, Königsberg 1844, S. 141).

337. Eduard Flottwell an Jacoby

Nachlaß[1]) *Elbing, 12. Dezember 1845.*

Soeben erhalte ich aus Naumburg eine Aufforderung folgenden Inhalts: Unter den Justizbeamten des Departements des Magdeburger Oberlandesgerichts ist die Idee gefaßt worden, dem Stadtgerichtsrat Simon zu Breslau von seiten seiner Leidens- und Streitgenossen ein Zeichen der Übereinstimmung zugehen zu lassen, und zwar in Gestalt eines Ehrenpokals und einigen Worten der Anerkennung, eventuell den Namen der Geber[2]). Es ist aber dabei der ausdrückliche Wunsch geäußert, daß eben nur jetzige oder *ehemalige* Mitglieder des Richterstandes sich dabei beteiligen .....

[1]) JNUL(Ab).

[2]) Heinrich Simon trat Ende 1845 aus dem Staatsdienst aus. Die Gründe für diesen Abschied gab er in der Schrift *Mein Austritt aus dem preußischen Staatsdienste* (Leipzig 1846) an. Die Adresse, die Simon mit dem Becher übersandt wurde, ist abgedruckt in JHSG, I, S. 246 f.

338. Julius Waldeck an Jacoby

Nachlaß[1]) *Berlin, 12. Dezember 1845.*

..... Wenn Ihr Euch aber nicht sehr beeilt, wird sich das Interesse an Königsberg bald verlieren und durch das an Breslau verdrängt werden. Freilich konnte es nicht anders kommen, wir sehen hier schon lange ein, der gesetzmäßige Widerstand war bei Euch erschöpft, ein ungesetzmäßiger aber ebensowohl unsinnig als nur in der Hauptstadt überhaupt einmal möglich. Hier hat sich inzwischen durch die religiösen Wirren, wie Ihr gelesen, eine Opposition in die Magistratur eingeschlichen und dadurch der ganzen Bürgerschaft ein oppositionelles Interesse mitgeteilt.

Die Religion ist noch immer der Ausdruck des allgemeinen Bewußtseins, leider noch immer das einzige Konkrete, das die abstrakten Gedanken der Menschheit sich zum Ausdrucke wählen. Deshalb werden auch die nächsten politischen Kämpfe noch immer auf religiösem Boden ausgemacht werden. Zur Höhe Feuerbachscher Anschauung, der Du Dich wie ich, mit Vergnügen gesehen, im Königsberger Taschenbuch[2]) anschließt, erheben sich immer nur wenige..... Wem der Begriff eines Gottes, sofern er dem in irgendwelcher Religion ausgesprochenen ähnelt, nicht ein Greuel ist, der behält immer Religion, wie sehr er sich auch gegen ihre äußere Form sträubt. Sei glücklich und beglücke, und nenne Dich dann Stirnerscher Egoist oder Rugescher Humanist, es kommt auf eines heraus; nur so bist Du frei und irreligiös.

Was Dich speziell betrifft, so begreife ich nur nicht, wie Du Dich dem schalen Machwerk der Judenreform[3]), das weiter unter Ronge[4]) steht, hast anschließen können, wenn Du den Reformern nicht etwa hast einen Possen spielen wollen, denn sie sind in der Tat über den Eindruck, den Dein Beitritt[5]) machen könnte, besorgt[6]); so verkennen diese Patrone, zu denen leider auch Eduard[7]) mit Leib und Seele gehört, ihre Zeit und den Zusammenhang aller freien Bestrebungen, als deren einzige sichere Basis sie die staatliche Permission und Eichhorns Unterstützung ansehen.

Ich halte Nikolaus' Grausamkeiten für erfolgreicher gegen das Judentum als das

[1]) JNUL(Ab).

[2]) J. Jacoby, «Zur Nervenphysik», in: *Königsberger Taschenbuch.* Hrsg. von Ludwig Walesrode, Königsberg; H. L. Voigt 1846, S. 301–328.

[3]) Im Frühjahr 1845 bildete sich in Berlin die «Genossenschaft zur Reform im Judentum», die eine ziemlich eifrige Propaganda betrieb und deutsche Glaubensgenossen im ganzen Vaterland aufforderte, dem Verein beizutreten. Sie plante eine (nicht zustande gekommene) Synode einzuberufen, die die jüdische Religion erneuern sollte. Eduard Waldeck war einer der fünfzehn Bevollmächtigten der Genossenschaft. Vgl. *«Der Israelit des neunzehnten Jahrhunderts.* Eine Wochenschrift für die Kenntnis und Reform des israelitischen Lebens«. Hrsg. von M[endel] Hess, Eisenach 1845, Jg. 6 S. 129 ff. 173 ff. 189. 197 ff. 204 ff. 227 ff. 383. Die Idee einer Synode wurde allmählich aufgegeben, und die «Genossenschaft für die Reform im Judentum» wurde zur «Berliner Reformgemeinde». Sigismund Stern, *Geschichte des Judentums,* Frankfurt am Main 1857, S. 293.

[4]) Johannes Ronge (1813–1887), Mitbegründer des Deutschkatholizismus, wegen seiner Angriffe auf die Verehrung des Heiligen Rockes in Trier 1844 exkommuniziert.

[5]) Zu der «Genossenschaft zur Reform im Judentum»; Beitrittserklärungen einzelner Persönlichkeiten zu der Genossenschaft wurden, soviel ich weiß, nicht veröffentlicht.

[6]) «Besorgt» – weil ihnen der Politiker Jacoby zu radikal war.

[7]) Eduard Waldeck, älterer Bruder des Briefschreibers.

Unternehmen der hiesigen halbgebildeten Toren. Es scheint, die Könige haben recht, wir sind noch nicht reif, so ungeschickt fangen wir es an, die Theorie in die Praxis einzuführen; um den ersten getanen Schritt wird ein Wall aufgeworfen, als wäre man am Ziele und wollte ein Säkulum rasten, und besehen wir es recht, ist es ein Rückschritt im Verhältnis zu dem lange herrschenden, nur nicht abgeschlossenen Bewußtsein der Zeit. Ruge hat recht, wir haben trotz unserer theoretischen Höhe noch sehr viel von den Franzosen zu lernen.

Praktisch knüpft sich hier das einzige Interesse an den Handwerkerverein, seitdem die Arbeitervereine zu Grabe gegangen, und unsere Oppositionsverhältnisse sind wieder einmal im vollen Zerfalle, das war vorigen Winter anders. Mit Brüggemann[8]) ist wieder ein ziemlich anziehender Mittelpunkt aufgelöst worden; und die Kölner Zeitung scheint dafür nichts gewonnen zu haben; mich ersuchte er noch vor seiner Abreise, ihm gute Korrespondenzen aus Königsberg zu verschaffen, wozu ich wiederum Dich auffordere.

Wie steht es denn mit Deinem Prozesse? Man ist hier auf den Ausgang gespannt, hofft aber nichts Gutes, da die Komposition des Kriminalsenats ziemlich bekannt ist. Laß bald etwas davon hören, da die Sache, wie ich denke, spruchreif sein wird. Abegg hoffe ich bald hier zu sehen und bedauere ich ihn seines hiesigen Aufenthalts halber herzlich; er wird sich nicht gewöhnen können. Heute verlautete hier, es seien in Königsberg Konflikte zwischen Bürgerschaft und Polizei gewesen; ich glaube die Sache noch nicht und wünsche sie auch *noch* nicht.

[8]) Vgl. Nr. 215 Anm. 1.

338a. Ferdinand Falkson an Jacoby

Abdruck[1]) *Königsberg, 31. Dezember 1845.*

Dem
Dr. Johann Jacoby
im Gefühle
unbegrenzter Hochachtung
gewidmet vom
Verfasser.

Wenn in Europa Ihr Name als der eines der intelligentesten Publizisten und redlichsten Patrioten mit Bewunderung genannt wird, so ward uns Königsbergern noch der Vorzug zuteil, Sie, begleitet von dem liebevollen Vertrauen, das Ihre *Persönlichkeit* erweckt,

[1]) Ferdinand Falkson, *Giordano Bruno,* Hamburg: Hoffmann und Campe 1846, S. [3–12]. Sehr günstig besprochen von Rudolf Gottschall in der «Königl. Preuß. Staats-, Kriegs- und Friedens-Zeitung» vom 7. Oktober 1846 Nr. 234 S. 1027.

und in aller der Einfachheit, die sich so gerne zu wahrer Größe zu gesellen pflegt, innerhalb dieser vortrefflichen Mauern *wandeln* zu sehen. So erblickten wir Sie mit Hochachtung am Krankenbette als den ersehnten Menschenfreund und mitten in der Brandung des öffentlichen Lebens als den entschlossenen, stets ungebeugten Ruderer, und sahen dieselbe Hand, die eben noch prüfend den Puls gefühlt hatte, mit unübertroffener Gedrungenheit und Festigkeit die wohltätige Feder führen. So stellten Sie uns in allem, dem Größten wie dem Kleinsten, das Bild des «freien Mannes» dar, wie uns Spinoza diesen Begriff fassen und liebgewinnen gelehrt hatte.

Auch mich hatte es frühe ergriffen, mich mit Ihnen in nähere geistige Verbindung zu setzen, und, nachdem mir dieses gelungen, Ihnen für alles Gute und Fördernde, das ich Ihnen verdankte, ein Ebenbürtiges, ein Geistiges zurückzubieten. Doch wie eine reiche Natur, von der zu entlehnen wir täglich gewöhnt sind, sich nur schwer beschenken läßt und das Nachdenken sich immer im Kreise der ihr schon eigenen Gaben befindet, so gelingt es auch mir nur, *gestaltet* zurückzugeben, was ich dem *Stoffe* nach schon von Ihnen empfing. Sie lenkten zuerst meine Aufmerksamkeit auf das seltene Genie und die große Persönlichkeit des *Giordano Bruno,* und ich fand mich reichlich für meine Bestrebungen belohnt, da ich sein Leben aus den zuverlässigsten Quellen studiert und seine Werke, die den Stempel ewiger Jugend und klarer Tiefe tragen, durchforscht hatte.

Empfangen Sie mit Geneigtheit aus meinen Händen den gestalteten Stoff. Es kam darauf an, die Resultate der modernen Wissenschaft, zu der Bruno den Grund legen half, in verständlicher Sprache in das öffentliche Bewußtsein zu tragen und mit dem begeisterten Streben nach Fortschritt, das die Gegenwart auszeichnet, in Berührung zu bringen, damit dem hellen Denken nicht die Wärme des Herzens, dem begeisterten Herzen nicht die Klarheit und Sicherheit des Selbst- und Weltbewußtseins fehle; denn aus einer solchen Vermählung müßte eine tadellose und allseitige Generation entspringen. So konnten leicht überall erleuchtende Blitze aus Brunos Zeit in die unsrige springen, und eine Geschichte des sechzehnten Jahrhunderts durfte fürs neunzehnte erzählt sein. Überall aber aus den allgemeineren Ideen und Schicksalen sollte auch die umgrenzte und charaktervolle Persönlichkeit des Bruno hervortauchen. Solche Bestrebungen sind den Ihrigen näher verwandt, als dem oberflächlichen Beobachter scheint; denn es ist an der Zeit, daß jeder, der seine Geistes- und Tatkraft auf die Sphäre der Staatsverhältnisse verwendet, von einem allgemeinen Bewußtsein und einer großen Weltanschauung ausgehe und daß, wer die Anschauung des Unendlichen in seinem Innersten abgespiegelt hat, nicht träge auf den Polstern des Absoluten ausruhe, sondern das Unendliche, inwiefern es als Anlage in ihn selbst gelegt ist, durch die Verbreitung guter Gedanken und die Ausübung großer Taten darzustellen sich bestrebe.

Ferdinand Falkson.

339. Julius Waldeck an Jacoby

Nachlaß[1]) *Berlin, 7. Februar 1846.*

..... Neuigkeiten sind von hier aus ebensowenig als von Euch zu melden; wie die philosophische Entwicklung scheint auch die reale auf dem kirchlichen Gebiete vorangehen zu wollen, und Königsberg führt wieder den Reigen. Schade, daß die Ruppiten[2]) es nicht vorgezogen, in der Kirche zu bleiben und die Gegner herauszutreiben. Für mich hat der ganze Streit nur das Interesse des Beobachters, da es mir schnurstracks unmöglich ist, irgendeinem kirchlichen Beginnen das geringste Interesse so recht von innen heraus zuzuwenden.

Wie steht es mit Deinem Prozesse? Noch immer keine Aussicht auf ein Erkenntnis? Und wie mit Herrn Lauterbachs Popularität? Als Nachfolger des humanen Abegg geht er nicht recht säuberlich mit Euch um. Das ist so recht der Mann für die Regierung, der übernimmt Denunziationen auf seinen Namen, so daß eine Zurückweisung doch nur ein persönlicher Fehlschlag wird. Abegg fühlt sich hier durchaus nicht behaglich und scheint mir wirklich durch die mannigfachen Zerrungen die nötige Gemütsruhe zu verlieren, was freilich kein Wunder wäre .....

1) JNUL(Ab).
2) Die Anhänger von Julius Rupp.

340. Ludwig Walesrode an Jacoby

Nachlaß[1]) *Festung Graudenz, 24. März 1846.*

..... Du hoffst noch immer, wie ich höre, auf eine Freisprechung in *erster* Instanz. Ich würde auch nicht im mindesten daran zweifeln, wenn ich die Garantie hätte, daß der Kriminalsenat *redlich* genug sei, Deine Verteidigung in ihrem ganzen Umfange *verstehen* zu können. Seit der engen Verschwägerung der Rechtsjustiz (man sollte dieses pleonastische Geschöpf in die Literatur einführen) mit der Kabinettsjustiz bin ich nicht sicher, daß die einfachsten Wahrheiten des Einmaleins auf ihr Recht vor einem preußischen Gerichtshofe viel pochen können.

Die polnische Insurrektion[2]) hat, wie solches ohne Prophetie vorauszusehen war, nach einem kurzen konvulsivischen Leben das Zeitliche gesegnet. Ich weiß nicht, ob ich's Dir oder Meyerowitz gleich nach den ersten Regungen in Posen geschrieben, daß diese Verschwörung nichts als ein Bastard sei, den der Jesuitismus mit den Hoffnungen Polens gezeugt, und daß Kościuszkos ahnungsvolles finis Poloniae jetzt eine unerbittliche Wahrheit werden würde. Es hat sich bewährt. Wer weiß, ob die russische Politik nicht Komplice dieser lang vorbereiteten Erhebung gewesen? – Scheint es doch, als hätte es

1) JNUL(Ab).
2) Gemeint ist der im Keim erstickte polnische Aufstand vom Februar/März 1846.

der Panslawismus auf eine Überrumpelung des sicher vegitierenden Germanismus abgesehen! – Wie viel edler Enthusiasmus für die Zukunft der Völker wird in das Grab dieser Revolution eingescharrt werden!

Die hier arbeitende Untersuchungskommission ist ungemein tätig im Verhören, Aktenschreiben und – Prügeln. Vor etwa vierzehn Tagen hielt vor meiner Wohnung, die vier Kasematten enthält, ein von zwei berittenen Gendarmen begleiteter Leiterwagen. Auf demselben befand sich zwischen zwei mit gewaltigen Säbeln bewaffneten Stadtwachtmeistern ein junger, schäbig gekleideter und sehr erbärmlich aussehender Mann, an Händen und Füßen schwer gefesselt. Er wurde anfangs in die Kasematte mir gegenüber, bald jedoch auf Befehl des Großinquisitors, Landrats von Grävenitz, in engeren Gewahrsam gebracht. Einer der Gendarmen, den ich nach dem Arrestanten befragte, erzählte mir, daß man denselben im Neumärkischen Landratskreise, in der Gegend von Bischofswerder verhaftet, daß man Verzeichnisse von sämtlichen polnischen Gutsbesitzern dortiger Gegend mit Angabe der Pferde und Mannschaften, die sie am 14 (?). zu stellen hätten, und außerdem noch Proklamationen bei ihm gefunden, daß er über sich selbst jede Auskunft zu geben verweigere und dergleichen mehr.

Gleich am nächsten Morgen ließ der Landrat von G. diesen Inkulpaten, um ihn zum Geständnisse zu bringen, durch 50, andere behaupteten 63 Hiebe förmlich zerfleischen. Das Blut strömte ihm durch die Kleider. Er mußte halb tot in seinen Kerker zurückgeschleppt werden. Die Indignation über diese Tortur ist hier unverhohlen. Zum Lobe der hier garnisonierenden Offiziere muß ich's nachsagen, daß die meisten derselben ihre Entrüstung über diesen Vorfall laut und offen aussprachen. Die Charakterfestigkeit des Gemarterten, der selbst nach dieser preußischen Knutenexekution keine wesentlichen Geständnisse machte, sowie der Umstand, daß derselbe perfekt Englisch verstehen und nach der Bemerkung des scharfsichtigen Polizisten so zarte, wohlgepflegte Hände haben soll, wie sie nur in den distinguierten Kasten vorkommen, dieses alles steht im bedeutenden Widerspruche zu den Schlüssen, welche man aus einer schlechten, noch dazu von Ungeziefer wimmelnden Kleidung auf den Mann zu machen geneigt sein muß. Die Notizen, die man in den Papieren desselben gefunden, veranlaßten hier sofort wahrhaft unbegreifliche kriegerische Maßregeln. Es wurde so viel Geschütz auf die Wälle gefahren, daß schwerlich die Mannschaft dieses zu bedienen ausgereicht hätte .....

Dann und wann taucht, wie das Gerippe in Holbeins Totentanz, Lauterbach hier auf in Begleitung von Gefangenen, die er selbst der Festung zuführt. So neulich die beiden Grafen Czapcki[3]) Vater und Sohn. Man wird doch am Ende, wenn keine allgemeine Amnestie erlassen werden sollte, genötigt sein, die Gefangenen nach Kategorien zu amnestieren. Unsere Justiz müßte bei der Zukunft eine Anleihe von einigen Jahrhunderten machen, wenn sie die Untersuchung prozessualisch zu Ende führen wollte .....

Soeben höre ich, daß der Gefangene, von dem ich oben sprach, seit mehreren Tagen weder Speise noch Trank zu sich genommen, um sich durch Hunger zu töten. Der alte

[3]) So in der Abschrift. Vielleicht ist hier die Rede von Józef Czapcki (1806—1900), der sich an der aufständischen Bewegung des Jahres 1846 beteiligte und später als General im polnischen Aufstand von 1863 auftrat.

Czapcki wurde heute entlassen nach gegebenem Ehrenwort, auf seinen Gütern zu bleiben; morgen wird sein Sohn nachfolgen.
Wie ist's denn im allgemeinen den Winter in Königsberg gegangen? Daß Ihr keine Versammlung mehr zustande gebracht habt, ist mir in der Tat schmerzlich. Ich hing mit ganzem Herzen an dieser wahrhaft seltenen politischen Geselligkeit, die unser Werk war. Tu doch etwas, um die Gesellen-Witwen-Kasse[4]) ins Leben zu rufen; haltet das Band fest, so lange als möglich. Man muß gemeinschaftliche Interessen schaffen. Kleine Klubs, eine Volksbibliothek nach Art der Breslauer, bald wieder Konzerte im Freien ohne Reden, aber mit Gesprächen; man muß nur nicht dem Bürger fremd werden. Laßt doch Bannicke[5]) mit seiner Mannschaft wieder in Böttchershöfchen[6]) aufspielen. Glaub mir, der alte, liebgewordene Ort und die bekannten Klänge werden bei den meisten die Sehnsucht nach jener uns allen unvergeßlichen Zeit des bürgerlichen Aufschwunges wiedererwecken. Und gemeinsame Sehnsucht ist ein starkes Band .....

[4]) In der Abschrift irrtümlich: «Gesellen-Willkom-Kasse». Die Gesellen der Schubertschen Hutfabrik in Königsberg hatten zusammen mit anderen Arbeitern Walesrode gebeten, einer Versammlung in Böttchershöfchen (vgl. Anm. 6), ihren Plan zur Gründung einer Gesellen-Witwen-Kasse vorzutragen, was er auch mit gutem Erfolg tat. Walesrode in *Vorwärts! Volkstaschenbuch für das Jahr 1846,* S. 158. 161; «Königl. Preuß. Staats-, Kriegs- und Friedenszeitung» 31. Juli 1845 Nr. 176 S. 1732 f.

[5]) Johann Gottfried Bannicke, Musikmeister in Königsberg, gest. 1884.

[6]) Im Frühjahr und Frühsommer 1845 gab es Konzert- und Vortragsveranstaltungen in Böttchershöfchen, einem «Lustort» am Stadtrand Königsbergs, bei denen auch Jacoby und Walesrode als Redner auftraten. Im Juli 1845 verbot die Regierung weitere Versammlungen, da sie in ihnen lediglich eine Fortsetzung der von den Behörden aufgelösten Königsberger Bürgergesellschaft sah.

341. Jacoby an Ludwig Walesrode

Nachlaß[1]) *Königsberg, 26. März 1846.*

..... Der gemütliche Deutsche hat sich wieder einmal in das himmelblaue Religionsnetz so fest verfangen, daß man ihm – gleich den Fröschen während der Begattung – den Kopf abschneiden könnte, ohne daß er es merkte oder sich in seinem heiligen Werke stören ließe. Gott und Teufel, Bibel und Symbol, Taufe und Abendmahl – das sind jetzt die Schlagworte der Konversation, und alle diese theologischen Kämpfe geben zuletzt doch immer nur ein und dasselbe Resultat: daß man nicht zugleich *Christ* und *vernünftig* sein kann. Auch die «freie evangelische Gemeinde» läßt es sich recht angelegen sein, die Wahrheit jenes Satzes gründlich zu beweisen. Nur über *einen* Gegenstand sind die neuen Christen einig: Kein Papst, kein Kultusminister, sondern *Freiheit*

[1]) JNUL(Ab); eingeklammerte Stellen LE(Ab). Das Original befand sich einst in Walesrodes Nachlaß in der ehemaligen Staats- und UB Königsberg.

der Gemeinde! Was sie aber mit dieser ihrer Freiheit weiter *beginnen* sollen, darüber können sie sich so wenig miteinander verständigen, daß sie beschlossen haben, selbst *jeden ferneren Versuch* der Einigung aufzugeben: in ihren Freitagsversammlungen darf nur noch gesprochen, aber nicht abgestimmt werden! – Habeant sibi! Wir armen Heiden, die wir uns nicht einbilden, mehr als fünf Sinne zu haben, können für jetzt nichts Gescheiteres tun, als Nervenphysik studieren oder uns auf eine ruhige Festung zurückziehen.

Wahrhaftig! Religion ist die epidemische Krankheit unserer Zeit; niemand ist vor Ansteckung sicher. Da habe ich Dir nun schon eine ganze Seite und noch kein vernünftiges Wort geschrieben. Und auch für die *übrigen* Seiten keine bessere Aussicht! Wenn man den ganzen lieben Tag nichts weiter als über Religion sprechen hört, wie sollte man da nicht zuletzt selber verdummen? .....

[Übersendet Brief von Heinzen.]le

[Gottschall hat in der vergangenen Woche als Dr. juris disputiert und gedenkt an der hiesigen Universität zu lesen. Zugleich übernimmt er die Redaktion des Feuilletons der «Hartungschen Zeitung». Saemann (der letzte König) zieht seine Hand von dieser Zeitung zurück, und der Dr. phil. Thomas tritt vom 1. April ab (absit amen!) als verantwortlicher Redakteur (mit 700 Talern Gehalt) an seine Stelle. Hartung behält sich nur die Bezahlung der Korrespondenten und den Geldertrag des Blattes vor.]e

[Das Taschenbuch «Vorwärts» für 1846, darin Sendschreiben von Walesrode an den Korrespondenten[2]), das in Königsberg großen Beifall findet.]le

[Seit vierzehn Tagen hat die «Städtische Ressource» ihr Leben begonnen, daß wir alle hinzutreten, versteht sich von selbst; hoffentlich wird sie sich einer gewaltsamen Auflösung würdig machen. Sperling, v. Facius[3]), Willert, Lewald[4]), Sahm etc. sind Vorsteher. Zahl der Teilnehmer bis heute: 300. – Warschauer ist zum Stadtrat gewählt (mit 52 Stimmen; unser Meyerowitz hatte 23 Stimmen und wird bei dem nahe bevorstehenden Abtritte Hartungs ohne Zweifel in den Magistrat kommen). – Mein Prozeß wird dieser Tage entschieden werden, wahrscheinlich günstig; die Defension[5]) sende ich Dir nächstens, zugleich mit einem höchst merkwürdigen Drama des polnischen Dichters Krasiński: Iridion in Rom[6]).]e

[Bürkner[7]) geht nach Breslau als Mitarbeiter der neuen katholischen Zeitung für Schlesien[8]). Über Jungs «Königsberg und die Königsberger», das demnächst erscheint. Über zwanzig Bogen, auswärts gedruckt[9]).]le

[2]) Vgl. Nr. 335 Anm. 9.

[3]) Friedrich Wilhelm von Facius.

[4]) David Markus Lewald, Fanny Lewalds Vater, Weinhändler, einer der ersten jüdischen Stadträte Königsbergs.

[5]) *Verteidigung meiner Schrift: Das Königliche Wort Friedrich Wilhelms III.* Von Dr. Johann Jacobi [sic], Mannheim: Friedrich Bassermann 1846, 31 S.

[6]) Zygmunt Krasiński, *Iridion in Rom.* Nach dem Polnischen bearbeitet, Berlin 1846.

[7]) Robert Bürkner, geb. 1812, ein aus Breslau stammender Literat, lebte eine Zeitlang als Dramaturg in Königsberg, von wo er nach Breslau als Redakteur der 1846 gegründeten «Allgemeinen Oder-Zeitung» berufen wurde.

[8]) «Allgemeine Oder-Zeitung», Organ des katholischen Klerus, scharf klerikal und konservativ.

[9]) Alexander Jung, *Königsberg und die Königsberger*, Leipzig 1846, 391 S.

Die alte Sage von der preußischen Konstitution taucht neuerdings wieder auf; Reichsstände mit Petitionsrecht und Steuerbewilligung sollen geschaffen werden und sich alle vier Jahre einmal in Berlin versammeln; dafür verlange aber der König, daß ein großer Teil der Staatsdomänen zu einem Eigentum des königlichen Hauses gemacht werde. *Vorsicht* ist die Mutter der Weisheit! [Am Rande: «Polen!»][e]

342. Arnold Ruge an Jacoby

Abdruck[1]) *Zürich, im Frühjahr 1846.*

Hochgeehrter Herr!

Neugeschärfte Waffen, die ich von einem nicht unrühmlichen Schlachtfelde gesammelt, häng ich huldigend in Ihre Halle.

Ich überschätze sie nicht, ich bin nicht zufrieden mit unseren Erfolgen. Immer noch blicken wir nur in die Zukunft und wiederholen uns im stillen nun schon zweitausend Jahre den Trost: die Wahrheit wird uns befreien; wir können bis jetzt von ihr nicht rühmen, daß sie es getan, auch diese Verheißung, verbrieft durch die heiligsten Urkunden, ward uns nicht erfüllt. Aber nun stimme ich mit Ihnen dafür, daß wir sie uns selbst erfüllen. In einem Volke, welches die Wahrheit nicht zu verwirklichen und die Freiheit nicht zu erobern weiß, gilt Weisheit für Torheit und Gerechtigkeit für Verbrechen: die ehernen Tafeln der Freiheitsgesetze sind erloschen, wenn die Quiriten das Forum und die Konsuln die Republik verlassen.

Sie haben es gewagt, allein auf den verlassenen Markt zu treten, die Gesetze zu verlesen und ihre Anwendung zu fordern, und Sie blieben nicht allein: vor den[2]) Augen der versammelten Menge trat die blutige, schwarz gewordene Schrift des Frühlings von *1815* golden wieder hervor. Zu denen, die sich eingefunden, Ihnen öffentlich zuzuhören und beizustimmen, zählen Sie auch mich; und selbst wenn es Ihr Los sein sollte, daß die Gesetze Sie nicht vor ihren Verwaltern schützten, dennoch würde mich diese endlos wiederholte Erfahrung nicht von der unsterblichen Torheit bekehren, zu glauben und zu empfinden, daß nach Jahrtausenden des Schlummers in den Herzen der Menschen jetzt endlich einmal Wahrheit und Freiheit wieder aufwachen. Sie sind ein Erwecker. Ich widme Ihnen diese Blätter[3]).

Arnold Ruge.

[1]) Arnold Ruge, *Gesammelte Schriften,* Bd. 3, Mannheim 1846, S. ([V–VI].
[2]) In der Textunterlage: die.
[3]) D. h. den soeben genannten dritten Band seiner Schriften.

343. Ludwig Walesrode an Jacoby

Nachlaß[1]) *Aus der Festung Graudenz zum 1. Mai 1846.*

..... Dohna[2]) hatte durch seine hiesigen Spione gehört, daß ich in der ersten Zeit meines Hierseins einige Male mit Urlaub und in Begleitung eines Unteroffiziers in der Stadt gewesen. Er erteilte deshalb dem damaligen Kommandanten General von Dedenroth[3]) einen Verweis und untersagte ihm, mich ferner zu beurlauben ..... Dedenroth wollte sich ..... nicht beruhigen, die Sache geht ans Kriegsministerium, letzteres entscheidet endlich, wie es auch nicht anders zu erwarten gewesen, Dohna habe recht ..... ‹Überhaupt ist die Behandlung der Gefangenen jetzt rigoroser als früher. Ein alter, aber leider nicht verbrauchter Inquisitionskniff, die Energie der Gefangenen durch Qualen mürbe zu machen. Der Untersuchungsrichter, Kammergerichtsassessor Holz, scheint freilich human zu sein; aber der erhält die Inkulpaten ja erst aus den Händen der Polizeiinquisition.›

Ceterum censeo, daß ich dem Dohna nicht Dank genug dafür weiß, daß er mich hierher geschickt. Die Nemesis hat dafür gesorgt, daß eine im Sinne unserer Gegner gescheute Maßregel sich durch die Ereignisse in eine *Dummheit* verwandelt hat. Was hätte ich in Pillau erlebt? und was erlebe ich hier? – Wir Destruktiv-ultra-subversiven haben bei vielem Pech doch viel Glück .....

1) JNUL(Ab).

2) General Friedrich Graf zu Dohna (1784–1859), seit 1841 kommandierender General des 1. Armeekorps in Königsberg, scharfer Gegner der liberalen Bewegung, 1854 Feldmarschall.

3) Friedrich Emil Ludwig Dedenroth, seit 30. März 1844 Kommandant von Graudenz. »Sein Gesicht, wie die ganze Haltung hatte etwas Humanes«. Ludwig Walesrode, »Die unsichtbare Geistermusik« im «Kompaß» Jg. 1 1857 S. 150.

344. Ludwig Walesrode an Jacoby

Nachlaß[1]) *[Festung Graudenz, im Mai 1846.]*[2])

..... Erst gestern habe ich durch die Vossische Zeitung erfahren, was ich, obgleich keineswegs sanguinisch in meiner Zuversicht auf die Ehrenhaftigkeit des Kriminalsenats, doch nimmer erwartet hatte. Zu zweieinhalbjähriger Festungsstrafe haben Dich diese erbärmlichen Geschöpfe der Kabinettsjustiz verurteilt[3]). Das heißt mit der Schamlosig-

1) JNUL(Ab).

2) So LE(Ab). JNUL(Ab): «[Festung Graudenz, Ende April 1846]m. Datierung, Ort zweifelhaft.»

3) Für die Veröffentlichung der Flugschriften *Preußen im Jahre 1845* und *Das Königliche Wort Friedrich Wilhelms III.* wurde Jacoby am 18. April 1846 wegen Majestätsbeleidigung und frechen, unehrerbietigen Tadels der Landesgesetze vom Kriminalsenat des Oberlandesgerichts zu Königsberg zu einer zweieinhalbjährigen Festungshaft verurteilt. Die Berufungsinstanz sprach ihn am 28. Januar 1847 vollständig frei.

1 · Johann Jacoby nach Graffs Lichtbild lithographiert von Hermann Eichens

2 · Alte Universität in Königsberg

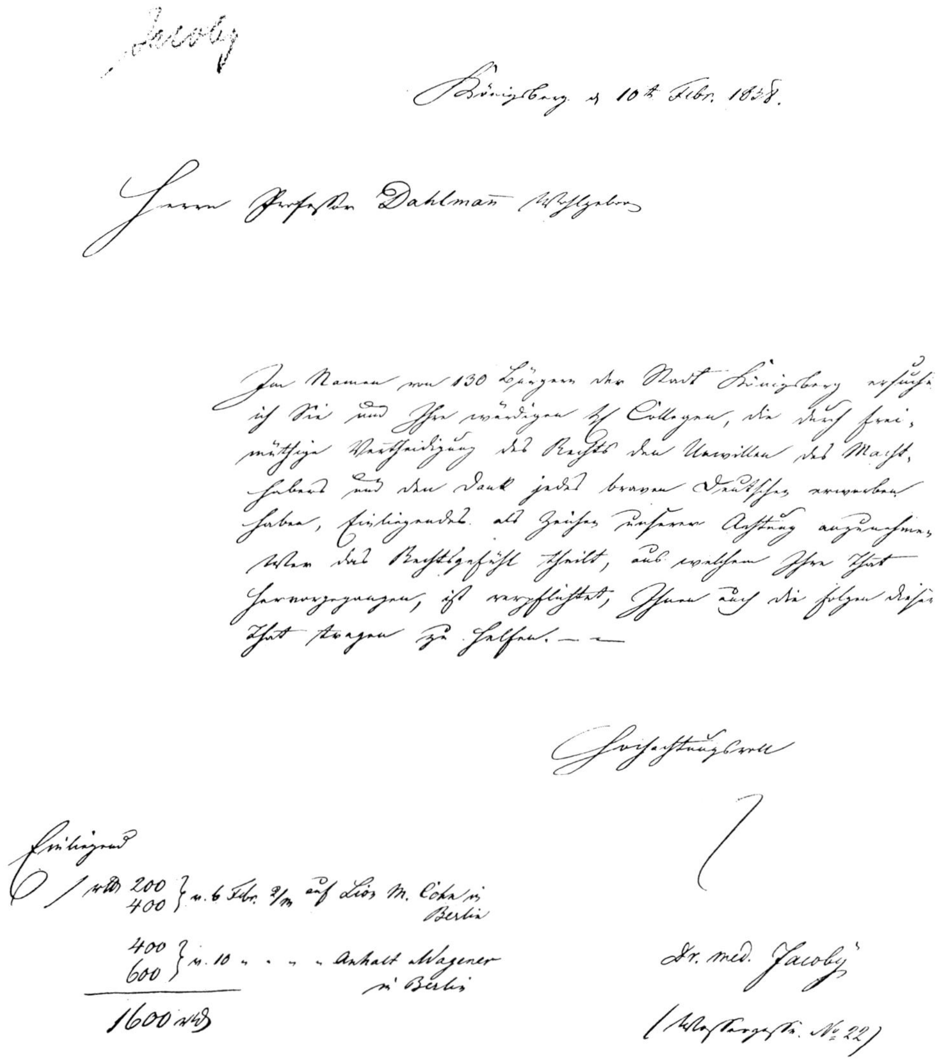
Jacoby

Königsberg d 10t Febr. 1838.

Herrn Professor Dahlmann Wohlgeboren

Im Namen von 130 Bürgern der Stadt Königsberg ersuche ich Sie und Ihre würdigen Hr Collegen, die durch freie, mutige Vertheidigung des Rechts den Unwillen der Macht, [illegible] und den Dank jedes braven Deutschen erworben haben, beiliegendes als Zeichen unserer Achtung anzunehmen. Wer das Rechtsgefühl theilt, aus welchem Ihre That hervorgegangen, ist verpflichtet, Ihnen auch die Folgen dieser That tragen zu helfen. – –

Hochachtungsvoll

J

Dr. med. Jacoby

([illegible] Nr. 22)

Beiliegend

C / Rth 200 400 } v. 6 Febr. 2/m auf Liss M. Cohn in Berlin

400 600 } v. 10 " " " " Anhalt Wagener in Berlin

1600 Rth

3 · Jacoby an F. Ch. Dahlmann, 10. Februar 1838

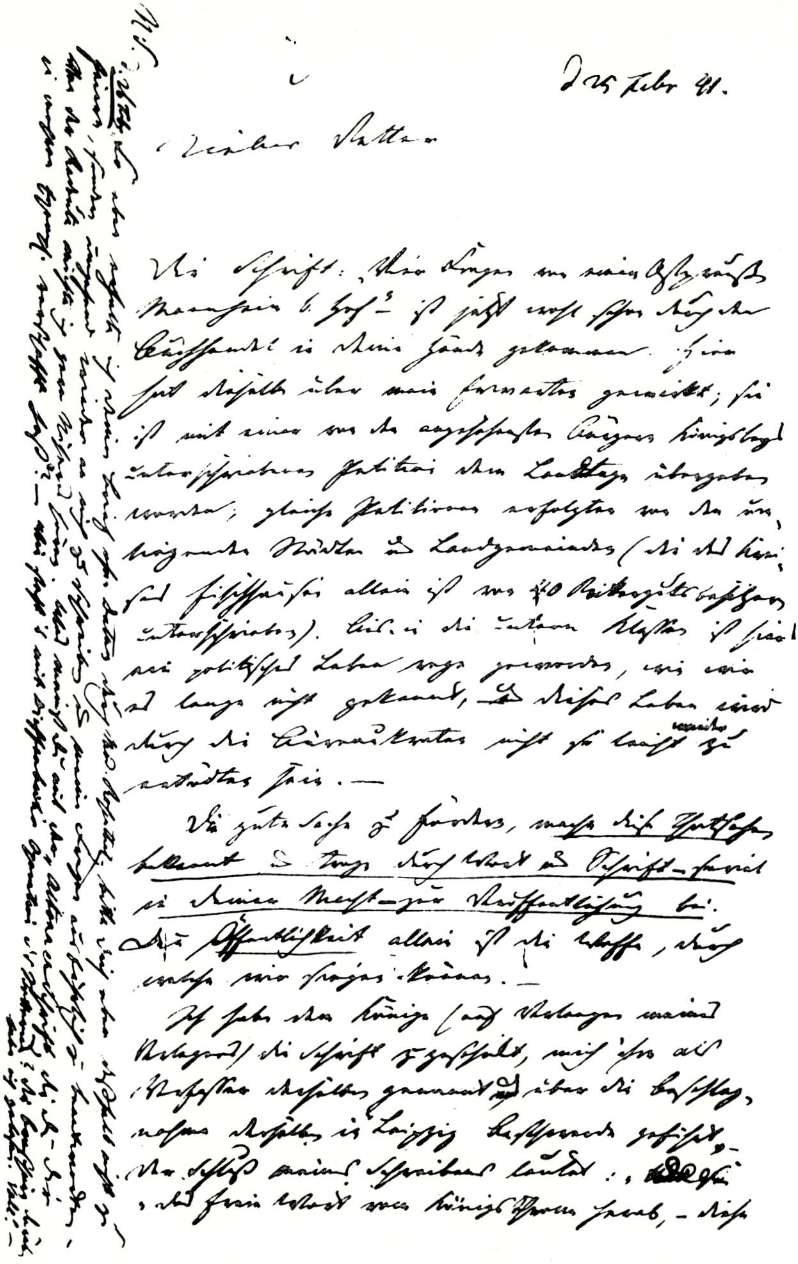

4 · Jacoby an J. Waldeck, 25. Februar 1841

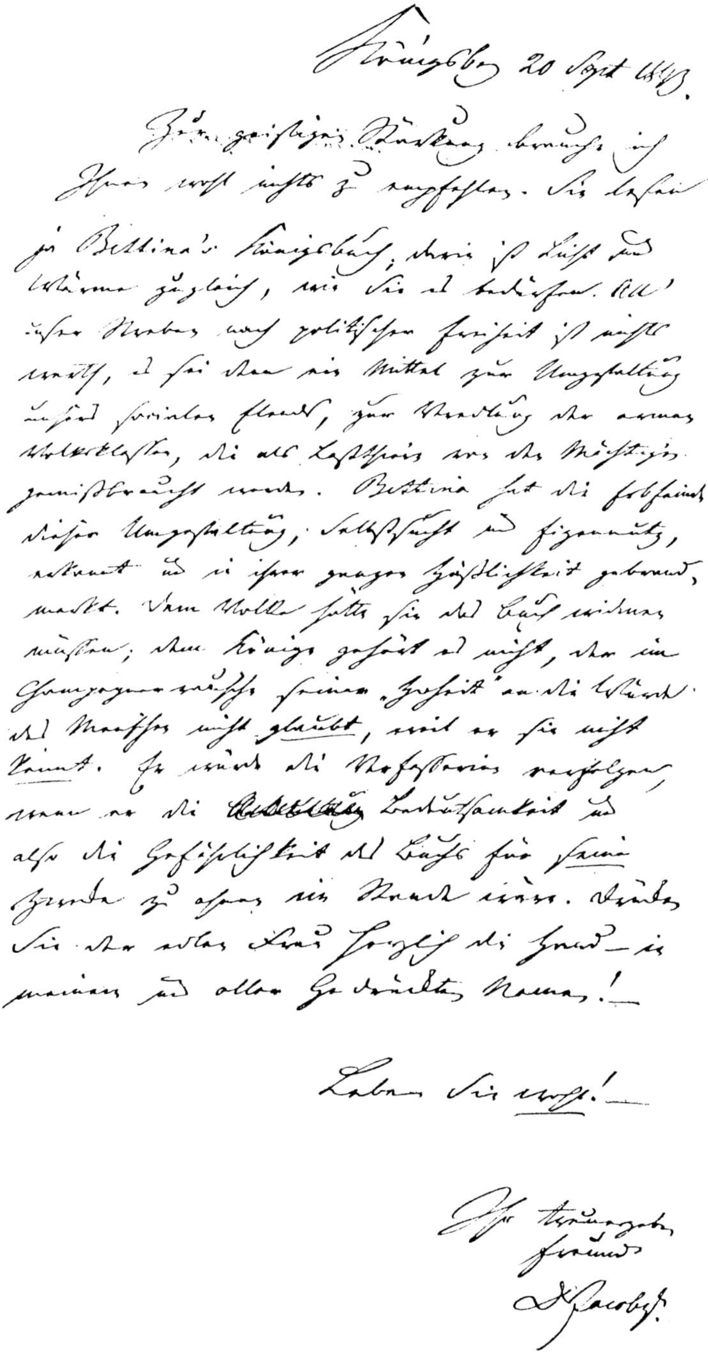
Königsberg 20 Sept 1843.

Zur geistigen Nahrung brauche ich Ihnen wohl nichts zu empfehlen. Sie besitzen ja Bettina's Königsbuch; darin ist Licht und Wärme zugleich, wie Sie es bedürfen. Alles äußere Streben nach politischer Freiheit ist nichts werth, es sei denn ein Mittel zur Umgestaltung unsers socialen Elends, zur Veredlung der armen Volksklassen, die als Lastthiere von den Mächtigen gemißbraucht werden. Bettina hat die Erbfeinde dieser Umgestaltung, Selbstsucht und Eigennutz, erkannt und in ihrer ganzen Häßlichkeit gebrandmarkt. Dem Volke hätte sie das Buch widmen müssen; dem Könige gehört es nicht, der im Gegensatze [illegible] seinem „[illegible]“ an die Würde des Menschen nicht glaubt, weil er sie nicht kennt. Er würde die [illegible] verfolgen, wenn er die ~~[illegible]~~ Bedeutsamkeit und also die Gefährlichkeit des Buches für seine Zwecke zu ahnen im Stande wäre. Drücken Sie der edlen Frau herzlich die Hand – in meinem und aller Gedrückten Namen! –

Leben Sie wohl! –

Ihr treuergebener
Freund
Dr Jacoby.

5 · Jacoby an Unbekannt, 20. September 1843

6 · Julius Fröbel

7 · Jacoby nach dem Stich von Brandt (1846)

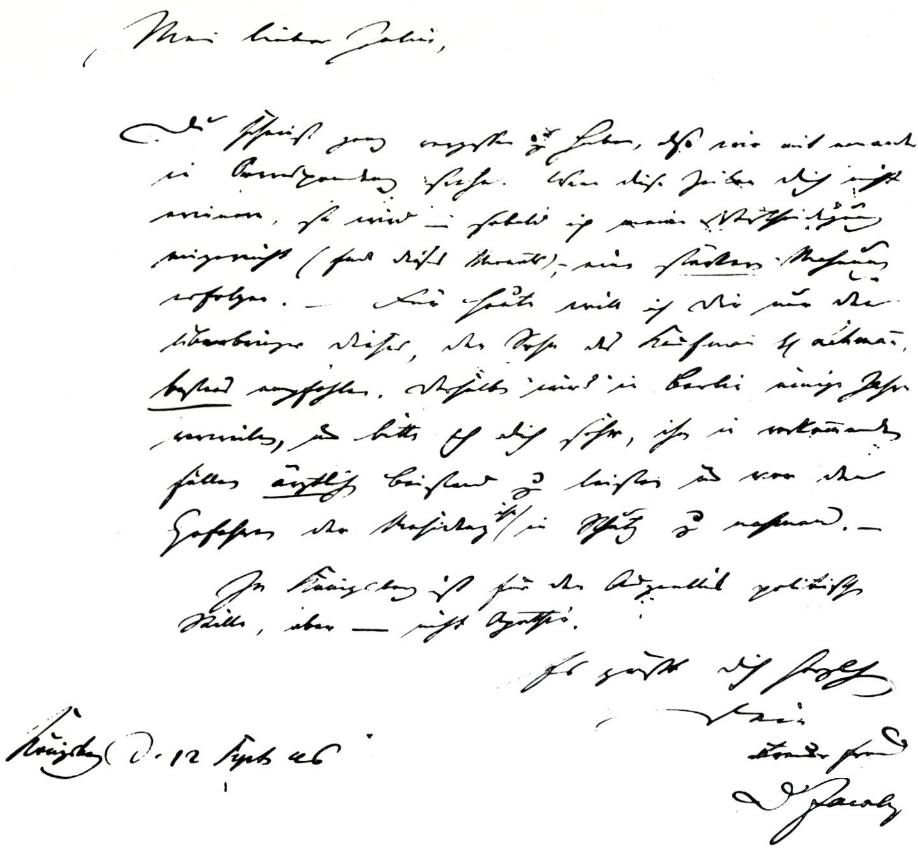

8 · Jacoby an J. Waldeck, 12. September 1846

9 · Heinrich Simon

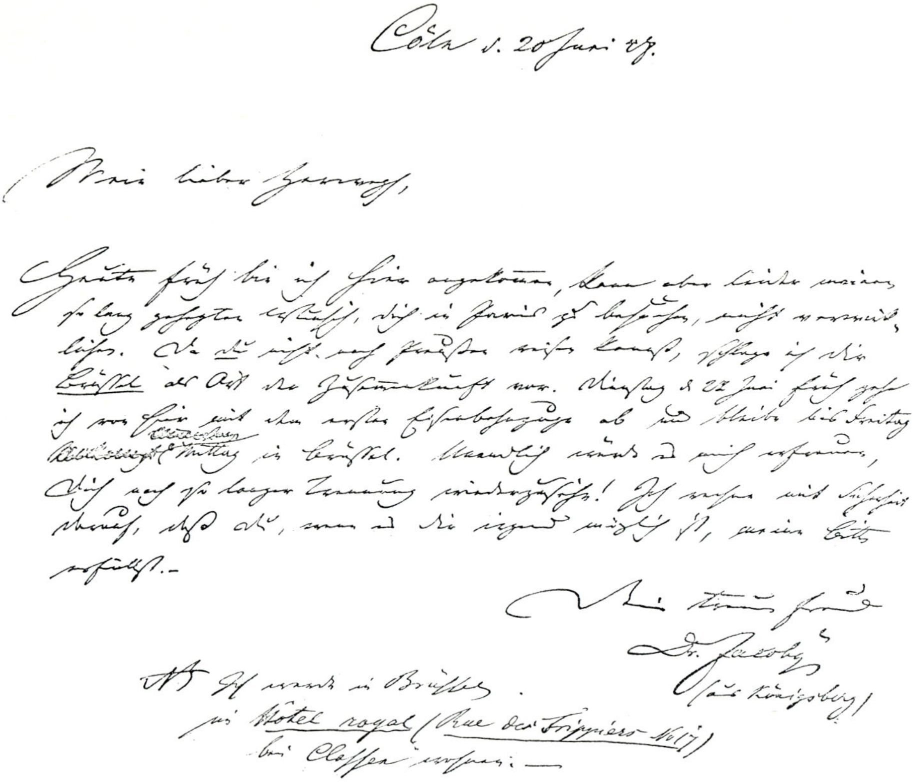

Cöln d. 20 Juni 47.

Mein lieber Herwegh,

Heute früh bin ich hier angekommen, kann aber leider meinen so lang gehegten Wunsch, dich in Paris zu besuchen, nicht verwirklichen. Da du nicht auf längere Zeit kommen kannst, schlage ich dir Brüssel als Ort der Zusammenkunft vor. Dienstag d. 22 Juni früh gehe ich von hier mit dem ersten Eisenbahnzuge ab und bleibe bis Freitag Mittag in Brüssel. Unendlich wird es mich erfreuen, dich nach so langer Trennung wiederzusehen! Ich rechne mit Sicherheit darauf, daß du, wenn es dir irgend möglich ist, meine Bitte erfüllst.–

Dein treuer Freund
Dr. Jacoby
(aus Königsberg)

NB Ich werde in Brüssel im Hôtel royal (Rue des Fripiers No 17) bei Claßen wohnen. —

11 · Arnold Ruge

12 · Robert Blum

13 · Johann Jacoby nach dem Stich von Adolf Neumann (etwa 1848)

Graf Reichenbach. v. Kruczewsky. Assessor Jung. v. Kirchmann. Rodbertus.
Behrend. v. Berg. v. Lysinski. Stein. Waldeck. Dr. Jacoby. Prof. Baumstark.
Aufhebung der preußischen constituirenden Nationalversammlung im Mielentz'schen Saale zu Berlin, am 14. Nov.

14 · Aufhebung der preußischen Nationalversammlung im Mielentzschen Saale zu Berlin am 14. November 1848

15 · Johann Jacoby gezeichnet und lithographiert von Twele (1849)

Bildnachweis

Bild 1: Bundesarchiv, Außenstelle Frankfurt am Main. Bild 2: Staatliches Archivlager Göttingen. Bild 3: Deutsche Staatsbibliothek Berlin. Bild 4 und 8: Universitätsbibliothek Leipzig. Bild 5: Universitätsbibliothek Bonn. Bild 6: Zentralbibliothek Zürich. Bild 7: «Der Leuchtturm», Leipzig, Jg. 1846. Bild 9: *Jüdisches Athenäum.* Galerie berühmter Männer jüdischer Abstammung und jüdischen Glaubens. Mit sechs Portraits. Grimma/Leipzig 1851. Bild 10: Dichtermuseum, Liestal, Schweiz. Bild 11: «Der Leuchtturm», Leipzig, Jg. 1848. Bild 12: Hans Blum, *Robert Blum,* Leipzig 1878. Bild 13: Staatsbibliothek. Preußischer Kulturbesitz, Berlin. Bild 14: «Illustrierte Zeitung», Leipzig, Bd. 11, 1848, Nr. 283. Bild 15: The Israel Museum, Jerusalem.

keit noch den schändlichsten Wucher treiben. Nicht einmal in der Dummheit finden Deine Richter eine Ehrenrettung, die ihren Namen vom öffentlichen Pranger erlösen könnte. Denn die Dummheit hat den Instinkt der Ehrlichkeit. Hier ist nichts als die pfiffige Borniertheit der Gemeinheit .....

Einen Rat will ich Dir noch geben, und unser Meyerowitz wird Dir denselben noch besonders in meinem Namen ans Herz legen: ziehe Deinen Prozeß so lange als möglich hin, bevor er an die zweite Instanz gelangt. [Perhorresziere Wegnern[4]), wie ich's gemacht, versäume die Defensionstermine, bis man Dir mit einer ex-officio-Verteidigung droht usw., so verschiebst Du das zweite Erkenntnis bequem noch auf ein Jahr hinaus.][e] Ein Jahr unserer Gegenwart kann aber so sehr bedeutungsvoll für das Schicksal der politischen Prozesse sein. Zu verschlimmern ist in Deiner Sache außerdem wenig oder nichts. – Abgesehen von so vielem anderen, was als untoward eventuell möglich ist, *muß* jedenfalls eine Amnestie für Polen erlassen werden. Wird man so unverschämt sein, die Deutschen dabei zu vergessen? .....

[4]) Karl Ludwig August von Wegnern (1777–1854), Chefpräsident des Tribunals des Königreichs Preußen zu Königsberg.

345. Giuseppe Mazzini an Jacoby

Abdruck[1]) *London, 12. Juni 1846.*

Mein Herr!

Im Namen des Herrn Lamennais[2]) und einiger anderer überzeugungstreuer und entschlossener Männer habe ich die Ehre, mich an Sie zu wenden. Ich schreibe Ihnen in einer Angelegenheit, die uns von großer Bedeutung für die Sache der Völker scheint, und bei einem Manne wie Sie bedarf es, wie ich meine, einer anderen Einleitung nicht. Nur geht meine Bitte dahin, Sie möchten diesen Brief aufmerksam lesen und ihn dann nochmals reiflich durchdenken, denn er wird seinen Gedanken nur unvollständig aussprechen können. Um ihn in der notwendigen Breite vor Ihnen zu entwickeln, dazu bedürfte es eines ganzen Buches, und doch steht mir nur dies dürftige Blättchen für eine Skizze zur Verfügung. So vermag ich denn nur Ihnen den Grundgedanken vorzulegen, den Sie selbst in seinen Einzelheiten ausarbeiten mögen. Der Name Lamennais, den ich oben angerufen habe, wird meines Erachtens Ihnen mit hinreichender Deutlichkeit die politische und intellektuelle Richtung zeigen, in der ihre Gedanken den unsern begegnen werden.

Der Fortschritt unsrer gemeinsamen Sache ist unverkennbar, aber diese Entwicklung

[1]) «Die Wage» 10. Dezember 1875 Jg. 3 Nr. 50 S. 828–831. Das französische Original ist nicht bekannt.

[2]) Félicité-Robert de Lamennais (1782–1854), Vertreter des christlichen Sozialismus.

durch die Macht der Verhältnisse, durch die Fehler unsrer Gegner, durch unsre persönliche Anstrengung und Hingebung ist eine langsame und schmerzhafte, sie kostet viele Opfer, die erspart werden könnten, sie muß sich durch Irrtümer und Torheiten durchkämpfen, die bei einem geregelten Vorschreiten zu vermeiden wären. Zweierlei Leben waltet in uns, das individuelle und das kollektive, aber das zweite tritt nicht in Erscheinung. Überall haben wir Männer des Volks, Demokraten, aber eine Demokratie selbst findet sich nicht. Nirgends ist sie konstituiert, nirgends hat sie eine Repräsentation. Wir alle arbeiten mehr oder weniger in unsrer Sphäre, aber unsre Tätigkeit beschränkt sich eben auch auf diese *unsre* Sphäre: *jeder* einzelne von uns hat sein Publikum, groß oder klein, das auf ihn hört und seine Gedanken aufnimmt; aber was seine *Handlung*, die gemeinsame Handlung zur sozialen Umgestaltung anbetrifft, die wir im Sinne haben, so hat keiner unter uns die Macht, sie auszuführen. Kein einzelnes *Individuum* vermag es, eine *soziale* Epoche herbeizuführen.

Wir sind alle, wenn ich so sagen darf, nur Philosophen, das Volk aber verlangt seine *Kirche*. So lange es diese nicht gefunden hat, so lange ihm nicht als Wegweiser eine Fahne voranweht in den Händen derer, die es für seine besten Fürsprecher halten darf, so lange wird es in der Irre wandern, jede Stimme für die des Herrn haltend und jeden Irrwisch für die Feuersäule, die ins gelobte Land leuchten soll. Diese Zusammenhangslosigkeit der Führer wirkt auf die Kämpfer zurück, mehr und mehr tritt bereits die Sonderung zwischen Männern des Gedankens und Männern der Tat hervor. Die einen schreiben Zeitungen oder Bücher, die andern schürzen Verschwörungen, und während von diesen weihevollen Tätigkeiten die eine nur die Verkörperung der andern sein sollte, bilden sie heute zwei getrennte, oft feindselige Lager. Mißtrauen und Lässigkeit treten überall bei uns hervor, Einigkeit ist nur bei unsern Gegnern, die unsern Mangel an jeglichem, was die Demokratie repräsentieren könnte, dazu ausbeuten, mit diesem Namen jedes beliebige sinnlose Wahngebilde zu belegen, das irgendeinem verworrenen Kopfe oder dem Gelüste einer brutalen Reaktion entstammt.

Was ich hier von der Lage jedes einzelnen Volkes sage, das tritt noch auffälliger hervor, wenn wir die Völker nebeneinander betrachten. Sie leben vereinzelt, vereinzelt rücken sie vor und weichen zurück, erheben sie sich und unterliegen. Seit 1815 haben uns die Könige eine Lehre gegeben, indem sie ein Bündnis geschlossen und ihre Streitkräfte organisiert haben. Wir sind Tirailleurs geblieben, nichts ist bisher geschehen für eine heilige Allianz der Völker. Wenn Polen sich erhebt, gerät die Welt in Fieber, und überall heißt es: zu Hilfe! – aber ehe das Geld oder das sonstige Hilfsmaterial, das man ihm bieten könnte, sich sammelt, ist inzwischen eine kostbare Zeit verstrichen und der Aufstand verunglückt. Und ebenso ist's bei jedem anderen Volke. Man bewegt sich immer nur teilweise und darum ohnmächtig. Es existiert keine mächtige, über jeden Verdacht erhabene Kollektivstimme, welche zur Geduld mahnen, zum Kampfe aufrufen, die Hilfeleistung dirigieren, die vor aller Welt die Ursachen einer Bewegung, ihr Recht und ihre Richtung und des Volkes Klagen klarlegen könnte, keine Stimme, welche einem jeden seine Arbeit am Werke der Menschheit anwiese, dergestalt daß die eine der anderen sich harmonisch anschließt, welche zu aller Verständnis brächte, daß die Nationalität etwas Geheiligtes, der Nationalitätseifer etwas Verruchtes ist, daß keinem Volke die stete Führerschaft beschieden ist, daß wir alle nur Arbeiter an der großen Pyramide sind, deren Grundlage die gesamte Menschheit und deren Spitze sich allmählich zum Himmel erheben soll.

Wir entbehren einer moralischen Autorität, und wir empfinden das Bedürfnis, es mit der Gründung einer solchen zu versuchen oder wenigstens doch durch unser Beispiel unsere Brüder auf diese Aufgabe hinzuweisen.

Und da bin ich bei dem Zwecke meines Briefes, er geht kurzgefaßt dahin: Einige Männer aus unseren Reihen, die durch Beharrlichkeit, Sittenreinheit, geistige Begabung und durch den Einfluß bekannt sind, den sie in ihren Heimatlanden ausüben, haben die Zeichen der Zeit beobachtet, sich beraten mit ihren Freunden und sind nun entschlossen, den Versuch einer europäischen Organisation zu machen. Sie halten den rechten Augenblick für gekommen, sie glauben, daß die Geister der bisherigen Anarchie müde sind, sie halten überdem dafür, daß an mehreren Stellen Ereignisse sich vorbereiten, welche es notwendig, ja dringend machen, daß ein Kern von Männern sich bilde, die bekannt sind und imstande, ihre Stimme zu erheben und ihr Gehör zu verschaffen. An Sie, mein Herr, ergeht die Aufforderung, sich diesem gemeinsamen Werke zu gesellen.

In diesem Kern soll jedes Land durch einen Mann vertreten sein. Ergäbe sich später aus den Erfahrungen, daß die Zahl zu vergrößern sei, so soll das stets nur aufgrund numerischer Gleichheit geschehen. Vertreten sollen sein: Deutschland, Frankreich, England, Italien, Spanien, die Schweiz, Polen, Belgien usw.

Bei einer ersten Zusammenkunft, sei es in Belgien, Frankreich oder England, wären die allgemeinen Grundlagen des Werkes und die Prinzipien, nach denen zu verfahren, festzustellen, man hätte ferner eine Kundmachung zu beraten und zu beschließen, in der unsre Ansichten und Bestrebungen, Ziele und Wege dargelegt würden. Diese müßte unterzeichnet, in fünf bis sechs Sprachen vervielfältigt und durch alle uns zu Gebote stehenden Mittel in allen Ländern Europas, in Amerika und andernorts verbreitet werden.

Auf dieses allgemeine Manifest sollten dann Aufrufe an die einzelnen Völker folgen, denen sich später, je nach den Ereignissen und Umständen, die solches erheischen, andere derartige Kollektivakte anschließen würden.

Die Sprache des Manifestes sollte unsrer Ansicht nach so tolerant als möglich sein, ohne deshalb ins Unbestimmte zu verfallen. Wir würden uns damit an alle Schattierungen der Partei, mit Ausnahme der exklusiven, wenden, an jegliche verstandesmäßige Auffassung, an alle die aufrichtig das Wohl aller erstreben. Mögen sie insgesamt sich mit uns verbünden, und bleibe jedem dabei unbenommen, in aller Freiheit die Lösung seiner individuellen Aufgaben zu suchen, an der gegenseitigen Verständigung würde es dann nicht fehlen. Es handelt sich nicht darum, ein positives Programm in allen einzelnen Punkten für die zukünftige Gesellschaft aufzustellen, unser Ziel soll vielmehr sein, Mittel und Wege, die zu dieser Zukunft führen, zu bereiten. So würden auch unzweifelhaft die Kundgebungen der Partei selber in der Folgezeit einen klareren, bestimmteren Ausdruck annehmen, wie er sich eben durch unsre gemeinsame Arbeit herausstellen würde.

Wir beabsichtigen nicht die Bewegung, die in den einzelnen Nationen stattfindet, zu hemmen oder zu leiten, wir werden nur dahin streben, sie in Einklang zu bringen.

Der Boden, auf dem wir stehen, ist der der Prinzipien, und diese sind für alle Völker dieselben. Wie sie ihre lokale Anwendung zu finden haben, das bleibt Sache der nationalen Verbindungen, wie sie entweder schon bestehen oder sich noch bilden werden. Wir haben die Menschheit selber zu vertreten, daß heißt die freie Vereinigung von Vaterland zu Vaterland. Die beiden Prinzipien sind unvergänglich: das Individuum und die Gesellschaft, der Mensch und die Menschheit. Beide sind heilig, und jede Lösung unsrer Aufgaben, die eines der beiden aus den Augen lassen oder gar beseitigen wollte, wäre falsch, denn in jenen beiden Begriffen sind zugleich und in Wahrheit die ganz wesentlichen Grundlagen gegeben für die Erkenntnis der Wahrheit: das individuelle Bewußtsein und die im Menschengeschlecht vererbte Tradition. Nur dürfen die beiden Prinzipien sich nicht feindselig einander gegenüberstellen, sie haben die Aufgabe, sich brüderlich die Hand zu reichen, ein Band zu bilden. Und dieses Band wollen wir bilden. Wird unsere Verbindung permanent sein sollen? Sicherlich wäre das besser, aber streng genommen wird es nicht gerade notwendig sein. Allerdings wird das Manifest, mit dem wir auftreten wollen, in gemeinsamer Beratung festzustellen sein, aber sind wir erst über die Grundsätze einig und haben uns über die Mittel unserer Korrespondenz verständigt, so mögen wir wieder auseinandergehen. Da unsere Aufgabe hauptsächlich darin bestehen würde, von Zeit zu Zeit mit Kundgebungen vor die Öffentlichkeit zu treten, so läßt sich die Arbeit leicht teilen, und selbst den entfernteren Mitgliedern könnte man diese Kundgebungen vorher zur Begutachtung mitteilen. Wesentlich ist nur, daß wir bald zusammentreten und uns über den gemeinsamen Weg verständigen, was in Zukunft unsere Aufgabe wird, das wird die Zukunft uns lehren.

Unser Tun soll kein Tun der Verschwörung sein, denn es will im Tageslichte vollbracht sein. Unser Manifest soll kein Aufruf zur Empörung sein, zur Einheit im Mittel und Weg will es nur aufrufen[3]). Und so kann auch die Gefahr nicht groß sein. Freilich wird jede Zustimmung, die uns zuteil wird, schon hinreichen, um Besorgnis und Überwachung zu erregen. Und mit dem Wachstum des europäischen Kernes wird auch der Kreis der Pflichten sich erweitern, und die Erfüllung dieser Pflichten kann für die Mitglieder, je nach den Ländern denen sie angehören, auch Folgen persönlicher Art nach sich ziehen. Das muß ausdrücklich gesagt sein, denn wenn wir für uns auch durchaus bereit sind, alle Folgen, welcher Art sie auch seien, in Ruhe auf uns zu nehmen, so möchten wir doch nicht in der Folge Vorwürfe von unsern Genossen hören. Möge daher jeder erwägen, was ihm daraus in Zukunft erwachsen kann, und dann, Hand aufs Herz, sich selber darüber klar werden, ob er genug Überzeugungskraft in seiner Seele fühlt, um in der Erfüllung einer hohen und heiligen Aufgabe vor keiner Gefahr zurückzuschrecken. Sie gehören einem Landesteile an, in welchem die germanische Rasse sich durch sittliche Kraft und Energie auszeichnet. Wenn Sie glauben, daß es eine *Pflicht* ist, so zu handeln, wie wir es Ihnen vorgeschlagen, so werden Sie so handeln.

Glauben Sie es, mein Herr, der Augenblick ist gekommen. Während all dieser Jahre haben wir geduldig gewartet, die Willkür hatte noch nicht ihren Gipfelpunkt erreicht: heute sind wir sicher, daß das Bedürfnis einer einheitlichen Leitung sich überall in der

[3]) Ähnlich Mazzini an Rudolf Schneider in Bern, 25. Mai 1846, in *Scritti editi ed inediti di G. Mazzini,* Imola 1919, XVI, S. 28.

Partei fühlbar macht und daß, sind wir nur erst aufgetreten, sofort eine imposante Macht sich uns anschließt. So erheben wir uns denn und vorwärts, es komme, was da wolle. Gott wird unser Tun segnen.
Ihre Antwort mögen Sie adressieren usw. Ist sie zustimmend, so bitten wir zugleich um Ihre Meinung über den Ihnen am geeignetsten scheinenden Ort der Zusammenkunft, London, Paris oder Brüssel[4]). Wir werden soviel wie möglich uns den Wünschen der Mitglieder bequemen und hätten Ihnen dann nur noch den Zeitpunkt mitzuteilen. Für Beratung und Feststellung unseres Manifestes werden etwa zehn Tage hinreichen, beim Auseinandergehen haben wir dann nur noch die Arrangements für die Zwischenzeit, bis eine zweite Zusammenkunft uns notwendig scheint, zu treffen.
Sollte wider unser Hoffen Ihre Antwort eine ablehnende sein, so teilen Sie uns doch vielleicht wenigstens Ihre Ansicht über die gegenwärtige Lage in Deutschland mit und nennen uns unter den bekannten Männern diejenigen, unter denen sich ein Genosse für unser Werk finden könnte.
Mit der Versicherung aufrichtiger Hochachtung

Ihres Glaubensgenossen
Giuseppe[5]) Mazzini.

Sie können, wenn Sie es
vorziehen, deutsch antworten.

[4]) Diese Zusammenkunft fand nicht statt.
[5]) Im Abdruck: Josef.

346. Robert Blum an Jacoby

Nachlaß[1]) *Leipzig, 17. Juni 1846.*

Mein verehrter Freund!
Meine Pflicht legt mir auf, Sie zu benachrichtigen, daß die im Mai v. J. beschlossene Familienkonferenz im August, und zwar auf dem Gute meines alten Onkels, Hallgarten bei Oestrich am Rhein, stattfindet, und Sie einzuladen, derselben beizuwohnen oder irgendeinen Verwandten zur Teilnahme zu veranlassen[2]). Die Erscheinungen gerade der letzten Zeit haben die Notwendigkeit eines innigeren und festeren Zusammenhalts, eines

[1]) JNUL(Ab). Auszugsweise gedruckt in Hans Blum, *Robert Blum,* Leipzig 1878, S. 136 und 231.
[2]) Auf der Tagung der liberalen Führer in Leipzig (18. bis 20. Mai 1845) wurde beschlossen, im folgenden Jahr eine Konferenz abzuhalten. Sie tagte vom 9. bis 11. August 1846 in Hallgarten. Jacoby war damals in ein Gerichtsverfahren verwickelt und konnte an der Konferenz nicht teilnehmen; er ließ sich durch ein Mitglied seines politischen Kreises, den Lehrer Karl Ludwig Bender, vertreten. Vgl. des letzteren *Jugenderinnerungen eines alten Achtundvierzigers,* Breslau [1928], S. 44.

gemeinsamen und gleichmäßigen Handelns dargetan. Sofern man – woran ich kaum zweifle – einig darüber ist, daß der bisherige Weg keine Früchte bringt oder verspricht, wird man gemeinsam einen anderen suchen, oder den bisherigen fruchtbar machen, vor allen Dingen aber an die Herbeischaffung von *Mitteln* zur Hebung und Förderung des Geschäftes denken müssen, denn ohne Mittel die Konkurrenz mit mächtigen Gegnern bestehen zu wollen, erscheint mir eine Torheit. Die Wichtigkeit dieser Fragen Ihnen auseinandersetzen zu wollen, wäre überflüssig, da Sie dieselben besser erkennen und würdigen als jeder andere, und so darf ich voraussetzen, daß Sie um so mehr für einen Vertreter Königsbergs besorgt sein werden, als im vorigen Jahre Dr. W[alesrode][m] fort mußte, als die Beratung kaum begonnen hatte. Die Einrichtung ist so, daß der 8. August als Versammlungstag, der 9. und 10. aber als Beratungstage bestimmt sind. Es ist also noch Zeit genug zur Vorbereitung, und ich erwarte von Ihnen die Kunde bald zu vernehmen, daß Sie jemand für das Geschäft gefunden haben.

Von unsern Zuständen kein Wort, gewiß hat es Sie längst angewidert, wenn Sachsen Ihnen in der Zeitung begegnete, und die etwaige geheime Geschichte dieser Niederträchtigkeitsepoche ist womöglich noch schlimmer als die öffentliche. Indessen ist die jetzige Periode, so entsetzlich sie sein mag, nicht verloren; sie entzieht dem politischen Mäßigkeitsverein, welcher in Sachsen vorzugsweise heimisch war, viele Anhänger, und die Zahl derer wächst täglich, welche einsehen, daß es einer kräftigeren, einer markerschütternden Atzung bedarf, aus dieser Flauigkeit herauszukommen. Aber wie klar auch diese Keime vorhanden sind und treiben, es bedarf leider in Deutschland alles gar zu langer Zeit zum Reifen. Bei Ihnen ist leider auch die Zeit der Ebbe.

Leben Sie wohl und bleiben Sie gesund und rüstig, Mut und Ausdauer in dieser trostlosen Zeit brauche ich *Ihnen* nicht zu wünschen. Herzliche Grüße Ihnen, Jachmann, Crelinger, Wechsler[3]), Dinter und allen Freunden von

Ihrem
Blum.

Daß die jüngste Versammlung in Köthen, die eine entscheidende Wendung in die kirchlichen Wirren bringen sollte, nichts gebracht hat als die traurige Erscheinung, daß man Wislicenus[4]) nun desavouiert, daß Schwarz, Eberty und andere ihn aufs lebhafteste angriffen, ihm Beruf, Talent, Verdienst, Treue und alles öffentlich abgesprochen haben, (alles wegen des Königsberger Briefs), das wissen Sie wohl schon. Ruht nicht auf allem der Fluch dieser Zeit?

[3]) Der Subrektor der Burgschule Georg Wilhelm Alexander Wechsler, politischer Freund Jacobys, war einer der besten Redner der Königsberger «Städtischen Ressource».

[4]) Gustav Adolf Wislicenus (1803–1875), seit 1841 Pfarrer in Halle, schloß sich der Bewegung der Lichtfreunde an und wurde im April 1846 abgesetzt.

347. Ludwig Walesrode an Jacoby

Nachlaß[1]) *Festung Graudenz, 1. Juli 1846.*

Noch immer weiß ich nicht, ob ich mich wirklich auf den näherrückenden Tag meiner sogenannten Freiwerdung freuen darf. Die peinliche Ungewißheit über das Schicksal Deiner Angelegenheit beunruhigt mich zu sehr. Das lange Schweigen der Königsberger Freunde dient eben nicht dazu, mir eine heiterere Ansicht von der Zukunft Deines Prozesses zu verschaffen. Könntest Du selbst mir aus sicheren Indizien Beruhigendes mitteilen, so würdest Du mir mehr als eine Freude machen, wenn Du es bald tätest. Mit Lust würde ich dann jeden dahinschwindenden Tag von den 140, die ich hier noch zu verleben habe, der Vergangenheit opfern und ihr ein requiescat in pace nachsingen. Wegnern erwartet jetzt auf dem Berliner Heiligenkongreß[2]) die Ausgießung des Heiligen Geistes; ob die Königsberger Tribunal-Themis während dieser Zeit den Mut haben wird, mit ehrlichem Gewichte zu wägen? Was hält Simson, was Ulrich[3]) von dem ersten Erkenntnis? ..... Sorge doch auch dafür, lieber Jacoby, daß mir durch Voigt einige interessante literarische Nova bald geschickt werden, vor allem Jungs Königsberg und die Königsberger[4]), Crelingers Verteidigung für Theile[5]), das politische Taschenbuch[6]).

Die Eingabe des Königsberger Magistrats und der Stadtverordneten an die Generalsynode in Berlin ist brav gearbeitet[7]). Ich möchte den Verfasser wissen. Der gegenwärtige Abdruck derselben mit ausgefüllten Zensurlücken kommt sehr gelegen als Antwort auf Eichhorns konfuse Rede, wie sie die Deutsche Allgemeine Zeitung mitteilt.

Diese Berliner Synode ist wie alles was die pomphaften allerhöchsten Programme verheißen, bereits bei der Geburt mit dem Fluche der lächerlichsten Ohnmacht behaftet. – Daß der Berg kreist und kreist und eine Maus gebiert, ist komisch, aber wenigstens räumlich denkbar – daß aber eine Maus knuspert und piept und einen Berg gebären will, ist der unmethodischste Blödsinn von der Welt. .....

1) JNUL(Ab).

2) Gemeint ist die erste evangelische Generalsynode in Berlin (2. Juni bis 29. August 1846).

3) Friedrich Karl Ulrich (1796–18. Juni 1877) in Königsberg, Tribunalrat, 1849 Appellationsgerichtsrat, 1872 Geheimer Justizrat. Er «war politisch ein Gesinnungsgenosse Jacobys, bis zu der Zeit, wo der letztere zur Sozialdemokratischen Partei übertrat». Olga Ulrich (Tochter des Obigen) an Gustav Mayer, 21. April 1911, unveröffentlicht, JNUL.

4) Alexander Jung, *Königsberg und die Königsberger,* Leipzig 1846.

5) Ludwig Crelinger, *Verteidigung und Erkenntnisse in Sachen des Buchhändlers Theile in Königsberg. Ein Beitrag zur Lehre der Beleidigungen und zur Beurteilung des Verhältnisses eines Verlegers bei beleidigenden zensierten Druckschriften,* Königsberg: Theile 1846.

6) *Königsberger politisches Taschenbuch für 1846.* Von Friedrich Crüger, Königsberg: Theile 1846.

7) Es ist hier die Rede von der Denkschrift, die Magistrat und Stadtverordnetenversammlung von Königsberg unter dem 26. Mai 1846 der Generalsynode in Berlin zuleiteten, abgedruckt in «Königl. Preuß. Staats-, Kriegs- und Friedenszeitung» 8. Juni 1846 Nr. 130, besprochen in Hans Erich von Groll, *Ostpreußens Anteil an der politischen Bewegung im Vormärz 1840 bis 1847,* Phil. Diss. Universität Tübingen, Tübingen 1935, S. 128.

348. Malwine von Keudell an Jacoby

Nachlaß[1]) *Dresden, 3. Juli 1846.*

.....Ohne allen Austausch ist das Leben so dürftig, so kahl, daß man gar nicht begreift, warum es gelebt wird? Der Arbeitsmann, die fleißige Näherin (sie hat wenigstens Augen *da*zu) erscheinen mir oft beneidenswert, sie haben einen greifbaren Zweck ihrer Tätigkeit, der sie befriedigt – doch nein! tiefer hingesehen: Wären sie gar nicht da, so brauchten sie ja auch nicht mühsam für ihr und der ihrigen Lebensunterhalt zu sorgen. O diese Menschen, die *sich* so übernatürlich hoch zu allem übrigen Erschaffenen stellen, sind das der Gottheit *feurigste* Ausstrahlungen? Was mag dann eine Stufe abwärts erwartet werden!

Sie waren der erste, der *mein* Auge öffnete für den *durchgehends* wehenden Geist Gottes in *allem* Erschaffenen; und daß an jedem Hälmchen und jeder Menschenseele und Tiererscheinung noch ein Tröpfchen himmlichen Taus in mein Auge glänzt, das werde ich Ihnen ewig danken. Es ist der einzige Standpunkt, von dem aus man über das *elende* Leben fortkommt.

O es zittert in allen Nerven wieder dies Elend, wenn ich es aufgesteift sehe zu Genuß oder auch nur zum Scheinluxus desselben! Daraus entnehmen Sie schon, daß mein lieber Rudolf hier auch in Dürre und Hitze des Tagesgeschäfts lebt; denn sähe ich ihn freudig trinken vom Quell frischen Lebens, würde ich mir mindestens einbilden, auch nicht Durst zu haben; aber er treibt einen schweren Pflug durch steinhart ausgetrocknete unfruchtbare Erde. So fühlt es sich an, er selbst spricht nicht, nach seiner Art; und ich wollte es *nur zu Ihnen* gesagt haben, er würde sehr schmähen. Aber ist es der Reflex der heißen Sonne auf große Steinmassen, oder hat die Welt sich wirklich mehr ausgedörrt?

Überall ist's ein staubiges, dick dumpfiges Dasein, selbst im freundlich-altmodischen Dresden. ..... Ich glaube, es gibt sehr geistreiche Menschen hier, sehr liebenswürdige, allein wie naht man ihnen? Für mich wäre nur Rudolf das Organ zu ihnen zu gelangen, und der geht nie ungezwungen aus, mag niemand aufsuchen, trotz der zuvorkommendsten Freundlichkeit, die ihm Tiecks reiche Empfehlungen verschafften. Sehr wohl hat mir – uns – in den letzten Wochen von Rudolfs Aufenthalt in Berlin das Nähertreten zu diesem frischen Jünglingskreise (Tieck) getan[2]); viel mehr als je eins seiner Bücher, und gewöhnlich doch geben diese mehr als der Mensch. .....

[1]) JNUL(Ab).

[2]) Rudolf Keudell schildert in der Novellensammlung *Bergan!* (Dresden/Leipzig 1848, I, S. 122–125) seine Begegnungen mit Ludwig Tieck (1773–1853). Keudells *Außerhalb der Gesellschaft. Träumereien eines gefangenen Freien* (Dresden/Leipzig 1847, 4 Bde) ist »dem deutschen Dichter Ludwig Tieck als einem Meister der Novelle« mit «herzlicher Verehrung» gewidmet.

349. Jacoby an Giuseppe Mazzini

Nachlaß[1]) *Königsberg, 8. Juli 1846.*

Geehrter Herr!

Ihr Schreiben vom 12. Juni habe ich mit großer Freude gelesen; denn die darin ausgesprochenen Ansichten sind auch die meinigen. Geheime Konspirationen halte ich für ebenso nutzlos als verwerflich. Weil ihnen der Rechtsboden der *öffentlichen Meinung* fehlt, werden sie leicht unterdrückt und verstärken die Ketten, welche sie brechen wollten. Das Volk verlangt *öffentliche* Diener; es vertraut nur denen, die frei mit ihren Ansichten *hervortreten.*

Einem Verein, der in *diesem* Sinn für Recht und Freiheit zu wirken bestimmt ist, werde ich mich freudig mit allen meinen Kräften anschließen.

In betreff der Zusammenkunft erwarte ich Ihre nähere Anzeige; Brüssel erscheint mir aus mehreren Gründen am geeignetsten hierzu.

Ich komme *selber,* wenn bis zur Zeit der Prozeß, in welchen ich wegen meiner Schrift: «Das königliche Wort Friedrich Wilhelms III.» verwickelt, glücklich beendigt ist; wenn nicht, schicke ich Ihnen einen gleichgesinnten *Freund* mit einer schriftlichen Vollmacht, für mich zu handeln.

Entschuldigen Sie die Kürze dieses Briefes, der ja nur den Empfang des Ihrigen und meine Zustimmung zu dem Plane anzeigen soll.

Hochachtungsvoll
Dr. J. Jacoby.

Ihre Antwort bitte ich mir unter der Adresse des Kaufmanns Gustav Möller[2]) in Königsberg in Preußen zuzusenden.

[1]) JNUL(Ab). Bis auf die Abschiedsformel und das Postskriptum veröffentlicht in «Die Wage» 10. Dezember 1875 Jg. 3 Nr. 50 S. 831.

[2]) Gustav Möller, vereidigter Schiffsmakler und Abrechner.

350. Karl Heinzen[1]) an Jacoby

Nachlaß[2]) *Zürich, 20. Juli 1846.*

Lesen Sie gefälligst die beiliegende Broschüre[3]) und sehen Sie, ob Ihnen mein Plan[4]) zusagt. Ist dies der Fall, so brauche ich wohl die Bitte nicht zu motivieren, mich mit den

[1]) Karl Heinzen (1809–1880), radikal-demokratischer, antikommunistischer Publizist, polemisierte gegen Karl Marx und Moses Hess, wanderte nach der Revolution von 1848/49 nach den Vereinigten Staaten aus und gab dort den radikalen «Pionier» heraus.

[2]) JNUL(Ab).

[3]) Karl Heinzen, *Weniger als zwanzig Bogen,* Münster: in Kommission bei Aschendorfs 1846, 60 S.

[4]) «Laßt uns endlich versuchen, mit der Freiheitspropaganda ernst zu machen. Mein Plan ist: *Organisation einer auswärtigen Flugschriftenliteratur mit Hilfe hinreichender, regelmäßiger und anhaltender Unterstützung von seiten der deutschen Liberalen aller Fraktionen an Geld und an Tätigkeit zur Verbreitung unserer Broschüren.*» Heinzen, ebenda, S. 51.

dortigen Mitteln zu unterstützen. Finde ich in Deutschland Unterstützung genug, um diesseits des Meers fortwirken zu können, so bleibe ich entweder in der Schweiz, oder ich gehe nur, ohne Familie, auf ein paar Monate nach Amerika, um *auch die dortigen* Landsleute in Bewegung zu bringen und mich über die Zustände in der großen Republik persönlich zu unterrichten; finde ich aber hier keine hinreichende Unterstützung, so bleibt mir nur übrig, mich den Amerikanern *allein* in die Arme zu werfen und zu sehen, was ich dort beginnen kann.
Mir persönlich wäre es natürlich lieber, wenn die zisatlantischen Landsleute meine Hilfe für wert hielten, um sie auch ferner möglich zu machen. Mögen Sie Ihrerseits nach Ihrer Ansicht über mich verfahren und Ihren Einfluß anwenden, um mich zu halten oder ziehen zu lassen. Wirken werde ich überall, wohin ich komme, soviel ich kann; aber um das Können eben handelt es sich. Für jetzt ist meine Lage so, daß ich nicht bloß nicht mehr wirken, sondern auch nicht mehr existieren kann. Das ist der Liberalismus ohne Geld .....

351. Jacoby an Julius Waldeck

Nachlaß[1]) *Königsberg, 12. September 1846.*

Mein lieber Julius,
Du scheinst ganz vergessen zu haben, daß wir miteinander in Korrespondenz stehen. Wenn diese Zeilen Dich nicht erinnern, so wird – sobald ich meine Verteidigung eingereicht (Ende dieses Monats) – eine *stärkere* Mahnung erfolgen.
Für heute will ich Dir nur den Überbringer dieses, den Sohn des Kaufmanns Herrn Lehmann, *bestens* empfehlen. Derselbe wird in Berlin einige Jahre verweilen, und bitte ich Dich sehr, ihm in vorkommenden Fällen *ärztlich* Beistand zu leisten und vor den Gefahren der Residenz ihn in Schutz zu nehmen.
In Königsberg ist für den Augenblick politische Stille – aber nicht Apathie.

Es grüßt Dich herzlich
Dein
treuer Freund
Dr. Jacoby.

[1]) Original: UB Leipzig. Signatur: II A IV.

352. Ludwig Walesrode an Jacoby

Nachlaß[1]) *Festung Graudenz, 18. September 1846.*

..... Vielleicht hat Dir Alexander Küntzel geschrieben. Er hat sich auf seiner Rückreise von Karlsbad nach Wolka zwei Tage hier aufgehalten und mich durch die Frische seines Geistes und Herzens wahrhaft erquickt. (Er fühlte sich auch körperlich gesünder als früher; ich fürchte nur, es wird nicht lange vorhalten.) ..... Küntzel fand bei mir einen politischen Gesinnungsgenossen, Gutsbesitzer aus dem Kulmer Kreise, Herrn von Parpart[2]), der mich hier mit anderen Gutsbesitzern öfter besucht und mich wahrscheinlich nach Königsberg begleiten wird.

Was auf dem nächsten Landtage geschehen müßte, wurde unter uns lebhaft debattiert. Ich hatte früher mehreren westpreußischen Abgeordneten vorgeschlagen, sie möchten allerdings auf dem Landtage erscheinen – nicht wie die Naumburger ganz fortbleiben, wie einige es hier beabsichtigten –, jedoch im Falle die Versammlung die alte jämmerliche Politik elastischer Gefügigkeit à la Peguilhen[3]) adoptieren sollte, dann müßten sie laut und feierlich erklären, «daß sie unter solchen Umständen es vor [ihrem Eide und vor][e] ihren Mitbürgern nicht verantworten könnten, länger die Puppen einer solchen kostspieligen Komödie zu sein und sich in den Augen der Welt lächerlich und verächtlich zu machen!» – und sofort nach Hause reisen. Dies könnte z. B. schon geschehen, wenn etwa eine servile Dankadresse an den König von der Majorität beschlossen wird.

Küntzel war anderer Meinung. Von allen Seiten müßten Petitionen an den Landtag kommen, er möge gegenwärtig von allen anderen Fragen und Interessen absehen und nichts weiter verlangen als strikte Erfüllung des Gesetzes vom 22. Mai 1815. Küntzel glaubt, daß der ostpreußische Radikalismus auf dem nächsten Landtage die Majorität haben werde. Glaubst Du, daß unser Landtag den Mut zu einem so trotzigen Lakonismus zeigen wird? Küntzel meint, nach dem letzten Landtagsabschiede sei alles möglich. Allein er vergißt, wie leicht die Deutschen vergessen.

Küntzel brachte mir einen Gruß vom Stadtgerichtsrat Simon mit, der bald in Königsberg sein wird, um mancherlei mit Euch zu besprechen. Wenn ich nicht bereits diesem Ehrenmann meine ganze Hochachtung gewidmet hätte, so würde die Schilderung, die Küntzel von ihm entwarf, hingereicht haben, mein Bedauern, diesen Mann nicht näher kennenzulernen, hervorzurufen .....

1) JNUL (Ab).

2) Vermutlich Adolf Ludwig Agathon von Parpart (1806–1867), Landwirt, Musiker und Astronom.

3) Moritz von Lavergne-Peguilhen (1801–1870), konservativer Schriftsteller, Landrat des Rösseler Kreises, 1845 Deputierter des preußischen Provinziallandtages, 1847 Mitglied des Vereinigten Landtages, veröffentlichte *Grundzüge der Gesellschaftswissenschaft* (Königsberg 1838 bis 1841, 2 Bde.) und die Broschüre *Der Liberalismus und die Freiheit* (Königsberg 1846), die ein gewisses Aufsehen erregte. Ausführliche Rezension der Broschüre in «Elbinger Anzeigen» 14. November 1846 Nr. 91 Beilage 1.

353. Alexander Küntzel an Jacoby

Nachlaß[1]) *[Wolka?], 28. November 1846.*

Über die Drucklegung der von A. Küntzel verfaßten Broschüre gegen M. von Lavergne-Peguilhen[2]).

[1]) Inhaltsnotiz von L. Esau in «Altpreußische Forschungen» 1942 Jg. 19 H. 2 S. 269.

[2]) Alexander Küntzel, *Was wollen die Liberalen in Preußen? und was will Herr von Lavergne-Peguilhen?* Leipzig: Gustav Mayer 1847, 31 S. Vorhanden in UB Leipzig: Hist. Boruss. 604 ff.

354. Alexander Küntzel an Jacoby

Nachlaß[1]) *Wolka, 1. Januar 1847.*

[Peguilhens Schrift[2]). Küntzels Entgegnung[3]) darauf.][le]

Was Peguilhens Wirksamkeit im Allensteiner Kreise betrifft, so tut man ihm meiner Überzeugung nach durchaus recht. Es mögen Mißgriffe geschehen sein, was bei solchen Unternehmungen ohne Vorbild unvermeidlich ist, andere sind wissentlich geschehen und mußten geschehen, um das Unternehmen zu sichern und vor der Mißgunst der Behörden zu sichern; noch andere sind geschehen, um hochgestellten Personen zu genügen, von denen der nervus rerum verlangt wurde. Viel Geld ist z. B. durch die zur Hilfe gegebenen Offiziere aufgefressen, die man nicht loswerden kann.

Was die Leistungen betrifft, so ist meiner Ansicht nach viel geschehen. Ein großer Teil der Bauern ist schnell und ohne die gewaltigen Kosten wie anderwärts separiert worden, während man die Separationen früher dort nicht kannte. Es sind Kolonisten aus Hessen in den Kreis gezogen und Musterwirtschaften errichtet, Bauern sind mit Kulturkapitalien unterstützt; es sind große Kulturanlagen in bezug auf Rieselungen unternommen, von denen ich hoffe, daß sie sich rentieren werden, wiewohl vorläufig die Anlagen großartiger als die Resultate sind, denn man mußte etwas zu zeigen haben; mehr und wahrscheinlich wertvollere Anlagen sind bei Privatbesitzern ausgeführt, und es würden mehr sein, wenn die dortigen Gutsbesitzer nicht Toren wären. Deshalb hat die Korporation dem Statute gemäß, das ihre Wirksamkeit auch über den Kreis hinaus auf das Allegebiet ausdehnt, mehrere Meliorationen in unserer Gegend, z. B. bei mir, ausgeführt. Ich zahle an Wiesenzins zirka sechs Prozent des Anlagekapitals und gewinne fünfzehn. Die Bauern in anderen Kreisen verlangen von der Korporation separiert zu werden, obwohl es nicht geht, weil die Sache dort rasch und wohlfeil geht. Aus diesem Grunde und weil ich sehe, daß er wirklich namentlich für die Bauern sorgt, bin ich mit Peguilhen so glimpflich umgegangen.

[1]) LE(Ab); vorletzter Absatz JNUL(Ab).

[2]) Vgl. Nr. 352 Anm. 3.

[3]) Vgl. Nr. 353 Anm. 2.

Am 16. Januar Versammlung der Parteifreunde in Königsberg. Bardeleben zum Leiter vorgeschlagen.][le]

..... Zum 16. werde ich erscheinen, wenn nicht unerwartete Hindernisse entgegenstehen, und womöglich Brünneck und Neitzschütz mitbringen. Schreibe mir doch aber umgehend, wo die Zusammenkunft ist und bei wem man sich meldet; ..... womöglich schreibe doch auch an Schön und zitiere ihn. Schade, daß ich nichts früher davon gewußt habe; ich bin dieser Tage aus Graudenz zurückgekommen. In der Gegend gibt es einige tüchtige Leute, doch die werden wohl durch W[alesrode][m] Nachricht haben. Wenn es nur nicht geht wie gewöhnlich bei solchen Zusammenkünften, gewöhnlich ist die Zeit zu kurz und wird durch Fressen und Saufen noch verkürzt, wenn nicht ein tüchtiger, bekannter und in solchen Geschäften erfahrener Mann die Sache in die Hand nimmt. Bardeleben wäre gut dazu, wenn er nicht .....

P.S. Die Hauptsache scheint mir, wenn die Stände in Berlin zusammenkommen, daß aus allen Provinzen tüchtige Leute hingehen, an denen sie einen Halt gegen Verführungskünste und dergl. haben. In dieser Beziehung schrieb Simon an mich, als sie der Sage nach am 20. Oktober zusammentreten sollten.

355. Unbekannte an Jacoby

Nachlaß[1]) *[o. O., kurz nach dem 3. Februar 1847.]*

Hochgeehrter Herr!

Die längst erwarteten Ordonnanzen vom 3. Februar d. J. haben bei ihrem Erscheinen dennoch jedermann überrascht durch die überall daraus hervorleuchtende Verhöhnung der gerechtesten Volkswünsche. Von allen Einsichtsvollen erhebt sich ein vielstimmiger Schrei des Unwillens, und es fehlen nur die Sammelpunkte, um demselben Worte zu geben und durch Proteste und Petitionen den Landtag zu stützen, damit er entschlossenen Muts das Unglück abwende, welches die Durchführung der in jenen Ordonnanzen enthaltenen Grundsätze über das Land bringen muß.

Treten diese sogenannten Verfassungsbestimmungen in Wirksamkeit, so ist die ganze staatliche Entwicklung Preußens auf viele Jahre vertagt; die große Krankheit, das auf uns lastende «System», erhält sich mit Hilfe der nun möglichen Anleihen, auf Kosten des Volkes und zum Schaden desselben, am Leben, und die besten Männer des Landes verzehren sich in Unmut.

Preußen hat sich noch nie in so kritischer Lage befunden wie eben jetzt. Nicht Revolutionen können uns in der politischen Entwicklung fördern; das sicherste friedliche Mittel, die Wünsche des Volkes ihrer Erfüllung entgegenzuführen, bietet sich uns *jetzt* dar, es heißt: *Man bewillige keine Anleihe oder neue Abgabe eher, als sich nicht der König über eine auf vernünftiger Grundlage ruhende Verfassung mit den Ständen geeinigt hat.*

[1]) JNUL(Ab).

Wenn auch manche materielle Verbesserungen dadurch um einige Jahre hinausgeschoben werden; während derselben verendet das «System» am Geldmangel, und Preußen atmet wieder frei auf.

Einer Kritik jenes Patents und der ihm folgenden Verordnungen können wir uns Ihnen gegenüber füglich enthalten. Wir wollen nur im allgemeinen unsere Ansicht dahin aussprechen:

1. *daß der König nicht befugt ist, den Provinzialständen Rechte zu nehmen und sie den ständischen Ausschüssen zu übertragen (wie es mehrfach in jenen Verordnungen geschieht), wenn nicht die ersteren ihre Zustimmung zu solcher Veränderung geben.*

2. *daß er ebensowenig berechtigt ist, diesem Ausschusse und beziehentlich einer aus acht Personen bestehenden Deputation durch jene Verordnung die den Reichsständen in bezug auf das Staatsschuldenwesen durch das Gesetz vom 17. Januar 1820 beigelegten Befugnisse zu übertragen, solange jenes Gesetz nicht aufgehoben ist.*

Der Vereinigte Landtag[2]) oder beziehentlich die ständischen Ausschüsse müßten daher, wenn sie einberufen werden, sich entschieden in diesem Sinne aussprechen. *Sie müssen gegen die Ausführung dieser Verordnung protestieren und sich zur Genehmigung irgendwelcher Geldbewilligung inkompetent erklären. Ferner müssen sie erklären, daß durch diese Verordnungen keineswegs das Bedürfnis einer reichsständischen Verfassung befriedigt sei, und sie müssen aufgrund der Gesetze vom Mai 1815 und 17. Januar 1820 verlangen, daß sich der König mit ihnen über eine solche Verfassung verständige,* (wozu eine gemischte, möglichst zahlreiche Deputation zu ernennen wäre).

Hierauf hinzuwirken ist das Bestreben mehrerer Patrioten in den Marken, Schlesien, Sachsen und der Rheinprovinz; und wir vertrauen Ihrer bewährten Gesinnung, hochgeehrter Herr, wenn wir die Bitte an Sie richten, ähnliche Bestrebungen auch in Ostpreußen und womöglich auch in Posen hervorrufen zu wollen.

Einem Gerüchte zufolge steht die Einberufung des Gesamtlandtages nahe bevor[3]), und es ist daher eine schnelle und umfassende Tätigkeit nötig, um die ungünstigen Einwirkungen der ministeriellen Presse, welche sich schon in Lobpreisungen der neuen Verordnungen ergeht, sowohl bei schwankenden Landtagsabgeordneten als bei dem übrigen Publikum zu paralysieren.

[Blatt zuende. Unterschriften fehlen.][le]

[2]) Der Vereinigte Landtag tagte vom 11. April bis 26. Juni 1847.

[3]) Der Vereinigte Landtag wurde durch das Patent vom 3. Februar 1847 einberufen.

356. Eduard Waldeck an Jacoby

Nachlaß[1]) *Berlin, 7. Februar 1847.*

..... Die Lockung, auf der betretenen Bahn vorwärtszugehen, ist bei Deinen Erfolgen und bei der unvollendeten Errungenschaft sicherlich groß, und ich kann mir sehr wohl denken, daß Du schon in diesem Augenblicke mit einer scharfen Kritik des neuen Gesetzes[2]) beschäftigt bist, welches allerdings Deinen Wünschen so wenig als denen so vieler entspricht, die mehr als Du erwartet haben. Ich gehöre nicht zu denen, die irgendetwas Bedeutendes erwartet, und ich war auch nicht überrascht. Freiwillig hat noch nie eine Gewalt ihre angestammten Rechte aus den Händen gegeben, und auch das wenige, das hier gegeben worden, ist erzwungen durch die Notwendigkeit einer Anleihe und die Erklärung Rothschilds: «Dem Könige von P[reußen] leihe ich kein Geld, dem preußischen Volke unter den Sicherheiten, die es zu geben imstande ist, sehr wohl.» Es fragt sich nun freilich, ob der Vereinigte Landtag sich für kompetent halten wird, über Dinge zu entscheiden und Zustimmungen zu geben, die den Reichsständen vorbehalten sind, und ob, wenn derselbe diese ihm gnädigst und aus eigener Machtvollkommenheit gegebene Kraft annimmt, ob Rothschild dann diesen Landtag fürs preußische Volk halten wird; sonst sitzen wir wieder auf dem trockenen.

Doch was unterstehe ich mich, ich politisiere mit einem der ersten Politiker Europas so dummdreist fort, als ob er meinesgleichen wäre! Ich fürchte, oder soll ich sagen: ich hoffe, wir werden bald genug über die Polka- oder Eisenbahnkonstitution, wie man sie hier schon getauft hat, von Dir etwas lesen; ja ich fürchte und hoffe zugleich, und daran knüpfe ich meinen Wunsch, von dem mich oben mein politischer Eifer abgebracht hat, meinen Wunsch, daß Du jetzt endlich ein wenig auf Deinen Lorbeeren[3]) ausruhen und einmal versuchen sollst, wie sich's einen Sommer ohne Presseprozeß lebt .....

[1]) JNUL(Ab).
[2]) Gemeint ist das Patent vom 3. Februar 1847.
[3]) Vgl. Nr. 344 Anm. 3.

357. Julius Waldeck an Jacoby

Nachlaß[1]) *Berlin, 19. Februar 1847.*

..... Du weißt, ich betrachte Deine Freisprechung als öffentliches wie als privates Glücksereignis. Bei der guten Absicht, deren Du Dir bei Abfassung Deiner Schrift bewußt warst, muß es Dir eine doppelte Freude gewähren, daß man hier allgemein der Meinung ist, nur die Vortrefflichkeit der Verteidigung habe Deine Freisprechung bewirkt[2]). Und nun noch obendrein die Bemühungen von Erfolg gekrönt! Die erstrebte Konstitution gegeben,

[1]) JNUL(Ab).
[2]) Vgl. Nr. 344 Anm. 3.

als romantisches Monstrum ohne alles historische Vorbild patentiert! Es ist kaum zu tragen solch ein Glück, und die guten Elbinger samt unserem lieben Flottwell haben bewiesen, daß dasselbe sie so exaltiert, daß sie jenen Ausspruch Rochows vonwegen des beschränkten Untertanenverstandes zur Wahrheit zu machen wünschen[3]). Wenn, wie fast anzunehmen, jene scheinbare Begeisterung nur eine diplomatische Finesse sein sollte, indem man den Wert des Dinges durch übertriebene Aufnahme zu erhöhen gedachte, so war das zum mindesten sehr dumm; über dieses Patent muß ernst gesprochen oder geschwiegen werden. Letzteres ist fast so unangenehm als ersteres, und die Vossische Zeitung hat dafür von oben her einen ernsten Tadel erhalten, daß sie noch keinen leitenden Artikel darüber gebracht.

Hier herrscht über jenes Patent (der Ausdruck Gesetz ist nur vermieden, weil man einsieht, daß es als solches vor die Provinzialstände gehört hätte!) eine allgemeine Mißstimmung; außer den höheren Beamten fast kein Mensch, der darin nicht eine Entziehung wesentlicher Rechte wie des Petitionsrechtes und des der Steuer- und Anleihebewilligung erblickte und der es dringend wünschte, daß die zusammentretenden Mitglieder darüber aufgeklärt würden. Die guten Folgen sind ebensowenig vorhergesehen als beabsichtigt und werden sich hoffentlich durch das Gefühl der Unsicherheit, das die Stände dabei überschleichen muß, und durch die Kontagiosität des Verstandes in großen Versammlungen herausstellen.

Bülow-Cummerow, mit dem ich gestern ein paar Stunden mich zu unterhalten Gelegenheit hatte, wird nächstens ein Werk über zwanzig Bogen über unsere gegenwärtigen Zustände beendigt haben und dieses Patent darin einer strengen Kritik unterwerfen[4]). Er ist der Meinung, daß die Stände es nicht genehmigen können, daß sie durch Beeinträchtigung obiger Rechte sowie durch Errichtung der Herrenkammer ihre ganze Bedeutung verlieren, da ein Drittel jener imstande ist, einen einstimmig von ihnen gefaßten Beschluß illusorisch zu machen. Bedenkt man außerdem, daß über ein Drittel der Herren aus den rheinländischen autonomen Rittern, den westfälischen Ultramontanen und den oberschlesischen katholischen, in Österreich zum Teil stärker als in Preußen angesessenen Besitzern

[3]) Das Patent vom 3. Februar erregte in Elbing die freudigste Bewegung. Als die Nachricht vom Patent dort am 5. Februar eintraf, versammelte sich eine Anzahl Männer im August Silberschen Kaffeehaus «Zum deutschen Michel», dem Hauptquartier des Elbinger Liberalismus. Sie zogen dann – eine Musikkapelle an der Spitze und begleitet von einer wachsenden Volkszahl – zum Rathaus. «Hier hielt der Stadtrat und Syndikus Flottwell an die Versammlung eine, das große Ereignis des Tages betreffende kernige Ansprache und schloß mit einem dem erhabenen Landesvater dargebrachten Lebehoch, das mit tausendstimmigem Ruf nicht bloß von den Lippen widerhallte, sondern auch in den dankerfüllten Herzen aller wiederklang.» Bruno Th. Satori-Neumann, *Elbing im Biedermeier und Vormärz*, Elbing 1933, S. 68. In Königsberg hatte man kein Verständnis für diesen »Elbinger Jubel«. Man meinte dort allgemein, daß die Elbinger «an jenem Tage ein wenig mehr getrunken haben möchten als es zur Löschung des Durstes gerade unabweislich nötig gewesen wäre». [Wilhelm Rüstow,] «Die politischen Parteien in Königsberg und der Vereinigte Landtag» in «Unsere Gegenwart und Zukunft.» Hrsg. von Karl Biedermann, Leipzig 1847, VIII, S. 293. Die Verfasserschaft dieses anonymen Artikels ist angegeben in Robert von Steiger, *Der Rüstow-Prozeß 1848–1850*, Phil. Diss. Bern 1937, S. 28.

[4]) Ernst von Bülow-Cummerow, *Preußen im Januar 1847 und das Patent vom 3. Februar*, 1. Aufl. (390 S.) und 2. Aufl. (341 S.), Berlin: Veit 1847.

besteht, so sieht man, daß auf diese Weise das Interesse Preußens in die Hand von Leuten gegeben ist, die es mannigfach bewiesen haben, daß dasselbe den ihrigen oft kontradiktorisch entgegengesetzt sei.
Ihre eigene Inkompetenz zu den Verrichtungen der Reichsstände müssen die versammelten Landstände aber sogleich einsehen, wenn sie das Gesetz über die Ordnung des Schuldenwesens vom Jahre 1820 betrachten, wo sie in fünf Paragraphen[5]) die Rechte der Reichsstände verzeichnet finden, von denen sie auch nicht ein einziges besitzen. So sehr alle diese Umstände eine Aufklärung der Mitglieder der zu erwartenden Versammlung wünschenswert machen, damit es an einem einigen und bewußten Handeln, wozu sich die beste Gelegenheit bietet (und das ist die Lichtseite der Sache), nicht fehle, so viel Gutes Bülows größeres Werk wirken wird, so wäre eine kurze, klare, einschneidende Beleuchtung in Art der «Vier Fragen» doch sehr an ihrem Orte; alle wünschen sie von Dir, viele erwarten sie, da es ganz in der Konsequenz des von Dir begonnenen Unternehmens zu liegen scheint[6]). Ich selbst hoffe es und glaube, daß ein günstigerer Boden nicht gefunden werden könne, denn alles ist mit dem Gesetze unzufrieden, bis auf die Herren selbst, die wohl einsehen mögen, daß sie durch dasselbe nur die Bürokratie, den bisherigen Prellstein für die Würfe und Schliche zu remplacieren bestimmt sind.
Soviel über die Vorlagen verlautet, die den versammelten Landständen gemacht werden sollen, so findet sich manches Gute darunter; was ich davon weiß, ist eine Proposition über die Differentialzölle, diesen Stein des Anstoßes des Zollvereins, eine über Aufhebung der Mal- und Schlachtsteuer und ein Judengesetz, wodurch uns öffentliche Lehrämter und die Advokatur eröffnet werden sollen .....

[5]) In der Abschrift gestrichen und zuerst durch «5 §§» und dann durch «[5 §?]m» ersetzt.
[6]) Jacoby veröffentlichte eine solche kurze Beleuchtung anonym unter dem Titel «Das Patent vom 3. Februar 1847» in der Leipziger «Konstitutionellen Staatsbürger-Zeitung» vom 18. Mai 1847 Nr. 79 S. 333–338. Beweise für seine Verfasserschaft befanden sich einst im Jacoby-Nachlaß in Königsberg.

358. David Hansemann an Jacoby

Nachlaß[1]) *Aachen, 23. Februar 1847.*

Verehrter Herr!
Ich bitte Sie:
1. zu veranlassen, daß einige einflußreiche, konstitutionell gesinnte preußische Abgeordnete schon am 2. oder 3. April in Berlin eintreffen, um sich mit rheinländischen und andern, die dann ebenfalls (wie auch ich) kommen werden, vor Eröffnung des Landtags zu benehmen;

[1]) JNUL(Ab).

2. mir zu sagen, wie die zuverlässigsten, fähigsten und gesinnungstüchtigsten preußischen Abgeordneten heißen.
Die Gesetze vom 3. Februar sind so viel wert, wie sie durch die höhere oder geringere Tüchtigkeit des Landtags wert gemacht werden.
Damit unsere Briefe nicht «perlustriert» werden, bitte ich Ihre Antwort an mich durch ein dortiges Haus kuvertieren und an Stoltenhoff & Co. dahier adressieren zu lassen.

Aufrichtigst

Ihr

[Anmerkung: Auf der Rückseite des Briefes stehen von Jacobys Hand die folgenden Namen angegeben: Dulck[2]), Heinrich, Bardeleben, Saucken-Tarputschen, Saucken-Julienfelde, Hensche[3]), Siegfried[4]), Riebold[5]), von Koll (?)[6]), Abegg, G. H. Weise[7]), Auerswald[8]).][m]

[2]) Friedrich Philipp Dulck (1788–1852), Professor der Chemie und Stadtverordneter in Königsberg, Mitglied des Vereinigten Landtages (1847).
[3]) Hensche, Rittergutsbesitzer zu Pogrimmen Kreis Darkehmen, Mitglied des Vereinigten Landtages.
[4]) Siegfried, Landschaftsrat aus Kirschnehmen Kreis Fischhausen.
[5]) Riebold aus Kanitzken Kreis Marienwerder.
[6]) Wohl von Kall, Rittmeister a. D. aus Tengen Kreis Heiligenbeil.
[7]) G. H. Weise, Kaufmann aus Graudenz.
[8]) Alfred von Auerswald.

359. Alexander Küntzel an Jacoby

Nachlaß[1]) *Wolka, 18. März 1847.*

Siegfried Brünneck ermächtigt Dich, beikommenden Brief[2]) zur Stärkung schwacher Gemüter zu verbreiten, vielleicht ist er im Elbinger [Anzeiger] durchzubringen. ‹Ist Deine Denkschrift fertig? Wie steht es sonst in K[önigsberg], gibt Nachricht.› . . .

[1]) JNUL(Ab).
[2]) Es ist der im Anhang Nr. 624 abgedruckte Brief des sehr gemäßigt liberalen Grafen zu Dohna-Finkenstein.

360. Jacoby an David Hansemann

Abdruck[1]) *Königsberg, 18. März 1847.*

Geehrter Herr!

Als zuverlässige, gesinnungstüchtige Abgeordnete unserer Provinz nenne ich Ihnen folgende: Professor Dulck, Heinrich (im Kronprinzen von Preußen), Abegg (Französische Straße 24), v. Bardeleben, Sperling, v. Saucken-Tarputschen, v. Saucken-Julienfelde, Hensche, Riebold, Weise, Siegfried und v. Auerswald. Die meisten derselben werden spätestens den 5. April in Berlin eintreffen. Ich beabsichtige, schon in nächster Woche nach Berlin zu reisen, und freue mich innig darauf, Sie dort zu sehen. Über das Patent vom 3. Februar, dies Danaergeschenk der Bürokratie, herrscht hier nur *eine* Stimme der Entrüstung[2]).

Mit aufrichtiger Hochachtung
Ihr Dr. Jacoby.

[1]) J. Hansen, *Rheinische Briefe und Akten zur Geschichte der politischen Bewegung 1830 bis 1850*, Bd. 2, 1. Hälfte, Bonn 1942, S. 180. Original (praes. Berlin 4. April 1848) in DZA Merseburg Rep. 92 Hansemann Nr. 16 Bl. 75.

[2]) In einer Fußnote zu dieser Stelle bemerkt Hansen (ebenda, S. 180) ohne Belege: «Jacoby wandte sich gegen das Patent vom 3. Februar in seiner Denkschrift: *Vier Fragen veranlaßt durch die Verordnung vom 3. Februar 1847 und beantwortet von einem Preußen* ([Leipzig: Otto Wigand] 1847).» Hansens Behauptung scheint auf folgender Wendung eines zeitgenössischen Briefes zu beruhen: «ich stimme ganz dem Schlußworte der [nicht gesagt welchen] Jacobyschen Schrift bei» (Friedrich Christoph Dahlmann an Hermann von Beckerath, 25. März 1847, ebenda, S. 189). Lotte Esau («Altpreußische Forschungen» 1942 Jg. 19 H. 2 S. 269) fand ein Exemplar der oben genannten *Vier Fragen .... von einem Preußen* bei den Akten des ehemaligen Geheimen Staatsarchivs Berlin, Rep. 77, Tit. II, Lit. F, Nr. 56. Ihre Feststellung: «Verfasser ist der Oberlehrer Dr. Hermann Büttner (1808–78) in Elbing« beruht – wie anzunehmen ist – auf diesen Akten.

361. Julius Waldeck an Jacoby

Nachlaß[1]) *Berlin, 22. März 1847.*

..... Simons Schrift[2]) hat hier gut gewirkt, und überall läßt sich eine gewisse vorbereitende Tätigkeit der Deputierten nicht verkennen, so daß doch vielleicht etwas Vernünftiges zustande kommt. Das Gerücht, das Simon hier eingebracht sei, bestätigt sich nicht. Abegg hat mir gesagt, auch Du schriebest etwas, hoffentlich wird es so gut wie das frühere sein, ohne eine Untersuchung zu veranlassen .....

[1]) JNUL(Ab).

[2]) Heinrich Simon, *Annehmen oder Ablehnen? Die Verfassung vom 3. Februar 1847 beleuchtet vom Standpunkte des bestehenden Rechts*, Leipzig 1847. Über den Erfolg dieser Schrift vgl. JHSG, I, S. 277, 280.

362. Eduard Flottwell an Jacoby

Nachlaß[1]) *Elbing, 25. März 1847.*

Die bewußte Denkschrift[2]) haben wir endlich erhalten und ihre Vervielfältigung nach Möglichkeit zu fördern gesucht. Sie hat auch gestern in unserer Mittwochsgesellschaft[3]) (natürlich ohne den Ursprung auch nur im entferntesten ahnen zu lassen) ihren Eindruck nicht verfehlt und wird hoffentlich auch heute noch in der soeben stattfindenden Stadtverordnetenversammlung ihre Nachwirkung geltend machen. Es soll in derselben nämlich über das durch ein Amendement des Magistrats vervollständigte Glaubensbekenntnis der städtischen Behörden definitiv entschieden werden, und wenn auch äußerlich unsere Deputierten feierlich erklärt haben, die Ansicht ihrer Mitbürger bis auf den letzten Mann (verbis!) zu verfechten, so hat doch Krause[4]), dem das Amendement des Magistrats nicht recht zu munden schien, den Stadtverordnetenvorsteher Rogge[5]) (einen höchst erbärmlichen, charakterlosen Menschen) zu stempeln gewußt, und gewiß brennt daher soeben, wie ich dieses schreibe, ein heftiger Kampf über jenes Amendement in der Versammlung, der sonst wohl kaum ausgebrochen wäre.

Unser Beschluß lautet nämlich im wesentlichen dahin: daß die städtischen Behörden im Einverständnis mit ihren Deputierten zwar von den mehrseitig angeregten Inkompetenzfragen absehen, vielmehr darauf dringen, daß der Vereinigte Landtag sich *ausdrücklich* als *reichsständische* Versammlung proklamiere, deshalb aber auch vor allen Dingen und *von vorne herein* im Wege einer Adresse alle diejenigen Rechte zu *fordern* habe, welche nach den bestehenden Gesetzen, insbesondere der Verordnung vom 17. Januar 1820 einer solchen Versammlung zustehen, dennoch aber durch die Verordnung vom 3. Februar 1847 entweder ganz entzogen oder beeinträchtigt sind; darum aber auch, bevor dies nicht von der Regierung erfüllt ist, keine derjenigen Funktionen vornehmen dürfe, welche ihm durch die Verordnung vom 3. Februar in Beziehung auf Geldangelegenheiten zugemutet würden, namentlich also keine Darlehen zu bewilligen und keine Deputation zu erwählen.

Für den Fall endlich, daß diese Ansicht in der *Minorität* bliebe, sollen unsere Deputierten darauf dringen, daß diese Minorität sich sofort feierlich gegen alle durch die Majorität etwa genehmigten Rechtsverletzungen verwahre und namentlich alle und jede Staatsanleihen für gesetzwidrig und rechtsunverbindlich erkläre, welche infolgedessen und aufgrund der Verordnung vom 3. Februar etwa kontrahiert werden sollten. Das letztere nun eben ist es, was den guten Krause verdrießt, wiewohl er sich in der Magistratssitzung dem Entschlusse fügte, und um diese Minoritätserklärung wird es sich daher handeln, ob die Stadtverordnetenversammlung sie genehmigt oder nicht. In der Hauptsache dürfte wohl die Beistimmung als gewiß anzusehen sein.

Was nun aber obige Denkschrift betrifft, so bin ich der Meinung, daß sie als eine kurze

[1]) JNUL(Ab).

[2]) Gemeint ist vielleicht das Manuskript des Jacobyschen Artikels über «Das Patent vom 3. Februar 1847»; vgl. Nr. 357 Anm. 6.

[3]) Liberaler politischer Zirkel in Elbing.

[4]) Johann Jakob Krause, Medizinalapotheker, Stadtrat und Bürgermeister in Elbing, Mitglied des Vereinigten Landtages (1847).

[5]) Johann Friedrich Rogge, Kaufmann und Kommerzienrat in Elbing.

Zusammenstellung der wesentlichsten Abweichungen der Verordnung vom 3. Februar von den bestehenden Gesetzen einen besonderen Nutzen in den Händen der Deputierten selbst gewähren würde, mehr noch, als dies im Wege der Petition zu erwarten ist. Ich halte es daher für durchaus nötig, diese Schrift schleunigst an Otto Wigand zu schicken, um sie drucken zu lassen und dann an sämtliche Deputierte in Berlin gratis verteilen zu lassen .....

Bleibst Du Deiner Absicht, nach Berlin zu gehen, treu? Ich gehe mit demselben Gedanken um und möchte wohl gern mit Dir zugleich reisen ..... Crelingers Versetzung ist ja eine bodenlose Niederträchtigkeit. Er wird sie doch nicht annehmen[6])! Ich dächte, er könnte wohl von seinem Gelde so lange leben, bis er etwa in Königsberg eine Kommunalstellung beim Magistrat erlangte.

[6]) Über Crelinger vgl. Nr. 135 Anm. 5.

363. Simon Meyerowitz an Jacoby

Nachlaß[1]) *Königsberg, 12. April 1847.*

Dein Brief hat uns mit unerwarteter Freude erfüllt. Er ist so lebensfrisch und voller Hoffnung, daß ich kaum zu zweifeln wage. Und die Deutschen sollten wirklich aufhören, Deutsche zu sein, sich politisch ermannen? Lies den Josephus[2]). Wenn viel, werden 100 Deputierte ihrer Verpflichtung eingedenk sein, sich durch das entfaltete Reichspanier nicht schrecken lassen: Es ist durch die Geschäftsordnung hinlänglich gesorgt, daß die Bäume nicht in den Himmel wachsen. Von dem Staunen über das sogenannte Religionsedikt kommt man schon nach 48 Stunden zurück, es werden überall Haken und Häkchen erblickt.

... Freitag hielt die Regierung eine Plenarsitzung wegen des Vorfalls mit der Polizei (am Ostertage[3]), und es wurde beschlossen, die Sache auf sich beruhen zu lassen. Die städtische Petition ist an Sperling abgegangen. Wir wollen eine Adresse an Simon veranstalten. Freundt hat sie entworfen.

[1]) Abs. 1 JNUL(Ab); Ab. 2 LE(Ab).
[2]) Schiller, *Die Räuber*, 1. Akt, 2. Szene.
[3]) Gemeint sind die Ruhestörungen beim Ruppschen Gottesdienst in Königsberg am 4. April 1847.

364. Jacoby an seine Schwestern Betty und Karoline[1])

Nachlaß[2]) *Berlin, 15. April 1847.*

Liebe Schwestern,

Seid nicht böse über mein Stillschweigen[3])! Es ist hier ein so bewegtes Leben, daß – selbst wenn ich ein *Freund* vom Briefschreiben wäre – ich dennoch nicht dazu kommen könnte. Täglich habe ich hier eine solche Menge Besuche zu machen und zu empfangen, so viel anzuhören und wider meine ständige Gewohnheit so viel selbst zu sprechen, daß ich kaum zur Besinnung, geschweige denn zur Ruhe komme. Gesund bin ich übrigens dabei vollkommen, und die Polizei läßt mich ungeschoren. V. Puttkamer (der Polizeipräsident) äußerte zwar den Wunsch, mich zu sprechen, da er dies aber durch einen Dritten auf nicht offizielle Weise mich wissen ließ, so fand ich mich nicht bewogen, seinem Wunsche zu entsprechen, und es wird wohl hierbei sein Bewenden haben. Eine Aufenthaltskarte auf vierzehn Tage ist mir ohne weiteres erteilt worden[4]). Wann und wohin ich von hier reise, ist noch unbestimmt; vielleicht zeige ich es Euch vorher an. Seid jedoch unbesorgt, wenn solches nicht geschieht und ich etwa längere Zeit nicht schreiben sollte. Ihr kennt ja doch meine Antipathie gegen Briefschreiben!

Freund Simon [Meyerowitz], dessen liebe Zeilen ich soeben durch Bloch[5]) erhalte, grüßet herzlich von mir, sagt ihm, daß der beiliegende Adreßentwurf von dem Deputierten für Krefeld, Beckerath[6]), ist und in der Kommission mit fünfzehn gegen vier Stimmen angenommen wurde[7]). Die Debatte in der Plenarsitzung (über diesen Entwurf) ist noch nicht vorüber und wird wohl noch mehrere Tage dauern. Die geschrie-

[1]) Karoline Jacoby (15. November 1796–25. September 1871) und Betty Jacoby (geb. 13. August 1798, gest. etwa 1890) führten mit Jacoby einen gemeinsamen Haushalt.

[2]) Original: JNUL.

[3]) Jacoby erhielt am 3. April 1847 in Königsberg einen Reisepaß auf drei Monate zu einer Reise innerhalb der deutschen Bundesstaaten. Kurz darauf begab er sich nach Berlin, wo er bei Eduard Waldeck Breitestraße 5 wohnte. Schon am 7. April ordnete der Polizeipräsident die Beaufsichtigung Jacobys an, für den Fall seines Eintreffens in Berlin. Jacobys Aufenthaltskarte, die am 25. April ablief, wurde um weitere zwei Wochen verlängert. Aber er reiste schon am 5. Mai nach Leipzig ab. LHA Potsdam, Rep. 30 C, Tit. 94, J, Nr. 70, Fol. 18–23, 26.

[4]) In einem viel späteren Polizeibericht lesen wir darüber: «Bereits lange vor 1848, als Jacoby einmal bei Waldeck wohnte, versuchte der damalige Chef des Polizeipräsidiums hier, Herr von Puttkamer, es dahin zu bringen, daß der Verfasser der Vier Fragen ihm einen Besuch abstattete; man dachte an eine Art von Transaktion, die dem Ganzen zugute kommen möchte, man kannte die Bedeutsamkeit Jacobys. Mit Hohn wies dieser die geschickt eingeleitete Historie zurück; er ließ antworten: ‚Wünscht der Polizeipräsident mich zu sprechen, mag er zu mir kommen, ob ich ihn vorlasse, weiß ich jetzt noch nicht.'» LHA Potsdam, Rep. 30 C, Tit. 94, Lit. J, Nr. 70, Fol. 48 (Berlin, 17. Juni 1856).

[5]) Bloch, wohlhabender Kaufmann in Berlin (Unter den Linden 5), Direktor der Seehandlung, ein Onkel Fanny Lewalds, nahm an den politischen Ereignissen jener Zeit regen Anteil.

[6]) Hermann von Beckerath (1801–1870), Bankier und liberaler Politiker, 1847 Mitglied des Vereinigten Landtages, 1848 der Frankfurter Nationalversammlung (rechtes Zentrum), August 1848 – Mai 1849 Finanzminister im Reichsministerium, Mitglied der Zweiten Preußischen Kammer.

[7]) Beckeraths Entwurf ist gedruckt in *Die Verhandlungen des am 11. April 1847 in Berlin eröffneten Vereinigten Landtags,* Teil I Abt. 1 S. 4 ff. (Sitzung der Vereinigten Kurien am 15. April 1847).

benen Randglossen sind Amendements, die *noch nicht* auf dem Landtage, sondern nur außerhalb desselben als fromme Wünsche aufgestellt worden. Die Deputierten sind zwar möglichst gut gesinnt, aber ohne die richtige Entschiedenheit und Energie. Sie sprechen in den Sitzungen viel, aber weder klar noch kräftig; diplomatische Leisetreterei ist leider! der Charakter der bisherigen Verhandlungen.
Die Berliner – obgleich jetzt ernster und für politische Interessen zugänglicher als vordem – fangen schon an, Witze zu reißen. «Der Landtag» – sagen sie – «habe ihnen nun auch die *letzte Freiheit* geraubt». (Während der Dauer der Landtagssitzungen ist nämlich die «Schloß*freiheit*» für Fuhrwerke gesperrt.)
Der Stadtgerichtsrat Simon und Abegg aus Breslau sind hier! Desgleichen sehr viele bekannte Oppositionsmänner aus Schleswig-Holstein: Beseler[8]), Tiedemann[9]) etc.
Euch und allen Freunden ein herzlicher Gruß!

Euer
Dr. J.

Freitag, den 16. April. So sehr ich gestern eilte, kam der Brief doch zu spät zur Post. Für Simon füge ich noch hinzu, daß die gestrige Landtagssitzung etwas belebter war, namentlich der Landrat von Vincke[10]) aus Westfalen den Minister Bodelschwingh mit vielem Talent und Feuer angriff[11]). Als der Minister behauptete, das Patent vom 3. Februar nehme den Ständen keine Rechte und entspreche ganz den früheren Gesetzen etc., antwortete Vincke: «Was dem gesunden Menschenverstande zuwiderläuft, ist und bleibt unrichtig, auch wenn selbst *drei Justizminister* es für richtig erklären.» Und in bezug auf die ohne Stände zu kontrahierende *Kriegs*anleihe sagte v. Vincke: «Ich habe nichts gegen diese Ausnahme, vorausgesetzt, daß auch bei uns wie in England die Minister mit ihrem Kopfe für ihre Handlungen einstehen.»
[Am Rande: . . .][12]) ist wohl. – Daß Moser nicht hier ist, tut mir sehr leid. Bittet Simon [Meyerowitz], ihn zu grüßen und ihm diesen Brief mitzuteilen.
Sind Fanny und Jakob[13]) schon zurückgekehrt?

[8]) Der Rechtsanwalt Wilhelm Hartwig Beseler (1806–1884) wurde 1844 Mitglied und 1846 Vorsitzender der schleswigschen Ständeversammlung und im März 1848 Präsident der provisorischen Regierung von Schleswig-Holstein; in der Frankfurter Nationalversammlung, deren Vizepräsident er war, gehörte er dem rechten Zentrum an.

[9]) Der Landinspektor Tiedemann (1800–1851) gehörte zu den populärsten Persönlichkeiten Schleswig-Holsteins. Er begab sich mit Beseler und fünf anderen Mitgliedern der schleswigschen Stände nach Berlin, um der Eröffnung des Vereinigten Landtages beizuwohnen. Vgl. die Erinnerungen seines Sohnes Christoph von Tiedemann, *Aus sieben Jahrzehnten,* Leipzig 1905, I, S. 86.

[10]) Georg Freiherr von Vincke (1811–1875), preußischer liberaler Politiker, gehörte zu den gefeiertesten Rednern des Vereinigten Landtages; Gründer der Fraktion der Rechten in der Frankfurter Nationalversammlung, 1849–1867 Führer der gemäßigten Altliberalen im preußischen Abgeordnetenhaus.

[11]) Vgl. Vinckes Rede in *Die Verhandlungen des ... Vereinigten Landtages,* Teil I Abt. 1 S. 33–37 (Sitzung der Vereinigten Kurien am 15. April 1847).

[12]) Den Anfang des Satzes strich Jacoby aus; zu lesen sind nur die Schlußworte: lassen [?] und ist wohl.

[13]) Fanny und Jakob Adelson.

365. Heinrich Simon an Jacoby

Nachlaß[1]) *Berlin, Sonnabend, 17. April 1847, nachts 12 Uhr.*

Notitiae causa.

Soeben geht mir per Post ein Schreiben von Breslau zu, welches lautet:

Eben 1/2 7 Uhr abends, Freitag 16. April kam folgendes von der Polizei:

«Zufolge eines höheren Auftrages habe ich zu Euer Wohlgeboren Vernehmung über Ihre jüngste Reise und deren Zweck pp. einen Termin auf morgen, den 17. d. M. früh um 8 Uhr anberaumt. Deshalb ersuche ich Sie hierdurch, sich zu der gedachten Zeit gefälligst im Geschäftszimmer Nr. 1 des Polizeiuntersuchungslokals einfinden und das Weitere gewärtigen zu wollen. Breslau, 16. 4. 1847. Im Auftrage des Königlichen Polizeipräsidiums, Der Polizeirat *Wenzig*.»

Erbärmliches Pack. Nochmals Adieu! Bitte, schreiben Sie, ob unser Plan gelingt.

[1]) JNUL(Ab).

366. Jacoby an Ludwig Moser

Rekonstruktion[1]) *[Berlin, etwa 20. April 1847.]*

Über den Landtag. Protest der Minorität. Die Reden im Weißen Saal seien Bettelreden.

[1]) Nach Nr. 368, 369.

367. Johann Adam von Itzstein an Jacoby

Nachlaß[1]) *Mannheim, 23. April 1847.*

Hochverehrter Mann!

Ich kenne Sie persönlich nicht; aber ich verehre Sie wie Tausende mit mir als wahren, furchtlosen Patrioten, als Freund des Volkes und des Rechtes! Deswegen erlaube ich mir auch, diese Zeilen an Sie zu richten und eine Bitte vorzutragen, deren Gewährung ich hoffen darf. Der Mann, welcher Ihnen den Brief überbringt, heißt *Helmreich*[2]), ist badischer Deputierter und als kräftiger, durchaus gutgesinnter Kollege zugleich mein guter Freund. Er ist sehr vermögend, und deshalb kann er dem Wunsch entsprechen, nach Berlin zu reisen und dort die tüchtigsten Männer kennenzulernen.

[1]) JNUL(Ab).

[2]) Hermann Wilhelm Helmreich (1815–1858), Fabrikant in Mannheim, 1846/47 Mitglied des Landtages.

Ich gab ihm zu dem Ende einige Schreiben an mir bekannte Männer mit[3]), und obgleich Sie kein Mitglied des Landtages sind, so konnte ich doch nicht dem Drange widerstehen, dem jungen Freunde den Eintritt zu dem Manne zu verschaffen, der wie Sie als Mann des Volkes und des Rechtes so allgemein verehrt ist ..... Werden Sie mir es verargen, wenn auch ich die Freude erleben möchte, sie persönlich kennenzulernen? Ich schrieb vor einiger Zeit an Freund Walesrode, er möge Sie, wenn er, wie beabsichtigt, wieder an den Rhein reist, bestimmen, ebenfalls auf mein Gut im Rheingau zu kommen. Herzlich und gastfreundschaftlich wie er wird von mir der geachtete Mann Dr. Jacoby empfangen werden, und ich bin gewiß, die Gegend wird Ihnen gefallen. Von einem Bekannten erfuhr ich, daß Sie nach dem Schlusse des Landtages, dessen erste Früchte mich leider nicht befriedigen, an den Rhein reisen wollten. Geschieht dieses, so darf ich hoffen, daß Sie mit dem Dampfschiffe zu Oestrich landen und dann eine Stunde aufwärts nach Hallgarten, dem Orte, wo ich diesen Sommer größtenteils sein werde, wandern und die ganze Gesellschaft erfreuen werden.
Vielleicht ist es Walesrode möglich, bis dahin diese Reise ebenfalls zu machen und sich bei mir einzuwohnen .....

[3]) Darunter auch ein Schreiben an David Hansemann vom 23. April 1847, abgedruckt in *Darstellungen und Quellen zur Geschichte der deutschen Einheitsbewegung im 19. und 20. Jahrhundert.* Hrsg. von Paul Wentzke, I, S. 150 f.

368. Raphael Jakob Kosch an Jacoby

Nachlaß[1]) *Königsberg, 24. April 1847.*

..... Die Debatten selbst, die hier mit großer Begierde verschlungen werden, machen sich im ganzen recht gut, das Resultat aber, die Adresse, ist schwach, lau und flau, nicht Fisch, nicht Fleisch. Zu den rheinischen Diplomaten mußte sich auch noch unser ostpreußischer Auerswald gesellen, damit nur ja alles hübsch fein und sanft, wie er sich ausdrückt, herauskomme. Die Rheinländer bekunden allerdings viel parlamentarisches Talent, und die Redner unter ihnen namentlich Beckerath, Hansemann und Mevissen[2]) dürfen sich den besten Rednern Englands und Frankreichs an die Seite stellen, wenigstens was die Auffassung und Durchführung ihrer Aufgabe betrifft. Denn Ton, Haltung und Stimmung der Zuhörer üben außerdem noch einen mächtigen Einfluß aus, den man aus eigener Wahrnehmung kennen muß, um die Kraft des Redners sicher beurteilen zu können. Vincke ist ein Charakter, wie mir scheint, dessen Energie die der übrigen bekanntgewordenen Redner weit übertrifft.

[1]) JNUL(Ab); letzter Absatz LE(Ab).
[2]) Gustav von Mevissen (1815–1899), rheinischer Großkaufmann, Bankier und gemäßigt liberaler Politiker, 1848/49 Mitglied der Frankfurter Nationalversammlung, 1866 bis 1891 des preußischen Herrenhauses.

Unsere Preußen haben bis jetzt nichts von sich hören lassen. Man skandaliert darüber vielfach. Eine Entschuldigung glaubte ich bisher in dem modus procedendi zu finden. Das ganze Manöver geht von den Rheinländern aus, und da sie sich nolens volens denselben gefügt haben, so wollen sie denen auch die Ausführung desselben überlassen. Mir sagt freilich weder das Manöver noch die Art, wie sich unsere Deputierten benehmen, zu. Über ersteres verliere ich gegen Dich kein Wort, da wir hierin gewiß übereinstimmen. Aber das Wort hätten unsere Ostpreußen sich nicht nehmen lassen sollen. Sein Votum namentlich, wie es hier bei der Adresse durch Aufruf jedes einzelnen Deputierten geschehen, zu motivieren, kann keine Geschäftsordnung, kein Marschall verbieten. Und wenn dieselbe Ansicht auch schon zehnmal ausgesprochen ist, so bleibt es trotzdem noch immer wichtig, sie das elfte und hunderste Mal zu wiederholen.
Was man jetzt vermuten muß, daß die Besorgnis, die ursprüngliche Adresse von Beckerath nicht durchzubringen, viele für den Auerswaldschen Entwurf gestimmt hat, wäre dann zur Gewißheit geworden und würde ihnen den Vorwurf der Lauheit und Schwäche abgewendet haben. Der ursprüngliche Entwurf ist freilich auch zahm genug und durch hohle Phrasen und Schönrederei noch sehr abgeschwächt, aber – gegen Auerswalds Amendement gehalten – doch noch immer männlich und wahr.
Was aber wird nun geschehen? Hier erzählt man sich, daß nach Annahme der Adresse Ministerrat stattgefunden und man sich die Frage vorgelegt habe, ob der Landtag aufzulösen sei? Wäre es doch geschehen. Werden denn nun aber die Deputierten weiter über die Propositionen beraten? In Deinem letzten Schreiben an Moser sprichst Du von einer Erklärung der zirka siebzig, wie es scheint Preußen, Rheinländer und Westfalen, die nun nichts weiter tun wollen[3]). Ich traue den Leuten jetzt nicht mehr die nötige Energie zu einem solchen Verfahren zu. Wer nach einer so schmählichen Behandlung durch die Thronrede noch eines Reizmittels bedarf, um seiner männlichen Kraft sich bewußt zu werden, der wird keine Heldentaten mehr vollbringen. Von dieser Thronrede erwartete ich viel, aber ich sehe, diejenigen haben unsere Deputierten besser gekannt, die sie (die Rede) für noch nicht stark genug erklärten. Doch wir wollen noch nicht verzagen. Enthalten sich die siebzig oder besser noch mehr jeder weiteren parlamentarischen Tätigkeit, so wollen wir dies wenigstens als eine entschiedene Tat betrachten, die nicht ohne Wirkung bleiben wird .....
[Hier bei uns war[4]) alles in großer Spannung, solange die Adreßdebatte dauerte. Jetzt ist sie weniger stark. Heute sprach man von einem Kartoffeltumult, der in Berlin stattgefunden, doch Näheres darüber habe ich nicht erfahren.][e]

[3]) Über den Protest der Minorität vgl. Nr. 372.
[4]) LE(Ab): ist.

369. Ludwig Moser an Jacoby

Nachlaß[1]) *Königsberg, 24. April 1847.*

[Die Verhandlungen des Landtages haben in Königsberg einen][le] sehr unangenehmen Eindruck [gemacht, wenn auch einzelne Reden gelobt werden.][le]

[Man ist erstaunt, daß die Königsberger Deputierten so gar nichts von sich hören lassen. Wenn freilich das sich realisiert, was Ihr Brief meldet, dann wäre man mit allem einverstanden. Nur,][e] wie kommt Auerswald[2]) unter die Propheten? Sein bisheriges Gerieren hat ihm außerordentlich hier geschadet; er hätte wie ein Bär zu kämpfen, wenn er sich wieder zu dem aufschwingen wollte, wofür er hier bei vielen immer noch gegolten hat.

Meine Ansicht über die Lage der Landtagsangelegenheit ist nicht so gar trübe, wie die Ihrige zu sein scheint. Sie nennen die Reden in dem Weißen Saal Bettelreden, und Sie sind bei ihrer Weise, die Dinge anzusehen, zu einer solchen Bezeichnung auch berechtigt. Allein von der andern Seite sind diese Reden fast sämtlich doch nicht so, wie sie zu erwarten waren. Lächeln Sie darüber nicht, daß ich Reden verteidigen will dadurch, daß ich mir noch schlechtere denke. Der Servilismus wenigstens hat diese Reden nicht diktiert. Ich lese unsern Bekannten eine derselben vor, welche für die servilste gilt, die des Posener Naumann[3]), und beweise ihnen, einem nach dem andern, daß darin eine Theorie aufgestellt ist, gegen welche eine Inkompetenzerklärung fast zurücktritt. Betrachtet man außerdem, welche breite Öffentlichkeit über diese Verhandlungen stattfindet, so ist es kaum denkbar, daß sie mit dem Landtage verschwinden sollte. Die kleinen Miseren, um die man früher gekämpft, Veröffentlichung von Sitzungen der Stadtverordneten usw. sind mit eins erledigt. Ich müßte mich auch sehr irren, oder die periodische Einberufung des Landtags ist bereits so gut wie sicher.

Ferner scheint mir, um noch eines zur Charakterisierung der Reden anzuführen, ein Prozeß gegen Simon fast unmöglich. Das hindert nun alles nicht, daß wir hier nicht sehr gespannt auf die Ausführungen dessen wären, was die siebzig beabsichtigen; denn immer läge darin ein Anfang zu einer Radikalkur. Wird sie eintreten? Ehe Sie diesen Brief erhalten, ist für Sie diese Frage schon beantwortet. Ich kann darüber nur Vermutungen haben, und innerhalb dieser ist es mir doch etwas wunderbar, daß siebzig Leute, die jenen Keulenschlag ausführen wollen, sich einstweilen zurückhalten lassen, weil man ihnen einen Zahnstocher vorhält. Sie wollen eine Antwort abwarten, die kaum in der Ordnung ist und schwerlich erfolgen wird!

[Unser Tamnau[4]) begreift die Königsberger Deputierten nicht; er behauptet sogar, er würde wahrscheinlich nach der Thronrede das Wort ergriffen haben, um die Stelle derselben, wo es (ich glaube) ein Frevel genannt wird, wenn sich die Deputierten als solche des Volkes betrachten sollten, zu beantworten und zu erklären, daß er es für seine Pflicht halte, sich für einen solchen anzusehen. Wie gefällt Ihnen das, und wie wird es unseren Deputierten gefallen, wenn sie es erfahren sollten?][e]

[1]) JNUL(Ab); eingeschaltete Stellen LE(Ab).

[2]) Über die Rolle von Alfred Auerswald im Vereinigten Landtag vgl. Treitschke, *Deutsche Geschichte im 19. Jahrhundert*, Leipzig 1927, V, S. 610.

[3]) Regierungsrat Naumann, Oberbürgermeister von Posen.

[4]) Johann Friedrich Tamnau.

‹Wenn Sie in Berlin Zeit haben sollten, so lesen Sie Gräffs Scharteke über das Patent[5]), oder eigentlich kontra Simon, doch nicht; denn sie erregt Ekel. Es kommt jetzt eine Art Logik aus, eine juristische Art, die Dinge zu betrachten, nach welcher man den Rechtsboden verläßt, wenn man zwei mal zwei [gleich] vier sein läßt, da davon in keinen Paragraphen des Allgemeinen Landrechts etwas behauptet wird. Dagegen hat mir Gervinus[6]) an vielen Stellen sehr gefallen. Er scheint sich seines Programms zu schämen und schreibt Schön, daß diese Schrift das eigentliche Programm seiner neuen Zeitung sei. . . . .›

[5]) Heinrich Gräff, *Votum über die preußische Verfassungsangelegenheit,* Breslau 1847.

[6]) Georg Gottfried Gervinus (1805–1871), Geschichtsforscher, Literarhistoriker und Politiker, als einer der Göttinger Sieben 1837 amtsenthoben, 1848 Mitglied des Vorparlaments und der Frankfurter Nationalversammlung. Gemeint ist hier seine Schrift *Die preußische Verfassung und das Patent vom 3. Februar 1847,* Mannheim 1847.

370. Simon Meyerowitz an Jacoby

Nachlaß[1]) *Königsberg, 25. April 1847.*

[Über den Landtag ... Tatenlosigkeit][le] denn der Deutsche liegt gefangen in den Fesseln des Vertrauens, und unter seinen Füßen wird ihm der Rechtsboden entzogen, den er doch in sich tragen sollte ... In solcher Weise ist es dahin gekommen, daß ein Auerswald zu den Hoffnungen des Vaterlandes gehört. Nach brieflichen Mitteilungen soll der König auf die Adresse – aber maladresse – eine ungnädige Antwort erteilt haben, woran ich jedoch zweifle, weil die Leute, mit rheinischen Ausnahmen, seinen Unwillen gar nicht verdienen. Schwerlich hätte Sperling auf die siebzig einen solchen Einfluß ausgeübt, wären sie einstimmig gewesen wie jene Dolmetscher; allein der Feigheit ist jedes Hindernis willkommen.

[1]) LE(Ab).

371. Simon Meyerowitz an Jacoby

Nachlaß[1]) *Königsberg, 28. April 1847.*

. . . . . Mit breitspuriger Beredsamkeit suchten loyal gebückte Männer die Rechte des Volkes am Boden, wie nach einer verlorenen Stecknadel, und glauben nun, sich noch

[1]) JNUL(Ab).

verwahren zu können! Lehrs[2]) und Moser halten die Debatten für einen Fortschritt und finden, da sie aller Hoffnung quitt waren, noch einigen Trost. Anders denkst Du gewiß, denn Du warst zu anderm berechtigt. Großen Vorteil wird Dir die Reise jedenfalls gewähren. Du hast Dich an den Koryphäen Preußens geprüft und sie als Chorherren(?) befunden, Dein fester Mut wird noch an Selbständigkeit gewonnen haben. Sogar die Bessern bewegen sich in Fesseln, sei's der eigenen Bildung oder fremder Ideen. Lies den Gervinus über das Patent vom 3. Februar[3]) – er ist vortrefflich, allein ihm klebt noch seine Literaturgeschichte[4]) an, eine freie Verfassung soll ihm bessere Schriftsteller schaffen. Was hätte der Mann geleistet, wenn er einfach und nicht wie Dein Wahlspruch «ein schellenlauter Tor»[5]) hätte sein wollen .....

[2]) Karl Lehrs (1802–1878), klassischer Philologe, 1825 Lehrer am Friedrichs-Kollegium in Königsberg, 1831 Privatdozent, 1835 Extraordinarius, 1845 ordentlicher Professor an der Universität Königsberg, Jacobys Freund.

[3]) Vgl. Nr. 369 Anm. 6.

[4]) Georg Gottfried Gervinus, *Geschichte der poetischen Nationalliteratur der Deutschen*, Leipzig 1835–1842, 5 Bde.

[5]) Faust in Goethe, Faust 549.

372. Jacoby an seine Schwestern Betty und Karoline

Nachlaß[1]) *Berlin, 4. Mai 1847.*

Liebe Schwestern,

Eure Glückwünsche kamen gerade am 1. Mai an und haben mir innige Freude gemacht. Simons[2]) Brief verhieß mir auch einige Zeilen von Fanny[3]) und den Kindern, die aber zu meinem großen Ärger ausblieben. Ein herzlicher Gruß sei meine Rache!

Morgen mittag reise ich endlich von hier ab, und zwar mit dem Eisenbahnzuge nach Leipzig, wo ich einige Tage verweilen werde, und dann weiter nach Dresden, Frankfurt etc. Die Ankunft des badischen Deputierten Helmreich, den Itzstein an mich gewiesen, und des Dr. Riesser, der des neuen Judengesetzes[4]) wegen aus Hamburg hierher gekommen, hat mich länger, als ich wollte, in Berlin aufgehalten.

Der Protest der Minorität, den ich zur weiteren Mitteilung dem Professor Moser zuschickte, ist – von 138 Landtagsdeputierten (darunter 70 Preußen) unterschrieben – dem Landtagsmarschall eingereicht worden und kommt noch heute zur Beratung[5]).

[1]) Original: JNUL.

[2]) Simon Meyerowitz.

[3]) Fanny Lewald.

[4]) Vom 23. Juli 1847.

[5]) Gemeint ist die vom 26. April 1847 datierte Erklärung der Rechte des Vereinigten Landtages (gedruckt in Eduard Bleich, *Der erste Vereinigte Landtag in Berlin*, Berlin 1847, II, S. 718 bis 727). Sie wurde von G. von Vincke verfaßt und von hundertachtunddreißig Abgeordneten unterzeichnet. Beinah die Hälfte der Unterzeichneten entstammte der Provinz Preußen. Vgl. J. Hansen, *Rheinische Briefe und Akten*, Bd. 2, 1. Hälfte, S. 219 ff.; Valentin I, S. 74.

Durch die auf Schrauben gestellte Adresse – «*Höflich* Recht will nichts heißen» – haben unsere Abgeordneten Terrain verloren, vielleicht wird es durch die Protestdebatte wiedergewonnen. Wenn sie nur endlich einmal das leidige Vermitteln und Diplomatisieren ließen! Sagt Simon [Meyerowitz], daß eine ermunternde und anspornende Adresse aus der Provinz dienlich wäre; besonders muß man dadurch die Abgeordneten in ihrem Entschlusse, kein Geld zu bewilligen, *stärken*.
Vor einigen Tagen habe ich durch Fischer ein Päckchen Bücher nach Königsberg geschickt; ein zweites ist mit Kornfelds Lederwaren unterwegs; beide bitte ich Euch bis zu meiner Rückkehr aufzubewahren. Nächstens folgt eine dritte Sendung, die für *Euch* bestimmt ist.
Kosch sagt, daß ich neulich die Charité besucht und Dieffenbach in seiner Klinik unter anderem eine Amputation des Unterarms habe machen sehen. Die Operation ging sehr schnell und gut vonstatten, obgleich der Kranke in seinem Ätherrausche gewaltig lärmte. Ohne Äther wird hier niemand operiert!
Viele, viele Grüße den Freunden! Bittet sie, mir zu schreiben, und geht ihnen mit gutem Beispiele voran. Eure Briefe adressiert an Herrn R[udolf] von Keudell in Dresden (Friedrichsstadt, Friedrichstraße Nr. 30, l[inks] 1. Treppe).

Auf frohes Wiedersehen
Euer
Dr. J.

[Rückseite:]
Fräulein Betty Jacoby
in
Königsberg in Preußen
Kneiphöffsche Langgasse im
Hause des Herrn Konsul v. Adelson.

373. Simon Meyerowitz an Jacoby

Nachlaß[1]) *Königsberg, 11. Mai 1847.*

.....Die *klugen* Rheinländer werden sicherlich Schutzzölle, Eisenbahnen usw. erhalten, und den Deputierten wird ihre Beredsamkeit Orden eintragen. Ostpreußen hat nichts zu erwarten, stumme Gesinnungstüchtigkeit hat keinen einschreckenden Wert; unsere Hungersnot macht uns nicht einmal respektabel. Bötticher versprach 16 000 Scheffel Getreide, um den Proletariern wohlfeileres Brot zu verschaffen, allein scheut sich nicht, ihn [sic] wortbrüchig zu machen. Eine gemischte Kommission kommt täglich auf dem Rathause zusammen, bespricht jedesmal die allgemeine Not. Es sollen Saatkartoffeln an-

[1]) JNUL(Ab).

geschafft und den armen Ackermietern zum Taler pro Scheffel verkauft werden, allein es fehlt an Kartoffeln und Geld. In der städtischen Ressource wird über Ausfuhr-Verbot und -Freiheit stark debattiert ..... ‹Professor Simson hat Aussicht, beim Tribunal als Wirklicher Rat angestellt zu werden. Er will alsdann die Professur aufgeben .....›

374. Johann Adam von Itzstein an Jacoby

Nachlaß[1]) *Mannheim, 14. Mai 1847.*

Ich erfahre von dem aus Leipzig zurückgekommenen Herrn Hof[2]) von hier, daß Sie in einigen Tagen nach Mannheim kommen würden. Da ich aber morgen den 15. d. M. auf mein Gut reise, muß ich meine frühere Bitte wiederholen, Ihre Reise auch dorthin zu richten und mich mit Ihrem Besuche zu beehren. Vielleicht kann Hof oder Mathy oder irgendeiner meiner hiesigen Freunde, z. B. Hecker, W.[3]) Soiron Sie begleiten ..... Erzeigen Sie mir diese Ehre, machen Sie mir diese Freude; was reine Hochachtung, was herzliche, nicht erkünstelte Gastfreiheit vermag, soll Ihnen zeigen, wie sehr auch ich und alle, die mich umgeben, den Mann verehren, auf den Deutschland stolz sein darf .....

[1]) JNUL(Ab).
[2]) Gemeint ist vielleicht der Verleger Heinrich Hoff.
[3]) Vielleicht versehentlich statt A[lexander]. Alexander von Soiron (1806–1855), Advokat in Mannheim, seit 1845 Mitglied des Landtages, 1848 Mitglied des Vorparlaments, des Fünfzigerausschusses und erster Vizepräsident der Frankfurter Nationalversammlung. Ein W. Soiron konnte nicht identifiziert werden.

375. Simon Meyerowitz an Jacoby

Nachlaß[1]) *Königsberg, 15. Mai 1847.*

..... Deine Hoffnungen auf den Landtag scheinen geschwunden zu sein, wärest sonst länger bei demselben verblieben. Die Herren schwatzen viel – mit der Konsequenz gewohnter Dienstbarkeit. Überall, so weit die Geschichte reicht, haben mit ihrer Partei unzufriedene Aristokraten die Freiheit angebahnt, demagogisch nach der Gewalt stre-

[1]) JNUL(Ab).

bend. An einer solchen Aristokratie fehlt es uns, auch ist die jetzige Welt zu sehr auf Gleichheit gegründet, um nicht den Übergriffen einzelner mißtrauisch in den Weg zu treten. Nemo contra deum nisi deus. Die Macht, die absolute nämlich, ist eine Gottheit, die sich selber schafft und zerstört. Wer soll unsern Deputierten einheizen? Riessers Schrift hat mir nicht besonders gefallen. Von der allgemeinen Freiheit hängt die der Juden ab, und nicht von der Aufklärung ..... Den alten Itzstein solltest Du besuchen. Kein großer Geist, aber ein edler Charakter, obgleich von scheinbarer Schlauheit. Du bist ihm einen Besuch als Huldigung von Deutschland durchaus schuldig .....

376. Simon Meyerowitz an Jacoby

Nachlaß[1]) *Königsberg, 23. Mai 1847.*

... In letzter Zeit scheint der Vereinigte Landtag die Ehre des Vaterlandes retten zu wollen. Ein als wohltätig anerkanntes oder dafür erklärtes Gesetz wird verworfen, aus – Prinzipien. Wie offen und schön war Knoblauchs[2]) Erklärung[3]), und von Vinckes Beredsamkeit fehlt nur mehr Charakter ....

[1]) LE(Ab).

[2]) Knoblauch, Geheimer Finanzrat und Stadtältester in Berlin, Mitglied des Vereinigten Landtags, 1849 Mitglied der preußischen Nationalversammlung.

[3]) Vgl. *Verhandlungen des ... Vereinigten Landtages,* Königsberg 1847, Bd. 1 Teil 2 S. 771 (s. auch S. 942 ff.).

377. Arnold Ruge an Jacoby(?)[1])

Nachlaß[2]) *Leipzig, 5. Juni 1847.*

Verehrtester Freund,

Steinackers[3]) Aufsatz ist nicht nur völlig Fragment und darum ohne präzise Pointe, sondern auch durch die Ereignisse auf / d /[em]/ Landtage / so sehr überholt, daß dort im Aufsatz die alte Zeit der Möglichkeiten, hier in der Debatte eine neue Zeit ganz unerwarteter Realitäten vorliegt.

[1]) Es ist nicht völlig sicher, daß dieser Brief, der sich einst unter Jacobys Papieren befand, an ihn persönlich gerichtet war. Vgl. Nr. 389 letzter Absatz.

[2]) Original: Stadt- und Landesbibliothek Dortmund. Handschriften-Sammlung. Sign.: Atg. 607.

[3]) Vermutlich der kurz zuvor, am 2. April 1847, verstorbene Karl Steinacker, Publizist und Führer der liberalen Opposition im braunschweigischen Landtag.

Die Presse kann jetzt, um sich zu halten, in deutscher Politik nur von diesen Realitäten ausgehen.
Jeder Tag erforderte einen neuen Leading Artikel über die neue Lage, die sich ergeben hat oder noch vorbereitet, und ich bedaure jeden Tag, daß wir kein Organ für dies Bedürfnis haben. Es wird und muß entstehen, und sollte man auch ganz neue Zeitungsformen erfinden.
Gottschalls Rede[4]) ist lebendig und interessant; aber ihr Gegenstand fast noch älter und mehr aus der Mode der Debatte als der von Steinacker.
Wir dürfen die Erwartungen des Publikums nicht täuschen, um seine Gunst nicht in Ungunst zu verwandeln.
The Times for ever!
Ich stimme daher gegen den Druck beider Piecen.

Hochachtungsvoll und freundschaftlich
A. Ruge.

[In Johann Jacobys Handschrift:][5])
Obiges Schreiben ist von *Arnold Ruge*.
Dr. Joh. Jacoby.
Königsberg, den 18. Dez[em]b[e]r 1859.

[4]) Vielleicht Gottschalls Rede in der Königsberger «Städtischen Ressource» über die Zweite Badische Kammer. Vgl. R. von Gottschall, *Aus meiner Jugend*, Berlin 1898, S. 246 f. Eine andere Rede Gottschalls ebendort gehalten «Über den Platonischen Staat» brachte das «Königsberger politische Taschenbuch für das Jahr 1847», Leipzig 1847, Jg. 2, S. 174–196.
[5]) Jacoby schickte den obigen Brief vielleicht an einen Autographensammler und bestätigte bei dieser Gelegenheit Arnold Ruges Verfasserschaft.

378. Johann Ernst Arminius von Rauschenplat an Jacoby

Nachlaß[1]) *Straßburg, 8. des Brachmonats [Juni] 1847.*
[Von Jacobys Hand in Klammer Juni][m]

Quod felix faustumque sit!
Sie werden nun, hochgeachteter Herr Doktor, wohlgemut wieder in Königsberg eingetroffen sein. Nicht gleichgültig ist es mir, zu erfahren, ob Ihnen mein Brief vom Frühling dieses Jahres zugekommen ist. Inzwischen lege ich auch noch diesem Briefe mein «Kontingent» zur preußischen Verfassungsfrage bei. Ich habe dasselbe absichtlich so kurz gefaßt, im Gegensatz zu den endlosen Elukubrationen vieler Zeitungsartikel und sonstiger Schriften über diesen Gegenstand. Kürze tut not, und Zurückführung der

[1]) JNUL(Ab).

streitigen Punkte auf feste Grundsätze, kein Spiegelgefecht darüber, welcher Sinn diesen oder jenen Worten künstlich untergestellt werden könne; das überlasse man solchen Pedanten wie den Herren Guizot und Savigny. Vor allen Dingen überall Anstand ..... [Hier folgen alle möglichen Zitate aus lateinischen Schriftstellern.][m]
Obige Bemerkungen, etwa von dem roten Striche an, mögen Sie, falls Sie wollen, der Königsberger Zeitung als Gruß von mir zustellen. Desgleichen mein geringes Kontingent zur preußischen Verfassung; denn da in jüngster Zeit wieder öfter meiner erwähnt wurde, und zwar in verschiedenem Sinn, so muß ich wünschen, daß das Publikum in den Stand gesetzt werde, selbst über meine Art und Weise ein Urteil zu erlangen ....

379. Johann Ernst Arminius Rauschenplat an Jacoby

Nachlaß[1]) *Straßburg, 10. des Brachmonats [Juni] 1847.*

Gruß zuvor, Herr Doktor! Nicht mehr und nicht weniger als gerade zweimal in 24 Stunden vor Abgabe dieser Zeilen habe ich einen Brief unter Ihrer eigenen Adresse nach Königsberg in den Straßburger Briefkasten geworfen ..... Was die «Bemerkungen» in meinem vorgestrigen Briefe anbetrifft, so würde im Falle der Aufnahme in die Königsberger Zeitung eine Stelle – «solchen Pedanten wie die Herren Guizot und Savigny» – abzuändern sein in «den Pedanten und Rabulisten», denn Eigennamen sollten bei solchen allgemeinen Sätzen und Kritiken aus dem Spiele bleiben.....

[1]) JNUL(Ab).

380. Jacoby an Simon Meyerowitz

Nachlaß[1]) *Hallgarten, 10. Juni 1847.*

Reise in die Schweiz. Bekanntschaft mit Schweizer Politikern. Badische Liberale.

[1]) Inhaltsnotiz in NLE.

381. Jacoby an Simon Meyerowitz

Nachlaß[1]) *Hallgarten, 12. Juni 1847.*

..... In Karlsruhe sprach ich mit dem alten Itzstein und Mathy, die daselbst als Mitglieder der Finanzkommission beschäftigt waren. Heidelberg hielt mich durch die Schönheit der Lage und durch interessante Bekanntschaften, die ich dort machte (Welcker, Gervinus, der alte Winter[2], Professor Hagen[3], Henle[4], Schlosser[5], A.[6] von Struve etc.) vier ganze Tage zurück. Am 6. Juni endlich fuhr ich nach Mannheim, woselbst ich in Bassermanns Haus gastfreundliche Aufnahme fand, – meinem Vorsatze, kein Festmahl anzunehmen, ward ich hier zum ersten Mal untreu, weil ich auf diese Weise am leichtesten mit vielen der badischen Oppositionsmänner bekannt werden konnte.

In Darmstadt besuchte ich die Ständeversammlung, in welcher jedoch eine nicht besonders interessante Debatte über Eisenbahnen geführt wurde; Gagern[7]), der zur Freude aller Gutgesinnten die Forderung des jämmerlichen Georgi[8]) zurückgewiesen hat, war nicht anwesend. In Frankfurt fand ich einen alten Universitätsfreund Dr. med. Schmidt[9]), der mich überall herumführte und mir die Wortführer des Frankfurter Liberalismus Dr. Reinganum[10]), Dr. Mappes[11]), Varrentrapp[12]), Stiebel[13]), Dr. med. Heinrich Hoffmann[14]) (der Walesrode zu grüßen bat) und andere zusammenlud .... Von Frankfurt fuhr ich nach kurzem Aufenthalt in Wiesbaden über Biebrich nach Hallgarten, dem Landsitze des alten würdigen Itzstein, der mich wie ein längst

[1]) JNUL(Ab).

[2]) Christian Friedrich Winter (1773–1858), Buchhändler, 1845–1849 Bürgermeister von Heidelberg.

[3]) Karl Hagen (1810–1868), Historiker, Professor an der Universität Heidelberg, 1848 Mitglied der Frankfurter Nationalversammlung (äußerste Linke), 1849 seiner Professur enthoben, wirkte seit 1855 an der Universität Bern.

[4]) Vermutlich Friedrich Gustav Jakob Henle (1809–1885), Professor der Anatomie in Heidelberg.

[5]) Friedrich Christoph Schlosser (1776–1861), Professor der Geschichte ebenda, Verfasser einer weitverbreiteten «Weltgeschichte für das deutsche Volk».

[6]) Vielleicht versehentlich statt G[ustav]. Ein A. von Struve konnte nicht identifiziert werden.

[7]) Heinrich Freiherr von Gagern (1799–1880), liberaler hessischer Politiker, Mitglied des Vorparlaments, Präsident der Frankfurter Nationalversammlung.

[8]) Der hessen-darmstädtische Staatsbeamte Georgi forderte Gagern zum Zweikampf. Die Duellforderung lautete auf Pistolen bei sechs Schritt Barriere. Gagern nahm das Duell an, lehnte die Bedingungen jedoch ab. Näheres bei Valentin, I, S. 178 f.

[9]) Adolf Schmidt (geb. 1806), studierte Medizin in Königsberg, war Arzt in Frankfurt am Main und Mitstifter der dortigen Armenklinik, feierte 1880 sein 50jähriges Doktorjubiläum.

[10]) Maximilian Reinganum (1798–1878), Advokat und Politiker in Frankfurt am Main, Mitglied des Vorparlaments.

[11]) Johann Michael Mappes (1796–1863), liberaler Arzt in Frankfurt am Main, Mitglied des Vorparlaments und des Fünfzigerausschusses.

[12]) Georg Varrentrapp (1809–1886), Oberarzt des Hospitals zum Heiligen Geist in Frankfurt am Main.

[13]) Salomon Friedrich Stiebel (1792–1868), 1830–1848 Mitglied des gesetzgebenden Körpers in Frankfurt am Main.

[14]) Heinrich Hoffmann (1809–1894), Arzt und Dichter in Frankfurt am Main.

bekannter Freund empfing und vor dem Ende der nächsten Woche nicht fortlassen will. Mit mir zugleich sind auch viele andere Gäste hier eingerückt, die sich den guten 46er Wein trefflich munden lassen .....

Mein Plan zur Weiterreise steht noch nicht fest; wahrscheinlich werde ich über Koblenz, Bonn, Köln nach Münster, Magdeburg, Berlin [fahren].

Ob ich von Berlin nach Breslau gehe, ist noch *sehr* fraglich, jedenfalls werde ich Stettin und Danzig auf meiner Rundreise besuchen. Mein Aufenthalt in den genannten Städten wird nur kurze Zeit dauern, für die gute Sache und unsere gemeinsamen Bestrebungen, aber nicht ohne Vorteil sein ..... Deinen vorletzten Brief hat Keudell mir nach Zürich (unter Bobriks[15] Adresse) nachgesandt.

Der Landtag scheint seit der Protesterklärung sich etwas besser zu nehmen. In Süddeutschland ist man mit den Verhandlungen desselben zufrieden, hauptsächlich wohl weil man noch viel weniger *erwartet* hatte. Daß die Anleihe für die Osteisenbahn abgelehnt, freut mich. Warum aber schweigen die *Königsberger* Deputierten noch immer?

[15]) Eduard Bobrik (1802—1870), studierte in Königsberg, war seit 1833 Professor der Philosophie an der Universität Zürich, 1840–1842 Rektor, 1848 Präsident des deutschen Nationalvereins in Zürich, seit 1857 Direktor der Handelsakademie in Danzig.

382. Arnold Ruge an Jacoby

Nachlaß[1]) *Leipzig, 12. Juni 1847.*

..... Die Landtagssitzungen seit 31. Mai haben alles Versäumte wieder eingeholt. Ich hoffe jetzt das Beste. Es war nicht mehr möglich!

Ich freue mich herzlich, daß ich Sie mal Aug in Auge gesehen, und wünsche, das bald zu wiederholen. Jedenfalls muß ich das dumme Interdikt[2]) in kurzer Zeit aufheben und Sie dann besuchen.

[1]) JNUL(Ab).

[2]) Preußen zu betreten; vgl. A. Ruge, *Briefwechsel und Tagebuchblätter*, Berlin 1886, I, S. 413 ff.

383. Jacoby an Georg Herwegh

Nachlaß[1]) *Köln, 20. Juni 1847.*

Mein lieber Herwegh,

heute früh bin ich hier angekommen, kann aber leider meinen so lang gehegten Wunsch, Dich in Paris zu besuchen, nicht verwirklichen. Da *Du* nicht nach Preußen reisen kannst, schlage ich Dir *Brüssel* als Ort der Zusammenkunft vor. Dienstag den 27. Juni früh gehe ich von hier mit dem ersten Eisenbahnzug ab und bleibe bis Freitag mittag in Brüssel. Unendlich würde es mich erfreuen, Dich nach so langer Trennung wiederzusehn! Ich rechne mit Sicherheit darauf, daß Du, wenn es Dir irgend möglich ist, meine Bitte erfüllst[2]).

Dein treuer Freund
Dr. Jacoby
(aus Königsberg).

NB. Ich werde in Brüssel
im *Hôtel royal* (Rue de Tripiers[3] Nr. 17)
bei Classen wohnen.

[1]) Original: Dichtermuseum, Liestal, Schweiz.
[2]) Herwegh ging damals nach Brüssel, wo er mit Jacoby und Marx zusammentraf. Vgl. V. Fleury, *Le Poète Georges Herwegh,* Paris 1911, S. 138.
[3]) Im Original: Trippiers.

384. Simon Meyerowitz an Jacoby

Nachlaß[1]) *Königsberg, 22. Juni 1847.*

[Antwort auf Jacobys Brief aus Hallgarten[2]).][le]

Mit den geprüftesten Männern des deutschen Vaterlandes bist Du in Berührung gekommen, in Arndt und Oken[3]) in den höchsten Tagen ein Abendrot erblickt, das der Morgenröte nun so nah steht ... Du verlangst ausführliche Briefe, was widerfährt uns denn? Das Ausführlichste enthält der Landtag, dessen letzte Debatten jedes andere Interesse verschlingen, nur die Liebe nicht, weil sie aus wahrer Liebe für das allgemeine Wohl entstanden sind. Bedeutende Talente haben sich offenbart, kein Genie, dieses wird erst durch die Massen hervorgedrängt. Sämtliche Reden über die Emanzipation

[1]) LE(Ab).
[2]) Vom 12. Juni 1847 oben abgedruckt.
[3]) Ludwig Oken (1779–1851), Naturphilosoph und Mediziner, als politisch Verdächtiger aus seiner Jenaer Professur entlassen, 1829 Professor in München, 1832 bis zu seinem Tode Professor in Zürich.

der Juden[4]) sind nur Elemente zu *einer vortrefflichen,* gleichfalls die übrigen. Jedenfalls sind unsere Erwartungen weit übertroffen, es ist etwas gesät worden, das seinen Tag der Garben haben wird.
[In der städtischen Ressource tobt der Kampf um Aufhebung der Zensur, von Falkson beantragt. Walesrode, Mitglied des Ausschusses, unterstützt ihn dabei.][le]
Gegen Sauter ist eine Disziplinaruntersuchung eingeleitet, der Minister will selbst in *erster Instanz* entscheiden, wogegen die Regierung unmaßgeblich protestiert. Walesrode hat mit seinen Vorlesungen Fiasko gemacht, worüber Crelinger ... Dir das Nähere mitteilen wird. Unser humanistischer Freund hat eine Reminiszenzenphantasie, der kein Fortschritt Stich halten kann.

[4]) Materialiensammlung dazu: *Vollständige Verhandlungen des Ersten Vereinigten Preußischen Landtages über die Emanzipationsfrage der Juden,* Berlin 1847, LIV + 461 S.

385. Johann Adam von Itzstein an Jacoby

Nachlaß[1]) *Karlsruhe, 26. Juni 1847.*

Verehrter Mann!
Ich erfülle das Ihnen gegebene Versprechen und melde, daß unsere, des landständischen Ausschusses Geschäfte morgen, Montag, zu Ende gehen. Wenn nicht unerwartete Hindernisse eintreten, so reise ich dann Montag abend schon nach Mannheim; höchstens könnte dieses bis zum ersten Zug am Dienstag verschoben werden. Meine Weiterreise auf das Gut Hallgarten findet also Mittwoch den 9. Juli früh 6 Uhr statt. Ob die Eisenbahn von Heidelberg, die, soviel ich weiß, Sie noch an das Dampfschiff bringt, durch einen Omnibus bezweifle ich kaum, doch wird Ihnen darüber in Heidelberg Gewißheit werden. Sollten Sie aber vorziehen, Dienstag abend nach Mannheim zu kommen, so fahren Sie oder gehen Sie mit dem Ihre Bagage transportierenden Manne geradezu in meine Wohnung, die fast am Ende der Stadt gegen Heidelberg liegt, und sind Sie versichert, daß Sie mit Herzlichkeit empfangen, einfacher Gastfreundschaft beherbergt werden. Andern Morgen klopft Ihnen der alte Itzstein um 5 Uhr an die Tür, trinkt mit Ihnen Kaffee und reist mit Ihnen in den schönen Rheingau.

Mit inniger Hochachtung

[1]) JNUL(Ab).

386. Jacoby an Simon Meyerowitz

Rekonstruktion[1]) *Brüssel(?), Ende Juni 1847.*

Kündigt seine Rückreise nach Königsberg an und berichtet über die Zusammenkunft mit Herwegh in Brüssel.

[1]) Nach Nr. 387.

387. Simon Meyerowitz an Jacoby

Nachlaß[1]) *Königsberg, 5. Juli 1847.*

Die Deichsel Deines Wagens steht nunmehr nach Osten, und wir werden Dich bald, schon in einigen Tagen, wiedersehen. In zwölf Stunden konntest Du in Paris sein, den noch nicht erkalteten Boden aller Erschütterungen sehen, den Sitzungen der Kammer beiwohnen und ein Bild gewinnen von dem ungeheuersten Getriebe des Menschenlebens, dieses alles konntest Du mit Leichtigkeit und hast es versäumt! .... Daß Herwegh lebensfrisch und kräftig, freut mich ungemein, und ich will nicht fürchten, daß eine poetische Frühlingsfreudigkeit Dich über seine wahre Kraft täuschte ..... Als die Thronrede in Petersburg eintraf, sagte die Kaiserin: «mein Bruder spricht weise wie König David.» «Der hatte aber vorher den Goliath erschlagen», bemerkte hierauf der Kaiser. Rußland neigt sich jetzt mehr zu Frankreich. Es ist fast keinem Zweifel unterworfen, daß vom 1. Januar 1848 zwischen dem Königreiche Polen und den russischen Provinzen keine Grenze mehr stattfinden wird.

Dulck[2]) ist gar nicht und Heinrich nur sehr schwach empfangen worden, man wartet auf Sperling. Unsere Gesellschaft hat beschlossen, ganz untätig zu verbleiben, der letzte Tag hat die alte Schmach wiederum enthüllt. Mit Recht sagte Kosch, da sie das Prinzip geopfert, wie wollen sie nun die Verwerfung der Eisenbahn rechtfertigen? Ist mit den Wahlen viel versehen worden? Wer kann es wissen? Die Geschichte ist ein Geist und ein alter Maulwurf wie Vater Hamlet. Ihre Erscheinungen sind von ihren Beschlüssen himmelweit verschieden. Es wird, sagte der greise, um tragischen Stoff fortwährend verlegene Voltaire, einen großen Spektakel geben, die Jüngeren werden ihn erleben, ich nicht mehr. Und mein Alter fühle ich und auch das Wehen der Geschichte. Die Ihr, jeder nach seinen Kräften, dabei mitgewirkt, werdet es empfinden ..... Wie ich höre, wirst Du in Breslau sehr erwartet. Auf einige Tage längerer Abwesenheit kommt es nicht an ..... Vinckes letzte Rede (die Ausschüsse betreffend) war wohl die schönste, weil charaktervollste. Eigentliche Beredsamkeit besitzt der Mann, wie schon gesagt, nicht, er ist aber ein Mann, und indem er dieses auszudrücken versteht, ist er beredt genug, der größte Redner einer solchen Kammer, d. h. des «weißen Saales» .....

[1]) JNUL(Ab).
[2]) Friedrich Philipp Dulck.

388. Karl Biedermann an Jacoby

Nachlaß[1]) *Leipzig, 6. Juli 1847.*

..... Ich teilte Ihnen schon in Berlin[2]) die Absicht mit, nach dem Schlusse des Landtages etwas Größeres über denselben zu schreiben[3]), und Sie selbst bestärkten mich darin, indem Sie mir zugleich Ihre Mitwirkung dabei und die Mitteilung von Materialien versprachen. Ich bin nun darüber und schon ziemlich mit der Arbeit vorgeschritten. Können und wollen Sie mir nun von dem, was beim Landtage hinter den Kulissen vorgegangen, soweit Ihnen solches bekannt ist, dasjenige mitteilen, was zur Erklärung der offenen Verhandlungen wesentlich dienen kann – insbesondere in bezug auf die letzte Katastrophe: die Wahlen –, so werde ich Ihnen das sehr danken. Allerdings las ich neuerdings, Sie selbst arbeiteten an einer Geschichte des Landtags. Wäre dies der Fall, dann freilich würde meine Bitte sich erledigen ..... Mit Vergnügen erinnere ich mich der kurzen Stunden Ihrer Anwesenheit hier ..... Freuen würde ich mich, wenn wenigstens schriftlich jene unter uns angeknüpfte Beziehung sich fortsetzte; tut doch enges Zusammenhalten aller Gleichgesinnten von Tag zu Tag mehr not!

[1]) JNUL(Ab).
[2]) Während der Tagung des Vereinigten Landtages begab sich Biedermann nach Berlin, um sich über die darin vertretenen Richtungen zu informieren. Er besuchte Jacoby, der dort eine Art von «politischem Salon» hielt. Vgl. Biedermann, *Mein Leben und ein Stück Zeitgeschichte,* Breslau [1886], I, S. 190.
[3]) Die im Oktober 1847 von Biedermann veröffentlichte *Geschichte des ersten preußischen Reichstags* wurde bald nach ihrem Erscheinen in Preußen beschlagnahmt. Vgl. Biedermann, ebenda, I, S. 193.

389. Robert Blum an Jacoby

Nachlaß[1]) *Leipzig, 15. Juli 1847.*

Mit dem 1. August gebe ich meine Stellung am hiesigen Theater auf, dieselbe hemmte mich zu sehr an der Teilnahme an öffentlichen Angelegenheiten und paßte nicht mehr zu meiner Stellung. Meine künftige Existenz gründe ich auf eine Buchhandlung[2]), die ich im Verein mit einem Freunde[3]) beginne und unter der Firma Robert Blum & Co. baldigst eröffnen werde.

Bei beschränkten Mitteln nehme ich die Teilnahme meiner literarischen Freunde und Gesinnungsgenossen für dieses Unternehmen insoweit in Anspruch, als ich die Bitte an sie richte, irgendein Erzeugnis ihres Geistes meinem Verlage zuzusenden. Vorzugsweise wird die Buchhandlung *volkstümliche* Sachen, die Bildung und Gesinnung nähren

[1]) JNUL(Ab).
[2]) Vgl. Hans Blum, *Robert Blum,* Leipzig 1878, S. 238 f. 241 ff.
[3]) Robert Friese, Verleger der «Sächsischen Vaterlandsblätter» und später der «Konstitutionellen Staatsbürgerzeitung».

und kräftigen, zu bringen trachten. Doch kann eine junge Handlung nicht ausschließlich sein, sie muß, um erst Boden zu fassen, bringen, was Erfolg verheißt. Daß die meinige dabei übrigens unbedingt keine Sünde gegen das uns allen heilige Prinzip begehen wird, versteht sich von selbst.

So wende ich mich denn auch an Sie mit der Bitte, mich in obigem Sinne freundlich unterstützen zu wollen, und sollten Sie selbst für den Augenblick mir nichts bieten können, so bitte ich wenigstens um gütige Empfehlung bei literarischen Freunden. Was unsere Kräfte vermögen, zahlen wir gern an Honorar.

[Nachwort von Blums *eigener* Hand.][m]

Hierbei, mein lieber Freund, auch Steinackers Aufsätze zurück. Ruge, dessen Brief beiliegt[4]), hat, glaub ich, recht. Recht sehr bitte ich Sie, sich um den Stand der Aktien bekümmern zu wollen; aut Caesar aut Michel! Bender soll mir zurücksenden, was nicht geht. Wie steht's denn mit dem Königsberger Taschenbuch? Sie machten mir Aussicht zur Vereinigung, aber allerdings muß die Sache der Vorbereitungen wegen *bald* entschieden sein. Daher bitte ich recht sehr um *baldigste* Antwort.

Herzlichsten Gruß.
Blum.

[4]) Vgl. Nr. 377.

390. Robert Blum an Jacoby[1])

Nachlaß[2]) *Leipzig, im August 1847.*

Nachdem ich meine Stellung am hiesigen Stadttheater niedergelegt habe, weil sie sich mit der öffentlichen Stellung nicht mehr vertrug, sondern mich überall störte und hemmte, begründe ich in Gemeinschaft mit Robert Friese eine Buchhandlung, welche ich Ihnen hiermit bestens empfehle.

Ist auch unser Hauptgeschäft der *Verlags*buchhandel, werden wir doch jeden andern Auftrag prompt und pünktlich erfüllen und bitten daher um gefällige Berücksichtigung. Wir sind zwar weit entfernt, unsern Kollegen den Erwerb schmälern und ihnen die Kundschaft entziehen zu wollen, allein viele unserer Freunde und Gesinnungsgenossen, besonders in den kleineren Städten, beziehen gewiß ihren Bücherbedarf ohnehin aus Leipzig, und bei Ihnen darf ich denn wohl die Berücksichtigung erwarten, die ein junges Geschäft so sehr bedarf, wenn es emporblühen soll.

Unser erstes Verlagsunternehmen wird *«Volkstümliches Handbuch der Staatswissenschaften und der Politik. Ein Staatslexikon für das Volk»* sein[3]), für dessen Verbreitung

[1]) Hektographiert mit Ausnahme des Nachworts. GM.
[2]) JNUL(Ab).
[3]) *Volkstümliches Handbuch der Staatswissenschaften und Politik. Ein Staatslexikon für das Volk.* Hrsg. von Robert Blum. Aus seinem handschriftlichen Nachlaß von Gleichgesinnten fortgesetzt, Leipzig 1848–1851, 2 Bde. Über das Werk, vgl. Hans Blum, a. a. O., S. 241 ff.

wir Ihre Teilnahme besonders in Anspruch [nehmen] und Ihnen bald nähere Kunde darüber geben werden .....

Nachwort: Mit dieser Nachricht, mein lieber Freund, nur die Wiederholung der dringenden Bitte um Nachricht, wie es mit der be- und versprochenen Vereinigung der Taschenbücher[4]) steht? Ich *muß* mich ja einrichten, also nur *ein* Wort, ich bitte sehr.

Herzlichen Gruß

B.

[4]) Es ist hier wohl die Rede von der geplanten Vereinigung des Leipziger Volkstaschenbuches «Vorwärts!» mit dem «Königsberger politischen Taschenbuch».

391. Fanny Lewald[1]) an Jacoby

Abdruck[2]) *[Wohl Berlin,] 13. August 1847.*

Stahr[3]) schrieb mir: «Die Hahn-Hahn[4]) solltest du wirklich einmal charakterisieren wie in deinem letzten Brief. Das täte sehr gut. Ich könnte die Schilderung den Jahrbüchern der Gegenwart schicken, oder du könntest sie auch, wenn sie nicht zu lang wird, für die Bremer Zeitung machen. Am besten aber wäre es, du machtest ein eigen Büchlein daraus, aber anonym. Ich denke an die Hauffsche Vernichtung Claurens durch den ‚Mann im Monde'[5]). Titel: Die Gräfin Hahn-Hahn und ihre Romane, von einer Frau, oder so etwa.»

Darauf setzte ich mich in bester Laune noch denselben Abend hin und schrieb das Ganze in heiterster Arbeitslust in dreizehn Tagen[6]) und überraschte den guten Stahr damit nach Analogie der Kinder, die den Vater mit Bildern zum Geburtstag beschenken, zu denen er vorher das Geld zu Papier geben muß. Übrigens ist diese Notiz nur für Sie, denn es liegt mir nach wie vor daran, daß man über den Autor nicht ins klare kommt.

[1]) Fanny Lewald (1811–1889), Schriftstellerin, entstammte einer angesehenen Königsberger Kaufmannsfamilie, trat im siebzehnten Lebensjahre zum Christentum über. Auf einer Italienreise lernte sie etwa Ende 1845 Adolf Stahr kennen, der sie zehn Jahre später – nach langen Kämpfen (er war verheiratet und Vater von fünf Kindern) und nach der Einwilligung seiner ersten Frau in die Scheidung heiratete. Fanny Lewald betrachtete Jacoby, der zu ihren Vertrauten gehörte, als einen der «besten und wahrhaftigsten» Menschen (F. Lewald, *Gefühltes und Gedachtes.* Hrsg. von Ludwig Geiger, Dresden/Leipzig 1900, S. 91). Die Person des Doktors in ihrem Roman *Wandlungen* (Braunschweig 1853, 4 Bde.) trägt nach ihrer eigenen Angabe (*Gefühltes und Gedachtes,* S. 153) die Züge Jacobys. Ein Abschnitt ihrer *Erinnerungen aus dem Jahre 1848* (Braunschweig 1850, II, S. 334–341) ist Jacoby gewidmet.

[2]) Marta Weber, *Fanny Lewald.* Dissert. Universität Zürich, Rudolstadt 1921, S. 28 f.

[3]) Adolf Stahr (1805–1876), Schriftsteller und klassischer Philologe, Gymnasiallehrer in Oldenburg. Jacoby, der mit Fanny Lewald befreundet war, trat durch sie auch Adolf Stahr nahe. Während seiner Aufenthalte in Berlin verkehrte Jacoby im Stahrschen Hause.

[4]) Gräfin Ida Hahn-Hahn (1805–1880), Schriftstellerin.

[5]) Wilhelm Hauffs *Der Mann im Monde,* eine spöttische Parodie auf Heinrich Claurens Manier, erschien im Jahre 1827.

[6]) Fanny Lewalds *Diogena. Roman von Iduna, Gräfin H... H...,* eine Verspottung der Gräfin Hahn-Hahn, erschien 1847 anonym bei Brockhaus in Leipzig und erregte literarisches Aufsehen.

392. Kurt von Bardeleben[1]) an Jacoby

Nachlaß[2]) *[Kupauken?][m] 26. August 1847.*
[Poststempel: Fischhausen][m]

[Mein lieber Jacoby!][e]
Nach einem soeben erhaltenen Briefe von Auerswald habe ich die Überzeugung gewonnen, daß er sein Mandat als Mitglied des Ausschusses *nicht* niederlegen wird. Was könnte geschehen, um die Herren vielleicht doch zu zwingen?
Sollte sich die öffentliche Meinung für den von mir getanen Schritt aussprechen, so würde es vielleicht zweckentsprechend sein, wenn dieses auf irgendeine unzweifelhafte Weise kundgegeben würde. Bei Gott nicht meinetwegen, sondern um der Sache willen. Ich habe mich nie gescheut, nötigenfalls allein zu stehen. Wenn die Herren sehen, wie alle Männer von Kopf und Charakter darüber denken, so müßten sie Schlafmützenseelen sein, wenn das keinen Eindruck auf sie machen sollte. Es ist nur ein Gedanke, den ich hinwerfe und stelle ich die Ausführung desselben ganz Ihrem Ermessen anheim. Vielleicht schreibe ich eine Rechtfertigung meiner Resignation und schicke sie Ihnen zur Durchsicht und Umänderung, wenn Sie es gestatten. Als sechzehnjähriger Knabe habe ich weiland das Schwert ergriffen gehabt, daher will es mit der Feder nicht recht gehen.
Vielleicht erhalte ich hierauf einige Zeilen von Ihnen. Leben Sie wohl! Ihr aufrichtig ergebener Freund.

Bardeleben.

[1]) Kurt von Bardeleben (1796–1854), liberaler Politiker, Schwiegersohn Theodor Schöns, Abgeordneter der Ritterschaft im preußischen Provinzialtag (1834–1845); 1837 Landrat des Kreises Fischhausen; Mitglied des Vereinigten Landtages (1847). Nach der Veröffentlichung des Landtagsabschiedes vom 24. Juli 1847, der die Anträge des Vereinigten Landtages an den König zurückwies, legte er sein Mandat als Mitglied der ständischen Ausschüsse nieder. 1848 Mitglied der preußischen Nationalversammlung.
[2]) JNUL(Ab); vierte Zeile des Briefes LE(Ab).

393. Julius Waldeck an Jacoby

Nachlaß[1]) *Berlin, 31. August 1847.*

‹... Hier ist alles wie bei Deiner Abreise; eine Adresse an den einen nicht gewählt habenden Landstand, habe ich, so wie ich sie brauche, noch nicht zusammengebracht.› Der Landtag ist hier vergessen und das Interesse hat sich dem Polenprozesse[2]) zuge-

[1]) JNUL(Ab).
[2]) Der Prozeß der wegen der Verschwörung von 1846 zur Losreißung von Posen und Westpreußen angeklagten Polen. Am 2. Dezember 1847 verkündete der Gerichtshof das Urteil. Acht der Angeklagten wurden zum Tode, hundertneun zu Zuchthaus- und Festungsstrafen verurteilt, hundertsechzehn mangels Beweises von der Untersuchung entbunden und achtzehn freigesprochen. Die Todesurteile wurden nicht vollstreckt. Die Märzrevolution befreite die Verurteilten aus dem Gefängnis.

wandt. Das neue Verfahren hat sich dabei wenigstens als der Pranger früherer geheimer Untersuchungsrichter herausgestellt und wirkt mächtig als politische Bildungsschule fürs Volk. Die Verteidiger, namentlich Crelinger, zeichnen sich sehr aus, was es den Verklagten helfen wird, bleibt dahingestellt.

394. Kurt von Bardeleben an Jacoby

Nachlaß[1]) *[Fischhausen,]*[e] *4. September 1847.*

Ich erlaube mir, Ihnen beikommend einen Entwurf zu einem Sendschreiben[2]) an meine Wähler zu übersenden, und zwar mit der Bitte, mir unverhohlen Ihre Meinung darüber zu sagen, ob Sie mit demselben einverstanden sind. Glauben Sie, daß die ganze Anlage nichts taugt, so teilen Sie es mir nur unverhohlen mit, nur bitte ich Sie, mir dann anzugeben, wie Sie meinen, daß dasselbe zweckentsprechender abgefaßt werden könnte. Finden Sie einzelne Stellen sowohl dem Inhalte als der Fassung nach nicht gut, so bitte ich dieselben ohne weiteres abzuändern und mir so den Entwurf und mit Ihren Bemerkungen versehen, wenn es sein kann, mit der Post, die morgen abend von Königsberg abgeht und Montag früh hier eintrifft, gütigst zurückzusenden.
Dienstag verreise ich auf mehrere Tage in amtlichen Angelegenheiten; vielleicht mache ich es möglich, den 10. oder 11. des Monats nach Königsberg zu kommen, und werde ich Sie dann, wie es sich von selbst versteht, besuchen.

Bis dahin leben Sie wohl!
Mit aufrichtigster Freundschaft der Ihrige

P. S. Noch eine Bitte! Daß ich Ihnen den beiliegenden Entwurf zur Korrektur und zur Durchsicht übersandt habe, bitte ich nicht bekannt werden zu lassen, da man dann gleich das Faktum daraus machen würde, daß Sie das Sendschreiben abgefaßt haben, was unter den obwaltenden Umständen den Eindruck schmälern dürfte. Sie sind doch auch der Meinung, daß ich dieses Sendschreiben soweit(?)[3]) als möglich zu veröffentlichen suche?

[1]) JNUL(Ab).

[2]) Kurt von Bardeleben, *Sendschreiben an die Herren Landtagsabgeordneten der Provinz Preußen, welche die Wahlen der Ausschußmitglieder vollzogen haben.* Leipzig: Biedermannsche Verlagsbuchhandlung 1847, 6 S. Bei der Abfassung des Sendschreibens war dem Verfasser «Jacoby zur Hand gegangen» (R. Adam in *Altpreußische Biographie.* Bd. I, Königsberg 1941, S. 29). Der Verfasser rechtfertigt die Niederlegung seines Mandats als Mitglied der ständischen Ausschüsse und erklärt, das Patent vom 3. Februar 1847 habe die wohlerworbenen Rechte des preußischen Volkes gekränkt. In einem Brief vom 25. November 1847 bedankten sich mehrere Wähler bei von Bardeleben für das *Sendschreiben.* Dieser Brief befand sich einst im Jacoby-Nachlaß (Sa 8 fol.) und ist mir als LE(Ab) bekannt.

[3]) LE(Ab): soviel.

395. Friedrich Crüger[1]) an Jacoby

Abdruck[2])

Brüssel, den 22. Oktober 1847.

Ich benutze, bester Jacoby, eine sich mir soeben darbietende günstige Gelegenheit, einige Zeilen von mir von Köln aus (also auf unverdächtigem Wege) an Sie gelangen zu lassen. Hoffentlich sind meine früheren Briefe sowie mehrere Pakete richtig in Ihre Hände gekommen. Da Sie mir leider auf jene Briefe nicht geantwortet haben, komme ich diesmal auf eine Frage zurück, die eben jetzt sehr ernst ist und von der ich, wenn ich nicht irre, bereits zweimal in meinen Briefen zu Ihnen gesprochen. Es ist nämlich die der bedrohten Existenz der Deutschen-Brüsseler-Zeitung[3]). Die Hilfe, welche dieselbe bisher aus Deutschland erhalten, ist so wenig zulänglich, daß das Blatt ein wahres Proletarierdasein fristet. Die Mittel des Redakteurs sowie die meinigen und mehrerer anderer, die dem *Blatte* Opfer, schwere Opfer gebracht, sind erschöpft.

Ich müßte Ihnen zehn Bogen voll schreiben, wenn ich Ihnen ausführlicher erzählen wollte, unter welchen Mühsalen jede nächste Nummer zur Öffentlichkeit gebracht wird. Das Blatt kostet viel Geld, und obgleich täglich neue Abonnements kommen, sind doch die Kosten vom Blatte selbst noch lange nicht gedeckt. Dazu kommen nun noch die unregelmäßigen Einzahlungen, mannigfache Verluste usw. Diese pekuniäre Misere ist jedoch nicht das einzige: in seinem Gefolge hat es eine Menge andere Mißstände, deren Bekämpfung und stete Abwehr allein schon hinreichen, die ganze Tätigkeit der Redaktion in Anspruch zu nehmen. Nun rechnen Sie noch dazu die unausgesetzten Verfolgungen, welche den beteiligten Personen sowie dem Blatte vom liberalen Ministerium, von feindlichen Parteien usw. zuteil werden, und Sie werden sich leicht die ganze Schwierigkeit unserer Lage vorstellen können.

Vor allen Dingen indes ist Geld nötig – mit allem übrigen wollen wir schon fertig werden. Ich beschwöre Sie nochmals, das Ihrige zu tun und auch die Bürger Königsbergs dazu aufzufordern. Kann z. B. ein Herr Ballo, ein Herr Dr. Meyerowitz und andere liberale Geldsäcke, die den Mund von Freiheit, Bürgerehre und anderen Phrasen beständig voll haben, können diese Menschen, wenn sie einmal zur Herrschaft gelangen wollen (die – freilich vorübergehende – Bourgeoisherrschaft ist doch unvermeidlich), zu diesem Zweck nicht auch kleine Opfer bringen? Solange sie das nicht tun, nicht regelmäßig und immer von neuem tun, ist ihre Unzufriedenheit mit der Bürokratie entweder eitel Heuchelei und

[1]) Friedrich Crüger, ein Freund Jacobys, wurde 1821 in Riga geboren, studierte 1842–1844 in Königsberg Medizin, gab aber dann das Studium auf. Der erste Jahrgang des von ihm herausgegebenen *Königsberger politischen Taschenbuches* erschien 1846 bei Theodor Theile in Königsberg; der zweite, mit einem Beitrag Jacobys «Zur Geschichte unserer Zeit», 1847 bei Wilhelm Jurany in Leipzig. Im Januar 1847 reiste er nach Brüssel, wo er an der «Deutschen-Brüsseler Zeitung» mitarbeitete. Im gleichen Jahr erschien in Neuhausen *Das ständische Verfassungsgesetz für Preußen vom 3. Februar 1847. Eine dem preußischen Volke gewidmete Denkschrift* von Friedrich Crüger. Ende Oktober 1848 war er Delegierter des Königsberger Arbeitervereins zum Zweiten Demokraten-Kongreß in Berlin.

[2]) «Archiv für die Geschichte des Sozialismus und der Arbeiterbewegung» 1911 Bd. 1 S. 354 f. (von G. Mayer irrtümlich als ein Brief von F. Engels an Jacoby veröffentlicht, vgl. ebenda, S. 457).

[3]) Die «Deutsche-Brüsseler Zeitung» erschien von Januar 1847 bis Februar 1848 zweimal wöchentlich. Marx, Engels und Hess gehörten zu ihren Mitarbeitern.

Lüge oder die impotenteste Sklavenergebenheit und sind die Fußtritte, die dem deutschen Bürgertum so reichlich zuteil werden, noch eine viel zu geringe Strafe für diese Herren.
Bester Doktor, ich weiß, an Ihnen liegt es nicht, daß die Deutsche-Brüsseler-Zeitung von Königsberg aus gar keine Unterstützung bisher gefunden, ich kann mir wenigstens nicht vorstellen, daß Sie einer dringenden Aufforderung so gar keine Beachtung geschenkt hätten, aber die Servilität und Niedrigkeit der reichen, sich bei jeder Gelegenheit breitmachenden und im Grunde tief servilen Bourgeoisie meiner lieben Vaterstadt verdient, daß sie auf das rücksichts[loseste][m] vor der Öffentlichkeit gegeißelt wird, was ich mit Nennung der bekanntesten Schreier sicher zu meiner und aller ehrlichen Leute Vergnügen tun würde, wenn es nicht bedenklich wäre, die finanzielle Lage unseres Blattes, die Mittellosigkeit der hiesigen Partei dabei bloßzustellen.
Ich lege diesen Zeilen – als letzten Versuch – mehre Aktien bei und hoffe, daß es Ihren Bemühungen gelingen wird, dieselben zur Fortexistenz der Zeitung unterzubringen. Wie ich Ihnen schon früher gesagt, hat die Redaktion Wege genug, den Beteiligten das Blatt, wenn sie wollen und bezahlen – wir können bei dem besten Willen keine Gratisversendungen machen –, en masse zuzusenden.
Große Eile tut not. Schicken Sie das Geld, welches Sie für den genannten Zweck zu sammeln vermögen, unter der Adresse: Kaufmann Rappard, place des Martyrs Nr. 16, ein mit der Weisung, es Bornstedt[4]) zukommen zu lassen. In diesen Tagen sende ich Ihnen ein größeres Paket mit Nummern u. eig. Broschüren. Vergeben Sie meine Eile. Empfangen Sie meine besten Grüße und die Versicherung, daß ich Ihr aufrichtigster

Fr. Crüger.

[4]) Adalbert von Bornstedt.

396. Robert von Keudell an Jacoby

Nachlaß[1]) *Berlin, 19. November 1847.*

Du hast bis jetzt noch keine Nachricht über den Berliner Gesellenverein erhalten, weil es schon seit vier Wochen heißt: «In acht Tagen werden die Statuten des Vereins gedruckt sein.» Sie sind indes noch nicht zu haben, und ich will, da sich eben eine Gelegenheit findet, Dir meine Erfahrungen über den Gesellenverein nicht länger vorenthalten. Die Statuten schicke ich Dir nachträglich, sobald sie erscheinen.
Der Gesellenverein zählt jetzt 760 Mitglieder: Meister, Gesellen und andere Männer aller Stände; Lutheraner, Katholiken, Juden. Eine frei gewählte Vorsteherschaft (zwanzig Leute) leitet seine Angelegenheiten. Der monatliche Beitrag beträgt zweieinhalb Silbergroschen, davon ist ein schöner großer Saal gemietet, in dem die Zusammenkünfte stattfinden und ein Restaurant für billige gute kalte Speisen und Getränke sorgt. Der Besuch

[1]) JNUL(Ab).

des Saales steht den Mitgliedern jeden Abend frei; an vier Abenden der Woche aber ist nur Vortrag. Um 8 Uhr ist Versammlungsstunde; dann wird ein deutsches Lied gesungen (kein geistliches) – der Verein hat ein eigenes recht gutes Liederbuch, worin viele Studentenlieder –, ein Vortrag, gewöhnlich von einem der Vorsteher gehalten und nach einem zweiten Liede die Versammlung für aufgehoben erklärt; es folgt eine freie Kneiperei bis 11 Uhr.

Der Vortrag inklusive der beiden Lieder darf nicht über eine Stunde dauern, und die Themata pflegen geschichtlich, geographisch oder naturwissenschaftlich (physikalisch) zu sein. *Politik und Religion dürfen nicht behandelt werden.* An den Freitagen finden zusammenhängende Vorträge über Physik statt. (Die Vorträge, die ich hörte, waren ein guter über die Fußbekleidungen der alten und neuen Zeit und ein schlechter über Ebbe und Flut. Beim ersteren war das zahlreiche Auditorium, etwa 300 Leute, offenbar sehr teilnehmend und dankbar.) Bemerkenswert ist noch der Zettelkasten: Wer Belehrung über irgendeinen Gegenstand wünscht, wirft eine Frage in den Kasten, die der jedesmalige Vortragende nach Kräften zu beantworten hat. (Meist werden freilich nur Fremdwörter erklärt.)

Im allgemeinen ist die Teilnahme rege, und der Fortgang scheint erfreulich; Kollisionen mit der Regierung sind noch nicht erfolgt. Selbst seine Statuten hat der Verein der Regierung nicht vorgelegt, da der Hauptvorsteher, Stadtsyndikus Hedemann, das Vertrauen derselben besitzt.

Der «Verein zur Hebung der niederen Klassen» ist erst im Werden; er soll hauptsächlich der *materiellen* [Not] abhelfen durch unverzinste Vorschüsse etc., während der Gesellenverein auf die Bildung der Leute ausgeht.

Nun lebe sehr wohl! Die Statuten erhälst Du nächstens! Was mich betrifft, so bin ich tief vergraben im Jus. Die Mutter läßt sehr grüßen.

397. Jacoby und andere an die Eidgenössische Tagsatzung

Nachlaß[1]) *Königsberg, 2. Dezember 1847.*

Hohe Eidgenössische Tagsatzung!

An den äußersten Grenzen Deutschlands haben wir mit sorglicher Teilnahme den Kampf der Eidgenossen verfolgt, mit herzlicher Freude ihren glorreichen Sieg[2]) begrüßt.

[1]) Original (nicht in Jacobys Handschrift): Eidgenössisches Bundesarchiv Bern, Tagsatzungsarchiv, Bd. 1626. Reinentwurf in Jacobys Handschrift, ohne Unterschriften, datiert 6. [nicht 2.] Dezember 1847: UB Bonn, Nachlaß Franz Rühl. Gedruckt (mit nur vier Unterschriften) in Werner Näf, *Die Schweiz in der deutschen Revolution. Ein Kapitel schweizerisch-deutscher Beziehungen in den Jahren 1847–1849*, Frauenfeld/Leipzig 1929, S. 158 f. Wir drucken sämtliche Unterschriften bis auf zehn, die nicht entziffert werden konnten.

[2]) Gemeint ist die Niederwerfung des Sonderbundes durch die Eidgenossenschaft im November 1847.

Mächtige Nachbarfürsten gönnen den *einzelnen Kantonen* alle Freiheiten, ja sogar Souveränität – allein eine *einige* Schweiz wäre ihnen ein zu gewichtiges Bollwerk der Freiheit.

Verleitet durch einen Orden, der nur in der Dumpfheit der Völker gedeiht, sind selbst die Urkantone – uneingedenk ihrer großen Tage – der allgemeinen Sache abtrünnig geworden.

Eine solche Verblendung kann nicht lange währen; auch ihnen wird es bald einleuchten, daß jene großen Nachbarmächte unter «Neutralität der Schweiz» nichts anderes verstehen als eine völlige Neutralisation derselben.

Ein Volk ist nicht frei, solange seine Verfassung von fremden Herrschern garantiert wird: das ausgedehnteste Hausrecht ist kein Ersatz für allgemeine Sklaverei.

Wenn die Eidgenossenschaft ohne Furcht und ohne Herausforderung ihre ehemalige politische Selbständigkeit wieder zur Geltung bringt, dann wird das vor Luzern[3]) vergossene Bürgerblut heilig sein, wie das bei Sempach[4]), wo zuerst die Freiheit eine Gasse gezeigt wurde.

An die Zukunft einer *einigen freien* Schweiz knüpfen auch wir unsere Hoffnungen; um so mehr fühlen wir uns gedrängt, einer hohen Tagsatzung unsere aufrichtigsten Glückwünsche über den errungenen Sieg auszusprechen.

Martin Otto Ballo [Kaufmann]
Ludwig Walesrode

Dr. Johann Jacoby
C. L. Willert [Kaufmann]

A. E. Passarge [Kaufmann]
L. H. Ehlert
Dr. [med. G. A.] Pitzner
Dr. [med.] G. Dinter
J. Meyer
Jakob Tiessen [Kaufmann]
C. F. Josetti [Barbier]
C. F. Klein [Maler]
F. W. Regas [Musikinstrumentenbauer]
Eduard Jacobson [Goldleistenfabrikant]
[August] Oloff [Maler]
Dr. med. [S.] Seeliger
Friedrich Behrenz [Kaufmann]
S. J. Magnus [Kaufmann]
C. H. E. Litfas [Kaufmann]
Jul. Haase [Kaufmann]
E. Matern [Buchbinder]
C. E. Pusch [Schuhmachermeister]
H. A. Glatz [Uhrmacher]
J. Moritz [Kaufmann]

C. A. Lemke [Bäckermeister]
S. Gaik [Schneidermeister]
M. Löwinsohn [Kaufmann]
Ferd. Berdau [Kaufmann]
P. E. Kadach [Kaufmann]
[Fritz] Bils [Leutnant a. D., Zeichenlehrer]
Pomatti aus Graubünden [Hofkonditor]
L. C. Müller
G. Ahrens [Kaufmann]
J. Krueger
S. Levinson [Student]
J. G. Bernhardi [Sekretär der Börsenhalle]
J. F. Fuchs [Kaufmann]
Dr. [med. F.] Falkson
B. F. Schiemann [Kaufmann]
C. Epffenhausen [Kaufmann]
J. Rupp [Prediger]
[T. T.] Fleury[?] [französischer Sprachlehrer]
Hartmann Rasche [Predigeramtskandidat]
[A.] Haarbrücker [Kaufmann]

[3]) Im November 1847.
[4]) In der Schlacht bei Sempach (1386) siegten die Eidgenossen über die Österreicher.

M. D. Loewenthal [Kaufmann]
J. G. Schmidt
G. H. Zeitzmann [Barbier]
A. Lerique
C. Beyer [Lederfabrikant]
H. Kickton [Wegebaukondukteur]
A. Menschner [Schuhmachermeister]
[A.] Klaehr [Buchhändler]
[F.] Gissing [Tuchfabrikant]
Michael Zappa aus Graubünden
[Kaufmann und Konditor]
Ferd. Pensky [Mechaniker]
[F.] Beckow [Tischler]
O. H. Rosenkranz [Kaufmann]
August Abegg
R. Burdinski
L. Knopp [Maler und Daguerreotypist]
[F?]. Hilbrandt [Gildefischer]
G. Scheeffer
A. C. Barbie [Rentier]
Ed. Rud. Ropp
I. Seiathé
J. Lichtenstein [Kaufmann]
[J. C.] Dammer [Kleiderfabrikant]
Jahr
Sierke
A. Lichtenstein [Kaufmann]
Louis Ehlert
[Komponist und Musikschriftsteller]
[C.] W[?]. Stockhausen [Makler]
[F. E.] Krasché [Kassenassistent]
Schmutz
Dr. [med. M.] Graf
Buchholz
Heinr. Steffens
J. F. Arndt [Kaufmann]
Moritz Wedel [Kaufmann]
H. L. Voigt [Kaufmann und Buchhändler]
M. Siegel aus Graubünden [Konditor]
Wilhelm Koch
L. Detroit [Prediger]
Meyerowi[t]z
Heinrich Willert [Kaufmann]
C. G. Preuss [Sprach- und Musiklehrer]
Dr. [Albert?] Dulk
Dr. [K. R.] Jachmann
[L.] Freundt [Apotheker]

398. Karl Theodor Welcker an Jacoby

Nachlaß[1]) *Heidelberg, 3. Dezember 1847.*

Mit Freuden erinnere ich mich der wenigen flüchtigen Stunden, die Sie mir hier gönnten, und wünsche, wie alle meine Freunde Süddeutschlands, die Sie von Angesicht zu Angesicht sahen, Sie möchten bald und länger zu uns wiederkehren .....

In einigen Tagen sollen wir zum Landtag gehen. Gegen mein flehentliches Gegenbemühen hat unsere Opposition vergebens halb und halb zum Land hereingerufen: Mäßigung, und dann schallt's aus dem Lande sehr natürlich zweimal Mäßigung zurück, und wenn gemäßigt Liberale gewählt werden sollen, so sagt der Bauer: «gemäßigt liberal ist auch der Herr Amtmann», und findet's nicht der Mühe wert, es mit dem Mächtigen zu verderben .....

[1]) JNUL(Ab).

399. Gustav Adolf Friedrich Gerhard[1]) an Jacoby

Nachlaß[2]) *Festung Weichselmünde, 6. Dezember 1847.*

Vor ein paar Tagen sandte mir Simon die soeben in Breslau kursierende Adresse der dortigen Bürger an den Magistrat mit dem Wunsche, ich möge hier, id est in Danzig, etwas Ähnliches zustande bringen. Wer indes die Danziger und ihren Krämersinn kennt, weiß, daß das hier nicht möglich wäre, da eine solche Adresse nur dann eine gültige Demonstration ist, wenn sie Tausende von Unterschriften trägt, nicht aber wenn sie vielleicht 40 oder 50 Namen enthält.

Ein Versuch, die Adresse in unsere Zeitung zu bringen, ist gescheitert, denn der hiesige Gedankenmörder hat sie nicht zu drucken verstattet; ich habe jetzt an das Oberzensurgericht rekuriert! Damit nun aber mittlerweile die Adresse dort bekannt werden und dort vielleicht etwas Ähnliches ins Leben gerufen werden könne, sende ich Ihnen hierbei eine Abschrift[3]). Das Exemplar, welches Simon mir sandte, ist im Umdruck gefertigt und trägt links oben die Bemerkung «als Manuskript nicht zur Veröffentlichung bestimmt», wodurch es zensurfrei geworden. Ob das nicht auch dort ginge? Sie werden sich überzeugen, daß die Adresse sehr wichtig und ihr ausgebreitetes Bekanntwerden dringend wünschenswert ist, denn so wie in *diesem* Dokument sind dem Volke noch nicht über den wahren Sinn des Patents vom 30. März[4]) d. J. die Augen geöffnet worden.

[1]) Gustav Adolf Friedrich Gerhard (geb. 1805), Besitzer und Herausgeber einiger Zeitungen in Danzig; durch seine Artikel zum Danziger Konfessionsstreit zog er sich eine Festungshaft in Weichselmünde zu; liberales Mitglied der Stadtverordnetenversammlung; wanderte nach Amerika aus. Mitverfasser eines Werkes, das ein Kapitel über Jacoby enthält: J. Lasker und Friedrich Gerhard, *Des deutschen Volkes Erhebung im Jahre 1848, sein Kampf um freie Institutionen und sein Siegesjubel. Ein Volks- und Erinnerungsbuch für die Mit- und Nachwelt,* Danzig: Friedrich Gerhard 1848, S. 264–278.

[2]) JNUL(Ab).

[3]) Liegt nicht vor.

[4]) Es dürfte gemeint sein: 3. Februar.

400. Theodor Mügge[1]) an Jacoby

Nachlaß[2]) *Berlin, 8. Dezember [1847]ᵐ.*

Werter Herr und Freund,

den einliegenden Brief hatte ich von Welcker[3]) für Sie erhalten; ich kann ihn nicht abgehen lassen, ohne einen Gruß und ein paar Worte hinzuzufügen, um so mehr, da wir

[1]) Theodor Mügge (1806–1861), Romanschriftsteller und Publizist; geriet wegen seiner Schrift *Die Zensurverhältnisse in Preußen* (Leipzig 1845) in Schwierigkeiten mit den Behörden; 1848 Mitbegründer der «National-Zeitung», deren Feuilletonredakteur er eine Zeitlang war.

[2]) JNUL(Ab).

[3]) Vgl. Nr. 398.

alle hier lange nichts von Ihnen gehört haben. Der Zeiten Not und Schande sind nicht geringer geworden, wohl aber die Hoffnungen, daß es bald besser werden könnte; wenigstens muß ich für meinen Teil gestehen, daß ich nie so hoffnungslos gewesen bin wie jetzt. Es sind nicht die Konsequenzen des Systems, welches seine Herrschaft auszubilden sucht, es ist die geringe Kraft zum Widerstande in der Nation, was niederdrückend wirkt, und namentlich hier in der Hauptstadt rollt sich täglich ein trostloses Bild der Unfähigkeit, der Feigheit, der Trägheit auf, die überzeugen müssen, daß ein solcher Mangel an Teilnahme für alles, was über das engbegrenzte Pfahlbürgertum hinausgeht, zum Polizeistaat durchaus paßt. Unsere Stadtverordneten, die, nachdem ihnen die Öffentlichkeit wirklich zugesprochen wurde[4]), diese durch Kartenausgabe beschränkten und die Frauen ganz ausschlossen, oder die Breslauer, welche auf *Gräffs* Betrieb eine Dankadresse an den König beschlossen, zeigen als Vorbilder, wie es mit der Erkenntnis steht.
Ich gebe mir hier seit Wochen Mühe, für Beseler[5]) etwas zu tun und die drei Abgeordneten zum Landtage: Knoblauch, Moewes[6]) und Haupt(?), zu einem Aufruf und zur Bildung eines Beseler-Komitees zu bewegen, es geht aber nicht, obwohl, nachdem des alten Arndts Aufruf in unsern Zeitungen abgedruckt werden durfte, kaum daran zu zweifeln ist, daß die Zensur es hindern würde. – Wer irgend glaubt, man kenne ihn oben an der langen Brücke, der hat die größte Angst, sich mißliebig zu machen; wer aber ein friedlicher Bürger ist, der fürchtet vor allen Dingen, das Auge der Polizei auf sich zu ziehen und sich Unbequemlichkeiten zu bereiten, schikaniert zu werden, wie man hier sagt, was allerdings auch in zahlreicher Art geschehen könnte, vom Kleinsten bis zum Größten. Darum ist es auch sehr schwer, durch Listen zur Unterzeichnung hier etwas zu erwirken. Die Polizei könnte aufmerksam darauf werden, und Polizeizorn ist schlimmer als Gottes Zorn für jeden rechtschaffenen Berliner. Die Listen für Beseler haben fast gar keinen Fortgang gehabt, und so ist es mit allem. Leichtsinnige Indifferenz für alles, nur nicht für die Komödie, für eine Sängerin oder Tänzerin!
Unser neues Strafgesetz werden Sie wohl im Entwurf[7]) längst studiert haben. Ich begreife alles darin: die Prügel, das Zuchthaus für den, der verstorbene Verwandte der königlichen Familie verleumdet, das Zuchthaus für den Ehebrecher, auch für den unverheirateten, und für den Verführer sechzehnjähriger Mädchen; die Strafbarkeit für den Gotteslästerer, denn wir sind noch nicht so weit wie Nero einst war, als er im Senat rief: deorum iniurias diis curae[7a])! Ich begreife auch, wie überhaupt die Verleumdung vielartig als neues Verbrechen aufgestellt worden ist, begreife die unmäßige Höhe der Injurienstrafen, die Milde der Strafen für den Zweikampf, die ungeheure Ausdehnung der

[4]) Auf Begehren des Vereinigten Landtags gestattete der König allen Stadtverordneten des Landes, öffentlich zu tagen. In Berlin fand die erste öffentliche Sitzung der Stadtverordneten am 19. November 1847 statt.

[5]) Um sich unbehinderter als bisher seiner politischen Tätigkeit widmen zu können, nahm der schleswig-holsteinische Politiker Beseler Anfang Dezember 1847 seinen Abschied als Advokat. «Durch Unterstützung aus Deutschland und der Heimat ward er zugleich in die Lage versetzt, in völliger Unabhängigkeit zu leben.» ADB, LXVI, S. 474.

[6]) In der Abschrift: «Mewese (??)». Gemeint ist vermutlich Moewes. Stadtsyndikus und Kammergerichtsassessor in Berlin.

[7]) Entwurf des preußischen Strafgesetzbuches von 1851.

[7a]) Vgl. Tacitus, Annalen, I, 73, 4.

richterlichen Gewalt in den Strafbestimmungen, denn man rechnet auf einsichtsvolle Richter; ich begreife die Beibehaltung der Vermögenskonfiskation, der Strafunterschiede für Festungsarrest und Zuchthaus für vornehme und geringe Missetäter, kurz ich begreife alles, nur nicht wie ein ästhetischer König eine so unästhetische Häufung der Todesstrafe genehmigen kann, durch welche ein blutiges Haupt und eine blutige Hand zum Entsetzen und Ekel jedes zivilisierten Menschen auf Pfähle gesteckt werden sollen, bis Raben und Geier die Knochen übriglassen.

Ich hoffe, daß bis zum 17. Januar die Kritik sich über diesen Entwurf erbarmen wird. Simon tut gewiß das Seine; ist von Ihnen nichts zu erwarten *wie* überhaupt über die Ausschüsse[8])? Man hat sie zum 17. Januar berufen, der größte Gedächtnistag des Landes, wenn man an 1820 erinnert. Daran ließe sich vieles knüpfen, aber es ist wenig Hoffnung, daß es das geringste wirken wird. Mit den 59, die nicht wählten, ist der Opposition die Spitze abgebrochen. Hansemann, Vincke, von der Heydt[9]), Milde und viele andere fehlen, welche die entschiedensten noch waren. Jetzt ziehen sich auch die zurück, welche sich in ihrem Gewissen bedrängt fühlen: Beckerath, Bardeleben und wohl noch mehrere. Das ist freilich das bequemste, aber ich glaube nicht das Rechte. Die traurigen Folgen der Schwäche des Landtages machen sich noch jetzt fühlbar, und in der weiten Zersplitterung geht alles verloren. Statt mit einer Erklärung über ihre Verwahrung und was sie für recht halten männlich aufzutreten, wird die Majorität der Ausschüsse sich jetzt schweigend dem Patent u(?). Landtagsabschied unterwerfen, und selbst dieser Strafgesetzentwurf wird wenig geändert werden. Er wird über uns kommen, wie er ist, und das halte ich für ein großes Unglück. Man sagt, daß zum Schluß den Ausschüssen noch der Entwurf eines Jagdablösungsgesetzes vorgelegt werden wird. Nach welchen Grundsätzen, kann wohl wenig zweifelhaft sein. Leben Sie wohl, werter Freund, und erlaubt es Ihre Zeit, so benutzen Sie doch eine Stunde, um mir und allen Freunden Nachricht zu geben, wie es Ihnen geht und was Sie denken und meinen.

Mit herzlichen Grüßen
Ihr
ergebener

8) Satz nicht klar; ob der Briefverfasser aus der Satzkonstruktion fiel oder ob der Kopist falsch abschrieb, ist mangels des Originals nicht auszumachen.

9) August von der Heydt (1801–1874), preußischer Staatsmann, gemäßigter Liberaler im rheinischen Provinziallandtag und im Vereinigten Landtag, wurde im Dezember 1848 Handelsminister.

401. Arnold Ruge an Jacoby

Nachlaß[1]) *Leipzig, 5. Januar 1848.*

Lieber Freund!

Wie lange ist es, daß ich nichts von Ihnen höre? Ist es wahr, daß Sie über die Verfassungsbewegung in Preußen schreiben? Und werden Sie mich mit dem Druck Ihres Werkes beglücken?

Hier send ich Ihnen 50 Exemplare meines Verlagsberichtes[2]). Tun Sie, was Sie können, für geeignete Verbreitung aufs Land zu den Gutsbesitzern und an die Seefahrer(?), wo sich Käufer dieser süßen Speise finden mögen.

Wie sind Sie mit dem Junius[3]) zufrieden? Bin ich nicht dennoch populär geworden? Ich hoffe noch, daß alle Leute diese Bücher kennen und viele sie studieren lernen. Es geht ziemlich gut damit, aber es ist nötig, daß es noch viel besser geht. Von dem Verlagsbericht, wovon ich 10 000 Exemplare habe drucken lassen, versprech ich mir eine günstige Wirkung.

Haben Sie den Brief wegen der Zeitung der Opposition gelesen? Ich ließ ihn damals an Sie gelangen.

Sie wissen, daß ich zum Stadtverordneten, ersten Stellvertreter erwählt bin, was viel sagen will, da ich hier ziemlich obskurierte und den Liberalen nicht schmeichelte, sondern sie sogar grob behandelte ...

Ich habe aber eine große Freude an dem glänzenden Siege der Liberalen in der Schweiz mit einem Material, welches zum Teil allerdings nicht besser ist, als der deutsche Liberalismus. Dies beweist, wie große Aufgaben die Menschen haben.

Wollen Sie Walesrode Exemplare des Berichts mitteilen, oder brauchen Sie selbst noch mehr, so fordern Sie nur durch den Verlangzettel des Buchhändlers.

Uns ging es traurig. Meine Mutter starb im September, und der Alexander[4]) wurde im November von einer Gehirnkrankheit getötet. Die Ärzte erklärten das Gehirn für überbildet, zum Teil erweicht, zum Teil von Wasser gedrückt. Das Übel sei wahrscheinlich ein angeborenes gewesen. Der Knabe war außer seiner tragischen Stimmung ungemein liebenswürdig und klug und charakterfest. Wir können uns in die nichtswürdige Notwendigkeit gar nicht hineinfinden. Er war schon acht Jahre alt und sehr entwickelt.

Blum ist nicht zum Stadtrat bestätigt[5]). Es ist im Grunde so besser für ihn und natürlich das Verkehrteste, was die Regierung tun konnte.

Möge 1848 so glücklich sein, als 1847 es war. Nun(?)[6] wendet sich's und es scheint mir, daß dies sehr stark der Fall sei. Von Herzen der Ihrige.

A. Ruge.

[1]) JNUL(Ab).

[2]) *Bericht des Verlagsbureaus in Leipzig (Arnold Ruge) über seine bisherigen Unternehmungen*, Leipzig Ostermesse 1848. Vgl. Ruge, *Briefwechsel*, II, S. 5.

[3]) Junius, *Briefe*. Deutsch von Arnold Ruge. Mannheim: Grohe 1847; 2. Aufl. (Miniatur-Ausgabe), Leipzig: Verlagsbureau, 1847.

[4]) Alexander Ruge, Sohn des Briefschreibers.

[5]) Vgl. darüber Hans Blum, *Robert Blum*, Leipzig 1878, S. 232 ff.

[6]) BAF(Ab): Dann

402. Karl Theodor Welcker an Jacoby

Nachlaß[1]) *[o. O.,] 14. Januar 1848.*

Als wir so glücklich waren, Sie hochverehrter Mann, bei uns in Heidelberg zu sitzen [sic!], hatten sie die Güte, mir für das Staatslexikon den Artikel «Preußen seit 1840» – einen der hohen Bedeutung des Gegenstandes entsprechenden wahrheitstreuen Artikel – zuzusagen, am liebsten von Ihnen oder, wenn das nicht möglich ist, von einem der trefflichen Königsberger Freunde. Ich schrieb später an Sie, um meine Bitte in freundliche Erinnerung zu rufen. Seitdem läuft der Druck des Staatslexikons so schnell, daß ich fürchte, der Artikel möchte vielleicht zu spät und ich, der ihn *durchaus keinen Tag aufhalten kann* in die *peinlichste* Verlegenheit kommen, und das Staatslexikon möchte eine unverträgliche Lücke erhalten.

Entschuldigen Sie also, trefflichster Freund, daß ich nochmals Ihnen beschwerlich falle und Sie um *eine beruhigendere Zusicherung mit einer Zeile bitte.*

Bis Mitte März spätestens müßte der Artikel mit der Fahrpost in meinen Händen sein. *Vierunddreißig* preußische Taler, nötigenfalls auch mehr, Honorar darf ich anbieten. Der Artikel sollte den engeren Raum für Neues im Staatslexikon berücksichtigen, also wohl zwei Druckbogen nicht bedeutend übersteigen und im Ton so gehalten, daß er zu keinem Verbot des Staatslexikons führte oder in der Zensur nicht verstümmelt [würde][2].

Mit wachsender Spannung sehe ich unsern immer näherrückenden europäischen und deutschen Krisen entgegen. Gott verläßt die Fleißigen nicht.

Von ganzem Herzen und mit herzlichsten Grüßen an die persönlich unbekannten und doch so wohlbekannten Freunde Ihr

C. Welcker.

1) BFA(Ab).

2) Jacoby schrieb keinen Beitrag für das «Staatslexikon». Vgl. Nr. 413 Anm. 6.

403. Theodor von Schön an Jacoby[1])

Nachlaß[2]) *Groß Dirschkeim, 29. Januar 1848.*

Lieber Jacoby!

Das Faktische von der Klassensteuererhöhung, was Sie von mir wissen wollten, ist, soviel ich erfahren konnte, folgendes: Der Landtag sagte über die Ungleichheit der Verteilung der Klassensteuer, das, was Sie wissen. Die Regierung erließ darauf an die Landräte eine Verfügung, welche Verbotenes also verfügt:

«Mit Rücksicht auf die bei dem ersten Vereinigten Landtage zur Sprache gebrachten Besteuerungsfragen und den auch hierbei der Klassensteuer wiederholentlich gemachten

1) JNUL(Ab): von Schön an Jacoby.

2) JNUL(Ab).

Vorwurf, daß mittels derselben die höhere Wohlhabenheit und der Reichtum einst[3]) verhältnismäßig zu den Beiträgen, welche die Minder-Wohlhabenden und Armen leisten müssen, herangezogen würden, ist durch den Herrn Finanzminister, welcher unsere Mitwirkung zur Vorbereitung anderweitiger Gesetzesvorlagen und Annäherung über die bei der Beratung über den Einkommensteuer Vorschlag geäußerten Wünsche noch vorbehalten hat, angeordnet, daß schon jetzt auf die Beseitigung des eingangs gedachten Vorwurfs innerhalb der Grenzen der bestehenden Verordnungen hingearbeitet werde. In dem Ende sollen etc. etc.[»]

Nun kommen Vorschriften in betreff der Ausführung der *Erhöhung* vieler innerhalb der ersten vier Stufen und eine Forderung von Vorschlägen seitens der Landräte betreffs der Erhöhung der Zensiten in der fünften und sechsten Stufe, die ich nicht wörtlich erfahren kann, worauf es auch nicht ankommt.

Es sind nun auch infolgedessen von der Regierung viele in höhere Stufen versetzt und diese Versetzung der gewöhnlichen Ständischen Kommission zur Begutachtung vorgelegt, welche dieselbe aber nicht vorgenommen, sondern als ungesetzlich verweigert hat.

Diese Kommission hat übrigens immer nur ein beratendes Votum und kein entscheidendes usuell gehabt. Die Gründe, die die Kommission der Weigerung ihres Gutachtens unterlegt, sind:

1. Weil es dem Gesetz vom 3. Februar betreffs Erhöhung direkter Steuern widerspricht.
2. Wenn man die Absicht gehabt habe, die Steuer gleichmäßiger zu verteilen, so mußte man die untere Klasse um so viel erleichtern, als man die obere erhöht. Jetzt sei es nur eine Steuervermehrung.
3. Der aus den Landtagsverhandlungen zu dieser Maßregel entnommene Vorwand müßte befremden, als in anderer Hinsicht die Wünsche der Majorität des Landtags nicht berücksichtigt seien.
4. Wäre die Maßregel, wenn auch als gesetzlich angesehen, jedenfalls nach drei Notjahren ganz unzeitig.

Dieses ist das Faktische, was ich erfahren habe.

Die Gemeinheit aber ist folgender indirekt gemachter Schluß der Regierung:

«Weil der Landtag der Meinung ist, daß die Summe der gezahlten Klassensteuer unbillig repartiert ist, so wollen wir von den Reicheren mehr erheben und die Summe vergrößern!»

Der Landtag sagt: Die Arbeiterklassen zahlen zuviel, und der König antwortet: Also sollt ihr Reichen mehr bezahlen.

Dies ist die bodenlose Unverschämtheit. Leben Sie wohl.

v. Schön.

[3]) Vielleicht Entzifferungsfehler des Kopisten; sinngemäß müßte es heißen: nicht.

404. Friedrich Wilhelm Haertel[1]) an Jacoby

Nachlaß[2]) *Elbing, 24. Februar 1848.*

Ich nehme mir die Freiheit, Ihnen hierbei Abschrift eines Briefes[3]) zu übersenden, welchen ich heute aus Berlin empfing und woraus Sie einigermaßen erkennen wollen, wie die Dinge sich dort zu wenden beginnen. Ich enthalte mich alles weiteren, da der Brief schon für die Sache genug spricht. Mitteilungen über Vorgänge sind jetzt ganz notwendig, und darum tue ich dieses auch hiermit. Wenn man dort ähnliche Nachrichten von Berlin hat, so wird man dort auch Mittel finden, um den Gefahren zu begegnen. Für Urwahlen ist man hier nicht, man will so rasch als möglich noch mit den alten Ständen die Verfassung festgestellt wissen, eben weil man das Hinausschieben fürchtet.

Viele Besorgnisse sind hier wegen der Russen rege; man fürchtet eine Invasion selbst ohne Kriegserklärung oder einen Ruf; und da die Provinz sehr von Truppen entblößt ist, so hält man es für notwendig, Anträge zur schleunigen Herziehung oder Organisation der Truppen zu formieren. Man wollte heute deshalb an den König schreiben, da man aber es vermeiden will, von den stattgefundenen Ereignissen dabei zu sprechen, ohne welches ein Schreiben an den König wieder nicht recht angänglich ist, so wird der Magistrat wahrscheinlich nun an das dortige Oberpräsidium schreiben und ebenfalls vielleicht den dortigen Magistrat auffordern, gleiche schleunige Anträge zu machen. Wirken Sie gefälligst zu diesem Zweck. Gott bewahre uns vor den Russen.

[1]) Friedrich Wilhelm Haertel (1795–1867), Kaufmann in Elbing, Stadtverordneter, liberaler Kommunalpolitiker.

[2]) JNUL(Ab).

[3]) Liegt nicht vor.

405. Georg Herwegh an Jacoby[?]

Abdruck[1]) *Paris, am 27. Februar alten Stiles, da man über den Tag der Geburt unsrer Republik noch nicht im reinen ist. [1848].*

Mein lieber teurer Freund!

Die Republik macht einem Hände und Füße und wirkt Wunder. So erhältst Du denn endlich einen Brief von mir, der Dir zwar nicht die erste Nachricht von dem, was geschehen, aber doch vielleicht zuerst die Stimmung und die Eindrücke eines ordentlichen Menschen, der die schönsten Tage dieses Jahrhunderts mitgelebt, überbringen wird. *Was*

[1]) «Die Wage» 14. Mai 1875 Jg. 3 Nr. 20 S. 324 ff. In der Vorbemerkung der Redaktion zu diesem Briefe und dem folgenden heißt es: «Durch die Freundlichkeit Joh. Jacobys sind wir in den Besitz einiger Briefe gekommen, in denen Georg Herwegh 1848 unmittelbar nach der Pariser Februarrevolution, deren Augenzeuge er war, sein Urteil über dieselbe aussprach.» Diese Briefe scheinen an Jacoby gerichtet zu sein, mit letzter Sicherheit ließ sich dies jedoch nicht feststellen.

geschehen ist, wißt Ihr und werdet es allmählich genau wissen; aber *wie* es geschehen ist, mit welcher Heiterkeit und Heldenhaftigkeit, mit welcher einzigen nur den Franzosen eignen Liebenswürdigkeit; wie Kinder von acht und zehn Jahren in die Kugeln getanzt; von Mummenschanz, den sie mit der Garderobe der Tuilerien aufgeführt, bis auf die letzten Gnadenstöße des unerschöpflichen Witzes, die heute und gestern dem Königtum den Garaus machen – Dir davon einen Begriff zu geben, darauf verzicht ich im Augenblicke, wo nach sechstägiger fieberhafter Aufregung und Nachtwachen die Natur ihre Rechte fordert und gradezu physische Erschöpfung bei uns allen eintritt.

Ich kann sagen, daß ich überall zugegen und Augenzeuge gewesen, vom ersten Zuge nach der Deputiertenkammer bis zum letzten blutigen Streit auf dem Platz de la concorde – überall sah ich das *Volk*, *nur* das Volk, von ihm ging die erste, von ihm die letzte Bewegung aus, alles spontan, nichts gemacht, nichts angeregt, keine Chefs, keine Meneurs, keine Deputierten, keine Journalisten! Alle diese Herren sind erst nachher angekommen, und das *provisorische* Gouvernement, so notwendig es auch im Moment ist und *gehalten* werden *muß*, hat sich nur der Bewegung *bemächtigt*, nach dem Siege, sie aber nicht zum Siege *geleitet*. Das Volk hat auch vorher nicht *einen Exzeß* begangen, ich schwöre es Dir und beschwöre Dich, nach Kräften dazu beizutragen, daß dieser großartige unblutige Charakter der schönsten aller Revolutionen in Deutschland überall vindiziert bleibe. Man hat die Insignien der Monarchie zerstört, und man hat recht daran getan, wer will hier das Maß angeben? Auch die Destruktion hat ihren Luxus, das ist nur menschlich. Man hat sich aber nirgends an Personen oder Eigentum vergriffen – und doch hatten wir an 300 000 Ouvriers in Waffen (aus Paris und der Banlieue), und doch trägt diese Revolution ein wesentlich *soziales* Gepräge, wie Ihr aus allen bisher erschienenen Ordonnanzen ersehen könnt, deren eine sogar die Tuilerien in ein Hospital für alte und kranke Arbeiter verwandelt und die im ganzen nur zu billigen und als vom Volke ausgegangen zu betrachten sind.

Die *Ausführung* wird zum Teil andre Menschen erfordern, als das provisorische Gouvernement darbietet, und auch nicht ohne Kampf und mancherlei Verwicklung durchgesetzt werden. In dieser Beziehung sind wir *noch nicht zu Ende*. Die Partei des National[2]) ist verbraucht und für Frankreich wie für Deutschland gefährlich. Sie lebt zu sehr von Reminiszenzen aus der alten gloire. Auch Lamartine[3]) hat bereits einen großen Fehler gemacht, indem er aus einer poetischen Caprice sich für die Trikolore erklärte, und wohl auch, um die boutiquiers zu ralliieren, da die Trikolore im Grunde ohne Skrupel von Legitimisten, Philippisten, Monarchisten und allen übrigen Christen getragen werden kann und im Augenblick nichts mehr bedeutet. Caprice gegen Caprice! Ich liebe die rote Fahne (meinetwegen auch grün oder gelb), weil sie das Volk im *ersten Instinkt* als Symbol einer *neuen Zeit* überall an der Stelle der dreifarbigen Fahne aufgepflanzt hatte. Die Trikolore ist zu exklusiv französisch, und grade *weil* sie an die Republik und [das] Kaiserreich erinnert, hätte ich sie fortgewünscht. Die beiden ersten *Parteien* sind vielleicht durch diese historische Sentimentalität konstituiert.

[2]) «Le National» war ein gemäßigt republikanisches Tageblatt in Paris.

[3]) Der Dichter Alphonse de Lamartine (1790–1869) war 1848 Außenminister und Mitglied der konstituierenden Nationalversammlung.

Ich bin durch den Ruf: Feuer im eignen Hause! gestört worden, es scheint aber nur ein Kamin zu brennen, und ich fahre im Schreiben fort.
Eh bien! Was werdet Ihr tun? Was wird Deutschland tun? Was werden die ungeheuren Folgen dieses ungeheuren Ereignisses sein? Werdet Ihr zum Volk, wird das Volk zu sich selbst das Vertrauen haben, um im äußersten Falle Flinte und Säbel, wie man es hier zu tun gewagt, bis in die Hände der Kinder und Unmündigen zu drücken? Werden wir bald aus unsrer pedantischen feierlichen Natur ein bißchen herausgehn oder der Welt noch lange das unwürdige Schauspiel .... in Berlin darbieten? Wenn doch das gelehrte Vaterland begreifen wollte, daß die großen, erlösenden Gedanken erst die sind, die auch ein Kind von sechs Jahren verstehen kann. Aber zweierlei weiß ich, was Ihr zu tun habt: *Manifestationen zugunsten der französischen Republik zu befördern* und *zu betreiben* und *Manifestationen gegen sie zu verhindern.*
Die neue Republik ist weder blutig noch kriegerisch, aber Krieg oder Friede liegt nicht in ihrer Hand; der Krieg ist aus der gegebenen Weltlage mit Sicherheit zu prophezeihen. England hat sich noch nicht erklärt und erklärt sich vielleicht *für* die Republik. Aber die italienischen Staaten und Österreich? Wird Preußen, *solang es seinen König hat,* nicht der Alliierte Österreichs sein? Und einmal im Krieg, wird Frankreich nicht wieder seine alte Rolle spielen und seine und der Welt Freiheits aufs neue verspielen?
Wo die Geschichte schneller läuft als die Feder, bin ich nicht imstande, Euch mehr als ein paar ungeordnete Fragen vorzulegen. Mein Blick ist ungetrübt, aber mein Herz pocht noch zu stark, als daß ich ein vollständiges Gemälde entwerfen könnte. In einer Woche ist die Monarchie eine *Utopie* geworden und der Sieg der Demokratie für das *ganze* westliche Europa vielleicht entschieden. Oder wäre wirklich nur der germanische Stamm ihrer unfähig?
Auf Wiedersehn, auf baldiges Wiedersehn im Vaterland; seid nicht faul und gebt mir ein Zeichen, ein Lebenszeichen, ein Feuerzeichen. Ich bin auf das Echo begierig, das die Februartage draußen finden werden, und begierig, ob es wahr ist, daß es aus dem Wald herausschalle, wie man hineinruft. Und wenn ihr – leider vielleicht nur zu bald – wieder nüchtern geworden seid, dann laßt uns über die Art und Weise sprechen, wie der Verstand dem Enthusiasmus zu Hilfe kommen kann.
Ich lege Euch zwei Nummern des National und eine der Réforme[4]) bei, die das Wesentlichste bis heute enthalten.
Vive la république!
Laß bald von Dir hören!

Dein
Herwegh.

Meine Adresse: unter Kuvert an Herrn Louis Bauer, 32 rue d'Enghien. Meine Frau grüßt.

[4]) «La Réforme», eine von Ledru-Rollin gegründete republikanische Tageszeitung, an der auch Sozialisten mitarbeiteten.

406. Georg Herwegh an Jacoby [?]

Abdruck[1]) *[Paris,] 28. Februar [1848].*

Nach den *unsterblichen* Tagen die *sterblichen;* nach dem großen einzigen *Volk,* dem man nach und nach den Abschied erteilt oder das man durch Feste und allerlei revolutionäre Blague zu Tode hetzt, um ungestört sein Wesen forttreiben zu können, nach diesem großen *Volk* kommen nun die kleinen *Menschen* aufs Tapet. Die Freude an diesem Ereignis kann freilich dadurch nur wenig gestört und dessen Bedeutung nur wenig geschmälert werden, die Weltgeschichte ist in Schwung gebracht, der Hauptemmschuh fort, die *Bewegung* da und nicht so bald an Stillstand zu denken. *Innerhalb* der *Monarchie* ist ein weiterer Fortschritt unmöglich geworden – so weit hat Lamartine den Augenblick nach der Erstürmung der Tuilerien begriffen. Ist aber mit dem Wort *Republik alles* gesagt, und ist dieses *Wort* nach allen für Franzosen wie Deutsche traurigen Erinnerungen der ersten Republik und des Kaiserreichs dem westlichen Europa eine genügende Garantie? Der Symbolstreit, den ich gestern berührte, wird immer ernstlicher werden und enthält, wie ich vorausgesehen, die Keime der *ersten* Parteien, deren eine trotz dem republikanisch-sozialistischen Anstrich mit der Trikolore der *alten,* die andere der *neuen,* echten *Volks*partei angehört. Das Volk hat die *demokratisch*-republikanische Fahne, die Fahne der *Menschheit* aufgesteckt, die wir *alle* akzeptieren können; für das *provisorische* Gouvernement ist *nur ein König* fortgejagt und der alte trikolore Unsinn geblieben, der Gewalt, Franzosenherrlichkeit, Welteroberung im Schilde führt. Wir haben daher einem baldigen neuen Umschwung entgegenzusehen; seid ruhig, das *demokratische* Element ist das stärkere und wird *Sieger bleiben.*

Aber viel Verwirrung hätte uns von Anfang an erspart werden können, wenn sich für die *neue* Sache *neue* große, starke *Menschen* gefunden hätten. Ich glaube, daß *kein* Mitglied des *provisorischen* Gouvernements der Situation gewachsen ist und daß sie, wenn sie auch das *Gute wollen,* leider nur das *Schlechte können* werden. Lamartine ist nicht Demokrat, ein caractère flottant nach Inspiration, ebenso zum Falschen wie zum Richtigen neigend, ein großer Redner ohne *die* Akzente, die auf die Massen wirken, und dessen man bald müde sein wird, hat die Geschichte der Girondisten zu sehr im Kopfe[2]) und arbeitet, *wie fast alle, nach Modellen* der ersten Revolution. Ein Lafayette à pied, wie ein Bekannter zur mir sagte. Dabei ordonnanzt das *provisorische* Gouvernement *zu viel,* bedenkt alle Vettern und Verwandten zu schnell mit Ämtern und Posten, vergißt, daß es eben nur provisorisch und ein gouvernement pour *la police* ist. Da zeichnet sich vor allen der kleine Louis Blanc[3]) aus, ein echter Brissotin[4]), dem es mit der Applikation seiner organisation du travail gewaltig pressiert, der Versprechungen über Versprechungen macht, die am Ende nicht sanktioniert oder wenigstens nicht *ausgeführt* werden. Will man überhaupt nur um jeden Preis Ruhe schaffen, und schmeichelt man darum dem Volke, um es zuletzt doch wieder zu hintergehen? Das wird diesmal nicht glücken, und

[1]) «Die Wage» 14. Mai 1875 Jg. 3 Nr. 20 S. 326 f. Vgl. Nr. 405 Anm. 1.

[2]) Lamartine veröffentlichte 1847 seine achtbändige *Histoire des Girondins.*

[3]) Louis Blanc (1811–1882), Sozialist, Journalist und Historiker, Verfasser der 1839 erschienenen Broschüre *Organisation du travail,* 1848 Mitglied der provisorischen Regierung.

[4]) Man bezeichnete mit diesem Namen die Anhänger Jacques Pierre Brissots (1754–1793) und im allgemeinen alle Girondisten.

wehe dann den Herren! Es *sind* ateliers nationaux *errichtet*. So lautet die Proklamation. Wo sind sie? Niemand weiß es. Wo werden sie sein? Niemand wird es wissen. Ahnen die großen Ökonomen denn gar nicht, daß die Einrichtung von ateliers nationaux in ihrer *letzten Konsequenz* die *Vernichtung* der *Privat*industrie ist? Und wollen sie das? Nein, dazu sind sie nicht zu vernünftig, sondern einfach zu schwächlich. Was werden sie also tun? Sie werden *recülieren*. Und das ist ein Wort, was in Revolutionen Verderben bringt. Da ist ferner *Flocon*[5]*), ehrlich,* Demokrat, aber ohne Kapazität. Da ist Marrast[6]), seigneur républicain, *Gegner* von Flocon, Blanc, Ledru-Rollin[7]) und kein Freund von Lamartine, der wiederum nichts mit Blanc und Ledru-Rollin gemein hat usw. Ein wahres *eklektisches* Gouvernement. *Wir sind noch nicht am Ende.*
An uns Deutschen ist es, uns der französischen Revolution *aufrichtig*, in ihrem *ersten lautersten* Sinne anzuschließen und ihr ihren *demokratischen, menschlichen, universellen* Charakter zu bewahren, alle Manifestationen also danach abzufassen.

H.

Die Conservateurs sind konsterniert und haben Furcht, die bis ins Lächerliche geht. *Alle* ohne Ausnahme, selbst eine Masse von Paris, ralliieren sich. Alles will seine *Stelle* behalten oder einen neuen Platz bekommen. Das letztere wirft man besonders den Anhängern der Réforme vor, und man spricht von einer Scission zwischen National und Réforme eben deswegen.

[5]) Ferdinand Flocon (1800–1866), radikaler Publizist, 1848 Mitglied der provisorischen Regierung.
[6]) Armand Marrast (1801–1852), Redakteur des «National», Republikaner, 1848 Mitglied der provisorischen Regierung, Präsident der konstituierenden Nationalversammlung (1848/49).
[7]) Alexandre-Auguste Ledru-Rollin (1807–1874), Führer der äußersten bürgerlichen Linken, in der Februarrevolution Minister des Innern, flüchtete nach London, wo er bis 1870 lebte.

407. Kreye an Jacoby

Nachlaß[1]*)* *Elbing, 28. Februar 1848.*

Gern hätte ich von Ihnen Abschied genommen und noch einige Worte mit Ihnen gesprochen über ein engeres Zusammenwirken. Ich glaube bemerkt zu haben, daß wir Liberalen einmal noch zu wenig praktisch sind und besonders uns nicht genug Mühe geben, auf die Stadtverordneten- und Deputiertenwahlen zu wirken, zum anderen zu wenig in Verbindung treten. Ich werde nun den Vermittler machen, so gut ich es kann bei meinen sonstigen vielen Arbeiten, und zunächst in Schlesien (Breslau) für die bevorstehenden Landtagswahlen ein Komitee ins Leben zu rufen suchen, welches sich die Aufgabe stellt, auf die Wahlen in der Provinz so viel als möglich einzuwirken durch Reisen,

[1]) JNUL(Ab).

Briefe etc., ebenso in Magdeburg, Halle und Frankfurt a. O. Bilden auch Sie ein solches in Preußen. Diese Komitees mögen sich dann Mitteilung machen über die Petitionen, die sie einreichen wollen, über gemeinsame Schritte in den Stadtverordnetenversammlungen, über Adressen etc.
Bodelschwingh hat geäußert nach sicherer Quelle: «Die Despotie müsse jetzt überall wieder hergestellt werden, die Regierung sei gerüstet.» Wir müssen uns organisieren und zunächst gegen den Strafkodex durch die Presse wie durch die Stadtverordneten wirken. Sehen Sie doch zu, daß die Königsberger Stadtverordneten noch etwas tun! Ich werde meinerseits sorgen, daß unsere Gemeinden eine Eingabe machen, um[2]) gegen die Paragraphen über die Religionsgesellschaften und Gotteslästerung zu protestieren. Eine Reise der Königsberger nach Elbing oder der Elbinger nach Königsberg dürfte von größtem Nutzen sein.

[2]) JNUL(Ab): und.

408. Heinrich Simon an Jacoby

Nachlaß[1]) *Breslau, 5. März 1848 gegen Mitternacht.*

Mein werter Herr und Freund!
Wir haben es hier soeben durchgesetzt, mit Hilfe einer morgen abend drohenden großen Volksversammlung[2]), daß auf morgen nachmittag drei Uhr eine öffentliche Stadtverordneten- und Magistratssitzung durch Anschlag an den Straßenecken zusammenberufen werden wird, in welcher beschlossen werden soll, eine Deputation aus Magistratspersonen und Stadtverordneten an den König zu senden[3]), welche die sofortige Zusammenberufung der Vereinigten Landstände fordern soll, damit mit diesen eine Repräsentativ-Verfassung mit wirklichen Rechten beraten werde.
Ihr seid uns wahrscheinlich in dieser oder besserer Weise schon zuvorgekommen; jedenfalls aber wird Euch allen die Nachricht von Interesse sein, da wir wissen, daß Ihr Donnerstag Stadtverordnetensitzung habt. Für diese wird auch meine morgen abend zu schreibende Nachricht über den Ausfall der Sache von Interesse sein.

Herzlichen Gruß von Ihrem
H. Simon.

[1]) JNUL(Ab).
[2]) Die Versammlung wurde verboten und der Versammlungsplatz von Soldaten besetzt. JHSG, I, S. 1 f.
[3]) Vgl. darüber JHSG, I, S. 2.

409. Petition an Friedrich Wilhelm IV.[1])

Abdruck[2]) *Königsberg, 6. März 1848.*

Die Staatsumwälzung in Frankreich, herbeigeführt durch ein freiheitsfeindliches Ministerium, und das bevorstehende Einrücken russischer Truppen in das Herz Deutschlands gefährdet von Osten und Westen die Grenzen unseres Vaterlandes. In so verhängnisvoller Zeit nehmen wir keinen Anstand, uns offen und frei an Eure Majestät zu wenden und gegen Eure Majestät es auszusprechen, daß nur ein in freien Institutionen erstarktes und dem Interesse Deutschlands sich hingebendes Preußen uns Schutz bieten kann. Durch wahre, aus allen Ständen des Volkes hervorgegangene Volksvertretung, durch die Herstellung eines deutschen Parlaments, durch unbedingte Pressefreiheit erlangt Deutschland die Kraft, allen Feinden zu widerstehen. Uns beseelt aufrichtige Liebe zum Vaterlande. Mögen Eure Majestät dem Volke vertrauen und uns das gewähren, was uns allein retten kann!

[1]) Die Versammlung der Städtischen Ressource, zu der sich am 6. März 1848 gegen 1000 Mitglieder eingefunden hatten, wählte durch Akklamation Jacoby, Rupp und Dinter zur Abfassung der hier gedruckten Petition. Diese «mit zahlreichen Unterschriften» versehene Petition ist am 7. März 1848 nach Berlin abgegangen («Kölnische Zeitung» 13. März 1848 Nr. 73 Korrespondenz «Königsberg, 7. März»). Vgl. auch «Die Gegenwart. Eine enzyklopädische Darstellung der neuesten Zeitgeschichte für alle Stände», Leipzig 1850 Bd. 4 S. 498 f.

[2]) «Kölnische Zeitung» 13. März 1848 Nr. 73. Die Unterschriften fehlen. – Die «Berliner Zeitungs-Halle« 16. März 1848 Nr. 65 (Beilage) übernahm diese Petition aus der «Kölnischen Zeitung».

410. Xaver von Hasenkamp[1]) an Jacoby

Nachlaß[2]) *Aachen, 6. März 1848.*

Werter Freund!

Hier sind alle Augen auf Ostpreußen gerichtet; was dort geschieht, wird maßgebend für *alle* Provinzen sein. Bis jetzt hat man hier Petitionen von fast allen größeren Städten eingereicht, ob dies Mittel in Berlin wirkt, ist eine Frage, jedenfalls kann es nur dann wirken, wenn es von *allen* Seiten geschieht. Haupterfordernis ist, daß sofort ein neues, Vertrauen genießendes Ministerium beantragt wird, welches die ferneren Maßnahmen mit dem Vereinigten Landtage berät.

[1]) Dr. phil. Xaver von Hasenkamp (geb. 1826 zu Tilsit, gest. 1911), gehörte während seines langjährigen Aufenthaltes in Königsberg dem Freundeskreise Jacobys an; Privatdozent an der Albertina (1853–1861), Redakteur der «Königsberger Hartungschen Zeitung» (1861 bis 1865) und der «Preußischen Provinzialblätter» (1859–1865); seit 1866 Redakteur des «Frankfurter Journals», von 1871 bis 1880 Chefredakteur des Stuttgarter «Beobachters»; nachher ständiger Mitarbeiter der «Frankfurter Zeitung». *Geschichte der Frankfurter Zeitung*, Frankfurt am Main 1911, S. 417, 1057.

[2]) JNUL(Ab).

Jetzt oder nie, werter Freund, ist der Augenblick: Freiheit, Ehre und Macht für das Vaterland zu erringen, Freiheit oder die Knute ist die einzige Alternative. Alles was ich hier und in Berlin, von wo ich vorvorgestern zurückgekehrt bin, an der Regierung sehe, zeigt die höchste Schwäche und Erbärmlichkeit. Aber auch leider ist unser Volk hier am Rhein nicht besser! Die Niederträchtigkeit unserer Industriellen ging soweit, daß sie infolge einer Volksversammlung, ‹welche [vorgestern] beriet(?)› ..... Militär per Estaffette hierher zitiert haben[3]). Doch sind sie auch wieder so feig, daß sie jedem Freiheitsstreben, wenn es ernst auftritt, nachgeben werden. Darum handeln Sie, ich bitte, ich beschwöre Sie im Namen der Freiheit und der Ehre, handeln Sie in Ostpreußen. Können Sie mich brauchen, auf den ersten Wink bin ich bei Ihnen.

Die hiesige Race gebe ich auf! Der einzige tüchtige Mann hier in Aachen ist und bleibt Dr. (?), er ist gestern von einer Versammlung in Heidelberg gekommen. Sie werden das Nähere aus den Zeitungen ersehen[4]). Dr. (?) schildert die Stimmung in Süddeutschland tüchtig und kräftig. Hier ist verfaulter Industrialismus, Gesinnungslosigkeit und Feigheit! Nur der mittlere, der Zahl nach der kleine Bürgerstand ist etwas wert! ... Entschuldigen Sie mein unordentliches Schreiben mit dem Ingrimm über die tiefe Verächtlichkeit der hiesigen Industrie. Vorsicht ist insofern doppelt nötig, als ich jeden Augenblick arretiert werden kann. Der Befehl dazu soll schon gestern gegeben worden sein, wurde aber von den Behörden wieder aus Feigheit aufgegeben.

Gruß allen Gutgesinnten.

[3]) Vgl. darüber Alois Niessner, *Aachen während der Sturmjahre 1848/49*, Aachen 1906, S. 40 f.

[4]) Am 5. März fand in Heidelberg eine Versammlung von 51 Männern des öffentlichen Vertrauens statt. Sie forderte die Einberufung einer deutschen Nationalversammlung und setzte ein Siebener-Komitee zur Vorbereitung ein.

411. Das Siebener-Komitee der Heidelberger Versammlung an Jacoby[1])

Abdruck[2])

Heidelberg, 12. März 1848.

Verehrter deutscher Mann!

Aus der Bekanntmachung[3]) des unterzeichneten Komitees werden Sie ersehen haben,

[1]) Die Einladung zum Vorparlament, die das Siebener-Komitee an Jacoby sandte, konnte nicht aufgefunden werden. Der Text der Einladung ist wohl identisch mit dem hier abgedruckten, den das Siebener-Komitee an andere Nichtparlamentarier wie Heinrich Simon schickte.

[2]) *Heinrich Simon. Ein Gedenkbuch für das deutsche Volk.* Hrsg. von Johann Jacoby, Berlin 1865, II, S. 17 f.

[3]) Vom 12. März 1848, vgl. *Verhandlungen des Deutschen Parlaments. Offizielle Ausgabe. Mit einer geschichtlichen Einleitung über die Entstehung der Vertretung des ganzen deutschen Volkes.* 1. Lieferung, Frankfurt am Main 1848, S. IX f; auch in *Quellensammlung zum deutschen öffentlichen Recht seit 1848.* Hrsg. von Paul Roth und Heinrich Merck, Erlangen 1850, I, S. 122.

daß dasselbe sämtliche Deputierten der verschiedenen Kammern Deutschlands und jene, welche *früher* Deputierte waren, sodann die Bürgermeister sowie die Mitglieder des gesetzgebenden Körpers der freien Städte eingeladen hat, sich am 30. März zu *Frankfurt* am Main einfinden zu wollen, um am 31. März der ersten Versammlung und Beratung über die Gründung einer Volksvertretung, *Volksparlament,* bei dem deutschen Bunde beiwohnen zu können.

Das Komitee ist aber auch beauftragt, *andere* ihm bekannte ausgezeichnete, freisinnige Männer zu dieser Versammlung einzuladen, und stellt daher an *Sie,* verehrter deutscher Mann! das Ersuchen, jener Versammlung in Frankfurt am Main beiwohnen zu wollen.

Das Komitee.

Binding I (für Frankfurt am Main)[4]. *Gagern* (für Darmstadt). *Römer* (für Württemberg)[5]. *Stedtmann* (für Preußen)[6]. *Welcker* (für Baden). *Itzstein* (für Baden). *Willich* der Ältere (für Bayern)[7].

4) Binding I, Rechtsanwalt in Frankfurt am Main, Mitglied der Frankfurter Nationalversammlung.

5) Friedrich von Römer (1794–1864), Mitglied der württembergischen Kammer, 1848 Präsident der württembergischen Regierung, Mitglied des Vorparlaments und der Frankfurter Nationalversammlung.

6) Karl Stedtmann (1804–1882), Gutsbesitzer in der Rheinprovinz, Mitglied des Vorparlaments und der Frankfurter Nationalversammlung.

7) Willich (aus Bayern), 1848 Mitglied des Vorparlaments.

412. Adresse an Friedrich Wilhelm IV[1])

Abdruck[2]) *Königsberg, 15. März 1848.*

Allerdurchlauchtigster, Großmächtigster König! Allergnädigster König und Herr!

Die unterzeichneten Bewohner der Provinz Preußen halten es für eine unerläßliche Pflicht, ihre Überzeugung offen und frei gegen Eure Majestät auszusprechen.

Die französische Nation hat eine Regierung vertrieben, die – gestützt auf den Beistand einer kleinen Anzahl Bevorzugter – den Rechten des Volkes Hohn sprach und jedem

1) Am 15. März 1848 versammelten sich in Königsberg etwa achtzig städtische und ländliche Deputierte aus den verschiedenen Kreisen Ost- und Westpreußens. Sie nahmen nach fünfstündiger Debatte den von Jacoby vorgelegten Entwurf der Adresse mit geringen Änderungen an; vgl. «Deutsche Allgemeine Zeitung» 23. und 25. März 1848 Nr. 83, 85, S. 946. 978. Die Adresse wurde ursprünglich in der uns unzugänglichen «Königsberger Zeitung» vom 17. März abgedruckt. «Indes fehlt in diesem Abdruck eine nicht unwichtige Stelle; die Bittsteller wollen nämlich neben der Lossagung von Rußland auch ‚Verwirklichung der Versprechungen, welche dem polnischen Staatsbürger in dem Besitzergreifungspatente von 1815 gemacht worden sind'. Soviel uns bekannt ist, bestehen die Bittsteller nur aus Deutschen.» «Deutsche Allgemeine Zeitung» 25. März 1848 Nr. 85 S. 978.)

2) «Kölnische Zeitung» 25. März 1848 Nr. 85 S. 1.

freiheitsfeindlichen Streben des Auslandes Vorschub leistete. Angeregt durch dieses Beispiel gerechter Volksjustiz, haben Deutschlands Stämme sich überall erhoben und, was sie während 33 Friedensjahren vergeblich erbeten, nunmehr in entschiedener, männlicher Sprache von ihren Fürsten gefordert.

Majestät! Wir dürfen es uns nicht verhehlen: weiter noch als die meisten unserer deutschen Brüder sind wir Preußen in staatlicher und sozialer Beziehung hinter den billigsten Anforderungen der Zeit zurückgeblieben. Zensur, Abhängigkeit des Richterstandes, Beschränkung der Glaubens- und Bekenntnisfreiheit, Verbot öffentlicher Versammlungen, alleinige Vertretung des Besitzes, eine privilegierte Herrenkammer, ein Landtag mit bloß *beratender* Stimme und ohne Kontrolle des Staatshaushalts – dieses ganze System amtlicher Bevormundung kann dem nun erwachten Volksgeiste gegenüber nicht ferner Bestand haben.

Eure Majestät können es selber nicht wollen, daß der Preuße geringeren Anspruch auf Freiheit mache als seine Brüder in Deutschland.

Sprechen wir es unverhohlen aus! Was vor allem unserem Vaterlande not tut, ist:

1. Schleunige Einführung einer wahren Repräsentation. Verfassung mit gleicher Berechtigung *aller* Staatsbürger zur Wahl und Wählbarkeit, mit *beschließendem* Stimmrechte der Volksvertreter und mit Verantwortlichkeit der Minister.

2. Bewaffnung der selbständigen[3]) Bürger zur Aufrechterhaltung der Sicherheit und Ordnung im Lande. Anerkennung des Grundsatzes, daß die vom Volke besoldeten Truppen niemals gegen das Volk gebraucht werden dürfen.

3. Lossagung vom Bunde mit Rußland[4]), Aufnahme unserer Provinz in den deutschen Bundesstaat und Vertretung derselben in einem deutschen Volksparlament.

Nur durch diese Zugeständnisse kann bei den unausbleiblichen Stürmen der Zukunft die Eintracht zwischen König und Volk bewahrt, die Ruhe im Lande erhalten, das geistige wie materielle Wohl des Volkes gefördert und jeder feindliche Angriff von außen siegreich zurückgewiesen werden.

Möge die Stimme wahrer, aufrichtiger Vaterlandsfreunde Eure Majestät zum Herzen dringen!

(Folgen die Unterschriften[5])

[3]) D. h. aller vom Staate nicht besoldeten.

[4]) Auch in diesem Abdruck fehlt die Stelle über Polen; vgl. oben Anm. 1.

[5]) Die Unterschriften fehlen im Abdruck.

413. Jacoby an Johann Adam von Itzstein

Nachlaß[1]) *Königsberg, 15. März 1848.*

[Zunächst verehrter Freund!][bf] *Endlich,* wird es Tag in *Deutschland.* Überall erhebt sich das Volk und richtet in seiner eignen Sache! Der Ruf: es lebe die Republik! hat auch mir nach jahrelanger Gemütsverstimmung wieder Genesung gebracht. Jetzt ist mir wohl; jetzt atme ich wieder frei auf, und der alte Itzstein ist der erste, dem ich in der Freude meines Herzens zujubeln muß. Als vor einem Jahre ich Dich nassen Auges mit dem «König»[2]) dahinfahren sah, wer hätte ahnen sollen, daß die Verwirklichung unserer schönsten Träume so nahe sei?!

Dank Euch, Männer von Baden, Ihr habt den Reigen wacker eröffnet. Allein der Tag ist noch nicht zu Ende. Das morsche Gebäude der Reaktion ist in den meisten deutschen Landen vor dem bloßen Volksschrei zusammengestürzt; solange es aber in *Preußen* und *Österreich* aufrecht steht, droht der Freiheit Gefahr, müssen wir alle auf unserer Hut sein.

Die Aufregung der Gemüter ist auch hier allgemein; die meisten Beamten erklären sich schon offen für die gute Sache und selbst die verstocktesten unter ihnen bereiten wenigstens durch ihr Lob des Lamartineschen Manifests[3]) den Übertritt zu uns vor. Die Kabinettsorder des Königs über die Presse (vom 8. d. M.), die einen versteckten Protest gegen alle bisherigen Zugeständnisse der deutschen Fürsten enthält, hat großen Unwillen erregt; überall versammeln sich die Bürger und senden Adresse über Adresse nach Berlin; Magistrat und Stadtverordnete tun desgleichen; eine Bürgerwehr ist bereits angeordnet und tritt nächster Tage ins Leben.

Heute kamen zirka 80 Männer aus den verschiedenen Kreisen der Provinz Ost- und Westpreußen in Königsberg zusammen, um für den Fall, daß der König die gerechten Forderungen des Volks *nicht* gewähre oder gar *russische* Hilfe herbeirufe, die geeigneten Maßregeln zu beraten. Es wurde einmütig der Beschluß gefaßt, eintretenden Falls eine *Volkskommission für die Provinz Preußen* zu errichten, und zu dem Ende im voraus eine Erklärung unterzeichnet, in welcher die Einwohner der Provinz aufgefordert werden, aus jeder Stadt und aus jedem Kreise je zwei Männer des öffentlichen Vertrauens nach Königsberg zu entsenden. Bei alledem ist es bis jetzt – die Demolierung des hiesigen Polizeigebäudes und einzelne Straßenkrawalle abgerechnet – zu keinem ernstlichen Konflikt mit den Söldlingen des Absolutismus gekommen. Unsere Regierung hat jedoch zu festes Vertrauen auf ihre Bajonette (in Königsberg allein stehen über 4000 Mann), um bloßen Worten und Demonstrationen zu weichen.

Schon hört man von einem *Fürstenkongreß* in Dresden munkeln[3a]). Preußens und

[1]) Zum größeren Teil abgedruckt von Gustav Mayer in der «Frankfurter Zeitung» vom 18. Mai 1923 Nr. 360 1. Morgenblatt; eingeklammerte Stellen BAF(Ab).

[2]) Ein Dampfer. Jacoby hatte 1847 Itzstein auf seinem Gut Hallgarten im Rheingau besucht. GM.

[3]) Gemeint ist das am 7. März 1848 veröffentliche Zirkular Lamartines an die diplomatischen Vertreter Frankreichs. Wiederabdruck unter dem Titel «Manifeste à l'Europe» in *Oeuvres complètes de Lamartine,* Paris 1863, XXXIX, S. 33–39.

[3a]) Der von Österreich und Preußen geplante Fürstenkongreß sollte am 25. März 1848 in Dresden zusammentreten. Er kam aber nicht zustande.

Österreichs Machthaber wollen offenbar Zeit gewinnen, den Sturm mit leeren Versprechungen beschwichtigen und in aller Stille eine zweite Auflage des «Deutschen Bundes» vorbereiten. Vorsicht und Mißtrauen tun uns not. Von einem *«deutschen* Parlamente», wie die Fürsten es einrichten wollen, mit einer Volks- und einer *Herrenkurie* (!!) ist nimmermehr Heil für Deutschland zu erwarten. Ihr Süddeutsche habt jetzt das Heft in Händen; laßt es Euch um aller Welt willen nicht entreißen! In Heidelberg wart Ihr versammelt[3b]) – warum habt Ihr Euch nicht sofort als deutsches Volksparlament konstituiert?
Frisch ans Werk, und zaudert nur nicht lange, das Vorbereiten macht mir bange! Man muß durchaus den Fürsten zuvorkommen, Deputierte der verschiedenen deutschen Kammern nach Frankfurt a. M. berufen und ein Manifest an die deutsche Nation erlassen, ehe unsere Feinde zur Besinnung kommen. Das allein kann helfen!
Doch genug der Worte! Hoffentlich wird Preußen bald von einer Regierung befreit, die durch Deine Verbannung[4]) sich unauslöschliche Schande zugezogen. Dann gedenke Deines *Verprechens,* mich in Königsberg heimzusuchen. Auf frohes Wiedersehen in einem freien Lande!

Dein treuer Freund
Dr. Jacoby.

Bassermann, Welcker, Lehrs, Winter[5]) und den andern Freunden viele, viele Grüße!
[Welcker sage, daß der Artikel für sein Staatslexikon infolge einer Krankheit des Verfassers noch nicht beendigt, aber künftige Woche bestimmt von hier abgehen wird[6]). Strafe mich nicht für mein langes Schweigen; schreibe mindestens ein paar Zeilen, damit ich weiß, daß dieser Brief in Deine Hände, nicht in das schwarze Postkabinett gewandert. Der Citoyenne Pfister herzlich Gruß und Kuß!][bf]

P. S. 17. März. Soeben verbreitet sich hier die Nachricht von einem Aufstand in Berlin; der König soll sich eiligst nach Potsdam begeben haben. In Polen erwartet man jeden Augenblick den Ausbruch. Es lebe die Republik!
[Walesrode grüßt und verspricht, nächstens Dir zu schreiben.][bf]

[3b]) Es ist hier die Rede von jener Heidelberger Versammlung, bei der sich am 5. März 1848 51 liberale Abgeordnete eingefunden hatten. Sie bestimmten ein Siebener-Komitee, welches das Vorparlament einberief (vgl. Nr. 411).
[4]) Vgl. Nr. 310 Anm. 1.
[5]) Wohl Christian Friedrich Winter.
[6]) Es ist hier die Rede von dem Artikel «Preußen» (vgl. Nr. 402). Der Verfasser des Artikels (*Das Staatslexikon.* Hrsg. von Karl von Rotteck und Karl Welcker, 11. Bd., Altona 1848, S. 42 ff.) ist W. Lüders.

414. Julius Waldeck an Jacoby

Nachlaß[1]) *[o. O.,] 19. März 1848.*

Lieber Vetter,

in aller Eile und Kürze nur die Ereignisse des letzten Tages, da sie gewiß auch Dir Freude machen. Nachdem bereits mehrere Tage gefährliche und unheilvolle Neckereien zwischen Truppen und Volk stattgehabt, wurde gestern von Berliner Bürgern dem Könige eine Petition überreicht, nachdem wenige Stunden vorher die Kölner[2]) ihr Ultimatum gestellt. Mittags 2 Uhr waren wir auf dem Schloßplatze, die Antwort erwartend. Du hast sie gedruckt gelesen. Ein Kreis von Leuten, die um meine Dir bekannten Freunde und um mich standen, riefen nach Abdankung Eichhorns und Thiles, sonst aber war nichts als Jubel und Freude, da erscheinen plötzlich Dragoner und Infanterie, man haut ein und einige Schüsse fallen. Den Wutschrei, den wir alle in 3 bis 4000 Menschen ausstoßen, kannst Du Dir nicht denken. Zu den Waffen, zu den Waffen schrie man, und die ruhigsten Bürger stimmten ein. Bis zur Nacht war Berlin mit Barrikaden bedeckt, oft alle 200 Schritte in der Straße, man rechnet auf etwa 12 bis 1500 zum großen Teil vorzüglich gebaute, mit Feldsteinen und Dammerde bedeckte, von denen einige die Probe bestanden, indem sie stundenlang Granatenhagel aushielten. Es fehlte an Waffen, namentlich an Büchsen, man machte Picken und belud die Dächer mit ganzen Fuhren von Pflastersteinen. Unser Verlangen war Entfernung des Militärs, namentlich der 1200 Mann aus der Umgegend eingerückten Truppen und Bürgerbewaffnung.

Nachts wütete der Kampf in vielen Teilen der Stadt. Schon nachmittags in der Königsstraße, welche entlang man mit Kartätschen beschoß. In meiner Straße waren mit die besten Barrikaden, so namentlich am Eingange der Poststraße am Köllnischen Rathause, dasselbe wurde auch von entschiedenen Leuten verteidigt, leider besaßen wir nur vierzehn Büchsen, aber gute Schützen führten sie, und als um 10 Uhr zwei Bataillone grade den Angriff eröffneten, wurden sie zweimal zurückgewiesen. Artillerie erschien, man warf mit Kartätschen und *Granaten,* jedem Schuß folgte ein donnerndes Hurra aus unserer Mitte, so verteidigten wir das Rathaus zwei Stunden, worauf wir es den Truppen ließen, und diese aus dem gegenüberstehenden Hause beschossen, bis die Munition ausging. Die Verteidiger der Barrikaden hatten sich auf die Dächer verfügt und erwarteten die Truppen in der Straße, um sie mit Steinen zu bedienen. Dieselben begnügten sich aber hier, wie überall mit dem Platze (Köllnischer Fischmarkt) und wagten nicht die Straße zu betreten. Ähnlich ging es an vielen Punkten zu, so in der Friedrichstraße, wo die Schützengilde sich tapfer hielt.

Ich bin nur eine halbe Stunde während des Kampfes hinter der Barrikade geblieben und zog mich dann etwa zweihundert Schritte in einen Hausflur zurück, um unter dem Herumsausen von Kugeln die Masse der Verwundeten zu bedienen. Heute früh kamen halbe Zugeständnisse, man wolle die Truppen ins Schloß ziehen, wenn die Barrikaden abgetragen würden, wir gaben aber nicht eher nach, als bis man Gewehre aus dem

1) JNUL(Ab).

2) Über die rheinische Deputation aus Köln, die am 18. März 1848 morgens einen «augenblicklichen hochherzigen Entschluß» des Königs verlangte, vgl. Valentin, I, S. 426.

Zeughaus verteilte, die fremden Truppen aus der Stadt entfernte, die hiesigen in die Kasernen ließ und den Ministerwechsel veröffentlichte. Dieses letztere wurde namentlich dadurch erreicht, daß man die Leichen ins Schloß trug, und so die Wut aufs höchste brachte. Die Barrikaden verschwanden, alles ist ruhig. Die Linien- und die Gardeschützen hatten schon früher zu schießen aufgehört, General Möllendorff[3]) war gefangen worden. Die Zahl der Verwundeten und Getöteten ist schwer zu bestimmen, doch mag sie insgesamt 1000 erreichen[4]). Geblieben sind jedenfalls mehr Soldaten als Volk. Für erstere – [5]) schlecht gewaffnet und ohne einheitliche Führung hat der Berliner sich sicher mit ausgezeichneter Tüchtigkeit geschlagen. Zum Schlusse nur die Versicherung, daß alles völlig genau, nicht ein Stück durch den Jubel des Augenblicks gefärbt Dir gegeben. Gruß allen Freunden.

Schreibe bald Deinem
Julius.

[3]) Johann Karl Wolf Dietrich von Möllendorff (1791–1860), preußischer General der Infanterie.
[4]) Über die Zahl der Gefallenen vgl. Valentin, I, S. 444 f.
[5]) In der Abschrift heißt es an dieser Stelle: Papier zerrissen.

415. Georg Herwegh an Jacoby

Abdruck[1]) *Paris, 30. März [1848].*

Lieber Jacoby,
ich mache Dir hier ein großes Geschenk mit einem meiner treuesten Freunde, dem Russen *Bakunin[2]);* er wird Dir über alles, Deutsches wie Französisches, jede nur wünschbare Auskunft erteilen, und Du kannst ihn auch als einzig authentische Quelle über mich betrachten.
Die erste Stunde wird Dir zeigen, daß er Dein unbegrenztes Vertrauen verdient, wie er das meinige längst schon besitzt. Führe ihn in den Kreis Deiner Bekannten ein; er bringt noch einen Sack voll Revolutionsluft mit sich, um Eure konstitutionelle Atmosphäre zu reinigen[3]).

Dein
Herwegh.

[1]) Abgedruckt von G. Mayer im «Archiv für die Geschichte des Sozialismus und der Arbeiterbewegung» I, 1911, S. 482.
[2]) Den später berühmten russischen Anarchisten Michael Alexandrowitsch Bakunin (1814 bis 1876) lernte Herwegh im Jahre 1842 in Dresden kennen.
[3]) Vgl. Nr. 417 Anm. 14.

416. Simon Meyerowitz an Jacoby

Nachlaß[1]) *Königsberg, 2. April 1848.*

... Was soll daraus werden? Dieses muß den Völkern überlassen bleiben. Sie haben die Revolution gemacht und müssen sie, sich an ihr bildend, zu Ende bringen. Durch ein Handeln nach vorgefaßten Ansichten, denen, weil es vorgefaßte Ansichten sind, keine Idee zugrunde liegt, wird nur der Reaktion in die Hände gearbeitet. Diese allein ist zu befürchten. Was uns so lange als ein Unglück erschien, Deutschlands 33-Teiligkeit, schlägt nun zum größten Glücke aus; denn dadurch ist unsere vielgliederige Revolution zu einem organischen Ganzen geworden, dem nichts in der Welt wird anhaben können. Anders in Frankreich, wo Paris den Ton angibt ..... Griechenland verjagte seine sämtlichen Tyrannen (kurz vor 510 v. Chr.[2]) und [be]kam durch den Perserkrieg eine Einheit, deren Ruhm in dem Namen Salamis und Plataea noch fortlebt. Dürfen wir, zwischen Frankreich und Rußland gedrängt, ein Gleiches wagen? Die Gefahr wäre zu groß. Republikanismus würde bei eintretendem Kriege zur Despotie führen, zudem ist Preußens staatliche Größe mit der Geschichte seiner Herrscherfamilien zu eng verwachsen, um diese ohne ein gänzliches Zerfallen aufgeben zu können. Möglichst große demokratisch-konstitutionelle Freiheit muß hier jetzt angestrebt werden, um die Republik unnötig zu machen!

Ein deutsches Parlament macht mir Sorge, weil die Fürsten dieses Institut billigen und sich darein mischen. Wie leicht könnte der alte Reichstag wieder aufleben! .....

Hier ist alles tot, nichts wäre bei der fast sinnlosen Russenfurcht leichter als eine Reaktion. Die Liberalen sind eingeschüchtert, sie werden von keiner Idee wahrhaft beseelt. Schaffe Dir, mein guter Jonny, andere Gesellen an, wir alle, meine Liebe für Dich abgerechnet, sind nicht viel wert. Du hast hier keinen Boden, darum beschleunige nicht allzusehr Deine Heimkehr.

Ich bin für einen kurzen Zusammentritt des Vereinigten Landtages, weil jede schädliche Institution *förmlich* abgeschafft werden muß, damit sie nicht unter irgendeinem gesetzlichen Vorwande wiederkehre .....

G. Herweghs poetische Invasion[3]) kann als ein den französischen Proletariern nachahmenswertes Beispiel sehr gefährlich werden. Wie leicht dürften diese sich berufen fühlen, ihren gleichfalls bodenlosen Brüdern zur Hilfe zu eilen. Die Sache bleibt ein Frevel!

Niemand darf den Boden des Vaterlandes mit gewaffneter Hand überschreiten, die Absicht entschuldigt nicht.

[1]) JNUL(Ab).

[2]) 510 v. Chr. mußte der Tyrann Hippias aus Athen flüchten. Seine Brüder und Söhne wurden in ganz Griechenland geächtet. Über die Vertreibung der Peisistratiden vgl. *Geist der griechischen Geschichte. Auszug aus Grotes «Geschichte Griechenlands»*. Von Johann Jacoby. Nach dessen Tode hrsg. von Franz Rühl. Berlin: Theodor Hoffmann 1884, S. 99 f.

[3]) Herwegh agitierte damals in Paris für die Bildung einer Freiwilligenlegion deutscher Emigranten. Am 23. April 1848 fiel er an der Spitze seiner Legion in Baden ein, wurde aber schon einige Tage später durch süddeutsche Truppen geschlagen.

..... Samters[4]) Blatt wird wohl nicht zustande kommen[5]).... Otto von Keudell ist hier, will den Militärdienst verlassen. R. v. K.[6]), Neitzschütz und von Brünneck sind entschieden gegen die Republik und wollen gegen dieselbe einen Klub stiften, was ihnen nicht schwerfallen wird!

[4]) Adolf Samter (1824–1883), Sohn eines jüdischen Bankiers und selbst Bankier in Königsberg, Buchdruckereibesitzer, Verleger und nationalökonomischer Schriftsteller, Teilnehmer an der demokratischen Bewegung, Herausgeber des «Politischen Monatskalenders» (Königsberg 1848) und der «Neuen Königsberger Zeitung» (1848/49). In seinem Verlag erschien *Der Hochverratsprozeß von Dr. Johann Jacoby, wegen seiner Beteiligung an den Sitzungen der deutschen Reichsversammlung in Stuttgart,* Königsberg 1849.

[5]) Das Projekt wurde dennoch verwirklicht. «Der erste Kongreß der konstitutionellen Klubs der Provinz [Preußen], der sich den Namen demokratisch beigelegt, hat die ‚Neue Königsberger Zeitung' in Anerkennung ihrer Wichtigkeit zu seinem Organ erklärt.» «Politischer Monatskalender» August 1848 S. 510.

[6]) Rudolf (?) oder Robert (?) von Keudell.

417. Jacoby an Ludwig Moser

Nachlaß[1]) *Frankfurt am Main, 4. April 1848.*

Endlich ein Augenblick Ruhe zum Schreiben. Von der Aufregung, die in den letzten Tagen hier herrschte, könnt Ihr im Norden kaum eine Vorstellung haben. Tausende von Menschen durchzogen mit Lärm und Gesang die Straßen; vor den Toren, aus *allen* Fenstern wehen schwarzrotgoldene Fahnen; die Häuser sind auf das festlichste mit Teppichen und Blumenkränzen geschmückt; jeden Augenblick erschallen Freudenschüsse; hier Jauchzen und Jubel, dort Streit und aussichtsloser[?][2]) Kampf der Partei; auf den öffentlichen Plätzen Volksredner, die zum Freischarenzug gegen Rußland auffordern, die Fürsten absetzen und die deutsche *Republik* proklamieren. Man glaubt sich mitten in eine Revolution versetzt. Die Paulskirche, in welcher die Nationalversammlung ihre Sitzungen hielt, war während der ganzen Zeit von zahlreichen Bürgergarden umgeben, um uns vor den heranziehenden Scharen bewaffneter Republikaner (größtenteils Proletarier ... etc.[3]) Schutz zu geben.

Im Saale selbst ging's nicht minder stürmisch her. Drei Fünftel der Versammlung ist für republikanische Monarchie, zwei Fünftel für reine Republik; *andere* Parteien gibt es nicht. Die namentliche Abstimmung bei der Frage über Permanenz und über direkte

[1]) JNUL(Ab); eingeschaltete Stellen BAF(Ab).

[2]) Über «aus» steht «rück», also: aussichtsloser oder rücksichtsloser. In BAF(Ab) heißt es an dieser Stelle: tätlicher.

[3]) BAF(Ab) statt «... etc»: Turner.

Wahl hat dies Verhältnis herausgestellt[4]). Über die Reden, die oft an die Zeit des Konvents erinnerten, über das Ausscheiden eines Teils der Minorität und unsere Wiedervereinigung, über den von Blum, Itzstein, mir und anderen gestellten Antrag gegen[5]) den Bundestag, über den dadurch erregten stürmischen Kampf und das erfolgreiche [Resultat]^{bf} desselben werden Euch die Zeitungen und der offizielle Bericht [, den ich Euch unter Kreuzband zusenden werde,]^{bf} das Nähere mitteilen[6]). Die Hauptsitzung dauert von 9 Uhr morgens bis 4 Uhr nachmittags. Abends bis tief in die Nacht hinein fanden Versammlungen der verschiedenen Parteien statt; in letzteren wurde alles vorbereitet und über die wichtigsten Gegenstände entschieden, während in den allgemeinen Sitzungen oft mehr geschwatzt als gehandelt wurde. *Meine* Stellung nehme ich bei der Opposition, nur daß ich im Verein mit Itzstein, Blum, Reichenbach[7]) und anderen die Hitzköpfe der Partei (darunter Hecker, Struve, Zitz[8]) von Übereilung und gewaltsamer Erregung eines Zwiespalts abzuhalten suchte. In der Hauptversammlung habe ich nur einige Male das Wort genommen und mich kurz gefaßt; das erste Mal wurde ich, ehe ich noch gesprochen, von der Versammlung mit Beifallsbezeugung begrüßt. [(Dies nur für Sie und Meyerowitz, die, wie ich weiß, besonderes Interesse daran nehmen.)]^{bf}

Daß man mich mit einer sehr großen Stimmenmehrheit in den Fünfzigerausschuß gewählt, ist Euch durch die Zeitungen bekannt[9]). Außer mir ist *nur* noch Blum, Raveaux[10]), Itzstein von der Opposition in den Ausschuß gekommen. *Deshalb* zum

4) Die erste namentliche Abstimmung erfolgte darüber: «Ob das Prinzip der direkten Wahlen in der Art ausgesprochen werden solle, daß es jedem Staate zugrunde gelegt werden müsse?» Es stimmten: Ja, 194; Nein, 317. Die zweite namentliche Abstimmung erfolgte darüber: «Ob sich die Versammlung für permanent erklären solle?» Ergebnis: Ja, 143; Nein, 368. *Offizieller Bericht über die Verhandlungen zur Gründung eines deutschen Parlaments*, 3. April 1848 Nr. 21.

5) BAF(Ab); in bezug auf.

6) Blum, von Itzstein, Jacoby, Zitz und andere stellten den folgenden Antrag: «Die Unterzeichneten beantragen, die Versammlung soll erklären, bevor die Bundesversammlung die Angelegenheit der Gründung einer konstituierenden Versammlung in die Hand nimmt, möge sich dieselbe von den verfassungswidrigen Ausnahmebeschlüssen lossagen und die Männer aus ihrem Schoß entfernen, die zur Hervorrufung und Ausführung derselben mitgewirkt haben.» *Verhandlungen des Deutschen Parlaments. Offizielle Ausgabe*, Frankfurt am Main 1848, 1. Lieferung S. 99. Ebenda, S. 114: «Jacoby aus Königsberg: [...] Als Mitantragsteller bin ich durch die Erklärung der Versammlung, daß der Bundestag epuriert, daß er von seinen früheren Elementen gereinigt werden müsse, damit er würdig sei, mit einem Ausschusse dieser Versammlung in weiteres Vernehmen zu treten, völlig zufriedengestellt.»

7) Eduard Graf von Reichenbach (1812–1869), schlesischer Demokrat, 1848 Mitglied des Vorparlaments und Abgeordneter der preußischen Nationalversammlung (linker Flügel). Vgl. den Nachruf für ihn im Anhang zu BW II.

8) Franz Heinrich Zitz (1803–1877), Rechtsanwalt in Mainz, Demokrat, gehörte der äußersten Linken im Vorparlament und in der Frankfurter Nationalversammlung an.

9) Die meisten Stimmen erhielten: Adolf Wiesner aus Österreich 457, von Itzstein 443, Blum 435, Jacoby 396.

10) Franz Raveaux (1810–1851), Tabakhändler in Köln, Demokrat, Mitglied des Vorparlaments, des Fünfzigerausschusses und der Frankfurter Nationalversammlung (linkes Zentrum), vom Rumpfparlament zum Mitglied der Reichsregentschaft gewählt, wegen Teilnahme am badischen Aufstand in contumaciam zum Tode verurteilt, Flüchtling in der Schweiz, Frankreich und Belgien, wo er schon 1851 starb.

Teil[11]) und weil ich der einzige Jude[12]) in der Versammlung bin, habe ich es für Pflicht gehalten, hierzubleiben. In drei Wochen sind hoffentlich unsere Arbeiten vollendet und [ist] das konstituierende Volksparlament hier zusammen. Die Sitzungen des Ausschusses sind vorerst im Kaisersaal und *öffentlich.* Ein Manifest an die deutsche Nation wird nächster Tage erlassen[13]). Der Bundestag fügt sich ohne Widerstreben in alle Bestimmungen; seinen früheren Beschluß (daß von 70 000 *einer* Deputierter wird) hat er zurückgenommen; von 50 000 wird *einer* zum Parlament erwählt.

Soeben wurde ich durch einen Besuch unterbrochen; es war der Russe Bakunin aus Paris, der mir durch Herwegh empfohlen war[14]). Ein tüchtiger, gebildeter Mann; er ist zum Handeln entschlossen, und Ihr werdet wohl bald mehr von ihm hören. In Frankfurt scheint die Partei der *roten* Fahne sehr mächtig zu sein.

[Heute ist Kommissionssitzung zum Entwurf einer Geschäftsordnung für den Ausschuß[15])....][bf]

[11]) BAF(Ab): Deshalb großenteils

[12]) Jacoby war im Fünfzigerausschuß der einzige Jude *aus Deutschland.* Der Fünfzigerausschuß wurde am 10. April 1848 vervollständigt durch einige Mitglieder aus Österreich, von denen einer, Ignaz Kuranda, Jude war. Getaufte Juden im Fünfzigerausschuß: Johann Gustav Moritz Heckscher, Heinrich Simon und der Österreicher Adolf Wiesner.

[13]) Jacoby erstattete in der dritten Sitzung des Fünfzigerausschusses vom 6. April 1848 Bericht über die zu erlassende Proklamation «An das deutsche Volk!». Der von ihm verlesene Entwurf wurde angenommen und als Proklamation erlassen. DPC, S. 127 f.

[14]) Am 7. April 1848 schrieb Bakunin an P. W. Annenkow: «Ich habe dort [in Frankfurt am Main] mindestens fünfzig rührige, energische und einflußreiche Demokraten kennengelernt und mich besonders mit drei von ihnen befreundet: mit Jacoby aus Königsberg, dem Grafen Reichenbach aus Schlesien und dem verabschiedeten Artillerieleutnant Willich.» Bakunin, *Sozialpolitischer Briefwechsel,* Stuttgart 1895, S. 9; Sobranie Sočinenij i pisem Moskau 1935, III, S. 298 f.

[15]) Jacoby war Mitglied dieser Kommission.

418. Jacoby an Eduard Waldeck

Nachlaß[1]) *Frankfurt am Main, [6.][2] April 1848.*

.... Die Aufregung in Süddeutschland ist sehr groß. Die Partei der entschiedenen Republikaner, namentlich in Baden, äußerst zahlreich. Der König von Preußen steht hier in allgemeiner Mißachtung; der Widerruf seines unglücklichen Manifests hat hierin nichts geändert. Mit dem preußischen Wahlgesetz, das *indirekte* Wahlen anordnet, ist man unzufrieden, noch mehr mit der Botschaft vom 3. April in betreff der deutschen Nationalvertretung. Gegen die Wahl der Vertreter *durch den Landtag* wird der Fünf-

[1]) JNUL(Ab); eingeschaltete Stellen BAF(Ab).

[2]) Tagesdatum fehlt. Vgl. unten Anm. 5.

zigerausschuß Protest einlegen und gestützt auf die Beschlüsse des Vorparlaments erklären, daß die *also* Gewählten zur Nationalversammlung nicht zugelassen werden können[3]).

In Mainz hat es gestern bedeutende Unruhen gegeben[4]). Die Eisenbahn zwischen Mainz und Frankfurt ist zerstört. Heute noch wird von dem Ausschuß eine Warnung vor jedem Friedensbruch und eine Proklamation an die ganze deutsche Nation erlassen[5]). Gleichzeitig geht ein Schreiben an die Regierungen Norddeutschlands ab, worin denselben mit sofortiger Zusammenberufung des Parlaments gedroht und die Unvermeidlichkeit einer Revolution vorgestellt wird, wenn sie nicht ohne Verzug sich *allen* Beschlüssen des Vorparlaments in betreff der zur konstituierenden Nationalversammlung vorzunehmenden Wahlen fügen. Das wird hoffentlich helfen! ..... [an Jul[6]) sende ich noch heute unter Kreuzband einige Aktenstücke; bitte ihn, dieselben (besonders den Anruf des demokratischen Wahlkomitees) wieder abzudrucken[7]) und überall in Preußen verbreiten zu lassen.][bf] Schreibe mir, wie es in Berlin steht, was man zu der unerhörten Frechheit, eine Anleihe vom Landtag zu verlangen, sagt! .....

[Adresse: bei Dr. Adolf Schmidt, Große Sandgasse 4, Frankfurt a. M.][bf]

[3]) In der vierten Sitzung des Fünfzigerausschusses vom 7. April wurde beschlossen, ein Schreiben an die preußische Regierung – und zugleich an alle deutschen Regierungen – zu richten, das «mit Bezugnahme auf das preußische Propositionsdekret vom 3. April die Regierungen *entschieden* auffordert, *die Wahlen zur konstituierenden Nationalversammlung auf keiner anderen als der von der Vorversammlung festgestellten Grundlage zu veranstalten*». DPC, S. 128.

[4]) «Tiefe Bekümmernis und bitterer Unwille sind über unsere Stadt ausgebreitet. Ungeheure Freveltaten sind gestern abend innerhalb und außerhalb unserer Tore begangen worden [...]. Ein Dutzend Leute kamen auf den Einfall, die Schienen der Taunusbahn aufzureißen, und da sie ungehindert die Sache ins Werk setzten, so fanden sie bald Gesellschaft und wuchsen zu mehr als hundert an. [...]» «Mainzer Zeitung» 6. April 1848, Nachdruck in «Zeitung für das deutsche Volk», Braunschweig, 11. April 1848 Nr. 23.

[5]) Sie wurde am 6. April 1848 erlassen, woraus zu schließen ist, daß der Brief am gleichen Tage verfaßt wurde.

[6]) Gustav Julius, Herausgeber der «Berliner Zeitungs-Halle».

[7]) Das Manifest für die Wahlen zur Frankfurter Nationalversammlung vom 4. April (gezeichnet: Das demokratische Zentralkomitee für die Wahlen zur konstituierenden Versammlung) erschien in der Extrabeilage zur «Berliner Zeitungs-Halle» vom 10. April 1848 Nr. 86.

419. Julius von Hennig[1]) an Jacoby

Nachlaß[2]) *Berlin, 7. April 1848.*

Die Proposition der Regierung an den Landtag, daß derselbe Deputierte zu dem deutschen Parlamente wählen möge – die für den Fall, daß jener eher als die preußische Volkskammer zusammenkommen sollte, um(?) sich mit jenem zu vereinigen haben – ist vom Landtag angenommen und beiliegend verzeichnete Kerls sind gewählt worden[3]). [Weiter Bericht über Unfähigkeit des Landtages. Bitte um Information über Schritte des Frankfurter Ausschusses bei der preußischen Regierung.][le]

[1]) Julius von Hennig (1821–1877), Rittergutsbesitzer in Plochott bei Wrotzk, Abgeordneter im Berliner Landtag, später Stadtrat in Berlin und Mitglied des preußischen Abgeordnetenhauses.

[2]) LE(Ab).

[3]) «Die [beiliegende] Liste zeigte folgende ostpreußische Politiker: Hans von Auerswald, Alfred von Auerswald (Oberpräsident), Schön, die beiden Sauckens, Brünneck und Rosenkranz. Simsons Name steht unter den Stellvertretern.» Lotte Esau, *Karl Rosenkranz als Politiker,* Halle 1935, S. 100 f.

420. Jacoby an Fanny Adelson

Nachlaß[1]) *Frankfurt am Main, 9. April 1848.*

Wir haben jetzt alle Hände voll zu tun. Jeden Vormittag drei bis vier Stunden Beratungen der verschiedenen Kommissionen, nachmittags ebensolange *öffentliche* Plenarsitzungen. Fast täglich gehen aus allen Ecken Deutschlands Petitionen und Beschwerden beim Ausschusse ein; die Behörden selbst wenden sich an denselben, um Auskunft über die vorzunehmenden Wahlen zu erhalten oder seine Hilfe gegen Ruhestörungen in Anspruch zu nehmen. Bei der allgemeinen Ratlosigkeit der Regierungen wird der Fünfzigerausschuß in allen allgemeinen Angelegenheiten Deutschlands als die einzige, durch den Volkswillen eingesetzte Autorität angesehen. Der Bundestag führt ohne Widerstreben aus, was wir im Namen des Vorparlaments von ihm verlangen. Auch die preußische Regierung, die im Widerspruch mit den Beschlüssen jenes Vorparlaments die Wahlen zur konstituierenden Nationalversammlung durch den *Landtag* hat vornehmen lassen, wird diese Wahlen *annulieren* müssen; denn die *also* Gewählten werden nimmermehr zugelassen werden. Ich lege Ihnen die Abschrift eines in dieser Sache an die preußische Regierung erlassenen Schreibens bei [, teilen Sie es Simon[2]) mit, der durch Herbst[3]) für die Veröffentlichung sorgen wird].[bf]

[1]) JNUL(Ab).

[2]) Simon Meyerowitz.

[3]) Ludwig Theophil Herbst, gest. 1888, Lehrer, Mitglied der Königsberger «Bürgergesellschaft», gehörte dem Jacoby-Kreis an, Privatdozent und seit 1865 Extraordinarius für Neuere Sprachen an der Albertina. Sein in der «Bürgergesellschaft» gehaltener Vortrag «Bilder aus Irland» erschien im «Ostpreußischen Bürgerblatt», Königsberg: Theodor Theile 1845, Heft 2.

Mit einer seit einigen Tagen hier anwesenden Deputation des Polen-Komitees zu Posen finden lebhafte Verhandlungen statt. Das Ministerium hat in dieser Beziehung sich höchst unklug benommen. Simon, Abegg und ich haben gestern an Minister Auerswald geschrieben[4]) und ihm die Notwendigkeit einer offenen, aufrichtigen Freigebung der Provinz Posen vorgestellt. Der unglückselige Mittelweg, den man eingeschlagen, die nationale Reorganisation unter *fortdauernder* Oberherrschaft Preußens kann den Polen in keiner Weise genügen und würde ohne Zweifel einen Aufstand herbeiführen, der, durch deutsche und französische Freischaren unterstützt, unserm Vaterland Verderben bringen und den Krieg mit Rußland beschleunigen muß. Die Wiederherstellung Polens ist für Preußen und Österreich eine Ehrensache. Der Fünfzigerausschuß wird nächster Tage eine Aufforderung dazu an beide Regierungen ergehen lassen[5]). Wir hielten es daher für unsere Pflicht, dem zuvorzukommen und das Ministerium zu bewegen, *freiwillig* einen Schritt zu tun, der *abgedrungen* dem preußischen Staat nur Nachteil und keinen einzigen Vorteil bringen würde. Die polnischen Deputierten haben gleichzeitig nach Posen geschrieben, um ihre Landsleute zu bestimmen, in Ruhe den Erfolg der Unterhandlungen abzuwarten. Die nächste Zeit wird lehren, ob nicht auch hier wieder das verhängnisvolle «zu spät» sich geltend macht.

Verzeihen Sie, liebe Freundin, daß ich so viel von Politik spreche; der mächtige Strom der politischen Bewegung hat uns alle nun einmal erfaßt, und da kann der einzelne nicht Widerstand leisten. [Zudem weiß ich, daß [[Sie]] die posensche Angelegenheit in mehrfacher Beziehung interessiert, und hängt nicht zuletzt auch der Entschluß über Ihren künftigen Aufenthalt davon ab. Sie sehen, teure Freundin, daß bei aller Hingabe für das Gemeinwohl ich doch auch meine kleinen Privatinteressen nicht ganz vergesse.

Heute ist aus Wien eine Deputation Österreicher, darunter Andrian[6]) und Anastasius Grün[7]) hier angelangt. Morgen wird dieselbe von dem Fünfzigerausschuß in einer außerordentlichen Sitzung feierlich empfangen[8]).][bf]

[4]) Der am 8. April geschriebene, aber vom 10. April datierte Brief ist unten abgedruckt.

[5]) Über die Polenfrage, vgl. Valentin, I, S. 523 f.

[6]) Viktor Freiherr von Andrian (1813–1858), österreichischer Politiker, 1848 Mitglied der Frankfurter Nationalversammlung.

[7]) Anastasius Grün (Anton Alexander Graf Auersperg, 1806–1876), Dichter und Politiker, 1848 Mitglied der Frankfurter Nationalversammlung.

[8]) Vgl. *Verhandlungen des deutschen Parlaments. Zweite Lieferung,* Frankfurt am Main 1848, S. 45 f (Siebente Sitzung des Fünfzigerausschusses am 10. April 1848).

421. Jacoby an Heinrich Bernhard Oppenheim[1])

Rekonstruktion[2]) *Frankfurt am Main, etwa 9. April 1848.*

Übersendet Aktenstücke des Fünfzigerausschusses. Fragt, ob und seit wann Oppenheim Bakunin kennt.

[1]) Heinrich Bernhard Oppenheim (1819–1880), demokratischer Publizist.
[2]) Nach Nr. 424.

422. Bruno Erhard Abegg, Jacoby und Heinrich Simon an Alfred von Auerswald

Abdruck[1]) *Frankfurt am Main, 10. April 1848*[2]).

An den königlich-preußischen Staatsminister Herrn Alfred v. Auerswald Berlin.

Euer Exzellenz

wollen uns gestatten, uns mit einigen Worten über eine Angelegenheit auszusprechen, welche Preußen verderblich zu werden droht. Als am 22. März d. J. eine Deputation der Stadt *Breslau* deren Anträge bei der Krone formierte, erklärte der Minister des Auswärtigen, Herr Heinrich von Arnim, dem mitunterzeichneten H. *Simon* in Veranlassung der eben anwesenden Posener Deputation, daß er in betreff der notwendigen *Freigebung Posens* ganz einverstanden sei und überhaupt keine anderen Reichsgrenzen als die Sprachgrenzen anerkenne.

Bei dieser Ansicht, die nur als die Ansicht des *Gesamtministeriums* gelten konnte und die jedenfalls die Ansicht des ganzen gegenwärtigen Deutschlands ist, wie sich auch in den Verhandlungen des Vorparlamentes ausgesprochen, ist es uns ebenso unerwartet als betrübend gewesen, wenn wir in den heute hierhergekommenen Verhandlungen des *preußischen Allgemeinen Landtages* Eurer Exzellenz betreffende Erklärung gefunden haben, nach welcher nur eine sogenannte *«nationale Reorganisation Posens unter der Oberherrschaft Preußens»* statthaben soll.

Der Erfolg einer solchen *halben* Maßregel scheint uns nicht zweifelhaft. Es liegen unseres Erachtens nur *zwei* Fälle vor. Posen ist mit Gewalt zu unterdrücken – dann keine Hoffnungen; oder Posen ist freizugeben – dann mit beiden Händen.

Statt eines dieser Fälle ist, wie wir annehmen, ein *unglückseliger Mittelweg* eingeschlagen, der alle Nachteile des ersten Weges ohne die Vorteile des zweiten in sich vereinigt. Man hat mit *Worten* den Polen Hoffnungen auf volle Wiederherstellung erweckt und in der *Tat* sich ihnen feindlich gegenübergestellt; man unterhandelte mit

[1]) *Heinrich Simon. Ein Gedenkbuch für das deutsche Volk.* Hrsg. von Johann Jacoby. 2. wohlfeile Auflage, Berlin 1865, S. 227 f. In der anderen Ausgabe des Werkes (JHSG, II, S. 25 ff) ist der Empfänger irrtümlich als «R. v. Auerswald» angegeben.
[2]) Der Brief wurde in Wirklichkeit bereits am 8. April 1848 geschrieben; vgl. Nr. 420.

ihnen wie Macht gegen Macht und erklärte *gleichzeitig* Posen in Belagerungszustand. Welche aber von den beiden erwähnten Richtungen jetzt noch einzuschlagen, ist uns unbedenklich. Der Weg der Gewalt ist, abgesehen von allen Gründen des Rechts und der Politik, einfach schon *deshalb* zu verwerfen, weil er nach dem Zeugnis, welches die letzten sechs Wochen in ganz Europa abgelegt, unmöglich ist. Dagegen bietet die *Freigebung Posens*[3]*)*, ungeachtet aller damit verbundenen Verluste, die größten Vorteile, könnte man selbst davon absehen, daß es uns *der* Weg erscheint, den die *Ehre Preußens* gebietet. Nur auf *diese* Weise ist Polen, welches ungeachtet alles Temporisierens wieder auferstehen wird, als *befreundeter* Nachbar zu gewinnen; nur *so* ist es in die Macht Preußens gelegt, die von Deutschen bewohnten Grenzteile bei Preußen zu *behalten;* nur so erhalten wir einen Bundesgenossen gegen Asien; nur *so* kann Preußen sich *vollständig* Deutschland hingeben; nur *so* kann Preußen *sich selbst* genug tun, d. h. vorangehen, wo es Entfaltung und Stärkung deutschen Geistes und deutscher Macht gilt.

Wir beschwören Euer Exzellenz, in dieser gefahrdrohenden Angelegenheit auf ein *schnelles* und *entscheidendes* Handeln hinzuwirken, ehe auch hier sich das verhängnisvolle «zu spät» geltend macht. Man gebe die *offene* Erklärung *öffentlich* ab, daß man ein *selbständiges polnisches Reich* wolle und daß man lediglich zu dem Zwecke noch provisorisch die Regierungsgewalt innebehalte, um den Polen Gelegenheit zu geben, sich als Staat zu organisieren.

Deutschland und Frankreich fordern die Wiederherstellung Polens; Deutschland fordert die Mitwirkung seiner Regierungen hierzu. Wir beschwören Sie, nicht ferner in einer Angelegenheit, in der die preußische Ehre zwei Generationen hindurch gelitten, durch Maßregeln, welche von Mißtrauen, Halbheit und Unwahrheit zeugen, *alles* verlieren zu lassen ohne etwas zu gewinnen.

Wir haben zu diesem Schreiben auch noch eine besondere Veranlassung. Binnen kurzem dürfte der Fünfzigerausschuß, von einer Deputation des polnischen Komitees aufgefordert, sich in ähnlicher Art an die preußische Regierung wenden, und es erscheint uns wünschenswert, daß die Freigebung Posens seitens dieser letzteren *selbständig* und nicht abgedrungen erfolge; daß ferner die Stimmung, die jetzt schon leider eine höchst *ungünstige* für Preußen ist und in dieser Richtung noch verstärkt wurde durch die Deputiertenwahlen seitens des *Vereinigten Landtages* für die deutsche Nationalversammlung, nicht durch das *diplomatische* Verhalten gegen *Polen* auf einen dem Vaterlande verderbenbringenden Grad gesteigert werde.

Hochachtungsvoll und ganz ergebenst
H. Simon.
Johann Jacoby.
Abegg.

[3]) Im Abdruck fehlerhaft: P o l e n s.

423. Eduard Waldeck an Jacoby

Nachlaß[1]) *Berlin, 11. April 1848.*

Lieber Jonny!

Da ich nicht zu Deinen Patienten gehöre, so kann ich nicht dagegen protestieren, daß Du Deine ganze Zeit dem krank darniederliegenden Deutschland widmest und Deine übrige Praxis im Stiche läßt. Daß Du aber nicht gerade jetzt hier bist, ist mir insofern recht, als Anna[2]) seit drei Tagen an den Masern und zwar sehr heftig leidet. Sie ist so beschüttet, wie man es nicht oft sieht, und hustet sehr heftig, sonst geht es im übrigen nach den Umständen gut. Marie erwartet sie (im Mai) natürlich sehnlichst. Um noch etwas erfreulichere Familiennachrichten mitzuteilen, mögest Du wissen, daß Samson eine Stelle mit 300 Talern Gehalt im Kontor bei dem Destillateur Haack[3]) hierselbst in der Stralauer Straße gefunden, wie er mir sagt, weil er ein Kind aus dem Wasser gerettet. Haack ist als Ehrenmann bekannt und hat Einfluß.

Von Pauline Jonas[4]) liegt schon seit acht Tagen ein Brief für Dich hier, Dir bei Deiner Rückkunft abzugeben. Kaufmann Riesen aus Elbing hat Dich hier besucht[5]); Siegfried, den ich mit Kosch und Heinrich traf, läßt Dir sagen, daß er im Hôtel de Brandenburg wohnt. Ich bestelle alles treulich, obgleich Du sie alle nicht mehr hier triffst, da der Landtag beendigt ist und die Leutchen abziehen, die meisten, um wohl bald wiederzukommen. Räsonnements liest Du nicht, Fakta findest Du in den Zeitungen, und so könnte ich schließen, müßte ich nicht fürchten, Du würdest mich für faul halten und gar nicht mehr schreiben. Also weiter.

Hier gibt's noch immer viel Gerede und Debattieren in den Klubs und Volksversammlungen, die ziemlich manierlich ablaufen. Daß das Vorparlament und der Fünfzigerausschuß ziemlich diktatorisch sich zum Herren Deutschlands aufwirft, muß füglich in Erstaunen setzen, da die Herren kein Mandat haben und nur in der Überzeugung leben, daß Deutschland unbedingt ihrer Meinung ist. Pommern, Sachsen und etwas Mark dürften nicht ganz übereinstimmen. Doch jetzt probiert jeder seine Kraft so viel als möglich, und eine neue Art Despotie bereitet sich vor. Hier treiben die Arbeiter den Unsinn so weit, daß die Kattundrucker ihren Fabrikanten Bedingungen gestellt und abgedrungen haben, die die Fabrikation um zwanzig Jahre zurückbringen und die Fabriken ruinieren müssen. Sie dürfen zum Beispiel die vollkommenen Maschinen nicht benutzen, sondern nur solche, wo durch Menschenhand noch nachgeholfen wird. Alles, selbst das Unsinnigste wird gefordert und bewilligt, man fürchtet den Skandal und denkt: «Na kommt man tu Hus.» Der Sturm wird sich schon legen und die Pöbelherrschaft ein Ende nehmen.

Dabei ist bemerkenswert, daß die eigentlichen und ordentlichen Handwerker gern arbeiten, aber von den liederlichen Genossen, die lange schon nicht mehr arbeiten und

[1]) BAF(Ab).

[2]) Anna Waldeck, Tochter des Briefschreibers.

[3]) Karl Haack, Kaufmann und Destillateur in Berlin.

[4]) Pauline Jonas, geb. Ewald, aus Königsberg hatte weniger Erfolg mit einigen Gedichtsbändchen, die sie zwischen 1837 und 1856 veröffentlichte, als mit ihrem *Geprüften Kochbuch* (Königsberg: J. H. Bon 1840), das 1873 die achte Auflage erlebte.

[5]) Soll wohl heißen: gesucht.

sich herumgetrieben, aus den Fabriken und Werkstätten geholt werden. Diese Zucht geht aufs lächerlichste durch alle Stände, selbst die Dienstmädchen versammeln sich schon zu Beratungen. Dabei wird bald kein Mensch mehr etwas zu essen haben, so liegen alle Geschäfte darnieder, so wenig Mut und Zutrauen hat man hier. In Königsberg ist's noch ärger, wie mir Falkson schreibt; niemand will ein Schiff abgehen lassen, bis er weiß, wie's mit dem Sunde steht.

Doch was hilft alles Klagen, die süße Freiheit muß ja durch Opfer errungen werden, nur darauf ist zu schwören, daß fünf Sechstel der anständigen Leute, Bürger und Besitzenden in Preußen jeder fünf Flaschen Champagner zum besten gäbe, wenn die ganze Freiheit geblieben wäre, wo sie war. Die Philister! Das einzige, was diese Philister doch einigermaßen überzeugt, daß der König unter Kuratel gestellt werden mußte, ist die Aufdeckung des Zustandes unsres Schatzes, aus dem das Geld förmlich weggezaubert ist. Wo die Millionen von F[riedrich] W[ilhelm] III. geblieben sind, wie es möglich ist, daß 1847 nur 19 500 000 Taler drin waren, das ist unerklärt, ein schauderhaftes Rätsel.

Die republikanischen Bemühungen in Süddeutschland, wie Herweghs etwas lächerliche Anerbietungen seiner republikanischen Hilfstruppen, erregen hier meist ein mitleidiges Belächeln. Wenn die Herren Norddeutschland kennten, so würden sie einsehen, daß sie etwas zu früh kommen. Dergleichen könnte nur zu einem Bruche zwischen Nord- und Süddeutschland führen und dann zur Reaktion. Die Leutchen sind wahrscheinlich schlecht unterrichtet durch junge Fanatiker, welche alles durch ihre eigne Brille sehen und sich gar nicht denken können, [daß andere anders denken können][6]) als sie, da es ja so klar und richtig und schön, so natürlich ist.

Ich hoffe, Du wirst Deine Ansicht, Preußen sei noch unreif zur Republik nicht durch Deine Gesellschaft geändert haben, denke an die ostpreußischen und masurischen Bauern. Die Wahlversammlungen werden so schon schön aussehen; doch können sie Vorschulen werden. Verzeih das lange Räsonnement und lebe wohl, laß doch bald wieder von Dir hören. Jettchen, Anna, Marie, Fräulein Stavenhagen, Dr. Borchardt, Fräulein Jaffé grüßen. Grüße den Dr. Schmidt[7]) von mir, der Commilito Maler Moser[8]) grüßt ihn und bedauert, in Frankfurt nicht gewußt zu haben, daß er dort wohnt. Er erinnert sich seiner sehr wohl, also unsern besten Gruß.

Lebe wohl! Dein
Dr. Waldeck.

P. S. Kompliment mit Polen wäre es nichts[9]). Die preußischen Adler werden wieder angenagelt.

Ich habe bis heute auf Julius'[10]) Brief gewartet. Anna befindet sich schon ziemlich fieberfrei.

[6]) Einschaltung aufgrund JNUL(Ab).

[7]) Adolf Schmidt.

[8]) Julius Moser, Historien- und Genremaler, geboren um 1808 in Königsberg (oder Gumbinnen?), Vetter von Eduard Simson, seit 1831 in Berlin, 1840 bis 1847 in Rom, Jugendfreund Jacobys.

[9]) Satz so in der Abschrift.

[10]) Gustav Julius?

424. Heinrich Bernhard Oppenheim an Jacoby

Nachlaß[1]) *Berlin, 11. April 1848.*

Geehrter Freund,

Ihre kurzen Zeilen waren mir als Lebenszeichen willkommen. Für die Aktenstücke meinen besten Dank, die Protestation des Fünfzigerausschusses hätte ich hier gleich an allen Ecken anschlagen lassen, wenn nicht schon des Morgens früh die Regierung sich vollständigst dem neuen Bundesbeschluß angeschlossen hätte. Meine *Reform*[2]) lesen Sie hoffentlich, Sie werden leicht erkennen, daß der Berliner Artikel fast ganz von mir geschrieben wird.

Über Ihre Frankfurter Tätigkeit freue ich mich, ich würde, wäre ich dort, mich durchaus Ihrer und der Robert Blum'schen Richtung anschließen. Die Republik muß vorerst durch demokratische Institutionen siegen. Darum sind die dreizehn Artikel ganz gut, allein ich denke mir, die erste Lanze muß für das Einkammersystem und für die freie Wählbarkeit des Präsidenten aus allen Ständen gebrochen werden. Was halten Sie davon, wenn man Schöns oder Itzsteins Namen für das Bundespräsidium in Anregung brächte? Schreiben Sie mir darüber bald ein paar Worte! Ich möchte auch gern ins *Parlament,* leider aber habe ich nirgends in Deutschland recht heimatliche Wurzeln geschlagen, und hier in Berlin, wo das eigentliche Volk leicht für mich zu gewinnen wäre, werden in allen Bezirken die Spießbürger den Ausschlag geben! Wenn Sie mich bei irgendeinem Wahlkomitee in Vorschlag bringen könnten, so tun Sie es[3]). Sie und andere kennen mich ja!

Leben Sie recht wohl, in Hoffnung baldiger und guter Nachrichten ganz der Ihrige

H. B. Oppenheim
(Französische Straße 25).

Bakunin kenne ich seit neun bis zehn Jahren.

Grüßen Sie Blum, Hecker und Welcker, wenn Sie ihn sehen, bestens von uns.

Entschuldigen Sie die eilige Schlotterigkeit meines Schreibens mit einer wirklichen Überhäufung von literarischen Arbeiten.

[1]) JNUL(Ab).

[2]) Oppenheim gab 1848 mit Arnold Ruge «Die Reform» heraus. Das Blatt erschien zuerst in Leipzig und vom 1. Juli 1848 an in Berlin.

[3]) Oppenheim bewarb sich vergeblich um ein Mandat für die deutsche Nationalversammlung.

425. Julius Waldeck an Jacoby

Nachlaß[1]) *[Berlin, etwa 11. April 1848].*[m]

... Der Landtag[2]) ist geschlossen und unsere Aufmerksamkeit auf unsere eigene Tätigkeit gerichtet; die Wahlen und die polnische Angelegenheit nehmen solche besonders in Anspruch. Leider wird man bei dem indirekten Wahlsystem und der Einrichtung, daß bei der Wahl selbst keine Diskussion stattfinden darf, wenig für die Wahlen tun können, da vorbereitende Wahlversammlungen immer nur über Wahlmänner erst sich einigen können, aber für künftige Zeit werden zu gründende Vereine von Handwerkern und anderen kleinen Leuten aus dem Volke denjenigen, die sie zu leiten wissen werden, eine Macht in die Hand geben, die sich hoffentlich über ganze Wahldistrikte erstrecken wird.

Die Polensache wird immer verwickelter und könnte leicht zum Ruin des Ministeriums führen! Bei aller Sympathie für die polnische Nationalität und bei voller Anerkennung, daß Gewalt ihrerseits Recht sei, muß man doch gestehen, daß wir Leben und Interessen einer halben Million Deutscher, die im Vertrauen auf die Regierung sich dort angesiedelt, nicht zugrunde gehen lassen können. Es gibt hier nur ein Mittel: Krieg mit Polen gegen Rußland, aber wer möchte die Gefahr, die in seiner Anwendung liegt, verkennen?

[1]) JNUL(Ab).

[2]) Gemeint ist der zweite Vereinigte Landtag der preußischen Provinzen, der vom 2. bis zum 10. April 1848 tagte.

426. Alfred von Auerswald an Bruno Erhard Abegg, [Jacoby und Heinrich Simon]

Abdruck[1]) *Berlin, 12. April 1848.*

Auf das Schreiben, welches ich von Ihnen[2]), verehrter Freund, im Verein mit den Herren H. *Simon* und *Jacoby* erhielt, eile ich Sie zu vergewissern, daß wohl noch *nie* seitens der preußischen Regierung eine Polen günstigere Richtung eingeschlagen ist als jetzt und daß es nur im Interesse der Provinz Posen selbst zunächst liegt, wenn die Konsolidierung der polnischen Elemente zuerst erfolgt. Ein plötzliches Freigeben von Posen ist eine einfache Kriegserklärung an Rußland und würde für den Augenblick Posen, vielleicht die Provinz Preußen im Leben bedrohen. Daß die sofortige Entwicklung polnischer Elemente nicht schneller fortschreitet, liegt lediglich darin, daß die Polen durch den äußersten Mißbrauch der ihnen eröffneten Wege die *deutsche* Be-

[1]) *Heinrich Simon. Ein Gedenkbuch für das deutsche Volk.* Hrsg. von Johann Jacoby. 2. wohlfeile Auflage, Berlin 1865, S. 229 f.

[2]) Abegg, an den das Schreiben gerichtet ist.

völkerung in eine Aufregung gebracht haben, von der man früher dort keine Ahnung hatte, ebenso einen großen Teil der polnischen *Bauern.* So daß unsere lebhafteste Sorge *jetzt* ist, galizische Zustände[2a]) zu vermeiden, deren gräßlicher Erfolg an sich und zum Untergange der polnischen Gutsbesitzer unzweifelhaft ist.

Der lebendigste Vertreter der Wiederherstellung Polens, Herr v. *Willisen[3]),* ist gewählt, um die Sache zu leiten; alle wahrhaften polnischen Patrioten schließen sich ihm an, und ich bitte Sie dringend, trauen Sie dem aufrichtigen Willen, trauen Sie der richtigen Beurteilung der Sachlage – und verhüten Sie jeden Schritt, der – statt zu helfen und zu fördern – eine große und gute Sache in Gefahr bringt!

Sie glauben ohne weiteres den Worten einiger *österreichischer* Deputierter, daß die Freigebung von Galizien in Absicht und nur der modus noch in Beratung stände, *uns* aber, die wir bereits zum Werk geschritten sind, soweit es *ohne Posens eigenes Verderben möglich,* soweit es angänglich, ohne deutsche Brüder zu opfern – uns glauben Sie nicht!

Ich hoffe gewiß, es gelingt – falls keine Störung von außen kommt –, die polnischen und deutschen Bestandteile Posens definitiv zu trennen und dann mit ganzem Herzen den Polen – auf alle Folgen hin – ihr *Recht* zu gewähren. Wollten wir es *heute* tun, bevor diese schon eingeleitete, aber sehr schwierige und fortwährend bestrittene Scheidung vollendet und festgestellt ist, so wäre der blutigste Kampf zwischen den Deutschen (deren Erbitterung durch die erlittenen Mißhandlungen aufs höchste gesteigert ist) und Polen gewiß, der Ausgang zum Nachteil der letztern unzweifelhaft, da die polnischen *Bauern* fast durchgängig gegen polnische Regierung protestieren. Wir wenden aber alles an, die Greuel von Galizien zu verhüten. Trauen Sie nicht jeder polnischen Deputation! Die polnischen Häupter ohne Ausnahme sind einverstanden mit der Zweckmäßigkeit unseres Verfahrens und nur *die Deutschen,* welche in den polnischen Kreisen wohnen, schmerzlich erregt, da dieselben ihren Blick nicht in dem Maß auf das allgemeine Verhältnis richten, als wünschenswert ist.

Ich hoffe, durch diese *persönliche,* durch Ihr und Ihrer Herren Kollegen freundliches Vertrauen hervorgerufene Mitteilung vielleicht Mißverständnissen vorzubeugen.

Wenn ich Ihren Brief aus Breslau nicht beantwortete, so liegt das daran, daß ich Ihre Abreise erfuhr und der Inhalt desselben in wesentlichen Punkten noch vor dem Empfang Erledigung gefunden hatte.

Mit aufrichtiger und unveränderter Hochachtung

Ihr treuergebener
Auerswald.

[2a]) Gemeint sind die galizischen Bauernunruhen von 1846, die besonders im Kreise Tarnow den Charakter einer sozialen Revolution annahmen.

[3]) Über den als polenfreundlich bekannten preußischen Generalleutnant Wilhelm von Willisen (1790–1879) vgl. Valentin, I, S. 540 f. Er war von März bis Mai 1848 königlicher Kommissar in Posen.

427. Jacoby an Simon Meyerowitz

Nachlaß[1]) *Frankfurt am Main, 12. April 1848, 11 Uhr nachts.*

Der Fünfzigerausschuß gewinnt von Tag zu Tag mehr Ansehen und Bedeutung. Die schnell aufeinanderfolgenden Bundesbeschlüsse sowie die Annullierung der durch den preußischen Landtag vorgenommenen Wahlen sind Zeugnisse unserer Tätigkeit. Der Ausschuß zählt kaum acht entschieden energische Mitglieder; von der Gunst der Ereignisse mächtig unterstützt, erringen diese jedoch fast in allen Fragen den Sieg. Die öffentliche Meinung spricht sich so nachdrücklich für uns aus, daß nächster Tage sogar das republikanische (demokratische) Wahlkomitee seinen Anschluß an uns öffentlich erklären und sein Sondermanifest[1a]), das ich Walesrode schickte, zurückziehen wird. Gestern wurde von dem Fünfzigerausschuß eine aus drei Mitgliedern bestehende Deputation nach Kassel entsendet, um daselbst die Ruhe wiederherzustellen und das Ministerium aufzufordern, im Amte zu bleiben und «ohne Rücksicht auf den Kurfürstlichen Willen» zu handeln[2]). Wie arg es in Hessen stehen muß, könnt Ihr daraus ersehen, daß selbst der gemäßigte Jordan[3] (jetzt Bundestagsgesandter für Hessen) diesen Schritt billigte.

Zwei andere Mitglieder des Fünfzigerausschusses (Schleiden[4] aus Schleswig und Mathy von Baden) sind heute nach Berlin deputiert worden mit dem Auftrage, das preußische Ministerium zu bestimmen, «die Vermittlung Englands in der schleswig-holsteinischen Angelegenheit abzuweisen und sofort die Dänen aus den beiden Herzogtümern zu vertreiben!»[5]) Morgen wird in einer (geheimen) Komiteesitzung[6]) über die Wiederherstellung Polens, über die gewaltsame Störung der Schleppschiffahrt auf dem Rhein und über das österreichische Verbot der Ausfuhr von Barren und gemünztem Silber beraten. Ihr seht, daß der Ausschuß auf dem besten Wege ist, bis zum Zusammentritt der konstituierenden Nationalversammlung sich als die provisorische Regierung Deutschlands zu

[1]) JNUL(Ab).

[1a]) Aufruf des «Demokratischen Zentralkomitees für die Wahlen zur konstituierenden Versammlung», Frankfurt am Main, 4. April 1848. Wiederabdruck: Adolf Wolff, *Berliner Revolutionschronik,* Jubiläumsausgabe, Berlin 1898, S. 240–41.

[2]) Vgl. *Verhandlungen des deutschen Parlaments. Zweite Lieferung,* Frankfurt am Main 1848, S. 54.

[3]) Sylvester Jordan (1792–1861), kurhessischer Politiker, Professor der Rechte in Marburg, 1839 wegen «Beteiligung an revolutionären Umtrieben» verhaftet und erst 1845 in oberster Instanz freigesprochen, 1848 Vizepräsident des Vorparlamentes und Mitglied der Nationalversammlung. Als er nach Frankfurt am Main einzog, spannte die Bevölkerung die Pferde seines Wagens aus und zog ihn jubelnd in die Stadt.

[4]) Rudolf Schleiden (1815–1895), schleswig-holsteinischer Politiker, 1848 Mitglied des Vorparlaments und des Fünfzigerausschusses.

[5]) In einer geheimen Sitzung des Fünfzigerausschusses vom 12. April 1848 wurde beschlossen: «Eine Deputation, bestehend aus den Mitgliedern *Schleiden* und *Mathy,* nach Berlin zu entsenden mit dem Auftrage, die unverzügliche, eventuell *zwangsweise* Ausführung des Bundesbeschlusses vom 4. d. M. zur Herstellung des *Status quo ante* im Herzogtum Schleswig und die vollständige Räumung des Herzogtums Schleswig von den Dänen in Übereinstimmung mit Artikel 43 der Wiener Schlußakte *sofort* zu bewirken. Gleichzeitig soll die Deputation beim preußischen Hofe für die *unverzügliche* Aufnahme *Schleswigs* in den deutschen Bund tätig sein.» DPC, S. 132.

[6]) Der Fünfzigerausschuß hielt um die Mitte des April mehrere sogenannte Komiteesitzungen, die geheim waren. Vgl. DPC, S. 131.

gerieren. Die Unfähigkeit und Ratlosigkeit der in den deutschen Ländern bestehenden oder richtiger geduldeten Regierungen gibt ihm die Vollmacht dazu. Soviel über die allgemeinen Angelegenheiten!

Nun noch einige Worte über mich. Soll ich mich zur Wahl für die deutsche konstituierende Nationalversammlung melden? Ich verkenne keineswegs die großen Nachteile, die eine längere Abwesenheit von Königsberg notwendig mit sich führt; allein, wie unsicher und schwierig auch immerhin meine künftige Stellung daselbst werden dürfte, das Bewußtsein, zu der großartigen Wiedergeburt des Vaterlandes wenn auch nur ein geringes beigetragen zu haben, wird mich für jede Unannehmlichkeit, [für jede Entbehrung][bf] reichlich entschädigen. [Sprich hierüber mit meiner Schwester, ziehe Freunde Kosch und Moser zu Rate, und teile mir dann *sobald als möglich* Eure Ansicht von dieser Sache mit!][bf] Seid Ihr *dafür*, so laßt mich ferner wissen, ob ich bei der jetzigen Lage der Dinge Aussicht habe, in Königsberg oder in anderen Wahlbezirken unserer Provinz gewählt zu werden, und zwar *ohne mein Zutun*. Die unsinnigen Gerüchte, die in der letzten Zeit über mich verbreitet wurden, sind hoffentlich beseitigt und der panische Schrecken der Spießbürger gewichen. Ein politisches Glaubensbekenntnis abzulegen, halte ich für überflüssig, da meine Ansichten zur Genüge bekannt sind.

13. April morgens. Ehe ich zur Sitzung gehe, noch ein paar Worte! *Welchen Charakter* wird die künftige konstituierende Versammlung haben? *In welchem Geiste* wird sie handeln? Dies ist zur Zeit die wichtigste Frage. Hier ist man nicht ohne Besorgnis. Zur Beschleunigung und Überwachung der Wahlen im allgemeinen hat der Ausschuß ein besonderes Zentral-Wahlkomitee niedergesetzt, dessen Mitglied ich bin. Wir tuen alles Mögliche, um durch Korrespondenz, durch die Presse etc. auf *freisinnige* Wahlen hinzuwirken, damit das durch die allgemeine Kreditlosigkeit und durch Ansprüche der arbeitenden Klassen eingeschüchterte Pfahlbürgertum nicht die Oberhand gewinne. Die Proklamierung der Republik ist für die nächste Zukunft viel weniger zu befürchten als das Wiederaufleben der jetzt nur *scheintoten Reaktion*. Sage Keudell, Neitzschütz und Brünneck, daß in Baden, Nassau und einem Teile der Rheinprovinz die Republik zwar viele Anhänger zähle, daß aber z. Z. bei dem Übergewicht der Österreicher, Preußen und der übrigen Norddeutschen ein «Klub» gegen die Reaktion viel nötiger wäre als einer gegen die Republik.

Deine Ansicht, daß für *jetzt* eine möglichst große *demokratisch-konstitutionelle* Freiheit in Deutschland angestrebt werden müsse, teile ich ganz. Dies geschieht aber eher dadurch, daß wir *mit* der im Verhältnis noch immer sehr schwachen republikanischen Partei gehen, als wenn wir in Verbindung mit der reaktionären Geldaristokratie unter dem Schilde der konstitutionellen Monarchie *gegen* dieselbe ankämpfen.

Die Republik ist nach meinem Dafürhalten die einzige, eines freien, *politisch gebildeten* Volkes würdige Staatsform, sie ist am besten geeignet, die staatsökonomische Frage, die große Aufgabe der Zukunft, zu lösen. Tollheit aber wäre es, die Republik *machen*, sie einem großen Volke auf gewaltsame Weise *aufdrängen* zu wollen. Ein solches Streben kann nur zur Anarchie oder Despotie führen. Wie *jetzt* die Sache steht, bei der geringen politischen Bildung unseres Volkes, bei der deutlich ausgesprochenen Antipathie der Mehrzahl gegen Republik, kann es wohl kaum einem Zweifel unterliegen, daß die

Stärke und *Freiheit*[7]) Deutschlands, die wir ja alle herbeiführen wollen, *nur* auf dem Wege der *demokratisch-konstitutionellen* Monarchie zu erzielen ist. Die Hauptaufgabe wird es sein, durch Erhebung und Schutz der besitzlosen Klassen, durch allgemeine Volksbewaffnung und andere freisinnige Institutionen die Fürstengewalt so zu beschränken, daß sie die selbständige Entwicklung des Volkes durch egoistisch-dynastische Bestrebungen nicht ferner zu hemmen imstande sei. Nur *so* werden wir vor jenem *Mißbrauch* der konstitutionellen[8]) Staatsform bewahrt, den Frankreich während achtzehn Jahre zu beklagen hatte.

Doch für heute genug! Es ist 9 Uhr, ich muß nach dem Römer zur Komiteesitzung. Grüße *alle* Freunde von mir. Kosch und Tamnau(?) werde ich noch heute im Auftrage des Fünfzigerausschusses ein offizielles Schreiben zusenden[9]). Entschuldige mich, daß ich nicht jedem besonders schreibe, und teile ihnen aus meinem Brief mit, was Dir dazu geeignet scheint. Moser sagte, daß Droysen[10]) als Vertrauensmann für Holstein hier ist und daß schon jetzt den Fürsten die Entscheidung über Krieg und Frieden – wenigstens faktisch – genommen ist.

[7]) BAF(Ab); *Einheit.*

[8]) BAF(Ab): «konstitutionell-monarchischen».

[9]) Abschrift eines solchen Schreibens war im BAF nicht aufzufinden. Mitteilung BAF 17/70 – 343 20. Januar 1970.

[10]) Johann Gustav Droysen (1808–1884), Geschichtsforscher und Politiker, 1848 Mitglied der Frankfurter Nationalversammlung, Ludwig Mosers Jugendfreund (vgl. Droysen, *Briefwechsel,* Berlin/Leipzig 1929, I, S. 32 ff.).

428. Ludwig Moser an Jacoby

Nachlaß[1]) *Königsberg, 12. April 1848.*

Von allen Wundern der letzten Wochen ist das nicht das geringste, daß Sie an dem deutschen Bundestage im Verein mit Colloredo[2]), Dönhoff[3]) usw. zu arbeiten berufen sind. Ihre neueste Manifestation, die Wahlen des Berliner Landtages zum Parlament in Frankfurt zu annullieren, wie ich das soeben erfahren, hat meinen ungeteilten Beifall. Ich war wütend über diese Wahlen, weil unsere Provinz Sie übergangen hatte, und war schon willens, Ihnen die Tugend der Resignation zu predigen, welche Männer der Tat jetzt mehr als je zu üben haben werden – als man mir meldete, daß diese Wahlen nach den Frankfurter Beschlüssen ungültig seien. Kanntet Ihr damals schon das saubere Wahlprodukt der preußischen Provinziallandtage, von denen der Brandenburgische Euch ein

[1]) JNUL(Ab); eingeschaltete Stellen: LE(Ab).

[2]) Franz Reichsgraf von Colloredo-Waldsee (1799–1859), österreichischer Präsidialgesandter beim Bundestage.

[3]) August Graf von Dönhoff (1797–1874), preußischer Bundestagsgesandter.

halbes Dutzend Juristen, Professoren, inklusive Stahl[4]), zudachte, oder waren Eure Maßregeln antecipando getroffen? Wie dem auch sei, Ihr habt vielleicht gut gezielt und sicherlich gut getroffen, denn unter anderem geht daraus entschieden hervor, daß Ihr die Macht in Deutschland seid und daß der Schwerpunkt in der Tat da liegt, wo Sie ihn suchten, in Frankfurt.

Meine Rechtsbegriffe bringt diese neueste Zeit ganz in Verwirrung, Königsberg strotzt bekanntlich von Männern, die den Vereinigten Landtag nur für kompetent hielten, sich für inkompetent zu erklären. Das war schon im vorigen Jahre. In diesem Jahre sollte ihm kaum das Recht zustehen, einen Wahlmodus zu beraten. Da wählt derselbe Landtag einige dieser Männer für Frankfurt, und siehe da, jetzt ist er mit einem Male kompetent. Bis soweit kann ich noch allenfalls folgen, allein es kommt besser. Heute trifft die Nachricht ein, die Wahlen des Landtages seien ungültig nach den Frankfurter Beschlüssen. In einer Versammlung, die zur Gründung eines konstitutionellen Klubs berufen war, wird die Frage der Kompetenz erörtert und einstimmig dem Landtage abgesprochen – von denselben Männern, die den Ruf nach Frankfurt bereits angenommen hatten.

Von dem lebendigen Treiben in Frankfurt hat mir Ihr Schreiben[5]) ein deutliches Bild gegeben. Ihnen ist sicherlich darin wohl, und die Größe der Aufgabe ist auch wohl geeignet, jeden zu erfüllen und zu befriedigen. Möge die Lösung der Aufgabe entsprechen! Glauben Sie nicht, daß ich das zweifelnd sage, vielmehr hat das Verfahren der Minorität und jetzt dasjenige des Fünfzigerausschusses meinen vollen Beifall. Weniger Beifall zolle ich den Berliner Ministern, ich denke mir, sie hätten anders handeln müssen, als sie handeln. Sie hätten erklären sollen, wir nehmen die Lage an, wie wir sie finden: die konstitutionelle Monarchie in aller Strenge. Die Absorption Preußens von Deutschland dagegen weisen wir zurück. Wir beabsichtigen gar keinen Krieg und am wenigstens mit Deutschland, und das beweisen wir, indem wir es jeder Provinz freistellen, in Deutschland aufzugehen, wie Seine Majestät sich ausdrückt. Wir wollen sie nicht unter dem konstitutionellen Szepter Preußens zurückhalten.

Sie sehen, in mir sitzt noch mehr von dem preußischen Patriotismus, als ich früher ahnte und als jetzt vielleicht gut ist. Aber was wollen Sie? Ich habe sogar noch Vorliebe für Königsberg und verfolge Sie bis nach Frankfurt hin mit den sehr kleinen Geschichten und Ereignissen dieser Stadt. Die Furcht vor den Russen haben wir glücklich und gänzlich abgelegt; sie kam am Tage Ihrer Abreise und ging einige Tage darauf. Von Rußland selbst wissen wir gar nichts, sollten aber die Zeitwogen dorthin nicht dringen? .....

[Konstitutioneller Klub][1e] [unter der Firma Simson, Tamnau, Kosch, Neumann[6]), Professor Hirsch[7]) und Witt.][e] [Kosch, aus Berlin zurück, dagegen. Soll furchtbare Sitzung in der städtischen Ressource gegeben haben. Der Klub wird sich jetzt mit der städtischen Ressource vereinigen. Zuwachs an Langeweile.

[4]) Friedrich Julius Stahl (1802–1861), Professor der Rechtsphilosophie, seit 1840 in Berlin, hochkonservativer Politiker.

[5]) Vgl. Nr. 417.

[6]) Gemeint ist vermutlich Franz Neumann (1798–1895), Professor der Physik an der Universität Königsberg.

[7]) Georg Hirsch (1799–1885), Professor der Medizin und praktischer Arzt in Königsberg.

Arbeiterverein gegründet von Albert Dulk, Walesrode, Hohmann[8]), Tischler Reich und Falkson. Krach mit der städtischen Ressource wegen Versammlungstages.][1e] ....
Die Samtersche Zeitung[9]) tritt nächstens ins Leben. Walesrode sagte mir: er sei Redakteur, Falkson dagegen: er, Dulk, Gottschall, Schöndörffer[10]) und Walesrode seien Redakteure, jeder von ihnen erhalte für einen Artikel wöchentlich 120 Taler jährlich, doch genug dieser Niaiserien!
Was sagen Sie denn zu einer andern, jedem unerwarteten Niaiserie, zu dem preußischen Staatsschatz von dreieinhalb Millionen mit einer Schuld von 1.200.000 an Rothschild? Das ist des Pudels Kern? Schön, den ich heute ... sprach (und beiläufig gesagt sehr frisch fand), hält es geradezu für unmöglich; denn nach Flottwells Angabe sollen die jährlichen Überschüsse zwanzig Millionen betragen haben, und wo sollen sie anders geblieben sein als im Schatz? Wenn wir nur an Hansemann einen ordentlichen Finanzminister haben, der den Kurszettel Kurszettel sein läßt und die bankrotten Bankiers bankrott und der die Aufgabe festhält, inmitten der finanziellen Krisen, die wir haben und die uns noch bevorstehen, mindestens den Staatskredit unerschüttert zu halten. Auf Hinz und Kunz mußte er nicht achten. Leider aber sind Kaufleute und Bankiers nie gute Finanzminister gewesen.
Hiermit schließe ich den objektiven Teil meines Briefes; jetzt wende ich mich zu dem subjektiven, zu Ihnen selbst. Wann werde ich Sie einmal wiedersehen? Liegt es überhaupt nur in Ihrem Plan, als praktischer Arzt wieder hier zu wirken? Ich frage dies absichtlich, denn ich fürchte, Meyerowitz will Sie uns entfremden; er spricht so und hat auch die Absicht (worin ich ihn sehr bestärke), zu Ihnen nach Frankfurt zu kommen, um Sie mündlich zu bearbeiten.
... Ob er es gleich mit niemand besser meint als mit Ihnen, so warne ich doch, sich von ihm bereden zu lassen. Hat er vielleicht diese oder jene Ursache, auf Königsberg nicht gut zu sprechen zu sein, so haben Sie deren keine. Das bißchen Kollision zwischen Ihnen und unserer Stadt verschwindet immer mehr, wenn es je ernstlich dagewesen, so versichert mich auch Falkson.
Wenn ich auch nicht prätendiere, Sie über Ihre zukünftige Stellung jetzt im Moment alles Werdens zu einem Entschluß zu führen(?), so will ich doch Ihr Urteil frei erhalten von den etwaigen Einflüsterungen eines sehr nahen Freundes und würde dem möglichen Anschein einer Hinterlistigkeit dadurch begegnen, daß ich diesen gemeinschaftlichen Freund davon in Kenntnis setzte – fürchtete ich nicht seine Empfindlichkeit.

[8]) E. W. Hohmann, Schneidermeister in Königsberg, hatte sich als Geselle mehrere Jahre in Paris aufgehalten, wo er Mitglied des Bundes der Gerechten war. Sein Vortrag in der Königsberger Bürgergesellschaft «Über deutsche Handwerkervereine im Ausland» erschien im «Ostpreußischen Bürgerblatt», Königsberg: Theodor Theile 1845, Heft 7 S. 7–16.

[9]) «Neue Königsberger Zeitung».

[10]) Heinrich Schöndörffer, Redakteur der «Neuen Königsberger Zeitung», ständiger Sekretär der Königsberger Kaufmannschaft.

429. Simon Meyerowitz an Jacoby

Nachlaß[1]) *Königsberg, 13. April 1848.*

... Königsberg ist durchaus charakterlos. Der politische Ruf dieser Stadt gründete sich auf Dich allein, und als sie Dich bei jener Gelegenheit verleugnete, bei der schmählichen Verleugnung freventlich beharrte, fiel sie in ihre ehemalige Unbedeutendheit wieder zurück. Es fehlt hier an einem Leiter. Sogenannte Demagogen ließen sich allenfalls finden, unmöglich ein Psychagog, wenigstens nicht unter den Personen, die vor der ägiserschütternden Revolution geblendet taumeln. Ein paar Klubs machen schüchterne Lebensversuche. Der eine, an dem Falkson, Rupp, Dinter, Dulk, Walesrode und andere sich beteiligen, sein Zweck soll Opposition sein, den anderen wollen oder wollten Witt, Professor Hirsch, Kosch, Rosenkranz und J.[2])(?) u.(?) R. Simson[3]) bilden. Kosch möchte seine städtische Ressource in einen konstitutionellen Klub verwandeln .....
Samter wird sein Blatt, dessen Aktien auf fünfzehn Reichstaler pro Stück herabgesetzt sind, vielleicht zustande bringen, wie steht es aber mit den Mitarbeitern? Jachmann, der rüstigste Federmann ist nach Kobulten gegangen, mithin fehlt der beste Lückenbüßer. Unser Magistrat ist mit der Vorbereitung zu den Urwahlen eifrig beschäftigt. Wir werden ungefährt 140 Wähler haben, wen werden diese wählen? Kosch scheint große Lust zu haben, vieler Wünsche sind für Dich. Mögen patriotische Dankbarkeit und freier Sinn den Sieg davontragen.
..... Unsere höheren Stände befinden sich in einem ähnlichen Zustande der Korruption wie die des Römerreichs. Eine neue Völkerwanderung ist aber unmöglich, da drängt der seit vierzehn Jahrhunderten unterjochte vierte Stand von unten herauf, um die entarteten Geschlechter moralisch zu kräftigen .....

Nun einiges über Deinen Brief an Moser.
Wenn der größere Teil Eurer Versammlung die republikanische Monarchie will, der kleinere dagegen die reine Republik, warum gehörst Du, ganz gegen Deine mitgebrachten Vorsätze, zur Opposition? Die Republik könnte uns um die republikanische Monarchie bringen. Glaube nicht, daß die Unklugheit und Schwäche Friedrich Wilhelms IV. eine Reaktion unmöglich machen, gerade die Erniedrigung des höchsten Hauptes regt das Mitleid des gemeinen Mannes auf, und keine Gewalt ist vermögend, die Verehrung für das historische Hohenzollerngeschlecht plötzlich ganz zu vertilgen, wenigstens nicht in den alten Provinzen Preußens. Eine Republik schon jetzt würde uns und mit uns ganz Deutschland vorerst zu einer inneren und dann zu einer äußeren Zersplitterung führen. Ohne Haupt läßt sich selbst eine republikanische Regierung nicht denken, und wo soll dieses Haupt seinen Sitz haben?
Frankreich ist darin glücklicher, ihm wird sein Paris stets voranleuchten. Die meisten der Frankfurter Versammlung haben frühere Kränkungen mitgebracht und legen ihre vermeintliche edle Rache in die Schale des Vaterlandes. Du hast jederzeit persönliche Krän-

[1]) JNUL(Ab).
[2]) Es könnte der Oberlandesgerichtsreferendar John Simson gemeint sein, der jüngste Bruder von Eduard Simson.
[3]) Ein solcher ließ sich nicht feststellen. Es konnte nicht ermittelt werden, ob der Statistiker Robert Simson, ein Onkel von Eduard Simson, damals in Königsberg lebte.

kung für das Vaterland vergessen, Du wirst sogar jeden ähnlicher Gesinnung fähig halten, hierin aber könntest Du Dich leicht täuschen. Sei mißtrauisch, untersuche, weshalb die anderen das Äußerste wollen, da wir das Unerwartetste haben und dauernd befestigen sollten. Eure Versammlung ist vollkommen geistesbefugt, die Rechte der gesamten Deutschen festzustellen und für diese Rechte die schützenden Formen zu verlangen, Ihr seid aber nicht zur geringsten administrativen Maßregel berechtigt.
Hierzu rechne ich die Bestimmungen für die Arbeiter etc. Die Verhältnisse des Arbeiters und Arbeitgebers können unmöglich bleiben, wie sie bisher gewesen sind, dafür bürgt hinlänglich, daß sie sich dieselben politischen Rechte erkämpft haben. Sie, diese nun zum Teil blutig erworbenen Rechte, *materiell* ausbeuten wollen hieße einen Stand auf die roheste Weise bevorrechten wollen. Auch der Besiegte darf nicht unterdrückt werden.
Wird Eure Versammlung beim Zusammentritt des von der ganzen deutschen Nation gewählten Parlaments sich auflösen? Hier wäre wohl viel zu bedenken. Zwei Parlamente dürften zur Anarchie führen .....
Vergiß nicht über Deinem Kosmopolitismus die Größe Preußens. Dadurch, daß Ost- und Westpreußen in den Deutschen Bund aufgenommen sind, ist ganz Preußen eine deutsche Provinz geworden. Wir verlieren dadurch jenes Volksbewußtsein nach außen, in dem das erhebende Gefühl politischer Größe und Selbständigkeit beruht.
‹Sobald Jakob[4]) über sein Vermögen beruhigt ist, die trüben Aussichten in dieser Hinsicht sich aufhellen, komme ich zu Dir. Die mächtige Zeit wirkt auf mich ungeheuer ein, sie erfüllt mir die Brust mit erhabenem Schauer, und ich fühle mich hier so einsam und verlassen. Wie die unverständigen Kinder bei einem Brande, jubeln die einen bei dem Auflodern aller Verhältnisse, und die Niedergedrücktheit der anderen wie gemein und gottlos!
Lebe wohl! Du fehlst hier unendlich vielen, man sehnt sich nach Dir wie nach einem leuchtenden Stern in der Finsternis.›

[4]) Jakob Adelson.

430. Fanny Adelson an Jacoby

Nachlaß[1]) *Königsberg, [Mitte April 1848.]*[m]

Ihren Brief[2]), lieber Jonny, habe ich gestern abend erhalten, und obgleich ich anfangs gar nicht mehr schreiben wollte, so kann ich doch nicht umhin, an Sie noch einmal die Bitte zu richten, durch ein rasendes Beginnen nicht das ganze Land in den Abgrund zu stürzen. Maßen Sie sich nicht eine Herrschaft an, die Ihnen (und den übrigen 49) durchaus nicht zukommt und worüber selbst Ihre *besten* Freunde empört sind. Seit wann sind Sie

[1]) JNUL(Ab).
[2]) Vgl. Nr. 420.

der große Politiker geworden, der die Geschicke der Staaten lenken will? Seit wann ist *Ihnen* so klar, was alle Leute gerade entgegengesetzt verwerfen, daß die Freigebung Posens den Krieg mit Rußland verhindern wird.
Die Polen haben keine Sympathien mehr in Ostpreußen (ich nehme einige verrückte Liberale aus), und *man will den Krieg mit Rußland nicht.* Dieser aber ist gerade unvermeidlich, wenn Posen freigegeben wird. Und kann so etwas ohne Beratung der Kammern geschehen? Also aus Euren Händen soll Deutschland seine Gesetze erhalten? Da wird sich Deutschland schön bedanken, und ich kann Ihnen mit Wahrheit sagen, daß man mit dem Dank schon jetzt anfängt.
Ihr seid hingegangen, Euer Vaterland zu konstituieren, tut dieses, schafft erst Ordnung bei Euch, seht, daß der Schatz sich wieder fülle, daß das gedrückte Land sich ein wenig hebe, und dann kommt mit Eurer Befreiung Polens! Sie lassen sich von einigen exaltierten Polen beschwatzen und stehen nicht an, sich im Angesichte von ganz Europa dafür lächerlich zu machen. Wissen Sie denn, welche ehrgeizigen Pläne diese Leute haben, welche Motive für eigene Größe sie zur Wiederherstellung ihres Vaterlandes treibt? – Glauben Sie mir, trotz Ihrer Idee von der eigenen Unfehlbarkeit bin ich und *alle* Ihre Freunde der Meinung, daß nichts leichter ist, als *Sie* zu hintergehen[3]) . . . . .
Und nun, lieber Freund! leben Sie wohl! Ich schreibe Ihnen nicht mehr, denn ich habe die Sympathie für Ihr Beginnen verloren, Sie wollen das Unglück des Landes, Sie wollen alles umstürzen, woran das Menschenherz hängt. Sie verlangen nicht allein für Ihr Vaterland alles, sondern alles für alle! Dies geht über meine Sphäre. Ich bin tief gebeugt und ergriffen, daß Sie sich so fortreißen ließen. Sie haben schon einmal durch Ihren starren Sinn Ihren guten Ruf aufs Spiel gesetzt, Sie werden nun als Protektor der Polen auftreten und wegen eines jämmerlichen Volkes, das nicht die Spur einer Sympathie verdient und das Sie außerdem gar nicht kennen, den Frieden und die Freiheit Ihres jetzt so schwankenden Vaterlandes zerstören.

[3]) In der ausgelassenen Stelle steht auch wohl der Satz, daß «alle Welt» Jacoby «für einen eitlen Menschen hält». Vgl. Nr. 435 letzter Absatz.

431. Georg Herwegh an Jacoby

Abdruck[1]) *[o. O., etwa Mitte April 1848.]*[m]

Lieber Freund!
Da ich mich selbst nicht mehr bei Euch empfehlen kann, so empfehle ich Dir wenigstens den Überbringer dieses Schreibens Magdziński[2]), Chef einer der polnischen Kolonnen,

[1]) Abgedruckt von G. Mayer in der «Frankfurter Zeitung» vom 18. Mai 1823 Nr. 360 1. Morgenblatt.
[2]) Teofil Magdziński, (1818–1889), Gutsbesitzer, Jurist, 1877–1889 Mitglied des Reichstags, Jugendfreund Emma Herweghs, Schwager des polnischen Historikers Joachim Lelewel.

zu erträglicher Aufnahme. Er wird Dir seine Anschauungen und Wünsche, die ich vollkommen teile, selbst vortragen, und ich bin überzeugt, daß Du für die Polen tun wirst, was die *Ehre* Deutschlands im Augenblick gebieterisch verlangt[3]). Du wirst Dich nicht wie die übrigen Fünfziger[4]) düpieren lassen durch die von Rußland und Preußen montierten Intrigen, die nur den Zweck haben, die beiden Völker in eine künstlich-feindliche Stellung zueinander zu bringen und die *Lebens*frage Europas durch Territorialfragen zu unterdrücken.

Was *mich* persönlich betrifft, so seid Ihr durch Eure Emissäre[5]) trefflich unterrichtet. Ich kann den Parlamentstrab nicht einhalten und gehe meinen Sturmschritt weiter, ich mag die Republik nicht rotieren lassen, sondern will sie zu *machen* suchen, sei's auch im entferntesten Winkel Deutschlands. Einmal ein fait accompli, so nehmt Ihr sie doch alle an. Glückt's nicht und kommt's gar nicht zum Versuch, so geh ich hin, wo ich hergekommen, was ich auch tun würde, wenn's glückte, denn von der deutschen Freiheit auch in einer Republik hab ich keine gar großen Begriffe.

Wenn *Ihr* nicht Lust habt, zu *leben,* so will *ich's* tun.

Es geht mir mit der Republik wie mit den Frauen, ich liebe sie aus erster Hand, d. h. aus der Hand des Volkes durch eine Revolution. Geht das nicht, nun, so bin ich vielleicht auch nicht skrupellos, sie aus der Eurigen zu empfangen.

Was ich hier geschrieben, adressiert sich übrigens mehr an Deine *Kollegen* als an *Dich. Wir* kennen uns. Nach wie vor Dein treuer

G. Herwegh.

Schneidet nicht gar zu ernsthafte Gesichter um das Wohl des einigen Deutschland! Es ist doch nichts dahinter!

Die sogenannte Bande, die ich führen soll, besteht beiläufig gesagt aus Menschen, die imstande sind, sich totschießen zu lassen, also mehr imstande als das Frankfurter Parlament.

[3]) Jacoby erklärte am 17. April 1848 im Fünfzigerausschuß: «Der Führer der Polen, Herr Magdziński, scheint ein braver und besonnener Mann zu sein. Ich habe mit ihm Rücksprache genommen, und er hat mir versichert, daß er seine Landsleute ohne Waffen, und ohne die Ordnung und Ruhe in Deutschland zu stören, durchführen wolle. Wenn irgendwo, so ist hier die Politik des Mißtrauens am unrechten Ort.» *Verhandlungen des Deutschen Parlaments, Zweite Lieferung*, Frankfurt am Main 1848, S. 85.

[4]) Gemeint sind die Mitglieder des Fünfzigerausschusses.

[5]) Die Kommissare des Fünfzigerausschusses trafen in Straßburg am 15. April 1848 ein; vgl. Valentin, I, S. 488.

432. Ostpreußische Gutsbesitzer an Jacoby

Rekonstruktion[1]) *Ort unbekannt, etwa Mitte April 1848.*

Viele ostpreußische Gutsbesitzer ersuchen Jacoby, auf eine Verschiebung der Deutschen Nationalversammlung vom 1. Mai bis 1. Juni hinzuwirken.

[1]) *Verhandlungen des Deutschen Parlaments. Zweite Lieferung*, Frankfurt am Main 1848 S. 105.

433. Ludwig Moser an Jacoby

Nachlaß[1]) *Königsberg, 16. April 1848.*

Ich lasse meinem letzten Schreiben[2]) rasch ein neues folgen, das ich sogar Ihrer aufmerksamen Beachtung wert halte. In meinem vorigen warf ich die Ansicht hin, daß das preußische Ministerium wenig Lob dafür verdiene, die Souveränität dieses alten Reichs nach Frankfurt hin geradezu verschenkt zu haben. Das war das Resultat der Nacht auf den 19. in Berlin *nicht*. Das Ministerium fand freilich diese – lassen Sie mich die Sache mit ihrem Namen nennen – fand freilich diese Torheit vom Morgen des 19. vor. Aber statt seine Verantwortlichkeit darein zu setzen, sie ungeschehen zu machen, suchte es sie zu mäßigen, zu mildern – das schlechteste, was dem energischen Benehmen Ihrer Frankfurter gegenüber möglich ist.

Die Sache steht heute so: Preußen ist vollkommen unter die Botmäßigkeit Ihres Fünfzigerausschusses gekommen. Diese Stellung ist nicht natürlich, täuschen Sie sich darüber nicht. Wenn das gesamte preußische Volk darüber befragt würde, ob es aufhören wolle, eine Nation zu sein, jetzt gerade, wo es alle Rechte derselben angetreten, ob es für die Folge zu einer Provinz Deutschlands heruntersteigen wolle, die Antwort ist nicht zweifelhaft. Unter solchen Umständen ist es gefährlich, diese selben Preußen das Gefühl ihrer Abhängigkeit zu stark empfinden zu lassen, die Reaktion könnte über Nacht eintreten und gefährlicher werden, ja weiter greifen als Sie denken.

Das sind ungefähr meine Gedanken gewesen, seitdem mein voriger Brief an Sie abgegangen war. Ich sprach darüber nur mit Meyerowitz und würde sie weiter in mir zurückbehalten haben, wenn ich mich nicht stündlich überzeugte, daß sie anfangen, sehr allgemein zu werden. Ich nenne die Namen derer, mit welchen ich gestern zu unseres O. von Keudell Geburtstag zusammen war: die beiden Keudell, Robert Schön, Tamnau, Neitzschütz, Ulrich, Bardeleben, Keiserlingk. Sie teilen alle dieselben Ansichten, ja sie waren schon zu Schritten infolge derselben bereit, die bis jetzt vorläufig unterblieben sind. R. Schön sprach es einfach und deutlich aus, wir wollen Preußen sein und nicht aufhören, einen souveränen Staat zu bilden. In Frankfurt verfolgt man statt liberaler Zwecke

[1]) JNUL(Ab).
[2]) Vgl. Nr. 428.

ideelle (er meint diese nebelhafte Einheit Deutschlands) und verfolgt sie mit aller Tyrannei.
Ich bin nicht derjenige, der Ihnen die genannten Männer oder irgend andere als Autorität hinstellt; allein bei Ihrer jetzigen Wirksamkeit darf Ihnen diese Stimmung, die natürlich ist und sich gewiß sehr verbreiten wird, nicht unbekannt bleiben. Raten Sie mindestens von Maßregeln ab, die geeignet wären, diese Stimmung noch zu steigern. Ihren Brief, den sie mit S[imon] und A[begg] an den Minister von Auerswald gerichtet[3]), billige ich schon in dieser Beziehung nicht. Verhüten Sie es, daß man den Bogen überspanne; einige Schritte, die ich sehr wohl kenne, und dem Ausschuß ist nichts als das Nachsehen geblieben. Denn er hat keine reelle Macht. Die Hauptversammlung, ein paar Badenser mit einigen zu erwartenden Herweghianern bilden keine Macht. Geben Sie sich hierüber um Gottes willen keinen Täuschungen hin. Halten Sie den Ausschuß namentlich vom Drohen ab; Drohen macht häufig den Schwachen Mut, und das jetzige liberale Preußen ist nicht schwach; eine augenblickliche Verblendung in den hohen und höchsten Sphären läßt es nur so erscheinen. Ein Staatsmann mit gesundem Blick, der keine Gespenster sieht, könnte leicht auf den Einfall kommen, jede Verbindung mit Frankfurt aufzugeben, sein Land ruhig zu konsolidieren und abzuwarten, ob es einer langen Zeit bedürfen wird, daß ein großer Teil Deutschlands zu Preußen gehöre.
Den vorhin erwähnten Brief an den Minister A[uerswald] mißbillige ich nicht allein der Form nach, der Inhalt ist nicht weniger bedenklich. Die Hochherzigkeit, das alte Unrecht gegen Polen wiedergutzumachen, wird jeder Deutsche gern anerkennen. Die reellen Verhältnisse können jedoch hier wie nirgends ganz übersehen werden. Jeder Mensch, der einmal in seinem Leben einen Polen kennengelernt hat, weiß, daß diese Nation ebenso demütig im Unglück als übermütig im Glück ist. Davon zeugt schon hinlänglich, daß sie in ihrem Übermut Danzig, Elbing, und was weiß ich alles, jetzt beanspruchen. In Frankfurt wird man freilich davon nichts sagen, dort wird man es für vorteilhafter halten, die andere Seite vorzukehren, die der De- und Wehmut. Diese Art Charakter, mit anderen üblen Eigenschaften gepaart, brauchte uns in dem Augenblick wenig zu interessieren, wo ihnen ihr Recht wiedererstattet werden soll. Allein Tausende von Deutschen leben unter ihnen, die Hälfte der Provinz Posen ist deutsch; und von dort dringt schon ein so einstimmiges Wehgeschrei herüber, daß es doch wohl von Deutschen einige Beachtung verdient. Von Bromberg aus haben Familien bereits ihr Hab und Gut hierher nach Ostpreußen gesandt und stehen auf dem Sprunge, auch ihr Leben zu retten. Es ist wahrlich in Frankfurt ganz leicht gesagt, Polen muß wiedererstehen, nur wird es etwas schwerer sein, dem gemeinen Polen begreiflich zu machen, daß sie Rücksicht auf ihre deutschen Mitbürger zu nehmen hätten, weil sie den Deutschen das Erstehen ihrer Nationalität verdanken. Somit ist hier einige Vorsicht nötig, und wenn diese sonst nur zweckmäßig getroffen wird, so wäre es ein Unrecht, das preußische Gouvernement darin stören zu wollen. Nicht jeder Zweck kann über den Fluch von Tausenden erheben .....

[3]) Vgl. Nr. 422.

434. Karl Hagen an Jacoby

Nachlaß[1]) *Heidelberg, 17. April 1848.*

Lieber Jacoby!

Ich wende mich an Sie, um etwas über die Anordnungen zu den bevorstehenden Wahlen, über die Wirksamkeit der Zentralkomitees und über die Listen der Kandidaten zu erfahren. Wir wissen hier noch gar nichts; auch sind noch nicht einmal die Urwahlen angeordnet; folglich kann man noch gar nichts bestimmen; selber von Kandidaten hörte ich noch nichts nennen. Ich brauche Ihnen nicht erst zu sagen, daß ich ebenfalls in das konstituierende Parlament gewählt zu werden wünsche. Ein großer Teil meiner Studien ist gerade den Dingen, die daselbst zur Sprache kommen, zugewendet gewesen, und nachdem ich jahrelang als Schriftsteller und als Lehrer in dem Sinne der deutschen Freiheit und Einheit gewirkt, möchte ich mein Scherflein auch zu der wirklichen Reorganisation von Deutschland beitragen. Nur weiß ich noch nicht, wie und wo ich als Kandidat auftreten soll. Und deshalb frage ich Sie, ob das Zentralkomitee in Frankfurt nichts Näheres über den Zusammenhang der Wahlen pp. bestimmt und angeordnet hat. Sprechen Sie mit Robert Blum darüber, welcher wohl dieser Tage wieder in Frankfurt eintreffen wird, und mit Reichenbach und Detering[2]), wenn sich diese gegenwärtig in Frankfurt aufhalten, was ich alles nicht weiß.

Eisenmann[3]) agitiert in Bayern großartig in konstitutionell-monarchischem Sinne und, wie es scheint, mit Erfolg. Er geht so weit, daß er sogar die Befugnis der konstituierenden Versammlung bestreitet, ganz allein ohne Verträge mit den Fürsten die zukünftige Verfassung Deutschlands zu beschließen.

Für uns ist eine neue Schwierigkeit erwachsen durch das unsinnige Benehmen Heckers und Struves, welche die Republik ausrufen wollten und die nun flüchtig geworden sind. Soiron hat in Mannheim und hier gut gewirkt, und hoffentlich ist die Umsturzpartei am Ende. Sehen wir aber, daß daraus nicht andere Gefahren erwachsen.

Sie würden mich sehr verbinden, lieber Freund, wenn Sie mir in einigen Zeilen die gewünschten Nachrichten geben wollten. Mit herzlichem Gruße Ihr

Karl Hagen.

[1]) BAF(Ab).
[2]) Vielleicht ist hier der Osnabrücker Advokat Johann Werner Detering (1808–1876) gemeint.
[3]) Gottfried Eisenmann (1795–1867), Arzt und Politiker, Mitglied des Vorparlaments und der Frankfurter Nationalversammlung (Zentrum).

435. Jacoby an Fanny Adelson

Nachlaß[1]) *Frankfurt am Main, 19. April 1848, nachts 11 Uhr.*

Teure Freundin,

soeben komme ich nach Hause und finde Ihren Brief[2]) auf meinem Tische. Endlich also Nachricht von Königsberg, von allen denen, die meinem Herzen so wert sind! Hätten Sie die freudige Ungeduld gesehen, mit der ich das Schreiben öffnete, Sie würden danach den *Eindruck* ermessen können, den Ihre Worte auf mich machten. Glauben Sie denn im Ernste, daß das Geschick der Völker von den klugen oder dummen Beschlüssen des Fünfzigerausschusses abhängt? Glauben Sie, daß es den Sturm *machen* oder *hemmen* kann, der unaufhaltsam Europa durchweht? Die 500 Mann, die in der Paulskirche zu Frankfurt versammelt waren, haben sich wahrlich nicht eingebildet, daß *sie* das polnische Reich wiederherzustellen vermöchten; sie *erkannten*[3]) nur, daß diese Wiederherstellung eine notwendige Folge des Strebens sei, das in *allen* Völkern rege geworden. Dieses und nichts anderes bedeutet ihr *einstimmiger* Beschluß, der wörtlich also lautet: «die Versammlung erklärt die Teilung Polens für ein schmachvolles Unrecht, sie erkennt die heilige Pflicht des deutschen Volkes, zur Wiederherstellung Polens mitzuwirken; sie spricht dabei den Wunsch aus, etc.».[4]) Männer wie Mittermayer[5]), Grimm[6]), Dahlmann, Gervinus, Jordan, Gagern, u. a. sprachen sich mit Wärme und entschieden dafür aus. Halten Sie auch diese Männer für «verrückte Liberale», für Leute die «sich von einigen exaltierten Polen beschwatzen ließen und nun nicht Anstand nehmen, im Angesicht von ganz Europa sich lächerlich zu machen»?! Doch ich will Ihnen nicht weiter durch Wiederholung Ihrer Worte wehe tun.

Wie Italien so wird auch Polen [trotz aller Hindernisse][bf] seine Selbständigkeit erringen. Darüber herrscht selbst bei der preußischen und österreichischen Regierung nicht der mindeste Zweifel. Nur über das *Wie* und *Wann* ist man noch nicht einig. Die preußische Regierung (ich weiß es aus *sicherer* Quelle) ist fest entschlossen, die polnischen Gebietsteile völlig freizugeben, sie wagt nur nicht, damit offen hervorzutreten, – aus Furcht vor Rußland. Ihre Politik ist verhüllt, aber verhüllt mit einem sehr durchsichtigen Schleier. Wird nicht auch der *russische* Zar hindurchsehen? Wird er es nicht merken, wohin die «nationale Reorganisation» der Polen führen muß? Wird er – wenn er anders zum Kriege sich stark genug fühlt – erst die *offizielle* Freigebung abwarten? Der Rechtspunkt hat Rußland nie Sorgen[7]) erregt, um einen *Vorwand* zum Kriege ist es niemals

1) JNUL(Ab); eingeschaltete Stelle BAF(Ab).
2) Vgl. Nr. 430.
3) BAF(Ab): *erklärten.*
4) Der Antrag Struves, zu erklären, es sei «heilige Pflicht des deutschen Volkes», «Polen wiederherzustellen, indem die Teilung Polens als ein schreiendes Unrecht erklärt werde», «erhielt bei der Abstimmung die fast einhellige Zustimmung der Versammlung». *Offizieller Bericht über die Verhandlungen zur Gründung eines deutschen Parlaments,* Frankfurt am Main, 31. März 1848 Nr. 5 S. 19.
5) Karl Mittermayer (1787–1867), Jurist, liberaler badischer Politiker, 1848 Präsident des Vorparlaments, Mitglied der Frankfurter Nationalversammlung (linkes Zentrum).
6) Sowohl Jakob Grimm wie sein Bruder Wilhelm waren Mitglieder des Vorparlaments. In dem Verzeichnis der Sprecher im Vorparlamente sind sie jedoch nicht aufgeführt.
7) BAF(Ab): Skrupel.

verlegen gewesen. Sicherlich wird es daher schon jetzt alle ihm zu Gebote stehende [Mittel,][bf] Macht und List anwenden, um Preußens Pläne zu vereiteln. Die Halbheit und Zweideutigkeit der preußischen Politik hat alle Nachteile einer sofortigen Wiederherstellung Polens ohne einen einzigen der Vorteile; sie ruft die Feindschaft Rußlands hervor, ohne in den Polen einen befreundeten Nachbarn zu finden[8]).

Durch seine Halbheit und Unentschiedenheit hat das preußische Gouvernement selbst den beklagenswerten Kampf des deutschen und polnischen Elements in Posen herbeigeführt, ein Kampf, der für Rußland zu günstige Chancen darbietet, als daß es nicht, wenn es Lust und Macht dazu hätte, sofort losschlagen sollte. Nur Offenheit und Entschiedenheit – in unserer Zeit die *einzig richtige* Politik – kann den russischen Kaiser (der zudem der Treue seiner Offiziere nicht ganz sicher ist) davon abhalten, sich dem Willen des ganzen zivilisierten Europas mit Trotz und Gewalt entgegenzustellen. Das preußische Ministerium scheint dies jetzt ebenfalls einzusehen und von seiner bisherigen Politik der schlauen und halben Maßregeln abzugehen. Es hat beschlossen, zwischen dem überwiegend deutschen und dem polnischen Teile der Provinz Posen eine Demarkationslinie festzustellen und in dem polnischen Gebietsteile ohne (ängstliche) Rücksicht auf Rußland mit der nationalen, militärischen Reorganisation *ernstlich* vorzuschreiten. Mehr ist früher auch von uns nicht verlangt worden; ob es aber *jetzt* noch, da in Posen teils durch den Übermut der Polen, teils durch die Grausamkeit der pommerschen Regimenter gegenseitige Erbitterung entstanden, da in Österreich und besonders in Ungarn die Feindschaft gegen Rußland sich bis aufs höchste gesteigert, ob *jetzt* noch dies Verfahren zum gewünschten Ziele führen wird, darüber kann nur die Zukunft entscheiden.

Doch genug und vielleicht schon zu viel über diesen Gegenstand! Nur noch ein Wort über mich. Wenn es wahr ist, wie Sie behaupten, daß *«alle Welt* mich für einen eitlen Menschen hält», so habe ich Selbstgefühl genug, mir nichts daraus zu machen. Daß aber auch *Sie*, liebe Freundin, mich so wenig kennen, daß auch Sie in einen so trivialen Vorwurf mit einstimmen, in einen Vorwurf, der bisher noch *jedem* gemacht wurde, der seine Tätigkeit den öffentlichen Interessen widmete, das hat mich *innig* betrübt. – Schließlich noch die Versicherung, daß *Ihre* Worte mich nicht «zu dieser Reise bestimmten», sondern einzig und allein die Erwägung, daß ich *hier* mit meiner geringen Kraft dem Vaterland am besten zu nützen imstande sei. Sie dürfen deshalb in Ihrem Gewissen völlig «beruhigt» sein.

[8]) BAF(Ab): zu gewinnen.

436. Simon Meyerowitz an Jacoby

Nachlaß[1]) *Königsberg, 19. April 1848.*

Lieber Jonny!

Unsere politischen Ansichten stimmen da, wo sie aufrichtig gegeneinander ausgesprochen werden, wohl ziemlich überein, und hierüber noch ein Wort zu verlieren, wäre für Dich Zeitverlust; allein über die Mittel zur Realisation dieser Ansichten oder Ideen, wie man jetzt alles nennt, sind wir sehr auseinander, weit mehr als an Jahren und geistiger Kraft. Deine außerordentliche Überlegenheit darf mich nicht abschrecken, Dir die reine Wahrheit zu sagen. Die neueste französische Revolution, wie großartig und begeisternd in ihrer Erscheinung, ist zum Teil eine Folge der Korruption der Literaten, die, mit den Spuren der Liederlichkeit im Gesicht und für alles blasiert, es mit seinen unzüchtigen Genüssen(?) beim Volke versuchte, allein das gesunde(?) Geschlecht verstand die Sache anders und besser, und so ward in einem Augenblick Thron und jedes gesellschaftliche Verhältnis umgestürzt. Wäre das eigentliche Volk nicht viel rechtlicher und sittlicher als seine sogenannten vieljährigen Leiter, Ströme vergossenen Bürgerbluts würden bereits Frankreich überfließen. Ich sage: bereits; denn kommen wird die Zeit, sobald die Masse es müde wird, sich von Louis Blancs Theorien täuschen, von Ledru-Rollin riegeln zu lassen und Lamartine die Verwüstung(?) in ungebundenen Phrasen profanieren(?) zu hören ..... Deutschland, mit schlechten Übersetzungen aus dem Französischen seit langem beschäftigt, wird auch die französischen Vorgänge, freilich in seiner Weise, übertragen. Ihr Fünfziger seid, so wird hier und in Berlin geklagt, auf dem besten Wege. Ihr seid zu vielen von Euch getanen Schritten sicherlich geistesbefugt, dafür ist, abgesehen von der Zweckmäßigkeit, mir besonders Bürge, daß es unter Euch kaum acht entschiedene Mitglieder gibt. Ich reduziere die Zahl auf ein einziges; wer aber hat Euch fünfzig zufällig zusammengekommenen Männern das Recht verliehen, mit Deutschland diktatorisch zu verfahren und gegen seine noch bestehenden Regierungen eine Sansculottensprache zu führen? Du sagst: «Die Ratlosigkeit dieser Regierungen ist unsere Vollmacht.» Eitle (( )), diese Vollmacht zerstiebt in Asche, sobald es dem Einfachsten einfällt, nach Eurem Mandat zu fragen. Die Erbitterung über die angemaßte Gewalt des Ausschusses ist hier außerordentlich und soll in Berlin im Wachsen sein; selbst die nächsten Freunde, Kosch, Moser und andere sind entrüstet. Gegen die kleinen Fürsten kann der Ausschuß, inmitten einer aufgeregten Bevölkerung, eine drohende Sprache führen, Deputationen absenden, allein ein solches Verfahren gegen Preußen, das sich zur Durchführung seiner eigenen Angelegenheiten intelligent und mächtig genug fühlt, muß den Nationalstolz jedes einzelnen empören.

Ihr wollt Deutschland reorganisieren, Polen befreien und mischet Euch überdies in die Angelegenheiten der einzelnen Staaten. Die Schleppschiffahrt, das österreichische Verbot der Silberausfuhr – auch diese rein administrativen Angelegenheiten gehören vor den Ausschuß. Eine solche Gewalt wird nimmer gutwillig aus Händen gegeben, der Ausschuß wird dabei verbleiben, den Zusammentritt des Volksparlaments überwachen wollen. Wohin wird dieses führen? Zu dem, was gegenwärtig das Pfahlbürgertum nicht vermag, zur schmählichsten Reaktion.

[1]) JNUL(Ab).

Denn die Menschen dulden viel leichter die Tyrannei einer berechtigten Regierung als eine Usurpation unter dem Vorwande der Freiheit, weil rechtlos, selbst zu unserem Besten, niemand herrschen und über andere bestimmen darf. Du befindest Dich auf schwindelnder Höhe, ein Hauch kann Dich in den Abgrund stürzen. Es beschwören Dich Deine in Gram sich verzehrenden Schwestern, Deine Lage und [Dein] Tun mit Klarheit ins Auge zu fassen ..... Denke an Thomas Müntzer[2]) oder wenigstens an den edlen Georg Forster[3]), dessen Herz für das Wohl der Menschheit so warm schlug wie das Deinige ... Die Macht der Fünfziger ist ein Schein, sie wurzelt nicht bei uns ... Polen werdet Ihr nicht befreien, wenn es sich nicht selber befreit. Dagegen spricht die Gesinnung der polnischen Bauern, die in ihren Edelleuten ihre ärgsten Dränger sehen. Die Befreiung Polens ist eine Notwendigkeit. Sie wird daher stattfinden, allein nicht durch [das] noch unförmliche Deutschland, und französische Freischaren über unsere Grenzen zu lassen, wäre mehr denn ein politisches Verbrechen. Deutschlands Einheit, wie Ihr sie haben wollt, einen amerikanischen Staatenbund in Europa, ist eine Schimäre, der man Preußens Selbständigkeit nicht ohne Vorbedacht opfern sollte.
Das Königtum mit seinen demokratischen Elementen, das uns plötzlich vom Himmel gefallen ist und wir in diesem Sinne zu befestigen und zu läutern haben, ist und bleibt die sicherste Vormauer gegen das Russen- und Slawentum. Darum will ich nicht, daß *unser* Preußen in Deutschland aufgehe, und habe beim Magistrat den Antrag gestellt, das sogenannte Volksparlament gar nicht zu beschicken. Moser hat mich sogar zu diesem Antrag bestimmt. Morgen wird darüber debattiert werden. Der Magistrat scheint dafür zu sein, entschieden dagegen werden die Stadtverordneten sein; allein es machen sich viele Stimmen dafür laut, das deutsche Parlament nicht in Frankfurt a. M. abhalten zu lassen, weil dort unparlamentarische Einflüsse besorgt werden, auch soll dieses Parlament ein beratendes und nicht definitiv beschließendes sein[4]). Deine Wahl in die Frankfurter Nationalversammlung betreffend muß ich bezweifeln, daß Du in Königsberg durchkommen wirst[5]) .....

[2]) Thomas Müntzer (um 1490–1525), der religiöse Revolutionär.

[3]) Johann Georg Forster (1754–1794), Naturforscher, Schriftsteller und Politiker, hervorragender Parteigänger der Französischen Revolution in Deutschland, 1793 Abgeordneter für Mainz im rheinisch-deutschen Nationalkonvent, in dem er den Beschluß durchsetzte, der die Einverleibung des Gebiets von Landau bis Bingen an Frankreich proklamierte; ging nach Paris, um diese Einverleibung beim Konvent zu beantragen. Vom Reich geächtet und von seiner Frau verlassen, lebte er bis zu seinem Tode einsam in Paris.

[4]) In ihrer am 22. April 1848 abgehaltenen außerordentlichen Versammlung beschlossen Königsbergs Stadtverordnete eine Adresse an das Staatsministerium, in der sie erklärten, daß sie für ein konstitutionelles Königtum Leib und Leben, Gut und Blut einsetzen würden. Diese Adresse nebst einer anderen Dank- und Vertrauensadresse wurde in der am selben Tage stattfindenden Versammlung der Städtischen Ressource verlesen und unterschrieben. Außerdem wurde in der Städtischen Ressource ein gedruckter Aufruf verteilt, in dem der radikalen Partei wie den Männern des alten Regimes eine Absage erteilt wurde. «In der gestrigen [Königsberger] Hart[ungschen] Zeitung finden sich zwei Aufrufe zur Bildung konstitutioneller Klubs; mit Befremden bemerkt man unter den Unterzeichneten Männer, denen man sonst andere politische Ansichten zutraute». «Berliner Zeitungs-Halle» 27. April 1848 Nr. 99 Abendblatt, Königsberg, 23. April.

[5]) Königsberg hat Jacoby ein Abgeordnetenmandat stets versagt.

Demokratische Monarchie bleibe für jetzt und längere Zeit das letzte und einzige Wort. Diese muß zuerst befestigt werden und ins Blut des Volkes übergehen. Weniger wäre ein Verbrechen, mehr eine Unklugheit, was unter Umständen gleichfalls ein Verbrechen werden kann.

437. Adolf Samter an Jacoby

Nachlaß[1]) *Königsberg, 20. April 1848.*

Die an Walesrode gesandte Proklamation des demokratischen Zentralkomitees habe ich in 2000 Exemplaren drucken und gratis nach Möglichkeit verbreiten lassen. Die philisterhafte Stimmung unserer Stadt nahm sie mit entsprechender Entrüstung auf. Sie werden wohl schon von anderer Seite gehört haben, welche Mißstimmung der Fünfzigerausschuß hier erregt, kurz Königsberg ist auf dem schönsten Wege der Reaktion.

Unsere Zeitung wird zustande kommen[2]), und wenn auch Sperling, Heinrich, Kosch dabei sind – so werden wir sie in Händen behalten – ich werde mich jedenfalls genügend vorsehen, sollte ich auch im letzten Moment zurücktreten. Walesrode steht noch so gut wie am Pranger, doch werde ich sehen, seine Wahl als *provisorischer Redakteur* durchzusetzen. Sollten Sie in Frankfurt einen passenden finden, so bitte es mitzuteilen.

[1]) JNUL(Ab).
[2]) «Neue Königsberger Zeitung».

438. Robert Blum[1]) an Jacoby

Nachlaß[2]) *[Köln, etwa 20.–25. April 1848.]*

Spricht sich günstig aus über das vom Bundestag vorgeschlagene Triumvirat[3]).

[1]) Vom 16. bis 28. April 1848 verwendete der Fünfzigerausschuß Blum zu offiziellen Missionen nach Köln und Aachen.
[2]) Inhaltsnotiz in Hans Blum, *Robert Blum. Ein Zeit- und Charakterbild für das deutsche Volk,* S. 306–307.
[3]) Über den Plan des Triumvirats, vgl. Valentin, I, S. 528.

439. Jacoby an Raphael Jakob Kosch

Nachlaß[1]) *Frankfurt am Main, 23. April 1848.*

..... Mein Leben in Frankfurt bietet viele Annehmlichkeiten, hat aber auch seine nicht unbedeutenden Schattenseiten. Das Wesentliche davon ist Dir bekannt. Wenn Ihr Euch über das entschiedene und zuweilen – ich gebe es zu – etwas anmaßende Auftreten des Fünfzigerausschusses wundert, so habt Ihr allerdings Grund und Recht dazu. Die Macht desselben ist eine reine Usurpation und wäre mit allem Fug vom Volk zurückzuweisen, wenn sie nicht in den täglich dreister auftauchenden Reaktionsversuchen ihre Rechtfertigung fände. Der Absolutismus hat in *den einzelnen deutschen Staaten* eine so arge Niederlage erlitten, daß er *dort* nicht mehr offen hervorzutreten wagt; desto eifriger aber sind die Fürsten und ihre Anhänger bemüht, *mittels des scheinbar regenerierten Bundestages* allmählich wieder zu einem Teil ihrer früheren Macht zu gelangen. *Frankfurt* ist jetzt der Sitz einer geheimen Reaktion; ebendeshalb tut es not, daß gerade in Frankfurt die Sache des Volks von einer öffentlich beratenden Versammlung vertreten werde.

Die Stellung des Fünfzigerausschusses ist wahrlich keine angenehme; die meisten Mitglieder wünschen sehnlichst den Augenblick herbei, da sie ihr Amt in die Hände der konstituierenden Versammlung legen können; bis dahin aber halten sie es für ihre Pflicht, die Schritte des Bundestags mit mißtrauischen Augen zu überwachen. Glaube nicht etwa, daß ich zu schwarz sehe! Bisher wagte die Reaktion allerdings nur schüchterne Versuche; in den letzten Tagen aber, nachdem die republikanische Schilderhebung in Baden gescheitert[2]), tritt sie in einer Art auf, daß selbst die gemäßigsten Mitglieder des Ausschusses wie Biedermann, Heckscher[3]), Venedey etc. darüber empört sind. Die Pläne der alten und neuen Diplomaten gehen besonders dahin, den Fünfzigerausschuß nach und nach beiseite zu schieben und das künftige Nationalparlament als eine *oktroyierte* Versammlung unter *die Leitung des Bundestages* zu stellen.

Das Protokoll unserer beiden letzten Sitzungen, das ich Dir, sobald es gedruckt, zuschicke, wird Dir hierüber näheren Aufschluß geben. Für jetzt führe ich nur an, daß – obgleich schon drei Wochen seit dem Schluß des Vorparlaments vergangen – noch immer die alten Mitglieder des Bundestages nicht abgerufen worden, daß diese Herren den Eröffnungstermin der Nationalversammlung eigenmächtig hinausschieben und eine bedeutende Truppenmacht um Frankfurt zusammenzuziehen versucht, daß sie endlich sogar den Antrag gestellt haben, aus drei von Preußen, Österreich und Bayern zu ernennenden Männern ein Triumvirat zu bilden, das «unter eigener Verantwortlichkeit» die oberste Leitung der deutschen Angelegenheiten nach außen und *im Innern* übernehmen solle. Und während man im Schoß der Bundesversammlung solche Pläne schmiedet, werden die deutschen Interessen in den Herzogtümern Schleswig und Holstein auf die unverantwortlichste Weise vernachläßigt, läßt man, weil wegen des Oberbefehls der Bundes-

[1]) JNUL(Ab).

[2]) Am 12. April 1848 brach der republikanische Aufstand unter Führung von Hecker und Struve in Baden aus. Das badische Heer warf die Erhebung in den Gefechten bei Kandern (20. April) und Dossenbach (27. April) rasch nieder.

[3]) Johann Gustav Moritz Heckscher (1797–1865), Rechtsanwalt in Hamburg, liberales Mitglied des Vorparlaments und der Frankfurter Nationalversammlung (rechtes Zentrum).

truppen ein jämmerlicher Personenstreit sich erhoben, die Dänen in Schleswig im Angesicht des deutschen Heeres frei schalten und walten.

Wie Moser und Meyerowitz mir schreiben[4]), ist man in Königsberg und Berlin (??) mit dem Verfahren des Fünfzigerausschusses im höchsten Grade unzufrieden; man beschuldigt ihn der Schwärmerei, Tyrannei, Gleichmacherei, und der Himmel weiß welcher anderen Verbrechen; man geht sogar so weit, an eine mögliche *Trennung* Preußens von Deutschland zu denken. Die *anderen* deutschen Volksstämme, *die Österreicher mit eingeschlossen,* scheinen von dem Ausschuß eine bessere Meinung zu haben, denn täglich gehen aus den einzelnen Staaten – sowohl von den Regierungen wie von dem Volke – Schreiben der Billigung und Anerkennung ein, und noch haben unsere Ratschläge, die doch auch wahrlich nichts Unbilliges enthielten, *überall* eine bereitwillige Folge gefunden. Selbst – und das will in jetziger Zeit viel sagen – selbst an *materiellem* Kredit fehlt es uns nicht: der Frankfurter Senat hat dem Präsidenten des Ausschusses die städtische Kasse eröffnet und sich zu jedem Darlehn erboten.

Was ferner *Preußen* betrifft, so weißt Du am besten, wie aufrichtig und innig ich mein Geburtsland liebe, aber eben deshalb schmerzt es mich tief, daß Preußen jetzt wiederum seine Zeit versäumt, daß es sich nicht an die *Spitze* der großartigen Bewegung stellt, daß es sich sogar von *Österreich* den Rang abgewinnen läßt. Das spezifische *Preußentum,* das man uns oft zum Vorwurf gemacht, ist *jetzt* weniger als je an der Zeit. Schlesien, Westfalen, Sachsen und die Rheinprovinz denken entschieden *deutsch;* sie würden sich – davon liegen sichere Anzeichen vor – *sofort* von Preußen trennen, wenn unsere Regierung eine isoliert *preußische* Politik verfolgen wollte. Und was würde aus unserm Vaterlande werden, wenn es – getrennt von Deutschland – auf die Provinzen Brandenburg, Pommern, Ost- und Westpreußen reduziert wäre!?

Lieber Kosch, *ich bitte Dich innig,* wirke mit Deinem ganzen Ansehen diesem einseitigen, verderblichen Preußentum entgegen. Teile den Freunden diesen Brief mit, damit sie die Sache erwägen, gerechter urteilen und sich nicht zu Schritten verleiten lassen, die dem Lande und ihnen selbst den größten Nachteil bringen würden. Die eigentümliche Lage Deutschlands rechtfertigt das Verfahren des Ausschusses; auch Ihr werdet demselben *später* Eure Billigung nicht versagen; *für jetzt* glaubt nur, daß wir nach unserer besten Überzeugung und *frei von jeder egoistischen Absicht* handeln.

Lebe wohl! Ich erwarte von Deiner Freundschaft, daß Du mich nicht länger auf eine Antwort und auf Nachricht über mein liebes Königsberg harren läßt.

P. S. 24. April. Heute hat der preußische Gesandte dem Fünfzigerausschuß die Anzeige gemacht, daß der Streit über den Oberbefehl der Bundestruppen *endlich* erledigt und Wrangel[5]) zum Feldherrn in Schleswig-Holstein ernannt ist. Gleichzeitig geht von der *österreichischen* Regierung das Wahlgesetz ein; es ist höchst liberal, bestimmt ausdrücklich, daß bei der Erwählung der Abgeordneten für das deutsche Parlament *«ganz nach den Frankfurter Beschlüssen»* verfahren werde und setzt den Wahltermin auf den

4) Vgl. Nr. 433, 436.

5) Friedrich Heinrich Ernst von Wrangel (1784–1877), 1839–1842 Kommandierender General des 1. Armeekorps in Königsberg, 1848 Oberbefehlshaber der deutschen Bundestruppen in Schleswig-Holstein, September 1848 Oberbefehlshaber der preußischen Truppen in den Marken, 1856 Generalfeldmarschall.

26. und 28. April fest, damit die österreichischen Deputierten am[6]) 1. Mai zur[7]) Eröffnung der konstituierenden Versammlung in Frankfurt eintreffen können. Was wird nun die *preußische* Regierung tun? Der Ausschuß hat heute den Beschluß gefaßt, mit Bezugnahme auf das österreichische Wahlgesetz unsere Regierung um möglichste *Beschleunigung* der Wahlen zu ersuchen.
Abegg grüßt vielmals. Meine Schwestern sollen, wie ich höre, meinetwegen besorgt sein; ich bitte Dich, Dich lieber Kosch, gehe zu ihnen und beruhige sie.

[6]) BAF(Ab); JNUL(Ab): zum (?)
[7]) BAF(Ab); JNUL(Ab): zur (?)

440. Simon Meyerowitz an Jacoby

Nachlaß[1]) *Königsberg, 24. April 1848.*

..... Ein von Dulk, Gottschall und Dr. Falkson zusammenberufener und präsidierter Arbeiterverein hätte für die klugen Unternehmer, da die zum Teil besoffene Menge Brot haben und nicht schöne Worte hören wollte, ohne die Dazwischenkunft «des volkstümlichsten Charakters», Walesrodes nämlich, sehr üble Folgen gehabt[2] .....
Meinen Vorschlag, das Frankfurter Nationalparlament nicht zu beschicken, hab ich fallen lassen, dagegen haben Magistrat und Stadtverordnete eine Verwahrung eingelegt[3]), daß die Beschlüsse der Frankfurter Versammlung in bezug auf die einzelnen Staaten nicht definitiv sein sollen, sie müßten, wie solches in den achtziger Jahren des vorigen Jahrhunderts in Amerika geschehen, den besonderen Staaten zur Genehmigung vorgelegt werden. Diese Verwahrung hat hier großen Beifall gefunden und wird in vielen Provinzen Preußens Nachahmung finden. Bei dieser Sache ist mir nicht ganz wohl zu Mute, ich bin weder für noch ganz gegen sie, weil sie für das Ganze eine gefährliche Seite hat ..... Weil Preußen eine große Nationalgeschichte besaß, konnte es nicht vernichtet werden, dann konnte es auch sich wiedererheben und nächst dem eigenen Vaterlande ganz Deutschland befreien .....
Sollen wir nun um einer von einzelnen erträumten Einheit willen in der Weise in Deutschland aufgehen, daß wir unsere besondere Souveränität, alle unsere historischen

[1]) JNUL(Ab).
[2]) Am 16. April 1848 fand in Königsberg die erste Versammlung des Arbeitervereins statt. «Man zeigte zu den Leitern desselben kein Vertrauen, ließ sie kaum zum Vortrag kommen und soll solche Unzufriedenheit an den Tag gelegt haben, daß sie sich zurückziehen genötigt sahen.» «Zeitung für das deutsche Volk» 25. April 1848 Nr. 36 Extrabeilage, «Königsberg, 19. April». Die Sitzungen des Arbeitervereins wurden nachher längere Zeit hindurch von Albert Dulk geleitet, «der ohne Zweifel in den Gang der Verhandlungen Charakter brachte». «Die Gegenwart», Leipzig 1850, Bd. 4 S. 506.
[3]) Gemeint ist die Erklärung des Magistrats und der Stadtverordnetenversammlung vom 22. April 1848, abgedruckt in «Kölnische Zeitung», 30. April 1848 Nr. 121.

Erinnerungen, die uns zu einer Nation konstituiert haben, aufgeben? Dieses wäre, von allem abgesehen, für das Ganze höchst gefährlich. Denn zwischen Russen oder Polen und Frankreich gedrängt wird uns unsere Masse, zumal bei unvertilgbaren provinziellen Interessen, hinderlich sein, raschen Widerstand zu leisten, wenn Preußens scharf ausgeprägte Individualität verwischt, seine agile Tatkraft ihm genommen wird. Und wie soll die Einheit Deutschlands zustandekommen? Soll etwa ein permanentes Nationalparlament mit einem Präsidenten an der Spitze diese Einheit repräsentieren? Ist ein solcher Präsident ein Genie, dann hat er die beste Gelegenheit, der Herrscher Deutschlands zu werden, ist er ein Schurke, was doch immer möglich ist, der Verräter. Überhaupt ist ein solches Parlament mit souveränen Fürsten unmöglich.

Das Beispiel Amerikas spricht wenig für uns. Amerika brauchte nur sich von England loszusagen, um eine geordnete Republik zu sein, denn es hat keine Nachbarn und Boden genug, daß seine Provinzen nicht nötig haben, gegeneinander zu stoßen. Wir dagegen würden höchstens eine zwanzigfache Schweiz vorstellen. Nach einer äußeren Einheit Deutschlands in wahrer Bruderliebe streben aller Herzen; läßt sich aber eine solche zustande bringen? Frankreich bildete vor der Revolution von 1789 eine äußere und keine innere Einheit. Erst die Departementseinteilung und die Schreckenszeit verwischten alle Unterschiede der Provinzen und schufen 24 Millionen Menschen in eine Nation um. Eine solche Departementseinteilung wäre vielleicht wünschenswert, sie ist aber ohne schreiende Gebietsverletzung der einzelnen Souveräne unmöglich. Ein Kaisertum mit Aufhebung aller anderen Souveränitäten oder eine Republik – dieses ist die Alternative. Ersteres wäre ein für die Freiheit sehr gewagtes Experiment, es würde die Nachbarländer mißtrauisch machen, und eine Republik von 42 Millionen gleichberechtigten Menschen hat noch niemals existiert .....

Es wird befürchtet, daß der Fünfzigerausschuß, der sich anmaßt, für die konstituierende Versammlung eine Geschäftsordnung zu entwerfen, auf diese Versammlung, die ohne bestimmte Ideen nach Frankfurt kommt, denselben Einfluß ausüben [könnte][m] wie auf den schmählichen Bundestag und ihm einen bereits fertigen Konstitutionsplan aufdrängen könnte. Die Einheit Deutschlands soll und muß eine Tatsache werden, aber nicht auf diesem Wege, das Schicksal so vieler Völkerschaften darf nicht von einigen, die sich als Schiedsrichter aufgeworfen haben, abhängen, und ich muß den Leuten darin recht geben, sie hätten es nur offen aussprechen sollen.

Wie unendlich groß auch mein Vertrauen in Deine Einsichten und uneigennützige Tatkraft ist, so sehe ich doch ein, daß Du kein Reformator bist. Du gehörst zu den höchst ausgezeichneten Männern, die sich alle Ideen der Zeit mit überlegener Verstandeskraft aneignen, allein produktiv bist Du nicht. Du kannst die nächste Umgebung bestimmen, nicht die Massen fortreißen. Die Dich jetzt als Gehilfen umgeben, sind Schwachköpfe oder Phantasten, die um der Stellung willen eine Stellung suchen. Viele unter ihnen, und ich nehme Abegg nicht aus, verwechseln ihre von Friedrich Wilhelm IV. erduldeten Kränkungen mit den Geschicken Preußens, sie wollen jene vergelten und schmälern diese .....

Wie unsere konstituierende Versammlung werden wird? Konservativ in dem Sinne, um an dem, was erzwungen ist, festzuhalten, reaktionär hingegen, sobald von außen mehr verlangt wird. Gewissensfurcht macht sie zum ersten, Furcht vor einer Republik, d. h.

der Herrschaft der Menge, wird sie zum zweiten treiben. Kosch hat Berichte und Proklamationen aus Posen erhalten, in denen über das gewalttätige und höchst grausame Verfahren der Polen gejammert wird. Dieses hält mich nicht ab, die *dereinstige* Wiederherstellung Polens zu wünschen; ihnen jedoch deutsche Freischaren zuzuschicken – verdienen sie nicht, es müßte denn sein, um polnische Edelleute gegen ihre Bauern zu schützen, ein wahrhaft glorwürdiges Werk für die allgemeine Gleichheit. Die in dem kommunistischen Nivellement bestehende Gleichheit ist die gefährlichste Gegnerin der Freiheit. Heckers Tollheit und Herweghs Donquichotterie sind schlechte Episoden. Gegen beide sollte der Fünfzigerausschuß sich mit aller Kraft erklären. Die Verbrechen der eigenen Partei müssen am schärfsten gerügt werden.
Zum 1. Mai sage ich Dir die herzinnigsten Glückwünsche. Möge das schöne große Vaterland Dir einst die wohlverdiente Bürgerkrone zugestehen und mögest Du Dich an seinem Glücke teilnehmend erfreuen.

441. Raphael Jakob Kosch an Jacoby

Nachlaß[1]) *Königsberg, 25. April 1848.*

..... Deine Stellung in Frankfurt ist sicher keine leichte, und ich zweifle, ob angenehm. Ihr habt im Fünfzigerausschuß viel und gewiß auch viel Dankeswertes geleistet, und soweit Ihr Euch auf die Vorbereitungen zum künftigen Parlament beschränktet, könnt Ihr der Anerkennung aller gewiß versichert sein. Aber Ihr seid mitunter, namentlich in Heckers wildem und unverzeihlichem Auftreten, viel zu weit gegangen. Durch eine unbegreifliche Schwäche und Ratlosigkeit der Regierungen habt Ihr Euch zu Schritten verleiten lassen, die bei den Völkern mindestens keine allgemeine Sympathie erregt haben. Die Form und der Ton waren schon verletzend, es sprach sich darin unverkennbar das Streben nach einer Diktatur aus, die man in jetziger Zeit am wenigsten, auch selbst bei Anerkennung der redlichsten Absicht sich gefallen lassen will. Ihr spielt die provisorische Regierung Deutschlands, und ist die Lebhaftigkeit des patriotischen Gefühls und der gute Wille kein genügendes Mandat. Aber auch materiell habt Ihr Euch auf schlüpfrige Pfade begeben, ich nenne vor allem die Polenangelegenheit.
Die Sympathie für Polens Wiederherstellung teilen die meisten, die darin eine Sühne für ein altes Unrecht und die Anerkennung jeder selbständigen Nationalität erblicken ..... [Aber das][m] Treiben [der Polen][m] ist schauderhaft und empörend, die wildeste Roheit und Brutalität gegen ihre deutschen Mitbrüder, die unter ihnen leben, bezeichnet hinreichend, wie wenig die Idee der Freiheit bei ihnen Eingang gefunden. Vielfach sind mir, seitdem ich zurückgekehrt bin, Protestationen und Schilderungen von Greuelszenen von deutschen Bewohnern des Großherzogtums zugesandt worden, und erst gestern erhielt ich wieder eine Zusendung von Protesten aus Lissa mit einem längeren Schreiben

[1]) JNUL(Ab).

an mich, worin ich gebeten werde, nach Kräften bei den künftigen Vertretern in Berlin und Frankfurt dahin zu wirken, daß die Deutschen von den Polen getrennt würden. Polnische Freiheit, schreiben sie, ist noch lange nicht zu vergleichen mit deutscher Knechtschaft. Eine Bemerkung in dem Briefe erregte besonders meine Aufmerksamkeit, und ich teile sie Dir zur Kenntnisnahme und Beherzigung mit. Die Jesuiten sollen vorzugsweise wirksam sein, um den religiösen Fanatismus der niederen polnischen Bauern, die sonst eher geneigt sein möchten, die polnischen Edelleute als die Deutschen und Juden zu massakrieren, heraufzubeschwören. Vertrieben aus allen Landen suchen sie, wie der Brief sagt, ihr durch Heuchelei erworbenes Sündengeld zu so elenden Zwecken zu benutzen, um sich selbst wieder eine Freistätte zu gründen. Man schaudert, wenn man von den Greueln hört, die täglich begangen werden unter den Augen preußischer Truppen, deren Tätigkeit durch die Feigheit, Furcht oder, wie manche sagen, Verräterei des Generals von Willisen gelähmt ist. Endet die Sache nicht bald, dazu ist aber Aussicht, so wird dort ein fürchterliches Blutbad angerichtet werden, und die Polen werden von neuem ihre Unwürdigkeit, befreit zu werden, bekundet haben. Laß Dir die Sache angelegen sein, und wahret, soweit Ihr es vermögt, die deutschen Interessen der deutschen Landsleute.

Eine zweifache Gespensterfurcht scheint jetzt alle der Freiheit zugetanen Männer in zwei Lager zu spalten. Die einen fürchten die Reaktion, die anderen die Anarchie oder, was bei ihnen dasselbe sagt, die Republik. Ich kann für meine Person keiner eine tatsächliche Lebenskraft zugestehen. Die Republik hat nur einen sehr geringen, kaum bemerkbaren Anhang, die Reaktion kann nur aus der Anarchie sich entwickeln, diesen zu steuern ist die wichtigste, aber auch schwerste Aufgabe. Ihr in Frankfurt scheint vor allem die Reaktion zu fürchten, und daraus erkläre ich mir manche Übereilung und einen gewissen Terrorismus, wenigstens dem Schein nach, der aber zur Despotie führt. Bei dem regen, überall erwachten Leben der Völker hat die Reaktion gewiß keine Chance, wenigstens für jetzt nicht. Ihr für immer die Wiederkehr unmöglich zu machen, müssen und können wir getrost den konstituierenden Versammlungen überlassen. Die errungene Freiheit, die unsere Erwartungen vor wenig Monaten weit überflügelt hat, festzustellen und ihr ein dauerndes Fundament zu geben, ist aber ohne Ordnung nicht möglich, und diese muß jeder, der es redlich meint, nicht à tout prix, aber mit allen Kräften anstreben. In dieser Beziehung hat Euer Auftreten gegen Hecker und seiner Genossen Unternehmen nur allgemein Beifall gefunden. Weniger schon Euer Rundschreiben wegen der Bildung von Wahlkomitees, in dem man ein herrisches Auftreten erkannte. Mit großer Mühe gelang es uns hier, eine Erklärung gegen den Ton und das Auftreten der Fünfzig von seiten der städtischen Ressource zu beseitigen, und obwohl ich selbst meinen Tadel gegen das Benehmen der Fünfzig nicht verhehlte, suchte ich einen solchen Protest zu verhindern .....

Hüte Du Dich doch vor übereilten und leidenschaftlichen Schritten. Unser Abegg, den ich herzlich zu grüßen bitte, wird als wütender Republikaner geschildert. Leidenschaftlich, wie er ist, erscheint mir bei der Aufgeregtheit, die jetzt auch die ruhigsten Naturen ergriffen hat, dies nicht unmöglich bei ihm. Halte ihn doch etwas zusammen und mäßige seine übertriebene Hitze ..... Ob Du für Frankfurt gewählt werden wirst, läßt sich nicht bestimmen, ich hoffe, daß man bei dieser Gelegenheit Deine Verdienste um die errungene Freiheit zu würdigen und anzuerkennen wissen wird. Fällt die Wahl auf Dich, so glaube ich, kannst Du sie nicht ablehnen. Einen Schritt dazu zu tun, würde ich Dir

aber entschieden abraten, schon wegen Deiner Stellung als Arzt, die dadurch leicht gefährdet werden könnte. Ein Mandat für Frankfurt halte ich für überaus schwierig.
Ich kann in der angestrebten Einheit Deutschlands noch keine Klarheit finden. Die Schwierigkeiten, die durch die gleichzeitige Berufung zweier gleichberechtigter Versammlungen, von denen die eine einen bestimmten Staat als Ganzes, als spezifische Einheit, die andere denselben wieder als einen Teil eines anderen Ganzen konstituieren soll, entstehen können, sind so groß, daß daraus unendliche Verwirrung entstehen kann und, wie ich fürchte, wird. Die Lösung möchte sehr schwierig sein. Es ist daher hier eine Erklärung im Gange, die auch veröffentlicht werden wird, vermöge deren ausgesprochen werden soll, wie wir wenigstens, indem wir die Wahlen nach Frankfurt vornehmen, sie verstanden wissen wollen, ohne deshalb den Abgeordneten eine Instruktion geben zu wollen .....
Es wird darin vorausgesetzt, daß die Versammlung in Frankfurt gewissermaßen wenigstens in bezug auf die inneren Verhältnisse jedes Staates nur vorbereitende Beschlüsse faßt, die später den Vertretern des Volkes zur Prüfung und Annahme vorbehalten bleiben. Dies ist der ungefähre Sinn der Erklärung, die Ihr ja bald zu lesen Gelegenheit haben werdet.
Eine Uniform, in die man jeden Staat ohne Rücksicht auf seine besonderen Verhältnisse hineinzwängt, kann und darf die Einheit Deutschlands nicht sein. Es gibt sehr viele und sehr wesentliche Punkte, in denen sie sich erzielen läßt und die hoffentlich erreicht werden werden, aber die gänzliche Verwischung der spezifischen Physiognomie mindestens der größeren, auf eigener Geschichte ruhenden Staaten ist unmöglich. Die Reaktion, die der frühere Bundestag in seiner elenden Existenz nicht nur begünstigte, sondern erzwang, wird durch die Volkskammer in Frankfurt unmöglich gemacht werden, und mit diesem negativen Verdienste werden sich gewiß auch viele und sehr bedeutende Positive vereinen und in Verbindung bringen lassen.

442. Ferdinand Falkson an Jacoby

Nachlaß[1]) *Königsberg, 26. April 1848.*

Meyerowitz sagt mir, daß Sie wünschen, daß ich Ihnen schreibe. Ich komme Ihrem Wunsche gerne nach. Sie werden durch Zeitungen und Briefe schon ziemlich genau unterrichtet sein, wie stark sich hier die Reaktion zu entwickeln beginnt, nicht allein jene der weiland liberalen Männer, die jetzt Ruhe, absolute Ruhe herrisch verlangen, vor Vertrauen zerfliessen, sich nach einem besseren Kurs der Papiere sehnen und daher ebensosehr die Republik als den Krieg in Schleswig-Holstein perhorreszieren, sondern auch das, was man von je an Reaktion nannte, wagt sich wieder ans Licht: Schubert, der Statistiker spricht in den verschiedensten Versammlungen im verschiedensten Sinne, Fürstenthal[2])

[1]) JNUL(Ab).
[2]) Johann August Ludwig Fürstenthal.

spricht in dem konstitutionellen Klub von der Treue gegen *seinen* König, Reuter wird Wahlkommissarius im Löbenicht(?) sein.
Diese Partei ist am lautesten, wenn sie schimpft und ehrenwerte Männer verleumdet, Walesrode und Sie werden am meisten verlästert. Käme es auf diese Herren allein an, so wären Simson, Tamnau, Kosch und Schubert die einzigen möglichen Deputierten, Sie könnten es nimmer werden, jedoch diesen gegenüber existiert eine mächtige Koalition der liberalen Politiker (Walesrode, Bender, Dinter und ich, zu denen sich leider und wunderbarerweise auch Wechsler und Samter gesellen) mit den Freunden der arbeitenden Klassen und der freien Gemeinde, deren Einfluß bei den Wahlen groß und Ihnen sehr günstig sein wird. Witt schwebte eine Zeitlang zwischen Himmel und Erde; er konnte eine Stellung, die eine isolierte bleiben zu sollen schien, nicht ertragen und gehört jetzt zur gemäßigten Partei, deren erklärte Führer Kosch, Simson und Professor Hirsch ..... sind.
Die *Wahlen* werden beiden Parteien, die übrigens nur mit demokratischen Gradunterschieden und mit verschiedener Anschauung des deutschen Parlaments beide die konstitutionelle Monarchie wollen, Gelegenheit geben, in einer förmlichen Schlacht ihre Kräfte zu messen. Von beiden Parteien wird emsig und im stillen vorgearbeitet; unsere Fahne ist Jacoby und Rupp, die der anderen wahrscheinlich Kosch, Simson und Tamnau .....
Ein richtigeres Zeichen der Reaktion – sollte man vielleicht sagen *unbewußter* Reaktion! – ist die Erklärung, welche Magistrat und Stadtverordnete über die künftige Stellung des deutschen Parlaments erlassen haben[3]). Sie wissen als aufmerksamer Zeitungsleser, daß man in ihr dem deutschen Parlament die Befugnis für die einzelnen Staaten *bindende* Beschlüsse abspricht, diese vielmehr der Sanktion aller einzelnen Staaten unterwerfen will. Verlieren Sie nicht unsere Gegenerklärung, welche eine der nächsten Zeitungen bringt, aus dem Auge. So ist der Zustand der Stadt, der noch durch dumpfe, aber mutlose Gärung der Arbeiter vervollständigt wird. Zusammenrottungen finden statt, werden aber ohne Blutvergießen zerstreut.
Der Gebrauch, der hier vom Assoziationsrechte gemacht wird, ist ein unmäßiger: wir haben erstens städtische Ressource ohne Zensur, zweitens konstitutioneller Klub. Wimmelt von reaktionären Elementen, welchem wir beigetreten sind und ihn überwachen. Drittens Sechzigerklub im Deutschen Hause. Für mich bis jetzt noch eine Sphinx! Viertens Politischer Klub, aus zwölf Personen bestehend. Radikal. Fünftens Arbeiterverein. Vorläufig nach einer tumultuarischen und rohen Sitzung bis nach den Wahlen reponiert.
Kehren Sie nicht zurück, sondern bleiben Sie unser Deputierter in Frankfurt, dies wünsche ich Ihnen.
P. S. Mit den Moderados ist der Magistrat ein Herz und eine Seele. Sperling lehnt sich ganz an Kosch und Simson.

[3]) Vgl. Nr. 440 Anm. 3.

443. Robert Blum an Jacoby

Nachlaß[1]) *Köln, 26. April 1848*[2]).

Lieber Freund!

Zwei Dinge sind nötig: 1) eine Erklärung der Minderheit gegen die 50 000 Seelen, welcher Beschluß ebensoviel Entrüstung als Verwirrung hervorgerufen hat und den selbst der hiesige Chefpräsident einen «bedauernswerten, das Wahlgeschäft erschwerenden» nannte, der aber im Volke wahrhaftige Entrüstung hervorgerufen hat; 2) das schärfste Auftreten gegen die feige Halbheit Preußens, welches uns von zwei Seiten mit Schmach und Verlusten bedeckt und uns unberechenbaren Gefahren preisgibt. Hoffentlich wird das «Rumpfparlament» nicht zögern, das letztere zu tun; das erstere aber machen *Sie*, und ich bitte, meinen Namen dazu zu gebrauchen. Die Frankfurter Journal hat doch meinen Artikel jetzt gebracht? Sonst wäre die Redaktion recht niederträchtig zu machen(?)

Gruß Ihnen und dem «Berge»
Blum.

Bericht an den Präsidenten[3]).

[1]) JNUL(Ab).
[2]) BAF(Ab): Köln, 16. April 1848.
[3]) Liegt nicht vor.

444. Robert Blum an Jacoby

Nachlaß[1]) *[o. O.,] 27. April 1848.*

Sie sind, lieber Freund, wohl so freundlich und schreiben wieder einen Bericht für mich, hätten Sie die Adresse vergessen, so stehe sie hier:
J. Georg Günther[2]), Tscharrmanns Haus, Leipzig.
Es würde mich sehr freuen, Ihnen eine Gegengefälligkeit erweisen zu können.
Überlegen Sie sich die Sache wegen des Triumvirats wohl und sprechen Sie auch mit Abegg. *Ich gehe mit*, aber es scheint mir besser, zu protestieren und *nicht* zu gehen. Die Ereignisse können in wenig Tagen alles umwenden, und dann bedauerten wir, gegangen zu sein.
Sobald als irgend möglich komme ich wieder; bis dahin herzlichen Gruß an Sie und Alle
Blum.

[Herrn Dr. Joh. Jacoby
Hier (Frankfurt a/M.)
Mit Wahlakten.][bf]

[1]) JNUL(Ab); eingeschaltete Stelle BAF(Ab).
[2]) Johann Georg Günther (1808–1872), Blums Schwager, Redakteur der «Sächsischen Vaterlandsblätter», Mitglied der Frankfurter Nationalversammlung.

444a. Stammbuchblatt für einen Unbekannten

Abdruck[1]) Frankfurt am Main, [wohl kurz nach dem 27. April 1848.]

Die Reaktion ist nur scheintot. Sie ist in den einzelnen Staaten gebrochen, jedoch *nur* in den einzelnen Staaten, und könnte sehr leicht gerade *hier* in Frankfurt mittels des scheinbar regenerierten Bundestages wiederaufzutauchen versuchen. Ein solcher Versuch würde zwar jedenfalls mißlingen, allein er ist dennoch zu fürchten; er würde nicht zum Absolutismus, aber doch dahin führen, wohin wir wirklich nicht kommen wollen, nämlich zu einer zweiten Revolution in Deutschland[2]).

Johann Jacoby.

[1]) Albumblatt. Abdruck mit Kürzungen in *Autographen aus allen Gebieten.* Auktionen am 13. und 14. Mai 1965 in Marburg, Kurhotel Ortenburg. Katalog 572. J. A. Stargardt, Antiquariat, Marburg, S. 185.

[2]) Jacoby, Über Errichtung einer Bundesexekutivgewalt. Rede im Fünfzigerausschuß gehalten am 27. April 1848. JGSR II, S. 5.

445. Simon Meyerowitz an Jacoby

Nachlaß[1]) Königsberg, 30. April 1848.

Der Einlage wegen, also um Dr. Falkson Wort zu halten, schreibe ich Dir noch am Vorabend der Wahlen, vielleicht auch weil mein Herz besorgt, im vorigen Briefe aus treuer Bekümmernis zu weit gegangen zu sein. Niemand von Einsicht und wahrer Liebe für das allgemeine Wohl wird an der heilsamen Wirksamkeit des Fünfzigerausschusses zweifeln, er wird in der Geschichte Deutschlands eine wichtige Stelle einnehmen, dafür dürfen wir aber gegen die rohe Form nicht blind sein. Getragen von den süddeutschen Bewegungen hat dieser Ausschuß bei der allgemeinen Unfähigkeit der Regierungen eine wunderbare Macht, und er übt sie mit rascher Klugheit oft wohltätig aus; allein wer steht dafür, daß nicht eine kühne Rotte, ähnlich der Heckerschen, Euch stürzen und die Greuel jener französischen Schreckenszeit herbeiführen könnte? Denn Eure Macht beweist zugleich der Deutschen leichte Unterwürfigkeit. Darum bin ich gegen eine Sprache, die jede andere Autorität als eine zuletzt revolutionäre unmöglich macht, der Verwirrung, dem Aufkommen schlechter Kühnheit absichtslos vorarbeitet .....

Des élections primaires war in Frankreich das lange anhaltende Geschrei der demokratischen Partei, und hurtig wurde dieses von zwei Breslauer Deputierten in Urwahlen übersetzt. Eine Appellation an das Volk ist bei der Roheit – der politischen – der unsrigen Sache gefährlich. Was bekommen wir?, antworten die hiesigen Arbeiter, wenn sie aufgefordert werden, sich bei Wahlen einzufinden. Durch das Vorgeben, den Zustand der Arbeiter zu verbessern, sind die gemeinsten Interessen entfesselt und die Revolution entheiligt worden. Man vergleiche sie mit der Uneigennützigkeit von 1789. Eine Freiheit, die

[1]) JNUL(Ab).

nicht alle frei macht, ist keine Freiheit. Diese muß geschaffen und nicht Brod versprochen werden, was man bei dem blindesten besten Willen nicht halten kann. Nach der Theorie: das Volk, d. h. die Arbeiterklasse habe den Sieg erfochten, es müsse ihn ausbeuten, dürften auch Wrangels Scharen Schleswig-Holstein für sich behalten.
An der Erklärung des Magistrats und der Stadtverordneten über die Machtvollkommenheit der preußischen Deputierten zur deutschen Nationalversammlung hatte ich nicht den geringsten Anteil, sie wurde diesen beiden Behörden fertig vorgelegt[2]). Simson, Tamnau und Freundt[3]) waren die Hauptredaktoren, mein Antrag war entschiedener. Deutschlands Einheit, wie der Ausschuß oder das Vorparlament sie haben will, ist mit 36 souveränen Fürsten eine Unmöglichkeit .....
Die Vorberatungen über unsere Wahlen sind kalt ausgefallen. Nirgends freudige Bewegung, nicht der geringste Enthusiasmus über dieses schönste Staats- und Bürgerrecht .....
Schöner als morgen kann Dein Geburtstag nicht gefeiert werden. Heil dem Vaterlande! Heil Dir, wackerer Mitarbeiter! Du wirst von allen herzlichst gegrüßt. Die selbst Deine Gegner sind, ehren Dich immer, sie fürchten nur Deinen, wie sie meinen, zu weit gehenden Freiheitssinn.

Lebe wohl!

[2]) Vgl. Nr. 440 Anm. 3.
[3]) Leopold Freundt, Apotheker in Königsberg, gehörte Anfang der 40er Jahre dem Jacobyschen Kreis an, Mitarbeiter am «Königsberger Taschenbuch» (1846), wurde im Mai 1848 als Stellvertreter Koschs, des Abgeordneten für Berlin, gewählt.

446. Der Präsident des Deutschen Nationalvereins in Zürich[1]) an Jacoby

Rekonstruktion[2]) *Zürich, etwa Anfang Mai 1848.*

Ersucht Jacoby, die Aufmerksamkeit des Fünfzigerausschusses auf die traurige Lage der in der Schweiz wohnenden Deutschen zu lenken. Der Fremdenhaß äußere sich dort auf eine in der Tat empörende Weise; in allen kleinen Volksblättern werde geradezu Deutschenhaß gepredigt, Forttreiben aller Deutschen angeraten und in den Schweizer Vereinen wirklich auch schon beraten. Ein Deutscher, der ein eigenes Boot besitze und auf demselben die deutsche Flagge gehißt hätte, habe sie auf Befehl der Zürcher Stadtpolizei einholen müssen, während die Franzosen auf ihren Booten ihre Flagge ungestört fortführten. Der Briefschreiber fordert den Fünfzigerausschuß auf, die Interessen der deutschen Landsleute, namentlich gegenüber anderen Nationen, und die Ehre der deutschen Flagge wahrzunehmen.

[1]) Eduard Bobrik.
[2]) *Verhandlungen des Deutschen Parlaments. Zweite Lieferung,* Frankfurt am Main 1848, S. 324, 428; «Die Reform». Herausgegeben von A. Ruge und H. B. Oppenheim, Leipzig, 19. Mai 1848 Nr. 48 S. 401 f. «Zürich, 12. Mai» (hier auch über die Hetze der «Neuen Zürcher Zeitung» gegen Bobrik).

447. Jacoby und andere an Ludolf Camphausen[1])

Abdruck[2]) *Frankfurt am Main, 1. Mai 1848.*

An den königlich-preußischen Staatsminister *Camphausen.*

Euer Exzellenz

wollen gestatten, Ihnen unsere Ansicht über einen wichtigen Gegenstand vorzutragen. Die kürzlich seitens des *österreichischen* Ministeriums erfolgte Erklärung[3]), daß es einem deutschen Bundesstaate nicht beitreten werde, sofern dieser – wie dies *notwendig* der Fall – die Souveränität Österreichs beschränke, hat hier und nach Ergebnis der Zeitungen überall die größte Sensation erregt. Durch diese Erklärung wie durch deren von Graf *Stadion*[4]) veröffentlichte Motive, sowie durch die österreichische Konstitution selbst, ist die Tatsache *festgestellt:* das österreichische Ministerium will nicht die Einheit eines deutschen Bundesstaates in *dem* Sinne, wie Deutschland sie will.

Exzellenz, *noch einmal* ist ein für Preußen entscheidender Moment gekommen. Ließe sich *Preußen* durch die österreichische Erklärung zu einer ähnlichen Erklärung verleiten, so würde es *vielleicht* die Zustimmung einiger seiner ältesten Provinzen haben, von den übrigen würden einige das gemeinsame Vaterland dem speziellen vorziehen; träte letzterer Fall aber auch nicht ein, so dürfte dennoch die Einheit Deutschlands bei einer solchen preußischen Erklärung vorläufig vernichtet sein und würde möglicherweise ein anderer Staat einen solchen Schritt benutzen, um den größten Teil des übrigen Deutschlands unter seiner Führung zu einem selbständigen Bundesstaate, mit Ausschluß von Preußen und Österreich, zu vereinigen.

Handelt dagegen *Preußen* jetzt in offenster und entschiedenster Weise nach dem leitenden Grundsatze, daß die Einheit Deutschlands auch bei den größten speziell preußischen Opfern herzustellen und daß daher Preußen die Beschlüsse des konstituierenden deutschen Parlaments, auf welchem ja die preußischen Deputierten allein schon ein so mächtiges Element bilden, unbedingt anerkennt, so sind Preußen die vollsten Sympathien von ganz Deutschland erworben.

Momentan bieten sich vorzugsweise zwei Gelegenheiten, diese Gesinnung öffentlich und mit Entschiedenheit vor Deutschland zu betätigen. Preußen erkläre, daß die Zusammenberufung der konstituierenden preußischen Versammlung der anerkannten Notwendigkeit gemäß bis zur Vollendung des *deutschen* Verfassungswerkes *ausgesetzt* bleibe, damit der preußische Staat sich dem deutschen Reiche insoweit unterordnen könne, wie dies die deutsche konstituierende Versammlung um Deutschlands Einheit willen verlangt. Eine solche Erklärung wird um so notwendiger und nützlicher für die Einheit Deutschlands in

1) Ludolf Camphausen (1803–1890), Bankier in Köln, 1843 Mitglied des rheinischen Provinziallandtages, 1847 des Vereinigten Landtages, gemäßigter Liberaler, März bis Juni 1848 preußischer Ministerpräsident.

2) *Heinrich Simon. Ein Gedenkbuch für das deutsche Volk.* Hrsg. von Johann Jacoby, 2. wohlfeile Auflage, Berlin 1865, S. 232 ff.

3) Sie erschien im amtlichen Teile der «Wiener Zeitung» und wurde von Jacoby in der 22. Sitzung des Fünfzigerausschusses am 26. April 1848 vorgelesen. *Verhandlungen des Deutschen Parlaments. Offizielle Ausgabe.* Zweite Lieferung, S. 209.

4) Franz Seraph Graf von Stadion (1806–1853), österreichischer Staatsmann, Statthalter von Galizien, November 1848 bis Juli 1849 Innenminister.

einem Augenblicke sein, in welchem *Österreich* mit einer *entgegengesetzten* hervorgetreten ist. Eine solche Erklärung wird aber auch dadurch geboten, daß zur Zeit die bedeutendsten Kräfte Preußens für die Konstituierung der preußischen Verfassung verlorengehen würden.
Die *zweite* Gelegenheit bietet ein Antrag, der nach zuverlässiger Nachricht in den nächsten Tagen dem Ministerium seitens des Magistrats und der Stadtverordneten von Königsberg[5]) vorgelegt werden wird. Er verlangt, daß die Regierung den Beschlüssen der Frankfurter konstituierenden Versammlung *nicht eher* Folge geben solle, bevor sie von dem *preußischen* Landtage geprüft und angenommen worden.
Möge die preußische Regierung solchen Anträgen öffentlich und entschieden mit den obigen Grundsätzen *entgegentreten.*
Man darf mit Sicherheit annehmen, daß dies – in Vereinigung mit einem entsprechenden Benehmen Preußens in *Posen* und *Schleswig* – den außerordentlichsten *Umschwung* in den Gemütern der Deutschen hervorbringen würde. Es ist ein kostbarster Moment. Möge er nicht für Deutschland, für Preußen verlorengehen.

Heinrich Simon. Johann Jacoby. Abegg.
Raveaux. Pagenstecher[6]). Venedey. Wedemeyer[6]).
Stedtmann[6]). Cetto[6]).

[5]) Vgl. Nr. 440 Anm. 3.
[6]) Heinrich Karl Alexander Pagenstecher (1799–1869), Arzt in Elberfeld, Politiker; Ludwig Georg von Wedemeyer (1819–1875) aus Hannover, Dr. jur., Rittergutsbesitzer; Karl Stedtmann (1804–1882) aus Koblenz, Advokat, Gutsbesitzer; Karl Cetto (1806–1890), Kaufmann aus Trier; allesamt Mitglieder des Vorparlaments, des Fünfzigerausschusses und der Frankfurter Nationalversammlung.

448. Simon Meyerowitz an Jacoby

Nachlaß[1]) *Königsberg, 3. Mai 1848.*

..... Die Arbeiter sind reaktionär, sie leben des Glaubens, daß die von ihnen gewählten *Wahlmänner* nach Berlin gehen werden, um ihre materiellen Interessen beim Könige zu vertreten. Auf dem platten Lande sind fast nur Instleute oder Knechte zu Wahlmännern gewählt worden, es herrscht daselbst das größte Mißtrauen gegen die Gutsbesitzer. Die Bauern regen sich ungemein, häufige Gewalttätigkeiten, vom requirierten Militär gemeiniglich zu spät gedämpft. Angst und Furcht ergreift die entnervten Gemüter, keinen vernünftigen Rat gibt es gegen die sich entfesselnde physische Gewalt, die doch nur entwundene Rechte handgreiflich zurückfordert. Die Gefahr ist nicht so groß, wenn man bedenkt, daß der Übergang von einer gemäßigten und wohlgeordneten Despotie zur Freiheit nur durch eine rasche Anarchie zu vermitteln ist. Indessen möchte ich nach

[1]) JNUL(Ab).

meiner theoretischen Gewissenhaftigkeit nicht dazu beitragen, die Anarchie zu befördern ..... Welch ein Kampf der Wünsche und Hoffnungen, der Ansichten und Besorgnisse über und für so vieles. Eine Reaktion wäre gräßlich, und für die Anarchie bin ich zu alt!

449. Jakob Venedey an Jacoby

Nachlaß[1]) *Mannheim, 7. Mai 1848.*

Lieber Jacoby!

Ich fürchte, es ist nichts zu erringen für Dich in Kreuznach. Die Leute sollen dort nicht entschieden genug sein, auch – da sie in Menge Bauern sind – Deinen Namen wenig kennen, endlich – ein Jammer ist's – sich an dem *Juden* stoßen. Als Kandidaten sind vorgeschlagen Stedtmann und Bassermann. Ich wurde gefragt, wen ich vorzöge, und ich sagte: die Wahl ist schwer – geht's aber nicht anders, so wählt Bassermann. Ich denke, Du siehst die Gründe, ohne daß ich Dir sie zu sagen brauche.

Dennoch aber war von Dir die Sprache gewesen. Einer der Wähler hatte Dich sehr tapfer in Schutz genommen und in Vorschlag gebracht. Ich habe nun den Leuten geraten, Bassermann auf Gewissen zu fragen, ob er nicht im Badischen[2]) gewählt werden würde. Fällt die Antwort dahin aus, wie Stedtmann gestern geschrieben hatte, daß Bassermanns Wahl im Badischen[2]) sicher sei, so ist immer noch eine Möglichkeit für Dich vorhanden. Ich gehe morgen wieder nach Kreuznach und will noch einmal mein Glück versuchen.

Meine Mannheimer sind prächtige Kerls. Die Turner empfingen mich gestern auf der Grenze des Weichbildes mit dem Rufe: Es lebe der Republikaner Venedey. Ich kann hier offen sagen, was ich denke, und es schadet mir nicht, sondern nutzt mir, denn die Leute hier gehören mit zu den Vorposten der Freiheit, wie sie den ersten Posten des Vaterlands an der Grenze Deutschlands besetzt halten. Es müßte eigen kommen, wenn ich nicht hier mein festes Lager aufschlüge.

Dein
J. Venedey.

[1]) JNUL(Ab).
[2]) BAF(Ab): am Bodensee.

450. Unbekannt an Jacoby[1])

Nachlaß[2]) *Königsberg, 9. Mai 1848[3]).*

Nicht Ihre tätige Mithilfe an der Begründung eines deutschen Reichs hat einen großen Teil der Bewohner Königsbergs gegen Sie gestimmt – *der* Gedanke ist Ihren lieben Mitbürgern zu groß, als daß sie ihn begreifen könnten, und weil *sie* ihn nicht begreifen, halten sie die Ausführung desselben für *unmöglich* ..... Es ist Ihre fortdauernde Sympathie für die Polen, welche Sie den Königsbergern so *fürchterlich* macht. Das kann Sie nicht überraschen, denn Sie wissen es vermutlich besser als ich, daß Preußen durch die Zeitungsberichte aus Posen in diesem unglücklichen Volke einen Feind sieht, den es ebenso *verabscheut* als *fürchtet.* Mit Entsetzen spricht man ja allgemein von den unerhörten Grausamkeiten, die die Polen ausüben, mag es auch sein, daß Parteilichkeit die Dinge übertreibt, ein kleiner Teil davon genügt, um *jede* Teilnahme für sie zu erlöschen. Daß man mit so großherziger Gesinnung, wie *Sie* hegen, diese Unglücklichen dennoch in Schutz nehmen kann, läßt sich wohl denken, aber ist es jetzt eine Zeit, für sie aufzutreten? und wenn Sie die Absicht haben, es *später* zu tun, ist es *jetzt* auch nur Zeit, diese Absicht zu veröffentlichen?

[An der Spitze der Opposition gegen Jacobys Wahl in Königsberg hätten «vormärzliche Kaufleute» gestanden, «erbärmliche Geldaristokratie» habe die brotlosen Arbeiter gekauft.][m]

[1]) In der Abschrift betitelt: E. H. (od[er] E (?) J. C.) an Jacoby. Über dem ersten Buchstaben E steht in der Abschrift: Herz.

[2]) JNUL(Ab).

[3]) Der Brief erweckt den Eindruck, er sei nach den Königsberger Wahlen für die Frankfurter Nationalversammlung (vgl. nachstehendes Schreiben, Anm. 2) geschrieben, also nicht vor dem 10. Mai 1848.

451. Simon Meyerowitz an Jacoby

Nachlaß[1]) *Königsberg, 10. Mai 1848.*

Von Ärger und Unmut ergriffen, fällt es mir schwer, Dir zu schreiben, obgleich ich überzeugt bin, daß Du diese Zeilen mit Gleichmut aufnehmen wirst. Simson ist mit 67 Stimmen als Deputierter nach Frankfurt erwählt. Prof. Schubert zu seinem Stellvertreter. Du hattest nur 63 Stimmen[2]). Alle Arbeiter haben, wie Stimmzähler Moser versichert, für Simson gestimmt ...

[1]) JNUL(Ab).

[2]) Über den Ausgang der Wahlen in Königsberg heißt es in der «Kölnischen Zeitung» vom 17. Mai 1848 Nr. 138: «Königsberg, 11. Mai. Wohl selten befand sich unsere Stadt in einer solchen Aufregung, als dies am gestrigen Tage der Fall war. Dr. Jacoby ist *nicht* nach Frankfurt gewählt; er hatte 63 Stimmen, während der Kandidat des Börsenpublikums, Tribunalrat Professor Simson, mit 67 Stimmen aus der Wahl hervorging.»

452. Anerkennungsadresse des Konstitutionellen Klubs in Königsberg an Jacoby[1])

Abdruck[2]) *Königsberg, 10. oder 11. Mai 1848.*

Verehrter Mann!

Selbst der treueste Freund, der unsere Empfindungen gegen ihn in ihrer ganzen Tiefe kennt, kann zuweilen in den Verwicklungen des Lebens eines freundlichen Zuspruches bedürfen, um an uns nicht irre zu werden. Ihre unterzeichneten Mitbürger, welche Sie als ihren besten Freund betrachten, glauben, daß die Notwendigkeit eines solchen Zurufs gegenwärtig eingetreten ist.

Die patriotische Größe Ihrer öffentlichen Wirksamkeit, an der wir stets mit Stolz und Bewunderung hingen; das Bewußtsein, daß der Anbruch freier Tage für das preußische Vaterland von Ihnen vorbereitet sei; die Hingebung, mit der Sie auch noch jüngst in einer freiwillig übernommenen Mission uns dem Ziele aller patriotischen Wünsche, der Einheit der zerfallenen deutschen Nation, näher zu führen sich bemühten – alles das rechtfertigte unsern Wunsch, Sie zum Vertreter Ihrer Vaterstadt in das deutsche Parlament erwählt und somit einen Teil der Schuld des Dankes abgetragen zu sehen, die wir alle Ihnen gegenüber freudig anerkennen. Der Erfolg der Wahl hat unseren Wünschen leider! nicht entsprochen. Wenn aber etwas unsere Trauer über diesen Erfolg zu steigern vermöchte, so wäre es der Gedanke, daß Sie aus ihm eine Änderung unserer dankbaren Gefühle gegen Sie entnehmen könnten. Nein, teurer Mitbürger, unsere Hochachtung gegen Ihre großen Verdienste ist um nichts vermindert, sie ist uns jetzt womöglich noch deutlicher vor die Seele getreten. In unseren Augen ist die unverwelkliche Bürgerkrone, welche Ihr Haupt schmückt, nicht eines Blattes beraubt. Auch fortan wird Sie als unsern Freund zu ehren unser Glück, Ihnen nachzustreben unser Ziel sein. Erhalten Sie dem Vaterlande Ihre Kräfte, denn wie könnte seine Freiheit eine dauernde sein, wenn ihm Männer fehlten, die wie Sie die Begeisterung mit der Besonnenheit, den Eifer mit der Beharrlichkeit zu verbinden wissen[3])!

[1]) Am Schluß der Sitzung des Konstitutionellen Klubs vom 10. Mai 1848 brachte Ferdinand Falkson nach einer kurzen Ansprache ein «Hoch» auf Jacoby aus, das aus sechshundert Männern aus allen Ständen mit «unbeschreiblichem Jubel» aufgenommen wurde. Sofort ernannte der Klub eine Kommission, bestehend aus Falkson, Bender, Wechsler, Freundt und Ingenieurleutnant Rüstow, und beauftragte sie mit der Abfassung der hier wiedergegebenen Anerkennungsadresse an Jacoby. «Kölnische Zeitung» 17. Mai 1848 Nr. 138, «Königsberg, 11. Mai».

[2]) «Berliner Zeitungs-Halle» 19. Mai 1848 Nr. 115 Beilage, «Königsberg, 14. Mai».

[3]) Die Unterschriften fehlen. Die Adresse wurde unterzeichnet von vielen Studenten und einigen Ingenieuroffizieren, von Kaufleuten, mehreren Gelehrten und Beamten – so auch von Jacobys ehemaligem Inquirenten, dem Inquisitoriatsdirektor Wilhelm von Neitzschütz. Quelle wie Anm. 2.

453. Unbekannt an Jacoby[1])

Nachlaß[2]) *Königsberg, 11. Mai 1848.*

Sie wollen wirklich schon in einigen Wochen zurückkehren? Tun Sie es doch ja nicht, Sie finden in diesem Augenblick das alte Königsberg noch nicht wieder, man will Ruhe und Sicherheit um *jeden* Preis, und alle bessere Gesinnung geht unter in diesem eigennützigen Streben; die Wohlgesinnten haben sich der Öffentlichkeit fast ganz entzogen, die vielen fruchtlosen Bemühungen, das politische Leben ihrer Vaterstadt wenigstens vor dem *Schein* der Erbärmlichkeit zu retten, hat sie für jeden neuen Versuch entmutigt. Ihr *persönlicher* Einfluß hätte vielleicht vor dieser Ausartung geschützt, da es aber so weit gekommen, könnte man auch *davon* wenig hoffen.

[1]) Der Briefschreiber ist identisch mit dem Verfasser des Briefes Nr. 450.
[2]) JNUL(Ab).

454. Max Hobrecht[1]) an Jacoby

Nachlaß[2]) *Ratibor, 11. Mai 1848.*

Im Auftrage des Vaters[3]), der gerade sehr mit Geschäften beladen ist, teile ich Dir über die am 8. und 10. d. M. hier stattgehabten Wahlen folgendes mit: Sobald das Gesetz über die Urwahlen bekannt geworden war, begannen hier die stärksten Wahlumtriebe von seiten des Fürsten Lichnowsky[4]), in specie mit Bezug auf die nächste Berliner konstituierende Versammlung. Da der Fürst hier durch sein ganzes Leben als ein treuloser Mantelträger, durch seine Tätigkeit beim ersten Vereinigten Landtage auch als oberflächlicher Schwätzer bekannt ist, so geschah von seiten der Stadt alles, um eine so unglückliche Wahl zu hintertreiben.

Man wollte den Vater nach Berlin schicken und hatte ihn auch zum Wahlmann für Berlin wie für Frankfurt gewählt. Durch die unwürdigen Machinationen Lichnowskys indessen wurde das Landvolk hiesigen Kreises, ohnehin schon aufgeregt, dergestalt verhetzt, daß es durch seine numerische Überlegenheit am 8. zwar nicht den Lichnowsky, aber statt eines anderen tüchtigen Mannes zwei halbpolnische, völlig untaug-

[1]) Max Hobrecht, geb. 1827 zu Rodhan in Westpreußen, wollte Vermessungsbeamter werden, sah sich indessen durch die Vorgänge des Jahres 1848 gezwungen, nach England zu emigrieren. Nach der Amnestie kehrte er nach Deutschland zurück, wurde Kaufmann in Rathenow, wo er auch das Amt eines Stadtverordnetenvorstehers bekleidete. Er wirkte als politischer Schriftsteller und Novellist; 1882 veröffentlichte er zusammen mit seinem Bruder Arthur *Altpreußische Geschichten.*
[2]) JNUL(Ab).
[3]) August Hobrecht.
[4]) Fürst Felix Lichnowsky (1814–1848), schlesischer Großgrundbesitzer, 1847 Mitglied der Herrenkurie des Vereinigten Landtages; 1848 konservatives Mitglied der Frankfurter Nationalversammlung; getötet während des Septemberaufstandes in Frankfurt.

liche Bauern wählte. Wenn Du die hiesigen Bauern nicht kennst, so wird Dir Simon, der ja auch in Frankfurt ist, eine Charakteristik derselben geben können. Für die Berliner Versammlung durchgefallen, arbeitete Lichnowsky nun darauf hin, nach Frankfurt gewählt zu werden, wiewohl er erst wenige Tage vorher in der hiesigen Bürgergesellschaft in einer fulminanten Rede gegen die Frankfurter Diktatur geeifert hatte. Leider gelang es ihm diesmal, die Bauern durch die Pfaffen für sich zu gewinnen. «In Frankfurt würde am Umsturz der katholischen Religion gearbeitet; er sei aber guter Katholik und würde, wenn man ihn hinschickte, die Rechte der Kirche zu wahren wissen» etc. So ist er denn am 10. für Frankfurt gewählt worden.
Es war der Wunsch des Vaters, den Stadtgerichtsrat Simon als Deputierten von hier wählen zu lassen, da er in Breslau nicht gewählt werden dürfte; indessen war's nicht durchzusetzen. In betreff Lichnowskys nun soll ein Protest nach Frankfurt abgehen, da er sich bei der ganzen Wahl nicht allein Gemeinheiten, sondern viele Ungesetzlichkeiten hat zuschulden kommen lassen. Der Vater wünscht deshalb von Dir zu wissen, ob zu einem solchen Proteste . . .

455. Leopold Freundt an Jacoby

Nachlaß[1]) *Königsberg, [Mai]*[m] *1848.*

. . . . . Daß Schubert von dem Sensburger Kreise zum Deputierten nach Frankfurt gewählt worden ist, werden Sie von ihm selbst wohl ebensobald erfahren als durch diesen Brief. Schubert hat in dieser Zeit sich im höchsten Grade als einsichtiger Politiker gezeigt, und ich hoffe mit Bestimmtheit, daß er der doktrinären Weisheit der deutschen Professoren als ihnen vollständig ebenbürtiger Gelehrter die Spitze bieten wird. Diese Dahlmann-Gervinusschen Reichsideen müssen einen empören und anekeln. Diese Kaiserschaft, fürstliches Oberhaus mit hochtorystischen Reichsräten untermengt, und diese Kammer des gemeinen Volks sind Ausgeburten einer kranken Phantasie, wie sie nur von Leuten, die sich mit der Vergangenheit zeitlebens beschäftigt haben, ausgeheckt werden können. Carlos sagt zu Alba: «Doch schade nur, Sie kommen ein paar Jahrhunderte zu früh», von jenen Herren darf man mit Recht behaupten: sie kommen um ein Jahrtausend wohl zu spät.
Wir haben hier einen konstitutionellen Klub, auf dem Einkammersystem basierend, gegründet, und von ihm aus soll nächster Tage nach Frankfurt ein Protest gegen die Kaiserschaft etc. losgelassen werden . . . . .
Unsere Kränzchen sind dem Herrn entschlafen. Die politischen Ansichten unserer Freunde gehen weit auseinander. Die wahre Demokratie hat wenig Anhänger, und wo sie begehrt wird, ist sie so mit republikanischer Form und kommunistischen Inhalt verwachsen, daß ein Verständiger, d. h. ein Mann, der die Zöpfe der Bourgeois und Plebejer unter dem Rockkragen versteckt weiß, sich für jetzt unbedingt von jenen Schwärmern abwenden muß . . .

[1]) JNUL(Ab).

456. Ludwig Moser an Jacoby

Nachlaß[1]) *Königsberg, 12. Mai 1848.*

Unser Simson veranlaßt mich, ein paar Worte an Sie zu schreiben und ihm mitzugeben. Diese paar Worte sollten billigerweise die Trauer ausdrücken, daß Sie von hier aus nicht nach Frankfurt gewählt wurden, denn ein anderes Gefühl kenne ich seit vorgestern nicht. Allein was hilft es, über geschehene Dinge noch weiter zu brüten? Übrigens ist der Schmerz darüber hier allgemein, und damit ich Königsberg in etwas rechtfertige, lege ich die heutige Hartungsche Zeitung bei und habe das Sie Betreffende rot angestrichen. Die Adresse an Sie[2]) ist sehr herzlich abgefaßt und bedeckt sich mit Unterschriften; lassen Sie uns mit derselben einen Teil unserer Schuld gebüßt haben. Kehren Sie einmal zurück, so wird unser Empfang Ihnen beweisen, was Sie uns gelten .....

Über Ihr weiteres Verhalten muß ich Ihnen meine Ansicht für den Fall mitteilen, daß der Fünfzigerausschuß sich auflöst, ehe Sie anderweitig gewählt worden sind. Bleiben Sie nicht in Frankfurt, und gehen Sie nicht rheinaufwärts nach der Schweiz oder nach Baden. Lieber würde ich es sehen, wenn Sie rheinabwärts, vielleicht nach Belgien reisten, d. h. sich nicht gar zu weit von Frankfurt entfernten. Denn sind Sie in den anfänglichen Wahlen nicht gewählt, weil sich niemand denken konnte, daß Ihre Vaterstadt sich anders als durch Sie vertreten lassen würde, so wird doch dem bei den nachträglichen Wahlen abgeholfen sein. Dergleichen müssen notwendig vorkommen, da gewiß viele Doppelwahlen stattgefunden haben. Über die hiesigen Verhältnisse schreibe ich Ihnen diesesmal nicht, da Sie Simson mündlich davon unterhalten wird. Derselbe empfindet das Peinliche seiner Lage, statt Ihrer gewählt zu sein, lebhaft und sprach in der Anrede, die er an uns Wahlmänner nach stattgefundener Wahl hielt, dieses Gefühl in einer Sie ehrenden Weise aus. Welche harte Urteile jetzt über ihn ergehen, werden Sie sich leicht denken können.

[1]) JNUL(Ab).
[2]) Vgl. Nr. 452.

457. Raphael Jakob Kosch an Jacoby

Nachlaß[1]) *[Königsberg,] 12. Mai 1848.*

Über die Wahl[2]). Bei der ersten Verhandlung der Wahlmänner *Schön* Jacoby als Radikaler gegenübergestellt, um Jacobys Anhänger zu neutralisieren und *Schubert* in den Schatten zu stellen[3]). Schön 35, Jacoby 35, Schubert 15, Simson 4. Man vermutete,

[1]) NLE.
[2]) Gemeint sind die Königsberger Wahlen zur Frankfurter Nationalversammlung. Vgl. darüber Rudolf von Gottschall, *Aus meiner Jugend*, Berlin 1898, S. 258 ff.
[3]) «Bei der ersten Abstimmung hatte Jacoby 60, Simson 40 und Professor Schubert 26 Stimmen», «Die Reform» 16. Mai 1848 Nr. 45 S. 373 («Königsberg, 10. Mai»).

daß Schön ablehnen würde[4]). Schubert für Berlin gewählt, lehnt die Frankfurter Wahl ab.
Bei der nächsten Vorverhandlung Simson nur 1 Stimme. Inzwischen dann starke Agitation für ihn. Er schlägt Jacoby mit 3 Stimmen («Pfui Schubert»).

[4]) «Werde ich gewählt, welches ich mehr zu hindern als zu fördern suche, dann gehe ich nicht nach Frankfurt, denn man macht sich lächerlich, Logik in einem Tollhause predigen zu wollen.» Schön an Magnus von Brünneck, 4. Mai 1848, in Hans Rothfels, *Theodor von Schön, Friedrich Wilhelm IV. und die Revolution von 1848*, Halle/Saale 1937, S. 177. Vgl. auch S. 179 über Jacoby.

458. Jacoby an Simon Meyerowitz

Rekonstruktion[1]) *Frankfurt am Main, 15. Mai 1848.*

Beruhigt die Freunde hinsichtlich seiner Wahlniederlage; erbittet einen ausführlichen Bericht über die Wahlen in Königsberg.

[1]) Nach Nr. 464.

459. Heinrich Simon an Jacoby

Nachlaß[1]) *Frankfurt am Main, 17. Mai 1848.*

Du hast doch wegen Lichnowsky an Hobrecht geschrieben? Wenn nicht, bitte ich *baldigst* darum, und ist dabei hervorzuheben, daß *alles*, was irgend zu beweisen ist, *sofort* bewiesen werden muß, da sich das Parlament nur auf *vorliegende* Tatsachen einlassen wird.
Heute Sitzungen um 11, 4, 7 Uhr. Prosit! Der Wiener sagt: «Das bringt a Viech um!»
Simon.

[1]) JNUL(Ab).

460. Julius Waldeck an Jacoby

Nachlaß[1]) *Berlin, 20. Mai 1848.*

Du bist soeben mit 58 gegen 51 (Gneist) zum Abgeordneten für Berlin an Berends' Stelle gewählt worden[2]), und Deine Wähler wünschen Dich sehr bald hier zu sehen, da tüchtige Männer hier nötig werden ...

[1]) JNUL(Ab).

[2]) Die Doppelwahl des Buchdruckereibesitzers Berends veranlaßte Nachwahlen am 20. Mai 1848 im vierten Berliner Wahlbezirk, wobei Jacoby mit einer Mehrheit von einigen Stimmen über den Gegenkandidaten, Professor Rudolf von Gneist, siegte. «Berliner Zeitungs-Halle» 23. Mai 1848 Nr. 118 Abendblatt, «Die Nachwahlen für Berlin».

461. Hermann Alexander Berlepsch[1]) an Jacoby

Rekonstruktion[2]) *Erfurt, etwa 21. Mai 1848.*

Fordert Jacoby auf, als Kandidat für die in Erfurt vorzunehmende Wahl zur konstituierenden deutschen Nationalversammlung aufzutreten.

[1]) Hermann Alexander Berlepsch (1814–1883), Teilnehmer an der Revolution von 1848 in Erfurt, Delegierter zum zweiten Demokraten-Kongreß in Berlin Ende Oktober 1848, flüchtete im selben Jahre nach der Schweiz, wo er bis zu seinem Tode lebte; Verfasser eines Alpenführers und einer Anzahl von Reisebüchern.

[2]) Nach Nr. 465.

462. Karoline Jacoby an Jacoby

Nachlaß[1]) *Königsberg, 24. Mai 1848.*

..... Hier sieht es in politischer Hinsicht schrecklich aus, und würdest Du, kämest Du *jetzt* zurück, viel Ärger haben. Alles ist konservativ, will nur ungestört ein sorgenloses Leben führen, fürchtet die Zukunft und ist gleichgültig, ob absolut oder konstitutionell sie regiert werden, wenn sie nur gegen die Republik geschützt sind.

[1]) JNUL(Ab).

463. Jacoby an Johann Adam von Itzstein

Rekonstruktion[1]) *Frankfurt am Main, 24. März 1848.*

Reminiszenzen aus Hallgarten. Jacobys Wahlniederlage in Königsberg. Nachrichten über die Lage in Frankfurt am Main. Wahlangelegenheiten.

[1]) Nach Nr. 466.

464. Simon Meyerowitz an Jacoby

Nachlaß[1]) *Königsberg, 24. Mai 1848.*

Lieber Jonny!

Wenige Tage nach Empfang Deiner beruhigenden Zeilen vom 15. d. M. wurden wir durch Deine Wahl für Berlin erfreut. Die nicht tiefer sehen und für den dolor repulsae mit jeder Satisfaktion zufrieden sind, waren ganz außer sich. Berlin kann nicht gutmachen, was die Vaterstadt gefehlt. Diese hat in Dir ein Prinzip verleugnet, hierin liegt die Kränkung für Dich und die Schmach für uns. Aus diesem Grunde war ich mehr bewegt als erfreut. Bei Empfangnahme von Gratulationen dachte ich – und das soll *ihn* zufrieden stellen, wie wenig erkennen die Leute die Natur dieses Mannes!

Was wirst Du nun beginnen? Jeder Entschluß hat sein Bedenken. Frankfurt am Main wäre geeignet, Dir eine bedeutende, jedes Opfers würdige Stellung zu geben; allein seit dem berüchtigsten Separatprotokoll[2]), das die Bundesversammlung nicht gesprengt und den Eintritt fürstlicher Beamten in das Nationalparlament nicht unmöglich gemacht hat, ist für Deutschlands Einheit kaum mehr zu hoffen, als Gleichheit der Münze, des Maßes, des Gewichts und der Soldatenröcke – Dinge, die auch ohne Dich zu bewerkstelligen sind. In der Berliner Kammer ist nach seiner [sic!] traurigen Zusammensetzung auf eine kompakte Opposition wenig zu rechnen, nicht einmal hinlänglich auf Einwirkung von außen, weil es den Massen an talentvollen und begeisterten Leitern fehlt. Jene auf und wider den Geist vom dem 24. Februar und 18. März spekulierenden Folliculaires[3]) fühlen nicht, daß ihre Zeit vorüber sei, und dünken sich gar Staatsmänner. Das traurige Benehmen unserer Kaufmannsminister, die gegenseitigen Halbheiten der Demonstration und Konzession sowie die Adressen anhaltender Untertänigkeit haben unser Elend offenbart. Glaubst Du da noch nützen zu können, so wirst Du gewiß kein Opfer scheuen. Von Phokion[4]) sind keine Reden verblieben, er war aber ein /Ziel/ der langen Reden selbstsüchtiger Demagogen oder Wort-Gladiatoren, wie Du Sie nennst.

[1]) BAF(Ab).

[2]) Gemeint ist das geheime Separatprotokoll der 47. Sitzung der deutschen Bundesversammlung vom 4. Mai 1848; gedruckt in *Verhandlungen des Deutschen Parlaments.* 2. Lieferung, Frankfurt am Main 1848, S. 331–335.

[3]) Folliculaire, miserabler Journalist.

[4]) Phokion, athenischer Feldherr (um 402–318 v. Chr.).

Willst Du indessen heimkehren, um in stiller Berufstreue *Deine* Zeit wahrzunehmen, so mußt Du's mit dem Vorsatze tun, allein und frei zu stehen – ohne Anhängsel -- wie damals bei den Vier Fragen, denen Deutschland nicht genug danken kann und darum gelegentlich undankbar ist. Für den stenographischen Bericht meinen verbindlichsten Dank. Die Herren sind etwas wortreich. Warum hast Du gegen diese Demosthenesse nur äußerst selten gesprochen?

An dem Fünfzigerausschuß wird unsere Geschichte vieles zu loben und zu tadeln haben. Schön waren seine ersten Handlungen, ein selbstbestellter Corpus[5]) voll intuitiver Staatsweisheit, bald aber ging mit dem Vertrauen auf das Volk die Energie des Selbstvertrauens verloren. War er unmächtig, warum diese Sprache, war er mächtig, warum schritt er nicht gewaltiger ein? Der letzte Akt, die Bekanntmachung des Separatprotokolls geschah nur zu frühzeitig[6]), es müßte als Bombe in die Nationalversammlung unversehens geschleudert werden. Allerdings erhebt die Reaktion überall ihr unseliges Haupt, wem ist dieses mitzuverdanken? Offengestanden – der beständigen Furcht vor der Reaktion. Führt nicht dieser Ruf zum Schreckenssystem, so wird sie – die Reaktion – erst durch ihn geweckt. Es sieht hier sehr traurig aus, eine entsetzliche Nüchternheit mit Aufstoßen. Persönliche Verletztheit ohne Persönlichkeit. Die vormals sich auserwählt Dünkenden – disiecta membra, deren Haupt Du [um] des allgemeinen Besten willen nicht mehr werden darfst. Du verlangst über die Wahlen Königsbergs Ausführliches; hierüber mündlich. Denn ich gedenke, wenn Du in Berlin bleibst – und ich weiß nicht, wie Du diesem Dich entziehen könntest – auf einige Tage hinzukommen.

[Jakobs[7]) Geschäftsverhältnisse sind vorläufig so geordnet, daß er ihre Entwicklung mit einiger Ruhe abwarten kann. Noch hat er keinen [[Heller]][8]) verloren, seine sämtlichen Verlegenheiten sind eine natürliche Folge unvernünftiger Dispositionen, die sich nun offenbaren. Eine wahre ((   ))plage für Fanny[9]) und die übrigen ist des Dr. Adelsons Anwesenheit. Ohne allen Aufschwung, sieht er in der großen Weltbewegung eine Ungerechtigkeit gegen seine, und ich weiß nicht warum, gestörte Ruhe, dabei eine Sagazität kleinlichen Mißtrauens.][10])

Der neuen Königsberger Zeitung ist kein sonderliches Prognostikon zu stellen. Viel erwartet Samter von Kobulten[11]), wohin auch Walesrode sich begeben hat[12]), um an einer Broschüre «Königsberg» ungestört zu arbeiten. Der russische Kaiser rüstet sich ungeheuer, es werden selbst die seit zehn Jahren entlassenen Soldaten wieder einberufen.

[5]) JNUL(Ab): Aeropagus.

[6]) In der 32. Sitzung des Fünfzigerausschusses am 10. Mai 1848 wurde beschlossen, das Separatprotokoll sogleich zu veröffentlichen. Quelle wie Anm. 2, S. 342. Vgl. auch JGSR, II, 6 ff.

[7]) Gemeint ist Jakob Adelson.

[8]) Lücke im Text; Lesung unsicher.

[9]) Fanny Adelson.

[10]) Der eingeklammerte Absatz ist in BAF(Ab) gestrichen.

[11]) BAF(Ab): Kubelken (?).

[12]) Walesrode hat am 10. Mai 1848 Königsberg verlassen und ist, «wie man hört, nach Masuren, auf das Gut des Dr. Jachmann gegangen». «Berliner Zeitungs-Halle» 19. Mai 1848 Nr. 115 Beilage «Königsberg, 14. Mai».

Zehn Armeekorps sollen nach dem Königreich Polen kommen. Unlängst wurde von 40 000 Kosaken gesprochen. Was haben wir entgegenzustellen? Ideen und den in Schleswig-Holstein erworbenen Ruhm. Unter diesen Umständen beschleicht mich eine Besorgnis. Wie, wenn die Völker, Frankreich und Deutschland von einer Reaktion ergriffen würden? Denn ich befürchte gar sehr, der Anschein spricht dafür, daß das republikanische Streben nur ein vorübergehender Paroxysmus sei. Die getäuschten Arbeiter werden bald ihre Arme sinken lassen, und sie nicht zu täuschen, ist rein unmöglich, wenn die Zivilisation nicht zugrunde gehen soll. Videant consules etc. – Die Aufgabe ist, daß wir zuerst consules haben, der Staat oder die Republik würde sich dann von selbst finden.
Verzeihe, alter Freund, mein Geschwätz; ich sehne mich nach Stürmen und idyllischer Ruhe. Zeige uns Deinen Entschlüssen [sic].
Lebe wohl!

Dein
Simon.

Soeben war hier ein kleiner Krawall. Die Sterbekasse der Ziegel((   )) kann, da sie ihr Geld in Staatspapieren angelegt hat, keine Zahlung leisten, und die Vorsteher wollten bei dieser Ungelegenheit den wöchentlichen Beitrag um vier Pfennig erhöhen. Dieses verursachte einen unbewaffneten Auflauf[13]), bei welchem die Vorsteher der Sterbekasse, Stadtrat Gerhardt[14]) und Goldarbeiter Le Coutre[15]), etwas übel zugerichtet wurden. Leider hat die Sache gar keinen politischen Charakter. Bürgerhauptmann Bensemann[16]) ließ in seiner Angst das Militär requirieren, worüber die Schutzkommission sonder Furcht sehr entrüstet ist.
Just[17])[iz-] Komm[issarius] Marenski[18]) meint, Du müßtest das Amt durchaus annehmen, namentlich in dieser reaktionären Zeit.
Moser grüßt vielmals. Ist dieser Mann bisweilen so kleinlich, weil er so ungemein scharfsinnig ist?

Grüße die Waldecks namentlich Isidor[19]).

[13]) Über dieses «Stückchen Revolution», wie es die «Berliner Zeitungs-Halle» nennt, vgl. die Beilage zu diesem Blatt vom 28. Mai 1848 Nr. 123 «Königsberg, 24. Mai».
[14]) W. Gerhardt, Stadtrat und Mälzenbräuer.
[15]) F. W. Le Coutre, Juwelier, Vorstand einer Sterbekasse. Näheres über diesen «bewaffneten Auflauf» bei Franz Neumann, *Erinnerungsblätter*, Tübingen/Leipzig 1904, S. 376.
[16]) S. Bensemann, Kaufmann, Prokurist von Oppenheim & Warschauer.
[17]) BAF(Ab) irrtümlich: Füss.
[18]) Karl Ludwig Eduard Marenski, Rechtsanwalt und Notar in Königsberg, 1848 Vorstandsmitglied des «Volkswehrklubs», Universitätskollege Jacobys und Verteidiger in dem gegen ihn angestrengten Hochverratsprozeß im Dezember 1849; Freimaurer, Großmeister der Provinzialloge von Preußen; gest. 1863.
[19]) Gemeint ist Dr. med. Julius Waldeck.

465. Jacoby an Hermann Alexander Berlepsch

Nachlaß[1]) *[Frankfurt am Main] 26. Mai 1848.*

Geehrter Herr!

Sie haben mich aufgefordert, als Kandidat für die in Erfurt vorzunehmende Wahl zur konstituierenden *deutschen* Nationalversammlung aufzutreten. Da ich bereits in Berlin zum Abgeordneten für den preußischen Landtag erwählt bin, habe ich mir eine kurze Bedenkzeit von Ihnen erbeten.

Nach reiflicher Überlegung erkläre ich Ihnen nunmehr, daß, falls die Einwohner des Erfurter Wahlkreises mich mit ihrem Vertrauen beehren wollen, ich die Wahl für Frankfurt mit Freuden annehmen werde.

Den Aufbau einer *einheitlichen* deutschen Verfassung halte ich für ein Werk von so hoher Bedeutung, von so großer Wichtigkeit namentlich für unser engeres preußisches Vaterland, daß ich die Mitwirkung an diesem Werke *jeder anderen* Pflicht vorziehen würde. Meine Losung ist: *Deutschlands Einheit über alles!*

Hochachtungsvoll
Ihr
Dr. Johann Jacoby.

[1]) BAF(Ab). Gedruckt in Jakob Toury, *Die politischen Orientierungen der Juden in Deutschland*, Tübingen 1966, S. 326.

466. Johann Adam von Itzstein an Jacoby

Nachlaß[1]) *Mannheim, 27. Mai 1848.*

Verehrter, teurer Freund!

Dein Brief vom 24. d. M. erfüllte mich mit Freude, aber auch mit doppeltem Schmerze, der mir um so empfindlicher war, als ich selbst erst seit drei Tagen von schwerem Unwohlsein, welches mich für einige Zeit auf das Krankenbett warf, in der Genesung bin, obschon ich mich unendlich schwach und der Ruhe bedürfend fühle.

Mit Freude sehe ich den Brief von Dir an, weil mit ihm alle die frohen und mir unvergeßlichen Tage in das Gedächtnis traten, welche ich und Fräulein Pfister[2]) und so manche treue Freunde mit Dir verlebt haben. Aber schmerzliche Empfindungen erweckte die Nachricht, daß Königsberg in seiner Wahl den Mann fallen ließ, auf den es stolz sein mußte. Schmerzlich sind endlich Deine Nachrichten aus Frankfurt am Main, und betrübend wirkten heute früh 5½ Uhr die Nachrichten eines sehr gebildeten braven Bürgers aus Emmendingen, den ich erst vor wenigen Tagen zum Landtagsdeputierten in Kenzingen vorgeschlagen und durchgebracht hatte, der gerade

[1]) BAF(Ab).
[2]) Vgl. über sie Nr. 223.

von Frankfurt kam, wo er der Versammlung als fremder Gast beigewohnt hatte, und alles bestätigte, was Du mir beschrieben hast.
Soll denn unser schönes deutsches Vaterland nie zur Einheit kommen? Soll es immer in der traurigen und abwürdigenden Stellung, welche es schon so lange hat, bleiben? Soll und kann es nie groß und stark werden? Das wäre jammervoll! Dann mag ich aber auch nicht für fortdauernde Ruhe im deutschen Vaterland bürgen.
Ob ich bald komme? Ich zweifle, denn ich fühle mich so matt und abgespannt, daß ich glauben muß: Ich gehe zu Grund, wenn ich mir nicht Ruhe auf meinem Gute gönne für acht bis zehn Tage.
Es hängt allerdings auch noch von der hiesigen Wahl ab, wo ich Wahlmann bin und meine Stimme vielleicht nötig ist. Darüber werde ich schreiben.
Ich habe Dich vorderstenst in Waldshut vorgeschlagen, der Schweiz gegenüber, weil dieser Bezirk stets einer der kräftigsten war, leider sind die tüchtigsten Männer z. B. Weishaar[3]) entflohen!
In einem andern Bezirk werde ich Dich ebenfalls vorschlagen. Ob mit Erfolg, wie ich hoffe, jedoch noch nicht zu glauben wage, weil man sehr stark gegen meine Schritte wirkt, weiß ich noch nicht. Ich tue mein Möglichstes und muß mich fügen, wenn es nicht geht.
Der von Ihnen[4]) empfohlene Herr hat mir sehr gefallen; demungeachtet möchte ich nicht wagen, ihm einen guten Erfolg zu sichern. Kann ich es ja nicht bei Ihnen, nicht bei Holzendorf, nicht bei Generbach, nicht bei Mühlenfels[5]). Deswegen bitte ich Dich, ihm dieses zu melden.
Vielleicht gehst Du, wenn ich für acht Tage auf mein Gut reise, mit mir und mit Fräulein Pfister, welche mir aufträgt, doch ja ihren herzlichen Gruß an Dich nicht zu vergessen, auch dahin.
Lebe wohl! Vor dem 6. bis 8. Juni wird die Wahl in Waldshut nicht stattfinden.

Dein
I[tzstein].

[3]) Postwirt Weishaar aus Lottstetten, einer der Führer des ersten republikanischen Aufstandes in Baden.

[4]) Seltsamer Wechsel der Anrede.

[5]) Ludwig von Mühlenfels (1793–1861), Oberappellationsgerichtsrat in Greifswald, Oktober 1848 bis Februar 1849 Reichskommissar für Thüringen, später Geheimer Justizrat in Greifswald.

467. Jacoby an Julius Waldeck

Rekonstruktion[1]) *Frankfurt am Main, etwa 27. Mai 1848.*

Hat seine Abreise nach Berlin verschoben; bittet um Übersendung der an ihn nach Berlin gesandten Post.

[1]) Nach Nr. 468.

468. Julius Waldeck an Jacoby

Nachlaß[1]) *Berlin, 29. Mai 1848.*

Lieber Jonny!

Mit Erstaunen empfange ich soeben statt Deiner Deinen Brief und beeile mich, den einzigen für Dich hier angekommenen dem Kuvert zu entnehmen und zu übersenden. Sonst ist nur der von Pauline Jonas noch hier, der schon sechs Wochen liegt und ohne Wichtigkeit ist. Jedermann fragt mich, ob Du denn noch nicht kommst, und allgemein ist man der Ansicht, daß tüchtige und entschiedene Männer hier mindestens so nötig sind als in Frankfurt. Daß Dein Rat, die Berliner Versammlung zu vertagen[1a]), nicht befolgt werden wird, ist sicher, denn man will vor allen Dingen in Preußen einen gesicherten Rechtszustand, und die Männer, denen man eine Diktatur übertragen könnte, fehlen. Andere deutsche Staaten haben auch ihre Kammern berufen, und die haben doch wenigstens eine Konstitution, wir haben Anarchie. Den Plan mit Deutschland hält man hier nicht für ausführbar, wenn nicht zugleich die Fürsten zu einem Nichts und Deutschland eine Republik werden soll, und was den Deutschen noch zu Republikanern fehlt, sieht jeder auch mit schwachen Augen.

Durch die ewigen Agitationen wird den ruheliebenden Leuten die Freiheit sehr verleidet und die Reaktion hervorgerufen. Im ganzen ist es jedoch ruhiger hier, als die Leute in der Provinz glauben, welche vermeinen, ein Pöbelhaufe herrsche hier. Die Bürgerwehr übt die Polizei so wie früher die Gendarmen, und das Volk hat die Reden und Versammlungen satt. Daß des Prinzen von Preußen Rückberufung vom Ministerium widerrufen werden würde, ist auch eine falsche Prophezeiung[2]), seine Rückkehr wird durch Hunderte von Adressen mit Tausenden von Unterschriften gewünscht, alle Zeitungen sind damit überfüllt, und die Landwehrleute wollen ihn ohne Waffen aber doch in corpore einholen. Der erste feste Schritt des Ministeriums war eben der

[1]) BAF(Ab).

[1a]) Vgl. JGSR II, S. 17.

[2]) Wilhelm (1797–1888), Prinz von Preußen, seit 1861 König von Preußen, seit 1871 deutscher Kaiser, floh während der Märztage nach England. Das Ministerium Camphausen setzte sich für seine Rückberufung ein. Am 8. Juni 1848 erschien er als Abgeordneter des Kreises Wirsitz in der preußischen Nationalversammlung.

gegen die Demonstration gegen die Rückberufung, und dies hat ihm die Herzen namentlich der Provinzen gewonnen, die Berlin mit Krieg zu überziehen drohen. Mildes Wahl zum Vorsitzenden[3]) wird für einen Sieg der gemäßigten, konstitutionellen Partei gehalten, dessenungeachtet glaubt man, daß der Entwurf nicht beraten werden wird und die Versammlung die Initiative ergreifen wird. In vieler Beziehung ist es besser, Du bist hier, selbst in mancher persönlichen Rücksicht auf Deine Zukunft, ich kann das wohl als Freund berühren, wenn ich auch weiß, daß Dich dergleichen nie bestimmt.

Der Prinz von Preußen wird jetzt so gelobt, alle Schuld so ganz von ihm abgewälzt, allerdings ist ihm nichts zu beweisen und ging er nur auf Befehl des *Königs* fort, während er ruhig hätte in Potsdam bleiben können. Es wird seine Festigkeit, sein Kämpfen für entschiedenes Nachgeben so gerühmt, man behauptet, er werde der neuen Richtung so unbegrenzt sich hingeben, daß man schon daran zu glauben anfängt, daß er sofort dem König folgen werde, wenn dieser etwa abdanken sollte, falls die Versammlung den Entwurf nicht annähme. Andere meinen, der König habe damit nur den großen Grundbesitzern zeigen wollen, daß er sie nicht vernachlässige, das Ministerium werde aber nicht auf dieser Kammer bestehen. Zwei Kammern sind uns indessen gewiß.

Mache Dir keine Illusionen, man liest Deiner trefflichen Broschüre[4]) an, daß Du acht Wochen nicht in Berlin warst und vergißt, wie Preußen und seine Bewohner beschaffen sind; für den Republikanismus und für den Radikalismus ist hier kein Boden, wenn auch einige Schreier in den Klubs so tun, als hätten sie eine Macht hinter sich. Sie schaden allein durch ihr Gebahren und öffnen der Reaktion Tür und Tor, denn das materielle Wohl geht dem Gros über alles, und dies ist allerdings ganz zugrunde gerichtet, und hungern wollen die Leute auch frei nicht. Die meisten sehnen sich nach den Fleischtöpfen Ägyptens, nach der seligen Ruhe der früheren Knechtschaft zurück. Glaube meinem Bericht, ich sehe mit vorurteilsfreien Augen.

Komm bald hierher, sonst haben die Königsberger doch die Freude, Dich nicht hier zu sehen. Abegg[5]) werde ich aufsuchen und ihn bewegen, Dir zu schreiben. Lebe wohl! Es ist alles hier zu Deinem Empfange bereit, und es erwartet Dich mit Sehnsucht Dein Vetter

Dr. Waldeck.

Jettchen, die Kinder grüßen.

[3]) Der Berliner Nationalversammlung.

[4]) Johann Jacoby, *Deutschland und Preußen! Zuruf an die preußischen Abgeordneten am 18. Mai 1848*, Frankfurt am Main: Literarische Anstalt (J. Rütten) 1848, 12 S.

[5]) Heinrich Burghard Abegg, Kommerzienrat in Danzig, Mitglied des Vereinigten Landtages, Abgeordneter der preußischen Nationalversammlung. Vgl. Nr. 469.

469. Heinrich Burghard Abegg an Jacoby

Nachlaß[1]) *Berlin, 31. Mai 1848.*
Jägergasse Nr. 8.

Hochverehrter Herr Jacoby!
Ihr Schwager[2]) Dr. Waldeck trägt mir auf, Ihnen zu sagen, ob Sie hier nötiger als in Frankfurt wären. Nach meiner Meinung sind Sie nötiger in Frankfurt als hier. Hier ist im Ernste nichts zu fürchten. Suchen Sie dort auf Einheit und Kraft und auf *Freiheit* hinzuarbeiten. Also auch gegen *Schutz*zölle, welche sich ebensowenig mit der Freiheit vertragen als die Zensur. Vernünftige Finanzzölle lassen wir uns in den Ostseeprovinzen gefallen, aber keine Schutzzölle zugunsten einiger Fabrikanten und zum Schaden der Konsumenten.
Sodann bitte ich Sie inständig, die Polenfrage ruhen zu lassen. *Zuerst* müssen *wir* uns mehr konsolidieren und *später* an andere denken. Hier müssen wir das Ministerium halten, wenn wir unberechenbare Nachteile vermeiden wollen. Darum haben wir heute beinahe einstimmig für eine Adresse an den König gestimmt[3]), aus welcher eine Kabinettsfrage gemacht war. Der Minister Schön und Dr. Kosch stimmten[4]) gegen das Ministerium.
In Ihrem «Deutschland und Preußen» sagen Sie in Ihrer klaren Weise viele Wahrheiten. Aber nicht immer sprechen Sie als Staatsmann, nämlich über Holstein und Schleswig. Sie scheinen zu übersehen, daß England mit Rußland und sogar Schweden vereint in dieser Frage uns entgegentreten. Gegen solche Mächte helfen weder Freischaren noch Parlamentsbeschlüsse. Unsere Entwicklung kann nicht in einem Satze erfolgen.

Hochachtungsvoll
Abegg aus Danzig.

[1]) BAF(Ab).
[2]) Im weiteren Sinn: Befreundeter, oder burschikos: Postillion.
[3]) VKVP, I, S. 252 (7. Sitzung, 31. Mai).
[4]) In der preußischen Nationalversammlung.

470. Betty Jacoby an Johann Jacoby

Nachlaß[1]) *Königsberg, 3. Juni*[2]) *1848.*
Schon längst hat mich Dein Handeln und Treiben, wenn Du auch stets nur das Gute im Auge hattest, mit Angst und Besorgnis erfüllt, um so mehr jetzt, wo Du Dich mit, ich kann nur sagen, fast blindem Eifer einer Partei hingegeben hast, die Deiner un-

[1]) JNUL(Ab).
[2]) G. Mayer schrieb zuerst: Juli, dann darüber: Juni. Er strich das Wort Juli nicht aus, reihte aber den Brief in seiner Sammlung so ein, als ob er im Juni 1848 verfaßt wäre.

würdig und alles für Dich befürchten läßt. Du glaubst nicht, guter Jonny, wie grenzenlos unglücklich mich der Gedanke macht, daß nur Unheil für Dich daraus entstehen kann. Du weißt, wir haben uns stets jeder Einmischung in Deine Angelegenheiten enthalten und im stillen aus Liebe für Dich Angst und Sorge ertragen; und wie qualvoll und schmerzlich ist es mir auch jetzt, Dich durch diese Zeilen unangenehm zu berühren. Aber es quält und grämt mich gar zu sehr, und ich gebe, wenn auch nur leise, der Hoffnung Raum, daß Du vielleicht aus Rücksicht für uns, die wir ohne Dich verlassen dastehen, diesem gefährlichen Treiben ein wenig Einhalt tust.

Glaube nicht, lieber Jonny, daß unsere Umgebung uns ängstlich gemacht und so auf uns eingewirkt. Nein! Du weißt, wir gehören nicht zu den exaltierten Leuten, die gleich sich mit Heftigkeit jeder Aufregung hingeben. Du kennst uns, wir sind ruhig und lassen uns nicht so leicht hinreißen. Es schmerzt mich aber in tiefster Seele, wenn ich von Leuten, die Dich lieben und achten, und auch von fremder[3]) stehenden[3]) immer mit Bedauerung Deiner nur höre, wie Du nie auf eine Anerkennung rechnen, was auch Dich, wie ich genau weiß, bei Deinen Handlungen nicht leitet, nur aber als Aufwiegler und Aufreizer des Volks Dich bezeichnen höre. Was ich dabei empfinde und leide vermag ich Dir nicht zu sagen!

Ich habe lange angestanden, Dir offen mitzuteilen, welch grauenvolle schreckliche Zeit wir verleben. Da es aber nur von Dir abhängt, uns einigermaßen durch Deine gemäßigtere Handlungsweise zu beruhigen, so hielt ich es doch für besser, nicht länger zu schweigen. Sei mir nicht böse, teurer Jonny, höre auf unsere inständigen Bitten, Dich diesem gefährlichen Wege, den Du eingeschlagen, ein wenig zu entziehen....

[3]) So in der Abschrift.

471. Karoline Jacoby an Johann Jacoby

Nachlaß[1]) *Königsberg, 3. Juni 1848.*

Brief ähnlichen Inhalts wie der des vorstehenden Schreibens.

[1]) Inhaltsnotiz in einer Anmerkung G. Mayers zu seiner Abschrift des Briefes 470.

472. Jakob van Riesen an Jacoby

Nachlaß[1]) *Elbing, 10. Juni 1848.*

Erlauben Sie, daß ich gegen Sie mein Herz ohne Umstände und ohne Vorrede ausschütten darf. Die Sachen gehen zu faul bei uns. Es ist zum Verzweifeln. In Königsberg ist die Reaktion schon so weit, daß sie den General Prondzinsky zum Chef der Bürgergarde wählt[2]). Einen tolleren adligen Aristokraten und servileren Menschen gegen den König und das alte Regime kenne ich nicht. Auch hier wird alles angewandt, um recht rasch rückwärts zu kommen. Auf dem Lande und in den kleinen Städten ist es noch zehnmal toller. Und wer ist das Ideal? Der Prinz von Preußen. Einige dreißig von uns haben schon vor einiger Zeit unserem Phillips zur Übergabe an die konstituierende Versammlung eine Petition überreicht gegen die Zurückberufung des Prinzen von Preußen. Doch ist er leider schon da und sogar so unverschämt gewesen, in Eure Versammlung zu kommen. Ist er so behandelt, wie die Zeitungshalle uns heute kurz erzählt, so ist es das erste Mal, daß ich mit der Versammlung zufrieden bin[3]). Daß unser Ministerium einen dummen Streich über den andern macht, wissen Sie besser, als ich Ihnen sagen kann .....

Ich glaube gern, daß Camphausen und Hansemann ehrliche Leute sind, sie werden aber von den anderen diplomatischen Hunden beherrscht. Darum, mein Freund, fort mit diesem schwankenden Ministerium! Wir brauchen eins, das unverhohlen die Revolution anerkennt. Sollte es möglich werden, daß die Linke siegen möchte und wir ein tatkräftiges Ministerium erhielten, dann ist es nötig, daß dem Konvent nachgeahmt und tüchtige Kommissäre von Berlin nach Pommern und Preußen gesandt [werden][m], die mit vollständiger Machtvollkommenheit ausgerüstet die Reaktion in diesen zwei Provinzen vernichten. Das können Sie aber den Berlinern versichern, daß, so viel hier und besonders in unserer Niederung gefaselt wird, nach Berlin zu marschieren, um die Revolutionäre zur Ordnung zu bringen, kein Mensch marschieren wird, denn Courage haben diese Leute nicht.....

Mein Freund, ich leide sehr durch die Dummheiten mit Dänemark, mein Delphin hat nichts zu tun, dennoch will ich keinen Frieden eher mit den Dänen, bis der Sundzoll gefallen, aller Schaden und Kriegskosten ersetzt sind, lieber noch zwei Jahre Krieg. Hierin stimmen wir alle überein, selbst viele Reaktionäre, die noch etwas Ehre im Leibe haben.

[1]) JNUL(Ab).

[2]) Am 31. Mai 1848 wurde der neue Kommandeur der Stadt Königsberg, General von Prondzinsky, zum Kommandeur der dortigen Bürgerwehr gewählt. Er lehnte den Posten jedoch ab. «Berliner Zeitungs-Halle» 4. Juni Nr. 128 und 20. Juni 1848 Nr. 140.

[3]) Die «Berliner Zeitungs-Halle» vom 9. Juni 1848 (Nr. 132 Beilage) berichtet, wie der Prinz von Preußen in der Sitzung der preußischen Nationalversammlung am 8. Juni empfangen wurde. Als er den Sitzungssaal betrat, herrschte eine allgemeine augenblickliche Spannung. Einige Abgeordnete der Rechten erhoben sich, von der Linken ertönte aber der Ruf: sitzen bleiben! Der Prinz in Generalsuniform nahm in der vordersten Reihe der Rechten Platz. Als er ums Wort bat, erteilte es ihm der Präsident mit dem Bemerken: «Der Abgeordnete des Wirsitzer Kreises hat das Wort.» Nachdem er seine Rede beendet hatte, verließ er sofort den Sitzungssaal «ohne irgendein besonderes Zeichen des Beifalles oder Mißfallens seitens der Versammlung».

473. Simon Meyerowitz an Jacoby

Nachlaß[1]) *Königsberg, 10. Juni 1848.*

Es wird hin und wieder für eine Inkonsequenz gehalten, daß Du nach dem Aufruf «Deutschland und Preußen» Deinen Platz in der preußischen Nationalversammlung eingenommen hast; ich bin anderer Meinung. Wo die allgemeine Gefahr am größten, da ist auch die Stelle des tapferen Mannes. Deutschlands Einheit, wie wünschenswert, ist eine allein durch Preußens konstitutionelle Verfassung zu realisierende Idee. Mit wahrer Freude sehe ich Dich im linken Zentrum, weil in politischen Kämpfen die Siege der äußersten Flügel noch niemals dauerndes Heil gebracht haben.

Unsere etwas wunderlich konstruierte Nationalversammlung will die französische von 1789 nachahmen und zersplittert Zeit und nicht übermäßige Kräfte in Anträgen und Reden. Welch ein Anachronismus! Damals waren noch die schauderhaften Mißbräuche der Hierarchie und Feudalität hinwegzuräumen, darum entstand die Idee der Gleichheit vor der der Freiheit, wodurch jedes Organisieren unmöglich und die Schreckenszeit herbeigeführt wurde. Wir dagegen wissen nichts von Hierarchie, und die Macht (( )) der Feudalität müssen am hellen Tage von selber weichen. An die Verfassung sollte man rasch und entschieden gehen, sie erst festsetzen und dem alten Geschlecht der Hohenzollern die neue Bürgerkrone aufdrücken. Nichts darf in dieser Beziehung künftigen Deutungen überlassen bleiben .....

Der Absolutismus ist gegenwärtig in doch nur scheinbarer Verachtung. Man kränke ihn daher nicht unnütz in schwachen, von gewaltiger Höhe herabgesunkenen Personen, um nicht das Mitleid des Volkes zu wecken, dem Dienstbarkeit zur Religiosität geworden ist. Wie leicht Rührung den Deutschen zum Enthusiasmus bringt, beweist Camphausens sentimentale Rede über des Prinzen von Preußen Rückkehr.

Du hast die Schwärmer und Pedanten in Frankfurt zur rechten Zeit verlassen. Professor Simson nennt Heinrich von Gagern einen kaiserlichen Mann, und Assessor Simson[2]) designiert ihn zum Reichskanzler ohne Oberhaupt. Ein Präsident über 38 souveräne Fürsten ist viel gefährlicher als ein Kaiser, ich sehe nur einen leeren Thron für einen künftigen Usurpator. Und wir, die Engherzigen für die Monarchie des großen Kurfürsten .... sollten einer phantastischen Einheit, einer ephemeren Volkssouveränität Deutschlands unsere politische Selbständigkeit opfern, uns nach der Pfeife H. von Gagerns entwickeln, für eine Idee, wie Ihr sie nennt, Schimäre, wie ich sie nenne, unsere eigentlichste Realität aufgeben? Dieses wäre gut für die Völkerschaften jener kleinen Fürstentümer, die in ihrem nichts durchbohrenden Gefühle sich an etwas, allenfalls an einen zufällig in ihrem Gau großgewachsenen Mann anzuklammern wünschen.

Preußen ohne Deutschland ist noch sehr viel, Deutschland ohne Preußen ist nichts. Gebt uns eine konstitutionelle Monarchie mit Volksfreiheiten auf breitester Basis (ein mir bereits verhaßtes Wort), schafft organische Gesetze, die uns einer unaufhaltsamen Entwicklung entgegenführen ..... alsdann werden wir den Namen «Preußen» abwerfen, und Deutschland wird in herrlichster Einheit wie eine jugendliche Braut hervortreten! Mein Freund, ich weiß nicht, wieviel Du vermagst, aber ich bitte Dich,

[1]) JNUL(Ab).
[2]) Vermutlich John Simson.

Deine ganze Kraft dahin zu richten, den losen, unnützen Schwätzereien in der preußischen Nationalversammlung ein Ende zu machen, damit die Verfassung zustande komme. Sorge, soviel an Dir ist, daß Preußen möglichst frei und mächtig werde. Hierzu reicht aus, die durch die Siegesnacht vom 18. auf den 19. März abgerungenen Konzessionen in dauernde Friedensartikel zu verwandeln!
E. Aragos[3]) Versicherungen machen mich nicht irre. Die Franzosen, wunderbar für die Zentralisation, haben kein Talent, eigentlich keinen sittlichen Sinn, für die Organisation. Ungeduldig der Herrschaft und Freiheit besitzen sie mehr Unruhe als Streben. Dieses ist der Grund, daß England bei allen mittelalterlichen Mißbräuchen unendlich freier ist und bleiben wird als Frankreich. Denn England ist das vollendetste Land lebenskräftiger Organisation, und sollte, wie ich überzeugt bin, die englische Verfassung bis zur Demokratie durchdringen, so wird sie die vollkommenste, gesetzmäßigste, keinen Rückschritten unterworfen sein! .....
Über Polen wäre Schweigen vorläufig das beste. Das Königreich Polen wird sich wahrscheinlich einige Wochen nach der Ernte erheben, wenn das Herbstwetter die Wege (für die Artillerie) unbefahrbar und das Kampieren der Truppen im Freien unmöglich machen wird. Die dortigen Juden sollen entschieden für die Polen sein, also wird es den Russen an Spionen fehlen. An eine vernünftige Reorganisation der Polen im Posenschen muß allerdings gedacht werden, doch nicht auf Kosten Preußens.
Königsberg ist so gesunken, daß Krah[4]) zu seiner Wiederwahl die besten Aussichten hat. Die neulichen Stadtverordnetenwahlen sind schlecht ausgefallen, zumeist Logenbrüder. [Neu]/es/ fällt hier nicht [e]in, nicht die geringste Begeisterung . . .

[3]) Gemeint ist wohl der französische Schriftsteller und republikanische Politiker Etienne Arago (1803–1892).
[4]) August Friedrich Krah (geb. 1789, gest. an der Cholera im Oktober 1848), Justizrat, Liberaler gemäßigter Färbung, seit 1843 Oberbürgermeister von Königsberg.

474. Jacoby an Adolf Samter

Nachlaß[1]) *Berlin, 20. Juni 1848.*

Lieber Samter,
für die Übersendung der *neuen* Königsberger Zeitung sage ich Ihnen meinen verbindlichsten Dank. Ich habe sie mit vielem Vergnügen gelesen und werde dafür Sorge tragen, daß sie weitere Verbreitung finde. Wünschenswert scheint es mir, daß sie durch ein gutes Feuilleton sich von der alten Hartungschen [Zeitung] auszeichne; ich habe deshalb mit Adolph Stahr und Fräulein Fanny Lewald gesprochen. Letztere, die mir einige treffliche Feuilleton-Artikel, im echt demokratischen Sinne geschrieben, vorge-

[1]) Original: JNUL.

lesen, ist bereit, *wöchentlich einen* längeren Artikel zum Feuilleton der neuen Königsberger Zeitung zu liefern, wenn Sie ihr dafür jährlich eine Summe von zirka 200 Reichstalern zugestehen. Ich bin der Meinung, daß Sie unbedenklich darauf eingehen sollen; die Zeitung würde dadurch sehr gewinnen. Fräulein Lewald macht außerdem noch die Bedingung, daß Sie ihren Namen als Verfasserin der Artikel gegen jedermann verschweigen[2]).

Teilen Sie meine Ansicht, so schreiben Sie es mir oder direkt dem Fräulein Lewald (Berlin, Kronen- und Markgrafenstraßen-Ecke).

In Königsberg scheint endlich doch wieder einiges politische Leben einzutreten; es ist auch hohe Zeit, wenn die Stadt ihren alten Ruhm nicht ganz einbüßen will. Geben Sie mir recht bald Nachricht über das dortige Treiben. Zugleich bitte ich, mir Walesrodes kleine Schrift[3]), die soviel Unwillen gegen ihn erregte, einzusenden.

Viele Grüße an Dulk, Dinter, Freundt, Witt, Heinrich etc. etc.

Ihr
Dr. Jacoby.

[Am Rande des Briefes:]
Den Adreßentwurf haben Sie doch durch Stadtrat Meyerowitz erhalten?
[Auf der Rückseite des Briefes:]
Herrn Adolph Samter
in
Königsberg in Preußen
Brodbänkenstraße Nr. 35

Absender: Dr. Joh. Jacoby
Abgeordneter der Preuß. konstituierenden
Versammlung.

[2]) Sie verzichtete jedoch bald auf diese Bedingung, denn schon im August 1848 hieß es in einer Anzeige des «Politischen Monatskalenders» (S. 512): «Für das Feuilleton [der «Neuen Königsberger Zeitung»], in welchem bisher vorzugsweise Rudolf Gottschall und Fanny Lewald tätig waren, ist auch Adolf Stahr gewonnen.» Eine ähnliche Bekanntmachung erschien in der «Berliner Zeitungs-Halle» vom 5. Oktober 1848 Nr. 230 Beilage. Im Juli 1848 druckte der «Politische Monatskalender» (S. 412–418) ein aus der «Neuen Königsberger Zeitung» übernommenes und von F. Lewald gezeichnetes Feuilleton über David Hansemann: «Ein Minister-Salon in Berlin nach den Märztagen.»

[3]) Ludwig Walesrode, *Was bringt die neue Zeit dem Volke? Ein fliegendes Blatt für das Volk.* Nr. 1, Königsberg: Druck von Samter & Rathke [1848], 15 S.

475. Adolf Stahr an Jacoby

Nachlaß[1]) *Düsseldorf, 24. Juni 1848.*

Geliebter Freund!

[1]) JNUL(Ab). Der Text des Briefes liegt nicht vor. Es war hier wohl die Rede von dem Düsseldorfer Zeitungsprojekt; vgl. Nr. 483 Anm. 9.

476. Adolf Stahr an Jacoby[1])

Nachlaß[2]) *Düsseldorf, 25. Juni 1848.*

Politisch ist's hier *stiller* wie anderswo am Rhein, mir aber recht. Freiligrath[3]) herweght jetzt in bester Form. Er überherweght noch seinen rüstigen(?)[4]) Gegner, sieht aber schlecht und alt geworden aus und ist sehr konfus. Die hiesigen Demokraten drohen in einem Maueranschlage, die Minister köpfen zu lassen, wenn ein Russe den Fuß auf unser Gebiet setzt – dumm und?

Das alte Despotensystem und seine Methode hatten zugleich drei Eigenschaften: 1. Es wollte, daß alles mit Gewalt *denken* sollte wie es selbst. 2. Es hielt jeden, der anders dachte, für einen Verbrecher und Hochverräter. 3. Es glaubte, daß alle Andersdenkenden dies aus schlechten Motiven täten.

Wenn das nun nicht das leibhaftige Konterfei unserer modernsten Radikalen ist, so weiß ich nicht mehr, was schwarz und weiß ist.

[1]) Mit Einlage an Fanny Lewald. GM. – Liegt nicht vor.
[2]) JNUL(Ab).
[3]) Ferdinand Freiligrath (1810–1876), Dichter, 1848/49 einer der Redakteure der «Neuen Rheinischen Zeitung».
[4]) Über diesem nicht gestrichenen Worte steht: mutigen.

477. Ludwig Moser an Jacoby

Nachlaß[1]) *Königsberg, 30. Juni 1848.*

Wenn ich Ihnen längere Zeit nicht geschrieben habe, so liegt einmal der Grund darin, daß es wirklich schwer ist, von hier Briefe zu schreiben. Sie lebten in Frankfurt und leben in Berlin inmitten der Ereignisse, wir hier so entfernt von ihnen, daß in einer so bewegten Zeit der Nachteil zu sehr auf unserer Seite ist. Das wird mir in diesem

[1]) JNUL(Ab).

Augenblick wiederum recht klar. Unsere heutigen Nachrichten gehen aus Paris bis zum 23. mit leisen Andeutungen vom 24., als wäre dort die vollziehende Kommission abgetreten usw.[2]). Ist dies wirklich eingetreten, so mag die Geschichte Europas für Sie bereits in ein neues Stadium getreten sein, während wir hier noch an einem antiquierten uns abmühen.

Der andere Grund, weshalb ich lange nicht geschrieben, liegt darin, daß Sie mir eine Zeitlang ganz rätselhaft wurden. Ich billigte Ihre letzte Schrift gar nicht, ich wunderte mich, daß Sie trotz Ihrer Schrift in die Berliner Versammlung getreten, und war ganz verdutzt, als ich las, Sie hätten dort im linken Zentrum Ihren Platz gefunden. Freilich bin ich nach und nach über diese drei Punkte beruhigter geworden. Sie gingen dahin, wohin Ihre Antezedenzien Sie natürlich weisen, auf die Linke über – vielleicht ein klein wenig zu weit links; doch mögen Sie das an Ort und Stelle besser beurteilen als ich in der traurigen Entfernung von 80 Meilen. Was den zweiten Punkt betrifft – die Unvereinbarkeit zweier konstituierender Versammlungen in Frankfurt und Berlin –, so scheint sich derselbe auch erledigen zu wollen. Wird sich die Berliner Versammlung noch wirklich konstituieren? Fast sollte man daran verzweifeln, wenn man bedenkt, daß sie noch ein Geschäftsreglement zu votieren hat. Gibt es ihr ein guter Genius nicht ein, daß man solche Formalien nicht diskutiert, sondern sich dabei auf ein paar geschäftskundige Leute verläßt, die sie beraten, dann könnte es mit dem Grundgesetz noch gute Weile haben.

Und doch sollten, wie ich glaube, alle diejenigen, die es mit den liberalen Institutionen redlich meinen, ernstlich daran denken, daß zur Konsolidierung derselben vielleicht nur eine sehr kurze Zeit noch gegeben ist. Ist diese nutzlos verstrichen, dann können wir wieder ein Menschenleben oder länger warten, bis die Gelegenheit dazu sich darbietet. Wird die linke Seite daran denken, Vorkehrungen zu treffen, damit die Entscheidung des Gouvernements über die einzelnen Teile rasch erfolge und nicht etwa einem späteren Landtagsabschiede vorbehalten bleibe?

Was endlich meine Ansicht über Ihre letzte Schrift[3]) betrifft, so bin ich damit glänzend durchgefallen. Unser konstitutioneller *Verein*[4]) hat sie in einer seiner letzten Sitzungen auf das äußerste getadelt! Dieser Verein zählt zu Mitgliedern: Reuter, Eulenburg, H(?)enke, Prof. Buchholtz[5]), Jacobson[6]) und deren mehr, das Ganze unter Leitung des Botanikers Meyer[7]). Ist das nicht eine Versammlung von Kritikern, eine politische

[2]) Vom 23. bis zum 26. Juni 1848 fand die Junischlacht statt: In blutigen Straßenkämpfen schlug General Cavaignac, der diktatorische Vollmachten von der konstituierenden Nationalversammlung erhielt, den Arbeiteraufstand nieder.

[3]) Johann Jacoby, *Deutschland und Preußen!*, Frankfurt am Main 1848.

[4]) Der Briefschreiber unterstrich dieses Wort, denn es gab damals in Königsberg neben dem «Konstitutionellen Verein» auch einen «Konstitutionellen Klub».

[5]) Alexander August von Buchholtz (1824–1856), Professor des Römischen Rechts an der Universität Königsberg.

[6]) Heinrich Friedrich Jacobson (1804–1868), Kirchenrechtslehrer, Sohn eines jüdischen Kaufmanns; studierte, nachdem er getauft worden war, Jurisprudenz; seit 1836 ordentlicher Professor der Rechtswissenschaft an der Universität zu Königsberg.

[7]) Ernst Heinrich Friedrich Meyer (1791–1858), seit 1826 Professor der Botanik an der Universität zu Königsberg.

Schrift durch Verurteilung zu adeln? Bei dieser Gelegenheit soll sogar in dem Verein Ihr Charakter angefeindet worden sein. Das aber war doch Ihrem alten Freunde Eulenburg zu viel. Er kündigte sich in einer Rede als solcher an, der später mit Ihnen zerfallen, aber doch nicht gesonnen sei, solche Vorwürfe gegen Sie bestehen zu lassen, er weise sie daher zurück.

Dieser Verein erregt hier trotz seiner Unbedeutendheit solchen Widerwillen, namentlich bei unseren Studenten, daß sie beschlossen haben, ihn zu sprengen. Eine Anzahl derselben, größer als die Zahl der Vereinsmitglieder, will sich in der nächsten Sitzung aufnehmen lassen und gleich darauf einen Dank an *Sie* beantragen und durchbringen. Wenn es ihnen nun nicht damit wie neulich einigen Bekannten geht, die hingingen, einen *demokratischen* Verein, der sich bilden wollte, in statu nascendi zu erdrücken, sie kamen als Mitglieder desselben nach Hause. Dieser Verein besteht vorläufig aus 50 bis 60 Mitgliedern, Freundt, Falkson, Rüstow[8]) usw. unter dem Präsidium eines Referendar Brausewetter[9]), den sie sehr rühmen... Ich zweifle übrigens, ob republikanische Tendenzen unter unseren Königsbergern so leicht Platz greifen werden.....

[8]) Wilhelm Rüstow (1821–1878) war seit Ende 1846 Festungsbauoffizier in Königsberg und gehörte dem Jacoby-Kreis an. Wegen seiner Beteiligung an der demokratischen Bewegung wurde er im September 1848 von Königsberg nach Posen versetzt («Die Reform» 17. September 1848 Nr. 152) und dort später verhaftet, doch gelang es ihm, im Juni 1850 aus der Untersuchungshaft in die Schweiz zu entweichen, wo er als Militärschriftsteller in Zürich lebte. 1856 wurde er naturalisiert und Major im Schweizer Geniestab; 1860 Oberstbrigadier in Garibaldis Armee.

[9]) Hermann Brausewetter; studierte um 1845 in Königsberg Jura und wurde Kaufmann; Delegierter des Königsberger Demokratischen Klubs zum Zweiten Demokraten-Kongreß in Berlin Ende Oktober 1848; 1863–1874 Vorsitzender des Kaufmännischen Vereins; Fortschrittler, später Nationalliberaler, gest. 1884.

478. Fanny Adelson an Jacoby

Nachlaß[1]) *Königsberg, 3. Juli 1848.*

Mit einem Kummer, den nur die Trennung, die ewige Trennung von einem uns ewig teuren Wesen rechtfertigt, ergreife ich die Feder, um Ihnen für immer Lebewohl zu sagen. Soeben erhalte ich von Simon[2]) Nachrichten, die mir Ihr Streben enthüllen – mir schaudert! Ich erblicke in Ihnen einen zweiten Robespierre, und ich entsetze mich vor dem Gedanken, daß ein solcher Mensch je mein Freund war! Jonny! Teurer Freund! Man mißbraucht Sie – viele Elende wählen Sie zu ihrem Führer, um mit Ihren reinen Gesinnungen die unedlen Motive ihrer Handlungen zu schützen. Wie können Sie so entsetzlich verblendet sein!

[1]) JNUL(Ab).

[2]) Wohl Simon Meyerowitz.

Ach, glauben Sie nicht, daß die Angst um unsere Existenz aus mir spricht. – Wir sind, dem Himmel sei Dank, ruhig darüber. Diese gänzliche Umwälzung, die Sie bezwecken, wird nicht uns treffen, aber Sie, Verblendeter, Unglücklicher werden darin untergehen! Darum, wenn meine Bitten etwas über Sie vermögen, kommen Sie zurück! Ich beschwöre Sie auf meinen Knien, kehren Sie um; denken Sie an Ihre unglücklichen Schwestern, die vor Gram vergehen, an – ach Sie haben viel zu denken, wenn Sie an alles denken wollen, was Sie in Ihrer Freiheitswut vergessen haben. Wenn ich Ihnen wert bin, Jonny, wenn Sie je im Leben mir freundlich und liebend zugetan waren, so lassen Sie sich erweichen, kommen Sie zurück – Sie taugen(?) dort nicht länger. Hören Sie die Warnungen Ihrer Freunde, die Sie lieben und die *alle alle* Sie als einen Rasenden betrachten, begnügen Sie sich, eine geläuterte Verfassung zu erreichen, streben Sie nicht nach dem Unmöglichen. Tragen Sie nicht dazu bei, Ihr unglückliches Vaterland in Bürgerkrieg zu stürzen. Haben Sie Erbarmen, Jonny! Ich werfe mich im Übermaße meines Schmerzes an Ihr einst so gutes, wohlwollendes Herz, und mit Tränen bitte ich Sie, töten Sie mich nicht! Ich bitte Sie, antworten Sie mir nicht, wenn Sie mir nicht ehrlich versprechen können, von dem eingeschlagenen Wege abzugehen! So wie sie jetzt denken, sind wir auf ewig getrennt, so wie Sie jetzt denken, scheint mir für Sie und für die, die Sie lieben, nichts wünschenswerter als – der Tod!
Leben Sie wohl, ich schreibe Ihnen nicht mehr.

479. David Hansemann an Jacoby

Nachlaß[1]) *Berlin, 5. Juli 1848.*

Werter Herr Doktor,
abermaliger Beweis, daß ein Minister jetzt der geplagteste, abhängigste Mensch ist: ich muß gleich nach Potsdam und bin also um 4 Uhr nicht zu Hause. Damit wir uns nicht wieder verfehlen, bitte ich Sie, morgen (Mittwoch) vormittag gegen 9 Uhr mich gütigst besuchen zu wollen.

Mit vorzüglicher Ergebenheit
Hansemann.

[1]) JNUL(Ab).

480. Leopold Freundt an Jacoby

Nachlaß[1]) *Königsberg, 6. Juli 1848.*

..... Daß das jetzige Ministerium in seiner Totalität unhaltbar ist, hat wohl ein jeder auf den ersten Blick gesehen[2]). Daß aber einzelne Personen Geschichten machen können wie Graf von Schreckenstein[3]) oder Erklärungen geben würden wie Kühlwetter[4]) in bezug auf die Entwaffnung der Freischärler, schien doch unmöglich. Die Auffassung ihrer Stellung und der Weltverhältnisse wie die Elastizität der Charaktere ist wirklich bewundernswert.

Der deutsche Kaiser ist doch nicht so unmöglich, wie Sie es zu glauben scheinen. Der Unverantwortliche ist bereits fertig, und haben die rechten Herren in Frankfurt nur das erst zustande, so werden sie es auch nicht für unverantwortlich halten, dem Reichsverwesenden ein goldenes Krönlein zum Andenken auf das Haupt zu setzen. Ist Erzherzog Johann[5]) nur erst tot, dann wird man überdem schon dafür sorgen, daß ein regierender Fürst die Würde übertragen erhalte, und dann ist König von Preußen oder Kaiser von Österreich bald in König oder Kaiser von Deutschland verwandelt. Das Provisorium aber wird sicherlich permanent. Die Dahlmänner, Gervinus, Welcker und wie die Männer der Vermittlung, daher des Mittelalters, die Bücherwürmer, die pedantischen Kathedermenschen mit ihren in spanische Stiefel geschnürten Herzen alle heißen mögen, diese Leute, die man gut brauchen kann, wenn ex post eine große Tat durch schöne Worte gepriesen werden soll, die aber wie Knaben sich benehmen, wenn sie selbst etwas schaffen sollen, werden nie und nimmermehr ihre Zeit verstehen lernen, werden nie begreifen, daß es etwas Höheres und Größeres auf der Erde gibt als ein König oder Kaiser.

Wir haben in unserm konstitutionellen *Klub* das Programm des Kosch'schen linken Zentrums vor und verarbeiten dasselbe mächtig. Es sollten schon vorläufig die Erklärungen dieser Fraktion als eigentlich nichtsbedeutend öffentlich bezeichnet werden; doch beschloß man zuvor, alle hier zur Sprache kommenden prinzipiellen Fragen bis auf die Spitze hin zu erörtern und darüber zu beschließen und dann erst sehr geharnischt gegen die Herren der vagen Redensarten ohne Inhalt zu Felde zu ziehen. Die Volkssouveränität, die zu 2¼ Fünftel und 2¾ Fünftel zwischen Volk und Fürst geteilt erst die wirkliche demonstrierbare Volkssouveränität bilden soll, spukt doch wahrhaftig auch in einigen liberalen Köpfen unserer Klubisten. Hoffentlich wird jedoch die Vernunft diesmal siegen.

Den Brief, den Tamnau an unseren famosen konstitutionellen *Verein* geschrieben, haben Sie doch wohl in der Hartungschen Zeitung gesehen? Die Anerkennung der Revolution und die Verneinung der notwendigen Konsequenzen ist doch wirklich

[1]) JNUL(Ab).

[2]) Das von Rudolf von Auerswald am 25. Juni 1848 gebildete Kabinett machte schon am 21. September dem Ministerium Pfuel Platz.

[3]) Ludwig Freiherr Roth von Schreckenstein (1789–1858), preußischer General, Kriegsminister im Kabinett Auerswald.

[4]) Friedrich Christian Hubert von Kühlwetter (1809–1882), Innenminister im Kabinett Auerswald.

[5]) Erzherzog Johann von Österreich (1782–1859) wurde durch Wahl der Frankfurter Nationalversammlung deutscher Reichsverweser (Juni 1848 bis Dezember 1849).

charakteristisch bei diesen Herren. Der konstitutionelle Verein ist ein schönes Vereinchen. Professor Meyer, Dr. Michaelis[6]), Professor Jacobson, Konsistorialrat Oesterreich[7]), Dr. Metzel[8]), Graf Eulenburg .....etc. sind die bezeichnenden Persönlichkeiten dieses Vereins. Er besteht vielleicht aus 40 Personen, und wenn, wie zuweilen, achtzehn bis zwanzig Personen derart abstimmen, daß zehn für, acht gegen einen Antrag stimmen, so publiziert der Klub und gibt sich ein Air, als ob er Tausende zähle. Noch ein Weilchen wird man dem Unwesen zusehen und dann der Welt die Augen öffnen über die Bedeutung dieses freisinnigen Vereins.

Außerdem gibt es bei uns einen Arbeiterverein, der das Ideal des Unsinns bald realisiert haben wird. Die Lehren Babeufs[9]), Cabets[9]), Blanquis[9]) und Raspails[9]) sind Spinnweben gegen die sackgroben Gespinste der brutalen Weisheit, die sich hier zuweilen offenbart. Albert Dulk, der zeither noch immer das Steuer zu lenken sich bemühte, ist bereits als krasser Reaktionär gestürzt, und unsereins gilt als niederträchtiger bourgeoisischer Geldaristokrat. Vor acht Tagen wurde auch ein demokratischer Klub gestiftet und mehrere von uns wie Falkson, Leutnant Rüstow, der ein tüchtiger Kerl ist, ich und Professor Heinrich[10]) waren zur Stiftung eingeladen. Wir drei ersten traten bei, werden aber wohl bald austreten, da der Name und die Personen dieses Klubs zwar andere als im Arbeiterverein sind, der Geist, der in ihm weht, jedenfalls aber dem letzteren sehr verwandt ist[11]). Wir werden jedoch noch versuchen, beide Klubs nicht ganz dem Unverstande verfallen zu lassen. Die Arbeiter müssen zur Herrschaft über die Bourgeois gelangen, das ist das Ziel vieler Helden der beiden Klubs, und am Ende ist es nicht undenkbar, daß man auch bei uns versucht, den Pariser Auftritt zu erneuern und ihn hier zu erwünschtem Ende zu führen .....

Ich mag an die weisen Thebaner in der St. Paulskirche gar nicht denken, die Kerle sind zu große Waschweiber. Professor Simson hat nun auch ein Stück sentimentaler Rede über den Jubel, mit welchem die Provinz Preußen ihre Einverleibung in den Deutschen Bund vernommen, gehalten. Vielleicht merken die Herren am Main mehr davon als wir hier am Pregel. Dort hört man Gras wachsen, und der Bundestag kennt die Beschlüsse des großen deutschen Parlaments, noch ehe sie gefaßt sind. O weise Salomones!

Das muß ich Ihnen doch noch mitteilen, daß mir von Berlin mit Bedauern mitgeteilt wird, wie man Sie als einen Kommunisten erkannt habe. Sind Sie denn wirklich einer, oder wie verhält's sich wohl mit diesem Irrtume?

[6]) Vermutlich Dr. phil. F. Michaelis, Oberlehrer in Königsberg.

[7]) J. A. Oesterreich, Konsistorialrat und Hofprediger an der Schloßkirche zu Königsberg.

[8]) Ludwig Metzel, Mitarbeiter an der «Königsberger Allgemeinen Zeitung» (1843–1845) und später Redakteur der ebenfalls regierungstreuen «Zeitung für Preußen» (1847/48).

[9]) Gracchus Babeuf (1760–1797), Haupt der Verschwörung der «Gleichen». Etienne Cabet (1788–1856), Kommunist, Verfasser des utopischen Romans «Voyage en Icarie». Louis-Auguste Blanqui (1805–1881), Revolutionär und Kommunist. François-Vincent Raspail (1794–1878), Naturwissenschaftler und sozialistischer Republikaner.

[10]) Karl Berthold Heinrich (1819–1849), praktischer Arzt, außerordentlicher Professor der Medizin an der Albertina, ausgezeichneter Redner.

[11]) Für eine kurzgefaßte Schilderung des Königsberger Klubwesens im Jahre 1848 vgl. den anonymen Aufsatz «Königsberg in seiner politisch-sozialen Entwicklung des letzten Jahrzehnts» in «Die Gegenwart», Leipzig 1850 Jg. 4 S. 504–507.

481. August Hobrecht an Jacoby

Nachlaß[1]) *Ratibor, 12. Juli 1848.*

Überbringer dieses, Kaufmann Ring von hier, beabsichtigt eine großartige Assoziation der Weber behufs zweckmäßiger Arbeits- und Erwerbsverteilung dieser verarmten Klasse; er begibt sich über Breslau nach Berlin, um sich allgemeine Teilnahme, insbesondere das Interesse des Herrn Milde zu gewinnen. Ring genießt hier eines tadellosen Rufs und ist mir als ein wackerer Mann erschienen. Ich denke mir, daß Dich dieser Anfang der Lösung des großen Arbeit-Verteilungs-Problems, an welchen sich leicht ein *sehr einflußreiches* Leinengeschäft anknüpfen könnte, wohl interessieren möchte, jedenfalls *bitte* ich Dich, dem Überbringer, soweit es angeht, einige Direktionen in der Berliner Welt zu geben, resp. ihn zu unterstützen; *mir* scheint die Sache sehr. [sic][m] Ich denke, noch in diesem Monat nach Berlin zu kommen, und wär's auch nur, um Dir die Hand zu drücken, Du lieber braver Kerl! Bleibe dabei wie bisher, und verliere nicht den Mut. Ich wirtschafte hier auch, was ich kann. Courons à la victoire! . . . .

[1]) JNUL(Ab).

482. August Hobrecht an Jacoby

Nachlaß[1]) *Ratibor, 15. Juli 1848.*

Du kannst Dir nicht denken, mit welcher Teilnahme ich und die Meinen so wie viele Gleichgesinnte Deinen letzten Kampf begleitet haben. Der eine Teil ist ausgespielt, ich hoffe weiterhin wird *unser* Tag kommen; ich hoffe, Du bist unverzagt und voll Mut, das erwarten viele von Dir, und ich bin dessen gewiß. Jetzt kommen wir zur dänischen Friedensfrage. Wird's gut gemacht, so erleben wir Nordalbingien!

Damit Du siehst, daß wir hier tätig sind, sende ich Dir eine Nummer der von Max[2]) redigierten Lokomotive; Du findest darin unsere Adresse an Frankfurt; Du findest darin, daß wir Dein gedachten[3]). Und nun lebe wohl. Wenn sie auch alle gegen Dich stimmen, meine Stimme besitzt Du for ever! Lebe wohl!

[1]) JNUL(Ab).

[2]) Vermutlich Sohn des Briefschreibers.

[3]) Gemeint ist «Die Oberschlesische Lokomotive», Ratibor 1848–1850, die ich nicht ausfindig machen konnte. Nach A. Weltzel (*Geschichte der Stadt und Herrschaft Ratibor*, 2. Aufl. Ratibor 1881, S. 364) wurde dieses radikale Blatt von einem gewissen «studiosus juris Liebich» redigiert.

483. Fanny Lewald an Jacoby

Nachlaß[1]) *Hamburg, 18. Juli*[2]) *1848.*

Auch einer unserer Befreiungstage, deren wir schon ein halb Hundert besitzen, ohne die Sache zu haben.

Ich möchte gerne wissen, mein teurer Freund, ob ich Ihnen wohl fehle? Und manchmal glaube ich, daß es so sein müsse, weil ich sehr lebhaft den Wunsch habe, Ihnen dieses oder jenes mitzuteilen, was ich hier höre. Das letztere möchte ich Ihnen lieber verschweigen, denn von der politischen Bildungslosigkeit der hiesigen Millionäre, die meine tägliche dumme Tischgesellschaft machen, wäre es ein Unrecht, Ihnen den Begriff beizubringen, weil er dégoûtant und lähmend ist. Die Schildkröten, welche sie essen, wissen und verstehen mehr von der Zeit als diese Menschen[3]).

Indes, da ich nicht zu viel von den Leuten im allgemeinen erwarte, am wenigsten von der Opferfreudigkeit der Besitzenden, so ärgere ich mich weiter nicht darüber – lebe still in mich hinein – bin viel mit der herzensmilden Therese[4]) – und arbeite am Morgen, während ich abends der jeweiligen Aussicht aus den Villen genieße, in denen wir bei Jenisch[5]), Heine[6]), Halle[7]), Parish[8]) usw. dinieren. Es sind wahrhaft königliche Besitzungen mit den reichsten Kunstwerken geziert. Da habe ich denn oft viel stille Freude und bringe aus der Hohlheit der Gesellschaft einen schönen Eindruck mit nach Hause, der mich für Tage erfreut .....

[Stahr habe an Voss nach Düsseldorf geschrieben wegen Übernahme der Zeitung[9]). Sie[10]) nennt sich und Jacoby «die beiden Menschen, die Stahr am meisten liebt» etc.][m]

[1]) JNUL(Ab).

[2]) In der Abschrift ist «18. Juli» doppelt unterstrichen und mit einem nachfolgenden Ausrufezeichen versehen.

[3]) Fanny Lewald, die im Juli und August 1848 in Hamburg weilte, beschrieb ihre dortigen Eindrücke in ihren *Erinnerungen aus dem Jahre 1848,* Braunschweig 1850, II, S. 119–173.

[4]) Therese Bacheracht (1804–1852), Schriftstellerin; ihr sind Fanny Lewalds *Erinnerungen aus dem Jahre 1848* gewidmet.

[5]) Gemeint ist wohl der Hamburger Bankier Gottlieb Jenisch.

[6]) Der Bankier Salomon Heine, der Onkel des Dichters, kann hier nicht gemeint sein, denn er war schon 1844 gestorben.

[7]) Dr. A. Halle war Mitstifter der 1847 gegründeten Hamburg-Amerikanischen Paketfahrt AG.

[8]) Ein Nachkomme des in Schottland geborenen Kaufmanns John Parish (1742–1829), der mehr als 50 Jahre in Hamburg lebte.

[9]) Der Düsseldorfer Buchhändler Hermann Voss schlug Adolf Stahr vor, die Leitung einer neuzugründenden Zeitung zu übernehmen. Stahr begab sich von Berlin nach Düsseldorf, um sich die Verhältnisse anzusehen. Da Voss nicht genügend Kapital besaß und da Josef Dumont, der Verleger der «Kölnischen Zeitung», Stahr die Mitarbeit an diesem Blatt anbot, verzichtete Stahr auf das Düsseldorfer Zeitungsprojekt. Vgl. «Euphorion», Stuttgart, 1930 Bd. 31 S. 217 f.

[10]) Fanny Lewald.

484. Simon Meyerowitz an Jacoby

Nachlaß[1]) *Königsberg, 19. Juli 1848.*

.... Der Waffenstillstand mit Dänemark bildet hier das höchste Interesse des kaufmännischen Publikums[2]). Erst Brot und dann Freiheit ist der Wahlspruch der Leute, die für Futter auch Peitschenhiebe hinnehmen möchten. Über die Niederlage Deines Antrags[3]) war große Freude, sie wird als ein Sieg der Ordnung betrachtet, welcher aber, ob der alten oder der neuen Ordnung? wird unbestimmt gelassen .....

Alle, die Dir wohlwollen und Dich bald wiederzusehen sehnlichst wünschen, sind doch der Meinung, daß Du vor der Vollendung unserer Verfassung nicht zurückkehren möchtest ...

Die Cholera, die in Petersburg fürchterlich wütet[4]), naht heran ... Die Pest ist noch immer im Bunde mit der unumschränkten Macht gewesen, eilet daher mit der Feststellung einer freisinnigen Verfassung. Was hilft, sagst Du, eine Verfassung auf dem Papier? Unendlich viel für die Zukunft, wie gewaltig viel hat uns das erbärmliche Gesetz vom 22. Mai 1815 geholfen, bis Deine «Vier Fragen» [erschienen sind]. In Petersburg hat es wegen der Cholera einige unruhige Volksauftritte gegeben, sie waren durchaus nicht politischer Natur. Jedenfalls sind wir gegenwärtig vor den Russen sicher, dieses muß benutzt werden. Einige gleichzeitige Reskripte des Ministers des Handels[5]) an die hiesige Regierung sind mit I. A. Milde & Co. unterzeichnet, der Mann denkt stark an seine eigentliche Firma.

... Hier ist ein demokratischer Klub, dem ein Herr Brausewetter, ein Mann von Talent, präsidiert. Dr. Falkson, Freundt und Rüstow wollen diesen Klub sprengen, weil sie ihn für republikanisch halten. Der leitende Artikel in der Neuen Königsberger Zeitung Nr. 36 ist von Samter. Noch begnügt sich Samter mit Hiersemenzels[6]) Korrespondenz, er scheut /M/ayens Tendenz, mehr noch, wie ich glaube, die Kosten. Morgen kommt ein Brief von Junius an Professor Simson ..... Du wirst von klein und groß zurückgewünscht, letzteres nicht ohne Verfassung, die man gleichsam aus Deiner Hand zu empfangen hofft. Die guten Leute kennen noch nicht die neuesten Republikaner, denen jede Verfassung als eine antisoziale Schranke zuwider ist.

[1]) JNUL(Ab).

[2]) Die damals zirkulierende Nachricht über den Abschluß eines Waffenstillstandes bestätigte sich nicht; vgl. «Berliner Zeitungs-Halle» 16. und 22. Juli 1848 Nr. 163 und 168. Der preußisch-dänische Waffenstillstand von Malmö wurde erst am 26. August 1848 abgeschlossen.

[3]) Jacobys Antrag lautete: «Die preußische konstituierende Versammlung kann den von der deutschen Nationalversammlung gefaßten Beschluß nicht billigen, durch welchen ein *unverantwortlicher*, an die Beschlüsse der Nationalversammlung nicht gebundener *Reichsverweser* ernannt wird; die preußische konstituierende Versammlung erklärt sich aber zugleich dahin, daß die deutsche Nationalversammlung vollkommen *befugt* war, jenen Beschluß zu fassen, ohne vorher die Zustimmung der einzelnen deutschen Regierungen einzuholen, daß es daher der preußischen Regierung nicht zustand, Vorbehalte irgendeiner Art zu machen.» VKVP, I, S. 955 (26. Sitzung am 7. Juli 1848). Jacobys Antrag drang nicht durch, da 53 dafür, 262 aber dagegen stimmten und 48 sich der Stimme enthielten. VKVP, I, S. 1157 f. (28. Sitzung am 12. Juli 1848).

[4]) Vgl. die «Cholera-Chronik» in der «Berliner Zeitungs-Halle» vom 18. Juli 1848 Nr. 164 Beilage.

[5]) Karl A. Milde.

[6]) Gemeint ist wohl der Jurist Karl Christian Eduard Hiersemenzel (1825–1869).

485. Karl Heinrich Brüggemann an Jacoby

Nachlaß[1]) *Köln, 24. Juli 1848.*

..... Es würde von meiner Seite Anmaßung sein, wollte ich meine Überzeugungen und Bedenken gegen die von Ihnen jetzt verfolgte Politik Ihnen weitläufig vortragen. Ich würde, ohne etwas zu gewinnen, Ihnen Zeit rauben. Nur das wage ich kurz zu erwähnen: werden wir bei dem Andrange der sozialen Fragen ohne den stabilen Stützpunkt einer wahren Monarchie nach englischem Zuschnitte uns der Tyrannei erwehren können? Die Erscheinungen, die in Frankreich hervortreten, bestärken mich in meiner Überzeugung, daß [wir] in unserem dicht bevölkerten und moralisch aufgelockerten Europa ohne festen Thron der Diktatur – sei es eines Thiers oder Cavaignac – oder aber eines Wohlfahrtsausschusses der roten Republik nicht entgehen und Presse, Vereinigungsrecht und unsere individuelle Freiheit überhaupt uns nicht bewahren werden!

Vermag ich auch Ihren Bestrebungen nicht Erfolg zu wünschen, so wünsche ich doch Ihnen selber überzeugungskräftige Befriedigung in denselben und alles persönlich Erfreuliche!

[1]) JNUL(Ab).

486. Wilhelmine Schröder-Devrient[1]) an Jacoby

Nachlaß[2]) *Berlin, 2. August 1848.*

Verehrter Freund!

Nach einer langen, langen Pause hatten Sie mir neulich Ihren Besuch zugedacht, den ich leider verfehlt habe. Ich verlasse morgen Berlin mit seinem dicken Sande und seinen überklugen Leuten, möchte Sie aber vorher noch gesehen haben, und darum frage ich an, ob Sie heute abend eine Tasse Tee bei mir trinken wollen. Sagen Sie, wie ich hoffe, zu, so werde ich Sie um 9 Uhr erwarten. Können Sie nicht, so ruft Ihnen ein herzliches Lebewohl bis auf ein baldiges Wiedersehen – vielleicht in Königsberg – zu

Ihre aufrichtig ergebene

Wilhelmine Schröder-D[evrient].

[1]) Wilhelmine Schröder-Devrient (1804–1860), berühmte Opernsängerin, trat 1825, 1843 und 1846 in Königsberg auf (Ernst Moser, *Königsberger Theatergeschichte*, Königsberg 1892, S. 41. 66 f. 72). Porträt: Otto Weddingen, *Geschichte der Theater Deutschlands*, Berlin o. J., I, S. 791.

[2]) Original: JNUL.

487. Georg Herwegh an Jacoby

Nachlaß[1]) *Paris, 4. August 1848.*

Cher ami, *rue neuve des Augustins, Hôtel d'Orient.*

Monsieur Anselme Petétin[2]), en se rendant à son poste d'ambassadeur à Hannovre veut bien se charger de ce petit mot pour toi qui ne te dit pas grande chose mais qui te rappelle au moins que j'existe encore post tot discrimina rerum. Je crois faire égalemet plaisir à Mr. Petétin commé à toi en vous mettant en relation. Tu feras ton possible pour lui être agréable. La manière dont vous marchez vers votre sublime unité et le rejet de ta proposition[3]) donnera, je crains, à cette ambassade bientôt une triste importance.

Des nouvelles d'ici – je ne t'en donne pas, comme je ne demande pas des vôtres. Elles ne se ressemblent malheureusement que trop.

Adieu!
tout à toi
George Herwegh.

[1]) JNUL(Ab).
[2]) Anselme Petétin (1807–1873), Präfekt und Publizist, 1848/49 französischer Gesandter in Hannover.
[3]) Vgl. Nr. 484 Anm. 3.

488. Ludwig Moser an Jacoby

Nachlaß[1]) *Königsberg, 9. August 1848.*

Wir leben in einer Ruhe, ja Apathie, die unbegrenzt sind, nur der letzte Sonntag (6. August) brachte einige Abwechslung. Der Arbeiterverein und demokratische Klub veranstalteten einen Zug nach Aweyden, an dem mehrere Tausend zur Ehre der Einheit Deutschlands teilnahmen[2]). Auch Ihnen wurde dort ein Hoch gebracht (von Falkson). Die Einheitsfrage steht hier so: außer den Publizisten wollte niemand recht eigentlich davon etwas wissen. Da bemächtigte sich die Reaktion dieser Frage, und seitdem hat sie allerdings mehr Chancen, da die Anständigen nicht füglich mehr das Preußentum verteidigen mögen, wenn unter diesem Panier die jämmerlichen Leute des Rückschritts fechten. Nichtsdestoweniger hat sich hier ein Preußenverein gebildet, dem leider, wie ich höre, das Schützenkorps beitreten will. Dieses Korps bildet – prächtig uniformiert wie es ist und, was ihnen die Hauptsache gilt, selbst die Gemeinen haben Offiziersepauletten – einen Teil der Bürgerwehr, 500 an der Zahl, jeder einzelne mit einer

[1]) JNUL(Ab).
[2]) Ein kurzer Bericht darüber erschien in der «Berliner Zeitungs-Halle» vom 21. August 1848 Nr. 191.

Büchse bewaffnet. Die Sucht nach Uniformen und Abzeichen überhaupt entwickelt sich bei unserer Bürgerwehr zum Entsetzen.

Der hiesige demokratische Klub, von dem ich in meinem vorigen Briefe meldete[3]), hat mehrere seiner ausgezeichnetsten Mitglieder verloren, und es steht dahin, ob er diesen Verlust lange überdauern wird. Er faßte ein Programm ab, in welchem sich der Punkt befindet, daß die exekutive Gewalt dem Volke verantwortlich sein müßte. Falkson, Leutnant Rüstow, Freundt und andere stellten hierzu das Amendement: «in der Monarchie verantwortlich in den Ministern», und da dieser Satz durchfiel, so erklärten sie sogleich ihren Austritt. Wie Sie sehen, sind die Genannten nicht einmal Republikaner, was heute vielleicht noch wenig sagen will. Von Sozialismus usw. ist vollends bei ihnen keine Spur, die leiseste Andeutung davon wäre auch hier hinreichend, jede Persönlichkeit zu stürzen.

So erkläre ich mir das geringe Ansehen, in welchem hier Rupp jetzt steht. Er, der sonst gefeierte Kanzelredner, hat jetzt sogar, wie ich höre, leere Kirchen. Man kannte wohl früher schon seine sozialistischen oder kommunistischen Grundsätze, allein in den alten Zeiten wurde darauf kein besonderer Wert gelegt. Die Verfolgung trat erst hauptsächlich seit der letzten Pariser Schlacht ein, und sie ist hier, wenn auch mehr unbewußt, so stark wie nur in Frankreich selbst, wo man entsetzlich zurückschreitet aus Furcht vor den Sozialisten. Ich hoffe, da wir so weit nicht gegangen, so werden wir auch so weit nicht zurückschreiten als die Franzosen, zu deren Charakter es wohl gehört, sich in Unbesonnenheiten zu stürzen, die hierauf aber bald besonnen werden und dann denselben Weg nie wieder versuchen.

Wie gegen Rupp, so ist auch die allgemeine Stimmung gegen Walesrode, und auf dem Lande noch mehr als in der Stadt. Sein bereits Monate dauernder Aufenthalt bei Jachmann in Kobulten hat nicht dazu beigetragen, diese Stimmung zu besänftigen. Sollten Sie es glauben, daß ruhige, vernünftige, liberale Gutsbesitzer, deren ich viele bei einem Ausfluge aufs Land gesprochen habe, übereinstimmend der Meinung sind, daß die mehrfachen Unruhen, die in verschiedenen Kreisen stattgefunden, das schlechte Resultat der Wahl, wie es hier und da vorgekommen, lediglich dem fliegenden Blatte[4]) zuzuschreiben sei, das Walesrode herausgegeben und das Sie ohne Zweifel gelesen haben? Robert Schön z. B. hat sich allen Ernstes den Besuch verbeten, den ihm Walesrode zugedacht .....

Es fand [heute][m] die zweite höchst tumultuarische Sitzung des Preußenvereins statt.[5]). Außer einer Masse Sackträger erschienen im Saale der Börse, wie man sagt auf Kommando, viele Unteroffiziere und Soldaten *in Waffen*. Sie sollen sogar versucht haben, einen der Liberalen, der in der vorigen Sitzung Opposition gegen die Tendenz des Vereins gemacht hatte, hinauszuwerfen. Die Sitzung war so tumultuarisch, daß der Präsident (der Botaniker Meyer) nicht einmal zu Worte kommen konnte. Geht das so fort, so stehen uns Kämpfe mit dem Militär wiederum bevor, und ich fürchte, sie

[3]) Vgl. Nr. 477.

[4]) Vgl. Nr. 474 Anm. 3.

[5]) Über die erste Sitzung dieses Vereins am 5. August vgl. «Das gestörte Opferfest der Preußen» in der «Berliner Zeitungs-Halle» vom 21. August 1848 Nr. 191.

werden nicht so enden wie am 19. März. Denn die Erbitterung scheint beim Militär sehr groß zu sein, und die eigentlichen Bürger werden für den Kampf wenig Sympathie haben. Ihnen ist die Freiheit geworden, die sie anstrebten, vielleicht mehr noch, als sie anstrebten. Arbeiter allein aber sind ganz ohnmächtig gegen die bewaffnete Macht. Die letzte Pariser Schlacht hat das allein schon bewiesen, was im Grunde kaum eines Beweises bedarf.
Dies und die Cholera! Machet Ihr Herren, daß Ihr unsere Verfassung fertig bekommt, und verlasset Euch auf Frankfurt nicht.

489. Arnold Ruge an Jacoby[1])

Nachlaß[2]) *Breslau, 9. August 1848.*

Lieber Bruder,
... Ich will sehen, daß ich etwas bares Geld für die sofortige Reform der «Reform»[3]) mitbringe. Kann ich es nicht, und es ist doch noch nicht sicher, so müßt Ihr in der Linken einmal jeder zwei Tage Diäten dransetzen, das macht gleich 400–500 Taler, und damit ist es sofort zu machen ..... Besorge mir auf jeden Fall (das ist das sicherste) eine solche Steuer in Eurem Kreise, damit wir in Berlin für das Abonnement sofort mit der reformierten «Reform» auftreten können.
Dann schreib selbst im Namen der Partei eine kleine Einleitung wegen der Ernennung der Zeitung zu Eurem Organ ...
Man hat hier meine Berichte über Frankfurt sehr gut aufgenommen. Die Studenten wollen mich berufen, und ich habe ihnen eine Vorlesung halten müssen[4]) ...

[1]) Briefkopf in der Abschrift: Arnold Ruge an Jacoby (in Berlin).
[2]) JNUL(Ab).
[3]) «Die Reform» wurde von Arnold Ruge und Heinrich Bernhard Oppenheim von April bis Juni 1848 in Leipzig und von Juli bis November 1848 in Berlin herausgegeben. Vgl. Nr. 495.
[4]) Vgl. darüber Ruge, *Briefwechsel und Tagebuchblätter*, II, S. 13.

490. Adolf Stahr an Johann Jacoby

Nachlaß[1]) *Oldenburg, 13. August 1848.*

Seit dem Schicksale Deines Antrages – das ich übrigens sofort bei seiner Stellung

[1]) JNUL(Ab).

vorausgesehen – bin ich Dir in den Berliner Parlamentsverhandlungen nicht mehr begegnet[1a]). Irre ich mich nicht, so wird die Stimmung Deines Geistes einige Analogie mit der meinigen haben, der ich in dieser von allen Seiten wieder auftauchenden Gemeinheit der Gesinnung, wie sie sich namentlich in der Polnischen und Italienischen Frage zu Frankfurt so schlagend betätigt hat, nahe daran bin, meinen Glauben an die Zukunft der Deutschen einzubüßen. «Diese Frankfurter» verlangen allen Ernstes von uns «Sympathie» für die militärische Gloire Radetzkys[2]) und seiner Kroaten und Panduren ..... Sie verlangen, daß uns «das Herz höher schlagen» soll bei diesen «Waffentaten» unserer deutschen Brüder und ihrer Kampfesgesellen von Kroaten und Panduren, für die Siege dieses Metternichschen Wallenstein-Radetzky, dem das Freiheitspathos der edlen Italiener als delirium tremens, als Säuferwahnsinn der Freiheitstrunkenbolde erscheint!

..... Ich schreibe an einer Geschichte: Preußen im Jahre 1848[3]) und lese dazu alte Zeitungen, mit welcher Empfindung! F[anny] L[ewald] ist in Hamburg .....

[1]a) Adolf Stahr war von Frühjahr bis Spätsommer 1848 Berliner Korrespondent der «Kölnischen Zeitung» und besuchte wohl in dieser Eigenschaft die Sitzungen der preußischen Nationalversammlung. Er kehrte dann nach Oldenburg zurück.

[2]) Josef Graf Radetzky (1766–1858), österreichischer Feldmarschall, Oberbefehlshaber der österreichischen Truppen in Italien.

[3]) *Die preußische Revolution* von Adolf Stahr erschien 1850 in Oldenburg.

491. Fanny Lewald an Jacoby

Nachlaß[1]) *Hamburg, 16. August 1848.*

Mein teurer Freund!

Ich glaube, Sie haben mir und Adolf die Lehre, «daß man sich nicht an Menschen hängen, an sie binden und sie als Notwendigkeit betrachten solle», durch die Tat beweisen wollen. Aber das hilft nichts! Wir beide sind in dem Punkte unverbesserlich, und wir haben es denn auch glücklich wieder erreicht, in nächster Zeit viel miteinander sein zu können, denn heute geht Adolf von Oldenburg fort, und zwar fürs erste nach Hannover. Er hat sich eingerichtet, diesmal durch keine Rücksicht gebunden zu sein und so lange bleiben zu können, als er will. Dieses glückliche Arrangement soll nun benutzt werden, Schritte für Adolfs Zukunft zu tun, und dazu sollen Sie mir helfen und ihm.

Dann hat Adolf mir eine Anfrage wegen Samter gemacht, die ich – zu träge, sie abzuschreiben – Ihnen hier anklebe[2]). Können Sie, so ordnen Sie auch das ...

[1]) JNUL(Ab). Abs. 3 und 4 auf einem separaten Blatt.

[2]) Diese Anfrage Adolf Stahrs liegt nicht vor.

Vorher aber muß ich Ihnen erzählen, daß es zwischen mir und den Meinen zu einem ehrlichen Ultimatum gekommen ist, daß ich erklärt habe, kein qu'en dira-t-on der Welt werde mich jemals bewegen, mein Verhältnis zu Adolf zu ändern, und ich würde eher Berlin und meine ganze Familie aufgeben als ihn. Dies geschehen, habe ich endlich von der Seite Frieden, und mein Bruder[3]), der Mann der faits accomplis und e[ine] sehr edle Natur, ist nun ebenso auf meiner Seite und ebenso für Adolfs Übersiedlung nach Berlin, als er früher dagegen war .....

Otto[3]) dringt darauf, Stahr solle suchen, in unser Unterrichtsministerium zu treten; in Stahrs Hände solle die Regeneration des Schulwesens gelegt werden, und Sie sollten dazu die ersten Schritte tun, indem Sie Stahr mit Rosenkranz[4]) in Verbindung bringen. Nun hat Stahr vor, zu dem Universitätskongreß nach Frankfurt zu gehen. Sprechen Sie also mit Rosenkranz, und fragen Sie an, lieber Freund, ob Rosenkranz in dieser Angelegenheit eine Besprechung mit Stahr lieb wäre, ob er ihn nicht durch Sie dazu auffordern wolle. Adolf kann ja dann die Ansichten, welche er und Sie und Rosenkranz für die rechten halten, dort vertreten – und es wäre unserem Ministerium damit gedient, Adolfs Beziehung zum Ministerium wäre angeknüpft, ohne daß man Geld vom Ministerium für die Vermittlung forderte. Hansemann[5]), Merker[6]), Bornemann würden Adolf später förderlich sein – und ich hätte mein *Lebensglück gesichert.*

Lieber Jacoby! Das werden Sie auch ganz natürlich finden. Balzac sagt sehr richtig: Pour les femmes l'amour est la grande affaire. Ich wollte – wüßte ich überhaupt, ob die Liebe in Ihr Leben gehört – Ihnen auch dafür all das Glück gönnen, das wir beide im Zusammensein haben.

Ich weiß Ihnen nichts zu sagen von neuen Dingen, von Politik. Das wissen Sie alles besser. Auch schrieb mir neulich Lepel[7]) aus dem Feldlager: «Unter Freunden handelt es sich um mehr als die Welt und die Politik der ganzen Welt!» – Das ist so schön und wahr.

Eins aber schenke ich Ihnen, wenn Sie es noch nicht haben, die Rekommandation von Daumers Mahomed[8]). Der haßt das Christentum ganz so gründlich als ich; und der

[3]) Otto Lewald (1813–1874), Fannys Bruder, hervorragender Jurist in Berlin, Verteidiger im Polenprozeß 1848.

[4]) Karl Rosenkranz war seit dem 24. Juli 1848 vortragender Rat mit konsultativem Votum im Staatsministerium und dem Ministerpräsidenten Rudolf von Auerswald unmittelbar unterstellt.

[5]) Über sein Verhältnis zu Stahr vgl. A. Bergengrün, *David Hansemann,* Berlin 1901, S. 383 f.

[6]) Gemeint ist wohl der Liberale Friedrich August Märker (1804–1889), Justizminister im Kabinett Auerswald-Hansemann (25. Juni bis 21. September 1848).

[7]) Bernhard Lepel (1818–1885), Lyriker, nahm 1848 an dem Feldzug in Schleswig teil.

[8]) Georg Friedrich Daumer, *Mahomed und sein Werk. Eine Sammlung orientalischer Gedichte,* Hamburg: Hoffmann und Campe 1848.

Haß wird Ihnen erquicklich sein. Dieser Islamismus besitzt doch wenigstens die ersten Grundbedingungen einer gesunden Existenz, er ist doch wenigstens von der Askese frei, er nennt doch die Erde kein Jammertal und läßt uns nicht «in eine Korrektionsanstalt für den Himmel» geboren werden. *Wie* ich das Christentum, dies Pfaffenhandwerk, hasse, das kann ich nicht sagen. Es hat die Seelengesundheit des Menschengeschlechts vergiftet bis in die tiefsten Tiefen – und es werden noch Jahre vergehen, ehe die Menschheit genesen ist. *Ich* leide nicht mehr daran und fühle mich erst, seit ich einen gesunden Strich gezogen habe zwischen mir und allen dualistischen Lügen, des Daseins, des Atmens, der blauen Luft würdig.

Gebe das Leben Ihnen Freude. Therese[9]) wünscht sehr, Sie zu sehen – die nächste Woche aber gehen wir aufs Land; Briefe jedoch werden mir nachgesandt.

Jacoby! tun Sie etwas für Adolf! Der übrigens jedenfalls wieder früher oder später nach Berlin kommt. Empfehlen Sie mich Rosenkranz, wenn er sich meiner erinnert. Briefe an Adolf senden Sie *mir*. Wir haben eine kleine Exkursion inkognito vor, und so verfehlen Sie ihn nicht, wenn Sie die Briefe unter meiner Adresse an Therese senden. Verbrennen Sie alle meine Briefe, ich rechne darauf. Die Welt ist noch zu christlich, als daß andere als Sie sie lesen sollten.

In Liebe
Ihre
Fanny Lewald.

[9]) Therese von Bacheracht.

492. Jacoby an Gustav Dinter

Nachlaß[1]) *Berlin, 17. August 1848.*

Die Ereignisse der letzten Zeit sind ein rechter Prüfstein für unsere politischen Charaktere. Du gehörst zu den wenigen, die dem Freunde und der Partei treu geblieben sind. Sooft ich Deinen Namen in der Zeitung las, erwachte in mir neues Vertrauen zu der lieben Vaterstadt, die jetzt ebenso ungerechterweise geschmäht wie früher erhoben ward. Nie habe ich mehr als gerade in dieser Zeit mich davon zu überzeugen Gelegenheit gehabt, wie viel *Lokalpatriotismus* noch in mir steckt. Mit einer wahren Eifersucht sehe ich auf Berlin und Frankfurt, die aus ihrer früheren Nichtigkeit plötzlich zu politischen Hauptstädten emporgestiegen sind. Und Königsberg?! Nein, trotz Spießbürger und Sackträger – ich gebe die Hoffnung nicht auf, Königsberg noch einmal an die Spitze der Bewegung treten zu sehen.

Von hier ist wenig zu melden. Die Reaktion, die in den letzten Tagen unter der Maske des Stockpreußentums ihr Haupt erhob, ist jetzt wieder ziemlich kleinlaut geworden. In der Kammer ist die reaktionäre Partei die zahlreichste und hat bei

[1]) JNUL(Ab).

allen wichtigen Fragen die Unentschiedenen, die stets das Gespenst der Republik vor Augen haben, auf ihrer Seite. Mein Antrag, dessen Schicksal ich mit Sicherheit voraussehen konnte, war nur dazu bestimmt, diesen *heimlichen* Feinden der Freiheit den Fehdehandschuh hinzuwerfen, um sie in *offene* Feinde zu verwandeln. Sie wagten es aber noch nicht hervorzutreten, sondern gaben sich das Ansehen, bei Verwerfung meines Antrages nicht etwa gegen die deutsche Einheit, sondern nur gegen die Republik zu kämpfen. Da kam der Befehl des Reichskriegsministers von Peucker[2]), und dies schien ihnen eine günstige Gelegenheit. Sie hatten sich aber verrechnet; so tapfere Bundesgenossen sie auch in der Vossischen und Spenerschen Zeitung[3]) gefunden, sie wurden arg aufs Haupt geschlagen und mußten beschämt in ihre Schlupfwinkel zurückkriechen.

Auch Ihr werdet hoffentlich mit dem neuen Preußen-Verein bald fertig werden; dafür bürgt mir schon die einzige Tatsache, daß Professor Meyer den Verein leitet. Die gefährlichste Stütze des alten, noch lange nicht besiegten Polizeistaats ist der Geist, der in dem Offizierstande herrscht. Die Schweidnitzer und Düsseldorfer Ereignisse[4]) sind für den ruhesüchtigen Philister Winke mit dem Laternenpfahl. Jedermann verlangt jetzt eine Reorganisation unseres Heerwesens, und unsere Nationalversammlung wird hierin die Initiative ergreifen. Sprich mit Rüstow, dessen offenen Brief an seine Kameraden[5]) ich mit inniger Freude gelesen; vielleicht ist er bereit, uns zu diesem Zwecke Materialien und Vorschläge zukommen zu lassen. Von Münster, Köln und anderen Orten sind bereits Petitionen mehrerer Offiziere in diesem Sinne eingegangen. Es ist endlich Zeit, daß die unsinnige Scheidewand zwischen Bürger und Militär falle und der aristokratische Dünkel der höheren Soldateska gebrochen werde ..... ‹Mit dem armen Abegg geht's leider zu Ende[6]).›

[2]) Am 16. Juli 1848 erließ Eduard von Peucker «an alle ‚Landeskriegsministerien' die Aufforderung, am 6. August solle überall eine Parade stattfinden, bei der die Übernahme der Oberleitung der bewaffneten Macht Deutschlands durch den Reichsverweser mittels Verlesung seines Aufrufs an das Volk kundgegeben und ein dreimaliges Hoch auf ihn unter militärischem Salut ausgebracht werden solle». Valentin, II, S. 91.

[3]) Gemeint ist die Tageszeitung «Berlinische Nachrichten von Staats- und gelehrten Sachen», die nach dem Namen ihres Herausgebers «Spenersche Zeitung» genannt wurde. 1848/49 nahm sie eine konstitutionell-monarchistische Haltung ein. Die »Vossische Zeitung« war ein gemäßigt-liberales Tageblatt in Berlin.

[4]) Am 31. Juli 1848 metzelte das Militär vierzehn Bürger in der schlesischen Stadt Schweidnitz nieder. Am 14. August 1848 kam es in Düsseldorf zu einem Zusammenstoß des Militärs mit der Bürgerwehr. Vgl. «Kölnische Zeitung» 17. August 1848 Nr. 230 «Düsseldorf, 15. Aug.»

[5]) [Wilhelm Rüstow], *Offener Brief eines demokratischen Offiziers an die Männer des Volkes in der Singakademie zu Berlin,* Königsberg: Samter 1848. 7 S.

[6]) Bruno Erhard Abegg starb in Berlin am 16. Dezember 1848.

493. Jacoby an Fanny Adelson

Nachlaß[1]) *Berlin, 20. August 1848.*

..... Fesselte mich nicht die Pflicht, das einmal Begonnene auszuführen, ich würde lieber heute als morgen der Hauptstadt den Rücken zukehren. Meine Stimmung ist nichts weniger als heiter. Vor einigen Monaten noch, da freilich war es ganz anders; damals hatte die Revolution mir Jugendmut und Lebensfrische gegeben, hatte die Hoffnung, eine neue Weltepoche anbrechen zu sehen, mich um ein Jahrzehnt verjüngt. Was die Weisen aller Zeiten herbeizuführen strebten, die Philister stets als leere Hirngespinste betrachteten – die nächste Zukunft sollte es glänzend verwirklichen. Frankreich, hoffte ich, würde das Losungswort: *Freiheit, Gleichheit, Brüderlichkeit!* zu einer Wahrheit machen, Frankreich würde mit großartigen Einrichtungen zum Wohl der Menschheit vorangehen und alle anderen Völker zur Nachfolge zwingen. Ich habe mich getäuscht. An der Jämmerlichkeit kleinlicher Menschen ist die Revolution wiederum gescheitert. Seit der Pariser Junischlacht überall Feigheit und Erschlaffung, die Krämer und Philister glücklich wieder obenauf!

In Deutschland wie in Frankreich die alte schamlose Wirtschaft des Eigennutzes und der Knechtschaft; nur die Herren hat man gewechselt, statt der absoluten Könige ein absolutes Bourgeoisieregiment eingetauscht. Es wäre eine Torheit, von der Gegenwart zu verlangen, was *für jetzt* zu erreichen unmöglich ist. Wir, die wir die *wahre* Freiheit der Völker, Gerechtigkeit und Wohlfahrt für *alle* wollen, müssen für den Augenblick die Reaktionäre ruhig gewähren lassen und uns darauf beschränken, der *neuen Zeit vorzuarbeiten,* die uns sicher zum Ziele führen wird. Sie sehen, teure Freundin, wie resigniert ich bin und daß von mir in keiner Weise ein übereilter Schritt zu befürchten ist. Bis zum Eintritt einer zweiten Revolution – und diese Zeit dürfte noch ziemlich fern liegen – können Sie meinetwegen unbesorgt sein ...

[1]) JNUL(Ab).

494. Wilhelm Rüstow an Jacoby

Nachlaß[1]) *Königsberg, 21. August 1848.*

Verehrter Herr!

Ich richte an Sie die Bitte, mir Auskunft in einer Sache zu erteilen, die, wie ich glaube, nicht so sehr persönlich als eine allgemeine ist.

Die reaktionäre Partei des hiesigen Offizierskorps, leider sehr stark vertreten, verfolgte mich schon lange, wenn auch nur passiv, wegen der Art und Weise, in der ich, meine neuerworbenen Staatsbürgerrechte gebrauchend, der neuen Zeit und ihrer Bewegung mich anschloß. Jetzt aber glaubt sie sich bereits stark genug, mich mit den Waffen der alten

[1]) JNUL(Ab).

Zeit angreifen und aus meiner Stellung vertreiben zu dürfen, die ich im Interesse des Vaterlandes behaupten muß, wenn ich es nicht für gut erkennen will, daß überhaupt alle freisinnigen Offiziere beseitigt werden und ein Rest zurückbleibe, der vielleicht so dreist ist, dereinst die Eidesleistung auf die Verfassung zu verweigern.
Man bedroht mich mit zwei Ehrengerichten, und zwar beide Male wegen von mir herrührender Schriftstücke, nämlich

1) eines Artikels: Preußens Pflicht in Deutschlands Sache – in der Neuen Königsberger Zeitung vom 4. August,
2) des hier beiliegenden Schriftchens[2]).

Da nun Ehrengerichte keine ordentlichen Gerichte sind, ein Militärgericht überhaupt voraussichtlich nur als *Partei* mich bewältigen und nach gutem Rechte richten könnte, so bin ich entschlossen, den § 2 des Pressegesetzes vom 17. März 1848:
Die Entscheidung darüber, ob in Druckschriften oder vermittels mechanisch vervielfältigter Bildwerke ein Verbrechen oder Vergehen verübt worden und wer dafür strafbar sei, steht den ordentlichen Gerichten zu. Dieselben haben hierbei lediglich nach den Vorschriften der in unserem Staat geltenden Strafgesetze sich zu richten,
wider jede ehrengerichtliche Verfolgung geltend zu machen und meine Berufung vor den ordentlichen bürgerlichen Richter zu verlangen, im Fall man mich überhaupt verfolgen will.
Ich erlaube mir die Frage an Sie, ob ich wohl auf meinem guten Rechte fußend die Unterstützung der Nationalversammlung hoffen darf, wenn ich das tue.
Der Hoffnung, daß Sie mich, wo möglich, mit einer Antwort erfreuen, mit vollkommenster Hochachtung

Ihr
Rüstow,
Ingenieurleutenant.

[2]) Vermutlich die oben erwähnte Schrift, vgl. Nr. 492 Anm. 5.

495. Ankündigung von Jacoby und anderen betreffend «Die Reform»[1])

Abdruck[2]) *Erschienen am 22. August 1848.*

Ankündigung

Um die Früchte unserer Revolution mit friedlichen Waffen zu sichern, bedürfen wir vor allen Dingen einer gründlichen Reform der Presse. Wir müssen die freigelassene mit freien Gedanken und Bestrebungen erfüllen. Unser eigenes Blatt wird dahin wirken. Es stand bisher nicht so unmittelbar in der Bewegung und unter dem Einflusse unserer Partei, als von heute an. Wir hielten aber diese Stellung für nötig, um unsern Worten

[1]) Seit dieser Ankündigung wurde «Die Reform» zum Organ der äußersten Linken der Berliner Nationalversammlung.
[2]) «Die Reform. Organ der demokratischen Partei» 22. August 1848 Nr. 129 S. 1.

den Nachdruck zu geben, welchen sie im Namen von Privatpersonen nicht haben konnten, und haben daher den Beschluß gefaßt, aus der demokratischen Partei Berlins sowohl in als außer der Nationalversammlung ein Komitee zu bilden, welches die Richtung und Haltung des Blattes überwacht und die Redaktion bestellt und nach Bedürfnis verändert und ergänzt. Die Mitglieder dieses Komitees sind:

Der Abgeordnete D'Ester[3]), der Abgeordnete Stein, der Abgeordnete Johann Jacoby, der Abgeordnete Lipski[4]), Eduard Meyen, Mitglied des Demokratischen Zentralausschusses, Prof. Agathon Benary[5]), Präsident des Volksklubs, Assessor Schramm[6]), Abgeordneter und Präsident des Demokratischen Klubs, und der Schriftsetzer Born[7]), Präsident des Zentralkomitees der Arbeiter.

Wir vertreten die humanen Grundsätze der europäischen Demokratie, die Befreiung, das gleiche Recht, die Verbrüderung der einzelnen und der Völker; wir sind die Feinde der Unterdrücker und der Eroberer, der Länderfresser und der Verräter des Rechtes fremder Völker, wir setzen die deutsche Freiheit in die Selbstregierung unseres Volkes und finden seine Ehre darin, daß es sich selbst, nicht daß es seine Nachbarn beherrscht. Je schamloser die Grundsätze der demokratischen Revolution von 1848 verleugnet worden sind von der ganzen Ausgeburt des alten Bedienten- und Herrentums, vom Philister, von der Soldateska, von dem Beamtenheer, um so schärfer werden wir diese Prinzipien hervorheben.

Das Blatt hat seinen Boden in Berlin. Es wird daher die politische und soziale Bewegung dieser großen Stadt mit besonderer Aufmerksamkeit verfolgen, sie möglichst anschaulich darstellen und über ihre Bedeutung die Leser aufklären. Es hat zu diesem Zweck alle seine Verbindungen in der Stadt herangezogen und für diesen Teil der Redaktion eigene Mitarbeiter gewonnen. Auch die Handels- und Gewerbsberichte werden wir mitteilen. Für die deutschen Verhältnisse und die auswärtige Politik haben wir ebenfalls neue Kreise gewonnen. Die Redaktion besteht aus den Hauptredakteuren

Ruge, Oppenheim, Meyen

und den Mitredakteuren

A. Hexamer[8]), G. Siegmund, A. Fränkel, A. Semrau[9]).

[3]) Karl Ludwig D'Ester (1811–1859), Arzt in Köln, Mitglied des Kommunistenbundes, 1848 Mitglied der äußersten Linken der preußischen Nationalversammlung, des Zentralausschusses der Demokraten Deutschlands, 1849 der preußischen Deputiertenkammer, Teilnehmer am badisch-pfälzischen Aufstand, emigrierte danach in die Schweiz.

[4]) W. von Lipski, Gutsbesitzer in Lewkow, Wahlkreis Krotoschin.

[5]) Agathon Benary (1807–1861), Philologe, Gymnasiallehrer und Privatdozent in Berlin.

[6]) Rudolf Schramm (1813–1882), Politiker und Publizist, tätig in den liberalen Kreisen Kölns, Mitglied des Aufsichtsrates der «Rheinischen Zeitung», 1848 der äußersten Linken der preußischen Nationalversammlung, Präsident des Demokratischen Klubs in Berlin, nach der Revolution Flüchtling in London; später Bismarck-Anhänger.

[7]) Stephan Born (1824–1899), Schriftsetzer, Mitglied des Kommunistenbundes, Organisator der Berliner Arbeiter 1848–1849 und der «Arbeiterverbrüderung», Teilnehmer am Dresdner Aufstand 1849, flüchtete in die Schweiz, wo er als Redakteur der «Basler Nachrichten» und Professor für Literaturgeschichte wirkte.

[8]) Adolf Hexamer (1824–1859) aus Koblenz, Teilnehmer an der Revolution von 1848, emigrierte nach der Revolution nach Amerika, wo er in New York ein bekannter Arzt wurde.

[9]) August Semrau, Literat, 1848 Mitglied des Demokratischen Klubs und des Arbeitervereins in Breslau, später Mitbegründer der «Breslauer Morgenzeitung».

Ferner haben wir zu Mitarbeitern der Reform gewonnen: Reichenbach, Brill[10]), Bakunin, Libelt[11]), Cies[z]kowski[12]), Königk in Posen, Goldstücker in Berlin, Friedrich Köppen in Berlin, Julius Fröbel, Hermann Müller für Kunst und Theater, Mitteilungen von Freiligrath, Herwegh in Paris, J. Seidlitz[13]) in Wien, Szafarzik[14]) in Prag, Rymarkiewicz in Posen, Lukaszewicz in Krakau, Dobrzański[15]) in Lemberg, Bamberger[16]) in Mainz, Treichler in der Schweiz, K. Heinzen in Genf werden wir durch unsere freundschaftlichen Beziehungen zu diesen Männern zu erlangen wissen.
Mit diesen Kräften werden wir die demokratische Presse des Nordens unterstützen durch authentische Mitteilung der Ereignisse und durch die Widerlegung unserer Gegner.
Brüder und Freunde, gelingt uns die Aufklärung unserer Zeitgenossen über ihre wahren Interessen, wozu uns die freie Presse jetzt alle Mittel in die Hand gibt, so ist die Sache der Selbstregierung und der sozialen Reform des Volks gesichert. Alle wahren Demokraten sind daher aufgefordert, unser Blatt durch Verbreitung und Korrespondenz jeder an seinem Orte zu unterstützen.

Das Komitee und die Redaktion der Reform.

[10]) Brill, Schriftsetzer aus Breslau, Abgeordneter des Breslauer Stadtkreises, Deputierter des Breslauer Arbeitervereins zum Zweiten Demokraten-Kongreß in Berlin Ende Oktober 1848.
[11]) Karol Libelt (1807–1875), polnischer Freiheitskämpfer, Philosoph und Publizist.
[12]) August Graf Cieszkowski (1814–1894), polnischer Philosoph, Liberaler.
[13]) Julius Seidlitz (1815–1857), Journalist und Schriftsteller.
[14]) Pawel Josef Šafařik (Szafarzik) (1795–1861), tschechischer Slawist und Geschichtsforscher.
[15]) Jan Dobrzański (1820–1886), polnischer Publizist, 1848 einer der Führer der polnischen Unabhängigkeitsbewegung in Lemberg.
[16]) Ludwig Bamberger (1823–1899), liberaler Publizist, 1848 Redakteur der «Mainzer Zeitung».

496. Wilhelm Rüstow an Jacoby

Nachlaß[1]) *Königsberg, 23. August 1848.*

Verehrter Herr!
Als ich meinen vorgestrigen Brief bereits an Sie abgesandt, brachte mir Dr. Dinter Ihren freundlichen Gruß sowie die Nachricht, daß die Nationalversammlung sich ernstlich mit einer Reorganisation der militärischen Verhältnisse beschäftige, und die Anfrage, ob ich etwa Vorschläge machen wolle. Mit Vergnügen ergreife ich die Gelegenheit, mein Scherflein zur Minderung der Übelstände beizutragen, welche im Interesse des Vaterlandes beseitigt werden müßten.
Die Offiziere, welche sich nur einigermaßen offen der Freiheit hinzugeben wagen, sind in einer erschrecklichen Minorität. Das Zopftum und der Absolutismus haben den gesunden

[1]) JNUL(Ab).

Sinn der Masse unbeschreiblich korrumpiert. Alles ist so an den Zwang gewöhnt, daß es kaum begreifen kann, wie man ihn abwerfen dürfe.

Die wenigen Offiziere, welche sich unmittelbar nach der Revolution für die Bewegung und den vollen offenen Anschluß an das Volk erklärten, haben doch meistenteils nicht den Mut, inmitten der Verleumdungen und Schmähungen, mit denen sie eine unverständige Menge, wie einst in früheren Zeiten die Naturforscher als Zauberer, so als Verräter, Kommunisten (in der preußischen Armee ein Schimpfwort von der weitesten Bedeutung) verdammt, festzustehen, das Feld zu behaupten. Nicht wenige von diesen nehmen ihren Abschied. Ich muß gestehen, daß ich das für eine Schmach ansehe. Was soll denn aus dem Heere werden, wenn es noch alle diejenigen verlassen, die es allenfalls auf den neuen Weg bringen könnten? Was soll aus der Freiheit werden, wenn man der Reaktion Vollmacht gibt, aus dem Heere sich eine geschlossene Phalanx zu bilden?

Jetzt in der Tat halte ich meine Offiziersstellung für einen Ehrenposten; man kann mich aus ihm mit Gewalt vertreiben, aber freiwillig, ohne Kampf kann ich ihn nicht verlassen. Eine Schildwacht der Nation, muß ich in ihm das freiheitsfeindliche Streben und Wühlen der anarchischen Reaktionäre des Heeres beobachten.

Ich sende Ihnen hierbei eine kleine Denkschrift[2]), welche die für jetzt ausführbarsten und dabei in bezug auf den gerade vorliegenden Punkt durchgreifendsten Reformen behandelt. Der Gegenstand hatte meine Gedanken seit einigen Wochen so andauernd beschäftigt, daß ich glaube, nichts Wesentliches vergessen zu haben.

Vor allen Dingen wäre nun freilich ein Kriegsminister notwendig, dem es um die Erhaltung und den Schutz der Freiheit zu tun ist. Schreckenstein kann ich für den Mann nicht halten. Bei der geringsten tätlichen Regung zur Reaktion müßten sofort die höheren Offiziere, welche sich ihrer schuldig machen, verabschiedet werden, und in ein paar Monaten stehe ich dafür, würde der Stand der Dinge ein ganz anderer sein.

Bis jetzt aber halten diese Leute, die keinen Begriff von Verfassung und Verfassungsstaat haben, alles für Spaß. Ein Beschluß der Nationalversammlung ist für sie so gut wie nicht da.

Für jetzt würde noch die energische Ergreifung der Maßregeln, welche die Denkschrift aufführt, ausreichen; läßt man aber die Sache noch einige Monate ins Feld gehen, so begreife ich nicht, wie man der Reaktion noch mächtig bleiben will, ohne alle Bande der Disziplin im Heere zu lösen.

Ein zweckmäßiges Mittel, um die Sache ins Gleis zurückzubringen, dürfte ferner noch ein Aufruf der Nationalversammlung an die Armee sein, in welchem die Sachlage ohne Umschweif dargelegt, das Heer ermahnt würde, sich dem Volk anzuschließen, die Folgen des reaktionären Treibens erörtert und die Auflösung ganzer Korps angedroht würde. (Löste man nur einmal ein einziges Bataillon auf, formierte es nach einigen Wochen neu und stellte keinen der Offiziere wieder an, so würde das gewiß helfen.) Der Aufruf an das Heer müßte in etwa 20 000 Exemplaren gedruckt und bis in die einzelnen Korporalschaften herunter verteilt werden.

Seien Sie überzeugt, daß es an nichts weiter fehlt, als daß die Reaktionäre sehen: *Es wird Ernst gemacht.*

[2]) Liegt nicht vor.

Sollten Sie in bezug auf meine Vorschläge noch speziellere Erörterungen im einzelnen oder Angaben nach einer anderen Richtung hin als derjenigen, welche ich verfolgt habe, wünschen, so stehe ich stets von ganzer Seele mit aller Kraft zu Diensten.

Mit vorzüglicher Hochachtung
Rüstow,
Ingenierlieutenant.

Soeben erhalte ich von meinem besten Freunde, dem ehemaligen Lieutenant Orges[3]), der sich bekanntlich bei dem Straßenkampf in Berlin in versöhnender Weise beteiligte, die Nachricht über die Art, wie man seinen Austritt aus der Armee behandelt hat. Da spukt ganz der alte Geist. Ich bin so frei, Ihnen ein Exemplar des Schriftchens[4]) beizulegen. Er will auswandern, ich habe ihm abgeraten, ich sehe zu deutlich, daß die Reaktion nicht ruhen wird, als bis sie alle jetzt Gemäßigten auf die äußerste Linke, weit über die jetzige äußerste Linke heraus, getrieben haben wird.

R.

[3]) Hermann Orges (1821–1874), der spätere Redakteur der Augsburger «Allgemeinen Zeitung».
[4]) Hermann Orges, *Ein Beitrag zur Geschichte des preußischen Militärsystems der Gegenwart*, Freiberg 1848, 12 S.

497. Jakob van Riesen an Jacoby

Nachlaß[1])

Elbing, 26. August 1848.

..... Ich halte mich für einen ebenso guten Republikaner als Sie mein verehrter Freund, wenngleich (wie Bardeleben hier gesagt hat) Sie durch und durch Kommunist sind. Ich muß erst Erfolge von Kommunisten und Sozialisten sehen, ehe ich mich zu ihnen bekennen kann. Die Herrnhuter[2]) sind schon seit mehr als hundert Jahren Kommunisten und Sozialisten, haben das Beten und Singen noch dazu, und doch wird nichts aus ihnen. Um wieder auf die Gemeindeordnung zurückzukommen, wundert es mich wirklich, daß Sie, ein so genauer Kenner unserer Städteordnung, nicht mehr in die 54er G[emeinde-] O[rdnung][3]) davon aufgenommen haben. Sie ist wirklich gut, nur haben

[1]) JNUL(Ab).
[2]) Die Brüdergemeinen, die ihre Kolonie in der Oberlausitz Herrnhut nannten; daher Herrnhuter.
[3]) Gemeint ist der von 54 Mitgliedern der Linken unterschriebene «Entwurf eines Gesetzes über eine Verfassung für die Gemeinden, Kreise und Bezirke des preußischen Staates». Die Linke der preußischen Nationalversammlung hatte Ende Juni 1848 einen Ausschuß eingesetzt, der diesen Entwurf ausarbeitete. Ob Jacoby diesem aus sieben Mitgliedern bestehenden Ausschuß angehörte, ließ sich nicht ermitteln. Als Verfasser des Entwurfs galt allgemein D'Ester, der in der Sitzung der preußischen Nationalversammlung vom 11. August 1848 den dringenden Antrag einreichte, die Versammlung möge beschließen, diesen Entwurf (und nicht den Regierungsentwurf) den Beratungen über die Selbstverwaltung zugrunde zu legen. Der Antrag wurde mit einer Mehrheit von vierzehn Stimmen abgelehnt. Vgl. Kurt Utermann, *Der Kampf um die preußische Selbstverwaltung im Jahre 1848*, Berlin 1937, S. 103. 131 f.; «Berliner Zeitungs-Halle» 11. August 1848 Nr. 184. – Riesens Interesse für die Gemeindeordnung ist um so verständlicher, als am 12. August 1848 die Munizipalbehörden Elbings die Städte der Provinz Preußen zu dem «Städtetag» eingeladen hatten, der am 19. September 1848 in Elbing eröffnet wurde. Vgl. «Kölnische Zeitung» 14. September 1848 Nr. 254 «Aus der Provinz Preußen, 6. Sept.» und «Berliner Zeitungs-Halle» 26. September 1848 Nr. 222 «Elbing, 22. Sept.».

sie spätere Verfügungen korrumpiert. Könnten Sie dahin wirken, daß die Städte, welche die Städteordnung von 1808 haben, [diese] behalten, so würde dadurch viel Mißstimmung in den Städten verschwinden, und demokratisch ist sie ja doch. Daß das Bürgerrecht aufhören muß und daß jeder Vierundzwanzigjährige das Wahlrecht hat, dafür bin ich, sowie daß auf dem Lande die Gemeindeordnung, Kreisordnung, Bezirksordnung, aber auch eine Provinzialordnung eingeführt wird.
Entschuldigen Sie, daß ich Sie langweile, die Hauptsache kommt erst. Sie müssen für ein Freihandelssystem wirken. Die Schutzzöllner hol der Teufel. Alles muß frei sein, also auch der Handel. Die Schutzzöllner hol der Teufel mit ihrem Milde, Hansemann, Kühlwetter, wir brauchen nur eine Steuer, und zwar eine Vermögens- und Einkommenssteuer, alles andere ist von Übel ..... Solange wir noch die alten Richter und Beamten, besonders in den höheren Stellen, behalten, kann es nicht besser werden. Darum war es schon längst mein Wunsch, daß in jeden Regierungsbezirk ein tüchtiger demokratischer Kommissär gesandt würde, der in Zivil wie in Militär diejenigen absetzt, die sich nicht der neuen Ordnung unbedingt fügen. Der Landrat des Danziger Landkreises hat noch ganz kürzlich eine Petition von zweitausend Bauern unterschreiben lassen und ans Ministerium abgeschickt, wo gegen die Nationalversammlung demonstriert wird. Es geht wahrlich nicht, wenn das Ministerium nicht kräftiger gegen die Reaktion auftritt.

498. Erklärung von Jacoby, Julius Stein und Schultz[1])

Abdruck[2]) *Berlin, 31. August 1848.*

Auf die gefällige Mitteilung vom 25. d. M., wonach die im Englischen Hause sich versammelnde Partei[3]) keine Anträge noch Interpellationen unterstützen will, welche nicht vorher derselben zur Prüfung und Beschlußnahme vorgelegen haben, erwidern die Unterzeichneten namens der im Hotel Mylius sich versammelnden Mitglieder der Nationalversammlung[4]):

daß sie sich diesem Verfahren nicht anschließen können, sondern sich für verpflichtet erachten, jeden Antrag und jede Interpellation, sie komme von welcher Seite sie wolle, zu unterstützen, welche das Heil des Volkes zu befördern geeignet sind, ohne Unterschied, ob die Partei vorher davon unterrichtet war oder nicht.

Im Auftrage:
Stein. Jacoby. Schultz aus Wanzleben.

[1]) Schultz, Justizkommissar in Wanzleben, Mitglied der preußischen Nationalversammlung (äußerste Linke).
[2]) «Die Reform», Berlin, 1. September 1848 Nr. 138.
[3]) D. h. das Zentrum.
[4]) D. h. der Linken.

499. Jacoby an Adolf Stahr

Nachlaß[1])

Berlin, 1. September 1848.
In der Singakademie.

Geliebter Freund,
ich habe Deinetwegen mit Rosenkranz gesprochen. Wie er mir soeben mitteilt, ist *Ladenberg[2]) nicht abgeneigt,* auf Deine Wünsche einzugehen. Er wünscht jedoch das Nähere hierüber mit *Dir selbst* zu verhandeln, also mußt Du *sofort* nach Berlin kommen. Auch aus *andern* Gründen rate ich Dir dazu, ich habe Dir gar wichtige und wunderliche Dinge mitzuteilen, die sich dem Papiere nicht anvertrauen lassen. Alles intrigiert und konspiriert hier – consortium inter *malos* conspiratio.
Ich sehne mich danach, endlich wieder einmal einen wahren Menschen und *Freund* zu sehn!

Komme ja bald zu
Deinem
treuen
Dr. Jacoby.

An Samter habe ich geschrieben.
Unsrer lieben Fanny einen herzl. Gruß!
[Umschlag:]
Herrn Prof. Adolf *Stahr*
p. Adresse des Herrn Hermann Kestner jun.
in Hannover
Absender Dr. Joh. Jacoby
Abgeordneter der Preuß.
konstituierenden Versammlung

[1]) Original: Deutsche Staatsbibliothek Berlin. Nachlaß Lewald-Stahr.
[2]) Adalbert von Ladenberg (1798–1855), preußischer Staatsmann, 1839 Abteilungsdirektor im Kultusministerium, übernahm im Juli 1848 dessen Leitung.

500. Jacoby an Ludwig Moser

Nachlaß[1])

Berlin, 2. September 1848.

... Über Soirons Beschuldigung, daß ich die Augen niedergeschlagen hätte, als von russischer Bestechung die Rede gewesen, habe ich herzlich lachen müssen. Soiron gehört zu den ehemaligen Kammer-Liberalen, die in früherer Zeit für Pressefreiheit, Vereinsrecht, Ministerverantwortlichkeit und dergleichen wacker gekämpft haben und jetzt – am Ziele angelangt – sich nach einem *ruhigen* Genuß des gewonnenen Kampfpreises sehnen. Wer

[1]) JNUL(Ab).

ihnen diesen Genuß verkümmert, wer in seinen Forderungen weitergeht, den betrachten sie als ihren *persönlichen* Feind. Sie fühlen, daß sie ihre Popularität – den Boden, auf dem sie bisher standen – verloren haben, und verschmähen in ihrer Leidenschaftlichkeit selbst die kleinlichen Mittel der Verleumdung nicht, wenn sie dadurch nur an ihren demokratischen Gegnern Rache nehmen können. Ich halte es nicht der Mühe wert, etwas gegen Soiron zu veranlassen. Sind Sie hierüber *anderer* Meinung, so lassen Sie mich vor allem wissen, ob *Simson* es ist, der die abgeschmackte Verdächtigung nach Königsberg berichtet, und *was* Sie bestimmt, diese Sache so ernsthaft zu nehmen.

Bei dieser Gelegenheit haben Sie mich – «getrieben von einem unbestimmten Gefühle» – vor einem *andern* Manne gewarnt, vor dem Minister Hansemann. Und hierin muß ich allerdings Ihren Scharfblick bewundern. Ohne irgendeiner höheren Idee zugänglich zu sein, ohne Sinn für Recht und Freiheit – verfolgt Hansemann rein selbstsüchtige Zwecke; List, Intrige, Bestechung, kurz jedes Mittel ist ihm recht, wenn es ihm dadurch nur gelingt, die ministerielle Gewalt in Händen zu behalten. Die verächtlichsten Kreaturen des früheren Rochowschen und Bodelschwinghschen Regiments hat er in seinen Dienst genommen, Leute, die ihm ganz ergeben sind, in die Stellen der verschiedenen Ministerien (auch das Kriegsministerium: Griesheim, Fischer[2]) gebracht und selbst dem Könige, der ihn haßt, durch ein gemeinschaftliches Geheimnis sich unentbehrlich gemacht. Obgleich er Protestant ist – oder richtiger: *weil* er als Protestant in der stockkatholischen Stadt Aachen nicht anders zu Ansehen gelangen konnte –, ist er von jeher gewohnt, der ultramontanen Partei alle erdenklichen Konzessionen zu machen. Hiervon habe ich schon vor Jahren schriftliche Beweise gehabt; jetzt ist er vornehmlich das Werkzeug, durch welches jene Partei (Radowitz[3] an der Spitze!) das preußische Ministerium beherrscht; denn wenngleich Hansemann sich im geheimen einbildet, auch *hier* den Sieg davon zu tragen, ist doch *diese* Partei ihm an Schlauheit weit überlegen.

Schon während meines Aufenthaltes in Frankfurt am Main hatte ich Gelegenheit, zu beobachten, wie geschickt man die Fäden, die durch die Besiegung des Sonderbundes und durch die darauffolgende Revolution zerrissen worden, aufs neue anzuspinnen verstand. Das Vorparlament und noch mehr der Fünfzigerausschuß hatten mit diesem heimlichen Feinde zu kämpfen, der jetzt offen die Frankfurter Nationalversammlung sich dienstbar gemacht hat. Radowitz steht mit der Wiener Kamarilla, mit den Höfen von Petersburg und Berlin, mit Radetzky, Windischgrätz[4]), Stadion etc. in der vertrautesten Korrespondenz, selbst der Londoner Hof, der ihm bisher *noch immer verschlossen* geblieben, ist jetzt durch Metternich[5]) ihm zugänglich geworden. In der Frankfurter Versammlung

[2]) Über die Oberstleutnante Fischer und Karl Gustav von Griesheim vgl. Valentin, I, S. 546, II, S. 229. 474. Jacoby (JGSR, II, S. 63) zitiert «das geistvolle Sprüchlein» von Griesheims

«Gegen Demokraten
Helfen nur Soldaten!»

[3]) Josef Maria von Radowitz (1797–1853), preußischer General und Politiker, Führer der Rechten in der Frankfurter Nationalversammlung, gründete dort eine katholische Arbeitsgemeinschaft, April 1849 nach Berlin berufen, persönlicher Vertrauter des Königs Friedrich Wilhelm IV., Leiter der Unionspolitik, 1850 preußischer Außenminister.

[4]) Alfred Fürst zu Windischgrätz (1787–1862), österreichischer Feldmarschall, 1848 einer der Führer der Konterrevolution in Österreich.

[5]) Der gestürzte österreichische Staatskanzler lebte damals in England.

ist dies bekannt und trägt nur noch dazu bei, die Autorität des Mannes zu vermehren; für alle Reaktionäre, Ultramontane und für die ehemaligen Kammer-Liberalen ist *er* das Orakel, nach dessen Ausspruch jede Abstimmung erfolgt. Daß der Absolutismus auch unter *konstitutionellen* Formen bestehen könne, hat Frankreichs Beispiel gelehrt. Nur die *demokratische* Partei ist den Absichten jener Leute gefährlich, man vergleiche hierüber die jüngste russische Note von Nesselrode[6]), die Aufhebung der demokratischen Vereine in Baden, Bayern, Württemberg etc.!

Die Demokraten der Frankfurter Versammlung, desgleichen die in Paris, Wien, Prag etc. sind so gut wie besiegt. Jetzt kommt die Reihe an *Berlin*, den Hauptsitz der Demagogie und des *Protestantismus*.

Der Hof – *mit Ausnahme einiger Prinzen* – ist für die «heilige» Sache längst gewonnen; die Philister und Börsenmänner sehnen sich nach Ruhe und das Ministerium steht ganz unter – Hansemanns Einfluß. Schon seit vierzehn Tagen arbeitet man daran, das Volk zu einer ordentlichen Emeute zu reizen, um Gelegenheit zur Anwendung der um Berlin zusammengezogenen Truppenmacht zu haben. Radowitz drängt, daß dies geschehe, bevor noch die Bürgerwehr gehörig organisiert und die Soldaten auf die Verfassung vereidigt seien. Die Führer der demokratischen Klubs geben sich alle erdenkliche Mühe, um *ab*zuwiegeln (ein neu erfundener terminus technicus!), und bis jetzt ist es ihnen zum Ärger der Gegenpartei ziemlich gelungen. Ob dies auch ferner, ob es namentlich bei der bevorstehenden Annahme des von Hansemann vorgeschlagenen Martialgesetzes möglich sein wird, steht dahin. Auerswald, Märker und der größte Teil der Deputierten merken nichts von den Intrigen, die sie rings umgarnen. Ich fürchte, wir gehen einer trüben Zukunft entgegen.

Um auf Hansemanns Verhältnis zu mir zurückzukommen, so war dies in den ersten Tagen meines Hierseins ein ziemlich intimes; sobald ich ihn aber näher kennenlernte, zog ich mich zurück und habe nun seit vielen Wochen kein Wort mehr mit ihm gesprochen. Er merkt auch offenbar, daß ich ihm in die Karten gesehen, weiß aber wohl schwerlich, wie genau ich von allem unterrichtet bin. Durch einen merkwürdigen Zufall bin ich in das geringste Detail der Vorgänge eingeweiht, von denen ich Ihnen hier nur einen Umriß gegeben. Näheres darf ich Ihnen für jetzt noch nicht mitteilen[7]). Soviel aber steht fest, was auch immer Hasenkamp[8]) dazu sagen mag, Hansemann ist für Preußens Ent-

[6]) Karl Robert Graf von Nesselrode (1780–1862), russischer Minister des Äußern (1816–1856).

[7]) Es ist hier wohl die Rede von dem Ansinnen, das seitens der Krone dem Ministerium Auerswald-Hansemann gestellt wurde, «gegen die Nationalversammlung in einer Art vorzuschreiten, die notwendig eine *Auflösung* derselben zur Folge haben mußte. Es geschah dies in einer eigens hierzu berufenen Minister-Konferenz im Schlosse *Bellevue*, und zwar schon in den *ersten Tagen* des Monats *September*. Hiernach ist augenfällig, daß *nicht* etwa die Ereignisse des *Oktober* und *November* zu dem Staatsstreiche nötigten, sondern daß der *Entschluß* dazu schon lange *zuvor* – von seiten der Krone gefaßt war». Jacobys Rede in der Zweiten Kammer am 26. April 1849, JGSR, II, S. 66. Vgl. dazu Ernst Rudolf Huber, *Deutsche Verfassungsgeschichte seit 1789*, Stuttgart 1960, Bd. 2, § 55, insbesondere S. 753, 763 Anm. 25 («Programm des Staatsstreichs»); Leopold von Gerlach, *Denkwürdigkeiten*, Berlin 1891, I, S. 199 (Gespräch zwischen Gerlach und Bismarck vom 16. September 1848).

[8]) Hugo von Hasenkamp, ein Vertrauter Hansemanns, 1848 Chefredakteur der «Neuen Königsberger Zeitung».

wickelung der gefährlichste Mann; bleibt er noch länger am Ruder, so tritt bei uns ein Zustand der Korruption und Entsittlichung ein, wie er unter Louis Philipp nicht ärger gewesen.

Sie sehen, lieber Moser, wie sehr *begründet* Ihre Warnung ist; schreiben Sie mir doch, ob wirklich nur ein unbestimmtes Gefühl Sie dazu bewogen oder ob Sie durch geschickte Kombination einzelner Wahrnehmungen zu einer Ahnung dessen gelangt sind, was ich Ihnen hier mitgeteilt. Es interessiert mich sehr, dies zu wissen. Schließlich bitte ich Sie noch, Meyerowitz diesen Brief zu lesen zu geben, im übrigen aber von dem Inhalt desselben nur einen äußerst vorsichtigen Gebrauch zu machen.

... Professor Rosenkranz arbeitet als Rat im Ministerium des Unterrichts. Minister ist er nur deshalb nicht geworden, weil die katholische Partei keinen Hegelianer wollte. «Wie stehen Sie mit den Katholiken?» war die erste Frage, die Hansemann an ihn richtete. «Ich stehe gar nicht mit ihnen, bin ihnen höchstens als Schriftsteller bekannt», war Rosenkranz' Antwort. Darauf hielt man ihn acht Tage hin, während welcher Zeit man nach Frankfurt schrieb und Antwort erhielt, und teilt ihm dann mit, daß «seine Aufnahme ins Ministerium den Katholiken leicht Anstoß geben könne»!

Abegg ist sehr krank; leider! werde ich diesen Freund wohl *bald* verlieren .....

Haben Sie Radowitz' Schrift über Friedrich Wilhelm IV. und Deutschland[9]) zu Gesicht bekommen? Namentlich in der angehängten Denkschrift von 1847[10]) ist vieles zwischen den Zeilen zu lesen.

Bardeleben soll bei seiner Anwesenheit in Königsberg mich als «Kommunisten!» verschrien haben. Wird man mich bei meiner Rückkehr nun nicht steinigen?!

[9]) Radowitz, *Deutschland und Friedrich Wilhelm IV.*, Hamburg 1848.

[10]) «Denkschrift über die vom Deutschen Bunde zu ergreifenden Maßregeln» (1847).

501. Adolf Stahr an Jacoby

Nachlaß[1]) *Hannover, 3. September 1848.*

[(Auf Besuch bei Hermann Kestner jun.[2]) Könne wegen Unwohlseins nicht nach Berlin kommen. Hätte gern gewußt, was Rosenkranz in Leipzig zu Jacoby geäußert. Er möchte vor jenem nicht gern als Sollizitant erscheinen. Anregung, Rosenkranz für Erreichung einer Stellung in Preußen zu benutzen, sei von Otto und F. Lewald ausgegangen.][m] Deine Andeutungen über die Berliner Dinge und das consortium inter malos conspiratio glaube ich sehr gut zu verstehen. Die Nachrichten aus Berlin geben dazu Interpretationen genug, und selbst Eisenmann «sieht» jetzt «die Reaktion» ....

Ich bin mit meinen Finanzen auf die Wohlfeilheit *sehr* angewiesen ...

[1]) JNUL(Ab).

[2]) Hermann Kestner (geb. 1810 in Hannover, gest. 1890 ebenda), Zeichner und Radierer.

502. Wilhelm Ahlmann[1]) an Jacoby

Nachlaß[2]) *Kiel, Montag, [4. September 1848] mittag, in der Landesversammlung.*

Dringender Antrag des Abgeordneten Landvogts Jensen[3]).

«Die [schleswig-holsteinische] Landesversammlung, eingedenk ihrer Pflicht, die unveräußerlichen Rechte des schleswig-holsteinischen Volks zu wahren und angesichts der Ereignisse das Land vor drohender Anarchie zu schützen, beschließt:

1) die konstituierende Landesversammlung kann wider ihren Willen weder aufgelöst noch vertagt werden,
2) jede Veränderung in der bestehenden Landesregierung bedarf der Zustimmung der Landesversammlung,
3) alle seit dem 24. März 1848 von der provisorischen Regierung Schleswig-Holsteins erlassenen Gesetze können nur mit Zustimmung der Landesversammlung verändert oder aufgehoben werden,
4) ohne Zustimmung der Landesversammlung kann kein neues Gesetz erlassen und keine Steuer neu aufgelegt werden,
5) alle bestehenden Steuern und Abgaben sowie andere Staatseinkünfte werden bis zum 31. Dezember 1848 von der durch die Landesversammlung anerkannten Landesregierung forterhoben.»

[Am Rande des Blattes:]

Lieber Herr Doktor! 5. September 1848.

Vorstehender Antrag ist soeben von der Landesversammlung zum Beschluß erhoben worden, und zwar einstimmig. Unser Land ist in der höchsten Aufregung und jede Stunde können wir die gewaltsamsten Ausbrüche befürchten. Bald haßt man bei uns Preußen nicht weniger wie Dänemark, wenigstens verachtet man es mehr. Die preußischen Offiziere finden keinen Gehorsam mehr bei den Soldaten unseres Heeres. Der Landtag ist seit heute morgen versammelt und zu jedem Widerstand bereit. In ganz Deutschland muß man jetzt klarsehen, und es heißt jetzt alle Errungenschaften seit den Märztagen preisgeben oder sich dieser ehrlosen, schmachvollen Handlungsweise von seiten Preußens entgegensetzen. Es wird eine Protestschrift ausgearbeitet, und dieses und bezügliches Aktenstück sende ich Ihnen morgen.

Nehmen Sie sich doch unserer Sache nach Kräften an, jetzt oder nie!

Ihr
Ahlmann.

[1]) Wilhelm Ahlmann, Bankier in Kiel, Mitglied der schleswig-holsteinischen Landesversammlung.

[2]) JNUL(Ab).

[3]) Dieser Antrag wurde von der schleswig-holsteinischen Landesversammlung in Kiel am 4. September 1848 einstimmig angenommen. «Kölnische Zeitung» 8. September 1848 Nr. 249 «Kiel, 4. Sept.», ebenda Abdruck des Antrags.

503. Heinrich Simon an Jacoby

Nachlaß[1]) *Frankfurt, 5. September 1848, abends 6 Uhr.*

Wir sind in der zweiten namentlichen Abstimmung über den schleswig-holsteinischen Waffenstillstand; die erste mit fünfzehn Stimmen für uns; das Ministerium macht Kabinettsfrage daraus. Die jetzige Abstimmung lautet:

Will die Nationalversammlung, die zur Sistierung des Waffenstillstands nötigen militärischen und anderweiten Maßregeln beschließen?

Ich hoffe auf Sieg und also Sturz dieses feigen Ministeriums[2]).

Nun tut Ihr in Berlin und in Preußen das Eure! Ihr seid hier die Hauptsache. An Eurem Benehmen hängt alles.

Dein
H. S.

Tausend Grüße m[einem] geliebten Abegg.

[1]) JNUL(Ab).

[2]) Die deutsche Nationalversammlung beschloß mit 238 gegen 221, also mit einem Mehr von siebzehn Stimmen, die Sistierung der zur Ausführung des Waffenstillstandes nötigen militärischen und anderen Maßregeln. VDNV, III, S. 1917 (72. Sitzung in der Paulskirche, 5. September 1848). Infolge dieses Beschlusses nahm das Reichsministerium seinen Abschied.

504. Max Simon[1]) an Jacoby

Nachlaß[2]) *Frankfurt am Main, 6. September 1848.*

Herr Olshausen[3]), bis vor kurzem Mitglied der provisorischen Regierung von Schleswig-Holstein, ist Ihnen bestens empfohlen durch seine Leistungen. Es wird Ihnen von Wichtigkeit sein, aus seinem Munde Auskunft über die schleswig-holsteinische Angelegenheit und über die Behandlung derselben in der hiesigen Nationalversammlung und in den Parteien derselben zu erhalten.

[1]) Max Simon (1814–1872), Vetter und Freund Heinrich Simons, Kammergerichtsassessor, später Rechtsanwalt und Justizrat in Breslau, 1848/49 Abgeordneter der Frankfurter Nationalversammlung, 1862 Mitglied des Abgeordnetenhauses, seit 1864 Stadtverordnetenvorsteher, 1867 Mitglied des Konstituierenden Norddeutschen Reichstages. Vgl. JHSG, II, S. 51 f.

[2]) JNUL(Ab).

[3]) Theodor Olshausen (1802–1869), schleswig-holsteinischer Politiker und Publizist.

505. Heinrich Simon an Jacoby

Nachlaß[1]) *Frankfurt, 9. September 1848.*

Lieber Jacoby,

anbei eine kurze Besprechung[2]) der Waffenstillstandsfrage, die von unserem Klub ausgeht. Sei so gut, sie unter die Landtagsdeputierten quam citiss[ime][3]) verteilen zu lassen. Die Gelegenheit für Preußen ist da, sich vollständig für Deutschland zu rehabilitieren. Ihr stürzt das Ministerium, wenn es nicht schon geschehen, das solche Erbärmlichkeiten unternahm. Da ich nicht weiß, ob Dich diese Zeilen mit Sicherheit treffen, habe ich eine gleich große Partie an Rodbertus[4]) gesandt.

Das Ministerium ist noch nicht gebildet. Dein

H. Simon.

Den Artikel Frankf. 7. Sept. besorge doch in die dortigen und *preußischen* Zeitungen recht rasch.

Die Exemplare der kleinen Broschüre[5]) gehen besonders.

[1]) BAF(Ab).

[2]) *Die Waffenstillstandsfrage und der Beschluß der Nationalversammlung vom 5. September 1848*, 12 S. Die Flugschrift verteidigt die Verwerfung des Waffenstillstandsvertrages mit Dänemark durch die preußische Nationalversammlung. Vgl. Paul Wentzke, *Kritische Bibliographie der Flugschriften zur deutschen Verfassungsfrage 1848–1851*, Halle 1911, S. 177.

[3]) JNUL(Ab): util., statt: citiss.

[4]) Johann Karl Rodbertus (1805–1875), Nationalökonom und Politiker, 1848 Führer des linken Zentrums in der preußischen Nationalversammlung, Kultusminister im Kabinett Auerswald-Hansemann.

[5]) Wie oben Anm. 2.

506. Jacoby an Adolf Stahr

Nachlaß[1]) *Berlin, 10. September 1848.*

Mein teurer Freund,

endlich ein ruhiger Augenblick, Dir einige Zeilen zu schreiben! Das feste, entschiedene Auftreten unserer Partei und der dadurch gewonnene Sieg haben einen großen moralischen Eindruck gemacht. Das jammervolle Ministerium Hansemann sind wir für immer los, und Berlin ist mehr denn je demokratisch. Allein, noch sind wir nicht am Ende. Die Kamarilla knüpft geschickt die Fäden wieder zusammen, die unser Beschluß vom 7. [September][2]) zerrissen. Sie *will* den Kampf und wird sich – und andre ins Verderben stürzen.

Eile hierher, sobald es Dir möglich, und bringe Fanny mit! Du *darfst* jetzt nicht krank sein. Valere *aude!*

Dein treuer Freund

Dr. Jacoby.

[1]) Original: Deutsche Staatsbibliothek Berlin. Nachlaß Lewald-Stahr.

[2]) Vgl. 507 Anm. 3.

Die Stelle aus Fannys Briefe[3]), auf welche ich mich bezogen, lautet wörtlich:
«Otto dringt darauf, Stahr solle suchen, in unser Unterrichtsministerium zu treten; in Stahrs Hände solle die Regeneration des Schulwesens gelegt werden, und Sie sollen dazu die ersten Schritte tun, indem Sie Stahr mit Rosenkranz in Verbindung bringen. Stahr hat vor, zu dem Universitätskongreß nach Frankfurt zu gehen. Sprechen Sie mit Rosenkranz und fragen Sie an, ob eine Besprechung mit Stahr über diese Angelegenheit ihm lieb wäre» etc.[4]).
Entschuldige mich bei unserer Freundin, daß ich aus angeborener Scheu vor dem Postpapier ihre lieben Briefe noch immer nicht beantwortet habe.

Auf baldiges Wiedersehn!

Dr. J.[5])

[3]) Nr. 491.
[4]) An einigen Stellen weicht das Zitat leicht von dem Text in 491 ab.
[5]) Briefumschlag wie bei Nr. 499.

507. Jakob van Riesen an Jacoby

Nachlaß[1]) *Elbing, 10. September 1848.*

Mit wahrem Jubel haben wir paar noch übrige Liberale Euren Sieg am Donnerstag[2]) aufgenommen[3]). Die Freude durfte aber nicht laut werden, wenn wir uns nicht das

[1]) JNUL(Ab).
[2]) Donnerstag, den 7. September 1848.
[3]) Am 9. August 1848 hatte die preußische Nationalversammlung fast einstimmig einen Antrag des Abgeordneten Julius Stein angenommen, der Kriegsminister möge sich in einem Erlaß an die Armee dahin aussprechen, «daß die Offiziere allen reaktionären Bestrebungen fernbleiben, nicht nur Konflikte jeglicher Art mit dem Zivil vermeiden, sondern durch Annäherung an die Bürger und Vereinigung mit denselben zeigen, daß sie mit Aufrichtigkeit und Hingebung an der Verwirklichung eines konstitutionellen Rechtszustandes mitarbeiten wollen». (VKVP, III, S. 1731. 37. Sitzung am 9. August.) Da der Kriegsminister von Schreckenstein diesen Beschluß nicht ausführte, wiederholte Stein seinen Antrag am 7. September 1848 in der 52. Sitzung der preußischen Nationalversammlung: Es sei die dringendste Pflicht des Staatsministeriums, den oben erwähnten Erlaß «ohne weiteres zur Beruhigung des Landes und Erhaltung des Vertrauens sowie zur Vermeidung eines Bruches mit der [preußischen National-]Versammlung ergehen zu lassen». (VKVP, IV, S. 2860.) Der Steinsche Antrag wurde mit 219 Stimmen der Linken, des linken Zentrums und des Zentrums gegen 143 Stimmen angenommen (VKVP, IV, S. 2860 und V, S. 2865). «Als die Nachricht von der Niederlage des Ministeriums dem versammelten Volke bekannt wurde», berichtete ein Berliner Korrespondent der «Neuen Rheinischen Zeitung», «brach ein unaussprechlicher Jubel aus, und als die Abgeordneten der Linken heraustraten, wurden sie mit ununterbrochenen ‚Vivats!' bis zu den Linden begleitet. Als aber der Abgeordnete Stein [...] erblickt wurde, da erreichte der Enthusiasmus die höchste Stufe. Einige Männer aus dem Volke setzten ihn sogleich auf ihre Schultern und trugen ihn so im Triumphzug nach seinem Hotel [...]» Friedrich Engels in der «Neuen Rheinischen Zeitung» vom 10. September 1848 Nr. 99, Marx/Engels, *Werke*, Berlin 1959, V, S. 391 f. Das Ministerium Auerswald-Hansemann geriet in eine unhaltbare Lage und trat am 21. September 1848 zurück.

servile Gesindel auf den Hals laden wollten, denen noch alle feigen Hasenherzen beipflichten und nichts als Bürgerkrieg wittern. Gott gebe, daß Sie und Ihre Gleichgesinnten endlich ans Ruder kommen, dann wird es gewiß besser werden und die miserablen Reaktionäre werden in den Provinzen unterdrückt, dazu sind aber Kommissäre in den Provinzen nötig, die den neuen Geist vertreten. Die königlichen Beamten sind mit wenig Ausnahmen reaktionär, fortgejagt können sie nicht alle werden, also müssen Leute da sein, die sie überwachen, möge man das immerhin Inquisition nennen! Soll die Revolution eine Wahrheit werden, so muß der gemeine Mann sehen, was die jetzige Regierung will. Jetzt hält er noch immer die andere Partei für die Freunde des Gouvernements, und wahrlich das eben gestürzte wie die früheren Ministerien haben ihn darin gestärkt.
Ich habe Ihnen und den Verfassern der Gemeinde-, Kreis- und Bezirksordnung in meinem letzten Schreiben[4]) unrecht getan. Ich erkenne jetzt nach reiflicher Überlegung vieles Gute in derselben an, und nur die Furcht, von den Proletariern totgeschlagen zu werden, hat mich veranlaßt, so ungerecht darüber zu urteilen. Ich sehe auch jetzt nichts anderes voraus, aber ich habe ja lange genug gelebt, und in einigen Jahren werden es die Proletarier schon einsehen, wer ihre Freunde gewesen, und sich andere Liberale suchen, die sie vertreten. Wenn es Ihnen die Zeit erlaubt, so lesen Sie den Elbinger Anzeiger vom 9. September; so pöbelhaft ist fast jede Nummer gegen die Nationalversammlung. Wenn aber im anderen Sinn ein Eichler[5]), Dowiat[6]) spricht oder schreibt, so werden sie sofort eingesteckt. Haben die Herren Staatsanwälte *dafür* keine Augen? Wäre es nicht gut, solche Sprache einem Staatsanwalt unter die Augen zu halten? Muß ein Proletarier nicht aufsässig werden, wenn er in einem Blatt, das wegen der Wohlfeilheit ihm nur zugänglich ist, solche Schmähungen gegen die Nationalversammlung liest? . . . . Also nochmals: Kommissäre ins Land, die den Leuten die Köpfe zurechtsetzen, ohne sie ihnen vor die Füße zu legen, dafür bin ich durchaus nicht.
Sollten Sie mein Geschreibsel auch nicht beachten, so nehmen Sie es wenigstens als gut gemeint an. Wenn man noch nicht einsieht in Berlin, daß Sie Minister werden müssen, so trösten Sie sich vorläufig, bald kommt doch Ihre Zeit heran, denn das ist ohne Schmeichelei, die ich nicht liebe, meine feste Überzeugung.

[4]) Vgl. Nr. 497.
[5]) Ludwig Eichler.
[6]) Dowiat, deutschkatholischer Prediger, wurde am 15. Dezember 1848 zu sechs Jahren Festungshaft verurteilt. «Er zählt zu den gefährlichsten Revolutionsmännern Deutschlands», Müller, S. 153.

508. Johann Karl Rodbertus an Jacoby

Nachlaß[1]) *Berlin, 11. September 1848.*

Geehrter Kollege!

Heinrich Simon wird Ihnen wie mir eine Menge von Exemplaren der «Waffenstillstandsfrage usw.»[2]) zur Verteilung an die hiesigen Abgeordneten gesandt haben. Obgleich die Sachlage sich geändert haben soll, dürfte es doch gut sein, die Verteilung so rasch wie möglich zu besorgen, und ich stelle Ihnen daher anheim, indem ich meine Exemplare beifüge, ob Sie sie nicht mit den Ihrigen an Bleich[3]) senden wollen, damit sie dieser mit den gewöhnlichen Sachen an die Deputierten noch heute abgehen läßt. Halten Sie einen anderen Weg für förderlicher, so bin auch ich schon im voraus damit einverstanden.

Ergebenst
Rodbertus.

Wollen Sie den Überbringer dieses benutzen, um alle Exemplare zusammen an Bleich zu senden, so steht er Ihnen zu Diensten.

[1]) JNUL(Ab).
[2]) Vgl. Nr. 505 Anm. 2.
[3]) Eduard Bleich, Herausgeber der *Verhandlungen der Versammlung zur Vereinbarung der preußischen Staatsverfassung*, Berlin 1848–49, 3 Bde.

509. Nethe[1]) an Jacoby

Nachlaß[2]) *Berlin, 11. September 1848.*

Auf den durch den Kollegen Parrisius[3]) der Fraktion im Hôtel de Russie[4]) mitgeteilten Vorschlag zu einer temporären Koalition der drei Parteien, die am 7. September zusammengestimmt haben[5]), benachrichtige ich Sie ganz ergebenst, daß die Partei im Hôtel de Russie auf den Vorschlag einstimmig nicht einzugehen beschlossen hat.

[1]) Nethe, Bürgermeister von Burg, 1848 Mitglied der preußischen Nationalversammlung (Zentrum).
[2]) JNUL(Ab).
[3]) Eduard Rudolf Parrisius (1818–1905), preußischer Justizbeamter, 1848 Mitglied der preußischen Nationalversammlung (linkes Zentrum), später Fortschrittler.
[4]) D. h. das rechte Zentrum, auch das eigentliche Zentrum genannt.
[5]) Zusammengestimmt haben an diesem Tage die Linke, das linke Zentrum und das Zentrum.

510. Simon Meyerowitz an Jacoby

Nachlaß[1]) *Königsberg, 11. September 1848.*

Die äußerste Linke hat durch Entschlossenheit und nicht immer parlamentarische Mittel die erkrankte Ehre des Hauses gerächt; dieses ist jedoch kein Parteisieg. Ein zweischneidiges ist, den aufgeregten Massen gegenüber, die namentliche Abstimmung, diese fatale Nötigung zur Selbstdenunziation, mit welchem die zurückgeschreckten Konservativen am Tage der Rache ihre Proskriptionslisten vorzeichnen. Möge ein solcher Tag nimmer erscheinen. Wie konnte eine Majorität von zartem Ehr- und Rechtsgefühl für das Wanzlebensche Amendement stimmen[2]), und welche Unfähigkeit des Ministeriums, keine Kabinettsfrage zu machen! Ich äußerte dieses gegen Moser heute vor einem Monat: «Durch die Versammlungen zu Frankfurt und Berlin sind wir an den Rand eines Abgrunds gelangt», sagen viele. Der[3]) Freiheit allerdings sind demagogische Siege nichts weiter als ochlokratische, wir sind aber gerettet, wenn sie in *rein* demokratische verwandelt werden. Hütet Euch, Preußen und seinen Monarchen noch mehr zu demütigen, weil für beide ein alteingewurzelter Aberglaube und Europas Diplomatie (die französische miteingeschlossen) kämpft. Unsere Freiheitsstärke kommt uns von Frankreich, blicke nun auf dieses Land, es wird zu seiner Erhaltung bald kein weiteres Mittel haben, als unsere sogenannte Einheit anzufallen .....

Die Versammlung in Berlin muß den auswärtigen Krieg vermeiden, die Frankfurter den Bürgerkrieg verhindern, damit die Reaktion uns nicht vernichte. Was Du über Rud.[4]) und Hansemann schreibst, mag wahr sein; doch möchte ich vor des letzteren Staatsweisheit nicht erzittern .....

Wie sollte ich dazu kommen, auf Dich böse zu sein? Über den Weg sind wir wohl einerlei Ansicht, verschieden hin und wieder über die Mittel, doch weiß ich zugleich, daß der Zuschauende über den Handelnden durchaus kein Urteil hat .....

Mit den herrlichsten Eigenschaften zur wahren Staatsweisheit ausgerüstet bist Du zum bloßen Agitator verdorben, weil Du dazu viel zu gut bist ... Schließlich noch einen Rat, der gewiß unbefolgt bleiben wird. Die äußerste Linke sollte irgendeinen gemäßigten Antrag zur Wahrung der preußischen Ehre, ohne Frankfurt stark zu verletzen, besonnen stellen, sie würde dann *alle* Sympathien des Landes für sich gewinnen und des Guten unendlich viel leisten. «Schmeckt nach Reaktion und die muß überall vermieden werden.» Auch die Reaktion ist oft ein Mittel des Fortschritts, wie Dämme zum Sammeln des Wassers, das man in befruchtende Kanäle leiten will.

1) JNUL(Ab).

2) Der Abgeordnete Schultz (aus Wanzleben) beantragte zu dem Steinschen Antrage (vgl. Nr. 507 Anm. 3) das Amendement, daß man es den Offizieren zur Ehrenpflicht mache, wenn die in dem Steinschen Antrag ausgesprochenen Gesinnungen nicht die ihrigen sind, aus der Armee auszutreten. Die preußische Nationalversammlung nahm dieses Amendement am 9. August 1848 mit 180 gegen 179 Stimmen an. VKVP, III, S. 1752.

3) In der Abschrift: Die.

4) Wohl Rudolf von Auerswald.

511. Heinrich Simon an Jacoby

Nachlaß[1]) *Frankfurt, 14. September 1848.*

Ich will Dir nur am Schlusse des ersten Tages der Verhandlung melden, daß nach ziemlich verläßlichem Kalkül der Waffenstillstand verworfen werden wird. Die drei Fraktionen der Linken (Donnersberg, Deutsches Haus und Westendhall) sowie der Württemberger Hof stimmen *geschlossen;* es sind nahezu 200 Stimmen; dann kommen *einige* Deputierte der Mainlust (Fraktion, links gehend vom Kasino, etwa 50 stark) und Schleswig-Holstein großenteils sowie Vagabunden[2]). Wahrscheinlich wird morgen noch nicht geschlossen[3]), die heutigen Reden nicht entscheidender Natur. Ich schreibe Dir bloß, um Dir das *eine* Wort zu sagen: Könntet Ihr es dahin bringen, sofort, daß *Ihr* den Waffenstillstand verwerft, so ist Preußen rehabilitiert und Deutschland geht, mit Preußen als Führer, einer großen Zukunft entgegen. Vorgestern hat der Erzherzog etwa acht Mitglieder von Westendhall, unter ihnen auch mich, zu sich holen lassen, sowie zwei vom Württemberger Hof und Vogt vom Deutschen Hause. Ich habe ihn in einer halbstündigen Unterredung vollkommen offenen Ohrs und Herzens für Entschiedenheit und größte Energie gefunden; er hat noch volle Geistes- und Körperfrische. *Fällt* der Waffenstillstand, so haben wir wahrscheinlich ein Ministerium der Linken.

Es ist *notwendig,* daß wir in Korrespondenz bleiben in dieser Zeit; also schreibe.

Grüße mir meinen geliebten Abegg viel Mal; ich denke ungeachtet des überbewegten Lebens viel an ihn und gäbe großes darum, wenn ich ihm Gesundheit schaffen könnte. Der Mensch ist arm in solchen Fällen.

Dein H. Simon.

Es fehlt hier *sehr* an Ministern. Weißt Du *bedeutende* Männer in Berlin, so nenne sie mir sofort, z. B. einen bedeutenden Militär. Sage mir etwas von Abegg.

[1]) JNUL(Ab).
[2]) Über die hier genannten Fraktionen, vgl. Valentin, II, S. 20, 22, 126.
[3]) Die Frankfurter Nationalversammlung nahm am 16. September 1848 den Waffenstillstand zwischen Preußen und Dänemark mit einer Mehrheit von 21 Stimmen an.

512. Gustav Dinter an Jacoby[1])

Nachlaß[2]) *Königsberg, 14. September 1848.*

..... Über unser politisches Leben möchte ich Dir wohl einige Mitteilungen machen,

[1]) Briefkopf in der Abschrift: Dr. med. Dinter (medizin[ischer] Vertreter Jacobys) an Jacoby.
[2]) JNUL(Ab).

leider kann ich Dir nicht viel Erfreuliches melden, die große Masse ist bei uns nach wie vor indifferent, in der ersten Zeit, als sich die Klubs bildeten, war die Teilnahme an denselben reger; jetzt läßt das sehr nach[3]). Vor allem haben sich Beamte und Militärs ganz zurückgezogen, ebenso mag sich die einflußreichere Kaufmannschaft nicht gern beteiligen, so daß den eigentlichen Kern die Mittelstände ausmachen. Wir haben nun hier erstens einen konstitutionellen Verein und einen Preußenverein, beide mit reaktionären Grundsätzen, vorzüglich der letztere, der auch durch Wort und Schrift in dieser Richtung wirkt und alle möglichen Mittel zur Erreichung seiner Zwecke, ohne irgend auf die Ehrenhaftigkeit derselben Rücksicht zu nehmen, anwendet. Zu diesen Vereinen gehören Beamte und Militärs, der konstitutionelle Verein scheint im Verscheiden zu liegen.

Diesen beiden Vereinen gegenüber steht der Arbeiterverein und der demokratische Klub mit unumwunden ausgesprochenen republikanischen Grundsätzen, die Hauptmasse bilden hier Gesellen, Studenten, etwas Arbeitsleute, verunglückte Kaufleute und Handlungsdiener. Diese Klubs sind sehr tätig und predigen die rote Republik mit vielem Eifer, die meisten von ihnen sind Kommunisten nicht in des Wortes schönster Bedeutung.

Zwischen diesen Parteien steht unser demokratisch-konstitutioneller Klub, der die Monarchie konsequent nach demokratischen Grundsätzen im Staats- und Gemeindeleben ausbilden will. Natürlich werden wir von den Reaktionären für verkappte Republikaner, von den Demokraten für reaktionär oder richtiger für Feiglinge gehalten, die es nicht wagen, offen mit der Republik hervorzutreten. Weder die einen noch die anderen haben recht. Wir glauben allen Ernstes, daß es mit der Republik noch nicht an der Zeit ist, daß für jetzt eine konstitutionelle Monarchie auf demokratischer Grundlage das beste für unser Land sei. Auch wir sehen in der Ferne die Republik als das zu erstrebende Ziel, nur fürchten wir, daß ein zu eiliges Fortschreiten mehr schaden als nützen, ja vielleicht das Erreichen des Zieles gar zu sehr hinausschieben dürfte. Wir arbeiten eifrig in unserem Klub fort und glauben bis jetzt nichts getan zu haben, was uns zur Schande gereichen könnte.

Im konstitutionellen Verein Professor Meyer, im Preußenverein ist einer der Hauptführer Jarke, im demokratischen Klub und Arbeiterverein sind die Matadore Referendar Brausewetter, Studiosus Schweichel[4]), Schmidt, Glatz, Scherres, Litfas[5]) und andere, so zwei Prediger unserer Gemeinde /K/osche und [S.] Ender. Bei uns präsidiere ich, ferner gehören als sehr tätige Mitglieder zu uns Falkson, Professor Heinrich (Medi-

[3]) Über die politischen Parteien jener Zeit in Königsberg und der Provinz Preußen unterrichtet eine Korrespondenz in der «Kölnischen Zeitung» vom 5. September 1848 Nr. 246 «Königsberg, 26. August». Die «Königl. Preuß. Staats-, Kriegs- und Friedens-Zeitung» druckte im zweiten Halbjahr 1848 zahlreiche vom Königsberger Arbeiterverein eingesandte Berichte, die einen Überblick über dessen Tätigkeit gewähren.

[4]) Georg Julius Robert Schweichel (1821–1907), 1848 Volksredner und Journalist in Königsberg; der Kongreß der Demokraten der Provinz Preußen wählte ihn im Oktober 1848 in den Kreisausschuß («Die Reform» 24. Oktober 1848 Nr. 183, S. 1); später Lehrer in der Schweiz, ab 1861 wieder in Deutschland als Journalist und Schriftsteller tätig; gab mit Wilhelm Liebknecht das «Demokratische Wochenblatt» heraus und arbeitete an der «Neuen Zeit» mit.

[5]) C. H. E. Litfas, Getreidehändler.

ziner), Witt, Santor[6]), Graf[7]), Lewitz[8]), Bender, Freundt, Rupp, früher auch Wechsler, ihm wird der Klub zu radikal, er wird wohl nächstens austreten, Assessor Heyer, ein sehr tätiges Mitglied, und früher Leutnant Rüstow, der leider nach Posen versetzt ist .....

Walesrode hat sich ganz zurückgezogen ..... er ist jetzt hier so gut wie verschollen, ihm ist ein restitutio in integrum dringend nötig ..... einen großen Verlust haben wir an Leutnant Rüstow erlitten, das ist ein tüchtiger, tätiger Mensch, der sich aller Liebe und Achtung erworben hat. Ich teilte ihm mit, was also wir in betreff des Militärs geschrieben. Er versprach darauf einzugehen und der Nationalversammlung Vorschläge zu machen ..... Freund Meyerowitz arbeitet überaus fleißig, nimmt natürlich an allem den lebhaftesten Anteil, ohne sich aber direkt zu beteiligen. Freund Burdach nahm seinerzeit auch einen liberalen Anlauf, ist aber jetzt auf der Retourfahrt.
Du kannst Dir wohl denken, wie die neuesten Berliner Ereignisse hier alles in Bewegung gebracht haben, für und gegen die Sache, doch von größerer Bedeutung war die in Frankfurt verweigerte Ratifikation des Waffenstillstandes. Obgleich man der Sachlage nach den Frankfurtern das Recht zugestehen muß die Ratifikation zu verweigern, da unser Ministerium seine Instruktion überschritten hat, so erheischt es die Not unserer Reeder, vorzüglich Memels und Danzigs, daß ein solcher Waffenstillstand baldmöglichst herbeigeführt werde ...
Am Sonntag hielt die demokratische Partei eine Volksversammlung[9]). ..... gleichzeitig war eine Versammlung des Preußenvereins, wo Adel und Sackträger fraternisierten..... In bezug auf die «Reform» sieht es nicht sehr gut aus. Bekannt habe ich es gemacht, daß Du redigierst, und zur Unterschrift aufgefordert, im ganzen wird sie aber wenig gehalten.

[6]) Wohl so in der Abschrift. Ob hier vielleicht Sauter oder Samter gemeint ist, vermag ich nicht anzugeben.
[7]) Meno Graf, Arzt in Königsberg, Freund Jacobys, später Vorstandsmitglied des Handwerkervereins, Fortschrittler und Mitglied der Stadtverordnetenversammlung, im Dezember 1877 in Königsberg gestorben.
[8]) Vermutlich Dr. Friedrich Lewitz, Lehrer am Friedrichs-Kollegium in Königsberg.
[9]) Am Sonntag, dem 10. September 1848, fand in Königsberg eine demokratische Volksversammlung statt, an der 6000 Personen teilnahmen. «Kölnische Zeitung» 20. September 1848 Nr. 259 «Königsberg, 12. Sept.».

513. Simon Meyerowitz an Jacoby

Nachlaß[1]) *Königsberg, 20. September 1848.*

... Ich habe von jeher von Held sehr wenig gehalten, darum glaube ich auch nicht an

[1]) JNUL(Ab).

den ihm unterlegten Plan, anders Arnold Ruge[2]). Die Reaktion ist, wenigstens gegenwärtig, kein Prinzip, sie ist dumm und gedankenlos wie die Verzweiflung, deren unberechnete Ausbrüche ihr selbst den größten Nachteil bringen. Sie wird aber in der Form eines Prinzips erscheinen, sich als solches mit aller Frechheit geltend machen, sobald das hungrige Volk sich nach den geträumten Fleischtöpfen seiner alten Sklaverei zurücksehnt.

An der Klarheit und Offenheit Deiner Rede vor Deinen Wählern läßt sich nichts aussetzen[3]). Solltest Du wirklich der Ansicht sein, das Volk habe am 18. März den Thron verschont? Der Kampf des 18. und der Erfolg des 19. März sind ganz verschiedene Dinge, die man sorgfältig zu sondern hat, wenn man Übergriffe vermeiden will. Dein Eingeständnis, die Partei zu *organisieren*[4]), könnte Dir nachteilig werden. Über den Begriff der Volkssouveränität, wie derselbe ohne Usurpation in Tätigkeit zu setzen, bin ich noch nicht im klaren. Der Beschluß der Frankfurter Nationalversammlung, die Ausführung des Waffenstillstands nicht zu hindern, hat Euch unangenehme Debatten und Deutschland einen großen Krieg erspart, indessen hat Preußens Naseweisheit eine heilsame Lehre empfangen ...

[2]) Der Publizist Friedrich Wilhelm Alexander Held (1813–1872), Redakteur der Berliner «Lokomotive», gehörte 1848 zu den bekanntesten Volksführern Berlins, doch witterte man in ihm einen Verräter. Die «Reform», deren Schriftleiter Arnold Ruge war, griff ihn in einem längeren Artikel an. Helds Antwort vom 14. September 1848 erschien als Inserat in der «Reform» und ist ebenso abgedruckt in der «Lokomotive» vom 18. September 1848 Nr. 140. Vgl. ferner «Berliner Zeitungs-Halle» 20. September 1848 Nr. 217 Beilage; Valentin, II, S. 57 f. 618 f.

[3]) *Rede des Abgeordneten Johann Jacoby. Gehalten vor einer Wählerversammlung am 12. September 1848*, Berlin: Reuter & Stargardt 1848, 8 S. Abgedruckt in JGSR, II, S. 45–51.

[4]) «Ich bin kein Redner [...] Meine Haupttätigkeit war besonders *dahin* gerichtet, die mir gleichgesinnten Männer zu einem gemeinsamen Handeln zu bestimmen, die Partei, der ich mich angeschlossen, zu *organisieren*. Ich glaube, in dieser Hinsicht nicht ohne Erfolg gewirkt zu haben.» JGSR, II, S. 51.

514. Ludwig Walesrode an Jacoby

Nachlaß[1]) *Königsberg, 20. September 1848.*

..... Du lebst jetzt mitten in einem weltgeschichtlichen Prozesse, tust mit Wort und Tat das Deinige dazu, wie können Dich unsere petites misères mal kümmern? Wir sind hier nun einmal vom Geschick verurteilt, nicht vom Schlepptau loszukommen, in das uns große Bewegungen oder ausgemachte Tatsachen nahmen. Von einer Initiative, von einem selbständigen Auftreten ist hier keine Rede, auch keine Aussicht dazu. Ich würde indes diese unsere Passivität nicht beklagen, ich weiß, daß nicht auf jedem Terrain unsere

[1]) JNUL(Ab); eingeschaltete Stelle LE(Ab).

politischen Schlachten mit Erfolg geschlagen werden können – wenn sich nicht der politische Geist hier durch seine wohlfeilen «Errungenschaften» und politischen Lokalkämpfe gar zu sehr verflachte und auf dem besten Wege ist, sich in eine Winkelagitation zu verlieren. Solange bloß geredet wird, schön geredet und Adressen unterzeichnet werden, gehen hier viele in der Löwenhaut umher. Wenn aber einmal die Schreibfinger in die Faust hineingelegt werden sollen und aus der grauen Theorie sich die blutrote Praxis gestalten soll, dann werden die Reihen unserer Klubisten verzweifelt gelichtet werden.

Im konstitutionellen Klub ist viel Rhetorik und politische Kritik, viel doktrinäre Breite und Behaglichkeit. Er hat sich seit einiger Zeit ein neues Epitheton ornans demokratisch zugelegt und wird mir dadurch nur noch unverständlicher. Die konstitutionelle *demokratische Monarchie* ist für mich ein Irish bull. Daß die Volksherrschaft neben der historisch angeerbten Alleinherrschaft (Monarchie) bestehen könne, ist für mich ebenso unklar als das Gegenteil. Zwei Todfeinde, die sich in *einen* Mantel hüllen. Freilich verstehe ich sehr wohl den diplomatischen Pfiff, der in dieser neuen Bezeichnung steckt. Allein, da alle Welt diesen Pfiff ebensowohl begreift als ich, so ist der Gedanke wie alle Massendiplomatie eher dumm als gescheit zu nennen. Die rhetorischen Klubherren, denen ich privatim (ich gehöre nicht zum Klub) diese spitzfindigen Zweideutigkeiten vorgeworfen, wußten sich nicht anders zu helfen als mit der Ausflucht: die Revolution hat den Thron geschont, deshalb erkennen wir noch die Monarchie an.

Ich glaube hier ist ein Rechnungsfehler. Der Thron ist stehengeblieben *trotz* der Revolution. Unsere Revolution hatte nicht die Energie, bis zum Ende auszuhalten, sie unterhandelte mit ihrem Feinde auf dem Schlachtfelde, der Sieger teilte seine Beute mit dem Besiegten, und darum darf's uns jetzt auch nicht wundern, wenn der Besiegte den Ton des Siegers annimmt. Noch niemals hat sich das Königtum für überwunden erklärt, als bis es *vernichtet* wurde. Die Demokratie hat dadurch, daß sie sich auf eine *Vereinbarung* mit dem konstitutionellen Königtum einließ, diesem wieder den ganzen Hochmut seiner fatalistischen Unvermeidlichkeit für die Völker eingeflößt. Ist es nicht mehr die romantisch-absolute Monarchie, so ist's doch noch immer die Monarchie, die das Volk zum großen Teile demoralisiert und den der Demokratie feindlichen Parteien eine bedeutende Stütze gibt.

Ich halte es daher auch für an der Zeit, offen gegen jedes Königtum aufzutreten, um die öffentliche Meinung total zu demokratisieren. Bevor die Republik bei uns eine *Tatsache* wird, muß das Volk schon republikanisch sein – auch Du hast's in Deinem Wahlbezirk ausgesprochen, daß unsere Revolution den Thron geschont hätte[2]). Ich kann Dir darin nicht beipflichten. Die Leiter unseres demokratischen Klubs zeigen leider viel Unreife und renommistische Taktlosigkeit. Der Arbeiterverein enthält sehr gute Elemente, wird aber auch durch die zerfahrene Leitung aus den Fugen gebracht .....

Es geht mir jetzt überhaupt so schlecht, daß mir meine *nächste* Zukunft wie ein Abgrund vorkommt, in den ich unfehlbar hineinstürzen muß. Die wirklich bodenlose Ge-

[2]) «Unser Volk hat in den Märztagen den Thron großmütig verschont, es hat Verzeihung geübt und in seiner Mehrheit sich für eine *konstitutionelle Monarchie* entschieden. Dem Willen des Volkes muß sein Recht geschehen.» Jacoby, *Rede vor den Berliner Wählern gehalten am 12. September 1848,* JGSR II, S. 46.

meinheit, mit der ich vorzüglich wegen meines «fliegenden Blattes»[3]) verfolgt wurde, hat mir Königsberg zum Ekel gemacht. Jetzt, da die Bourgeoisie sich an unsere Zeit gewöhnt hat, weil sie es muß, schämt sie sich ihrer Gemeinheit und läßt mich auch diese Scham entgelten ....

Ich habe seit einem halben Jahre so viel gearbeitet, daß ich ein dickes Buch in die Welt hätte schicken können. Zwei Hefte «Offene Briefe» deutscher Auswanderung, «fliegende Blätter» und in Kobulten noch eine umfangreiche Arbeit gegen Rosenkranz. Nichts davon ist, mit Ausnahme des ominösen fliegenden Blattes, das ich ohne Honorar hingab, erschienen. [Die Schrift gegen Rosenkranz, die, wie Jachmann sagte, diesen vernichtet haben würde, unterdrückte ich wieder, weil ich die Zeit doch wieder zu bedeutend fand, um Aufmerksamkeit beanspruchen zu können für Persönlichkeiten so kleiner Statur. Veranlassung zu dieser Polemik gegen Rosenkranz gab mir ein leitender Artikel in der Hartungschen Zeitung, den Rosenkranz gegen mich geschrieben hatte[4]), so recht mundgerecht für die Spießbürger.][e] ....

Jetzt setze ich meine einzige Hoffnung auf ein politisches Lustspiel, das ich unter Händen habe: «Der politische Tartüffe». Aber es gehört wahrhaftig ein entsetzlicher Humor dazu, unter den gegenwärtigen Umständen Humor zu haben .....

Doch wozu noch mehr über mich? Dieses gefräßige Jahr wird noch seine Opfer zu Tausenden einfordern. Was liegt an einer Existenz mehr oder weniger? Am vergangenen Sonntag[5]) wurde ein Attentat in der Poststraße auf mich gemacht ..... ob dieser Angriff meinen Grundsätzen oder meinem Schnupftuch gegolten, das mir bei dieser Gelegenheit aus der Tasche gezogen worden, oder beiden zugleich – denn an dem Tage bewirtete der Preußenverein alle Königsberger Obskuranten im Borckschen Garten – weiß ich nicht.

Leb wohl! Dein
Walesrode.

[3]) Vgl. Nr. 474 Anm. 3.
[4]) Vgl. darüber L. Esau, *Karl Rosenkranz als Politiker,* Halle 1935, S. 105.
[5]) 17. September 1848.

515. Karl Reinhold Jachmann an Jacoby

Nachlaß[1]) *Kobulten, 22. September 1848.*

Soeben erfahre ich aus guter, d. h. hocharistokratischer Quelle, daß der König dem Drängen der Kamarilla endlich nachgegeben und sich zu einem Staatsstreich entschlossen hat. Wahrscheinlich wird man die Rückkehr der «sieggekrönten» Garden benutzen, die Nationalversammlung auseinanderzujagen und einen neuen Reichstag nach einem Zensus auszuschreiben. Mag an dieser Nachricht sein, was da will, so halte ich es doch für not-

[1]) JNUL(Ab).

wendig, sie Dir mitzuteilen, damit Ihr für alle Fälle gerüstet dasteht und kein unvermutetes Ereignis Euch überrascht. Trotz der jetzt von den Klubs aller Orten veröffentlichten Erklärungen der Anerkennung muß ich Dich übrigens darauf aufmerksam machen, daß die Nationalversammlung selbst bei einem solchen Gewaltstreich auf keine besonderen Sympathien in der Masse des Volkes zu rechnen hat, weil sie die Geduld desselben zu sehr in Anspruch genommen und sich durch eine scheinbare Untätigkeit oder wenigstens unwichtige Tätigkeit und zugleich Talentlosigkeit in allgemeinen Mißkredit gebracht hat. Durch den Steinschen Antrag[2]) hat sie freilich augenblicklich ihre Ehre wiederhergestellt und sich populär gemacht. Wenn sie aber nicht bald das Verfassungswerk beendet, wodurch ohnedies manche unangenehme Konflikte mit Bürokratie, Militär und Thron vermieden werden, so fürchte ich, daß, soviel ich die Stimmung hier in der Provinz beurteile, man eine Auseinandersprengung derselben nicht bloß ruhig, sondern auch gern ansehen wird. Sollte daher dieser Fall eintreten, so wird es ganz von Eurer Haltung abhängen, ob diese Nationalversammlung in ihrer Souveränität bestehen oder ein klägliches Ende nehmen soll.

Pinder scheint ja nun doch ins Ministerium berufen zu werden; mir scheint dies weniger für das Land als für ihn ein Unglück zu sein. Sollte er ein Portefeuille annehmen, so bitte ich Dich, setze Du Dich mit ihm in Verbindung, um ihn zu halten und auf die richtige Fährte, die er auch nicht kennt, zu führen. Durch meine Schwester, die, wie Du weist, eine aufrichtigere Demokratin als ... ist, wird es Dir leicht sein, mit ihm in Verbindung zu treten.

Schließlich äußere ich noch den Wunsch, daß Ihr Euch in eigenen, ich möchte sagen, persönlichen Interessen mehr der Presse bedienen möget. So geht jetzt ein von der Reaktion verbreitetes Gerücht wie ein Gespenst durch das ganze Land, die Linke hätte durch Bestechung die Majorität in der Steinschen Frage erlangt, und überhaupt wird Assessor Jung als förmlicher Stimmenkäufer genannt. Viele unentschiedene Leute, die sonst noch zu der Linken sich neigen würden, glauben dies, und ich halte es für sehr wünschenswert, wenn in der Zeitung dieses Gerücht als schändliche Verleumdung mit Indignation womöglich von Jung selbst zurückgewiesen würde. Vornehmes Ignorieren hilft nicht, wo man es mit niederträchtigen Gegnern und einer haltungs- und gesinnungslosen Masse, die aber doch eben als Masse den Ausschlag gibt, zu tun hat.

[2]) Vgl. Nr. 507 Anm. 3.

516. Jacoby an Simon Meyerowitz

Rekonstruktion[1]) *Berlin, etwa 25. September 1848.*

Über den Ausgang des Stein-Schultzeschen Antrags[2]). Indem die preußische Nationalversammlung den Steinschen Antrag angenommen, habe sie sich für souverän erklärt. Auch Pfuel[3]) habe durch seinen Erlaß vom 23. September 1848[4]) die Souveränität dieser Versammlung und ihren konstituierenden Charakter anerkannt.

[1]) Nach Nr. 517.
[2]) Vgl. Nr. 507 Anm. 3; Nr. 510 Anm. 2.
[3]) Ernst von Pfuel (1779–1866), preußischer General und konservativer Politiker, 21. September bis 1. November 1848 Ministerpräsident und Kriegsminister.
[4]) Vgl. Nr. 517 Anm. 3.

516a. Jacoby an Heinrich Simon

Nachlaß[1]) *Berlin, 26. September 1848.*[2])
Im Konzertsaale des Schauspielhauses.[3])

Mein lieber Simon,
wir haben gestern einen entschiedenen Sieg davongetragen[4]). Die entschlossene Haltung der Parteien und die Drohung der Permanenz-Erklärung haben dem neuen Soldaten-Ministerium[5]) imponiert; unsere Beschlüsse in betreff der reaktionären Bestrebungen im Heere sind vollständig ausgeführt worden. Da die früheren Minister ungeschickterweise die Krone mit ins Spiel gezogen haben, so ist dieser Sieg der Versammlung zugleich ein Sieg der Volkssouveränität, mittels dessen wir über das leidige Vereinbarungs«prinzip» glücklich hinweggekommen sind.
Bei alledem herrscht hier eine wahrhaft fieberhafte Spannung; die Zusammenziehung der großen Militärmassen um Berlin, Wrangels Armeebefehl[6]) und das Mißtrauen gegen das Ministerium der Kamarilla lassen das Schlimmste befürchten; nur mit der äußersten Mühe gelingt es den demokratischen Führern, das Volk vor Exzessen zurückzuhalten. – Pfuel und Konsorten sind übrigens unfähig sich länger als acht Tage der Versammlung gegenüber zu halten und dann wird es hoffentlich vorwärtsgehen.

[1]) Original: Schweizerische Landesbibliothek Bern. Ms A 84[8].
[2]) Über dem Datum wohl in Heinrich Simons Hand: pr[äsentiert] Scheveningen 4. 10.
[3]) Die preußische Nationalversammlung war kurz zuvor aus der Singakademie in den Konzertsaal des Schauspielhauses umgezogen.
[4]) In der Sitzung der preußischen Nationalversammlung vom 25. September 1848 verlas der Ministerpräsident und Kriegsminister Ernst von Pfuel seinen Erlaß an die Armee; vgl. Nr. 516 Anm. 3.
[5]) Das Ministerium des Generals von Pfuel.
[6]) Vom 17. September 1848.

Die Frankfurter Ereignisse[7]) haben hier einen sehr üblen Eindruck gemacht und unseren Bestrebungen wesentlich geschadet. In betreff des dänischen Waffenstillstandes[8]) wird man hier nur dann etwas tun, wenn in den Herzogtümern selbst ein entschiedener Widerstand geleistet wird.
Deine Rede bei Gelegenheit der Waffenstillstandsfrage[9]) hat mich innig erfreut und recht lebhaft an die schöne Zeit unseres Fünfzigerausschusses erinnert. Unsere Hoffnungen sind jetzt leider in weite Ferne entrückt; doch verzweifle ich nicht. Bei uns verstärkt sich die deutsche Einheitspartei mit jedem Tage, und die Frankfurter Versammlung kann auf sichere Unterstützung rechnen, wenn sie *im Geiste der Freiheit und der neuen Zeit vorzugehen den Mut hat.*

Schreibe bald Deinem
treuen Freunde
Dr. Jacoby.

Abegg geht langsam seinem Ende entgegen; er leidet jetzt weniger, nimmt aber auch nur wenig teil an den Dingen, die um ihn vorgehen. – Pinder wird *nicht* in das Ministerium eintreten. – Viele Grüße den Freunden!

[7]) Vgl. Nr. 518 Anm. 2.
[8]) Waffenstillstand von Malmö vom 26. August 1848.
[9]) Bei der Debatte um den Malmöer Waffenstillstand bestieg Heinrich Simon am 5. September 1848 zum erstenmal die Tribüne der Paulskirche. Über seine Rede vgl. JHSG II, S. 33 ff.

517. Ludwig Moser an Jacoby

Nachlaß[1] *Königsberg, 27. September 1848.*

... Den Verfasser der Juniusbriefe kann ich nicht angeben, man hält u. a. auch Falkson für denselben, mit welchem Recht weiß ich nicht. Simson hat das Fragliche über Sie nicht hierher berichtet, sondern Bardeleben, der Sie auch als Kommunist hier erklärt hat ..... Ihr letzter Brief an Walesrode würde Ihnen, wenn er in unrechte Hände kommt, gewiß sehr schaden. Es dauert nicht mehr lange, und wir haben in Preußen wieder Deputiertenwahlen; wenn Sie dann in Königsberg nicht gewählt würden, so wäre das an sich sehr fatal und mir fast noch schmerzlicher als Ihr Unterliegen bei der Wahl für Frankfurt. Im Augenblick haben Sie, wie ich glaube, hier sehr viele Chancen, die Rede an Ihre Wahlmänner[2]) hat außerordentlich gefallen, und ich selbst gratuliere dazu. Man kann sich dem Publikum gegenüber dreist für Republik erklären, wenn dasselbe Publikum nur die Absicht wahrnimmt, das Vorhandene im Sinne des Vernünftigen, Freien usw. zu konsoli-

[1]) JNUL(Ab).
[2]) Vgl. Nr. 513 Anm. 3.

dieren. Soll das Vorhandene aber nur dazu gut sein, einem Zukünftigen zu weichen, soll ein steter Fortschritt angebahnt werden, dann zieht das Publikum von einer solchen Persönlichkeit sich bald zurück .....

Heute abend, sagte mein Diener, werden Barrikaden gebaut. Andere Leute prophezeiten dasselbe, sogar Dohna soll davon gesprochen haben. Es ist bereits 10 Uhr und kein Laut in der ganzen Stadt zu hören. Nein, in dieser Stadt wird es keine Barrikaden geben, sie ist so ruhig, wie sie in den letzten Jahren nicht einmal gewesen. Das Gerücht entstand wahrscheinlich davon, daß heute unter dem Militär einige Bewegung gewesen; man sagt, es sei ihm der Armeebefehl Pfuels[3]) mitgeteilt worden. Sind Sie über diesen Ausgang des Stein-Schultzeschen Antrags nicht zu früh erfreut? Täuscht man sich bei Ihnen nicht über den Wert dieses Befehls? Fast läßt mich das Ihr heutiges Schreiben an Meyerowitz glauben.

Wertester Freund, ein Ministerium von der äußersten Linken würde heute mit einigen reaktionären Maßregeln debütieren müssen, um der Ordnung sein Kompliment zu machen. Ebenso paradiert ein Ministerium Pfuel mit einigen liberalen. Es ist nicht richtig, daß, weil die Versammlung am 7. [September] den Steinschen Antrag angenommen[4]), sie sich souverän erklärt habe; sie wird das nächste Mal gerade das umgekehrte beschließen. Ebensowenig ist es richtig, daß, weil Pfuel diesen oder jenen Befehl erlassen, er die Souveränität der Versammlung und ihren rein konstituierenden Charakter anerkannt habe. Dieser Schluß wäre schon logisch nicht erlaubt, praktisch ist er es noch viel weniger. Es gibt wahrscheinlich keine Konsequenz, nicht einmal leitende Ideen bei einer Versammlung von 400 Männern.

Das Tatsächliche bleibt immer, daß man die Männer von vor dem 18. März an die Spitze gestellt hat, denn Eichmann[5]) war in dem letzten Jahre beständiger Ministerkandidat und Pfuel am 18. Kommandant in Berlin. Also fühlt man sich sehr sicher, und die traurigen Frankfurter Ereignisse werden diese Sicherheit ein gut Teil steigern. Ich gebe zu, daß die Linke in Berlin nichts hat tun können, dann aber wird es mehr als problematisch, ob und wieviel von der Freiheit zu retten sein wird. Es ist betrübend anzusehen, wie Menschen und sogar die Zustände in Deutschland die von Frankreich kopieren. Da man in Paris unter der Geißel des Belagerungszustandes berät, so muß dasselbe in Frankfurt und Berlin nachgeahmt werden. Soldaten regieren in Österreich und werden es in Preußen, wie sie in Frankreich regieren. Ich denke, die Verachtung jenseits des Kanals vor allem, was auf dem Kontinent vor sich geht, muß immens sein. Sieben

[3]) Am 23. September 1848 richtete er als Kriegsminister einen Erlaß an das Militär über die Stellung, die die Armee bei den veränderten Verhältnissen des Staates einzunehmen habe. Die Regierung hege keine reaktionären Tendenzen, sie sei bestrebt, mit redlichem Willen den betretenen konstitutionellen Weg zu verfolgen. «Entschlossen, reaktionäre Tendenzen nicht zu dulden», ersuchte von Pfuel die Armeebehörden, «das gute Einvernehmen zwischen Zivil und Militär nach Kräften zu fördern, und, wo sich reaktionäre Bestrebungen wider Erwarten bei den [...] Truppen zeigen sollten, denselben entschieden entgegenzutreten». VKVP, V, S. 2978 (59. Sitzung am 25. September 1848).

[4]) Vgl. Nr. 507 Anm. 3.

[5]) Franz August von Eichmann (1793–1879), Oberpräsident der Rheinprovinz, Innenminister im Kabinett Pfuel (September–November 1848), später konservatives Mitglied der preußischen Deputiertenkammer und des Reichstags.

Monate sind es, seit die Franzosen Louis Philipp weggejagt, und heute behaupten diese Franzosen, sich die Republik wohl gefallen zu lassen – aber mit einem Belagerungszustand; schon heute soll kein Zweifel mehr sein, daß Heinrich V.[6]), und zwar auf den Schultern der Geistlichkeit, zurückkehren wird!
Die Aussichten in die Zukunft sind so trübe, daß ich sie unterdrücke. Zwei Männer nur sind mir bekannt, die noch immer voll der besten Hoffnung sind, beneidenswerte Naturen und allerdings zur Wirksamkeit besser geschaffen. Der eine ist der alte Schön, der andere derjenige, den herzlichst grüßt

sein treuer Freund
Moser.

[6]) Henri-Charles d'Artois (1820–1883), unter dem Namen Heinrich V. französischer Thronprätendent der Legitimisten.

518. Simon Meyerowitz an Jacoby

Nachlaß[1]) *Königsberg, 28. September 1848.*

Die fürchterlichen Vorfälle in Frankfurt[2]) und die entsetzliche Unruhe um Dich waren nahe daran, mich krank zu machen. Gingen nicht die Ereignisse so jählings, ich wäre sogleich hin nach Berlin, um wie vor achtzehn Jahren in Dresden stets an Deiner Seite zu sein. Nun schöpfe ich Deinetwegen Atem, das Programm der neuen Minister, das ich noch nicht erwogen(?), läßt wenigstens keinen Zusammenstoß befürchten. Es ist ziemlich entschieden, und die Kammer wird ihm volle Entschiedenheit entgegensetzen. Der Kampf muß ein rein parlamentarischer und nationaler werden, Blut darf nicht mehr fließen ...

Lieber Jonny! Ich bin ein alter Pedant (und werde es täglich mehr), der es noch mit dem kategorischen Imperativ hält. Nur Wahrheit und unnachgiebige Rechtlichkeit können uns befreien. Du hast gewiß denselben Grundsatz – leider aber gehörst Du einer Partei an. Tacitus stellt Kaiser Othos[3]) Verhältnis zu seinen Soldaten wie folgt dar: «Er konnte ihnen Verbrechen gebieten, sie aber nicht davon abhalten»[4]); so wirst Du vieles nicht verhindern, was Du sicherlich mißbilligst. Werde nicht unwillig, ich spreche meine innigsten Schmerzen an. «Par l'amour qui gémit dans mon cœur» beschwört die arme Julie ihren Entfernten, und ähnliches viel höherer Natur seufzt in mir für Dich und Deinen Ruhm. Kennt denn die Welt Deine Uneigennützigkeit? Ah, sie sollte sie kennen und Du die Welt, wie sie einmal ist, nicht verkennen.

[1]) JNUL(Ab).
[2]) Bei dem Frankfurter Volksaufstand vom 18. September 1848 wurden zwei Abgeordnete der deutschen Nationalversammlung, Felix Fürst von Lichnowsky und Generaloberst Hans von Auerswald, getötet.
[3]) Otho, römischer Kaiser vom 15. Januar bis 16. April 69.
[4]) Vgl. Tacitus, Historiae, I, 45.

Soll ich Dir sagen – ei was, Du wirst mich mißhören. Dein Jubel gehört denen an, die Du für Deine Partei hältst. Lebe wohl!
P. S. Wir sind wohl, freilich, nicht alle ohne Besorgnis, weil die Cholera doch kein gleichgültig Ding ist .... Diese Krankheit ist unheilbar, heilet Ihr Ärzte in Berlin den kranken Staat. Die «Reform», von der ich, erschiene sie nicht mit unter Deinem Auspizium, nicht allzuviel sprechen würde, sollte doch bedenken, daß einige Tausend aus umliegenden Fürstentümern zusammengelaufenen Volks nicht berechtigt sind, die gesamte Repräsentation Deutschlands zu richten und allenfalls zu morden. Die verletzte Ehre Deutschlands war nur ein Vorwand für die Heckersche Partei zu einer neuen Schilderhebung ...

519. Simon Meyerowitz an Jacoby

Nachlaß[1]) *Königsberg, 30. September 1848.*

... Nach meiner Ansicht war der 25. [September][2]) kein entschiedener Sieg der *äußersten* Linken. Pfuels Anordnungen wurden durch den Fieberfrost allerhöchster Feigheit erschüttert, und so war Nachgiebigkeit der einzige Ausweg. An der Unfähigkeit dieses weisen Ministeriums der .... Kammer gegenüber zweifle ich keinen Augenblick, allein selbst ein solches Ministerium sollte die Nationalversammlung nicht zu ihrem Verwaltungsausschuß herabdrücken, weil alsdann ein Sicherheits- und Wohlfahrtsausschuß nötig würden. Die dummen Preußenvereine haben zur Entwicklung freier Gesinnung mehr beigetragen als die doch verdächtige «[Berliner] Zeitungs-Halle» und hyperdemokratische Plakate, weil eine so gemeine Reaktion jedes sittliche Gefühl empören mußte, und die souveräne Kammer wird der Reaktion trefflich in die Hand arbeiten, sobald sie sich, was ohne die gewaltsamsten Maßregeln nicht möglich ist, die Verwaltung anmaßt. Schrecklich werden selbst die Frankfurter Vorfälle der guten Sache schaden, der Partei gewiß, wenn sie, unter dem Scheine der Gerechtigkeit, von ihr geschützt werden. Blum, Vogt[3]) etc. handeln demnach weder klug noch würdig.
Zwar bleibt es gefährlich, eine stützende Partei zu desavouieren, das est modus in rebus dürfen jedoch die Leiter der Bewegung sich wenigstens heimlich zurufen. Lag den nun steckbrieflich verfolgten Mördern Auerswalds etc. die durch den Waffenstillstand geschändete Ehre Deutschlands am Herzen? Waren sie eines heiligen Zweckes fähig?
Die Freiheit, mein lieber Jonny, soll uns, selbst in ihrer fröhlichsten Ausgelassenheit, ein Gastmahl des Plato sein und nicht in wilde Orgien ausarten .....

[1]) JNUL(Ab).
[2]) Gemeint ist die Beilegung des Armee-Erlaß-Konfliktes in der Sitzung der preußischen Nationalversammlung am 25. September 1848; vgl. Nr. 517 Anm. 3.
[3]) Karl Vogt (1817–1895), Naturforscher und Politiker, 1848 Mitglied des Vorparlaments und der Frankfurter Nationalversammlung (linker Flügel), 1849 Mitglied der provisorischen Reichsregentschaft, emigrierte in die Schweiz und wurde 1852 Professor der Geologie und Zoologie in Genf.

Prof. Schubert, der hier privatim auf die äußerste Linke in Frankfurt sehr schimpft, hat sie in seinem langen Vortrag in dem demokratisch-konstitutionellen Klub sehr gelobt und dafür stürmischen Beifall geerntet. Hieraus wirst Du Sch[ubert] erkennen und die politische Stimmung Königsbergs ersehen. Diese ist, in Betracht der weiten Entfernung vom eigentlichen Schauplatz der Bewegung, vortrefflich. Samter läßt Dich inständigst bitten, ihm einen guten, nicht *ultra*demokratisch gesinnten Korrespondenten zu verschaffen. Sein Blatt leidet viel durch Hiersemenzels unbestimmte Berichte. Hilf dem Manne guter Absicht.

Ich ärgere mich bisweilen über meine Briefe an Dich, sobald sie an der Post sind.... Wie Sulamith bin ich krank vor Liebe – zur Freiheit und auch für Dich, die beide in mir verbunden sind. Nun lauten Deine Briefe an Moser und mich viel gemäßigter, als an die andern, und es ist gewiß minder(?) bedenklich, Deine volle Gesinnung mir gegenüber zu offenbaren.

Lieber Jonny! Es gehört gewiß zu meinen innigsten und heimlichsten Schmerzen, wenn ich etwas an Dir nicht billigen kann....

520. Simon Meyerowitz an Jacoby

Nachlaß[1]) *Königsberg, 4. Oktober 1848.*

Der Artikel der «Reform» über den Frankfurter Barrikadenkampf und Auerswalds und Lichnowskys Ermordung[2]) ist, wenigstens wie er in der Spenerschen und Hartungschen Zeitung abgedruckt und kommentiert ist, ein schauderhaftes Dokument theoretischer Verirrung sonst edler Männer, denen im Namen der Freiheit alles gerecht scheint. Es gibt weder ehrliche Kugeln noch humane Ärzte, so wenig als jene Hunde ehrlich und human waren, die von den Spaniern ehemals gegen die Wilden losgelassen wurden. Hier ist alle Welt über diesen Artikel entrüstet und macht Dich für denselben verantwortlich, weil Du zu dem Redaktionsausschusse der «Reform» gehörst. Vergebens sprechen dagegen Deine *unwandelbaren* Freunde ihre Behauptung, die Fassung des Artikels sei Dir gewiß fremd geblieben, Du gehörtest der Redaktion des Blattes nur nominell an, hättest Deinen Namen nur aus Gefälligkeit hergegeben, wird erwidert: Nun, so sage er sich von diesem seine Ehre befleckenden Artikel öffentlich los, und solange solches nicht geschieht, lastet auf ihm mit Recht die furchtbarste Verantwortlichkeit. Eine Partei desavouieren – ist allerdings mißlich, dieses sehen wir ein, allein etwas muß doch geschehen. Was? Du wirst es am besten finden.

Abgeordnete der preußischen Nationalversammlung, die eine Unterordnung unter die Frankfurter mit aller Macht herbeizuführen suchten, rechtfertigt nun der Mord zweier Deputierter der Paulskirche! Den Terrorismus predigen ist viel unsittlicher als ihn ausüben.

[1]) JNUL(Ab).

[2]) Gemeint ist der ungezeichnete Leitartikel «Die Frankfurter Barrikaden» in «Die Reform. Organ der demokratischen Partei», Berlin, 30. September 1848 Nr. 163.

Mit Schmerz und tiefster Betrübnis vernehmen wir, wie selbst Deine Universitätsfreunde und früheren Bekannten Dich aufgeben und für verloren halten. Ich will Dir die Männer nennen. Die beiden Schön, Otto Keudell, S. Brünneck und – Küntzel – Kosch und Crelinger nicht zu gedenken. Du willst doch die süße Heimat wiedersehen und mit uns leben.

Höre, mein guter Jonny, auf unsere Stimme, auf die Stimme eines Freundes, dessen Liebe Dir immer bleiben wird, obgleich sie ihn unglücklich machen könnte.
Es ist Deine Pflicht, in der Sache etwas zu tun.

521. Einladung zur Konferenz der Parlamentarier der entschiedenen Linken in Berlin[1])

Nachlaß[2]) *Berlin, 5. Oktober 1848.*

Auf Anregung der demokratischen Abgeordneten mehrerer kleiner Staaten Mitteldeutschlands ist vielseitig eine gemeinschaftliche Besprechung über die gegenwärtigen deutschen Zustände gewünscht und als Ort derselben die Stadt Berlin bezeichnet worden. Die unterzeichneten Abgeordneten der preußischen, sächsischen und Frankfurter Versammlungen mit der Zusammenberufung beauftragt, haben daher eine solche Zusammenkunft auf Freitag, den 27. Oktober d. J. veranlaßt, bei welcher es wünschenswert ist, alle entschiedenen Abgeordneten der konstituierenden und gesetzgebenden Versammlungen Deutschlands vereinigt zu sehen. Sie beehren sich infolgedessen, Sie hiermit dazu einzuladen und zugleich zu ersuchen, die entschiedensten Männer Ihrer Partei, welche solchen Versammlungen angehören, zur Teilnahme aufzufordern. Einer gefälligen baldigen Antwort an einen der *hiesigen* Unterzeichneten nebst Angabe, auf wessen Teilnahme zu rechnen ist, entgegensehend, zeichnen

Hochachtungsvoll

Tzschirner[3]) aus Dresden
Evans[4]) aus Dresden
Wehner[5]) aus Dresden
Ruge aus Frankfurt
Temme[6]) aus Berlin
Stein aus Berlin
Waldeck[7]) aus Berlin
Elsner[8]) aus Berlin
Reuter[9]) aus Berlin
D'Ester aus Berlin
Dr. Jacoby aus Berlin.

[Anmerkung des Kopisten:] Lithographiert.

[1]) Die Konferenz (auch als «das Gegenparlament» bekannt) tagte am 27. und 28. Oktober 1848 in Berlin. Vgl. Gustav Lüders, *Die demokratische Bewegung in Berlin im Oktober 1848*, Berlin/Leipzig 1909, S. 68–83.

[2]) BAF(Ab). Der Text der Einladung, allerdings ohne Unterschriften, erschien mit geringfügigen Abweichungen in der «Berliner Zeitungs-Halle» vom 24. Oktober 1848 Nr. 246, Wiederabdruck bei G. Lüders, a. a. O., S. 46.

[3]) Samuel Erdmann Tzschirner (1814 [?] – 1870), Führer der sächsischen äußersten Linken in der Revolution von 1848/49; 1849 einer der Führer des Maiaufstandes in Dresden und Teilnehmer am badisch-pfälzischen Aufstand; emigrierte in die Schweiz und dann nach England.

[4]) Eli Evans, Spinnereibesitzer zu Siebenhöfen bei Geier, Mitglied des sächsischen Landtages und des Vorparlaments.

[5]) Georg Friedrich Wehner, Gerichtsdirektor und Ratmann in Leisnig, Mitglied des sächsischen Landtages.

[6]) Jodocus Deodatus Hubertus Temme (1798–1881), Politiker, Jurist und Romanschriftsteller, Oberlandesgerichtsdirektor in Münster, 1848 Mitglied der preußischen Nationalversammlung (linker Flügel), 1849 Mitglied der Frankfurter Nationalversammlung und des Stuttgarter Rumpfparlaments, wegen Hochverrats verhaftet, aber nach neun Monaten Untersuchungshaft im April 1850 freigesprochen; ab 1852 Professor an der Universität Zürich.

[7]) Benedikt Franz Leo Waldeck (1802–1870), Obertribunalrat in Berlin, Demokrat, 1848 Führer der äußersten Linken und Vizepräsident der preußischen Nationalversammlung, 1849 Mitglied der preußischen Deputiertenkammer, monatelang in Haft gehalten; später einer der Führer der Fortschrittspartei.

[8]) Moritz Elsner (1809–1894) Gymnasiallehrer, demokratischer Publizist und Politiker in Breslau, 1848 Mitglied der preußischen Nationalversammlung (äußerste Linke), 1849 Mitglied der preußischen Deputiertenkammer, wegen «intellektueller Urheberschaft» des Breslauer Maiaufstandes zu zwei Jahren Festungshaft verurteilt, danach Redakteur der «Neuen Oder-Zeitung».

[9]) Robert Reuter (1816–1864), 1846–1849 Landrat in Johannisburg, 1848 Mitglied der preußischen Nationalversammlung (äußerste Linke), Teilnehmer am Zweiten Demokraten-Kongreß in Berlin, 1849 Mitglied der preußischen Deputiertenkammer, seit 1851 in Königsberg.

521a. Jacobys Erklärung betreffend «Die Reform»

Abdruck[1]) *Berlin, 6. Oktober 1848.*

Erklärung

In einem der Spenerschen Zeitung entlehnten Inserat in der Beilage zu Nr. 229 d[ieser] Z[eitung][2]) wird ein Aufsatz der «Reform» kritisiert und zu einem Angriff auf mich benutzt. Dies veranlaßt mich zu der Erklärung, daß ich *weder an dem kritisierten noch an irgendeinem andern Artikel der «Reform» den mindesten Anteil habe*. Das in jenem Inserat erwähnte *Komitee*[3]) ist bisher noch gar nicht in Tätigkeit getreten.

Dr. Johann Jacoby
Abgeordneter für Berlin.

[1]) «Königl. Preuß. Staats-, Kriegs- und Friedens-Zeitung» 12. Oktober 1848 Nr. 239 S. 1328.

[2]) Ebenda 30. September 1848 Nr. 229 S. 1278 Das anonyme Inserat ist datiert «Berlin, 22. September» und gezeichnet «Siebenter September».

[3]) Vgl. Nr. 495, wo die Mitglieder des Komitees der «Reform» aufgeführt sind.

522. Ludwig Moser an Jacoby

Nachlaß[1]) *Königsberg, 6. Oktober 1848.*

In meinem letzten Briefe teilte ich Ihnen mit, daß die Cholera hier wohl grassiere, aber wenig beachtet werde. Das hat sich seitdem sehr geändert. Die Krankheit greift sehr um sich und in die wohlhabenderen Klassen. Ich fürchte, unser alter Meyerowitz[2]) ist ihr verfallen . . . . . Die Lage des Meyerowitz geht mir sehr nahe; aber wenn ich so Dinter sehe, wie er des Tags jetzt einige fünfzig Kranke zu besuchen hat, des Nachts heraus muß usw., so kann ich doch an Sie die Anfrage nicht zurückhalten, ob Sie nicht auf acht oder vierzehn Tage hierherkommen wollen? Es ist dies, wie gesagt, nicht des Alten wegen, für den Sie in jedem Falle zu spät kämen, sondern schon aus Rücksicht für Ihre Kollegen, Ihre Kranken und für Sie selbst sehr wünschenswert. Bedenken Sie, daß Sie volle sieben Monate schon abwesend sind.

Ich glaube, wenn Sie alles erwägen, sogar Ihre politische Stellung, so kommen Sie zu demselben Resultat. Wo nicht, so habe ich mindestens das Bewußtsein, nach Freundespflicht geraten zu haben . . . . .

Ich habe diesen Brief noch einmal geöffnet, um Ihnen die traurige Nachricht zu melden, daß der alte Meyerowitz in dieser Nacht gestorben ist[3]).

[1]) JNUL(Ab).

[2]) Josef Meyerowitz (aus Georgenburg im Gouvernement Wilna, geb. 1776), wohlhabender Kaufmann in Königsberg, erwarb die preußische Staatsbürgerschaft im Jahre 1842.

[3]) Er starb am 11. Oktober 1848. Vgl. Nr. 523.

523. Simon Meyerowitz an Jacoby

Nachlaß[1]) *Königsberg, 11. Oktober 1848.*

Mir und meinen Geschwistern ist ein großes Unglück widerfahren, wir haben unseren guten Vater[2]) verloren, er starb heute gegen ein Uhr nach Mitternacht an der Cholera . . .

[1]) JNUL(Ab).

[2]) Josef Meyerowitz.

524. Franz Hedrich[1]) an Jacoby

Nachlaß[2]) *Frankfurt am Main, 25. Oktober 1848.*

Euer Wohlgeboren,

ich bedaure, verhindert zu sein, an dem am 26. zusammentretenden Kongresse[3]) in Berlin nicht teilnehmen zu können. Die Gründe meines Ausbleibendens wünsch' ich meinen Kollegen rasch darzulegen, um mich vor etwaiger Mißdeutung zu sichern. Da ich meinen Brief an keine Adresse zu bringen weiß und auf das bestimmteste voraussetze, daß Euer Wohlgeboren in die Lage kommen werden, die Frankfurter Deputation zu sprechen, so bitte ich beiliegendes Blatt[4]) an Simon gefälligst zu überreichen.

Mit dem ganzen Ausdrucke meiner Verbindlichkeit bin ich Euer Wohlgeboren hochachtungsvollergebener

Hedrich,
Abgeordneter.

[1]) Franz Hedrich (geb. zwischen 1823 und 1825, gest. 1895), Dramatiker und Erzähler, 1848/49 Abgeordneter der Frankfurter Nationalversammlung, Mitglied des Rumpfparlaments in Stuttgart.

[2]) BAF(Ab).

[3]) Gemeint ist das sogenannte Gegenparlament, vgl. Nr. 521 Anm. 1.

[4]) Liegt nicht vor.

524a. Stammbuchblatt für einen Unbekannten

Nachlaß[1]) *o. O., 2. November 1848.*

Es ist das Unglück der Könige, daß sie die Wahrheit nicht hören wollen[2]).

Dr. Joh. Jacoby.

[1]) Original: Stadt- und Universitätsbibliothek Frankfurt am Main.

[2]) Am 2. November 1848 begab sich eine Deputation der preußischen Nationalversammlung nach Potsdam, um in einer Adresse den König zur sofortigen Entlassung des neuen reaktionären Ministeriums aufzufordern. Jacoby war Mitglied der Deputation. Nach der Durchlesung der Adresse wandte sich der König um. Jacoby fragte nun den König, ob er der Deputation kein weiteres Gehör schenken wolle. Als der König mit Nein antwortete, rief Jacoby: «Das ist das Unglück der Könige, daß sie die Wahrheit nicht hören wollen.» Zitiert nach VKVP, VIII, S. 5194 (93. Sitzung am 3. November 1848). Vgl. Unruh, S. 106 f.

525. Ludwig Moser an Jacoby

Nachlaß[1]) *Königsberg, 2. November 1848.*

.... Ja, Ihr tretet jetzt Euren Rückzug an, Ihr seid geschlagen mit der Einheit Deutsch-

[1]) JNUL(Ab).

lands, Ihr werdet geschlagen werden mit Eurer Bürgerwehr[2]), denn das Reichsministerium hat bereits die Bürgerwehr Frankfurts unter das Militärkommando gestellt. Ein herrlicher Anfang für eine nationale Bewaffnung, wie sie ursprünglich beabsichtigt wurde, aber noch gar nichts gegen das, was die folgende Zeit uns auf diesem Gebiet bringen wird. Ihr seid ferner geschlagen als Demokraten in Eurem Fraternisieren mit dem Proletariat[3]).

Krieges[4]) Bericht an den Demokraten-Kongreß hat mich nur darin in Erstaunen gesetzt, daß das schon heute sich herausstellt; ich dachte, die Welt müßte dazu, freilich nur ein paar Monate, älter geworden sein. Dann aber war mir kein Zweifel, daß es kommen würde, ja daß möglicherweise die Arbeiter Eure größten Feinde werden könnten. Denn auf dem Wege des Sozialismus kann dem Arbeiter und dem Proletariat nicht geholfen werden, und diese Leute haben in bezug auf Ihre Lage einen so außerordentlich gesunden Sinn, daß ihnen das nicht lange entgeht. Ich wünschte, die höheren und höchsten, besonders die allerhöchsten Klassen hätten etwas von diesem gesunden Sinn. Ich habe stets den Verstand der Arbeiter sehr hoch gehalten.

Doch von dem allen will ich eigentlich nicht reden, für heute nur von dem zuerst Erwähnten, von der jetzt beabsichtigten Auflösung der Einheit Deutschlands, worüber Venedey mit einem «selbst Jacoby» sich hat vernehmen lassen. Diese Sache ist so angetan, daß man dabei um seinen Kredit kommen kann, auch hat Waldeck sie so eingeleitet, daß der Bankrott möglicherweise eintreten wird. Hören Sie, Jacoby, wegen Waldeck werde ich recht haben und Sie unrecht. Er geriert sich als Parteiführer und hat den Verstand dieser Stellung nicht; er führt seine Partei in die Fichten; ein Kind konnte es sagen, daß *er* den Antrag wegen der Zentralgewalt[5]) nicht stellen durfte; der mußte von einem

[2]) Über die Bürgerwehr und ihre Entwaffnung durch das Militär vgl. Valentin, II, S. 251. 273 f.

[3]) Über den damaligen Konflikt zwischen Mittelstand und Proletariat vgl. ebenda, II, S. 252 ff.

[4]) Hermann Kriege (1820–1850), Mitglied des Brüsseler kommunistischen Korrespondenzkomitees, seit Herbst 1845 in New York, wo er den «Volkstribun» herausgab. Er sagte sich im Juli 1846 vom Kommunismus los und schloß sich der demokratischen Partei an. 1848 kehrte er nach Deutschland zurück und war Mitglied des Zentralausschusses der deutschen Demokraten. Auf dem Zweiten Demokraten-Kongreß in Berlin erstattete er Bericht über die Tätigkeit des Zentralausschusses und die Lage der Demokratie (vgl. «Berliner Zeitungs-Halle» 28. Oktober 1848 Nr. 250; Gustav Lüders, *Die demokratische Bewegung in Berlin im Oktober 1848*, Berlin/Leipzig 1909, Anlage 4, S. 152–156). Nach der Revolution verließ er Deutschland wieder, war Redakteur der «Illionois Staats-Zeitung» in Chicago und starb geisteskrank in New York.

[5]) Gemeint ist Waldecks Antrag gegen die Gesetze und Erlasse der provisorischen Zentralgewalt. Der Antrag lautete: «Die hohe Versammlung wolle Folgendes beschließen: 1. Kein Erlaß kann als Gesetz gelten und als solches durch die Gesetzsammlung gemacht werden, welcher nicht von der konstituierenden Versammlung in Berlin beschlossen, angenommen oder genehmigt worden ist. 2. Diejenigen Erlasse der Frankfurter Zentralgewalt oder Verfassungsgebenden Versammlung, welche innere Angelegenheiten der einzelnen Länder, namentlich Polizeiwesen und Strafgesetzgebung, zum Gegenstande haben, können für Preußen erst durch die Genehmigung der preußischen Volksvertreter gesetzliche Geltung erlangen.» Die Dringlichkeit des Antrages wurde mit 174 gegen 173 Stimmen abgelehnt. VKVP, VII, S. 4601 und 4640 (84. Sitzung am 24. Oktober 1848).

Ihrer Partei ausgehen, der sich damals bei *Ihrem* Antrage[6]) nicht beteiligte. Darauf wäre die Rechte mit der Verwunderung gekommen, daß ein solcher Antrag von der linken Seite ausgehe, und nun war die Zeit für Waldeck da zu sprechen. Er hätte daran erinnern müssen, daß der Jacobysche Antrag in einer Minorität von 52[7]) geblieben, daß er den Majoritätsbeschluß damals angenommen, wie er ihn heute annehme, daß heute nichts beabsichtigt werde, als in diesem Sinne weiter zu wirken.

Statt aller Sophismen, die an der Sache nichts ändern und über die sich der beschränkteste Mensch nicht täuschen läßt, hätte man lieber erklären sollen, daß man anfangs, zur Zeit namentlich Ihres Antrages, die Größe Deutschlands begründen wollte, da man der Freiheit sicher war. Jetzt aber, wo diese Freiheit von Frankfurt aus so ernstlich bedroht sei, da sei man genötigt, Vorkehrungen zu treffen usw. Dies wäre mindestens die halbe Wahrheit gewesen, denn die ganze war wohl, daß man glaubte, die 38 Herren würden zu Frankfurt in den Main geworfen werden oder gar fallen[8]). Es würde dies außerdem richtig gewesen sein, weil man dadurch die einzige Stellung einnahm, die heute noch haltbar ist, die der Freiheit. Statt dessen spricht Waldeck jetzt von der Freiheit, wie weiland Seine Majestät. Eine Konstitution ist ihm ein Stück Papier und dessen mehr. Herr Waldeck, Ihre Aufhebung von Lasten und was sie sonst für die Bauern, das Proletariat usw. beabsichtigen, ist kaum ein Stück Papier – das beweist Ihnen jeder Anfänger in Steuersachen.

Ich kann mir nicht helfen, das Verfahren Waldecks ist so ungeschickt wie möglich, und es wird dadurch nicht besser, daß auf dem Landtage die Männer nicht sind, dergleichen Fehler auszubeuten. Was hilft das, sie sind draußen und zucken draußen die Achseln ...

[6]) Vgl. Nr. 484 Anm. 3.

[7]) Muß heißen: 53; vgl. Nr. 484 Anm. 3.

[8]) Es ist hier die Rede von den 38 Abgeordneten, die für den Antrag stimmten, daß «die angestrebte Einheit und Macht Deutschlands im größtmöglichen Maße durch den innigsten Anschluß Österreichs an Deutschland im Wege des völkerrechtlichen Bündnisses zwischen der Reichsgewalt und der österreichischen Regierung erzielt werden» solle. VDNV, IV, S. 2923 (104. Sitzung am 27. Oktober 1848). Der Antrag wurde mit 375 gegen 38 Stimmen abgelehnt (ebenda, S. 2928).

526. Dankschreiben von Mitgliedern der preußischen Nationalversammlung an Jacoby

Abdruck[1]) *Berlin, veröffentlicht am 5. November 1848.*

Verehrter Kollege!

Die Unterzeichneten können sich nicht versagen, Ihnen über Ihr männliches und würdiges Auftreten als Mitglied der zu des Königs Majestät entsandten Deputation Ihre vollste Anerkennung auszudrücken, und zwar um so mehr, als man Sie von mehreren Seiten in

[1]) «Berliner Zeitungs-Halle» 5. November 1848 Nr. 257. Hier als «Dankschreiben von Mitgliedern des linken Zentrums an den Abgeordneten Jacoby» bezeichnet; im Abdruck bei Adolf Streckfuß (*500 Jahre Berliner Geschichte. Vom Fischerdorf zur Weltstadt. Geschichte und Sage*, 4. Aufl. Berlin 1886, II, S. 1161 f.) sind die Unterzeichner «Abgeordnete der Zentren der Nationalversammlung» genannt.

der Nationalversammlung deshalb angegriffen hat. Mit Staunen und Unwillen haben wir von der Tribüne herab Grundsätze gegen Sie geltend machen hören, welche wir seit den Märztagen nicht mehr für möglich hielten.

Ihre Haltung, Ihre Worte waren es, welche die Würde der Deputation, die Würde der Versammlung wahrten, welche im ganzen Lande dem Andenken eines großen geschichtlichen Moments eine würdige Aufbewahrung sichern.

Nur der Umstand, daß die Beziehungen, welche sich an das Begebnis knüpfen, aus höhern Rücksichten und die Wiederaufnahme der Verhandlungen darüber verbieten, hindert uns, Ihnen diese unsere Anerkennung öffentlich vor der ganzen Versammlung zu erklären, wie wir es von Herzen gewünscht hätten.

Schulze (Delitzsch)[2], Bergmann[3], Hildenhagen[4], Wolf[5], Witt[6], Born[7], Uhlich[8], Pilet[9], Ludewig[10], Albrecht, Ullrich (Anklam), Bucher[11], Liesener, Pax[12], Piegsa[13], Jacobs, Kuntz[14], Dramburg, Jentzsch[15], Thilo, v. Neetzow[15a], Dörck[16], Teske[17], Teichmann[18], Heisig[19], Müller (Brieg)[20], Köhler (Marienwerder)[21], Kämpf[22].

[2]) Franz Hermann Schulze-Delitzsch (1808–1883), Nationalökonom und liberaler Politiker, Begründer des deutschen liberalen Genossenschaftswesens, 1848 Mitglied der preußischen Nationalversammlung (linkes Zentrum), Mitbegründer des Deutschen Nationalvereins und der Deutschen Fortschrittspartei, ab 1861 Mitglied des preußischen Abgeordnetenhauses.

[3]) Bergmann, Papierfabrikant aus Neue Mühle, Abgeordneter für Salzwedel.

[4]) Louis Hildenhagen, Pastor in Quetz.

[5]) Vermutlich Wolff, Oberlandesgerichtsassessor in Strasburg.

[6]) Karl Witt (1815–1891), Bruder von Friedrich August Witt, Lehrer in Königsberg, Elbing und Gumbinnen, Freund Jacobys, 1848 Mitglied der preußischen Nationalversammlung (linkes Zentrum), gab 1848–1850 die freisinnige «Osteroder Dorfzeitung» (später «Neue Dorfzeitung») heraus, 1850 von seinem Schulamt suspendiert, 1851 des Amtes entsetzt; zehn Jahre Privatlehrer in Königsberg, Vorsitzender des 1859 gegründeten Königsberger Handwerkervereins, 1860 Hilfslehrer am Altstädtischen Gymnasium, danach Oberlehrer daselbst; Fortschrittler, später Mitbegründer der Nationalliberalen Partei in Königsberg.

[7]) Born, Geometer aus Sonnenburg, Abgeordneter für Sternberg.

[8]) Leberecht Uhlich (1799–1872), einer der Führer der Lichtfreunde in der Provinz Sachsen, 1845 Prediger in Magdeburg, 1847 suspendiert, danach freireligiöse Wirksamkeit.

[9]) Pilet, Kammergerichtsassessor in Stendal.

[10]) Ludewig aus Breslau, Abgeordneter für Neisse.

[11]) Lothar Bucher (1817–1892), Publizist und radikaler Politiker, 1848 Mitglied der preußischen Nationalversammlung (Linke), emigrierte nach England, wo er als Korrespondent der «National-Zeitung» wirkte, seit 1864 enger Mitarbeiter Bismarcks; naher Freund Lassalles und sein Testamentsvollstrecker.

[12]) Pax, Gymnasialprofessor in Magdeburg.

[13]) Dr. Piegsa aus Trzemeszno, Abgeordneter für Mogilno.

[14]) Vermutlich Dr. Kunz, praktischer Arzt aus Kriescht, Abgeordneter für Sternberg.

[15]) Jentzsch, Fleischermeister aus Polzin, Abgeordneter für Belgard.

[15a]) v. Neetzow, Landschaftsrat aus Wietzow, Abgeordneter für Demmin.

[16]) Dörck, Land- und Stadtgerichtsdirektor in Eisleben, Abgeordneter für den Mansfelder Seekreis.

[17]) Teske, Gutspächter in Köslin.

[18]) Teichmann, Justizkommissar in Breslau, Abgeordneter für Schweidnitz.

[19]) Heisig, Pfarrer in Kunzendorf, Abgeordneter für Habelschwerdt.

[20]) Müller, Land- und Stadtgerichtsrat, Abgeordneter für Brieg.

[21]) Köhler, Landgerichtsrat, Abgeordneter für Marienwerder.

[22]) Dr. Kämpf, Gymnasialoberlehrer in Neu-Ruppin, Abgeordneter für Ruppin.

527. Julius Theodor Schmidt[1]) an Jacoby

Nachlaß[2]) *[o. O., Anfang November 1848.]*[3])

Hochgeehrter Herr!

Ich beehre mich, Ihnen beifolgend eine Adresse[4]) des hiesigen Vaterlandsvereins zu übersenden, welche Sie gefälligst der Linken in Berlin mitteilen und sodann der Nationalversammlung übergeben wollen. Unserer Stadt 4500 Seelen, mit Umgegend ist durchweg demokratisch, hat das Parlament in Frankfurt bereits vollständig aufgegeben und sieht hoffenden Blicks auf die Linke in Berlin. Mehrere junge Leute sind bereits gerüstet, wenn der Anfang des Endes in Berlin beginnt, dahin zu eilen und ihre Kräfte und Leben im Kampfe für die Freiheit zu wagen.

Als wir den Antrag der Linken in der «Reform»[5]) lasen, das preußische Volk möge einstehen für die Sache Wiens und der deutschen Brüder in Österreich, da wurden die warmen Herzen getroffen[6]). Die Adresse ist aus mir hervorgegangen. Sind es auch nur 1000, welche sie Ihnen zuschicken, so wollen Sie doch nicht übersehen, daß sie aus einem Lande kommt, dessen Bewohner nie vergessen konnten, daß sein schönster Landesteil ihnen entrissen und Preußen einverleibt wurde.

Sie, verehrter Freund, mit dem in Frankfurt beim Vorparlament und zu Anfang der Nationalversammlung zusammenzutreffen ich die Ehre hatte, haben dem König so männlich in das Gesicht gesagt, was er längst in Ihren Schriften lesen konnte. Es macht dies ungeheures Aufsehen auch hier. Leider ist es so, daß das offne, freie Manneswort einem Könige gegenüber noch etwas unerhört Neues ist. Sie haben die Bahn gebrochen, man wird dem bald folgen. Die Wahrheit, dieser spitze Pfeil, trifft immer, drang er nicht in das Herz des Königs, so wird er zurückprallend desto tiefer in das Fleisch und Blut des Volkes eindringen.

Beifolgende Bemerkung[7]) über den Magistrat in Berlin bitte ich zur Aufnahme in die Reform an deren Redaktion gefälligst gelangen zu lassen.

Wir grüßen Euch Männer der Linken.
Hochachtungsvoll Ihr
Schmidt,
Bürgermeister
in Wurzen
bei Leipzig.

[1]) Julius Theodor Schmidt (geb. 1811), Bürgermeister von Wurzen, Mitglied des Vorparlaments und der Frankfurter Nationalversammlung.

[2]) BAF(Ab).

[3]) BAF(Ab): [November 1848].

[4]) Liegt nicht vor.

[5]) «Die Reform» 2. November 1848 Nr. 191 Beilage.

[6]) Der Antrag der Linken lautete: «Die Nationalversammlung wolle beschließen, das Staatsministerium aufzufordern, zum Schutze der in Wien gefährdeten Volksfreiheit alle dem Staate zu Gebote stehenden Mittel und Kräfte schleunigst aufzubieten.» VKVP, VIII, S. 5055 (91. Sitzung am 31. Oktober 1848). Der Antrag wurde mit 229 gegen 113 Stimmen abgelehnt (ebenda VIII, S. 5106).

[7]) Liegt nicht vor.

528. Alexander Küntzel an Jacoby

Nachlaß[1]) *Frankfurt am Main, 5. November 1848.*

Lieber Jacoby,

als wir uns bei meiner Anwesenheit in Berlin sprachen, zeigte es sich, daß unsere politischen Ansichten *jetzt* bedeutend divergieren. Das schadet gar nichts. Deine Abstimmung bei dem Waldeckschen Antrag in bezug auf die Aufhebung der Zehnte[2]) hat es mir klar gemacht, daß auch in bezug auf unser politisches Gewissen neuerdings eine bedeutende Verschiedenheit eingetreten ist. Das tut mir leid, ist aber in Zeiten wie die heutigen vielleicht eine notwendige Folge der ersten Verschiedenheit, und der innerste *Kern* des Menschen kann dabei unberührt bleiben. Wenn Du früher klar bewiesest, daß neben der Frankfurter keine andere Versammlung bestehen dürfe, und jetzt die Hand dazu bietest, diese zu untergraben und dem Partikularismus zu schmeicheln, so mag das eben dahin gehören, ich will es nicht untersuchen[3]).

Neuerdings aber sind Deine politischen Freunde nicht bloß als die intellektuellen, sondern als die direkten Urheber der scheußlichen Szenen des 31. Oktober hervorgetreten[4]), Herr Ruge an der Spitze[5]). Hier handelt es sich nicht mehr um das politische Gewissen, hier handelt es sich um den Menschen, und da man sich von einem alten Freunde nicht trennt wie von einem Kleide, das man in die Ecke wirft, da ein Stück Leben mit hängenbleibt, wenn man sich losreißen muß, so sei so gut und beantworte mir einfach und offen die Fragen:

Hast Du auch Deine Hand dabei im Spiele gehabt? Hast Du es wissentlich geduldet? Und wenn Du, wie ich hoffe: Nein! sagen kannst, warum tust Du nichts, die Rückkehr solcher Szenen unmöglich zu machen, und warum trennst Du Dich nicht von Menschen, die Du als unrein erkennen mußt und die in Verfolgung egoistischer Zwecke rücksichtslos der Reaktion in die Hände arbeiten, ebenso wie die Preußenvereinler und anderes solches Gesindel der roten Republik?

Dein
Küntzel.

Beim Durchlesen fällt es mir [auf], daß die Fragen vielleicht zu schroff hingestellt sind, daß Du Dich wohl gar dadurch verletzt fühlen könntest. Für den Fall, daß es nötig sein

[1]) JNUL(Ab).

[2]) In der Sitzung der Nationalversammlung vom 27. Oktober 1848 trat Waldeck für die unentgeltliche Abschaffung der Zehnten ein. Jacoby stimmte für den (modifizierten) Antrag Waldecks, der mit 224 gegen 103 Stimmen abgelehnt wurde. VKVP, VII, S. 4883. 4886.

[3]) In einem langen Disput mit Droysen erklärte Jacoby am 31. Oktober 1848, es sei zu dem Punkte gekommen, wo man mit allen Mitteln gegen die Frankfurter Nationalversammlung ankämpfen müsse, da sie die Interessen der Freiheit völlig verraten habe. Droysen, *Briefwechsel*, Berlin/Leipzig 1929, I, S. 472.

[4]) Über die Berliner Straßentumulte an diesem Tage vgl. Lüders, a. a. O., S. 110–133: «Der 31. Oktober».

[5]) Auf der Berliner Volksversammlung vom 29. Oktober 1848 schlug Ruge mit großem Erfolg eine Sturmpetition in Massen bei der preußischen Nationalversammlung vor, um einen Beschluß für die Sache Wiens zu erzwingen. Aus dieser Sturmpetition entstanden dann die Straßentumulte des 31. Oktober. Vgl. Lüders, a. a. O., S. 110.

sollte, erinnere ich Dich an unser Verhältnis, das nun fast ein Vierteljahrhundert überdauert hat und das klar vor uns daliegen muß, wenn es nicht für die Zukunft gefährdet sein soll. Mir wenigstens ist es unerträglich, wenn ein solcher nicht aufgeklärter Gegenstand zwischen uns liegt, und daß der Verdacht nahe liegt, Du habest, starr Dein Ziel im Auge, den Dreck nicht gesehen, in den Du mit hineingerissen scheinst, wirst Du nicht leugnen.

K.

529. Sentenz Jacobys unter einem vervielfältigten Porträt von ihm[1])

Abdruck[2])[3]) *[Berlin,] 5. November 1848.*

Worte verhallen machtlos an dem Ohre der Könige. Zum Schutze der Freiheit, der blutig errungenen Volkssouveränität bedarf es der kühnen, der aufopfernden[4]) Tat.

Joh. Jacoby.

[1]) Verlag von Del Vecchio in Leipzig. Druck von L. Sachse & Co. Berlin. Nach Graffs Lichtbild zusammen mit der handschriftlichen Sentenz lithographiert von Hermann Eichens. Etwa 17 cm x 12 cm.

[2]) BAF.

[3]) Der Text ist der Rede entnommen, die Jacoby am 5. November 1848 in Berlin hielt. Vgl. den vollen Text der Rede unten im Anhang.

[4]) In der Rede: tapferen.

529a. Anerkennungsadresse aus Königsberg für Jacoby[1])

Abdruck[2]) *Königsberg, 6. November 1848.*

Verehrter Mann!

Die männliche Offenheit und der edle Freimut, mit dem Sie die Würde der am 2. November d. J. an den König gesendeten Deputation der Nationalversammlung wahrten, hat die Hochachtung, welche wir Ihnen stets gezollt, aufs neue gerechtfertigt. Ihnen dieses offen auszusprechen, dazu treibt uns Herz und Gesinnung um so mehr, als die Stadt, zu deren edelsten Bürgern wir Sie zählen, Ihnen in letzter Zeit nicht immer die Anerkennung zuteil werden ließ, welche Sie verdienen. Kämpfen Sie mutig weiter! Solange das Vaterland so edle Söhne die seinigen nennt, wird die Freiheit nicht untergehen.

[1]) Beschlossen in einer Versammlung, die am 6. November 1848 in der Königsberger «Städtischen Ressource» abgehalten wurde. Die Versammlung wählte einen Redaktionsausschuß, der aus Assessor Hoyer, Dr. Falkson, Dr. Sauter, Dr. Graf und Regierungsrat v. Kathen bestand. Der Text kam ohne Zustimmung des Letztgenannten zustande; v. Kathen, der Jacobys Verhalten ansonsten billigte, hielt dessen Worte: «Das ist das Unglück der Könige, daß sie die Wahrheit nicht hören wollen», für eine unpassende Mahnung. «Königl. Preuß. Staats-, Kriegs- und Friedens-Zeitung» 11. November 1848 Nr. 265 Beilage S. 1479 («Eingesandt»).

[2]) Ebenda S. 1479.

529b. Adresse der Sektion A des Königsberger Arbeitervereins an Jacoby

Rekonstruktion[1]) *Königsberg, 6. November 1848.*

Dank für Jacobys würdiges Benehmen gegenüber dem König.

[1]) Die «Königl. Preuß. Staats-, Kriegs- und Friedens-Zeitung« vom 11. November 1848 (Nr. 265 Beilage S. 1479 «Eingesandt») berichtet von einem diesbezüglichen Beschluß.

529c. Adresse der Sektion B des Königsberger Arbeitervereins (Kneiphof) an Jacoby

Rekonstruktion[1]) *Königsberg, 6. November 1848.*

Dank für die würdige Vertretung des Volkes. Man bedauert, daß Jacobys Bitte, die Deputation der Nationalversammlung anzuhören, beim König keine günstige Aufnahme fand.

[1]) Die «Königl. Preuß. Staats-, Kriegs- und Friedens-Zeitung» vom 9. November 1848 (Nr. 263 S. 1471 «Eingesandt») berichtet von einem diesbezüglichen Beschluß.

529d. Adresse der Sektion C des Königsberger Arbeitervereins an Jacoby

Rekonstruktion[1]) *Königsberg, 6. November 1848.*

Dank für den Freimut, mit dem Jacoby gegenüber dem König die Würde der Nationalversammlung gewahrt habe.

[1]) Die «Königl. Preuß. Staats-, Kriegs- und Friedens-Zeitung» vom 15. November 1848 (Nr. 268 Beilage S. 1505 «Eingesandt») berichtet von dem Beschluß, im Verband mit den anderen Sektionen Jacoby eine Adresse zu senden.

530. Albert Dulk an Jacoby

Nachlaß[1]) *Königsberg, 6. November 1848.*

Liebster, bester Herr!

Soeben erfahren wir hier ihre Worte[2]), Ihre Tat! Könnte ich Ihnen dafür um den Hals fallen! Es ist die erste *ganz männliche* Tat, die in Berlin geschehen. Worte, von welcher Bedeutung! und ohne Leidenschaft, wie in Erz gegossen! Lassen Sie die Philister schmähen, die lüstern sind, wie Schulbuben sich behandeln zu lassen, die von Männern stolz vor Königsthronen nur in Schiller gelesen haben. Daß die Nationalversammlung Sie desavouieren -- (( )) damit Ihre eigene Zukunft. Diese Worte wird die Geschichte nicht vergessen und dem Volke bleiben sie leben!

Adelsons grüßen (und warnen!!) Sie; die fürchten gar für Ihre Freiheit! Vorwärts tapferer Mann, da *drüben* liegt die Freiheit!

Hier die erste Nummer meines sozialen Blattes[3]); ich werde es Ihnen öfters schicken.

[1]) JNUL(Ab).
[2]) Vgl. Nr. 524 a Anm. 2.
[3]) «Der Handwerker»; es erschienen nur fünf Nummern; vgl. ADB, Bd. 48 S. 151.

531. Der demokratisch-konstitutionelle Klub in Landsberg an Jacoby

Abdruck[1]) *Landsberg an der Warthe, 7. November 1848.*

Mitbürger!

Wenn irgend etwas geeignet war, die innige Verehrung noch zu erhöhen, die wir seit Jahren für Sie empfanden, so mußte es die edle, freimütige Äußerung sein, durch welche Sie am 2. November in Sanssouci die Würde der Nationalversammlung der Krone gegenüber gewahrt haben. Ihnen galt das Wohl des Vaterlandes mehr als eine veraltete parlamentarische Form, und Ihre Worte bilden ein leuchtendes Blatt in der Geschichte des zur Freiheit erwachten Preußens. Sie haben sich dadurch um das Vaterland hoch verdient gemacht, und wenngleich Sie den besten Lohn in Ihrem eigenen Bewußtsein tragen, so werden Sie doch auch den Dank nicht zurückweisen, den ein Kreis freier Männer Ihnen aus vollem Herzen entgegenbringt.

Der demokratisch-konstitutionelle Klub.
Dr. Eduard Boas, Ordner.
Dr. Foltyński, Schriftführer.

[1]) «Berliner Zeitungs-Halle» 12. November 1848 Nr. 263.

532. Simon Meyerowitz an Jacoby

Nachlaß[1]) *Königsberg, 7. November 1848.*

...Der Kampf der abgestumpften Macht mit der ungeleckten Freiheit wird enden wie der Israels mit dem Manne Gottes am Flusse Jabbok[2]). Von Gottes Gnaden wird beschämt zurückweichen und die Freiheit hinkend bleiben, bis ein neuer Moses das Erlaubte vom Verbotenen diätetisch sondern wird. Deine dem weichenden Könige nachgerufene Sentenz findet Tadel und ruft Dankadressen hervor, beides kann mich nicht täuschen – ich bin Deinetwegen sowie über die Möglichkeit einer Verstärkung des königlichen Ansehens betrübt. Weiter will ich mich über einen Vorfall, der weder von Deinem feurigen Herzen noch klarem Verstande ganz gebilligt wird, nicht auslassen.....

Eine in der englischen Verfassung zum Sturze eines *bestehenden* Ministeriums übliche Form, den Antrag auf Niedersetzung einer Kommission zur Untersuchung der Lage des Landes, will die äußerste Linke in ein prophylaktisches Videant consules umwandeln; und wer soll die Diktatur ergreifen – die Nationalversammlung? Welche Versammlung! Über einen großen Teil derselben wäre allenfalls ein jugurthinisches Urteil zu fällen. Durch solche Bemerkungen schmeichle ich mich bei Dir nicht ein, sie sind unnütz und haben die entgegengesetzte Wirkung gleich Kassandras prophetischen Schmerzen. Was will ich also? Dir den Ingrimm meiner Liebe bezeichnen, den aus meinen trüben Blicken niemand herausliest. Großsinnig und mutig wie jener Tiberius Gracchus ebnest Du gleich ihm vielleicht nur Ehrgeizigen die Bahn... Doch ich lasse mich fortreißen, und Du stehst so fest.

[1]) JNUL(Ab).
[2]) Vgl. Genesis 32, 23 ff.

533. Dankadressen aus Calbe an der Saale an Jacoby

Abdruck[1]) *Calbe an der Saale, 10. November 1848.*

Auch der hiesige «Verein für die Rechte des Volks» und die «Bürgerversammlung» haben dem Abgeordneten Jacoby in Dankadressen ihre volle Anerkennung für seine freimütigen Worte an den König, die einen freudigen Nachhall im ganzen Lande gefunden haben, zu erkennen gegeben.

[1]) «Die Reform. Organ der demokratischen Partei», Berlin, 12. November 1848 Nr. 200 («Calbe an der Saale, 10. November»).

534. Fanny Lewald an Jacoby

Nachlaß[1]) *[Berlin, 14.] November 1848.*
Dienstag[2]) *abend.*

Ich habe Tag über zu Ihnen hinüber gedacht und immer gehofft, Sie einen Augenblick zu sehen, um Ihnen die Hand zu geben. Es geht alles so gut, so unerwartet frei und hoch, daß ich möchte, die Nationale Versammlung stellte ihre Zusammenkünfte ein, um dieses Herumziehen zu vermeiden, das anfängt, einen unschönen, unwürdigen Eindruck zu machen[3]). Die Festigkeit, mit der Sie ein «Bleiben» suchten, war groß und hat durchweg Anklang und Bewunderung gefunden – suchen Sie morgen ein neues Zusammenkunftslokal und dann noch eines und wieder eines, so wird es komisch. Es ist das alte Wort du sublime au ridicule il n'y a qu' un pas!

Verhüten *Sie* den, im Interesse der guten Sache. Ich habe manche Äußerung gehört, die sich schon scherzend über die Wanderschaft aussprach, und empfinde selbst, daß dies Umherziehen auf die Länge mir einen widrigen Eindruck macht. Sie pflegten ja sonst etwas auf meinen geistigen Instinkt zu geben und sind ziemlich allmächtig. Der Gewalt darf man weichen und muß es. – Ich bin nicht durch die Meinen influenziert worden, sondern *ich*.

Alle Generale haben den furchtbarsten Widerwillen gegen den Kampf und wünschen den Frieden um jeden möglichen Preis.

Ich sähe Sie morgen sehr gern[4]). Erhalten Sie dieser Revolution, so weit es an Ihnen ist, den glorreichen Frieden.

In treuster Freundschaft die Ihre
Fanny Lewald.

Von den Stadtverordneten wird Ihre [sic!] momentane Auflösung in nächster Zeit gefordert werden. Dieser Aufforderung, die mit schwerem Herzen geschehen wird, um einen Kampf zu vermeiden, sollten Sie – so denke ich – zuvorkommen, um nicht den Schein aufkommen zu lassen, daß die Berliner Bürgerschaft sich von den Deputierten lossagt.

In Eile und mit den wärmsten Wünschen.

[1]) JNUL(Ab).

[2]) Zur Datierung des Briefes: Aus seinem Inhalt erhellt, daß er zwischen dem 9. und dem 15. November geschrieben wurde. Der dazwischen liegende Dienstag entfällt auf den 14. November.

[3]) Am 9. November 1848 wurde die preußische Nationalversammlung in Berlin auf Befehl des Königs vertagt und für den 27. November nach Brandenburg einberufen. Die Mehrheit der Abgeordneten beschloß aber, die Beratungen in Berlin fortzusetzen. Nachdem die Nationalversammlung am 10. November aus ihrem bisherigen Sitzungsgebäude, dem Schauspielhaus, vertrieben worden war, führte sie, von Polizei und Militär verfolgt, ihre Sitzungen am 11. November vormittags im Hotel de Russie, am 11. nachmittags, 12. und 13. im Schützenhaus, am 14. im Köllnischen Rathaus und zuletzt am 15. im Mielentzschen Saal weiter. Vgl. VKVP IX.

[4]) Über einige Zusammenkünfte, die sie während der Revolution mit Jacoby hatte, berichtet Fanny Lewald in ihren *Erinnerungen aus dem Jahre 1848*, Braunschweig 1850, II, S. 310. 335.

535. Simon Meyerowitz an Jacoby

Nachlaß[1]) *Königsberg, 16. November 1848.*

... Passiver Widerstand[2]), diese Heldenhaftigkeit gekränkten Rechts, verfolgter Tugend überwindet die Pforten der Hölle, selbst die ultima ratio regum. Die Gewalt hat sich in der Zeit, noch mehr in ihrer Macht verrechnet, und so stehen wir auf dem Punkte, eine unblutige Revolution durchzuführen und zu beendigen.

Als die traurigen Nachrichten[3]) eintrafen[4]), sagte ich, die Regierung könne nicht durchdringen. Gewiß, denn sie hat jetzt so wenig die Energie entschiedener Gewissenlosigkeit als noch vor kurzem das Herz zur Rechtschaffenheit. Sie wollte Gelegenheit zu blutigem Einschreiten, und da diese ihr nicht gewährt wird, hat sie keinen Halt mehr. Das erhabene Benehmen der Nationalversammlung ist beispiellos..... Hier herrscht ein tüchtiger Geist. Die Proletarier treten in den Hintergrund, das Volk in der edelsten Bedeutung des Worts, das zarte Geschlecht fühlt sich von Freiheit und Recht beseelt.....

Lebe wohl, mein lieber Jonny! Es sind oft nur Kleinigkeiten, worüber wir dissentieren, sie hängen vielleicht mit der Verschiedenheit unseres Alters zusammen. Beachte sie indessen, der Verstand liegt mir bisweilen im Herzen!

1) JNUL(Ab).
2) Am 10. November 1848 verkündete der Präsident der preußischen Nationalversammlung den «passiven Widerstand».
3) Über die Verlegung der Nationalversammlung nach Brandenburg (9. November), über Wrangels Einmarsch in Berlin (10. November) und die Verhängung des Ausnahmezustandes in der Hauptstadt Preußens (14. November).
4) In der Abschrift: einbrachen.

536. Jacobys und Karl Ludwig D'Esters Erklärung über die Berliner Presse

Abdruck[1]) *Berlin, 17. November 1848.*

Bekanntmachung

Die Pressefreiheit ist in Berlin vernichtet[2]). Die Reaktion, deren Hauptorgan der «Staatsanzeiger» und die «Neue Preußische Zeitung» sind, verbreiten die größten Unwahrheiten und erlauben sich die gröbsten Angriffe gegen die Nationalversammlung und ihre Mitglieder; wahre Tatsachen werden entstellt oder verschwiegen. Die Vossische

1) «Mannheimer Abendzeitung» 24. November 1848 Nr. 281 S. 2019.
2) Am 12. November 1848 wurde über die Stadt Berlin und deren zweimeiligen Umkreis der Belagerungszustand verhängt und am folgenden Tag acht demokratische Blätter, darunter «Die Reform», die «Berliner Zeitungs-Halle» und die «Lokomotive», für die Dauer des Belagerungszustandes suspendiert.

und die Spenersche Zeitung müssen sich auf Berichte nackter Tatsachen beschränken. Fast alle übrigen Zeitungen sind suspendiert.
Unter solchen Umständen halten die unterzeichneten Mitglieder der Nationalversammlung sich für verpflichtet, dem preußischen Volke und der Presse in den Provinzen dringend anzuempfehlen, die Nachrichten der Berliner Zeitungen über die inneren Angelegenheiten des Landes und über das Wirken der Nationalversammlung nur mit der größten Umsicht und nach sorgfältiger Prüfung und Vergleichung mit anderen Nachrichten und anderen Zeitungen anzunehmen.

Jacoby, Abgeordneter für Berlin.
D'Ester, Abgeordneter des Kreises Mayen etc.

[3]) «Preußischer Staatsanzeiger» – offizielles Organ der preußischen Regierung, erschien in Berlin 1848–1851.
[4]) «Neue Preußische Zeitung», seit Juni 1848 in Berlin erscheinende Tageszeitung, Organ der Hofkamarilla und des preußischen Junkertums, auch als «Kreuz-Zeitung» bekannt, da sie ein Landwehrkreuz (Eisernes Kreuz) im Kopf führte, das von den Worten umgeben war: «Vorwärts mit Gott für König und Vaterland.»

537. Albert Dulk an Jacoby[1])

Nachlaß[2]) *Königsberg, 21. November 1848.*

.....Die hiesige Regierung hat bereits nicht durch die Zeitungen, sondern unterderhand einen gedruckten Befehl in die Provinz versandt, bei etwaiger Steuerverweigerung[3]) Militär zum Eintreiben anzuwenden. Sperling hat gegen eine Deputation des Permanenzausschusses geäußert, daß der Magistrat die Steuerverweigerung nicht aussprechen könne, weil er sich sonst «auf revolutionären Boden stellen» würde.
In Pillau sind fünf Offiziere, mehrere Unteroffiziere, Soldaten, Militärärzte wegen Unterschrift der Adresse an die Nationalversammlung verhaftet. Dasselbe ist zu Kö-

[1]) Dieser und der folgende Brief sind in der Abschrift überschrieben: «Dulk und Walesrode an Jacoby. (Im Permanenzausschuß).» Dulks Brief trägt die Nr. 1, Walesrodes Brief die Nr. 2. Gemeint ist der «Permanenzausschuß» der Klubs in Königsberg. «Der Permanenzausschuß hat in Nr. 273 der hiesigen [Königsberger] Hartungschen Zeitung S. 1532 über seine Entstehung und seine Zwecke Aufschluß dahin gegeben, daß 1) die hiesigen demokratischen Klubs und Vereine mit dem Provinzialausschuß der konstitutionellen Klubs und Vereine der Provinz und mit Deputierten der verschiedenen ihnen verbrüderten Korporationen zu einem Permanenzausschuß zusammengetreten seien und 2) daß er beabsichtige, diejenigen Maßregeln und Schritte zu beraten und zu veranlassen, welche dringend erforderlich sind, um die in ihren Rechten verletzte Nationalversammlung auf gesetzlichem Wege zu schützen.» StAK, Rep. 10, Tit. 36, Nr. 5, vol. I, Königsberg, 9. Dezember 1848, den Permanenzausschuß betreffend. Vgl. auch Nr. 546.
[2]) JNUL(Ab).
[3]) Der Beschluß über die Steuerverweigerung wurde von der preußischen Nationalversammlung am 15. November 1848 im Saale des Hotels Mielentz einstimmig gefaßt. VKVP IX, S. 277 f.

nigsberg dem Hauptmann Czudnochowsky[4]) geschehen, welcher als Mitglied des konstitutionell-demokratischen Klubs die Adresse unterschrieben. Nach dreitägiger Haft (auf Ehrenwort) ist gegen denselben entschieden, daß er «wegen Hochverrats» vors Kriegsgericht gestellt werden solle.
Nach Königsberg geht soeben die Nachricht ein, daß von Berlin herab *jedem Militär* (auch Militärärzten etc.) alle Beteiligung an Klubs, Vereinen verboten wird. An die Offiziere ist hier das nichtswürdige Plakat mit den acht Punkten, die die Nationalversammlung dem Könige angetragen habe, verteilt und auf der Parole den Soldaten vorgelesen worden. Die Stimmung der Bürgerwehr wird etwas besser .....
Der Kommandierende soll den Belagerungszustand in der Tasche haben ...

[4]) Hauptmann von Czudnochowsky wurde zu Dienstentlassung und sechsjähriger Festungshaft verurteilt. Das Urteil wurde aber auf Antrag des Generalauditoriats vom König nicht bestätigt. In einer Korrespondenz aus Königsberg vom 19. Januar 1849 heißt es: «Czudnochowsky ist bereits aus seiner Haft auf der Festung Weichselmünde, wo er auf den Befehl des kommandierenden Generals Dohna mit unnachsichtiger Strenge behandelt wurde, entlassen und vollständig restituiert.» «Kölnische Zeitung» 26. Februar 1849 Nr. 22.

538. Ludwig Walesrode an Jacoby[1])

Nachlaß[2]) *Königsberg, 21. November 1848.*

Es sieht hier aus, wie ich Dir's nicht zu schildern brauche. Der Geist im Bürgerstande (nicht der eigentlichen Bourgeoisie) hat sich einigermaßen gehoben. Die Revolution klopft an! Einzelne Fleischer haben sich hier schon geweigert, die Schlachtsteuer zu zahlen. Der Magistrat und [die] Stadtverordneten [sind] wie gewöhnlich scheußlich. Der Magistrat von Tilsit ist viel besser[3]). Er hat die Steuerverweigerung beschlossen und eine Deputation an die Regierung von Gumbinnen geschickt, welche dieselbe auffordern soll, zu erklären, ob sie dem Ministerium Brandenburg[4]) gehorchen wolle oder nicht .....

[1]) Vgl. Anm. 1 zum vorstehenden Brief.
[2]) JNUL(Ab).
[3]) Die von der preußischen Nationalversammlung ausgesprochene Steuerverweigerung fand die «bereitwilligste Zustimmung» der Tilsiter Kommunalbehörden. «Neue Rheinische Zeitung» 28. November 1848 Nr. 154 Beilage «Tilsit, 21. November».
[4]) Der preußische General Friedrich Wilhelm Graf von Brandenburg (1792–1850) trat am 2. November 1848 an die Spitze des neuen reaktionären Ministeriums.

539. Hans Viktor von Unruh[1]) an Jacoby

Nachlaß[2]) *[Berlin,] 22. November 1848, 8 Uhr.*

H[einrich] Simon braucht ganz notwendig den von Ihnen modifizierten Rodbertus-Kirchmannschen Antrag wegen Ausführung der Frankfurter Beschlüsse vom 14. November[3]). Haben Sie die Güte, denselben sofort durch den Überbringer dieses an Simon im Bayrischen Hof Stube Nr. 1 zu senden.

v. Unruh.

[1]) Hans Viktor von Unruh (1806–1886), Ingenieur und liberaler Politiker, 1848 einer der Führer des linken Zentrums in der preußischen Nationalversammlung, ab 28. Oktober 1848 Präsident derselben, später Mitbegründer der Fortschrittspartei, seit 1863 Mitglied des preußischen Abgeordnetenhauses, ging 1866 zu den Nationalliberalen über, 1867–79 Mitglied des Reichstages.

[2]) BAF(Ab).

[3]) Die Frankfurter Nationalversammlung beschloß an diesem Tage mit 239 gegen 189 Stimmen, «1) die königliche preußische Regierung dahin zu bestimmen, daß sie die angeordnete Verlegung der Nationalversammlung nach Brandenburg zurücknehme, sobald solche Maßregeln getroffen sind, welche ausreichend erscheinen, um die Würde und Freiheit ihrer Beratungen in Berlin sicherzustellen; 2) daß die preußische Krone sich alsbald mit einem Ministerium umgebe, welches das Vertrauen des Landes besitzt und die Besorgnisse vor reaktionären Bestrebungen und Beeinträchtigung der Volksfreiheiten zu beseitigen geeignet ist». VDNV, V, S. 3316 (115. Sitzung, 14. November 1848). Simons viel radikalere Anträge wurden in derselben Sitzung mit großer Stimmenmehrheit verworfen.

540. Wilhelm Rüstow an Jacoby

Nachlaß[1]) *Posen, 23. November 1848.*

Verehrter Herr!

Beiliegenden Wisch[2]) übersende ich Ihnen als einen Beweis für die Wühlereien der Reaktion. Es wird derselbe an die Truppenteile des Großherzogtums offiziell «zur weiteren Veranlassung» übersendet, bei Appell vorgelesen und, wie sich von selbst versteht, mit obligaten Randbemerkungen versehen. In der Stadt Posen ließ ihn der Kommandant General Steinäcker[3]) bei der Parole dem versammelten Offizierskorps vorlesen. Vielleicht können Sie Gebrauch davon machen.

Stets der Ihrige
Rüstow,
Ingenieurlieutenant.

[1]) JNUL(Ab).

[2]) Liegt nicht vor.

[3]) Christian Anton Friedrich Freiherr von Steinäcker (1781–1851) war seit 1840 Kommandeur der 10. Division und Festungskommandant in Posen.

541. Simon Meyerowitz an Jacoby

Nachlaß[1]) *Königsberg, 24. November 1848.*

... Werden gegenwärtige Zeilen Dich noch in Berlin antreffen? Denn wie es heißt, wird auch die äußerste Linke sich zu Brandenburg bequemen. Also das ist des Pudels Kern, der Kasus macht mich lachen! Zwar weiß ich die Entschuldigung; die Linke, werdet Ihr sagen, ist so mächtig, daß sie sich überall Geltung verschaffen wird – auch ohne den Boden mächtiger Volksparteien? Schrecklich, die sogenannte gesunde(?) Masse der Besitzenden will Ruhe und die Freiheit nur obenein ..... Grabow[2]), vielleicht auch Simson werden Minister werden, welche Männer der Zeit!

[1]) JNUL(Ab).

[2]) Wilhelm Grabow (1802–1874), Oberbürgermeister in Prenzlau, gemäßigter Liberaler, von Juni bis Oktober 1848 Präsident der preußischen Nationalversammlung, 1849 Präsident der Zweiten Kammer, 1862 bis 1866 Präsident des preußischen Abgeordnetenhauses, wo er dem gemäßigten Flügel der liberalen Kammermehrheit angehörte, scharfer Gegner Bismarcks, zog sich 1866 aus dem politischen Leben zurück.

542. Simon Meyerowitz an Jacoby

Nachlaß[1]) *Königsberg, 25. November 1848.*

... Der Streit zwischen Bassermann[2]) und Kirchmann[3]) ist, wenngleich zum Nachteil des ersteren, doch nicht erheblich[4]). Die in Anklagestandversetzung Wrangels und Brandenburgs ist nicht zulässig, aus Mangel an gesetzlichen Bestimmungen und weil die Volkssouveränität anstelle der königlichen eine Fiktion ist, an welche bei den landrechtlichen §§ über Hochverrat nicht gedacht wurde .....

Fröbels Bericht[5]) erschüttert durch tiefe Einfachheit. Ja, Robert Blums Ermordung ist ein gräßliches Seitenstück zu der von Auerswald und Lichnowsky .....

Nach den heutigen Zeitungen wird, wie nicht anders zu erwarten, die aus 264 Männern bestehende Nationalversammlung nicht weichen, dagegen die Minorität nach Brandenburg gehen. Ein solches Schisma ist in der Geschichte beispiellos, und ich sehe kein

[1]) JNUL(Ab).

[2]) Friedrich Daniel Bassermann war von August bis Dezember 1848 Unterstaatssekretär des Innern im Reichsministerium.

[3]) Julius Hermann von Kirchmann (1802–1884), Jurist, Politiker und Philosoph, entschiedener Liberaler, 1848 Mitglied der preußischen Nationalversammlung, wo er dem von seinem Freunde Rodbertus geleiteten linken Zentrum angehörte; von Kirchmann war Referent über den Steuerverweigerungsbeschluß in der letzten Sitzung der preußischen Nationalversammlung in Berlin; 1849 Abgeordneter der Zweiten Kammer.

[4]) Über diesen Streit, vgl. F. D. Bassermann *Denkwürdigkeiten,* Frankfurt am Main 1926, S. 271 f; *Aus dem Nachlaß von Karl Mathy,* Leipzig 1898, S. 438–443.

[5]) Über die letzten Stunden des am 9. November 1848 standrechtlich erschossenen Robert Blum.

würdiges Mittel zur Ausgleichung. Simson ist der unpassendste Vermittler[6]), er kann nur Mißtrauen erregen. Bedenket den äußersten Fall, erhaltet Euch für das Vaterland. Der Sitz der Nationalversammlung ist zugleich ihre Lebensfrage, und ist diese erst günstig entschieden – nämlich für Berlin –, dann läßt sich mit Ehren unterhandeln; allein dieses ist zugleich eine Lebensfrage für die avanturierte Regierung.
Heinrich Simons Eintritt in die preußische Nationalversammlung ist sehr wertvoll[7]), dämpfe nur das Übermaß seiner Eitelkeit. Diese will das Außerordentliche und übersieht das Gehörige....

[6]) Eduard Simson und August Hergenhahn wurden von der Frankfurter Reichsregierung im November 1848 nach Berlin entsandt, um den Konflikt zwischen der Krone und dem Volk zu schlichten. Die Mission endete mit einem Fiasko.

[7]) Simon reiste am 15. November 1848 von Frankfurt am Main ab, um in Berlin seinen Deputiertensitz einzunehmen. Vgl. JHSG, II, S. 50 f.

543. Adolf Stahr an Jacoby

Nachlaß[1]) *Oldenburg, 25. November 1848.*

Teuerster Freund!

..... Ich lege das Lied bei[2]), das erste solcher Art – das ich auf den Märtyrer von der Brigittenau[3]) gemacht, es wird zum Besten seiner Familie bei seiner Totenfeier in Bremen verkauft .... Wie meine schwachen Kräfte für die Sache der Freiheit streiten, zeigt die Bremer Zeitung. Auch die Adresse des Oldenburger konstituierenden Landtages wurde von mir angeregt, abgefaßt und durch einen befreundeten Deputierten Wiebel (von Eutin) eingebracht und einstimmig angenommen.

[1]) JNUL(Ab).

[2]) Liegt nicht vor.

[3]) Gemeint ist «Das Lied von Robert Blum», 1848 gesungen bei der Totenfeier in Bremen. Wiederabdruck in *Ein Stück Leben. Gedichte* von Adolf Stahr, Berlin 1869, S. 144.

544. Protokoll über die Sprengung der Sitzung der Abgeordneten der Linken in Berlin[1])

Abdruck[2]) *Berlin, 27. November 1848.*

Neuer Gewaltstreich!

Verhandelt, Berlin, den 27. November, 1/21 Uhr, im Lokale bei Jaroschewitz[3]).

In der Morgensitzung der in dem Hotel Mylius sich versammelnden Fraktion Abgeordneter der Nationalversammlung und in Anwesenheit von etwa 80 Mitgliedern derselben wurde durch den Wirt, Herrn Mylius, die Nachricht gebracht, daß die Straße militärisch besetzt sei und daß die Soldaten soeben die Kupferhüte auf die Gewehre setzen, daß ferner ein Major das Verlangen stelle, und zwar «im Namen des Gesetzes», in den Saal geführt zu werden.

Es wurde hierauf von vielen Seiten bemerkt, daß man nicht nötig habe, hierauf eine besondere Antwort zu erteilen.

Nach einiger Zeit drang ein Major, dem eine Anzahl Soldaten, Gewehr am Fuß, folgten, dem Anschein nach einige dreißig Mann, geführt von mehreren Leutnants, in das Zimmer, und der Major richtete die Aufforderung an die Versammlung, im Namen des Gesetzes das Lokal sofort zu verlassen.

Der Abgeordnete Jacoby nahm das Wort und fragte den Major: Was wollen Sie?

Major: Ich komme im Namen des Gesetzes.

Jacoby: Im Namen welches Gesetzes?

Major: Im Namen des höchsten Gesetzes!

Jacoby: Von welchem Gesetze sprechen Sie?

Major: Ich spreche im Namen des konstitutionellen Gesetzes.

Jacoby: Ich kenne kein Gesetz, welches uns verbietet, uns am Tage in einem Gasthofe einzufinden.

Elsner: Selbst die Proklamation des Herrn Wrangel enthält nichts von einem derartigen Verbote. Wir sind kein Klub.

Major: Das geht mich nichts an, ich handle im Auftrage meiner Behörde.

Jacoby: Wie ist Ihr Name?

Major: Ich bin der Major Graf Blumenthal.

Jacoby: Wer hat Ihnen den Auftrag gegeben?

Major (nach einer Pause): Meine vorgesetzte Behörde.

Verschiedene Stimmen: Nennen Sie die Behörde!

Major (nach einer Pause): Meine Herren! Setzen Sie mich nicht in Verlegenheit.

Jacoby: Nun, so erkläre ich Ihnen, Sie handeln nicht im Namen des Gesetzes, sondern im Namen der Gewalt, und es ist traurig, daß die Soldaten zu solchen Gewalttaten gemißbraucht werden.

[1]) Das Protokoll wurde als Plakat in der Krauseschen Buchdruckerei in Berlin gedruckt. Am 28. November nachts wurden sämtliche Exemplare des Plakats von Soldaten beschlagnahmt. Ein Exemplar wurde jedoch gerettet und dem «Leuchtturm» zum Abdruck gesandt. «Der Leuchtturm», Leipzig, Jg. 1848 H. 35 S. 616.

[2]) Ebenda, S. 616 f. Auch in Adolf Streckfuß *500 Jahre Berliner Geschichte,* 4. Aufl. Berlin 1886, II, S. 1200 f.

[3]) J. P. Jaroschewitz, Weinhändler in Berlin, Markgrafenstraße 48.

Major: Meine Herren, ich handle meinem Auftrag gemäß.
Jacoby: Ich wiederhole Ihnen, daß Sie lediglich kraft der Gewalt handeln. Sie sind verantwortlich für dieselbe und alle, welche Ihnen den Auftrag gegeben; Sie werden seinerzeit zur Rechenschaft gezogen werden.
Major: Ich bitte mir nun alle Papiere aus, die hier liegen.
Verschiedene: Das ist unser Eigentum, und niemand kann Ihnen das Recht geben, unser Eigentum anzugreifen.
Major: Diese Papiere werden Ihnen zurückgegeben werden.
Anwandter[4]): Unter allen Umständen könnten Sie diese Papiere nur nach Aufnahme eines Verzeichnisses nehmen, tun Sie es nicht, so rauben Sie.
Borchardt[5]): Mindestens müssen Sie diese Papiere versiegeln.
Major: Meine Herren! Es kann ja einer von Ihnen mit auf die Kommandantur gehen, da kann das alles geschehen.
Jacoby: Auf diese Weise können uns Papiere weggenommen oder verbrecherische Papiere untergeschoben werden.
Der Major griff hierauf nach einem Pack Druckpapier und ersuchte einen der ihm zunächst stehenden Abgeordneten, einen entfernten, auf dem Tische liegenden Stoß Druckpapier ihm zuzustellen. Dies wurde verweigert. Nur die Gewalt, wurde entgegnet, walte hier. Nehmen Sie die Papiere selbst und konstatieren Sie dadurch den Raub.
Der Major ergriff darauf auch diese Papiere.
Rüdiger (– ein Greis – zu den Soldaten gewendet, weinend): Freunde, ich habe auch Söhne unter Euch, und Ihr wollt hier die Väter des Landes mit Gewalt vertreiben? Stecht oder schießt mich nieder!
Einige: Laßt sie die Gewalt anwenden, wir weichen nicht.
Simon: Meine Herren, die Gewalt ist konsummiert.
Viele (zugleich): Gehen wir auseinander, die Gewalt ist konsummiert. Es entfernten sich hierauf die Anwesenden und fanden vor dem Hause und in dessen Nähe einige Kompanien aufgestellt.
Vorgelesen, genehmigt, unterschrieben:
H. Simon. M. Elsner. Berends. Dr. Jacoby. D'Ester. Anwandter. Borchardt. Reuter. Schultz (Wanzleben). Keiffenheim. Thiede.

[4]) Anwandter, Apotheker, Abgeordneter für Kalau.
[5]) Friedrich Borchardt, Advokat in Köln, Mitglied der preußischen Nationalversammlung.

545. Ludwig Moser an Jacoby

Nachlaß[1]) *Königsberg, 27. November 1848.*

..... Es hieß dieser Tage für ganz gewiß, daß bei Samter, Falkson, Marenski, Dinter und noch einem fünften, dessen Name mir entfallen, Haussuchungen gehalten werden sollten, um den Fäden einer Verschwörung auf die Spur zu kommen. Bis jetzt hat dieselbe nicht stattgefunden, doch wird wiederholentlich die Wahrheit der Nachricht behauptet!

Heute ist der verhängnisvolle Tag![2]) Hat das Gouvernement eine weitere Vertagung angeordnet? Werden Sie und die Kollegen unangefochten weiter in Berlin bleiben dürfen?

[1]) JNUL(Ab).

[2]) Am 27. November 1848 versammelte sich in der Provinzstadt Brandenburg die dem Rufe des Ministeriums getreue Rechte der Nationalversammlung und wurde von dem Ministerpräsidenten Grafen von Brandenburg als Nationalversammlung begrüßt und eröffnet.

546. Ferdinand Falkson an Jacoby

Nachlaß[1]) *Königsberg, 28. November 1848.*

Sie verlangen von mir Ausführliches über Königsberger Zustände. Es ist wahr, der 9. November hat hier, wie in der ganzen Provinz, soviel Aufregung und Enthusiasmus hervorgerufen als der 19. März. Aber soviel hat man merken können: Taten gehen aus diesem Adressensturm nicht hervor, an eine Exekution des Steuerverweigerungsbeschlusses im größeren Maßstab ist ebenfalls nicht zu denken, Litauen allein mit seinen Hauptstädten Tilsit und Gumbinnen hat hierzu einen Anlauf genommen. Man kann, wie gesagt, behaupten, daß auch in unserer Provinz und Stadt alles, mit Ausnahme der altbekannten Reaktionäre und der von ihnen gedungenen Sackträger, auf seiten der Nationalversammlung steht, selbst die Gewerke haben sich fast alle einem hier zusammengetretenen Permanenzausschuß der Klubs angeschlossen[2]); jedoch die Bewegung beginnt schon zu ermatten, und nach meiner Beurteilung würden vorderhand auch noch stärkere Attentate der Reaktion auf keinen ernsten Widerstand stoßen. Zur Durchführung eines passiven Widerstands gehört eine höhere politische Bildung als zum Ausbruch einer Revolution ....

[1]) JNUL(Ab).

[2]) Ähnliche Meldung in der «Mannheimer Abendzeitung» 29. November 1848 «Königsberg, 19. Nov.»: «Der Permanenzausschuß der demokratischen Klubs und Gewerke [hat] fast alle Handwerkerinnungen für sich gewonnen.»

547. Unbekannt[1]) an Jacoby

Nachlaß[2] *Ostpreußen, 30. November 1848.*

Die Stimmung ist so entschieden reaktionär, wie ich es anfangs nicht für möglich gehalten; der Preußenverein hat sich durch Branntwein, Tabak und Geld fast in der ganzen Provinz Eingang zu verschaffen gewußt und namentlich bei den Bauern ein zu williges Ohr gefunden. Grafen, Barone und die reichsten großen Rittergutsbesitzer haben enge Freundschaft mit ihnen geschlossen, und aller Druck ist vergessen, all ihr Streben nur darauf gerichtet, sich dieser Ehre würdig zu zeigen. Durch die Amtsblätter und Gendarmen lassen die Landräte Plakate verbreiten – eines darunter «Die sieben Todsünden der Nationalversammlung», unter denen die Habeaskorpusakte die größte, wovon nur Spitzbuben und Vagabunden Vorteil haben –, von den Kanzeln predigen die Pfaffen gegen die Wühler und Rabulisten in der Nationalversammlung ....

In Königsberg ... ist der Hauptmann von Czudnochowsky zur Untersuchung gezogen, weil er als Vorstandsmitglied des demokratisch-konstitutionellen Klubs die Adresse an die Versammlung unterschrieben ... Die übrigen Militärs sind durch einen Korpsbefehl, den ich Ihnen einschicke[3]), eingeschüchtert.

Von Steuerverweigerung ist keine Rede, selbst unter den Freisinnigsten ... Die Reihen der Demokraten sind sehr gelichtet, es fehlt ihnen ein tüchtiger Vereinigungspunkt, es wird sehr viel gesprochen, und damit hat es stets sein Bewenden.

[1]) Unentzifferbarer Name wie etwa Quaschel mit zwei Fragezeichen Gustav Mayers.

[2]) JNUL(Ab).

[3]) Liegt nicht vor.

548. Fanny Lewald an Jacoby

Nachlaß[1]) *[Berlin,] November [?]/Dezember [?] 1848.*
Mitwoch abend.

Ich wäre sehr untröstlich gewesen, guter, lieber Freund, Sie heute verfehlt zu haben, hätten Sie mir nicht den besten Trost zurückgelassen – den besten? In der Trennung ist alles *so* schlecht, daß schon ein elendes, totes, beschriebenes Papier für ein Glück gilt. Aber der Brief war gut und lieb, wie der Schreiber und der Überbringer. Tausend Dank, Jacoby!

Wird die einstige Republik uns unsere Freunde so vorenthalten, wie die absolutistische Konfusion dieses Augenblickes – so werde ich die Republik wie diese Konfusion verwünschen, die Sie mir raubt. Alle die Tage habe ich Sie «um die rechte Stunde» erwartet – Sie sind nicht gekommen, und nun gerade, wo ich eine meiner langweiligen Visiten machen mußte.

[1]) JNUL(Ab).

Lassen Sie mir mündlich sagen, wann Sie kommen wollen – durch Ihren Diener, durch irgendwen. Ist's zwischen 9 Uhr morgens und 11 Uhr abends, so finden Sie mich sicher, wenn ich's weiß.
Ist Heinrich Simon noch hier? Ich höre gar nichts von ihm und sende aufs Geratewohl die «Parlamentsverhandlungen en papillotte», die die kleine Mary Simon ihm backt, ins Hotel de Bavière[2]), ohne zu wissen, ob er sie erhält.
Heute abend muß ich en famille zu Mitscherlich[3]) – einem in Geheimrats-Zucker kandierten, süßen Naturforscher.
Gute Nacht. Träumen Sie von irgendetwas, das sehr gut und sehr freundlich ist. Gute Nacht.

[2]) Simon wohnte im Bayrischen Hof, vgl. Nr. 539.
[3]) Eilhardt Mitscherlich (1794–1863), der berühmte Chemiker.

549. Simon Meyerowitz an Jacoby

Nachlaß[1]) *Königsberg, 1. Dezember 1848.*

... Könnte nur die äußerste Linke es über sich gewinnen, alle persönliche Kränkung aufzugeben und die Sache aus dem rein patriotischen Gesichtspunkt zu betrachten. Schwerlich! Denn die Hoffnung des Sieges verblendet mehr als der wirkliche Sieg.
Morgen ist hier Deputiertenwahl, Sperling hat die besten Aussichten; allein der arme Mann befindet sich in der größten Verlegenheit, er weiß nämlich nicht, wohin zu gehen, er schwankt zwischen Berlin und Brandenburg. Er wird wohl seine Richtung von den Begebenheiten bekommen. Mehr als auf Adressen ist gegenwärtig nicht zu rechnen, nachhelfen muß die Taktlosigkeit einer Regierung, die zum Absolutismus keine Kraft und für die Freiheit nicht den Willen hat.
Unsere Demokraten bespiegeln sich bärtig(?) in geistreich aufgeregten Wasserblasen, es fehlt dem schönen Ganzen an kosmetischem Seifenschaum. Ich verzweifle nicht an der Freiheit – selbst nicht bei Betrachtung der meisten für sie wirkenden Elemente. Die einzelnen, die das Gute und Edle wahrhaft wollen, machen die Weltgeschichte, die unendlich[e] Zahl der Nullen hinter sich ...

[1]) JNUL(Ab).

550. Simon Meyerowitz an Jacoby

Nachlaß[1]) *Königsberg, 8. Dezember 1848.*

Das eskamotierte Recht als Gnadengeschenk wiederzuerhalten, kann nur einen Deutschen erfreuen und seine schmähliche Abart zum Enthusiasmus bringen. «Aus dieser Flasche trank mein König» war Nationallied während und nach dem sogenannten Freiheitskriege, und 33 Jahre sollten uns ganz unkenntlich gemacht haben? Das war der Irrtum der äußersten Linken, die fremdländisch schwärmte. Wollten denn die Leute, namentlich die Demokraten mit ihren Volksausschüssen soviel haben, wollten sie wirklich die Freiheit? Mit Schmerz sehen die Verständigen dieses Ende. Ihnen wäre eine schlechtere, aber aus der Vereinbarung hervorgegangene Verfassung viel lieber. Nun, Du wirst wohl bald hier sein und hoffentlich an der Politik keinen äußeren Anteil nehmen.

Ganz oktroyiert ist die Verfassung doch nicht, denn 1) sind viele Vorarbeiten und Beschlüsse der Nationalversammlung benutzt worden, und 2) wäre sie ohne den heroischen Widerstand der Linken nimmer so freisinnig ausgefallen; mit einem geringen Geschenke durfte man jetzt nicht kommen. Man vergleiche dagegen den Camphausenschen Entwurf[2]). Ich habe schon viele der äußersten Undankbarkeit geziehen gegen Männer, die mit eigener Gefahr das Wohl des Volkes kühnlich erstrebten.

Es hat sich hier das Gerücht eines Protestes des linken Zentrums und der äußersten Linken verbreitet. Hoffentlich nur eine Versuchung gegen das Oktroyieren; denn ein Protest gegen die Verfassung selber würde Euch *völlig* diskreditieren. Die Menschen wollen Ruhe, steigende Kurse – und nun haben sie noch obendrein eine allesversprechende Konstitution wie «Heil Dir im Siegerkranz».

... Suche Trost in der Vergangenheit, die uns die Zukunft andeutet. Ihr habt mit der Geschichte abbrechen wollen wie mit einer alten, verbrauchten Metze, und die ewig jugendlich Erzeugende hat Euch dafür etwas gezüchtigt, vielleicht zu hart, da sie Euch für die unmittelbare Gegenwart beinahe der Impotenz beschuldigt ...

[1]) JNUL(Ab).

[2]) Ludolf Camphausens Verfassungsentwurf ist abgedruckt in VKVP, I, S. 5 ff (Eröffnungssitzung am 22. Mai 1848).

551. Fanny Adelson an Jacoby

Nachlaß[1]) *[Königsberg,] 8. Dezember 1848.*

Mein teurer Freund!

Es ist mir so, als müßte ich Sie über ein Ihnen angetanes Unrecht trösten, und dennoch stelle ich Sie so hoch, daß ich überzeugt bin, Sie denken nicht an sich und Ihre Partei,

[1]) JNUL(Ab).

sondern Sie fürchten, daß das Versprochene nicht zur Ausführung komme, da es nicht auf dem Rechtsboden steht.
Ich fürchte, daß Sie in der Voraussetzung, noch etwas durchzusetzen, in der Hoffnung auf die Sympathie der Provinzen noch einmal den vergeblichen Kampf *erfolglos* beginnen, um dann für immer in das Nichts des einfachen und unpolitischen Lebens zu versinken. Darum bitte und beschwöre ich Sie, teuerster Freund, verhalten Sie sich *jetzt ruhig*, und schneiden Sie sich nicht selbst jeden Weg ab, noch einmal für Ihre Sache wirken zu können. Nur wenn Sie dies tun, können sie hoffen, in Berlin gewählt zu werden (in Königsberg werden Sie es *nie* mehr); und nur dann, wenn Sie mit dem *Bessern* Ihrer Partei in die Kammer kommen, kann man sicher sein, daß das Versprochene auch gegeben wird.
Geben Sie Ihre sozialistischen Ideen auf, lieber Jonny, sie passen nicht für unsere Zeit, und Sie werden keine Anhänger finden.
Hier in Königsberg herrscht nur eine Stimme über die Verfassung[2]); man jubelt laut, und gewiß, wenn alles Versprochene in Erfüllung geht, so ist dies eine der freiesten Verfassungen, die existieren. Der König hat sich jetzt zum Halbgott gemacht. Sie, mein Freund, und Ihre Freunde werden ihn nicht herabziehen. Darum versuchen Sie es auch nicht ferner, regen Sie Ihre Partei nicht zu nutzlosem Widerstreben an.
Ich bitte und beschwöre Sie, begehen Sie selbst und lassen Sie keine unbesonnenen Schritte begehen. Glauben Sie mir, man wird nur zu schnell vergessen, daß der Widerstand der Linken auch erwähnt werden muß, wenn man von der Errungenschaft dieser freien Verfassung spricht, ja was sage ich, es fällt nur wenigen, nur Ihren Freunden dies ein, die anderen sagen «dies hätten wir schon längst gehabt, hätte die Linke sich nicht hineingemischt».
Sei dem, wie ihm wolle, was geht's mich an, was die Leute sagen. Aber was ich will? Sie sollen kommen, Jonny, nach Hause sollen Sie kommen, und dann sollen Sie ruhig abwarten und Ihre Freunde dort wirken lassen, denn hier ist keine Aussicht für Sie.

[2]) Die okroyierte Verfassung vom 5. Dezember 1848.

552. Ludwig Moser an Jacoby

Nachlaß[1]) *Königsberg, 8. Dezember 1848.*

Seit gestern abend sind wir hier im Besitz der neuen Verfassung. Sie hat, soviel ich bis jetzt beurteilen kann, auf die Leute wohltätig gewirkt. Sie verlangten Ruhe – Ruhe à tout prix, und jetzt erhalten sie sogar Freiheit und in sehr erheblichem Maße. Wenn ich mich nicht täusche, wird dies die Stimmung des überwiegenden Teils der Nation sein. Die Stimmung der Deputierten und die Ihrige wird vielleicht eine andere

[1]) JNUL(Ab).

sein, und einige Berechtigung zum Unwillen wird Ihnen der strengste Richter nicht absprechen. Nur möchte ich sehr warnen, ihr Luft zu machen. Setzen Sie und Ihre Kollegen von der Linken den letzten Rest von Popularität nicht ein, der Ihnen noch geblieben ist und der allerdings von der Steuerverweigerung ab, wie ich glaube, nicht mehr bedeutend war.
Es ist dies nicht der Augenblick, von alten Sünden zu sprechen, aber wohl der Augenblick, sich vor neuen Fehlern zu hüten. Ich wiederhole, ein gar zu erheblicher Streit wegen des Oktroyierten würde Ihre Partei unfehlbar ruinieren! .....

553. Karl Benjamin Beeck[1]) an Jacoby

Nachlaß[2]) *Preußisch Holland, 30. Dezember 1848.*

... Ich darf im Kreise Preußisch Holland die Wiederwahl wohl erwarten; weiß aber nicht, wie die übrigen Kreise (Mohrungen, Osterode, Neidenburg, Ortelsburg) daran sich beteiligen werden. Heute war der Oberlehrer Dr. Büttner[3]) aus Elbing hierher gekommen; es ist möglich, daß derselbe von den genannten Kreisen für die Erste Kammer gewählt werde. Er ist zwar ohne Vermögen, doch haben die Bauern – und diese geben bei uns den Ausschlag – zu einer freiwilligen Beisteuer zu den Reisekosten und Diäten des Abgeordneten für die Erste Kammer sich bereit erklärt, wenn nur kein Reaktionär gewählt wird. B[üttner] ist Mitarbeiter an dem Elbinger Volksboten.

Unser Wirken muß dem hiesigen Tugendbunde und dessen Ausflüssen gegenüber, die hier so laut wie überall toben, ein möglichst stilles sein, doch hoffe ich, wird es nicht weniger wirksam werden. Die Landwehr wird von den Offizieren aufs dreisteste gemißbraucht; sie wird mit Wein und Marzipan versehen, besalbadert, beklopft, gekitzelt pp. – von den meisten aber werden die Offiziere erkannt und hinterdrein ausgelacht.

[1]) Karl Benjamin Beeck (1814–1895) studierte in Königsberg Medizin und wirkte seit 1841 als Arzt in Preußisch Holland, wo er den konstitutionellen Klub gründete; 1848 Mitglied der preußischen Nationalversammlung; wegen Aufreizung zum Aufruhr angeklagt, aber freigesprochen.

[2]) JNUL(Ab).

[3]) Hermann Büttner (1808–1878), Oberlehrer für Geschichte in Elbing, entschiedener Liberaler, seit 1847 Korrespondent der «Kölnischen Zeitung», Verfasser zahlreicher politischer Streitschriften.

554. Jakob van Riesen an Jacoby

Nachlaß[1]) *Elbing, 6. Januar 1849.*

..... Mit den Wahlen sieht es hier traurig aus .... Unser Wahlort ist Marienburg. Wieviel werden so viel Interesse haben und dort hingehen? Also wird Marienburg und deren nächste Umgebung die Deputierten wählen. Wo wir zur Ersten Kammer wählen werden, ist noch unbekannt, wahrscheinlich wird es Danzig sein – elfeinhalb Meilen von hier. Präsident Blumenthal hat an sämtliche Regierungsräte des Danziger Regierungsbezirks ein Reskript über die Wahlen erlassen, das alles hinter sich läßt, was je über Einmischung der Behörden in Wahlangelegenheiten geschehen. Geradezu wird darin gesagt, müssen nur solche Leute gewählt werden, die des Königs Freund oder mit der neuen Verfassung zufrieden sind. Sollten andere Leute zur Wahl kommen, so sollen die Landräte sofort an ihn berichten. Interessiert Ihnen das Ding, so sende ich es Ihnen.

[1]) JNUL(Ab).

555. Julius Waldeck an Jacoby

Nachlaß[1]) *Berlin, 15. Januar 1849.*

..... Der Belagerungszustand, der uns hier in den Vorbereitungen zu den Wahlen nicht wenig hindert, wird, wie es sicher heißt, mit dieser Woche zu Ende gehen, nachdem zuvor noch ministerielle Gesetze Pressefreiheit und Assoziationsrecht gehörig gemaßregelt haben werden[2]). Nichtsdestoweniger haben wir hier gute Aussichten für die Wahlen zur Zweiten Kammer, so daß Du nebst Waldeck und Berends[3]) wohl durchkommen wirst[4]), dagegen läßt sich über die Wahlen zur Ersten Kammer wenig sagen, da fast nur so viel feststeht, daß in großen Städten dabei die Reaktion meistens das Übergewicht haben wird. Ich hoffe in dieser Beziehung mehr von den ländlichen Kreisen, weil die gerechten Besorgnisse der Bauern sie zur Vorsicht veranlassen werden. Auch aus den Provinzen haben wir im Zentralkomitee zum Teil recht gute Nachrichten, so aus Schlesien, Sachsen und einem Teile der Mark; im ganzen bleiben wir gar zu sehr ohne Antwort, so daß es scheint, als setze man in den Provinzen nicht halb soviel Mühe und Energie daran als wir, die wir doch mit den widerwärtigsten Umständen dabei zu kämpfen haben. Treibe doch das dortige Provinzialkomitee an, daß es uns über die preußischen Zustände berichte.

[1]) JNUL(Ab).
[2]) Der Belagerungszustand Berlins wurde erst am 28. Juli 1849 aufgehoben.
[3]) Julius Berends, Buchdruckereibesitzer und Stadtverordneter in Berlin; 1848 Führer des dortigen Handwerkervereins und einer der Führer der äußersten Linken in der preußischen Nationalversammlung, 1849 Abgeordneter der Zweiten Kammer (äußerste Linke), wanderte 1853 nach Amerika aus.
[4]) Jacoby und Waldeck wurden jeder zweimal in die Zweite Kammer gewählt.

Welche Gemeinheit von unsern Gegnern aufgeboten wird, ist kaum zu denken; die Begünstigungen, die die Harkort-Meusebachsche Partei[5]) durch die Regierung genießt, sind Dir bekannt; nicht aber, wie sie sich der schändlichsten Verleumdungen und Intrigen zur Erreichung ihrer Zwecke bedient. Namentlich hat sie es hier auf den Handwerkerstand abgesehen und macht diesem die extravagantesten Versprechungen, während sie in ihren geheimen Sitzungen, wie neulich die demokratische Korrespondenz berichtet, die Hoffnung ausspricht, dieses Kokettierens durch einen aktiven Wahlzensus bald überhoben zu sein. Diese Leute hatten wahrlich recht, als sie die Revolution nicht anerkennen wollten; der 18. März war ein Krawall gegen die Revolution, die seit dem 5. Dezember gemacht worden ist. Da können wir etwas lernen, d. h. gründlich revolutionieren. Das Heer teils durch Polizeidienste, teils durch Schmeicheleien und Verziehen demoralisiert, das Proletariat auf die Demokratie gehetzt und mit unhaltbaren Versprechungen aufgeregt, und jetzt noch die Bourgeoisie mit den Versprechungen von Innungen und beschränkter Gewerbefreiheit aufgebläht, das wird gut tagen(?); wenn alle diese, wenn das ganze Volk seine Rechnungen einziehen will, das wird ein anderer Bankrott als der des Absolutismus werden.
Dabei weiß diese sogenannte Partei des rechten Zentrums sehr wohl, daß sie in der Kammer mit dem Bülow-Cummerowschen Junkerparlament[6]) zu tun bekommen wird, sie rüstet sich dazu, ohne zu ahnen, daß dieser Zusammenstoß ihnen beiden den Garaus machen wird.
Den ärgsten Schmutz aller dieser Parteien versteht die Neue Preußische Zeitung freilich recht geschickt zu servieren, diese aus der Luft gegriffenen Lügen, diese Verdächtigungen [von][7]) Persönlichkeiten übertreffen alles, was die konstitutionelle Presse irgendwo hervorgebracht hat; es scheint als solle jede Art konstitutioneller Depravation und Korruption bei uns in Preußen im Sturmschritt über die Bühne gehen, um desto schneller diese große staatliche Lüge der Vergessenheit zu übergehen .....

[5]) Friedrich Wilhelm Harkort (1793–1880), Industrieller und Politiker, 1848 Mitglied der preußischen Nationalversammlung (Zentrum) und 1849 der Zweiten Kammer. – Freiherr von Meusebach, Regierungsassessor in Potsdam, 1848 Mitglied der preußischen Nationalversammlung (rechter Flügel).

[6]) Ernst von Bülow-Cummerow war «der Gründer und die Seele des Vereins für die Interessen des Grundbesitzes oder des neben der Nationalversammlung tagenden sogenannten Junkerparlaments». ADB Bd. 3 S. 520.

[7]) In der Abschrift: und.

556. Fanny Lewald an Jacoby

Nachlaß[1]) *Berlin, 20. Januar 1849.*

..... Wenn Sie sonst ein paar Tage nicht da waren, pflegten Sie zu fragen: *«na!* Wie geht's Ihnen». Darauf antworte ich diesmal: «schlecht!» Wir schwimmen in der Opulenz sicherer, friedlicher, althergebrachter Ruhe und sind so belagerungsgemütlich, daß niemand sich mehr vor roten Republikanern fürchtet. Man glaubt nicht mehr daran. Heute schreibt mir die d'Agoult[2]): Vous me faîtes monter la rougeur au front, en me disant que l'Allemagne a les yeux sur nous! nous sommes retombés plus bas que sous Louis-Philippe. Notre pauvre président, qui a du moins, à défaut de génie, quelques bonnes intentions et voudrait garder la fureur républicaine, est en butte à d'infâmes intrigues. Ces prétendus amis n'aspirent qu'à le renverser, les uns pour proclamer Henri V., les autres pour rappeler la duchesse d'Orléans. La chambre prochaine sera *ultra-monarchique:* nous avons donc deux perspectives: ou bien que le changement se fasse sans oppositions, presque légalement et alors nous serons la fable de l'univers, ou bien que Louis Bonaparte résiste en se jetant dans les bras du parti républicain, et alors c'est la guerre civile etc. etc.

Auch hier sieht es schlecht aus, glauben Sie mir. Ich habe für die nächste Zukunft nur den Wunsch, daß man keine neuen Versuche machen, nicht auf das Volk zählen möge, solange man nicht sicher darauf rechnen kann. Es geht mir oft wie Madame Roland[3]); ich möchte sagen: il me fallait une autre âme, un autre sexe ou un autre siècle! Was hilft es denn, daß *wir* glauben, weil wir wissen – wenn die ganze Welt umher wie blind ist und so taub, daß die das ferne Rollen des nahenden Donners nicht hört? Manchmal geht es mir wie dem Vernünftigen im Tollhause – man glaubt toll zu sein, weil man zu bescheiden ist, vorauszusetzen, daß so viel andere Menschen es sind.

Vorgestern, am Ordensfeste[4]), ging ich in die Oper, weil man mir gesagt hatte, man gäbe den Templer und die Jüdin[5]). In dem Glauben lasse ich ein Billet holen – komme hin und merke, als dort die Ouvertüre beginnt, daß man ganz etwas anderes spielt, nämlich Richard Löwenherz[6]) von Grétry zu Baders[7]) letzten Benefiz, zur royalistischen Rührung und zur Feier der Rückkehr des Königes, der seit dem 18. März zum ersten Male im Theater war. Er und die tränenreiche Königin traten zusammen noch vor der Ouvertüre ein und wurden mit beispiellosem Jubel empfangen. Alle Damen stehend durch das ganze Haus; Schnupftücher wedelnd, Hände und Hüte

[1]) JNUL(Ab).

[2]) Marie de Flavigny, Gräfin d'Agoult (1805–1876), französische Schriftstellerin.

[3]) Jeanne-Marie Roland de la Platière (1754–1793) wurde nach dem Sturze der Girondisten verhaftet und guillotiniert. Sie schrieb im Gefängnis *Mémoires pour ma fille* und *Mes dernières pensées.*

[4]) Am 18. Januar 1849 wurde in Berlin, inmitten des verschärften Belagerungszustandes, das Ordens- und Krönungsfest gefeiert. Den höchsten «Militär-Verdienst-Orden (mit Eichenlaub)» erhielt von Wrangel, General der Kavallerie und Kommandant der Truppen in den Marken.

[5]) «Der Templer und die Jüdin», romantische Oper von Heinrich August Marschner.

[6]) Komische Oper des Lütticher Komponisten André-Modeste Grétry.

[7]) Karl Adam Bader (1789–1870), seit 1820 Kammersänger in Berlin.

schwenkend; Hurra! Vivat! Weinen! Heil Dir im Siegerkranz! und, wie damals zu mir nach dem 19. März ein Bankier in Paris sagte: «le roi a pleuré, la reine a pleuré, le peuple a pleuré, le petit chien a pleuré! la mauvaise farce!»

Ich habe mich nur gewundert, daß sie nicht Heines «gib uns einen Fußtritt, Herr König!»[8]) oder «noch ein paar oktroyierte Karten!» geschrieen haben. Ich habe auch geweint, aber bei Gott keine Tränen der Freude. Ich habe mich des Volkes geschämt.

Adolf [Stahr] hat einmal im Ärger gesagt: «Die Deutschen sind die modernen Juden! hochmütig und doch depraviert durch Knechtschaft!» – wie habe ich das den Abend empfunden. Ich sagte zu Minna[9]): «Und dafür ist Robert Blum erschossen!»

Es ist hart, nach dem 18. März dahin gekommen zu sein, durch die Schuld des Volkes, daß man sein Heil in der *nächsten* Zukunft von den Fürsten erwarten muß. Und ich für mein Teil bin überzeugt, daß es so ist. Ich glaube, nach allem, was ich hier erlebe, was Gottheiner mir aus Köthen erzählt, was Rodbertus mir aus seiner Gegend sagte, nicht, daß in vielen Jahren ein Aufschwung wie der jetzige möglich sein wird. Was habe ich gehofft und geträumt – und für nahe gehalten?

Jetzt werden wir, die wir das Rechte wollen, uns den Fürsten nähern müssen, denn sie allein werden die Macht haben; und keiner von ihnen ist halb so schlimm als die Kamarilla, die sie umgibt. Ich habe neulich höhere Offiziere sprechen hören, die keine andre Idee hatten als: «den souveränen Plebs noch ein paar Mal auseinanderzufuchteln, wenn er sich mausig macht in den Kammern». Mein kleiner weimarischer Prinz[10]) verspricht, dem Volke *dienen* zu wollen, dessen Fürst er ist – und ist wirklich, glaube ich, ein ehrlicher Mensch von redlichem Wollen. Ich schreibe ihm etwa alle drei, vier Wochen einmal – ich denke, es ist gut; und es kann ja einmal zu etwas nützen. Ich habe den fatalistischen Glauben, man müsse Beziehungen zu Menschen, die sich zufällig bilden, festhalten, weil sie der Anfang eines guten Zieles sein können — und ich habe mich gut dabei befunden, daß ich bis jetzt so handelte.

Werden Sie in die Kammer kommen? Ich möchte es gern. Ob Adolf kommt, ist mir sehr zweifelhaft; zu den Kammern nur dann, wenn er für die Bremer oder Kölnische Zeitung käme – und sonst im März, ist's auch noch unbestimmt. Kann er zu den Kammern nicht kommen, so hätte ich eigentlich mehr Lust, mit ihm im Sommer einige Monate auf dem Lande zu leben .....

Ach! Jacoby! mit dem Kommunismus der Essäer ist's nicht weit her. Das ist ja Klostertum – nein! Da deduzieren Sie falsch. Im Gegenteil, gar nicht Kommunismus ist's, sondern Askese und Exklusivität. Aber wissen Sie etwas von Kolonien im Innern Rußlands mit vollkommen kommunistischen Institutionen? Der Kammerherr von Schwanefeld, der hier war, erzählte mir davon als von etwas ganz Bekanntem; ich

[8]) Heine, *Deutschland. Ein Wintermärchen*, Kap. III, 10. 11: «Gib uns einen Fußtritt, o Fremdling, das wird / Vielleicht uns zerstreuen ein wenig.»

[9]) Vermutlich die Schwester der Briefschreiberin, Minna Lewald (1821–1891).

[10]) Karl Alexander (1818–1901), ab 1853 Großherzog von Sachsen-Weimar-Eisenach. Vgl. *Großherzog Karl Alexander und Fanny Lewald-Stahr in ihren Briefen 1848–1889. Hrsg.* von Rudolf Göhler, Berlin 1932, 2 Bde.

glaube es aber nicht, weil Jean Gallahoff[11]), ein passionierter Russe, d. h. *Moskowit*, und großer Verehrer Proudhons, der alles Gute an Rußland gern hervorhob, mir nie ein Wort davon gesagt hat, obschon er Güter gerade im Innern Rußlands besitzt....

[11]) «[...] der edle Russe Iwan Gallahoff, der einzige Russe, den ich [Adolf Stahr] liebgewonnen habe.» *Aus Adolf Stahrs Nachlaß*. Hrsg. von Ludwig Geiger, Oldenburg 1903, S. 191.

557. G.(?) H.(?) Weise an Jacoby

Nachlaß[1]) *Graudenz, 22. Januar 1849.*

.....Durch Freund Waldeck[2]) aus Berlin sind mir die Angelegenheiten des Zentralkomitees für volkstümliche Wahlen im preußischen Staate für das Graudenzer Komitee für volkstümliche Wahlen in die Hand mit dem Bemerken gegeben worden, daß ich mich vorkommend an Sie wegen Verfolg dieser Angelegenheit zu wenden hätte. Ich beeile mich nun, Ihnen das Resultat der heute im demokratischen Sinne ausgefallenen Wahlen für Graudenz und Festung mitzuteilen. Ich freue mich bei dieser Gelegenheit, Ihnen melden zu dürfen, daß wir einen entschiedenen Sieg davongetragen haben. Von 35 Wahlmännern sind 21 entschiedene, fünf zweifelhafte Demokraten, neun Reaktionäre. Diese letzte Partei wird im Rosenberger Kreise zu Freistadt an dem Tage der Wahl der Abgeordneten zur Zweiten Kammer den Generallandschaftsdirektor, früheren Minister Auerswald[3]) auf Plauth[en] und einen Rittergutsbesitzer Körber auf Körberrode zu Wahlkandidaten aufstellen..... Hinsichtlich der Wahlen für die Erste Kammer läßt sich um so weniger etwas Gewisses voraussagen, als wir vier Kreise vereinigt wählen, und da die Wahlmänner erst den 29. gewählt [werden], muß jener Tag abgewartet werden. Soviel ist jedoch sicher, daß der mittlere Grundbesitzer nur(?) Abgeordnete aus seinem Stande wünscht und bereit ist, die nötigen Mittel dazu herzugeben, um die Diäten zu bestreiten....

[1]) JNUL(Ab); der mangelhafte Stil geht offensichtlich zu Lasten des Briefschreibers.
[2]) Wohl Julius Waldeck, der damals zu den namhaften Führern der Berliner Volkspartei gehörte.
[3]) Alfred von Auerswald.

558. Rudolf Virchow[1]) an Jacoby

Nachlaß[2]) *Berlin, 29. Januar 1849.*

Hochgeehrter Herr!

In der heurigen Sitzung des dritten größeren Wahlbezirks von Berlin sind Sie bei einer Vorabstimmung mit 74 Stimmen zum Kandidaten für die Zweite Kammer vorgeschlagen worden. Bei der weiteren Debatte hat sich das Verhältnis so günstig für Sie gestaltet, daß, wenn nicht besondere Einflüsse sich noch geltend machen, Ihre Wahl neben der von Waldeck, welche bestimmt ist, als gesichert angesehen werden kann. Als Vorsitzender der Versammlung bin ich beauftragt, Sie zu ersuchen, uns Ihre Ansichten über die jetzige Lage und die Schritte der nächsten Kammern, wo möglich, mündlich mitzuteilen.

Soweit mein offizieller Auftrag. Die Unbilligkeit der letzteren Forderung, welche natürlich nur von einer so demokratischen Wahlmännerversammlung, wie die unserige ist, ausgehen konnte, müssen Sie mir nicht zur Last legen. Ich durfte es Ihnen aber um so weniger verhehlen, als nicht wenige von Ihrer eisernen Festigkeit die Provokation eines Konflikts befürchteten, der ihnen für die Freiheit und Wohlfahrt des Volkes gefährlich erschien. Namentlich hat Herr Dr. Bernstein[3]), der Sie persönlich zu kennen vorgibt, dies in einer sehr langen, aber ästhetisch sehr gelungenen Rede auseinandergesetzt.

Daß die Demokratie für die Erste Kammer keinen Kandidaten durchgesetzt hat, werden Sie aus den Zeitungen ersehen. Die siegenden Geschlagenen!

Mit der vollkommensten Hochachtung
Dr. Virchow,
Charité.

[1]) Rudolf Virchow (1821–1902), Mediziner und Anthropologe, Demokrat, Mitglied der Berliner Stadtverordnetenversammlung, 1861 Mitbegründer der Fortschrittspartei und deren Vorsitzender, seit 1862 Mitglied des preußischen Abgeordnetenhauses, scharfer Gegner Bismarcks.

[2]) JNUL(Ab).

[3]) Aaron Bernstein (1812–1884), Schriftsteller und Politiker, Teilnehmer an der Revolution von 1848, 1849 Gründer des demokratischen Blattes «Urwähler. Organ für Jedermann aus dem Volk», mit dem er sich eine Gefängnisstrafe zuzog und das 1851 unterdrückt wurde; Gründer und Chefredakteur der seit 1852 erscheinenden demokratischen Berliner «Volks-Zeitung», für die er bis 1882 täglich den politischen Leitartikel schrieb.

559. Friedrich Jakob Behrend[1]) an Jacoby

Nachlaß[2]) *Berlin, 30. Januar 1849.*

..... Deine Wiederwahl ist nicht nur hier gesichert, sondern sie wird jetzt zwiefach, nämlich doppelt, ja vielleicht dreifach geschehen; ebenso wie Geheimrat Waldeck und Temme doppelt gewählt werden. Man beabsichtigt eine Art moralischer Demonstration. Der Friedrich-Wilhelmstädtische Bürgerverein (streng demokratisch), zu dessen Vorsitzenden ich mit dem Dr. Virchow gehöre, ebenso der hier gebildete (demokratische) Pommernverein, dessen Vorsitzender ich bin, und ebenso der demokratische Bürgerwehrverein, zu dessen Komitee ich gehöre, – alle diese sehr verzweigten und sehr zahlreichen Vereine treiben zu solcher Demonstration. Hoffentlich wird es uns gelingen. Die Wahlmännerkörperschaft, welche die Wahlmänner der Friedrich-Wilhelmstadt, in der ich wohne, und die Oranienburger Vorstadt umfaßt, zählt unter den 293 Wahlmännern, die den Wahlkörper ausmachen, 200, soviel ich übersehen kann, die fest dabei beharren, Dich und Geheimrat Waldeck oder Dich und Temme zu wählen. Unter den 293 Wahlmännern sind mindestens 100 meine intimen Bekannten und Freunde, nämlich alle Mitglieder unseres streng demokratischen Friedrich-Wilhelmstädtischen Bürgervereins; mir scheint demnach Deine Wahl hier vollkommen gesichert; nur ein kleiner Teil von Maschinenbauern und Handwerkern, die sich unter den Wahlmännern dieser Wahlkörperschaft befinden, reden sich ein, Sozialisten oder Kommunisten zu sein, und wollen Nees von Esenbeck oder den Goldarbeiter Bisky[3]), aber sie dringen nicht durch ....

[Der Schreiber bittet im Verlauf des Briefes Jacoby, ein durch seinen Verzicht eventuell freiwerdendes Mandat ihm zu verschaffen. Er habe freilich schon einen Ruf als Extraordinarius der Medizin an die Universität Erlangen angenommen, möchte aber lieber, um politisch zu wirken, in Berlin bleiben.][m]

[1]) Vgl. Nr. 7 Anm. 1.
[2]) JNUL(Ab).
[3]) Bisky, Goldarbeiter in Berlin, Mitglied des Bundes der Kommunisten, des Berliner Zentralkomitees der Arbeiter und später der Arbeiterverbrüderung.

560. Rudolf Virchow an Jacoby

Nachlaß[1]) *Berlin, 5. Februar 1849, nachmittags 4 1/2 Uhr.*

Hochgeehrter Herr,

der heutige Wahlkampf im dritten größeren Wahlbezirk hat folgendes Resultat geliefert:

Erste Abstimmung: Von 284 Anwesenden 214 für Waldeck.

Zweite Abstimmung: Von 284 Stimmen 211 für J. Jacoby.

[1]) JNUL(Ab).

Ich habe daher die Ehre, Sie im Namen der volkstümlichen Partei unseres Wahlbezirks als unseren Abgeordneten zu begrüßen. Wir bitten, diese Wahl nicht sowohl als eine *einfache* Demonstration oder als eine *bloße* Anerkennung Ihrer vergangenen Großtaten aufzufassen: Alles das liegt darin, aber noch mehr hegen wir das Vertrauen in Sie, daß unsere politische Zukunft keinen besseren Händen anvertraut werden konnte. In jedem Falle werden Sie uns verbinden, wenn Sie uns so bald als möglich mitteilen, ob Sie sich dafür entscheiden werden, die Wahl unseres Bezirkes anzunehmen, damit wir danach unsere weiteren Schritte einrichten können.

Mit der tiefsten Hochachtung
Virchow,
Vorsitzender der Parteiversammlung,
Charité.

561. Arnold Ruge an Jacoby

Nachlaß[1])

Leipzig, 6. Februar 1849,
Verlagsbüro Königstraße 4.

Lieber Freund!

Wenn Du öfter gewählt wirst, was ich vermute, so empfiehl mich bei einer Doppelwahl[2]). Ich komme in Berlin schwerlich durch. Man wählt Dich und andere Häupter der Nationalversammlung geflissentlich.

Sodann die «Reform»[3]). Ich werde sie reorganisiert und verbessert(?) forterscheinen lassen[4]), sobald die Belagerung aufhört. Du bist im Komitee[5]), und ich wende mich an Dich mit der Nachricht, daß D'Ester, der Diktator des Zentralausschusses[6]), im Begriff steht, ein Konkurrenzblatt zu gründen, wovon die *jetzigen* Mitglieder des Zentralausschusses die Besitzer sein sollen, also D'Ester, Hexamer und Reichenbach[7]). Was Reichenbach dazu sagt, weiß ich nicht. Daß aber der Zentralausschuß nicht befugt

[1]) JNUL(Ab).

[2]) Jacoby wurde im dritten und vierten Berliner Wahlkreis in die preußische Zweite Kammer gewählt; er entschied sich für den letzteren (vgl. Nr. 562). Über die Abstimmung im dritten Wahlbezirk unterrichtet der vorangehende Brief. Im vierten Wahlbezirk erhielten von 291 anwesenden Wahlmännern Jacoby 290, Temme 228 Stimmen. «Kölnische Zeitung» 8. Februar 1849 Nr. 33.

[3]) «Die Reform» wurde am 13. November 1848 suspendiert.

[4]) Was Ruge aber nicht gelang.

[5]) Vgl. Nr. 495.

[6]) Gemeint ist der Zentralausschuß der Demokraten Deutschlands.

[7]) Auf dem Zweiten Demokraten-Kongreß in Berlin (26.–30. Oktober 1848) wurde ein Zentralausschuß mit D'Ester, Hexamer und Reichenbach gewählt.

ist, die Kammerpartei dabei zu ignorieren, ist klar[8]). Natürlich stellt sich die Partei wahrscheinlich anders, wenn die Kammer eröffnet wird, als sie stand, da man die Nationalversammlung sprengte; dennoch scheint mir es sicher, daß wir die «Reform» nach wie vor im Interesse der ganzen *politischen* Opposition, wie sie sich durch den Novemberputsch gestaltet hat, halten müssen, falls die Opposition wirklich fortgeführt wird. Die «Reform» hat 2000 Auflagen[9]) und liefert den alten Abonnenten einen Monat bis sechs Wochen nach.

Wir verbinden eine Revue mit der «Reform», die ebenfalls mit Aufhebung der Belagerung erscheint. Fränkel und May[10]) bleiben bei der «Reform»; Hexamer und Semrau (der letztere *wahrscheinlich)* scheiden aus. Dagegen tritt Ludwig Köppe (Bruder des anhaltischen Ministers) mit ein.

Meinen besten Gruß! Also auf Wiedersehen am 27. Februar, nach der zweiten französischen Februarrevolution.

Von ganzem Herzen der Deinige

A. Ruge.

[8]) Zu Ruges Streit mit dem soeben erwähnten Zentralausschuß vgl. seine Erklärung vom 5. März 1849 in der «Deutschen Allgemeinen Zeitung», abgedruckt auch in Marx/Engels, *Werke*, Berlin 1959, VI, S. 323 f, und Ruge an Fröbel, 8. Januar 1849, in Ruges *Briefwechsel*, II, S. 55 f.

[9]) Gemeint ist eine Auflage von 2000 Exemplaren.

[10]) «May, Literat zu Berlin, Mitglied der so betitelten provisorischen Regierung, welche in Folge der Revolutionstage zu Breslau im Frühling 1848 von den dortigen Republikanern konstituiert wurde; übrigens als Volksredner dem sozialdemokratischen Prinzipe huldigend, der seine verwerflichen Ideen selbst in den höchsten Kreisen der Gesellschaft auszubreiten strebte.» Müller, S. 160 f.

562. Jacoby an Rudolf Virchow[1])

Nachlaß[2]) *Königsberg, 8. Februar 1849.*

Geehrter Kollege,

Ihre Mitteilung[3]) hat mich *innig* gefreut. Sagen Sie in meinem Namen den Wahlmännern des dritten Bezirks den herzlichsten Dank; nur die Verpflichtung gegen meine früheren Wähler ist der Grund, weshalb ich mich für den *vierten* Wahlkreis entscheide.

[1]) Der Empfänger ist nicht genannt; aus dem Inhalt geht aber hervor, daß es sich um Rudolf Virchow handelt.

[2]) Original: Deutsches Zentralarchiv Potsdam (A. VI. 3. Einzelerwerbungen. II. Ja. 1); auch dort ohne Angabe des Adressats verzeichnet als «Ein Brief betr. die Wahl zur Zweiten preußischen Kammer».

[3]) Vgl. Nr. 560.

Zugleich erlaube ich mir, Sie auf Heinrich Simon von Breslau und auf den Landrat Reuter[4]) aufmerksam zu machen. Letzterer, einer der tüchtigsten und entschiedensten Mitglieder der Linken, ist wegen des Steuerverweigerungsbeschlusses vom Amte zuspendiert und – dank den Intrigen der Preußenvereinler – in seinem früheren Wahlkreis (Johannisburg) durchgefallen. Beide Männer dürfen in unserer Volkskammer nicht fehlen[5])!

Auf frohes Wiedersehen!
Ihr
Dr. Jacoby.

[4]) Robert Reuter.
[5]) Beide wurden am 1. März 1849 in den Nachwahlen für Berlin in die Zweite Kammer gewählt. Vgl. auch Nr. 569.

563. Unbekannt an Jacoby

Nachlaß[1]) *Berlin, 8. Februar 1849.*

..... Ihre Wahl zum Deputierten ist im dritten und vierten hiesigen Wahlbezirk erfolgt, und es kommt jetzt darauf an, ob Sie nicht solche für den vierten Bezirk, und zwar mit der ausdrücklichen Bemerkung «zu Gunsten Bruno Bauers» *ablehnen* wollen. Die Gründe dafür sind folgende: Bauers Wahl wird vorzugsweise im vierten Bezirk begünstigt; daß aber derselbe diesmal in die Kammer kommt, wird von den intelligentesten Personen, die seine Fähigkeiten und Leistungen kennen, als höchst wünschenswert erkannt. Wenn Ihnen derselbe, wie ich voraussetzen darf[2]), nicht unbekannt ist, so werden Sie sein schöpferisches Talent kennen, das gerade jetzt, wo die Regierung durch so tüchtige Männer wie Bodelschwingh, Keller[3]), Bismarck, Vincke, Arnim[4]) etc. etc. nachdrücklich vertreten wird, auf die nützlichste Weise die geringe Zahl der wackern und befähigten Streiter der demokratischen Partei verstärken würde ....

[1]) JNUL(Ab).
[2]) Bruno Bauers und der «Freien» Verhältnis zu Jacoby war gar kein freundliches. Vgl. E. Silberner, «Johann Jacoby 1843–1846» in «International Review of Social History» 1969 Bd. 14 H. 3 S. 359 f; derselbe, «Johann Jacoby in der Revolution von 1848/49» in «Archiv für Sozialgeschichte» 1970 Bd. 10 S. 156.
[3]) Gustav Ludwig Emil Graf von Keller (1805–1897), Mitglied der Frankfurter Nationalversammlung, Reichskommissar.
[4]) Adolf Heinrich Graf von Arnim-Boitzenburg.

564. Christian Gottfried Daniel Nees von Esenbeck an Jacoby

Nachlaß[1]) *Bernau, 9. Februar 1849.*

Lieber Herr Kollege!

Sie sind in zwei Wahlbezirken Berlins gewählt. In dem einen derselben, dem dritten, habe ich Aussicht, gewählt zu werden, wenn Sie die Wahl für denselben ablehnen. Sollte ich noch nötig haben, Sie um diesen Beweis Ihres Wohlwollens zu *bitten?*

Von Herzen Ihr

[1]) JNUL(Ab).

565. August Hobrecht an Jacoby

Nachlaß[1]) *Ratibor, 9. Februar 1849.*

Lieber Jacoby!

Mit wenigen Worten soviel: es ist hier nur gelungen, Kirchmann zum Abgeordneten durchzubringen, wogegen H. Simon und ich geschlagen sind. Mein Wunsch, in Berlin mitarbeiten zu können, ist *groß*, in specie liegen mir die gutsherrlich-bäuerlichen Verhältnisse am Herzen. Deshalb richte ich an Dich die Bitte, verwende Deinen Einfluß für mich bei Gelegenheit der Besetzung einer Deiner Doppelwahlen, indem ich hoffe, daß solches Deiner politischen Überzeugung nicht widerstreben möchte.

Lebe wohl!
Dein

[1]) JNUL(Ab).

566. Heinrich Simon an Jacoby

Nachlaß[1]) *[Frankfurt am Main, 10. Februar 1849.]*[2])

Lieber Jacoby!

Dank meiner Abwesenheit von Preußen bin ich nirgends gewählt, sondern unterlag an mehreren Orten – am Niederrhein und in Oberschlesien – den Pfaffen. Meine Hoffnung, auf dem Kampfplatze zu erscheinen, ist also nur auf die Doppelwahlen gerichtet; kommen solche in Preußen vor, so benutze sie für mich. Ich lege Dir eine Erklärung Westendhalls[3]) über mich – zur Unterstützung einer Wahl ausgestellt – bei. Auf die Doppelwahlen Berlins rechne ich nicht[4]).

Der Deinige
H. S.

[1]) BAF(Ab).
[2]) Notiz Jacobys.
[3]) Vom 25. Januar 1849 (Abschrift im BAF). – Westendhall, die Fraktion der gemäßigten Republikaner in der Frankfurter Nationalversammlung, auch «die Linke im Frack» genannt.
[4]) Simon wurde aber in Berlin zum Abgeordneten für die Zweite Kammer gewählt.

567. Robert Reuter[1]) an Jacoby

Nachlaß[2]) *Johannisburg, 10. Februar 1849.*

Du wirst wohl schon erfahren haben, daß ich bei der Wahl zur Zweiten Kammer durchgefallen bin und welche niederträchtige Manöver der Preußenverein zu dem Zwecke angestellt hat. Ich war in diesem gottverlassenen Winkel einer der wenigen, die den offenen Kampf mit dem Absolutismus unterhielten, und es wäre abscheulich, wenn es unsern Gegnern gelungen sein sollte, mich völlig aus dem Felde zu schlagen ..... Willst Du nicht sofort Deinen Einfluß verwenden, daß ich in dem einen der zwei Berliner Bezirke bei der Nachwahl gewählt werde?[3]) .....

[1]) Von ihm heißt es bei L. Walesrode, *Eine politische Totenschau. Zur Geschichte der staatsrettenden Anarchie in Preußen,* Kiel 1859, S. 104: «Der Landrat des Johannisburger Kreises Reuter, ein Mann, dem es an elastischer Charakterfügigkeit fehlte, um einem durch Scharfsinn und gediegenes Wissen unterstütztem Verwaltungstalente eine glänzende Staatskarriere zu eröffnen, war genötigt, nach seiner aus politischen Gründen verfügten Entlassung vom Amte mit Arbeiten im Büro eines Königsberger Rechtsanwalts mehrere Jahre hindurch seine Existenz zu fristen, bis es ihm gelang, eine Anleihebank ins Leben zu rufen, an der er gegenwärtig als Vorstandsmitglied fungiert.»

[2]) JNUL(Ab).

[3]) Vgl. Nr. 562 Anm. 5.

567a. Jacoby an Heinrich Simon

Nachlaß[1]) *Königsberg, 15. Februar 1849[2])*

Lieber Simon,

schon *vor* dem Empfange Deines Briefes[3]) habe ich nach Berlin geschrieben und Dich in Vorschlag gebracht[4]). Ich werde es heute noch einmal tun – und gebe die Hoffnung nicht auf, Dich dort gewählt zu sehen.

In unserer Provinz findet keine Neuwahl statt, es sei denn, daß Temme sich für einen *anderen* Wahlkreis als Tilsit entscheidet.

Auf frohes Wiedersehen in Berlin!

Dein

treuer Freund

Dr. Jacoby.

[1]) Original: Schweizerische Landesbibliothek Bern. Ms A 84[8].

[2]) Am oberen Rand des Briefes wohl in Heinrich Simons Hand: pr[äsentiert] 20. 2.

[3]) Nr. 566.

[4]) Nr. 562.

568. Heinrich Simon an Jacoby

Nachlaß[1]) *Frankfurt am Main, 27. Februar 1849.*

Habt Ihr noch Zeit, an mich zu denken, so tut das Eure, daß es mir nicht in Berlin geht, wie es bisher an mehreren Orten gegangen: die zweifellosesten Aussichten nach übereinstimmenden Berichten und im letzten Momente die *kleine* Intrige, die den Abwesenden beseitigt. Mir kommt es – von hier aus kann das Urteil nicht zuverlässig sein – so vor, als wolle man, gerade so wie man es in Breslau machte, meine Wahl auf den *ersten* Wahlbezirk, der nicht so sicher scheint als der dritte, beschränken. Und doch dürfte letzterer[2]) keine große Aussicht bieten, wenn die Notiz der Spenerschen Zeitung richtig, daß bei einer kürzlichen Zusammenkunft der demokratischen Wahlmänner des ersten Bezirks, deren Zahl nur 193 betrug, also noch nicht die Hälfte sämtlicher Wahlmänner des Bezirks, so daß es *nicht* entscheidend, daß von den erschienenen hundert mir einige siebenzig ihre Stimme gaben.
Ich bitte Dich, mit Waldeck und Temme gerade am letzten Tage vor der Wahl noch für dieselbe zu wirken, an welchem ja wahrscheinlich noch Wahlversammlungen stattfinden; ein Wort, gesprochen oder gedruckt im *letzten* Momente, entscheidet mehr als alles frühere Wirken. Das habe ich bei dieser Gelegenheit zu meinem Schaden erfahren.

Hätte ich im letzten Jahre viele bedeutende Menschen kennengelernt, und hätte das Volk große Auswahl, so könnte man sich freuen, wenn man sich übergangen sieht: wenn man aber sieht, zu *welchen* Wahlen das Volk hie und da genötigt war, in Ermangelung besseren Materials, so muß ich gestehen, daß ich in meiner Übergehung mindestens nichts erblicken kann, dessen ich mich zu schämen hätte. Ich schlage meinen Wert gering an, aber *das Recht* spreche ich mir zu, auf jenem Kampfplatze in Berlin mitkämpfen zu dürfen.
Gruß allen Freunden, namentlich auch Herford(?) von

Deinem
H. Simon.

Ich vermute, man wird im letzten Momente damit hervortreten – ich hörte dergleichen andeuten –, daß ich antipreußisch sei, von wegen meiner Abstimmung gegen einen *erblichen* preußischen Kaiser, der n[ota] b[ene] Österreich, Bayern und den übrigen Süden Deutschlands von uns für immer trennen würde. Man verwechselt *deutsch* mit *antipreußisch.* Ob ich für die spezifischen Österreicher bin, mag sich jeder aus dem Faktum beantworten, daß bei der letzten Präsidentenwahl[3]) meine Wahl als erster Präsident gesichert war, indem die gesamten Österreicher der Linken das direkte Anerbieten machten, für mich zu stimmen – erst, wenn wir dafür Herrn von Mühlfeld[4]) zum zweiten Vizepräsidenten machten, und dann ohne jede Bedingung, weil es ihnen genügte, Simson

[1]) JNUL(Ab).
[2]) BAF(Ab): ersterer.
[3]) Am 3. Januar 1849.
[4]) Eugen von Mühlfeld (1810–1868), Advokat in Wien, Mitglied des Fünfzigerausschusses und der Frankfurter Nationalversammlung.

zu beseitigen[5]). Die Sache scheiterte[6]) lediglich und ausschließlich an meiner Weigerung, meine Person zum Objekt für eine Verbindung mit den spezifisch Schwarzgelben herzugeben. Auch gegenwärtig trete ich mit Entschiedenheit gegen diese unnatürliche Verbündung auf.

[5]) Vgl. JHSG, II, S. 84 ff.

[6]) Bei der Präsidentenwahl erhielten Eduard Simson 242, Heinrich Simon 79 Stimmen. VDNV, VI, S. 4414 (145. Sitzung am 3. Januar 1849).

569. Jacoby an Simon Meyerowitz

Nachlaß[1]) *Berlin, 6. März 1849.*

Bald vierzehn Tage bin ich in Berlin, und dies sind die *ersten* Zeilen, die ich schreibe. Du kannst daraus schließen, daß bisher nichts Mitteilenswertes vorgefallen und daß ich mich nicht gerade in der behaglichsten Stimmung befinde. Der Belagerungszustand, die Ereignisse des November, die wieder lebhaft vor meine Seele treten, die ganze Jämmerlichkeit des Egoistenpacks liegt auf mir wie ein Alp. Ohne äußeren Anstoß, ohne heftige Erschütterung werden wir von diesem «Regimente der bewaffneten Furcht» nicht befreit.

In der Kammer stehen beide Parteien sich schroff gegenüber, obgleich beide das Wort «Versöhnung» im Munde führen. Gelänge es aber auch, durch gegenseitige Konzessionen eine sogenannte Verständigung zu bewirken, so würden wir doch aus dem provisorischen Zustande nicht herauskommen. An eine dauernde Befriedigung, an jene *wahrhafte* Ruhe, die Folge der *Freiheit,* ist nicht zu denken.

Die heutige Präsidentenwahl (Grabow, Auerswald, Lensing[2]) zeigt, daß die Rechte zehn bis fünfzehn Stimmen mehr als die Linke zählt[3]); in einigen Wochen werden wir ohne Zweifel die Majorität haben; was hilft uns aber die Majorität, wenn – die Herrenkammer nicht zu rechnen – eine Regierung uns gegenübersteht, die auf Vernunftgründe mit Bajonetten antwortet. Durch parlamentarische Tapferkeit ist eine Konterrevolution noch *nie* besiegt worden.

Die Thronrede[4]) ist ein würdiger Prolog der konstitutionellen Komödie, die auf-

[1]) JNUL(Ab).

[2]) Lensing, Kanonikus, 1848 Mitglied der Berliner Nationalversammlung, 1849 Alterspräsident der Zweiten Kammer.

[3]) Die Zweite Kammer wählte am 6. März 1849 mit 171 Stimmen Grabow zu ihrem Präsidenten; auf den Gegenkandidaten der Linken, von Unruh, entfielen 158 Stimmen. Zu Vizepräsidenten wurden gewählt: Alfred von Auerswald (170 Stimmen) und Lensing (168 Stimmen); die Gegenkandidaten der Linken, Waldeck und Phillips, erhielten 154 bzw. 158 Stimmen.

[4]) Thronrede Friedrich Wilhelms IV. bei der Eröffnung der preußischen Kammern am 26. Januar 1849.

geführt werden soll; in Siebenbürgen stehen die Russen – bald wird es sich zeigen, ob Napoleon richtig prophezeit hat.
Adolf Stahr ist hier und wird während der Dauer der Kammerverhandlung in Berlin bleiben[4a]); ich bin viel und gern mit ihm zusammen. In einigen Tagen erwarte ich auch H. Simon, der zu meiner großen Freude in einem hiesigen Wahlkreise als Abgeordneter gewählt worden; ebenso Reuter aus Johannisburg.
Von neuen literarischen Erscheinungen mache ich Dich auf Siegmunds «Preußen, seine Revolution etc.»[5]), ferner auf Strebers «Revolutionäre Diplomatie»[6]) (die Umtriebe der Kamarilla und Radowitz sind darin treu und nach guten Quellen geschildert) und auf die politischen Briefe und Charakteristiken etc. aufmerksam. Letztere sollen von dem preußischen Gesandten in Rom von Usedom[7]) herrühren; Du findest in denselben (S. 79) eine Charakteristik Deines Freundes, in welcher das Lob ebenso wunderlich als der Tadel[8]) . . .

[4a]) Adolf Stahr war von März bis Juni 1849 politischer Berichterstatter der «Kölnischen Zeitung» in Berlin.

[5]) Gustav Siegmund, *Preußen, seine Revolution und die Demokratie. Eine Skizze,* Berlin 1849, 48 S.

[6]) F. L. Streber, *Revolutionäre Diplomatie. Reflexionen und Charakteristiken,* Berlin 1849, 43 S.

[7]) Karl Georg Ludwig Guido Graf von Usedom (1805–1884) ist in der Tat der Verfasser der anonymen Schrift: *Politische Briefe und Charakteristiken aus der deutschen Gegenwart,* Berlin 1849, 288 S.; vgl. ADB, Bd. 39 S. 377.

[8]) Von Usedom sagt an der genannten Stelle (S. 79 f.), er glaube, man habe Jacoby oft verkannt. Jacoby «ist Schwärmer für eine Idee, kühler, besonnener, zäher, nachhaltiger Schwärmer; dabei ein schlichter, vortrefflicher, ganz ungewöhnlich toleranter Mensch von großen Verstandeskräften, von sehr wohlwollender Gesinnung. Aber Ehrfurcht vor dem heiligen Willen *des* Gottes, den wir *außerhalb der Menschheit* denken, kennt er nicht und Pietät vor irgendwelchem irdisch Gewordenen ebenfalls nicht. Der Mensch und seine Einsicht ist ihm das Höchste. Edel, tief gefaßt, aber dennoch gefährlich; denn wenn der Menschen-Geist auf diesem Boden steht, hat er, wie ich glaube, den ersten Schritt in die Verdunkelung schon getan.
Dieser toleranteste der Toleranten, dieser stahlharte und lederzähe Kämpfer gegen den Despotismus behauptete neulich: ‚die Freiheit dürfe nicht nur, sie *müsse* despotisch sein'. Beinah wie Herwegh, der es auch als heilige Pflicht empfand, Deutschland, selbst gegen seinen Willen, zur Republik zu machen. Doch möchte ich Jacoby im übrigen keineswegs mit Herwegh, diesem Don Quichote der Freiheit, zusammenstellen; wenigstens unter das Spritzleder verkriecht sich jener sicher nie.»

570. Simon Meyerowitz an Jacoby

Nachlaß[1]) *Königsberg, 11. März 1849.*

. . . Du bist nicht heiter, Dich beengt die Gegenwart, ihr willkürliches Treiben auf un-

[1]) JNUL(Ab).

sicherster Grundlage. Und der Verfasser der «Vier Fragen» hat auch nicht mehr dieselbe Grundlage, von welcher er vor acht, neun Jahren ausging, Preußen für eine neue Idee zu erobern. War die französische Revolution des 24. Februar berechtigt wie die von 1789 und 1830? Gewiß nicht. Die Franzosen, Meister im Umstürzen, weil sie vor keiner sittlichen Schranke zurückschrecken, täuschen durch scheinbares Organisationstalent, ein Erbteil des Despotismus. Gerade diese Franzosen wollen wir nachahmen und ihre Schlagwörter des Aufruhrs zu ehrlichen Ideen stempeln. Läge die Freiheit nur zwischen Barrikaden – kein ordentlicher Mensch würde sie ins Haus nehmen. Wir haben viel errungen, irrtümlich bloß durch die Märzrevolution, die ohne die ihr vorangegangenen geistigen Zurüstungen mit Recht als ein wilder Zufall wäre bezichtigt[2]) worden. Laßt uns auf der Grundlage dieser Zurüstungen fortbauen und nicht den wilden Zufall zur Richtschnur nehmen. Jene sozialistischen und kommunistischen Zusicherungen sind ochlokratische Hirngespinste, eine dem rohesten Söldner versprochene Plünderung, dem(?) man nicht Wort halten darf.

Die Reformationsjahre Preußens von 1806 bis 1815 haben uns die volle Berechtigung zu einer wahren Revolution wie 1789 genommen – wiedergegeben ist sie uns durch das 33 Jahre hindurch vorenthaltene Wort. Dieses, seine noch so weite Erfüllung, darf uns nicht mehr genügen, wir müssen das in der Zeit Möglichste zu erringen suchen, jedoch nicht all zu gewaltsam auf Kosten des ganzen Glückes der gegenwärtigen Generation, «die nicht weiß einen Unterschied, was rechts oder links ist». Das Vorgeben, alles jetzt schon so festzusetzen, um einer künftigen Revolution vorzubeugen, ist, abgesehen von der menschlichen Anmaßung, eine Ungerechtigkeit gegen die kommenden Geschlechter, die, was ihnen not tut, auch selbst zu tun berechtigt sein müssen. Du hast den Baum der Freiheit pflanzen helfen, so pflege ihn auch selbständiger. Gefährlich wäre es, über das Prinzip einer oktroyierten Verfassung zu streiten. Sie ist auch nicht oktroyiert im Sinne der Royalisten, sie trägt nicht wenige Spuren der Märztage augenscheinlich an ihrer Stirne.

Die Hauptsache wäre vorläufig, die §§ 105 und 112 auszumerzen[3]) und ein vollständiges Steuerbewilligungs- und Vereinigungsrecht zu verlangen. Dieses müßte, das eigentlich richtige, aber jetzt gefährliche Prinzip beiseite lassend, wohl zu erreichen sein. Was noch sonst zu erreichen – dafür mögen die auf diese Freiheiten und das Volk gestützten Parlamente sorgen. Glaube mir, die Erste Kammer kann und wird sich nicht halten, dieses fühlt sie schon selber. Sagt sie doch in ihrer Adresse an den König: «wir wollen mit der Zweiten Kammer wetteifern». Welch ein Bekenntnis der eigenen Inferiorität! . . .

[2]) In der Abschrift: gezüchtigt.

[3]) Art. 105 der Verfassungsurkunde vom 5. Dezember 1848: «[. . .] Wenn die Kammern nicht versammelt sind, können in dringenden Fällen, unter Verantwortlichkeit des gesamten Staatsministeriums, Verordnungen mit Gesetzeskraft erlassen werden, dieselben sind aber den Kammern bei ihrem nächsten Zusammentritt zur Genehmigung sofort vorzulegen.» Art. 112: «Die gegenwärtige Verfassung soll sofort nach dem ersten Zusammentritt der Kammern einer Revision auf dem Wege der Gesetzgebung (Art. 60 und 106) unterworfen werden. [. . .]» VKVP, VIII, S. 5529 f.

571. Ferdinand Falkson an Jacoby

Nachlaß[1] *Königsberg, 11. März 1849.*

..... Bei Euch in Berlin gibt es wenig Tröstliches; man muß wiederum alle seine Hoffnungen auf das Unerwartete setzen; bei uns herrscht im ganzen ein guter Geist, aber die Indifferenz nimmt von Tag zu Tag in überraschender Weise zu. Kaum wird sie durch etwas Russenfurcht, die diesmal eine reellere Basis als im vergangenen Frühjahr zu haben scheint, aufgestachelt. Unsere Märzrevolution werden wir jedoch jedenfalls durch ein Bankett feiern ....

[1]) JNUL(Ab).

572. Entwurf einer Adresse an Friedrich Wilhelm IV.[1])

Abdruck[2]) *Berlin, 15. März 1849.*

Adresse der demokratischen Partei in der Volkskammer

Majestät!

Die Preußische Nationalversammlung ist infolge von Ereignissen, welche dem Lande noch in frischem Gedächtnisse sind, von Euer Majestät am 5. Dezember v. J. wider ihren Willen aufgelöst worden. Ihr bald vollendetes Werk, eine der Bildungstufe, den Anforderungen und Bedürfnissen des Volkes entsprechende Verfassung ist dadurch unterbrochen, der öffentliche Rechtszustand tief erschüttert und die Hoffnung auf baldige Erfüllung der von Euer Majestät im März vorigen Jahres erteilten Verheißungen hinausgeschoben worden.

Das Volk hat abermals durch Ausübung des allgemeinen Stimmrechts Vertreter gewählt, um das unterbrochene Werk der Nationalversammlung zu vollenden, die von Euer Majestät am 5. Dezember v. J. veröffentlichte Verfassungsurkunde, welche ohne die Zustimmung der Volksvertreter keine Rechtsgültigkeit hat, zu beraten, den Anforderungen des Volkes Geltung zu verschaffen und so mit Euer Majestät die zukünftige Verfassung des Preußischen Staates festzustellen.

Die seit dem 5. Dezember v. J. erlassenen Verordnungen, welche uns vorgelegt werden sollen, werden wir einer ernsten Prüfung unterziehen, halten uns aber, durchdrungen von der Notwendigkeit des Grundsatzes, daß kein Gesetz ohne die Mitwirkung und Zustimmung der Volksvertretung gegeben werden könne, und berufen, die unveräußerlichen Rechte des Volkes aufrechtzuerhalten, für verpflichtet, gegen die vorläufige

[1]) Der Adreßentwurf wurde der Adreßkommission der Zweiten Kammer eingereicht, die ihn jedoch ablehnte.

[2]) *Über die preußische Verfassungsfrage. Reden von Jacoby und Waldeck nebst dem Adreßentwurfe der demokratischen Partei in der Volkskammer,* Berlin: Reuter und Stargardt 1849, S. 14–16.

Gültigkeit jener so tief in das Staatsleben eingreifenden Verordnungen Verwahrung einzulegen.
Wir werden die Beratung und Beschlußnahme über alle zur Ausführung der Verfassung notwendigen Gesetze um so rascher vornehmen, als wir überzeugt sind, daß nur dadurch sowie durch die geeignete Umgestaltung der Verwaltung des Heerwesens und der Strafgesetzgebung das noch immer tief erschütterte Vertrauen zurückkehren und Handel und Gewerbe sich von der Lähmung erholen werden, welcher sie zu erliegen drohen.
Schmerzlich hat es das ganze Volk empfunden, daß über die Hauptstadt und viele Orte des Landes der Belagerungszustand verhängt worden ist, die gesetzlich gewährleisteten Grundrechte des preußischen Volkes aufgehoben worden sind, an die Stelle der Herrschaft der Gesetze die der Gewalt und der Willkür getreten ist. Es ist unsere erste Pflicht, Euer Majestät zu erklären, daß wir die Fortsetzung des Belagerungszustandes an den Orten, wo er noch besteht, für unerträglich mit der Rückkehr der Herrschaft der Gesetze und der Wohlfahrt des Landes halten, vorzüglich aber in der Hauptstadt, wo wir, die Volksvertreter, jetzt unsere für die Zukunft des preußischen Volkes so wichtigen Beratungen beginnen sollen.
Das Rechtsgefühl des Volkes fordert eine baldige Amnestie für diejenigen, welche das Zerwürfnis zwischen den verschiedenen Staatsgewalten und die Aufhebung der Herrschaft der Gesetze dem Kreise ihrer Familien entzogen oder in Untersuchungen verwickelt haben.
Wir werden aus den uns vorzulegenden Staatshaushaltsetats ersehen, inwieweit, ungeachtet der im Vergleich gegen die Vorjahre zu erwartenden Verminderung des Steuereinkommens, der für verschiedene Ausgabezweige, namentlich für öffentliche Arbeiten erforderliche Mehrbedarf ohne Steuererhöhung und ohne neue Benutzung des Staatskredits wird gedeckt werden können. Bei Beratung und Feststellung des Staatshaushaltsetats werden wir bedacht sein, alle mit der Wohlfahrt des Landes verträglichen Ersparnisse, insbesondere in der Verwaltung und dem Heerwesen, einzuführen, welche die Staatsregierung in den Stand setzen werden, mehr, als bisher geschehen ist, für die Verbesserung der Lage der hart gedrückten ärmern Volksklassen und das Volksschulwesen zu tun.
Zur Erreichung des großen Zieles der innigen Vereinigung aller deutschen Volksstämme zu einer Staatseinheit werden wir jederzeit bereitwilligst mitwirken. Wir glauben jedoch, daß die erste Bedingung der Einheit Deutschlands die Sicherung der Freiheit und die Befestigung der Rechte des Volkes ist.
Die friedlichen und freundschaftlichen Beziehungen Eurer Majestät Regierung zu den übrigen fremden Staaten berechtigen uns auch zu der Hoffnung, daß bei den neuerdings wieder drohenden Zerwürfnissen mit der Krone Dänemarks Preußen alle ihm zu Gebote stehende Kraft anwenden werde, nun endlich einen mit der Ehre Deutschlands und den materiellen Interessen seiner Bewohner verträglichen Frieden herbeizuführen.
Sehnsüchtig erwartet die lang unterdrückte Nationalität der polnischen Staatsangehörigen die Verwirklichung der ihr wiederholt zugesicherten Rechte.
Wir teilen den Schmerz um den Verlust eines Prinzen Eurer Majestät Königlichen Hauses.

Das Vaterland wird uns zu jeder Zeit bereit finden, nach unseren Kräften beizutragen, daß die Forderungen des Volkes erfüllt, seine Freiheit und seine Rechte geschützt werden. Wir hoffen, daß mit Eurer Majestät Beistand dieses Ziel erreicht, die Ehre und der Ruhm Preußens erhöht und unserem Vaterlande eine friedliche und segensreiche Zukunft bereitet werde.

D'Ester. Wesendonck[3]). J. Guitienne[3a]). Schneider II[4]) (Köln). Gorzolka. Caspary[5]). Baur (Adenau). Schmiedicke (Leobschütz, Neustadt). Dr. Grün[6]). Krackrügge. Waldeck[7]). Dr. Schramm[8]). Jung[9]). Plath (Stolp, Lauenburg etc.). Pape[10]) (Münsterberg, Frankenstein, Rimptsch). Berends[11]). Löher[12]). Schwarz (Insterburg, Gumbinnen). Reuter (Berlin). Richter[13]), Kanonikus. Ziegler[14]). v. Lipski[15]). M. Großjohann. Maetz[k]e[16]). Bartoßkiewicz. Gottfried Kinkel. Neumann. Otto[17]). Marke, Toebe[18]). Th. Simon (aus Trier). Schily. Gierse[19]). Rambs. Bauer[20]) (Stolp). Behnsch[21]). Messe-

3) Hugo Wesendonck (1817–1898), Rechtsanwalt in Düsseldorf, Mitglied der Frankfurter Nationalversammlung (äußerste Linke), wanderte nach der Revolution nach den Vereinigten Staaten aus.

3a) J. Guitienne, Gutsbesitzer, Abgeordneter für Saarlouis.

4) Karl Schneider II, Mitglied der Demokratischen Gesellschaft in Köln, später Verteidiger im Kölner Kommunistenprozeß.

5) Wilhelm Caspary.

6) Karl Grün (1813–1887), Schriftsteller, neben Moses Hess Hauptvertreter des «philosophischen Sozialismus», Mitglied der preußischen Nationalversammlung.

7) Benedikt Waldeck.

8) Rudolf Schramm.

9) Georg Gottlieb Jung.

10) Heinrich Eduard Pape (1816–1888), Jurist, 1850 Kreisrichter in Stettin, 1870 Präsident des Oberhandelsgerichts.

11) Julius Berends.

12) Franz von Löher (1818–1892), 1845 Referendar am Oberlandesgericht Paderborn, Redakteur der «Westfälischen Zeitung», 1848 Mitglied der preußischen Nationalversammlung, später Professor in Göttingen, Graz und München.

13) Karl Richter (1804–1869), Theologieprofessor in Pelplin (Westpreußen), 1848 Mitglied der preußischen Nationalversammlung.

14) Franz Ziegler (1803–1876), Publizist und Politiker, seit 1840 Oberbürgermeister in Brandenburg, 1848 Mitglied der preußischen Nationalversammlung (linkes Zentrum), wegen Unterstützung des Steuerverweigerungsbeschlusses seines Amtes enthoben und zu Festungshaft verurteilt, seit 1865 Mitglied des preußischen Abgeordnetenhauses, später des Reichstags.

15) W. v. Lipski, 1848 Mitglied der preußischen Nationalversammlung, 1849 der preußischen Zweiten Kammer, Redaktionsmitglied der Rugeschen «Reform».

16) Maetzke (Mätzke), Geheimer Oberregierungsrat in Adlershof, 1848 Mitglied der preußischen Nationalversammlung (Linke), entsandt aus dem Wahlkreis Teltow.

17) Karl Otto, 1848 Trierer Abgeordneter zur preußischen Nationalversammlung. Die Universitätsbibliothek Mainz besitzt sein politisches Stammbuch; unter den darin verzeichneten Eintragungen steht der Namenszug – leider ohne weiteren Text – seines Kollegen Jacoby.

18) Toebe, Pastor, 1848 Abgeordneter für Namslau (Linke).

19) Johann Matthias Gierse, Justizkommissar in Münster.

20) Bauer (aus Stolp), Arzt, Mitglied der preußischen Nationalversammlung (äußerste Linke), später Emigrant in London.

21) Behnsch, Kreisphysikus im Kreis Waldenburg (Schlesien), 1848 Mitglied der preußischen Nationalversammlung (Linke).

rich. Görtz-Wrisberg. Dr. Jacoby. Heitemeyer. Schornbaum[22]). Kyll[23]). Skiba. Esser[24]). Elsner. Zunderer. Eydam. Hawlitzki. Ebel[25]). Körner. Lisiecki. Palacz. Borchardt[26]). Bucher[27]). Stein. Schmidt.

[22]) Schornbaum, 1848 Mitglied der preußischen Nationalversammlung (Linke).

[23]) Ulrich Franz Kyll, Advokat in Köln, 1848 Mitglied der preußischen Nationalversammlung (äußerste Linke).

[24]) J. P. Esser, Geheimer Oberrevisionsrat am Rheinischen Kassationshof in Berlin, Demokrat, 1848 Mitglied der preußischen Nationalversammlung (äußerste Linke).

[25]) Ebel, Erbschulze aus Reichenau, 1848 Abgeordneter für Frankenstein (Linke).

[26]) Friedrich Borchardt.

[27]) Lothar Bucher.

573. Heinrich Simon an Jacoby

Nachlaß[1]) *Frankfurt am Main, 7. April 1849[2]).*

Mein lieber Jacoby!

Ich habe heute von der Nationalversammlung (vielmehr von der Zweiten Kammer) auf sechs Wochen Urlaub erbeten aufgrund meines im hohen Grade angegriffenen Körperzustandes und damit in Verbindung stehenden geistigen Abspannung. Du wirst damit als Arzt, aber nicht als Deputierter einverstanden sein; allein es würde mir der Gedanke, jetzt zu fehlen, natürlich gar nicht in den Sinn gekommen sein, wenn ich in diesem Zustande glaubte, meine Pflicht erfüllen zu können, und wenn ich nicht bedächte, daß ich auch über diese sechs Wochen hinaus Pflichten zu erfüllen habe.

Ich bitte Dich hierdurch um einen Freundschaftsdienst, nämlich meinen Wahlmännern das beifolgende Schreiben nebst Anlagen[3]) zu Händen ihres Vorsitzenden zu insinuieren und ihm anheimzugeben, – ich bitte Dich, dieselben zu adressieren – es durch Zirkular den Wahlmännern mitzuteilen, gleichzeitig aber nach erfolgter Rücksprache mit diesem Vorsitzenden (Dr. Stern?) in einem aus Deiner geschickten Feder geflossenen Artikel – Fanny soll nachhelfen –, der das Wesentliche jenes Schreibens an die Wahlmänner enthält, die Sache den Berlinern und umliegenden Dorfschaften mitzuteilen durch die Berliner Zeitungen. Du wirst vielleicht darauf hinweisen können, daß es mir durch meinen Einfluß auf einen Teil der Mitglieder der Linken zuzuschreiben – denn so ist es –, daß Aussicht auf einen glücklichen Ausgang der deutschen Bewegung vorhanden, sofern der König die ihm zugedachte Rolle annimmt, daß es aber gerade die ungemeine körperliche und geistige Aufregung dieser letzten Wochen sei, die mich vollends in diesen Hundezustand versetzt. Nach beiden Richtungen hin hatte ich Front zu machen,

[1]) BAF(Ab).

[2]) JNUL(Ab): 3. April 1849.

[3]) Das Schreiben und die Anlagen liegen nicht vor.

alles stürmte auf mich ein; die linke und die rechte Seite des Hauses machte mich persönlich verantwortlich; es war ein Zustand, der auch einen Stein hätte mürbe machen können.

Der von mir abgegebenen Erklärung[4]) sieht man freilich wenig an, was für Kämpfe und Leidenschaften in den vierzehn Tagen aufgewühlt worden sind. *Mir* entschied sich die Angelegenheit, als ich hier bei meiner Ankunft jene hundsföttische österreichische Note[5]), die Schmerling[6]) hier am 14. ausgab, am Morgen meiner Ankunft las; mir wurde sofort klar, daß die Linke nunmehr vor allem und jedem die Pflicht habe, dem einbrechenden Despotismus entgegenzutreten, und daß dies nur noch dadurch möglich sei, daß man Preußen wider seinen Willen Österreich gegenüberstelle.

Jetzt danken mir bereits mehrere der Enragiertesten meine Festigkeit und nur die sächsischen und bayerischen Partikularisten sind auf der Linken nicht zu besänftigen, während die Rechte gegen mich wütet wegen dessen, was ich ihr im letzten Momente noch abgetrotzt. Jede von den 86[7]) Personen[8]), die sich mir schriftlich verpflichtet, mit Preußen nicht unterhandeln zu wollen, würde mir wohl jetzt schon ihre Unterschrift unter diesem Dokumente mit vielem Golde abkaufen mögen; sie sind unglücklich darüber.

Nimmt der König pure an, allenfalls nach einigen von uns nicht zu regardierenden Privatgesprächen mit den Fürsten, so ist die Stellung der Linken mit *einem* Schlage die umgekehrte: dann sind wir die Konservativen und überlassen es den früheren, etwas Hochverrat gegen die Verfassung zu spielen.

Ich gehe mit Hildebrand[9]) und Claussen[10]) nach Rom oder Neapel und hoffe in Frische noch lange mit Dir gemeinschaftlich zu kämpfen, denn jetzt, mein Alter, beginnt erst der Anfang vom Ende, nachdem wir dem Volke die Handhabe zu geben gesucht, mit der es seine Rechte wahrnehmen soll.

In treuer Liebe Dein
H. Simon.

Herzliche Grüße an Fanny[11]) und Stahr.

[4]) Die Erklärung (über die Abstimmungen der deutschen Nationalversammlung vom 21. und 27. März 1849), die Heinrich Simon in Gemeinschaft mit seinem Vetter Max Simon (ebenfalls Mitglied der Frankfurter Nationalversammlung) im «Frankfurter Journal» vom 31. März 1849 veröffentlicht hatte. Sie ist abgedruckt in JHSG, II, S. 87–97.

[5]) Über den Inhalt dieser Note vgl. Valentin, II, S. 369 f.

[6]) Anton Ritter von Schmerling (1805–1893), österreichischer Staatsmann, Bevollmächtigter der österreichischen Regierung bei der Zentralgewalt.

[7]) In der Abschrift: c. 80.

[8]) Über die Erklärung der 86 Mitglieder der Nationalversammlung vgl. JHSG, II, S. 94.

[9]) Bruno Hildebrand (1812–1878), Nationalökonom, Professor in Marburg, Mitglied der Frankfurter Nationalversammlung.

[10]) Hans Reimer Claussen (1804–1894), Obergerichtsadvokat in Kiel, Mitglied der Frankfurter Nationalversammlung; wanderte (1851) nach Davenport in Iowa aus, erfolgreicher Rechtsanwalt und Politiker daselbst.

[11]) Fanny Lewald.

574. Ferdinand Falkson an Jacoby

Nachlaß[1]) *Königsberg, 9. April 1849.*

..... Hier ist alles bei übrigens im allgemeinen gutem Geiste matt und indifferent, dem Assoziationsleben ist nicht aufzuhelfen, und die Klubs müssen sich aus Mangel an Teilnehmern auflösen. In der Tat ist die Zeit für die abstrakten Klubs, die nur in der Blüte der Revolution möglich sind, vorüber. Daß hier die Kaiserfrage das höchste Aufsehen erregte und man über die Antwort des Königs[2]) ebenso denkt als Berlin, können Sie sich denken und aus unsern Zeitungen ersehen. Dem vollendeten Siege der Konterrevolution kann nur eine neue Erhebung entgegentreten, die aber für die nächste Zukunft weder möglich noch wünschenswert ist .....

[1]) JNUL(Ab).
[2]) Am 28. März wählte die Frankfurter Nationalversammlung Friedrich Wilhelm IV. von Preußen zum Kaiser der Deutschen. Am 3. April erklärte der König einer Deputation der Frankfurter Nationalversammlung, er könne die ihm angetragene Kaiserwürde nur mit Zustimmung aller deutschen Regierungen, d. h. der Fürsten, annehmen. Die endgültige Ablehnung erfolgte am 28. April.

575. Simon Meyerowitz an Jacoby

Nachlaß[1]) *Königsberg, 28. April 1849.*

Unser briefliches Stillschweigen, vielleicht eine Fortsetzung des mündlichen, komme nicht in Betracht. Mit Ansichten, die Du in Dir längst widerlegt hast, werde ich Dich nicht beschweren. Die Gegenwart schreibt wichtigere Kommentarien als der große Cäsar, unter allen europäischen Gewitterwolken herrscht eine internationale Einheit, worüber ich die «kindlichen Schauer in der Brust» nachgerade verloren habe. Bei größter Teilnahme für die Begebenheiten zu einer Mitwirkung zu alt oder überhaupt unfähig, befinde ich mich gleichfalls ohne Zentrum, schwärme über vieles und komme gewöhnlich auf Dich zurück. Die acht letzten Jahre, jene Deiner Kampfeszeit, als ich bei Deinen gedruckten Namen von einer höheren Rührung ergriffen wurde, treten mir nun lebhaft entgegen. Es ist Dein naher Geburtstag[2]), der mich mahnt und bewegt. Was soll ich Dir, der Du persönlich keine Wünsche hast, besonders wünschen? Möge alles, was Du wahrhaft edel anstrebst, gelingen, möge das Schicksal das, worin Du irren könntest, zum Guten wenden .....

[1]) JNUL(Ab).
[2]) Am 1. Mai.

576. Jacoby an Unbekannt

Nachlaß[1]) *Frankfurt, 12. Mai 1849.*

Der Krieg und[2]) [die] Not der Parteien machen[3]) jeden Briefwechsel unsicher, daher nur wenig Worte zu Eurer Beruhigung. Frankfurts gegenwärtige Lage erinnert an die Novembertage Berlins. Die Schlinge ist um den Hals der Nationalversammlung geworfen und zieht sich mit jedem Tage enger zusammen; faßt sie nicht schnell einen tatkräftigen Beschluß, so ist sie verloren. Die preußischen Beamten verlassen scharenweise die Paulskirche.

Gestern ist auch Herr von Raumer[4]) (Abgeordneter für Berlin) ausgetreten. Da ich sein Stellvertreter bin, will man mich bestimmen, den verlassenen Posten einzunehmen; ich habe aber wenig Lust, mich zum dritten Male auflösen zu lassen[5]). Nur wenn die Nationalversammlung Frankfurt verläßt und sich nach Württemberg zurückzieht, kann sie etwas leisten; hier sind ihr die Hände gebunden und ihre Tage gezählt. Gagern ist mit sich selbst zerfallen; sein Anblick erregt Mitleid. Küntzel und Keudell sind noch hier[6]). H[einrich] Simon wird morgen eintreffen; er war in Rom und schreibt von da, daß die Römer sich wie Helden geschlagen und vollkommene Ruhe und Ordnung in der Stadt herrsche[7]).

In den nächsten Tagen gedenke ich die Rückreise über Köln und Berlin anzutreten. Ich bin völlig gesund und gebe die Hoffnung nicht auf! .....

Sie[8]) kann sich nicht zu einem kräftigen Entschluß erheben, fürchtet die Freiheitsbewegung mehr als den Absolutismus. Eine revolutionäre Versammlung, die sich defensiv verhält, ist verloren ...

[1]) BAF(Ab); letzter Absatz JNUL(Ab).

[2]) BAF(Ab) gestrichen.

[3]) BAF(Ab): macht.

[4]) Friedrich von Raumer legte sein Mandat in der deutschen Nationalversammlung am 10. Mai 1849 nieder. Seine Austrittserklärung wurde dort am folgenden Tage verlesen. VDNV, IX, S. 6516 (217. Sitzung am 11. Mai 1849).

[5]) Das erstemal am 9. November 1848 als die preußische Nationalversammlung vom König aufgelöst, das zweitemal am 27. November 1848 als die Sitzung der Abgeordneten der Linken in Mylius' Hotel vom Militär gesprengt wurde.

[6]) Alexander von Küntzel und Otto von Keudell waren Mitglieder der Frankfurter Nationalversammlung, an deren Sitzungen sie bis etwa 18. Mai 1849 teilnahmen.

[7]) Vgl. Heinrich Simons Briefe in JHSG, II, S. 108, 111.

[8]) Die Frankfurter Nationalversammlung.

577. Jacoby an Simon Meyerowitz

Nachlaß[1]) *Frankfurt am Main, 19. Mai 1849.*

Ich hätte nicht gelaubt, daß ich Dir noch einen zweiten Brief von hier schreiben würde. Schon hatte ich den Tag meiner Abreise festgesetzt, da kam die Erhebung in Baden, die Abberufung der preußischen Deputierten[2]) und der «Aufruf an mein Volk»[3]); dies bestimmte mich, noch einige Zeit hier zu verweilen, um den Verhandlungen in der Paulskirche beizuwohnen. Der bei weitem größte Teil der Abgeordneten besteht aus Leuten, die – unfähig, für irgendeine Idee sich zu begeistern oder aufzuopfern – nur allein durch ein Maß(?)[4] Ehrgefühl auf ihrem Posten zurückgehalten werden. Daß sie sich der zur Durchführung der Reichsverfassung entstandenen Bewegung bemächtigen und dieselbe leiten – daran ist gar nicht zu denken; nur mit genauer Not haben sie sich zu der Erklärung verstanden, daß das neue Ministerium Grävell[5]) eine Beleidigung des deutschen Volkes sei und die bisherige Zentralgewalt nicht ferner mit [der] Leitung der deutschen Angelegenheiten betraut bleiben dürfe (der erste Beschluß ist am 17. auf Antrag Welckers[6], der zweite in der heutigen Sitzung auf Biedermanns Antrag[7] gefaßt worden).

Mit Gagern habe ich eine Unterredung gehabt und ihm die Lage der Dinge in Preußen sowie die von R[adowitz] geleitete Politik des preußischen Kabinetts offen dargelegt; es war mit ein Zweck meiner Herreise, ihn durch diese Mitteilung zu einem entschiedenen Handeln zu bestimmen; er ist aber zu unentschlossen und infolge der letzten Ereignisse zu sehr mit sich selbst zerfallen, als daß irgendetwas von ihn zu erwarten wäre. Er sprach es geradezu gegen mich aus, daß er *«den guten Willen»* habe, sich an die Spitze der Bewegung zu stellen, daß er aber glaube, es fehle ihm die «Fähigkeit dazu». Wie ist dieser Mann in dem *einen* Jahre alt und matt geworden! Trotz aller Verleumdungen habe ich die feste Überzeugung, daß Gagern es ehrlich meint und zu jedem Opfer für die Freiheit bereit ist; nur an Kraft und vor allem an Selbstvertrauen fehlt es ihm; er ist ein braver Mann, aber kein Charakter, wie die jetzige Zeit ihn fordert. Gagern ist die personifizierte Paulskirche, das personifizierte Deutschland!

Die Fürsten schreiten dagegen mächtig und rücksichtslos vorwärts; längst hätte man

1) BAF(Ab); die zwei letzten Sätze JNUL(Ab).

2) Aus der Frankfurter Nationalversammlung durch die preußische Regierung am 14. Mai 1849.

3) Friedrich Wilhelm IV., Aufruf «An mein Volk» vom 15. Mai 1849, in «Preußischer Staats-Anzeiger» 16. Mai 1849 Nr. 133.

4) Auch Gustav Mayer wollte es nicht gelingen, das Wort zu entziffern; er schrieb zuerst «einen Rest», strich es aus und setzte «ein Maß (?)».

5) Nach dem Rücktritt des Ministeriums Gagern übertrug der Reichsverweser dem Juristen von der äußersten Rechten, Grävell, den Vorsitz in dem neuen reaktionären Ministerium.

6) Welckers Antrag lautete: «Die Nationalversammlung erklärt, nachdem sie die Ernennung des Reichsministeriums [Grävell] und dessen Programm vernommen, daß sie zu diesem Ministerium nicht das geringste Vertrauen haben kann, sondern vielmehr diese Ernennung unter den obwaltenden Umständen als eine Beleidigung der Nationalrepräsentation betrachten muß.» Der Antrag wurde mit 191 Stimmen gegen zwölf angenommen. VDNV, IX, S. 6629 ff (222. Sitzung am 17. Mai 1849).

7) Vgl. ebenda, IX, S. 6682 ff. (224. Sitzung am 19. Mai 1849).

schon die Nationalversammlung durch Waffengewalt aufgelöst, wenn nicht die Erhebung in Baden, in der Pfalz und in Württemberg einen solchen Staatsstreich bedenklich machte. In Baden ist überall Ordnung und Begeisterung, wie sehr auch die reaktionären Zeitungen das Gegenteil zu verbreiten bemüht sind. Die Republik ist an *keinem* Orte ausgerufen. Willst Du die wahre Lage der Sache kennenlernen, so verweise ich Dich auf die Reden Eisentucks (Sitzung vom 15. Mai[8]), Vogts (Sitzung vom 19. Mai[9]) und Löwes[10] aus Calbe (18. Mai[11]), dergl. auf das Frankfurter Journal vom heutigen Datum.

Aus Berlin habe ich traurige Nachrichten. Das Standrecht ist ohne einen Grund proklamiert[12]) und Waldeck[13]) gefänglich eingezogen. Wenn irgend einer, so ist dieser Mann vollkommen rein und schuldlos; aber *eben deshalb* ist er dem Absolutismus gefährlich. Der Absolutismus sieht sein Ende voraus und wendet jedes erdenkliche Mittel an, dem Geschicke zu entgehen. Es ist die alte Fabel von Ödipus!

Lebe wohl, mein treuer Freund! Hoffentlich sehen wir uns bald und unter erfreulicheren Zuständen wieder!

[8]) Die Rede des Chemnitzer Deputierten Bernhard Eisenstuck ist abgedruckt ebenda, IX, S. 6580–6587 (220. Sitzung am 15. Mai 1849).

[9]) Karl Vogts Rede ebenda, IX, S. 6675–6679 (224. Sitzung am 19. Mai 1849).

[10]) Wilhelm Löwe (1814–1886) aus Calbe an der Saale, Arzt und Politiker, 1848 Mitglied der Frankfurter Nationalversammlung (linker Flügel), 1849 Präsident des Rumpfparlaments in Stuttgart, floh in die Schweiz, 1853 Arzt in New York, kehrte 1861 nach Deutschland zurück, ab 1863 Mitglied des preußischen Abgeordnetenhauses als Fortschrittsparteiler, 1867–1881 Mitglied des Reichstags, trat 1874 aus der Fortschrittspartei aus.

[11]) Löwes Rede ebenda, IX, S. 6650 ff. (223. Sitzung am 18. Mai 1849).

[12]) Gemeint ist das am 10. Mai 1849 erlassene Gesetz über die Verhängung des Belagerungszustandes in Kriegs- und Friedenszeiten und die Einsetzung von Kriegsgerichten in den Orten, in denen der Belagerungszustand verhängt wurde.

[13]) Waldeck wurde am 16. Mai 1849 verhaftet als Mitschuldiger an einem «hochverräterischen Unternehmen», das «die Herstellung einer einigen unteilbaren, sozialdemokratischen Republik in Deutschland» zum Zwecke hatte. Vgl. Heinrich Bernhard Oppenheim, *Benedikt Franz Leo Waldeck, der Führer der preußischen Demokratie,* Berlin 1873, S. 118.

578. Stammbuchblatt für einen Unbekannten

Nachlaß[1]) *Frankfurt am Main, 20. Mai 1849.*

Sero sapiunt Phryges at – dum modo sapiant[2])!

Dr. Jacoby.

[1]) Staatsbibliothek. Stiftung Preußischer Kulturbesitz. Berlin. Dokumentensammlung Darmstaedter 2 1 1863 (10).

[2]) Erster Teil des Satzes (sero sapiunt Phryges) bei Sextus Pompeius Festus, De verborum significatu, ed. Leipzig: Teubner 1913, S. 460.

579. Jacoby an Adolf Stahr

Nachlaß[1]) *Frankfurt am Main, 22. Mai*[2]) *1849.*

Geliebter Freund!

Von einem Tage zum andern habe ich meine Abreise verschoben; immer hoffte ich, daß das Parlament sich endlich ermannen und mit seinem moralischen Gewicht dem Sonderbunde der Könige[2a]) entgegentreten werde. Allein täglich wird das Häuflein der Getreuen kleiner. Gestern sind sogar Gagern und mit ihm so viele Deputierte ausgetreten, daß die Versammlung nicht mehr beschlußfähig war. Unter solchen Umständen halte ich es für meine Pflicht, als Stellvertreter den Posten einzunehmen, den der frühere Abgeordnete von Berlin (H[err] von Raumer) schmählich verlassen.

Mit Gagern habe ich bald nach meiner Ankunft gesprochen und ihm die preußischen Verhältnisse geschildert. R[adowitz] – sagte ich ihm – leite die Kamarilla-Politik und werde von dem einmal betretenen Wege um so weniger abgehen, als er in allen Fällen *nur gewinnen* könne: gelingt es ihm, den Absolutismus wiederherzustellen, so ist sein Einfluß allmächtig, mißlingt es, so hat er die größte *protestantische* Macht zerstört. Meine Worte schienen auf G[agern] Eindruck zu machen, er ist aber infolge der jüngsten Ereignisse zu sehr mit sich selbst zerfallen, als daß er sich zu einem kräftigen Entschluß erheben könnte. Er sprach es geradezu gegen mich aus, daß er zwar *«den guten Willen»* habe, sich an die Spitze der Bewegung zu stellen, daß er aber «glaube, es fehle ihm die *Fähigkeit dazu»*[3]). Wie hat dies *eine* Jahr den Mann verändert! Trotz aller Verleumdungen habe ich die Überzeugung, daß er es ehrlich meint und zu jedem Opfer für die Freiheit bereit ist. Nur an Kraft und vor allem an Selbstvertrauen fehlt es ihm: G[agern] ist die fleischgewordene Paulskirche, das personifizierte Deutschland!

Aus Berlin bringen die Zeitungen traurige Nachrichten. Die Tragödie des Ödipus schreitet schnell vorwärts: das Standrecht ist proklamiert und Waldeck verhaftet. Wenn irgend einer, so ist dieser Mann rein und schuldlos; aber *eben deshalb* ist er dem Absolutismus gefährlich.

Wie ich höre, soll die preußische Polizei auch auf mich fahnden. Ist dies der Fall, so bin ich jeden Augenblick bereit, mich zu stellen. Lieber Gefangener als – Flüchtling!

Viele herzliche Grüße für Fanny. Schreibt *gleich nach Empfang* dieser Zeilen

Eurem treuen Freunde

Dr. J.

[1]) Original: Deutsche Staatsbibliothek Berlin. Nachlaß Lewald-Stahr.

[2]) Im Original ist «22. Mai» unterstrichen und mit drei nachfolgenden Ausrufezeichen versehen.

[2a]) Nach der vorbereitenden Berliner Konferenz vom 17. Mai 1849 vereinigten sich Preußen, Sachsen und Hannover am 26. Mai 1849 zu dem Dreikönigsbündnis. Die drei Königtümer verpflichteten sich, vereint für die Gründung eines deutschen Bundesstaates ohne Österreich zu wirken.

[3]) Diese Stelle des Briefes war Varnhagen von Ense (*Tagebücher*, VI, S. 200 f.) schon am 2. Juni 1849 bekannt. Adolf Stahr, der ihn einen Tag früher besucht hatte (ebenda, S. 199), muß sie ihm mitgeteilt haben.

H. Simon ist aus Rom *gesund* zurückgekehrt und kann nicht genug von der Liebenswürdigkeit und dem Heldenmute der Römer erzählen. – In Baden herrscht überall die größte Ordnung, die ganze Bevölkerung steht unter Waffen. Die Republik ist an keinem Ort ausgerufen.
Euren Brief sendet mir unter Kuvert und adressiert denselben an *Dr. med. A. Schmidt* in Frankfurt am Main, Große Sandgasse Nr. 5.

Herrn Professor A. Stahr
in *Berlin*
Werdersche Rosenstraße Nr. 3 Parterre.

580. Simon Meyerowitz an Jacoby

Nachlaß[1]) *Königsberg, 24. Mai 1849.*

..... Nicht Radowitz' Politik hat Deutschlands Freiheit gemordet, sondern die Deutschen selber, deren von außen veranlaßte Bewegung die Edelsten des Volkes für innere Erhebung hielten. Es war keine eigentliche Idee der Revolution, von dieser wären die Heere mit ergriffen worden, sie hätten mindestens geschwankt, Bruderblut zu vergießen, sie wären vor einem Bürgerkriege zurückgeschreckt. Rauch war alles – die Gewitterwolken werden erst später den Kanonendonner übertäuben. An einen gemäßigten Absolutismus ist nicht mehr zu denken. Die Tyrannei feiger Rachsucht ist im Anzuge; sie wird alle Gefühle bitter getäuschter Hoffnungen zu einer Idee kondensieren, worauf es, anstatt wie jetzt vae victis, vae victoribus heißen wird. Eitelkeit, Tribünenapplaus war bei vielen das Motiv, die Freiheit Nebensache – Du wirst es nun eingesehen haben. Wer den Willen hat, besitzt auch die Fähigkeit zu großen Taten, Gagern war nur ein Phantom, sein Austritt beweist dieses.
Was willst Du nun beginnen, gewohnt nur mit dem Rechte Hand in Hand zu gehen? Der heiligen Sache der Freiheit wirst Du immer treu bleiben, Dir nicht alle(?). Waldecks Schicksal macht mich doppelt besorgt; er ist gewiß unschuldig, Du bist es auch und mindestens ebenso rein; allein auf Dir lastet ein besonderer Haß, von Dir hat vor acht Jahren die liberale Bewegung begonnen – Dir kann nicht verziehen werden. In jenen Gegenden zu bleiben, hat keinen Zweck, den Bajonetten wird keine partielle Begeisterung widerstehen, und man wird Dir Dinge beimessen, denen Deine Seele fremd ist. Kehre zu uns zurück, ein edles Gut aus dem Schiffbruche der Zeit, vermeide jedoch sorgfältig Städte im Belagerungszustande. Ich bin unendlich betrübt, jene schöne Frühlingssonne plötzlich verfinstert zu sehen. Sie wird noch dem jüngeren Geschlechte herrlich aufgehen, mir nicht mehr. Es siege der Mut in dem gesunden Geschlechte, ich bin leberkrank. Leb Du wohl! ...

[1]) JNUL(Ab).

581. Simon Meyerowitz an Jacoby

Nachlaß[1]) *Königsberg, 25. Mai 1849.*

Unmittelbar nach Absendung meines gestrigen Briefes sprach ich Kosch, und er war der Meinung, daß ich Dir hätte schreiben sollen, doch jeden preußischen Boden in den ersten Wochen nicht zu betreten, erst abzuwarten, welche Richtung die Dinge nehmen werden; denn er sei überzeugt (d. h. hege die bestimmte Ansicht), daß man Dich so gut wie Waldeck verhaften werde. In Zeiten absolutistischer Nichtswürdigkeit sind dergleichen Besorgnisse sichere Ahnungen des Kommenden. Ich darf Dir nicht verhehlen, daß ich K[osch]s Ansicht teile; es ist viel gefährlicher, sich in das Loch der Otter als in die Höhle des Löwen zu begeben, und das alte Gezücht wird offenbare Tücke für Mut halten, es gehört sogar ein Übermut der Frechheit dazu, unmittelbar nach der Auflösung der Kammer einen Mann wie W[aldeck] in den Kerker zu werfen. Um dem Volke zu zeigen, wie wenig man es achte, wird die Willkür besonders an den Verteidigern seiner Freiheit ausgeübt werden. Du bist der Mann des festen Entschlusses, Du wirst mit dem Notwendigen das Würdige zu verbinden wissen. Schreibe mir immer, wo Du Dich befindest; bedenke, daß Du unsere ganze Sorge bist, daß wir Deinetwegen in steten Befürchtungen leben ...

[1]) JNUL(Ab).

582. Jacoby an den Oberstaatsanwalt[1]) in Berlin

Nachlaß[2]) *Frankfurt am Main, 25. Mai 1849, im Gasthaus zum Weißen Schwan Nr. 37.*

Geehrter Herr,

die Kölnische und andre Zeitungen enthalten die Nachricht, daß von seiten der preußischen Polizei auf mich gefahndet werde. Für den Fall, daß diese Nachricht begründet, zeige ich Ihnen hiermit an, daß ich mich zur Zeit in Frankfurt am Main aufhalte und, sobald ich meiner Pflicht als Abgeordneter zur deutschen Nationalversammlung genügt habe, nach Preußen zurückkehren werde.

Dr. Joh. Jacoby
aus Königsberg in Preußen.

Herrn Oberstaatsanwalt
Sethe
zu *Berlin.*

[1]) Oberstaatsanwalt J. Sethe.
[2]) LHA Potsdam, Pr. Br. Rep. 30, Berlin C, Tit. 94, Lit. J, Nr. 70, Fol. 29 (Abschrift).

583. Fanny Lewald an Jacoby

Nachlaß[1]) *Berlin, 25. Mai 1849.*

Teurer, lieber Freund!

Es ist mir ein ordentlicher Trost gewesen, endlich einmal von Ihnen selbst zu hören, daß es Ihnen wohl geht, mindestens in bezug auf Ihr körperliches Befinden. Die Kreuzzeitung hatte nämlich die Nachricht gebracht, daß Sie schwer krank darniederlägen, und Adolf und ich waren gleich abends zu dem Dr. Waldeck[2]) in die Breite Straße gegangen, Nachricht zu holen. Wir fanden aber niemand, und das Mädchen wußte nichts. Die Hauptsache ist, daß Sie gesund sind, und daß wir alle leben bleiben – «bis die Wasser sich verlaufen» – Deutschland erduldet die Sintflut seiner eigenen Schuld, es leidet, weil es glaubte; und glauben ohne Verstandesüberzeugung, das ist die eigentliche Sünde wider den Heiligen Geist; die Verleugnung des höchsten Gutes, des freien Willens.

Ich habe auch gar nichts dagegen, wenn alle *die* von der Flut verschlungen würden, die sie über uns heraufbeschworen haben, und wünsche nur, daß man eine Arche fände, in der man leben könnte, bis die Flut vorüber und die befreite Erde wieder grün wird.

Verzagt bin ich gar nicht, aber bedrückt durch die Schwüle und bang, wenn ich an all die Möglichkeiten denke, die wir zu bestehen haben können. Indes ich denke dann an mein altes Lieblingswort «Durch!» – und behalte Mut und Hoffnung. Ich war auch gar nicht außer mir, und das wird Ihnen lieb sein, als man Sie verhaftet sagte. Wer wie Sie wirkt, muß darauf gefaßt sein; aber ich bin nicht begierig, Sie ein Märtyrertum tragen zu sehen, und wollte – müssen Sie es auf sich nehmen – es Ihnen, soviel ich könnte, erleichtern. Das wissen Sie ja auch.

Wie es hier steht? Man braucht nicht viel Kombinationskraft, es sich selbst zu sagen. Der Knabe Gianettino trampelt wie ein toller Affe auf den Gesetzen herum – und die «staatsmännischen» Besitzenden, den heiligen David[3]) an der Spitze, finden es adorabel! und «staatsmännisch». Wenn die Demokratie von diesen Staatsmännern nichts lernt, so ist ihr nicht zu helfen.

Daß Sie in Frankfurt eintreten würden, glaubte ich fest. Es kann Sie expatriieren, das ist möglich, wenn die Staatsmänner siegen. Daß Sie Gagern für achtbar halten, ist schön, er hat mir auch den Eindruck eines braven Mannes gemacht, aber, ich sagte es Ihnen gleich, nicht den eines bedeutenden, eines wirksamen Mannes. Ich fand in den Frankfurter Briefen an Adolf, die ich in diesen Tagen redigierte, eine Stelle über ihn, die ihn, glaube ich, auch nach Ihrer Anschauung richtig bezeichnet. Er ist kein Demokrat, denn er glaubt nicht, daß das Volk gut sei, er hält es für entsittlicht und egoistisch, für *irreligiös* und blutdürstig. Wie falsch das ist, das wäre komisch – wenn nur Menschen mit solchen Ansichten wirken könnten. Aber jede Religion, die verbreitet werden soll, bedarf der Liebe, die Liebe ist allein schöpferisch, erzeugend, und wer nicht liebt, wer nicht den Glauben der Überzeugung hat, kann *nie* dem Volke dienen, kann *nichts* schaffen und *nichts* nützen. Nachdem ich jene Äußerungen aus Gagerns Munde gehört hatte, war ich überzeugt, daß

[1]) JNUL(Ab).

[2]) Julius Waldeck wohnte Breite Straße 5.

[3]) David Hansemann.

er nicht der Rechte sei, habe nicht mehr auf ihn gehofft, nichts mehr von ihm erwartet. Er fühlt sich auch nicht: «von Gottes Gnaden!» – und nur wer sich so fühlt, wer ein eingeborener Sohn der Welt, ein Erbe alles Großen und Herrlichen ist, steht ohngeblendet vor den Thronen und unterhandelt als ein Gleichberechtigter.

Das sind so alte Dinge, daß ich Sie am wenigsten davon zu unterhalten brauche, und sie mir zu meiner inneren Befestigung vorzuerzählen, habe ich auch nicht nötig .....

Daß Heinrich (Simon) zurück ist, auf seinem Posten, und die Italiener liebt, freut mich sehr. Sagen Sie ihm das beste von mir, und er solle schreiben. Wir haben gestern auch lange Erzählungen von Rom gehört durch einen jungen Bildhauer meiner Bekanntschaft, der von dort zurückgekommen ist.

Hartmann[4]) haben Sie wohl gesagt, daß ich in England ohne Bekanntschaften sei und ihm bei dem redlichsten Willen nicht helfen könne. Taten Sie es nicht, so tun Sie es. Grüßen Sie auch Oppenheim und Venedey sehr – und Vogt unbekannterweise .....

Über die neuen Verhaftungen sind Sie hoffentlich ruhig – da Sie über folgerechte Dinge nicht zu erstaunen pflegen[5]). Für Julius Waldeck kann es eine Lehre werden, ihm das Renommieren abzugewöhnen, das seinen trefflichen Eigenschaften Abbruch tat. Ich war neuerdings Zeuge eines ganz unnützen Bravierens, das ihm auch Händel auf der Straße zuzog. Ich schätze ihn sehr.

Die National-Zeitung erscheint noch nicht wieder, weil Wrangel beleidigt ist, daß Zabel[6]) ihn übergangen und mit Manteuffel verhandelt hat. W[rangel] und M[anteuffel] sind im Kampf, vielleicht kommen dabei die braven Leute zu ihrem Gelde.

Adieu, mein Freund. Ich denke Ihrer viel, vermisse Sie sehr und liebe Sie sehr.

In alter Gesinnung übrigens bilde ich mir fest ein, daß Sie mich zuweilen vermissen und gern dort hätten.

die Alte.

[4]) Moritz Hartmann (1821–1872), österreichischer Dichter, Schriftsteller und demokratischer Politiker, Mitglied der Frankfurter Nationalversammlung (äußerste Linke); dann Flüchtling in der Schweiz, in Frankreich und England. «Durch Fanny Lewald, die in Charlottenburg häufig Gäste bei sich sah, machte er die Bekanntschaft Johann Jacobys, die, in den Stürmen des ‚tollen Jahres' gefestigt, sich in eine Freundschaft fürs Leben wandelte.» Otto Wittner in Moritz Hartmann, *Gesammelte Werke*, Prag 1906, I, S. 183.

[5]) Mehrere Organisatoren der Berliner Volkspartei, darunter der Oberlehrer Gercke, Julius Waldeck und Guido Weiß, wurden am 24. Mai 1849 verhaftet und vom Kriegsgericht zu einer dreimonatigen, Gercke sogar zu einer einjährigen Gefängnisstrafe verurteilt.

[6]) Friedrich Zabel (1802–1875), Redakteur der Berliner «National-Zeitung».

584. Adolf Stahr und Fanny Lewald an Jacoby

Nachlaß[1]) *Berlin, 25. Mai 1849.*

Ich kann zu unserer geliebten Fanny Briefe nichts weiter als Ja! und Amen! sagen, denn er spricht alles aus, was ich denke und empfinde und – weiß.

Waldeck[2]), der mir heute früh 11 Uhr Deinen Brief[3]) brachte, bat mich, Dir zuzureden: doch den Eintritt in das Parl[ament] an Raumers Stelle aufzugeben. Geschieht hiermit, in der Weise wie Du denken kannst natürlich. Daß Du Dich aber einem Verhaftbefehle der Polizei stellen willst, in einem Augenblicke, wo statt der Dezembercharte der alte Absolutismus, und zwar *ohne* seinen natürlichen Patriarchalismus, *ohne* seine Ermäßigung durch den Liberalismus vieler Beamten und *Richter,* auf Preußen lastet, das wird jedenfalls erst reiflich zu bedenken sein. Waldeck[2]) rät, in solchem Falle wenigstens nach Königsberg zu gehen, wo doch kein Belagerungszustand und wo Du bei den Deinen seist. Obenein, sagte er, wärst Du ja unschuldig, und Dein Leben und Handeln liege offen vor aller Welt. Wenn man daran denke, Dich zu «setzen», so geschähe es nur, um wie bei Waldeck den Leiter der Demokratie in Preußen für die Wahlen untätig zu machen. Indessen ich denke an das Wort des französischen «Staatsmannes», der nur drei gesprochene Worte forderte, um einen Menschen von Rechts wegen verurteilen zu können, und als ein Zweifler sagte: nun gut, so sage ich: «Eins und zwei sind drei», ruhig erwiderte: Unglücklicher, vous blasphémez, la S[ainte] trinité.

Daß man die Wahlen wirklich zu halten und den Termin von *sechzig* Tagen wenigstens einzuhalten denke[4]), hat gestern noch der Justizminister Simons[5]) dem Exminister Gierke[6]) versichert .....

In Politicis denke ich so wie der Chirurgus in Immermanns Münchhausen: Schock – Gegenschock! Wenn die Franzosen jetzt – Franzosen sind und keine Russen, so weiß ich, was binnen vierzehn Tagen geschieht.

Die Hauptsache ist: schreib *uns umgehend,* wie es Dir geht und was Du denkst. Verstehen werden wir es schon, auch wenn's zwischen den Zeilen stünde .....

Der kleine Grenier[7] (der Gesandtschaftssekretär) sagt: «Vous êtes à plaindre, vous autres Allemands. Il n'y a pas de doute, les princes auront encore une fois le dessus!» – Vedremo! ....

[Nachschrift von Fanny Lewald.][m]

Ich soll den Brief zumachen, finde aber, daß noch sündlich viel leeres Papier da ist, das vollgeschwatzt werden kann. Von Rodbertus habe ich erfahren – ich sprach ihn nicht,

[1]) JNUL(Ab).

[2]) Wohl Eduard Waldeck.

[3]) Vom 22. Mai 1849, oben abgedruckt.

[4]) Die Wahlen zur Zweiten Kammer wurden verfassungswidrig über die gesetzmäßige Frist hinaus verschoben. Die Wahl der Wahlmänner fand am 17. Juli 1849, die der Abgeordneten am 27. Juli d. J. statt.

[5]) Ludwig Simons (1803–1870), preußischer Justizminister (April 1849–1860).

[6]) Rudolf Eduard Julius Gierke, Landwirtschaftsminister im Kabinett Auerswald-Hansemann (Juni – September 1848).

[7]) Edouard Grenier, Zweiter Sekretär der französischen Gesandtschaft in Berlin.

aber die Gottheiner sagte es mir heute –, wie es eigentlich in Frankfurt und in Süddeutschland steht.
Der Tribunalrat Waldeck soll in einem sehr schlechten Gefängnis sein, dumpfig, übelriechend, voll Wanzen. Waldeck[8]) (Ihrer) und die andern sind in Militärgefängnisse gebracht, weil die anderen voll sein sollen.
Der Warnungsbrief wegen eines Spiones, der an die Linke gekommen ist, ist nicht von mir. Ich weiß von der ganzen Sache kein Wort. Hätte ich Ihnen eine wesentliche Mitteilung zu machen, so täte ich es direkt und einfach. Ich hasse in ernsten Angelegenheiten die alberne romantische Spielerei der Anonymität und Mystifikation. Und doch baumelt dieser romantische Zopf noch Tausenden von Deutschen nicht nur im Nacken, sondern an der Nase. Bettina könnte Anonymus spielen, weiß auch vielerlei – ich nichts.
Neulich waren wir abends bei ihr mit Willisen zusammen, dem sie ins Gesicht schleuderte: Du bist ein Verräter! und hast nichts auf der Welt zu tun, als die Italiener gegen Österreich zu führen und Dir einen ehrlichen Namen und ein ehrliches Grab zu schaffen! Dazu streichelte sie ihn und küßte ihn auf die Schultern. Sie war mir entsetzlich in dieser Weise, so sehr ich viele Seiten ihrer Natur verehre und liebe. Wäre *die* in einer wahren Zeit, in einem gesunden Volke geboren, sie hätte ein großes Weib werden müssen, ein heiliges Weib. Jetzt, als Kind der Romantik, der deutschen, nervenkranken, bodenlosen Romantik, halb christlich, halb heidnisch, ewig auf der Zwischenstation zwischen Transzendenz und Realität, ist sie – eben Bettina geworden.
Hansemann leugnete neulich, daß Bettina Einfluß auf den König habe, und sagte, mit *neidenswerter* Suffisance: «*Das* will ich Ihnen aber *doch* sagen, das mag dann früher gewesen sein, aber unter einem konstitutionellen Ministerium – unter *meinem* Ministerium haben Frau Bettinen *keinen* Einfluß gehabt.» Ich erwiderte ihm: «Das wissen Sie nicht, und ich glaube es nicht. Wenigstens haben Sie mir oft genug geklagt, daß Sie mit einer Tory-Kamarilla nicht durchkommen könnten, und als ich Sie fragte: ‹Warum fordern Sie nicht die Entfernung des ganzen jetzigen Hofstaats?› mir geantwortet: ‹Ja! das *geht* eben nicht, und wer soll an die Stelle kommen?›. Erlauben Sie also, daß ich *Ihre* ministerielle Unumschränktheit bezweifle.» Er war ganz still. Ich gehe fast gar nicht mehr hin. Es ist mir und Adolf nicht mehr behaglich mit ihm . . . .

[8]) Julius Waldeck.

585. Jacoby an Simon Meyerowitz

Nachlaß[1]) *Frankfurt, 27. Mai 1849.*

Lieber Simon!
Ich schrieb Dir in meinem ersten Brief, daß ich keine Lust verspüre, mich zum dritten

[1]) BAF(Ab).

Male auflösen zu lassen. Dennoch scheint es, daß ich diesem Geschick nicht entgehen soll. Als Gagern durch seinen und seiner Partei Austritt eine Selbstauflösung der Versammlung herbeizuführen suchte[2]), ward der Antrag gestellt, die beschlußfähige Zahl von 150 auf 100 herabzusetzen. Allein auch dieser Antrag stieß auf Schwierigkeiten, indem die zurückgebliebene Rechte durch unparlamentarisches Verlassen der Sitzung die Abstimmung vereitelte[3]). Unter solchen Umständen hielt ich es für meine Pflicht, den von meinem Vorgänger[4]) so schmählich verlassenen Posten einzunehmen, und siehe da! der Zufall wollte es, daß gerade durch meinen Hinzutritt in der Donnerstagsitzung (24. Mai) die beschlußfähige Zahl von 150 voll und so die Annahme des obigen Antrages möglich gemacht wurde[5]).

Im übrigen verhalte ich mich in der Versammlung passiv; ich erwarte unter den gegebenen Verhältnissen wenig von derselben und wünsche nur, daß sie ein *ehrenvolles* Ende nehme. Die Proklamation an das deutsche Volk, die in der gestrigen Sitzung beschlossen wurde[6]), dürfte leicht der Schwanengesang der Nationalversammlung sein. Uhland[7]), der treu bei der Freiheitsfahne ausharrt, hat den Aufruf verfaßt[8]).

In Preußen scheint jetzt niemand mehr vor den Gewaltstreichen des Absolutismus sicher zu sein; dennoch werde ich in das Vaterland zurückkehren. Lieber Gefangener als politischer Flüchtling!

An den Oberstaatsanwalt Sethe habe ich dieser Tage folgendes Schreiben gerichtet: [Es folgt hier der oben abgedruckte Brief vom 25. Mai 1849.]

Wenn die Königsberger Zeitung die erwähnte Mitteilung aufgenommen, so sorge dafür, daß mein Brief an Sethe ebenfalls eingerückt werde. Meine Schwestern, die wahrscheinlich um mich sehr besorgt sind, beruhige und sage ihnen, *daß auch nicht der entfernteste Grund* zu einem Verfahren gegen mich vorliege.

Was ich Dir und M.[9]) über die verderbliche Politik des Herrn von Radowitz sagte, bestätigt sich jetzt vollkommen. Seine Spekulationen sind stets von *der Art,* daß – wie auch das Blatt sich wende – er immer irgendeinen Vorteil daraus zieht. So wird er auch jetzt von dem einmal betretenen Wege um so weniger abgehen, als er in *allen* Fällen dabei nur *gewinnen* kann: gelingt es ihm, den Absolutismus wiederherzustellen, so ist sein Einfluß allmächtig – mißlingt es, so hat er die größte *protestantische* Macht zerstört. In der Tat! es bedarf eines festen Glaubens an eine *vergeltende Gerechtigkeit,* um in so trüber Zeit den Mut nicht sinken zu lassen!

[2]) Heinrich von Gagern trat mit sechzig anderen Erbkaiserlichen am 20. Mai 1849 aus der deutschen Nationalversammlung aus. In ihrer gemeinsamen Austrittserklärung (VDNV, IX, S. 6697 f.) heißt es, die Nationalversammlung habe jetzt die Wahl, entweder den Weg des Bürgerkrieges zu betreten oder auf die weitere Durchführung der Reichsverfassung zu verzichten. Die Unterzeichneten hätten von diesen beiden Übeln das letztere als das für das Vaterland geringere erachtet.

[3]) VDNV, IX, S. 6726 (226. Sitzung am 24. Mai 1849).

[4]) Friedrich von Raumer, Abgeordneter für Berlin.

[5]) VDNV, IX, S. 6714 (225. Sitzung am 21. Mai 1849).

[6]) VDNV, IX, S. 6761 (228. Sitzung am 26. Mai 1849).

[7]) Ludwig Uhland (1787–1862), der Dichter, war Mitglied der Frankfurter Nationalversammlung (linkes Zentrum).

[8]) Text des Aufrufs in VDNV, IX, S. 6735 f.

[9]) Wohl Ludwig Moser. Vgl. Nr. 500.

586. Simon Meyerowitz an Jacoby

Nachlaß[1]) *Königsberg, 28. Mai 1849.*

Die jüngsten Verhaftungen in Berlin haben außer der politischen Rache gewiß keinen andern Zweck, als die früheren Vertreter dieser Stadt wahlunfähig zu machen; ich muß daher das Gerücht, es sei ein Verhaftbefehl gegen Dich bereits vorhanden, für *kein bloßes Gerücht* halten. In dergleichen Angelegenheiten sind die unreinsten Quellen die zuverlässigsten. Hier das Rechte zu ergreifen, ist nicht leicht. Gegen tückische Gewalt schützt Schuldlosigkeit nicht viel, es ist aber auch bedenklich, weil in der öffentlichen Meinung nachteilig, ihr auszuweichen. Man will eine Kammer nach einem neuen Wahlgesetz bald einberufen, die Verfolgungen müssen daher in wenigen Wochen aufhören, nicht aber die Festhaltung der einmal Verhafteten.

In deutsche Begeisterung kann man nicht Mißtrauen genug haben; ein in vieler Hinsicht gemeines Volk, das der angestammten Zuchtrute nicht leicht entlaufen wird. Was will Baden, was der Landesausschuß[2]) in seiner jetzigen Beschaffenheit? Die Einheit Deutschlands ist keine vorhaltende Idee, für welche das Volk, der gemeine Mann – Blut und Gut einsetzen wird, das eigene gewiß nicht.

In Zeiten wie die gegenwärtigen wird einem Christi Klage «meine Seele ist betrübt[3])» recht verständlich .....

[1]) JNUL(Ab).
[2]) Landesausschuß der Volksvereine in Baden.
[3]) Markus 14, 34.

587. Jacoby an Simon Meyerowitz

Rekonstruktion[1]) *Frankfurt am Main, 30[?]. Mai 1849.*

Wird Frankfurt am Main verlassen und sich nach dem neuen Sitz der deutschen Nationalversammlung begeben.

[1]) Nach Nr. 589.

588. Simon Meyerowitz an Jacoby

Nachlaß[1]) *Königsberg, 7. Juni 1849.*

Ich hatte einen Brief angefangen, um Dir meine Bedenken über die Verlegung der Nationalversammlung nach Stuttgart[2]) auszusprechen, als ich die desfallsigen Debatten zu Gesicht bekam und Deinen Brief vom 30. v. M. erhielt, wodurch jedes Eingehen auf diesen Gegenstand überflüssig wurde. Ihr habt Euch von dem einzigen Orte, von der selbstgeschaffenen Zentralgewalt getrennt, die allein Euren Beschlüssen fernere Legalität geben konnten, und sucht revolutionären Boden – «jetzt fechtet Ihr für Euer Haupt und Euer Lehen», eine Idee ist nicht mehr zu realisieren. Französische Zustände sind im Anzuge, das Vaterland wird von fremder Hilfe – wenn auch nur vorübergehend – geschändet werden. Und mein Gemüt ist von traurigen Ahnungen ergriffen für die Gesamtheit wie für den einzelnen; mir ist zumute, als sollte ich Dich nicht so bald wiedersehen, ein Kummer, für den ich keine Linderung weiß. Du tröstest uns mit Deiner Vorsicht, diese ist gerade gefährlich. Denn sie verdächtigt auf der einen und macht verhaßt auf der anderen Seite. Um einem solchen Übelstande zu entkommen, läßt man sich, gewöhnlich zur Unzeit, zu den äußersten Schritten fortreißen.

Über den Stand der Dinge fällt das Urteil schwer. Die Landwehr hat sich beinahe ohne Widerstand einkleiden lassen, das Militär ist entschieden royalistisch. Ohne Charakter sind die Bewegungen in Süddeutschland, sie haben keine materielle Veranlassung, und so fehlt auch der wahre Grund zur Begeisterung, es sei denn, daß Preußen ihn oktroyieren möchte .....

Hier bildet sich ein negatives Wahlkomitee, d. h. das Volk soll bestimmt werden, sich an den Wahlen zur Zweiten Kammer nicht zu beteiligen. Ich war für meine Person schon früher dieser Ansicht, ob es gleich politischer wäre, alles anzuwenden, um gute Wahlen zu erzielen. Kosch ist gleichfalls für das Nichtwählen, er würde jedoch eine Wahl annehmen ... Wir leiden ungemein durch den dänischen Krieg, der hiesige Kaufmannsstand liegt in den letzten Zügen .....

[1]) JNUL(Ab).
[2]) Die Verlegung wurde am 30. Mai 1849 beschlossen.

589. Jacoby an Simon Meyerowitz

Nachlaß[1]) *Cannstatt, 9./10. Juni 1849[2]).*

Am 30. Mai wurde, wie ich Dir geschrieben, der Beschluß gefaßt, die Nationalversammlung nach Stuttgart zu verlegen[3]), und am folgenden Tage schon reiste ich mit H.

[1]) JNUL(Ab).
[2]) BAF(Ab) irrtümlich: 10. Juli 1849.
[3]) VDNV, IX, S. 6796 (230. Sitzung am 30. Mai 1849).

Simon, Rappard[4]), M. Hartmann [(Dichter der bekannten Reimchronik des Pfaffen Mauritius[5]), Löwe][bf], Temme, Claussen (aus Schleswig) und dessen Frau aus Frankfurt ab. Wir fuhren teils im Wagen teils auf der Eisenbahn über Aschaffenburg, Miltenberg, [Mosbach,][bf] Heilbronn nach dem Ort unserer Bestimmung. In Frankfurt, diesem argen Krämer- und Heulernest, fühlten wir uns alle bedrückt und beengt wie in gewitterschwüler Luft. Und hier welch ein Kontrast! Ich kann Dir gar nicht sagen, wie sehr es mir in dem herrlichen Schwabenlande gefällt, wieviel Anziehendes für mich der kerngesunde Menschenschlag hat, der dies schöne Land bewohnt. Überall wurden wir mit der größten Herzlichkeit empfangen, an vielen Orten mit Ehrenbezeugungen überhäuft, wie sie sonst nur reisenden Fürsten zuteil werden. In Heilbronn, wo wir bereits mehrere Abgeordnete antrafen, mußten wir einen ganzen Tag verweilen. Das Haus, in dem wir wohnten, war mit schwarzrotgoldenen Fahnen reich geschmückt und eine Ehrenwache vor demselben aufgestellt. Bei der Abreise bildete die trefflich organisierte Bürgerwehr (40 Mann[6] stark) Spalier, und die halbe Stadt begleitete uns unter Jubel bis zum Bahnhof. Wenn das Volk in Württemberg überall so gestimmt und so tatkräftig ist, wie in dem Teile, durch welchen wir kamen, so hat die Nationalversammlung den Standpunkt gefunden, von dem aus sie den über Deutschland hereinbrechenden Absolutismus bekämpfen kann.

Unsern Aufenthalt in Heilbronn benutzten wir dazu, den alten Justinus Kerner[7]), der [nur][bf] eine Viertelstunde davon in Weinsberg lebt, zu besuchen. Mit gewohnter Gastfreundlichkeit[8]) begrüßte uns Kerner, dem man in keiner Art den phantastischen Geisterseher anmerkt. Obgleich er dem Erblinden nahe ist, ließ er's sich nicht nehmen, mit uns den unmittelbar hinter seinem Garten gelegenen Berg, die «Weibertreue» genannt, zu besteigen und uns die alte romantische Burgruine zu zeigen, wo sein Freund Lenau den Faust gedichtet[9]). Die Aussicht von hier aus ist wunderschön: Berge, Täler, Städte in der mannigfaltigsten Abwechslung, dazu überall die Trümmer von Schlössern und Burgen, die in dem Bauernkriege zerstört wurden. Einen höheren Reiz erhielt diese Exkursion noch durch die Anwesenheit des Abgeordneten Zimmermann[10]), des bekannten Geschichtsschreibers der Bauernkriege[11]), der aus Stuttgart uns entgegengereist war und in höchst liebenswürdiger Weise den Cicerone machte.

In Stuttgart hat die Nationalversammlung bereits drei Sitzungen gehalten[12]), das preußische oktroyierte Wahlgesetz (für Deutschland) für null und nichtig erklärt, die bis-

[4]) Konrad von Rappard (1805–1881), Gutsbesitzer aus Glambeck, Mitglied der Frankfurter Nationalversammlung.

[5]) Moritz Hartmann, *Reimchronik des Pfaffen Mauritius*, Frankfurt am Main 1849.

[6]) BAF(Ab): 900 Mann.

[7]) Justinus Kerner (1786–1862), Arzt, Dichter und okkultistischer Schriftsteller in Weinsberg.

[8]) BAF(Ab): Gastfreundschaft.

[9]) Nikolaus Lenaus *Faust* erschien 1836.

[10]) Wilhelm Zimmermann (1807–1878), Professor in Stuttgart, Mitglied der Frankfurter Nationalversammlung (äußerste Linke), wegen Beteiligung am Rumpfparlament 1851 aus dem Staatsdienst entlassen.

[11]) Zimmermanns *Geschichte des Bauernkrieges* erschien 1841.

[12]) Nämlich zwei Sitzungen am 6. Juni und die dritte am 8. Juni 1849.

herige Zentralgewalt ihres Amtes enthoben und an deren Stelle eine Regentschaft von fünf Personen (Raveaux, Karl Vogt, Schüler[13], Heinrich Simon, Becher[14]) eingesetzt[15]. In einer *Vor*versammlung sämtlicher Mitglieder hatte man mich in die Regentschaft gewählt, ich lehnte es jedoch ab, indem ich ihr die Unzulässigkeit dieser Wahl auseinandersetzte. Das Nähere in betreff der obigen Beschlüsse wirst Du aus der Zeitung ersehen. Wir können es uns alle nicht verhehlen, daß bei der Apathie, in welche ein großer Teil Deutschlands verfallen, die Aussicht auf Erfolg unserer Schritte nur gering ist, wir glaubten es aber der Ehre der Nation und vor allem der Ehre der Volksvertretung *schuldig* zu sein, diesen letzten Versuch zu machen. Das Württemberger Volk ist jetzt genötigt, sich zu entscheiden; es muß entweder die Nationalversammlung aufgeben oder das Ministerium Römer[16]) stürzen, das in seiner unseligen Halbheit der Reaktion in die Hände arbeitet. Gewinnt die Versammlung in Württemberg einen festen Halt, so ist die Freiheit in Süddeutschland gesichert und wird von da aus sich bald wieder über ganz Deutschland verbreiten. Fortes fortuna adiuvat! .....

[13]) Friedrich Schüler (1791–1873), Rechtsanwalt in Zweibrücken, Mitglied der Frankfurter Nationalversammlung.

[14]) August Becher (1816–1890), Rechtsanwalt in Stuttgart, Mitglied der Frankfurter Nationalversammlung.

[15]) VDNV, IX, S. 6810 ff. (231. Sitzung am 6. Juni 1849) und S. 6822 (232. Sitzung an demselben Tage).

[16]) Das Ministerium des württembergischen liberalen Staatsmannes Friedrich von Römer amtierte von März 1848 bis Oktober 1849. Römer ließ das nach Stuttgart übergesiedelte Rumpfparlament am 18. Juni 1849 gewaltsam auflösen.

590. Fanny Lewald an Jacoby

Nachlaß[1]) *Berlin, 16. Juni 1849.*

Mein teurer Freund!

Ich mag Berlin nicht verlassen, ohne Ihnen vorher gesagt zu haben, daß ich Ihnen danke und wie sehr ich mich um Sie und Heinrich Simon sorge – wie angst mir ist vor den Folgen der Schritte, welche nach der Übersiedlung nach Stuttgart geschehen sind. Sie kennen mich genug, zu wissen, wie wenig ich vor dem Gedanken zurückschrecken würde, Ihre oder Simons Existenz, ja selbst das Leben gefährdet zu sehen, wüßte ich damit «den Zweck» gefördert. Das, wovor ich bange, ist der Gedanke, Sie hätten, fortgetragen von

[1]) Original: Hermann Hauff-Heinrich Kölle Nachlaß im Schiller-Nationalmuseum, Marbach am Neckar. In einem dort ebenfalls aufbewahrten Schreiben Fanny Lewalds an Hermann Hauff, Redakteur des «Morgenblattes für gebildete Stände» in Stuttgart, heißt es über ihren hier abgedruckten Brief an Jacoby: «Ich hoffe, daß Dr. Johann Jacoby noch in Stuttgart ist, haben Sie dann die Güte, ihm den Brief zustellen zu lassen.» Allem Anschein nach wurde ihm der Brief nicht zugestellt.

der Idee, von der Überzeugung des endlichen Sieges, ein Unternehmen begonnen, bei dem Sie Ihre Kräfte überschätzten. Die neue Zentralgewalt gibt Befehle an die Generale in Dänemark – und kann nicht dafürstehen, daß sie ausgeführt werden. Sie erklärt die deutschen Fürsten für Hochverräter – und hat nicht die Macht, sie als solche zu bestrafen. Befehlen, wo man keinen Gehorsam erwarten kann, machtlos drohen, das sind alles so unmännliche, so unverständige Dinge. Die Drohung, welche ausgeführt, zur Strafe würde – ist ein Schimpfen, wenn sie die Tat nicht in ihrem Gefolge hat.

Ich sage mir oft, Sie, Heinrich Simon und andere sind zu besonnen, um an ein Experiment, an die Durchführung einer für jetzt unfruchtbaren Idee, eine Nation und ihre Zukunft zu wagen. Ich sage mir, Sie halten es für Pflicht, dem Volke als «Beispiel der Möglichkeit» eine Zentralgewalt zu zeigen, die keine Fürstenkrone zum Schirme hat; ich kann mir auch denken, daß die Volksbewegung im Südwesten Deutschlands so stark ist, daß Sie sie für ausreichend erachten. Aber mein treuer Freund! *noch* hat das Volk die Idee, die Freiheit, das Recht, im entscheidenden Augenblicke *immer* seinem materiellen Vorteil geopfert, immer die Vertreter desselben im Stich gelassen. Wird es jetzt zu Ihnen halten?

Ich sorge um Sie, um Simon, als sähe ich Sie einen Tempel bauen auf Triebsand. Nennen Sie es weibische Schwäche – ich fühle sie; und zum erstenmale verläßt mich der Glaube, die Hoffnung an und auf das, was Sie glauben und hoffen. Ich wollte Sie sprechen, um zu wissen, was Sie denken, um wieder mit Ihnen glauben und hoffen zu können.

In Berlin sind selbst die eifrigsten Vertreter der Demokratie gegen alle Schritte, welche nach der Eröffnung der Nationalversammlung in Stuttgart geschehen sind. Die Versammlung und namentlich die «fünf Regenten»[2]) sind die Zielscheibe des Spottes von allen Seiten. Wie gerne wollte ich, daß ich – in meinem Zweifeln – mit den Spöttern zusammen beschämt würde.

Ihre und Simons Rückkehr nach Preußen halten alle für unmöglich. Crelinger und Otto[3]), die ich darum fragte, meinten, sie wüßten nicht, worauf man eine Klage gegen Sie anstellen könne[4]), d. h. unter welcher Rubrik – aber gefangennehmen würde man Sie und, wenn die Reaktion siegt, auch eine Form der Verurteilung finden. Für Temme und die andern Beamten stände die Sache schlimmer als für Sie und Simon.

Gehen Sie nicht in die Pfalz – aus Konsequenz um der Konsequenz willen –, wenn Sie es vermeiden können, wenn Sie nicht einen positiven Zweck, einen Erfolg im Auge haben. Ich denke immer, es wäre besser gewesen, als ruhender Gärungsstoff kompakt in Frankfurt den günstigen Augenblick abzuwarten, als alles auf eine Karte zu setzen, die so leicht umschlagen kann. Dann würden Sie alle in die vier Winde zerstreut und die besten Kräfte der Demokratie für lange Zeit entzogen ...

Denken Sie wohl, daß ich Ihnen den Abend vor Ihrer Abreise, als wir bei Rauch[5]) im Atelier und im Theater gewesen waren, sagte: «Guter Jacoby[6])! lassen Sie sich nichts

[2]) Vgl. Nr. 589.

[3]) Otto Lewald.

[4]) Von der Briefschreiberin korrigiert aus: werde.

[5]) Christian Daniel Rauch (1777–1857), Bildhauer, Begründer der Berliner Schule.

[6]) Im Original: Jakoby.

tun!» Damals sagten Sie: «Ich habe ja nichts getan, warum sollte mir etwas geschehen? – und ich habe auch Glück!» Trauen Sie *Ihrem* Stern, daß er auch dem deutschen Geschick leuchte? Deutschlands Himmel sieht so finster aus, und der Stern des einzelnen schützt nur ihn. Möchte er stark genug sein, Sie gegen das Unheil zu schützen, dessen Ahnung mich niederschlägt.
Stahr ist seit vierzehn Tagen in Oldenburg und mißfällt sich in der Enge dieser Existenz seit dreizehn Tagen.
Ich gehe morgen abend nach Pyrmont. Schreiben Sie mir dahin, wenn es nicht zu sehr gegen Ihre Natur ist – Sie täten mir gut mit einem Briefe.
Ein Exemplar von Werthers Lotte[7]), das ich für Sie erhalten, habe ich bei Doktor Eduard Waldeck für Sie abgeben lassen.
Ich bleibe wohl bis Ende Juli in Pyrmont. Sagen Sie das Heinrich Simon. Ich habe heute seiner Mutter geschrieben. Und sagen Sie ihm überhaupt das treuste und beste von mir. Adieu Jacoby[8])! schonen Sie sich, wenn Sie Ihre Existenz nicht opfern *müssen. Muß* es sein – nun dann geschehe es.

Die Ihre
Fanny Lewald.

Herrn Doktor Johann Jacoby.

[7]) Gemeint ist wohl Adolf Stahrs Studie «Werthers Lotte», die er später als zweites Kapitel in sein Buch *Goethes Frauengestalten* aufnahm; in der siebenten Auflage des Buches, Berlin/Leipzig 1882, S. 22–40.
[8]) Im Original: Jakobi.

591. Jacoby an Simon Meyerowitz

Nachlaß[1]) *Cannstatt, 19. Juni 1849 (Belle-Alliance).*

Lieber Simon!
Gestern – am denkwürdigen 18. Juni[2]) – ist die erste deutsche Nationalversammlung durch Waffengewalt gesprengt worden. Der frühere Republikaner Römer hat sich zu dieser schmählichen Tat mißbrauchen lassen. Sein eigener Schwiegervater, der 70jährige Abgeordnete Schott[3]), und sein treuester Freund, der greise Dichter Uhland, schritten neben dem Präsidenten Löwe an der Spitze des Zuges einher und wurden nur durch einen glücklichen Zufall vor der Brutalität der Soldaten bewahrt[4]). Die Nationalver-

[1]) BAF(Ab).
[2]) Gemeint ist die Schlacht bei Waterloo oder Belle-Alliance vom 18. Juni 1815.
[3]) Albert Schott (1782–1861), württembergischer Parlamentarier, Mitglied des Vorparlaments und der Frankfurter Nationalversammlung.
[4]) Einige Jahre später wurde Uhland zum Ritter des preußischen Ordens pour le mérite ernannt. Er wies den Orden zurück, weil er, wie er Berthold Auerbach gegenüber erklärte, sich nicht von einem Fürsten habe auszeichnen lassen können, der seinen Freund Jacoby auf die Anklagebank gebracht habe, wo dieser doch nur dasselbe getan wie er, Uhland. B. Auerbach, *Briefe an seinen Freund Jakob Auerbach*, Frankfurt am Main 1884, II, S. 304; vgl. auch Uhland an Alexander von Humboldt, 2. Dezember 1853, in *Uhlands Briefwechsel*, Stuttgart/Berlin 1916, IV, S. 73 f.

sammlung hat ein ehrenvolles Ende genommen, selbst die Gegenpartei läßt ihr diese Gerechtigkeit widerfahren und scheint über den Ausgang der Sache bestürzt.
So ist denn die erste Periode der deutschen Revolution beendet und hat dem Volke keinen anderen Vorteil als den der *Selbsterkenntnis* gebracht, zugleich aber auch die *Lehre* erteilt, daß jede Revolution verloren ist, welche die alten wohlorganisierten Gewalten neben sich fortbestehen läßt.
Was uns die nächste Zukunft bringt? Fällt Baden trotz seines kräftigen Widerstandes, so unterliegt es keinem Zweifel, daß Preußen die Schweiz angreift, um Neuenburg wieder zu erobern. Dann ist die Revolution von 1848 wieder zu ihrem Ausgangspunkt zurückgekehrt und ein dem Volke (Freiheit) günstiger Umschwung der Dinge mit Sicherheit vorauszusehen.
An dem Wiederzusammentreten der Abgeordneten [der Nationalversammlung] ist kaum zu denken, der größere Teil derselben ist bereits in seine Heimat zurückgekehrt. Ich gedenke noch etwa vierzehn Tage, bis dies völlig konstatiert, zu verweilen und diese Zeit zu einem Ausflug durch Schwaben, vielleicht bis zum Bodensee, zu benutzen, dann aber kehre ich zu Euch zurück. Die Ereignisse der letzten Zeit haben mich tief erschüttert, körperlich bin ich jedoch völlig wohl.

592. Unbekannt an Jacoby[1])

Nachlaß[2]) *[Poststempel: Lausanne,]*[m] *12. Juli 1849.*

Lieber Freund!
Zwar nicht, wie ich vermute, als Neuigkeit, aber zu unserer Beruhigung teile ich Ihnen folgendes mit dem Bemerken mit, daß es zugleich über dringende Aufforderung Römers geschieht. Brandenburg-Manteuffel hat in einer scharfen Note die *Verhaftung* sämtlicher auf württembergischem Boden befindlichen Abgeordneten aus Preußen verlangt und dabei besonders Sie angelegentlichst empfohlen. Das Ministerium hat das Ansinnen zwar rund abgeschlagen, aber nicht mehr ohne ziemliche Furcht vor dem Einfluß der preußischen Bajonette, die im Lande sind und sich ihre Leute auch ohne zu fragen zu holen willens sind. Daher will man wenigstens der ostensiblen Demütigung ausweichen und trachtet, da im Augenblick kein preußischer Abgeordneter im Lande sich befindet, jeden derselben sub rosa fernzuhalten.
Welche wichtige Rolle Sie dabei spielen oder wie groß die Angst vor Blamage ist, können Sie daraus entnehmen, daß man, trotzdem man Ihre Abwesenheit weiß, polizeiliche Recherchen, wie in dem Hotel, das Sie bewohnten, nach Ihnen macht, vermutlich um den Schein der Willfährigkeit, wo es angeht, herauszukehren. Nach einer weitern offiziellen Auskunft wünscht man, daß Sie jede annähernde Berührung mit Ländern, wo preußische

[1]) Briefkopf in der Abschrift: «An Jacoby in Vernex bei Vevey».
[2]) JNUL(Ab).

Truppen stehen, sorgfältig [vermeiden][m], da *dieselbe zuverlässig einsteckend wirkt.* Soviel zu Ihrer Richtschnur, wofern es dessen bedurfte. Reuter ist vor sechs Tagen nach Berlin und – in seine Heimat.

Einer der letzten fünf vom X Regiment.

593. Simon Meyerowitz an Jacoby

Nachlaß[1]) *Königsberg, 27. Juli 1849.*

..... Du siehst wohl klar ein, daß die Regierungsrache es besonders auf Dich abgesehen hat. Sie hat mit Dir alte, ihr von den Gerichten abgesprochene Rechnungen abzuschließen und hält Dich aus einer Prädilektion des Hasses für den Urheber jeder vermeintlichen Unbill. Es liegt ihr ungemein viel daran, öffentlich an Dir ein Exempel zu statuieren, sich heimlich an Deinen Leiden zu ersättigen, und so wirst Du, sobald Du irgendwo die deutsche Grenze überschreitest, gewaltsam ergriffen, schmählich überantwortet werden. Zwar bin ich überzeugt, daß nichts gegen Dich vorliegt und daß kein vernünftiger Gerichtshof Dich wegen Deiner Teilnahme an den Stuttgarter Beschlüssen verdammen würde; allein wir haben jetzt eine schreckliche Jury und ein neues Disziplinarverfahren gegen richterliche Beamte, wogegen das Gesetz vom 29. März 1844 nur ein schmeichelndes Kind ist .....

Vor nichts sollte man unter gewissen Umständen sich so sehr in acht nehmen als vor dem Zusammenleben mit *vielen* Expatriierten, weil diese den eitelsten Hoffnungen Raum geben und sich zu abenteuerlichen Entschlüssen verleiten lassen. Besser allein, wenngleich die Sehnsucht nach dem doch süßen Vaterlande «das nächste Glück von den Lippen wegzehrt». Ganz wie sie jetzt sind, können die Sachen nicht lange bleiben. Denn die Regierung muß bald zur Einsicht gelangen, daß die viehische Dummheit der Preußenvereine ihr keine Stütze, die in der Intelligenz begründet ist oder die selbst der absolutistischen Herrschaft notwendig ist, dauernd gewähren kann, und sie wird vor einer Verbindung zurückschrecken, die für den Augenblick zwar schmähliche Gewalt verleiht, aber die eigentliche Macht für alle Zeiten untergräbt .....

Professor Simson und Landrat von Bardeleben sind zu Deputierten gewählt, die dritte Wahl wird wahrscheinlich auf Mac-Lean fallen[2]). Es ist keinem Zweifel unterworfen, daß bei einer Beteiligung an den Urwahlen die Zweite Kammer demokratisch ausgefallen wäre .....

[1]) JNUL(Ab).

[2]) Es ist hier die Rede von den Wahlen zur preußischen Zweiten Kammer. Unter den Wahlmännern des Königsberger Wahlbezirkes, der drei Deputierte wählte, rivalisierten die Konservativ-Konstitutionellen mit den offenen Reaktionären. Das Wahlresultat wurde am 27. Juli 1849 abends bekannt. Die konstitutionelle Partei blieb siegreich, denn als Deputierte wurden gewählt Eduard Simson, Kurt von Bardeleben und Bankdirektor Mac-Lean. «Kölnische Zeitung» 29. Juli 1849 Nr. 180 «Königsberg 24. Juli» und 2. August 1849 Nr. 183 «Königsberg, 27. Juli». Die Wahlen erfolgten aufgrund des von der Regierung am 30. Mai 1849 oktroyierten Wahlgesetzes (Dreiklassenwahlrecht), weshalb die Demokraten aus Protest sich an den Wahlen nicht beteiligten.

594. Betty und Karoline Jacoby an Jacoby

Rekonstruktion[1]) *Kranz[?], wohl erste Hälfte August 1849.*

Bitten Jacoby, nicht in die Heimat zurückzukehren, sondern in der Schweiz zu verbleiben. In Preußen könne jetzt die Gewalt ohne Scheu alles tun, was ihr vorteilhaft erscheine, denn alles schweige aus Furcht.

[1]) Nach Nr. 597.

595. Jacoby an den Oberstaatsanwalt in Berlin

Nachlaß[1]) *Vernex bei Vevey, 10. August 1849.*

Geehrter Herr,

infolge der in unsren Zeitungen verbreiteten Nachricht, daß die preußische Polizei auf mich fahnde, habe ich Ihnen im Monate Mai meinen damaligen Aufenthaltsort – Frankfurt am Main – angezeigt und zugleich bemerkt, daß ich, sobald mein Abgeordnetenmandat erloschen, nach Preußen zurückzukehren gedenke[2]).

Da eine Antwort von Ihrer Seite nicht erfolgte, mußte ich die obenerwähnten Zeitungsnachrichten für unbegründet halten und nahm daher keinen Anstand, nach Sprengung der deutschen Nationalversammlung eine schon vor längerer Zeit beabsichtigte Reise durch die Schweiz anzutreten.

Neuerdings erfahre ich aus zuverlässigen Quellen, daß das preußische Ministerium von der württembergischen Regierung die *Verhaftung* sämtlicher im Lande befindlichen preußischen Abgeordneten verlangt und *mich* namentlich bezeichnet habe.

Es ist hiernach anzunehmen, daß meine parlamentarische Tätigkeit zum Gegenstand einer Anklage gemacht werden soll; dies veranlaßt mich, Ihnen hiermit zu erklären,

daß ich im Laufe des nächsten Monats in die Heimat zurückkehren werde.

Hochachtungsvoll
Dr. Joh. Jacoby
aus Königsberg in Preußen.

Herrn
Oberstaatsanwalt Sethe
zu *Berlin.*

[1]) LHA Potsdam, Pr.Br., Rep. 30, Berlin C, Tit. 94, J, Nr. 70, Fol. 30 (Abschrift).

[2]) Vgl. Nr. 582.

596. Jacoby an die französische Gesandtschaft in Bern

Rekonstruktion[1]) *Vernex bei Vevey, 10. August 1849.*

Übersendet seinen vom Königsberger Polizeipräsidium für eine Reise nach Berlin und von dort nach den Kaiserlich-Österreichischen und übrigen Bundesstaaten ausgestellten Reisepaß und ersucht um die Visierung für eine Reise nach Frankreich. Er wünsche, auf seinem Rückweg nach Preußen sich etwa zwei Wochen in Frankreich aufzuhalten[2]).

[1]) Nach dem Schreiben des preußischen Gesandten in Bern, von Sydow, an das Ministerium der auswärtigen Angelegenheiten in Berlin, 15. August 1849. DZA Merseburg, Rep. 77 VI, Lit. J, Nr. 65, Fol. 114.

[2]) «Der französische Gesandte», so berichtete von Sydow, «hat mir den Paß zunächst zugesandt, und da ich nur erklären konnte, daß ich zu dessen Visierung nach Frankreich nicht in dem Fall sei, heute auch seinerseits die Erteilung der Visa unter Bezugnahme auf meine Rückäußerung abgelehnt.» Ebenda.

597. Johann Jacoby an Betty und Karoline Jacoby

Abdruck[1]) *Vernex, 18. August 1849.*

Liebe Schwestern!

Es ist einmal meine Bestimmung, allen denen, die mich lieben, Sorge und Kummer zu bringen. Der Gedanke an *Euch* hat in dieser Zeit mich oft schmerzlich bewegt und mehr als alle anderen Erwägungen mir den Entschluß *schwer* gemacht, den ich doch zuletzt

[1]) «Königsberger Hartungsche Zeitung» 25. Juli 1890 Nr. 172. Die Redaktion schickte dem Brief die folgende Bemerkung voran: «Nach der gewaltsamen Sprengung des deutschen Parlaments hatte Johann Jacoby sich bekanntlich nach der Schweiz begeben, wo er den Sommer 1849 in Gemeinschaft mit seinen Freunden Moritz Hartmann und Heinrich Simon zubrachte. Anfangs Oktober traf ihn dort die Vorladung, sich vor dem Königsberger Gericht zur Verantwortung gegen die wider ihn erhobene Anklage auf Hochverrat zu stellen. Die Strafe, die nach den damals gültigen Gesetzen dieses Verbrechen bedrohte, war ‚Schleifen zur Richtstätte auf einer Kuhhaut und Rädern von unten auf', im Falle der Begnadigung Enthauptung durchs Beil oder lebenslängliches Zuchthaus. Der Ausgang des Prozesses war bei den damals ungewöhnlich hochgehenden Wogen der Parteileidenschaft zum mindesten sehr zweifelhaft und eine Verurteilung erschien weitaus wahrscheinlicher als eine Freisprechung. Wußte man doch zu gut, daß die Reaktion zu Geschworenen möglichst ‚zuverlässige' Persönlichkeiten auszuwählen verstand, und erschien es demzufolge nur zu gewiß, daß Jacobys Richter aus den Reihen seiner entschiedensten und befangensten politischen Gegner genommen werden würden. So kamen denn auch von allen Seiten, aus dem weiten Kreise seiner Freunde wie dem seiner Familie, Bitten und Warnungen an Johann Jacoby, sich der schweren Gefahr, die ihn bedrohte, nicht auszusetzen, sondern ruhig in seinem sicheren Schweizer Asyl bis auf bessere Zeiten zu verbleiben. Jacoby antwortete darauf mit einem bis jetzt nicht veröffentlichten, wahrhaft klassischen Brief, der ein neues herrliches Zeugnis für seine große Natur und Denkart ablegt und der uns jetzt, nach dem jüngst erfolgten Tode seiner Schwester [Betty], zur Verfügung gestellt worden ist.»

fassen mußte. Glaubt nicht, daß ich leichtsinnig handle! Ich kenne die Macht und den bösen Willen der Regierung, vor der der Unschuldigste nicht sicher ist, ich kenne die politische Apathie des Volkes, die jedes Unrecht ruhig hinnehmen wird; ich weiß, was mir zu Hause bevorsteht und daß ein günstiger Umschwung der Dinge noch nicht so bald zu erwarten ist. Dennoch *kann* ich nicht anders handeln. Ganz abgesehen von der Verpflichtung, die ich durch meine frühere Erklärung eingegangen, sträubt sich mein Gefühl dagegen, gerade jetzt zur Zeit der Not und Unterdrückung das Vaterland zu meiden.

Solange meine Mitbürger in den Fesseln des Absolutismus schmachten, solange viele meiner früheren Genossen – gerade durch mein Wort und Beispiel zum politischen Wirken angeregt – dafür im Kerker büßen, würde ich auch im freieren Auslande *keinen frohen* Augenblick haben; mit meinen Gedanken würde ich doch immer in der Heimat sein: das Ausland wäre mir nur ein *größeres Gefängnis,* in welchem ich – unzufrieden mit mir selbst – körperlich und geistig verkommen müßte.

Ihr schreibt, daß in Preußen die Gewalt jetzt ohne Scheu tun könne, was ihr Vorteil bringt, denn alles *schweige aus Furcht.* Ich glaube es wohl; allein diese allgemeine Entmutigung ist für mich nur eine um so dringendere Aufforderung zur Rückkehr. Längere Abwesenheit würde unter den jetzigen Verhältnissen einer *Flucht* gleichkommen und diese von dem richtigen Volksinstinkte für ein Eingeständnis der *Furcht* und *Schuld* angesehen werden. Mögen überweise Egoisten mich einen «Schwärmer» heißen oder «Märtyrersucht» mir als Motiv unterlegen – je mächtiger die Willkürherrschaft, je allgemeiner die Furcht vor derselben, um so mehr fühle ich die Verpflichtung in mir, mit dem Beispiele des Mutes voranzugehen und der Gewalt mein gutes Recht entgegenzustellen.

Ich weiß, liebe Schwestern, daß – mehr als alle Vernunftgründe – Euch die Rücksicht für mein *persönliches Wohl* bestimmt. Nun, so versichere ich Euch denn, daß ich mich erst jetzt recht frei und *wohl* fühle, nachdem die Absicht zurückzukehren bei mir zum festen Entschlusse gereift ist. Der Aufenthalt in der Schweiz, die reine Bergluft, die Bäder im Genfer See haben mich körperlich und geistig gestärkt; ich fühle mich kräftig und jeder Prüfung gewachsen, die mir bevorsteht. Was auch kommen mag, es soll mich nicht beugen noch mir die Zuversicht des Sieges rauben.

Habt auch *Ihr* guten Mut! Vertraut der gerechten Sache! Ihr habt ja schon manche Gefahr mit mir überstanden; auch diesmal wird der Ausgang ein glücklicher sein.

Lebt wohl und schreibt bald

Eurem treuen Bruder

J.

Herzliche Grüße den Strandbewohnern[2])! Wenn sie auch jeden diplomatischen Verkehr mit dem revolutionären Freunde abgebrochen haben, so gedenke ich ihrer doch täglich mit Sehnsucht und gäbe mit Freuden alle Schönheiten des Genfer Sees für die sandigen Ufer der Ostsee hin.

D. O.

[2]) Jacobys Schwestern verbrachten damals vermutlich ihre Sommerferien in Kranz, dem beliebten Seebad der Königsberger.

598. Simon Meyerowitz an Jacoby

Nachlaß[1]) *Königsberg, 28. August 1849.*

..... Nach der Erfahrung aller Revolutionen steht den Männern der Reichsversammlung eine große politische Wirksamkeit nicht mehr bevor, und den edelsten unter ihnen bliebe nur noch der Ruhm, ihre Taten durch Märtyrertum zu besiegeln; allein ein solches ist jetzt kaum möglich. Denn das ist kein Märtyrertum, das ein feiges Volk zur Tat entflammen könnte, wenn seine großherzigsten Freunde und Vorkämpfer ergriffen und in einer unabsehbaren Untersuchungshaft der Vergessenheit übergeben werden. Wer denkt noch an Temme und jetzt an Waldeck? Ihr habt die Regierungen für hochverräterisch erklärt, und die sind nun stark genug, es Euch wieder zu vergelten .....

[1]) JNUL(Ab).

599. Eine Widmung Jacobys für Karl Ulrich

Rekonstruktion[1]) *Königsberg, zwischen 21. Oktober und 7. Dezember 1849.*

«Sei keines Mannes Knecht!»

Gegeben am (folgt [unbekanntes] Datum) aus dem Gefängnis für Karl Ulrich

von

Johann Jacoby.

[1]) Nach einem Brief Olga Ulrichs an Gustav Mayer vom 21. April 1911 (Original JNUL), in dem es u. a. heißt: «Mein verstorbener Vater der Geheime Justizrat [Friedrich Karl] Ulrich war politisch ein Gesinnungsgenosse Jacobys, bis zu der Zeit, wo letzterer zur Sozialdemokratischen Partei übertrat [2. April 1872]. – Jacoby, ein vielbeschäftigter Arzt, verkehrte nicht bei uns, aber meine Eltern sahen ihn oft und gerne am dritten Ort. Namentlich im Hause eines Stadtrats Friedmann* der, sehr reich, Künstler und Gelehrte in seinem gastlichen Hause versammelte. – Jacoby hat lange Zeit im hiesigen Gefängnis zugebracht. Da besuchte ihn mein Vater häufig. Mein Bruder (damals Sekundaner) nahm, wie alle Schüler höherer Klassen, lebhaften Anteil an dem politischen Treiben in unserer Stadt. Mein Vater hatte ihm ein sehr gutes Bild von Jacoby geschenkt und nahm ihn mit bei einem Besuch. Er war sehr liebenswürdig, so daß es wohl keine Unbescheidenheit war, ihn um eine Unterschrift zu bitten. Sie lautete: [folgt der oben abgedruckte Text.]
Leider ist dieses Bild nach dem Tode meines Bruders verlorengegangen [...]

Hochachtungsvoll
Olga Ulrich.
Stiftsdame.»

* C. M. Friedmann, Stadtrat, Kaufmann und Lotterieeinnehmer in Königsberg, Mitglied des Engeren Ausschusses des Vereins für Wissenschaft und Kunst, Vorstandsmitglied des Kunst- und Gewerbevereins.

600. Fanny Lewald an Jacoby

Nachlaß[1]) *Berlin, 25. Oktober 1849.*

.....Herr von Zander, mit dem ich neulich zu Abend bei Gottheiners war, sagte mir: «Es ist uns sehr fatal, daß Jacoby zurückgekommen ist, er hätte lieber fortbleiben sollen. Das wird jetzt ewiges Gerede geben, endloses Geschreibe, tausend Schwierigkeiten – Sie begreifen, daß es uns sehr unangenehm ist.» «Vollkommen!» antwortete ich ihm, «aber eben darum wird er wohl wiedergekommen sein!» Herr von Zander zuckte beistimmend die Schultern, erbot sich aber, alle Briefe, die *ich* Ihnen schreiben wollte, falls ich verspräche, keine fremden einzulegen und, wie er scherzend hinzufügte, nichts Hochverräterisches zu berichten, er erbot sich also, alle solche Briefe Ihnen uneröffnet und zuverläßig zustellen zu lassen[2]). Indes, ehe ich zu diesem letzten Mittel greife, versuche ich erst, ob Ihnen dieses Blatt nicht sicher durch Herrn Meyerowitz zukommen wird.....

[1]) JNUL(Ab).
[2]) Jacoby saß vom 21. Oktober bis zum 8. Dezember 1849 in Untersuchungshaft in Königsberg.

601. Adresse des Königsberger Arbeitervereins[1]) an Jacoby

Abdruck[2]) *Königsberg, 29. Oktober 1849.*

Dem Manne des Volkes, Herrn Dr. Jacoby!

Eine traurige Zeit ist über unser armes deutsches Vaterland hereingebrochen. Das verratene Volk sucht seine Vertreter und Freunde vergebens in dem Lichte des Tages: es findet sie nur im Dunkel der Kerker[3]).

[1]) Der Königsberger Arbeiterverein, zu dessen Förderern Jacoby gehörte, wurde im März 1848 gegründet und Mitte 1850 von den Behörden aufgelöst.
[2]) «Königsberger Hartungsche Zeitung» 8. Dezember 1874 Nr. 287 Leitartikel «Vor fünfundzwanzig Jahren».
[3]) Der fernere Wortlaut konnte nicht ermittelt werden.

602. Ottilie Meyerowitz[1]) an Jacoby

Nachlaß[2]) *Berlin, 3. Dezember 1849[3]).*

.....Eben ist Waldeck *einstimmig* freigesprochen, mittags 2 Uhr, um 3 wird er entlassen[4]). Der Jubel ist unendlich, es wogt auf den Straßen, jeder will den geliebten Mann sehen[5]); man sagt, er wird vor Abend nicht herausgelassen, das hilft aber alles nichts, das Volk wird auf ihn warten, und dauert es noch so lange, trotz Konstabler und aller Teufel!...

[1]) Ottilie Meyerowitz, geb. 1824 in Georgenburg in Gouvernement Wilna, Halbschwester von Simon Meyerowitz.

[2]) JNUL(Ab).

[3]) JNUL(Ab): 22. Dezember 1849, was aber ein Schreibfehler sein muß, denn Waldecks Freispruch, von dem hier die Rede ist, erfolgte bereits am 3. Dezember 1849.

[4]) Obertribunalrat Waldeck wurde am 30. Mai 1849 wegen «Hochverrats» verhaftet. Sein sensationeller Prozeß wurde vom 28. November bis zum 3. Dezember 1849 in Berlin verhandelt.

[5]) «Der Eindruck ist nicht zu beschreiben, welchen die *Freisprechung Waldecks* in allen Kreisen hervorgebracht hat. Seit früher Morgenstunde hatten sich dichte Menschenmassen vor dem Kriminalgerichte angesammelt, die in gespannter Erwartung dem Ende dieses Prozesses entgegensahen. [...] Bis gegen drei Uhr harrte die Menge, da endlich erschien an dem [...] Ausgange des Stadtvogteigefängnisses eine zweispännige Kutsche, in welcher sich *Waldeck* mit seiner Gattin [...] befanden. Von allen Seiten brach jetzt ein donnerndes Jubelgeschrei los [...]». «Kölnische Zeitung» 5. Dezember 1849 Nr. 290 2. Ausgabe, «Berlin, 3. Dez.».

603. Bussenius[1]) an Jacoby

Nachlaß[2]) *Leipzig, 12. Dezember 1849.*

.....Wenn ich noch eine zweite Bitte an Sie habe, finden Sie Grund und Veranlassung dazu in der schlechten Situation des Ihnen befreundeten, von mir verehrten Arnold Ruge. Seine Verhältnisse sind herzlich schlecht, und ich kämpfe seit beinahe zwei Jahren mit Aufbieten aller Kräfte, die Masse Schulden und sonstiger schlechter Situationen, welche ihm sein Verhältnis zu J[ulius] F[röbel] angehängt hat, zu erledigen.....

[1]) Inhaber eines Verlagsbüros in Leipzig.

[2]) JNUL(Ab).

604. Julius Berends an Jacoby

Nachlaß[1]) *Berlin, 13. Dezember 1849.*

Meinen herzlichsten Glückwunsch zu Deiner Freisprechung[2]) und um so herzlicher, als ich Dich sozusagen schon aufgegeben hatte, als ich Dein Vertrauen schon gescholten und gewünscht hatte, Du wärst gar nicht gekommen. So ist es nun freilich viel viel besser, so bist Du frei, und hast durch Deine Freisprechung alle diese widerlichen Prozeduren der Regierung vernichtet. Es hat Dich doch Dein Vertrauen richtig geleitet! Diese beiden Prozesse, Waldecks und Deiner, sind zu schön und zeigen zu klar die Pläne der Regierung. Wird sie in ihren Maßnahmen so durch ihre eigenen Kinder, die Geschworenen gehindert, da muß sie endlich die Maske abwerfen und aus Manteuffel muß Gerlach und Stahl hervorgehen. Bis jetzt ist nun bloß Ziegler in Brandenburg verurteilt.

Deine Freisprechung wird auf die Geschworenen für Zimmermann[3]) von Einfluß sein, und sie werden es nicht wagen, ihn zu verurteilen, während man Dich freilassen muß. Aber wie lange kann diese Regierung mit solchen Geschworenen bestehen? Und doch sind eben diese nicht demokratisch, sondern Anhänger desselben Ministeriums, das nur Eure Verurteilung wünscht. An[4]) diesen beiden Prozessen haben wir doch wieder einmal eine herzliche Freude gehabt, die jetzt so selten ist. Wie gerne hätten wir Dich hier gehabt. Zu Waldecks Prozeß war wiederum einmal unsere Nationalversammlung wenigstens in ihren Vertretern hier versammelt. Man freut sich doch, alle die Kollegen einmal wieder

[1]) JNUL(Ab).

[2]) Am 8. Dezember 1849 fand vor dem Königsberger Schwurgericht der Hochverratsprozeß gegen Jacoby statt wegen seiner Beteiligung an den Sitzungen der deutschen Reichsversammlung in Stuttgart. Nach einer einstündigen Beratung sprachen die Geschworenen Jacoby frei. Ein nicht endender Jubel des auf dem Schloßhofe versammelten Volkes, das das Urteil erwartete, begrüßte die Freisprechung. «Der Jubelruf teilte sich vom Schloßhofe dem Volkshaufen mit, welcher vor dem Schloßtore bis nach der Französischen Straße und den Schloßberg hinunter versammelt war. Es war ein großartiger und erhebender Moment, als die versammelten Massen in das Lied 'Was ist des Deutschen Vaterland?' einstimmten. Es waren Tausende, welche ihrem Jubel in diesem Gesange Luft machten, der wieder beim Schlusse jedes Verses von einem nicht enden wollenden Hoch auf Jacoby, die Freiheit und die Demokratie unterbrochen wurde. Vom Schloßberge zog die Volksmasse mit diesem Liede die Schmiedestraße hinab, durch die Altstädtische in die Kneiphöfsche Langgasse. Hier machte sie vor dem Hause Jacobys halt, der sich indes dem Freudensturm entzogen hatte und noch nicht erschienen war. Zahlreiche Hochs auf ihn, ‚den Mann des Volkes', auf die Geschworenen, auf Waldeck, auf Deutschland, auf die Demokratie wechselten miteinander. Die gegenüberstehenden Häuser der Straße waren sofort erleuchtet worden.» «Kölnische Zeitung» 13. Dezember 1849 Nr. 297 2. Ausgabe «Königsberg 8. Dezember» (Abdruck aus der «National-Zeitung»).
Jacobys Verteidigungsrede erschien in *Der Hochverratsprozeß gegen Dr. Joh. Jacoby wegen seiner Beteiligung an den Sitzungen der deutschen Reichsversammlung in Stuttgart. Verhandelt am 8. Dezember 1849 vor dem Königsberger Schwurgericht*, Königsberg: Adolph Samter 1849, 87 S., S. 30-44. Auch in JGSR, II, S. 69-86.

[3]) Der Bürgermeister von Spandau Ernst Wilhelm Eduard Zimmermann wurde im März 1850 wegen Hochverrats zu zwölfjähriger Zuchthausstrafe verurteilt, floh aber im August 1850 aus seiner Haft nach England. Vgl. Karl August Varnhagen von Ense, *Tagebücher*, Zürich 1865, VII, S. 102, 285, 293.

[4]) In der Abschrift: In

hier zu haben. Nun, wie ich höre, wirst Du uns bald hier besuchen, vielleicht hier bleiben. Du sollst uns willkommen sein.
Wegen der Wahl zum sogenannten Einkönigsbündnis-Vereinstage seid Ihr doch mit uns einverstanden, daß wir uns keine Sorgen machen[5]). Hier wollen zwar einzelne, die wohl gern gewählt werden möchten, für Wahlen sprechen, aber es sind eben nur einzelne, und diese wollen einen Kongreß berufen, um einen Beschluß der gesamten Partei herbeizuführen. Mir und den meisten Freunden scheint es ganz unnötig und in jetziger Lage durchaus unrätlich, da doch nur höchstens Leute von untergeordneter Bedeutung erscheinen und sich beteiligen würden. Nun werden wir zwar, da hier der Gesamtausschuß die Berufung eines Kongresses beschlossen hat, zur Ausführung des Beschlusses die Meinungen der bedeutendsten Männer einholen, da[6]) wir aber erwarten müssen, daß sie sich alle gegen einen Kongreß aussprechen werden, wodurch denn derselbe unmöglich wird[7]) .....

[5]) Die Frage über Beteiligung oder Nichtbeteiligung an der Wahl (24. Januar 1850) zum Volkshaus des sogenannten deutschen Parlaments, das nach der inzwischen zur «Einkönigs-Verfassung» zusammengeschrumpften «Dreikönigs-Verfassung» im März 1850 in Erfurt zusammentreten sollte, ist kurz besprochen in Adolf Streckfuss *500 Jahre Berliner Geschichte*, 4. Aufl. Berlin 1886, II, S. 1283.
[6]) In JNUL(Ab) steht hierdrüber: die (?).
[7]) Vgl. Nr. 614.

605. Volkmann(?)[1] an Jacoby

Nachlaß[2]) *Rüben, 13. Dezember 1849.*

‹..... Sie standen Geschworenen gegenüber, die mit Leidenschaft Knechte ihres Herrn und Königs sind, und – Sie wankten nicht – Sie suchten nicht sich, sondern die Volkssouveränität zu retten – Sie standen nicht als Mensch, sondern als Bürger da!
Nicht der Mangel an Intelligenz, sondern der Mangel an Charakter bei unserer total demoralisierten Nation ist das Hindernis und das Grab der Demokratie ... Wenn(?) Waldeck Repräsentant[3]) der Demokratie Preußens ist – ich habe ihn noch nie dafür gehalten –, wo blieb sein Stolz während seiner Selbstverteidigung, nachdem er alle demokratischen Blätter hat rufen hören: wir stehen vor Gericht! Waldeck ist sicher ein sehr ehrenwerter Bürger, aber nicht der Mann, der der Demokratie dem heutigen politischen und namentlich sozialen (( )) gegenüber Ankerplatz oder gar Hafen sein könnte; nein – das können heute nur noch Männer, die ihrer Natur untreu werden müßten, um auch nur einen Augenblick vor der Notwendigkeit zurückzuweichen oder auch nur zu (( )).....›

[1]) JNUL(Ab): Volkmann (?).
[2]) JNUL(Ab).
[3]) JNUL(Ab): Wenn (?) Waldeck nicht Repräsentant [...]

606. Karl Reinhold Jachmann an Jacoby

Nachlaß[1]) *Kobulten, 13. Dezember 1849.*

..... Sie hatten es schlau und niederträchtig genug angelegt, um Dich zu verderben; denn wer diese mit vielem Bedacht von der Regierung ausgesuchte Geschworenenliste[2]) ansah, konnte kaum an Deiner Verurteilung zweifeln; um so größer war aber auch die Überraschung und die Freude, als der Ruf Deiner Freisprechung durch das Land scholl! Man sieht daraus, Recht muß doch Recht bleiben, und selbst unsere Feinde beben vor der ihnen zugemuteten Verfälschung desselben zurück. Aber leider ist dies auch vorläufig unser einziger Trost; alle Tatkraft ist aus dem Volke entwichen, und der Hauptfehler von Euch Abgeordneten ist, daß Ihr hohle und hochtrabende Redensarten für bare Münze nahmt. Zu lange hat die entsittlichende Knechtschaft auf den Völkern gelastet, als daß sie sich mit einmal entschließen könnten, das allgemeine Wohl und die rücksichtslose Förderung der Wahrheit ihrem Egoismus [nicht] zu opfern. Der Sisyphusstein, den wir seit Jahren mühsam bergan gewälzt haben, ist jetzt, da wir ihn auf den Gipfel gebracht zu haben glaubten, plötzlich wieder hinuntergerollt, und uns bleibt nichts anderes übrig, als die vormärzliche Arbeit wieder von vorne anzufangen .....

[1]) JNUL(Ab).
[2]) Sie ist zu finden in *Der Hochverratsprozeß gegen Dr. Joh. Jacoby* ..., Königsberg 1849, S. 25.

607. Heinrich Simon an Jacoby

Nachlaß[1]) *Uznach, 15. Dezember 1849.*

Neun mal neun Vivats für Dich, mein geliebter Jacoby. Soeben lese ich die kurze Notiz in der Augsburger Allgemeinen. Das ist ein Sieg! Ich bin sehr glücklich. Wie habe ich den ganzen 8. an Dich gedacht und gewünscht Dir zur Seite zu sein, und nun die ganze Woche die Unruhe. Ich hatte die Zuversicht, Du müßtest freigesprochen werden, und schrieb's noch den 10. nach Breslau, indessen doch gleichzeitig Verhaltungsmaßregeln für den entgegengesetzten Fall, da ich erfahren, welche Auswahl Geschworene man getroffen. Um so größer nun der Triumph.

Während es sich bei Waldeck um *Fakta* handelte, die sich schon nach der Anklageschrift dergestalt übersehen ließen, daß an eine Verurteilung, und wenn zwölf Triglaws als Geschworene gesessen, nicht zu denken war – ich glaube, die Anklageschrift in einer Beleuchtung (Norddeutsche Freie Presse[2] vom 1. Dezember) vernichtet zu haben –, so war hier bei Dir rein vom *Prinzip* die Rede: Heiligkeit der Volksrepräsentation. Und dieses Prinzip hat den herrlichen Sieg errungen. In einer Sache, wo man aus Speichel-

[1]) JNUL(Ab).
[2]) An der Spitze dieses freisinnigen Blattes in Altona stand Theodor Olshausen.

leckerei gegen Seine Majestät den Vielgeliebten gewiß *alles* drangesetzt hat, Dich zu verderben. Die Freisprechung der mit Dir in gleicher Lage Befindlichen ist nunmehr sehr gesichert, und ich rede sehr zu, was irgend gehen kann, nach Hause zu gehen – einfach aus dem Grunde, weil das Wirken von außen ein gehemmtes und sehr beschränktes ist.

Was mich betrifft und die Mitglieder der Reichsregentschaft überhaupt, welche letztere sich als Macht der Macht gegenübergestellt hat, so würde es freilich komisch herauskommen, wenn sich die Macht wieder subordiniert erklärte; das geht nicht, aber dennoch habe ich die Überzeugung, daß ich bald zurückkehre, denn die Wirtschaft Gerlach, Ohm[3]) & Comp. hält nicht mehr Jahr und Tag.

Unser Plan, Du weißt, wovon ich spreche, scheiterte zunächst an der Trägheit von R.[4]), der unserer Übereinkunft – ich war zum Zweck der ganzen Geschichte gleich von Genf aus zu ihm gereist – nicht die verabredete Folge gab. Doch ist die Sache von mir noch nicht aufgegeben und geschehen in den nächsten Tagen weitere Schritte. Ich weiß nicht, ob diese Adresse an Dich ganz sicher ist, und schreibe daher nicht mehr; jedenfalls sende mir bald eine sichere Adresse, und zwar unter der Adresse: An den Präsidenten Herrn Schubiger in Uznach, Kanton St. Gallen (und inwendig: Gerichtsrat H. Simon, Uznach, Linthof Nr. 7). Es ist ein Glück, daß uns die Reaktion die Mühe des Handelns so vollständig abnimmt. Gott erhalte mir meinen Gerlach und meine «Schutzmänner», die allabendlich den Berlinern das Vergnügen machen, sie auf die Köpfe zu hauen .....

Hier haben wir nun am 5. das Unglück gehabt, die Fröbel[5]) am Nervenfieber zu verlieren. Die Ärzte erklärten bis zwei Tage vor dem Tode die Krankheit für völlig ungefährlich, dann erst als Nervenfieber; eine Lähmung führte den sanften Tod herbei – an demselben Tage, an welchem von Fröbel der erste Brief aus Amerika mutig, frisch, voll Hoffnung ankam. Der Knabe ist nun bei den mütterlichen Großeltern bei Zürich.

Fröbel schreibt am 13., daß der associate and friend of the German hero Robert Blum in den ersten Familien New Yorks mit großer Freundlichkeit aufgenommen, daß übrigens ein Mensch, der gesund und Englisch spreche, gar nicht zugrunde gehen könne; die Flüchtlinge würden sich alle wohl unterbringen; sie treffen in Shakespeares Hotel zusammen, wo er /Reichner/[6]) gleich vor der Tür und Hexamer, Weitling, Gritzner[7]) an drei Tischen traf; Hexamer, seit acht Tagen da, bereits täglich als Arzt drei Dollars verdienend.

Wir sind hier fleißig und munter, haben täglich zum Frühstück die Augsburgerin, zum Nachmittagskaffee die National-Zeitung, sind also in nötiger Verbindung mit Deutsch-

[3]) Josef Ohm, Handlungsdiener, Korrespondent der »Neuen Preußischen Zeitung«, Mitangeklagter im Waldeck-Prozeß, in der Tat aber Polizeiagent.

[4]) Vielleicht ist Raveaux gemeint. Vermutlich handelte es sich um die Sammlung der demokratischen Emigration unter der Führung der Regentschaft. Vgl. Hans von Greyerz, «Franz Raveaux in den Jahren 1848 bis 1851» in Werner Näf (Hrsg.); *Deutschland und die Schweiz in ihren kulturellen und politischen Beziehungen während der ersten Hälfte des 19. Jahrhunderts,* Bern 1936, S. 188 f.

[5]) Cleopha Fröbel-Zeller, die Frau von Julius Fröbel.

[6]) Der Name ist unleserlich. GM.

[7]) Wohl Max Joseph Gritzner (gest. 1872) aus Wien, Hofsekretär, Mitglied der Frankfurter Nationalversammlung.

land. Hoffentlich werden sich die Demokraten nicht durch Beteiligung an den Wahlen zu der Erfurter Affenschande[8]) blamieren, *unnütz* blamieren, denn der letzte Bauer der kleinen Staaten wird einsehen, daß er sich durch Wahlen unmittelbar unter das preußische Ministerium Manteuffel stellt, indem in Preußen sechzehn Millionen wählen, in den kleinen Staaten etwa sechs .....

[8]) Gemeint sind die Wahlen zum Erfurter Parlament.

608. Isabella Hobrecht[1]) an Jacoby

Nachlaß[2]) *Ratibor, 15. Dezember 1849.*

.....Am vergangenen Sonnabend[3]), dem Tage, an welchem Sie vor Ihren Richtern standen, fand hier ein Festmahl der demokratischen Partei zu Ehren der Freisprechung Waldecks statt; Hobrecht gedachte dabei auch Ihrer, und die ganze Gesellschaft stimmte in seinen lebhaften Wunsch für Ihr Wohl und den besten Ausgang Ihrer Sache mit Begeisterung ein .....

Unser Max, der nächst Gott es Ihnen verdankt, daß er jetzt ein kräftiger und bis auf seine Augen ein gesunder Mensch ist, lebt hier bei uns und beschäftigt sich in seinem Fach der Feldmesserei, und außerdem ist er, soviel er Gelegenheit hat, als politischer Schriftsteller tätig; er ist ein fester Demokrat und grüßt Sie als Gesinnungsgenossen auf das herzlichste .....

[Nachschrift von August Hobrecht:]
Sei herzlich von mir gegrüßt und behalte uns lieb.
Dein
Hobrecht.

[1]) Isabella Hobrecht geb. Johnson, August Hobrechts Frau.
[2]) JNUL(Ab).
[3]) 8. Dezember 1849.

609. Adolf Kolatschek[1]) an Jacoby

Nachlaß[2]) *Stuttgart, 15. Dezember 1849.*

Unser aller freudiger Glückwunsch über Ihre Lossprechung, besonders den meinigen, da ich die Hoffnung habe, Sie nun bald als wirklichen Mitarbeiter der von mir herauszugebenden Revue der Volkspartei[3]) – Hagen ist nur nominell und will auch diese Stellung aufgeben, da er im Kriegszustand steht – zu begrüßen .....

Wir haben bis jetzt 140 Namen, darunter viele vom besten Klang, selbst bei der Reaktion, Fürst Wallerstein[4]), Varnhagen[5]), Hebbel[6]) in Wien, Graf Teleki[7]) in Paris, Pulszky[8]) in London etc......

Während ich mit dem ganzen übrigen Deutschland, Paris, Brüssel, London, ja NewYork zu Ende bin, [will][m] die Organisation in *Preußen(!)* nicht vorwärtsgehen, trotzdem dahin mein erstes Augenmerk gerichtet war. Von allen etwa zwanzig Briefen, die ich dahin zugleich mit denen für die Schweiz abschickte, erhielt ich nach *sechs* Wochen eine einzige Antwort von Waldeck aus Berlin, des Inhalts, daß er auf vierzehn Tage verreise und zurückgekehrt Leute werben wolle, die sich bisher noch nicht gefunden. Ich kann nicht annehmen, daß meine Briefe, unter Adresse von Julius Springers[9]) Buchhandlung abgegangen, verloren oder unterschlagen sind.

Sie wissen, wie hemmend und niederschlagend solche Erfahrungen sind, besonders dort, wo man sie am wenigstens zu erwarten meint, und ich bitte Sie dringend und inständig, sofort Ihre Verbindungen anzustrengen, um mir und dem Unternehmen aus der Verlegenheit zu helfen. Es sind nämlich hauptsächlich die Monatskorrespondenzen, deren ich für Berlin, Breslau, Königsberg usw. bedarf; die letztere werden Sie wohl leicht besorgen; aber die erstern; ich habe nach Breslau an Stein, Elsner, Max Simon, Grubert[10]) geschrieben, alle schweigen .....

Unter den Artikeln, die dafür[11]) angezeigt und zum Teil eingelaufen sind, nenne ich

[1]) Adolf Kolatschek (1796–1861), österreichischer Publizist und Schriftsteller; 1848/49 Mitglied der Frankfurter Nationalversammlung, Emigrant in Zürich, später in New York und in Paris; 1857 als Amnestierter nach Österreich zurückgekehrt.

[2]) JNUL(Ab).

[3]) Gemeint ist die 1850/51 von Kolatschek in Stuttgart und Bremen herausgegebene «Deutsche Monatsschrift für Politik, Wissenschaft, Kunst und Leben», in der (Dezember 1850 Jg. 1 Bd. 4 H. 12 S. 392–398) «Eine Instruktion des Staatskanzlers v. Hardenberg, mitgeteilt von Dr. Joh. Jacoby» erschien.

[4]) Ludwig Fürst von Öttingen-Wallerstein (1791–1870), bayrischer Staatsmann.

[5]) Karl August Varnhagen von Ense (1785–1858), Diplomat und Schriftsteller.

[6]) Der Dichter Friedrich Hebbel (1813–1863).

[7]) Vermutlich Alexander Graf Teleki (1821–1892), ungarischer Politiker, Teilnehmer an der Revolution 1848/49.

[8]) Franz Pulszky (1814–1897), ungarischer Archäologe, Schriftsteller und Politiker, seit 1849 in der Emigration.

[9]) Julius Springer (1817–1877), Buchhändler und Verleger in Berlin. In seinem Verlag erschien das von Jacoby 1865 herausgegebene Werk *Heinrich Simon. Ein Gedenkbuch für das deutsche Volk.*

[10]) Hermann Grubert, Stadtgerichtsrat in Breslau, 1848 Mitglied der Frankfurter Nationalversammlung.

[11]) Für das erste Heft. GM.

Ihnen: Berger[12]) – Wien (Pseudonym Weber), Kritik des Konstitutionalismus[13]), Oppenheim, Selbstkritik der demokratischen Bestrebungen[14]), Vogt, Schweiz und Deutschland[15]), D'Ester, Stand der Parteien in Preußen, Bresstle[16]), Soll ein öffentlicher Reichstag zusammentreten?, Kolb[17]), Darstellung des letzten bayrischen Landtags[18]), ... Nauwerck, Vergleichung der Reichsverfassung mit denen der Schweiz und Nordamerikas[19]), Raveaux, Rückblicke und Erlebnisse 1. [Lieferung], Die Offenburger Versammlung [am 13. Mai 1849][20]), Hagen[21]), Charakteristik Gagerns[22]) usw.

[12]) Vermutlich Johann Nepomuk Berger (1816–1870) aus Wien, Dr. jur., Geheimrat, 1848 Mitglied der Frankfurter Nationalversammlung.

[13]) E. Weber, «Zur Kritik des Konstitutionalismus in Deutschland» in «Deutsche Monatsschrift für Politik, Wissenschaft, Kunst und Leben» Februar 1850 Jg. 1 H. 2 S. 177–198.

[14]) Heinrich Bernhard Oppenheim, «Zur Kritik der Demokratie in Deutschland», ebenda Januar 1850 Jg. 1 H. 1 S. 1–26.

[15]) Karl Vogt, «Blicke in schweizerische Verhältnisse», ebenda S. 65–84.

[16]) Gemeint ist vielleicht der Publizist Graf Bressler.

[17]) Vermutlich Georg Friedrich Kolb.

[18]) Gemeint ist vielleicht der anonym erschienene Aufsatz «Die bayrischen Landtage von 1849 und 1850», ebenda Juni 1850 Jg. 1 H. 6 S. 329–343.

[19]) Karl Nauwerck, «Die deutsche Reichsverfassung, verglichen mit der schweizerischen und amerikanischen Bundesverfassung und mit der sogenannten Dreikönigs-Verfassung», ebenda Januar 1850 Jg. 1 H. 1 S. 26–47.

[20]) Ebenda S. 105–116.

[21]) Karl Hagen, «Über: *Zur Geschichte des deutschen Verfassungswerkes 1848–1849.* Von Karl Jürgens. 1. Abt.: *Vom Frühling bis Dezember 1848*, Braunschweig 1850», ebenda Mai 1850 Jg. 1 H. 5 S. 403–428.

[22]) [Anonym,] «Heinrich von Gagern», ebenda Januar 1850 Jg. 1 H. 1 S. 84–105.

610. Fanny Lewald an Jacoby

Nachlaß[1]) *Berlin, 16. Dezember 1849.*

..... Welch ein lebhaftes Freudenfeuer Ihre Befreiung hier erregt, können Sie sich vorstellen. Bei den meisten ist es Ernst, bei manchen Gegenstand der Toilette, denn es gibt immer Leute, die nichts als «Les neveux de leurs oncles» sind, und es ist *etwas*, die Freundin oder der Freund Jacobys zu sein. Es ist mir eine Genugtuung für Sie, daß Sie einmal so recht den frischen Kontakt der Volksliebe, des Enthusiasmus für Sie, genossen haben. Keine Pergamentadresse ersetzt für das Gefühl den Zuruf der menschlichen Stimme – keine gemalten Initialen das Freudenfeuer der Illumination. Es ist schön, daß Sie dies genossen haben, mein teurer Freund!

Im ganzen mag ich hier wohl wieder einer der Ruhigsten gewesen sein, obschon ich viel Sorge um Sie getragen hatte; denn ich habe immerfort die Frage hören müssen: Freuen

[1]) JNUL(AB).

Sie sich denn gar nicht? Worauf ich: o ja! geantwortet habe. Mir ist dann immer der Tag eingefallen, an dem ich Adolf so flehentlich bat, mir die Republikaner in Neapel[2]) zu dedizieren, und Sie ganz verwundert sagten: «Wer? *Du* der Fanny ein Buch dedizieren? Das ist ja abgeschmackt, da Du alles für sie schreibst?» Sie hatten recht; denn es gibt gewisse Dinge, die sich von selbst verstehen, so meine Freude über Ihren Sieg, der ein Sieg des Rechtes ist.

Ich halte ihn für viel wichtiger als den Waldeckschen. Jenes war eine reine Schandtat, die aufgedeckt wurde, dieses ist ein politisches Ereignis. Jenes zeugt für die Niederträchtigkeit der Bürokratie und Kamarilla, die überall schlecht ist, dies für die Ungerechtigkeit der Regierung – und das ist wesentlicher. Trügt mich mein Urteil nicht, so kann jetzt auch Simon zurückkommen. Denn war das Stuttgarter Parlament legal, so waren die fünf Männer *verpflichtet, jedes* Amt anzunehmen, das die legale Volksvertretung ihnen übertrug. Die Leute hier sagen: das ist doch etwas anderes, ich sehe aber den Unterschied nicht ein.

..... Adolf arbeitet am dritten Hefte seiner Revolutionsgeschichte[3]) und läßt schon daran drucken. Es geht bis zum 6., 7. September. Haben Sie Dokumente, wissen Sie für ihn wichtige Tatsachen aus der Zeit, so schicken Sie sie ihm *gleich* unter der Adresse von Gerhardt Stalling[4]), Buchhändler in Oldenburg, für Prof. Adolf Stahr. Ich habe, da Adolf wieder vor der Mühe des Briefschreibens und Anfragens bei den Personen schauderte, von denen Auskunft zu erwarten war, und sein lakonisches: «Schreib' Du, mein Herz!» als natürlichen Verlauf aussprach, denn auch wirklich das Nötige zusammenschaffen können, bereitwillige Hilfe gefunden und ein gewaltiges Pack Material nach Oldenburg geschickt. Lassen Sie ihm bald alles zukommen, lieber Jacoby, was Sie von der Zeit vom 6. September bis zur Auflösung haben, also für den Inhalt des 4. Heftes .....

Daß es mir gelungen, mit dem Beistand einiger Freunde – unter denen die Stadträtin Friedmann[5]), der Sie in meinem Namen danken könnten – für Fröbels Frau eine kleine Summe zusammenzubringen, die sie etwa drei Monate vor Not schützen kann, wird Ihnen lieb sein. Fröbel ist glücklich in Amerika angelangt und hofft, bald zu reüssieren und für die Seinen selbst sorgen zu können.

Ruge lebt unter fremdem Namen in Bremen und will auswandern. Adolf wollte ihn in diesen Tagen besuchen, obschon er sich durch Ruges Art und Weise immer gequält fühlt. Der arme Theodor Althaus[6]) ist nach Hildesheim bereits abgeführt, hat aber leidliches

[2]) Adolf Stahr, *Die Republikaner in Neapel. Historischer Roman*, Berlin 1849.

[3]) Adolf Stahr, *Die preußische Revolution*. 1. Teil, Oldenburg 1850.

[4]) Stalling verlegte Stahrs soeben genanntes Werk.

[5]) Rosalie Friedmann geb. Friebe in Königsberg, Mitbegründerin und Gönnerin des Vereins für Armen- und Krankenpflege, gest. 1856; über ihren Gatten C. M. Friedmann vgl. Nr. 599 Anm. 1.

[6]) Theodor Althaus, Redakteur der «Zeitung für Norddeutschland» in Hannover, empfahl am 7. Mai 1849 in seinem Blatte die Einsetzung eines revolutionären Landesausschusses zur Durchführung der deutschen Reichsverfassung, wurde eine Woche später verhaftet und zu drei Jahren Gefängnis verurteilt.

Gefängnis mit freier Aussicht und möglichst viel Freiheiten. Ich sehe seinen Bruder Friedrich[7]) viel, der geistreich ist und hier studiert .....
Das Tagebuch von 1848 ist im Druck bei Vieweg[8]). Ich wollte es Ihnen dedizieren. Da Sie jetzt aber «der Gott des Tages» sind, tue ich es nicht – man würde darin auch le neveu de son oncle sehen, und ich denke, Sie nehmen's für genossen und sind lieber frei. Hätte man Sie verurteilt, dann hätten Sie es bekommen. Im zweiten Teil ist in einem Briefe eine Unterredung mit Ihnen aufgenommen[9]), die werde ich Ihnen zur letzten Korrektur schicken, Sie müssen sie dann aber auch gleich zurücksenden, gutes Jacobychen! ....

7) Friedrich Althaus ist der Verfasser des Buches *Theodor Althaus. Ein Lebensbild,* Bonn 1888, 468 S.
8) Fanny Lewald, *Erinnerungen aus dem Jahre 1848,* Braunschweig: Friedrich Vieweg und Sohn 1850, 2 Bde.
9) Ebenda, II S. 334–341. Datum des «Briefes»: 20. Dezember 1848.

611. Franz Bracht[1]) an Jacoby

Rekonstruktion[2]) *Ort unbekannt, 18. Dezember 1849.*

Kurzer Brief, der mit den Worten schließt: «vor allem keine Wahlablehnung!»

1) Franz Bracht (1773–1862), kurkölnischer Hof- und Regierungsrat, quittierte 1818 seinen Dienst; 1829 in den westfälischen Provinziallandtag als Bauernvertreter gewählt, Mitglied der Vereinigten Landtage 1847/48 in Berlin; beim Demokraten-Kongreß in Münster (18. November 1848) als einer im Kampf für die Rechte des Volkes ergrauter Mann gefeiert; 1849 Mitglied und Alterspräsident der preußischen Ersten Kammer.
2) Nach Nr. 616.

612. Adresse der Berliner Volkspartei an Jacoby

Abdruck[1]) *Berlin, 19. Dezember 1849.*

Hochzuverehrender Herr!
Viele Jahre bereits verfochten Sie die Sache des Volks, und das Volk weiß es. Den Mann

1) «*Urwähler-Zeitung.* Organ für Jedermann aus dem Volke», Berlin, 21. Dezember 1849 Nr. 220. Die Adresse hatte Leopold Zunz verfaßt; vgl seinen Brief an Philipp und Julie Ehrenberg, 7. Januar 1850, in *Leopold Zunz. Jude – Deutscher – Europäer. Ein jüdisches Gelehrtenschicksal des 19. Jahrhunderts in Briefen an Freunde.* Hrsg. von Nahum N. Glatzer, Tübingen 1964, S. 312.

der Vier Fragen haben die Wahlmänner Berlins vier Mal[2]) zu ihrem Vertreter ernannt. Bedroht und angegriffen um der Freiheit willen, für welche Sie geredet und gewirkt, blieben Sie stets auf ihrem Posten unzugänglich dem Wankelmut, ein unbeugsamer Herold des Rechts und der Wahrheit. Nehmen Sie dafür, verehrter Herr, unsern innigsten Dank hin! Wir sprechen einen solchen Dank in dem Augenblick aus, wo Sie von Haft und Anklage befreit abermals einen Sieg errungen haben. Der gegen Sie erhobene Prozeß war eine Anklage gegen die Volkspartei, war ein Verdammungsurteil der Erhebung des deutschen Volkes, eine Niederlage für die Ritter der Knechtschaft. Darum wünschen wir Ihnen und uns Glück zu dieser Freisprechung; sie wird der Morgenröte gleich ein Vorbote jener Freiheit sein, die allein den Rechtsstaat zu gründen fähig ist. Rechnen Sie auf uns, wie wir auf Sie rechnen. Das Bewußtsein, in dem Herzen des Volkes eine Stütze zu haben, wird hinreichen, Sie über vergangene Leiden zu trösten – wenn es noch des Trostes in einem Kampfe bedarf, in welchem die Gewißheit des Rechtes die Gewißheit des Sieges verbürgt.

Die Berliner Volkspartei.

[2]) Und zwar für die Berliner Nationalversammlung, für die Frankfurter Nationalversammlung und zweimal (Doppelwahl) für die Zweite Kammer.

613. Der Wahlkommissarius[1]) des Wahlbezirks Coesfeld[2]) an Jacoby

Rekonstruktion[3]) *Coesfeld, 19. Dezember 1849.*

Teilt Jacoby mit, daß der Wahlbezirk Coesfeld ihn am 18. Dezember 1849 mit zehn Stimmen gegen vier zum Abgeordneten der preußischen Ersten Kammer gewählt habe[4]), und fragt ihn, ob er die Wahl annehme[5]).

[1]) Landrat Clemens Mersmann (1788–1867).

[2]) Der Wahlbezirk Coesfeld umfaßte die Kreise Ahaus, Coesfeld, Borken und Recklinghausen.

[3]) Nach Mersmanns Bericht vom 19. Dezember 1849, Staatsarchiv Münster, Reg. Münster, Abt. V, Fach 2, Nr. 3.

[4]) Die Neuwahl am 18. Dezember 1849 war «notwendig geworden durch die Ablehnung des am 18. September dieses Jahres zum Abgeordneten gewählten Geheimen Obertribunalrats Waldeck». Wahlprotokoll, Coesfeld, 18. Dezember 1849, ebenda.

[5]) Jacoby lehnte die Wahl ab. Vgl. seine in BW II zu veröffentlichende Antwort vom 3. Januar 1850.

614. Julius Berends an Jacoby

Nachlaß[1] *Berlin, 20. Dezember 1849.*

Nach meinem eigenen Glückwunsch[2]) schicke ich Dir heute in beifolgender Adresse den Glückwunsch unserer hiesigen Volkspartei. Vom Zentralkomitee beantragt, hat der Gesamtausschuß dieselbe in seiner gestrigen Sitzung angenommen .....

Gestern hat der Gesamtausschuß die Nichtbeteiligung bei der Wahl zu Erfurt beschlossen, und wenn wir nach dem früheren Beschlusse die Einleitungen zur Berufung eines Kongresses getroffen haben, so wird derselbe wohl nach den schon von außerhalb eingehenden Stimmen natürlich unterbleiben. Du bist aber wohl so gut, mir sobald als möglich zu schreiben, wie Du und Ihr in dieser Beziehung stimmt, ob für oder gegen Beteiligung bei der Wahl zu Erfurt und ob Ihr einen Kongreß wegen dieses Beschlusses von seiten der Demokratie für nötig, wünschenswert und nützlich erachtet und ob Ihr Euer Erscheinen auf demselben zusagen könnt und wollt. Ich muß dem Gesamtausschuß darüber berichten und möchte gern auch Deine Meinung um so mehr, als wir von seiten des Zentralkomitees nicht eben so gar zu viel Leute zur Abgabe ihrer Stimmen aufgefordert haben, da uns die Berufung des Kongresses in jetziger Zeit gefährlich und ganz nutzlos erscheint .....

[1]) JNUL(Ab).
[2]) Vgl. Nr. 604.

615. Der Volksverein zu Prenzlau an Jacoby

Nachlaß[1]) *Prenzlau, 24. Dezember 1849.*

Hochzuverehrender Herr!

Ihr unerschütterlicher Mut und das Bewußtsein, recht gehandelt zu haben, veranlaßten Sie, sich der Anklage auf «Hochverrat» zu stellen. Nehmen Sie hierfür unsern aufrichtigsten Dank an! Durch diesen Mut haben Sie der Volkspartei einen glorreichen Sieg verschafft! Wir freuen uns aufrichtig, daß das «Nichtschuldig» über Sie ausgesprochen worden ist.

Sie waren schon vor den Märzereignissen ein Vorkämpfer der edlen Freiheit – einer Freiheit, welche die Wohlfahrt des Volks und mit dieser die des Vaterlandes im Gefolge haben wird. Das Volk ernannte Sie wieder und wieder zu seinem Vertreter, und waren Sie auch da stets ein Vorkämpfer für Wahrheit und Recht, ja Sie harrten sogar aus, als Verrat und Feigheit die Reihen der Volksvertreter lichteten. Sie wurden dem Volke ein Muster hoher Mannestugend, wir danken Ihnen auch hierfür; den höchsten Dank aber haben in diesen Tagen die Männer Westfalens Ihnen dargebracht[2]), hierdurch aber zu-

[1]) JNUL(Ab).
[2]) Vgl. Nr. 613.

gleich eine Antwort gegeben auf die Angriffe wider Ihre Tugenden als Vertreter des Volks.
Die Anklage gegen Sie ist gefallen, das «Nichtschuldig» gesprochen, gerechtfertigt stehen Sie da!
Das Volk verehrt Sie als einen der edelsten Söhne des Vaterlandes. Diese Verehrung, verbunden mit dem Bewußtsein, für das Wohl des Landes gewirkt zu haben, mag Ihnen Ersatz sein für vergangenes Leid.
Harren Sie mutig aus, denn ohne Kampf ist kein Sieg!

Der Volksverein zu Prenzlau.
Im Auftrage der Vorstand: W. Hannke, E.[3]) Hennig,
J. F. Rohde, F. Frohnhöfer, C. Schulz.

[3]) In JNUL(Ab) steht hierdrüber: Fr (?).

616. Franz Bracht an Jacoby

Nachlaß[1])

Haus Dillenburg bei Recklinghausen,
Regierungsbezirk Münster,
29. Dezember 1849.

Daß ich mir erlaubte, mein am 18. d. M. auf der Reise flüchtig geschriebenes Briefchen mit den Worten zu schließen «vor allem keine Wahlablehnung!», dazu gab mir den Mut Ihre vollständig erprobte grenzenlose Hingebung für Preußens und Deutschlands Volkssache; nachdem ich aber die derselben von Ihnen seit einer Reihe von Jahren unaufhörlich schon gebrachten Opfer mir anschaulich gemacht habe, graut mir vor meiner eigenen Zumutung, mir graut um so mehr davor, seitdem der auch heldenmütige, pflichtgetreue Direktor Temme unsern Vertretungsauftrag (freilich wegen ganz besonderer, bloß ihn betreffender Verhältnisse) niedergelegt hat[2]).
Welche Gründe vermag ich anzugeben, um Sie von einem ähnlichen Schritte abzuhalten? Denjenigen, bei welchem ich mich ohne weiteres beruhigen würde, die Hoffnung nämlich, der in der Ersten Kammer herrschenden Verwahrlosung und Preisgebung der Volksrechte Einhalt tun zu können – leider nicht; aber gleichwie die Wahlmänner von der Überzeugung ausgehen durften, daß Ihre Erwählung schon an und für sich für den Volksgeist ein freudiges und stärkendes Ereignis sei, so können Sie Herr Doktor mich noch größerer Zuversicht von Ihrem Eintritt in die Kammer an und für sich eine gleiche Wirkung auf den

[1]) JNUL(Ab).
[2]) Temme saß damals im Untersuchungsgefängnis. Der Wahlkreis Coesfeld in Westfalen wählte ihn am 18. November 1849 in die Erste Kammer in Berlin, die aber seine Freilassung nicht forderte Vgl. seine *Erinnerungen,* Leipzig 1883, S. 378, auch S. 329, 337, 427. Vgl. ferner W. Schulte, *Volk und Staat,* Münster 1954, S. 706.

Volksgeist in noch viel höherem Maße erwarten. In dieser Betrachtung finde ich eine nicht unwesentliche Stütze für die Wahlannahme, und unter den vorwaltenden Umständen muß ich mich zum nämlichen Zweck auch auf die jetzt nicht mehr ferne, Ihrem wirklichen Eintreten wahrscheinlich ganz nahe Erlöschung des Mandats berufen .....

Ganz und für immer der Ihrige

Bracht – zur Erleichterung Ihrer Rückerinnerung bemerkend, daß er das älteste Mitglied der aufgelösten Ersten Kammer war.

617. Verteidigungsworte[1]) Jacobys unter einem vervielfältigten Porträt von ihm

Abdruck[2]) *Berlin, [erschienen etwa Ende 1849.]*

Schon zweimal[3]) hat man vordem wegen politischer Vergehen Anklage gegen mich erhoben: in beiden Fällen bin ich – nicht von Geschworenen, sondern von den damaligen Gerichten des Landes freigesprochen worden. Damals habe ich als *Publizist* das Anrecht des preußischen[3]) Volkes auf eine Repräsentativverfassung ausgesprochen, und schon die nächsten Jahre rechtfertigten meine Forderung, im vorliegenden Falle habe ich als *Reichstagsabgeordneter* das Recht des deutschen[3]) Volkes auf ein einiges und freies Vaterland vertreten, und — so trostlos sich auch die Gegenwart gestaltet — es wird der Tag kommen, wo man auch dieser[3]) Forderung wird Gerechtigkeit widerfahren lassen.

Dr. Johann Jacoby.

(Den Volksfreunden gewidmet.)

[1]) Zitat aus Jacobys Verteidigungsrede in *Der Hochverratsprozeß gegen Dr. Joh. Jacoby, wegen seiner Beteiligung an den Sitzungen der deutschen Reichsversammlung in Stuttgart. Verhandelt am 8. Dezember 1849 vor dem Königsberger Schwurgericht,* Königsberg: Adolf Samter 1849, S. 30.

[2]) Titel: «Dr. Joh. Jacoby Abgeordneter zur deutschen Nationalversammlung 1849.» Oberhalb des Jacobyschen Bildnisses: «Wahrheit wird siegen, Lüge muß untergehen!» «Gezeichnet und lithographiert von Twele. Eigentum und Verlag von Karl Glück in Berlin.» 46 cm x 34 cm. The Israel Museum, Jerusalem, Graphische Abteilung.

[3]) In dem Anm. 1 genannten Text gesperrt.

ANHANG

618. Hermann Franck[1]) an Ludwig Cohen[2])

Nachlaß[3]) *Leipzig, 9. Dezember 1839.*

Euer Wohlgeboren habe ich eine Mitteilung zu machen, welche Ihnen nach der geraumen, seit Ihrer letzten Einsendung für die Leipziger Allgemeine Zeitung verflossenen Zeit, wie ich vermuten kann, überraschend sein wird.

Gleich nachdem ich jene Einsendung, worin Euer Wohlgeboren die Kabinettsorder Seiner Majestät des Königs an den Erzbischof von Dunin[4]) vom 19. Oktober mitteilte, erhalten hatte, schickte ich sie, bevor ich die Publikation derselben in der Zeitung zuließ, abschriftlich nach Berlin an Herrn Geheimen Oberregierungsrat Seiffart ein, um, wie ich mich verpflichtet erachtete, die Ermächtigung zum Abdruck zu erhalten und zugleich der Identität des fraglichen Dokuments versichert zu werden.

Herr Geheimrat Seiffart antwortete mir, daß die genannte Kabinettsorder keinesfalls für eine größere Publizität bestimmt sein könne, und gab mir dabei zu erwägen, daß – «da jener Erlaß in Berlin sekretiert worden, die Behörden daher großes Interesse haben müssen, ihre pflichtvergessenen Beamten zu kennen, durch welche derselbe in fremde Hände gekommen» – es der Nutzen der Sache und der Vorteil der Redaktion erheischen möchte, über die Person des Einsenders eine «vertrauliche Mitteilung» an die Regierung zu machen, zumal im vorliegenden Falle der Beistand der sächsischen Justiz zur Ermittlung eines Amtsverbrechers, wenn offiziell eingeschritten würde, nicht versagt werden und die Redaktion einer eidlichen Deposition nicht würde entkommen können.

Diese Mitteilung habe ich nicht gemacht, sondern die Auskunft vorgeschlagen, welche die mir allein erlaubte und den Umständen angemessene schien, nämlich Euer Wohlgeboren, das Geschehene zu melden und um die Ermächtigung zu ersuchen, Sie als den Einsender nennen zu dürfen.

Dieser Vorschlag ist von Herrn Geheimrat Seiffart, wie sein soeben mir zugesandtes Schreiben meldet, angenommen worden. Er ersucht mich dringend, Euer Wohlgeboren zu veranlassen, sich *«unverzüglich» ihm selbst* eröffnen zu wollen, «wenn es Ihren Wünschen entspricht, die offizielle Behandlung der Sache abgewendet zu sehen» . . . . .

[1]) Hermann Franck aus Breslau, übernahm Anfang 1839 die Chefredaktion der «Leipziger Allgemeinen Zeitung», schied aber schon ein Jahr später wieder aus.

[2]) Das ist Walesrode.

[3]) JNUL(Ab).

[4]) Martin von Dunin (1774–1842), Erzbischof von Gnesen-Posen; war in den Kölner Kirchenstreit verwickelt, wurde 1839 verhaftet, aber nach dem Regierungsantritt Friedrichs Wilhelms IV. wieder freigelassen zur vollen Amtsausübung.

619. Von Hakes anonyme Korrespondenz in der «Leipziger Allgemeinen Zeitung[1])»

Abdruck[2]) *Erschienen am 25. Februar 1841.*

Preußen

† Aus Ostpreußen, 3. Februar. (Verspätet.) In Ihrer Zeitung (Nr. 28) wird in einem Artikel aus Berlin vom 24. Januar die Stellung des Herrn *v. Schön* in Königsberg und die daselbst gegen ihn stattfindende Opposition besprochen. Hier in Preußen weiß man von solch einer Opposition nichts, im Gegenteil zeigt ein Schreiben aus Insterburg vom 25. Januar, welches der Elbinger Anzeiger sowie einige andere Blätter aus dem Litauischen Volksblatt aufgenommen haben, sehr deutlich, wie Herr v. Schön hochgeehrt und gefeiert ist. Gewiß wird die Leipziger Allgemeine Zeitung das gedachte Schreiben aus Insterburg aufgenommen haben (Nr. 39), es scheint interessant genug zu sein und hat in der hiesigen Provinz Aufsehen erregt. Man ist bei einem Beamten, dessen Beruf ihn öfter nach einem in seinem Geschäftskreise liegenden Ort führt, eine solche Ostentation mit Deputationen, Abendmusik, tausendstimmigen Hurra etc. nicht gewohnt, weil solche Auszeichnungen bisher nur unserm König und Herrn dargebracht wurden; und dieser Umstand mag die Stimmen entschuldigen, welche über diesen Vorfall und dessen Bekanntmachung in den öffentlichen Blättern laut werden.

So meint man, daß eine solche Ostentation nur durch ganz besondere, eben erlebte verdienstliche Veranlassungen oder durch eine Absichtlichkeit, welche den Zweck solcher Maßnehmungen zu verschleiern strebt, herbeigeführt werden könne, und man bemüht sich vergebens, die erste Alternative aufzufinden. Diese Stimmen, welche sich so vernehmen lassen, bestreiten keineswegs das Verdienst des seit siebzehn Jahren der hiesigen Provinz vorgesetzten hohen Dieners des Königs, indessen liegt ihnen für diesen Augenblick keine außergewöhnliche Veranlassung zu solchen außergewöhnlichen Auftritten vor. Außerdem meinen diese Stimmen auch, daß in dieser Zeit, wo erst kürzlich den Gnadenbezeigungen, welche bei der Huldigung dem Herrn v. Schön zuteil wurden, eben solche Begnadigungen gefolgt sind, aus dieser ganzen Sache ziemlich deutlich das Gewand der Absichtlichkeit hervorblicke, besonders wenn man den zweiten Teil des gedachten Insterburger Schreibens ins Auge fasse; z. B. will der Ausdruck «Bürgerfreund» unangenehme gallikanische Reminiszenzen erwecken, welche auf preußischem Grund und Boden nie gedeihen dürfen, werden und können.

Man hört ferner die Ansicht, daß nicht jede fortschreitende Entwicklung segensreich sei, sondern nur die, welche im harmonischen Einklange zwischen König und Volk hervortritt, und was nun die Bemerkung in jenem Schreiben betrifft, daß Herr v. Schön sich von seinen Bemühungen «die Entwickelung des Landes betreffend» durch nichts ablenken lasse, so wirft man hier die bescheidene Frage auf: «Auch nicht durch den Willen seines Königs und Herrn?» und fügt dieser Frage die Bemerkung hinzu, daß jeder treue Untertan in Preußen nur die fortschreitende Entwicklung des Landes wünscht, welche sein König und Herr lenkt, und man hat im Lande beinahe allseitig die Meinung, daß der

[1]) Vgl. Nr. 107, auch Nr. 121.
[2]) «Leipziger Allgemeine Zeitung» 25. Februar 1841 Nr. 56 S. 600.

königliche Diener der am höchsten stehende und allein achtungswerte sei, welcher treu bei seinem der Person des Königs geleisteten Eide beharrt, das Vertrauen zur Regierung und zu den Räten, die der König gewählt habe, in seinem Wirkungskreise zu befestigen, Einigkeit und Einheit zu befördern strebt und nicht nach phantastischen, einseitigen und persönlichen Ansichten, sondern nach Maßgabe der ihm vom Könige gegebenen Richtschnur seine Pflicht erfüllt.

Übrigens spricht man viel von gebildeten *Vereinen* in hiesiger Provinz, deren Mitglieder sich ohne weitere Förmlichkeiten die Hände gereicht haben, um sich und andere zu kräftigen in jeder Zeit und trotz aller anderen Einflüsterungen die Treue für den angestammten, von Gott eingesetzten König und Herrn zu bewahren, zu stärken und jeder selbstsüchtigen, frechen und heillosen Richtung mit Manneskraft entgegenzutreten und dieselbe, insofern sie sich tätig zeigen sollte, bis auf die Wurzel auszurotten. Man wird aus diesem Gesagten sehen, daß keine Opposition gegen den Herrn v. Schön hier stattfindet, da die Achtung, welche man für ihn hegt, die Überzeugung gewährt, daß die hier ausgesprochenen Grundsätze auch die seinigen sind und er sich gewiß den oben besprochenen Vereinen aufs innigste anschließen werde.

620. Jakob van Riesens Inserat Jacoby betreffend

Abdruck[1]) *Danzig, 12. März 1845.*

In der Nr. 59 dieser Zeitung befindet sich ein Inserat, unterzeichnet M. auf O., welches heftige Auslassungen gegen Dr. *Jacoby* enthält[2]). Unterzeichneter ist ein Freund der unbeschränkten Pressefreiheit, sonst würde er sich die Frage erlauben, ob Dr. Jacoby schon für vogelfrei erklärt worden sei und jeder nach Belieben über ihn herfallen könne.

Doch ist der ganze Aufsatz wohl nur eine Mystifikation, um die Ansichten der reaktionären Partei vor dem Publikum lächerlich zu machen. Auch zweifle ich, daß die

[1]) «Königl. Preuß. Staats-, Kriegs- und Friedens-Zeitung» 17. März 1845 Nr. 64 S. 612.

[2]) «M. auf O.», ebenda, 11. März 1845 Nr. 59 S. 565. Als der Verfasser das Inserat einrücken ließ, befand er sich als Landtagsabgeordneter in Danzig. Im Inserat greift er die Oppositionsmänner an, die sich anmaßen, den geliebten, von Gott mit Herrschergaben reichlich ausgerüsteten König zu kritisieren. «Als eine solche freche Anmaßung», sagt er, «fühle ich mich aber gedrungen, die Art und Weise zu bezeichnen, wie die den Druckort Paris auf dem Titelblatt führende sogenannte ‚Denkschrift' des zur Abfassung von Denkschriften meines Wissens von niemand beauftragten und zur einer Konfession, die von Volksberatungen ausgeschlossen ist, angehörenden Dr. Johann Jacoby in die Hände der hier versammelten Ständemitglieder gespielt worden ist. Mir selbst ist ein Exemplar, während ich in Berufsgeschäften abwesend war, unter meiner Adresse in mein Zimmer eingeschwärzt worden, obgleich ich den Verfasser um seinen Rat in keiner Weise ersucht habe. Derselbe wird sich also auch nicht zu verwundern haben, wenn ich auf diesen Rat nicht allein gar keinen Wert lege, sondern wenn ich die Hoffnung, mich auf diesem Weg belehren und von dem Bewußtsein meiner Untertanentreue ablenken zu wollen, nur belachen und bemitleiden kann.«

ausgesprochene Vermutung, jener Herr M. wäre ein Landtagsabgeordneter, eine gegründete sei. Die gedruckte Liste der Abgeordneten enthält keinen *bürgerlichen* M. auf O. Sollte es daher diesem Herrn M. auf O. mit seiner Kapuzinade in der Tat ernst gewesen sein, so möge er wenigstens mit seinem wahren Namen hervortreten[3]), da derartige anonyme Angriffe auf einen Mann, der nicht allein in Königsberg, sondern wohl in ganz Deutschland als ein Ehrenmann gilt, bei Männern jeder politischen Ansicht den Eindruck einer zwar bösartigen, aber höchst ohnmächtigen Verleumdung hervorbringen.

Riesen,
Landtagsabgeordneter der Stadt Elbing.

[3]) «M. auf O.» ließ sich in einem Gegeninserat (ebenda, 25. April 1845 Nr. 95 Beilage S. 929 f.) als ein «von Morstein auf Ostrowitt bei Gilgenburg» erkennen. Er gehörte dem Stande der Ritterschaft an (*Neunter Provinziallandtag der Stände des Königsreichs Preußen. Sitzungsverhandlungen*, Danzig 1845, S. V.).

621. Aus einem Inserat Alexander Küntzels[1])

Abdruck[2]) *Erschienen am 26. März 1845.*

[...] Sogar zu Injurien halten Sie[3]) sich berechtigt, indem Sie den allgemein geachteten Dr. Jacoby ‚frecher Anmaßung' zeihen, weil er sich eines jedem preußischen Staatsbürger gesetzlich zustehenden Rechts bedient hat, dem Landtag eine Petition oder Denkschrift zu überreichen; sie wissen, die Nationalkokarde ist ihm in zweiter Instanz nicht aberkannt worden. Wenn Sie sich mit dem Gesetze näher bekannt machen wollen, kraft dessen der Landtag sich versammelt, so werden Sie sich überzeugen, daß er keines fremden Auftrags bedurfte, und wenn Sie sich mit der Logik bekannt gemacht hätten, so würden Sie sich die Bemerkung erspart haben, daß er zu einer Religion gehöre, die von Volksberatungen ausgeschlossen ist, da er bekanntlich nie die Ehre in Anspruch genommen hat, in ihrer Versammlung zu erscheinen. Ob es eines preußischen Landtagsdeputierten würdig ist, jemandem, so zwecklos wie hier, seinen Glauben zum Vorwurf zu machen, weil er ihn nicht zu den Privilegierten erhebt, überlasse ich Ihrer Beurteilung und der Ihrer Kollegen. [...]

[1]) Das «K[üntzel] auf W[olka]» gezeichnete Inserat ist eine Entgegnung auf das Inserat von «M. auf O.»; vgl. Nr. 620 Anm. 2.
[2]) «Königl. Preuß. Staats-, Kriegs- und Friedens-Zeitung» 26. März 1845 Nr. 70 S. 673.
[3]) «M. auf O.»

622. Verhandlung beim Polizeipräsidium in Königsberg am 17. Juli 1845[1])

Abdruck[2])

In Verfolg der Vorladung durch das Zirkular vom 16. Juli waren in dem Inhalts desselben anberaumten Termine diejenigen Herren erschienen, deren Namen am Schlusse dieser Verhandlung zu lesen sind und über deren Identität und Dispositionsfähigkeit durchaus kein Zweifel obwaltet.

Den Herren Komparenten wurde seitens des Endesunterzeichneten Polizeipräsidenten nachstehende Eröffnung gemacht:

Die hiesige Königliche Hochlöbliche Regierung, Abteilung des Innern hat in näherer Erwägung, daß seit der am 28. April c. stattgefundenen Auflösung der hiesigen ehemaligen Bürgergesellschaft regelmäßig an allen Montagen, also an denselben für die Versammlungen dieser Gesellschaften früher bestimmten Tagen, resp. im Altstädtischen Gemeindegarten und in Böttchershöfchen Versammlungen gewesen sind, und in Erwägung alles dessen, was in denselben geschehen ist, nunmehr nach mehrmonatlichen Wahrnehmungen die Überzeugung gewonnen, daß das von des Königs Majestät Allerhöchst bestätigte Verbot der ehemaligen hiesigen Bürgergesellschaft fortgesetzt durch Handlungen übertreten werde, die in ihrem ganzen Zusammenhange den Charakter der fortbestehenden Verbindung, wenn auch in veränderter Form, an sich tragen.

Diese Übertretung des erwähnten Verbots kann und darf nicht geduldet werden, vielmehr muß das letztere mit den gesetzlich zulässigen Mitteln im Wege der Exekution aufrechterhalten werden.

Zu diesem Ende sollen auf Anordnung der Königlichen Hochlöblichen Regierung zunächst alle diejenigen,

> welche bisher bei den in Rede stehenden Versammlungen, sei es durch den Vorschlag zur Wahl eines Präsidenten (Ordners), durch die Annahme eines solchen Amtes, durch *öffentliche* Reden und Vorträge *jeder* Art, namentlich auch durch Vortrag von Gedichten und Einzelgesängen handelnd aufgetreten sind,

vor weiteren derartigen Unternehmungen, die in ihrem ganzen Zusammenhange den Charakter der fortbestehenden Verbindung der ehemaligen hiesigen Bürgergesellschaft, wenn auch in veränderter Form, an sich tragen, ernstlich verwarnt werden, und zwar aufgrund der Bestimmung des § 48 Nr. 2 des Anhangs der Regierungsinstruktion vom 23. Oktober 1817 (Gesetzsammlung für 1817, Seite 288) unter Androhung einer Geldstrafe von fünfzig bis einhundert Talern oder einer vierzehntägigen bis vierwöchigen Gefängnisstrafe, die in jedem einzelnen Falle nach Maßgabe der bei demselben in Betracht zu ziehenden besonderen Umstände seitens des Endesunterzeichneten Polizeipräsidenten näher normiert und, da hier nicht von der resolutorischen Festsetzung einer Strafe, sondern von der Durchführung einer *Exekutionsmaßregel* die Rede ist, ohne weiteren Anstand vollstreckt werden soll.

Zu denjenigen, welche bisher bei den bereffenden Versammlungen resp. im Altstädtischen

[1]) Vgl. Nr. 319 Anm. 3.

[2]) Johann Jacoby, *Beschränkung der Redefreiheit. Eine Provokation auf rechtliches Gehör*, Mannheim 1846, S. 15—19 (Beilage I.).

Gemeindegarten und in Böttchershöfchen in der oben angedeuteten Art handelnd aufgetreten sind, gehöre nach den dieserhalb eingezogenen Nachrichten auch ein jeder von den hier anwesenden Herren, und einen jeden von diesen fordere daher der Endesunterzeichnete Polizeipräsident hiermit amtlich auf, die erwähnte Verwarnung als an sich ergangen anzusehen, danach sich zu richten und im Nichtbeobachtungs- oder Übertretungsfalle der gedachten Festsetzung und Vollstreckung der angedrohten Strafe zu gewärtigen.

Zuvörderst erklärte infolge der obigen Eröffnung der ehemalige Schlossermeister *Eggert,* daß er nur *einmal* in den Versammlungen in Böttchershöfchen öffentlich gesprochen und hierbei sich nur darauf beschränkt habe, den versammelten Herren für eine Unterstützung zu danken, die sie ihm, einem armen Manne, in Anerkennung seiner Dienste als Türsteher bei den Versammlungen der hiesigen ehemaligen Bürgergesellschaft, zur Berichtigung seiner drückenden Schulden haben angedeihen lassen. Unter diesen Umständen glaubt der etc. *Eggert,* daß die ihm hier eröffnete Verwarnung nicht für *ihn* bestimmt sei, dennoch wolle er sich derselben, gewohnt den obrigkeitlichen Anordnungen Folge zu leisten, soweit als er sie zu fassen vermag, unterziehen; würde ihm aber wiederum eine Unterstützung von den Herren in Böttchershöfchen gereicht, *so werde er wiederum denselben danken,* indem er in dem öffentlichen Aussprechen dieses Dankes durchaus nichts *Unrechtes* finden könnte.

Außer dem etc. *Eggert* war auch nicht *einer* unter den anwesenden Herren, welcher es in Abrede stellte, bei den in Rede stehenden Versammlungen in der angedeuteten Art handelnd aufgetreten zu sein.

Alle die anwesenden Herren, mit Ausschluß des etc. *Eggert,* der bei seiner oben angegebenen Erklärung verblieb, *protestierten auf das bestimmteste* gegen die ihnen eröffnete Verwarnung und erklärten, daß sie dieselbe *nicht verbindlich* für sich erachten könnten. Die Voraussetzung, daß die Versammlungen etc. eine Fortsetzung der ehemaligen hiesigen Bürgerversammlungen enthalten, sei unrichtig. Es seien jetzt ganz *andere* Personen in Böttchershöfchen versammelt als früher in der Bürgergesellschaft. Der Herr etc. *Tiessen* namentlich habe nie zu dieser gehört, sei aber in jenen Versammlungen gewesen. *Damen* haben an den Versammlungen in Böttchershöfchen teilgenommen, während sie von der Bürgergesellschaft ausgeschlossen waren.

Der Umstand, daß ein Ordner oder Präsident für jeden Abend gewählt worden, lasse die quästionierten Versammlungen um so weniger als eine Fortsetzung der ehemaligen Bürgergesellschaft ansehen, da die Wahl von Präsidenten oder Ordnern zur Aufrechterhaltung einer gewissen, bei Gelegenheit eines geselligen Vergnügens zu beobachtenden Ordnung oft vorkomme und, wie der Herr etc. *Zabel* bemerkte, unlängst nur noch bei einer Gesellschaft vorgekommen sei, die ihres Vergnügens halber eine Strandreise machte.

Wenn aber in den Versammlungen im Altstädtischen Gemeindegarten und in Böttchershöfchen eine Fortsetzung der ehemaligen hiesigen Bürgergesellschaft nicht gefunden werden könne, so wäre auch natürlich von einer *Überschreitung* des Allerhöchst bestätigten Verbots der ehemaligen hiesigen Bürgergesellschaft nicht die Rede, und eben deshalb erscheine den Herren Komparenten die erlassene Verwarnung und der damit verbundene Strafbefehl zur Aufrechterhaltung des gedachten Verbots *keineswegs gesetzlich begründet.*

Wäre das Verbot quaestionatum wirklich durch die gedachten Versammlungen überschritten, so möge man sie sowie alle übrigen daran Beteiligten zur *gerichtlichen* Untersuchung ziehen: Zur *polizeilichen* Verwarnung sei so lange, als noch nichts Strafbares geschehen wäre, kein Grund. Soll aber einmal eine Verwarnung stattfinden, so müsse sie *öffentlich allen* erteilt werden. Darin, daß einzelne, die zufällig ihrer Befugnis gemäß und ohne gegen ein bestehendes Gesetz zu verstoßen in den quästionierten Versammlungen gesprochen oder gesungen haben, aus der Zahl aller daran Beteiligten ausgewählt und so, wie es hier geschehen ist, besonders polizeilich verwarnt worden, liege für diese etwas Verletzendes.

Auch übe die Königliche Regierung und resp. die Polizeibehörde durch die Eröffnung der bezüglichen Verwarnung ein Recht aus, was nicht *ihr*, sondern nur Seiner Majestät dem *Könige* zustehe, nämlich das *Recht der Gesetzgebung* in bezug auf die *Redefreiheit*. Wolle sie dies aber tun, so möge die Verwarnung genügend *deutlich* sein. Man wisse jetzt nicht, ob nur am *Montage* und keinem andern Tage, nur in Böttchershöfchen und an keinem anderen Orte das Reden verboten, ob jedes Reden und auch die Vorlesung der *Staatszeitung* und des Freimütigen und ähnlicher Druckschriften untersagt sei, nur auf Monologe und Dialoge sich das Verbot beziehe und ob auch *der* die angedrohten Strafen zu erwarten habe, welcher, ohne daß er an alle seine Rede zu richten *beabsichtigt*, ohne seinen Willen allgemach von allen bei seiner Rede aufmerksam behorcht werde.

Endlich sei aber auch *das* auffällig, daß die angedrohten Strafen im Wege *des exekutorischen Verfahrens* sofort festgesetzt werden sollen, und hierbei könne nur die Absicht der Regierung erkannt werden, die Festsetzungen der bezüglichen Strafen gegen die Übertreter dem *Richter* zu entziehen, *der sie wahrscheinlich für nicht begründet erachten würde*.

Die obigen Erklärungen hatten die Herren Komparenten, und zwar der eine von ihnen diese und der andere eine andere abgegeben, auf die Verschreibung derselben ad protocoll als dem Ergebnisse ihrer gemeinsamen Willensmeinung gedrungen, und nachdem diesem ihrem Verlangen entsprochen und die bezüglichen Erklärungen ihnen vorgelesen worden waren, so verlangten die Herren Komparenten noch ausdrücklich verschrieben zu wissen, daß eben darin, daß die Königliche Regierung und resp. die Polizeibehörde nicht *alle* an den in Rede stehenden Versammlungen Beteiligten, sondern nur *einzelne wenige Auserwählte* verwarne, die betreffenden Behörden mit sich selbst im Widerspruche zu sein scheinen und daß durchaus angenommen werden müsse, die Königliche Regierung sei durch irgendeinen falschen Ankläger, der das, was in den quästionierten Versammlungen vorgekommen, so wie es zum Teil das hiesige Lokalblatt «der Freimütige» getan, ganz unrichtig dargestellt hat, zu der nicht begründeten Ansicht gekommen, als ob die Versammlungen in Böttchershöfchen eine Fortsetzung der ehemaligen hiesigen Bürgergesellschaft seien, weshalb eben die Herren Komparenten wünschen, daß ihnen der falsche Ankläger *namhaft* gemacht werde.

Nachdem auch das verschrieben und den Herren Komparenten vorgelesen worden war, hatten dieselben nichts weiter anzuführen, und der Endesunterzeichnete Polizeipräsident eröffnete ihnen demnächst, daß es, *aller ihrer Widerreden und Protestationen gegen die ihnen eröffnete Verwarnung ungeachtet*, bei der letzteren verbleibe und sie

alle sich danach bei Vermeidung der sofortigen Festsetzung und Vollstreckung der angedrohten Strafe zu achten haben.
Infolge dieser Eröffnung baten die Herren Komparenten einstimmig um Abschrift dieser Verhandlung, die sie dem Herrn Holzhändler *Behrenz* zugestellt wissen wollten, indem es in ihrer Absicht läge, gegen das hier wider sie beobachtete Verfahren höhern Orts Beschwerde zu führen.
Auch diese Beschwerde bezeichnete der Endesunterzeichnete Polizeipräsident den Herren Komparenten als rücksichtlich der ihnen gestellten Verwarnung und deren Beobachtung ihrerseits vollkommen wirkungslos, und hiermit wurde die Verhandlung geschlossen und, nachdem sie vorgelesen worden war, zum Zeichen der Genehmigung von den Herren Komparenten unterzeichnet:

M. O. Ballo.	Dr. G. Dinter.	A. E. Passarge.
Hohmann.	F. Behrenz.	Heinrich.
H. Löwenthal.	Dr. Herbst.	Dr. Jung.
Dr. Falkson.	Gregorovius[5]).	Dr. Jacoby.
J. Tießen.	F. Janz.	Maler Klein.
Ehlert.	L. Zabel[3]).	F. Pockart.
Dr. Motherby.	Nagel.	Eggert[7]).
Leop. Steil.	C. Flögel[6]).	Heilmann.
Bochart.	F. E. Kuhr[4]).	Dr. Kosch.
J. Rosenheim.	C. A. Lemke.	Abegg.

3) L. Zabel Handschuhmacher.
4) F. E. Kuhr, Kaufmann und Schiffsreeder.
5) Ferdinand Gregorovius (1821–1891), Schriftsteller, gehörte dem Jacoby-Kreis an, 1848 Mitarbeiter an der demokratischen «Neuen Königsberger Zeitung».
6) Konrad Flögel (1810–1875), Oberlandesgerichtsinspektor und Sekretär, später Schriftsteller und Journalist.
7) W. G. Eggert, Schlossermeister.

623. Theodor von Schön an Ludwig Moser[1])

Nachlaß[2]) *Arnau, 6. November 1845.*

Dank für die Nachrichten von 1) Bessel[3]) und 2) Humboldt[4]).
ad 1: Eiserne Konsequenz! $x = a + b$, mit a muß b sein, denn x ist da. Sobald die Mathematik aus dem Kopfe in die Welt tritt, wird sie dogmatisch. Die alten Mathematiker zeigten dies in der Religion, die neuen in der Politik, Bessel, Laplace etc.

1) JNUL(Ab) irrtümlich: «an Professor Julius Moser».
2) JNUL(Ab).
3) Friedrich Wilhelm Bessel (1784–1846), der berühmte Astronom in Königsberg, lag damals schwer krank und wurde von seinem Hausarzt Kosch behandelt. Schön erkundigte sich wiederholt bei letzterem über Bessels Befinden. Vermutlich informierte ihn darüber auch der mit Kosch befreundete Moser. Schöns Briefe an Kosch über Bessel (1845/46) liegen im Kosch-Nachlaß im Germanischen Museum in Nürnberg. Einen Brief Alexander von Humboldts an Kosch vom 29. September 1846 über Bessel veröffentlichte Jacoby in der «Wage» Jg. 1874 S. 689 f.
4) Alexander von Humboldt.

ad 2: Humboldt hat braviert und durch seine Äußerung, in braver Form, der guten Sache gewiß geschadet. Bei einem Manne, der jahrelang sein Glück nur in der Hofluft gefunden hat und von dem man im voraus weiß, daß, wenn er sagt: ich halte es hier nicht aus, *er* doch bleibt und nicht abreist, bei einem solchen Manne wird eine brave Äußerung, wie Humboldt sie gemacht haben soll, zur klingenden Schelle und zum tönenden Erze, und dies veranlaßt, auch da, wo nicht Komödie gespielt wird, nur Schauspielerei zu sehen. Nach einer solchen Äußerung mußte Humboldt sofort seinen Kammerherrnschlüssel dem Könige zurückgeben und in vierundzwanzig Stunden aus den preußischen Staaten sein. Aber Humboldt bleibt, der Schlüssel hängt gewiß heute noch über dem freiherrlichen Podex, und das Glück der Existenz in der Hofluft wird nach dem Besuche in Tegel zur himmlischen Seligkeit geworden sein. Ist es nicht um des Teufels zu werden, wenn ein Mann wie Humboldt Äußerungen hoher Einsicht und des edelsten Gefühls durch sein Sein, wie es ist, lächerlich macht!
Da steht unser Bessel doch anders da! Im Kalkül bleibt allerdings 2 x 2 = 4, im Leben will aber Bessel haben, daß 2 x 2 = 5 sei; der Tod klopft an die Tür, und Bessel ruft ihm zu: ich will sterben, wenn 2 x 2 hier nicht mehr 5 sein soll. Das ist doch ein Mann!

PS. Haben die Studenten im auditorio maximo zu Berlin, als Hengstenberg als Dekan ausgerufen wurde, gelacht oder getobt?
Kommt Eylert und Dräseke nach der letzten Erklärung[5]) nicht das Prädikat misérable zu?
Ist Raumers Rede gegen den historischen Unfug noch nicht in Königsberg, und sagen Briefe aus Berlin über diese Rede nichts?
Hat der neue Polizeipräsident[6]) noch keine Literaten verhaften lassen?
Treibt's die sächsische Kammer nicht ordentlich? usw.
Alles Texte zur mündlichen Verhandlung.

[5]) Über die Erklärung der Bischöfe Dräseke und Eylert (August 1845) vgl. Treitschke, *Deutsche Geschichte im neunzehnten Jahrhundert,* Leipzig 1927, V, S. 347 f.

[6]) Gemeint ist Abeggs Nachfolger Julius Lauterbach.

624. Graf zu Dohna-Finkenstein an die Landtagsdeputierten seines Kreises[1])

Nachlaß[2]) *Finkenstein, 7. März 1847.*

Den geehrten Herren Landtagsdeputierten hiesigen Wahlbezirks erlaube ich mir, da

[1]) Briefkopf JNUL(Ab): «Obrist-Lieutenant a. D. Graf zu Dohna auf Finkenstein an die Landtagsdeputierten seines Kreises, den Oberburggraf von Preußen, Ritter pp. Exzellenz Herrn [Magnus] von Brünneck und den Generallandschaftsrat Ritter pp. Herrn [Alfred] von Auerswald.» Vgl. Nr. 359.

[2]) JNUL(Ab). Abs. 4 bis 6 veröffentlicht in Alexander Bergengrün, *David Hansemann,* Berlin 1901, S. 353.

sie im Begriffe sind, der Einberufung zu dem Vereinigten Landtage nach Berlin Genüge zu leisten, ganz ergebenst zu bemerken: wie ihre bewährte Gesinnung und Befähigung in mir die freudige Hoffnung erweckt, daß sie dem wichtigen Beruf, der ihnen geworden, glücklich entsprechen werden, wenn ihre Worte Eingang finden; aber auch die ernste Besorgnis, daß andernfalls auf diesem entscheidenden Landtage durch Unterlassungen Fehler begangen, Zustände herbeigeführt werden können, die künftige Geschlechter vielleicht in Jahrhunderten nicht wieder herzustellen imstande sein möchten.

In so ernster Gegenwart wird man veranlaßt, an die nicht zur vollständigen Ausführung gekommene Gesetzgebung Friedrich Wilhelms III. zurückzudenken: an das Konvokationspatent vom 17. Juli 1840, an die Assekurationsakte unseres Huldigungslandtages vom 7. September 1840 – und den Inhalt des Patentes und der Verordnungen vom 3. Februar 1847 damit zu vergleichen.

Zu den wohlbegründeten Gerechtsamen, welchen das Konvokationspatent vom 17. Juli 1840 «den landesfürstlichen Schutz und die Aufrechterhaltung» verspricht, zählen wir die Befugnisse, die das Gesetz vom 17. Januar 1820 den Ständen verleiht, das Petitionsrecht und die ausdrückliche und umfassende Bestimmung der Verordnung vom 22. Mai 1815, welche eine aus Provinzialständen und Landesrepräsentanten zu bildende Repräsentation des *Volkes* anordnet.

Daß diese Gerechtsame durch das Patent und die Verordnungen vom 3. Februar 1847 auf eine beunruhigende Weise gefährdet sind, ist tatsächlich und bedarf keiner näheren Ausführung.

Es wird demnach eine heilige Verpflichtung der jetzt in Berlin zusammentretenden acht Landtage sein, diese Gefährdung unserer Rechte der Regierung darzulegen und zu veranlassen, daß die Rechte der Nation in einer Urkunde in ihrer vollen Bedeutung und in allen daraus fließenden Folgen anerkannt, festgestellt, mit genügenden Garantien versehen und somit ein gesetzliches Mittel gegeben wird, diese Rechte gegen Eingriffe zu schützen; demnächst dahin zu wirken, daß alles vorbereitet werde, damit eine Versammlung von Landespräsentanten auf würdige, die Regierung kräftigende Weise ihren Verpflichtungen nachkommen, auch die Staatsanleihe bewilligen könne. Denn daß eine Staatsanleihe notwendig, ist so unzweifelhaft als erweislich, daß die in Berlin versammelten Landtage zu dieser Bewilligung und Garantie unberufen sind.

Es wäre höchst bedauerlich, wenn die Nation genötigt wäre, diese Inkompetenz ihrer zu Provinziallandtagen gewählten Deputierten auszusprechen, was doch nicht ausbleiben würde, wenn die Herren Deputierten selbst ihre Befugnisse verkennen sollten[3]).

[3]) Auf dem Wege über Heinrich Simon in Breslau, an den sich [Siegfried von] Brünneck wandte, gelangte dieser Brief an Hansemann, der ihn in rheinischen Blättern bekanntmachen sollte und wohl auch veröffentlichte. Vgl. Bergengrün, *David Hansemann*, S. 353 Anm. GM. – Siehe ferner Paul Herre, *Von Preußens Befreiungs- und Verfassungskampf. Aus den Papieren des Oberburggrafen Magnus von Brünneck*, Berlin 1914, S. 81.

625. Unbekannt an Heinrich Lichtheim

Nachlaß[1]) *Berlin, 20. März 1848.*

Lieber Heinrich!

..... Gestern abend war nicht ein Soldat mehr in Berlin, die Bürgergarde ist bewaffnet und hat heute nacht Dienst auf allen Wachen getan, die Posten vor den Zimmern des Königs und die Schloßwache hat die hiesige Schützengilde bezogen.

Das übrige Offizielle: Ministerwechsel, Pressefreiheit, Verfassung, Einberufung der Stände, Bewaffnung des Volkes erfährst Du durch die Zeitungen. Ich will Dir als Augenzeuge die Szenen und Vorfälle der Nacht von Sonnabend auf Sonntag mitteilen, die Du offiziell nicht haben kannst. Ich schließe mich an meinen Brief vom 17. an[2]). Freitag[3]) abend wurde wiederum durch Bemühung der Schutzkommissionen die Ruhe so ziemlich erhalten und nur geringe Störungen kamen vor, jedoch ohne daß Blut vergossen worden. Man wußte, daß viel Militär aus allen umliegenden Orten gekommen sei. Die Potsdamer Garnison war hier. Von Stettin, zwei Bataillone von Frankfurt an der Oder und dann die Truppen, die hier quasi nach dem Rhein marschiert waren, lagen auf den umliegenden Dörfern.

Deputationen vom Rhein und viele Landtagsdeputierte, Beckerath, Hansemann, Schwerin und andere waren hier, und der König gab Sonnabend morgen nach, und alles wollte sich zum Jubeln wenden. Wir waren vor dem Schlosse vereinigt. Er ließ durch Proklamation verbreiten: neue Verfassung, gleiche Rechte aller Konfessionen, andere Minister, Aufnahme der Interessen von ganz Deutschland, an dessen Spitze er sich stellen wolle. Das Vivatrufen nahm keine Ende, er erschien zweimal auf dem Balkon des Schlosses.

Während dieser Szenen war auf dem Schloßplatz eine Menge von vielleicht 10 000 Menschen versammelt. Und nur noch im Schlosse und vor den Hallen stand Militär.

Auf einmal rückte eine Schwadron Dragoner auf den Platz, und unter Trommelschlag rückte die Infanterie aus dem Schlosse vor. Alles warf sich den Soldaten in die Pferde und bat den General an der Spitze flehentlich um Rücknahme des Befehls. «Kerls wißt ihr denn nicht, was ihr zu tun habt», war die Antwort, und nun wurde im Trabe eingehauen, und die Infanterie schoß, wodurch sechs Menschen verwundet. Der allgemeine Ruf erscholl: zu den Waffen! Studenten jagten durch alle Stadtteile und riefen zum Aufruhr und zu den Waffen. Die einzelnen Posten in den Straßen wurden entwaffnet und, wenn sie nicht gutwillig gehen wollten, ermordet. Im Augenblick war sämtliches Militär auf den Beinen, aber auch ebenso rasch entstanden in allen Straßen große und kleine Barrikaden.

Noch immer glaubte ich selbst und auch die meisten Bürger nicht an einen allgemeinen Aufstand, sondern nur an Szenen, wie sie vor mehreren Tagen vorgekommen. Da kam Artillerie auf dem Schloßplatz an. Inzwischen waren in der Königsstraße zwei Stock hohe Barrikaden entstanden, und nun schoß man mit Paßkugeln(?) und Kartätschen dieselben ein. Nun wurde die Entrüstung allgemein. Die Bürger verteilten

[1]) JNUL(Ab).
[2]) Liegt nicht vor.
[3]) Den 17. März 1848.

ihre Waffen, Flinten, Säbel, Büchsen, Terzerole und Pistolen, überall wurde an Barrikaden gebaut.

Der erste Kampf war Wallstraße vor der Zeitungs-Halle. Die Neuschateler Schützen wurden anfangs zusammengehauen durch Steinwürfe und Schüsse, endlich wurden dort die Barrikaden genommen, und Infanterie trat an Stelle der Schützen, die ihre Büchsen dem Volke gegeben. Dann wurde die Königsstraße Schritt vor Schritt genommen, und alle Nebenstraßen wurde [ent]langgeschossen, ebenso vollständige (( )) Feuer gegen die Häuser. Nachdem die Kartätschen und Kugeln Platz gemacht[4]). Der Kampf war hier schrecklich. Ich hätte mir nie solch ein Blutbad vorstellen können.

In den ganzen fünfzehn Stunden haben diese Truppen nur die Königsstraße reinigen können. Über die Königsbrücke am Königsstädtischen Theater konnten sie nicht vordringen und waren noch Sonntag morgens 10 Uhr im Kampfe. Hier hatten die Schützen von der Gilde auf den Häusern mit ihren Büchsen sich festgesetzt, ihre drei kleinen Kanonen standen auf dem Platze und feuerten unaufhörlich aufs Militär. Aus Mangel an Kugeln schossen sie mit Murmeln (kleinen Tonkugeln von der Größe einer Flintenkugel), die sehr unangenehm wirkten. Unter den Schützen will man auch viele Neuschateler in Zivil gesehen haben.

Um 9 Uhr begann der Kampf um eine Barrikade am Köllnischen Rathause. Hier war ich selbst. Das Ganze glich einem Feldlager. Umgestürzte Wagen, Bretterzäune, Straßenpflaster, Trottoirsteine bildeten die Barrikade, die von einigen 80 Schützen besetzt war, außerdem befanden sich auf den Häusern Schützen und eine Menge Feldsteine. Die Dächer waren abgedeckt. Man ließ die Soldaten erst, nachdem mit Kartätschen und Paßkugeln geschossen, ruhig ihre Salve geben und dann heranrücken, auf ein Kommando fielen dann ganze Reihen von ihnen.

Äußerungen wie «was steht der Leutnant da» waren die Veranlassung, daß ein solcher augenblicklich gelangt wurde. Es waren hier viele Maler und Studenten. Die Kanonenkugeln waren für die Besatzung der Barrikaden am ungefährlichsten, sie gingen alle bei der kurzen Distanz, die Kanonen standen in der Mitte der Brüderstraße, zu hoch und schadeten so mehr den Häusern als den Menschen.

Dreimal wurden die Soldaten beim Sturm zurückgeworfen, da nahmen sie um 10½ Uhr die Barrikade, und nun besetzten sie die Häuser und feuerten von oben. Wir zogen uns hinter die nächste Barrikade, und nur die Verwundeten wurden gefangen.

Sonst haben sie viele Gefangene, unschuldige und schuldige, gemacht, so daß noch in derselben Nacht über 400 Mann nach Spandau transportiert worden sind. In ähnlicher Weise und zum Teil noch mörderischer wütete der Kampf in anderen Teilen [der] Friedrichstraße, wo auch mit Kanonen geschossen. Große Hamburger Straße, wo die Feuerarbeiter der Maschinenbauanstalten Borsig und Egel[l]s mit Eisenstangen, Pieken und Sensen bewaffnet fürchterlich gewirtschaftet haben, auch Kanonen genommen. Taubenstraße, Mohrenstraße Ecke auf dem Hausvogteiplatz, Landsberger Straße wurden die Frankfurter Soldaten (8. Regiment) von den Webern verarbeitet. Besonders wurden Offiziere erschossen, der Kommandeur der Stettiner Bataillone ist geblieben.

Morgens 6 Uhr kam ich nach Hause, wusch mich und ging um halb sieben durch

[4]) Satz so in der Abschrift.

Berlin spazieren, durch die Teile, die die Truppen genommen. Von Leichen war auf den Straßen nichts zu sehen, nur Blut, und die Toten lagen in den Häusern. Die Soldaten sahen selbst wie die Leichen aus, und es war ihnen anzusehen, daß sie es keinen Tag mehr aushielten. Sie litten an allem Mangel, so daß sie teilweise schon in der Nacht zum Rauben von Bier und Brot geschritten waren in Häusern, aus denen auf sie geschossen worden. Es verbreitete sich die Nachricht, der König wolle nicht nachgeben, und so sahen wir einer fürchterlichen Nacht entgegen. Nicht der zehnte Teil der Barrikaden war genommen, und diese wurden mit jeder Minute fester. Auf allen umliegenden Dörfern war in der Nacht Sturm geläutet worden, und die Bauern zogen zu Hilfe. Die Feuerarbeiter in Nauen hatten der dortigen Garnison die Waffen abgenommen und waren per Eisenbahn schon in der Nacht angekommen. Es wäre auf diese Art zu einem mörderischen Kampf gekommen.
Man erzählte, der König habe schon am Tage vorher gesagt: Nun so will ich denn ein wahrhaft konstitutioneller König sein. Da habe der Prinz von Preußen seinen Stuhl zerbrochen und das Zimmer verlassen. Darauf sei der Befehl zum Einhauen gekommen.

Gegen 12 Uhr Sonntag kam eine Deputation von Bürgern zum König, und diese hat die Sache geordnet, der König soll völlig erschöpft gewesen sein und hat alles bewilligt, man solle ihm nur Ruhe lassen. Vormittags holte man die Toten vom Zivil zusammen, worauf ein großer Wagen dann acht Bahren gebracht. Die Wunden wurden aufgerissen und den Bahren sowie um die Häupter Immortellenkränze [gewunden]. Sie wurden in Prozession durch die Straßen getragen, erst zum Prinzen von Preußen, der sie sehen mußte, dann vor [das] Schloß, wo nicht eher nachgelassen worden, bis der König am Arm der Königin sie gesehen hatte. Dann wurden sie im Schloß in einem Zimmer niedergelegt, wo auch die Verwundeten zusammengebracht sind. Zum Bürgermeister Krausnick[5]) soll der König gesagt haben: Sie sind nicht der Mann – mit denen, die an den Barrikaden gestanden, will ich verhandeln.
Als man ihn um die Loslassung der Gefangenen anging per Akklamation vom Platze aus, antwortete er vom Balkon (wie ich selbst gehört): «Ich verstehe, ihr wollt die Gefangenen von vergangener Nacht freihaben, ich werde sie Euch geben, wenn ihr sie habt, seht, ob ihr sie wollt.»
Natürlich erscholl von einer Seite ein Hurra, von der andern «schlechter Witz». Zugesichert wurde ferner feierliches Begräbnis der Toten, Freigebung aller Gefangenen (selbst die aus Spandau sind schon zurück), Amnestie für die Soldaten, die übergetreten oder den Dienst verweigert.
Bürgermeister Krausnick ist stark insultiert worden und ist nur dem Leben durch die tätige Verwendung unserer Bürger erhalten. Gestern nachmittag hatten wir Unter den Linden und Heiligegeistgasse und Königsstraße Ecke das Schauspiel von Volksjustiz. Die Bewohner der beiden Belle Etagen hatten Soldaten eingelassen, um die gefürchteten Studenten und andere Zivilisten zu übergeben. Diese waren, da sie sich zur Wehr setzten, ermordet worden. Es wurden die Sachen der Leute aus den Fenstern alle auf einen Fleck zusammengeworfen und auf offener Straße verbrannt. Zugleich war eine

[5]) Oberbürgermeister Wilhelm Krausnick.

Feuerspritze dazu herangefahren, die fortwährend die Türen der Häuser gegen Anbrennen deckte. Es wurden Möbel, Gold, Silber, Wäsche, Staatspapiere alles verbrannt, aber nichts entwendet.

Im Gegenteil bringen alle Personen die Waffen wieder, die sie von verschiedenen Leuten bekommen haben. Gestern nachmittag war ich schon auf Dienst im Schlosse und habe dann von 8 Uhr bis 12 Patrouillierdienst gehabt. Die Bürger meines Stadtviertels haben mich aufgenommen als Königsberger Bürger.

Minutoli[6]) ist ein Mann des Volks, man hat ihm gestern einen improvisierten Fackelzug gebracht. Er hat den König während der letzten Tage fußfällig um Änderung der Maßregeln gebeten, dreimal seine Demission eingereicht, aber nicht erhalten.

Ich könnte Dir noch viele Bogen voll schreiben von dem, was alle bewegt, ich nehme nicht zehn Jahre meines Lebens für meine gestrige Gegenwart in Berlin, denn nach diesen Vorfällen kann's in der Provinz zu nichts kommen, und man sieht, es ist nicht so gefährlich im Kampfe.

Wenn Du willst schicke den Brief dem Onkel[7]). Ich will ihm nicht direkt schreiben. Ich glaube, er enthält einiges Spezielles.

Von Bekannten habe ich unter den Toten und Verwundeten niemand gesehen, doch sollen viele Preußen geblieben sein. Heute erfahre ich vielleicht mehr darüber. Nun leb wohl. Bleib gesund und freue Dich mit mir.

Julius Rosenheim war auch im Kampf.

Soeben hat der König die Polen begnadigt[8]), und sind sie im Triumphzuge durch die Stadt gezogen worden bis vors Königliche Schloß, wo sie dem Könige vom Platze aus gedankt. Mieroslawski[9]) hat eine fulminante Rede in der Aula gehalten[10]). Alle Toten werden offen ohne Särge in die Kirchen gebracht, zu berechnen ist's noch nicht. Es mögen wohl 1500–1800 Tote und Verwundete sein. 150 Tote, wovon zwei Drittel Militär[11]). Der Prinz von Preußen ist mit Familie geflüchtet, man weiß nicht, wohin. Sein Palais ist nur vor der Volkswut dadurch geschützt, daß unzählige schwarzrotgoldene Fahnen wehen und «Eigentum der ganzen Nation» daran steht. Auch vor allen Hoflieferanten stehen zum Schutz Bürgerposten, die Hoflieferanten des Prinzen von Preußen haben seinen Namen schwarz wegstreichen müssen.

Von Königsbergern ist, wie ich bis heute weiß, einer geblieben: Künast. Hobrecht, der auch dabei gewesen, ist wohl. Wit/z/ek, den Du wohl auch kennst, war gefangen. Die Gefangenen sind vom Militär niederträchtig behandelt worden, viele sogar getötet.

[6]) Julius Freiherr von Minutoli (1805–1860), 1847 Polizeipräsident in Berlin, im Juni 1848 als Polizeipräsident abgesetzt, später im diplomatischen Dienst.

[7]) Das ist Jacoby.

[8]) Infolge der allgemeinen Amnestie für politische Gefangene wurden am 20. März 1848 auch die polnischen Gefangenen aus dem Moabiter Gefängnis entlassen.

[9]) Ludwik Mieroslawski (1814–1878), polnischer Revolutionär und Historiker.

[10]) Vgl. Valentin, I, S. 449 f.

[11]) Über die Zahl der Toten vgl. ebenda. S. 444 f.

626. Robert Blums Erklärung betreffend die Wahl von Jacoby

Abdruck[1]) *Frankfurt am Main, 20. Mai 1848.*

Meine Freunde Dr. Bertling[2]), Cramer[3]) und Dr. Rüder[4]) in Leipzig haben Ihnen den Dr. Wirth[5]) aus Hof zum Nationalvertreter empfohlen. Ich trete dem Urteile, welches Sie über ihn ausgesprochen haben, zwar bei, allein, wie soeben hier bekannt wird, ist in Berlin ein Mann, den mit mir jeder wahre Freund des Vaterlandes in den Reihen der Volksvertreter zu Frankfurt sehr vermißt, nur zum Stellvertreter erwählt worden. Ich meine den Dr. Johann Jacoby in Königsberg, der in der Zeit, als die Tyrannei sich noch ganz sicher wähnte, sie mit «Vier Fragen» sehr ernster Art belästigt und stets das Recht des deutschen Volkes in Wort und Schrift vertreten hat. Darf ich mir erlauben, Ihnen bei Ihrer Wahl einen Mann zu empfehlen, so muß ich mich für diesen vorzugsweise bestimmen.

Robert Blum.

[Druck.][6])

1) BAF(Ab).
2) Der Advokat Bertling war Stadtverordneter in Leipzig.
3) Karl Cramer, Journalist in Leipzig.
4) Rudolf Rüder, Advokat und Redakteur der «Konstitutionellen Staatsbürger-Zeitung», später Polizeipräsident von Leipzig. Rüder, Cramer und Bertling, die zu Blums engsten Freunden gehörten, waren monarchisch gesinnt. Vgl. Hans Blum, *Robert Blum. Ein Zeit- und Charakterbild für das deutsche Volk*, Leipzig 1878, S. 267; Wilhelm Liebknecht, *Robert Blum und seine Zeit*. 3. Aufl. Nürnberg 1896, S. 71.
5) Johann Georg August Wirth (1798–1848), Politiker und Schriftsteller, wurde zum Abgeordneten der Frankfurter Nationalversammlung gewählt, starb aber bereits am 26. Juli 1848.
6) Hinzufügung des Kopisten der BAF(Ab).

627. Aus dem Tagebuch von Anna Waldeck[1])

Nachlaß[2]) *[Berlin,] 9. September 1848.*

Das Ministerium hat noch immer nicht abgedankt. Man sagt, Held hätte eine Brieftasche verloren, aus der man entnommen, daß er 10 000 Taler von der Prinzessin von Preußen versprochen bekommen hätte, wenn er durch seine Partei, die ihm blindlings folgt, sie zur Königin machen würde. Man hat dem König gestern so viel vorgespiegelt, daß er endlich gesagt hat: «Ich danke ab!» Doch dann besann er sich und fuhr nach Potsdam zur Königin, die sehr klug ist.

Sonntag, 10. September.

Das Ministerium hält sich noch immer. Heute waren wir wie gewöhnlich in der Stadt. Onkel Jonny[3]) war auch wieder da.

1) Eduard Waldecks Tochter.
2) JNUL(Ab).
3) Gemeint ist Jacoby.

Mittwoch, den 20. September.

Heute vormittag soll große Militärparade sein, und da man Aufruhr fürchtet, haben die Soldaten scharfe Patronen bekommen, überhaupt glaubt Vater, daß noch ein schrecklicher Aufstand kommt, der von dem Militär unterdrückt werden wird, worauf wir vielleicht Ruhe bekommen werden. Die Parade ist ruhig abgelaufen.

Sonntag, den 24. September.

Jacoby glaubt, daß alles ruhig bleiben werde. Das Ministerium wird wohl nachgeben.

25. September.

Es sollen sehr viele Menschen vor dem Sitzungssaale stehen. Es ist Nachmittag. Eben kommt Herr Meyer aus der Stadt, er erzählt, die Minister wollen den Antrag ausführen. Es ist 3 Uhr. Herr Prediger kommt aus der Stadt. Alles ist dort ruhig. Das Volk hat sich vom Sitzungssaale entfernt und zieht mit roten Mützen und Mänteln durch die Straßen. Die Nationalversammlung dauert fort.

1. Oktober.

Jacoby in Dresden.

16. Oktober.

Der König hat sich gestern sehr unfreundlich benommen. Zu Rimpler (Kommandeur der Bürgerwehr[4]), der bei meiner Tante Flesch im Hause wohnt, hat er gesagt: «Sagen Sie der Bürgerwehr, daß ich ihr die Waffen gebe und daß sie darum mich verteidigen muß.» Zum Magistrat hat er ähnlich gesprochen und zu einer Deputation der Nationalversammlung: «Möge die Nationalversammlung ferner arbeiten, jedoch bedenken, daß ich und meine Vorfahren von Gottesgnaden Könige von Preußen sind.» Man ist über diese Reden höchst empört, und man meint, wenn es wahr ist, so muß entweder der König betrunken oder verrückt gewesen sein.

2. November.

Wir zogen heute nach der Stadt. Wir aßen zu Mittag bei Großmutter. Am Nachmittage kam Vater. Er war sehr bestürzt und sagte uns, daß sich heute sehr leicht der 18. März wiederholen könne, da der Minister Pfuel abgedankt habe, weil er sich wahrscheinlich nicht mit dem Könige wegen der Abschaffung des Adels und der Orden, welche die Nationalversammlung beschlossen hat, verständigen konnte, und daß der König den allgemein verhaßten Grafen Brandenburg ohne die Zustimmung eines Ministers zum Premierminister ernannt habe. Man ist allgemein über diese höchst unkonstitutionelle Handlungsweise des Königs empört, und die Nationalversammlung hat sich mit großer Majorität für permanent erklärt. Das Schloß ist geschlossen, man bläst Alarm.

Freitag, den 3. November, 8 Uhr.

Eben erfahre ich den Erfolg, den die gestrige Deputation gehabt hat, durch den Onkel selbst. Erst wollte der König die Deputierten nicht vorlassen. Doch endlich, nach vielem Hinundherreden wurde die Deputation in einen Saal gelassen.

Der König kam herein und machte eine kurze katzige Verbeugung. Der Präsident,

[4]) Rimpler, pensionierter Artilleriemajor, Bürgerwehrkommandant in Berlin.

Herr von Unruh, las ihm die sehr energische Adresse, an der Jacoby viel gearbeitet zu haben scheint, vor. Jacoby, der ihn genau mit seiner Lorgnette beobachtete, sagte, daß bei mehreren Stellen der Adresse der König heftige Bewegungen des Unwillens gemacht hätte. Nachdem ihm Unruh die Adresse überreicht hatte, machte der König wieder eine kurze Verbeugung und wollte sich, ohne ein Wort zu sprechen, entfernen, nachdem er die Adresse zerknittert hatte. Alle waren erstaunt über dieses unhöfliche Betragen und waren ganz verblüfft, nur Onkel behielt seine Fassung und rief: «Majestät!» Bei diesem Worte drehte sich der König um und trat einige Schritte näher, indem er den Sprecher genau ins Auge faßte: «Majestät, wir sind nicht allein gekommen, um Ihnen die Adresse zu überreichen, sondern auch, um Ihnen die wahre Lage des Landes darzustellen. Schenken Sie uns Gehör!» Darauf antwortete der König in der größten Wut: «Nein!» und entfernte sich, und Jacoby, der auch heftig wurde, rief ihm so laut, daß man es in dem Vorzimmer hören konnte, nach: «Das ist das Unglück der Fürsten, daß sie nie die Wahrheit hören wollen!» Damit war die Audienz zu Ende.

Nach einiger Zeit ließ der König Kühlwetter und Gierke (Exminister von Auerswald), die sich bei der Deputation befanden, zu sich rufen und sagte ihnen ungefähr wie folgt: «Sagen Sie Ihren Freunden, daß ich pedantisch konstitutionell habe sein wollen und daß ich ihnen darum keine Antwort gegeben habe, da kein Minister zugegen war: doch habe ich schon die Minister zu morgen früh herbestellt, um mich mit ihnen zu beraten. Morgen werde ich der Nationalversammlung antworten.»

Um 1½ Uhr in der Nacht kam der Onkel nach Hause und sagte zum Vater: «Hier, Eduard, nimm meinen Leibrock, ich werde wohl sobald nicht wieder einen so groben Menschen besuchen.» Um 9 Uhr morgens ging er schon in die Nationalversammlung.

Mittags 2 Uhr.

Onkel Jonny ist aus der Versammlung gekommen, er erzählt die Antwort des Königs, die Unruh vorträgt. Der König nimmt die Ernennung Brandenburgs nicht zurück. Unruh sagt jedoch, daß Brandenburg ihn habe zu sich rufen lassen und ihn über die Stimmung des Landes und der Versammlung gefragt habe. Unruh hat ihm die Wahrheit gesagt, und Brandenburg will sich bis morgen entscheiden. (Er hat ihm privatim gesagt, daß er abdanken würde.)

Wir gingen heute abend noch mit Vater spazieren. Wohin man hört, spricht man von Jacoby, und wenn man denselben zu Hause sieht, glaubt man gar nicht, daß dieser kleine, gemütliche, liebenswürdige Mann der große Politiker Jacoby ist.

Sonntag, den 5. November.

Als wir des Abends nach Hause fuhren, sahen wir einen bedeutenden Fackelzug, der uns den Weg versperrte. Da ich noch nie dergleichen gesehen hatte, so war es mir sehr erfreulich, einem Schauspiel, welches so selten stattfindet, beizuwohnen. Der ganze Schloßplatz war erhellt. An der Spitze des Zuges wurde eine weiße Fahne getragen, auf der mit schwarzer Schrift die Worte standen: «Dem Verfasser der Vier Fragen diesen Zug!» Auf einer anderen schwarzweißrotgoldenen Fahne stand: «Das ist das Unglück der Könige, daß sie die Wahrheit nicht hören wollen!» Dieser Zug galt Jacoby, obgleich er ihn sich sehr verbeten hatte.

Montag, den 6. November.

Jacoby ist in jedem Munde. Viele für ihn, viele gegen ihn. Einige erklären Jacobys Betragen bei dem Könige für frech und die Majestät verletzend. Andere bedanken sich und sind entzückt. Und der Mann des Tages, dessen Namen jeder Mund in dieser Woche genannt hat, was sagt der? Ihm ist es ganz gleich, ob er gelobt oder getadelt wird, ihm ist nur am Wohl des Volkes und an der Überzeugung, seine Pflicht erfüllt zu haben, gelegen.

9. November.

Heute standen Vater und Onkel schon sehr früh auf, da die Nationalversammlung schon sehr früh anging, denn Graf Brandenburg will heute dennoch sein Ministerium vorsprechen. Wir gingen heute mittag spazieren. Es herrscht eine fürchterliche Aufregung in der Stadt. Doch ist alles ruhig, und an der Nationalversammlung steht kein Mensch. Es gehen viele Gerüchte um, doch ist gewiß viel erlogen.

7 Uhr.

Onkel Jonny kommt soeben nach Hause. Er erzählt folgendes: Am Vormittag kam Brandenburg mit seinem höchst reaktionären Ministerium nach der Nationalversammlung. Ohne vom Präsidenten das Wort erhalten zu haben, sagte er, daß er die Versammlung bis zum 27. vertage und daß sie dann in Brandenburg ihre Sitzungen fortsetzen sollte. «Hat nicht das Wort erhalten», riefen einige Stimmen; von Unruh sagte darauf: «der Ministerpräsident behalte seinen Platz, bis ich ihm das Wort erteile!» Leichenblaß fiel B. auf seinen Platz zurück. Nach einiger Zeit erteilte der Präsident dem Minister das Wort, und dieser las die Kabinettsorder ab, wo er jedes weitere Verbleiben der Versammlung für ungesetzlich erklärte. «Verhaften! Verhaften!» rief man von allen Seiten, und das Ministerium, ungefähr 60 von der Rechten und das diplomatische Korps verließen den Saal. Die Versammlung erklärte sich für permanent. Man berät noch. Der Onkel geht eben fort (7½ Uhr).

10. November.

Onkel ist diese Nacht gar nicht nach Hause gekommen. Es herrscht eine schreckliche Aufregung. Man spricht von Auflösung der Versammlung. Der König läßt sehr viel Militär einmarschieren, welches die Bürgerwehr fast mit Gewalt der Waffen entledigt. Die Soldaten sind in die Häuser einquartiert, und obgleich alles ruhig ist, so ist doch die innere Wut schrecklich. Der König scheint durchaus einen Kampf herbeiführen zu wollen, aus dem er siegreich hervorzugehen gedenkt.

7 Uhr abends.

Eben kommt der Onkel aus der Versammlung. Sie ist aufgelöst, doch werden sich die Deputierten morgen in einem anderen Lokal beraten. Er erzählt, des Nachts um 1 Uhr erklärte Rimpler, daß an ihn die Aufforderung ergangen sei, die Nationalversammlung auseinanderzutreiben, daß er es jedoch abgelehnt habe. Nun wurden durch die Bürgerwehr alle Abgeordneten zusammengeholt. Es kam ein Schreiben von Manteuffel an Herrn von Unruh. Er hätte gehört, soll er geschrieben haben, daß sich eine Gesellschaft von Deputierten gebildet hätte, die weiter beraten wollte, und daß er dieselbe, falls es nicht von selber ginge, mit Gewalt auseinandertreiben lassen würde. Heute früh kam Wrangel mit Infanterie und Kavallerie und Artillerie und umstellte das Schauspielhaus, das von der Bürgerwehr umgeben war. Man ließ ihn fragen, was er denn eigentlich wolle, und er sagte, er würde hier so lange stehen, bis die Nationalversammlung auseinander wäre, und wenn es auch acht Tage dauerte, denn wir sind ans biwakieren gewöhnt. Darauf soll Rimpler gesagt haben, daß, wenn Wrangel acht Tage stehe, würde er vierzehn Tage stehenbleiben. Die Nationalversammlung erklärte darauf, sie weiche der Gewalt, und entfernte sich.

Sonnabend, den 11., 7 Uhr abends.

Die Nationalversammlung hat das Ministerium des Hochverrats [schuldig] erklärt. Der König hat bekanntgemacht, daß er, da seine liebe Bürgerwehr von Berlin leider nicht seinen Willen ausgeführt und den Teil von Vertretern des Landes, die bösgesinnt wären, nicht auseinandergebracht hätte, so fühle er sich, so leid es ihm wäre, gezwungen, die Bürgerwehr auf ein halbes Jahr wahrscheinlich aufzulösen. Man ist allgemein empört, selbst das Militär ist aufgebracht, und es steht sehr in Frage, ob es die Entwaffnung ausführen wird. Die Versammlung hat ohnehin jeden, Zivil oder Militär, der die Entwaffnung vornimmt, für einen Hochverräter erklärt. Es hat sich das Gerücht verbreitet, daß in mehreren Orten Aufstand herrsche, auch sollen Graf Brandenburgs Schlösser in Schlesien brennen.

Sonntag, den 12. November.

Wir sind alle sehr aufgeregt, denn man spricht von Verhaftung Unruhs, Waldecks und Jacobys. Doch ist der Onkel sehr ruhig. Es kann sich heute ein fürchterlicher Kampf entspinnen, doch hofft man, das Militär wird sich nicht gegen die Bürger gebrauchen lassen. Auch spricht man davon, daß der König die Russen zu Hilfe rufen will. Man glaubt allgemein, daß der König ein schlechtes Ende nehmen wird, da er ganz das gefährliche Spiel Ludwigs XVI. spielt. Brandenburg und Manteuffel werden gewiß bald gehängt. Möchte doch alles noch gut werden. Man sagt, daß der Prinz von Preußen in München sei, da er sich mit dem König erzürnt habe.

Donnerstag, den 16. November.

Heute früh erfuhr ich durch den Onkel, daß die Nationalversammlung gestern mehrere wichtige Sitzungen gehalten hat. Des Abends waren die Deputierten gerade vor der Abstimmung der Steuerverweigerung, als Militär eintrat. Sie hatten den Befehl, den Nationalklub auseinanderzubringen. Man fragte nach einem schriftlichen Befehle. Sie hatten keinen. Von Unruh (Vaters Universitätsfreund) rief, daß man sich nicht stören lassen könne. Das Militär blieb im Saale und mußte die Abstimmung mit anhören. Die Soldaten entschuldigten sich sehr. Die Deputierten sprachen zu ihnen, sagten ihnen, daß sie sich nicht zu solchen Sachen gebrauchen lassen sollten. Die Nationalversammlung hat sich auf einige Tage vertagt .....

Es kommen Hunderte Adressen der Zufriedenheit an die Nationalversammlung und an Jacoby. In der Provinz Sachsen sind 40 000 Mann Landsturm für die Nationalversammlung bereit, und man läßt dort kein Militär durch. Auch in Schlesien trifft man Anstalten.

5. Dezember.

Heute abend meldet der Staatsanzeiger, daß die Nationalversammlung in Brandenburg aufgelöst sei. Der König proklamiert eine ziemliche Verfassung. Berlin ist ruhig. Man ist zufrieden. Adressen über Adressen kommen an das Ministerium. Man will die Steuern im voraus bezahlen.

12. Oktober 1849.

Er [Jacoby] ist sehr fröhlich und erzählt viel von seiner Reise und ist fest von seiner Freisprechung überzeugt. Als Vater daran zweifelte, sagte er, daß die reaktionärsten Geschworenen ihn nicht verurteilen könnten.

628. Berliner Plakat aus dem Jahre 1848

Abdruck[1]) *Berlin, 3. November 1848.*

«Das ist immer das Unglück der Könige gewesen, daß sie die Wahrheit nicht hören wollen!»

Der König hat die mit Überreichung der bereits bekannten Adresse von der Nationalversammlung beauftragte Deputation empfangen. Nach Verlesung derselben faltete der König die Adresse zusammen und wandte sich mit kurzer Verbeugung zum Fortgehen. Als nun der Präsident *Unruh* das Wort zu ergreifen zauderte, trat der Abgeordnete *Jacoby* vor und sprach dem der Deputation in der Adresse ausdrücklich erteilten Auftrage zufolge die Worte:

«Majestät! Wir sind nicht bloß hierhergesandt, um eine Adresse zu überreichen, sondern auch, um Euer Majestät mündlich über die wahre Lage des Landes Auskunft zu geben. Gestatten Euer Majestät daher –»

hier unterbrach der König mit dem Worte:

«Nein!!»

Jacoby entgegnete:

«Das ist immer das Unglück der Könige gewesen, daß sie die Wahrheit nicht hören *wollen!*»

Der König entfernte sich.

Der Abgeordnete *Jacoby* hat sich hierdurch den Dank des gesamten Vaterlandes verdient. Mögen er und seine Freunde in diesem hochwichtigen Augenblicke nicht nachlassen, die in Wien wie in Berlin bedrohte Sache des Volkes und der Wahrheit zu vertreten, dann werden alle ihm mit Gut und Blut zur Seite stehen, um endlich eine von Fürstenlaune unabhängige Grundlage der Volksfreiheit und des Volksglückes zu erlangen!

Der demokratische Klub.

[1]) Plakat, etwa 60 cm x 42 cm. Druck von Ferd. Reichardt u. Co. Neue Friedrichsstraße 24. Landesarchiv Berlin, Rep. 240 Acc 685 Nr. 531. – Gekürzt in «Die Reform. Organ der demokratischen Partei» 5. November 1848 Nr. 194.

629. Jacobys Rede am 5. November 1848 in Berlin[1])

Abdruck[2])

Dank Euch, Freunde! Mitbürger! Dank Euch für Euren Zuruf, für dieses Zeichen Eures Vertrauens und Eurer Anerkennung. Was ich getan, es ist nichts weiter als die Pflicht jedes Bürgers, dem das Wohl des Vaterlandes, dem die Freiheit am Herzen liegt.

Worte verhallen machtlos an dem Ohre der Könige. Zum Schutze der Freiheit, der blutig errungenen Volkssouveränität bedarf es der kühnen, der tapferen Tat.

Wenn unter dem Schilde einer unverantwortlichen Zentralgewalt die Willkür herrscht, der Absolutismus aufs neue sein Haupt erhebt, dann – Mitbürger! – dann laßt uns eingedenk sein der Helden unserer Märztage, auf daß wir – dieser Helden würdig leben oder sterben.

Den Männern, die auf den Barrikaden Berlins, den Männern, die auf den Wällen unserer unglücklichen Schwesterstadt Wien todesmutig für uns und unsere Freiheit ihr Blut vergossen, diesen Männern bringt aus vollem Herzen ein schallendes Lebehoch!

1) Für Jacobys mutigen Auftritt bei der Audienz am 2. November in Sanssouci bezeugte ihm der Demokratische Klub, er habe den Dank des Vaterlandes verdient (vgl. das vorangehende Stück). Am 5. November 1848 fand in Berlin der Fackelzug zu seinen Ehren statt. Zwei Fahnen wurden dem Zuge vorausgetragen; die eine auf weißem Grunde mit der Inschrift: «Dem Abgeordneten Jacoby zur Erinnerung an den 2. November», und auf der Rückseite: «Das ist das Unglück der Könige, daß sie nicht die Wahrheit hören wollen»; die andere auf schwarzrotgoldenem Grunde mit der Inschrift: «Dem Verfasser der Vier Fragen!» Der Zug bewegte sich vom Alexanderplatz aus durch die Königstraße am königlichen Schloß vorüber bis zur Taubenstraße vor Mylius' Hotel, wo der Gefeierte sich mit den Mitgliedern seiner Partei befand. Der Zug war von unabsehbarer Länge, die Zahl der Fackeln belief sich auf einige Hunderte. Nach einer Ansprache, die der Schriftsteller May, Mitarbeiter der «Reform», vor dem Hotel hielt, sprach Jacoby aus dem Fenster. Aus der versammelten Menge sprach hierauf noch ein Redner, worauf sich der Zug zerstreute. Jacobys Rede, wortgetreu stenographiert und abgedruckt, wurde am folgenden Tage auf den Straßen verkauft. Vgl. «Kölnische Zeitung» 9. November 1848 Nr. 302; «Die Reform» 7. November 1848 Nr. 195; Adolf Streckfuss, *500 Jahre Berliner Geschichte*, 4. Aufl. Berlin 1886, II, S. 1162.

2) «Kölnische Zeitung» 9. November 1848 Nr. 302. – Gekürzt abgedruckt in Gustav Dullo, *Berliner Plakate des Jahres 1848*, Zürich 1893, S. 82 f. Vgl. auch Magistrats-Bibliothek zu Berlin. *Verzeichnis der Friedlaenderschen Sammlung zur Geschichte der Bewegung von 1848*, Berlin 1897, S. 181: «Jacoby, J. Rede beim Fackelzuge. (Wortgetreu stenographiert.) Vereins-Buchdruckerei. 1 Bl. Fol.»

630. Benedikt Waldecks Erinnerungsblatt für Graf Görtz-Wrisberg[1]) mit Nachschrift Jacobys

Abdruck[2]) *Berlin, 28. April 1849.*

Die Treue, nicht die des Hundes, sondern die Mannestreue, die Kraft und die Gerad-

1) Graf Görtz-Wrisberg, Leutnant a. D., wurde von Frankfurt an der Oder in die preußische Zweite Kammer entsandt.

2) «Die Zukunft» 8. Dezember 1869 Jg. 3 Nr. 287. Auch bei Wilhelm Biermann, *Franz Leo Benedikt Waldeck. Ein Streiter für Freiheit und Recht*, Paderborn 1928, S. 205.

heit werden der äußersten Linken über alle Hindernisse Bahn brechen zum Ziele. Möchte Ihnen, lieber Freund, beschieden sein, *tätig bei dem bevorstehenden Heldenkampfe des Volkes* einzuwirken.

[Jacobys Nachschrift:]

Die konstitutionelle Komödie ist zu Ende[3]) und das Volk wird die schlechten Komödianten auspfeifen. Auf Wiedersehen in einem freien Lande.

[3]) Die preußische Zweite Kammer wurde am 27. April 1849 aufgelöst.

NACHTRAG

631. Jacoby an August Hobrecht

Rekonstruktion[1]) *Marienbad, etwa Anfang August 1830.*

Beschreibt seine Reise; fragt, welches Echo die jüngste französische Revolution[2]) in Königsberg ausgelöst habe; äußert sich über seinen Patienten; kündigt die Abreise nach Berlin an.

[1]) Nach Nr. 632.

[2]) Jacoby begleitete damals als Arzt einen nahen Verwandten nach Marienbad, wo ihn die Kunde der Julirevolution erreichte und tief beeindruckte. [Anonym,] «Johann Jacoby», in *Vorwärts! Volkstaschenbuch für das Jahr 1843*, Leipzig 1843, S. 141.

632. August Hobrecht an Jacoby

Nachlaß[1]) *Pradau, 16. August 1830.*

Mein trautester Doktor!

Mir war lange nicht eine so große Freude zuteil geworden, als da ich Ihren lieben Brief erhielt; ich muß gestehen, ich hatte Sie auf eine Art schon aufgegeben und hatte

[1]) Original: UB Bonn. Nachlaß Franz Rühl.

verzichtet auf schriftliche Grüße von Ihnen, so daß ich, als Ihr Brief ankam, lange hin und her dachte, von wem mir wohl laut Postzeichen aus Österreich ein Schreiben kommen könnte, um so mehr als der Abdruck Ihres Petschafts gar abgescheuert war. Um so größer waren Überraschung und Freude, als ich beim Aufbrechen Ihren Namen las, als ich ferner innewurde, daß Sie unser aller mit treuer Liebe gedenken und Ihre Heimat noch immer Ihnen lieb und wert ist.

Es klingt hier fast, als hätte ich daran gezweifelt – ich tat es nie; uns allen haben Ihre lieben Zeilen wohlgetan, und *alle* haben sich sehr über Ihr freundschaftliches Gedenken gefreut.

Sie erhalten diesen Brief nicht mehr in Marienbad, dazu ist die Zeit zu kurz; erst am 13. d. M. erhielt ich den Ihrigen und nach Ihrer Zeiteinteilung muß ich am Ende von Glück sagen, wenn Sie gegenwärtige Zeilen noch in Berlin erhalten. Doch daraufhin muß ich es wagen.

Sehr dankbar bin ich Ihnen für Ihre Mitteilung Ihrer Reise und die Übersicht, die Sie von Ihrem gegenwärtigen Leben uns geben. Herzlich wünsche ich, daß Ihre Mühen für Ihren Patienten von dem gesegnetsten Erfolg sein mögen und Sie in jeder Hinsicht zufriedengestellt zurückkehren mögen. Undankbar ist so häufig des Arztes aufrichtigstes Streben, um so mehr wünsche ich Ihnen den besten Erfolg.

Bei uns, mein liebster Freund, hat sich in der Zeit Ihrer Abwesenheit so manches ereignet, was Ihnen bemerkenswert erscheinen wird, und so fange ich denn in Gottes Namen meine Relation an.

Sie kennen Fräulein Emilie von Irwing? Sie müssen sie bei uns gesehen haben, namentlich in der Spargelzeit. Bald nach Ihrer Abreise verließ sie uns, um nach einigen Wochen ganz zu uns zurückzukehren und hier die Stelle einer Gehilfin meiner Frau einzunehmen. Am 24. v. M. kam sie hier an, und am 28. desselben Monats war sie tot, nachdem wir einen der sorgenvollsten Tage überstanden hatten. Ein eingeklemmter Bruch (vom dem niemand etwas gewußt hatte) verursachte eine nicht zu hebende Unterleibsentzündung, die ihr Ende bewirkte, nachdem sie am 27. cj. durch Dr. Kosch und Jacobson[2]) operiert worden war. Sie können sich denken, welche traurigen Tage wir zu überstehen hatten, doch half uns der Himmel allen Kummer überstehen. Sehr, sehr sind wir Ihnen verbunden für die Wahl Ihres Stellvertreters, der sich uns allen als der sorgsamste Arzt und menschenfreundlichste Mann beurkundet hat; ihn selbst hatten seine Beschwerden mit unserer Kranken hinfällig gemacht, da seine Gesundheit nicht die beste zu sein scheint.

Was meine Frau[3]) anbelangt, so haben Umstände ihre Badereise durchaus verhindert; ein Besuch einer Familie aus Memel, ein dito meiner Eltern auf acht Tage und zuletzt die durch Kosch anerkannte Notwendigkeit meine kleine Betty herauszunehmen, sind so die Hauptsachen. Anstrengungen aller Art noch außerdem und in Verbindung mit den genannten Umständen scheinen indes gottlob wohltätig auf den körperlichen Zustand meiner Frau gewirkt zu haben, und als Nachkur soll sie eine kleine Reise nach Westpreußen im Monat September machen, und dann, hoffe ich, wird sie wieder

[2]) Dr. med. Louis Jacobson in Königsberg.
[3]) Isabella Hobrecht.

ganz wohl unter uns wandeln und imstande sein, in gewohnter Weise ihre hausmütterlichen Pflichten auszuüben. Der Himmel spreche sein Amen dazu.
Der kleinen Betty scheint die Landluft auch sehr wohlzutun; Gott erhalte uns dieses liebe Kind! Meine Jungen sind wohlauf, machen viel Spektakel und reißen Kleider und Schuhe. Meine Schwiegermutter und Schwägerinnen sind auch gesund und wohl sowie auch mein Schwager Johnson, der sich Ihnen bestens empfiehlt; die Frau des letzteren ist nunmehr auch seit fünf Wochen in der Stadt, und Kosch wird Ihnen nun über ihren Zustand wohl das Nötige geschrieben haben; deshalb unterlasse ich es.
Küntzel[4]) ist seit drei Monaten in Gumbinnen kommandiert und hat dort einen schweren Stand; doch schlägt er sich mit Ehren durch, wie zu erwarten steht. Dohna[5]) ist von einer kleinen Reise zu seinen Verwandten zurückgekehrt und, wie ich höre, mißmütiger wie je.
In Königsberg ist jetzt viel Kaffeehaus-Spektakel wegen der französischen Revolution, und freut es mich, Ihnen sagen zu können, daß unsre Landsleute hier ohne Ausnahme voll Jubel darüber sind. So, mein trautester Doktor, habe ich Ihnen nun alles gesagt, was ich so in aller Eile konnte – denn ich bin mitten in der Ernte.
Leben Sie wohl, behalten Sie uns lieb und kehren Sie bald wohlbehalten zu uns zurück. Wir alle grüßen Sie herzlichst, und ich bin stets

Ihr aufrichtiger Freund
Hobrecht.

[Rückseite:]
Herrn Dr. Jacoby
Wohlgeboren
Berlin.
frei. Poste restante

[4]) Wohl Alexander Küntzel.
[5]) Vermutlich Ludwig Wilhelm Graf zu Dohna-Wesselshöfen.

633. Erklärung über Friedrich Daniel Bassermann[1])

Abdruck[2]) *Berlin, 21. November 1848.*

Der Unterstaatssekretär und Reichskommissar

Bassermann

hat in der Sitzung der Frankfurter verfassunggebenden Versammlung vom 18. d. über

[1]) Das Reichsministerium in Frankfurt versuchte während der preußischen Novemberkrise den Konflikt zwischen Krone und Volk zu schlichten. Sie sandte zu diesem Zweck den Unterstaatssekretär Bassermann nach Berlin, dessen Mission, ebenso wie die in Nr. 542 Anm. 6 genannte, mit einem totalen Fiasko endete.
[2]) Arnold Ruge, *Die preußische Revolution seit dem siebenten September und die Konterrevolution seit dem zehnten November. Tagebuch,* Leipzig 1848, S. 131–134.

seine Mission in Berlin einen Bericht erstattet, welcher eher an einen leichtfertigen Pamphletschreiber oder bezahlten Parteischriftsteller erinnert als der deutschen Gründlichkeit und Würde eines «Reichskommissars» entsprechen möchte. Wir finden in diesem Bericht ein Gewebe teils rein erdichteter, teils entstellter Tatsachen, woran sich perfide Infinuationen und haltlose Schlußfolgen knüpfen.

Herr *Bassermann* hat den Zustand Berlins in den Kreis seiner Untersuchungen gezogen. Dies war an sich gewiß richtig, da eben dieser Zustand, wie bekannt, den Vorwand zu allen den Gewaltstreichen dargeboten hat, die nacheinander gegen die Nationalversammlung und gegen die Grundrechte des preußischen Volkes in Berlin ausgeübt worden sind. Allein wie ist diese Untersuchung angestellt? Was hat zunächst Herr *Bassermann selbst* wahrgenommen? Er findet die Stadt *ruhig*, aber auf den Straßen Gestalten, die ihn erschrecken. Wer so leicht erschrickt, sollte nicht in fremde Länder reisen, am wenigsten als deutscher Reichskommissar. Wir, die wir uns hier geraume Zeit aufhalten, wissen nichts von diesem Schreck, nichts von diesen abschreckenden Gestalten. Wir können der Bevölkerung von Berlin nur das Zeugnis geben, daß sie ihren alten Ruf der Gesittung und Gutmütigkeit behauptet hat, und wahrlich, das ist in den letzten Tagen geschehen, trotz der unerträglichsten Aufstachelung durch die Gewaltmaßregeln von oben. Wir halten uns aber auch nicht berechtigt, Leuten die Straße zu verbieten, weil ihr Äußeres uns nicht gefällt; wir sehen ferner nicht ein, wie Herrn *Bassermanns* Schreck dadurch geringer werden kann, daß die Personen, welche ihn erregten, zu Hause bleiben. Herr *Bassermann* denke an die Gegenseitigkeit. Sein Erscheinen hat ohne Zweifel manchen Freund der gesetzlichen Freiheit erschreckt, aber niemand schließt ihn darum von der öffentlichen Straße aus. – *Wrangels* Einzug soll sofort eine andere Straßenbevölkerung hergezaubert haben. Das hat Herr *Bassermann,* so viel die ersten Tage betrifft, wohl nur *allein* bemerkt. Später konnten freilich nicht diejenigen auf den Straßen gehen, welche unter den geringfügigsten Vorwänden eingesperrt worden sind.

Haben sich jene dem Herrn *Bassermann* mißfälligen Personen aber von den Straßen entfernt, so enthalten jetzt Schauspielhaus, Universitätsgebäude, königliches Schloß, Seehandlung, sogar das eben fertige prachtvolle neue Museum, die herrliche Rotunde des alten, eine Schar von Bewohnern, die den Zwecken dieser Gebäude sehr fremd ist, Kinder des Volkes, welche dem Volke Schreck einjagen sollen, und dafür zur größten Unbequemlichkeit von allen äußeren Umgebungen abgesperrt und mit lügenhaften Druckschriften, wohin z. B. ein Aufruf, «Bürger, Bauern, Preußen!» gehört, über die äußere Lage der Sache im Dunkel gelassen werden. – Solche Maßregeln, deren Lächerlichkeit mit dem Wahnsinn wetteifert, sollen dem Bürger ein Gefühl der *Sicherheit* gegeben haben, während jeder Verständige den Vulkan fühlt, auf den wir eben geraten sind.

Nun erschrecken den Herrn *Bassermann* die Maueranschläge: «Der Traum eines Republikaners mit Laternenpfählen!» Von dem Traum eines Reaktionärs, dem Seitenstücke dieses Plakats, sagt er nichts. Hätte er sich die Mühe genommen, sein Schreckbild anzusehen, so würde er eine humoristische Satire gerade auf die Volksredner gefunden haben, die, wie er auch freilich allein weiß, das Volk mit Beilen und Messern versehen haben sollen. – Die Presse sei nicht frei, sondern terrorisiert gewesen. Von wem terrorisiert? Gewiß wohl von Leuten aus dem Volke, sonst würden die unverschämten Angriffe der Neuen Preußischen Zeitung auf die ehrenwertesten Deputierten und auf die Nationalversammlung selbst unmöglich gewesen sein, sonst würden die Spenersche und Vossische Zeitung nicht ihre *täglichen bezahlten* Inserate haben liefern können, welche so oft zu den Maßregeln auffordern, worunter wir jetzt leiden. Oder war etwa die freimütige National-Zeitung terrorisiert, von der Reform und Zeitungs-Halle zu schweigen? Völlige Straflosigkeit, meint der Herr *Bassermann*, herrsche in der Stadt, während gerade im Gegenteil die fortwährende Anwendung der alten, nicht mehr passenden Gesetze den Gegenstand fortdauernder Beschwerden ausmachte, während der Gang der Gerichte keinen Augenblick gestört gewesen ist.

Herr *Bassermann* berührt den Unfug, welcher am hiesigen Schauspielhause vorgekommen ist. Auch hier jedoch hat er sehr leichtfertig einseitigen Erzählungen Gehör gegeben, ohne im mindesten die Sache näher zu prüfen. Sonst würde er wissen, daß von einer Lebensgefahr der Deputierten nie die Rede gewesen, daß die sehr beklagenswerten Insulten einzelner Deputierten nur sehr vereinzelt vorgekommen, daß sie nur wenigen Individuen zur Last fallen, daß der Exzeß am 31. Oktober zunächst nur unzweckmäßiger Verwendung der Bürgerwehr zuzuschreiben war, daß ein terrorisierender Einfluß nie stattgefunden, namentlich nicht am 31., wo der Volksmenge ungeachtet die Stimmen so fielen, wie sie der Fraktionsbildung nach schon vorher zu erwarten waren, und gegen die mutmaßliche Ansicht dieser Volkshaufen, daß die Bewachung durch die Bürgerwehr vollkommen ausreichte, jede Insulte zu verhüten, daß es der Versammlung nie in den Sinn gekommen ist, diese Bewachung durchaus und unter allen Umständen wegfallen zu lassen, daß sie dies noch am 2. November durch einen ausdrücklichen Beschluß erklärt hat, daß von einigen Mitgliedern ein Gesetz zum Schutze der Versammlung eingebracht worden und diesem die Priorität bereits eingeräumt war. Hier in Berlin besteht unter wenigen ein Zweifel darüber, wie jene Exzesse der Reaktion nur einen willkommenen Vorwand boten, um mit den längst vorbereiteten Gewaltstreichen vorzugehen. Dies zeigte sich sehr deutlich, als der vollkommensten Ruhe ungeachtet doch der Belagerungszustand erklärt wurde – ein Kriegszustand ohne Feind; als exzeptionelle Gerichte *gegen* die nicht einmal suspendierte Habeaskorpusakte eingeführt wurden, wiewohl nicht der leiseste Exzeß vorgefallen war!

Herr *Bassermann* begreift nicht das Mißtrauen gegen das Ministerium. Wen hat er denn gesprochen über dessen Gründe? Von den in der Nationalversammlung anwesenden Mitgliedern der Deputation an Seine Majestät niemanden. Wahrlich, die Taten dieses Ministerii rechtfertigen das Mißtrauen zur Genüge – und wenn Herr *Bassermann* nur den Armeebefehl des Herrn Grafen Brandenburg und eine Rede Vinckes gegen Manteuffel als Motive anzugeben weiß, so beweist dies bloß die vollendete Seichtheit dieses Forschers.

Höchst unkonstitutionell mischt Herr *Bassermann* noch die Person des Königs in diese Angelegenheit, des Königs, den die unverantwortlich handelnden verantwortlichen Ratgeber nicht nur über den Zustand der Hauptstadt täuschen, sondern dem sie die tausendfach ertönende Stimme des Landes geflissentlich entziehen.

Der Gesandte kommt nun auf seine Vermittlungsversuche. Alle seine Mitteilungen hierüber sind unwahr. Nie haben die «Zurückgebliebenen», wie dieser Herr die preußische Nationalversammlung zu nennen beliebt, Bedingungen gestellt. Niemand ist von ihnen in dieser Hinsicht beauftragt; die Nationalversammlung übt das Recht des Volks, indem sie die Befugnis der Krone, eine konstituierende Versammlung zu verlegen, zu vertagen und aufzulösen, bestreitet, indem sie einem hochverräterischen Ministerium entgegentritt. Sie weicht keinen Fußbreit von diesem Wege, weiter ist sie nicht gegangen. Was Herr *Bassermann* anführt, bezieht sich auf Mitteilungen des Herrn *Kirchmann*, die nicht ihm, sondern einem Dritten in seiner Gegenwart geschehen sind, und die er ganz unrichtig referiert. Dieser Vermittler mit der Nationalversammlung spricht – *selbst* mit Unruh, dem Präsidenten der Nationalversammlung. Den Inhalt dieses Gesprächs teilt er nicht mit. Herr *Bassermann* wollte nicht *Unruhs* Ansichten hören, sondern die seinigen ihm eröffnen, deren Konklusion dahin ging, daß die Versammlung nach Brandenburg gehen müsse. Der Präsident zeigte die Unausführbarkeit dieses Rats, der bei keiner Partei Anklang finden werde. Es kam aber Herrn *Bassermann* gar nicht darauf an, sich zu unterrichten; er verlangte gar keine Auskunft, er wollte nur seine eigenen Vorschläge an den Mann bringen und beeilte sich zu gehen, als er diesen Zweck erreicht hatte. Er führte auch das Gespräch ausdrücklich als *Privatmann.*

Wo ist denn da von einem Antrage auf Vermittlung die Rede, wo von einem Hohn, der ihn zurückgewiesen?
Aber ein Hohn freilich ist es, wenn der Herr Reichskommissar eine Versammlung, die entschlossen, aber voll Mäßigung ihr gutes Recht mit seltener Einmütigkeit verfocht, durch elende Phrasen von Konvent, von Republik, von Zurückbleiben der Zentren, um von Gewalttätigkeiten abzuhalten, anzutasten sich herausnimmt. Wer einer würdigen Erscheinung gegenüber so klein, so undeutsch ist, das Gift der Verdächtigung auszuspritzen, der hätte das in denjenigen Zeitungen tun sollen, wohin es gehört, er durfte aber nicht den Saal der deutschen Vertreter mit so boshaften Seichtigkeiten entweihen. Schlecht bestellt wäre es um ein kräftiges Volk von sechzehn Millionen, könnte die Stimme eines solchen Schwätzers irgendein Gewicht in die Waagschale seines Geschickes legen, das mit Hilfe der Vorsehung über den Gesichtskreis aller dieser Pygmäen hinausreichen wird.

Arntz. Brill. Waldeck. Phillips. Wachsmuth. Reuter. Jung. Schwickerath. Iwand. Scholz (Bunzlau). Rüdiger. Kuhr. Gladbach. Gräff (Trier). Taczarski. Toebe. Schornbaum. Schultz (Wanzleben). Lisiecki. Berends. Dr. Jacoby. Räntsch. Arnold (Lebus). Elsner. Stein. Reichenbach. Jung (Fraustadt). Wollheim. Laßwitz. Lentz. Bunzel. Hoyoll. Behnsch. Baltzer. v. Lipski. Schuck. Nees v. Esenbeck. H. Müller. Messerich. Krackrügge. Schramm (Striegau). Becker. Kaul. Krüger. D'Ester. Körfgen. Esser. Peters. Siebert. Anwandter. Dehnell. Beeck. Dr. Kneip. Zenker. Specht. Junker. Bazynski. Skiba. Friedrich (Neustadt). Vissers. Moldenhauer. Mros. Voigt. Hofferichter. Grebel. Raffauf. Beck. Kabus.Haußmann. Eichner. Krause (Sagan). Temme. Nickel. Otto (Trier). Schmidt (Landshut). Herhold. Borchardt. Treiber. Keiffenheim. Guitienne. Schell. Plath. Quandt.

634. Proklamation der Linken der preußischen Nationalversammlung[1])

Abdruck[2]) *Berlin, 27. November 1848.*

Mitbürger!

Als durch die Revolution der Märztage der lange geknechtete Volkswille zur Geltung gekommen war, da habt Ihr die preußische Nationalversammlung hierher entsendet mit dem Auftrage, in gesetzlicher Ordnung den Neubau der Verfassung zu gründen. Es war Euch nicht zu tun um ein leeres Konstitutionsschema, neben welchem die alte Willkür, die alle Pulse des Volkslebens hemmenden alten Werkzeuge der Adels-Beamten- und Militär-Herrschaft in voller Tätigkeit hätten bleiben können. Ihr verlangtet eine neue Begründung, nicht nur in dem eigentlich politischen System, sondern auch im Gemeinde-, Verwaltungs-, Gerichts- und Militärwesen. In diesem Sinne hat die Nationalversammlung ihre Aufgabe erfaßt und sich mit Ernst und Ausdauer ihrer Lösung gewidmet, mehr gehemmt als gefördert durch die drei rasch aufeinanderfolgenden Ministerien. In die Notwendigkeit versetzt, an die Stelle des von der öffentlichen Meinung gerichteten Verfassungsentwurfs des Ministeriums Camphausen denjenigen der Verfassungskommission zu setzen, hatten wir den letzteren durch Bearbeitung in den Abteilungen und Zentralabteilungen zur ununterbrochenen Beratung in den Plenarversammlungen gereift. Auch die Gemeindeordnung, die bis jetzt noch nicht einmal von dem Ministerium vorgelegte Kreis- und Bezirksordnung wären in kurzer Zeit zur Verhandlung in der Versammlung vorgearbeitet gewesen. Ebenso verhielt es sich mit dem Grundsteuergesetze, dessen Zweck dahin ging, der Ungleichheit in der Besteuerung der einzelnen Provinzen, der Belastung des kleineren Gutsbesitzers vor dem größeren, ein Ende zu machen; wir haben diese Gesetzesvorlage noch in den letzten Tagen des Drangsals zur Beratung im Plenum beendigt. Ein Gesetz über die Abschaffung der Lasten des bäuerlichen Grundbesitzes beschäftigte jetzt eben die Versammlung. Der heilige Ernst ihres Berufs hatte sich mehr und mehr in derselben entwickelt. Der Beschluß vom 7. September über den *Stein*schen Antrag zeigte zugleich ihre Entschlossenheit, die eigene Würde zu wahren und an die Reform des ganz außerhalb des Gesetzes der Neuzeit stehenden Offizierwesens endlich die Hand zu legen. Klar mußte es allen Privilegierten, allen Bürokraten, allen Herrendienern, allen Anhängern des alten Militär- und Polizeistaates werden, daß es mit *dieser* Versammlung nicht

[1]) Diese Proklamation, das letzte Aktenstück der Berliner Nationalversammlung, sollte allen Abgeordneten zur Unterschrift vorgelegt werden. «Sie erhielt indessen nur 168 Unterschriften, weil, so wird von der radikalen Partei behauptet, die militärische Besetzung des Büros der Nationalversammlung und der Privatwohnung des Sekretärs Hildenhagen, dem die Sammlung der Unterschriften oblag, eine weitere Einzeichnung der in Berlin anwesenden Abgeordneten verhinderte, in der Tat aber, weil schon viele Mitglieder der Opposition sich sagten, daß jetzt die Zeit der Anklagen und Proteste vorüber sei und daß durch diese die halb verlorene Sympathie des Volkes nicht mehr wiedergewonnen werden konnte.» Adolf Streckfuss, *500 Jahre Berliner Geschichte*, 4. Auflage, Berlin 1886, II, S. 1199 f. Die Proklamation erschien als gedrucktes Flugbatt. Wiederabdruck in «Königl. Preuß. Staats-, Kriegs- und Friedens-Zeitung» 5. Dezember 1848 Nr. 285 S. 1613 und (ohne Unterschriften) in «Mannheimer Abendzeitung» 6. Dezember 1848 Nr. 290 S. 2060.

[2]) Arnold Ruge, *Die preußische Revolution seit dem siebenten September und die Konterrevolution seit dem zehnten November. Tagebuch*, Leipzig 1848, S. 136–138.

möglich sei, neben dem Scheinbilde des Konstitutionalismus, die alte Willkürherrschaft fortzusetzen, das Volk wieder um die Früchte der Revolution zu bringen. Daher verdächtigten sie auf jede Weise die Nationalversammlung, beschuldigten sie der Untätigkeit, erhoben das Geschrei nach der bloßen, hohlen Konstitutionsform, beuteten die politische Unreife, die Furcht des Bürgers vor dem Proletarier, diese in Deutschland ganz unbegründete Furcht, aus, benutzten einzelne Gesetzüberschreitungen, *um vermöge der widergesetzlichen Erfindung des Belagerungszustandes im tiefsten Frieden ein Werkzeug vorzubereiten zur Unterdrückung der blutig errungenen Freiheiten, der Presse, des Vereinigungsrechts.* Zur Täuschung der Provinzen deutete man die in Zeiten der Aufregung unvermeidlichen, vereinzelten Exzesse dahin, die Versammlung sei terrorisiert. Dichter und dichter, mit steigender Verschwendung der Staatsgelder, wurde zugleich das Netz militärischer Umstrickung um die friedliche Hauptstadt gezogen. *Als nun die Versammlung auch in der Beratung der Grundrechte den entschiedenen Willen zeigte, die Früchte der Revolution zur Geltung zu bringen, als sie die Hand an die Feudalrechte legte, Adel, Titel und Orden aufhob, als sie sich des unterdrückten Wiens annahm, da schien es der Reaktion die höchste Zeit zu sein, durch Beseitigung dieser Versammlung dem Volke die Hoffnungen zunichte zu machen, deren Erfüllung nach wenigen Monaten bevorstand. Da trat die Soldatengewalt unverhüllt auf in dem Ministerium Brandenburg.*

Die eigenmächtige Verlegung und Vertagung der Versammlung, das wiederholte gewaltsame Auseinandersprengen derselben durch die Bajonette, die Diktatur Wrangels, der Belagerungszustand Berlins im Frieden und ohne Aufruhr, die Auflösung und Entwaffnung der Bürgerwehr, die Vernichtung der Pressefreiheit und des Vereinigungsrechts, die Verletzung des Gesetzes zum Schutz der persönlichen Freiheit, *das sind die Taten dieser Gewalthaber.* – Wir, Eure Vertreter, haben dem Despotismus den Widerstand geleistet, der in unserer Macht lag. Schritt vor Schritt folgten wir den Maßregeln dieses Ministeriums und erklärten sie für ungesetzlich. Als letzte Waffe des leidenden Widerstandes sprach die Nationalversammlung diesem des Hochverrats angeklagten Ministerium die Befugnis ab, Steuern zu erheben und über Staatsgelder zu verfügen. – *Dabei haben wir wiederholt die Hand zur Ausgleichung des Konfliktes geboten und nichts weiter verlangt als die Änderung des Ministeriums und die ungestörte Fortsetzung unserer Beratungen in Berlin.* – Alles jedoch ohne Erfolg.

Jetzt, wo die regelmäßige Zusammenkunft der Volksvertreter hier durch ungesetzliche Gewalt verhindert wird, vereinigt die Regierung *die* Abgeordneten, welche ihren Auftrag verkennen, zu einer jedes gesetzlichen Ansehens entbehrenden Versammlung in Brandenburg. Sie bedenkt nicht, daß alles, was die Minderheit vornehmen mag, von vornherein null und nichtig ist, daß auch die etwaige Vermehrung der jetzt so geringen Zahl der dort Versammelten an der Gesetzlichkeit nicht das mindeste ändern könnte, daß die einzige Grundlage derselben die Bajonette bleiben werden. Sollte, wie behauptet wird, die Gewalt im schlimmsten Falle, dem Lande eine Verfassung oktroyieren (aufdrängen) wollen, so würde eine solche Verfassung nicht die geringste Gültigkeit haben. Denn es ist die Errungenschaft des März, daß nur mit den gewählten Vertretern des Volks die Verfassung festgestellt werden darf. Nur wir, die hier in Berlin konstituierte Nationalversammlung, sind jetzt diese Vertreter. *Jede Auflösung dieser Ver-*

sammlung ist ungesetzlich und daher rechtlich wirkungslos. Feierlich protestiert die Nationalversammlung gegen alle Akte der Regierung, welche durch die außerordentlichen Militäranstalten wöchentlich Millionen des Staatsvermögens vergeudet, lediglich zur Knechtung der Nation. Feierlich erklärt dieselbe, daß die Regierung, ganz abgesehen von der bereits beschlossenen Steuerverweigerung, vom 1. Januar 1849 ab über keinen Pfennig verfügen darf, da wir das Budget noch nicht bewilligt haben. – Harret Ihr Mitbürger indessen mutig aus, scheidet die Selbstsucht aus Eurer Mitte, stählt Eure moralische Kraft, welcher das gesetzlose Beginnen Eurer Unterdrücker endlich doch unterliegen muß.

Anwandter. Arnold. Arntz. Bading. Baltzer. Bauer. Bazynski. Beeck. Behnsch. Berends. v. Berg. Beck. Bliesner. Borchardt. Born. Brill. v. Brodowski. Becker. Bloem. v. Bruchhausen. Bunzel. Baummgart. D'Ester. Dierschke. Dittrich. Döring. Dziadeck. Ebel. Eichner. Elsner. Esser. Nees von Esenbeck. Euler. Friedrich. Funke. Fischer. Gladbach. Gräff. Grün. Grebel. Guitienne. Gorzolka. Hänel. Haußmann. Haußmann. Heisig. Her[h]old. Her[r]mann. Hildenhagen. Hildebrandt. Hofferichter. Hoyoll. Horn. Humann. Heinatz. Hahnrieder. Jacoby. Jung. Jung. Juncker. Iwand. Kabus. Kaul. Keiffenheim. Kittelmann. Klingenberg. Kneip. Köhler. Körfgen. Krackrügge. v. Kraszewski. Krause. Krüger. Kuhr. Kunz. Kutzner. Kaliski. Lar[r]aß. Laßwitz. Lentz. v. Lipski. v. Lisiecki. Lebermann. Lellek. Maager. Mann. Mätze. Matthaei. Mess[e]rich. Mildner. Moldenhauer. Mros. Mülhens. Müller. Müller. Nickel. Otto. Pape. Packeiser. Pankow. Pax. Peters. Phillips. Pilet. Pinoff. Plath. Plönnies. Pfeiffer. Quandt. Raentsch. Raffauf. Graf Reichenbach. Reinige. Reinicke. Reuter. Richter. Riedel. Riel. Riemann. Rodbertus. Rötscher. Rüdiger. Rochow. Schaffraneck. Schell. Schmidt. Schmidt. Schmidt. Schneider. Schoen. Scholtz. Schornbaum. Schramm. Schramm. Schul[t]z. Schulze. Schultze. Schwickerath. Siebert. Skiba. Sohrweide. Specht. Steffanowicz. Stein. Strybel. Szumann. Simon. Schuck. Schaffert. Taczarski. Teichmann. Temme. Teske. Thiede. Toebe. Trapczynski. Ulrich. Vissers. Voigt. Waldeck. Weichsel. Willenberg. Witt. Wollheim. Woday. Wollschläger. Zenker. Zorn. Zeidler.

BRIEFVERZEICHNIS

1816	1.	21. November Von J. A. Götze	23
1817	2.	25. Februar Von K. Arendt	23
1822	3.	15. Januar Von Wolff	23
	4.	7. März Von J. A. Götze	23
1827	5.	12. Januar Von R. J. Kosch	24
	6.	20. April Von R. J. Kosch	24
	7.	21. April Von F. J. Behrend	24
1829	8.	— — — Von L. A. Bock	25
1830	9.	4. Februar Von E. Waldeck	25
	10.	4./16. Dezember An E. Waldeck	26
1831	11.	23. Mai Th. v. Schön an den russischen Befehlshaber im Distrikt Augustow	26
	12.	Ende Mai/Anfang Juni An einen Königsberger Freund	26
	13.	Am oder kurz nach 13. Juni An Th. v. Schön	27
	14.	Am oder kurz nach 13. Juni An die Eltern	27
	15.	17. Juni Von R. J. Kosch	27
	16.	17. Juni Von Th. v. Schön	28
	17.	Im Juni Von A. Gawrońska	29
	18.	Ende Juni Erklärung der «Königl. Preuss. Staats-, Kriegs- und Friedens-Zeitung» gegen Jacoby	29
	19.	28. Juli Von E. Waldeck	30
	20.	6. August Von A. Hobrecht	31
	21.	12. August Th. v. Schön an die Regierung in Königsberg	31
	22.	Spätsommer An E. Waldeck	31
	23.	Im September Jacobys Erklärung gegen die «Königl. Preuss. Staats-, Kriegs- und Friedens-Zeitung»	32
	24.	13. Oktober Von E. Waldeck	34
1832	25.	3. März An E. Waldeck	35
	26.	4. März An E. Waldeck	36
	27.	10. Juli An J. Jacobson	37
	28.	29. September An G. Riesser	43
	29.	27. Oktober Von E. Waldeck	44
1833	30.	13. Februar Von v. Lossau	45
	31.	8. März An v. Lossau	45
	32.	10. August An E. Waldeck	50
	33.	29. August An Th. v. Schön	51
	34.	31. August Von Th. v. Schön	51
1835	35.	3. Oktober Von F. Adelson	52
1836	36.	Mitte d. J. An den Kultusminister	52
	37.	31. August Vom Kultusminister	53
	38.	Anfang November An J. Waldeck	53
	39.	9. November Von J. Waldeck	54
1837	40.	29. März Von M. v. Keudell	55
	41.	31. März Von A. Küntzel	56
	42.	12. Mai An A. Küntzel	56
	43.	Frühjahr Von A. Küntzel	57
	44.	27. September An die «Vossische Zeitung»	58

45. Etwa Anfang Oktober An J. Waldeck 60
46. 14. Oktober Von J. Waldeck 61
47. 20. Oktober J. Waldeck an den Oberpräsidenten der Provinz Brandenburg . 61
48. Etwa November Von M. v. Keudell 62
49. 26. November An M. v. Keudell 63
50. 30. November Der Oberpräsident der Provinz Brandenburg an J. Waldeck . 65
51. 6. Dezember J. Waldeck an das Oberzensurkollegium 65
52. 15. Dezember Von J. Waldeck 66
53. 16. Dezember An den Vorstand der Jüdischen Gemeinde in Königsberg . . . 67
54. 27. Dezember Von G. Riesser 68

1838 55. 6. Januar Das Oberzensurkollegium an J. Waldeck 69
56. 16. Januar Von J. Waldeck 69
57. 18. Januar Von A. Küntzel 70
58. 21. Januar An den Vorstand der Jüdischen Gemeinde in Königsberg 71
59. 23. Januar J. Waldeck an den Minister des Innern 73
60. 3. Februar Der Minister des Innern an J. Waldeck 75
61. 10. Februar An F. Ch. Dahlmann 75
62. 20. Februar Von F. Ch. Dahlmann 76
63. 24. Februar An Friedrich Wilhelm III. 77
64. Etwa Ende Februar An A. Wernich 80
65. 6. März Von A. Wernich 80
66. 6. März An J. Waldeck 82
67. 10. März An A. Wernich 82
68. 13. März Von Friedrich Wilhelm III. 83
69. 15. März Von S. D. Cohn 83
70. Etwa 1.—15. März An J. Waldeck 83
71. 19. März Von J. Waldeck 84
72. 19. März Von A. Wernich 85
73. 28. März Von A. Küntzel 86
74. 2. April An Hoffmann & Campe 86
75. 10. April Von J. Waldeck 87
76. 17. April Von Hoffmann & Campe 87
77. 11. August Von A. Küntzel 88
78. Etwa 15. August/15. September An A. Küntzel 88
79. 14. September Von A. Küntzel 89
80. Frühherbst An Th. v. Schön 89
81. 13. Oktober Von Th. v. Schön 89
82. 14. Oktober An Th. v. Schön 90
82.a 25. Oktober An W. Menzel 91

1839 83. 1. Februar Von A. Wernich 91
84. 5. Februar An A. Küntzel 92
85. 20. April Von J. Waldeck 93

1840 86. 2. Februar Von Nietzki 93
87. 23. August Von J. Waldeck 94
88. 16. Oktober Von J. Waldeck 95
89. 4. Dezember Von J. Waldeck 97
90. 26. Dezember Von M. Veit 97

1841 91. 16. Januar Von Sachs 98
92. 18. Januar An O. Wigand 98
93. 26. Januar O. Wigand an einen Freund Jacobys 98
94. 4. Februar An die «Leipziger Allgemeine Zeitung» 99
95. 11. Februar Von A. Küntzel 100

96. Etwa 15.—27. Februar An J. Waldeck 100
97. 23. Februar An Friedrich Wilhelm IV. 102
98. 23. Februar Von K. F. Burdach 102
99. 24. Februar Von K. F. Burdach 103
100. 24. Februar Von Ch. A. Lobeck 104
101. 24. Februar Von J. Waldeck 104
102. 25. Februar An J. Waldeck 105
103. 27. Februar Von J. Waldeck 106
104. Im Februar Von Reissert 107
105. Etwa Ende Februar An A. Ruge 107
106. 1. März An die «Leipziger Allgemeine Zeitung» 108
107. 1. März An die «Leipziger Allgemeine Zeitung» 109
108. 1. März Von K. L. Heinrich 110
109. 2. März Friedrich Wilhelm IV. an die Minister der Justiz und des Innern . 112
110. 3. März Von O. Wigand 112
111. 4. März Von J. Waldeck 113
112. 5. März Von K. L. Heinrich 115
113. 5. März Von A. Ruge 116
114. 6. März Von A. Küntzel 117
115. 7. März Von K. L. Heinrich 118
116. 7. März Jacobys Erklärung in der «Leipziger Allgemeinen Zeitung» . . . 119
117. 11. März Von J. Waldeck 119
118. 12. März An M. Veit 120
119. 12. März Von K. L. Heinrich 121
120. 18. März Jacobys Erklärung betr. H. Hoff 122
121. 23. März Von A. Küntzel 123
122. 26. März Von R. v. Blumenthal 123
123. 31. März Von O. Wigand 124
124. 8. April Von J. Waldeck 124
125. 25. April Von A. Koch 126
126. 1. Mai Festgabe an Jacoby zum 36. Geburtstag 126
127. Im Mai Von M. Veit 128
128. 22. Mai Von O. Wigand 130
129. 22. Mai Von J. Waldeck 131
130. 11. Juni An F. Frommann 131
131. 24. Juni Von G. Dinter 131
132. 2. Juli An G. Dinter 133
133. 3. Juli Von J. Waldeck 134
134. 13. Juli An J. Waldeck 135
135. 19. Juli Von F. Steger 136
136. 31. Juli Von F. A. Witt 137
137. Etwa Juli/August An den Justizminister 137
138. Etwa Juli/August An Friedrich Wilhelm IV. 138
139. 3. August Von J. Waldeck 138
140. (?) August Von H. Lichtheim 139
141. 26. August Von J. Waldeck 140
142. 30. August Friedrich Wilhelm IV. an die Minister der Justiz und des Innern . 140
143. 1. September Von E. Flottwell 141
144. 9. September Von E. Flottwell 142
145. 9. September Von E. Flottwell 143
146. 14. September Von O. Wigand 146
147. 17. September Von J. Jacobson 147
148. Etwa September An Friedrich Wilhelm IV. 148
149. 12. u. 20. Oktober Von M. v. Keudell 148

150. 15. Oktober Von J. Waldeck . . . 149
151. Oktober Von E. Flottwell . . . 150
152. 28. Oktober Von O. v. Keudell . . . 152
153. 30. Oktober Von L. Walesrode . . . 153
154. 10. November Von E. Flottwell . . . 153
155. 13. November Von E. Flottwell . . . 155
156. 20. November An E. Flottwell . . . 156
157. 22. November An E. Flottwell . . . 157
158. 23. November Von E. Flottwell . . . 158
159. 7. Dezember Von E. Flottwell . . . 159
160. 11. Dezember Friedrich Wilhelm IV. an den Minister der Justiz . . . 160

1842 161. 13. Januar Von E. Flottwell . . . 161
162. 27. Januar Von J. Waldeck . . . 161
163. 29. Januar Von M. v. Keudell . . . 162
164. 30. Januar Von R. v. Keudell . . . 162
165. 8. Februar Von O. Wigand . . . 163
166. 15. Februar Von E. Flottwell . . . 164
167. 21. Februar Von J. Waldeck . . . 165
168. 1. März Von J. Waldeck . . . 165
169. 4. März Von M. Veit . . . 166
170. 7. März Von W. Freund . . . 168
171. 12. März Von E. Flottwell . . . 171
172. 13. März Von J. Waldeck . . . 174
173. März/April Von Th. Goldstücker . . . 175
174. 8. April Von E. Flottwell . . . 175
175. 18. April Von S. v. Brünneck . . . 176
176. 1. Mai Von E. Flottwell . . . 177
177. Im Mai An O. Wigand . . . 178
178. 24. Mai Von O. Wigand . . . 178
179. 6. Juni An E. Flottwell . . . 179
180. 28. Juni Von E. Flottwell . . . 179
181. 6. Oktober Von J. Waldeck . . . 181
182. 22. Oktober Von K. Biedermann . . . 181
183. 4. November Von J. Waldeck . . . 182
184. 12. November Von A. Jung . . . 183
185. 26. November Von C. v. Lengerke . . . 183
186. 4. Dezember Von O. v. Keudell . . . 184
187. 5. Dezember Von G. Julius . . . 185
188. 6. Dezember Von A. v. Auerswald . . . 186

1843 189. 14. Januar Von G. Herwegh . . . 187
190. 15. Januar Von O. Wigand . . . 188
191. 23. Januar Jacobys Erklärung über Burdachs Rede . . . 188
192. 25. Januar Von J. van.Riesen . . . 189
193. 27. Januar Von J. Waldeck . . . 190
194. 11. Februar An den Justizminister . . . 190
195. 14. Februar Von A. Küntzel . . . 191
196. 1. März An den Justizminister . . . 192
197. 5. März Von J. Waldeck . . . 192
198. 6. März Vom Justizminister . . . 193
199. Kurz nach 8. März Von O. v. Keudell . . . 193
200. 11. März An den Kriminalsenat des Oberlandesgerichts in Königsberg . . . 194
201. 14. März Von dem Kriminalsenat des Oberlandesgerichts in Königsberg . . . 195
202. 29. März An den Justizminister . . . 195

203. 1. April Von J. Waldeck (mit Abschrift eines Schreibens Friedrich Wilhelms IV.) 196
204. 3. April Vom Justizminister 196
205. 15. April Vom Königsberger Inquisitoriatsdirektor 197
206. 25. April An Friedrich Wilhelm IV. 197
207. 1. Mai Von J. van Riesen 200
208. 1. Mai Von E. Flottwell 200
209. 10. Mai An A. H. Hoffmann von Fallersleben 201
210. 17. Mai Von J. Waldeck 202
211. 9. Juni Von L. Walesrode 202
212. 11. Juni Von L. Walesrode 204
213. 3. Juli An Friedrich Wilhelm IV. 205
214. 19. Juli Aufruf betreffend R. Gottschall 205
215. 19. Juli Von K. H. Brüggemann 206
216. 1. August Von A. Ruge 207
217. 22. August Von K. Weil 208
218. 25. August Von L. Walesrode 209
219. 1. September Vom Justizministerium 210
220. 1. September Von J. Waldeck 211
221. 4. September Jacobys Erklärung über das Erkenntnis des Oberappellationssenats 212
222. 5. September An den Königsberger Kriminaldirektor 213
223. 15. September Von L. Walesrode 213
224. 20. September An Unbekannt 216
225. 3. Oktober Von K. Rosenkranz 216
226. 4. Oktober Von R. Gottschall 218
227. 28. Oktober Von R. Blum 220
228. 29. Oktober Von J. Waldeck 220
229. 2. November An das Oberzensurgericht 221
230. 25. November An J. Fröbel 222
231. 25. November An A. Ruge 222
232. 11. Dezember An K. Weil 223
233. 15. Dezember Von J. Fröbel 224
234. 21. Dezember Von M. Veit 224
235. 29. Dezember An die «Königl. Preuss. Staats-, Kriegs- und Friedens-Zeitung» 224

1844 236. 4. Januar Von K. Weil 226
237. 12. Januar Von G. v. Struve 228
238. 16. Januar An die «Königl. Preuss. Staats-, Kriegs- und Friedens-Zeitung» . 228
239. 31. Januar An die «Königl. Preuss. Staats-, Kriegs- und Friedens-Zeitung» . 230
240. 8. Februar Erkenntnis des Oberzensurgerichts 233
241. 9. Februar Von E. v. Young 235
242. 17. Februar Von J. Waldeck 236
243. 20. Februar An J. Waldeck 238
244. 1. März K. L. Bernays an Willert 238
245. 22. März Von K. Weil 239
246. 9. Mai Von J. Waldeck 240
247. 12. Mai Aufruf betreffend das Fest der Albertina 241
248. 12. Mai Aufruf an die Königsberger 242
249. 8. Juni Einladung zu einer Versammlung 242
250. 11. oder 12. Juni Von J. F. Tamnau 242
251. 12. Juni An den Gustav-Adolf-Verein zu Königsberg 243
252. 16. Juni Von S. Meyerowitz 245
253. 19. Juni Von M. Duncker 245

254. 28. Juni Mitteilung des Komitees ehemaliger Königsberger Universitätsgenossen . . . 246
255. 1. Juli Von A. Küntzel . . . 247
256. 15. Juli Von S. Meyerowitz . . . 248
257. 17. Juli Von A. Küntzel . . . 250
258. 24. Juli Von G. Dinter . . . 250
259. 1. August Von H. Simon . . . 251
260. 10. August Mitteilung des Komitees ehemaliger Königsberger Universitätsgenossen . . . 251
261. 15. August Von R. J. Kosch . . . 252
262. 19. August Von J. Waldeck . . . 253
263. 22. August Bekanntmachung des Komitees ehemaliger Königsberger Universitätsgenossen . . . 254
264. 25. August Mitteilung des Komitees ehemaliger Königsberger Universitätsgenossen . . . 255
265. 13. September Von M. Veit . . . 256
266. 18. September Von E. Waldeck . . . 257
267. 20. September Von J. Fröbel . . . 259
268. 9. Oktober Von S. Meyerowitz . . . 259
269. 5. November Von J. van Riesen . . . 260
270. 6. November Von J. Waldeck . . . 260
271. 6. November Von H. Runge . . . 261
272. 13. November Von G. A. Bergenroth . . . 263
273. 2. Dezember Von G. A. Bergenroth . . . 264
274. Kurz vor 27. Dezember An den Polizeipräsidenten in Königsberg . . . 265

1845 275. 5. Januar Von R. Blum . . . 266
276. 9. Januar Von E. Flottwell . . . 266
277. 29. Januar Von A. Ruge . . . 267
278. 5. Februar An K. A. Milde . . . 268
279. 5. Februar An den schlesischen Provinziallandtag . . . 268
280. 5. Februar An D. Hansemann . . . 268
281. 5. Februar An den rheinischen Provinziallandtag . . . 269
282. 7. Februar Von J. Fröbel . . . 269
283. 8. Februar Von G. W. Bannasch . . . 271
284. 11. Februar A. Ruge an S. Meyerowitz . . . 271
285. 13. Februar Von A. Dulk . . . 274
286. 14. Februar Von D. Hansemann . . . 275
287. 19. Februar Von J. Fröbel . . . 277
288. 20. Februar Von M. Duncker . . . 277
289. 23. Februar Von J. Waldeck . . . 278
290. 23. Februar Von K. A. Milde . . . 279
291. 25. Februar Von K. A. Milde . . . 280
292. 26. Februar Von K. L. Heinrich . . . 281
293. 28. Februar Von J. Fröbel . . . 283
294. 13. März Von Unbekannt . . . 284
295. 18. März Von A. Dulk . . . 285
296. 21. März Von J. Fröbel . . . 285
297. 27. März Von M. S. Friedländer . . . 286
298. 29. März Von Th. Arens . . . 286
299. Etwa April An K. L. Heinrich . . . 287
300. 6. April Von J. Fröbel . . . 287
301. 28. April An Friedrich Wilhelm IV. . . . 289
302. 7. Mai Von A. Ruge an S. Meyerowitz oder Jacoby . . . 291

303. 15. Mai An den Stadtgerichtsdirektor in Königsberg 292
304. 15. Mai Vom Stadtgerichtsdirektor in Königsberg 293
305. Etwa 15. Mai An den Stadtgerichtsdirektor in Königsberg 294
306. 19. Mai Vom Minister des Innern (im Auftrage des Königs) 294
307. 20. Mai Vom Stadtgerichtsdirektor in Königsberg 295
308. 23. Mai Zensiertes Inserat von Jacoby 295
309. 29. Mai Verbotenes Inserat von Jacoby u. a. 295
310. 2. Juni Königsberger Adresse an J. A. v. Itzstein und F. Hecker 296
311. 16. Juni Von G. K. Sperling 296
312. 1. Juli Von J. Waldeck 297
313. 15. Juli Von K. A. Milde 298
314. 20. Juli An den Minister des Innern 299
315. 22. Juli Vom Polizeipräsidenten in Königsberg 301
316. 31. Juli An den Polizeipräsidenten in Königsberg 302
317. 1. August Vom Polizeipräsidenten in Königsberg 302
318. 1. August Erklärung von Jacoby u. a. betreffend die Versammlungen in Böttchershöfchen 303
319. 6. August An den Kriminalsenat des Oberlandesgerichts in Königsberg . . 303
320. 15. August Vom Kriminalsenat des Oberlandesgerichts in Königsberg . . . 309
321. 30. August Von K. R. Jachmann 310
322. 30. August Das Inquisitoriat an den Kriminalsenat des Oberlandesgerichts in Königsberg 311
323. 5. September Der Kriminalsenat des Oberlandesgerichts in Königsberg an das Inquisitoriat 312
324. 6. September Der Inquisitoriatsdirektor in Königsberg an den Justizminister 313
325. 16. September Der Justizminister an den Inquisitoriatsdirektor in Königsberg 315
326. 24. September An den Justizminister 315
327. 30. September Vom Justizminister 318
328. 30. September An den Justizminister 319
329. 15. Oktober An Friedrich Wilhelm IV. 319
330. 31. Oktober Vom Justizminister 321
331. 3. November Von R. Blum 321
332. Etwa 1.—15. November An L. Borchardt 323
333. 11. November Dekret des Kriminalsenats des Oberlandesgerichts in Königsberg 324
334. 21. November Vom Justizminister 324
335. 6. Dezember An L. Walesrode 325
336. 9. Dezember Von L. Walesrode 326
337. 12. Dezember Von E. Flottwell 327
338. 12. Dezember Von J. Waldeck 328
338.a 31. Dezember Von F. Falkson 329

1846 339. 7. Februar Von J. Waldeck 331
340. 24. März Von L. Walesrode 331
341. 26. März An L. Walesrode 333
342. Frühjahr Von A. Ruge 335
343. 1. Mai Von L. Walesrode 336
344. Im Mai Von L. Walesrode 336
345. 12. Juni Von G. Mazzini 337
346. 17. Juni Von R. Blum 341
347. 1. Juli Von L. Walesrode 343
348. 3. Juli Von M. v. Keudell 344
349. 8. Juli An G. Mazzini 345
350. 20. Juli Von K. Heinzen 345

	351.	12. September	An J. Waldeck	346
	352.	18. September	Von L. Walesrode	347
	353.	28. November	Von A. Küntzel	348
1847	354.	1. Januar	Von A. Küntzel	348
	355.	Nach 3. Februar	Von Unbekannten	349
	356.	7. Februar	Von E. Waldeck	351
	357.	19. Februar	Von J. Waldeck	351
	358.	23. Februar	Von D. Hansemann	353
	359.	18. März	Von A. Küntzel	354
	360.	18. März	An D. Hansemann	355
	361.	22. März	Von J. Waldeck	355
	362.	25. März	Von E. Flottwell	356
	363.	12. April	Von S. Meyerowitz	357
	364.	15. April	An B. und K. Jacoby	358
	365.	17. April	Von H. Simon	360
	366.	Etwa 20. April	An L. Moser	360
	367.	23. April	Von J. A. v. Itzstein	360
	368.	24. April	Von R. J. Kosch	361
	369.	24. April	Von L. Moser	363
	370.	25. April	Von S. Meyerowitz	364
	371.	28. April	Von S. Meyerowitz	364
	372.	4. Mai	An B. und K. Jacoby	365
	373.	11. Mai	Von S. Meyerowitz	366
	374.	14. Mai	Von J. A. v. Itzstein	367
	375.	15. Mai	Von S. Meyerowitz	367
	376.	23. Mai	Von S. Meyerowitz	368
	377.	5. Juni	Von A. Ruge	368
	378.	8. Juni	Von J. E. A. v. Rauschenplat	369
	379.	10. Juni	Von J. E. A. v. Rauschenplat	370
	380.	10. Juni	An S. Meyerowitz	370
	381.	12. Juni	An S. Meyerowitz	371
	382.	12. Juni	Von A. Ruge	372
	383.	20. Juni	An G. Herwegh	373
	384.	22. Juni	Von S. Meyerowitz	373
	385.	26. Juni	Von J. A. v. Itzstein	374
	386.	Ende Juni	An S. Meyerowitz	375
	387.	5. Juli	Von S. Meyerowitz	375
	388.	6. Juli	Von K. Biedermann	376
	389.	15. Juli	Von R. Blum	376
	390.	Im August	Von R. Blum	377
	391.	13. August	Von F. Lewald	378
	392.	26. August	Von K. v. Bardeleben	379
	393.	31. August	Von J. Waldeck	379
	394.	4. September	Von K. v. Bardeleben	380
	395.	22. Oktober	Von F. Crüger	381
	396.	19. November	Von R. v. Keudell	382
	397.	2. Dezember	An die Eidgenössische Tagsatzung	383
	398.	3. Dezember	Von K. Th. Welcker	385
	399.	6. Dezember	Von G. A. F. Gerhard	386
	400.	8. Dezember	Von Th. Mügge	386
1848	401.	5. Januar	Von A. Ruge	389
	402.	14. Januar	Von K. Th. Welcker	390
	403.	29. Januar	Von Th. v. Schön	390

404. 24. Februar Von F. W. Haertel 392
405. 27. Februar Von G. Herwegh 392
406. 28. Februar Von G. Herwegh 395
407. 28. Februar Von Kreye 396
408. 5. März Von H. Simon 397
409. 6. März An Friedrich Wilhelm IV. 398
410. 6. März Von X. v. Hasenkamp 398
411. 12. März Vom Siebener-Komitee der Heidelberger Versammlung 399
412. 15. März An Friedrich Wilhel IV. 400
413. 15. März An J. A. v. Itzstein 402
414. 19. März Von J. Waldeck 404
415. 30. März Von G. Herwegh 405
416. 2. April Von S. Meyerowitz 406
417. 4. April An L. Moser 407
418. 6. April An E. Waldeck 409
419. 7. April Von J. v. Hennig 411
420. 9. April An F. Adelson 411
421. Etwa 9. April An H. B. Oppenheim 413
422. 10. April An A. v. Auerswald 413
423. 11. April Von E. Waldeck 415
424. 11. April Von H. B. Oppenheim 417
425. Etwa 11. April Von J. Waldeck 418
426. 12. April Von A. v. Auerswald 418
427. 12. April An S. Meyerowitz 420
428. 12. April Von L. Moser 422
429. 13. April Von S. Meyerowitz 425
430. Mitte April Von F. Adelson 426
431. Etwa Mitte April Von G. Herwegh 427
432. Etwa Mitte April Von ostpreußischen Gutsbesitzern 429
433. 16. April Von L. Moser 429
434. 17. April Von K. Hagen 431
435. 19. April An F. Adelson 432
436. 19. April Von S. Meyerowitz 434
437. 20. April Von A. Samter 436
438. Etwa 20.—25. April Von R. Blum 436
439. 23. April An R. J. Kosch 437
440. 24. April Von S. Meyerowitz 439
441. 25. April Von R. J. Kosch 441
442. 26. April Von F. Falkson 443
443. 26. April Von R. Blum 445
444. 27. April Von R. Blum 445
444.a 27. [?] April Stammbuchblatt für einen Unbekannten 446
445. 30. April Von S. Meyerowitz 446
446. Etwa Anfang Mai Vom Präsidenten des Deutschen Nationalvereins in Zürich 447
447. 1. Mai An L. Camphausen 448
448. 3. Mai Von S. Meyerowitz 449
449. 7. Mai Von J. Venedey 450
450. 9. Mai Von Unbekannt 451
451. 10. Mai Von S. Meyerowitz 451
452. 10. oder 11. Mai Vom Konstitutionellen Klub in Königsberg 452
453. 11. Mai Von Unbekannt 453
454. 11. Mai Von M. Hobrecht 453
455. Im Mai Von L. Freundt 454

456.	12. Mai	Von L. Moser	455
457.	12. Mai	Von R. J. Kosch	455
458.	15. Mai	An S. Meyerowitz	456
459.	17. Mai	Von H. Simon	456
460.	20. Mai	Von J. Waldeck	457
461.	21. Mai	Von H. A. Berlepsch	457
462.	24. Mai	Von K. Jacoby	457
463.	24. März	An J. A. v. Itzstein	458
464.	24. Mai	Von S. Meyerowitz	458
465.	26. Mai	An H. A. Berlepsch	461
466.	27. Mai	Von J. A. v. Itzstein	461
467.	Etwa 27. Mai	An J. Waldeck	463
468.	29. Mai	Von J. Waldeck	463
469.	31. Mai	Von H. B. Abegg	465
470.	3. Juni	Von B. Jacoby	465
471.	3. Juni	Von K. Jacoby	466
472.	10. Juni	Von J. van Riesen	467
473.	10. Juni	Von S. Meyerowitz	468
474.	20. Juni	An A. Samter	469
475.	24. Juni	Von A. Stahr	471
476.	25. Juni	Von A. Stahr	471
477.	30. Juni	Von L. Moser	471
478.	3. Juli	Von F. Adelson	473
479.	5. Juli	Von D. Hansemann	474
480.	6. Juli	Von L. Freundt	475
481.	12. Juli	Von A. Hobrecht	477
482.	15. Juli	Von A. Hobrecht	477
483.	18. Juli	Von F. Lewald	478
484.	19. Juli	Von S. Meyerowitz	479
485.	24. Juli	Von K. H. Brüggemann	480
486.	2. August	Von W. Schröder-Devrient	480
487.	4. August	Von G. Herwegh	481
488.	9. August	Von L. Moser	481
489.	9. August	Von A. Ruge	483
490.	13. August	Von A. Stahr	483
491.	16. August	Von F. Lewald	484
492.	17. August	An G. Dinter	486
493.	20. August	An F. Adelson	488
494.	21. August	Von W. Rüstow	488
495.	22. August	Ankündigung von Jacoby u. a. betreffend «Die Reform»	489
496.	23. August	Von W. Rüstow	491
497.	26. August	Von J. van Riesen	493
498.	31. August	Erklärung von Jacoby, J. Stein und Schultz	494
499.	1. September	An A. Stahr	495
500.	2. September	An L. Moser	495
501.	3. September	Von A. Stahr	498
502.	4./5. September	Von W. Ahlmann	499
503.	5. September	Von H. Simon	500
504.	6. September	Von M. Simon	500
505.	9. September	Von H. Simon	501
506.	10. September	An A. Stahr	501
507.	10. September	Von J. van Riesen	502
508.	11. September	Von J. K. Rodbertus	504

509. 11. September Von Nethe 504
510. 11. September Von S. Meyerowitz 505
511. 14. September Von H. Simon 506
512. 14. September Von G. Dinter 506
513. 20. September Von S. Meyerowitz 508
514. 20. September Von L. Walesrode 509
515. 22. September Von K. R. Jachmann 511
516. Etwa 25. September An S. Meyerowitz 513
516.a 26. September An H. Simon 513
517. 27. September Von L. Moser 514
518. 28. September Von S. Meyerowitz 516
519. 30. September Von S. Meyerowitz 517
520. 4. Oktober Von S. Meyerowitz 518
521. 5. Oktober Einladung zur Konferenz der entschiedenen Linken 519
521.a 6. Oktober Jacobys Erklärung betreffend «Die Reform» 520
522. 6. Oktober Von L. Moser 521
523. 11. Oktober Von S. Meyerowitz 521
524. 25. Oktober Von F. Hedrich 522
524.a 2. November Stammbuchblatt für einen Unbekannten 522
525. 2. November Von L. Moser 522
526. 5. November Von Mitgliedern der preußischen Nationalversammlung . . 524
527. Anfang November Von J. Th. Schmidt 526
528. 5. November Von A. Küntzel 527
529. 5. November Sentenz Jacobys 528
529.a 6. November Anerkennungsadresse aus Königsberg 528
529.b 6. November Von der Sektion A des Königsberger Arbeitervereins . . . 529
529.c 6. November Von der Sektion B des Königsberger Arbeitervereins . . . 529
529.d 6. November Von der Sektion C des Königsberger Arbeitervereins . . . 529
530. 6. November Von A. Dulk 530
531. 7. November Vom demokratisch-konstitutionellen Klub in Landsberg . . . 530
532. 7. November Von S. Meyerowitz 531
533. 10. November Dankadressen aus Calbe an der Saale 531
534. 14. November Von F. Lewald 532
535. 16. November Von S. Meyerowitz 533
536. 17. November Jacobys und K. L. D'Esters Erklärung über die Berliner Presse 533
537. 21. November Von A. Dulk 534
538. 21. November Von L. Walesrode 535
539. 22. November Von H. V. v. Unruh 536
540. 23. November Von W. Rüstow 536
541. 24. November Von S. Meyerowitz 537
542. 25. November Von S. Meyerowitz 537
543. 25. November Von A. Stahr 538
544. 27. November Protokoll über die Sprengung der Sitzung der Abgeordneten der Linken in Berlin 539
545. 27. November Von L. Moser 541
546. 28. November Von F. Falkson 541
547. 30. November Von Unbekannt 542
548. (?) November / Dezember Von F. Lewald 542
549. 1. Dezember Von S. Meyerowitz 543
550. 8. Dezember Von S. Meyerowitz 544
551. 8. Dezember Von F. Adelson 544
552. 8. Dezember Von L. Moser 545
553. 30. Dezember Von K. B. Beeck 546

1849 554. 6. Januar Von J. van Riesen . . . 547
555. 15. Januar Von J. Waldeck . . . 547
556. 20. Januar Von F. Lewald . . . 549
557. 22. Januar Von G(?). H(?). Weise . . . 551
558. 29. Januar Von R. Virchow . . . 552
559. 30. Januar Von F. J. Behrend . . . 553
560. 5. Februar Von R. Virchow . . . 553
561. 6. Februar Von A. Ruge . . . 554
562. 8. Februar An R. Virchow . . . 555
563. 8. Februar Von Unbekannt . . . 556
564. 9. Februar Von Ch. G. D. Nees v. Esenbeck . . . 557
565. 9. Februar Von A. Hobrecht . . . 557
566. 10. Februar Von H. Simon . . . 557
567. 10. Februar Von R. Reuter . . . 558
567.a 15. Februar An H. Simon . . . 558
568. 27. Februar Von H. Simon . . . 559
569. 6. März An S. Meyerowitz . . . 560
570. 11. März Von S. Meyerowitz . . . 561
571. 11. März Von F. Falkson . . . 563
572. 15. März An Friedrich Wilhelm IV. . . . 563
573. 7. April Von H. Simon . . . 566
574. 9. April Von F. Falkson . . . 568
575. 28. April Von S. Meyerowitz . . . 568
576. 12. Mai An Unbekannt . . . 569
577. 19. Mai An S. Meyerowitz . . . 570
578. 20. Mai Stammbuchblatt für einen Unbekannten . . . 571
579. 22. Mai An A. Stahr . . . 572
580. 24. Mai Von S. Meyerowitz . . . 573
581. 25. Mai Von S. Meyerowitz . . . 574
582. 25. Mai An den Oberstaatsanwalt in Berlin . . . 574
583. 25. Mai Von F. Lewald . . . 575
584. 25. Mai Von A. Stahr (mit einer Nachschrift von F. Lewald) . . . 577
585. 27. Mai An S. Meyerowitz . . . 578
586. 28. Mai Von S. Meyerowitz . . . 580
587. 30. Mai An S. Meyerowitz . . . 580
588. 7. Juni Von S. Meyerowitz . . . 581
589. 9./10. Juni An S. Meyerowitz . . . 581
590. 16. Juni Von F. Lewald . . . 583
591. 19. Juni An S. Meyerowitz . . . 585
592. 12. Juli Von Unbekannt . . . 586
593. 27. Juli Von S. Meyerowitz . . . 587
594. Etwa 1.—15. August Von B. und K. Jacoby . . . 588
595. 10. August An den Oberstaatsanwalt in Berlin . . . 588
596. 10. August An die französische Gesandtschaft in Bern . . . 589
597. 18. August An B. und K. Jacoby . . . 589
598. 28. August Von S. Meyerowitz . . . 591
599. 21. Oktober/7. Dezember An K. Ulrich . . . 591
600. 25. Oktober Von F. Lewald . . . 592
601. 29. Oktober Vom Königsberger Arbeiterverein . . . 592
602. 3. Dezember Von O. Meyerowitz . . . 593
603. 12. Dezember Von Bussenius . . . 593
604. 13. Dezember Von J. Berends . . . 594
605. 13. Dezember Von Volkmann (?) . . . 595

606. 13. Dezember Von K. R. Jachmann 596
607. 15. Dezember Von H. Simon 596
608. 15. Dezember Von I. Hobrecht 598
609. 15. Dezember Von A. Kolatschek 599
610. 16. Dezember Von F. Lewald 600
611. 18. Dezember Von F. Bracht 602
612. 19. Dezember Von der Berliner Volkspartei 602
613. 19. Dezember Vom Wahlkommissarius des Wahlbezirks Coesfeld 603
614. 20. Dezember Von J. Berends 604
615. 24. Dezember Vom Volksverein zu Prenzlau 604
616. 29. Dezember Von F. Bracht 605
617. Etwa Jahresende Verteidigungsworte Jacobys 606

Anhang 607

1839 618. 9. Dezember H. Franck an L. Cohen 607

1841 619. 25. Februar v. Hakes anonyme Korrespondenz in der «Leipziger Allgemeinen Zeitung» 608

1845 620. 12. März J. van Riesens Inserat Jacoby betreffend 609
621. 26. März Aus einem Inserat A. Küntzels 610
622. 17. Juli Verhandlung beim Polizeipräsidium in Königsberg 611
623. 6. November Th. v. Schön an L. Moser 614

1847 624. 7. März Graf zu Dohna-Finkenstein an die Landtagsdeputierten seines Kreises 615

1848 625. 20. März Unbekannt an H. Lichtheim 617
626. 20. Mai R. Blums Erklärung betreffend die Wahl von Jacoby 621
627. 9. September 1848 bis 12. Oktober 1849, Aus dem Tagebuch von A. Waldeck 621
628. 3. November Berliner Plakat 626
629. 5. November Jacobys Rede in Berlin 627

1849 630. 28. April B. Waldecks Erinnerungsblatt für Graf Görtz-Wrisberg mit einer Nachschrift Jacobys 628

Nachtrag 628

1838 631. 25. Oktober An W. Menzel 628

1830 632. 16. August Von A. Hobrecht 628

1848 633. 21. November Erklärung über F. D. Bassermann 630
634. 27. November Proklamation der Linken der preuß. Nationalversammlung . 634

REGISTER

Aus *Vorwort* und *Text* wurden erfaßt: Personen, Orte, die Vornamen nicht weiter identifizierbarer Personen sowie Gestalten aus Mythologie und Dichtung. Aus den *Anmerkungen* wurden lediglich Personen und Verlage aufgenommen. Nicht registriert wurden Johann Jacoby, Berlin und Königsberg.

Aachen, 284, 353, 398
Abegg, August, 385
Abegg, Bruno Erhard, 93, 145, 150, 153, 154, 172, 177, 179, 200, 265, 301, 302, 325—327, 329, 331, 359, 412—414, 418, 430, 439, 440, 442, 449, 487, 496, 498, 500, 506, 514, 614, 615
Abegg, Heinrich Burghard, 111, 283, 354, 355, 464, 465
Achilles, 321
Adam, Reinhard, 13, 380
Addrich, 248
Adelson, Dr., 459
Adelson (Familie), 238, 530
Adelson, Fanny, 15, 52, 359, 411, 426, 432, 459, 473, 488, 544
Adelson, Jakob, 52, 106, 359, 366, 426, 459
Adenau, 565
Aegidienberg, 13
Agamemnon, 129
Agoult, Marie de Flavigny, Gräfin d', 549
Ahlmann, Wilhelm, 499
Ahrens, G., 384
Alba, Herzog von, 454
Albrecht, 525
Albrecht, Johann August, 85
Albrecht, Wilhelm Eduard, 66, 70, 80—82
Alexis, Willibald, s. Häring, Wilhelm
Altenburg, 131
Altenstein, Karl Freiherr vom Stein, 52
Althaus, Friedrich, 602
Althaus, Theodor, 601
Alvensleben, Albrecht von, Graf, 155, 158, 159
Amsterdam, 19, 259
André, Christian Karl, 29
Andréas, Bert, 19
Andrian, Viktor von, Freiherr, 412
Anklam, 525
Anna, s. Waldeck, Anna
Annenkow, Pawel W., 409
Anwandter, 540, 633, 636
Arago, Etienne, 469
Arendt, Kasper (oder Karl Christian), 23
Arens, Thomas, 286
Arnau, 152, 614
Arndt, Ernst Moritz, 94, 114, 373
Arndt, J. F., 385
Arnim, Bettina von, 162, 216, 578
Arnim-Boitzenburg, Adolf Heinrich von, Graf, 166, 222, 240, 289, 290, 294, 297, 298, 556
Arnim-Suckow, Heinrich Alexander von, 272, 413
Arnold, 633, 636
Arntz, Ägidius Rudolf Nikolaus, 633, 636
Artois, Henri-Charles d', s. Heinrich V.
Aschendorfs, 345
Auerbach, Berthold, 249, 585
Auersperg, Anton Alexander, Graf, 412
Auerswald, 55, 122
Auerswald, Alfred von, 104, 111, 158, 186, 282, 283, 354, 355, 361—364, 379, 411—413, 418, 419, 430, 551, 560, 615
Auerswald, Hans von, 411, 516—518, 537
Auerswald, Rudolf von, 133, 159, 174, 240, 267, 475, 485, 497, 501, 502, 505, 577, 623
Augsburg, 71
Augostów, 26, 27, 29, 31
Augustowo, 26, 27
Aulike, 233
Aweyden, 481

Babeuf, Gracchus, 476
Bacheracht, Therese von, 478, 486
Bader, Karl Adam, 549
Bading, 636
Bakunin, Michael Alexandrowitsch, 405, 409, 413, 491
Ballo, Martin Otto, 299, 303, 309, 310, 319, 321, 381, 614
Baltzer, 633, 636
Balzac, Honoré de, 485
Bamberger, Ludwig, 491
Bannasch, G. W., 271
Bannicke, Johann Gottfried, 333

Barbie, A. C., 385
Bardeleben, Kurt von, 282, 283, 354, 355, 379, 380, 388, 429, 493, 498, 587
Bartoßkiewicz, 565
Bassermann, Friedrich Daniel, 214, 248, 280, 301, 319, 321, 371, 403, 450, 537, 630—632
Bassewitz, Friedrich Magnus von, 61, 65, 66, 74, 78
Bauer, 565, 636
Bauer, Bruno, 145, 158, 175, 180, 200, 203, 211, 212, 221, 240, 556
Bauer, Edgar, 203, 210, 211, 221
Bauer, Louis, 394
Baumgart, 636
Baur, 565
Bazynski, 633, 636
Becher, August, 583
Beck, 633, 636
Becker, 633, 636
Becker, August, 273
Beckerat, Hermann von, 355, 358, 361, 362, 388, 617
Beckow, F., 385
Beeck, Karl Benjamin, 546, 633, 636
Behnsch, 565, 633, 636
Behrend, Friedrich Jakob, 24, 553
Behrenz, Friedrich, 384, 614
Belle-Alliance, 585
Bellschwitz, 176
Below, Gustav Friedrich Eugen von, 111
Benary, Agathon, 490
Bender, Karl Ludwig, 341, 377, 444, 452, 508
Beneckendorff-Hindenburg, Hans Friedrich Otto von, 191, 247
Bensemann, S., 460
Bentley, Richard, 129
Benzenberg, Johann Friedrich, 45
Béranger, Pierre-Jean de, 96
Berdau, Ferdinand, 384
Berends, Julius, 457, 540, 547, 565, 594, 604, 633, 636
Berg, Philipp von, 636
Bergengrün, Alexander, 485, 615, 616
Bergenroth, Gustav Adolf, 263, 264
Berger, Johann Nepomuk, 600
Bergmann, 525
Berlepsch, Hermann Alexander, 457, 461
Bern, 248, 340
Bernau, 557
Bernays, Karl Ludwig, 238, 252, 271, 272
Bernhardi, J. G., 384
Bernstein, Aaron, 552
Bernstein, Eduard, 262
Bertling, 621
Beseler, Wilhelm Hartwig, 359, 387
Bessel, Friedrich Wilhelm, 614, 615
Bessersche Buchhandlung, 207
Besthorn, A., 241, 242
Bettelheim, Anton, 9
Bettina, s. Arnim, Bettina von
Beyer, C., 385
Biebrich, 371
Biedermann, Karl, 181, 182, 352, 376, 437, 570
Biedermannsche Verlagsbuchhandlung, 380
Biermann, Wilhelm, 628
Bigorck, H., 241, 242
Bils, Fritz, 384
Binding I., 400
Bischofswerder, 332
Bisky, 553
Bismarck, Otto von, Fürst, 148, 490, 497, 537, 552, 556
Bittrich, 283
Blanc, Louis, 223, 237, 274, 395, 396, 434
Blanqui, Louis-Auguste, 476
Bleich, Eduard, 365, 504
Bliesner, 636
Bloch, 358
Bloem, Anton, 636
Blum, Hans, 220, 266, 274, 321, 322, 376, 377, 389, 436, 537, 621
Blum, Robert, 18, 136, 220, 250, 266, 274, 285, 289, 321, 322, 326, 341, 342, 376, 377, 389, 408, 417, 431, 436, 445, 517, 550, 621
Blumenberg, Werner, 16
Blumenthal, 539, 540
Blumenthal, Robert von, 118, 123, 547
Boas, Eduard, 530
Bobrik, Eduard, 372, 447
Bochart, 614
Bock, Leopold August, 25
Bockenheim, 68
Bodelschwingh, Ernst von, 161, 177, 240, 299, 301, 310, 359, 397, 496, 556
Böck, August, 162
Böhnhardt, 255
Börne, Ludwig, 94
Börnstein, Heinrich, 267
Böttchershöfchen, 299, 301, 303—305, 307, 333, 611—613
Bötticher, Karl Wilhelm von, 161, 176, 190, 200, 236, 237, 240, 243, 290, 300, 325, 326
Bon, J. H., 415
Bonaparte, Louis, 549
Bonn, 372
Bonslacken, 241, 252
Borchardt, Friedrich, 540, 566, 633, 636

Borchardt, Louis, 285, 323, 327, 416
Born, 283
Born, 525, 636
Born, Stephan, 262, 490
Bornemann, Friedrich Wilhelm Ludwig, 233, 234, 485
Bornstedt, Adalbert von, 291, 382
Borsig, 618
Bourbonen, 36
Boyen, Hermann von, 120, 167, 297
Bracht, Franz, 602, 605, 606
Brandenburg, Friedrich Wilhelm von, Graf, 535, 537, 541, 543, 586, 622—625, 632, 635
Brandenburg (Havel), 536, 537, 543, 594, 624, 625, 635
Brandenburg (Ostpreußen), 325
Braun, Karl, 248
Braunsberg, 147
Braunschweig, 18
Brausewetter, Hermann, 473, 479, 507
Bréa, 214
Breinersdorf, 218
Bremen, 67, 286, 538
Breslau, 120, 130, 133, 168—170, 202, 218, 219, 251, 268, 277, 279, 280, 297, 298, 327, 375, 386, 396, 397, 413, 419, 454, 483, 556, 559, 596, 599
Bressler, Graf, 600
Bresstle, 600
Brieg, 525
Briesen, 45, 50
Brigittenau, 538
Brill, 491, 633, 636
Brissot, Jacques Pierre, 395
Brockhaus, F. A., 99, 108, 180, 192, 378
Brodowski, von, 636
Bromberg, 192, 200, 430
Broschy, 244
Bruchhausen, von, 636
Brüggemann, Karl Heinrich, 206, 329, 480
Brünneck, 18
Brünneck, Karl Otto Magnus von, 104, 111, 116, 133—135, 165, 176, 282, 283, 411, 456, 519, 615
Brünneck, Siegfried von, 176, 204, 349, 354, 407, 421, 616
Brüssel, 271, 373, 375, 381, 599
Bruno, Giordano, 329, 330
Bucher, Lothar, 525, 566
Buchholtz, Alexander August von, 472
Buchholz, 385
Buck, 135
Budapest, 132
Buddeus, Johann Karl Immanuel, 130, 172
Büchner, Ludwig, 248
Bülau, Friedrich, 98
Bülow, Heinrich von, 297
Bülow-Cummerow, Ernst von, 165, 171, 174, 240, 352, 353, 548
Bürkner, Robert, 334
Büttner, Hermann, 18, 355, 546
Buhl, Franz Peter, 213
Buhl, Ludwig, 155, 172, 180, 211, 237
Bujak, Johann Gottlieb, 55
Bunzel, 633, 636
Bunzlau, 633
Burdach, 508
Burdach, Karl Friedrich, 101—103, 144, 188, 205, 222, 258
Burdinski, R., 385
Bussenius, 593

Cabet, Etienne, 476
Cäsar, Julius, 568
Calbe an der Saale, 531, 571
Camphausen, Ludolf, 448, 467, 544, 634
Cannstatt, 581, 585
Carlos, 454
Carogatti, 100
Caspary, Wilhelm, 565
Castell, Emil, 144, 202
Castell, Wilhelm Christian Ludwig, 241, 325
Cavaignac, Louis-Eugène, 480
Cerf, Karl Friedrich, 203
Cetto, Karl, 449
Charlottenburg, 160
Charybden, 129
Chelius, Maximilian Josef, 134
Chénier, André, 249
Christus, 64
Cieszkowski, August, 491
Classen, 373
Clauren, Heinrich, 378
Clausewitz, von, 125
Claussen, Hans Reimer, 567, 582
Coesfeld, 603
Cohen, J. C., 153
Cohen, Ludwig Isaak, s. Walesrode, Ludwig
Cohn, Lion M., 76
Cohn, Samuel David, 83
Colloredo-Waldsee, Franz von, Reichsgraf, 422
Conradt, Anton Ferdinand, 295
Cormenin, W. A., 294
Cornelius, Gustav Friedrich Wilhelm, 135, 146
Cotta, J. G., 29, 89, 91, 153

Coutre, F. W. Le, 460
Cramer, Karl, 621
Crelinger, Ludwig, 136, 137, 202, 235, 245, 250, 253, 299, 326, 342, 343, 357, 374, 519, 584
Crémieux, Adolphe, 272
Crüger, Friedrich, 325, 343, 381, 382
Cruse, Gustav, 100, 101
Cudillen, 310
Cumberland, s. Ernst August, König von Hannover
Czapcki, 332, 333
Czapski, Józef, 332
Czudnochowsky, von, 535, 542
Czyglond, 327

Dahlmann, Friedrich Christoph, 66, 75, 76, 80, 82, 84, 86, 355, 432, 454
Dalkowski, Ernst Julius Adolf, 325
Dammer, J. C., 385
Damokles, 92
Danzig, 110, 115, 118, 121, 123, 292, 372, 386, 430, 465, 508, 609
Darmstadt, 371, 400
Daumer, Georg Friedrich, 485
David, 375
Decker, 233
Dedenroth, Friedrich Emil Ludwig, 336
Dehnell, 633
Del Vecchio, 528
D'Ester, Karl Ludwig, 490, 493, 519, 533, 534, 540, 554, 565, 600, 633, 636
Detering, Johann Werner, 431
Detroit, Louis, 100, 101, 310, 385
Deutsch-Eylau, 45
Diebitsch, Iwan Iwanowitsch, 28
Dieffenbach, Johann Friedrich, 35, 106, 366
Dierschke, 636
Dieskau, Julius von, 147
Dillenburg, 605
Dingelstedt, Franz, 158
Dinter, Gustav, 15, 100, 101, 131, 133, 135, 142, 202, 241, 250, 252, 265, 289, 294—297, 310, 384, 398, 425, 444, 470, 486, 491, 506, 541, 614
Dinter, Gustav Friedrich, 131
Dittrich, 636
Dobrzański, Jan, 491
Döhring, 636
Dönhoff, August von, Graf, 422
Dörck, 525
Dohna, 204, 515
Dohna, Friedrich, Graf zu, 297, 336, 535
Dohna-Finkenstein, Graf zu, 354, 615
Dohna-Lauck, Graf zu, 58, 111, 282
Dohna-Schlobitten, Graf zu, 115, 141, 144, 281
Dohna-Wesselshöfen, Ludwig Wilhelm, Graf zu, 18, 200, 283, 630
Dohna-Wundlacken, Heinrich Ludwig Adolf, Graf zu, 118
Dolega, Gottfried, 191
Don Quichotte, 92, 561
Dove, Heinrich Wilhelm, 162
Dowiat, 503
Dräseke, Johann Heinrich Bernhard, 615
Dramburg, 525
Dresden, 17, 18, 163, 202—204, 208, 271, 272, 291, 366, 402, 516, 520, 622
Driault, Edouard, 226
Droste-Vischering, Klemens August von, 67
Droysen, Johann Gustav, 121, 422, 527
Duchâtel, Charles-Marie-Tanneguy, 271, 272
Düsseldorf, 277, 471
Dulcinea von Toboso, 93
Dulck, Friedrich Philipp, 100, 101, 354, 355, 375
Dulk, Albert, 248, 253, 274, 285, 385, 424, 425, 439, 470, 476, 530, 534
Dullo, Gustav, 627
Dumont, Josef, 478
Duncker, Max, 112, 245, 277
Dunin, Martin von, 607
Dziadek, 636

Ebel, 566, 636
Eberty, 342
Echtermeyer, Theodor, 107, 130
Eckert, Georg, 18, 19
Egells, 618
Eggert, W. G., 612, 614
Ehlers, 255
Ehlert, H., 295, 614
Ehlert, Louis, 385
Ehlert, L. H., 384
Ehrenberg, Julie, 602
Ehrenberg, Philipp, 602
Eichens, Hermann, 528
Eichhorn, Johann Albrecht Friedrich, 137, 141, 154, 158, 183, 212, 237, 245, 257, 258, 274, 297, 328, 404
Eichler, Karl, 100, 101
Eichler, Ludwig, 145, 503
Eichmann, Franz August von, 245, 515
Eichner, 633, 636
Eisenmann, Gottfried, 431, 498

Eisenstuck, Bernhard, 571
Elbing, 18, 80, 83, 85, 91, 92, 111, 139, 189, 192, 200, 260, 266, 283, 292, 326, 327, 355, 356, 392, 396, 397, 415, 430, 467, 493, 502, 546, 547, 610
Ellendt, Ernst, 100, 101
Elsner, Moritz, 519, 520, 539, 540, 566, 599, 633, 636
Elster, Ernst, 92
Emmendingen, 461
Ender, S., 507
Engels, Friedrich, 151, 177, 240, 285, 381, 502, 555
Engelshofen, von, 323
Epffenhausen, C., 384
Erfurt, 457, 461, 604
Ernst August, König von Hannover, Herzog von Cumberland, 70
Esau, Lotte, 13, 14, 17, 19, 216, 285, 348, 355, 411, 511
Esser, J. P., 566, 633, 636
Eulenburg, Botho Heinrich, Graf zu, 282, 283, 325, 473, 476
Eulenburg-Prassen, Graf zu, 282
Euler, 636
Eutin, 538
Evans, Eli, 519, 520
Ewald, Heinrich, 66
Ewald, Pauline, 415
Eydam, 566
Eydtkuhnen, 27
Eylert, Rulemann Friedrich, 615

Fabian, Gottlieb Theodor, 241
Facius, Friedrich Wilhelm von, 241, 252, 334
Fahrenheid, Friedrich Heinrich Johann von, 55, 111
Falkson, Ferdinand, 15, 219, 299, 310, 329, 330, 384, 416, 424, 425, 439, 446, 452, 473, 476, 479, 482, 507, 514, 528, 541, 563, 568, 614
Fein, Georg, 175
Festus, Sextus Pompeius, 571
Feuerbach, Ludwig, 328
Fink, G., 223
Finkenstein, 615
Fischer, 18
Fischer, 366
Fischer, 636
Fischer, 496
Fischhausen, 379
Flesch, 622
Fleury, T. T., 384
Fleury, Victor, 249, 373
Flocon, Ferdinand, 396
Flögel, Konrad, 614
Flottwell, Eduard, 18, 101, 141—143, 149—151, 153, 156—159, 161, 164, 166, 171, 175, 177, 179, 182, 200, 260, 266, 287, 297, 327, 352, 356
Flottwell, Eduard Heinrich, 141, 150, 151, 173, 240, 424
Follen, August Adolf Ludwig, 248, 249, 259, 269, 277, 284, 285, 288, 291, 292
Foltyński, 530
Forster, Johann Georg, 435
Forstreuter, 283
Fränkel, A., 490, 555
Franck, Hermann, 607
Frankenstein, 565
Frankfurt am Main, 67, 68, 166, 169, 365, 371, 400, 403, 407, 409—411, 413, 416, 420, 422—424, 429, 430, 432, 435—437, 441—445, 448, 451, 453—456, 458, 461—463, 471, 472, 475, 477, 483—486, 496, 498, 500—502, 505, 506, 514, 518, 519, 522—524, 526, 527, 557, 559, 566, 569—572, 574, 578, 579, 582, 584, 621
Frankfurt an der Oder, 397, 617
Fraustadt, 633
Freiligrath, Ferdinand, 471, 491
Freistadt, 551
Freund, Wilhelm, 168, 212
Freundt, Leopold, 310, 325, 357, 385, 447, 452, 454, 470, 473, 475, 479, 482, 508
Frey, S., 100, 101
Friccius, Karl Friedrich, 260
Friebe, Rosalie, 601
Friederici, 55
Friedländer, Hirsch, 73, 286
Friedländer, Josef, 144
Friedländer, M. S., 286, 287
Friedländer, W., 120
Friedmann, C. M., 591, 601
Friedmann, Rosalie, 601
Friedrich, 633, 636
Friedrich II., der Große, 94
Friedrich August II., König von Sachsen, 99
Friedrich Wilhelm III., 77, 83, 268, 311, 313—317, 343, 416
Friedrich Wilhelm, IV., 95, 102, 111, 112, 138, 141, 148, 157, 160, 187, 197, 205, 221, 252, 289, 317, 319, 398, 400, 425, 440, 496, 498, 560, 563, 568, 570, 607, 616
Friese, Robert, 136, 311, 376, 377

Fröbel, Julius, 18, 136, 172, 178, 187, 204, 207, 222, 224, 249, 259, 269, 270, 277, 283, 285, 287, 289, 291, 292, 491, 537, 555, 593, 597, 601
Fröbel-Zeller, Cleopha, 287, 597, 601
Frohnhöfer, F., 605
Frommann, Friedrich (Fritz), 130, 131, 172
Fuchs, J. F., 384
Füllborn, August Eduard, 111
Fürstenthal, Johann August Ludwig, 312, 443
Funke, 636
Funke, Ludwig, 100, 101, 202, 204, 245

Gagern, Heinrich von, Freiherr, 371, 400, 432, 468, 570, 572, 573, 575, 578, 600
Gaik, S., 295, 384
Gallahoff, Iwan, 551
Gallandi, Johannes, 52
Gans, Eduard, 70
Garibaldi, Giuseppe, 473
Gause, Fritz, 9, 10
Gawrońska, A., 29
Gebhardt & Reissland, 297, 310
Geiger, Abraham, 169
Geiger, Ludwig, 12, 97, 120, 128, 130, 166, 169, 224, 378, 551
Geisenheim, 213, 214
Generbach, 462
Genf, 491
Gentz, Friedrich von, 48
Georgi, 371
Gerbel, Christian Wilhelm, 214
Gercke, 576
Gerhard, Gustav Adolf Friedrich, 386
Gerhardt, W., 460
Gerlach, Ernst Ludwig von, 245
Gerlach, Karl Friedrich Otto von, 261
Gerlach, Leopold, 497, 597
Gervinus, Georg Gottfried, 66, 364, 365, 371, 432, 454, 475
Gianettino, 575
Gierke, Rudolf Eduard Julius, 577, 623
Gierse, Johann Matthias, 565
Gilgenburg, 100
Giraud, 283
Gissing, F., 385
Gladbach, 633, 636
Glatz, 507
Glatz, H. A., 384
Glatzer, Nahum N., 602
Glossy, Karl, 76
Glück, Karl, 606
Gnadau, 278
Gneist, Rudolf von, 457
Göhler, Rudolf, 550
Görres, Josef, 214
Görtz-Wrisberg, 566, 628
Göschel, Karl Friedrich, 233
Goethe, Johann Wolfgang, 54, 365
Goetz, 245
Götze, Jakob Abraham, 23
Goldstücker, Theodor, 175, 253, 491
Goldziher, Ignaz, 46
Goliath, 375
Gorzolka, 565, 636
Gottheiner, Eduard, 181, 550, 592
Gottheiner (Frau), 578
Gottschalk, Alfred, 10
Gottschall, Rudolf, 25, 205, 218, 325, 329, 334, 369, 424, 439, 455, 470
Grabow, Wilhelm, 537, 560
Grabowski, C. R., 101
Gracchus, Tiberius, 531
Gräfe & Unzer, 253
Gräff, 633, 636
Gräff, Heinrich, 298, 364, 387
Grävell, Maximilian Karl Friedrich Wilhelm, 60, 61, 570
Grävenitz, von, 332
Graf, Meno, 101, 385, 508, 528
Graff, 528
Graudenz, 326, 331, 336, 343, 349, 551
Grebel, 633, 636
Gregor, 153
Gregorovius, Ferdinand, 614
Grenier, Edouard, 577
Grétry, André-Modeste, 549
Greyerz, Hans von, 597
Griesbach, 210, 215
Griesheim, Karl Gustav von, 496
Grimm, Jakob, 66, 432,
Grimm, Wilhelm, 66, 432
Grimma, 87
Gritzner, Max Joseph, 597
Grohe, 389
Grohnert, 31
Groll, Hans Erich von, 343
Grolmann, Wilhelm Heinrich von, 171, 176, 245
Groß Dirschkeim, 390
Großjohann, M., 565
Groß Lauth, 107
Grote, George, 406
Grote, Heiner, 19
Grubert, Hermann, 599
Grün, Anastasius, 412
Grün, Karl, 565, 636
Günther, 131

Günther, Johann Georg, 445
Gueterbock, 100
Güterbogk, E., 101
Guitienne, J., 565, 633, 636
Guizot, François, 267, 271, 272, 370
Gumbinnen, 235, 535, 541, 565, 630
Guttmann, Michael, 64
Gutzkow, Karl, 146, 212

Haack, 415
Haarbrücker, A., 384
Haase, Johann Lukas, 85
Haase, Jul., 384
Hänel, 636
Häring, Wilhelm, 196
Haertel, Friedrich Wilhelm, 392
Hävernick, Heinrich Andreas Christoph, 37, 158
Hagen, Karl, 371, 431, 599, 600
Hagn, Charlotte von, 203
Hahn-Hahn, Gräfin Ida, 378
Hahnrieder, 636
Hake, von, 101, 109, 123, 125, 134, 135, 139, 142, 145, 155, 608
Halberstadt, 277
Halle, 116, 132, 245, 277, 278, 397
Halle, A., 478
Hallgarten, 18, 212, 248, 341, 361, 370, 371, 373, 374
Hamburg, 67, 113, 130, 134, 365, 478, 484
Hamlet, 375
Hannke, W., 605
Hannover (Stadt), 132, 481, 484, 495
Hansemann, David, 267, 268, 275, 276, 353, 355, 361, 388, 424, 467, 470, 474, 485, 494—498, 501, 502, 575, 577, 578, 616, 617
Hansen, Josef, 263, 264, 268, 275, 276, 284, 355, 365
Hardenberg, Karl August von, Fürst, 599
Harkort, Friedrich Wilhelm, 548
Harstick, Hans Peter, 19
Hartmann, Moritz, 576, 582, 589
Hartung, Georg Friedrich (Hartungsche Hofbuchdruckerei), 145, 153, 241, 252, 255, 334
Hasenkamp, Hugo von, 497
Hasenkamp, Xaver von, 398
Hauff, Hermann, 583
Hauff, Wilhelm, 378
Haupt, 387
Haußmann, 636
Haußmann, 633, 636
Hawlitzki, 566
Hebbel, Friedrich, 599
Hecker, Friedrich, 214, 296—298, 367, 408, 417, 437, 441, 442, 446, 517
Heckscher, Johann Gustav Moritz, 409, 437
Hedemann, 262, 383
Hedrich, Franz, 522
Hegel, Georg Wilhelm Friedrich, 48, 240
Hegener, 269, 270, 291, 292
Heidelberg, 18, 134, 249, 371, 374, 385, 390, 399, 403, 431
Heilbronn, 582
Heiligenbeil, 93, 126
Heilmann, 614
Hein, 111
Heinatz, 636
Heine, Heinrich, 92, 238, 249, 271, 550
Heine, Salomon, 478
Heinrich V. (Henri-Charles d'Artois), 516
Heinrich, Karl Berthold, 476, 507
Heinrich, Karl Ludwig, 110, 111, 115, 118, 121, 178, 201, 265, 266, 281, 286, 287, 289, 295, 299, 334, 354, 355, 375, 415, 436, 470, 614
Heinzen, Karl, 345, 491
Heisig, 525, 636
Heitemeyer, 566
Held, Friedrich Wilhelm Alexander, 509
Helmreich, Hermann Wilhelm, 360, 365
Hengstenberg, Wilhelm, 615
Henke, 472
Henle, Friedrich Gustav Jakob, 371
Hennig, E., 605
Hennig, Julius von, 411
Hensche, 354, 355
Herbst, Ludwig Theophil, 411, 614
Herder, Johann Gottfried, 263
Hergenhahn, August, 538
Herhold, 633, 636
Hermes, 172
Herre, Paul, 616
Herrmann, 636
Herwegh, Emma, 288, 394, 427
Herwegh, Georg, 137, 156, 182—184, 187, 189, 201, 238, 248, 249, 252, 259, 273, 288, 373, 375, 392, 394, 395, 405, 406, 409, 416, 427, 428, 481, 491, 561
Herz, 451
Hess, Mendel, 328
Hess, Moses, 16, 19, 132, 134, 143, 144, 164, 177, 204, 208, 238, 266, 267, 273, 345, 381
Hesse, Franz Hugo, 174
Hesse, Otto, 10
Heydt, August von der, 388
Heyer, 508

Hexamer, Adolf, 490, 554, 555, 597
Hiersemenzel, Karl Christian Eduard, 479, 518
Hilbrandt, F., 385
Hildebrand, Bruno, 567
Hildebrandt, 636
Hildenhagen, 634
Hildenhagen, Louis, 525, 636
Hildesheim, 601
Hippias, 406
Hirsch, Georg, 423, 425, 444
Hirsch, Helmut, 149
Hitzig, Julius Eduard, 199, 234
Hobrecht, 620
Hobrecht, Arthur, 31
Hobrecht, August, 15, 18, 31, 37, 56, 71, 204, 453, 456, 477, 557, 598, 628, 630
Hobrecht, Betty, 630
Hobrecht, Isabella, 598
Hobrecht, Max, 453, 477, 598
Höfken, Gustav, 164
Höhne, 111, 116
Höhne, E., 202
Hof, 367
Hoff, Heinrich, 105, 122, 182, 367
Hofferichter, 633, 636
Hoffmann, 292
Hoffmann, Heinrich, 371
Hoffmann von Fallersleben, August Heinrich, 125, 201
Hoffmann & Campe, 51, 86, 87, 158, 292, 329, 485
Hofmann, Andreas Josef, 179, 214
Hofmann, Theodor, 406
Hohenlohe, Adolph, Prinz, 268
Hohenzollern, 425, 468
Hohmann, E. W., 424, 614
Holbein, Hans, 332
Holz, 336
Holzendorf, 462
Homer, 148
Hormayer, Josef von, Freiherr, 156
Horn, 636
Hoyer, 528
Hoyoll, 633, 636
Huber, Ernst Rudolf, 497
Hünoldstein, Graf, 272
Humann, 636
Humboldt, Alexander von, 96, 121, 166, 272, 585, 614, 615
Hunink, Maria, 19
Hus, Jan, 33, 47
Hutten, Ulrich von, 123, 219

Ibach, 215
Immermann, Karl Leberecht, 577
Insterburg, 565
Irwing, Emilie von, 629
Ischl, 134, 135, 138
Itzstein, Johann Adam von, 210, 213—215, 248, 296—298, 360, 365, 368, 371, 374, 400, 402, 408, 417, 458, 461
Iwand, 633, 636

Jachmann, Karl Reinhold, 116, 130, 132, 155, 159, 173, 175, 180, 185, 187, 202, 242, 243, 245, 253, 289, 296, 299, 310, 325, 342, 385, 425, 459, 482, 511, 596
Jacobs, 525
Jacobson, Eduard, 384
Jacobson, Heinrich Friedrich, 472, 476
Jacobson, Israel, 40
Jacobson, Jakob, 15, 18, 37, 147
Jacobson, Louis, 73, 629
Jacoby, Betty, 358, 365, 366, 465, 588, 589
Jacoby, Joel, 54
Jacoby, Karoline, 358, 365, 457, 466, 588, 589
Jaffé, 416
Jahn, Friedrich Ludwig, 94
Jahr, 385
Janz, F., 614
Jarke, F., 150, 172, 507
Jaroschewitz, J. P., 539
Jena, 130, 172, 180
Jenisch, Gottlieb, 478
Jenni (Sohn), 249
Jensen, 499
Jentzsch, 525
Jerusalem, 154, 156
Jesaja, 73
Jettchen, s. Waldeck, Jettchen
Johann, Erzherzog von Österreich, 475
Johannisberg, 213, 214
Johannisburg, 558, 561
John, Karl, 61, 65, 66, 74
Johnson, 630
Johnson, Isabella, 598
Jolowicz, Heymann, 121, 168, 257, 286, 287
Jonas, Pauline, 463
Jonass, 126
Jordan, Sylvester, 420, 432
Jordan, Wilhelm, 212, 221, 237
Josetti, C. F., 384
Jürgens, Karl, 600

Julie, 516
Julius, Gustav, 185, 410, 416
Jun(c)ker, 633, 636
Jung, Alexander, 142, 148, 159, 180, 183, 216, 271, 273, 289, 290, 299, 325, 334, 343, 614
Jung (Fraustadt), 633, 636
Jung, Georg Gottlob, 266, 512, 565, 633, 636
Jungfrau von Orleans, 321
Junius, 389
Junius, 479
Jurany, Wilhelm, 325, 381

Kabus, 633, 636
Kadach, P. E., 384
Kämpf, 525
Kaliski, 636
Kall, von, 354
Kalwary, 27
Kamptz, Karl Albert Christoph Heinrich von, 174, 229, 232, 298
Kant, Immanuel, 26
Karl von Preußen, Prinz, 35, 45
Karl Alexander, Großherzog von Sachsen-Weimar-Eisenach, 550
Karlsbad, 141, 347
Karlsruhe, 371, 374
Kassandra, 531
Kassel, 420
Kathen, von, 528
Kaul, 633, 636
Keber, Adam David Wilhelm von, 195
Keiffenheim, 540, 633, 636
Keiserlingk, 429
Keller, Gustav Ludwig Emil von, Graf, 556
Kenzingen, 461
Kerner, Justinus, 582
Kestner, Hermann, jun., 495, 498
Keudell, 421
Keudell, Achill von, 241, 252
Keudell, Kamilla von, 149
Keudell, Malwine von, 55, 63, 148, 149, 162, 344
Keudell, Otto von, 15, 55, 100, 152, 184, 193, 407, 429, 519, 569
Keudell, Robert von, 55, 148, 162, 382, 407
Keudell, Rudolf Wilhelm Leopold Karl von, 55, 163, 164, 216, 236, 237, 283, 344, 366, 372, 407
Kickton, H., 385
Kiel, 499
Kiesling, 200, 201
Kinkel, Gottfried, 565
Kirchmann, Julius Hermann von, 536, 537, 632
Kittel, 327
Kittelmann, 636
Kittler, 130
Klaehr, A., 385
Klein, C. F., 384, 614
Kleist, Adolf von, 171
Klingenberg, 636
Klio, 46
Kneip, 633, 636
Knoblauch, 367, 387
Knobloch, von, 111, 122
Knopp, L., 385
Knorr, 327
Koblenz, 177, 275, 372
Kobulten, 425, 459, 482, 511, 596
Koch, A., 126, 385
Koch, Wilhelm, 385
Köhler, 525, 636
Köln, 144, 207, 263, 264, 270, 277, 372, 373, 436, 445, 480, 487, 565, 569
Königk, 491
Köppe, Ludwig, 555
Köppen, Karl Friedrich, 145, 491
Körber, 551
Körberrode, 551
Körfgen, 633, 636
Körner, 566
Köthen, 342, 550
Kolatschek, Adolf, 599
Kolb, Georg Friedrich, 600
Kombst, G., 134
Kornfeld, 366
Kosch, Raphael Jakob, 24, 27, 73, 100, 252, 299, 361, 366, 375, 415, 421—423, 425, 434, 436—438, 441, 444, 455, 475, 519, 574, 581, 614, 629, 630
Kosche, 507
Kosciuszko, 331
Krackrügge, 565, 633, 636
Krah, August Friedrich, 469
Krakau, 491
Kranz, 588, 589
Krasché, F. E., 385
Krasiński, Zygmunt, 334
Kraszewski, von, 636
Krause, 633, 636
Krause, Johann Jakob, 356
Krausnick, Wilhelm, 96, 619
Krefeld, 358
Kreuzburg, 310
Kreuznach, 450
Kreye, 396

Kriege, Hermann, 523
Krueger, J., 384
Krüger, 633, 636
Krukenberg, Peter, 113
Kühlwetter, Friedrich Christian Hubert von, 475, 494
Kühne, Ludwig, 158
Künast, 620
Küntzel, Alexander, 15, 56, 57, 70, 86, 88, 89, 92, 100, 117, 123, 191, 247, 250, 347, 348, 354, 519, 527, 569, 610, 630
Küntzel (Ingenieurleutnant), 327
Küntzel (Justizrat), 327
Küstner, Karl Theodor von, 261
Kuhn, Dorothea, 19
Kuhr, 633, 636
Kuhr, F. E., 614
Kulm, 327
Kun(t)z, 525, 636
Kupauken, 379
Kuranda, Ignaz, 409
Kutzner, 636
Kyll, Ulrich Franz, 566

Ladenberg, Adalbert von, 495
Lafayette, Marie-Joseph, Marquis de, 395
Lamartine, Alphonse de, 393, 395, 402
Lamennais, Félicité-Robert de, 337
Lancizolle, Karl Wilhelm von Deleuze de, 233
Landsberg, 250
Landsberg an der Warthe, 530
Landshut, 633
Langkau, Götz, 19
Lar(r)aß, 636
Lasker, J., 386
Lassalle, Ferdinand, 10, 181, 525
Laßwitz, 633, 636
Laube, Heinrich, 54
Laubmeyer, Friedrich, 100, 101
Lauck, 56, 57, 70, 86, 88, 89
Lauenburg, 565
Lausanne, 273, 586
Lauterbach, Julius, 325, 327, 331, 332, 615
Lavergne-Peguilhen, Moritz von, 347
Lebermann, 636
Lebus, 633
Ledru-Rollin, Alexandre-Auguste, 396, 434
Lehmann, 346
Lehrs, 403
Lehrs, Karl, 365
Leipzig, 18, 71, 87, 98, 107, 112, 117, 124, 130, 136, 141, 142, 146, 163, 171, 178, 181, 185, 188, 208, 220, 250, 266, 274, 285, 287, 321, 322, 341, 368, 372, 376, 389, 498, 554, 593, 607
Leithold, von, 258
Lelewel, Joachim, 46, 427
Lellek, 636
Lemberg, 491
Lemke, C. A., 384, 614
Lenau, Nikolaus, 582
Lengerke, Cäsar von, 37, 126, 183, 184, 202
Lensing, 560
Lentz, 633, 636
Leo, Leopold, 58—62, 65, 66, 74, 77, 78
Leobschütz, 565
Lepel, Bernhard, 485
Lerique, A., 385
Lessen, 45, 50
Lessing, Gotthold Ephraim, 68
Levin, J. H., 286
Levinson, S., 384
Lewald, David Markus, 334
Lewald, Fanny, 25, 334, 358, 365, 378, 469, 470, 471, 478, 484, 486, 495, 498, 501, 502, 532, 542, 549, 566, 567, 575, 577, 583, 585, 592, 600—602
Lewald, Minna, 550
Lewald, Otto, 485, 498, 584
Lewitz, Friedrich, 508
Lhéritier, Michel, 226
Libelt, Karol, 491
Lichnowsky, Felix, Fürst, 453, 454, 456, 516, 518
Lichtenstein, A., 385
Lichtenstein, J., 385
Lichtheim, Heinrich (Hirsch), 18, 106, 139, 617
Lichtheim, Richard, 139
Lichtheim, Sara (Scharne), 139
Lichtheim, Simon, 139
Liebich, 477
Liebknecht, Wilhelm, 321, 507, 621
Liesener, 525
Lindenau, Bernhard August von, 99
Lipski, W. von, 490, 565, 633, 636
Lisiecki, 566, 633, 636
Lissa, 441
Literarische Anstalt (J. Rütten), 464
Literarisches Comptoir, 112, 147, 172, 175, 181, 201, 203, 223, 246, 248, 253
Litfas, C. H. E., 384, 507
Lobeck, Christian August, 100—104, 222
Löbenicht, 444
Löher, Franz von, 565

Löwe, Wilhelm (nach seinem Wahlkreise Löwe-Calbe genannt), 571, 582, 585
Löwenstamm, Fanny, 52
Loewenthal, H., 614
Loewenthal, M. D., 385
Löwinsohn, M., 384
London, 175, 599
Lorkowski, 164
Lossau, von, 45
Lossau, von, Sohn des Vorigen, 45
Louis Philipp, 498, 549
Lucanus, 277
Ludewig, 525
Ludwig XVI., 625
Lübeck, 13, 14
Lüders, Gustav, 520, 523, 527
Lüders, W., 403
Lukaszewicz, 491
Luther, Martin, 33
Luzern, 288, 384
Lyck, 235

Maager, 636
Mac-Lean, 587
Märker, Friedrich August, 485, 497
Mätze, 636
Mätzke, 565
Magdeburg, 141, 278, 372, 397
Magdziński, Teofil, 427, 428
Magnus, S. J., 384
Mainz, 265, 323, 410, 491
Maimonides, 64
Malinski, Johann Friedrich, 202, 312, 324
Mann, 636
Mannheim, 102, 105, 113, 209, 210, 213, 215, 227, 228, 249, 277, 360, 367, 371, 374, 450, 461
Manteuffel, Otto von, Freiherr, 133, 155, 576, 586, 598, 624, 625, 632
Mappes, Johann Michael, 371
Marat, Jean-Paul, 188
Marenski, Karl Ludwig Eduard, 460, 541
Marie s. Waldeck, Marie
Marienbad, 628, 629
Marienburg, 18, 547
Marienpol, 27
Marienwerder, 525
Marke, 565
Markus, 580
Marrast, Armand, 396
Marschner, Heinrich August, 549
Martens, 283
Marx, Karl, 204, 238, 240, 252, 253, 259, 266, 267, 271, 273, 291, 345, 381, 502, 555
Matern, E., 384
Mathis, Ludwig Emil, 233
Mathy, Karl, 210, 214, 326, 367, 371, 420
Matthaei, 636
Matull, Wilhelm, 10
Maurach, 164
May, 555, 627
Mayen, 479
Mayer, Gustav, 9—14, 16, 17, 35, 37, 50, 56, 110, 112, 130, 151, 172, 181, 203, 204, 211, 222, 238, 251, 272, 273, 326, 343, 402, 405, 427, 465, 542, 570, 591
Mayer, Gustav (Verleger), 348
Mazzini, Giuseppe, 337, 340, 341, 345
Mecklenburg, J., 73
Meding, Werner von, 155, 159
Melanchthon, Philipp, 46
Memel (Stadt), 508
Mendelssohn-Bartholdy, Felix, 163
Menschner, A., 385
Menzel, Wolfgang, 91
Mephistopheles, 36
Merck, Heinrich, 399
Merckel, Friedrich Theodor von, 298
Merker, 485
Merlin de Thionville, Antoine-Christophe, 214
Mersmann, Clemens, 603
Mertens, 241, 252
Messerich, 565—566, 633, 636
Metternich, Klemens von, Fürst, 214, 323, 496
Metzel, Ludwig, 327, 476
Meusebach, von, Freiherr, 548
Mevissen, Gustav von, 361
Meyen, Eduard, 144, 145, 151, 490
Meyer, 622
Meyer, J., 384
Meyer, Ernst Heinrich Friedrich, 472, 476, 482, 487, 507
Meyer, Joel Wolff, 54
Meyerowicz, Johann Simon, s. Meyerowitz, Simon
Meyerowitz, Josef, 521
Meyerowitz, Ottilie, 593
Meyerowitz, Simon, 15, 53, 54, 116, 125, 149, 241, 245, 248, 259, 271, 277, 287, 291, 331, 334, 337, 357—359, 364, 366—368, 370, 371, 373, 375, 381, 385, 406, 408, 411, 420, 424, 425, 434, 437, 439, 446, 449, 451, 456, 458, 468, 470, 473, 479, 498, 505, 508, 513, 515—518, 521, 531, 533, 537, 543, 544, 560, 561, 568, 570, 573, 574, 578, 580, 581, 585, 587, 591, 592

Micha, 73
Michaelis, F., 476
Mieroslawski, Ludwik, 620
Mignet, François-Auguste-Marie-Alexis, 46
Milde, I. A. & Co., 479
Milde, Karl August, 267, 279—281, 298, 388, 464, 494
Mildner, 636
Miltenberg, 582
Minkley, 283
Minutoli, Julius von, Freiherr, 620
Mitscherlich, Eilhardt, 543
Mittermayer, Karl, 432
Möllendorf, Johann Karl Wolf Dietrich, von, 405
Möller, Gustav, 345
Mördes, Franz Bernhard, 215
Moewes, 387
Mohammed, 64
Mohrungen, 546
Moldenhauer, 633, 636
Montesquieu, Charles, Baron de, 46
Moos, 248
Moritz, J., 384
Morstein, 610
Mosbach, 582
Moser, Ernst, 480
Moser, Julius, 614
Moser, Ludwig, 15, 18, 121, 125, 168, 245, 359, 360, 362, 363, 365, 407, 416, 420, 422, 429, 434, 435, 437, 451, 455, 471, 480, 481, 495, 498, 505, 514, 518, 521, 522, 541, 545, 579, 614
Moses, 531
Motherby, B., 326
Motherby, William, 100, 101, 164, 297, 614
Mouton & Co., 16
Mros, 633, 636
Mügge, Theodor, 386
Mühlenfels, Ludwig von, 462
Mühler, Heinrich Gottlob, 112, 134, 137, 140, 141, 160, 190, 192, 193, 195, 197, 231, 240, 245
Mühlfeld, Eugen von, 559
Mühlhens, 636
Müller (Brieg), 525, 636
Müller, H., 633, 636
Müller, Hermann, 503, 555
Müller, Hermann, 491
Müller, J. F., 101
Müller, Johannes von, 46, 50
Müller, L. C., 384
Müller, Wilhelm, 34
München, 141, 259, 373
Münster, 372, 487
Münsterberg, 565
Müntzer, Thomas, 435
Münzer, 111
Müttrich, 241, 252
Mundt, Theodor, 54
Mylius, 539

Näf, Werner, 383, 597
Nägele, Franz Karl, 134
Nagel, 614
Nagler, Karl Ferdinand Friedrich von, 211
Napoleon I., 561
Naumann, 363
Naumburg, 327
Nauwerck, Karl Ludwig Theodor, 156, 181, 237, 600
Neander, 69
Neapel, 567, 601
Neefe, Fritz, 180
Nees von Esenbeck, Christian Gottfried, 218, 219, 553, 557, 633, 636
Neetzow, von, 525
Neidenburg, 56, 247, 250, 546
Neitzschütz, Karl Magnus von, 184, 204, 349, 407, 421, 429
Neitzschütz, Wilhelm von, 311, 312, 314, 315, 452
Nerrlich, Paul, 266, 273
Nesselrode, Karl Robert von, Graf, 497
Nethe, 504
Neuenburg, 586
Neumann, 166
Neumann, 565
Neumann, Franz, 423, 460
Neustadt, 565
Neustadt, 633
Neustadt (Russisch-Polen), 27
New York, 597, 599
Nicolai, 156
Nickel, 633, 636
Niederingelheim, 213
Nies, 163, 178
Niessner, Alois, 399
Nietzki, 93, 94
Nikolaus I., 37, 328
Norman, Vietinghof von, 18

Obadja, 64
Obenaus, Herbert, 19

Oberingelheim, 213
Oberkirch, 215
Obstfelder, 233
O'Connell, Daniel, 56, 57, 248, 260
Ödipus, 571, 572
Oesterreich, J. A., 476
Oestrich, 213, 341, 361
Oettingen-Wallerstein, Ludwig von, Fürst, 599
Ohm, Joseph, 597
Oken, Ludwig, 373
Oldenburg, 483, 484, 538, 585, 601
Oloff, August, 384
Olshausen, Theodor, 500, 596
Opitz, Theodor, 218
Oppenau, 215
Oppenheim, Heinrich Bernhard, 413, 417, 447, 483, 490, 571, 576, 600
Oppenheim & Warschauer, 144, 460
Orges, Hermann, 492
Orlau, 100, 117, 123
Orleans, Prinzessin von, 549
Ortelsburg, 546
Osterode, 546
Oswald, s. Engels, Friedrich
Otho, 516
Otto, Friedrich, 180
Otto, Karl, 565, 633, 636

Packeiser, 636
Pagenstecher, Heinrich Karl Alexander, 449
Palacz, 566
Pankow, 636
Pape, Heinrich Eduard, 565, 636
Papendieck, Heinrich Christoph, 100, 101
Paris, 96, 175, 208, 214, 221—223, 237, 249, 252, 253, 259, 266, 271, 274, 291, 373, 392, 393, 395, 405, 406, 425, 481, 491, 497, 599
Parish, John, 478
Parpart, Adolf Ludwig Agathon von, 347
Parrisius, Eduard Rudolf, 504
Paskewitsch, Iwan, 28
Passarge, A. E., 384, 614
Paul von Württemberg, Prinz, 273
Paulus, 64
Paulus, Heinrich Eduard Gottlob, 236
Pauly, Max, 24
Pax, 525, 636
Pensky, Ferdinand, 385
Périer, Casimir, 188, 248
Petel, 214
Peters, 633, 636
Petersburg, 479, 496
Peterstal, 215
Petétin, Anselme, 481
Petrus, 274
Peucker, Eduard von, 487
Pfeiffer, 636
Pfister, 214, 403, 461
Pflugk, 148
Pfuel, Ernst von, 475, 513, 515, 517, 622
Philippi, Ferdinand, 87
Phillips, Adolf, 189, 200, 260, 467, 560, 633, 636
Phokion, 458
Piegsa, 525
Pilet, 525, 636
Pillau, 296, 336, 534
Pinder, Friedrich Eduard, 219, 514
Pinoff, 636
Pitzner, G. A., 384
Piwnicki, Leibnitz von, 111
Planck, Karl Christian, 180
Plataea, 406
Plath, 565, 633, 636
Plato, 517
Plauthen, 186, 551
Plönnies, 636
Pockart, F., 614
Pojeziory, 29
Pomatti, 384
Porsch, 148
Posen (Stadt), 168, 193, 363, 412, 433, 451, 491, 508, 536
Potsdam, 403, 464, 474
Pott, August Friedrich, 112
Pradau, 18, 628
Prag, 497
Prediger, 622
Prenzlau, 604
Preuss, C. G., 385
Preußisch Holland, 135, 155, 546
Prince-Smith, John, 246, 277
Prinz von Preußen, s. Wilhelm
Prondzinsky, 467
Proudhon, Pierre-Joseph, 223, 551
Prutz, Hans, 82
Prutz, Robert, 81, 112, 117, 135, 138, 152, 188, 226, 277
Przyborowski, 111
Pulszky, Franz, 599
Pultusk, 28
Pusch, C. E., 384
Puttkamer, von, 358
Pyrmont, 585

Quackenberg bei Stolpe, 62
Quandt, 633, 636

Raczynski, Athanasius, Graf, 194
Raczynski, Eduard, Graf, 194
Radetzky, Josef, Graf, 484, 496
Radowitz, Joseph Maria von, 496—498, 561, 570, 572, 573, 579
Radziwill, Wilhelm, Fürst, 194
Raentsch, 633, 636
Raffauf, 633, 636
Raigrod, 27
Rambs, 565
Ranke, Leopold von, 162
Rappard, 382
Rappard, Konrad von, 582
Rasche, Hartmann, 384
Raschi, 129
Raspail, François-Vincent, 476
Ratibor, 453, 477, 557, 598
Rauch, Christian Daniel, 584
Raumer, Friedrich von, 162, 569, 572, 577, 579
Rauschenplat, Johann Ernst Arminius von, 248, 369, 370
Raveaux, Franz, 408, 449, 583, 597, 600
Reclam, 48
Recklinghausen, 605
Regas, F. W., 384
Rehden, 45, 50
Reich, 424
Reichardt, Ferdinand, 626
Reichenbach, Eduard von, Graf, 408, 409, 431, 491, 554, 633, 636
Reichner, 597
Reimer (Buchdruckerei), 87
Reinganum, Maximilian, 371
Reinicke, 636
Reinige, 636
Reissert, 107
Renouard, Paul, 266
Resch, Ernst, 218, 219
Reuter, F. E., 261, 292—295, 444, 472
Reuter, Robert, 519, 520, 540, 556, 558, 565, 633, 636
Ribes, 274
Richter, Franz Josef, 214
Richter, Karl, 565, 636
Richter, O. W. L., 197, 213
Riebold, 283, 354, 355
Riedel, 636
Riedel, Karl, 144
Riel, 636
Riemann, 636
Riesen, Jakob van, 18, 80—83, 110, 189, 200, 260, 415, 467, 493, 502, 547, 609, 610
Riesser, Gabriel, 43, 68, 212, 365, 368
Rimpler, 622, 624
Rimptsch, 565
Rindeschwender, Ignaz, 214
Ring, 477
Risch, 262
Ritter, Karl, 162
Robespierre, Maximilien de, 219, 473
Rochow, 636
Rochow, Friedrich Eberhard von, 87
Rochow, Gustav Adolf Rochus von, 45, 73, 75, 78, 80—84, 95, 96, 112, 123, 125, 126, 134, 135, 138—140, 142, 146, 156—158, 165, 166, 173, 175, 177, 231, 240, 352, 496
Rodbertus, Johann Karl, 501, 504, 536, 537, 550, 577, 636
Römer, Friedrich von, 400, 583, 585
Römisch, Paul, 250
Rönne, Ludwig von, 53, 54, 251, 306
Roeppel, Richard, 202
Rötscher, 636
Rötscher, Heinrich Theodor, 200
Rogge, Johann Friedrich, 356
Rohde, J. F., 605
Roland de la Platière, Jeanne-Marie, 549
Rom (Stadt), 561, 567, 569, 573, 576
Ronge, Johannes, 328
Ropp, Ed. Rud., 385
Rosenheim, Julius, 614, 620
Rosenkranz, Karl, 37, 100, 101, 117, 205, 216, 219, 411, 425, 485, 486, 495, 498, 502, 511
Rosenkranz, O. H., 385
Rosenthal, H., 106
Rosenthal, Frau des Vorigen, 106
Rothfels, Hans, 456
Rothschild, 351, 424
Roth, Paul, 399
Rotteck, Karl von, 46, 48, 403
Rousseau, Jean-Jacques, 174
Royer-Collard, Pierre-Paul, 293
Rüben, 595
Rückert, Friedrich, 63, 162
Rüder, Rudolf, 621
Rüdesheim, 213
Rüdiger, 540, 633, 636
Rühl, Franz, 406
Rüstow, Wilhelm, 452, 473, 476, 479, 482, 487—489, 491, 493, 508
Rütten, J., 464
Ruge, Alexander, 389

Ruge, Arnold, 18, 107, 112, 130, 132, 141, 182, 202, 204, 206, 207, 221—223, 238, 249, 252, 259, 266, 267, 269—271, 273, 274, 285, 288, 291, 329, 335, 368, 369, 372, 389, 417, 447, 483, 490, 509, 519, 527, 554, 555, 593, 601, 630, 634
Runge, Heinrich, 261
Runkel, Ferdinand, 164, 173
Rupp, Julius, 278, 310, 325, 326, 357, 384, 398, 425, 508
Ruppenthal, 210
Rust, Johann Nepomuk, 35
Rutenberg, Adolf, 146, 164, 173, 180, 203
Rymarkiewicz, 491

Sachs (Kriminalrat), 98
Sachs, Ludwig Wilhelm, 35, 100, 101
Sachs, Michael, 120
Sachse, L., 528
Saemann, 334
Šafařik, Pawel Josef, 491
Sagan, 633
Sahm, C. F., 295, 334
Salamis, 406
Sallet, Friedrich von, 177
Samson (Vorname), 415
Samter, Adolf, 15, 407, 424, 425, 436, 444, 459, 469, 470, 479, 484, 495, 508, 541, 594
Samter & Rathke, 470
Sanden, A. von, Baron, 100, 281—283
Sander, Adolf, 214, 248
Santor, 508
Sassau, 137
Satori-Neumann, Bruno Th., 81, 139, 297, 352
Saucken-Julienfelde, August Heinrich von, 194, 354, 355, 411
Saucken-Tarputschen, Ernst Friedrich Fabian von, 193, 283, 354, 355, 411
Sauter, Julius Leopold, 265, 295, 310, 374, 508, 528
Savigny, Friedrich Karl von, 70, 162, 174, 313, 370
Savigny, Karl Friedrich von, 114
Savonarola, Girolamo, 47
Schade, 258
Schaffert, 636
Schaffraneck, 636
Schalit, Abraham, 19
Schaper, Justus Wilhelm von, 161, 278
Scheeffer, G., 385
Schell, 633, 636
Schelling, Friedrich Wilhelm Josef von, 141, 151, 154, 162, 236
Scherres, 507
Schiemann, B. F., 384
Schickert, 111
Schiller, Friedrich von, 217, 321, 357, 530
Schily, 565
Schleiden, Rudolf, 420
Schlieffen, von, Graf, 233
Schlöffel, Friedrich Wilhelm, 298
Schlosser, Friedrich Christoph, 18, 371
Schmerling, Anton Ritter von, 567
Schmid, Fridolin, 269
Schmidt, 31
Schmidt, 507
Schmidt, 566
Schmidt, 633, 636
Schmidt, 636
Schmidt, 636
Schmidt, Adolf, 371, 410, 416, 573
Schmidt, J. G., 385
Schmidt, J. H., 100, 101
Schmidt, Julius Theodor, 526
Schmidt, Kaspar, s. Stirner, Max
Schmiedicke, 565
Schmitz, 221
Schmutter, 250
Schmutz, 385
Schneider, Karl, 565, 636
Schneider, Rudolf, 340
Schoen, 636
Schön, Robert von, 18, 155, 184, 349, 482, 519
Schön, Theodor von, 17, 18, 26—28, 31, 35, 51, 58, 79, 89, 90, 93, 98, 99, 104, 109, 110, 115, 118, 122, 125, 137, 138, 145, 150, 154, 155, 158, 159, 173, 175, 176, 204, 206, 212, 311, 364, 379, 390, 391, 411, 417, 429, 455, 456, 519, 609, 614
Schöndörffer, Heinrich, 424
Schönebeck, 278
Schönenberg, 255
Schöning, Kurd von, 35
Schönlein, Johann Lukas, 162
Schol(t)z, 633, 636
Schornbaum, 566, 633, 636
Schott, Albert, 585
Schott, Sigmund, 9
Schramm, 636
Schramm, Rudolf, 490, 565, 633, 636
Schreckenstein, Ludwig, Freiherr Roth von, 475, 492, 502
Schroeder, 260
Schröder-Devrient, Wilhelmine, 480

Schrötter, von, Freiherr, 101
Schubert, Friedrich Wilhelm, 93, 443, 451, 454—456, 518
Schubiger, 597
Schuck, 633, 636
Schüler, Friedrich, 583
Schuler, G. L., 157, 175
Schulte, W., 605
Schultz, A., 101
Schultz (Wanzleben), 494, 505, 515, 540, 633, 636
Schultze, 636
Schultzky, P., 242
Schulz, 219
Schulz, C., 605
Schulz, Wilhelm, 248
Schulze-Delitzsch, Franz Hermann, 525, 636
Schumann, 31
Schuppan, Peter, 10, 268, 269, 296
Schwadron, Abraham, 12, 13
Schwanefeld, 58, 550
Schwarz, 342
Schwarz, 565
Schwarzhoff, von, 282
Schweichel, Georg Julius Robert, 507
Schwerdtfeger, 327
Schwerin, Maximilian von, Graf, 617
Schwickerath, 633, 636
Scott, Walter, 215
Seeliger, S., 384
Seiathé, I., 385
Seidlitz, Julius, 491
Seiffart, 97, 125, 173, 174, 607
Sembritzki, M. F., 295
Sempach, 384
Semrau, August, 490, 555
Seraphim, August, 9—12, 17
Sethe, J., 574, 579, 588
Shylock, 70, 287
Siebert, 633, 636
Siegel (Café), 95
Siegel, M., 385
Siegfried, s. Brünneck, Siegfried
Siegfried, 354, 355, 415
Siegmund, Gustav, 249, 269, 285, 292, 490, 561
Siehr, Franz Ferdinand Theodor, 310, 312, 324
Sierke, 385
Sievers, Rosemarie, 18
Sieyès, Abbé, 214
Silber, August, 18, 352
Silberner, Edmund, 16, 19, 24, 132, 144, 208, 266, 556
Simon, Heinrich, 53, 54, 251, 293, 298, 306, 327, 349, 355, 357, 359, 360, 364, 397, 409, 412—414, 418, 430, 449, 454, 456, 500, 501, 504, 506, 513, 514, 522, 536, 538, 540, 543, 556—561, 566, 567, 569, 573, 576, 582—584, 589, 596, 597, 601, 616
Simon, Mary, 543
Simon, Max, 500, 567, 599
Simon, Th., 565, 636
Simon, s. Meyerowitz, Simon
Simons, Ludwig, 577
Simson, Eduard, 31, 37, 219, 343, 367, 411, 423, 425, 444, 447, 451, 455, 456, 468, 476, 479, 496, 514, 537, 538, 559, 560, 587
Simson, John, 425, 468
Simson, Robert, 425
Singer, 323
Skiba, 566, 633, 636
Smiths, 164
Sohrweide, 636
Soiron, Alexander von, 367, 495
Soiron, W., 367
Solms-Lyck, Fürst, 161
Sommerfeld, Max, 10
Spandau, 619
Specht, 633, 636
Sperling, Gottfried, Karl, 241, 252, 281, 283, 296, 334, 355, 357, 375, 436, 444, 534, 541, 543
Spinoza, Baruch, 64, 219
Springer, Julius, 251, 599
Stadion, Franz Seraph von, Graf, 448, 496
Stahl, Friedrich Julius, 423
Stahr, Adolf, 12, 15, 378, 469—471, 478, 483—486, 495, 498, 501, 502, 538, 550, 551, 561, 567, 572, 573, 575, 577, 578, 585, 601
Stalling, Gerhardt, 601
Stargardt, J. A., 446
Stavenhagen, 416
Stedtmann, Karl, 400, 449, 450
Steffanowicz, 636
Steffens, Heinrich, 385
Steger, Friedrich, 136, 323
Stehely (Café), 115, 160
Steiger, Robert von, 352
Steil, Leopold, 614
Stein, Julius, 218, 490, 494, 502, 505, 512, 515, 519, 566, 599, 633, 634, 636
Stein, Karl, Freiherr vom und zum, 206
Steinacker, Karl, 368, 369, 377
Steinäcker, Christian Anton Friedrich von, Freiherr, 536
Steinheim, Salomon Ludwig, 64
Stern, 566

Stern, Sigismund, 328
Stettin, 372, 617
Stiebel, Salomon Friedrich, 371
Stillig, 218
Stirner, Max, 151, 172, 180, 328
Stockhausen, C. W., 385
Stolberg-Wernigerode, Anton, Graf zu, 158
Stolp, 565
Stoltenhoff & Co., 354
Strachowski, von, 111
Straßburg, 134, 157, 163, 208, 221, 369, 370
Strauß, David Friedrich, 63, 64
Streber, 135, 146, 173
Streber, F. L., 561
Streckfuß, Adolf, 524, 539, 595, 627, 634
Streckfuß, Karl, 51, 68, 212
Striegau, 633
Struve, A., 371
Struve, Gustav von, 18, 228, 371, 408, 437
Strybel, 636
Stüve, Johann Karl Bertram, 151
Stuttgart, 180, 208, 226, 239, 581—584, 599
Süssmann, Isidor, 11
Sulamith, 521
Sulzer, 152
Sydow, von, 589
Szafarzik, Pawel Josef, 491
Szumann, 636

Tacitus, 239, 387, 516
Taczarski, 633, 636
Tamnau, Johann Friedrich, 100, 101, 242, 363, 422, 423, 429, 444, 447, 475
Tapiau, 18, 311
Tauchnitz, Bernhard, 124, 132
Teichmann, 525, 636
Teleki, Alexander, Graf, 599
Tell, Wilhelm, 47
Temme, Jodocus Deodatus Hubertus, 171, 519, 520, 553, 554, 558, 559, 582, 591, 605, 633, 636
Teplitz, 250
Teske, 525, 636
Teubner, 571
Theile, Theodor, 145, 343, 381, 411, 424
Thiede, 540, 636
Thiers, Adophe, 140, 272, 480
Thile, Ludwig Gustav von, 158, 161, 166, 404
Thilo, 525
Thomas, Karl, 334
Thieck, Ludwig, 284, 344
Tiedemann, Christoph von, 359
Tiedemann (Landinspektor), 359
Tiessen, Jakob, 384, 612, 614
Tilsit, 260, 535, 541, 558
Toebe, 565, 633, 636
Toll, Karl Fedorowitsch, 28
Toury, Jakob, 461
Trapczynski, 636
Treiber, 633
Treichler, 491
Treitschke, Heinrich von, 95, 363, 615
Trier, 174, 565, 633
Tscharmann, 445
Tschech, Heinrich Ludwig, 252, 274
Twele, 606
Tzschirner, Samuel Erdmann, 519, 520
Tzschoppe, Gustav Adolf, 69, 155

Uhden, Karl Albrecht Alexander, 313, 315, 318, 321, 324
Uhland, Ludwig, 89, 579, 585
Uhlich, Leberecht, 525
Ullrich, 525
Ulrich (Abgeordneter), 636
Ulrich, Friedrich Karl, 343, 429, 591
Ulrich, Karl, 591
Ulrich (Obertribunalsrat), 233
Ulrich, Olga, 11, 343, 591
Unruh, Hans Viktor von, 536, 560, 623—626, 632
Urquhart, David, 227, 239
Urra, 283
Usedom, Karl Georg Ludwig Guido von, Graf, 561
Utermann, Kurt, 493
Uznach, 596, 597

Vaerst, Friedrich Christian Eugen von, Freiherr, 173
Valentin, Veit, 365, 371, 404, 405, 419, 428, 436, 487, 496, 506, 509, 523, 620
Varnhagen von Ense, Karl August, 61, 165, 171, 173, 174, 258, 278, 297, 298, 572, 594, 599
Varrentrapp, Georg, 371
Veit, Moritz, 97, 106, 120, 121, 128, 135, 156, 166, 168, 212, 224, 245, 256
Venedey, Jakob, 118, 437, 449, 450, 576
Vernex, 588, 589
Vevey, 588, 589
Vieweg, Friedrich, 602
Vincke, Georg von, Freiherr, 359, 361, 365, 368, 375, 388, 556, 632

Virchow, Rudolf, 552—555
Vissers, 633, 636
Vogt, Karl, 18, 506, 517, 571, 576, 583, 600
Voigt, 633, 636
Voigt, Heinrich, 278
Voigt, H. L., 177, 191, 202, 219, 220, 224, 255, 266, 271, 292, 321, 325, 328, 343, 385
Volckhausen, Karl, 326
Volckmar, Friedrich, 87, 88
Volke, Werner, 19
Volkmann, 595
Voltaire, François-Marie, 375
Voss, Hermann, 478

Wachsmuth, 633
Wächter, 283
Wagener, 76
Waldau, 9
Waldeck, Anna, 415, 416, 621
Waldeck, Benedikt Franz Leo, 519, 520, 523, 524, 527, 547, 552, 553, 559, 560, 565, 571—574, 577, 578, 589, 593—596, 599, 601, 603, 625, 628, 633, 636
Waldeck, Eduard, 15, 25, 26, 30, 31, 34—36, 44, 50, 53, 164, 328, 351, 358, 415, 416, 577, 585, 621
Waldeck, Isidor, s. Waldeck, Julius
Waldeck, Jettchen, 416, 464
Waldeck, Julius, 15, 53—55, 60—62, 65, 66, 69, 73—75, 82, 87, 93—95, 97, 100, 101, 103—106, 113, 119, 124, 131, 134, 135, 138, 140, 145, 146, 149, 157, 161, 164, 165, 174, 180, 182, 190, 192, 196, 202, 211, 220, 221, 236, 238, 240, 250, 257, 260, 278, 297, 327, 331, 346, 351, 355, 379, 404, 409, 418, 457, 460, 463—465, 547, 551, 575—578
Waldeck, Marie, 416
Waldshut, 462
Walesrode, Ludwig, 15, 122, 144, 153, 160, 164, 173, 175, 177, 180, 187, 202, 204, 207, 209, 213, 223, 224, 227, 245, 248, 250, 253, 259, 266, 280, 292, 299, 325, 326, 328, 331, 333, 334, 336, 343, 347, 349, 361, 371, 374, 389, 403, 420, 424, 425, 436, 439, 444, 459, 470, 482, 508, 509, 511, 534, 535, 558, 607
Walsersche Buchdruckerei, 249
Wanzleben, 494, 540, 633
Warschau, 31, 61, 65, 74, 77
Warschauer, Robert, 100, 101, 334
Weber, E., 600
Weber, Marta, 378
Weber, Wilhelm, 66, 70, 82, 378
Wechsler, Georg Wilhelm Alexander, 202, 310, 342, 444, 452, 508
Weddingen, Otto, 480
Wedecke, Eusebius, 45
Wedel, Moritz, 100, 101, 121, 144, 202, 266, 385
Wedell, Br., 87
Wedemeyer, Ludwig Georg von, 449
Wegnern, Karl Ludwig August von, 337, 343
Wehner, Georg Friedrich, 519, 520
Weichsel, 636
Weichselmünde, 386
Weidig, Friedrich Ludwig, 248
Weil, Karl, 208, 223, 226, 239
Weinsberg, 582
Weise, G. H., 354, 355, 551
Weishaar, 462
Weiß, Guido, 9, 45, 576
Weitling, Wilhelm, 222, 249, 273, 597
Welcker, Karl Theodor, 18, 53, 146, 149, 151, 157, 248, 371, 385, 386, 390, 400, 403, 417, 475, 570
Weltzel, A., 477
Wentzke, Paul, 213, 361, 501
Wenzig, 360
Werder, Karl Friedrich, 151, 162
Werner, Zacharias, 48
Wernershof, 184
Werneuchen, 151
Wernich, Agathon, 80—82, 85
Wesendonck, Hugo, 565
Wiebel, 538
Wien, 136, 323, 412, 491, 497, 526, 599, 600
Wiesbaden, 371
Wiesner, Adolf, 408, 409
Wigand, Georg, 113, 124, 130, 132, 163, 178, 203
Wigand, Otto, 18, 26, 98, 107, 112, 117, 124, 130, 132, 133, 141, 146, 155, 163, 164, 178, 181, 182, 188, 202—204, 285, 292, 298, 355, 357
Wilhelm, Prinz von Preußen, der spätere Kaiser Wilhelm I., 101, 105, 135, 145, 464, 467, 468, 619, 620, 625
Wilken, 69
Willenberg, 636
Willert, 326, 334
Willert, C. L., 238
Willert, G. Ludwig, 327
Willert, Heinrich, 385
Willich, August, 409
Willich (Bayern), 400
Willisen, Wilhelm von, 419, 441, 442, 578
Windischgrätz, Alfred, Fürst, 496

Winkel, 213
Winter, Christian Friedrich, 371, 403
Winterthur, 224, 249, 259, 269, 277, 283
Wirth, Johann Georg August, 621
Wislicenus, Gustav Adolf, 342
Witt, Friedrich August, 103, 137, 209, 241, 253, 257, 308, 310, 423, 470, 508, 525
Witt, Karl, 525, 636
Wittner, Otto, 576
Witzek, 620
Woday, 636
Wolf(f), 525
Wolff, 23
Wolff, Adolf, 420
Wolka, 247, 347, 348, 354
Wollheim, 633, 636
Wollschläger, 636
Wrangel, Friedrich Heinrich Ernst von, Graf, 177, 438, 513, 537, 539, 549, 576, 625, 635
Würk, 155
Wurzen, 526
Wylkowyszki, 27

Young, Eduard von, 235

Zabel, Friedrich, 576
Zabel, L., 614
Zander, Christian Friedrich Gotthilf von, 152, 592
Zappa, Michael, 385
Zeidler, 636
Zeitzmann, G. H., 385
Zenker, 633, 636
Zephania, 73
Zettwach, 233
Ziegler, Franz, 565, 594
Zimmermann, Ernst Wilhelm Eduard, 594
Zimmermann, Wilhelm, 582
Zitz, Franz Heinrich, 408
Zorn, 636
Zürich, 18, 178, 187, 222, 249, 271, 273, 285, 287, 291, 335, 345, 372, 447, 597
Zunderer, 566
Zunz, Leopold, 55, 602

August Bebel
DIE FRAU
und der Sozialismus

Als Beitrag zur Emanzipation unserer Gesellschaft bearbeitet und kommentiert von
Monika Seifert

ca. 400 Seiten, broschiert.

Vor fast einhundert Jahren erschien Bebels Schrift »Die Frau und der Sozialismus« zum ersten Mal. Niemand, schon gar nicht der Autor selbst hätte erwarten können, daß nach so langer Zeit sein Buch immer noch aktuell sein würde. So sehr aktuell, daß die Notwendigkeit besteht, es 1974 neu herauszugeben. Und zwar nicht etwa als klassischen Text, sondern noch immer als Kampfschrift, wenn auch — unter Hinzuziehung heutiger Veröffentlichungen zur Frauenfrage — aktuell kommentiert und bearbeitet.

FACKELTRÄGER-VERLAG HANNOVER

Hermann Weber

Das Prinzip Links

Eine Dokumentation. Beiträge zur Diskussion des demokratischen Sozialismus in Deutschland 1847-1973